BIBLIOTHÈQUE
DE LA PLÉIADE

DESCARTES

Œuvres et Lettres

TEXTES PRÉSENTÉS
PAR ANDRÉ BRIDOUX

nrf

GALLIMARD

CE VOLUME CONTIENT :

INTRODUCTION

*R*ENÉ DESCARTES *naquit le 31 mars 1596 à La Haye, petite ville de Touraine, sur la rive droite de la Creuse. L'influence de cette contrée, une des plus belles de France et du monde, fut profonde sur lui et dura toute la vie. C'est le souvenir des « jardins de la Touraine » qui le fit hésiter avant son départ pour le froid pays de Suède où il devait mourir. Sa famille était de petite noblesse; son père, conseiller au Parlement de Bretagne; lui-même ne devait jamais oublier sa qualité de gentilhomme. Il eut une enfance chétive. Sa mère, morte un an après sa naissance, lui avait légué « une toux sèche et une couleur pâle » qu'il garda jusqu'à plus de vingt ans. On le croyait destiné à mourir jeune.*

A l'âge de dix ans il entra au collège de La Flèche, tenu par les Jésuites. En raison de sa petite santé, sans doute aussi de ses dons exceptionnels, il y eut un traitement de faveur; on lui laissa, par exemple, la liberté de se lever à son heure, et c'est là qu'il prit l'habitude de rester longtemps à méditer dans son lit. Excellent élève, il eut une scolarité sans histoire, marquée seulement de deux événements qui paraissent l'avoir frappé : en 1610, le transfert du cœur d'Henri IV à la chapelle du collège; en 1611, l'annonce des découvertes de Galilée grâce à l'invention toute récente de la lunette astronomique. Il garda bon souvenir de ses maîtres, dont il devait retrouver quelques-uns plus tard, notamment le Père Mersenne; mais il jugea sévèrement le programme des études. De tout ce qu'on lui apprit, les seules mathématiques trouvèrent grâce devant son jugement, à cause de la certitude de leurs raisons. Dès cette époque, aux connaissances probables, enseignées sous l'autorité des anciens, il paraît avoir préféré la connaissance certaine, acquise par la seule lumière de l'esprit.

Au sortir du collège, il complète son éducation, apprend la danse, l'équitation, l'escrime où il devait exceller. En 1616, il passe, à quelques jours d'intervalle, son baccalauréat et sa licence en droit devant la faculté de Poitiers. A vingt-deux ans, en 1618, il part en Hollande, pour servir comme volontaire sous les ordres de Maurice de Nassau, prince d'Orange et directeur de l'École de Guerre internationale. En 1619, il quitte la Hollande, gagne le Danemark et la Basse-Allemagne.

Il assiste aux fêtes du couronnement de l'Empereur, car il fut toujours curieux de grandes cérémonies, puis s'engage dans les troupes du duc de Bavière qui combattait pour la cause impériale contre l'électeur palatin. C'est alors, pendant les loisirs du quartier d'hiver, que se produit l'événement décisif de sa vie. Le 10 novembre 1619, durant une nuit d'enthousiasme et de flamme, au cours de trois songes successifs, il acquiert la certitude de sa vocation et il est ébloui par une révélation admirable. Le centre de cette révélation, c'est assurément l'intuition d'un accord fondamental entre les lois de la nature et les lois des mathématiques, intuition qui devait le conduire, par voie de développement et de conséquence, d'un côté à chercher des principes nouveaux et certains pour une philosophie de la nature et pour une philosophie de l'esprit, de l'autre, à reprendre, à préciser, à réaliser l'espérance pythagoricienne de soumettre l'univers aux nombres, et, du même coup, à trouver pour l'industrie de l'homme une prise assurée sur les choses.

A partir de 1620, il paraît avoir renoncé à la vie militaire. Il entreprend un immense voyage qui le conduit à travers l'Allemagne du Nord, la Hollande, et le ramène en France (1622). Il revoit sa famille, règle ses affaires et se trouve dès lors en possession d'une fortune suffisante pour mener la vie indépendante et confortable qui lui fut toujours nécessaire. De 1623 à 1625, il voyage en Italie, assiste aux épousailles du doge de Venise et de l'Adriatique, puis se rend à Rome pour le jubilé d'Urbain VIII, après avoir pieusement accompli le pèlerinage à Notre-Dame-de-Lorette, dont il avait formé le vœu dans sa fameuse nuit.

Pendant les années 1626, 1627, 1628, il reste presque constamment à Paris, où il vit en homme de qualité. Il joue, lit des romans, se bat en duel pour les beaux yeux d'une dame. Mais il disparaît parfois pour des retraites studieuses de quelques jours. En 1627, assistant chez le nonce du Pape à une conférence du sieur de Chandoux, il prend la parole et expose les principes d'une nouvelle philosophie propre à conduire vers une connaissance certaine et à rendre raison des effets de la nature. Le cardinal de Bérulle, fondateur de l'Oratoire, présent à la séance, lui fait une obligation d'employer son génie à une si utile réforme. Cet événement précipite le dessein depuis longtemps formé dans l'esprit du philosophe et le décide à mettre au point sa métaphysique et sa physique.

Mais, pour réaliser ce projet, il avait besoin d'avoir la paix, d'échapper à l'air de Paris qui le disposait à des chi-

mères plutôt qu'à des pensées philosophiques, surtout de se dérober aux obligations de société qui dévoraient son temps. Il prit donc le parti d'aller s'établir en Hollande, pays sain, riche, policé, dont les habitants avaient la réputation d'être plus soucieux de leurs propres affaires que curieux de celles d'autrui. Il devait y demeurer plus de vingt ans, changeant d'ailleurs souvent de résidence au gré de sa fantaisie; toujours bien logé, bien servi, menant le train d'un gentilhomme. Sa vie était fort régulière; il se levait tard, dînait à midi; après dîner il s'occupait de jardinage ou de dissection, montait à cheval, puis se mettait au travail jusqu'à une heure assez avancée de la nuit. Il ne lisait guère. A un visiteur qui désirait voir sa bibliothèque, on raconte qu'il montra un veau ouvert (vitulum apertum). *Il paraît d'ailleurs avoir été peu curieux des opinions d'autrui, tant il était sûr d'être lui-même dans le chemin de la vérité. Son travail, c'était sa correspondance qui lui prenait beaucoup de temps, des questions de mathématiques, de physique, de physiologie. Il était très préoccupé des conséquences pratiques de ses recherches et méditait sans cesse des inventions utiles : fabriquer des lunettes, des fauteuils roulants pour les mutilés, rendre la vue aux aveugles, construire des pompes, des appareils élévateurs... Vers la fin de sa vie,. il pensait surtout à la médecine et aux moyens de prolonger l'existence humaine.*

Très soucieux de son repos et de sa liberté, il ne vivait pas cependant isolé. Il eut en Hollande plusieurs amis dont le plus intime paraît avoir été Constantin Huygens, père du grand Huygens, seigneur de Zuylichem et secrétaire du prince d'Orange, qui fut à plusieurs reprises un protecteur et un défenseur très précieux. En 1635, il eut d'une femme nommée Hélène, une servante très probablement, la petite fille qui fut baptisée sous le nom de Francine et qui mourut à l'âge de cinq ans, lui causant la plus cruelle douleur de sa vie.

Les cinq premières années de son séjour furent employées par Descartes à la composition d'un petit traité de métaphysique et, principalement, à celle d'un ouvrage qui devait embrasser l'ensemble de la physique : le Traité du Monde et de la Lumière. *Tout était achevé et prêt pour l'impression quand Descartes apprit la condamnation de Galilée, motivée par le mouvement de la terre, qu'il avait lui-même repris à son compte. Par amour de la tranquillité et par désir de ne pas se brouiller avec l'Église, il renonça à la publication. Ce fut un événement irréparable, car son œuvre entière devait en demeurer mutilié et déformée; d'autre part, sa prudence, déjà excessive, s'accrût, avec sa tendance à s'exprimer d'une manière enveloppée et ambiguë.*

En 1637, Descartes, qui avait d'abord résolu de ne plus rien faire imprimer, se ravisa; pour donner un spécimen de sa doctrine et tâter l'opinion, il publia trois petits traités : la Dioptrique, les Météores *et* la Géométrie, *précédés du* Discours de la Méthode pour bien conduire sa raison et chercher la vérité à travers les sciences. *L'ouvrage était écrit en français, ce qui marquait une grande nouveauté. Le* Discours *lui-même ne paraît guère avoir attiré l'attention, mais les traités scientifiques suscitèrent de vives polémiques, matière d'une grande correspondance, notamment avec Fermat et Roberval.*

Quand il en eut le loisir, Descartes reprit l'ouvrage qu'il avait en projet depuis dix ans et publia en 1641 les Méditations sur la philosophie première. *Ces méditations, communiquées à divers philosophes et théologiens, donnèrent lieu à de nombreuses objections, qui furent publiées avec les réponses de l'auteur et qui forment ainsi une partie importante des textes cartésiens.*

C'est à ce moment que la philosophie de Descartes commence à se propager et sa renommée à grandir; non sans désagrément pour lui. Beaucoup de professeurs et de théologiens, fermement attachés à l'ancienne philosophie, s'irritaient de la diffusion des idées nouvelles. En 1642, le pasteur Voetius, recteur de l'Université d'Utrecht, homme d'humeur violente, accusa notre philosophe d'athéisme, dans des thèses et devant les magistrats. Cité à comparaître, Descartes put craindre un instant d'être appréhendé au corps et de voir ses livres brûlés par le bourreau. Un peu plus tard, il fut accusé de pélagianisme devant l'Université de Leyde et, là encore, menacé de poursuites. Heureusement, l'intervention de son ami Huygens, celle de l'Ambassadeur de France et du prince d'Orange, arrangèrent à peu près les choses. Même en France, malgré de multiples précautions, Descartes avait maille à partir avec un Jésuite influent, le Père Bourdin. Il fut très sensible à ces attaques, derrière lesquelles il sentait une opposition irréductible de l'Église. Cela contrariait l'ambition très active chez lui, peut-être la plus forte de toutes les ambitions, de rallier autour de sa doctrine le monde savant et, par voie de conséquence, de faire entrer sa physique dans les écoles comme matière universelle d'enseignement. Aussi le voit-on se donner beaucoup de mal pour rentrer en faveur. Ce n'est pas son plus beau côté, car on ne peut s'empêcher de constater qu'il manifeste souvent une diplomatie excessive dans ses interventions auprès des personnes et dans la manière de présenter sa pensée.

En 1644, pour compléter l'exposé de sa philosophie et de sa physique, il publia les Principes de la Philosophie, *dédiés à la princesse Élisabeth de Bohême, avec laquelle il était entré en relations et en correspondance, un an auparavant. Cette fille de l'électeur palatin, contre lequel Descartes avait peut-être guerroyé et qui avait perdu son trône au combat de la Montagne Blanche, était aussi intelligente que belle. Très affectée par les malheurs de sa famille, elle menait la vie mélancolique d'une princesse en exil. Elle fut heureuse de trouver en Descartes non seulement un savant, mais un conseiller qu'elle n'hésite pas à consulter sur toutes ses misères physiques et morales. Lui-même, si prudent et si secret à l'ordinaire, se trouve en confiance avec cette charmante fille et se livre beaucoup plus qu'il n'avait fait jusque-là. Il en résulte plusieurs lettres qui sont à ranger parmi les plus beaux textes de notre littérature. Élisabeth est d'ailleurs digne en tous points de Descartes; ses observations, ses demandes d'éclaircissements sur le fameux problème de l'union de l'âme avec le corps, finissent par le décider à écrire son* Traité des Passions, *base indispensable de la morale.*

Descartes se plaisait au commerce des femmes; il leur trouvait un esprit plus libre que celui des hommes, moins gâté par de fausses études. Il était sensible au prestige, si fort en ce temps-là, d'une personne royale. On comprend qu'il devait accepter volontiers, quelques années plus tard, de correspondre avec la reine Christine de Suède, qui jouissait alors d'une situation éminente en Europe, grâce à la réputation de son intelligence et aux succès de sa politique. Les lettres qu'il lui adresse par l'intermédiaire de l'ambassadeur Chanut, son ami, ne le cèdent point en intérêt, ni en beauté, aux lettres à Élisabeth.

Comme on le voit, la renommée de Descartes s'étendait et devenait européenne. Il n'oubliait pas cependant son origine. Par l'intermédiaire du R. P. *Mersenne, il entretenait une correspondance active avec la France. Nous savons d'ailleurs qu'il y vint à plusieurs reprises, pour de longs séjours, en 1644, 1647 et 1648.*

En 1649, la reine Christine, dont l'intérêt pour la philosophie de Descartes s'était éveillé, lui envoya l'invitation pressante de se rendre auprès d'elle. Elle fit même partir un amiral avec un vaisseau pour aller le chercher. Descartes, retenu par de fâcheux pressentiments, hésita longtemps, comme en témoigne sa correspondance. Il finit par se décider, et partit au début de septembre. Il ne devait pas tarder à le regretter. Les grammairiens de la Cour, jaloux de son influence, lui firent petit accueil. Il fut pris par le dépaysement, par l'ennui, par le sentiment d'être inutile et regardé comme une bête curieuse. Enfin, la reine, dans son désir d'apprendre la philosophie, lui fixa un emploi du temps vraiment inattendu : « Jugeant, nous dit Baillet, qu'elle aurait besoin de tout son esprit et de toute son application pour y réussir, elle choisit la première heure d'après son lever pour cette étude, comme le temps le plus tranquille et le plus libre de la journée, où elle avait le sens le plus rassis et le cerveau le plus dégagé de l'embarras des affaires. M. Descartes reçut avec respect la commission qu'elle lui donna de se trouver dans la bibliothèque tous les matins à cinq heures. » On juge comment les habitudes de Descartes et sa santé pouvaient s'accommoder d'un pareil régime, dans ce climat froid, en plein hiver. Il y avait de quoi le faire mourir; il mourut en effet. En allant à la Cour, il prit froid; une pneumonie se déclara, et, après une maladie de neuf jours, refusant les soins des médecins suédois, il rendit le dernier soupir, le 11 février 1650.

Dans un texte célèbre, Hegel a représenté Descartes comme un héros, comme l'auteur de la révolution d'esprit qui marque le début des temps modernes. Ce jugement n'est guère contestable. Dans l'histoire, Descartes apparaît comme le libérateur de la pensée pure. La première règle de la méthode : « Ne recevoir aucune chose pour vraie que je ne la connusse évidemment être telle », formulée à sa date de 1637, a toute la valeur d'un principe révolutionnaire. On vivait alors sous l'autorité des anciens et de la philosophie scolastique. Les contemporains de Descartes pensaient très sincèrement qu'une connaissance était vraie quand elle a fait ses preuves, quand elle a surtout résisté au temps. En médecine, par exemple, Hippocrate et Galien régnaient; les professeurs croyaient que leur devoir se limitait à transmettre et à défendre leurs enseignements. D'autre part, la philosophie scolastique, qui procédait d'Aristote et qui avait recueilli l'approbation de l'Église, paraissait la somme de la vérité. Cette philosophie, qui faisait écho au sens commun, allait des choses aux idées. Elle prenait point d'appui sur l'expérience sensible, sur le langage et sur la biologie. La *sensation nous révélait des qualités dont la réalité objective n'était pas mise en doute et à travers lesquelles l'esprit, par voie de comparaison et d'abstraction, montait jusqu'aux concepts exprimables dans les termes du langage.* La *vérité des concepts était garantie par leur coïncidence avec les formes substantielles, sortes de petites âmes, analogues à celle qu'on supposait unie au corps vivant pour l'animer et pour assurer en lui l'accord de la matière avec la forme immuable de l'espèce.* Réaliste *d'intention, cette philosophie était donc en fait anthropomorphique, car elle revenait à projeter sur les choses les impressions sensibles et l'expérience intime du sujet. On était ainsi convaincu que les procédés de la nature dans le développement d'une plante, par exemple, sont identiques à ceux de l'artiste dans la réalisation d'une œuvre; ce qui se manifeste en effet dans les deux cas, c'est la loi unique de toutes choses : l'ascension de la matière vers la forme.*

Cette philosophie du concept et de la forme substantielle était en accord avec la logique du langage et avec une vue hiérarchique de l'univers; elle répondait d'autre part à une science verbale, qualitative, finaliste, qui avait pour but la classification : science capable de donner satisfaction à la curiosité, à l'esprit d'érudition, voire aux tendances esthétiques, mais qui n'apportait point de certitude et ne permettait d'autre part aucune prise sur le monde.

Dès avant Descartes, le besoin d'autre chose commençait à se faire sentir. Léonard *de* Vinci, *Kepler,* Galilée, *pour ne citer que ceux-là, s'étaient déjà engagés dans le grand chemin de la pensée nouvelle. Mais leurs vues n'avaient pas encore été systématisées et leurs découvertes, qui offraient l'apparence de succès isolés, n'étaient pas encadrées dans une philosophie de l'esprit et de la nature.* Pourtant, *c'est déjà le génie cartésien qui les inspire. Quand* Kepler *formule ses fameuses lois et règle le mouvement de la planète* Mars *sur les nécessités intrinsèques de l'ellipse, quand* Galilée *utilise le principe d'inertie et proclame que les mathématiques sont la langue dans laquelle est écrit l'univers, ils pensent comme pensera* Descartes. Le *passage de la science ancienne à la science moderne se définirait assez bien, en effet, par la substitution des mathématiques à la biologie comme science informante et régulatrice du savoir.*

Ce qu'il faut mettre à l'origine du développement de la pensée cartésienne, c'est donc la séduction des mathématiques et l'appel des immenses espoirs qu'elles suscitaient. Les *mathé-*

matiques ont donné à Descartes ses idées-clefs. En premier lieu : l'idée d'un plan de vérité supérieur à tous les autres, où l'erreur est impossible dans un certain sentiment d'évidence intellectuelle et en comparaison duquel toutes les autres connaissances paraissent proprement sans valeur. En deuxième lieu : l'idée d'une méthode, c'est-à-dire d'un ordre à respecter dans la conduite de nos pensées; ordre qui est celui-là même de l'intelligence quand elle s'applique à la géométrie, où il est indispensable de prendre point d'appui sur les notions les plus simples, et où il est impossible de progresser sans se plier à la loi d'enchaînement en vertu de laquelle toute vérité est un degré, auquel on accède en partant du précédent et qui donne lui-même accès au suivant. En troisième lieu : l'idée que la connaissance ne repose ni sur les données incertaines des sens, ni sur les images mutilées « dépeintes en notre fantaisie », mais sur l'entendement. Pouvoir unique de lier des raisons, l'entendement est, en effet, le seul agent des démonstrations et le seul pourvoyeur de certitude. Il se révèle même comme un guide d'autant plus sûr qu'il est moins troublé par des apports étrangers et plus strictement en face de lui-même, tel qu'il est, par exemple, dans l'intuition des vérités simples et indivisibles qui servent de bases au géomètre, dans la conscience des chaînes de rapports nécessaires qu'on peut construire à partir desdites vérités; mieux encore, quand il enfante lui-même son objet, sans être asservi à aucune condition sensible, comme dans la géométrie analytique ou dans l'algèbre. En quatrième lieu : l'idée d'une analogie entre l'ordre des raisons mathématiques et l'ordre des effets de la nature. Cette dernière idée, dont Descartes eut la révélation dans la nuit de 1619, est d'une importance capitale; l'on ne saurait trop méditer l'inscription marquée sur son tombeau : In otiis hibernis componens mysteria naturæ cum legibus matheseos, utriusque arcana eadem clavi reserari posse ausus est sperare. *Son enthousiasme du premier moment fut en effet si grand qu'il éprouva sans doute la tentation de transposer la méthode mathématique à la science de l'univers et d'entreprendre sa physique sans plus d'appareil. Mais il eut très tôt le sentiment qu'une telle science ne pouvait trouver son assiette et porter tous ses fruits que sur les bases que seule une métaphysique nouvelle pouvait fonder.*

Il fallait un point d'appui, ce fut le Cogito. *Si satisfaisantes que soient pour l'esprit les relations mathématiques, elles ne portent cependant que sur des existences possibles; nous n'avons aucune assurance de la réalité de leurs objets, et d'ailleurs, les mathématiciens ne s'en soucient guère. Mais, si je formule cette proposition : « Je pense, donc je suis », je constate que les deux termes y sont liés aussi nécessairement que dans la démonstration la plus certaine, avec ce supplément que la conséquence conquiert la réalité. C'est, si l'on veut, une équation, mais une équation dont un des membres est l'existence. Ce passage de la pensée à l'existence se fait d'ailleurs en pleine lumière et avec la plus grande sécurité, puisqu'il ne suppose aucune liaison périlleuse avec le dehors, mais procède d'un recours au-dedans de moi-même. C'est au sein de ma conscience que la vérité s'identifie avec l'être. Je puis douter de tout, je dois même commencer par là, mais je ne puis douter sans penser, et si je pense, il faut que je sois. C'est donc sur le plan du* Cogito *que joue d'abord et de manière décisive l'argument ontologique. D'autre part, dans la certitude du* Cogito *se trouve impliquée cette conséquence que, si ma pensée me fait être, c'est elle aussi qui me constitue. Je suis pensée pure, et rien d'autre. La pensée n'est pas, comme le croyait l'ancienne philosophie, une partie de l'âme, mais l'âme tout court. Je comprends ainsi que si penser c'est être, c'est être par la pensée, indépendamment du corps, indépendamment des sens et de l'imagination. Un des caractères les mieux marqués de la doctrine cartésienne est assurément le primat de l'esprit.*

Bien plus, ce dont je prends possession dans le Cogito, *ce n'est pas seulement mon être limité, mais la nature intellectuelle dans sa plénitude. Cette idée de la nature intellectuelle, entendue sans limitation, est la chose la plus parfaite que je puisse concevoir, puisqu'elle est à la fois pleine réalité, principe de mon être et lumière de ma pensée; elle me représente Dieu et me le donne. Il m'apparaît donc que, si moi, être fini, je suis premier psychologiquement, Dieu, être infini, est premier métaphysiquement. Je suis Dieu avant d'être moi. C'est en Dieu que ma pensée doit se placer pour y trouver le principe d'une marche progressive destinée à éclairer, à fonder, et à coordonner mes connaissances jusque-là disjointes, mal assurées, et à remettre toutes choses à leur vraie place.*

Conscient de Dieu, l'idée qui s'impose à moi tout d'abord, qui procède d'ailleurs du fait de la création, est que l'activité constitue le cœur de la nature intellectuelle. Bien qu'en Dieu, ce soit tout un de vouloir et de connaître, la volonté divine est cependant au premier rang, au-dessus des choses et des lois qu'elle a créées. Cela fait comprendre qu'en mon propre esprit, qui est comme une réduction de l'esprit divin, la volonté soit au-

dessus de l'entendement, que l'activité de l'intelligence déborde toujours la formule provisoire de nos idées et que la liberté du sujet pensant ne soit jamais absorbée dans les nécessités de la pensée.

En Dieu, l'esprit retrempé à sa source retrouve sa pure nature, son pur pouvoir. L'immense lumière que la connaissance de l'être infini réfléchit sur moi, me garantit ce que les mathématiques m'avaient fait pressentir, mais ce qui demeurait hypothèse : que l'esprit est infaillible tant qu'il se maintient à l'abri des actions étrangères et qu'il m'est impossible de me tromper dans l'état d'évidence intellectuelle, c'est-à-dire quand je respecte les données de l'intuition claire et distincte et les lois de la déduction nécessaire. D'autre part, la correspondance entre les mystères de la nature et les enchaînements des mathématiques, dont la conjecture était enivrante, devient une certitude; car, puisque l'esprit de Dieu est homogène au mien, les voies de l'entendement divin dans la création ne peuvent être différentes des voies de l'entendement humain dans la science; la « grande mécanique », dont le développement est appelé à donner la connaissance totale et parfaite de l'univers, est à la fois la marque que Dieu a imprimée sur son ouvrage et l'enfantement de mon esprit progressant selon ses lois internes. J'ai donc l'assurance que toutes les choses dont je forme l'idée régulière peuvent être produites par Dieu telles que je les conçois. L'intelligence humaine en œuvre dans la science n'est autre que le substitut de l'intelligence divine en œuvre dans la création.

Me voici définitivement mis en garde contre l'illusion si tenace et si dangereuse qui me fait confondre la lumière naturelle avec l'aveugle et téméraire impulsion de la nature. Cette impulsion me porte à croire que les choses sont telles que je les sens ou que je les imagine. C'est le premier mouvement; pourtant, si je m'y abandonne, il est fatal que je me trompe. Par exemple, ma première idée du soleil est celle d'une boule de feu, grosse comme un ballon d'enfant, à une distance de deux cents pas; conforme aux données sensibles, elle est le contraire de la vérité. Mais j'en puis avoir une autre, construite à partir des notions nées avec moi et selon les raisonnements de l'astronomie, qui me fait concevoir l'astre dans ses dimensions et à sa distance réelles. Ici apparaît ou plutôt se retrouve une des idées cartésiennes les plus importantes, c'est qu'il faut s'en tenir, touchant les objets de l'univers, à ce qu'il est possible d'en connaître clairement et distinctement, ce qui revient à dire qu'on ne peut connaître d'eux que les déterminations tirées de l'esprit. Le physicien ne doit et ne peut connaître des corps que l'étendue, la figure, le mouvement, notions qui appartiennent à la connaissance, non pas parce que mes sens et mon imagination peuvent s'y appliquer, mais parce qu'elles ressortissent à la géométrie, et, par les voies de la géométrie analytique, à l'algèbre, c'est-à-dire aux purs rapports; c'est donc en mathématicien qu'il doit traiter tous les problèmes que le monde lui pose.

Certes, les corps existent. Le sujet pensant conçoit clairement qu'il y a quelque chose qui lui résiste, qui n'est pas lui; comme Dieu n'est pas trompeur, l'existence de ce quelque chose est assurée. Ce quelque chose, on l'appelle corps. Mais, comme il vient d'être dit, on n'en peut penser que l'étendue, c'est-à-dire les trois dimensions du géomètre et le mouvement, c'est-à-dire le rapport d'un point de l'étendue à un autre. Toute autre conjecture serait emprunt à l'illusoire. En elle-même, la nature corporelle est affectée d'une impénétrabilité, voire d'une obscurité radicales; nous ne l'éprouvons que trop dans les notions confuses que nous apporte la connaissance sensible ou la passion, fruits l'une et l'autre de ce mélange de corps et d'âme, qui constitue notre être temporel, mais qui ne saurait être d'aucun usage dans la recherche de la vérité.

Sur le plan de la vérité, on ne peut penser assez rigoureusement la séparation de l'esprit et du corps. Cette séparation leur donne, à l'un et à l'autre, leur réalité. Je suis un esprit, comme tel, je ne suis pas corps. Inversement, le corps existe, parce qu'il n'est pas esprit. La nature du corps et la nature de l'esprit sont, en effet, inconciliables : non seulement différentes, mais contraires. Rien, dans le concept de corps, ne peut appartenir au concept d'esprit. Rien, dans le concept d'esprit, ne peut appartenir au concept de corps. Le corps est étendu; l'esprit est étranger à l'extension. Le corps est divisible; l'esprit est indivisible. Puis donc que je conçois clairement le corps et l'esprit séparés l'un de l'autre et même opposés, Dieu m'assure de leur existence indépendante. En s'opposant ainsi l'un à l'autre, le corps et l'esprit, non seulement s'affirment, mais s'affranchissent réciproquement; ils définissent leurs domaines et leurs fonctions. La fonction de l'esprit est de penser. Il y suffit de lui-même. Les fonctions du corps sont d'être étendu et, par là, de remplir l'univers, d'être sujet au mouvement et d'assurer les effets particuliers de la nature. Il y suffit de lui-même. Le principe d'inertie et la mécanique qui en résulte rendent compte des mouvements les plus subtils, y compris ceux du corps vivant, de mon corps, qui n'est en rien différent des corps inanimés. Mon corps n'est en effet, comme tous les autres, qu'un assemblage de parties matérielles; il est corps, et c'est tout; on ne peut donc concevoir que ses fonctions s'accomplissent autrement que par des voies corporelles, qui sont nécessairement des lois mécaniques. L'âme se trouve ainsi déchargée de la fonction végétative qu'Aristote lui attribuait, qui consistait à mouvoir, nourrir, et surveiller le corps; outre qu'elle est étrangère à la nature de l'âme et incompatible avec la nature du corps, cette fonction est inutile.

Bien sûr, il y a l'union de l'âme et du corps; nous l'éprouvons à chaque instant; mais c'est un fait que nous n'avons qu'à constater et dont nous n'avons sans doute pas à poser le problème. Dieu ne nous a pas donné les moyens de le résoudre; il nous a seulement révélé le plan sur lequel il se trouve : plan utilitaire, approprié à la conservation de notre vie. Qui s'y abandonne vit et ne connaît point. Mais l'infirmité de notre nature est telle que nous avons à vivre beaucoup plus qu'à connaître. Or, les impulsions qui ont leur origine dans le fait de l'union, si elles sont sans vérité, ont du moins leur utilité. Pour la vie quotidienne, il est utile que nous croyions les choses telles que nous les voyons; il est utile que la passion nous fasse croire à la bonté de son objet. Sur ce plan, Dieu nous garantit encore un coefficient de vérité proportionné à nos besoins. Mais il nous donne surtout la lumière nécessaire pour mettre ce plan à son niveau et la générosité intellectuelle suffisante pour nous permettre une conversion grâce à laquelle nous pourrons substituer au monde des sens un monde de raison, construit à partir des « semences de vérité qui sont en nos âmes », et substituer au monde des passions un monde de sagesse, où nos actions seront réglées par les idées claires et distinctes, en accord avec l'ensemble de l'univers, la société des hommes et les desseins de Dieu.

La portée et l'ambition de cette doctrine apparaissent immenses. On voit en effet sous quels aspects principaux elle se présente :

Philosophie de la conscience et de la liberté, dont le guide est la lumière naturelle présente en chacun, infaillible en chacun quand elle est pure, et dont le moteur est la générosité intellectuelle : « sentiment que chacun a de son libre arbitre, joint à la résolution de n'en manquer jamais ».

Philosophie tournée résolument vers l'avenir, plus confiant dans la création continue de la raison que dans l'autorité de anciens : philosophie du progrès, par conséquent, non de la conservation.

Philosophie universelle, s'adressant à tous les hommes, « même aux Turcs », parce que, ce qui distingue les hommes, c'est la possession de la raison, « instrument universel » qui les dispose à s'entendre réciproquement et à se traiter avec douceur.

Philosophie pratique et conquérante, car l'intelligence des choses à partir de leurs vrais principes nous donne prise sur elles et moyen de les dominer. La science qui répond à la philosophie cartésienne a des ambitions infiniment plus vastes que la science des anciens. Il s'agit de tout autre chose que de chercher des définitions et de les classer. En rejetant à la fonte les formes substantielles et en substituant le règne des idées au règne des concepts, Descartes a mis l'unité dans le monde et rendu le champ libre pour une physique universelle. Sur les bases de l'étendue et du mouvement tels que Dieu les pense et tels que nous pouvons les penser, il devient possible de calculer les trajectoires de tous les corps, du plus petit jusqu'au plus grand. L'homme a donc la faculté de prévoir l'avenir et d'y accorder ses actions. Sa condition en est transformée du tout au tout, car, d'esclave qu'il était, il devient « maître et possesseur de la nature ». Cela dans tous les domaines. La physique a en effet pour prolongements : la mécanique qui livre le secret de toutes les techniques; la médecine qui permet le soulagement et le prolongement de la vie; enfin la morale, dont l'avènement doit coïncider avec la science achevée, car c'est alors seulement que l'homme pourra voir clair dans ses actions et marcher avec assurance dans cette vie. « J'entends la plus haute et la plus parfaite morale qui présuppose une entière connaissance de toutes les autres sciences et qui est le dernier degré de la sagesse. »

L'influence du cartésianisme a été si grande que son histoire se confond presque avec l'histoire de la philosophie. Indiquons ici brièvement qu'on peut faire remonter à Descartes les deux doctrines principales qui ont cheminé à travers le monde moderne : le mécanisme et l'idéalisme.

1° Le mécanisme. Le grand rôle attribué par Descartes au corps et l'immense domaine de la mécanique ont donné à certains de ses continuateurs l'idée de pousser plus loin dans ce sens, au point d'absorber dans le corps les fonctions de l'esprit. D'ailleurs le mécanisme tend de lui-même à s'ériger en explication intégrale des choses.

2° L'idéalisme. Tout le courant idéaliste en effet, si va-

riées que soient ses formes, procède des principes les plus actifs du cartésianisme : que l'esprit est la réalité première, qu'il est le seul agent de la connaissance, qu'il ne peut connaître des choses que les déterminations qu'il leur impose, que l'ordre mathématique doit être substitué à l'ordre physique, qu'à tout le moins, la marche du savoir va des idées aux choses.

Comme on pourra s'en rendre compte, ces deux doctrines sont immanentes à la pensée de Descartes. Mais il les a dominées et tenues ensemble. S'il a résisté à l'envahissement de deux idées aussi exigeantes l'une que l'autre, c'est qu'il tenait par-dessus tout à sauver la liberté, qui eût risqué d'être sacrifiée, d'un côté aux lois de la mécanique, de l'autre, aux nécessités logiques des idées. Or, la foi en la liberté est le fond même du cartésianisme. La liberté est au commencement et à la fin de cette doctrine qui débute par le doute et conclut par la morale.

Les dimensions nécessairement restreintes de ce recueil nous ont obligé à bien des sacrifices. En plaçant sous les yeux du lecteur les Règles, le Discours, les Méditations, *les six premières* Objections et Réponses, *les deux premières parties des* Principes, *avec la fin de la quatrième,* le Traité des Passions, la Recherche de la Vérité, *un ensemble de Lettres que nous avons pu enrichir dans cette deuxième édition, l'*Entretien avec Burman, *nous pensons lui donner le moyen de se faire une idée suffisante de la doctrine cartésienne, dans ce qu'elle a d'éternellement actuel.*

D'autre part, certains lecteurs ayant exprimé le désir que l'œuvre proprement scientifique de Descartes fût représentée, nous nous sommes efforcé de leur donner satisfaction. Il fallait faire un choix, ce qui, en l'occurrence, n'était pas facile et semblait même déconseillé par Descartes dans l'Avertissement qui précède une de ses Tables : « Ceux qui ne visitent les tables des livres qu'afin de choisir les matières qu'ils veulent voir, et de s'exempter de la peine de lire le reste, ne tireront aucune satisfaction de celle-ci : car l'explication des questions qui y sont marquées dépend quasi toujours si expressément de ce qui les précède, et souvent aussi de ce qui les suit, qu'on ne la saurait entendre parfaitement si on ne lit avec attention tout le livre. » — Nous avons pris le parti de donner : les six premiers discours de la Dioptrique; *le huitième discours des* Météores; *un échantillon de* la Géométrie; *le petit* Traité des Engins *qui se trouve dans une lettre à Huygens; enfin,* le Traité de l'Homme.

Pour faciliter la lecture de Descartes, nous avons adopté l'orthographe moderne. Nous estimons qu'il n'y avait aucun intérêt majeur à maintenir l'orthographe ancienne, purement arbitraire, et si flottante qu'on trouve parfois le même mot écrit de façon différente à quelques lignes d'intervalle.

Nous adressons nos meilleurs remerciements à M. Jacques Schiffrin qui a beaucoup fait pour la première édition de ce volume, à Charles Adam qui a bien voulu revoir notre Chronologie et nous permettre d'avoir recours à sa science incomparable, à M. Georges Le Roy, ainsi qu'à MM. Boivin et Leduc qui nous ont autorisé à reproduire l'excellente traduction des Regulæ *publiée en 1932 dans la* Bibliothèque de Philosophie.

André Bridoux

CHRONOLOGIE DE DESCARTES

1596. — *31 mars :* Naissance de Descartes à La Haye.

3 avril : Baptême de Descartes.

1606. — Descartes entre au collège de La Flèche.

1610. — Le cœur du roi Henri IV est transféré à La Flèche.

1611. — Descartes est mis au courant de la découverte des satellites de Jupiter faite par Galilée, grâce à la lunette astronomique inventée trois ans auparavant.

1614. — Descartes sort du collège de La Flèche.

1616. — Descartes est reçu bachelier et licencié en droit à Poitiers.

1618. — Descartes part en Hollande pour faire son instruction militaire sous la direction de Maurice de Nassau, prince d'Orange et directeur de l'École de Guerre internationale.

1619. — *Avril :* Descartes quitte la Hollande, gagne le Danemark et la Basse-Allemagne.

Juillet-septembre : Descartes assiste au couronnement de l'empereur Ferdinand.

Il s'engage dans les troupes du duc de Bavière.

10 novembre : La fameuse nuit pendant laquelle Descartes eut la révélation d'une « science admirable ».

1620. — Descartes renonce vraisemblablement à la vie militaire pour entreprendre un grand voyage.

1622. — Retour en France.

1623-1625. — Voyage en Italie.

1625. — Retour en France.

1626-1628. — Séjour à Paris.

1627. — *Novembre :* Descartes assiste à une conférence du sieur de Chandoux chez le nonce du Pape; il prend part à la discussion, en présence du cardinal de Bérulle, qui lui fait une obligation de se consacrer à la réforme de la philosophie.

1628. — Composition des *Règles pour la direction de l'Esprit.*

Automne : Descartes part pour la Hollande, où il devait demeurer jusqu'en *septembre 1649,* date de son départ pour la Suède, mais où il changea fréquemment de résidence. Ses résidences furent successivement : Franeker, 1629; Amsterdam, 1630; Deventer, 1632; Amsterdam, 1633; Utrecht, 1635; Leyde, 1636; Santport, 1637; Leyde, 1640; Endegeest, 1641; Egmond du Hoef, 1643; enfin Egmond, 1644, où il demeura cinq ans, jusqu'à son départ pour la Suède.

1629. — *Mars :* Le phénomène des parhélies est observé à Rome. Publication du *De motu cordis* de Harvey, médecin du roi d'Angleterre.

1630. — Descartes se fait inscrire sur les registres de l'Université de Leyde comme gentilhomme du Poitou.

1633. — *Juin :* Condamnation de Galilée.

1634. — Descartes, à la suite de la condamnation de Galilée, renonce à la publication de son *Traité du Monde*.

1635. — *Août :* Baptême de Francine, fille de Descartes et d'Hélène.

1637. — *Juin : Le Discours de la Méthode.*

1640. — *Septembre :* Mort de Francine.

Octobre : Mort du père de Descartes.

1641. — *Août : Les Méditations.*

Décembre : Hostilités avec Voetius, recteur de l'Université d'Utrecht.

1642. — *Mars :* Jugement rendu par l'Université d'Utrecht en faveur de l'ancienne philosophie.

1643. — Descartes entre en relations avec la princesse Élisabeth.

Septembre : Le Conseil de la ville d'Utrecht rend un arrêt contre Descartes.

1644. — *Mai :* Voyage de Descartes en France.

Juillet : Les Principes de la Philosophie.

Novembre : Retour en Hollande.

1645. — *Juin :* Lettre aux magistrats municipaux d'Utrecht. Le conseil de la ville d'Utrecht défend de rien publier contre Descartes.

1647. — *Avril :* Descartes est accusé de pélagianisme devant l'Université de Leyde.

Mai : Descartes écrit aux curateurs de l'Université. Les curateurs ordonnent de ne plus parler de Descartes.

Juin : Deuxième voyage en France.

Septembre : Entrevue avec Pascal.

Descartes reçoit une pension de 3.000 livres du roi de France, dont il ne touche que le brevet.

Novembre : Réconciliation de Descartes et de Gassendi.

Décembre : Dispute avec Regius.

1648. — *Mai :* Troisième voyage en France.

Août : Descartes repart précipitamment pour la Hollande, aux premiers troubles de la Fronde.

Septembre : Mort du R. P. Mersenne.

1649. — *Février :* La reine Christine de Suède invite Descartes à venir près d'elle, à Stockholm.

Avril : Un amiral suédois part pour aller chercher Descartes et se présente à Egmond.

Septembre : Départ de Descartes.

Octobre : Arrivée à Stockholm.

Novembre : Publication du *Traité des Passions*.

Décembre : Descartes compose les vers d'un ballet pour la tête en l'honneur de la paix.

1650. — *11 février :* Descartes meurt à Stockholm d'une pneumonie.

1667. — *Juin :* Le corps de Descartes est ramené en France et inhumé à Sainte-Geneviève-du-Mont.

BIBLIOGRAPHIE

BIBLIOGRAPHIE

DISCOURS DE LA MÉTHODE... *plus* la Dioptrique, les Météores et la Géométrie... Leyde 1637. *Trad. lat.* Amst. 1644.

MEDITATIONES DE PRIMA PHILOSOPHIA. Paris 1641.

LES MÉDITATIONS MÉTAPHYSIQUES DE René DESCARTES. *Trad. fr.* Paris 1647.

PRINCIPIA PHILOSOPHIAE. Amst. 1644. *Trad. fr.* Paris 1647.

LES PASSIONS DE L'AME. Paris 1649.

LETTRES DE M. DESCARTES. Paris 1657.

LE MONDE DE M. DESCARTES ou le TRAITÉ DE LA LUMIÈRE. Paris 1664.

L'HOMME DE RENÉ DESCARTES ET UN TRAITÉ DE LA FORMATION DU FŒTUS. Paris 1664.

REGULAE AD DIRECTIONEM INGENII, dans les *Opuscula posthuma*. Amsterdam 1701.

ŒUVRES DE DESCARTES. *V. Cousin.* 11 vol. Paris 1824-1826.

ŒUVRES DE DESCARTES. *Adam et Tannery.* 13 vol. Paris 1891-1912.

CORRESPONDANCE DE DESCARTES ET DE CONSTANTIN HUYGENS. Oxford 1926.

DISCOURS DE LA MÉTHODE. *Gilson.* Paris 1925.

LETTRES SUR LA MORALE. *Chevalier.* Paris 1935.

LES PASSIONS DE L'AME. *Mesnard.* Paris 1937.

BRÉHIER : *Histoire de la Philosophie.*

RIVAUD : *Histoire de la Philosophie.*

BAILLET : *La vie de M. Descartes.* Paris 1691.

ADAM : *Vie et œuvres de Descartes*. Œuvres t. XII. Paris 1910. — *Descartes, sa vie et son œuvre*. Paris 1937. — *Descartes, ses amitiés féminines*. Paris 1937.

COHEN : *Écrivains français en Hollande dans la première moitié du XVIIe siècle*. Paris 1920.

DIMIER : *La vie raisonnable de Descartes*. Paris 1926.

SIRVEN : *Les années d'apprentissage de Descartes*. Paris 1928.

LEROY : *Descartes. Le philosophe au masque*. Paris 1929.

LIARD : *Descartes*. Paris 1882.

HANNEQUIN : *Études d'histoire des sciences*. Paris 1908.

HAMELIN : *Le système de Descartes*. Paris 1911.

BROCHARD : *Études de philosophie*. Paris 1912.

DELBOS : *Figures et doctrines de philosophes*. Paris 1918.

CHEVALIER : *Descartes*. Paris 1921.

ALAIN : *Idées*. Paris 1932.

BRUNSCHVICG : *Descartes*. Paris 1937. — *Descartes et Pascal lecteurs de Montaigne*. Neuchâtel 1942. — Voir du même auteur : *Les Étapes de la philosophie mathématique. Spinoza et ses contemporains. L'Expérience humaine et la Causalité physique. Le Progrès de la Conscience dans la philosophie occidentale. La Raison et la Religion.*

LAPORTE : *Le Rationalisme cartésien*. Paris 1946. — *Études d'Histoire de la philosophie*. Paris 1951.

SARTRE : *Descartes*. Paris 1946.

E. BOUTROUX : *De veritatibus aeternis apud Cartesium*. Paris 1874. *Trad. fr.* Canguilhem, Paris 1927. — *Études d'Histoire de la philosophie*. 1897.

GILSON : *La Doctrine cartésienne de la Liberté et la Théologie*. Paris 1913. — *Étude sur le rôle de la pensée médiévale dans la formation du système cartésien*. Paris 1930.

J. WAHL : *Du rôle de l'idée de l'instant dans la philosophie de Descartes*. Paris 1920.

GOUHIER : *La pensée religieuse de Descartes*. Paris 1924. — *Essais sur Descartes*. Paris 1937.

ALQUIÉ : *La découverte métaphysique de l'Homme chez Descartes*. Paris 1950.

SEGOND : *La Sagesse cartésienne et l'idéal de la science.* Paris 1932.

MESNARD : *Essai sur la morale de Descartes.* Paris 1936.

P. BOUTROUX : *L'imagination et les mathématiques selon Descartes.* Paris 1900.

MILHAUD : *Descartes savant.* Paris 1921.

MOUY : *Le développement de la physique cartésienne.* Paris 1934.

KOYRÉ : *Études galiléennes.* Paris 1939.

LEWIS (Mlle) : *Le problème de l'inconscient et le cartésianisme.* Paris 1950. — *L'individualité selon Descartes.* Paris 1950.

RÈGLES POUR LA DIRECTION DE L'ESPRIT

Ce traité, inachevé, est assurément ce qu'il y avait de plus précieux dans les papiers recueillis à Stockholm après la mort de Descartes. On connaît l'histoire de ces papiers : l'ambassadeur du Roi de France, Chanut, chez qui logeait et mourut Descartes, les rassembla, les inventoria et les transmit à son beau-frère Clerselier, grand ami du philosophe et traducteur des *Objections et Réponses* consécutives aux *Méditations*. Dans l'inventaire les *Règles* figurent sous l'indication suivante : « Neuf cahiers, reliés ensemble, contenant partie d'un traité de règles utiles et claires pour la direction de l'esprit et la recherche de la vérité. »

Les *Règles* étaient écrites en latin *(Regulæ ad directionem ingenii)*. Elles ne furent imprimées que cinquante ans après la mort de l'auteur, en 1701, à Amsterdam, dans les *Opuscula posthuma physica et mathematica*. Mais, auparavant, plusieurs personnes en avaient pris connaissance, notamment Arnauld et Nicole qui les utilisèrent dans la *Logique de Port-Royal*, et Baillet qui les mentionne à plusieurs reprises dans sa *Vie de M. Descartes*. Plusieurs copies circulaient, c'est ainsi qu'en 1670 Leibniz put en acheter une qu'on a retrouvée dans ses papiers à la bibliothèque de Hanovre et qui constitue un contrôle précieux de l'édition d'Amsterdam, le manuscrit original de Clerselier étant perdu.

L'ouvrage est, comme nous l'avons dit, inachevé. Dans le dessein de son auteur il devait comprendre trois parties de douze règles chacune, la première sur les propositions simples, la seconde sur les questions parfaitement comprises, la troisième sur les questions imparfaitement comprises; or nous n'avons que vingt et une règles au lieu de trente-six, encore les trois dernières ne figurent-elles que par leur énoncé.

On peut conjecturer que Descartes écrivit les *Regulæ* vers l'année 1628, avant son départ en Hollande. Arrivant à sa maturité, il dut éprouver le besoin de mettre au net et en ordre les réflexions faites au cours des années précédentes, surtout depuis la fameuse nuit de 1619. Ce qui est sûr et ce qu'il importe de noter ici, c'est que les *Règles* sont le premier en date des grands textes cartésiens.

Texte très important, indispensable pour l'intelligence de la doctrine, dont il contient les éléments cardinaux, analysés avec une clarté et une distinction qui ne se retrouvent pas au même degré dans les ouvrages ultérieurs. Ce texte a donc sa place en tête de notre recueil. Commencer par les *Règles* c'est non seulement suivre la chronologie, mais obéir aux préceptes de la *Méthode*.

Nous sommes heureux de pouvoir donner ici l'excellente traduction publiée par M. Georges Le Roy, en 1932, dans la *Bibliothèque de Philosophie* (librairie Boivin). M. Georges Le Roy, d'une part, MM. Boivin et Cie, d'autre part, nous ont très aimablement autorisés à la reproduire. Nous les prions de bien vouloir agréer nos vifs remerciements.

RÈGLES POUR LA DIRECTION DE L'ESPRIT

RÈGLE I

Le but des études doit être de diriger l'esprit pour qu'il porte des jugements solides et vrais sur tout ce qui se présente à lui.

Les hommes ont l'habitude, chaque fois qu'ils découvrent une ressemblance entre deux choses, de leur attribuer à l'une et à l'autre, même en ce qui les distingue, ce qu'ils ont reconnu vrai de l'une d'elles. Ainsi, faisant une comparaison fausse entre les sciences, qui résident tout entières dans la connaissance qu'a l'esprit, et les arts, qui requièrent un certain exercice et une certaine disposition du corps, et voyant, par ailleurs, que tous les arts ne sauraient être appris en même temps par le même homme, mais que celui qui n'en cultive qu'un seul devient plus facilement un excellent artiste, parce que les mêmes mains ne peuvent pas se faire à la culture des champs et au jeu de la cithare, ou à plusieurs travaux de ce genre tous différents, aussi aisément qu'à l'un d'eux, ils ont cru qu'il en est de même pour les sciences elles aussi, et, les distinguant les unes des autres selon la diversité de leurs objets, ils ont pensé qu'il faut les cultiver chacune à part, sans s'occuper de toutes les autres. En quoi certes ils se sont trompés. Car, étant donné que toutes les sciences ne sont rien d'autre que la sagesse humaine, qui demeure toujours une et toujours la même, si différents que soient les objets auxquels elle s'applique, et qui ne reçoit pas plus de changement de ces objets que la lumière du soleil de la variété des choses qu'elle éclaire, il n'est pas besoin d'imposer de bornes à l'esprit : la connaissance d'une vérité ne nous empêche pas en effet d'en découvrir une autre, comme l'exercice d'un art nous empêche d'en apprendre un autre, mais bien plutôt elle nous y aide. En vérité il me semble étonnant que presque tout le monde étudie avec le plus grand soin les mœurs des hommes, les propriétés des plantes, les mouvements des astres, les transformations des métaux et d'autres objets d'étude semblables, tandis que presque personne ne songe au bon sens ou à cette sagesse universelle, alors que cependant toutes les autres choses doivent être appréciées moins pour elles-mêmes que parce qu'elles y ont quelque rapport. Ce n'est donc pas sans raison que nous posons cette règle comme la première de toutes, car rien ne nous éloigne plus du droit chemin pour la recherche de la vérité, que d'orienter nos études, non vers cette fin générale, mais vers des buts particuliers. Je ne parle pas des buts mauvais et condamnables, comme la vaine gloire ou l'amour honteux du gain : il est évident que l'imposture et la ruse propre aux esprits vulgaires y conduisent par un chemin beaucoup plus court que ne pourrait le faire la connaissance solide de la vérité. Mais je veux parler des buts honnêtes et louables, car ils nous égarent souvent d'une façon plus détournée : ainsi, quand nous voulons cultiver les sciences utiles, soit pour les avantages qu'on en retire dans la vie, soit pour le plaisir qu'on trouve dans la contemplation du vrai, et qui en cette vie est presque le seul bonheur qui soit pur et que ne trouble aucune douleur. Ce sont là, en effet, des fruits légitimes que nous pouvons attendre de la pratique des sciences; mais si nous y pensons au milieu de nos études, ils nous font souvent omettre bien des choses nécessaires pour l'acquisition d'autres connaissances, soit parce qu'au premier abord ces choses paraissent de peu d'utilité, soit parce qu'elles semblent de peu d'intérêt. Il faut donc bien se convaincre que toutes les sciences sont tellement liées ensemble, qu'il est plus facile de les apprendre toutes à la fois, que d'en isoler une des autres. Si quelqu'un veut chercher sérieusement la vérité, il ne doit donc pas choisir l'étude de quelque science particulière : car elles sont toutes unies entre elles et dépendent les unes des autres; mais il ne doit songer qu'à accroître la lumière naturelle de sa raison, non pour résoudre telle ou telle difficulté d'école, mais pour qu'en chaque circonstance de la vie son entendement montre à sa volonté le parti à prendre; et bientôt il s'étonnera d'avoir fait de plus grands progrès que ceux qui s'appliquent à des études particulières, et d'être parvenu, non seulement à tout ce que les autres désirent, mais encore à de plus beaux résultats qu'ils ne peuvent espérer.

RÈGLE II

Il ne faut s'occuper que des objets dont notre esprit paraît capable d'acquérir une connaissance certaine et indubitable.

Toute science est une connaissance certaine et évidente; et celui qui doute de beaucoup de choses n'est pas plus savant que celui qui n'y a jamais pensé : il me semble même plus ignorant que lui, pour peu qu'il se soit fait une idée fausse sur quelques-unes d'entre elles. Il vaut donc mieux ne jamais étudier plutôt que de s'occuper d'objets si difficiles que, ne pouvant distinguer le vrai du faux, on soit obligé d'admettre pour certain ce qui est douteux, attendu qu'en ce cas il y a moins d'espoir d'accroître sa science que de risque de la diminuer. Ainsi, par cette règle, nous rejetons toutes les connaissances qui ne sont que probables, et nous décidons qu'il ne faut donner son assentiment qu'à celles qui sont parfaitement connues et dont on ne peut douter. Quoique les doctes s'imaginent peut-être que ces connaissances sont fort rares, parce que, suivant un travers commun à tous les hommes, ils ont négligé d'y réfléchir comme étant trop faciles et à la portée de tout le monde, je les avertis cependant qu'elles sont bien plus nombreuses qu'ils ne croient et qu'elles suffisent à démontrer d'une façon certaine une foule de propositions, sur lesquelles ils n'ont pu formuler jusqu'à présent que des vraisemblances. Mais, ayant cru qu'il est indigne d'un homme docte d'avouer qu'il ignore quelque chose, ils se sont habitués à embellir leurs fausses raisons, si bien qu'ensuite ils ont fini par se convaincre eux-mêmes, et qu'ils les ont ainsi données pour vraies.

En vérité, si nous observons bien cette règle, il y aura fort peu de choses, dont nous pourrons entreprendre l'étude. Dans les sciences, en effet, il n'y a peut-être pas une question, sur laquelle les savants n'aient été souvent en désaccord. Or, chaque fois que sur le même sujet deux d'entre eux sont d'un avis différent, il est certain que l'un des deux au moins se trompe; et même aucun d'eux, semble-t-il, ne possède la science : car, si les raisons de l'un étaient certaines et évidentes, il pourrait les exposer à l'autre de telle manière qu'il finirait par le convaincre à son tour. Nous voyons donc que, sur tout ce qui ne donne lieu qu'à des opinions probables, il est impossible d'acquérir une connaissance parfaite, parce que nous ne pouvons sans présomption espérer de nous-mêmes plus que les autres n'ont fait, en sorte que, si notre raisonnement est juste, il ne reste de toutes les sciences déjà connues que l'arithmétique et la géométrie, auxquelles l'observation de cette règle nous ramène.

Ce n'est pas une raison cependant pour que nous condamnions la manière dont on a eu l'idée de philosopher jusqu'à présent et les machines de guerre des syllogismes probables de la scolastique : cela exerce et excite par une certaine émulation les jeunes esprits, qu'il est préférable de former par des opinions de ce genre, si incertaines qu'elles paraissent étant discutées entre savants, plutôt que de les abandonner complètement à eux-mêmes. Peut-être se précipiteraient-ils en effet à des abîmes, s'ils restaient sans guide; mais tant qu'ils s'attacheront à suivre les traces de leurs précepteurs, sans doute pourront-ils parfois s'éloigner de la vérité, du moins ils seront certains de prendre un chemin plus sûr en ce sens qu'il aura déjà été éprouvé par de plus prudents. Nous-mêmes nous nous réjouissons de ce qu'autrefois, nous aussi, nous avons été formés de la sorte dans les écoles. Mais maintenant que nous voici déliés de cette obligation qui nous enchaînait aux paroles du maître, et qu'étant enfin d'un âge assez mûr nous avons soustrait notre main à la férule, si nous voulons sérieusement nous donner à nous-mêmes des règles, grâce auxquelles nous nous élevions au faîte des connaissances humaines, il faut assurément mettre parmi les premières celle qui nous avertit de ne pas abuser de notre loisir, comme font beaucoup d'hommes qui négligent toutes les choses faciles pour ne s'occuper que de celles qui sont ardues : ils font avec ingéniosité des conjectures assurément très subtiles et des raisonnements tout à fait probables, mais après beaucoup de peines ils s'aperçoivent enfin trop tard qu'ils n'ont fait qu'accroître le nombre de leurs doutes et n'ont appris aucune science.

Pour le moment, ayant dit un peu plus haut que parmi les sciences déjà connues seules l'arithmétique et la géométrie sont exemptes de fausseté et d'incertitude, il nous faut examiner avec plus de soin pourquoi il en est ainsi, et, à cet égard, il nous faut noter que nous parvenons à la connaissance des choses par deux chemins, à savoir, par l'expérience ou par la déduction. Il faut noter, en outre, que les expériences sont souvent trompeuses, mais que la déduction, ou la simple inférence d'une chose à partir d'une autre, peut sans doute être omise si on ne l'aperçoit pas, mais ne saurait être mal faite même par l'entendement le moins capable de raisonner. Mais, pour y réussir, je trouve d'une médiocre utilité ces chaînes, par lesquelles les dialecticiens pensent gouverner la raison humaine, bien que je ne nie pas qu'elles soient excellentes pour d'autres usages. En effet, toutes les erreurs où peuvent tomber les hommes (et non les bêtes, bien entendu) ne proviennent jamais d'une mauvaise inférence, mais seulement de ce qu'on admet certaines expériences peu comprises ou qu'on porte des jugements à la légère et sans fondement.

Par là on voit clairement pourquoi l'arithmétique et la géométrie sont beaucoup plus certaines que les autres sciences : c'est que seules elles traitent d'un objet assez pur et simple pour n'admettre absolument rien que l'expérience ait rendu incertain, et qu'elles consistent tout entières en une suite de conséquences déduites par raisonnement. Elles sont donc les plus faciles et les plus claires de toutes, et leur objet est tel que nous le désirons, puisque, sauf par inattention, il semble impossible à l'homme d'y commettre des erreurs. Et cependant il ne faut pas s'étonner si spontanément beaucoup d'esprits s'appliquent plutôt à d'autres études ou à la philosophie : cela vient, en effet, de ce que chacun se donne plus hardiment la liberté d'affirmer des choses par divination dans une question obscure que dans une question évidente, et qu'il est bien plus facile de faire des conjectures sur une question quelconque que de parvenir à la vérité même sur une question, si facile qu'elle soit.

De tout cela on doit conclure, non pas, en vérité, qu'il ne faut apprendre que l'arithmétique et la géométrie, mais seulement que ceux qui cherchent le droit chemin de la vérité ne doivent s'occuper d'aucun objet, dont ils ne puissent avoir une certitude égale à celle des démonstrations de l'arithmétique et de la géométrie.

RÈGLE III

Sur les objets proposés à notre étude il faut chercher, non ce que d'autres ont pensé ou ce que nous-mêmes nous conjecturons, mais ce dont nous pouvons avoir l'intuition claire et évidente ou ce que nous pouvons déduire avec certitude : car ce n'est pas autrement que la science s'acquiert.

Il faut lire les ouvrages des Anciens, parce qu'il y a pour nous un immense avantage à pouvoir utiliser les travaux de tant d'hommes, aussi bien pour connaître ce qui jadis a été découvert de bon, que pour savoir aussi ce qui reste ensuite à trouver dans toutes les sciences. Toutefois il est bien à craindre que certaines erreurs, provenant d'une lecture trop assidue de leurs ouvrages, ne s'introduisent complètement en nous, malgré tous nos efforts et toutes nos précautions. Les auteurs sont en effet naturellement enclins, chaque fois que par une aveugle crédulité ils se sont laissé prendre à quelque opinion controversée, à vouloir toujours nous amener à leur conclusion par les arguments les plus subtils; tandis qu'au contraire, chaque fois qu'ils ont eu le bonheur de trouver quelque chose de certain et d'évident, ils ne le développent jamais qu'avec toutes sortes de détours, par crainte sans doute que la simplicité de la preuve ne diminue l'importance de l'invention, ou même parce qu'ils nous refusent jalousement la vérité toute claire.

Mais quand bien même ils seraient tous sincères et francs, ne nous imposeraient jamais des choses douteuses pour des vérités et nous exposeraient tout de bonne foi, nous ne saurions malgré tout lequel croire, car il n'existe à peu près rien qui n'ait été dit par l'un et dont le contraire n'ait été affirmé par l'autre. Et il ne servirait à rien de compter les voix pour suivre l'opinion qui a le plus de partisans : car, s'il s'agit d'une question difficile, il est plus sage de croire que sur ce point la vérité n'a pu être découverte que par peu de gens et non par beaucoup. Quand bien même d'ailleurs tous seraient d'accord entre eux, leur doctrine ne suffirait pas cependant : car jamais, par exemple, nous ne deviendrons mathématiciens, même en retenant par cœur toutes les démonstrations des autres, si notre esprit n'est pas capable à son tour de résoudre toute espèce de problème; et nous ne serons jamais philosophes, si nous avons lu tous les raisonnements de Platon et d'Aristote, et qu'il nous est impossible de porter un jugement ferme sur une question donnée : en effet, nous paraîtrons avoir appris non des sciences, mais de l'histoire.

Nous sommes avertis, en outre, qu'il ne faut mêler absolument aucune conjecture aux jugements que nous portons sur la vérité des choses. Cet avertissement n'est pas de peu d'importance : car la vraie raison pour laquelle on n'a jamais rien trouvé dans la philosophie habituelle d'assez évident et d'assez certain pour pouvoir être soustrait à la controverse, c'est d'abord que les hommes d'étude, non contents de connaître des choses claires et certaines, ont osé affirmer aussi des choses obscures et inconnues, auxquelles ils n'arrivaient que par des conjectures probables, et qu'ensuite, y ajoutant eux-mêmes peu à peu une foi entière et les mêlant indistinctement aux choses vraies et évidentes, ils ont fini par ne pouvoir rien conclure qui ne parût dépendre de quelque proposition de cette sorte et qui par suite ne fût incertain.

Pour ne pas tomber ensuite dans la même erreur, nous allons énumérer ici tous les actes de notre entendement, par lesquels nous pouvons parvenir à la connaissance des choses sans aucune crainte d'erreur; il n'y en a que deux : l'intuition et la déduction.

Par *intuition* j'entends, non pas le témoignage changeant des sens ou le jugement trompeur d'une imagination qui compose mal son objet, mais la conception d'un esprit pur et attentif, conception si facile et si distincte qu'aucun doute ne reste sur ce que nous comprenons;

ou, ce qui est la même chose, la conception ferme d'un esprit pur et attentif, qui naît de la seule lumière de la raison et qui, étant plus simple, est par suite plus sûre que la déduction même, qui pourtant elle aussi ne peut pas être mal faite par l'homme, comme nous l'avons remarqué précédemment. Ainsi chacun peut voir par intuition qu'il existe, qu'il pense, que le triangle est défini par trois lignes seulement, la sphère par une seule surface, et des choses de ce genre, qui sont bien plus nombreuses que ne le pourraient croire la plupart des hommes, parce qu'ils dédaignent de tourner leur esprit vers des choses si faciles.

Mais de peur que d'aucuns ne soient peut-être choqués par l'usage nouveau du mot *intuition* et d'autres encore que dans la suite je serai forcé de détourner de la même manière de leur signification habituelle, je déclare ici d'une façon générale que je ne m'occupe pas du tout de quelle manière ces expressions ont été employées ces derniers temps dans les écoles, parce qu'il serait très difficile de se servir des mêmes noms en ayant des idées entièrement différentes; mais je fais seulement attention à ce que signifie chaque mot en latin, afin que si les mots propres font défaut, je prenne pour leur donner mon sens ceux qui me paraissent les mieux faits pour cet usage.

Or cette évidence et cette certitude de l'intuition ne sont pas requises seulement pour de simples affirmations, mais aussi pour toute espèce de raisonnement. Ainsi, par exemple, étant donné ceci : 2 et 2 font la même chose que 3 et 1; non seulement il faut voir par intuition que 2 et 2 font 4 et que 3 et 1 font également 4, mais encore que la troisième proposition se conclut nécessairement de ces deux-là.

Par suite on a déjà pu se demander pourquoi, outre l'intuition, nous avons ajouté ici un autre mode de connaissance qui se fait par *déduction,* opération par laquelle nous entendons tout ce qui se conclut nécessairement d'autres choses connues avec certitude. Mais il a fallu procéder ainsi, parce que plusieurs choses sont connues avec certitude, bien qu'elles ne soient pas elles-mêmes évidentes, pourvu seulement qu'elles soient déduites à partir de principes vrais et connus, par un mouvement continu et ininterrompu de la pensée qui a une intuition claire de chaque chose. C'est ainsi que nous savons que le dernier anneau d'une longue chaîne est relié au premier, même si nous n'embrassons pas d'un seul et même coup d'œil tous les intermédiaires dont dépend ce lien, pourvu que nous ayons parcouru ceux-ci successivement, et que nous nous souvenions que du premier au dernier chacun tient à ceux qui lui sont proches. Nous distinguons donc ici l'intuition de la déduction certaine en ce qu'on conçoit en celle-ci un mouvement ou une certaine succession, tandis que dans celle-là il n'en est pas de même; et qu'en outre pour la déduction une évidence actuelle n'est pas nécessaire comme pour l'intuition, mais plutôt qu'elle reçoit en un sens sa certitude de la mémoire. D'où il résulte qu'au sujet des propositions, qui sont la conséquence immédiate des premiers principes, on peut dire, suivant la manière différente de les considérer, qu'on les connaît tantôt par intuition, tantôt par déduction; mais les premiers principes eux-mêmes ne peuvent être connus que par intuition; et au contraire les conséquences éloignées ne peuvent l'être que par déduction.

Voilà les deux voies les plus certaines pour conduire à la science : pour ce qui est de l'intelligence on n'en doit pas admettre davantage, et toutes les autres doivent être rejetées comme suspectes et exposées à l'erreur. Cela n'empêche pas cependant que pour ce qui a été révélé par Dieu, nous y croyions comme à une connaissance plus certaine encore, puisque la foi, qui porte toujours sur des choses obscures, est un acte non de l'intelligence mais de la volonté, et que, si elle a des fondements dans l'entendement, ceux-ci peuvent et doivent être trouvés avant tout par l'une ou l'autre des voies déjà dites, comme nous le montrerons peut-être un jour plus amplement.

RÈGLE IV

La méthode est nécessaire pour la recherche de la vérité.

Les mortels sont possédés d'une si aveugle curiosité, que souvent ils conduisent leur esprit par des voies inconnues, sans aucun motif d'espérance, mais seulement pour voir si ce qu'ils cherchent n'y serait pas, comme quelqu'un qui brûlerait d'une envie si folle de découvrir un trésor, qu'il parcourrait sans cesse les chemins, cherchant si par hasard il ne trouverait pas quelque chose qui aurait été perdu par un voyageur. Ainsi travaillent presque tous les chimistes, la plupart des géomètres et beaucoup de philosophes : en vérité je ne nie pas que parfois ils n'aillent ainsi à l'aventure avec assez de bonheur pour trouver quelque vérité; ce n'est pas une raison cependant pour que je reconnaisse qu'ils sont plus habiles, mais seulement qu'ils sont plus heureux. Il est pourtant bien préférable de ne jamais chercher la vérité sur aucune chose, plutôt que de le faire sans méthode : car il est très certain que ces études désordonnées et ces méditations obscures troublent la lumière naturelle et aveuglent l'esprit; et tous ceux qui ont ainsi coutume de marcher dans les ténèbres diminuent tellement l'acuité de leur regard qu'ensuite ils ne peuvent plus supporter la pleine lumière : chose que confirme encore l'expérience, puisqu'on voit bien souvent que ceux qui n'ont jamais donné leur soin à l'étude des lettres, jugent beaucoup plus solidement et clairement sur ce qui se présente à eux, que ceux qui ont toujours fréquenté les écoles. Or, par méthode j'entends des règles certaines et faciles, grâce auxquelles tous ceux qui les observent exactement ne supposeront jamais vrai ce qui est faux, et parviendront, sans se fatiguer en efforts inutiles mais en accroissant progressivement leur science, à la connaissance vraie de tout ce qu'ils peuvent atteindre.

Mais il faut bien noter ici deux points : ne jamais supposer vrai ce qui est faux, et parvenir à la connaissance de toutes choses. C'est qu'en effet si nous ignorons quelqu'une des choses que nous pouvons savoir, cela vient seulement ou de ce que nous n'avons découvert aucune route qui pût nous conduire à une telle connaissance, ou de ce que nous sommes tombés dans l'erreur contraire. Mais si la méthode explique bien comment il faut se servir de l'intuition, pour ne pas tomber dans l'erreur contraire à la vérité, et comment il faut faire des déductions, pour parvenir à la connaissance de toutes choses, rien d'autre n'en est requis, me semble-t-il, pour qu'elle soit complète, puisque aucune science ne peut exister, ainsi qu'il a déjà été dit, si ce n'est par intuition ou par déduction. Elle ne peut aller en effet jusqu'à enseigner aussi comment ces opérations mêmes doivent être faites, car elles sont les plus simples et les premières de toutes, en sorte que, si notre entendement ne pouvait déjà les faire auparavant, il ne comprendrait aucun des préceptes de la méthode elle-même, si faciles qu'ils soient. Quant aux autres opérations de l'esprit, que la dialectique s'efforce de diriger à l'aide de ces deux premières, elles sont inutiles ici, ou plutôt elles doivent être comptées comme des obstacles, car on ne peut rien ajouter à la pure lumière de la raison qui ne l'obscurcisse de quelque manière.

Comme l'utilité de cette méthode est si grande que sans elle il semble plus nuisible qu'utile de se livrer à l'étude des sciences, je suis convaincu que depuis longtemps, sans autre guide sans doute que la nature, les plus grands esprits en ont eu quelque idée. L'esprit humain possède en effet je ne sais quoi de divin, où les premières semences de pensées utiles ont été jetées, en sorte que souvent, si négligées et étouffées qu'elles soient par des études contraires, elles produisent spontanément des fruits. Nous en avons la preuve dans les plus faciles des sciences, l'arithmétique et la géométrie : car nous remarquons que les anciens géomètres se sont servis d'une analyse, qu'ils étendaient à la résolution de tous les problèmes, mais dont ils ont jalousement privé la postérité. Et maintenant il existe une espèce d'arithmétique, qu'on nomme algèbre, faite pour exécuter sur des nombres ce que les anciens faisaient sur des figures. Ces deux sciences ne sont rien d'autre que les fruits naturels produits par les principes innés de cette méthode : je ne suis pas étonné, d'ailleurs, qu'en ce qui concerne les objets tout à fait simples de ces deux disciplines, ces fruits se soient développés jusqu'à présent avec plus de bonheur que dans les autres sciences, où de plus grands obstacles les étouffent ordinairement, mais où cependant, pourvu toutefois qu'ils soient cultivés avec le plus grand soin, ils peuvent sans aucun doute parvenir à une parfaite maturité.

Voilà donc ce que j'ai entrepris principalement de faire dans ce traité : je ne ferais pas, en effet, grand cas de ces règles, si elles n'étaient destinées qu'à résoudre de vains problèmes, auxquels les calculateurs et les géomètres ont coutume de s'amuser dans leurs loisirs, car je croirais ainsi n'avoir réussi qu'à m'occuper de bagatelles avec plus de subtilité peut-être que d'autres. Quoique je doive souvent parler ici de figures et de nombres, parce qu'on ne peut demander à aucune science des exemples aussi évidents et certains, quiconque considérera attentivement ma pensée s'apercevra facilement que je ne songe nullement ici aux mathématiques ordinaires, mais que j'expose une autre science, dont elles sont l'enveloppe plus que les parties. Cette science doit en effet contenir les premiers rudiments de la raison humaine et n'avoir qu'à se développer pour faire sortir des vérités de quelque sujet que ce soit; et, pour parler librement, je suis convaincu qu'elle est préférable à toute autre connaissance que nous aient enseignée les hommes, puisqu'elle en est la source. Mais j'ai parlé d'enveloppe, non que je veuille envelopper cette doctrine et la cacher pour en éloigner la foule, mais plutôt afin de l'habiller et de l'orner, en sorte qu'elle puisse être davantage à la portée de l'esprit humain.

Quand j'ai commencé à m'adonner à l'étude des mathématiques, j'ai d'abord lu presque tout ce qui est habituellement enseigné par les auteurs qui en traitent; et ce sont l'arithmétique et la géométrie que j'ai surtout cultivées, parce qu'on les disait plus simples, et qu'on les considérait comme une voie qui mène aux autres sciences. Mais ni pour l'une, ni pour l'autre je ne mettais la main sur des auteurs qui m'aient pleinement satisfait : je lisais bien chez eux beaucoup de choses touchant les nombres, qu'après avoir fait des calculs je reconnaissais vraies; et même touchant les figures ils me mettaient en quelque sorte sous les yeux bien des vérités, qu'ils tiraient de certains principes; mais ils ne me paraissaient pas faire voir assez clairement à l'esprit, pourquoi il en est ainsi, et comment s'était faite l'invention; aussi je ne m'étonnais pas, qu'après avoir goûté à ces sciences, la plupart des hommes de talent et de savoir les négligent aussitôt comme puériles et vaines, ou, au contraire, s'effraient dès le début même, à l'idée de les apprendre, tant elles sont difficiles et embrouillées. Car, en vérité, rien n'est plus vain que de s'occuper de nombres vides et de figures imaginaires, au point de paraître vouloir se complaire dans la connaissance de pareilles bagatelles; et rien n'est plus vain aussi que de s'attacher à ces démonstrations superficielles, que l'on trouve plus souvent par hasard que par méthode, et qui s'adressent aux yeux et à l'imagination plus qu'à l'entendement, au point de se déshabituer en quelque sorte de l'usage de la raison même; et en même temps rien n'est plus compliqué que de dégager par une telle méthode les difficultés nouvelles qui sont cachées par la confusion des nombres. Mais quand ensuite je songeai d'où venait que jadis les premiers philosophes ne voulaient pas admettre à l'étude de la sagesse quelqu'un qui ignorât les mathématiques, comme si cette discipline leur paraissait la plus facile et la plus nécessaire de toutes pour former et préparer les esprits à comprendre d'autres sciences plus élevées, j'eus bien l'idée qu'ils connaissaient certaine mathématique fort différente de la mathématique vulgaire de notre temps; non que je croie qu'ils l'aient connue parfaitement, car leurs joies folles et les sacrifices qu'ils faisaient pour de légères inventions montrent combien ils étaient peu avancés. Et ce ne sont pas quelques machines inventées par eux, et que les historiens nous vantent, qui me font changer d'opinion : car bien qu'elles aient été sans doute fort simples, elles ont pu facilement être élevées au rang des miracles par la foule ignorante et émerveillée. Mais je suis convaincu que les premières semences de vérité, déposées par la nature dans l'esprit humain, mais que nous étouffons en nous en lisant et en écoutant chaque jour tant d'erreurs de toutes sortes, avaient tant de force dans cette rude et simple antiquité que, par cette même lumière de l'esprit qui leur faisait voir qu'il faut préférer la vertu au plaisir et l'honnête à l'utile, bien qu'ils ignorassent pourquoi il en est ainsi, les hommes ont eu des idées vraies de la philosophie et des mathématiques, quoiqu'ils n'aient jamais pu acquérir parfaitement ces sciences mêmes. En vérité il me semble que des traces de cette vraie mathématique se voient encore chez Pappus et Diophante, qui, sans appartenir au premier âge, ont cependant vécu bien des siècles avant nous. Mais je croirais volontiers que par une malice mauvaise ces auteurs l'ont ensuite cachée eux-mêmes; car, ainsi que beaucoup d'artisans l'ont fait, cela est certain, pour leurs inventions, ils ont craint peut-être, qu'étant très facile et simple, leur méthode ne perdît de son prix une fois divulguée, et, pour que nous les admirions, ils ont préféré nous donner à la place, comme des fruits de leur méthode, quelques vérités stériles déduites avec subtilité, plutôt que de nous enseigner la méthode même, qui aurait fait disparaître toute admiration. Il y eut enfin des hommes d'un grand esprit, qui se sont efforcés en ce siècle à la ressusciter : car la méthode, qu'on appelle du nom étranger d'algèbre, n'est pas autre chose, semble-t-il, pourvu toutefois qu'on parvienne à la débarrasser des chiffres nombreux et des figures embrouillées qui la surchargent, afin qu'elle possède désormais cette clarté et cette facilité suprême, qui doit se trouver, comme nous l'avons dit, dans la vraie mathématique. Ces pensées m'ayant ramené de l'étude particulière de l'arithmétique et de la géométrie à une étude générale des mathématiques, j'ai d'abord cherché ce que tout le monde entend exactement par ce mot, et pourquoi on regarde comme une partie des mathématiques, non seulement les deux sciences dont nous avons déjà parlé, mais aussi la musique, l'optique, la mécanique et bien d'autres. Il ne suffit pas en effet de considérer ici l'étymologie du mot : car, comme le terme de mathématique signifie simplement science, les autres sciences n'auraient pas moins de droit que la géométrie même à être appelées mathématiques. D'ailleurs nous ne voyons personne qui, pour peu qu'il soit seulement entré dans les écoles, ne distingue facilement, parmi ce qui se présente à lui, ce qui se rapporte aux mathématiques et ce qui se rapporte aux autres sciences. Et si l'on y réfléchit plus attentivement, on remarque enfin que seules toutes les choses où l'on étudie l'ordre et la mesure se rattachent à la mathématique, sans qu'il importe que cette mesure soit cherchée dans des nombres, des figures, des astres, des sons, ou quelque autre objet; on remarque ainsi qu'il doit y avoir quelque science générale expliquant tout ce qu'on peut chercher touchant l'ordre et la mesure sans application à une matière particulière, et que cette science eſt appelée, non pas d'un nom étranger mais d'un nom déjà ancien et reçu par l'usage, mathématique universelle, parce qu'elle renferme tout ce pourquoi les autres sciences sont dites des parties de la mathématique. Ce qui fait voir combien elle l'emporte en utilité et en facilité sur les autres sciences qui en dépendent, c'eſt qu'elle s'applique à toutes les mêmes choses qu'elles et en plus à beaucoup d'autres ; et que toutes les difficultés qu'elle renferme se retrouvent aussi dans ces autres sciences, accompagnées en outre de bien d'autres difficultés, qui proviennent de leurs objets particuliers, et qu'elle ne possède pas pour sa part. Mais maintenant, comme tout le monde connaît son nom et comprend, même sans s'y appliquer, de quoi elle traite, comment se fait-il que la plupart des hommes cherchent à connaître les autres sciences qui en dépendent, alors que personne ne se met en peine de l'étudier elle-même ? Je m'en serais étonné assurément, si je ne savais qu'elle eſt considérée par tout le monde comme très facile, et si depuis longtemps je n'avais remarqué que l'esprit humain, laissant de côté tout ce qu'il pense pouvoir atteindre facilement, s'empresse de courir à des choses nouvelles et plus élevées.

Mais moi, conscient de ma faiblesse, j'ai décidé d'observer conſtamment dans la recherche de la vérité un ordre tel, qu'ayant toujours commencé par les choses les plus simples et les plus faciles, je ne passe jamais à d'autres, avant qu'il me semble ne plus rien reſter à désirer dans les premières. C'eſt pourquoi j'ai cultivé jusqu'à maintenant, autant qu'il a été en moi, cette mathématique universelle, si bien que désormais je crois pouvoir m'occuper, sans que ce soit par un zèle prématuré, de sciences un peu plus élevées. Mais auparavant je tâcherai de réunir et de mettre en ordre tout ce que j'ai trouvé digne de remarque dans mes études antérieures, tant pour le retrouver sans peine dans ce livre, si besoin eſt, à l'époque où l'âge venant la mémoire s'affaiblit, que pour en décharger dès maintenant ma mémoire et pouvoir porter à d'autres choses un esprit plus libre.

RÈGLE V

Toute la méthode consiste dans l'ordre et la disposition des choses vers lesquelles il faut tourner le regard de l'esprit, pour découvrir quelque vérité. Or nous la suivrons exactement, si nous ramenons graduellement les propositions compliquées et obscures aux plus simples, et si ensuite, partant de l'intuition des plus simples, nous essayons de nous élever par les mêmes degrés à la connaissance de toutes les autres.

C'EST en cela seul que se trouve l'essentiel de toute l'habileté humaine; et cette règle doit être non moins suivie par qui veut entrer dans la connaissance des choses, que le fil de Thésée par qui veut pénétrer dans le labyrinthe. Mais beaucoup d'hommes, ou bien ne réfléchissent pas à ce qu'elle prescrit, ou l'ignorent tout à fait, ou s'imaginent n'en avoir pas besoin; et souvent ils examinent les questions les plus difficiles avec si peu d'ordre, qu'ils me semblent se conduire comme si, se trouvant au bas d'un édifice, ils essayaient de parvenir d'un seul bond à son faîte, soit en dédaignant les degrés de l'escalier destinés à cet usage, soit en ne les remarquant même pas. Ainsi font les astrologues, qui, sans connaître la nature des cieux et sans même en avoir exactement observé les mouvements, espèrent pouvoir en indiquer les effets. Ainsi font la plupart de ceux qui étudient la mécanique sans la physique et fabriquent au hasard de nouveaux instruments pour produire des mouvements. Ainsi font aussi ces philosophes qui, sans tenir compte des expériences, pensent que la vérité naîtra de leur propre cerveau, comme Minerve de celui de Jupiter.

En vérité tous pèchent évidemment contre cette règle. Mais, comme souvent l'ordre qu'on exige ici est si obscur et embrouillé, que tout le monde ne peut pas reconnaître quel il est, il leur sera difficile de bien faire attention à ne pas se tromper, s'ils n'observent soigneusement ce qui sera exposé dans la règle suivante.

RÈGLE VI

Pour distinguer les choses les plus simples de celles qui sont compliquées et pour les chercher avec ordre, il faut, dans chaque série de choses où nous avons déduit directement quelques vérités d'autres vérités, voir quelle est la chose la plus simple, et comment toutes les autres en sont plus, ou moins, ou également éloignées.

Quoique cette règle ne paraisse rien apprendre de bien nouveau, elle contient cependant le principal secret de la méthode, et il n'y en a pas de plus utile dans tout ce traité : elle enseigne en effet que les choses peuvent être rangées en différentes séries, non sans doute en tant qu'elles sont rapportées à quelque genre d'être, ainsi que les philosophes les ont divisées suivant des catégories, mais en tant que la connaissance des unes peut découler de la connaissance des autres, en sorte que, chaque fois que quelque difficulté se présente, nous puissions voir aussitôt s'il ne sera pas utile d'examiner certaines choses auparavant, et lesquelles, et dans quel ordre.

Mais pour qu'on y puisse réussir, il faut noter premièrement que toutes les choses, dans la mesure où elles peuvent être utiles à notre projet, quand nous ne considérons pas leurs natures isolément, mais que nous les comparons entre elles afin que la connaissance des unes découle de celle des autres, peuvent être dites absolues ou relatives.

J'appelle absolu tout ce qui contient en soi la nature pure et simple dont il est question : ainsi tout ce qui est considéré comme indépendant, cause, simple, universel, un, égal, semblable, droit, ou d'autres choses de ce genre; et je l'appelle le plus simple et le plus facile, afin que nous nous en servions pour résoudre les questions.

Le relatif, au contraire, est ce qui participe à cette même nature, ou du moins à quelque chose d'elle, par où il peut être rattaché à l'absolu et en être déduit suivant un certain ordre; mais qui, en outre, renferme dans son concept d'autres choses que j'appelle relations : tel est tout ce qu'on appelle dépendant, effet, composé, particulier, multiple, inégal, dissemblable, oblique, etc. Ces choses relatives s'éloignent d'autant plus des absolues, qu'elles contiennent plus de relations de cette sorte subordonnées les unes aux autres; et c'est la nécessité de les distinguer que nous enseigne cette règle, ainsi que l'obligation d'observer leurs connexions réciproques et leur ordre naturel, de telle façon que, partant de la dernière, nous puissions parvenir à ce qui est le plus absolu en passant par toutes les autres.

Le secret de toute la méthode consiste à regarder avec soin en toutes choses ce qu'il y a de plus absolu. Certaines choses en effet, à un certain point de vue, sont plus absolues que d'autres, mais, considérées autrement, elles sont plus relatives : ainsi l'universel est certes plus absolu que le particulier, parce qu'il a une nature plus simple, mais on peut le dire aussi plus relatif, parce que pour exister il dépend des individus, etc. De même certaines choses sont parfois réellement plus absolues que d'autres, mais jamais cependant les plus absolues de toutes : ainsi, si nous considérons les individus, l'espèce est quelque chose d'absolu, et si nous considérons le genre, elle est quelque chose de relatif; parmi les choses mesurables, l'étendue est quelque chose d'absolu, mais parmi les étendues, c'est la longueur, etc. De même enfin, pour mieux faire comprendre que nous considérons ici les séries des choses à connaître et non la nature de chacune d'elles, c'est à dessein que nous avons compté la cause et l'égal parmi les choses absolues, bien que leur nature soit en réalité relative : car en fait chez les philosophes la cause et l'effet sont des choses corrélatives; mais si nous cherchons ici quel est l'effet, il faut d'abord connaître la cause, et non pas faire l'inverse. Les choses égales aussi se correspondent, mais nous ne connaissons les choses inégales qu'en les comparant aux choses égales, et non inversement, etc.

Il faut noter deuxièmement qu'il n'y a que peu de natures pures et simples, dont, de prime abord et par elles-mêmes, nous puissions avoir l'intuition, indépendamment de toutes les autres, soit par des expériences, soit par cette lumière qui est en nous; aussi disons-nous qu'il faut les observer avec soin : car ce sont elles que nous appelons les plus simples dans chaque série. Toutes les autres, au contraire, ne peuvent être perçues que si elles sont déduites de celles-ci, et cela soit immédiatement et prochainement, soit par l'intermédiaire de deux, trois ou plusieurs conclusions différentes, conclusions dont il faut aussi noter le nombre, pour savoir si plus ou moins de degrés les séparent de la première et de la plus simple proposition. Tel est partout l'enchaînement des conséquences, d'où naissent ces séries de choses à rechercher, auxquelles il faut ramener toute question, pour pouvoir l'examiner avec une méthode sûre. Mais comme il n'est pas facile de les recenser toutes, et qu'en outre il faut moins les retenir par la mémoire que les distinguer par pénétration d'esprit, il faut chercher quelque chose pour former les esprits de telle manière que, chaque fois qu'il en sera besoin, ils les voient aussitôt : à quoi certes rien n'est plus propre — je l'ai éprouvé moi-même — que de s'accoutumer à réfléchir avec sagacité aux moindres choses que l'on a précédemment perçues.

Il faut noter enfin troisièmement qu'on ne doit pas commencer une étude par la recherche des choses difficiles; mais, avant de nous préparer à aborder quelques questions déterminées, il faut d'abord recueillir sans distinction les vérités qui se présentent d'elles-mêmes, puis peu à peu voir si quelques autres peuvent en être déduites, et de ces dernières d'autres encore, et ainsi de suite. Cela étant fait, il faut réfléchir attentivement aux vérités découvertes, et examiner soigneusement pourquoi nous avons pu trouver les unes plus tôt et plus facilement que les autres, et quelles elles sont, afin que par là nous jugions aussi, quand nous aborderons quelque question déterminée, à quelles autres recherches il est utile de s'appliquer d'abord. Par exemple, s'il me venait à l'esprit que le nombre 6 est le double de 3, je chercherais ensuite le double de 6, c'est-à-dire 12; puis je chercherais, si bon me semble, le double de celui-ci, c'est-à-dire 24, et le double de celui-ci, c'est-à-dire 48, etc.; et de là je conclurais, comme il est facile de le faire, que la même proportion existe entre 3 et 6 qu'entre 6 et 12, et de même entre 12 et 24, etc., et que par conséquent les nombres 3, 6, 12, 24, 48, etc. sont en proportion continue : par là, bien que toutes ces choses soient si claires qu'elles paraissent presque puériles, je comprends, en réfléchissant attentivement, de quelle manière sont enveloppées toutes les questions qui peuvent être posées touchant les proportions ou les rapports des choses, et dans quel ordre elles doivent être cherchées : ce qui seul constitue l'essentiel de toute la science de la mathématique pure.

Car je remarque tout d'abord qu'il n'est pas plus difficile d'avoir trouvé le double de 6 que le double de 3 ; et pareillement qu'en toutes choses, une fois trouvée la proportion qui existe entre deux grandeurs quelconques, on peut donner un nombre infini d'autres grandeurs ayant entre elles la même proportion ; et la nature de la difficulté ne change pas, que l'on en cherche 3, 4 ou un plus grand nombre de cette sorte, parce que chacune doit être trouvée à part et sans avoir égard aux autres. Je remarque ensuite, qu'étant données les grandeurs 3 et 6, j'en trouve, il est vrai, facilement une troisième en proportion continue, à savoir 12, mais qu'au contraire, les deux extrêmes étant données, à savoir 3 et 12, il n'est pas aussi facile de trouver la moyenne proportionnelle, c'est-à-dire 6 ; pour qui en examine la raison il est évident qu'il y a ici une autre sorte de difficulté tout à fait différente de la précédente : car, pour trouver une moyenne proportionnelle, il faut faire attention en même temps aux deux extrêmes et à la proportion qu'il y a entre eux deux, afin qu'en la divisant on en ait une nouvelle ; chose qui est bien différente de ce qu'il faut faire lorsque, deux grandeurs étant données, on veut en découvrir une troisième en proportion continue. Je vais plus loin encore et j'examine si, étant données les grandeurs 3 et 24, on peut trouver aussi facilement l'une ou l'autre des deux moyennes proportionnelles, c'est-à-dire 6 et 12 ; mais ici encore se présente une autre sorte de difficulté, plus compliquée que les premières : car il faut faire attention en même temps, non pas seulement à une ou deux choses, mais à trois choses différentes, pour en trouver une quatrième. On peut aller plus loin encore, et voir si, étant donnés seulement 3 et 48, il serait plus difficile encore de trouver l'une ou l'autre des trois moyennes proportionnelles, c'est-à-dire 6, 12 et 24 ; et c'est en vérité ce qui semble au premier abord. Mais on voit bientôt que cette difficulté peut être divisée et réduite : par exemple, si l'on cherche tout d'abord une seule moyenne proportionnelle entre 3 et 48, à savoir 12 ; et si ensuite on cherche une autre moyenne proportionnelle entre 3 et 12, à savoir 6, et une autre entre 12 et 48, à savoir 24 ; et ainsi tout est ramené à la seconde sorte de difficulté précédemment exposée.

D'après tout cela je vois en outre comment on peut chercher la connaissance d'une même chose par des voies différentes, dont l'une est bien plus difficile et plus obscure que l'autre. Ainsi, pour trouver ces quatre nombres en proportion continue, 3, 6, 12, 24, si on en donne deux qui se suivent, c'est-à-dire 3 et 6, ou 6 et 12, ou 12 et 24, afin que par eux on trouve les autres, la chose sera très facile à faire; et nous dirons alors que la proportion à trouver est directement examinée. Mais si on en donne deux qui alternent, c'est-à-dire 3 et 12, ou 6 et 24, afin que par là on trouve les autres, nous dirons alors que la difficulté est examinée indirectement de la première manière. De même si l'on donne les deux extrêmes, c'est-à-dire 3 et 24, afin que par eux on cherche les intermédiaires 6 et 12, la difficulté sera examinée alors indirectement de la seconde manière. Et je pourrais ainsi aller plus loin et déduire beaucoup d'autres choses de ce seul exemple, mais celles-ci suffiront pour que le lecteur voie ce que je veux dire quand je déclare qu'une proposition est déduite directement ou indirectement, et qu'il sache que, grâce à la connaissance des choses les plus faciles et les plus élémentaires, bien des choses peuvent être trouvées, même dans les autres sciences, par qui réfléchit attentivement et fait des recherches avec sagacité.

RÈGLE VII

Pour achever la science, il faut parcourir par un mouvement continu et ininterrompu de la pensée toutes les choses qui se rapportent à notre but et chacune d'elles en particulier, ainsi que les embrasser dans une énumération suffisante et ordonnée.

L'OBSERVATION de ce qui est énoncé ici est nécessaire, pour admettre au nombre des vérités certaines celles dont nous avons dit plus haut, qu'elles ne sont pas immédiatement déduites des principes premiers connus par eux-mêmes. Quelquefois, en effet, cette déduction se fait par une si longue suite de conséquences que, quand nous parvenons au terme, nous ne nous souvenons pas facilement de tout le chemin qui nous a menés jusque-là; et c'est pourquoi nous disons qu'il faut secourir la faiblesse de la mémoire par un mouvement continu de la pensée. Par exemple, si j'ai reconnu tout d'abord par différentes opérations quel rapport il y a entre les grandeurs A et B, ensuite entre B et C, puis entre C et D, et enfin entre D et E, je ne vois pas pour cela quel rapport il y a entre A et E, et je ne peux pas l'apercevoir d'après ceux qui sont déjà connus, à moins de me les rappeler tous. Aussi je les parcourrai plusieurs fois d'un mouvement continu de l'imagination qui, dans le même temps, doit avoir l'intuition de chaque chose et passer à d'autres, jusqu'à ce que j'aie appris à passer du premier au dernier assez rapidement pour ne laisser presque aucun rôle à la mémoire et avoir, semble-t-il, l'intuition de tout à la fois; par ce moyen, en effet, tout en aidant la mémoire, on corrige aussi la lenteur de l'esprit, et d'une certaine manière on étend sa capacité.

Mais nous ajoutons que ce mouvement doit être ininterrompu; car souvent ceux qui veulent déduire quelque chose trop vite et de principes éloignés, ne parcourent pas toute la chaîne des propositions intermédiaires avec tant de soin qu'ils ne sautent inconsidérément bien des choses. Et certes, là où un point est omis, fût-ce le plus petit, aussitôt la chaîne est rompue, et toute la certitude de la conclusion s'évanouit.

Nous disons, en outre, que l'énumération est requise pour achever la science : car les autres préceptes aident, en vérité, à résoudre un grand nombre de questions, mais c'est seulement grâce à l'énumération qu'il peut se faire, qu'à quelque question que nous appliquions notre esprit, nous portions toujours sur elle un jugement vrai et certain, et que par suite rien ne nous échappe vraiment, et que sur tout nous paraissions savoir quelque chose.

Cette énumération ou induction est donc la recherche de tout ce qui se rapporte à une question donnée, recherche si diligente et si soigneuse, que nous en concluons avec certitude et évidence que nous n'avons rien omis par mégarde, en sorte que, chaque fois que nous nous en serons servi, nous serons sûrs, si la chose cherchée nous échappe, d'être plus savant au moins en ce que nous saurons avec certitude qu'elle ne peut être trouvée par aucune voie connue de nous; et si par hasard, comme il arrive souvent, nous avons pu parcourir toutes les voies qui s'offrent aux hommes pour y arriver, nous pourrons affirmer hardiment que sa connaissance dépasse les bornes de l'intelligence humaine.

Il faut noter, en outre, que par énumération suffisante ou induction nous entendons seulement celle dont on conclut une vérité avec plus de certitude que par tout autre genre de preuve, sauf par l'intuition simple. Chaque fois qu'une connaissance ne peut être ramenée à l'intuition, il ne nous reste, après avoir rejeté toutes les chaînes des syllogismes, que cette seule voie de l'énumération, en laquelle nous devons mettre toute notre confiance. En effet toutes les propositions que nous avons déduites immédiatement les unes des autres, sont toutes ramenées à une véritable intuition, si l'inférence a été évidente. Si, au contraire, c'est en partant d'un grand nombre de propositions détachées que nous inférons quelque chose, souvent la capacité de notre entendement n'est pas assez grande, pour pouvoir tout embrasser d'une seule intuition : en ce cas la certitude de l'énumération doit lui suffire. De même, nous ne pouvons d'un seul coup d'œil distinguer tous les anneaux d'une trop longue chaîne; mais néanmoins, si nous avons vu le lien qui unit chacun d'eux à ses voisins, cela suffira pour que nous disions aussi que nous avons vu comment le dernier est lié au premier.

J'ai dit que cette opération doit être suffisante, parce que souvent elle peut être défectueuse et, par conséquent, sujette à l'erreur. Parfois en effet, quoique nous parcourions par l'énumération un grand nombre de choses qui sont tout à fait évidentes, si cependant nous en omettons une seule, fût-ce la plus petite, la chaîne est rompue et toute la certitude de la conclusion s'évanouit. Parfois aussi nous embrassons tout dans l'énumération avec certitude, mais nous ne distinguons pas chaque chose à part, si bien que nous ne connaissons tout que confusément.

En outre, cette énumération doit être parfois complète, parfois distincte, et quelquefois elle n'a besoin de rien de cela; c'est pourquoi il a été dit seulement qu'elle doit être suffisante. En effet, si je veux prouver par énumération combien de genres d'êtres sont corporels, ou de quelle façon ils tombent sous les sens, je n'affirmerai pas qu'il y en a tel nombre et non davantage, à moins qu'auparavant je n'aie su avec certitude, que j'ai tout compris dans l'énumération, et que j'ai distingué chaque chose à part. Mais si je veux montrer par la même voie que l'âme raisonnable n'est pas corporelle, il ne sera pas nécessaire que l'énumération soit complète, mais il suffira que je réunisse tous les corps ensemble dans quelques catégories, de manière à démontrer que l'âme raisonnable ne peut être rapportée à aucune d'elles. Et si enfin je veux montrer par énumération que l'aire du cercle est plus grande que toutes les aires des autres figures dont le périmètre est égal, il n'est pas nécessaire de passer en revue toutes les figures, mais il suffit de démontrer cela de quelques-unes en particulier, pour conclure de même, par induction, au sujet de toutes les autres.

J'ai ajouté aussi que l'énumération doit être ordonnée, non seulement parce qu'il n'y a pas de meilleur remède contre les défauts déjà énumérés que de tout examiner avec ordre, mais encore parce qu'il arrive souvent que, s'il fallait examiner séparément chacune des choses qui ont trait à la question posée, la vie d'aucun homme n'y suffirait, soit parce que ces choses sont trop nombreuses, soit parce que les mêmes reviendraient trop souvent sous les yeux. Mais si l'on dispose toutes ces choses en bon ordre pour les ramener le plus possible à des classes fixes, il suffira d'examiner exactement soit une seule d'entre elles, soit quelque chose de toutes, soit les unes plutôt que les autres, et au moins on ne parcourra pas deux fois la même chose inutilement. Cette méthode est d'un tel secours que souvent, grâce à un ordre établi, on parcourt en peu de temps et sans peine une foule de choses qui au premier abord paraissaient immenses.

Mais cet ordre des choses à énumérer peut très souvent varier, et il dépend de la volonté de chacun; aussi, pour l'imaginer plus judicieusement, il faut se souvenir de ce qui a été dit dans la règle cinq. Il y a de même beaucoup des jeux les plus futiles auxquels s'amusent les hommes, dont la solution dépend tout entière de l'ordre qu'établit la méthode : ainsi, si l'on veut faire l'anagramme la meilleure en déplaçant les lettres d'un nom quelconque, il n'est pas nécessaire de passer des choses les plus faciles aux plus difficiles, ni de distinguer les choses absolues des relatives, car ce n'en est pas ici le lieu; mais il suffira, pour examiner les combinaisons des lettres, de se donner un ordre tel qu'on ne revienne jamais deux fois sur les mêmes, et que leur nombre, par exemple, soit distribué en classes fixes, de manière à voir aussitôt dans lesquelles il y a le plus d'espoir de trouver ce qu'on cherche : car ainsi le travail ne sera pas long, mais seulement puéril.

D'ailleurs, il ne faut pas séparer ces trois dernières règles, parce que le plus souvent il faut y réfléchir en même temps, et que toutes concourent également à la perfection de la méthode. Peu importait celle que nous enseignerions la première; et nous les expliquons ici en peu de mots, parce que nous n'avons presque rien d'autre à faire dans le reste de ce traité, où nous montrerons en particulier ce que nous avons considéré ici en général.

RÈGLE VIII

Si dans la série des choses à rechercher il s'en présente quelqu'une, dont notre entendement ne puisse avoir suffisamment bien l'intuition, il faut s'arrêter là; il ne faut pas examiner ce qui suit, mais s'abstenir d'un travail superflu.

Les trois règles précédentes prescrivent l'ordre et l'expliquent; celle-ci montre en quel cas il est absolument nécessaire, et en quel cas il est seulement utile. En effet, tout ce qui constitue un degré entier dans la série, par laquelle il faut passer des choses relatives à l'absolu, ou inversement, doit être examiné nécessairement avant ce qui suit. Mais si, comme il arrive souvent, beaucoup de choses se rapportent au même degré, il est assurément toujours utile de les parcourir toutes par ordre. Cependant nous ne sommes pas forcés d'observer l'ordre aussi strictement et aussi rigoureusement; et le plus souvent, quoique nous ne connaissions pas clairement toutes ces choses, mais seulement un petit nombre d'entre elles ou même une seule, il est possible malgré tout de passer outre.

Cette règle découle nécessairement des raisons apportées pour la seconde. Il ne faut pas croire cependant, qu'elle ne contient rien de nouveau pour faire avancer la science, même si elle paraît nous éloigner seulement de la recherche de certaines choses et n'apporter aucune vérité : elle n'enseigne en effet aux débutants qu'à ne pas perdre leur peine, à peu près de la même manière que la deuxième règle. Mais à ceux qui auraient une connaissance parfaite des sept règles précédentes, elle montre de quelle manière ils peuvent, en quelque science que ce soit, se satisfaire eux-mêmes, au point de ne plus rien désirer; car quiconque aura observé exactement les premières règles dans la solution de quelque difficulté et recevra néanmoins de celle-ci l'ordre de s'arrêter, connaîtra alors avec certitude qu'il ne peut trouver par aucun moyen la connaissance qu'il cherche, et cela, non par la faute de son esprit, mais parce que la nature même de la difficulté ou encore la condition humaine s'y oppose. Cette connaissance n'est d'ailleurs pas une science moindre que celle qui montre la nature de la chose même; et on ne paraîtrait pas d'un esprit sain, si on poussait plus loin la curiosité.

Il faut illustrer tout cela par un ou deux exemples. Si quelqu'un qui n'étudie que les seules mathématiques cherche cette ligne, qu'en dioptrique on nomme anaclastique, et dans laquelle les rayons parallèles se réfractent de manière que tous, après la réfraction, se rencontrent en un seul point, il s'apercevra facilement, d'après les règles cinq et six, que la détermination de cette ligne dépend du rapport des angles de réfraction aux angles d'incidence; mais comme il ne sera pas capable de faire cette recherche, attendu qu'elle regarde non pas les mathématiques mais la physique, il devra s'arrêter tout de suite, et rien ne lui servira de vouloir apprendre des philosophes ou tirer de l'expérience la connaissance de cette vérité : car il pécherait contre la troisième règle. En outre, cette proposition est encore composée et relative; or c'est seulement sur les choses parfaitement simples et absolues que l'expérience peut être considérée comme sûre, ainsi que nous le dirons en son temps. C'est encore en vain qu'il supposera entre les angles de cette sorte un rapport, qu'il croira plus vrai que tous; car alors il ne chercherait plus l'anaclastique, mais seulement la ligne qui rendrait compte de ce qu'il a supposé.

Au contraire, si quelqu'un, qui n'étudie pas seulement les mathématiques, mais qui tâche, suivant la première règle, de chercher la vérité sur tout ce qui se présente à lui, vient à rencontrer la même difficulté, il ira plus loin et trouvera que le rapport entre les angles d'incidence et les angles de réfraction dépend de la variation de ces mêmes angles en raison de la différence des milieux; que cette variation à son tour dépend de la façon dont le rayon pénètre dans tout le corps transparent; que la connaissance de la propriété de pénétrer dans un corps suppose également connue la nature de l'action de la lumière; et qu'enfin pour comprendre l'action de la lumière, il faut savoir ce que c'est en général qu'une puissance naturelle, ce qui est dans toute cette série le dernier terme et le plus absolu. Lors donc que par l'intuition il aura vu cela clairement, il repassera par les mêmes degrés selon la règle cinq; et si, en arrivant au second degré, il ne peut connaître la nature de l'action de la lumière, il énumérera, selon la règle sept, toutes les autres puissances naturelles, afin que, grâce à la connaissance de quelqu'une d'entre elles, il la comprenne aussi, au moins par l'analogie, dont je parlerai ensuite; cela fait, il cherchera de quelle manière le rayon pénètre dans tout le corps transparent; et ainsi il parcourra le reste par ordre, jusqu'à ce qu'il soit parvenu à l'anaclastique elle-même. Quoique jusqu'à ce jour celle-ci ait été vainement cherchée par bien des gens, je ne vois rien cependant qui puisse empêcher quelqu'un, qui se servirait parfaitement de notre méthode, de connaître cette ligne avec évidence.

Mais donnons l'exemple le plus noble de tous. Si quelqu'un se propose comme problème d'examiner toutes les vérités pour la connaissance desquelles la raison humaine suffit (examen que doivent faire, ce me semble, au moins une fois dans la vie, tous ceux qui s'efforcent sérieusement de parvenir à la sagesse), il trouvera certainement par les règles qui ont été données, que rien ne peut être connu avant l'entendement, puisque la connaissance de toutes les autres choses en dépend, et non l'inverse; puis, après avoir examiné tout ce qui vient immédiatement après la connaissance de l'entendement pur, il énumérera, entre autres choses, tous les autres moyens de connaissance que nous possédons, outre l'entendement, et qui ne sont que deux, à savoir l'imagination et les sens. Il mettra donc tous ses soins à distinguer et à examiner ces trois modes de connaissance, et voyant qu'à proprement parler la vérité ou l'erreur ne peuvent être que dans l'entendement, mais que souvent elles n'ont leur source que dans les deux autres modes de connaissance, il fera soigneusement attention à tout ce qui peut le tromper, afin de s'en garder; et il énumérera exactement toutes les voies qui s'offrent aux hommes pour atteindre la vérité, afin de suivre la bonne : elles ne sont pas, en effet, si nombreuses qu'il ne les découvre toutes aisément par une énumération suffisante. Et, chose qui paraîtra étonnante et incroyable à ceux qui n'en ont pas l'expérience, chaque fois qu'il aura distingué, à propos de chaque objet, les connaissances qui ne font que remplir ou orner la mémoire, de celles qui font dire de quelqu'un qu'il est vraiment plus savant, distinction qu'il est facile aussi de faire..., il s'apercevra certainement qu'il n'ignore plus rien par manque d'intelligence ou de méthode, et que personne d'autre ne peut rien savoir qu'il ne soit capable de connaître lui aussi, pourvu seulement qu'il y applique son esprit comme il convient. Et quoique bien des choses souvent puissent lui être proposées, dont la recherche sera interdite par cette règle, il ne se croira pas cependant plus ignorant pour avoir clairement compris qu'elles dépassent les bornes de l'intelligence humaine; et cette certitude même, que nul ne peut rien savoir de la question cherchée, satisfera largement sa curiosité s'il est raisonnable.

Mais pour n'être pas toujours incertain sur ce que peut notre esprit et pour éviter qu'il ne travaille à tort et sans réflexion, avant d'aborder la connaissance des choses en particulier, il faut avoir examiné soigneusement, une fois dans la vie, quelles connaissances la raison humaine est capable d'acquérir. Pour y mieux réussir, on doit toujours, entre des choses également faciles, chercher d'abord celles qui sont les plus utiles.

Cette méthode ressemble à ces arts mécaniques, qui n'ont besoin d'aucun secours étranger, et qui enseignent eux-mêmes comment il faut fabriquer les instruments qu'ils exigent. Si quelqu'un voulait en effet exercer l'un d'eux, l'art du forgeron par exemple, et qu'il fût privé de tout instrument, il serait forcé d'abord de se servir comme enclume d'une pierre dure ou de quelque masse informe de fer, de prendre comme marteau un caillou, de disposer des morceaux de bois en forme de tenailles, et de réunir selon le besoin d'autres matériaux de cette sorte; ensuite, cela préparé, il n'irait pas se mettre aussitôt à forger pour l'usage d'autrui des épées ou des casques ni aucun objet en fer, mais avant tout il fabriquerait des marteaux, une enclume, des tenailles, et tous les autres outils qui lui sont utiles. Cet exemple nous apprend que si nous n'avons pu trouver tout d'abord que des principes confus, et qui paraissent innés en notre esprit plutôt qu'élaborés avec méthode, il ne faut pas s'en servir pour essayer de terminer aussitôt les disputes des philosophes ou de résoudre les problèmes des mathématiciens; mais il faut plutôt s'en servir pour chercher avec le plus grand soin tout ce qui est plus nécessaire à l'examen de la vérité, d'autant qu'il n'y a pas de raison pour que cela soit plus difficile à trouver que la solution de certaines questions habituellement posées en géométrie, en physique ou dans d'autres sciences.

Or il n'est rien de plus utile ici que de chercher ce qu'est la connaissance humaine et jusqu'où elle s'étend. C'est pourquoi nous réunissons maintenant ces problèmes en une seule question, et nous estimons que celle-ci doit être examinée la première de toutes d'après les règles précédemment énoncées; c'est ce que doit faire une fois dans sa vie quiconque aime tant soit peu la vérité, parce que cette recherche renferme les vrais moyens de savoir et la méthode tout entière. Au contraire, rien ne me semble plus absurde que de discuter hardiment sur les mystères de la nature, sur l'influence des cieux sur notre terre, sur la prédiction de l'avenir et autres choses semblables, comme font beaucoup de gens, et de n'avoir cependant jamais cherché si la raison humaine est capable de découvrir ces choses. Et il ne doit pas sembler malaisé ou difficile de déterminer les limites de l'esprit, dont nous avons conscience, puisque souvent nous n'hésitons pas à porter des jugements même sur ce qui est hors de nous et qui nous est tout à fait étranger. Ce n'est pas non plus un travail immense que de vouloir embrasser par la pensée tout ce qui est contenu dans l'univers, pour reconnaître comment chaque chose est soumise à l'examen de notre esprit; car il ne peut rien y avoir de si multiple ou de si dispersé qu'on ne puisse, au moyen de l'énumération dont nous avons parlé, circonscrire dans des limites déterminées et ramener à un certain nombre de chefs. Pour en faire l'expérience dans la question posée, nous divisons d'abord tout ce qui s'y rattache en deux parties : on doit en effet le rapporter, soit à nous qui sommes capables de connaître, soit aux choses elles-mêmes qui peuvent être connues; et nous pouvons discuter ces deux points séparément.

D'abord nous remarquons qu'en nous l'entendement seul peut atteindre à la science, mais qu'il peut être aidé ou gêné par trois autres facultés : l'imagination, les sens et la mémoire. Il faut donc voir, par ordre, en quoi chacune de ces facultés peut nous nuire, pour en prendre garde, ou nous être utile, pour en employer toutes les ressources. Ainsi cette partie sera traitée par une énumération suffisante, comme il sera montré dans la règle qui suit.

Il faut ensuite en venir aux choses elles-mêmes, qui ne doivent être examinées qu'autant qu'elles sont à la portée de l'entendement; et, sous ce rapport, nous les divisons en natures tout à fait simples et en natures complexes ou composées. Les natures simples ne peuvent être que spirituelles ou corporelles, ou présenter à la fois l'un et l'autre caractère; quant aux natures composées, pour les unes l'entendement apprend par expérience ce qu'elles sont, avant de savoir en préciser quelque chose, et pour les autres il les compose lui-même. Tout cela sera plus amplement exposé dans la règle douze, où l'on démontrera qu'il ne peut y avoir d'erreur que dans ces dernières natures que l'entendement compose; et c'est pourquoi nous les distinguons encore en deux espèces : celles qui se déduisent des natures les plus simples et connues par elles-mêmes, dont nous parlerons dans tout le livre suivant, et celles qui en supposent encore d'autres que l'expérience nous apprend être composées, auxquelles, pour en faire l'exposé, nous destinons tout le troisième livre.

Dans tout ce traité nous nous efforcerons de rechercher avec tant de soin et de rendre si faciles toutes les voies qui s'offrent aux hommes pour connaître la vérité, que quiconque aura parfaitement appris cette méthode, quelle que soit par ailleurs la médiocrité de son esprit, verra cependant qu'il n'en est aucune qui lui soit plus interdite qu'aux autres, et qu'il n'ignore plus rien par manque d'intelligence ou de méthode. Mais toutes les fois qu'il appliquera son esprit à la connaissance de quelque chose : ou il y parviendra complètement; ou il comprendra clairement qu'elle dépend de quelque expérience, qui n'est pas en son pouvoir, et alors il ne rendra pas son esprit responsable, bien qu'il soit forcé de s'arrêter là; ou enfin il démontrera que ce qu'il cherche dépasse les bornes de l'intelligence humaine, et par suite il ne s'en croira pas plus ignorant, parce que ce résultat n'est pas une moindre science que la connaissance de quoi que ce soit d'autre.

RÈGLE IX

Il faut tourner toutes les forces de son esprit vers les choses de moindre importance et les plus faciles, et s'y arrêter longtemps, jusqu'à ce qu'on se soit accoutumé à avoir l'intuition distincte et claire de la vérité.

Après avoir exposé les deux opérations de notre entendement, l'intuition et la déduction, dont nous avons dit que ce sont les seules qu'il faille utiliser pour apprendre les sciences, nous continuons à expliquer, dans cette règle et la suivante, de quelle manière nous pouvons devenir plus aptes à les accomplir et développer en même temps les deux principales facultés de notre esprit, la perspicacité, en ayant l'intuition distincte de chaque chose, et la sagacité, en déduisant habilement les choses les unes des autres.

En vérité, la manière dont il faut user de l'intuition nous est connue par une comparaison avec la vue. Car celui qui veut regarder d'un seul coup d'œil beaucoup d'objets à la fois, n'en voit aucun distinctement; et pareillement, celui qui a coutume de s'appliquer par un seul acte de pensée à beaucoup de choses en même temps, a l'esprit confus. Au contraire, ces artisans, qui s'occupent à des travaux délicats, et qui sont accoutumés à diriger attentivement leur regard sur chaque point, acquièrent par l'usage la faculté de distinguer parfaitement les choses les plus petites et les plus fines; de même aussi, ceux qui ne partagent jamais leur pensée entre des objets divers dans le même temps, mais l'occupent toujours tout entière à considérer les choses les plus simples et les plus faciles, deviennent perspicaces.

Mais c'est un défaut commun aux mortels que de regarder les choses difficiles comme les plus belles; et la plupart des hommes croient ne rien savoir quand ils trouvent à quelque chose une cause tout à fait claire et simple, tandis qu'ils admirent les théories sublimes et profondes des philosophes, quoique le plus souvent elles reposent sur des fondements que personne n'a jamais suffisamment examinés : quels insensés, en vérité, de préférer les ténèbres à la lumière ! Or il faut noter que ceux qui savent véritablement reconnaissent la vérité avec une égale facilité, qu'ils l'aient tirée d'un sujet simple ou d'un sujet obscur : c'est en effet par un acte semblable, un et distinct, qu'ils comprennent chaque vérité, une fois qu'ils y sont parvenus; toute la différence est dans le chemin, qui certainement doit être plus long, s'il conduit à une vérité plus éloignée des principes premiers et absolus.

Il faut donc qu'on s'accoutume à embrasser par la pensée si peu de choses à la fois et de si simples, qu'on ne croie jamais savoir ce dont on n'a pas une intuition aussi distincte que de ce qu'on connaît le plus distinctement de tout. Certains, sans doute, naissent bien plus aptes à cela que d'autres, mais la méthode et l'exercice y peuvent rendre l'esprit encore beaucoup plus apte; et il est un point sur lequel il me semble que je doive insister ici plus que sur tous les autres, c'est qu'on doit se persuader profondément que ce n'est pas des choses grandes et obscures, mais seulement des choses faciles et les plus abordables, qu'il faut déduire les sciences même les plus cachées.

Ainsi, par exemple, si je veux examiner s'il est quelque puissance naturelle qui puisse, dans le même instant, passer dans un lieu éloigné en traversant tout l'espace intermédiaire, je ne tournerai pas aussitôt mon esprit vers la force magnétique, ou l'influence des astres, ou même la rapidité de la lumière, pour rechercher si par hasard de telles actions s'exercent en un instant : car j'aurais plus de difficulté à prouver cela que ce que je cherche; mais plutôt je réfléchirai au mouvement local des corps, parce que rien dans tout ce genre ne peut être plus sensible. Et je remarquerai qu'une pierre ne peut pas en un instant passer d'un lieu dans un autre, parce qu'elle est un corps; mais qu'une puissance, semblable à celle qui meut une pierre, ne se communique qu'en un instant, pour peu qu'elle passe seule d'un sujet à un autre. Par exemple, si je remue l'une des extrémités d'un bâton aussi long qu'on voudra, je conçois facilement que la puissance, qui meut cette partie du bâton, en meuve aussi nécessairement toutes les autres dans un seul et même instant, parce qu'alors elle se communique seule, et qu'elle existe dans un corps, comme une pierre, qui l'emporte avec lui.

De même, si je veux connaître comment une seule et même cause simple peut produire en même temps des effets contraires, je n'emprunterai pas aux médecins des remèdes, qui chassent certaines humeurs et en retiennent d'autres; je ne déraisonnerai pas sur le sujet de la Lune en prétendant qu'elle réchauffe par la lumière et refroidit par une qualité occulte; mais je considérerai plutôt une balance dans laquelle en un seul et même instant le même poids élève un plateau et abaisse l'autre, et d'autres choses semblables.

RÈGLE X

Pour que l'esprit acquière de la sagacité, il faut l'exercer à chercher ce qui a déjà été trouvé par d'autres, et à parcourir avec méthode tous les métiers des hommes, même les moins importants, mais surtout ceux qui expliquent l'ordre ou le supposent.

Je suis né, je l'avoue, avec une tournure d'esprit telle, que le plus grand plaisir de l'étude a toujours été pour moi, non pas d'écouter les raisons des autres, mais de les trouver par mes propres moyens. Cela seul m'ayant attiré, jeune encore, vers l'étude des sciences, chaque fois qu'un livre promettait par son titre une nouvelle découverte, avant d'aller plus loin j'essayais si par hasard je n'arriverais pas à trouver par sagacité naturelle quelque chose d'analogue, et je me gardais bien de m'enlever ce plaisir innocent par une lecture précipitée. Cela me réussit si souvent que je m'aperçus, enfin, que j'arrivais à la vérité, non plus, comme le font ordinairement les autres hommes, par des recherches désordonnées et vaines, plutôt grâce au hasard que par méthode, mais que j'avais trouvé par une longue expérience des règles certaines, qui sont très utiles pour cette étude, et dont je me suis servi ensuite pour découvrir beaucoup d'autres. Et ainsi j'ai soigneusement pratiqué toute cette méthode, et j'ai été convaincu d'avoir adopté dès le début la manière la plus utile d'étudier.

Mais comme tous les esprits ne sont pas également portés à découvrir spontanément les choses par leurs propres forces, cette règle apprend qu'il ne faut pas s'occuper tout de suite des choses plus difficiles et ardues, mais qu'il faut approfondir tout d'abord les arts les moins importants et les plus simples, ceux surtout où l'ordre règne davantage, comme sont ceux des artisans qui font de la toile et des tapis, ou ceux des femmes qui brodent ou font de la dentelle, ainsi que toutes les combinaisons de nombres et toutes les opérations qui se rapportent à l'arithmétique, et autres choses semblables : tous ces arts exercent admirablement l'esprit, pourvu que nous ne les apprenions pas des autres, mais que nous les découvrions par nous-mêmes. Car, comme il n'y a rien de caché en eux et qu'ils sont entièrement à la portée de l'intelligence humaine, ils nous montrent très distinctement d'innombrables arrangements, tous différents entre eux et néanmoins réguliers, dont la scrupuleuse observation relève de toute la sagacité humaine.

C'est pourquoi nous avons averti qu'il faut chercher ces choses avec méthode; et la méthode, dans ces choses de moindre importance, n'est généralement que l'observation constante de l'ordre qui existe dans la chose elle-même, ou de celui qu'on a ingénieusement imaginé : ainsi, si nous voulons lire un texte qui est enveloppé dans des caractères inconnus, nous n'y voyons sans doute aucun ordre; mais nous en imaginons un cependant, non seulement pour examiner toutes les conjectures qu'on peut faire sur chaque signe, chaque mot ou chaque idée, mais aussi pour les disposer de manière à connaître par énumération tout ce qui peut en être déduit. Il faut avant tout prendre garde de ne pas perdre son temps à vouloir deviner de pareilles choses par hasard et sans méthode; car, quoique souvent on pourrait les trouver sans méthode, et quelquefois même, avec de la chance, plus vite peut-être que par la méthode, on affaiblirait cependant la lumière de son esprit, et on l'accoutumerait tellement à de vaines puérilités, qu'ensuite elle ne s'attacherait qu'à l'extérieur des choses sans pouvoir y pénétrer plus profondément. Mais n'allons pas tomber cependant dans l'erreur de ceux qui n'occupent leurs pensées que de choses sérieuses et tout à fait élevées, dont, après bien des travaux, ils n'acquièrent qu'une science confuse, alors qu'ils en désiraient une connaissance profonde. Il faut donc s'exercer d'abord à ces choses plus faciles, mais le faire avec méthode, afin de s'accoutumer à parvenir toujours par des chemins faciles et connus, et comme en se jouant, jusqu'à la vérité intime des choses; car, de cette façon, nous sentirons bientôt, et en moins de temps qu'on ne le pouvait espérer, que nous aussi, avec une égale facilité, nous pouvons déduire de principes évidents plusieurs propositions, qui paraissent très difficiles et compliquées.

Mais d'aucuns s'étonneront peut-être que, cherchant ici les moyens de nous rendre plus aptes à déduire des vérités les unes des autres, nous omettions tous les préceptes par lesquels les dialecticiens pensent gouverner la raison humaine, en lui prescrivant certaines formes de raisonnement, qui aboutissent à une conclusion si nécessaire, que la raison, qui s'y confie, bien qu'elle ne se donne pas la peine de considérer d'une manière évidente et attentive l'inférence elle-même, peut cependant quelquefois, par la vertu de la forme, aboutir à une conclusion certaine. C'est qu'en effet nous remarquons que souvent la vérité échappe à ces chaînes, tandis que ceux-là mêmes, qui s'en servent, y demeurent engagés. Cela n'arrive pas si fréquemment aux autres hommes; et l'expérience montre qu'ordinairement tous les sophismes les plus subtils ne trompent presque jamais celui qui se sert de la pure raison, mais les sophistes eux-mêmes.

C'est pourquoi ici, craignant surtout que notre raison ne demeure oisive, tandis que nous examinons la vérité de quelque chose, nous rejetons ces formes de raisonnement comme contraires à notre but, et nous cherchons plutôt tout ce qui peut aider à retenir l'attention de notre pensée, ainsi que nous le montrerons dans la suite. Mais pour qu'il apparaisse encore avec plus d'évidence que cette méthode de raisonnement n'est d'aucune utilité pour la connaissance de la vérité, il faut remarquer que les dialecticiens ne peuvent former aucun syllogisme en règle qui aboutisse à une conclusion vraie, s'ils n'en ont pas eu d'abord la matière, c'est-à-dire s'ils n'ont pas auparavant connu la vérité même qu'ils déduisent dans leur syllogisme. D'où il ressort qu'eux-mêmes n'apprennent rien de nouveau d'une telle forme; que, par suite, la dialectique ordinaire est tout à fait inutile pour ceux qui veulent chercher la vérité, et ne peut servir qu'à pouvoir quelquefois exposer plus facilement à d'autres des raisons déjà connues; et que par conséquent il faut la faire passer de la philosophie dans la rhétorique.

RÈGLE XI

Après que nous avons eu l'intuition de quelques propositions simples, si nous en déduisons quelque autre, il est utile de les parcourir toutes d'un mouvement de pensée continu et ininterrompu, de réfléchir à leurs relations mutuelles, et, autant que cela est possible, de concevoir distinctement plusieurs choses à la fois ; car c'est ainsi que notre connaissance acquiert beaucoup plus de certitude et la puissance de notre esprit une plus grande étendue.

C'est ici l'occasion d'exposer plus clairement ce qui a déjà été dit de l'intuition aux règles trois et sept; car dans un endroit nous l'avons opposée à la déduction, et dans un autre à l'énumération seulement, que nous avons définie une inférence faite à partir de plusieurs choses séparées; mais nous avons dit au même endroit que la simple déduction d'une chose à partir d'une autre se fait par intuition.

Il a fallu procéder ainsi, parce que nous exigeons deux conditions de l'intuition, savoir : que la proposition soit comprise clairement et distinctement, et, de plus, tout entière dans le même temps et non successivement. La déduction, au contraire, si nous en examinons la formation comme dans la règle trois, ne paraît pas se faire tout entière dans le même temps, mais elle implique un certain mouvement de notre esprit qui infère une chose d'une autre : aussi avons-nous eu raison de la distinguer alors de l'intuition. Mais si nous la considérons une fois accomplie, comme dans ce que nous avons dit à la règle sept, elle ne désigne plus aucun mouvement, mais le terme d'un mouvement; et c'est pourquoi nous ajoutons qu'elle est vue par intuition, quand elle est simple et claire, mais non quand elle est multiple et obscure : nous lui avons donné alors le nom d'énumération ou d'induction, parce qu'elle ne peut être comprise tout entière dans le même temps par l'entendement, et que sa certitude dépend dans une certaine mesure de la mémoire, qui doit retenir les jugements portés sur chacun des points énumérés pour tirer d'eux tous un jugement unique.

Toutes ces distinctions étaient nécessaires pour interpréter cette règle; car, après que la règle neuf n'a traité que de l'intuition et la règle dix de l'énumération seulement, celle-ci explique de quelle manière ces deux opérations s'aident et se complètent mutuellement, au point de paraître se confondre en une seule, par un certain mouvement de la pensée, qui voit chaque chose en même temps par une intuition attentive et qui passe aux autres.

A cela nous voyons une double utilité : connaître avec plus de certitude la conclusion dont il s'agit, et rendre l'esprit plus apte à découvrir d'autres choses. C'est qu'en effet la mémoire, dont nous avons dit que dépend la certitude des conclusions qui comprennent plus de choses que nous n'en pouvons saisir en une seule intuition, étant fugitive et faible, il faut la rafraîchir et l'affermir par ce mouvement continu et répété de la pensée : ainsi, si par plusieurs opérations j'ai d'abord découvert le rapport qui existe entre une première et une seconde grandeur, puis entre la seconde et une troisième, puis entre la troisième et une quatrième, et enfin entre la quatrième et une cinquième, je ne vois pas pour cela quel rapport existe entre la première et la cinquième, et je ne puis le déduire des rapports déjà connus, si je ne me les rappelle tous; c'est pourquoi il m'est nécessaire de les parcourir à nouveau par la pensée, jusqu'à ce que j'aie passé du premier au dernier assez rapidement pour paraître voir tout en même temps par intuition, sans laisser aucun rôle à la mémoire.

Tout le monde voit assurément que par cette méthode on corrige la lenteur de l'esprit et qu'on en augmente aussi la puissance. Mais il faut remarquer en outre que la plus grande utilité de cette règle consiste en ce que, en réfléchissant à la dépendance mutuelle des propositions simples, nous prenons l'habitude de distinguer immédiatement ce qui est plus ou moins relatif et par quels degrés on le ramène à l'absolu. Par exemple, si je parcours quelques grandeurs en proportion continue, je réfléchirai à ceci : que c'est par un effort de pensée analogue et ni plus ni moins facile que je connais le rapport qui existe entre la première grandeur et la seconde, la seconde et la troisième, la troisième et la quatrième et ainsi de suite; mais que je ne puis concevoir aussi facilement quelle est la dépendance de la seconde à l'égard de la première et de la troisième en même temps, et qu'il est encore beaucoup plus difficile de concevoir la dépendance de cette même seconde à l'égard de la première et de la quatrième, et ainsi de suite. Par là enfin je vois pourquoi, si on ne donne que la première et la seconde, je peux facilement trouver la troisième et la quatrième, et ainsi de suite : c'est que cela se fait par des efforts de pensée particuliers et distincts. Mais si on ne donne que la première et la troisième, je ne connaîtrai pas aussi facilement la grandeur intermédiaire, car cela ne peut se faire que par un effort de pensée qui embrasse à la fois les deux grandeurs données. Si on ne donne que la première et la quatrième, j'aurai encore plus de peine à voir par intuition les deux intermédiaires, parce qu'ici il faut penser à trois choses en même temps. Ainsi, par conséquent, il paraîtrait plus difficile encore de trouver à partir de la première et de la cinquième les trois intermédiaires; mais il y a un autre moyen pour qu'il en arrive autrement : c'est en effet qu'ici, bien qu'il y ait quatre idées jointes ensemble, on peut cependant les séparer, puisque le nombre quatre se divise par un autre nombre, si bien que je puis chercher à partir de la première et de la cinquième la troisième seulement, et ensuite à partir de la première et de la troisième la seconde, et ainsi de suite. Quiconque s'est accoutumé à réfléchir à ces choses et à d'autres semblables, toutes les fois qu'il examine une nouvelle question, reconnaît aussitôt ce qui en elle engendre une difficulté et quelle est la façon la plus simple de la résoudre : et c'est là une aide très grande pour la connaissance de la vérité.

RÈGLE XII

Enfin il faut se servir de tous les secours qu'on peut tirer de l'entendement, de l'imagination, des sens et de la mémoire, soit pour avoir l'intuition distincte des propositions simples, soit pour bien comparer les choses qu'on cherche avec celles qu'on connaît, afin de les découvrir, soit pour trouver les choses qui doivent être comparées entre elles, de telle sorte qu'on n'oublie aucun des moyens qui sont au pouvoir de l'homme.

Cette règle résume tout ce qui a été dit précédemment et enseigne d'une façon générale ce qui devait être expliqué en particulier.

En ce qui concerne la connaissance il ne faut prendre en considération que deux choses : nous qui connaissons, et les objets mêmes qui doivent être connus. En nous il n'y a que quatre facultés dont nous puissions nous servir pour cet usage : l'entendement, l'imagination, les sens et la mémoire. Certes l'entendement seul est capable de percevoir la vérité; mais il doit être aidé cependant par l'imagination, les sens et la mémoire, afin que nous ne laissions de côté aucune de nos facultés. Pour ce qui est des objets il suffit d'examiner trois choses : d'abord ce qui se présente spontanément, puis comment on connaît une chose par une autre, et enfin quelles déductions on peut faire de chaque chose. Cette énumération me semble complète, et ne rien oublier de ce que les facultés humaines peuvent atteindre.

Considérant donc le premier point, je voudrais exposer ici ce qu'est l'esprit de l'homme, ce qu'est le corps, comment celui-ci eſt formé par celui-là, quelles sont dans tout ce composé les facultés qui servent à connaître les choses et ce que font chacune d'elles, si la place ne me semblait pas trop reſtreinte pour contenir tous les préliminaires qu'il faut poser avant que la vérité de tout ceci puisse être évidente à tous. C'eſt qu'en effet je désire écrire toujours de manière à ne rien affirmer sur des questions ordinairement controversées, à moins d'avoir exposé au préalable les raisons qui m'ont amené à mon opinion et qui, je pense, peuvent convaincre aussi les autres.

Mais, puisque ce n'eſt pas possible, il me suffira d'exposer, aussi brièvement que je le pourrai, quelle eſt la manière la plus utile à mon but de concevoir toutes nos facultés faites pour acquérir des connaissances. Ne croyez pas que les choses soient ainsi, si vous ne le voulez pas ! Mais qui empêchera que vous n'adoptiez les mêmes hypothèses, s'il eſt évident qu'elles n'altèrent en rien la vérité et qu'elles rendent seulement tout beaucoup plus clair? C'eſt ainsi qu'en géométrie vous faites sur une quantité des hypothèses qui n'infirment d'aucune manière la force des démonſtrations, bien que souvent en physique vous ayez une autre idée sur la nature de cette quantité.

Il faut donc se représenter, premièrement, que tous les sens externes, en tant qu'ils sont des parties du corps, peuvent être appliqués aux objets par une action, c'eſt-à-dire par un mouvement local, mais néanmoins ne sentent proprement que par une passion, comme la cire reçoit la figure d'un cachet. Et il ne faut pas croire que cela soit dit par analogie; mais il faut se représenter, tout à fait de la même manière, que la figure extérieure du corps sentant eſt réellement modifiée par l'objet, comme la surface de la cire eſt modifiée par le cachet. Il faut l'admettre non seulement lorsque nous touchons quelque corps qui a une forme, ou qui eſt dur ou rugueux, etc., mais aussi lorsque nous percevons par le toucher la chaleur ou le froid, et d'autres choses semblables. De même pour les autres sens : la première partie opaque de l'œil reçoit ainsi la figure qu'imprime en elle la lumière diversement colorée, et la première membrane des oreilles, du nez et de la langue, impénétrable à l'objet, reçoit aussi une nouvelle figure du son, de l'odeur et de la saveur.

Se représenter ainsi toutes ces choses aide beaucoup, puisque rien ne tombe plus facilement sous le sens que la figure, car on la touche et on la voit. Et il ne résulte aucune erreur de cette hypothèse, pas plus que de toute autre : on en a la preuve en ce que l'idée de figure est si commune et si simple qu'elle est impliquée dans tout objet sensible. Supposez, par exemple, que la couleur soit tout ce qu'il vous plaira; vous ne nierez pas cependant qu'elle soit étendue et, par conséquent, figurée. Or quel inconvénient y aurait-il, pour ne pas admettre inutilement un être nouveau et pour n'en pas imaginer sans réflexion, à ne rien nier sans doute de ce qu'il a plu à d'autres de penser sur la couleur, mais à ne considérer en celle-ci, indépendamment de toute autre chose, que ce qui est figuré, et à concevoir la différence qui existe entre le blanc, le bleu, le rouge, etc., comme celle qui existe entre les figures suivantes ou d'autres semblables?

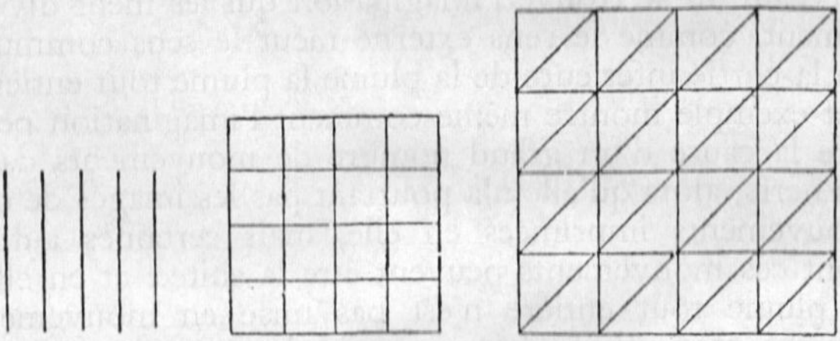

On en peut dire autant de tout, car il est certain que le nombre infini des figures suffit à exprimer toutes les différences des choses sensibles.

Deuxièmement, il faut se représenter que, quand le sens externe est mis en mouvement par un objet, la figure qu'il reçoit est transportée à une autre partie du corps appelée le sens commun, instantanément et sans qu'aucun être passe réellement d'un endroit à un autre; exactement de la même manière que maintenant, quand j'écris, je comprends qu'au même instant où chaque caractère est tracé sur le papier, non seulement la partie inférieure de la plume est mise en mouvement, mais aucun mouvement, si petit soit-il, ne peut se produire en elle sans être transmis en même temps à la plume tout entière, et que tous ces mouvements variés sont également décrits dans l'air par la partie supérieure de la plume, bien que je comprenne que rien de réel ne passe d'une extrémité à l'autre. Qui peut croire, en effet, qu'il y a moins de connexion entre les parties du corps humain qu'entre celles d'une plume, et que peut-on imaginer de plus simple pour exprimer cela?

Troisièmement, il faut se représenter que le sens commun joue aussi le rôle d'un cachet pour imprimer dans la fantaisie ou l'imagination, comme dans une cire, ces mêmes figures ou idées qui viennent sans corps et dégagées des sens externes; et que cette imagination est une véritable partie du corps, et d'une grandeur telle, que ses diverses parties peuvent se couvrir de plusieurs figures distinctes les unes des autres et qu'habituellement elles gardent longtemps ces figures : c'est alors ce qu'on appelle la mémoire.

Quatrièmement, il faut se représenter que la force motrice ou les nerfs eux-mêmes prennent naissance dans le cerveau, où se trouve l'imagination qui les meut diversement, comme le sens externe meut le sens commun, ou la partie inférieure de la plume la plume tout entière. Cet exemple montre même comment l'imagination peut être la cause d'un grand nombre de mouvements dans les nerfs, alors qu'elle n'a pourtant pas les images de ces mouvements imprimées en elle, mais certaines autres dont ces mouvements peuvent être la suite : et en effet la plume tout entière n'est pas mise en mouvement comme sa partie inférieure, mais dans sa plus grande partie elle semble plutôt suivre un mouvement tout à fait différent et contraire. Par là on peut comprendre comment peuvent s'accomplir tous les mouvements que font les animaux, bien qu'en eux on ne puisse admettre aucune connaissance des choses, mais seulement une imagination purement corporelle; et aussi comment se font en nous toutes ces opérations que nous accomplissons sans le concours de la raison.

Cinquièmement enfin, il faut se représenter que cette force, par laquelle nous connaissons proprement les choses, est purement spirituelle, et non moins distincte du corps tout entier, que le sang des os ou la main de l'œil; et qu'elle est une, soit qu'elle reçoive des figures du sens commun en même temps que l'imagination, soit qu'elle s'applique à celles que garde la mémoire, soit qu'elle en forme de nouvelles qui s'emparent tellement de l'imagination que souvent celle-ci ne suffit pas à recevoir en même temps les idées qui viennent du sens commun ou à les transmettre à la force motrice selon la simple organisation du corps. Dans tous les cas cette force qui connaît est parfois passive et parfois active, et c'est tantôt le cachet et tantôt la cire qu'elle imite; c'est là cependant une comparaison qu'il ne faut prendre que comme une analogie, car dans les choses corporelles on ne trouve absolument rien de semblable à cette force. C'est une seule et même force qui, si elle s'applique avec l'imagination au sens commun, est dite voir, toucher, etc.; si elle s'applique à l'imagination seule en tant que celle-ci est couverte de figures variées, elle est dite se souvenir; si elle s'applique à l'imagination pour créer de nouvelles figures, elle est dite imaginer ou se représenter; si enfin elle agit seule, elle est dite comprendre : mais pour cette dernière opération j'exposerai plus amplement en son temps comment elle se fait. C'est pour ces raisons que cette même force s'appelle selon ses fonctions diverses : entendement pur, imagination, mémoire ou sens; mais on l'appelle proprement intelligence, soit quand elle forme de nouvelles idées dans l'imagination, soit quand elle s'applique à celles qui sont déjà formées; nous la considérons donc comme apte à ces différentes opérations, et la distinction de ces noms devra être observée dans la suite. Toutes ces choses ainsi comprises, le lecteur attentif jugera facilement quels sont les secours qu'il faut demander à chaque faculté, et jusqu'où peuvent s'étendre les efforts des hommes pour suppléer aux faiblesses de l'intelligence.

Car, puisque l'entendement peut être mû par l'imagination ou au contraire agir sur elle, que, de même, l'imagination peut agir sur les sens par la force motrice, en les appliquant aux objets, ou qu'au contraire les sens peuvent agir sur elle, en y peignant les images des corps, mais que la mémoire, celle au moins qui est corporelle et semblable à celle des bêtes, n'est en rien distincte de l'imagination, on en conclut avec certitude que, si l'entendement s'occupe de choses qui n'ont rien de corporel ou de semblable au corps, il ne peut être aidé par ces facultés, et qu'au contraire, pour ne pas être entravé par elles, il doit écarter les sens et, autant que possible, dépouiller l'imagination de toute impression distincte.

Mais si l'entendement se propose d'examiner quelque chose qui puisse être rapporté au corps, c'est dans l'imagination qu'il faut en former l'idée la plus distincte possible; et, pour le faire plus aisément, il faut montrer aux sens externes la chose même que cette idée représentera. Une pluralité d'objets ne peut aider l'entendement à avoir l'intuition distincte de chaque chose. Mais, pour extraire quelque chose d'une pluralité d'objets, ce qu'il faut souvent faire, il faudra retrancher des idées qu'on a des choses tout ce que n'exigera pas l'attention du moment, afin que le reste puisse être plus facilement gardé dans la mémoire; et de même, il ne faudra pas présenter alors les choses elles-mêmes aux sens externes, mais plutôt en présenter des figures réduites qui, pourvu qu'elles suffisent à nous mettre en garde contre les défaillances de la mémoire, sont d'autant plus utiles qu'elles sont plus petites. Quiconque observera tout cela n'oubliera rien, me semble-t-il, de ce qui se rapporte à cette première partie.

Mais, pour arriver à la seconde partie, et pour distinguer soigneusement les notions des choses simples de celles qui en sont composées et voir, à propos des unes et des autres, où peut être l'erreur, afin de nous en garder, et quelles sont les notions qui peuvent être connues avec certitude, afin de nous appliquer à elles seules, il nous faut admettre ici, comme plus haut, certaines choses qui peut-être ne sont pas acceptées par tout le monde; mais peu importe qu'on ne les croie pas plus vraies que ces cercles imaginaires avec lesquels les astronomes décrivent leurs phénomènes, pourvu qu'avec leur secours on distingue sur toute question quelle connaissance doit être vraie ou fausse.

Nous disons donc premièrement que chaque chose doit être considérée différemment quand nous en parlons par rapport à notre connaissance et quand nous en parlons par rapport à leur existence réelle. En effet, si nous considérons, par exemple, quelque corps étendu et figuré, nous reconnaîtrons bien qu'il est, quant à lui, quelque chose d'un et de simple : car, en ce sens, on ne pourrait le dire composé de corporéité, d'étendue et de figure, puisque ces parties n'ont jamais existé distinctes les unes des autres; mais, par rapport à notre entendement, nous disons qu'il est un composé de ces trois natures, parce que nous nous les sommes représentées chacune séparément avant d'avoir pu juger qu'elles se trouvent toutes les trois réunies en un seul et même sujet. C'est pourquoi, ne traitant ici des choses qu'autant qu'elles sont perçues par l'entendement, nous n'appelons simples que celles dont la connaissance est si claire et si distincte que l'esprit ne les puisse diviser en un plus grand nombre dont la connaissance soit plus distincte : tels sont la figure, l'étendue, le mouvement, etc. Quant à toutes les autres nous nous les représentons comme étant en quelque sorte composées de celles-ci : ce qui doit s'entendre d'une manière si générale qu'on n'en excepte pas même celles que nous abstrayons parfois des choses simples, comme il arrive quand nous disons que la figure est la limite d'une chose étendue, concevant par limite quelque chose de plus général que par figure, parce qu'on peut parler aussi de limite de la durée, de limite du mouvement, etc. Car alors, bien que l'idée de limite soit abstraite de la figure, elle ne doit cependant pas pour cette raison paraître plus simple que la figure; mais au contraire, comme on l'applique aussi à d'autres choses essentiellement différentes de la figure, telles que le terme de la durée ou du mouvement, etc., on a dû l'abstraire de celles-ci aussi, et, par suite, elle est un composé de plusieurs natures tout à fait différentes, auxquelles on ne l'applique que par équivoque.

Nous disons deuxièmement que les choses, qui par rapport à notre entendement sont dites simples, sont ou purement spirituelles, ou purement matérielles, ou mixtes. Sont purement spirituelles celles que l'entendement connaît par une lumière innée et sans le secours d'aucune image corporelle : car il existe, cela est certain, des choses de ce genre; on ne peut imaginer aucune idée corporelle qui nous représente ce qu'est la connaissance, le doute, l'ignorance, l'action de la volonté qu'on peut appeler volition, et autres choses semblables, et cependant nous connaissons toutes ces choses réellement et si facilement qu'il nous suffit pour cela d'être doués de raison. Sont purement matérielles celles qu'on ne connaît que dans les corps, comme sont la figure, l'étendue, le mouvement, etc. Enfin on doit appeler mixtes celles qu'on applique indistinctement aux choses corporelles et aux choses spirituelles, comme l'existence, l'unité, la durée, et autres choses semblables. A ce groupe doivent être rapportées aussi ces notions mixtes, qui sont comme des liens destinés à unir entre elles d'autres natures simples et sur l'évidence desquelles repose la conclusion de tout raisonnement; celles-ci, par exemple : deux choses égales à une même troisième sont égales entre elles; de même, deux choses qui ne peuvent être rapportées de la même manière à une même troisième, ont également entre elles quelque différence, etc. Et, en vérité, ces notions mixtes peuvent être connues, soit par l'entendement pur, soit par l'entendement voyant avec intuition les images des choses matérielles.

Mais, parmi ces natures simples, il convient aussi de compter leurs privations et négations, en tant que nous les comprenons; car la connaissance par laquelle j'ai l'intuition de ce qu'est le néant, l'instant ou le repos, est non moins vraie que celle qui me fait comprendre ce qu'est l'existence, la durée ou le mouvement. Cette manière de voir permettra de dire ensuite que toutes les autres choses que nous connaissons sont composées de ces natures simples : ainsi, si je juge qu'une figure n'est pas en mouvement, je dirai que ma pensée est en quelque manière composée de la figure et du repos; et ainsi du reste.

Nous disons troisièmement que ces natures simples sont toutes connues par elles-mêmes et ne contiennent jamais rien de faux. On le verra facilement, si nous distinguons cette faculté, par laquelle l'entendement a l'intuition et la connaissance des choses, de celle par laquelle il juge par affirmation ou négation. Il peut se faire, en effet, que nous pensions ignorer des choses, que nous connaissons en réalité; ainsi par exemple, si nous nous figurons qu'il y a en elles, sans compter ce dont nous avons l'intuition ou ce que nous atteignons par la pensée, quelque chose de caché pour nous, et si notre idée se trouve fausse. Par là il est évident que nous nous trompons quand nous jugeons que quelqu'une de ces natures simples ne nous est pas entièrement connue; car, si notre esprit en acquiert la moindre idée, — ce qui assurément est nécessaire, puisqu'on suppose que nous portons sur elle un jugement quelconque —, il faut en conclure, par le fait même, que nous la connaissons tout entière : autrement on ne pourrait pas la dire simple, mais composée de ce que nous en percevons et de ce que nous jugeons en ignorer.

Nous disons quatrièmement que la liaison de ces choses simples entre elles est ou nécessaire ou contingente. Elle est nécessaire, quand une chose est impliquée confusément dans le concept d'une autre, de telle sorte que nous ne pouvons concevoir l'une des deux distinctement, si nous jugeons qu'elles sont séparées l'une de l'autre. C'est ainsi que la figure est unie à l'étendue, le mouvement à la durée ou au temps, etc., car il est impossible de concevoir la figure privée de toute étendue et le mouvement privé de toute durée. Ainsi encore, si je dis : quatre et trois font sept, cette liaison est nécessaire, car nous ne concevons pas distinctement le nombre sept sans y renfermer confusément le nombre trois et le nombre quatre. De même tout ce qu'on démontre touchant les figures ou les nombres est lié à la chose sur laquelle porte l'affirmation. Et ce n'est pas seulement dans les choses sensibles que se trouve cette nécessité; mais par exemple, si Socrate dit qu'il doute de tout, il s'ensuit nécessairement, qu'il comprend donc, pour le moins, qu'il doute, et qu'il sait, par conséquent, qu'il peut y avoir quelque chose de vrai ou de faux, etc., car ces choses sont nécessairement liées à la nature du doute. Elle est contingente, au contraire, quand c'est la liaison de choses qui ne sont pas unies par un rapport indissoluble, comme lorsque nous disons que le corps est animé, que l'homme est vêtu, etc. Il y a bien souvent aussi des choses qui sont unies entre elles d'une façon nécessaire, et que la plupart des hommes comptent parmi les choses contingentes, parce qu'ils n'en remarquent pas le rapport, comme cette proposition : je suis, donc Dieu existe; et de même, je comprends, donc j'ai un esprit distinct du corps, etc. Enfin il faut noter que beaucoup de propositions nécessaires, une fois renversées, sont contingentes : ainsi, quoique de ce que j'existe je conclue avec certitude que Dieu est, cependant, de ce que Dieu est, je ne peux pas affirmer que j'existe aussi.

Nous disons cinquièmement que nous ne pouvons jamais rien comprendre en dehors de ces natures simples et d'un certain mélange ou d'une certaine composition qui s'en forme; et même il est souvent plus facile d'en considérer à la fois plusieurs qui sont jointes entre elles, que d'en séparer une des autres : ainsi, par exemple, je peux connaître le triangle, quoique je n'aie jamais pensé que dans cette connaissance soit également contenue la connaissance de l'angle, de la ligne, du nombre trois, de la figure, de l'étendue, etc.; ce qui cependant n'empêche pas que nous disions que la nature du triangle est composée de toutes ces natures, et que celles-ci sont mieux connues que le triangle, puisque ce sont elles-mêmes que l'on comprend en lui; en ce triangle, d'ailleurs, beaucoup d'autres connaissances sont sans doute contenues, qui nous échappent, comme la grandeur des angles, qui sont égaux à deux droits, et les innombrables rapports qui existent entre les côtés et les angles ou la grandeur de l'aire, etc.

Nous disons, sixièmement, que ces natures que nous appelons composées nous sont connues, soit parce que nous avons l'expérience de ce qu'elles sont, soit parce que nous les composons nous-mêmes. Nous avons l'expérience de tout ce que nous percevons par les sens, de tout ce que nous apprenons d'autrui, et, d'une façon générale, de tout ce qui parvient à notre entendement, soit du dehors, soit de la réflexion de l'entendement sur lui-même. A ce propos il faut noter que l'entendement ne peut jamais être trompé par une expérience, s'il se borne à avoir l'intuition nette de ce qui se présente à lui tel qu'il l'a, soit en lui-même, soit dans l'imagination, et si de plus il ne juge pas que l'imagination représente fidèlement les objets des sens, ni que les sens prennent les vraies figures des choses, ni enfin que la réalité extérieure est toujours telle qu'elle apparaît; en tout cela, en effet, nous sommes sujets à l'erreur : c'est ainsi que, lorsqu'on nous a raconté une fable, nous croyons que la chose a eu lieu; que celui qui est malade d'une jaunisse juge que tout est jaune, parce qu'il a les yeux colorés en jaune; et enfin que, lorsque l'imagination est atteinte, comme il arrive aux mélancoliques, nous croyons que les rêves désordonnés qu'elle fait représentent la réalité vraie. Mais cela ne trompera pas l'entendement du sage, car, tout en jugeant que l'image reçue de l'imagination y a été vraiment gravée, il n'affirmera cependant jamais que cette image est venue, tout entière et sans altération, de la réalité extérieure aux sens et des sens à l'imagination, à moins de l'avoir su d'abord par quelque autre moyen. Nous composons, au contraire, nous-mêmes les choses que nous comprenons, toutes les fois qu'en elles nous croyons qu'il y a quelque chose que notre esprit perçoit immédiatement sans aucune expérience : ainsi, lorsque celui qui a la jaunisse se persuade que ce qu'il voit est jaune, sa pensée sera composée de ce que son imagination lui représente et de ce qu'il prend en lui-même, à savoir que tout paraît jaune, non pas à cause d'un défaut de son œil, mais parce que tout ce qu'il voit est réellement jaune. D'où l'on conclut que nous ne pouvons être trompés qu'en composant nous-mêmes d'une certaine façon les choses auxquelles nous croyons.

Nous disons, septièmement, que cette composition peut se faire de trois manières : par impulsion, par conjecture ou par déduction. Ceux-là composent par impulsion leurs jugements sur les choses, qui sont portés à croire d'eux-mêmes quelque chose, sans être convaincus par aucune raison, mais déterminés seulement, soit par quelque puissance supérieure, soit par leur propre liberté, soit par une disposition de leur imagination : la première ne trompe jamais, la seconde rarement, la troisième presque toujours; mais la première n'a pas place ici, parce qu'elle ne rentre pas dans la méthode. La composition se fait par conjecture quand, par exemple, de ce que l'eau, plus éloignée du centre que la terre, est aussi d'une substance plus subtile, et de ce que l'air, plus élevé que l'eau, est aussi moins dense que cette dernière, nous conjecturons qu'au-dessus de l'air il n'y a rien qu'un éther très pur et bien plus subtil encore que l'air lui-même, etc. Toutes les notions que nous composons de cette manière ne nous trompent pas, en vérité, pourvu que nous ne les jugions que probables et que jamais nous ne les affirmions comme vraies, mais aussi elles ne nous rendent pas plus savants.

Il ne reste donc que la déduction par laquelle nous puissions composer des choses de telle sorte que nous soyons sûrs de leur vérité. En elle cependant il peut y avoir aussi plusieurs défauts : c'est ainsi que, par exemple, de ce que nous ne percevons rien dans l'espace rempli d'air, ni par la vue, ni par le toucher, ni par aucun autre sens, nous concluons que cet espace est vide, en réunissant mal à propos la nature du vide et celle de l'espace; et cela se produit chaque fois que d'une chose particulière ou contingente nous jugeons pouvoir déduire quelque chose de général et de nécessaire. Mais il est en notre pouvoir d'éviter cette erreur : c'est de ne jamais unir plusieurs choses, à moins d'avoir vu par intuition que leur liaison est nécessaire; c'est ainsi, par exemple, que nous déduisons qu'il ne peut rien y avoir de figuré qui ne soit étendu du fait que la figure est nécessairement liée à l'étendue, etc.

De tout cela il résulte, premièrement, que nous avons exposé distinctement et, je crois, par une énumération suffisante ce qu'au début nous n'avions pu montrer que d'une façon confuse et sans art, à savoir, qu'il n'y a pas d'autres voies qui s'offrent aux hommes, pour arriver à une connaissance certaine de la vérité, que l'intuition évidente et la déduction nécessaire, et aussi ce que sont ces natures simples, dont nous avons parlé dans la règle huit. Il est évident que l'intuition s'applique à connaître et toutes ces natures simples, et les relations nécessaires qui les unissent, et enfin tout ce dont l'entendement a une expérience nette, soit en lui-même, soit dans l'imagination. Quant à la déduction, nous en parlerons davantage dans la suite.

Il résulte, deuxièmement, qu'il n'y a aucune peine à se donner, pour connaître ces natures simples, car elles sont suffisamment connues par elles-mêmes, mais seulement pour les séparer les unes des autres, et, en fixant son attention, avoir l'intuition de chacune isolément. Il n'est en effet personne d'assez obtus pour ne pas comprendre que, lorsqu'il est assis, il est d'une certaine manière différent de lui-même lorsqu'il est debout; mais tous ne font pas une distinction aussi nette entre la nature de la position et ce qui se trouve contenu par ailleurs dans cette pensée, et ils ne peuvent pas affirmer que seule la position a changé. Ce n'est pas sans raison que nous faisons ici cette remarque, car les doctes sont d'habitude assez ingénieux pour trouver le moyen de ne rien voir même en ce qui est évident par soi-même et connu des ignorants. Cela leur arrive chaque fois qu'ils essaient d'expliquer des choses connues par elles-mêmes par quelque chose de plus évident : car, ou bien ils expliquent autre chose, ou ils n'expliquent rien du tout. Qui donc en effet ne comprend pas le changement, quel qu'il soit, qui s'accomplit en nous lorsque nous changeons de lieu, et qui donc concevrait la même chose, si on lui dit : *le lieu est la surface du corps ambiant ?* puisque cette surface peut changer, tandis que je demeure immobile et ne change pas de lieu, et qu'au contraire, elle peut être mue avec moi de telle sorte que, bien que ce soit encore la même qui m'entoure, je ne sois cependant plus dans le même lieu. En vérité, ne paraissent-ils pas proférer des paroles magiques, ayant une puissance occulte et qui dépasse les bornes de l'intelligence humaine, en disant que le *mouvement,* qui est une chose bien connue de tout le monde, est *l'acte d'un être en puissance, en tant qu'il est en puissance ?* Car qui comprend ces mots ? Qui donc ignore ce qu'est le mouvement et qui n'avoue pas que ces gens ont cherché un nœud sur une baguette de jonc ? On doit donc dire qu'il ne faut jamais expliquer les choses par des définitions de ce genre, de crainte qu'à la place de choses simples nous en comprenions de composées ; il faut seulement, qu'après avoir séparé les choses simples de toutes les autres, chacun s'applique soigneusement, selon les lumières de son intelligence, à en avoir l'intuition.

Il résulte, troisièmement, que toute science humaine ne consiste qu'à voir distinctement comment ces natures simples concourent à la composition des autres choses. Remarque qu'il est très utile de faire ; car, toutes les fois qu'on propose quelque difficulté à examiner, la plupart des gens s'arrêtent dès le début, ne sachant pas à quelles pensées ils doivent laisser aller leur esprit et convaincus qu'il faut chercher quelque nouveau genre d'être encore inconnu d'eux : ainsi, par exemple, si on demande quelle est la nature de l'aimant, aussitôt, pressentant que c'est une chose ardue et difficile, ils détournent leur esprit de ce qui est évident, pour l'appliquer à ce qu'il y a de plus difficile et attendre dans l'incertitude, avec l'idée qu'ils trouveront peut-être, en errant dans l'espace vide des causes infinies, quelque chose de nouveau. Mais celui qui pense qu'on ne peut rien connaître dans l'aimant qui ne soit composé de certaines natures simples connues par elles-mêmes, sachant ce qu'il faut faire, rassemble d'abord soigneusement toutes les expériences qu'il peut connaître sur ce corps ; puis il tâche d'en déduire quel est le mélange de natures simples nécessaire pour produire tous les effets qu'il a constatés dans l'aimant; et ce mélange une fois trouvé, il peut affirmer hardiment qu'il a compris la vraie cause de l'aimant, autant que l'homme peut la trouver d'après les expériences données.

Enfin il résulte, quatrièmement, de ce qui a été dit qu'il n'y a pas de connaissance qui doive être considérée comme plus obscure que d'autres, puisque toutes sont de même nature et ne consistent qu'en la simple composition des choses connues par elles-mêmes. C'est ce que presque personne ne remarque. Prévenus par l'opinion contraire, les plus hardis se permettent de donner leurs conjectures comme des démonstrations véritables, et, dans les choses qu'ils ignorent entièrement, s'imaginent voir, comme à travers un nuage, des vérités souvent obscures; ils ne craignent pas de les avancer, en enveloppant leurs conceptions de paroles, qui leur permettent ordinairement de discourir beaucoup en parlant avec logique, mais qu'en réalité ni eux ni leurs auditeurs ne comprennent. Les plus modestes, au contraire, s'abstiennent souvent d'examiner une foule de choses pourtant faciles et bien nécessaires à la vie, pour la seule raison qu'ils les croient au-dessus de leurs forces; et comme ils pensent qu'elles peuvent être comprises par d'autres d'une plus grande intelligence, ils embrassent les opinions de ceux en l'autorité desquels ils ont le plus de confiance.

Nous disons, huitièmement, qu'on ne peut déduire que les choses des mots, la cause de l'effet, l'effet de la cause, le même du même, les parties ou le tout lui-même des parties...

Au reste, pour que n'échappe à personne l'enchaînement de nos préceptes, nous divisons tout ce qui peut être connu en propositions simples et questions. Pour les propositions simples, nous ne donnons pas d'autres règles que celles qui préparent la faculté de connaître à avoir l'intuition plus distincte de quelque objet que ce soit à l'examiner avec plus de sagacité, car elles doivent se présenter d'elles-mêmes et ne peuvent être cherchées : c'est ce que nous avons exposé dans les douze premières règles, où nous pensons avoir montré tout ce qui, à notre avis, peut faciliter en quelque manière l'usage de la raison. Parmi les questions, les unes sont parfaitement comprises, quand bien même on en ignore la solution : nous ne traiterons que de celles-là dans les douze règles qui suivent immédiatement; les autres enfin sont imparfaitement comprises : nous leur réservons les douze dernières règles. Cette division a été imaginée à dessein, tant pour être contraint à ne rien dire qui présuppose la connaissance de ce qui suit, que pour enseigner au préalable ce à quoi nous estimons qu'il faut d'abord s'appliquer pour la culture de l'esprit. Il faut noter qu'au nombre des questions parfaitement comprises nous ne rangeons que celles où nous percevons distinctement trois choses, savoir : à quels signes l'objet qu'on cherche peut-il être reconnu, lorsqu'il se présente? de quoi exactement devons-nous le déduire? et comment faut-il prouver que ces choses dépendent tellement l'une de l'autre que l'une ne saurait en aucune manière changer, l'autre ne changeant pas? De la sorte nous aurons toutes les prémisses, et il ne restera à enseigner que la manière de trouver la conclusion, non certes en déduisant une chose quelconque d'une chose simple (car cela peut se faire sans règles, comme il a déjà été dit), mais en dégageant avec tant d'art une chose qui dépend de beaucoup d'autres mêlées ensemble, qu'en aucun cas il ne soit besoin d'une plus grande puissance d'esprit que pour la plus simple inférence. Ces questions étant pour la plupart abstraites et ne se rencontrant guère que dans l'arithmétique ou la géométrie, paraîtront d'une médiocre utilité à ceux qui ne connaissent pas ces sciences; je les avertis néanmoins qu'ils doivent s'appliquer et s'exercer longtemps à apprendre cette méthode, s'ils veulent posséder parfaitement la partie suivante de ce traité, où nous traitons de toutes les autres questions.

RÈGLE XIII

Si nous comprenons parfaitement une question, il faut l'abstraire de tout concept superflu, la simplifier le plus possible, et la diviser au moyen de l'énumération en des parties aussi petites que possible.

Nous imitons les dialecticiens en cela seul que, de même que pour enseigner les formes des syllogismes ils supposent qu'on en connaît les termes ou la matière, de même nous aussi nous exigeons ici que la question soit parfaitement comprise. Mais nous ne distinguons pas, comme eux, deux termes extrêmes et un moyen terme; nous considérons la chose tout entière de la façon suivante : premièrement, dans toute question il y a nécessairement quelque chose d'inconnu, car autrement la recherche serait inutile; deuxièmement, cet inconnu doit être désigné d'une manière quelconque, car autrement rien ne nous déterminerait à le chercher plutôt qu'autre chose; troisièmement, il ne peut être ainsi désigné que par quelque chose de connu. Tout cela se trouve aussi dans les questions imparfaites : ainsi, par exemple, lorsqu'on cherche quelle est la nature de l'aimant, ce que nous entendons par ces deux mots, aimant et nature, est connu, et c'est ce qui nous détermine à chercher cela plutôt qu'autre chose, etc. Mais de plus, pour que la question soit parfaite, nous voulons qu'elle soit entièrement déterminée, en sorte qu'on ne cherche plus que ce qui peut se déduire de ce qui est donné : comme, par exemple, si quelqu'un me demande ce qu'on doit inférer exactement touchant la nature de l'aimant des expériences que Gilbert affirme avoir faites, qu'elles soient vraies ou fausses; de même, si on me demande ce que je pense exactement touchant la nature du son, d'après cette seule donnée que les trois cordes A, B, C, donnent le même, son la corde B étant par hypothèse deux fois plus grosse que la corde A, mais de même longueur et tendue par un poids double, la corde C, au contraire, étant de même grosseur que la corde A, mais deux fois plus longue et tendue par un poids quatre fois plus lourd, etc. Par là on comprend facilement comment toutes les questions imparfaites peuvent être ramenées à des questions parfaites, ainsi que nous l'exposerons plus longuement en son lieu ; et on voit aussi de quelle manière cette règle peut être observée, pour abstraire de tout concept superflu la difficulté bien comprise, et la réduire au point que nous ne pensions plus qu'il s'agit de tel ou tel objet, mais seulement en général de grandeurs à comparer entre elles : car, par exemple, après que nous sommes déterminés à ne considérer que telle ou telle expérience sur l'aimant, il n'y a plus aucune difficulté à éloigner notre pensée de toutes les autres.

Nous ajoutons, de plus, que la difficulté doit être simplifiée le plus possible, d'après les règles cinq et six, et divisée, d'après la règle sept : ainsi, par exemple, si j'étudie l'aimant d'après plusieurs expériences, je les parcourrai séparément l'une après l'autre; de même, si j'étudie le son, comme je l'ai dit, je comparerai séparément entre elles les cordes A et B, puis A et C, etc., afin d'embrasser ensuite le tout en même temps dans une énumération suffisante. Ce sont là les trois seules choses que l'entendement pur doive observer touchant les termes de toute proposition, avant d'en arriver à la solution dernière, s'il a besoin de se servir des onze règles suivantes; quant à la manière de le faire, la troisième partie de ce traité le montrera plus clairement. Nous entendons, d'ailleurs, par questions tout ce en quoi on trouve le vrai ou le faux : il en faut énumérer les différentes sortes pour déterminer ce que nous pouvons faire à l'égard de chacune.

Nous avons déjà dit que dans la seule intuition des choses simples ou composées il ne peut y avoir d'erreur; en ce sens, ces choses ne s'appellent pas des questions, mais elles prennent ce nom aussitôt que nous songeons à porter sur elles un jugement déterminé. En effet nous ne comptons pas seulement les demandes, qui sont faites par d'autres, au nombre des questions; mais l'ignorance ou plutôt le doute de Socrate fut aussi une question, lorsque celui-ci, l'examinant pour la première fois, se mit à chercher s'il était vrai qu'il doutât de tout, et le prétendit.

Mais nous cherchons soit les choses par les mots, soit les causes par les effets, soit les effets par les causes, soit le tout ou d'autres parties par les parties, soit enfin plusieurs choses à la fois par toutes celles-ci.

Nous disons qu'on cherche les choses par les mots

toutes les fois que la difficulté consiste en une obscurité de langage : à cela se rattachent non seulement toutes les énigmes comme celle du Sphinx, au sujet de l'animal qui a d'abord quatre pieds, puis deux pieds, et enfin trois pieds; et de même, celle des pêcheurs qui, debout sur le rivage, avec des lignes et des hameçons pour prendre des poissons, disaient qu'ils n'avaient plus ceux qu'ils avaient pris, mais qu'inversement ils avaient ceux qu'ils n'avaient encore pu prendre, etc.; mais dans la majeure partie de ce sur quoi discutent les doctes, c'est presque toujours aussi une question de mots. Il ne faut pas, du reste, avoir si mauvaise opinion des plus grands esprits, que de croire qu'ils conçoivent mal les choses elles-mêmes, toutes les fois qu'ils ne les expliquent pas en des termes suffisamment justes : quand ils appellent *lieu*, par exemple, *la surface du corps ambiant*, ils ne conçoivent en réalité rien de faux, mais ils abusent seulement du mot *lieu*, qui dans l'usage ordinaire désigne cette nature simple et connue par elle-même, en raison de laquelle on dit qu'une chose est ici ou là; cette nature consiste tout entière dans un certain rapport de l'objet, qu'on dit être en un lieu, avec les parties de l'espace extérieur, mais d'aucuns, voyant le nom de lieu donné à la surface ambiante, ont défini à tort cette nature *le lieu intérieur*, et ainsi du reste. Ces questions sur des mots se rencontrent si fréquemment que, si les philosophes s'accordaient toujours sur la signification des noms, presque toutes leurs controverses cesseraient.

On cherche les causes par les effets toutes les fois que, sur une chose, on cherche si elle existe ou ce qu'elle est...

Mais comme souvent, lorsqu'on nous propose quelque question à résoudre, nous ne remarquons pas aussitôt de quel genre elle est, ni s'il faut chercher les choses par les mots ou la cause par les effets, etc., il me semble superflu de donner plus de détails sur ce sujet. Il sera plus court et plus utile, en effet, de chercher en même temps avec ordre tout ce qu'il faut faire pour résoudre une difficulté quelconque. Par conséquent, une question quelconque étant donnée, il faut s'efforcer avant tout à comprendre distinctement ce qu'on cherche.

Il arrive souvent, en effet, que d'aucuns se jettent si vite dans la recherche des problèmes, qu'ils apportent à leur solution un esprit léger, sans se demander à quels signes ils reconnaîtront la chose qu'ils cherchent, si par hasard elle se présentait à eux. Ils sont aussi ridicules qu'un valet, qui serait envoyé quelque part par son maître, et s'empresserait si fort d'obéir, qu'il se mettrait à courir sans avoir encore reçu d'ordres et sans savoir où on lui a commandé d'aller.

Il faut, au contraire, qu'en toute question l'inconnu, qui doit malgré tout exister, car autrement la recherche serait vaine, soit désigné par des conditions si précises, que nous soyons entièrement déterminés à chercher une chose plutôt qu'une autre. Ce sont ces conditions dont nous avons dit qu'il faut tout d'abord entreprendre l'examen : ce qui se fera, en tournant les forces de notre esprit de manière à avoir l'intuition distincte de chaque chose, et en cherchant avec soin jusqu'à quel point l'inconnu que nous cherchons est circonscrit par chacune d'elles; car en cette matière l'esprit humain se trompe ordinairement de deux façons, soit en prenant plus qu'il n'est donné pour déterminer une question, soit au contraire en oubliant quelque chose.

Il faut se garder de supposer plus de choses et de plus précises qu'il n'en a été donné : et cela principalement dans les énigmes et les autres problèmes artificiellement inventés pour embarrasser l'esprit, mais parfois aussi dans d'autres questions, quand, pour les résoudre, on semble supposer comme certain quelque chose dont aucune raison certaine mais seulement une opinion invétérée nous a convaincus. Par exemple, dans l'énigme du Sphinx, il ne faut pas croire que le mot pied désigne uniquement les pieds véritables des animaux, mais il faut voir aussi s'il ne peut pas s'appliquer à d'autres choses, comme cela se passe en réalité pour les mains des enfants et le bâton des vieillards, car les uns et les autres s'en servent comme de pieds pour marcher. De même, dans l'énigme des pêcheurs, il faut prendre garde que l'idée des poissons n'ait occupé à ce point notre esprit qu'elle nous empêche de penser à ces animaux, que les pauvres portent souvent sur eux sans le vouloir, et qu'ils jettent quand ils les ont pris. De même, si on cherche comment a été construit le vase que nous avons vu jadis, et au milieu duquel s'élevait une colonne que surmontait une statue de Tantale dans l'attitude d'un homme qui veut boire, l'eau versée dans ce vase y restant fort bien tant qu'elle ne s'élevait pas assez haut pour arriver à la bouche de Tantale, mais s'en échappant tout entière dès qu'elle était parvenue aux lèvres du malheureux, il semble bien au premier abord que tout l'artifice était dans la construction de cette figure de Tantale, alors qu'en réalité celle-ci ne détermine en aucune manière la question et n'en est que l'accessoire : toute la difficulté ne consiste en effet qu'à chercher comment le vase est construit, pour que l'eau s'en échappe tout entière aussitôt qu'elle est parvenue à une certaine hauteur et non auparavant. De même enfin, si d'après toutes les observations que nous avons touchant les astres, on cherche ce que nous pouvons affirmer de leurs mouvements, il ne faut pas admettre gratuitement, comme l'ont fait les Anciens, que la terre est immobile et placée au centre de l'univers, sous prétexte que dans notre enfance les choses nous ont paru ainsi; mais cela même doit être révoqué en doute, de façon que nous examinions ensuite ce qu'on peut juger de certain sur ce sujet. Et ainsi du reste.

Nous péchons, au contraire, par omission, chaque fois que nous ne réfléchissons pas à quelque condition requise pour la détermination d'une question, soit que cette condition se trouve exprimée dans la question même, soit qu'il faille la discerner d'une manière quelconque : c'est ainsi, par exemple, qu'on cherche le mouvement perpétuel, non celui qui existe dans la nature, tel le mouvement des astres ou des sources, mais celui qui est produit par le travail de l'homme, et c'est ainsi que, comme d'aucuns ont cru que cela peut se faire, en songeant que la terre se meut perpétuellement d'un mouvement circulaire autour de son axe et que l'aimant retient tout ce qui est propre à la terre, on s'imagine trouver le mouvement perpétuel, en disposant l'aimant de façon qu'il se meuve en cercle ou qu'il communique au fer son mouvement avec ses autres propriétés; même si cela réussissait, on ne produirait pas artificiellement le mouvement perpétuel, mais on se servirait seulement de celui qui existe dans la nature, exactement comme si l'on plaçait une roue dans le courant d'un fleuve, en sorte qu'elle fût toujours en mouvement : on omettrait donc la condition requise pour la détermination de la question, etc.

Une fois la question suffisamment comprise, il faut voir nettement en quoi consiste la difficulté qu'elle renferme, afin qu'après l'avoir isolée de tout le reste, on la résolve plus facilement.

Il ne suffit pas toujours de comprendre une question pour savoir où réside la difficulté qu'elle renferme; il faut réfléchir, en outre, à chacune des difficultés qui en font l'objet, afin que, s'il s'en présente à nous de faciles à trouver, nous les laissions de côté, et que, après en avoir débarrassé la question, il ne reste que ce que nous ignorons. Par exemple, dans la question du vase décrit un peu plus haut, nous remarquons facilement comment le vase doit être fait, la colonne élevée en son milieu, l'oiseau peint, etc.; mais, tout cela étant écarté comme ne se rapportant pas à la question, il reste la difficulté toute nue, qui consiste en ce que l'eau, contenue d'abord dans le vase, s'échappe tout entière aussitôt qu'elle est parvenue à une certaine hauteur : comment cela se produit-il, voilà ce qu'il faut chercher.

Nous disons donc ici que la seule chose importante est de parcourir avec ordre tout ce qui est donné dans une question, en écartant tout ce qu'on verra clairement ne pas s'y rapporter, en retenant ce qui est nécessaire, et en remettant ce qui est douteux à un examen plus attentif.

RÈGLE XIV

La même question doit être rapportée à l'étendue réelle des corps, et représentée tout entière à l'imagination par des figures nues : car ainsi elle sera comprise bien plus distinctement par l'entendement.

Si nous voulons nous servir aussi du secours de l'imagination, il faut noter que toutes les fois que nous déduisons une chose quelconque inconnue d'une autre chose déjà connue, nous ne trouvons pas pour cela une nouvelle espèce d'être, mais il arrive seulement que la connaissance que nous avions s'étend au point de nous faire voir que la chose cherchée participe d'une manière ou d'une autre à la nature de celles qui sont données dans la question. Par exemple, si quelqu'un est aveugle de naissance, il ne faut pas espérer que nous puissions jamais faire, par aucun argument, qu'il ait sur les couleurs des idées vraies comme celles que nous avons reçues des sens. Au contraire, si quelqu'un a déjà vu les couleurs fondamentales, mais ne connaît pas les couleurs intermédiaires et mixtes, il est possible qu'il se représente par une sorte de déduction les images de celles-là même qu'il n'a pas vues, d'après leur ressemblance avec les autres. De même, s'il existe dans l'aimant quelque genre d'être, auquel jusqu'ici notre entendement n'ait rien vu de semblable, il ne faut pas espérer le connaître jamais par le raisonnement : il faudrait pour cela ou quelque sens nouveau ou un esprit divin; tout ce que peut faire à cet égard l'intelligence humaine, nous croirons l'avoir fait si nous voyons très distinctement le mélange d'êtres ou de natures déjà connus qui produit les mêmes effets qu'on aperçoit dans l'aimant.

En vérité, quelle que soit la différence des sujets, c'est par la même idée que nous connaissons tous ces êtres déjà connus, tels que l'étendue, la figure, le mouvement, et autres semblables, qu'il est inutile d'énumérer ici; et nous n'imaginons pas différemment la figure d'une couronne, qu'elle soit en argent ou qu'elle soit en or. Cette idée commune ne passe d'un sujet à un autre qu'au moyen d'une simple comparaison, par laquelle nous affirmons que la chose cherchée est, sous un rapport ou un autre, semblable, identique, ou égale à la chose donnée, en sorte que dans tout raisonnement ce n'est que par comparaison que nous connaissons exactement la vérité. Par exemple, dans ceci : tout A est B, tout B est C, donc tout A est C; on compare entre elles la chose cherchée et la chose donnée, c'est-à-dire A et C, sous le rapport que l'une et l'autre ont avec B, etc. Mais, les formes du syllogisme n'aidant en rien à percevoir la vérité, il ne sera pas inutile au lecteur, après avoir complètement rejeté celles-ci, de bien se rendre compte que toute connaissance qui ne s'acquiert pas par l'intuition simple et pure d'un objet isolé, s'acquiert par la comparaison de deux ou plusieurs objets entre eux. Presque tout le travail de la raison humaine consiste à préparer cette opération; car, quand elle est claire et simple, il n'est besoin d'aucun secours de la méthode, mais des seules lumières de la nature, pour avoir l'intuition de la vérité qu'elle découvre.

Il faut noter que les comparaisons ne sont dites simples et claires que toutes les fois où la chose cherchée et la chose donnée participent également à une certaine nature; que toutes les autres comparaisons, au contraire, n'ont besoin de préparation que parce que cette nature commune ne se trouve pas également dans l'une et l'autre chose, mais selon d'autres rapports ou proportions dans lesquels elle est enveloppée; et que la principale partie du travail de l'homme ne consiste qu'à réduire ces proportions de façon à voir clairement une égalité entre ce qui est cherché et quelque chose de connu.

Il faut noter ensuite que rien ne peut être ramené à cette égalité que ce qui comporte le plus et le moins, et que tout cela est compris sous le nom de grandeur, si bien que, quand les termes de la difficulté ont été abstraits de tout sujet, selon la règle précédente, nous comprenons que nous n'avons plus à nous occuper alors que de grandeurs en général.

Mais si nous voulons imaginer ici encore quelque chose, et nous servir, non pas de l'entendement pur, mais de l'entendement aidé des images peintes dans l'imagination, il faut noter enfin que rien ne se dit des grandeurs en général, qui ne puisse aussi être rapporté à une grandeur quelconque en particulier.

D'où il est facile de conclure qu'il y aura grand profit à rapporter ce que nous disons des grandeurs en général à l'espèce de grandeur qui entre toutes se représentera le plus facilement et le plus distinctement à notre imagination; or, que cette grandeur soit l'étendue réelle d'un corps, abstraite de toute chose autre que ce qui est figuré, cela résulte de ce qui a été dit à la règle douze, où nous avons vu que l'imagination elle-même, avec les idées qui existent en elle, n'est qu'un vrai corps réel étendu et figuré. C'est ce qui est aussi évident par soi-même, puisqu'en aucun autre sujet toutes les différences de proportions ne se révèlent plus distinctement; car, bien qu'une chose puisse être dite plus ou moins blanche qu'une autre, un son plus ou moins aigu, et ainsi du reste, nous ne pouvons néanmoins déterminer exactement si ce plus ou ce moins est en proportion double ou triple, sauf par une certaine analogie avec l'étendue d'un corps figuré. Qu'il soit donc sûr et certain que les questions parfaitement déterminées ne contiennent guère d'autre difficulté, que celle qui consiste à réduire des proportions en égalités, et que tout ce en quoi se trouve précisément cette difficulté peut et doit être facilement séparé de tout autre sujet, puis être rapporté à l'étendue et aux figures, dont, pour cette raison, nous traiterons ensuite exclusivement, jusqu'à la règle vingt-cinq.

J'aimerais ici que le lecteur ait le goût de l'arithmétique et de la géométrie, bien que je préfère qu'il ne s'en soit jamais occupé, plutôt que de les avoir apprises selon la méthode ordinaire : en effet, la pratique des règles que je vais donner est beaucoup plus facile pour apprendre ces sciences, où elle suffit pleinement, que pour toute autre espèce de question; et son utilité est si grande pour acquérir une plus haute sagesse, que je ne crains pas de dire, que cette partie de notre méthode n'a pas été inventée pour résoudre des problèmes mathématiques, mais plutôt qu'il ne faut guère apprendre les mathématiques que pour cultiver cette méthode. Je ne supposerai rien de ces sciences qui ne soit connu par soi-même et à la portée de tout le monde; mais la connaissance qu'on en a communément, tout en n'étant altérée par aucune erreur manifeste, est obscurcie par une foule de principes équivoques et mal conçus, que nous nous efforcerons dans la suite de réformer en toute occasion.

Par étendue nous entendons tout ce qui a longueur, largeur et profondeur, sans chercher si c'est un corps véritable ou seulement un espace. Il n'est pas besoin, semble-t-il, de plus ample explication sur ce qu'est l'étendue, puisqu'il n'y a rien que notre imagination perçoive plus facilement. Néanmoins, comme les doctes se servent souvent de distinctions si subtiles, qu'ils éteignent la lumière naturelle et trouvent des ténèbres même en ce qui est bien connu des gens sans culture, il faut les avertir que par étendue nous ne désignons pas ici quelque chose de distinct et de séparé de tout sujet, et que, d'une façon générale, nous ne connaissons pas d'êtres philosophiques de cette sorte, qui ne tombent pas en réalité sous l'imagination. Car, encore qu'on puisse se convaincre, par exemple, que, malgré qu'on réduise à rien tout ce qui est étendu dans la nature, l'étendue peut exister par elle seule, toujours est-il que pour concevoir cette étendue on ne se servira pas d'une idée corporelle, mais de l'entendement seul portant un jugement faux. On en tombera volontiers d'accord, pour peu qu'on réfléchisse attentivement à cette image même de l'étendue, en s'efforçant de se la représenter dans l'imagination : car on remarquera qu'on ne la voit pas isolée de tout sujet, mais qu'on l'imagine tout autrement qu'on le croit, en sorte que ces êtres abstraits (quoi que pense l'entendement sur la vérité de la chose) ne se forment jamais dans l'imagination indépendamment de tout sujet.

Mais comme désormais nous ne ferons rien sans le secours de l'imagination, il est important de distinguer avec soin les idées par lesquelles le sens de chaque mot doit être défini pour notre entendement. C'est pourquoi nous proposons d'examiner ces trois manières de parler : *l'étendue occupe le lieu, le corps a de l'étendue, et l'étendue n'est pas le corps.*

La première montre comment l'étendue est prise pour ce qui est étendu; car je conçois tout à fait la même chose, que je dise : *l'étendue occupe le lieu,* ou que je dise : *ce qui est étendu occupe le lieu.* Ce n'est pas une raison cependant pour qu'il vaille mieux se servir des mots *ce qui est étendu,* afin d'éviter l'équivoque : ces mots ne désigneraient pas assez distinctement ce que nous concevons, à savoir qu'un sujet occupe le lieu parce qu'il est étendu; et on pourrait comprendre seulement que *ce qui est étendu est le sujet occupant le lieu,* exactement comme si je disais : *ce qui est animé occupe le lieu.* C'est la raison pour laquelle nous avons dit que nous traiterions ici de l'étendue plutôt que de ce qui est étendu, bien que nous pensions que l'étendue ne doive pas se concevoir autrement que ce qui est étendu.

Passons maintenant à ces mots : *le corps a de l'étendue.* Nous comprenons bien que le terme *étendue* désigne ici autre chose que le corps; nous ne formons pas, cependant, deux idées distinctes dans notre imagination, l'une de corps, l'autre d'étendue, mais une seule idée d'un corps qui est étendu; c'est, en fait, comme si je disais : *le corps est ce qui est étendu,* ou plutôt : *ce qui est étendu est ce qui est étendu.* Cela est particulier aux êtres qui n'existent qu'en un autre et ne peuvent jamais être conçus sans un sujet; mais il en est autrement pour ceux qui se distinguent réellement des sujets : car si je disais, par exemple : *Pierre a des richesses,* l'idée de Pierre serait tout à fait différente de celle des richesses; et de même si je disais : *Paul est riche,* je m'imaginerais tout autre chose que si je disais : *le riche est riche.* Ne voyant pas cette différence, la plupart des gens pensent à tort que l'étendue est distincte de ce qui est étendu, comme les richesses de Paul sont autre chose que Paul.

Enfin si l'on dit : *l'étendue n'est pas le corps,* le mot *étendue* est pris alors dans un tout autre sens que précédemment; en ce dernier sens aucune idée particulière ne lui correspond dans l'imagination, et l'énonciation en est faite par l'entendement pur, qui seul a le pouvoir de séparer des êtres abstraits de cette espèce. C'est là pour la plupart des hommes une occasion d'erreur, car, ne remarquant pas que l'étendue ainsi définie ne peut être conçue par l'imagination, ils se la représentent par une véritable idée; et comme cette idée implique nécessairement la conception du corps, s'ils disent que l'étendue ainsi conçue n'est pas le corps, ils s'embarrassent, sans s'en douter, dans cette contradiction que *la même chose est à la fois le corps et n'est pas le corps.* Il est d'une grande importance de distinguer les affirmations, où les mots tels que *étendue, figure, nombre, surface, ligne, point, unité,* etc. ont un sens si précis, qu'ils excluent quelque chose que ces affirmations impliquent en réalité, comme lorsqu'on dit : *l'étendue* ou *la figure n'est pas le corps : le nombre n'est pas la chose nombrée; la surface est la limite du corps; la ligne, la limite de la surface; le point, la limite de la ligne; l'unité n'est pas la quantité,* etc. Toutes ces propositions et autres semblables doivent être entièrement écartées de l'imagination, quand même elles seraient vraies. C'est pourquoi nous n'en traiterons pas dans la suite.

Il faut noter soigneusement que, dans toutes les autres propositions où ces mots, malgré qu'ils aient le même sens et qu'ils soient employés de la même manière abstraction faite de tout sujet, n'excluent ou ne nient rien de ce dont ils ne sont pas réellement distincts, nous pouvons et nous devons nous servir du secours de l'imagination : car pour lors, quoique l'entendement ne fasse nettement attention qu'à ce qui est désigné par le mot, l'imagination doit néanmoins se faire une idée vraie de la chose, afin que l'entendement puisse au besoin se tourner vers les autres conditions de cette chose non exprimées par le mot, et ne jamais croire inconsidérément qu'elles ont été exclues. Ainsi, s'il est question de nombre, imaginons un sujet quelconque que puissent mesurer un grand nombre d'unités; quoique l'entendement ne réfléchisse d'abord qu'à la multiplicité de ce sujet, nous prendrons garde qu'il ne finisse par en tirer quelque conclusion, où la chose nombrée soit supposée avoir été exclue de notre conception, comme font ceux qui attribuent aux nombres des propriétés merveilleuses et des qualités illusoires, auxquelles certes ils n'ajouteraient pas tant de foi, s'ils ne concevaient pas le nombre comme distinct de la chose nombrée. De même, si nous traitons de la figure, pensons que nous traitons d'un sujet qui est étendu et qui n'est connu qu'en tant que figuré; si c'est d'un corps, pensons que nous en traitons en tant que long, large et profond; si c'est d'une surface, concevons le corps en tant que long et large, sans tenir compte de la profondeur, mais sans la nier; si c'est d'une ligne, concevons le corps en tant que long seulement; si c'est d'un point, concevons le corps sans tenir compte de rien que de ce qu'il est un être.

Certes je développe ici ces choses fort longuement; mais les hommes sont tellement prévenus, que je crains encore qu'il n'y en ait qu'un petit nombre à être sur ce point à l'abri de tout risque d'erreur et à trouver l'explication de ma pensée trop courte en ce long discours. En effet, l'arithmétique et la géométrie elles-mêmes, tout en étant les plus certaines de toutes les sciences, nous trompent pourtant à cet égard : car quel est le calculateur qui ne pense, non seulement que ses nombres ont été abstraits par l'entendement de tout sujet, mais encore qu'il faut les en distinguer vraiment par l'imagination? Quel est le géomètre qui ne mêle à l'évidence de son objet des principes contradictoires, quand il juge que les lignes n'ont pas de largeur, ni les surfaces de profondeur, et que cependant il les compose ensuite les unes avec les autres, sans remarquer que la ligne, dont il conçoit que le mouvement engendre une surface, est un véritable corps, et qu'au contraire celle qui n'a pas de largeur n'est qu'un mode du corps, etc.? Mais, pour ne pas nous attarder trop longtemps sur ces observations, il sera plus court d'exposer de quelle manière nous pensons que notre objet doit être conçu, afin de démontrer sur lui, le plus facilement possible, tout ce qu'il y a de vrai dans l'arithmétique et la géométrie.

Nous nous occupons donc ici d'un objet qui est étendu, ne considérant en lui absolument rien que l'étendue elle-même, et nous abstenant à dessein du mot de quantité, car il y a des philosophes assez subtils pour la distinguer elle aussi de l'étendue; et nous supposons que toutes les questions ont été amenées au point qu'on ne cherche qu'à connaître une certaine étendue, en la comparant à une certaine autre déjà connue. En effet, ne nous attendant pas ici à connaître un nouvel être, et voulant seulement faire en sorte que, dans toute proportion, si obscure soit-elle, on trouve une égalité entre l'inconnu et quelque chose de connu, il est certain que toutes les différences de proportions qui existent en d'autres sujets peuvent se trouver aussi entre deux ou plusieurs étendues, et, par suite, il suffit pour notre but de considérer dans l'étendue elle-même tout ce qui peut aider à faire comprendre les différences des proportions et qui consiste seulement en trois choses : la dimension, l'unité et la figure.

Par dimension nous n'entendons rien autre chose que le mode et le rapport sous lequel un sujet quelconque est jugé mesurable, en sorte que non seulement la longueur, la largeur et la profondeur sont des dimensions du corps, mais la pesanteur est la dimension suivant laquelle les sujets sont pesés, la vitesse est la dimension du mouvement, et ainsi d'une infinité d'autres choses de cette sorte. Car la division en plusieurs parties égales, qu'elle soit réelle ou seulement relative à l'entendement, est proprement la dimension suivant laquelle nous comptons les choses; et la mesure qui constitue le nombre est appelée proprement une espèce de dimension, quoiqu'il y ait quelque différence dans le sens du mot. Si nous considérons, en effet, les parties qui forment le tout, on dit alors que nous comptons; et si nous considérons le tout en tant que divisé en parties, nous le mesurons : par exemple, nous mesurons les siècles par les années, les jours, les heures et les minutes; mais, si nous comptons les minutes, les jours et les années, nous finirons par remplir des siècles.

Par là il est clair qu'il peut y avoir dans un même sujet une infinité de dimensions différentes, que celles-ci n'ajoutent absolument rien aux choses mesurées, et qu'elles sont comprises de la même manière, soit qu'elles aient un fondement réel dans les sujets eux-mêmes, soit qu'elles aient été inventées par notre esprit. C'est en effet quelque chose de réel que la pesanteur du corps, la vitesse du mouvement, ou la division du siècle en années et en jours; mais ce n'est pas quelque chose de réel que la division du jour en heures et en minutes, etc. Et cependant toutes ces choses sont équivalentes, si on les considère seulement sous le rapport de la dimension, comme on doit le faire ici et dans les sciences mathématiques; car c'est plutôt aux physiciens qu'il appartient d'examiner si le fondement en est réel.

Cette considération jette un grand jour sur la géométrie, car la plupart des hommes ont le tort de concevoir dans cette science trois espèces de quantités : la ligne, la surface et le corps. Il a déjà été dit, en effet, que la ligne et la surface ne sont pas conçues comme vraiment distinctes du corps, ou comme distinctes l'une de l'autre; mais, si on les considère simplement en tant qu'abstraites par l'entendement, elles ne sont pas plus, pour lors, des espèces différentes de quantités que l'animal et l'être vivant ne sont dans l'homme différentes espèces de substances. Il faut noter en passant que les trois dimensions des corps, la longueur, la largeur et la profondeur, ne diffèrent entre elles que de nom : car rien n'empêche que dans un solide donné on ne choisisse l'étendue qu'on voudra comme longueur, une autre comme largeur, etc. Et quoique ces trois dimensions soient seules à avoir un fondement réel dans toute chose étendue, en tant que simplement étendue, nous ne les prenons pas ici en considération plus grande qu'une infinité d'autres, qui sont imaginées par l'entendement ou qui ont dans les choses d'autres fondements. Ainsi, pour le triangle, si nous voulons le mesurer exactement, il faut en fait connaître trois choses, à savoir : les trois côtés, ou deux côtés et un angle, ou deux angles et l'aire, etc.; de même, pour le trapèze, il faut connaître cinq choses, et six pour le tétraèdre, etc., toutes choses qui peuvent s'appeler des dimensions. Pour choisir celles où notre imagination trouve l'aide la plus grande, ne donnons jamais en même temps notre attention à plus d'une ou deux de celles qui sont représentées dans notre imagination, même si nous voyons que dans la proposition dont nous nous occupons il en existe beaucoup d'autres : c'est en effet le propre de la méthode de les diviser le plus possible, pour que nous considérions seulement un petit nombre d'entre elles à la fois et néanmoins toutes successivement.

L'unité est cette nature commune à laquelle, comme nous l'avons dit plus haut, doivent également participer toutes les choses que l'on compare entre elles. Si dans une question il n'existe pas d'unité qui soit déjà déterminée, nous pouvons prendre pour en tenir lieu, soit une des grandeurs déjà données, soit quelque autre, et celle-ci sera la mesure commune de toutes les autres. Nous comprendrons qu'il y a en elle autant de dimensions que dans les extrêmes eux-mêmes, et nous la concevrons, ou simplement comme quelque chose d'étendu, abstraction faite de tout autre caractère, et ce sera pour lors la même chose que le point des géomètres lorsque ceux-ci composent la ligne par le mouvement du point, ou comme une ligne, ou comme un carré.

En ce qui concerne les figures, il a déjà été montré plus haut comment c'est par elles seules qu'on peut se former des idées de toutes choses. Il nous reste maintenant à déclarer que parmi les innombrables espèces différentes qu'elles comportent nous n'emploierons ici que celles qui expriment le plus facilement toutes les différences des rapports ou des proportions. Or il n'y a que deux sortes de choses que l'on compare entre elles, les quantités et les grandeurs; et nous avons aussi deux sortes de figures pour nous les représenter : ainsi, par exemple, les points

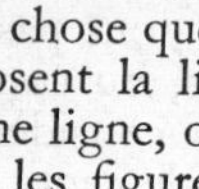

qui désignent le nombre du triangle, ou l'arbre qui montre la généalogie de quelqu'un

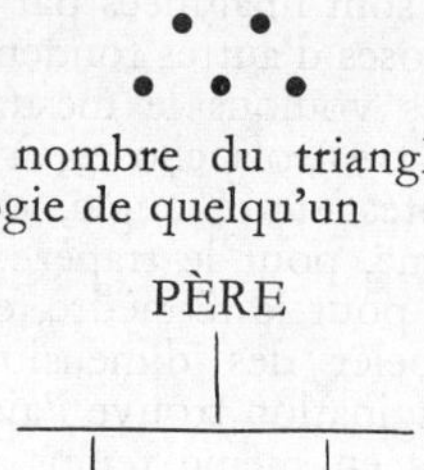

etc., sont des figures destinées à représenter la quantité; au contraire, celles qui sont continues et non divisées, comme le triangle, le carré, etc.

représentent des grandeurs.

Mais pour que nous puissions expliquer quelles sont de toutes ces figures celles dont nous nous servirons ici, on doit savoir que tous les rapports, qui peuvent exister entre des êtres du même genre, doivent se ramener à deux types : l'ordre ou la mesure.

On doit savoir, en outre, que pour découvrir l'ordre il faut y travailler avec beaucoup d'application, ainsi qu'on le voit partout dans cette méthode, qui n'enseigne presque rien d'autre. Au contraire, pour connaître l'ordre, une fois qu'il a été trouvé, il n'y a plus aucune difficulté, et nous pouvons facilement, d'après la règle sept, parcourir par la pensée chacune des parties mises en ordre, car en pareil cas celles-ci se rattachent les unes aux autres par elles-mêmes, et non par l'intermédiaire d'un troisième terme, comme il arrive dans les mesures dont pour cela nous traitons exclusivement ici. Je sais en effet quel est l'ordre qui existe entre A et B, sans rien considérer d'autre que les deux extrêmes; mais je ne sais pas quel est le rapport de grandeur entre deux et trois, si je ne considère un troisième terme, à savoir l'unité, qui est la commune mesure des deux autres.

On doit savoir aussi qu'au moyen d'une unité d'emprunt les grandeurs continues peuvent être ramenées à la quantité, parfois tout entières et toujours au moins en partie; la quantité des unités peut ensuite être disposée dans un ordre tel, que la difficulté, qui était relative à la connaissance de la mesure, ne dépende plus enfin que de la considération de l'ordre, progrès pour lequel ma méthode est d'un grand secours.

On doit savoir enfin que parmi les dimensions d'une grandeur continue, il n'en est pas qu'on conçoive plus distinctement que la longueur et la largeur, et qu'il ne faut pas faire attention à plusieurs d'entre elles à la fois dans la même figure, mais n'en comparer que deux différentes : car si on en a plus de deux différentes à comparer, la méthode veut qu'on les parcoure successivement et qu'on ne fasse attention qu'à deux à la fois.

De ces remarques il est facile de conclure, qu'il faut abstraire les propositions, non moins des figures mêmes dont traitent les géomètres, s'il en est question, que de toute autre matière; que, pour cela, il ne faut retenir que les surfaces rectilignes et rectangulaires, ou les lignes droites, que nous appelons aussi figures, parce qu'elles ne nous servent pas moins que les surfaces à nous représenter un sujet vraiment étendu, comme nous l'avons dit plus haut; qu'enfin il faut représenter par ces mêmes figures, soit les grandeurs continues, soit aussi la quantité ou le nombre, et que, pour faire comprendre toutes les différences des rapports, l'esprit humain ne peut rien trouver de plus simple.

RÈGLE XV

Il est utile aussi, la plupart du temps, de tracer ces figures et de les montrer aux sens externes, afin que, par ce moyen, notre pensée soit plus facilement tenue attentive.

LA manière dont il faut les tracer, pour qu'au moment où elles sont mises sous les yeux leurs images se forment plus distinctement dans notre imagination, est évidente par elle-même : ainsi, en premier lieu, nous représenterons l'unité de trois manières, à savoir par un carré □, si nous la considérons en tant que longue et large, par une ligne ________, si nous ne la considérons qu'en tant que longue, et enfin par un point ●, si nous ne la considérons qu'en tant qu'elle compose la quantité; mais de quelque manière qu'on la représente et qu'on la conçoive, nous comprendrons toujours qu'elle est un sujet étendu en tous sens et susceptible d'une infinité de dimensions. De même aussi pour les termes d'une proposition, s'il faut faire attention à leurs deux grandeurs différentes à la fois, nous les ferons voir en les représentant par un rectangle, dont les deux côtés seront les deux grandeurs proposées : de cette manière, si elles sont incommensurables avec l'unité, |————————| ; de celle-ci 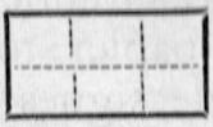 , ou de celle-ci : : : , si elles sont commensurables; et rien de plus, à moins qu'il ne soit question d'une quantité d'unités. Enfin, si nous ne faisons attention qu'à une seule de leurs grandeurs, nous la représenterons, soit par un rectangle dont un des côtés sera la grandeur proposée et l'autre l'unité, de cette manière |————————| , ce qui arrive toutes les fois qu'elle doit être comparée avec une surface quelconque; soit par une longueur seulement, de cette façon ————————, si on ne la considère que comme une longueur incommensurable; soit de cette façon • • • • • , si c'est une quantité.

RÈGLE XVI

Quant aux choses qui n'exigent pas l'attention immédiate de l'esprit, quoiqu'elles soient nécessaires pour la conclusion, il vaut mieux les désigner par des signes très courts plutôt que par des figures complètes : car ainsi la mémoire ne pourra faillir, et la pensée ne sera cependant pas forcée de se partager pour les retenir, tandis qu'elle s'appliquera à en chercher d'autres.

Au reste, comme nous avons dit que, parmi les innombrables dimensions qu'il est possible de nous représenter dans notre imagination, il ne faut pas en contempler plus de deux différentes par un seul et même regard ou par une seule et même intuition, il est important de retenir toutes les autres, de façon qu'elles se présentent facilement à nous chaque fois qu'il en est besoin : et c'est pour cette fin que la mémoire semble avoir été créée par la nature. Mais comme cette faculté est souvent instable, et qu'il ne faut pas que nous soyons forcés à employer une partie de notre attention à la raffermir, pendant que nous nous appliquons à d'autres pensées, l'usage de l'écriture a été inventé fort à propos. Grâce à cette ressource, nous ne confierons plus rien à la mémoire; et, abandonnant notre imagination libre et entière aux idées présentes, nous tracerons sur le papier tout ce qu'il faudra retenir, et cela au moyen de signes très courts, afin qu'après avoir examiné chaque chose distinctement suivant la règle neuf, nous puissions, suivant la règle onze, les parcourir toutes d'un mouvement très rapide de pensée et avoir l'intuition du plus grand nombre possible d'entre elles en même temps.

Donc, tout ce qu'il faudra considérer comme un, pour la solution d'une difficulté, nous le désignerons par un signe unique, qu'on peut imaginer comme on voudra. Mais, pour plus de facilité, nous nous servirons des lettres *a, b, c,* etc., pour exprimer les grandeurs déjà connues, et A, B, C, etc., pour les grandeurs inconnues; puis souvent nous placerons devant elles les chiffres 1, 2, 3, 4, etc., pour exprimer leurs quantités, et, d'un autre côté, nous leur ajouterons ces mêmes chiffres, pour exprimer le nombre des relations qu'on y devra comprendre : ainsi, si j'écris $2\ a^3$, ce sera comme si je disais le double de la grandeur désignée par la lettre *a,* laquelle contient trois relations. Par ce moyen, non seulement nous ferons l'économie d'un grand nombre de mots, mais, ce qui est plus important, nous présenterons les termes de la difficulté si purs et si dépouillés que, sans rien oublier d'utile, on n'y trouvera jamais rien de superflu et qui occupe inutilement l'esprit, quand la pensée devra embrasser plusieurs choses à la fois.

Pour comprendre plus clairement tout cela, il faut remarquer d'abord, que les calculateurs ont l'habitude de désigner chaque grandeur par plusieurs unités ou par un nombre quelconque, mais que pour nous, dans la question qui nous occupe, nous abstrayons chaque grandeur des nombres eux-mêmes, comme tout à l'heure des figures géométriques ou de toute autre chose. Nous le faisons, non seulement pour éviter l'ennui d'un long calcul inutile, mais surtout pour que les parties du sujet, qui constituent la nature de la difficulté, demeurent toujours distinctes et ne soient pas enveloppées dans des nombres inutiles : ainsi, par exemple, si on cherche la base d'un triangle rectangle, dont les côtés donnés sont 9 et 12, le calculateur dira qu'elle est $\sqrt{225}$ ou 15; mais nous, au lieu de 9 et 12, nous poserons *a* et *b*, et nous trouverons que la base est $\sqrt{a^2 + b^2}$: ainsi les deux parties a^2 et b^2, qui dans le nombre sont confuses, demeureront distinctes.

Il faut remarquer encore que par nombre de relations il faut entendre les proportions qui se suivent en ordre continu, proportions que, dans l'algèbre ordinaire, on cherche à exprimer par plusieurs dimensions et plusieurs figures, et dont on nomme la première *racine*, la seconde *carré*, la troisième *cube*, la quatrième *bicarré*, etc. Ces termes m'ont moi-même longtemps trompé, je l'avoue, car, après la ligne et le carré, rien de plus clair ne me semblait pouvoir être proposé à mon imagination que le cube et d'autres figures semblables; et avec leur secours, je résolvais un grand nombre de difficultés. Mais après beaucoup d'expériences je m'aperçus que, par cette manière de concevoir les choses, je n'avais rien découvert que je n'eusse pu connaître bien plus facilement et plus distinctement sans elle; et qu'il faut rejeter entièrement de telles dénominations, de peur qu'elles ne troublent la pensée, car, quoiqu'on puisse appeler une grandeur cube ou bicarré, on ne doit jamais la présenter à l'imagination autrement que comme une ligne ou une surface, d'après la règle précédente. Il faut donc noter avant tout que la racine, le carré, le cube, etc., ne sont que des grandeurs en proportion continue, qu'on suppose toujours précédées de cette unité d'emprunt, dont nous avons déjà parlé plus haut : la première proportionnelle se rapporte immédiatement et par une seule relation à cette unité; la seconde, par l'intermédiaire de la première, et par conséquent par deux relations; la troisième, par l'intermédiaire de la première et de la seconde, et par trois relations, etc. Nous appellerons donc désormais première proportionnelle la grandeur qu'en algèbre on appelle racine; seconde proportionnelle, celle qu'on appelle carré et ainsi des autres.

Enfin il faut remarquer que, quoique nous abstrayons ici des nombres les termes de la difficulté, pour en examiner la nature, néanmoins il arrive souvent que cette difficulté peut être résolue avec les nombres donnés, plus simplement que si on l'en avait abstraite : cela se produit à cause du double usage des nombres, ainsi que nous l'avons déjà vu plus haut, les mêmes nombres expliquant tantôt l'ordre et tantôt la mesure. Par suite, après avoir cherché la difficulté dans les termes généraux où elle était exprimée, il faut la ramener aux nombres donnés, pour voir si par hasard ils ne nous fourniraient pas une solution plus simple : par exemple, après avoir vu que la base d'un triangle rectangle de côtés a et b est $\sqrt{a^2 + b^2}$, il faut pour a^2 poser 81, et pour b^2, 144, qui, additionnés, font 225, dont la racine ou moyenne proportionnelle entre l'unité et 225 est 15; par là nous connaîtrons que la base 15 est commensurable avec les côtés 9 et 12, mais non d'une façon générale du fait qu'elle est la base d'un triangle rectangle dont un côté est à l'autre comme 3 à 4. Tout cela nous le distinguons, nous qui cherchons une connaissance évidente et distincte des choses, mais non les calculateurs, qui sont satisfaits, pourvu qu'ils trouvent la somme cherchée, sans remarquer même comment elle dépend des données, alors que c'est là cependant la seule chose qui constitue vraiment la science.

Mais d'une façon générale il faut observer qu'on ne doit jamais rien confier à la mémoire de ce qui ne réclame pas une attention perpétuelle, si on peut le mettre sur le papier : il est à craindre, en effet, qu'un effort inutile de mémoire ne soustraie une partie de notre esprit à l'étude de l'objet présent. Il faut faire un tableau, où nous écrirons les termes de la question, tels qu'ils seront proposés la première fois, puis la manière dont ils sont abstraits et les signes par lesquels ils sont représentés, afin que, quand la solution aura été trouvée avec les signes eux-mêmes, nous l'appliquions facilement, et sans le secours de la mémoire, au sujet particulier dont il s'agira : on n'abstrait jamais rien, en effet, que d'une chose moins générale. J'écrirai donc ainsi : on cherche la base A C dans le triangle rectangle A B C; j'abstrais la difficulté pour chercher en général la grandeur de la base d'après la grandeur des côtés; puis pour A B, qui est égal à 9, je pose a, et pour B C, qui est égal à 12, je pose b, et ainsi du reste.

Il faut noter, que nous nous servirons encore de ces quatre règles dans la troisième partie de ce traité, mais

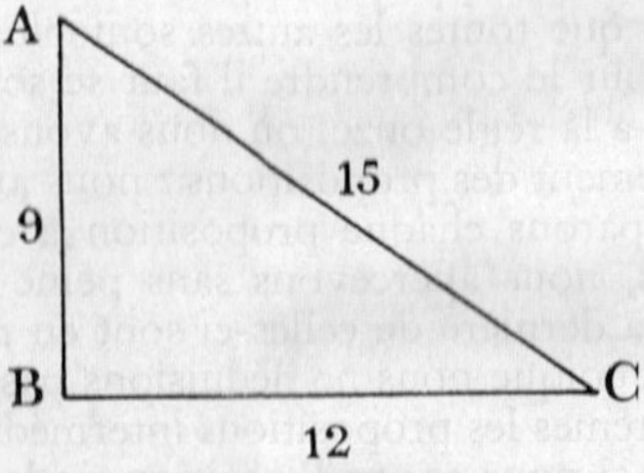

dans une acception un peu plus large qu'il n'a été fait ici, comme nous le dirons en son temps.

RÈGLE XVII

La difficulté proposée doit être directement parcourue, en faisant abstraction de ce que quelques-uns de ses termes sont connus et d'autres inconnus, et en ayant l'intuition, suivant le vrai chemin, de la mutuelle dépendance de chacun d'eux.

Les quatre règles précédentes ont enseigné comment les difficultés déterminées et parfaitement comprises doivent être abstraites de chaque sujet et simplifiées de telle sorte qu'on ne cherche plus ensuite qu'à connaître certaines grandeurs, grâce à tel ou tel rapport qui les unit à des grandeurs données. Dans les cinq règles suivantes nous exposerons comment ces difficultés doivent être traitées, de manière que, quel que soit le nombre des grandeurs inconnues dans une seule proportion, elles soient toutes subordonnées les unes aux autres, et que, ce que la première sera par rapport à l'unité, la seconde le soit par rapport à la première, la troisième par rapport à la seconde, la quatrième par rapport à la troisième, et qu'ainsi par conséquent elles fassent, quel que soit leur nombre, une somme égale à quelque grandeur connue; et cela suivant une méthode si certaine que nous puissions affirmer sûrement que ces grandeurs ne peuvent par aucun moyen être ramenées à des termes plus simples.

Quant à présent, il faut noter que, dans toute question à résoudre par déduction, il y a une voie simple et directe qui nous permet de passer très facilement d'un terme à l'autre, alors que toutes les autres sont plus difficiles et indirectes. Pour le comprendre il faut se souvenir de ce qui a été dit à la règle onze, où nous avons exposé quel est l'enchaînement des propositions : nous avons vu que, si nous comparons chaque proposition à celles qui lui sont proches, nous apercevons sans peine comment la première et la dernière de celles-ci sont en rapport l'une avec l'autre quoique nous ne déduisions pas aussi facilement des extrêmes les propositions intermédiaires. Maintenant donc, si nous avons l'intuition de la dépendance réciproque de chaque proposition, sans que l'ordre soit nulle part interrompu, en sorte que nous pouvons inférer de là comment la dernière dépend de la première, nous parcourons la difficulté directement; au contraire, si, de ce que nous savons que la première et la dernière proposition sont liées entre elles d'une manière certaine, nous voulions déduire quels sont les intermédiaires qui les unissent, nous suivrions un ordre indirect et inverse. Or, comme nous ne nous occupons ici que de questions enveloppées, où l'on part des extrêmes qui sont connus pour arriver en suivant un ordre inverse à la connaissance des intermédiaires, tout l'artifice sera de supposer connu ce qui est inconnu, de manière à nous donner un moyen facile et direct de recherche même dans les difficultés les plus embrouillées; et rien n'empêche que cela ne se puisse toujours faire, puisque nous avons supposé au commencement de cette partie que nous savions que, dans une question, les termes inconnus sont dans une telle dépendance des termes connus qu'ils sont complètement déterminés par eux, en sorte que, si nous réfléchissons aux termes qui se présentent les premiers, quand nous reconnaissons cette détermination, et si nous les comptons, quoique inconnus, parmi les termes connus, afin d'en déduire graduellement et suivant le vrai chemin tous ceux aussi qui sont connus, comme s'ils étaient inconnus, nous faisons tout ce que cette règle prescrit : quant aux exemples de ce que nous venons d'exposer, comme aussi de plusieurs choses dont nous parlerons ensuite, nous les réservons pour la règle vingt-quatre, car ils y seront plus aisément exposés.

RÈGLE XVIII

Pour cela quatre opérations seulement sont requises, l'addition, la soustraction, la multiplication et la division, parmi lesquelles les deux dernières, souvent, ne doivent pas être faites, tant pour ne rien compliquer inutilement, que parce qu'elles peuvent être exécutées plus facilement ensuite.

La multiplicité des règles provient souvent de l'ignorance du maître, et ce qu'on peut ramener à un seul précepte général est moins clair quand on le divise en un grand nombre de préceptes particuliers. C'est pourquoi nous réduisons ici toutes les opérations, dont il faut se servir pour parcourir les questions, c'est-à-dire pour déduire certaines grandeurs d'autres grandeurs, à quatre types seulement; on verra par leur explication comment ils suffisent.

En effet, si nous parvenons à connaître une grandeur parce que nous connaissons les parties dont elle se compose, c'est par l'addition; si nous découvrons une partie parce que nous connaissons le tout et l'excédent du tout sur cette même partie, c'est par la soustraction; et il n'y a pas d'autres moyens pour déduire une grandeur quelconque d'autres grandeurs prises absolument et qui contiennent celle qu'on cherche. Mais s'il faut trouver une grandeur, en partant d'autres grandeurs complètement différentes et qui ne contiennent pas celle qu'on cherche, il est nécessaire de rapporter de quelque façon cette dernière grandeur aux précédentes : si c'est directement qu'il faut chercher cette relation ou ce rapport, on se servira en ce cas de la multiplication; si c'est indirectement, de la division.

Pour exposer clairement ces deux opérations, il faut savoir que l'unité, dont nous avons déjà parlé, est ici la base et le fondement de toutes les relations; qu'elle occupe le premier degré dans la série des grandeurs en proportion continue; que les grandeurs données se trouvent au second degré, et les grandeurs cherchées au troisième, au quatrième et aux autres, si la proportion est directe; si elle est indirecte, la grandeur cherchée se trouve au second degré et aux autres degrés intermédiaires, et la grandeur donnée au dernier.

En effet, si l'on dit que, ce que l'unité est à *a* ou 5 donné, *b* ou 7 donné l'est à la grandeur cherchée, qui est *ab* ou 35, alors *a* et *b* sont au second degré, et *ab*, qui en est le produit, au troisième. De même, si on ajoute que, ce que l'unité est à *c* ou 9, *ab* ou 35 l'est à la grandeur cherchée *abc* ou 315, alors *abc* est au quatrième degré et est le produit de deux multiplications de *ab* et de *c*, qui sont au second degré, et ainsi du reste. De même, ce que l'unité est à *a* ou 5, *a* ou 5 l'est à a^2 ou 25; et encore, ce que l'unité est à *a* ou 5, a^2 ou 25 l'est à a^3 ou 125; et enfin, ce que l'unité est à *a* ou 5, a^3 ou 125 l'est à a^4, c'est-à-dire 625, etc. : ce n'est pas autrement, en effet, que se fait la multiplication, soit qu'on multiplie une grandeur par elle-même, soit qu'on la multiplie par une autre complètement différente.

Par ailleurs, si l'on dit que, ce que l'unité est à *a* ou 5 donné comme diviseur, B ou 7 que l'on cherche l'est à *ab* ou 35 donné comme dividende, alors l'ordre est renversé et indirect : c'est pourquoi B que l'on cherche ne se trouve qu'en divisant *ab* donné par *a* également donné. De même, si l'on dit que, ce que l'unité est à A ou 5 que l'on cherche, A ou 5 que l'on cherche l'est à a^2 ou 25 donné; ou, ce que l'unité est A ou 5 que l'on cherche, A^2 ou 25 que l'on cherche l'est à a^3 ou 125 donné; et ainsi du reste. Nous embrassons toutes ces opérations sous le nom de division, bien qu'il faille noter que ces derniers cas renferment plus de difficultés que les premiers, parce qu'on y trouve plus souvent la grandeur cherchée, laquelle par conséquent renferme plus de relations. Le sens de ces exemples est en effet le même que si l'on disait qu'il faut extraire la racine carrée de a^2 ou 25, ou la racine cubique de a^3 ou 125, et ainsi du reste, façon de parler qui est usitée chez les calculateurs. Ou encore, pour les expliquer avec les termes des géomètres, c'est la même chose que si l'on disait qu'il faut trouver la moyenne proportionnelle entre la grandeur d'emprunt, que nous appelons unité, et celle qui est désignée par a^2, ou deux moyennes proportionnelles entre l'unité et a^3, et ainsi des autres.

Par là on voit facilement comment ces deux opérations suffisent pour trouver toutes les grandeurs qui doivent être déduites d'autres grandeurs au moyen de quelque rapport. Cela étant compris, il nous reste à exposer, comment ces opérations doivent être soumises à l'examen de l'imagination, et comment il faut les représenter aux yeux mêmes, afin qu'ensuite nous en expliquions l'usage ou la pratique.

S'il faut faire une addition ou une soustraction, nous concevons le sujet sous la forme d'une ligne, ou sous la forme d'une grandeur étendue dans laquelle on ne doit considérer que la longueur : car s'il faut ajouter la ligne *a* à la ligne *b*,

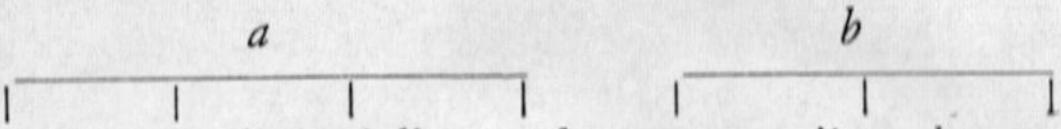

nous joignons l'une à l'autre de cette manière *ab*,

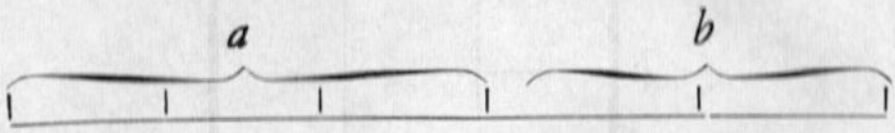

et l'on obtient *c*.

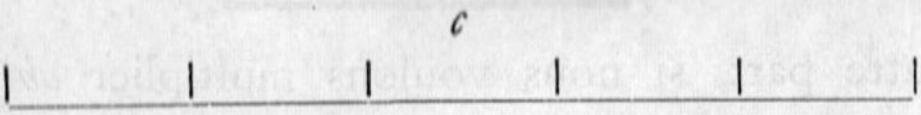

Si, au contraire, il faut soustraire la plus petite de la plus grande, à savoir *b* de *a*,

nous les appliquons l'une sur l'autre de cette manière :

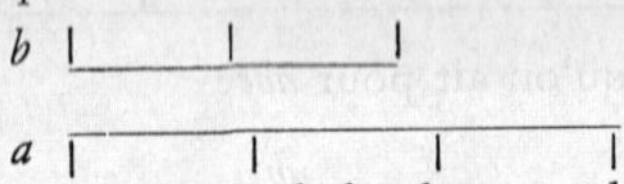

et on obtient ainsi la partie de la plus grande qui ne peut être couverte par la plus petite, à savoir :

Dans la multiplication nous concevons aussi les grandeurs données sous la forme de lignes; mais nous imaginons qu'elles forment un rectangle : car si nous multiplions *a* par *b*,

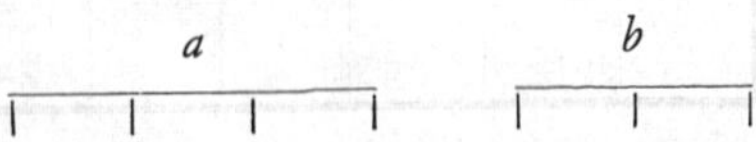

nous adaptons ces lignes l'une à l'autre en angle droit de cette manière :

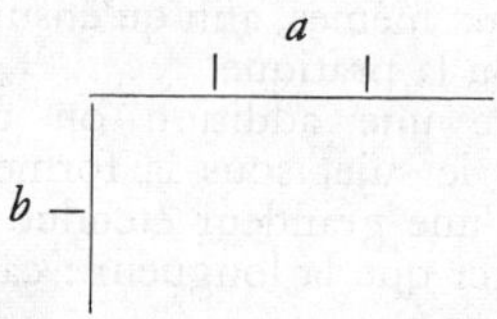

et on a le rectangle

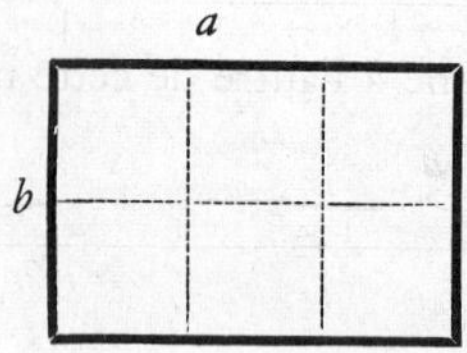

D'autre part, si nous voulons multiplier *ab* par *c*,

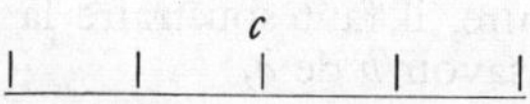

il faut concevoir *ab* comme une ligne, à savoir *ab* :

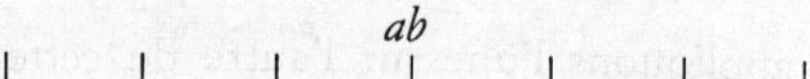

de manière qu'on ait pour *abc* :

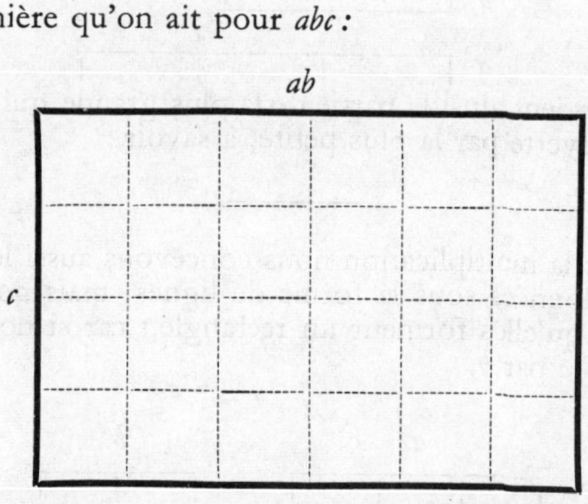

Enfin dans la division, où le diviseur est donné, nous imaginons que la grandeur à diviser est un rectangle, dont un côté est le diviseur et l'autre le quotient : ainsi, par exemple, s'il faut diviser le rectangle *ab* par *a,*

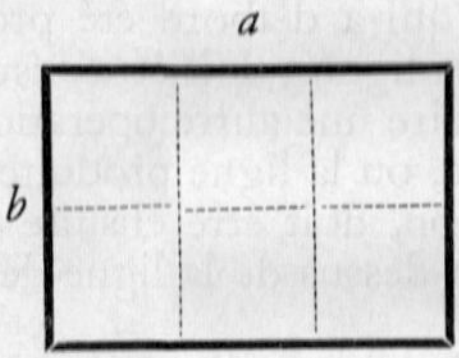

on en ôte la largeur *a* et il reste *b* pour quotient :

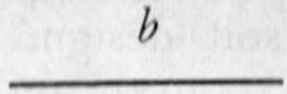

ou au contraire, si on divise le même rectangle par *b,* on ôte la hauteur *b,* et le quotient sera *a :*

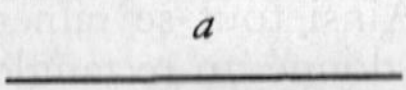

Quant aux divisions où le diviseur n'est pas donné, mais seulement désigné par une relation, comme quand on dit qu'il faut extraire la racine carrée ou cubique, etc., il faut alors noter que le dividende et tous les autres termes doivent toujours être conçus comme des lignes existant dans une série de proportions continues, dont la première est l'unité et la dernière la grandeur à diviser. Quant à savoir comment entre celle-ci et l'unité on doit trouver toutes les moyennes proportionnelles, nous le dirons en son temps; il suffit, pour le moment, d'avoir déclaré que de telles opérations ne sont pas encore exécutées ici, puisqu'elles doivent être faites par un mouvement indirect et réfléchi de l'imagination; et nous ne traiterons maintenant que des questions à parcourir directement.

En ce qui concerne les autres opérations, elles peuvent être exécutées très facilement de la manière dont nous avons dit qu'il faut les concevoir. Il reste cependant à exposer comment les termes en doivent être préparés; car, quoique nous soyons libres, quand nous nous occupons pour la première fois d'une difficulté, d'en concevoir les termes comme des lignes ou comme des rectangles, sans leur attribuer jamais d'autres figures, comme nous l'avons dit dans la règle quatorze, toutefois il arrive souvent, dans le cours de l'opération, qu'un rectangle, qui a d'abord été produit par la multiplication de deux lignes, doit être ensuite conçu comme une ligne, pour faire une autre opération, ou encore que le même rectangle, ou la ligne produite par une addition ou une soustraction, doit être ensuite conçu comme un autre rectangle au-dessus de la ligne désignée qui doit le diviser.

Il est donc important d'exposer ici comment tout rectangle peut être transformé en une ligne, et inversement une ligne ou même un rectangle en un autre rectangle dont le côté soit désigné. Cela est très facile pour les géomètres, pourvu qu'ils remarquent que toutes les fois que nous comparons, comme ici, des lignes à un rectangle, nous les concevons toujours comme des rectangles, dont un côté est la longueur que nous avons prise pour unité. Ainsi tout se ramène en effet à cette proposition : étant donné un rectangle, en construire un autre, qui lui soit égal, sur un côté donné.

Quoique ceci soit bien connu même des débutants en géométrie, je veux cependant l'exposer, de peur de paraître avoir omis quelque chose.

RÈGLE XIX

C'est par cette méthode de raisonnement qu'il faut chercher autant de grandeurs exprimées de deux manières différentes, que nous supposons connus de termes inconnus, pour parcourir directement la difficulté : car ainsi nous aurons autant de comparaisons entre deux choses égales.

RÈGLE XX

Les équations trouvées, il faut achever les opérations que nous avons laissées de côté, en ne se servant jamais de la multiplication chaque fois qu'il y aura lieu à division.

RÈGLE XXI

S'il y a plusieurs équations de cette sorte, il faut les ramener toutes à une seule, c'est-à-dire à celle dont les termes occuperont le moins de degrés dans la série des grandeurs en proportion continue, selon laquelle ils doivent être ordonnés.

DISCOURS DE LA MÉTHODE

LA DIOPTRIQUE

LES MÉTÉORES

LA GÉOMÉTRIE

Le Discours de la Méthode parut en 1637, à Leyde, chez Jean Maire, sans nom d'auteur. Le texte original est en français. Une traduction latine, due à Étienne de Courcelles, fut publiée en 1644 chez Elzevier. Comme le titre l'indique, le *Discours de la Méthode* était suivi de trois Traités : *la Dioptrique, les Météores, la Géométrie,* présentés comme des *Essais de la Méthode.*

Pour permettre au lecteur de se faire une idée de cette méthode cartésienne, de sa mise en œuvre, de ses résultats, et pour le rendre sensible aux espérances de notre auteur, nous avons choisi dans ces trois traités ce que nous y avons trouvé de plus révélateur.

Nous donnons, à la suite du *Discours de la Méthode,* les six premiers « *discours* » de *la Dioptrique,* entre autres, le célèbre *Discours II,* sur la Réfraction. En somme, la première moitié de *la Dioptrique.* « Je commencerai, nous dit Descartes, par l'explication de la lumière et de ses rayons; puis, ayant fait une brève description des parties de l'œil, je dirai particulièrement en quelle sorte se fait la vision... » Il n'est pas inutile de souligner l'importance que Descartes attribuait à l'étude de la lumière; à ses yeux, elle domine et précède toutes les autres, d'abord, en raison de la dimension même du sujet, et aussi parce qu'elle lui semble particulièrement propre à nous donner la clé des mystères de la nature et à nous faire apparaître les véritables principes de la reconstruction du monde. Il pensait en tirer des conséquences infinies, aussi bien dans l'ordre théorique que dans l'ordre pratique. Mais les hommes, croyait-il, ne pourraient pas comprendre avant cent cinquante ans ses vues en la matière.

Dans *les Météores,* nous donnons le fameux *Discours VIII,* sur l'*Arc-en-ciel,* cette « merveille de la nature ». Le lecteur y trouvera comme une suite des questions traitées dans *la Dioptrique,* et il pourra y apprécier, vers la fin, certaines espérances de Descartes, relativement à la possibilité d'offrir aux populations, grâce aux moyens de la physique, des spectacles qui dépasseraient en beauté les merveilles naturelles.

Nous donnons enfin le début du second livre de *la Géométrie* : « De la nature des lignes courbes », où l'on peut, semble-t-il, trouver l'essentiel de ce qui fait l'originalité de Descartes comme mathématicien.

DISCOURS
DE LA MÉTHODE
POUR BIEN CONDUIRE SA RAISON
ET CHERCHER LA VÉRITÉ DANS LES SCIENCES

plus

LA DIOPTRIQUE, LES MÉTÉORES ET LA GÉOMÉTRIE

QUI SONT DES ESSAIS DE CETTE MÉTHODE

Si ce discours semble trop long pour être tout lu en une fois, on le pourra distinguer en six parties. Et en la première on trouvera diverses considérations touchant les sciences. En la seconde, les principales règles de la méthode que l'auteur a cherchée. En la troisième, quelques-unes de celles de la morale qu'il a tirée de cette méthode. En la quatrième, les raisons par lesquelles il prouve l'existence de Dieu et de l'âme humaine, qui sont les fondements de sa métaphysique. En la cinquième, l'ordre des questions de physique qu'il a cherchées, et particulièrement l'explication du mouvement du cœur et de quelques autres difficultés qui appartiennent à la médecine, puis aussi la différence qui est entre notre âme et celle des bêtes. Et en la dernière, quelles choses il croit être requises pour aller plus avant en la recherche de la nature qu'il n'a été, et quelles raisons l'ont fait écrire.

PREMIÈRE PARTIE

CONSIDÉRATIONS TOUCHANT LES SCIENCES

Le bon sens est la chose du monde la mieux partagée : car chacun pense en être si bien pourvu, que ceux même qui sont les plus difficiles à contenter en toute autre chose n'ont point coutume d'en désirer plus qu'ils en ont. En quoi il n'est pas vraisemblable que tous se trompent; mais plutôt cela témoigne que la puissance de bien juger et distinguer le vrai d'avec le faux, qui est proprement ce qu'on nomme le bon sens ou la raison, est naturellement égale en tous les hommes; et ainsi, que la diversité de nos opinions ne vient pas de ce que les uns sont plus raisonnables que les autres, mais seulement de ce que nous conduisons nos pensées par diverses voies, et ne considérons pas les mêmes choses. Car ce n'est pas assez d'avoir l'esprit bon, mais le principal est de l'appliquer bien. Les plus grandes âmes sont capables des plus grands vices aussi bien que des plus grandes vertus, et ceux qui ne marchent que fort lentement peuvent avancer beaucoup davantage, s'ils suivent toujours le droit chemin, que ne font ceux qui courent et qui s'en éloignent.

Pour moi, je n'ai jamais présumé que mon esprit fût en rien plus parfait que ceux du commun; même j'ai souvent souhaité d'avoir la pensée aussi prompte, ou l'imagination aussi nette et distincte, ou la mémoire aussi ample ou aussi présente, que quelques autres. Et je ne sache point de qualités que celles-ci qui servent à la perfection de l'esprit : car pour la raison ou le sens, d'autant qu'elle est la seule chose qui nous rend hommes et nous distingue des bêtes, je veux croire qu'elle est tout entière en un chacun, et suivre en ceci l'opinion commune des philosophes qui disent qu'il n'y a du plus ou du moins qu'entre les *accidents,* et non point entre les *formes* ou natures des *individus* d'une même *espèce.*

Mais je ne craindrai pas de dire que je pense avoir eu beaucoup d'heur de m'être rencontré dès ma jeunesse en certains chemins, qui m'ont conduit à des considérations et des maximes, dont j'ai formé une méthode, par laquelle il me semble que j'ai moyen d'augmenter par degrés ma connaissance, et de l'élever peu à peu au plus haut point auquel la médiocrité de mon esprit et la courte durée de ma vie lui pourront permettre d'atteindre. Car j'en ai déjà recueilli de tels fruits, qu'encore qu'au jugement que je fais de moi-même, je tâche toujours de pencher vers le côté de la défiance plutôt que vers celui de la présomption; et que, regardant d'un œil de philosophe les diverses actions et entreprises de tous les hommes, il n'y en ait quasi aucune qui ne me semble vaine et inutile; je ne laisse pas de recevoir une extrême satisfaction du progrès que je pense avoir déjà fait en la recherche de la vérité, et de concevoir de telles espérances pour l'avenir, que si, entre les occupations des hommes purement hommes, il y en a quelqu'une qui soit solidement bonne et importante, j'ose croire que c'est celle que j'ai choisie.

Toutefois il se peut faire que je me trompe, et ce n'est peut-être qu'un peu de cuivre et de verre que je prends pour de l'or et des diamants. Je sais combien nous sommes sujets à nous méprendre en ce qui nous touche, et combien aussi les jugements de nos amis nous doivent être suspects, lorsqu'ils sont en notre faveur. Mais je serai bien aise de faire voir, en ce discours, quels sont les chemins que j'ai suivis, et d'y représenter ma vie comme en un tableau, afin que chacun en puisse juger, et qu'apprenant du bruit commun les opinions qu'on en aura, ce soit un nouveau moyen de m'instruire que j'ajouterai à ceux dont j'ai coutume de me servir.

Ainsi mon dessein n'est pas d'enseigner ici la méthode que chacun doit suivre pour bien conduire sa raison, mais seulement de faire voir en quelle sorte j'ai tâché de conduire la mienne. Ceux qui se mêlent de donner des préceptes se doivent estimer plus habiles que ceux auxquels ils les donnent, et s'ils manquent à la moindre chose, ils en sont blâmables. Mais ne proposant cet écrit que comme une histoire, ou, si vous l'aimez mieux, que comme une fable, en laquelle, parmi quelques exemples qu'on peut imiter, on en trouvera peut-être aussi plusieurs autres qu'on aura raison de ne pas suivre, j'espère qu'il sera utile à quelques-uns, sans être nuisible à personne, et que tous me sauront gré de ma franchise.

J'ai été nourri aux lettres dès mon enfance, et pour ce qu'on me persuadait que, par leur moyen, on pouvait acquérir une connaissance claire et assurée de tout ce qui est utile à la vie, j'avais un extrême désir de les apprendre. Mais sitôt que j'eus achevé tout ce cours d'études au bout duquel on a coutume d'être reçu au rang des doctes, je changeai entièrement d'opinion. Car je me trouvais embarrassé de tant de doutes et d'erreurs, qu'il me semblait n'avoir fait autre profit, en tâchant de m'instruire, sinon que j'avais découvert de plus en plus mon ignorance. Et néanmoins j'étais en l'une des plus célèbres écoles de l'Europe[1], où je pensais qu'il devait y avoir de savants hommes, s'il y en avait en aucun endroit de la terre. J'y avais appris tout ce que les autres y apprenaient; et même, ne m'étant pas contenté des sciences qu'on nous enseignait, j'avais parcouru tous les livres traitant de celles qu'on estime les plus curieuses et les plus rares, qui avaient pu tomber entre mes mains. Avec cela, je savais les jugements que les autres faisaient de moi; et je ne voyais point qu'on m'estimât inférieur à mes condisciples, bien qu'il y en eût déjà entre eux quelques-uns qu'on destinait à remplir les places de nos maîtres. Et enfin notre siècle me semblait aussi fleurissant et aussi fertile en bons esprits qu'ait été aucun des précédents. Ce qui me faisait prendre la liberté de juger par moi de tous les autres, et de penser qu'il n'y avait aucune doctrine dans le monde qui fût telle qu'on m'avait auparavant fait espérer.

Je ne laissais pas toutefois d'estimer les exercices auxquels on s'occupe dans les écoles. Je savais que les langues qu'on y apprend sont nécessaires pour l'intelligence des livres anciens; que la gentillesse des fables réveille l'esprit; que les actions mémorables des histoires le relèvent, et qu'étant lues avec discrétion, elles aident à former le jugement; que la lecture de tous les bons livres est comme une conversation avec les plus honnêtes gens des siècles passés, qui en ont été les auteurs, et même une conversation étudiée en laquelle ils ne nous découvrent que les meilleures de leurs pensées; que l'éloquence a des forces et des beautés incomparables; que la poésie a des délicatesses et des douceurs très ravissantes; que les mathématiques ont des inventions très subtiles, et qui peuvent beaucoup servir, tant à contenter

1. Le collège de La Flèche.

les curieux, qu'à faciliter tous les arts et diminuer le travail des hommes; que les écrits qui traitent des mœurs contiennent plusieurs enseignements, et plusieurs exhortations à la vertu qui sont fort utiles; que la théologie enseigne à gagner le ciel; que la philosophie donne moyen de parler vraisemblablement de toutes choses et se faire admirer des moins savants; que la jurisprudence, la médecine et les autres sciences apportent des honneurs et des richesses à ceux qui les cultivent; et enfin qu'il est bon de les avoir toutes examinées, même les plus superstitieuses et les plus fausses, afin de connaître leur juste valeur, et se garder d'en être trompé.

Mais je croyais avoir déjà donné assez de temps aux langues, et même aussi à la lecture des livres anciens, et à leurs histoires et à leurs fables. Car c'est quasi le même de converser avec ceux des autres siècles, que de voyager. Il est bon de savoir quelque chose des mœurs de divers peuples, afin de juger des nôtres plus sainement, et que nous ne pensions pas que tout ce qui est contre nos modes soit ridicule et contre raison, ainsi qu'ont coutume de faire ceux qui n'ont rien vu. Mais lorsqu'on emploie trop de temps à voyager, on devient enfin étranger en son pays; et lorsqu'on est trop curieux des choses qui se pratiquaient aux siècles passés, on demeure ordinairement fort ignorant de celles qui se pratiquent en celui-ci. Outre que les fables font imaginer plusieurs événements comme possibles qui ne le sont point; et que même les histoires les plus fidèles, si elles ne changent ni n'augmentent la valeur des choses, pour les rendre plus dignes d'être lues, au moins en omettent-elles presque toujours les plus basses et moins illustres circonstances; d'où vient que le reste ne paraît pas tel qu'il est, et que ceux qui règlent leurs mœurs par les exemples qu'ils en tirent, sont sujets à tomber dans les extravagances des paladins de nos romans, et à concevoir des desseins qui passent leurs forces.

J'estimais fort l'éloquence, et j'étais amoureux de la poésie; mais je pensais que l'une et l'autre étaient des dons de l'esprit, plutôt que des fruits de l'étude. Ceux qui ont le raisonnement le plus fort, et qui digèrent le mieux leurs pensées, afin de les rendre claires et intelligibles, peuvent toujours le mieux persuader ce qu'ils proposent, encore qu'ils ne parlassent que bas-breton, et qu'ils n'eussent jamais appris de rhétorique. Et ceux qui ont les inventions les plus agréables, et qui les savent exprimer avec le plus d'ornement et de douceur, ne laisseraient pas d'être les meilleurs poètes, encore que l'art poétique leur fût inconnu.

Je me plaisais surtout aux mathématiques, à cause de la certitude et de l'évidence de leurs raisons; mais je ne remarquais point encore leur vrai usage, et pensant qu'elles ne servaient qu'aux arts mécaniques, je m'étonnais de ce que, leurs fondements étant si fermes et si solides, on n'avait rien bâti dessus de plus relevé. Comme, au contraire, je comparais les écrits des anciens païens qui traitent des mœurs, à des palais fort superbes et fort magnifiques, qui n'étaient bâtis que sur du sable et sur de la boue. Ils élèvent fort haut les vertus, et les font paraître estimables par-dessus toutes les choses qui sont au monde; mais ils n'enseignent pas assez à les connaître, et souvent ce qu'ils appellent d'un si beau nom n'est qu'une insensibilité ou un orgueil, ou un désespoir, ou un parricide.

Je révérais notre théologie, et prétendais, autant qu'aucun autre, à gagner le ciel; mais ayant appris, comme chose très assurée, que le chemin n'en est pas moins ouvert aux plus ignorants qu'aux plus doctes, et que les vérités révélées qui y conduisent sont au-dessus de notre intelligence, je n'eusse osé les soumettre à la faiblesse de mes raisonnements, et je pensais que, pour entreprendre de les examiner et y réussir, il était besoin d'avoir quelque extraordinaire assistance du ciel, et d'être plus qu'homme.

Je ne dirai rien de la philosophie, sinon que, voyant qu'elle a été cultivée par les plus excellents esprits qui aient vécu depuis plusieurs siècles, et que néanmoins il ne s'y trouve encore aucune chose dont on ne dispute, et par conséquent qui ne soit douteuse, je n'avais point assez de présomption pour espérer d'y rencontrer mieux que les autres; et que, considérant combien il peut y avoir de diverses opinions touchant une même matière, qui soient soutenues par des gens doctes, sans qu'il y en puisse avoir jamais plus d'une seule qui soit vraie, je réputais presque pour faux tout ce qui n'était que vraisemblable.

Puis pour les autres sciences, d'autant qu'elles empruntent leurs principes de la philosophie, je jugeais qu'on ne pouvait avoir rien bâti qui fût solide sur des fondements si peu fermes. Et ni l'honneur, ni le gain qu'elles promettent n'étaient suffisants pour me convier à les apprendre; car je ne me sentais point, grâce à Dieu, de condition qui m'obligeât à faire un métier de la science pour le soulagement de ma fortune; et quoique je ne fisse pas profession de mépriser la gloire en cynique, je faisais néanmoins fort peu d'état de celle que je n'espérais point pouvoir acquérir qu'à faux titres. Et enfin, pour les mauvaises doctrines, je pensais déjà connaître assez ce qu'elles valaient, pour n'être plus sujet à être trompé ni par les promesses d'un alchimiste, ni par les prédictions d'un astrologue, ni par les impostures d'un magicien, ni par les artifices ou la vanterie d'aucun de ceux qui font profession de savoir plus qu'ils ne savent.

C'est pourquoi, sitôt que l'âge me permit de sortir de la sujétion de mes précepteurs, je quittai entièrement l'étude des lettres. Et me résolvant de ne chercher plus d'autre science que celle qui se pourrait trouver en moi-même, ou bien dans le grand livre du monde, j'employai le reste de ma jeunesse à voyager, à voir des cours et des armées, à fréquenter des gens de diverses humeurs et conditions, à recueillir diverses expériences, à m'éprouver moi-même dans les rencontres que la fortune me proposait, et partout à faire telle réflexion sur les choses qui se présentaient, que j'en pusse tirer quelque profit. Car il me semblait que je pourrais rencontrer beaucoup plus de vérité dans les raisonnements que chacun fait touchant les affaires qui lui importent, et dont l'événement le doit punir bientôt après s'il a mal jugé, que dans ceux que fait un homme de lettres dans son cabinet, touchant des spéculations qui ne produisent aucun effet, et qui ne lui sont d'autre conséquence, sinon que peut-être il en tirera d'autant plus de vanité qu'elles seront plus éloignées du sens commun, à cause qu'il aura dû employer d'autant plus d'esprit et d'artifice à tâcher de les rendre vraisemblables. Et j'avais toujours un extrême désir d'apprendre à distinguer le vrai d'avec le faux, pour voir clair en mes actions, et marcher avec assurance en cette vie.

Il est vrai que, pendant que je ne faisais que considérer les mœurs des autres hommes, je n'y trouvais guère de quoi m'assurer, et que j'y remarquais quasi autant de diversité que j'avais fait auparavant entre les opinions des philosophes. En sorte que le plus grand profit que j'en retirais était que, voyant plusieurs choses qui, bien qu'elles nous semblent fort extravagantes et ridicules, ne laissent pas d'être communément reçues et approuvées par d'autres grands peuples, j'apprenais à ne rien croire trop fermement de ce qui ne m'avait été persuadé que par l'exemple et par la coutume; et ainsi je me délivrais peu à peu de beaucoup d'erreurs qui peuvent offusquer notre lumière naturelle et nous rendre moins capables d'entendre raison. Mais, après que j'eus employé quelques années à étudier ainsi dans le livre du monde, et à tâcher d'acquérir quelque expérience, je pris un jour la résolution d'étudier aussi en moi-même, et d'employer toutes les forces de mon esprit à choisir les chemins que je devais suivre. Ce qui me réussit beaucoup mieux, ce me semble, que si je ne me fusse jamais éloigné ni de mon pays ni de mes livres.

DEUXIÈME PARTIE

PRINCIPALES RÈGLES DE LA MÉTHODE

J'ÉTAIS alors[1] en Allemagne, où l'occasion des guerres qui n'y sont pas encore finies m'avait appelé; et, comme je retournais du couronnement de l'empereur vers l'armée, le commencement de l'hiver m'arrêta en un quartier où, ne trouvant aucune conversation qui me divertît, et n'ayant d'ailleurs, par bonheur, aucuns soins ni passions qui me troublassent, je demeurais tout le jour enfermé seul dans un poêle, où j'avais tout loisir de m'entretenir de mes pensées. Entre lesquelles l'une des premières fut que je m'avisai de considérer que souvent il n'y a pas tant de perfection dans les ouvrages composés de plusieurs pièces, et faits de la main de divers maîtres, qu'en ceux auxquels un seul a travaillé. Ainsi voit-on que les bâtiments qu'un seul architecte a entrepris et achevés ont coutume d'être plus beaux et mieux ordonnés que ceux que plusieurs ont tâché de raccommoder,

1. Pendant l'hiver 1619-1620.

en faisant servir de vieilles murailles qui avaient été bâties à d'autres fins. Ainsi ces anciennes cités qui, n'ayant été au commencement que des bourgades, sont devenues par succession de temps de grandes villes, sont ordinairement si mal compassées, au prix de ces places régulières qu'un ingénieur trace à sa fantaisie dans une plaine, qu'encore que, considérant leurs édifices chacun à part, on y trouve souvent autant ou plus d'art qu'en ceux des autres, toutefois, à voir comme ils sont arrangés, ici un grand, là un petit, et comme ils rendent les rues courbées et inégales, on dirait que c'est plutôt la fortune que la volonté de quelques hommes usant de raison qui les a ainsi disposés. Et si on considère qu'il y a eu néanmoins de tout temps quelques officiers qui ont eu charge de prendre garde aux bâtiments des particuliers pour les faire servir à l'ornement du public, on connaîtra bien qu'il est malaisé, en ne travaillant que sur les ouvrages d'autrui, de faire des choses fort accomplies. Ainsi je m'imaginai que les peuples qui, ayant été autrefois demi-sauvages, et ne s'étant civilisés que peu à peu, n'ont fait leurs lois qu'à mesure que l'incommodité des crimes et des querelles les y a contraints, ne sauraient être si bien policés que ceux qui, dès le commencement qu'ils se sont assemblés, ont observé les constitutions de quelque prudent législateur. Comme il est bien certain que l'état de la vraie religion, dont Dieu seul a fait les ordonnances, doit être incomparablement mieux réglé que tous les autres. Et, pour parler des choses humaines, je crois que si Sparte a été autrefois très florissante, ce n'a pas été à cause de la bonté de chacune de ses lois en particulier, vu que plusieurs étaient fort étranges et même contraires aux bonnes mœurs, mais à cause que, n'ayant été inventées que par un seul, elles tendaient toutes à même fin. Et ainsi je pensai que les sciences des livres, au moins celles dont les raisons ne sont que probables, et qui n'ont aucunes démonstrations, s'étant composées et grossies peu à peu des opinions de plusieurs diverses personnes, ne sont point si approchantes de la vérité que les simples raisonnements que peut faire naturellement un homme de bon sens touchant les choses qui se présentent. Et ainsi encore je pensai que, pour ce que nous avons tous été enfants avant que d'être hommes, et qu'il nous a fallu longtemps être gouvernés par nos appétits et nos précepteurs, qui étaient souvent contraires les uns aux autres, et qui, ni les uns ni les autres, ne nous conseillaient peut-être pas toujours le meilleur, il est presque impossible que nos jugements soient si purs ni si solides qu'ils auraient été si nous avions eu l'usage entier de notre raison dès le point de notre naissance, et que nous n'eussions jamais été conduits que par elle.

Il est vrai que nous ne voyons point qu'on jette par terre toutes les maisons d'une ville pour le seul dessein de les refaire d'autre façon, et d'en rendre les rues plus belles; mais on voit bien que plusieurs font abattre les leurs pour les rebâtir, et que même quelquefois ils y sont contraints quand elles sont en danger de tomber d'elles-mêmes et que les fondements n'en sont pas bien fermes. A l'exemple de quoi je me persuadai qu'il n'y aurait véritablement point d'apparence qu'un particulier fît dessein de réformer un État, en y changeant tout dès les fondements, et en le renversant pour le redresser; ni même aussi de réformer le corps des sciences, ou l'ordre établi dans les écoles pour les enseigner; mais que, pour toutes les opinions que j'avais reçues jusques alors en ma créance, je ne pouvais mieux faire que d'entreprendre une bonne fois de les en ôter, afin d'y en remettre par après, ou d'autres meilleures, ou bien les mêmes, lorsque je les aurais ajustées au niveau de la raison. Et je crus fermement que, par ce moyen, je réussirais à conduire ma vie beaucoup mieux que si je ne bâtissais que sur de vieux fondements, et que je ne m'appuyasse que sur les principes que je m'étais laissé persuader en ma jeunesse, sans avoir jamais examiné s'ils étaient vrais. Car, bien que je remarquasse en ceci diverses difficultés, elles n'étaient point toutefois sans remède, ni comparables à celles qui se trouvent en la réformation des moindres choses qui touchent le public. Ces grands corps sont trop malaisés à relever étant abattus, ou même à retenir étant ébranlés, et leurs chutes ne peuvent être que très rudes. Puis, pour leurs imperfections, s'ils en ont, comme la seule diversité qui est entre eux suffit pour assurer que plusieurs en ont, l'usage les a sans doute fort adoucies, et même il en a évité ou corrigé insensiblement quantité auxquelles on ne pourrait si bien pourvoir par prudence. Et enfin elles sont quasi toujours plus supportables que ne serait leur changement; en même façon que les grands chemins, qui tournoient entre des montagnes, deviennent peu à peu si unis et si commodes, à force d'être fréquentés, qu'il est beaucoup meilleur de les suivre, que d'entreprendre d'aller plus droit, en grimpant au-dessus des rochers et descendant jusques au bas des précipices.

C'est pourquoi je ne saurais aucunement approuver ces humeurs brouillonnes et inquiètes, qui, n'étant appelées ni par leur naissance ni par leur fortune au maniement des affaires publiques, ne laissent pas d'y faire toujours, en idée, quelque nouvelle réformation. Et si je pensais qu'il y eût la moindre chose en cet écrit par laquelle on me pût soupçonner de cette folie, je serais très marri de souffrir qu'il fût publié. Jamais mon dessein ne s'est étendu plus avant que de tâcher à réformer mes propres pensées, et de bâtir dans un fonds qui est tout à moi. Que si, mon ouvrage m'ayant assez plu, je vous en fais voir ici le modèle, ce n'est pas pour cela que je veuille conseiller à personne de l'imiter. Ceux que Dieu a mieux partagés de ses grâces auront peut-être des desseins plus relevés; mais je crains bien que celui-ci ne soit déjà que trop hardi pour plusieurs. La seule résolution de se défaire de toutes les opinions qu'on a reçues auparavant en sa créance n'est pas un exemple que chacun doive suivre; et le monde n'est quasi composé que de deux sortes d'esprits auxquels il ne convient aucunement. A savoir, de ceux qui, se croyant plus habiles qu'ils ne sont, ne se peuvent empêcher de précipiter leurs jugements, ni avoir assez de patience pour conduire par ordre toutes leurs pensées : d'où vient que, s'ils avaient une fois pris la liberté de douter des principes qu'ils ont reçus et de s'écarter du chemin commun, jamais ils ne pourraient tenir le sentier qu'il faut prendre pour aller plus droit, et demeureraient égarés toute leur vie; puis de ceux qui, ayant assez de raison, ou de modestie, pour juger qu'ils sont moins capables de distinguer le vrai d'avec le faux que quelques autres par lesquels ils peuvent être instruits, doivent bien plutôt se contenter de suivre les opinions de ces autres qu'en chercher eux-mêmes de meilleures.

Et pour moi, j'aurais été sans doute du nombre de ces derniers, si je n'avais jamais eu qu'un seul maître ou que je n'eusse point su les différences qui ont été de tout temps entre les opinions des plus doctes. Mais, ayant appris, dès le collège, qu'on ne saurait rien imaginer de si étrange et si peu croyable, qu'il n'ait été dit par quelqu'un des philosophes; et depuis, en voyageant, ayant reconnu que tous ceux qui ont des sentiments fort contraires aux nôtres ne sont pas pour cela barbares ni sauvages, mais que plusieurs usent, autant ou plus que nous de raison; et ayant considéré combien un même homme, avec son même esprit, étant nourri dès son enfance entre des Français ou des Allemands, devient différent de ce qu'il serait s'il avait toujours vécu entre des Chinois ou des cannibales; et comment, jusques aux modes de nos habits, la même chose qui nous a plu il y a dix ans, et qui nous plaira peut-être encore avant dix ans, nous semble maintenant extravagante et ridicule; en sorte que c'est bien plus la coutume et l'exemple qui nous persuadent qu'aucune connaissance n'est certaine, et que néanmoins la pluralité des voix n'est pas une preuve qui vaille rien pour les vérités un peu malaisées à découvrir, à cause qu'il est bien plus vraisemblable qu'un homme seul les ait rencontrées que tout un peuple, je ne pouvais choisir personne dont les opinions me semblassent devoir être préférées à celles des autres, et je me trouvai comme contraint d'entreprendre moi-même de me conduire.

Mais, comme un homme qui marche seul et dans les ténèbres, je me résolus d'aller si lentement et d'user de tant de circonspection en toutes choses, que si je n'avançais que fort peu, je me garderais bien au moins de tomber. Même je ne voulus point commencer à rejeter tout à fait aucune des opinions qui s'étaient pu glisser autrefois en ma créance sans y avoir été introduites par la raison, que je n'eusse auparavant employé assez de temps à faire le projet de l'ouvrage que j'entreprenais, et à chercher la vraie méthode pour parvenir à la connaissance de toutes les choses dont mon esprit serait capable.

J'avais un peu étudié, étant plus jeune, entre les parties de la philosophie, à la logique, et, entre les mathématiques, à l'analyse des géomètres et à l'algèbre, trois arts ou sciences qui semblaient devoir contribuer quelque chose à mon dessein. Mais, en les examinant, je pris garde que, pour la logique, ses syllogismes et la plupart de ses autres instructions servent plutôt à expliquer à autrui les choses qu'on sait, ou même, comme l'art de Lulle[1], à parler sans jugement de celles qu'on ignore, qu'à les apprendre. Et bien qu'elle contienne, en effet, beaucoup de préceptes très vrais et très bons, il y en a toutefois tant d'autres mêlés parmi, qui sont ou nuisibles ou superflus, qu'il est presque aussi malaisé de les en séparer que de tirer une Diane ou une Minerve hors d'un bloc de marbre qui n'est point encore ébauché. Puis, pour l'analyse des anciens et l'algèbre des modernes, outre qu'elles ne s'étendent qu'à des matières fort abstraites, et qui ne semblent d'aucun usage, la première est toujours si astreinte à la considération des figures, qu'elle ne peut exercer l'entendement sans fatiguer beaucoup l'imagination; et on s'est tellement assujetti en la dernière à certaines règles et certains chiffres, qu'on en a fait un art confus et obscur qui embarrasse l'esprit, au lieu d'une science qui le cultive. Ce qui fut cause que je pensai qu'il fallait chercher quelque autre méthode qui, comprenant les avantages de ces trois, fût exempte de leurs défauts. Et, comme la multitude des lois fournit souvent des excuses aux vices, en sorte qu'un État est bien mieux réglé lorsque, n'en ayant que fort peu, elles y sont fort étroitement observées; ainsi, au lieu de ce grand nombre de préceptes dont la logique est composée, je crus que j'aurais assez des quatre suivants, pourvu que je prisse une ferme et constante résolution de ne manquer pas une seule fois à les observer.

Le premier était de ne recevoir jamais aucune chose pour vraie que je ne la connusse évidemment être telle; c'est-à-dire d'éviter soigneusement la précipitation et la prévention; et de ne comprendre rien de plus en mes jugements que ce qui se présenterait si clairement et si distinctement à mon esprit que je n'eusse aucune occasion de le mettre en doute.

---

1. Raymond Lulle, philosophe et alchimiste espagnol, né à Majorque en 1235. Célèbre par l'invention du *Grand Art,* méthode générale destinée à déterminer toutes les formes et toutes les combinaisons possibles de la pensée. L'application de cette méthode devait avoir pour conséquence la conversion des infidèles et l'union de tous les hommes. Pour essayer l'efficacité du *Grand Art,* Lulle entreprit des croisades pacifiques et fit à plusieurs reprises le voyage d'Afrique. Il fut lapidé à Bougie en 1315.

Le second, de diviser chacune des difficultés que j'examinerais en autant de parcelles qu'il se pourrait et qu'il serait requis pour les mieux résoudre.

Le troisième, de conduire par ordre mes pensées, en commençant par les objets les plus simples et les plus aisés à connaître, pour monter peu à peu, comme par degrés, jusques à la connaissance des plus composés; et supposant même de l'ordre entre ceux qui ne se précèdent point naturellement les uns les autres.

Et le dernier, de faire partout des dénombrements si entiers, et des revues si générales, que je fusse assuré de ne rien omettre.

Ces longues chaînes de raisons, toutes simples et faciles, dont les géomètres ont coutume de se servir pour parvenir à leurs plus difficiles démonstrations, m'avaient donné occasion de m'imaginer que toutes les choses qui peuvent tomber sous la connaissance des hommes s'entresuivent en même façon, et que, pourvu seulement qu'on s'abstienne d'en recevoir aucune pour vraie qui ne le soit, et qu'on garde toujours l'ordre qu'il faut pour les déduire les unes des autres, il n'y en peut avoir de si éloignées auxquelles enfin on ne parvienne, ni de si cachées qu'on ne découvre. Et je ne fus pas beaucoup en peine de chercher par lesquelles il était besoin de commencer, car je savais déjà que c'était par les plus simples et les plus aisées à connaître; et, considérant qu'entre tous ceux qui ont ci-devant recherché la vérité dans les sciences, il n'y a eu que les seuls mathématiciens qui ont pu trouver quelques démonstrations, c'est-à-dire quelques raisons certaines et évidentes, je ne doutais point que ce ne fût pas les mêmes qu'ils ont examinées; bien que je n'en espérasse aucune autre utilité, sinon qu'elles accoutumeraient mon esprit à se repaître de vérités et ne se contenter point de fausses raisons. Mais je n'eus pas dessein, pour cela, de tâcher d'apprendre toutes ces sciences particulières qu'on nomme communément mathématiques; et, voyant qu'encore que leurs objets soient différents, elles ne laissent pas de s'accorder toutes, en ce qu'elles n'y considèrent autre chose que les divers rapports ou proportions qui s'y trouvent, je pensai qu'il valait mieux que j'examinasse seulement ces proportions en général, et sans les supposer que dans les sujets qui serviraient à m'en rendre la connaissance plus aisée; même aussi sans les y astreindre aucunement, afin de les pouvoir d'autant mieux appliquer après à tous les autres auxquels elles conviendraient. Puis, ayant pris garde que, pour les connaître, j'aurais quelquefois besoin de les considérer chacune en particulier, et quelquefois seulement de les retenir, ou de les comprendre plusieurs ensemble, je pensai que, pour les considérer mieux en particulier, je les devais supposer en des lignes, à cause que je ne trouvais rien de plus simple ni que je pusse plus distinctement représenter à mon imagination et à mes sens; mais que, pour les retenir ou les comprendre plusieurs ensemble, il fallait que je les expliquasse par quelques chiffres, les plus courts qu'il serait possible; et que, par ce moyen, j'emprunterais tout le meilleur de l'analyse géométrique et de l'algèbre, et corrigerais tous les défauts de l'une par l'autre.

Comme, en effet, j'ose dire que l'exacte observation de ce peu de préceptes que j'avais choisis me donna telle facilité à démêler toutes les questions auxquelles ces deux sciences s'étendent, qu'en deux ou trois mois que j'employai à les examiner, ayant commencé par les plus simples et les plus générales, et chaque vérité que je trouvais étant une règle qui me servait après à en trouver d'autres, non seulement je vins à bout de plusieurs que j'avais jugées autrefois très difficiles, mais il me sembla aussi vers la fin, que je pouvais déterminer, en celles mêmes que j'ignorais, par quels moyens et jusques où, il était possible de les résoudre. En quoi je ne vous paraîtrai peut-être pas être fort vain, si vous considérez que, n'y ayant qu'une vérité de chaque chose, quiconque la trouve en sait autant qu'on en peut savoir; et que, par exemple, un enfant instruit en l'arithmétique, ayant fait une addition suivant ses règles, se peut assurer d'avoir trouvé, touchant la somme qu'il examinait, tout ce que l'esprit humain saurait trouver. Car enfin la méthode qui enseigne à suivre le vrai ordre, et à dénombrer exactement toutes les circonstances de ce qu'on cherche, contient tout ce qui donne de la certitude aux règles d'arithmétique.

Mais ce qui me contentait le plus de cette méthode était que, par elle, j'étais assuré d'user en tout de ma raison, sinon parfaitement, au moins le mieux qui fût en mon pouvoir; outre que je sentais, en la pratiquant, que mon esprit s'accoutumait peu à peu à concevoir plus nettement et plus distinctement ses objets, et que, ne l'ayant point assujettie à aucune matière particulière, je me promettais de l'appliquer aussi utilement aux difficultés des autres sciences que j'avais fait à celles de l'algèbre. Non que, pour cela, j'osasse entreprendre d'abord d'examiner toutes celles qui se présenteraient; car cela même eût été contraire à l'ordre qu'elle prescrit. Mais, ayant pris garde que leurs principes devaient tous être empruntés de la philosophie, en laquelle je n'en trouvais point encore de certains, je pensai qu'il fallait avant tout que je tâchasse d'y en établir; et que, cela étant la chose du monde la plus importante, et où la précipitation et la prévention étaient le plus à craindre, je ne devais point entreprendre d'en venir à bout que je n'eusse atteint un âge bien plus mûr que celui de vingt-trois ans que j'avais alors; et que je n'eusse auparavant employé beaucoup de temps à m'y préparer, tant en déracinant de mon esprit toutes les mauvaises opinions que j'y avais reçues avant ce temps-là, qu'en faisant amas de plusieurs expériences, pour être, après, la matière de mes raisonnements, et en m'exerçant toujours en la méthode que je m'étais prescrite, afin de m'y affermir de plus en plus.

TROISIÈME PARTIE

QUELQUES RÈGLES DE LA MORALE TIRÉE DE LA MÉTHODE

Et enfin, comme ce n'est pas assez, avant de commencer à rebâtir le logis où on demeure, que de l'abattre et de faire provision de matériaux et d'architectes, ou s'exercer soi-même à l'architecture, et outre cela d'en avoir soigneusement tracé le dessin, mais qu'il faut aussi s'être pourvu de quelque autre où on puisse être logé commodément pendant le temps qu'on y travaillera; ainsi, afin que je ne demeurasse point irrésolu en mes actions, pendant que la raison m'obligerait de l'être en mes jugements, et que je ne laissasse pas de vivre dès lors le plus heureusement que je pourrais, je me formai une morale par provision, qui ne consistait qu'en trois ou quatre maximes dont je veux bien vous faire part.

La première était d'obéir aux lois et aux coutumes de mon pays, retenant constamment la religion en laquelle Dieu m'a fait la grâce d'être instruit dès mon enfance, et me gouvernant en toute autre chose suivant les opinions les plus modérées et les plus éloignées de l'excès, qui fussent communément reçues en pratique par les mieux sensés de ceux avec lesquels j'aurais à vivre. Car, commençant dès lors à ne compter pour rien les miennes propres, à cause que je les voulais remettre toutes à l'examen, j'étais assuré de ne pouvoir mieux que de suivre celles des mieux sensés. Et encore qu'il y en ait peut-être d'aussi bien sensés parmi les Perses ou les Chinois que parmi nous, il me semblait que le plus utile était de me régler selon ceux avec lesquels j'aurais à vivre; et que, pour savoir quelles étaient véritablement leurs opinions, je devais plutôt prendre garde à ce qu'ils pratiquaient qu'à ce qu'ils disaient; non seulement à cause qu'en la corruption de nos mœurs il y a peu de gens qui veuillent dire tout ce qu'ils croient, mais aussi à cause que plusieurs l'ignorent eux-mêmes; car l'action de la pensée par laquelle on croit une chose, étant différente de celle par laquelle on connaît qu'on la croit, elles sont souvent l'une sans l'autre. Et, entre plusieurs opinions également reçues, je ne choisissais que les plus modérées, tant à cause que ce sont toujours les plus commodes pour la pratique, et vraisemblablement les meilleures, tous excès ayant coutume d'être mauvais; comme aussi afin de me détourner moins du vrai chemin, en cas que je faillisse, que si, ayant choisi l'un des extrêmes, c'eût été l'autre qu'il eût fallu suivre. Et, particulièrement, je mettais entre les excès toutes les promesses par lesquelles on retranche quelque chose de sa liberté. Non que je désapprouvasse les lois qui, pour remédier à l'inconstance des esprits faibles, permettent, lorsqu'on a quelque bon dessein, ou même pour la sûreté du commerce, quelque dessein qui n'est qu'indifférent, qu'on fasse des vœux ou des contrats qui obligent à y persévérer; mais à cause que je ne voyais au monde aucune chose qui demeurât toujours en même état, et que, pour mon particulier, je me promettais de perfectionner de plus en plus mes jugements, et non point de les rendre pires, j'eusse pensé commettre une grande faute contre le bon sens, si, pour ce que j'approuvais alors quelque chose, je me fusse obligé de la prendre pour bonne encore après, lorsqu'elle aurait peut-être cessé de l'être, ou que j'aurais cessé de l'estimer telle.

Ma seconde maxime était d'être le plus ferme et le plus résolu en mes actions que je pourrais, et de ne suivre pas moins constamment les opinions les plus douteuses, lorsque je m'y serais une fois déterminé, que si elles eussent été très assurées. Imitant en ceci les voyageurs qui, se trouvant égarés en quelque forêt, ne doivent pas errer en tournoyant tantôt d'un côté, tantôt d'un autre, ni encore moins s'arrêter en une place, mais marcher toujours le plus droit qu'ils peuvent vers un même côté, et ne le changer point pour de faibles raisons, encore que ce n'ait peut-être été au commencement que le hasard seul qui les ait déterminés à le choisir; car, par ce moyen, s'ils ne vont justement où ils désirent, ils arriveront au moins à la fin quelque part où vraisemblablement ils seront mieux que dans le milieu d'une forêt. Et ainsi, les actions de la vie ne souffrant souvent aucun délai, c'est une vérité très certaine que, lorsqu'il n'est pas en notre pouvoir de discerner les plus vraies opinions, nous devons suivre les plus probables; et même qu'encore que nous ne remarquions point davantage de probabilité aux unes qu'aux autres, nous devons néanmoins nous déterminer à quelques-unes, et les considérer après, non plus comme douteuses en tant qu'elles se rapportent à la pratique, mais comme très vraies et très certaines, à cause que la raison qui nous y a fait déterminer se trouve telle. Et ceci fut capable dès lors de me délivrer de tous les repentirs et les remords qui ont coutume d'agiter les consciences de ces esprits faibles et chancelants, qui se laissent aller inconstamment à pratiquer comme bonnes les choses qu'ils jugent après être mauvaises.

Ma troisième maxime était de tâcher toujours plutôt à me vaincre que la fortune, et à changer mes désirs que l'ordre du monde; et généralement de m'accoutumer à croire qu'il n'y a rien qui soit entièrement en notre pouvoir que nos pensées, en sorte qu'après que nous avons fait notre mieux touchant les choses qui nous sont extérieures, tout ce qui manque de nous réussir est au regard de nous absolument impossible. Et ceci seul me semblait être suffisant pour m'empêcher de rien désirer à l'avenir que je n'acquisse, et ainsi pour me rendre content : car notre volonté ne se portant naturellement à désirer que les choses que notre entendement lui représente en quelque façon comme possibles, il est certain que si nous considérons tous les biens qui sont hors de nous comme également éloignés de notre pouvoir, nous n'aurons pas plus de regret de manquer de ceux qui semblent être dus à notre naissance, lorsque nous en serons privés sans notre faute, que nous avons de ne posséder pas les royaumes de la Chine ou de Mexique; et que faisant, comme on dit, de nécessité vertu, nous ne désirerons pas davantage d'être sains étant malades, ou d'être libres étant en prison, que nous faisons maintenant d'avoir des corps d'une matière aussi peu corruptible que les diamants, ou des ailes pour voler comme les oiseaux. Mais j'avoue qu'il est besoin d'un long exercice et d'une méditation souvent réitérée pour s'accoutumer à regarder de ce biais toutes les choses; et je crois que c'est principalement en ceci que consistait le secret de ces philosophes, qui ont pu autrefois se soustraire à l'empire de la fortune, et, malgré les douleurs et la pauvreté, disputer de la félicité avec leurs dieux. Car, s'occupant sans cesse à considérer les bornes qui leur étaient prescrites par la nature, ils se persuadaient si parfaitement que rien n'était en leur pouvoir que leurs pensées, que cela seul était suffisant pour les empêcher d'avoir aucune affection pour d'autres choses; et ils disposaient d'elles si absolument, qu'ils avaient en cela quelque raison de s'estimer plus riches, et plus puissants, et plus libres, et plus heureux qu'aucun des autres hommes, qui, n'ayant point cette philosophie, tant favorisés de la nature et de la fortune qu'ils puissent être, ne disposent jamais ainsi de tout ce qu'ils veulent.

Enfin, pour conclusion de cette morale, je m'avisai de faire une revue sur les diverses occupations qu'ont les hommes en cette vie, pour tâcher à faire choix de la meilleure; et, sans que je veuille rien dire de celles des autres, je pensai que je ne pouvais mieux que de continuer en celle-là même où je me trouvais, c'est-à-dire que d'employer toute ma vie à cultiver ma raison, et m'avancer autant que je pourrais en la connaissance de la vérité, suivant la méthode que je m'étais prescrite. J'avais éprouvé de si extrêmes contentements depuis que j'avais commencé à me servir de cette méthode, que je ne croyais pas qu'on en pût recevoir de plus doux ni de plus innocents en cette vie; et découvrant tous les jours, par son moyen, quelques vérités qui me semblaient assez importantes, et communément ignorées des autres hommes, la satisfaction que j'en avais remplissait tellement mon esprit, que tout le reste ne me touchait point. Outre que les trois maximes précédentes n'étaient fondées que sur le dessein que j'avais de continuer à m'instruire; car Dieu nous ayant donné à chacun quelque lumière pour discerner le vrai d'avec le faux, je n'eusse pas cru me devoir contenter des opinions d'autrui un seul moment, si je ne me fusse proposé d'employer mon propre jugement à les examiner lorsqu'il serait temps; et je n'eusse su m'exempter de scrupule, en les suivant, si je n'eusse espéré de ne perdre pour cela aucune occasion d'en trouver de meilleures en cas qu'il y en eût. Et enfin je n'eusse su borner mes désirs, ni être content, si je n'eusse suivi un chemin par lequel, pensant être assuré de l'acquisition de toutes les connaissances dont je serais capable, je le pensais être par même moyen de celle de tous les vrais biens qui seraient jamais en mon pouvoir; d'autant que, notre volonté ne se portant à suivre ni à fuir aucune chose, que selon que notre entendement la lui représente bonne ou mauvaise, il suffit de bien juger pour bien faire, et de juger le mieux qu'on puisse pour faire aussi tout son mieux, c'est-à-dire pour acquérir toutes les vertus, et ensemble tous les autres biens qu'on puisse acquérir; et, lorsqu'on est certain que cela est, on ne saurait manquer d'être content.

Après m'être ainsi assuré de ces maximes, et les avoir mises à part avec les vérités de la foi, qui ont toujours été les premières en ma créance, je jugeai que, pour tout le reste de mes opinions, je pouvais librement entreprendre de m'en défaire. Et d'autant que j'espérais en pouvoir mieux venir à bout en conversant avec les hommes, qu'en demeurant plus longtemps renfermé dans le poêle où j'avais eu toutes ces pensées, l'hiver n'était pas encore bien achevé que je me remis à voyager. Et en toutes les neuf années suivantes, je ne fis autre chose que rouler çà et là dans le monde, tâchant d'y être spectateur plutôt qu'acteur en toutes les comédies qui s'y jouent; et, faisant particulièrement réflexion, en chaque matière, sur ce qui la pouvait rendre suspecte et nous donner occasion de nous méprendre, je déracinais cependant de mon esprit toutes les erreurs qui s'y étaient pu glisser auparavant. Non que j'imitasse pour cela les sceptiques, qui ne doutent que pour douter et affectent d'être toujours irrésolus, car, au contraire, tout mon dessein ne tendait qu'à m'assurer et à rejeter la terre mouvante et le sable pour trouver le roc ou l'argile. Ce qui me réussissait, ce me semble, assez bien, d'autant que, tâchant à découvrir la fausseté ou l'incertitude des propositions que j'examinais, non par de faibles conjectures, mais par des raisonnements clairs et assurés, je n'en rencontrais point de si douteuses que je n'en tirasse toujours quelque conclusion assez certaine, quand ce n'eût été que cela même qu'elle ne contenait rien de certain. Et, comme en abattant un vieux logis, on en réserve ordinairement les démolitions pour servir à en bâtir un nouveau, ainsi, en détruisant toutes celles de mes opinions que je jugeais être mal fondées, je faisais diverses observations et acquérais plusieurs expériences, qui m'ont servi depuis à en établir de plus certaines. Et de plus, je continuais à m'exercer en la méthode que je m'étais prescrite; car, outre que j'avais soin de conduire généralement toutes mes pensées selon ses règles, je me réservais de temps en temps quelques heures, que j'employais particulièrement à la pratiquer en des difficultés de mathématique, ou même aussi en quelques autres que je pouvais rendre quasi semblables à celles des mathématiques, en les détachant de tous les principes des autres sciences, que je ne trouvais pas assez fermes, comme vous verrez que j'ai fait en plusieurs qui sont expliquées en ce volume[1]. Et ainsi, sans vivre d'autre façon en apparence que ceux qui, n'ayant aucun emploi qu'à passer une vie douce et innocente, s'étudient à séparer les plaisirs des vices, et qui, pour jouir de leur loisir sans s'ennuyer, usent de tous les divertissements qui sont honnêtes, je ne laissais pas de poursuivre en mon dessein, et de profiter en la connaissance de la vérité,

---

1. Dans les trois traités qui suivent le *Discours : la Dioptrique, les Météores et la Géométrie.*

peut-être plus que si je n'eusse fait que lire des livres ou fréquenter des gens de lettres.

Toutefois ces neuf ans s'écoulèrent avant que j'eusse encore pris aucun parti touchant les difficultés qui ont coutume d'être disputées entre les doctes, ni commencé à chercher les fondements d'aucune philosophie plus certaine que la vulgaire. Et l'exemple de plusieurs excellents esprits qui, en ayant eu ci-devant le dessein, me semblaient n'y avoir pas réussi, m'y faisait imaginer tant de difficulté que je n'eusse peut-être pas encore sitôt osé l'entreprendre, si je n'eusse vu que quelques-uns faisaient déjà courre le bruit que j'en étais venu à bout. Je ne saurais pas dire sur quoi ils fondaient cette opinion; et, si j'y ai contribué quelque chose par mes discours, ce doit avoir été en confessant plus ingénument ce que j'ignorais que n'ont coutume de faire ceux qui ont un peu étudié, et peut-être aussi en faisant voir les raisons que j'avais de douter de beaucoup de choses que les autres estiment certaines, plutôt qu'en me vantant d'aucune doctrine. Mais, ayant le cœur assez bon pour ne vouloir point qu'on me prît pour autre que je n'étais, je pensai qu'il fallait que je tâchasse par tous moyens à me rendre digne de la réputation qu'on me donnait, et il y a justement huit ans que ce désir me fit résoudre à m'éloigner de tous les lieux où je pouvais avoir des connaissances, et à me retirer ici, en un pays[1] où la longue durée de la guerre a fait établir de tels ordres que les armées qu'on y entretient ne semblent servir qu'à faire qu'on y jouisse des fruits de la paix avec d'autant plus de sûreté, et où, parmi la foule d'un grand peuple fort actif et plus soigneux de ses propres affaires que curieux de celles d'autrui, sans manquer d'aucune des commodités qui sont dans les villes les plus fréquentées, j'ai pu vivre aussi solitaire et retiré que dans les déserts les plus écartés.

1. En Hollande.

QUATRIÈME PARTIE

PREUVES DE L'EXISTENCE DE DIEU ET DE L'AME HUMAINE OU FONDEMENTS DE LA MÉTAPHYSIQUE

Je ne sais si je dois vous entretenir des premières méditations que j'y ai faites; car elles sont si métaphysiques et si peu communes, qu'elles ne seront peut-être pas au goût de tout le monde. Et, toutefois, afin qu'on puisse juger si les fondements que j'ai pris sont assez fermes, je me trouve en quelque façon contraint d'en parler. J'avais dès longtemps remarqué que, pour les mœurs, il est besoin quelquefois de suivre des opinions qu'on sait être fort incertaines, tout de même que si elles étaient indubitables, ainsi qu'il a été dit ci-dessus; mais pour ce qu'alors je désirais vaquer seulement à la recherche de la vérité, je pensai qu'il fallait que je fisse tout le contraire, et que je rejetasse comme absolument faux tout ce en quoi je pourrais imaginer le moindre doute, afin de voir s'il ne resterait point, après cela, quelque chose en ma créance qui fût entièrement indubitable. Ainsi, à cause que nos sens nous trompent quelquefois, je voulus supposer qu'il n'y avait aucune chose qui fût telle qu'ils nous la font imaginer. Et, parce qu'il y a des hommes qui se méprennent en raisonnant, même touchant les plus simples matières de géométrie, et y font des paralogismes, jugeant que j'étais sujet à faillir autant qu'aucun autre, je rejetai comme fausses toutes les raisons que j'avais prises auparavant pour démonstrations. Et enfin, considérant que toutes les mêmes pensées que nous avons étant éveillés, nous peuvent aussi venir quand nous dormons, sans qu'il y en ait aucune pour lors qui soit vraie, je me résolus de feindre que toutes les choses qui m'étaient jamais entrées en l'esprit n'étaient non plus vraies que les illusions de mes songes. Mais, aussitôt après, je pris garde que, pendant que je voulais ainsi penser que tout était faux, il fallait nécessairement que moi, qui le pensais, fusse quelque chose. Et remarquant que cette vérité : *Je pense, donc je suis,* était si ferme et si assurée que toutes les plus extravagantes suppositions des sceptiques n'étaient pas capables de l'ébranler, je jugeai que je pouvais la recevoir sans scrupule pour le premier principe de la philosophie que je cherchais.

Puis, examinant avec attention ce que j'étais, et voyant que je pouvais feindre que je n'avais aucun corps, et qu'il n'y avait aucun monde ni aucun lieu où je fusse; mais que je ne pouvais pas feindre pour cela que je n'était point; et qu'au contraire, de cela même que je pensais à douter de la vérité des autres choses, il suivait très évidemment et très certainement que j'étais; au lieu que, si j'eusse seulement cessé de penser, encore que tout le reste de ce que j'avais imaginé eût été vrai, je n'avais aucune raison de croire que j'eusse été; je connus de là que j'étais une substance dont toute l'essence ou la nature n'est que de penser, et qui, pour être, n'a besoin d'aucun lieu, ni ne dépend d'aucune chose matérielle. En sorte que ce moi, c'est-à-dire l'âme, par laquelle je suis ce que je suis, est entièrement distincte du corps, et même qu'elle est plus aisée à connaître que lui, et qu'encore qu'il ne fût point, elle ne laisserait pas d'être tout ce qu'elle est.

Après cela, je considérai en général ce qui est requis à une proposition pour être vraie et certaine; car puisque je venais d'en trouver une que je savais être telle, je pensai que je devais aussi savoir en quoi consiste cette certitude. Et ayant remarqué qu'il n'y a rien du tout en ceci : *je pense, donc je suis,* qui m'assure que je dis la vérité, sinon que je vois très clairement que, pour penser, il faut être, je jugeai que je pouvais prendre pour règle générale, que les choses que nous concevons fort clairement et fort distinctement sont toutes vraies, mais qu'il y a seulement quelque difficulté à bien remarquer quelles sont celles que nous concevons distinctement.

En suite de quoi, faisant réflexion sur ce que je doutais, et que, par conséquent, mon être n'était pas tout parfait, car je voyais clairement que c'était une plus grande perfection de connaître que de douter, je m'avisai de chercher d'où j'avais appris à penser à quelque chose de plus parfait que je n'étais; et je connus évidemment que ce devait être de quelque nature qui fût en effet plus parfaite. Pour ce qui est des pensées que j'avais de plusieurs autres choses hors de moi, comme du ciel, de la terre, de la lumière, de la chaleur et de mille autres, je n'étais point tant en peine de savoir d'où elles venaient, à cause que, ne remarquant rien en elles qui me semblât les rendre supérieures à moi, je pouvais croire que, si elles étaient vraies, c'étaient des dépendances de ma nature, en tant qu'elle avait quelque perfection; et si elles ne l'étaient pas, que je les tenais du néant, c'est-à-dire qu'elles étaient en moi pour ce que j'avais du défaut. Mais ce ne pouvait être le même de l'idée d'un être plus parfait que le mien; car, de la tenir du néant, c'était chose manifestement impossible; et pour ce qu'il n'y a pas moins de répugnance que le plus parfait soit une suite et une dépendance du moins parfait, qu'il y en a que de rien procède quelque chose, je ne la pouvait tenir non plus de moi-même. De façon qu'il restait qu'elle eût été mise en moi par une nature qui fût véritablement plus parfaite que je n'étais, et même qui eût en soi toutes les perfections dont je pouvais avoir quelque idée, c'est-à-dire, pour m'expliquer en un mot, qui fût Dieu. A quoi j'ajoutai que, puisque je connaissais quelques perfections que je n'avais point, je n'étais pas le seul être qui existât (j'userai, s'il vous plaît, ici librement des mots de l'École); mais qu'il fallait de nécessité qu'il y en eût quelque autre plus parfait, duquel je dépendisse, et duquel j'eusse acquis tout ce que j'avais. Car si j'eusse été seul et indépendant de tout autre, en sorte que j'eusse eu de moi-même tout ce peu que je participais de l'Être parfait, j'eusse pu avoir de moi, par même raison, tout le surplus que je connaissais me manquer, et ainsi être moi-même infini, éternel, immuable, tout connaissant, tout puissant, et enfin avoir toutes les perfections que je pouvais remarquer être en Dieu. Car suivant les raisonnements que je viens de faire, pour connaître la nature de Dieu autant que la mienne en était capable, je n'avais qu'à considérer, de toutes les choses dont je trouvais en moi quelque idée, si c'était perfection ou non de les posséder, et j'étais assuré qu'aucune de celles qui marquaient quelque imperfection n'était en lui, mais que toutes les autres y étaient. Comme je voyais que le doute, l'inconstance, la tristesse et choses semblables n'y pouvaient être, vu que j'eusse été moi-même bien aise d'en être exempt. Puis, outre cela, j'avais des idées de plusieurs choses sensibles et corporelles; car, quoique je supposasse que je rêvais et que tout ce que je voyais ou imaginais était faux, je ne pouvais nier toutefois que les idées n'en fussent véritablement en ma pensée; mais, pour ce que j'avais déjà connu en moi très clairement que la nature intelligente est distincte de la corporelle, considérant que toute composition témoigne de la dépendance, et que la dépendance est manifestement un défaut, je jugeais de là que ce ne pouvait être une perfection en Dieu d'être composé de ces deux natures, et que, par conséquent, il ne l'était pas; mais que s'il y avait quelques corps dans le monde, ou bien quelques intelligences ou autres natures qui ne fussent point toutes parfaites, leur être devait dépendre de sa puissance, en telle sorte qu'elles ne pouvaient subsister sans lui un seul moment.

Je voulus chercher, après cela, d'autres vérités, et m'étant proposé l'objet des géomètres, que je concevais comme un corps continu, ou un espace indéfiniment étendu en longueur, largeur, et hauteur ou profondeur, divisible en diverses parties qui pouvaient avoir diverses figures et grandeurs, et être mues ou transposées en toutes sortes, car les géomètres supposent tout cela en leur objet, je parcourus quelques-unes de leurs plus simples démonstrations. Et, ayant pris garde que cette grande certitude que tout le monde leur attribue n'est fondée que sur ce qu'on les conçoit évidemment, suivant la règle que j'ai tantôt dite, je pris garde aussi qu'il n'y avait rien du tout en elles qui m'assurât de l'existence de leur objet. Car, par exemple, je voyais bien que, supposant un triangle, il fallait que ses trois angles fussent égaux à deux droits; mais je ne voyais rien pour cela qui m'assurât qu'il y eût au monde aucun triangle. Au lieu que, revenant à examiner l'idée que j'avais d'un Être parfait, je trouvais que l'existence y était comprise en même façon qu'il est compris en celle d'un triangle que ses trois angles sont égaux à deux droits, ou en celle d'une sphère que toutes ses parties sont également distantes de son centre, ou même encore plus évidemment; et que, par conséquent il est pour le moins aussi certain que Dieu, qui est cet Être parfait, est ou existe, qu'aucune démonstration de géométrie le saurait être.

Mais ce qui fait qu'il y en a plusieurs qui se persuadent qu'il y a de la difficulté à le connaître, et même aussi à connaître ce que c'est que leur âme, c'est qu'ils n'élèvent jamais leur esprit au-delà des choses sensibles, et qu'ils sont tellement accoutumés à ne rien considérer qu'en l'imaginant, qui est une façon de penser particulière pour les choses matérielles, que tout ce qui n'est pas imaginable leur semble n'être pas intelligible. Ce qui est assez manifeste de ce que même les philosophes tiennent pour maxime, dans les écoles, qu'il n'y a rien dans l'entendement qui n'ait premièrement été dans le sens, où toutefois il est certain que les idées de Dieu et de l'âme n'ont jamais été. Et il me semble que ceux qui veulent user de leur imagination pour les comprendre font tout de même que si, pour ouïr les sons ou sentir les odeurs, ils se voulaient servir de leurs yeux; sinon qu'il y a encore cette différence, que le sens de la vue ne nous assure pas moins de la vérité de ses objets que font ceux de l'odorat ou de l'ouïe; au lieu que ni notre imagination, ni nos sens ne nous sauraient jamais assurer d'aucune chose, si notre entendement n'y intervient.

Enfin, s'il y a encore des hommes qui ne soient pas assez persuadés de l'existence de Dieu et de leur âme par les raisons que j'ai apportées, je veux bien qu'ils sachent que toutes les autres choses, dont ils se pensent peut-être plus assurés, comme d'avoir un corps, et qu'il y a des astres et une terre, et choses semblables, sont moins certaines. Car, encore qu'on ait une assurance morale de ces choses, qui est telle qu'il semble qu'à moins que d'être extravagant on n'en peut douter, toutefois aussi, à moins que d'être déraisonnable, lorsqu'il est question d'une certitude métaphysique, on ne peut nier que ce ne soit assez de sujet, pour n'en être pas entièrement assuré, que d'avoir pris garde qu'on peut en même façon s'imaginer, étant endormi, qu'on a un autre corps, et qu'on voit d'autres astres et une autre terre, sans qu'il en soit rien. Car d'où sait-on que les pensées qui viennent en songe sont plutôt fausses que les autres, vu que souvent elles ne sont pas moins vives et expresses? Et que les meilleurs esprits y étudient tant qu'il leur plaira, je ne crois pas qu'ils puissent donner aucune raison qui soit suffisante pour ôter ce doute, s'ils ne présupposent l'existence de Dieu. Car, premièrement, cela même que j'ai tantôt pris pour une règle, à savoir, que les choses que nous concevons très clairement et très distinctement sont toutes vraies, n'est assuré qu'à cause que Dieu est ou existe, et qu'il est un être parfait, et que tout ce qui est en nous vient de lui. D'où il suit que nos idées ou notions, étant des choses réelles, et qui viennent de Dieu en tout ce en quoi elles sont claires et distinctes, ne peuvent en cela être que vraies. En sorte que, si nous en avons assez souvent qui contiennent de la fausseté, ce ne peut être que de celles qui ont quelque chose de confus et obscur, à cause qu'en cela elles participent du néant, c'est-à-dire qu'elles ne sont en nous ainsi confuses qu'à cause que nous ne sommes pas tout parfaits. Et il est évident qu'il n'y a pas moins de répugnance que la fausseté ou l'imperfection procède de Dieu en tant que telle, qu'il y en a que la vérité ou la perfection procède du néant. Mais si nous ne savions point que tout ce qui est en nous de réel et de vrai vient d'un être parfait et infini, pour claires et distinctes que fussent nos idées, nous n'aurions aucune raison qui nous assurât qu'elles eussent la perfection d'être vraies.

Or, après que la connaissance de Dieu et de l'âme nous a ainsi rendus certains de cette règle, il est bien aisé à connaître que les rêveries que nous imaginons étant endormis ne doivent aucunement nous faire douter de la vérité des pensées que nous avons étant éveillés. Car, s'il arrivait même en dormant qu'on eût quelque idée fort distincte, comme, par exemple, qu'un géomètre inventât quelque nouvelle démonstration, son sommeil ne l'empêcherait pas d'être vraie. Et pour l'erreur la plus ordinaire de nos songes, qui consiste en ce qu'ils nous représentent divers objets en même façon que font nos sens extérieurs, n'importe pas qu'elle nous donne occasion de nous défier de la vérité de telles idées, à cause qu'elles peuvent aussi nous tromper assez souvent sans que nous dormions; comme lorsque ceux qui ont la jaunisse voient tout de couleur jaune, ou que les astres ou autres corps fort éloignés nous paraissent beaucoup plus petits qu'ils ne sont. Car enfin, soit que nous veillions, soit que nous dormions, nous ne nous devons jamais laisser persuader qu'à l'évidence de notre raison. Et il est à remarquer que je dis de notre raison, et non point de notre imagination ni de nos sens. Comme, encore que nous voyions le soleil très clairement, nous ne devons pas juger pour cela qu'il ne soit que de la grandeur que nous le voyons; et nous pouvons bien imaginer distinctement une tête de lion entée sur le corps d'une chèvre, sans qu'il faille conclure pour cela qu'il y ait au monde une Chimère; car la raison ne nous dicte point que ce que nous voyons ou imaginons ainsi soit véritable, mais elle nous dicte bien que toutes nos idées ou notions doivent avoir quelque fondement de vérité; car il ne serait pas possible que Dieu, qui est tout parfait et tout véritable, les eût mises en nous sans cela. Et, pour ce que nos raisonnements ne sont jamais si évidents ni si entiers pendant le sommeil que pendant la veille, bien que quelquefois nos imaginations soient alors autant ou plus vives et expresses, elle nous dicte aussi que nos pensées ne pouvant être toutes vraies, à cause que nous ne sommes pas tout parfaits, ce qu'elles ont de vérité doit infailliblement se rencontrer en celles que nous avons étant éveillés, plutôt qu'en nos songes.

CINQUIÈME PARTIE

ORDRE DES QUESTIONS DE PHYSIQUE

Je serais bien aise de poursuivre, et de faire voir ici toute la chaîne des autres vérités que j'ai déduites de ces premières. Mais, à cause que pour cet effet il serait maintenant besoin que je parlasse de plusieurs questions qui sont en controverse entre les doctes, avec lesquels je ne désire point me brouiller, je crois qu'il sera mieux que je m'en abstienne, et que je dise seulement en général quelles elles sont, afin de laisser juger aux plus sages s'il serait utile que le public en fût plus particulièrement informé. Je suis toujours demeuré ferme en la résolution que j'avais prise de ne supposer aucun autre principe que celui dont je viens de me servir pour démontrer l'existence de Dieu et de l'âme, et de ne recevoir aucune chose pour vraie qui ne me semblât plus claire et plus certaine que n'avaient fait auparavant les démonstrations des géomètres. Et néanmoins j'ose dire que non seulement j'ai trouvé moyen de me satisfaire en peu de temps touchant toutes les principales difficultés dont on a coutume de traiter en la philosophie, mais aussi que j'ai remarqué certaines lois que Dieu a tellement établies en la nature, et dont il a imprimé de telles notions en nos âmes, qu'après y avoir fait assez de réflexion nous ne saurions douter qu'elles ne soient exactement observées en tout ce qui est ou ce qui se fait dans le monde. Puis, en considérant la suite de ces lois, il me semble avoir découvert plusieurs vérités plus utiles et plus importantes que tout ce que j'avais appris auparavant ou même espéré d'apprendre.

Mais pour ce que j'ai tâché d'en expliquer les principales dans un traité que quelques considérations m'empêchent de publier[1], je ne les saurais mieux faire connaître qu'en disant ici sommairement ce qu'il contient. J'ai eu dessein d'y comprendre tout ce que je pensais savoir, avant que de l'écrire, touchant la nature des choses matérielles. Mais, tout de même que les peintres, ne pouvant également bien représenter dans un tableau plat toutes les diverses faces d'un corps solide, en choisissent une des principales, qu'ils mettent seule vers le jour, et, ombrageant les autres, ne les font paraître qu'autant qu'on les peut voir en la regardant; ainsi, craignant de ne pouvoir mettre en mon discours tout ce que j'avais en la pensée, j'entrepris seulement d'y exposer bien amplement ce que je concevais de la lumière; puis, à son occasion, d'y ajouter quelque chose du soleil et des étoiles fixes, à cause qu'elle en procède presque toute; des cieux, à cause qu'ils la transmettent; des planètes, des comètes et de la terre, à cause qu'elles la font réfléchir; et en particulier de tous les corps qui sont sur la terre, à cause qu'ils sont ou colorés ou transparents ou lumineux; et enfin de l'homme, à cause qu'il en est le spectateur. Même, pour ombrager un peu toutes ces choses, et pouvoir dire plus librement ce que j'en jugeais, sans être obligé de suivre ni de réfuter les opinions qui sont reçues entre les doctes, je me résolus de laisser tout ce monde ici à leurs disputes, et de parler seulement de ce qui arriverait dans un nouveau, si Dieu créait maintenant quelque part, dans les espaces imaginaires, assez de matière pour le composer, et qu'il agitât diversement et

1. La condamnation de Galilée (1633) avait vivement ému Descartes et l'avait empêché de publier son *Traité du Monde* où il admettait le mouvement de la terre.

sans ordre les diverses parties de cette matière, en sorte qu'il en composât un chaos aussi confus que les poètes en puissent feindre, et que par après il ne fît autre chose que prêter son concours ordinaire à la nature, et la laisser agir suivant les lois qu'il a établies. Ainsi, premièrement, je décrivis cette matière, et tâchai de la représenter telle qu'il n'y a rien au monde, ce me semble, de plus clair ni plus intelligible, excepté ce qui a tantôt été dit de Dieu et de l'âme; car même je supposai expressément qu'il n'y avait en elle aucune de ces formes ou qualités dont on dispute dans les écoles, ni généralement aucune chose, dont la connaissance ne fût si naturelle à nos âmes, qu'on ne pût pas même feindre de l'ignorer. De plus, je fis voir quelles étaient les lois de la nature; et, sans appuyer mes raisons sur aucun autre principe que sur les perfections infinies de Dieu, je tâchai à démontrer toutes celles dont on eût pu avoir quelque doute, et à faire voir qu'elles sont telles qu'encore que Dieu aurait créé plusieurs mondes, il n'y en saurait avoir aucun où elles manquassent d'être observées. Après cela je montrai comment la plus grande part de la matière de ce chaos devait, en suite de ces lois, se disposer et s'arranger d'une certaine façon[1] qui la rendait semblable à nos cieux; comment cependant quelques-unes de ses parties devaient composer une terre, et quelques-unes des planètes et des comètes, et quelques autres un soleil et des étoiles fixes. Et ici, m'étendant sur le sujet de la lumière, j'expliquai bien au long quelle était celle qui se devait trouver dans le soleil et les étoiles, et comment de là elle traversait en un instant les immenses espaces des cieux, et comment elle se réfléchissait des planètes et des comètes vers la terre. J'y ajoutai aussi plusieurs choses touchant la substance, la situation, les mouvements et toutes les diverses qualités de ces cieux et de ces astres; en sorte que je pensais en dire assez pour faire connaître qu'il ne se remarque rien en ceux de ce monde, qui ne dût, ou du moins qui ne pût, paraître tout semblable en ceux du monde que je décrivais. De là je vins à parler particulièrement de la terre : comment, encore que j'eusse

1. En vertu du système des tourbillons qui engendreront les corps et détermineront leurs mouvements.

expressément supposé que Dieu n'avait mis aucune pesanteur en la matière dont elle était composée, toutes ses parties ne laissaient pas de tendre exactement vers son centre; comment, y ayant de l'eau et de l'air sur sa superficie, la disposition des cieux et des astres, principalement de la lune, y devait causer un flux et reflux qui fût semblable en toutes ses circonstances à celui qui se remarque dans nos mers; et outre cela un certain cours, tant de l'eau que de l'air, du levant vers le couchant, tel qu'on le remarque aussi entre les tropiques; comment les montagnes, les mers, les fontaines et les rivières pouvaient naturellement s'y former, et les métaux y venir dans les mines, et les plantes y croître dans les campagnes, et généralement tous les corps qu'on nomme mêlés ou composés s'y engendrer. Et entre autres choses, à cause qu'après les astres je ne connais rien au monde que le feu qui produise de la lumière, je m'étudiai à faire entendre bien clairement tout ce qui appartient à sa nature, comment il se fait, comment il se nourrit, comment il n'a quelquefois que de la chaleur sans lumière, et quelquefois que de la lumière sans chaleur; comment il peut introduire diverses couleurs en divers corps, et diverses autres qualités; comment il en fond quelques-uns et en durcit d'autres; comment il les peut consumer presque tous ou convertir en cendres et en fumée; et enfin comment de ces cendres, par la seule violence de son action, il forme du verre; car cette transmutation de cendres en verre me semblant être aussi admirable qu'aucune autre qui se fasse en la nature, je pris particulièrement plaisir à la décrire.

Toutefois je ne voulais pas inférer de toutes ces choses que ce monde ait été créé en la façon que je proposais; car il est bien plus vraisemblable que, dès le commencement, Dieu l'a rendu tel qu'il devait être. Mais il est certain, et c'est une opinion communément reçue entre les théologiens, que l'action par laquelle maintenant il le conserve est toute la même que celle par laquelle il l'a créé; de façon qu'encore qu'il ne lui aurait point donné, au commencement, d'autre forme que celle du chaos, pourvu qu'ayant établi les lois de la nature il lui prêtât son concours pour agir ainsi qu'elle a de coutume, on peut croire, sans faire tort au miracle de la création, que par cela seul toutes les choses qui sont purement matérielles auraient pu, avec le temps, s'y rendre telles que nous les voyons à présent. Et leur nature est bien plus aisée à concevoir lorsqu'on les voit naître peu à peu en cette sorte, que lorsqu'on ne les considère que toutes faites.

De la description des corps inanimés et des plantes je passai à celle des animaux, et particulièrement à celle des hommes. Mais pour ce que je n'en avais pas encore assez de connaissance pour en parler du même style que du reste, c'est-à-dire en démontrant les effets par les causes, et faisant voir de quelles semences et en quelle façon la nature les doit produire, je me contentai de supposer que Dieu formât le corps d'un homme entièrement semblable à l'un des nôtres, tant en la figure extérieure de ses membres qu'en la conformation intérieure de ses organes, sans le composer d'autre matière que de celle que j'avais décrite, et sans mettre en lui au commencement aucune âme raisonnable, ni aucune autre chose pour y servir d'âme végétante ou sensitive, sinon qu'il excitât en son cœur un de ces feux sans lumière que j'avais déjà expliqués, et que je ne concevais point d'autre nature que celui qui échauffe le foin lorsqu'on l'a renfermé avant qu'il fût sec, ou qui fait bouillir les vins nouveaux lorsqu'on les laisse cuver sur la râpe. Car, examinant les fonctions qui pouvaient en suite de cela être en ce corps, j'y trouvais exactement toutes celles qui peuvent être en nous sans que nous y pensions, ni par conséquent que notre âme, c'est-à-dire cette partie distincte du corps dont il a été dit ci-dessus que la nature n'est que de penser, y contribue, et qui sont toutes les mêmes en quoi on peut dire que les animaux sans raison nous ressemblent, sans que j'y en pusse pour cela trouver aucune de celles qui, étant dépendantes de la pensée, sont les seules qui nous appartiennent en tant qu'hommes, au lieu que je les y trouvais toutes par après, ayant supposé que Dieu créât une âme raisonnable, et qu'il la joignît à ce corps en certaine façon que je décrivais.

Mais afin qu'on puisse voir en quelle sorte j'y traitais cette matière, je veux mettre ici l'explication du mouvement du cœur et des artères, qui étant le premier et le plus général qu'on observe dans les animaux, on jugera facilement de lui ce qu'on doit penser de tous les autres. Et, afin qu'on ait moins de difficulté à entendre ce que j'en dirai, je voudrais que ceux qui ne sont point versés en l'anatomie prissent la peine, avant que de lire ceci, de faire couper devant eux le cœur de quelque grand animal qui ait des poumons, car il est en tous assez semblable à celui de l'homme, et qu'ils se fissent montrer les deux chambres ou concavités qui y sont. Premièrement celle qui est dans son côté droit, à laquelle répondent deux tuyaux fort larges, à savoir : la veine cave, qui est le principal réceptacle du sang, et comme le tronc de l'arbre dont toutes les autres veines du corps sont les branches; et la veine artérieuse[1], qui a été ainsi mal nommée, pour ce que c'est en effet une artère, laquelle, prenant son origine du cœur, se divise, après en être sortie, en plusieurs branches qui se vont répandre partout dans les poumons. Puis celle qui est dans son côté gauche, à laquelle répondent en même façon deux tuyaux qui sont autant ou plus larges que les précédents, à savoir : l'artère veineuse, qui a été aussi mal nommée, à cause qu'elle n'est autre chose qu'une veine, laquelle vient des poumons, où elle est divisée en plusieurs branches entrelacées avec celles de la veine artérieuse; et celles de ce conduit qu'on nomme le sifflet[2] par où entre l'air de la respiration; et la grande artère qui, sortant du cœur, envoie ses branches par tout le corps. Je voudrais aussi qu'on leur montrât soigneusement les onze petites peaux qui, comme autant de petites portes, ouvrent et ferment les quatre ouvertures qui sont en ces deux concavités, à savoir : trois à l'entrée de la veine cave, où elles sont tellement disposées qu'elles ne peuvent aucunement empêcher que le sang qu'elle contient ne coule dans la concavité droite du cœur, et toutefois empêchent exactement qu'il n'en puisse sortir; trois à l'entrée de la veine artérieuse, qui, étant disposées tout au contraire, permettent bien au sang qui est dans cette concavité de passer dans les poumons, mais non pas à celui qui est dans les poumons d'y retourner; et ainsi deux autres à l'entrée de l'artère veineuse, qui laissent couler le sang des poumons vers la concavité gauche du cœur, mais s'opposent à son retour; et trois

1. L'artère pulmonaire.
2. La trachée-artère.

à l'entrée de la grande artère, qui lui permettent de sortir du cœur, mais l'empêchent d'y retourner. Et il n'est point besoin de chercher d'autre raison du nombre de ces peaux, sinon que l'ouverture de l'artère veineuse étant en ovale, à cause du lieu où elle se rencontre, peut être commodément fermée avec deux, au lieu que les autres, étant rondes, le peuvent mieux être avec trois. De plus, je voudrais qu'on leur fît considérer que la grande artère et la veine artérieuse sont d'une composition beaucoup plus dure et plus ferme que ne sont l'artère veineuse et la veine cave; et que ces deux dernières s'élargissent avant que d'entrer dans le cœur, et y font comme deux bourses, nommées les oreilles du cœur, qui sont composées d'une chair semblable à la sienne; et qu'il y a toujours plus de chaleur dans le cœur qu'en aucun autre endroit du corps; et enfin que cette chaleur est capable de faire que s'il entre quelque goutte de sang en ses concavités, elle s'enfle promptement et se dilate, ainsi que font généralement toutes les liqueurs lorsqu'on les laisse tomber goutte à goutte en quelque vaisseau qui est fort chaud.

Car, après cela, je n'ai besoin de dire autre chose pour expliquer le mouvement du cœur, sinon que lorsque ses concavités ne sont pas pleines de sang, il y en coule nécessairement de la veine cave dans la droite et de l'artère veineuse dans la gauche; d'autant que ces deux vaisseaux en sont toujours pleins, et que leurs ouvertures, qui regardent vers le cœur, ne peuvent alors être bouchées; mais que sitôt qu'il est entré ainsi deux gouttes de sang, une en chacune de ses concavités, ces gouttes, qui ne peuvent être que fort grosses, à cause que les ouvertures par où elles entrent sont fort larges, et les vaisseaux d'où elles viennent fort pleins de sang, se raréfient et se dilatent à cause de la chaleur qu'elles y trouvent; au moyen de quoi, faisant enfler tout le cœur, elles poussent et ferment les cinq petites portes qui sont aux entrées des deux vaisseaux d'où elles viennent, empêchant ainsi qu'il ne descende davantage de sang dans le cœur, et, continuant à se raréfier de plus en plus, elles poussent et ouvrent les six autres petites portes qui sont aux entrées des deux autres vaisseaux par où elles sortent, faisant enfler par ce moyen toutes les branches de la veine artérieuse et de la grande artère, quasi au même instant que le cœur, lequel incontinent après se désenfle, comme font aussi ces artères à cause que le sang qui y est entré s'y refroidit; et leurs six petites portes se referment, et les cinq de la veine cave et de l'artère veineuse se rouvrent, et donnent passage à deux autres gouttes de sang qui font derechef enfler le cœur et les artères, tout de même que les précédentes. Et pour ce que le sang, qui entre ainsi dans le cœur, passe par ces deux bourses qu'on nomme ses oreilles, de là vient que leur mouvement est contraire au sien, et qu'elles se désenflent lorsqu'il s'enfle. Au reste, afin que ceux qui ne connaissent pas la force des démonstrations mathématiques, et ne sont pas accoutumés à distinguer les vraies raisons des vraisemblables, ne se hasardent pas de nier ceci sans l'examiner, je les veux avertir que ce mouvement que je viens d'expliquer suit aussi nécessairement de la seule disposition des organes qu'on peut voir à l'œil dans le cœur, et de la chaleur qu'on y peut sentir avec les doigts, et de la nature du sang qu'on peut connaître par expérience, que fait celui d'une horloge, de la force, de la situation et de la figure de ses contrepoids et de ses roues.

Mais si on demande comment le sang des veines ne s'épuise point, en coulant ainsi continuellement dans le cœur, et comment les artères n'en sont point trop remplies, puisque tout celui qui passe par le cœur s'y va rendre, je n'ai pas besoin d'y répondre autre chose que ce qui a déjà été écrit par un médecin d'Angleterre[1], auquel il faut donner la louange d'avoir rompu la glace en cet endroit, et d'être le premier qui a enseigné qu'il y a plusieurs petits passages aux extrémités des artères, par où le sang qu'elles reçoivent du cœur entre dans les petites branches des veines, d'où il va se rendre derechef vers le cœur; en sorte que son cours n'est autre chose qu'une circulation perpétuelle. Ce qu'il prouve fort bien par l'expérience ordinaire des chirurgiens, qui, ayant lié le bras médiocrement fort, au-dessus de l'endroit

1. William Harvey, 1578-1658. Médecin anglais, célèbre par la découverte de la circulation du sang. Cette découverte fut la conclusion de longues et minutieuses expériences poursuivies de 1600 à 1620 et exposées dans le fameux ouvrage : *Étude anatomique du mouvement du cœur et du sang chez les animaux*.

où ils ouvrent la veine, font que le sang en sort plus abondamment que s'ils ne l'avaient point lié. Et il arriverait tout le contraire s'ils le liaient au-dessous entre la main et l'ouverture, ou bien qu'ils le liassent très fort au-dessus. Car il est manifeste que le lien, médiocrement serré, pouvant empêcher que le sang qui est déjà dans le bras ne retourne vers le cœur par les veines, n'empêche pas pour cela qu'il n'y en vienne toujours de nouveau par les artères, à cause qu'elles sont situées au-dessous des veines, et que leurs peaux, étant plus dures, sont moins aisées à presser, et aussi que le sang qui vient du cœur tend avec plus de force à passer par elles vers la main qu'il ne fait à retourner de là vers le cœur par les veines. Et puisque ce sang sort du bras par l'ouverture qui est en l'une des veines, il doit nécessairement y avoir quelques passages au-dessous du lien, c'est-à-dire vers les extrémités du bras, par où il y puisse venir des artères. Il prouve aussi fort bien ce qu'il dit du cours du sang, par certaines petites peaux qui sont tellement disposées en divers lieux le long des veines, qu'elles ne lui permettent point d'y passer du milieu du corps vers les extrémités, mais seulement de retourner des extrémités vers le cœur; et de plus, par l'expérience qui montre que tout celui qui est dans le corps en peut sortir en fort peu de temps par une seule artère lorsqu'elle est coupée, encore même qu'elle fût étroitement liée, fort proche du cœur, et coupée entre lui et le lien, en sorte qu'on n'eût aucun sujet d'imaginer que le sang qui en sortirait vînt d'ailleurs.

Mais il y a plusieurs autres choses qui témoignent que la vraie cause de ce mouvement du sang est celle que j'ai dite. Comme, premièrement, la différence qu'on remarque entre celui qui sort des veines et celui qui sort des artères ne peut procéder que de ce qu'étant raréfié et comme distillé en passant par le cœur, il est plus subtil et vif, et plus chaud incontinent après en être sorti, c'est-à-dire étant dans les artères, qu'il n'est un peu devant que d'y entrer, c'est-à-dire étant dans les veines. Et si on y prend garde, on trouvera que cette différence ne paraît bien que vers le cœur et non point tant aux lieux qui en sont les plus éloignés. Puis la dureté des peaux, dont la veine artérieuse et la grande artère sont composées, montre assez que le sang bat contre elles avec plus de force que contre les veines. Et pourquoi la concavité gauche du cœur et la grande artère seraient-elles plus amples et plus larges que la concavité droite et la veine artérieuse, si ce n'était que le sang de l'artère veineuse, n'ayant été que dans les poumons depuis qu'il a passé par le cœur, est plus subtil et se raréfie plus fort et plus aisément, que celui qui vient immédiatement de la veine cave? Et qu'est-ce que les médecins peuvent deviner en tâtant le pouls, s'ils ne savent que, selon que le sang change de nature, il peut être raréfié par la chaleur du cœur plus ou moins fort et plus ou moins vite qu'auparavant? Et si on examine comment cette chaleur se communique aux autres membres, ne faut-il pas avouer que c'est par le moyen du sang qui, passant par le cœur, s'y réchauffe et se répand de là par tout le corps? D'où vient que si on ôte le sang de quelque partie, on en ôte par même moyen la chaleur; et encore que le cœur fût aussi ardent qu'un fer embrasé, il ne suffirait pas pour réchauffer les pieds et les mains tant qu'il fait s'il n'y envoyait continuellement de nouveau sang. Puis aussi on connaît de là, que le vrai usage de la respiration est d'apporter assez d'air frais dans le poumon, pour faire que le sang qui y vient de la concavité droite du cœur, où il a été raréfié et comme changé en vapeurs, s'y épaississe et convertisse en sang derechef, avant que de retomber dans la gauche, sans quoi il ne pourrait être propre à servir de nourriture au feu qui y est. Ce qui se confirme parce qu'on voit que les animaux qui n'ont point de poumons n'ont aussi qu'une seule concavité dans le cœur, et que les enfants, qui n'en peuvent user pendant qu'ils sont renfermés au ventre de leurs mères, ont une ouverture par où il coule du sang de la veine cave en la concavité gauche du cœur, et un conduit par où il en vient de la veine artérieuse en la grande artère, sans passer par le poumon. Puis la coction, comment se ferait-elle en l'estomac, si le cœur n'y envoyait de la chaleur par les artères, et avec cela quelques-unes des plus coulantes parties du sang qui aident à dissoudre les viandes qu'on y a mises? Et l'action qui convertit le suc de ces viandes en sang n'est-elle pas aisée à connaître si on considère qu'il se distille en passant et repassant par le cœur peut-être plus de cent ou deux cents fois en chaque jour? Et qu'a-t-on besoin d'autre chose pour expliquer la nutrition et la production des diverses humeurs qui sont dans le corps, sinon de dire que la force dont le sang en se raréfiant passe du cœur vers les extrémités des artères, fait que quelques-unes de ses parties s'arrêtent entre celles des membres où elles se trouvent, et y prennent la place de quelques autres qu'elles en chassent, et que, selon la situation, ou la figure, ou la petitesse des pores qu'elles rencontrent, les unes se vont rendre en certains lieux plutôt que les autres, en même façon que chacun peut avoir vu divers cribles qui, étant diversement percés, servent à séparer divers grains les uns des autres? Et enfin, ce qu'il y a de plus remarquable en tout ceci, c'est la génération des esprits animaux, qui sont comme un vent très subtil, ou plutôt comme une flamme très pure et très vive, qui, montant continuellement en grande abondance du cœur dans le cerveau, se va rendre de là par les nerfs dans les muscles et donne le mouvement à tous les membres; sans qu'il faille imaginer d'autre cause qui fasse que les parties du sang qui, étant les plus agitées et les plus pénétrantes, sont les plus propres à composer ces esprits, se vont rendre plutôt vers le cerveau que vers ailleurs, sinon que les artères qui les y portent sont celles qui viennent du cœur le plus en ligne droite de toutes, et que, selon les règles des mécaniques, qui sont les mêmes que celles de la nature, lorsque plusieurs choses tendent ensemble à se mouvoir vers un même côté où il n'y a pas assez de place pour toutes, ainsi que les parties du sang qui sortent de la concavité gauche du cœur tendent vers le cerveau, les plus faibles et moins agitées en doivent être détournées par les plus fortes qui, par ce moyen, s'y vont rendre seules.

J'avais expliqué assez particulièrement toutes ces choses dans le traité que j'avais eu ci-devant dessein de publier. Et ensuite j'y avais montré quelle doit être la fabrique des nerfs et des muscles du corps humain, pour faire que les esprits animaux étant dedans aient la force de mouvoir ses membres, ainsi qu'on voit que les têtes un peu après être coupées, se remuent encore et mordent la terre, nonobstant qu'elles ne soient plus animées; quels changements se doivent faire dans le cerveau pour causer la veille, et le sommeil, et les songes; comment la lumière, les sons, les odeurs, les goûts, la chaleur, et toutes les autres qualités des objets extérieurs y peuvent imprimer diverses idées par l'entremise des sens; comment la faim, la soif, et les autres passions intérieures y peuvent aussi envoyer les leurs; ce qui doit y être pris pour le sens commun où ces idées sont reçues; pour la mémoire qui les conserve; et pour la fantaisie qui les peut diversement changer et en composer de nouvelles, et, par même moyen, distribuant les esprits animaux dans les muscles, faire mouvoir les membres de ce corps en autant de diverses façons, et autant à propos des objets qui se présentent à ses sens et des passions intérieures qui sont en lui, que les nôtres se puissent mouvoir sans que la volonté les conduise. Ce qui ne semblera nullement étrange à ceux qui, sachant combien de divers *automates,* ou machines mouvantes, l'industrie des hommes peut faire, sans y employer que fort peu de pièces, à comparaison de la grande multitude des os, des muscles, des nerfs, des artères, des veines, et de toutes les autres parties qui sont dans le corps de chaque animal, considéreront ce corps comme une machine qui, ayant été faite des mains de Dieu, est incomparablement mieux ordonnée et a en soi des mouvements plus admirables qu'aucune de celles qui peuvent être inventées par les hommes. Et je m'étais ici particulièrement arrêté à faire voir que, s'il y avait de telles machines qui eussent les organes et la figure extérieure d'un singe ou de quelque autre animal sans raison, nous n'aurions aucun moyen pour reconnaître qu'elles ne seraient pas en tout de même nature que ces animaux; au lieu que, s'il y en avait qui eussent la ressemblance de nos corps, et imitassent autant nos actions que moralement il serait possible, nous aurions toujours deux moyens très certains pour reconnaître qu'elles ne seraient point pour cela de vrais hommes. Dont le premier est que jamais elles ne pourraient user de paroles ni d'autres signes en les composant, comme nous faisons pour déclarer aux autres nos pensées. Car on peut bien concevoir qu'une machine soit tellement faite qu'elle profère des paroles, et même qu'elle en profère quelques-unes à propos des actions corporelles qui causeront quelque changement en ses organes; comme si on la touche en quelque endroit, qu'elle demande ce qu'on lui veut dire, si en un autre, qu'elle crie qu'on lui fait mal, et choses semblables; mais non pas qu'elle les arrange diversement pour répondre au sens de tout ce qui se dira en sa présence, ainsi que les hommes les plus hébétés peuvent faire. Et le second est que, bien qu'elles fissent plusieurs choses aussi bien ou peut-être mieux qu'aucun de nous, elles manqueraient infailliblement en quelques autres, par lesquelles on découvrirait qu'elles n'agiraient pas par connaissance, mais seulement par la disposition de leurs organes. Car, au lieu que la raison est un instrument universel qui peut servir en toutes sortes de rencontres, ces organes ont besoin de quelque particulière disposition pour chaque action particulière; d'où vient qu'il est moralement impossible qu'il y en ait assez de divers en une machine, pour la faire agir en toutes les occurrences de la vie de même façon que notre raison nous fait agir. Or, par ces deux mêmes moyens, on peut aussi connaître la différence qui est entre les hommes et les bêtes. Car c'est une chose bien remarquable qu'il n'y a point d'hommes si hébétés et si stupides, sans en excepter même les insensés, qu'ils ne soient capables d'arranger ensemble diverses paroles, et d'en composer un discours par lequel ils fassent entendre leurs pensées; et qu'au contraire il n'y a point d'autre animal, tant parfait et tant heureusement né qu'il puisse être, qui fasse le semblable. Ce qui n'arrive pas de ce qu'ils ont faute d'organes, car on voit que les pies et les perroquets peuvent proférer des paroles ainsi que nous, et toutefois ne peuvent parler ainsi que nous, c'est-à-dire en témoignant qu'ils pensent ce qu'ils disent; au lieu que les hommes qui, étant nés sourds et muets, sont privés des organes qui servent aux autres pour parler, autant ou plus que les bêtes, ont coutume d'inventer d'eux-mêmes quelques signes par lesquels ils se font entendre à ceux qui étant ordinairement avec eux ont loisir d'apprendre leur langue. Et ceci ne témoigne pas seulement que les bêtes ont moins de raison que les hommes, mais qu'elles n'en ont point du tout. Car on voit qu'il n'en faut que fort peu pour savoir parler; et d'autant qu'on remarque de l'inégalité entre les animaux d'une même espèce aussi bien qu'entre les hommes, et que les uns sont plus aisés à dresser que les autres, il n'est pas croyable qu'un singe ou un perroquet qui serait des plus parfaits de son espèce n'égalât en cela un enfant des plus stupides, ou du moins un enfant qui aurait le cerveau troublé, si leur âme n'était d'une nature du tout différente de la nôtre. Et on ne doit pas confondre les paroles avec les mouvements naturels qui témoignent les passions, et peuvent être imités par des machines aussi bien que par des animaux; ni penser, comme quelques anciens, que les bêtes parlent, bien que nous n'entendions pas leur langage. Car, s'il était vrai, puisqu'elles ont plusieurs organes qui se rapportent aux nôtres, elles pourraient aussi bien se faire entendre à nous qu'à leurs semblables. C'est aussi une chose fort remarquable que, bien qu'il y ait plusieurs animaux qui témoignent plus d'industrie que nous en quelques-unes de leurs actions, on voit toutefois que les mêmes n'en témoignent point du tout en beaucoup d'autres : de façon que ce qu'ils font mieux que nous ne prouve pas qu'ils ont de l'esprit, car à ce compte ils en auraient plus qu'aucun de nous, et feraient mieux en toute autre chose; mais plutôt qu'ils n'en ont point, et que c'est la nature qui agit en eux selon la disposition de leurs organes : ainsi qu'on voit qu'une horloge, qui n'est composée que de roues et de ressorts, peut compter les heures et mesurer le temps plus justement que nous avec toute notre prudence.

J'avais décrit, après cela, l'âme raisonnable, et fait voir qu'elle ne peut aucunement être tirée de la puissance de la matière, ainsi que les autres choses dont j'avais parlé, mais qu'elle doit expressément être créée, et comment il ne suffit pas qu'elle soit logée dans le corps humain, ainsi qu'un pilote en son navire, sinon peut-être pour mouvoir ses membres, mais qu'il est besoin qu'elle soit jointe et unie plus étroitement avec lui, pour avoir outre cela des sentiments et des appétits semblables aux nôtres, et ainsi composer un vrai homme. Au reste, je me suis ici un peu étendu sur le sujet de l'âme à cause qu'il est des plus importants; car, après l'erreur de ceux qui nient Dieu, laquelle je pense avoir ci-dessus assez réfutée, il n'y en a point qui éloigne plutôt les esprits faibles du droit chemin de la vertu que d'imaginer que l'âme des bêtes soit de même nature que la nôtre, et que par conséquent nous n'avons rien à craindre ni à espérer après cette vie, non plus que les mouches et les fourmis; au lieu que, lorsqu'on sait combien elles diffèrent, on comprend beaucoup mieux les raisons qui prouvent que la nôtre est d'une nature entièrement indépendante du corps, et par conséquent qu'elle n'est point sujette à mourir avec lui; puis, d'autant, qu'on ne voit point d'autres causes qui la détruisent, on est naturellement porté à juger de là qu'elle est immortelle.

SIXIÈME PARTIE

CHOSES REQUISES POUR ALLER PLUS AVANT EN LA RECHERCHE DE LA NATURE

Or, il y a maintenant trois ans que j'étais parvenu à la fin du traité qui contient toutes ces choses, et que je commençais à le revoir afin de le mettre entre les mains d'un imprimeur, lorsque j'appris que des personnes à qui je défère, et dont l'autorité ne peut guère moins sur mes actions que ma propre raison sur mes pensées, avaient désapprouvé une opinion de physique publiée un peu auparavant par quelque autre[1], de laquelle je ne veux pas dire que je fusse, mais bien que je n'y avais rien remarqué, avant leur censure, que je pusse imaginer être préjudiciable ni à la religion ni à l'État, ni, par conséquent, qui m'eût empêché de l'écrire si la raison me l'eût persuadée; et que cela me fit craindre qu'il ne s'en trouvât tout de même quelqu'une entre les miennes en laquelle je me fusse mépris, nonobstant le grand soin que j'ai toujours eu de n'en point recevoir de nouvelles en ma créance dont je n'eusse des démonstrations très certaines, et de n'en point écrire qui pussent tourner au désavantage de personne. Ce qui a été suffisant pour m'obliger à changer la résolution que j'avais eue de les publier. Car, encore que les raisons pour lesquelles je l'avais prise auparavant fussent très fortes, mon inclination, qui m'a toujours fait haïr le métier de faire des livres, m'en fit incontinent trouver assez d'autres pour m'en excuser. Et ces raisons de part et d'autre sont telles, que non seulement j'ai ici quelque intérêt de les dire, mais peut-être aussi que le public en a de les savoir.

1. Le mouvement de la terre qui avait motivé la condamnation de Galilée en 1633.

Je n'ai jamais fait beaucoup d'état des choses qui venaient de mon esprit; et pendant que je n'ai recueilli d'autres fruits de la méthode dont je me sers, sinon que je me suis satisfait touchant quelques difficultés qui appartiennent aux sciences spéculatives, ou bien que j'ai tâché de régler mes mœurs par les raisons qu'elle m'enseignait, je n'ai point cru être obligé d'en rien écrire. Car, pour ce qui touche les mœurs, chacun abonde si fort en son sens, qu'il se pourrait trouver autant de réformateurs que de têtes, s'il était permis à d'autres qu'à ceux que Dieu a établis pour souverains sur ses peuples, ou bien auxquels il a donné assez de grâce et de zèle pour être prophètes, d'entreprendre d'y rien changer; et bien que mes spéculations me plussent fort, j'ai cru que les autres en avaient aussi qui leur plaisaient peut-être davantage. Mais sitôt que j'ai eu acquis quelques notions générales touchant la physique, et que, commençant à les éprouver en diverses difficultés particulières, j'ai remarqué jusques où elles peuvent conduire et combien elles diffèrent des principes dont on s'est servi jusqu'à présent, j'ai cru que je ne pouvais les tenir cachées sans pécher grandement contre la loi qui nous oblige à procurer autant qu'il est en nous le bien général de tous les hommes. Car elles m'ont fait voir qu'il est possible de parvenir à des connaissances qui soient fort utiles à la vie, et qu'au lieu de cette philosophie spéculative qu'on enseigne dans les écoles, on en peut trouver une pratique, par laquelle, connaissant la force et les actions du feu, de l'eau, de l'air, des astres, des cieux et de tous les autres corps qui nous environnent, aussi distinctement que nous connaissons les divers métiers de nos artisans, nous les pourrions employer en même façon à tous les usages auxquels ils sont propres, et ainsi nous rendre comme maîtres et possesseurs de la nature. Ce qui n'est pas seulement à désirer pour l'invention d'une infinité d'artifices qui feraient qu'on jouirait sans aucune peine des fruits de la terre et de toutes les commodités qui s'y trouvent, mais principalement aussi pour la conservation de la santé, laquelle est sans doute le premier bien et le fondement de tous les autres biens de cette vie; car même l'esprit dépend si fort du tempérament et de la disposition des organes du corps, que, s'il est possible de trouver quelque moyen qui rende communément les hommes plus sages et plus habiles qu'ils n'ont été jusqu'ici, je crois que c'est dans la médecine qu'on doit le chercher. Il est vrai que celle qui est maintenant en usage contient peu de choses dont l'utilité soit si remarquable; mais, sans que j'aie aucun dessein de la mépriser, je m'assure qu'il n'y a personne, même de ceux qui en font profession, qui n'avoue que tout ce qu'on y sait n'est presque rien à comparaison de ce qui reste à y savoir; et qu'on se pourrait exempter d'une infinité de maladies tant du corps que de l'esprit, et même aussi peut-être de l'affaiblissement de la vieillesse, si on avait assez de connaissance de leurs causes et de tous les remèdes dont la nature nous a pourvus. Or, ayant dessein d'employer toute ma vie à la recherche d'une science si nécessaire, et ayant rencontré un chemin qui me semble tel qu'on doit infailliblement la trouver en le suivant, si ce n'est qu'on en soit empêché ou par la brièveté de la vie ou par le défaut des expériences, je jugeais qu'il n'y avait point de meilleur remède contre ces deux empêchements que de communiquer fidèlement au public tout le peu que j'aurais trouvé, et de convier les bons esprits à tâcher de passer plus outre, en contribuant, chacun selon son inclination et son pouvoir, aux expériences qu'il faudrait faire, et communiquant aussi au public toutes les choses qu'ils apprendraient, afin que, les derniers commençant où les précédents auraient achevé, et ainsi joignant les vies et les travaux de plusieurs, nous allassions tous ensemble beaucoup plus loin que chacun en particulier ne saurait faire.

Même je remarquais, touchant les expériences, qu'elles sont d'autant plus nécessaires qu'on est plus avancé en connaissance. Car, pour le commencement, il vaut mieux ne se servir que de celles qui se présentent d'elles-mêmes à nos sens, et que nous ne saurions ignorer, pourvu que nous y fassions tant soit peu de réflexion, que d'en chercher de plus rares et étudiées; dont la raison est que ces plus rares trompent souvent, lorsqu'on ne sait pas encore les causes les plus communes, et que les circonstances dont elles dépendent sont quasi toujours si particulières et si petites, qu'il est très malaisé de les remarquer. Mais l'ordre que j'ai tenu en ceci a été tel. Premièrement, j'ai tâché de trouver en général les principes ou premières causes de tout ce qui est ou qui peut être dans le monde, sans rien considérer pour cet effet que Dieu seul qui l'a créé, ni les tirer d'ailleurs que de certaines semences de vérité qui sont naturellement en nos âmes. Après cela, j'ai examiné quels étaient les premiers et plus ordinaires effets qu'on pouvait déduire de ces causes; et il me semble que par là j'ai trouvé des cieux, des astres, une terre, et même sur la terre de l'eau, de l'air, du feu, des minéraux et quelques autres telles choses qui sont les plus communes de toutes et les plus simples, et par conséquent les plus aisées à connaître. Puis, lorsque j'ai voulu descendre à celles qui étaient plus particulières, il s'en est tant présenté à moi de diverses, que je n'ai pas cru qu'il fût possible à l'esprit humain de distinguer les formes ou espèces de corps qui sont sur la terre d'une infinité d'autres qui pourraient y être si c'eût été le vouloir de Dieu de les y mettre, ni par conséquent de les rapporter à notre usage, si ce n'est qu'on vienne au-devant des causes par les effets, et qu'on se serve de plusieurs expériences particulières. En suite de quoi, repassant mon esprit sur tous les objets qui s'étaient jamais présentés à mes sens, j'ose bien dire que je n'y ai remarqué aucune chose que je ne pusse assez commodément expliquer par les principes que j'avais trouvés. Mais il faut aussi que j'avoue que la puissance de la nature est si ample et si vaste, et que ces principes sont si simples et si généraux, que je ne remarque quasi plus aucun effet particulier que d'abord je ne connaisse qu'il peut en être déduit en plusieurs diverses façons, et que ma plus grande difficulté est d'ordinaire de trouver en laquelle de ces façons il en dépend. Car à cela je ne sais point d'autre expédient que de chercher derechef quelques expériences, qui soient telles que leur événement ne soit pas le même si c'est en l'une de ces façons qu'on doit l'expliquer que si c'est en l'autre. Au reste, j'en suis maintenant là, que je vois, ce me semble, assez bien de quel biais on se doit prendre à faire la plupart de celles qui peuvent servir à cet effet : mais je vois aussi qu'elles sont telles, et en si grand nombre, que ni mes mains ni mon revenu, bien que j'en eusse mille fois plus que je n'en ai, ne sauraient suffire pour toutes; en sorte que, selon que j'aurai désormais la commodité d'en faire plus ou moins, j'avancerai aussi plus ou moins en la connaissance de la nature. Ce que je me promettais de faire connaître par le traité que j'avais écrit, et d'y montrer si clairement l'utilité que le public en peut recevoir, que j'obligerais tous ceux qui désirent en général le bien des hommes, c'est-à-dire tous ceux qui sont en effet vertueux, et non point par faux semblant, ni seulement par opinion, tant à me communiquer celles qu'ils ont déjà faites qu'à m'aider en la recherche de celles qui restent à faire.

Mais j'ai eu depuis ce temps-là d'autres raisons qui m'ont fait changer d'opinion, et penser que je devais véritablement continuer d'écrire toutes les choses que je jugerais de quelque importance à mesure que j'en découvrirais la vérité, et y apporter le même soin que si je les voulais faire imprimer; tant afin d'avoir d'autant plus d'occasion de les bien examiner, comme sans doute on regarde toujours de plus près à ce qu'on croit devoir être vu par plusieurs qu'à ce qu'on ne fait que pour soi-même, et souvent les choses qui m'ont semblé vraies lorsque j'ai commencé à les concevoir, m'ont paru fausses lorsque je les ai voulu mettre sur le papier; qu'afin de ne perdre aucune occasion de profiter au public, si j'en suis capable, et que, si mes écrits valent quelque chose, ceux qui les auront après ma mort en puissent user ainsi qu'il sera le plus à propos; mais que je ne devais aucunement consentir qu'ils fussent publiés pendant ma vie, afin que ni les oppositions et controverses auxquelles ils seraient peut-être sujets, ni même la réputation telle quelle qu'ils me pourraient acquérir, ne me donnassent aucune occasion de perdre le temps que j'ai dessein d'employer à m'instruire. Car, bien qu'il soit vrai que chaque homme est obligé de procurer, autant qu'il est en lui, le bien des autres, et que c'est proprement ne valoir rien que de n'être utile à personne, toutefois il est vrai aussi que nos soins se doivent étendre plus loin que le temps présent, et qu'il est bon d'omettre les choses qui apporteraient peut-être quelque profit à ceux qui vivent, lorsque c'est à dessein d'en faire d'autres qui en apportent davantage à nos neveux. Comme, en effet, je veux bien qu'on sache que le peu que j'ai appris jusqu'ici n'est presque rien à comparaison de ce que j'ignore et que je ne désespère pas de pouvoir apprendre; car c'est quasi le même de ceux qui découvrent peu à peu la vérité dans les sciences, que de ceux qui, commençant à devenir riches, ont moins de peine à faire de grandes acquisitions, qu'ils n'ont eu auparavant, étant plus pauvres, à en faire de beaucoup moindres. Ou bien on peut les comparer aux chefs d'armée, dont les forces ont coutume de croître à proportion de leurs victoires, et qui ont besoin de plus de conduite pour se maintenir après la perte d'une bataille, qu'ils n'ont, après l'avoir gagnée, à prendre des villes et des provinces. Car c'est véritablement donner des batailles, que de tâcher à vaincre toutes les difficultés et les erreurs qui nous empêchent de parvenir à la connaissance de la vérité, et c'est en perdre une que de recevoir quelque fausse opinion touchant une matière un peu générale et importante; il faut, après, beaucoup plus d'adresse pour se remettre au même état qu'on était auparavant, qu'il ne faut à faire de grands progrès lorsqu'on a déjà des principes qui sont assurés. Pour moi, si j'ai ci-devant trouvé quelques vérités dans les sciences (et j'espère que les choses qui sont contenues en ce volume feront juger que j'en ai trouvé quelques-unes), je puis dire que ce ne sont que des suites et des dépendances de cinq ou six principales difficultés que j'ai surmontées, et que je compte pour autant de batailles où j'ai eu l'heur de mon côté. Même je ne craindrai pas de dire que je pense n'avoir plus besoin d'en gagner que deux ou trois autres semblables pour venir entièrement à bout de mes desseins; et que mon âge n'est point si avancé que, selon le cours ordinaire de la nature, je ne puisse encore avoir assez de loisir pour cet effet. Mais je crois être d'autant plus obligé à ménager le temps qui me reste, que j'ai plus d'espérance de le pouvoir bien employer; et j'aurais sans doute plusieurs occasions de le perdre, si je publiais les fondements de ma physique. Car, encore qu'ils soient presque tous si évidents qu'il ne faut que les entendre pour les croire, et qu'il n'y en ait aucun dont je ne pense pouvoir donner des démonstrations, toutefois, à cause qu'il est impossible qu'ils soient accordants avec toutes les diverses opinions des autres hommes, je prévois que je serais souvent diverti par les oppositions qu'ils feraient naître.

On peut dire que ces oppositions seraient utiles, tant afin de me faire connaître mes fautes, qu'afin que, si j'avais quelque chose de bon, les autres en eussent par ce moyen plus d'intelligence, et comme plusieurs peuvent plus voir qu'un homme seul, que commençant dès maintenant à s'en servir, ils m'aidassent aussi de leurs inventions. Mais encore que je me reconnaisse extrêmement sujet à faillir, et que je ne me fie quasi jamais aux premières pensées qui me viennent, toutefois l'expérience que j'ai des objections qu'on me peut faire m'empêche d'en espérer aucun profit : car j'ai déjà souvent éprouvé les jugements tant de ceux que j'ai tenus pour mes amis, que de quelques autres à qui je pensais être indifférent, et même aussi de quelques-uns dont je savais que la malignité et l'envie tâcheraient assez à découvrir ce que l'affection cacherait à mes amis; mais il est rarement arrivé qu'on m'ait objecté quelque chose que je n'eusse point du tout prévue, si ce n'est qu'elle fût fort éloignée de mon sujet; en sorte que je n'ai quasi jamais rencontré aucun censeur de mes opinions, qui ne me semblât ou moins rigoureux, ou moins équitable que moi-même. Et je n'ai jamais remarqué non plus que par le moyen des disputes qui se pratiquent dans les écoles on ait découvert aucune vérité qu'on ignorât auparavant; car pendant que chacun tâche de vaincre, on s'exerce bien plus à faire valoir la vraisemblance qu'à peser les raisons de part et d'autre; et ceux qui ont été longtemps bons avocats ne sont pas pour cela meilleurs juges.

Pour l'utilité que les autres recevraient de la communication de mes pensées, elle ne pourrait aussi être fort grande; d'autant que je ne les ai point encore conduites si loin qu'il ne soit besoin d'y ajouter beaucoup de choses avant que de les appliquer à l'usage. Et je pense pouvoir dire sans vanité que s'il y a quelqu'un qui en soit capable, ce doit être plutôt moi qu'aucun autre : non pas qu'il ne puisse y avoir au monde plusieurs esprits incomparablement meilleurs que le mien; mais pour ce qu'on ne saurait si bien concevoir une chose et la rendre sienne, lorsqu'on l'apprend de quelque autre, que lorsqu'on l'invente soi-même. Ce qui est si véritable en cette matière, que bien que j'aie souvent expliqué quelques-unes de mes opinions à des personnes de très bon esprit, et qui, pendant que je leur parlais, semblaient les entendre fort distinctement, toutefois, lorsqu'ils les ont redites, j'ai remarqué qu'ils les ont changées presque toujours en telle sorte que je ne les pouvais plus avouer pour miennes. A l'occasion de quoi je suis bien aise de prier ici nos neveux de ne croire jamais que les choses qu'on leur dira viennent de moi lorsque je ne les aurais point moi-même divulguées. Et je ne m'étonne aucunement des extravagances qu'on attribue à tous ces anciens philosophes dont nous n'avons point les écrits, ni ne juge pas pour cela que leurs pensées aient été fort déraisonnables, vu qu'ils étaient des meilleurs esprits de leurs temps, mais seulement qu'on nous les a mal rapportées. Comme on voit aussi que presque jamais il n'est arrivé qu'aucun de leurs sectateurs les ait surpassés; et je m'assure que les plus passionnés de ceux qui suivent maintenant Aristote se croiraient heureux s'ils avaient autant de connaissance de la nature qu'il en a eu, encore même que ce fût à condition qu'ils n'en auraient jamais davantage. Ils sont comme le lierre, qui ne tend point à monter plus haut que les arbres qui le soutiennent, et même souvent qui redescend après qu'il est parvenu jusques à leur faîte; car il me semble aussi que ceux-là redescendent, c'est-à-dire se rendent en quelque façon moins savants que s'ils s'abstenaient d'étudier, lesquels, non contents de savoir tout ce qui est intelligiblement expliqué dans leur auteur, veulent outre cela y trouver la solution de plusieurs difficultés dont il ne dit rien, et auxquelles il n'a peut-être jamais pensé. Toutefois, leur façon de philosopher est fort commode pour ceux qui n'ont que des esprits fort médiocres; car l'obscurité des distinctions et des principes dont ils se servent est cause qu'ils peuvent parler de toutes choses aussi hardiment que s'ils les savaient, et soutenir tout ce qu'ils en disent contre les plus subtils et les plus habiles, sans qu'on ait moyen de les convaincre. En quoi ils me semblent pareils à un aveugle qui, pour se battre sans désavantage contre un qui voit, l'aurait fait venir dans le fond de quelque cave fort obscure; et je puis dire que ceux-ci ont intérêt que je m'abstienne de publier les principes de la philosophie dont je me sers; car, étant très simples et très évidents, comme ils sont, je ferais quasi le même en les publiant que si j'ouvrais quelques fenêtres et faisais entrer du jour dans cette cave où ils sont descendus pour se battre. Mais même les meilleurs esprits n'ont pas occasion de souhaiter de les connaître : car, s'ils veulent savoir parler de toutes choses et acquérir la réputation d'être doctes, ils y parviendront plus aisément en se contentant de la vraisemblance, qui peut être trouvée sans grande peine en toutes sortes de matières, qu'en cherchant la vérité, qui ne se découvre que peu à peu en quelques-unes, et qui, lorsqu'il est question de parler des autres, oblige à confesser franchement qu'on les ignore. Que s'ils préfèrent la connaissance de quelque peu de vérités à la vanité de paraître n'ignorer rien, comme sans doute elle est bien préférable, et qu'ils veuillent suivre un dessein semblable au mien, ils n'ont pas besoin pour cela que je leur dise rien davantage que ce que j'ai déjà dit en ce discours. Car s'ils sont capables de passer plus outre que je n'ai fait, ils le seront aussi, à plus forte raison, de trouver d'eux-mêmes tout ce que je pense avoir trouvé. D'autant que, n'ayant jamais rien examiné que par ordre, il est certain que ce qui me reste encore à découvrir est de soi plus difficile et plus caché que ce que j'ai pu ci-devant rencontrer; et ils auraient bien moins de plaisir à l'apprendre de moi que d'eux-mêmes; outre que l'habitude qu'ils acquerront, en cherchant premièrement des choses faciles, et passant peu à peu par degrés à d'autres plus difficiles, leur servira plus que toutes mes instructions ne sauraient faire. Comme, pour moi, je me persuade que si on m'eût enseigné dès ma jeunesse toutes les vérités dont j'ai cherché depuis les démonstrations, et que je n'eusse eu aucune peine à les apprendre, je n'en aurais peut-être jamais su aucunes autres, et du moins que jamais je n'aurais acquis l'habitude et la facilité, que je pense avoir, d'en trouver toujours de nouvelles à mesure que je m'applique à les chercher. Et en un mot, s'il y a au monde quelque ouvrage qui ne puisse être si bien achevé par aucun autre que par le même qui l'a commencé, c'est celui auquel je travaille.

Il est vrai que, pour ce qui est des expériences qui peuvent y servir, un homme seul ne saurait suffire à les faire toutes; mais il n'y saurait aussi employer utilement d'autres mains que les siennes, sinon celles des artisans, ou telles gens qu'il pourrait payer, et à qui l'espérance du gain, qui est un moyen très efficace, ferait faire exactement toutes les choses qu'il leur prescrirait. Car, pour les volontaires, qui, par curiosité ou désir d'apprendre, s'offriraient peut-être de lui aider, outre qu'ils ont pour l'ordinaire plus de promesses que d'effet, et qu'ils ne font que de belles propositions dont aucune jamais ne réussit, ils voudraient infailliblement être payés par l'explication de quelques difficultés, ou du moins par des compliments et des entretiens inutiles, qui ne lui sauraient coûter si peu de son temps qu'il n'y perdît. Et pour les expériences que les autres ont déjà faites, quand bien même ils les lui voudraient communiquer, ce que ceux qui les nomment des secrets ne feraient jamais, elles sont pour la plupart composées de tant de circonstances ou d'ingrédients superflus, qu'il lui serait très malaisé d'en déchiffrer la vérité; outre qu'il les trouverait presque toutes si mal expliquées, ou même si fausses, à cause que ceux qui les ont faites se sont efforcés de les faire paraître conformes à leurs principes, que, s'il y en avait quelques-unes qui lui servissent, elles ne pourraient derechef valoir le temps qu'il lui faudrait employer à les choisir. De façon que, s'il y avait au monde quelqu'un qu'on sût assurément être capable de trouver les plus grandes choses et les plus utiles au public qui puissent être, et que, pour cette cause, les autres hommes s'efforçassent par tous moyens de l'aider à venir à bout de ses desseins, je ne vois pas qu'ils pussent autre chose pour lui, sinon fournir aux frais des expériences dont il aurait besoin, et du reste empêcher que son loisir ne lui fût ôté par l'importunité de personne. Mais, outre que je ne présume pas tant de moi-même que de vouloir rien promettre d'extraordinaire, ni ne me repais point de pensées si vaines que de m'imaginer que le public se doive beaucoup intéresser en mes desseins, je n'ai pas aussi l'âme si basse que je voulusse accepter de qui que ce fût aucune faveur qu'on pût croire que je n'aurais pas méritée.

Toutes ces considérations jointes ensemble furent cause, il y a trois ans, que je ne voulus point divulguer le traité que j'avais entre les mains, et même que je pris résolution de n'en faire voir aucun autre pendant ma vie qui fût si général, ni duquel on pût entendre les fondements de ma physique. Mais il y a eu depuis derechef deux autres raisons qui m'ont obligé à mettre ici quelques essais particuliers, et à rendre au public quelque compte de mes actions et de mes desseins. La première est que si j'y manquais, plusieurs, qui ont su l'intention que j'avais eue ci-devant de faire imprimer quelques écrits, pourraient s'imaginer que les causes pour lesquelles je m'en abstiens seraient plus à mon désavantage qu'elles ne sont. Car bien que je n'aime pas la gloire par excès, ou même si je l'ose dire, que je la haïsse en tant que je la juge contraire au repos, lequel j'estime sur toutes choses, toutefois aussi je n'ai jamais tâché de cacher mes actions comme des crimes, ni n'ai usé de beaucoup de précautions pour être inconnu, tant à cause que j'eusse cru me faire tort qu'à cause que cela m'aurait donné quelque espèce d'inquiétude qui eût derechef été contraire au parfait repos d'esprit que je cherche. Et pour ce que, m'étant toujours ainsi tenu indifférent entre le soin d'être connu ou de ne l'être pas, je n'ai pu empêcher que je n'acquisse quelque sorte de réputation, j'ai pensé que je devais faire mon mieux pour m'exempter au moins de l'avoir mauvaise. L'autre raison qui m'a obligé à écrire ceci est que, voyant tous les jours de plus en plus le retardement que souffre le dessein que j'ai de m'instruire, à cause d'une infinité d'expériences dont j'ai besoin, et qu'il est impossible que je fasse sans l'aide d'autrui, bien que je ne me flatte pas tant que d'espérer que le public prenne grande part en mes intérêts, toutefois je ne veux pas aussi me défaillir tant à moi-même, que de donner sujet à ceux qui me survivront de me reprocher quelque jour que j'eusse pu leur laisser plusieurs choses beaucoup meilleures que je n'aurai fait, si je n'eusse point trop négligé de leur faire entendre en quoi ils pouvaient contribuer à mes desseins.

Et j'ai pensé qu'il m'était aisé de choisir quelques matières qui, sans être sujettes à beaucoup de controverses, ni m'obliger à déclarer davantage de mes principes que je ne désire, ne laisseraient pas de faire voir assez clairement ce que je puis ou ne puis pas dans les sciences. En quoi je ne saurais dire si j'ai réussi; et je ne veux point prévenir les jugements de personne en parlant moi-même de mes écrits; mais je serai bien aise qu'on les examine; et, afin qu'on en ait d'autant plus d'occasion, je supplie tous ceux qui auront quelques objections à y faire, de prendre la peine de les envoyer à mon libraire, par lequel en étant averti, je tâcherai d'y joindre ma réponse en même temps; et par ce moyen les lecteurs, voyant ensemble l'un et l'autre, jugeront d'autant plus aisément de la vérité. Car je ne promets pas d'y faire jamais de longues réponses, mais seulement d'avouer mes fautes fort franchement, si je les connais; ou bien, si je ne les puis apercevoir, de dire simplement ce que je croirai être requis pour la défense des choses que j'ai écrites, sans y ajouter l'explication d'aucune nouvelle matière, afin de ne me pas engager sans fin de l'une en l'autre.

Que si quelques-unes de celles dont j'ai parlé, au commencement de *la Dioptrique* et des *Météores,* choquent d'abord, à cause que je les nomme des suppositions, et que je ne semble pas avoir envie de les prouver, qu'on ait la patience de lire le tout avec attention, et j'espère qu'on s'en trouvera satisfait. Car il me semble que les raisons s'y entresuivent en telle sorte que, comme les dernières sont démontrées par les premières qui sont leurs causes, ces premières le sont réciproquement par les dernières qui sont leurs effets. Et on ne doit pas imaginer que je commette en ceci la faute que les logiciens nomment un cercle; car l'expérience rendant la plupart de ces effets très certains, les causes dont je les déduis ne servent pas tant à les prouver qu'à les expliquer; mais tout au contraire ce sont elles qui sont prouvées par eux. Et je ne les ai nommées des suppositions qu'afin qu'on sache que je pense les pouvoir déduire de ces premières vérités que j'ai ci-dessus expliquées, mais que j'ai voulu expressément ne le pas faire, pour empêcher que certains esprits, qui s'imaginent qu'ils savent en un jour tout ce qu'un autre a pensé en vingt années, sitôt qu'il leur en a seulement dit deux ou trois mots, et qui sont d'autant plus sujets à faillir et moins capables de la vérité qu'ils sont plus pénétrants et plus vifs, ne puissent de là prendre occasion de bâtir quelque philosophie extravagante sur ce qu'ils croiront être mes principes, et qu'on m'en attribue la faute. Car pour les opinions qui sont toutes miennes, je ne les excuse point comme nouvelles, d'autant que, si on en considère bien les raisons, je m'assure qu'on les trouvera si simples et si conformes au sens commun, qu'elles sembleront moins extraordinaires et moins étranges qu'aucunes autres qu'on puisse avoir sur mêmes sujets. Et je ne me vante point aussi d'être le premier inventeur d'aucunes, mais bien que je ne les ai jamais reçues ni pour ce qu'elles avaient été dites par d'autres, ni pour ce qu'elles ne l'avaient point été, mais seulement pour ce que la raison me les a persuadées.

Que si les artisans ne peuvent sitôt exécuter l'invention qui eſt expliquée en *la Dioptrique,* je ne crois pas qu'on puisse dire pour cela qu'elle soit mauvaise; car, d'autant qu'il faut de l'adresse et de l'habitude pour faire et pour ajuſter les machines que j'ai décrites, sans qu'il y manque aucune circonſtance, je ne m'étonnerais pas moins s'ils rencontraient du premier coup, que si quelqu'un pouvait apprendre en un jour à jouer du luth excellemment, par cela seul qu'on lui aurait donné de la tablature qui serait bonne[1]. Et si j'écris en français, qui eſt la langue de mon pays, plutôt qu'en latin, qui eſt celle de mes précepteurs, c'eſt à cause que j'espère que ceux qui ne se servent que de leur raison naturelle toute pure jugeront mieux de mes opinions que ceux qui ne croient qu'aux livres anciens. Et pour ceux qui joignent le bon sens avec l'étude, lesquels seuls je souhaite pour mes juges, ils ne seront point, je m'assure, si partiaux pour le latin, qu'ils refusent d'entendre mes raisons pour ce que je les explique en langue vulgaire.

Au reſte, je ne veux point parler ici en particulier des progrès que j'ai espérance de faire à l'avenir dans les sciences, ni m'engager envers le public d'aucune promesse que je ne sois pas assuré d'accomplir; mais je dirai seulement que j'ai résolu de n'employer le temps qui me reſte à vivre à autre chose qu'à tâcher d'acquérir quelque connaissance de la nature, qui soit telle qu'on en puisse tirer des règles pour la médecine, plus assurées que celles qu'on a eues jusques à présent; et que mon inclination m'éloigne si fort de toute sorte d'autres desseins, principalement de ceux qui ne sauraient être utiles aux uns qu'en nuisant aux autres, que si quelques occasions me contraignaient de m'y employer, je ne crois point que je fusse capable d'y réussir. De quoi je fais ici une déclaration que je sais bien ne pouvoir servir à me rendre considérable dans le monde, mais aussi n'ai-je aucunement envie de l'être; et je me tiendrai toujours plus obligé à ceux par la faveur desquels je jouirai sans empêchement de mon loisir, que je ne serais à ceux qui m'offriraient les plus honorables emplois de la terre.

1. C'eſt-à-dire de la musique bien notée.

LA DIOPTRIQUE

(SIX PREMIERS DISCOURS)

DISCOURS PREMIER

DE LA LUMIÈRE

TOUTE la conduite de notre vie dépend de nos sens, entre lesquels celui de la vue étant le plus universel et le plus noble, il n'y a point de doute que les inventions qui servent à augmenter sa puissance, ne soient des plus utiles qui puissent être. Et il eśt malaisé d'en trouver aucune qui l'augmente davantage que celle de ces merveilleuses lunettes qui, n'étant en usage que depuis peu, nous ont déjà découvert de nouveaux aśtres dans le ciel, et d'autres nouveaux objets dessus la terre, en plus grand nombre que ne sont ceux que nous y avions vus auparavant : en sorte que, portant notre vue beaucoup plus loin que n'avait coutume d'aller l'imagination de nos pères, elles semblent nous avoir ouvert le chemin, pour parvenir à une connaissance de la Nature beaucoup plus grande et plus parfaite qu'ils ne l'ont eue. Mais, à la honte de nos sciences, cette invention, si utile et si admirable, n'a premièrement été trouvée que par l'expérience et la fortune. Il y a environ trente ans, qu'un nommé Jacques Metius, de la ville d'Alcmar en Hollande, homme qui n'avait jamais étudié, bien qu'il eût un père et un frère qui ont fait profession des mathématiques, mais qui prenait particulièrement plaisir à faire des miroirs et verres brûlants, en composant même l'hiver avec de la glace, ainsi que l'expérience a montré qu'on en peut faire, ayant à cette occasion plusieurs verres de diverses formes, s'avisa par bonheur de regarder au travers de deux, dont l'un était un peu plus épais au milieu qu'aux extrémités, et l'autre au contraire beaucoup plus épais aux extrémités qu'au milieu, et il les appliqua si heureusement aux deux bouts d'un tuyau, que la première des lunettes dont nous parlons, en fut composée. Et c'est seulement sur ce patron, que toutes les autres qu'on a vues depuis ont été faites, sans que personne encore, que je sache, ait suffisamment déterminé les figures que ces verres doivent avoir. Car, bien qu'il y ait eu depuis quantité de bons esprits, qui ont fort cultivé cette matière, et ont trouvé à son occasion plusieurs choses en l'Optique, qui valent mieux que ce que nous en avaient laissé les anciens, toutefois, à cause que les inventions un peu malaisées n'arrivent pas à leur dernier degré de perfection du premier coup, il est encore demeuré assez de difficultés en celle-ci, pour me donner sujet d'en écrire. Et d'autant que l'exécution des choses que je dirai, doit dépendre de l'industrie des artisans, qui pour l'ordinaire n'ont point étudié, je tâcherai de me rendre intelligible à tout le monde, et de ne rien omettre, ni supposer, qu'on doive avoir appris des autres sciences. C'est pourquoi je commencerai par l'explication de la lumière et de ses rayons; puis, ayant fait une brève description des parties de l'œil, je dirai particulièrement en quelle sorte se fait la vision; et en suite, ayant remarqué toutes les choses qui sont capables de la rendre plus parfaite, j'enseignerai comment elles y peuvent être ajoutées par les inventions que je décrirai.

Or, n'ayant ici autre occasion de parler de la lumière, que pour expliquer comment ses rayons entrent dans l'œil, et comment ils peuvent être détournés par les divers corps qu'ils rencontrent, il n'est pas besoin que j'entreprenne de dire au vrai quelle est sa nature, et je crois qu'il suffira que je me serve de deux ou trois comparaisons, qui aident à la concevoir en la façon qui me semble la plus commode, pour expliquer toutes celles de ses propriétés que l'expérience nous fait connaître, et pour déduire en suite toutes les autres qui ne peuvent pas si aisément être remarquées; imitant en ceci les astronomes, qui, bien que leurs suppositions soient presque toutes fausses ou incertaines, toutefois, à cause qu'elles se rapportent à diverses observations qu'ils ont faites, ne laissent pas d'en tirer plusieurs conséquences très vraies et très assurées.

Il vous est bien sans doute arrivé quelquefois, en

marchant de nuit sans flambeau, par des lieux un peu difficiles, qu'il fallait vous aider d'un bâton pour vous conduire, et vous avez pour lors pu remarquer, que vous sentiez, par l'entremise de ce bâton, les divers objets qui se rencontraient autour de vous, et même que vous pouviez distinguer s'il y avait des arbres, ou des pierres, ou du sable, ou de l'eau, ou de l'herbe, ou de la boue, ou quelque autre chose de semblable. Il est vrai que cette sorte de sentiment est un peu confuse et obscure, en ceux qui n'en ont pas un long usage; mais considérez-la en ceux qui, étant nés aveugles, s'en sont servis toute leur vie, et vous l'y trouverez si parfaite et si exacte, qu'on pourrait quasi dire qu'ils voient des mains, ou que leur bâton est l'organe de quelque sixième sens, qui leur a été donné au défaut de la vue. Et pour tirer une comparaison de ceci, je désire que vous pensiez que la lumière n'est autre chose, dans les corps qu'on nomme lumineux, qu'un certain mouvement, ou une action fort prompte et fort vive, qui passe vers nos yeux, par l'entremise de l'air et des autres corps transparents, en même façon que le mouvement ou la résistance des corps, que rencontre cet aveugle, passe vers sa main, par l'entremise de son bâton. Ce qui vous empêchera d'abord de trouver étrange, que cette lumière puisse étendre ses rayons en un instant, depuis le soleil jusques à nous : car vous savez que l'action, dont on meut l'un des bouts d'un bâton, doit ainsi passer en un instant jusques à l'autre, et qu'elle y devrait passer en même sorte, encore qu'il y aurait plus de distance qu'il n'y en a, depuis la terre jusques aux cieux. Vous ne trouverez pas étrange non plus, que par son moyen nous puissions voir toutes sortes de couleurs; et même vous croirez peut-être que ces couleurs ne sont autre chose, dans les corps qu'on nomme colorés, que les diverses façons, dont ces corps la reçoivent et la renvoient contre nos yeux : si vous considérez que les différences, qu'un aveugle remarque entre des arbres, des pierres, de l'eau, et choses semblables, par l'entremise de son bâton, ne lui semblent pas moindres que nous sont celles qui sont entre le rouge, le jaune, le vert, et toutes les autres couleurs; et toutefois que ces différences ne sont autre chose, en tous ces corps, que les diverses façons de mouvoir, ou de résister aux mouvements de ce bâton. En suite de quoi vous aurez occasion de juger, qu'il n'eſt pas besoin de supposer qu'il passe quelque chose de matériel depuis les objets jusques à nos yeux, pour nous faire voir les couleurs et la lumière, ni même qu'il y ait rien en ces objets, qui soit semblable aux idées ou aux sentiments que nous en avons : tout de même qu'il ne sort rien des corps, que sent un aveugle, qui doive passer le long de son bâton jusques à sa main, et que la résiſtance ou le mouvement de ces corps, qui eſt la seule cause des sentiments qu'il en a, n'eſt rien de semblable aux idées qu'il en conçoit. Et par ce moyen votre esprit sera délivré de toutes ces petites images voltigeantes par l'air, nommées des *espèces intentionnelles,* qui travaillent tant l'imagination des philosophes. Même vous pourrez aisément décider la queſtion, qui eſt entre eux, touchant le lieu d'où vient l'aƈtion qui cause le sentiment de la vue : car, comme notre aveugle peut sentir les corps qui sont autour de lui, non seulement par l'aƈtion de ces corps, lorsqu'ils se meuvent contre son bâton, mais aussi par celle de sa main, lorsqu'ils ne font que lui résiſter; ainsi faut-il avouer que les objets de la vue peuvent être sentis, non seulement par le moyen de l'aƈtion qui, étant en eux, tend vers les yeux, mais aussi par le moyen de celle qui, étant dans les yeux, tend vers eux. Toutefois, pour ce que cette aƈtion n'eſt autre chose que la lumière, il faut remarquer qu'il n'y a que ceux qui peuvent voir pendant les ténèbres de la nuit, comme les chats, dans les yeux desquels elle se trouve; et que, pour l'ordinaire des hommes, ils ne voient que par l'aƈtion qui vient des objets : car l'expérience nous montre que ces objets doivent être lumineux ou illuminés pour être vus, et non point nos yeux pour les voir. Mais, pour ce qu'il y a grande différence entre le bâton de cet aveugle et l'air ou les autres corps transparents, par l'entremise desquels nous voyons, il faut que je me serve encore ici d'une autre comparaison.

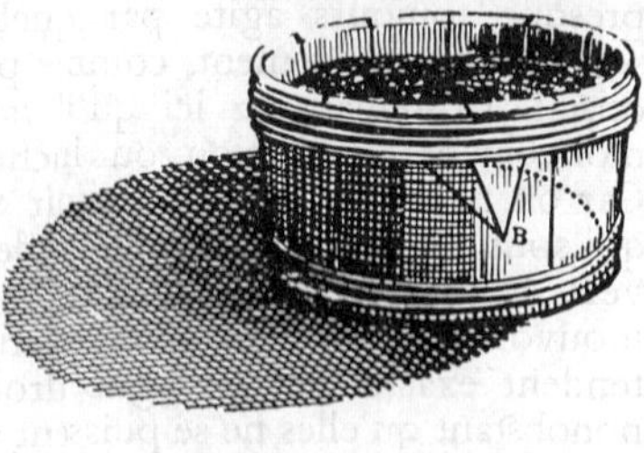

Voyez une cuve

au temps de vendange, toute pleine de raisins à demi foulés, et dans le fond de laquelle on ait fait un trou ou deux, comme A et B, par où le vin doux, qu'elle contient, puisse couler. Puis pensez que, n'y ayant point de vide en la Nature, ainsi que presque tous les Philosophes avouent, et néanmoins y ayant plusieurs pores en tous les corps que nous apercevons autour de nous, ainsi que l'expérience peut montrer fort clairement; il est nécessaire que ces pores soient remplis de quelque matière fort subtile et fort fluide, qui s'étende sans interruption depuis les Astres jusques à nous. Or, cette matière subtile étant comparée avec le vin de cette cuve, et les parties moins fluides ou plus grossières, tant de l'air que des autres corps transparents, avec les grappes de raisins qui sont parmi : vous entendrez facilement que, comme les parties de ce vin, qui sont par exemple vers C, tendent à descendre en ligne droite par le trou A, au même instant qu'il est ouvert, et ensemble par le trou B, et que celles qui sont vers D, et vers E, tendent aussi en même temps à descendre par ces deux trous, sans qu'aucune de ces actions soit empêchée par les autres, ni aussi par la résistance des grappes qui sont en cette cuve : nonobstant que ces grappes, étant soutenues l'une par l'autre, ne tendent point du tout à descendre par ces trous A et B, comme le vin, et même qu'elles puissent cependant être mues, en plusieurs autres façons, par ceux qui les foulent : ainsi toutes les parties de la matière subtile, que touche le côté du Soleil qui nous regarde, tendent en ligne droite vers nos yeux au même instant qu'ils sont ouverts, sans s'empêcher les unes les autres, et même sans être empêchées par les parties grossières des corps transparents, qui sont entre deux : soit que ces corps se meuvent en d'autres façons, comme l'air, qui est presque toujours agité par quelque vent; soit qu'ils soient sans mouvement, comme peut-être le verre ou le cristal. Et remarquez ici qu'il faut distinguer entre le mouvement, et l'action ou inclination à se mouvoir. Car on peut fort bien concevoir que les parties du vin, qui sont par exemple vers C, tendent vers B, et ensemble vers A, nonobstant qu'elles ne puissent actuellement se mouvoir vers ces deux côtés en même temps; et qu'elles tendent exactement en ligne droite vers B et vers A, nonobstant qu'elles ne se puissent mouvoir si exactement vers la ligne droite, à cause des grappes de raisins qui sont entre deux : et ainsi, pensant que ce n'eſt pas tant le mouvement, comme l'action des corps lumineux qu'il faut prendre pour leur lumière, vous devez juger que les rayons de cette lumière ne sont autre chose, que les lignes suivant lesquelles tend cette action. En sorte qu'il y a une infinité de tels rayons qui viennent de tous les points des corps lumineux, vers tous les points de ceux qu'ils illuminent, ainsi que vous pouvez imaginer une infinité de lignes droites, suivant lesquelles les actions, qui viennent de tous les points de la superficie du vin CDE, tendent vers A, et une infinité d'autres, suivant lesquelles les actions, qui viennent de ces mêmes points, tendent aussi vers B, sans que les unes empêchent les autres.

Au reste, ces rayons doivent bien être ainsi toujours imaginés exactement droits, lorsqu'ils ne passent que par un seul corps transparent, qui eſt partout égal à soi-même : mais, lorsqu'ils rencontrent quelques autres corps, ils sont sujets à être détournés par eux, ou amortis, en même façon que l'eſt le mouvement d'une balle, ou d'une pierre jetée dans l'air, par ceux qu'elle rencontre. Car il eſt bien aisé à croire que l'action ou inclination à se mouvoir, que j'ai dit devoir être prise pour la lumière, doit suivre en ceci les mêmes lois que le mouvement. Et afin que j'explique cette troisième comparaison tout au long, considérez que les corps, qui peuvent ainsi être rencontrés par une balle qui passe dans l'air, sont ou mous, ou durs, ou liquides; et que, s'ils sont mous, ils arrêtent et amortissent tout à fait son mouvement : comme lorsqu'elle donne contre des toiles, ou du sable, ou de la boue; au lieu que, s'ils sont durs, ils la renvoient d'un autre côté sans l'arrêter; et ce, en plusieurs diverses façons. Car ou leur superficie eſt tout égale et unie, ou raboteuse et inégale; et derechef, étant égale, elle eſt ou plate, ou courbée; et étant inégale, ou son inégalité ne consiſte qu'en ce qu'elle eſt composée de plusieurs parties diversement courbées, dont chacune eſt en soi assez unie; ou bien elle consiſte, outre cela, en ce qu'elle a plusieurs divers angles ou pointes, ou des parties plus dures l'une que l'autre, ou qui se meuvent, et ce, avec des variétés qui peuvent être imaginées en mille sortes. Et il faut remarquer que la balle, outre son mouvement simple et ordinaire, qui la porte d'un lieu en l'autre, en peut encore avoir un deuxième, qui la fait tourner autour de son centre, et que la vitesse de celui-ci peut avoir plusieurs diverses proportions avec celle de l'autre. Or quand plusieurs balles venant d'un même côté, rencontrent un corps, dont la superficie est tout unie et égale, elles se réfléchissent également, et en même ordre, en sorte que, si cette superficie est toute plate, elles gardent entre elles la même distance, après l'avoir rencontrée, qu'elles avaient auparavant; et si elle est courbée en dedans ou en dehors, elles s'approchent ou s'éloignent en même ordre les unes des autres, plus ou moins, à raison de cette courbure. Comme vous voyez ici les balles A, B, C, qui, après avoir rencontré les superficies des corps D, E, F, se réfléchissent vers G, H, I. Et si ces balles rencontrent une superficie inégale, comme L ou M, elles se

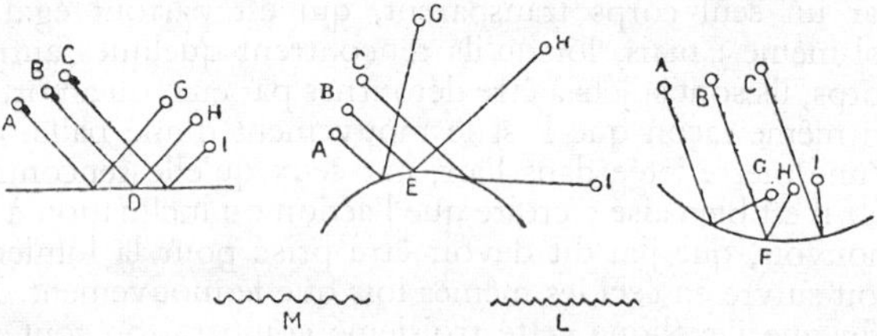

réfléchissent vers divers côtés, chacune selon la situation de l'endroit de cette superficie qu'elle touche. Et elles ne changent rien que cela en la façon de leur mouvement, lorsque son inégalité ne consiste qu'en ce que ses parties sont courbées diversement. Mais elle peut aussi consister en plusieurs autres choses et faire, par ce moyen, que, si ces balles n'ont eu auparavant qu'un simple mouvement droit, elles en perdent une partie, et en acquièrent au lieu un circulaire, qui peut avoir diverse proportion avec ce qu'elles retiennent du droit, selon que la superficie du corps qu'elles rencontrent peut être diversement disposée. Ce que ceux qui jouent à la paume éprouvent assez, lorsque leur balle rencontre de faux carreaux, ou bien qu'ils la touchent en biaisant de leur raquette, ce qu'ils nomment, ce me semble, couper ou friser. Enfin, considérez que, si une balle qui se meut rencontre obliquement la superficie d'un corps liquide, par lequel elle puisse passer plus ou moins facilement que par celui d'où elle sort, elle se détourne et change son cours en y entrant : comme, par exemple, si

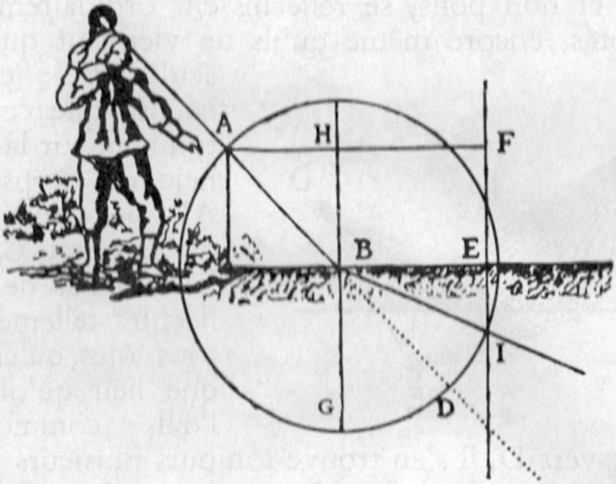

étant en l'air au point A, on la pousse vers B, elle va bien en ligne droite depuis A jusques à B, si ce n'est que sa pesanteur ou quelque autre cause particulière l'en empêche; mais, étant au point B où je suppose qu'elle rencontre la superficie de l'eau CBE, elle se détourne et prend son cours vers I, allant derechef en ligne droite depuis B jusques à I, ainsi qu'il est aisé à vérifier par l'expérience. Or il faut penser, en même façon, qu'il y a des corps qui, étant rencontrés par les rayons de la lumière, les amortissent, et leur ôtent toute leur force, à savoir ceux qu'on nomme noirs, lesquels n'ont point d'autre couleur que les ténèbres; et qu'il y en a d'autres qui les font réfléchir, les uns au même ordre qu'ils les reçoivent, à savoir ceux qui, ayant leur superficie toute polie, peuvent servir de miroirs tant plats que courbés, et les autres confusément vers plusieurs côtés; et que derechef, entre ceux-ci, les uns font réfléchir ces rayons sans apporter aucun autre changement en leur action, à savoir ceux qu'on nomme blancs, et les autres y apportent avec cela un changement semblable à celui que reçoit le mouvement d'une balle quand on la frise, à savoir ceux qui sont rouges, ou jaunes, ou bleus, ou de quelque autre telle couleur. Car je pense pouvoir déterminer en quoi consiste la nature de chacune de ces couleurs, et le faire voir par expérience; mais cela passe les bornes de mon sujet. Et il me suffit ici de vous avertir que les rayons, qui tombent sur les corps qui sont colorés et non polis, se réfléchissent ordinairement de tous côtés, encore même qu'ils ne viennent que d'un seul côté : comme, encore que ceux qui tombent sur la superficie du corps blanc AB, ne viennent que du flambeau C, ils ne laissent pas de se réfléchir tellement de tous côtés, qu'en quelque lieu qu'on pose l'œil, comme par exemple vers D, il s'en trouve toujours plusieurs venant de chaque endroit de cette superficie AB, qui tendent vers lui. Et même, si l'on suppose ce corps fort délié comme un papier ou une toile, en sorte que le jour passe au travers, encore que l'œil soit d'autre côté que le flambeau, comme vers E, il ne laissera pas de se réfléchir vers lui quelques rayons de chacune des parties de ce corps. Enfin, considérez que les rayons se détournent aussi, en même façon qu'il a été dit d'une balle quand ils rencontrent obliquement la superficie d'un corps transparent, par lequel ils pénètrent plus ou moins facilement que par celui d'où ils viennent, et cette façon de se détourner s'appelle en eux Réfraction.

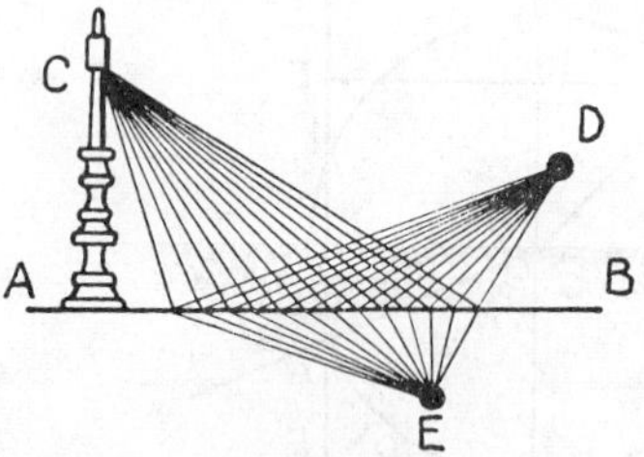

DISCOURS SECOND

DE LA RÉFRACTION

D'AUTANT que nous aurons besoin ci-après de savoir exactement la quantité de cette réfraction, et qu'elle peut assez commodément être entendue par la comparaison dont je viens de me servir, je crois qu'il est à propos que je tâche ici tout d'un train de l'expliquer, et que je parle premièrement de la réflexion, afin d'en rendre l'intelligence d'autant plus aisée. Pensons donc qu'une balle, étant poussée d'A vers B, rencontre, au point B, la

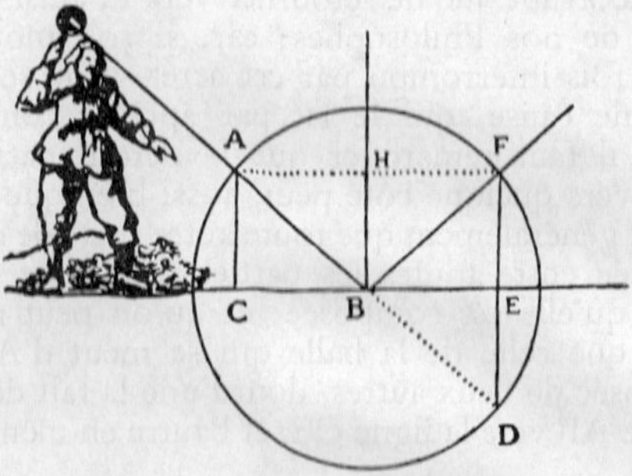

superficie de la terre CBE, qui, l'empêchant de passer outre, est cause qu'elle se détourne; et voyons vers quel côté. Mais afin de ne nous embarrasser point en de nouvelles difficultés, supposons que la terre est parfaitement plate et dure, et que la balle va toujours d'égale vitesse, tant en descendant qu'en remontant, sans nous enquérir en aucune façon de la puissance qui continue de la mouvoir, après qu'elle n'est plus touchée de la raquette, ni considérer aucun effet de sa pesanteur, ni de sa grosseur, ni de sa figure. Car il n'est ici question d'y regarder de si près, il n'y a aucune de ces choses qui ait lieu en l'action de la lumière à laquelle ceci se doit rapporter. Seulement faut-il remarquer, que la puissance, telle qu'elle soit, qui fait continuer le mouvement de cette balle, est différente de celle qui la détermine à se mouvoir plutôt vers un côté que vers un autre, ainsi qu'il est très aisé à connaître de ce que c'est la force dont elle a été poussée par la raquette, de qui dépend son mouvement, et que cette même force l'aurait pu faire mouvoir vers tout autre côté, aussi facilement que vers B, au lieu que c'est la situation de cette raquette qui la détermine à tendre vers B, et qui aurait pu l'y déterminer en même façon, encore qu'une autre force l'aurait mue. Ce qui montre déjà qu'il n'est pas impossible que cette balle soit détournée par la rencontre de la terre, et ainsi, que la détermination qu'elle avait à tendre vers B soit changée, sans qu'il y ait rien pour cela de changé en la force de son mouvement, puisque ce sont deux choses diverses, et par conséquent qu'on ne doit pas imaginer qu'il soit nécessaire qu'elle s'arrête quelque moment au point B avant que de retourner vers F, ainsi que font plusieurs de nos Philosophes; car, si son mouvement était une fois interrompu par cet arrêt, il ne se trouverait aucune cause, qui le fît par après recommencer. De plus, il faut remarquer que la détermination à se mouvoir vers quelque côté peut, aussi bien que le mouvement et généralement que toute autre sorte de quantité, être divisée entre toutes les parties desquelles on peut imaginer qu'elle est composée; et qu'on peut aisément imaginer que celle de la balle qui se meut d'A vers B est composée de deux autres, dont l'une la fait descendre de la ligne AF vers la ligne CE, et l'autre en même temps

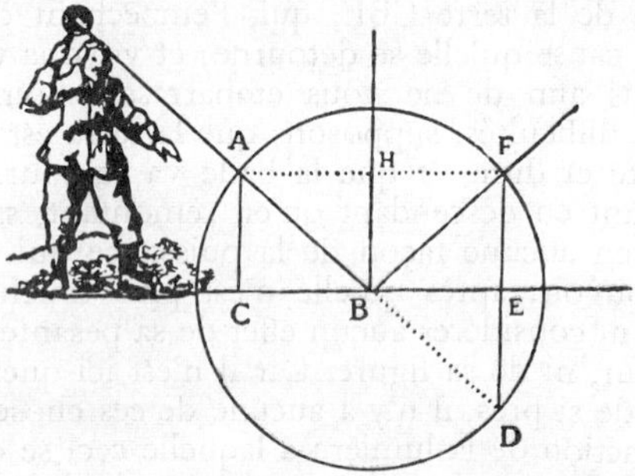

la fait aller de la gauche AC vers la droite FE, en sorte que ces deux, jointes ensemble, la conduisent jusques à B suivant la ligne droite AB. Et en suite il est aisé à entendre, que la rencontre de la terre ne peut empêcher que l'une de ces deux déterminations, et non point l'autre en aucune façon. Car elle doit bien empêcher celle qui faisait descendre la balle d'AF vers CE, à cause qu'elle occupe tout l'espace qui est au-dessous de CE; mais pourquoi empêcherait-elle l'autre, qui la faisait avancer vers la main droite, vu qu'elle ne lui est aucunement opposée en ce sens-là? Pour trouver donc justement vers quel côté cette balle doit retourner, décrivons un cercle du centre B, qui passe par le point A, et disons qu'en autant de temps qu'elle aura mis à se mouvoir depuis A jusques à B, elle doit infailliblement retourner depuis B jusques à quelque point de la circonférence de ce cercle, d'autant que tous les points qui sont aussi diſtants de celui-ci B qu'en eſt A, se trouvent en cette circonférence, et que nous supposons le mouvement de cette balle être toujours également vite. Puis afin de savoir précisément auquel de tous les points de cette circonférence elle doit retourner, tirons trois lignes droites AC, HB et FE perpendiculaires sur CE, et en telle sorte, qu'il n'y ait ni plus ni moins de diſtance entre AC et HB qu'entre HB et FE; et disons, qu'en autant de temps que la balle a mis à s'avancer vers le côté droit, depuis A, l'un des points de la ligne AC, jusques à B, l'un de ceux de la ligne HB, elle doit aussi s'avancer depuis la ligne HB jusques à quelque point de la ligne FE; car tous les points de cette ligne FE sont autant éloignés de HB en ce sens-là, l'un comme l'autre, et autant que ceux de la ligne AC, et elle eſt aussi autant déterminée à s'avancer vers ce côté-là, qu'elle a été auparavant. Or eſt-il qu'elle ne peut arriver en même temps en quelque point de la ligne FE, et ensemble à quelque point de la circonférence du cercle AFD, si ce n'eſt au point D, ou au point F, d'autant qu'il n'y a que ces deux, où elles s'entrecoupent l'une l'autre; si bien que, la terre l'empêchant de passer vers D, il faut conclure qu'elle doit aller infailliblement vers F. Et ainsi vous voyez facilement comment se fait la réflexion, à savoir selon un angle toujours égal à celui qu'on nomme l'angle d'incidence. Comme, si un rayon, venant du point A, tombe au point B sur la superficie du miroir plat CBE, il se réfléchit vers F, en sorte que l'angle de la réflexion FBE n'eſt ni plus ni moins grand que celui de l'incidence ABC.

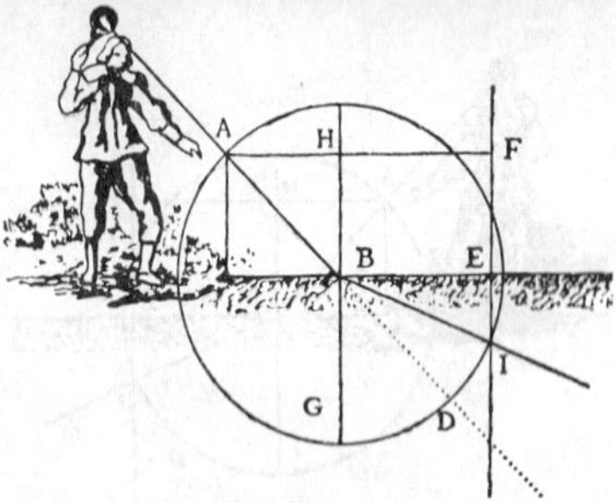

Venons maintenant à la Réfraction. Et premièrement supposons qu'une balle, poussée d'A vers B, rencontre au point B, non plus la superficie de la terre, mais une toile CBE, qui soit si faible et déliée que cette balle ait la force de la rompre et de passer tout au travers, en perdant seulement une partie de sa vitesse, à savoir, par exemple, la moitié. Or cela posé, afin de savoir quel chemin elle doit suivre, considérons derechef que son mouvement diffère entièrement de sa détermination à se mouvoir plutôt vers un côté que vers un autre, d'où il suit que leur quantité doit être examinée séparément. Et considérons aussi que, des deux parties dont on peut imaginer que cette détermination eſt composée, il n'y a que celle qui faisait tendre la balle de haut en bas, qui puisse être changée en quelque façon par la rencontre de la toile; et que, pour celle qui la faisait tendre vers la main droite, elle doit toujours demeurer la même qu'elle a été, à cause que cette toile ne lui eſt aucunement opposée en ce sens-là. Puis, ayant décrit du centre B le cercle AFD, et tiré à angles droits sur CBE les trois lignes droites AC, HB, FE, en telle sorte qu'il y ait deux fois autant de diſtance entre FE et HB qu'entre HB et AC, nous verrons que cette balle doit tendre vers le point I. Car, puisqu'elle perd la moitié de sa vitesse, en traversant la toile CBE, elle doit employer deux fois autant de temps à passer au-dessous, depuis B jusques à quelque point de la circonférence du cercle AFD, qu'elle a fait au-dessus à venir depuis A jusques à B. Et puisqu'elle ne perd rien du tout de la détermination qu'elle avait à s'avancer vers le côté droit, en deux fois autant de temps qu'elle en a mis à passer depuis la ligne AC jusques à HB, elle doit faire deux fois autant de chemin vers ce même côté, et par conséquent arriver à quelque point de la ligne droite FE, au même inſtant qu'elle arrive aussi à quelque point de la circonférence du cercle AFD. Ce qui serait impossible, si elle n'allait vers I, d'autant que c'eſt le seul point au-dessous de la toile CBE, où le cercle AFD et la ligne droite FE s'entrecoupent.

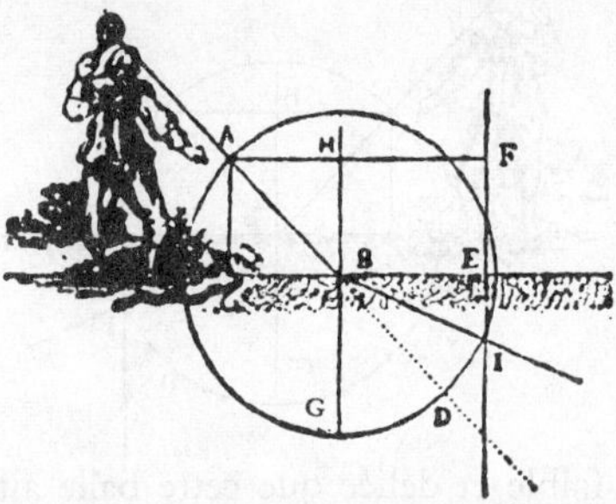

Pensons maintenant que la balle qui vient d'A vers D,

rencontre au point B, non plus une toile, mais de l'eau, dont la superficie CBE lui ôte justement la moitié de sa vitesse, ainsi que faisait cette toile. Et le reste posé comme devant, je dis que cette balle doit passer de B en ligne droite, non vers D, mais vers I. Car, premièrement, il est certain que la superficie de l'eau la doit détourner vers là en même façon que la toile, vu qu'elle lui ôte tout autant de sa force, et qu'elle lui est opposée en même sens. Puis, pour le reste du corps de l'eau qui remplit tout l'espace qui est depuis B jusques à I, encore qu'il lui résiste plus ou moins que ne faisait l'air que nous y supposions auparavant, ce n'est pas à dire pour cela qu'il doive plus ou moins la détourner : car il se peut ouvrir, pour lui faire passage, tout aussi facilement vers un côté que vers un autre, au moins si on suppose toujours, comme nous faisons, que ni la pesanteur ou légèreté de cette balle, ni sa grosseur, ni sa figure, ni aucune autre telle cause étrangère ne change son cours. Et on peut ici remarquer, qu'elle est d'autant plus détournée par la superficie de l'eau ou de la toile, qu'elle la rencontre plus obliquement, en sorte que, si elle la rencontre à angles droits, comme lorsqu'elle est poussée d'H vers B, elle doit passer outre en ligne droite vers G,

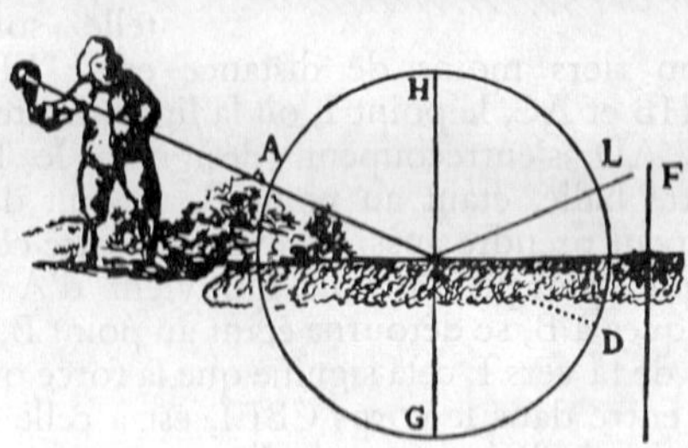

sans aucunement se détourner. Mais si elle est poussée suivant une ligne comme AB, qui soit si fort inclinée sur la superficie de l'eau ou de la toile CBE, que la ligne FE, étant tirée comme tantôt, ne coupe point le cercle AD, cette balle ne doit aucunement la pénétrer, mais rejaillir de sa superficie B vers l'air L, tout de même que si elle y avait rencontré de la terre. Ce qu'on a quelquefois expérimenté avec regret, lorsque, faisant tirer pour plaisir des pièces d'artillerie vers le fond d'une rivière, on a blessé ceux qui étaient de l'autre côté sur le rivage.

Mais faisons encore ici une autre supposition, et pensons que la balle, ayant été premièrement poussée d'A vers B, eſt poussée derechef, étant au point B, par la raquette CBE, qui augmente la force de son mouvement, par exemple, d'un tiers, en sorte qu'elle puisse faire, par après, autant de chemin en deux moments, qu'elle en faisait en trois auparavant. Ce qui fera le même effet, que si elle rencontrait au point B un corps de telle nature, qu'elle passât au travers de sa superficie CBE, d'un tiers plus facilement que par l'air. Et il suit manifeſtement de ce qui a été déjà démontré, que, si l'on décrit le cercle AD comme devant, et les lignes AC, HB, FE, en telle sorte qu'il y ait d'un tiers moins de diſtance entre FE et HB qu'entre HB et AC, le point I, où la ligne droite FE et la circulaire AD s'entrecoupent, désignera le lieu vers lequel cette balle, étant au point B, se doit détourner.

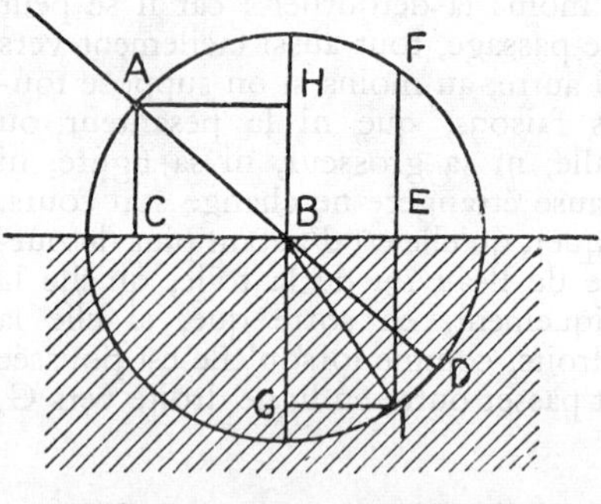

Or on peut prendre aussi le revers de cette conclusion et dire que, puisque la balle qui vient d'A en ligne droite jusques à B, se détourne étant au point B, et prend son cours de là vers I, cela signifie que la force ou facilité, dont elle entre dans le corps CBEI, eſt à celle dont elle sort du corps ACBE, comme la diſtance qui eſt entre AC et HB, à celle qui eſt entre HB et FI, c'eſt-à-dire comme la ligne CB eſt à BE.

Enfin, d'autant que l'action de la lumière suit en ceci les mêmes lois que le mouvement de cette balle, il faut dire que, lorsque ses rayons passent obliquement d'un corps transparent dans un autre, qui les reçoit plus ou moins facilement que le premier, ils s'y détournent en telle sorte, qu'ils se trouvent toujours moins inclinés sur la superficie de ces corps, du côté où est celui qui les reçoit le plus aisément, que du côté où est l'autre : et ce, justement à proportion de ce qu'il les reçoit plus aisément que ne fait l'autre. Seulement faut-il prendre garde que cette inclination se doit mesurer par la quantité des lignes droites, comme CB ou AH, et EB ou IG, et semblables, comparées les unes aux autres; non par celle des angles, tels que sont ABH ou GBI, ni beaucoup moins par celle des semblables à DBI, qu'on nomme les angles de Réfraction. Car la raison ou proportion qui est entre ces angles, varie à toutes les diverses inclinations des rayons; au lieu que celle qui est entre les lignes AH et IG ou semblables, demeure la même en toutes les réfractions qui sont causées par les mêmes corps. Comme, par exemple, s'il passe un rayon dans l'air d'A vers B, qui,

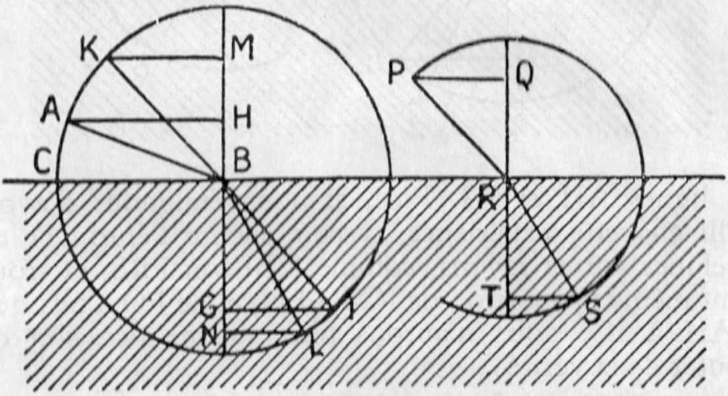

rencontrant au point B la superficie du verre CBR, se détourne vers I dans ce verre; et qu'il en vienne un autre de K vers B, qui se détourne vers L; et un autre de P vers R, qui se détourne vers S; il doit y avoir même proportion entre les lignes KM et LN, ou PQ et ST, qu'entre AH et IG, mais non pas la même entre les angles KBM et LBN, ou PRQ et SRT, qu'entre ABH et IBG.

Si bien que vous voyez maintenant en quelle sorte se doivent mesurer les réfractions; et encore que, pour déterminer leur quantité, en tant qu'elle dépend de la nature particulière des corps où elles se font, il soit besoin d'en venir à l'expérience, on ne laisse pas de le pouvoir faire assez certainement et aisément, depuis qu'elles sont ainsi toutes réduites sous une même mesure; car il suffit de les examiner en un seul rayon, pour connaître toutes celles qui se font en une même superficie, et on peut éviter toute erreur, si on les examine outre cela en quelques autres. Comme, si nous voulons savoir la quantité de celles qui se font en la superficie CBR, qui sépare l'air AKP du verre LIS, nous n'avons qu'à l'éprouver en celle du rayon ABI, en cherchant la proportion qui eſt entre

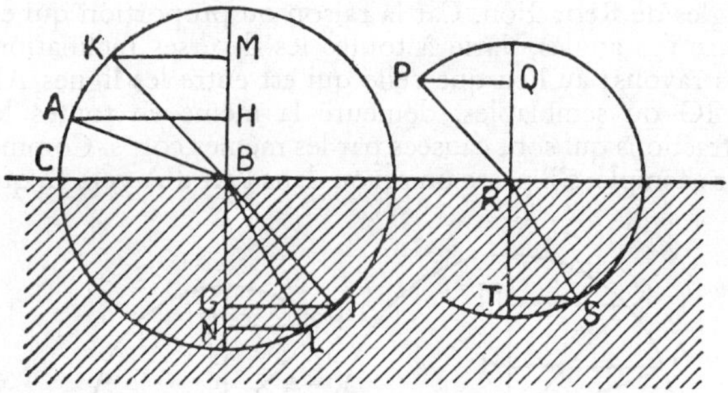

les lignes AH et IG. Puis, si nous craignons d'avoir failli en cette expérience, il faut encore l'éprouver en quelques autres rayons, comme KBL ou PRS, et trouvant même proportion de KM à LN, et de PQ à ST, que d'AH à IG, nous n'aurons plus aucune occasion de douter de la vérité.

Mais peut-être vous étonnerez-vous, en faisant ces expériences, de trouver que les rayons de la lumière s'inclinent plus dans l'air que dans l'eau, sur les superficies où se fait leur réfraƈtion, et encore plus dans l'eau

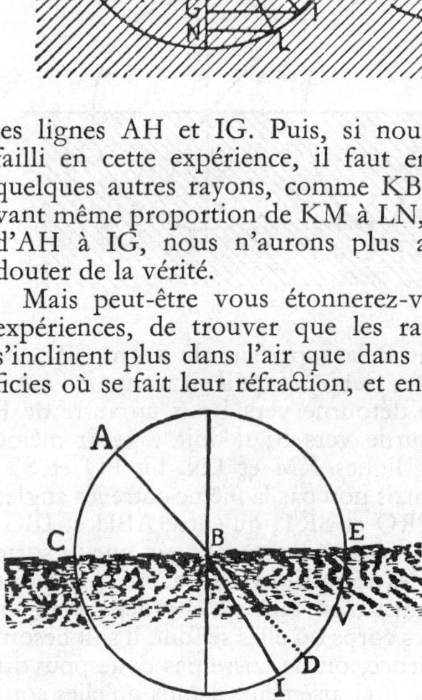

que dans le verre, tout au contraire d'une balle qui s'incline davantage dans l'eau que dans l'air, et ne peut aucunement passer dans le verre. Car, par exemple, si c'eſt une balle qui, étant poussée dans l'air d'A vers B, rencontre au point B la superficie de l'eau CBE, elle se détournera de B vers V; et si c'est un rayon, il ira, tout au contraire, de B vers I. Ce que vous cesserez toutefois de trouver étrange, si vous vous souvenez de la nature que j'ai attribuée à la lumière, quand j'ai dit qu'elle n'était autre chose, qu'un certain mouvement ou une action reçue en une matière très subtile, qui remplit les pores des autres corps; et que vous considériez que, comme une balle perd davantage de son agitation, en donnant contre un corps mou, que contre un qui est dur, et qu'elle roule moins aisément sur un tapis, que sur une table toute nue, ainsi l'action de cette matière subtile peut beaucoup plus être empêchée par les parties de l'air, qui, étant comme molles et mal jointes, ne lui font pas beaucoup de résistance, que par celles de l'eau, qui lui en font davantage; et encore plus par celles de l'eau, que par celles du verre, ou du cristal. En sorte que, d'autant que les petites parties d'un corps transparent sont plus dures et plus fermes, d'autant laissent-elles passer la lumière plus aisément : car cette lumière n'en doit pas chasser aucunes hors de leurs places, ainsi qu'une balle en doit chasser de celles de l'eau, pour trouver passage parmi elles.

Au reste, sachant ainsi la cause des réfractions qui se font dans l'eau et dans le verre, et communément en tous les autres corps transparents qui sont autour de nous, on peut remarquer qu'elles y doivent être toutes semblables, quand les rayons sortent de ces corps, et

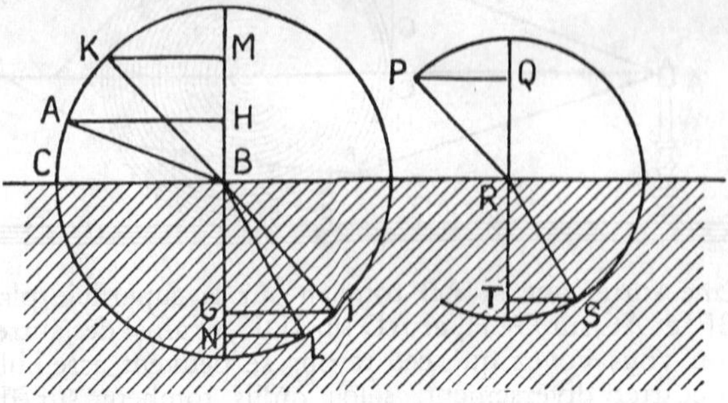

quand ils y entrent. Comme, si le rayon qui vient d'A vers B, se détourne de B vers I, en passant de l'air dans le verre, celui qui reviendra d'I vers B, doit aussi se détourner de B vers A. Toutefois il se peut trouver d'autres corps, principalement dans le ciel, où les réfractions, procédant d'autres causes, ne sont pas ainsi réciproques. Et il se peut aussi trouver certains cas, auxquels les rayons se doivent courber, encore qu'ils ne passent que par un seul corps transparent, ainsi que se courbe souvent le mouvement d'une balle, pour ce qu'elle est détournée vers un côté par sa pesanteur, et vers un autre par l'action dont on l'a poussée, ou pour diverses autres raisons. Car enfin j'ose dire que les trois comparaisons, dont je viens de me servir, sont si propres, que toutes les particularités qui s'y peuvent remarquer, se rapportent à quelques autres qui se trouvent toutes semblables en la lumière; mais je n'ai tâché que d'expliquer celles qui faisaient le plus à mon sujet. Et je ne vous veux plus faire ici considérer autre chose, sinon que les superficies des corps transparents qui sont courbées, détournent les rayons qui passent par chacun de leurs points, en même sorte que feraient les superficies plates, qu'on peut imaginer toucher ces corps aux mêmes points. Comme, par exemple, la réfraction des rayons AB, AC, AD, qui, venant du flambeau A, tombent sur la superficie courbe de la boule de cristal BCD, doit être considérée en

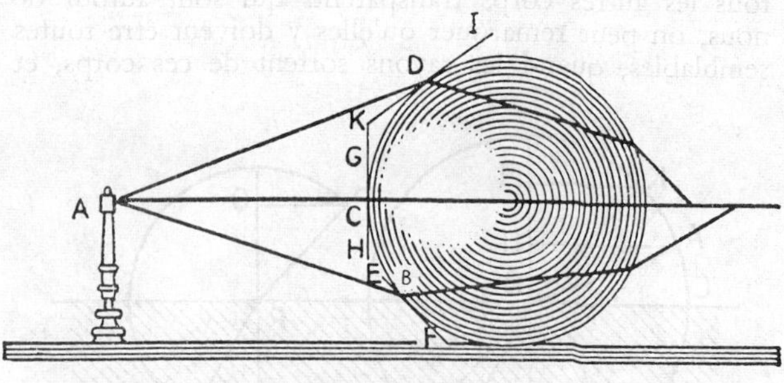

même sorte, que si AB tombait sur la superficie plate EBF, et AC sur GCH, et AD sur IDK, et ainsi des autres. D'où vous voyez que ces rayons se peuvent assembler ou écarter diversement, selon qu'ils tombent sur des superficies qui sont courbées diversement. Et il est temps que je commence à vous décrire quelle est la structure de l'œil, afin de vous pouvoir faire entendre comment les rayons, qui entrent dedans, s'y disposent pour causer le sentiment de la vue.

DISCOURS TROISIÈME

DE L'ŒIL

S'IL était possible de couper l'œil par la moitié, sans que les liqueurs dont il est rempli s'écoulassent, ni qu'aucune de ses parties changeât de place, et que le plan de la section passât justement par le milieu de la prunelle, il paraîtrait tel qu'il est représenté en cette figure. ABCB est une peau assez dure et épaisse, qui compose comme un vase rond dans lequel toutes ses parties intérieures sont contenues. DEF est une autre peau déliée, qui est tendue ainsi qu'une tapisserie au-dedans de la précédente. ZH est le nerf nommé optique, qui est composé d'un grand nombre de petits filets, dont les extrémités s'étendent en tout l'espace GHI, où, se mêlant avec une infinité de petites veines et artères, elles composent une espèce de chair extrêmement tendre et délicate, laquelle est comme une troisième peau, qui couvre tout le fond de la seconde. K, L, M sont trois sortes de glaires ou humeurs fort transparentes, qui remplissent tout l'espace contenu au-dedans de ces peaux, et ont chacune la figure, en laquelle vous la voyez ici représentée. Et l'expérience montre que celle du milieu, L, qu'on nomme l'humeur cristalline, cause à peu près même réfraction que le verre

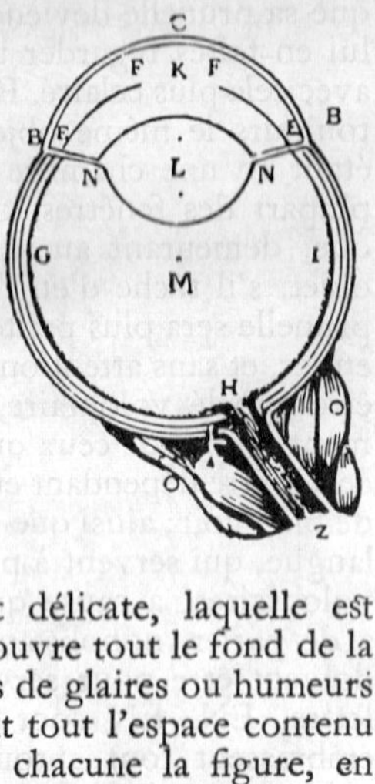

ou le cristal; et que les deux autres, K et M, la causent un peu moindre, environ comme l'eau commune, en sorte que les rayons de la lumière passent plus facilement par celle du milieu que par les deux autres, et encore plus facilement par ces deux que par l'air. En la première peau, la partie BCB est transparente, et un peu plus voûtée que le reste BAB. En la seconde, la superficie intérieure de la partie EF, qui regarde le fond de l'œil, est toute noire et obscure; et elle a au milieu un petit trou rond FF, qui est ce qu'on nomme la prunelle, et qui paraît si noir au milieu de l'œil, quand on le regarde par dehors. Ce trou n'est pas toujours de même grandeur, et la partie EF de la peau en laquelle il est, nageant librement en l'humeur K, qui est fort liquide, semble être comme un petit muscle, qui se peut étrécir et élargir à mesure qu'on regarde des objets plus ou moins proches, ou plus ou moins éclairés, ou qu'on les veut voir plus ou moins distinctement. Et vous pourrez voir facilement l'expérience de tout ceci en l'œil d'un enfant; car si vous lui faites regarder fixement un objet proche, vous verrez que sa prunelle deviendra un peu plus petite que si vous lui en faites regarder un plus éloigné, qui ne soit point avec cela plus éclairé. Et derechef, qu'encore qu'il regarde toujours le même objet, il l'aura beaucoup plus petite, étant en une chambre fort claire, que si, en fermant la plupart des fenêtres, on la rend fort obscure. Et enfin que, demeurant au même jour, et regardant le même objet, s'il tâche d'en distinguer les moindres parties, sa prunelle sera plus petite, que s'il ne le considère que tout entier, et sans attention. Et notez que ce mouvement doit être appelé volontaire, nonobstant qu'il soit ordinairement ignoré de ceux qui le font, car il ne laisse pas pour cela d'être dépendant et de suivre de la volonté qu'ils ont de bien voir; ainsi que les mouvements des lèvres et de la langue, qui servent à prononcer les paroles, se nomment volontaires, à cause qu'ils suivent de la volonté qu'on a de parler, nonobstant qu'on ignore souvent quels ils doivent être pour servir à la prononciation de chaque lettre. EN, EN sont plusieurs petits filets noirs, qui embrassent tout autour l'humeur marquée L, et qui, naissant aussi de la seconde peau, en l'endroit où la troisième se termine, semblent autant de petits tendons, par le moyen desquels cette humeur L, devenant tantôt plus voûtée, tantôt plus plate, selon l'intention qu'on a de regarder des objets proches ou éloignés, change un peu toute la figure du corps de l'œil. Et vous pouvez connaître ce mouvement par expérience : car si, lorsque vous regardez fixement une tour ou une montagne un peu éloignée, on présente un livre devant vos yeux, vous n'y pourrez voir distinctement aucune lettre jusques à ce que leur figure soit un peu changée. Enfin O, O sont six ou sept muscles attachés à l'œil par dehors, qui le peuvent mouvoir de tous côtés, et même aussi, peut-être, en le pressant ou retirant, aider à changer sa figure. Je laisse à dessein plusieurs autres particularités qui se remarquent en cette matière, et dont les anatomistes grossissent leurs livres; car je crois que celles que j'ai mises ici, suffiront pour expliquer tout ce qui sert à mon sujet, et que les autres que j'y pourrais ajouter, n'aidant en rien votre intelligence, ne feraient que divertir votre attention.

DISCOURS QUATRIÈME

DES SENS EN GÉNÉRAL

Mais il faut que je vous dise maintenant quelque chose de la nature des sens en général, afin de pouvoir d'autant plus aisément expliquer en particulier celui de la vue. On sait déjà assez que c'est l'âme qui sent, et non le corps : car on voit que, lorsqu'elle est divertie par une extase ou forte contemplation, tout le corps demeure sans sentiment, encore qu'il ait divers objets qui le touchent. Et on sait que ce n'est pas proprement en tant qu'elle est dans les membres qui servent d'organes aux sens extérieurs, qu'elle sent, mais en tant qu'elle est dans le cerveau, où elle exerce cette faculté qu'ils appellent le sens commun : car on voit des blessures et maladies qui, n'offensant que le cerveau seul, empêchent généralement tous les sens, encore que le reste du corps ne laisse point pour cela d'être animé. Enfin on sait que c'est par l'entremise des nerfs, que les impressions, que font les objets dans les membres extérieurs, parviennent jusques à l'âme dans le cerveau : car on voit divers accidents, qui, ne nuisant à rien qu'à quelque nerf, ôtent le sentiment de toutes les parties du corps où ce nerf envoie ses branches, sans rien diminuer de celui des autres. Mais, pour savoir plus particulièrement en quelle sorte l'âme, demeurant dans le cerveau, peut ainsi, par l'entremise des nerfs, recevoir les impressions des objets qui sont au-dehors, il faut distinguer trois choses en ces nerfs : à savoir, premièrement, les peaux qui les enveloppent, et qui, prenant leur origine de celles qui enveloppent le cerveau, sont comme de petits tuyaux divisés en plusieurs branches, qui se vont épandre çà et là par tous les membres, en même façon que les veines et les artères ; puis leur substance intérieure, qui s'étend en forme de petits filets tout le long de ces tuyaux, depuis le cerveau, d'où elle prend son origine, jusques aux extrémités des autres membres, où elle s'attache, en sorte qu'on peut imaginer, en chacun de ces petits tuyaux, plusieurs de ces petits filets indépendants les uns des autres; puis enfin les esprits animaux, qui sont comme un air ou un vent très subtil, qui, venant des chambres ou concavités qui sont dans le cerveau, s'écoule par ces mêmes tuyaux dans les muscles. Or les anatomistes et médecins avouent assez que ces trois choses se trouvent dans les nerfs; mais il ne me semble point qu'aucun d'eux en ait encore bien distingué les usages. Car, voyant que les nerfs ne servent pas seulement à donner le sentiment aux membres, mais aussi à les mouvoir, et qu'il y a quelquefois des paralysies qui ôtent le mouvement, sans ôter pour cela le sentiment, tantôt ils ont dit qu'il y avait deux sortes de nerfs, dont les uns ne servaient que pour les sens, et les autres que pour les mouvements; et tantôt, que la faculté de sentir était dans les peaux ou membranes, et que celle de mouvoir était dans la substance intérieure des nerfs : qui sont choses fort répugnantes à l'expérience et à la raison. Car qui a jamais pu remarquer aucun nerf, qui servît au mouvement, sans servir aussi à quelque sens ? Et comment, si c'était des peaux que le sentiment dépendît, les diverses impressions des objets pourraient-elles, par le moyen de ces peaux, parvenir jusques au cerveau ? Afin donc d'éviter ces difficultés, il faut penser que ce sont les esprits, qui, coulant par les nerfs dans les muscles, et les enflant plus ou moins, tantôt les uns, tantôt les autres, selon les diverses façons que le cerveau les distribue, causent le mouvement de tous les membres; et que ce sont les petits filets, dont la substance intérieure de ces nerfs est composée, qui servent aux sens. Et d'autant que je n'ai point ici besoin de parler des mouvements, je désire seulement que vous conceviez que ces petits filets, étant enfermés, comme j'ai dit, en des tuyaux qui sont toujours enflés et tenus ouverts par les esprits qu'ils contiennent, ne se pressent ni empêchent aucunement les uns les autres, et sont étendus depuis le cerveau jusques aux extrémités de tous les membres qui sont capables de quelque sentiment, en telle sorte que, pour peu qu'on touche et fasse mouvoir l'endroit de ces membres où quelqu'un d'eux est attaché, on fait aussi mouvoir au même instant l'endroit du cerveau d'où il vient, ainsi que, tirant l'un des bouts d'une corde qui est toute tendue, on fait mouvoir au même instant l'autre bout. Car, sachant que ces filets sont ainsi enfermés en des tuyaux, que les esprits tiennent toujours un peu enflés et entr'ouverts, il est aisé à entendre qu'encore qu'ils fussent beaucoup plus déliés que ceux que filent les vers à soie, et plus faibles que ceux des araignées, ils ne laisseraient pas de se pouvoir étendre depuis la tête jusques aux membres les plus éloignés, sans être en aucun hasard de se rompre, ni que les diverses situations de ces membres empêchassent leurs mouvements. Il faut, outre cela, prendre garde à ne pas supposer que, pour sentir, l'âme ait besoin de contempler quelques images qui soient envoyées par les objets jusques au cerveau, ainsi que font communément nos philosophes; ou, du moins, il faut concevoir la nature de ces images tout autrement qu'ils ne font. Car, d'autant qu'ils ne considèrent en elles autre chose, sinon qu'elles doivent avoir de la ressemblance avec les objets qu'elles représentent, il leur est impossible de nous montrer comment elles peuvent être formées par ces objets, et reçues par les organes des sens extérieurs, et transmises par les nerfs jusques au cerveau. Et ils n'ont eu aucune raison de les supposer, sinon que, voyant que notre pensée peut facilement être excitée, par un tableau, à concevoir l'objet qui y est peint, il leur a semblé qu'elle devait l'être, en même façon, à concevoir ceux qui touchent nos sens, par quelques petits tableaux qui s'en formassent en notre tête, au lieu que nous devons considérer qu'il y a plusieurs autres choses que des images, qui peuvent exciter notre pensée; comme, par exemple, les signes et les paroles, qui ne ressemblent en aucune façon aux choses qu'elles signifient. Et si, pour ne nous éloigner que le moins qu'il eſt possible des opinions déjà reçues, nous aimons mieux avouer que les objets que nous sentons, envoient véritablement leurs images jusques au-dedans de notre cerveau, il faut au moins que nous remarquions qu'il n'y a aucunes images qui doivent en tout ressembler aux objets qu'elles représentent : car autrement il n'y aurait point de diſtinction entre l'objet et son image : mais qu'il suffit qu'elles leur ressemblent en peu de choses; et souvent même, que leur perfection dépend de ce qu'elles ne leur ressemblent pas tant qu'elles pourraient faire. Comme vous voyez que les tailles-douces, n'étant faites que d'un peu d'encre posée çà et là sur du papier, nous représentent des forêts, des villes, des hommes, et même des batailles et des tempêtes, bien que, d'une infinité de diverses qualités qu'elles nous font concevoir en ces objets, il n'y en ait aucune que la figure seule dont elles aient proprement la ressemblance; et encore eſt-ce une ressemblance fort imparfaite, vu que, sur une superficie toute plate, elles nous représentent des corps diversement relevés et enfoncés, et que même, suivant les règles de la perspective, souvent elles représentent mieux des cercles par des ovales que par d'autres cercles; et des carrés par des losanges que par d'autres carrés; et ainsi de toutes les autres figures : en sorte que souvent, pour être plus parfaites en qualité d'images, et représenter mieux un objet, elles doivent ne lui pas ressembler. Or il faut que nous pensions tout le même des images qui se forment en notre cerveau, et que nous remarquions qu'il eſt seulement queſtion de savoir comment elles peuvent donner moyen à l'âme de sentir toutes les diverses qualités des objets auxquels elles se rapportent, et non point comment elles ont en soi leur ressemblance. Comme, lorsque l'aveugle, dont nous avons parlé ci-dessus, touche quelques corps de son bâton, il eſt certain que ces corps n'envoient autre chose jusques à lui, sinon que, faisant mouvoir diversement son bâton selon les diverses qualités qui sont en eux, ils meuvent par même moyen les nerfs de sa main, et ensuite les endroits de son cerveau d'où viennent ces nerfs; ce qui donne occasion à son âme de sentir tout autant de diverses qualités en ces corps, qu'il se trouve de variétés dans les mouvements qui sont causés par eux en son cerveau.

DISCOURS CINQUIÈME

DES IMAGES QUI SE FORMENT SUR LE FOND DE L'ŒIL

Vous voyez donc assez que, pour sentir, l'âme n'a pas besoin de contempler aucunes images qui soient semblables aux choses qu'elle sent; mais cela n'empêche pas qu'il ne soit vrai que les objets que nous regardons, en impriment d'assez parfaites dans le fond de nos yeux; ainsi que quelques-uns ont déjà très ingénieusement expliqué, par la comparaison de celles qui paraissent dans une chambre, lorsque l'ayant toute fermée, réservé un seul trou, et ayant mis au-devant de ce trou un verre en forme de lentille, on étend derrière, à certaine distance, un linge blanc, sur qui la lumière, qui vient des objets de dehors, forme ces images. Car il disent que cette chambre représente l'œil; ce trou, la prunelle; ce verre, l'humeur cristalline, ou plutôt toutes celles des parties de l'œil qui causent quelque réfraction; et ce linge, la peau intérieure, qui est composée des extrémités du nerf optique.

Mais vous en pourrez être encore plus certain, si, prenant l'œil d'un homme fraîchement mort, ou, au défaut, celui d'un bœuf ou de quelque autre gros animal, vous coupez dextrement vers le fond les trois peaux qui l'enveloppent, en sorte qu'une grande partie de l'humeur M, qui y est, demeure découverte, sans qu'il y ait rien d'elle pour cela qui se répande; puis, l'ayant recouverte de quelque corps blanc, qui soit si délié que le jour passe au travers, comme, par exemple, d'un morceau de papier ou de la coquille d'un œuf, RST, que vous mettiez cet œil dans le trou d'une fenêtre fait exprès, comme Z, en sorte qu'il ait le devant, BCD, tourné vers quelque lieu où il y ait divers objets, comme V, X, Y, éclairés par le soleil; et le derrière, où est le corps blanc

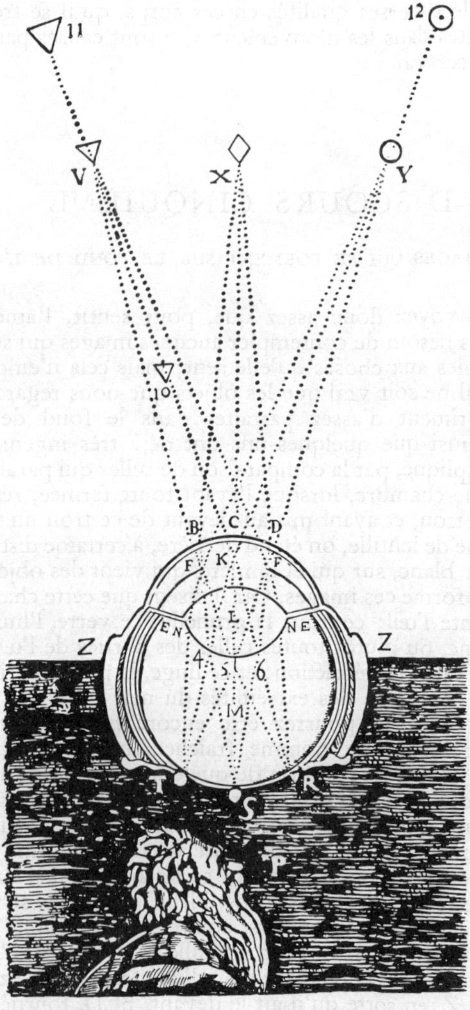

RST, vers le dedans de la chambre, P, où vous serez, et en laquelle il ne doit entrer aucune lumière, que celle qui pourra pénétrer au travers de cet œil, dont vous savez que toutes les parties, depuis C jusques à S, sont transparentes. Car, cela fait, si vous regardez sur ce corps blanc RST, vous y verrez, non peut-être sans admiration et plaisir, une peinture, qui représentera fort naïvement en perspective tous les objets qui seront au dehors vers VXY, au moins si vous faites en sorte que cet œil retienne sa figure naturelle, proportionnée à la distance de ces objets : car, pour peu que vous le pressiez plus ou moins que de raison, cette peinture en deviendra moins distincte. Et il est à remarquer qu'on doit le presser un peu davantage, et rendre sa figure un peu plus longue, lorsque les objets sont fort proches, que lorsqu'ils sont plus éloignés. Mais il est besoin que j'explique ici plus au long comment se forme cette peinture; car je pourrai, par même moyen, vous faire entendre plusieurs choses qui appartiennent à la vision.

Considérez donc, premièrement, que, de chaque point des objets V, X, Y, il entre en cet œil autant de rayons, qui pénètrent jusques au corps blanc RST, que l'ouverture de la prunelle FF en peut comprendre, et que, suivant ce qui a été dit ci-dessus, tant de la nature de la réfraction que de celle des trois humeurs K, L, M, tous ceux de ces rayons, qui viennent d'un même point, se courbent en traversant les trois superficies BCD, 123 et 456, en la façon qui est requise pour se rassembler derechef environ vers un même point. Et il faut remarquer qu'afin que la peinture, dont il est ici question, soit la plus parfaite qu'il est possible, les figures de ces trois superficies doivent être telles que tous les rayons, qui viennent de l'un des points des objets, se rassemblent exactement en l'un des points du corps blanc RST. Comme vous voyez ici que ceux du point X s'assemblent au point S; en suite de quoi ceux qui viennent du point V s'assemblent aussi à peu près au point R; et ceux du point Y, au point T. Et que, réciproquement, il ne vient aucun rayon vers S, que du point X; ni quasi aucun vers R, que du point V; ni vers T, que du point Y, et ainsi des autres. Or cela posé, si vous vous souvenez de ce qui a été dit ci-dessus de la lumière et des couleurs en général, et en particulier des corps blancs, il vous sera facile à entendre, qu'étant enfermé dans la chambre P, et jetant vos yeux sur le corps blanc RST, vous y devez voir la ressemblance des objets V,

X, Y. Car, premièrement, la lumière, c'est-à-dire le mouvement ou l'action dont le Soleil, ou quelque autre des corps qu'on nomme lumineux, pousse une certaine matière fort subtile qui se trouve en tous les corps transparents, étant repoussée vers R par l'objet V, que je suppose, par exemple, être rouge, c'est-à-dire, être disposé à faire que les petites parties de cette matière subtile, qui ont été seulement poussées en lignes droites par les corps lumineux, se meuvent aussi en rond autour de leurs centres, après les avoir rencontrés, et que leurs deux mouvements aient entre eux la proportion qui est requise pour faire sentir la couleur rouge; il est certain que l'action de ces deux mouvements, ayant rencontré au point R un corps blanc, c'est-à-dire un corps disposé à la renvoyer vers tout autre côté sans la changer, doit de là se réfléchir vers vos yeux par les pores de ce corps, que j'ai supposé à cet effet fort délié, et comme percé à jour de tous côtés, et ainsi vous faire voir le point R de couleur rouge. Puis, la lumière étant aussi repoussée de l'objet X, que je suppose jaune, vers S; et d'Y, que je suppose bleu, vers T, d'où elle est portée vers vos yeux; elle vous doit faire paraître S de couleur jaune, et T de couleur bleue. Et ainsi les trois points R, S, T, paraissant des mêmes couleurs, et gardant entre eux le même ordre que les trois V, X, Y, en ont manifestement la ressemblance. Et la perfection de cette peinture dépend principalement de trois choses : à savoir de ce que, la prunelle de l'œil ayant quelque grandeur, il y entre plusieurs rayons de chaque point de l'objet, comme ici XB14S, XC25S, XD36S, et tout autant d'autres qu'on en puisse imaginer entre ces trois, y viennent du seul point X; et de ce que ces rayons souffrent dans l'œil de telles réfractions, que ceux qui viennent de divers points se ressemblent à peu près en autant d'autres divers points sur le corps blanc RST; et enfin de ce que, tant les petits filets EN que le dedans de la peau EF étant de couleur noire, et la chambre P toute fermée et obscure, il ne vient d'ailleurs que des objets V, X, Y, aucune lumière qui trouble l'action de ces rayons. Car, si la prunelle était si étroite, qu'il ne passât qu'un seul rayon de chaque point de l'objet vers chaque point du corps RST, il n'aurait pas assez de force pour se réfléchir de là dans la chambre P, vers vos yeux. Et la prunelle étant un peu grande, s'il ne se faisait dans l'œil aucune réfraction, les rayons qui

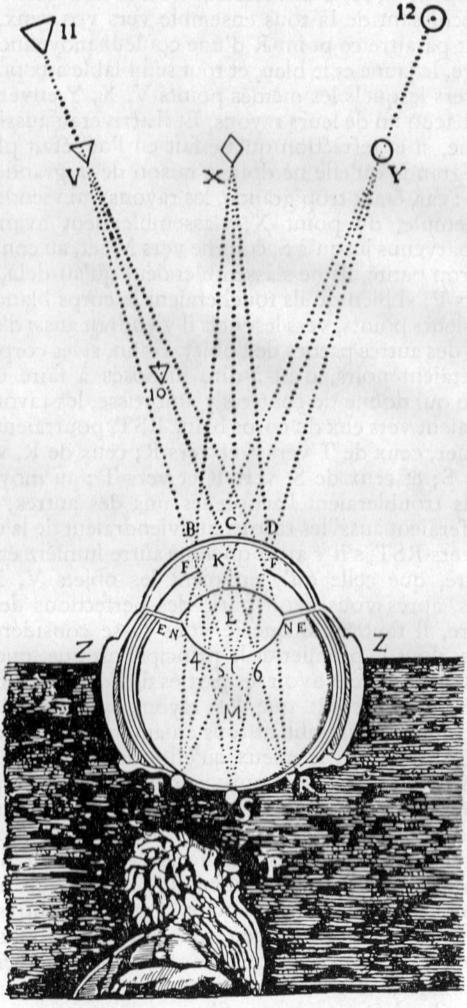

viendraient de chaque point des objets, s'épandraient çà et là en tout l'espace RST, en sorte que, par exemple, les trois points, V, X, Y enverraient trois rayons vers R, qui, se réfléchissant de là tous ensemble vers vos yeux, vous feraient paraître ce point R d'une couleur moyenne entre le rouge, le jaune et le bleu, et tout semblable aux points S et T, vers lesquels les mêmes points V, X, Y enverraient aussi chacun un de leurs rayons. Et il arriverait aussi quasi le même, si la réfraction qui se fait en l'œil était plus ou moins grande qu'elle ne doit, à raison de la grandeur de cet œil : car, étant trop grande, les rayons qui viendraient, par exemple, du point X, s'assembleraient avant que d'être parvenus jusqu'à S, comme vers M; et, au contraire, étant trop petite, ils ne s'assembleraient qu'au-delà, comme vers P; si bien qu'ils toucheraient le corps blanc RST en plusieurs points, vers lesquels il viendrait aussi d'autres rayons des autres parties de l'objet. Enfin, si les corps EN, EF n'étaient noirs, c'est-à-dire disposés à faire que la lumière qui donne de contre s'y amortisse, les rayons qui viendraient vers eux du corps blanc RST, pourraient de là retourner, ceux de T vers S et vers R; ceux de R, vers T et vers S; et ceux de S, vers R et vers T : au moyen de quoi ils troubleraient l'action les uns des autres; et de même feraient aussi les rayons qui viendraient de la chambre P vers RST, s'il y avait quelque autre lumière en cette chambre, que celle qu'y envoient les objets V, X, Y.

Mais, après vous avoir parlé des perfections de cette peinture, il faut aussi que je vous fasse considérer ses défauts, dont le premier et le principal est que, quelques figures que puissent avoir les parties de l'œil, il est impossible qu'elles fassent que les rayons qui viennent de divers points, s'assemblent tous en autant d'autres divers points, et que tout le mieux qu'elles puissent faire, c'est seulement que tous ceux qui viennent de quelque point, comme d'X, s'assemblent en un autre point, comme S, dans le milieu du fond de l'œil; en quel cas il n'y en peut avoir que quelques-uns de ceux du point V, qui s'assemblent justement au point R, ou du point Y, qui s'assemblent justement au point T; et les autres s'en doivent écarter quelque peu, tout à l'entour, ainsi que j'expliquerai ci-après. Et ceci est cause que cette peinture n'est jamais si distincte vers ses extrémités qu'au milieu, comme il a été assez remarqué par ceux qui ont écrit de l'optique. Car c'est pour cela qu'ils ont dit que la vision se fait principalement suivant la ligne droite, qui passe

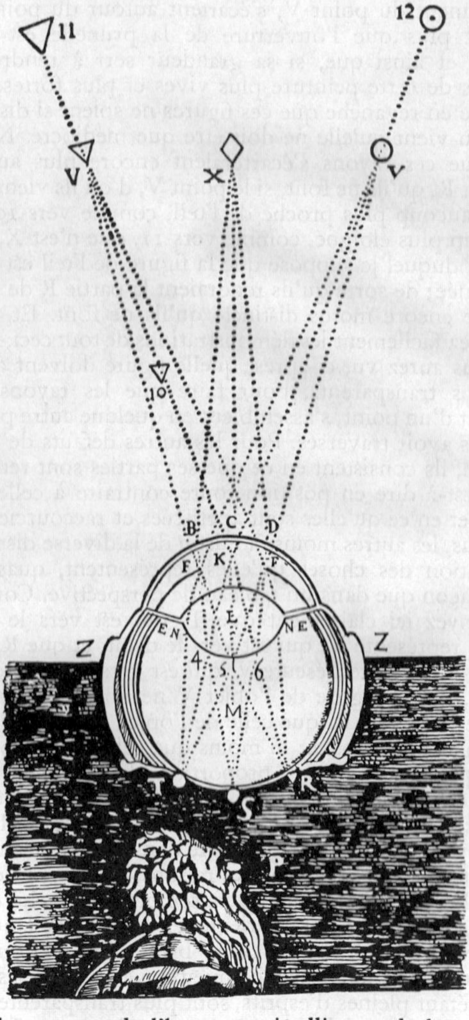

par les centres de l'humeur cristalline et de la prunelle, telle qu'est ici la ligne XKLS, qu'ils nomment l'essieu de la vision. Et notez que les rayons, par exemple, ceux qui viennent du point V, s'écartent autour du point R, d'autant plus que l'ouverture de la prunelle eſt plus grande; et ainsi que, si sa grandeur sert à rendre les couleurs de cette peinture plus vives et plus fortes, elle empêche en revanche que ces figures ne soient si diſtinctes, d'où vient qu'elle ne doit être que médiocre. Notez aussi que ces rayons s'écarteraient encore plus autour du point R, qu'ils ne font, si le point V, d'où ils viennent, était beaucoup plus proche de l'œil, comme vers 10, ou beaucoup plus éloigné, comme vers 11, que n'eſt X, à la diſtance duquel je suppose que la figure de l'œil eſt proportionnée; de sorte qu'ils rendraient la partie R de cette peinture encore moins diſtincte qu'ils ne font. Et vous entendrez facilement les démonſtrations de tout ceci, lorsque vous aurez vu, ci-après, quelle figure doivent avoir les corps transparents, pour faire que les rayons qui viennent d'un point, s'assemblent en quelque autre point, après les avoir traversés. Pour les autres défauts de cette peinture, ils consiſtent en ce que ses parties sont renversées, c'eſt-à-dire en position toute contraire à celle des objets; et en ce qu'elles sont apetissées et raccourcies les unes plus, les autres moins, à raison de la diverse diſtance et situation des choses qu'elles représentent, quasi en même façon que dans un tableau de perspective. Comme vous voyez ici clairement que T, qui eſt vers le côté gauche, représente Y, qui eſt vers le droit, et que R, qui eſt vers le droit, représente V, qui eſt vers le gauche. Et de plus, que la figure de l'objet V ne doit pas occuper plus d'espace vers R, que celle de l'objet 10, qui eſt plus petit, mais plus proche; ni moins que celle de l'objet 11, qui eſt plus grand, mais à proportion plus éloigné, sinon en tant qu'elle eſt un peu plus diſtincte. Et enfin, que la ligne droite VXY eſt représentée par la courbe RST.

Or, ayant ainsi vu cette peinture dans l'œil d'un animal mort, et en ayant considéré les raisons, on ne peut douter qu'il ne s'en forme une toute semblable en celui d'un homme vif, sur la peau intérieure, en la place de laquelle nous avions subſtitué le corps blanc RST; et même qu'elle ne s'y forme beaucoup mieux; à cause que ses humeurs, étant pleines d'esprits, sont plus transparentes, et ont plus exactement la figure qui eſt requise à cet effet. Et peut-être aussi qu'en l'œil d'un bœuf la figure de la

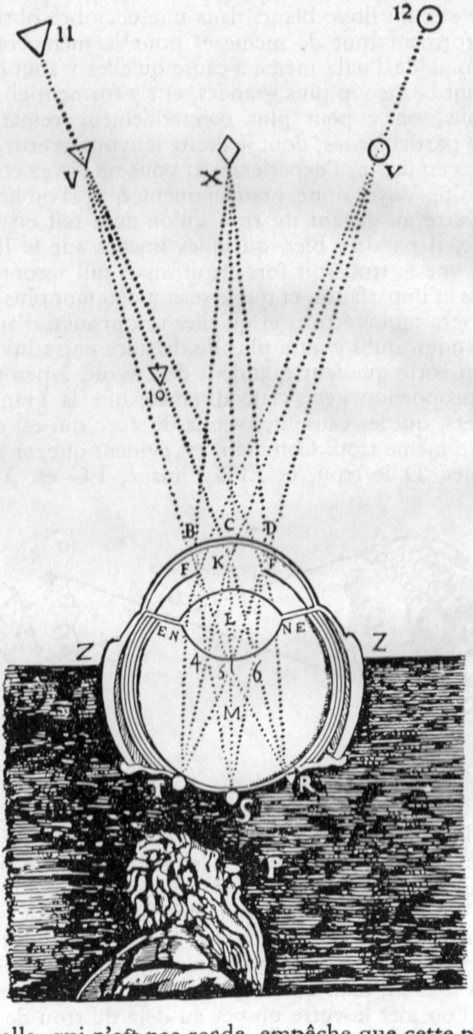

prunelle, qui n'est pas ronde, empêche que cette peinture n'y soit si parfaite.

On ne peut douter non plus que les images qu'on fait paraître sur un linge blanc, dans une chambre obscure, ne s'y forment tout de même et pour la même raison qu'au fond de l'œil; même à cause qu'elles y sont ordinairement beaucoup plus grandes, et s'y forment en plus de façons, on y peut plus commodément remarquer diverses particularités, dont je désire ici vous avertir, afin que vous en fassiez l'expérience, si vous ne l'avez encore jamais faite. Voyez donc, premièrement, que, si on ne met aucun verre au-devant du trou qu'on aura fait en cette chambre, il paraîtra bien quelques images sur le linge, pourvu que le trou soit fort étroit, mais qui seront fort confuses et imparfaites, et qui le seront d'autant plus, que ce trou sera moins étroit; et qu'elles seront aussi d'autant plus grandes, qu'il y aura plus de distance entre lui et le linge, en sorte que leur grandeur doit avoir, à peu près, même proportion avec cette distance, que la grandeur des objets, qui les causent, avec la distance qui est entre eux et ce même trou. Comme il est évident que, si ACB est l'objet, D le trou, et EFG l'image, EG est à FD

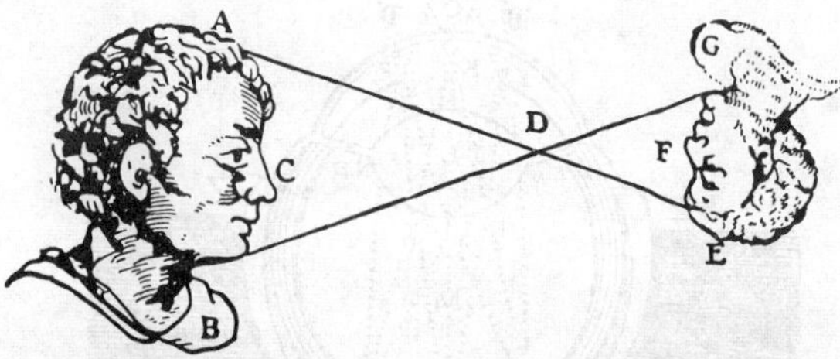

comme AB est à CD. Puis, ayant mis un verre en forme de lentille au-devant de ce trou, considérez qu'il y a certaine distance déterminée, à laquelle tenant le linge, les images paraissent fort distinctes, et que, pour peu qu'on l'éloigne ou qu'on l'approche davantage du verre, elles commencent à l'être moins. Et que cette distance doit être mesurée par l'espace qui est, non pas entre le linge et le trou, mais entre le linge et le verre : en sorte que, si l'on met le verre un peu au-delà du trou de part ou d'autre, le linge en doit aussi être d'autant approché ou reculé. Et qu'elle dépend en partie de la figure de ce verre, et en partie aussi de l'éloignement des objets : car, en laissant l'objet en même lieu, moins les superficies du verre sont courbées, plus le linge en doit être éloigné, et en se servant du même verre, si les objets en sont fort proches, il en faut tenir le linge un peu plus loin, que s'ils en sont plus éloignés. Et que de cette distance dépend la grandeur des images, quasi en même façon que lorsqu'il n'y a point de verre au-devant du trou. Et que ce trou peut être beaucoup plus grand, lorsqu'on y met un verre, que lorsqu'on le laisse tout vide, sans que les images en soient pour cela de beaucoup moins distinctes. Et que, plus il est grand, plus elles paraissent claires et illuminées : en sorte que, si on couvre une partie de ce verre, elles paraîtront bien plus obscures qu'auparavant, mais qu'elles ne laisseront pas pour cela d'occuper autant d'espace sur le linge. Et que, plus ces images sont grandes et claires, plus elles se voient parfaitement : en sorte que, si on pouvait aussi faire un œil, dont la profondeur fût fort grande, et la prunelle fort large, et que les figures de celles de ses superficies qui causent quelque réfraction, fussent proportionnées à cette grandeur, les images s'y formeraient d'autant plus visibles. Et que, si ayant deux ou plusieurs verres en forme de lentilles, mais assez plats, on les joint l'un contre l'autre, ils auront à peu près le même effet qu'aurait un seul, qui serait autant voûté ou convexe qu'eux deux ensemble; car le nombre des superficies où se font les réfractions n'y fait pas grand'chose. Mais que, si on éloigne ces verres à certaines distances les uns des autres, le second pourra redresser l'image que le premier aura renversée, et le troisième la renverser derechef, et ainsi de suite. Qui sont toutes choses dont les raisons sont fort aisées à déduire de ce que j'ai dit, et elles seront bien plus vôtres, s'il vous faut user d'un peu de réflexion pour les concevoir, que si vous les trouviez ici mieux expliquées.

Au reste, les images des objets ne se forment pas seulement ainsi au fond de l'œil, mais elles passent encore au-delà jusques au cerveau, comme vous entendrez facilement, si vous pensez que, par exemple, les rayons qui viennent dans l'œil de l'objet V, touchent au point R l'extrémité de l'un des petits filets du nerf optique, qui prend son origine de l'endroit 7 de la superficie intérieure du cerveau 789; et ceux de l'objet X touchent au point S l'extrémité d'un autre de ces filets dont le commencement eſt au point 8 ; et ceux de l'objet Y en touchent un autre au point T, qui répond à l'endroit du cerveau marqué 9, et ainsi des autres. Et que, la lumière n'étant autre chose qu'un mouvement ou une action qui tend à causer quelque mouvement, ceux de ses rayons qui viennent de V vers R, ont la force de mouvoir tout le filet R7, et par conséquent l'endroit du cerveau marqué 7 ; et ceux qui viennent d'X vers S, de mouvoir tout le nerf S8, et même de le mouvoir d'autre façon que n'eſt mû R7, à cause que les objets X et V sont de deux diverses couleurs ; et ainsi, que ceux qui viennent d'Y, meuvent le point 9. D'où il eſt manifeſte qu'il se forme derechef une peinture 789, assez semblable aux objets V, X, Y, en la superficie intérieure du cerveau qui regarde ses concavités. Et de là je pourrais encore la transporter jusques à une certaine petite glande, qui se trouve environ le milieu de ces concavités, et eſt proprement le siège du sens commun. Même je pourrais, encore plus outre, vous montrer comment quelquefois elle peut passer de là par les artères d'une femme enceinte, jusques à quelque membre déterminé de l'enfant qu'elle porte en ses entrailles, et y former ces marques d'envie qui causent tant d'admiration à tous les Doctes.

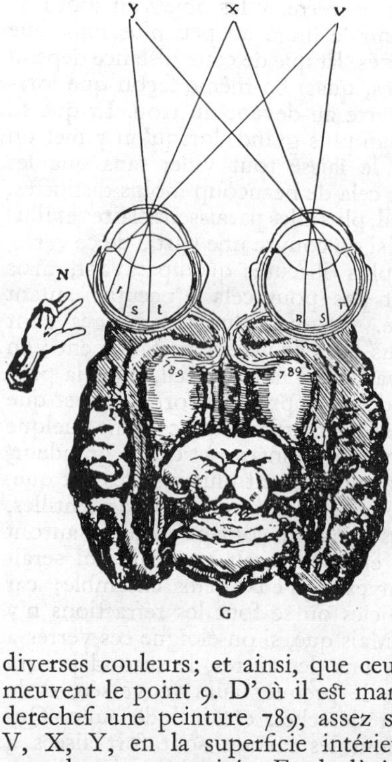

DISCOURS SIXIÈME

DE LA VISION

Or, encore que cette peinture, en passant ainsi jusques au-dedans de notre tête, retienne toujours quelque chose de la ressemblance des objets dont elle procède, il ne se faut point toutefois persuader, ainsi que je vous ai déjà tantôt assez fait entendre, que ce soit par le moyen de cette ressemblance qu'elle fasse que nous les sentons, comme s'il y avait derechef d'autres yeux en notre cerveau, avec lesquels nous la pussions apercevoir; mais plutôt, que ce sont les mouvements par lesquels elle est composée, qui, agissant immédiatement contre notre âme, d'autant qu'elle est unie à notre corps, sont institués de la Nature pour lui faire avoir de tels sentiments. Ce que je vous veux ici expliquer plus en détail. Toutes les qualités que nous apercevons dans les objets de la vue, peuvent être réduites à six principales, qui sont : la lumière, la couleur, la situation, la distance, la grandeur, et la figure. Et premièrement, touchant la lumière et la couleur, qui seules appartiennent proprement au sens de la vue, il faut penser que notre âme est de telle nature, que la force des mouvements, qui se trouvent dans les endroits du cerveau d'où viennent les petits filets des nerfs optiques, lui fait avoir le sentiment de la lumière; et la façon de ces mouvements, celui de la couleur; ainsi que les mouvements des nerfs qui répondent aux oreilles, lui font ouïr les sons; et ceux des nerfs de la langue lui font goûter les saveurs; et, généralement, ceux des nerfs de tout le corps lui font sentir quelque chatouillement, quand ils sont modérés, et quand ils sont trop violents, quelque douleur; sans qu'il doive, en tout cela, y avoir aucune ressemblance entre les idées qu'elle conçoit, et les mouvements qui causent ces idées. Ce que vous croirez facilement, si vous remarquez qu'il semble à ceux qui reçoivent quelque blessure dans l'œil, qu'ils voient une infinité de feux et d'éclairs devant eux, nonobstant qu'ils ferment les yeux, ou bien qu'ils soient en lieu fort obscur; en sorte que ce sentiment ne peut être attribué qu'à la seule force du coup, laquelle meut les petits filets du nerf optique, ainsi que ferait une violente lumière; et cette même force, touchant les oreilles, pourrait faire ouïr quelque son; et touchant le corps en d'autres parties, y faire sentir de la douleur. Et ceci se confirme aussi de ce que, si quelquefois on force ses yeux à regarder le soleil, ou quelque autre lumière fort vive, ils en retiennent, après un peu de temps, l'impression en telle sorte que, nonobstant même qu'on les tienne fermés, il semble qu'on voie diverses couleurs, qui se changent et passent de l'une à l'autre, à mesure qu'elles s'affaiblissent : car cela ne peut procéder que de ce que les petits filets du nerf optique, ayant été mus extraordinairement fort, ne se peuvent arrêter sitôt que de coutume. Mais l'agitation, qui est encore en eux après que les yeux sont fermés, n'étant plus assez grande pour représenter cette forte lumière qui l'a causée, représente des couleurs moins vives. Et ces couleurs se changent en s'affaiblissant, ce qui montre que leur nature ne consiste qu'en la diversité du mouvement, et n'est point autre que je l'ai ci-dessus supposée. Et enfin ceci se manifeste de ce que les couleurs paraissent souvent en des corps transparents, où il est certain qu'il n'y a rien qui les puisse causer, que les diverses façons dont les rayons de la lumière y sont reçus, comme lorsque l'arc-en-ciel paraît dans les nues, et encore plus clairement, lorsqu'on en voit la ressemblance dans un verre qui est taillé à plusieurs faces.

Mais il faut ici particulièrement considérer en quoi consiste la quantité de la lumière qui se voit, c'est-à-dire, de la force dont est mû chacun des petits filets du nerf optique : car elle n'est pas toujours égale à la lumière qui est dans les objets, mais elle varie à raison de leur distance et de la grandeur de la prunelle, et aussi à raison de l'espace que les rayons, qui viennent de chaque point de l'objet, peuvent occuper au fond de l'œil. Comme, par exemple, il est manifeste que le point X enverrait plus de rayons dans l'œil B qu'il ne fait, si la prunelle FF était ouverte jusques à G; et qu'il en envoie tout autant en cet œil B qui est proche de lui, et dont la prunelle est fort étroite, qu'il fait en l'œil A, dont la prunelle est beaucoup plus grande, mais qui est à proportion plus éloigné. Et encore qu'il n'entre pas plus de rayons des divers points de l'objet VXY, considérés tous ensemble, dans le fond de l'œil A que dans celui de l'œil B, toutefois, pour ce que ces rayons ne s'y étendent qu'en l'espace TR, qui est plus petit que n'est HI, dans lequel ils s'étendent au fond de l'œil B, ils y doivent agir avec plus de force contre chacune des extrémités du nerf optique qu'ils y touchent : ce qui est fort aisé à calculer. Car, si, par exemple, l'espace HI est quadruple de TR, et qu'il contienne les extrémités de quatre mille des petits filets du nerf optique, TR ne contiendra que celles de mille, et par conséquent chacun de ces petits filets sera mû, dans le fond de l'œil A, par la millième partie des forces qu'ont tous les rayons qui y entrent, jointes ensemble, et, dans le fond de l'œil B, par le quart de la millième partie seulement. Il faut aussi considérer qu'on ne peut discerner les parties des corps qu'on regarde, qu'en tant qu'elles diffèrent en quelque façon de couleur; et que la vision distincte de ces couleurs ne dépend pas seulement de ce que tous les rayons, qui viennent de chaque point de l'objet, se rassemblent à peu près en autant d'autres divers points au fond de l'œil, et de ce qu'il n'en vient aucuns autres d'ailleurs vers ces mêmes points, ainsi qu'il a été tantôt amplement expliqué; mais aussi de la multitude des petits filets du nerf optique, qui sont en l'espace qu'occupe l'image au fond de l'œil. Car, si, par exemple, l'objet VXY est composé de dix mille parties, qui soient disposées à envoyer des rayons vers le fond de l'œil RST, en dix mille façons différentes, et par conséquent à faire voir en même temps dix mille couleurs, elles n'en pourront néanmoins faire distinguer à l'âme que mille tout au plus, si nous supposons qu'il n'y ait que mille des filets du nerf optique en l'espace RST; d'autant que dix des parties de l'objet, agissant ensemble contre chacun de ces filets, ne le peuvent mouvoir que d'une seule façon, composée de toutes celles dont elles agissent, en sorte que l'espace qu'occupe chacun de ces filets ne doit être considéré que comme un point. Et c'est ce qui fait que souvent une prairie, qui

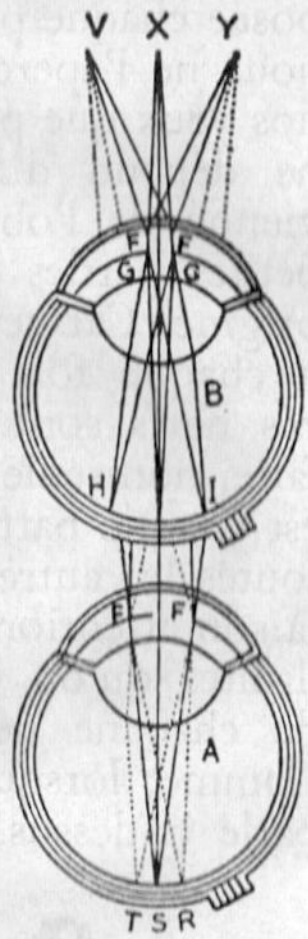

sera peinte d'une infinité de couleurs toutes diverses, ne paraîtra de loin que toute blanche, ou toute bleue; et, généralement, que tous les corps se voient moins distinctement de loin que de près; et enfin que, plus on peut faire que l'image d'un même objet occupe d'espace au fond de l'œil, plus il peut être vu distinctement. Ce qui sera ci-après fort à remarquer.

Pour la situation, c'est-à-dire le côté vers lequel est posée chaque partie de l'objet au respect de notre corps, nous ne l'apercevons pas autrement par l'entremise de nos yeux que par celle de nos mains; et sa connaissance ne dépend d'aucune image, ni d'aucune action qui vienne de l'objet, mais seulement de la situation des petites parties du cerveau d'où les nerfs prennent leur origine. Car cette situation, se changeant tant soit peu, à chaque fois que se change celle des membres où ces nerfs sont insérés, est instituée de la Nature pour faire, non seulement que l'âme connaisse en quel endroit est chaque partie du corps qu'elle anime, au respect de toutes les autres; mais aussi qu'elle puisse transférer de là son attention à tous les lieux contenus dans les lignes droites qu'on peut imaginer être tirées de l'extrémité de chacune de ces parties, et prolongées à l'infini. Comme, lorsque l'aveugle, dont nous avons déjà tant parlé ci-dessus, tourne sa main A vers E, ou C aussi vers E, les nerfs insérés en cette main causent un certain changement en son cerveau, qui donne moyen à son âme de connaître, non seulement le lieu A ou C, mais aussi tous les autres qui sont en la ligne droite AE ou CE, en sorte qu'elle peut porter son attention jusques aux objets B et D, et déterminer les lieux où ils sont, sans connaître pour cela ni penser aucunement à ceux où sont ses deux mains. Et ainsi, lorsque notre œil ou notre tête se tournent vers quelque côté, notre âme en est avertie par le changement que les nerfs insérés dans les muscles, qui servent à ces mouvements, causent en notre cerveau. Comme ici, en l'œil RST, il faut penser que la situation

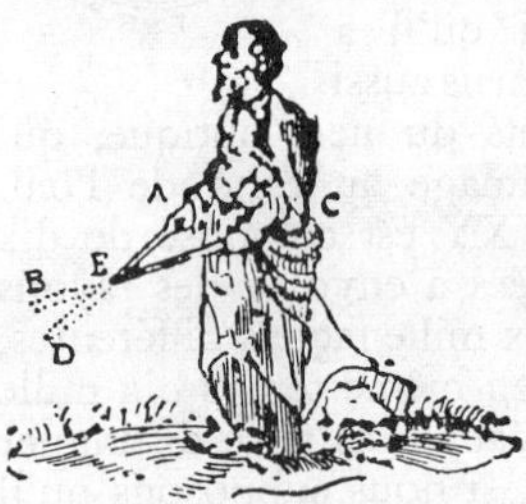

du petit filet du nerf optique, qui eſt au point R, ou S, ou T, eſt suivie d'une autre certaine situation de la partie du cerveau 7, ou 8, ou 9, qui fait que l'âme peut connaître tous les lieux qui sont en la ligne RV, ou SX, ou TY. De façon que vous ne devez pas trouver étrange que les objets puissent être vus en leur vraie situation, nonobſtant que la peinture, qu'ils impriment dans l'œil, en ait une toute contraire : ainsi que notre aveugle peut sentir en même temps l'objet B, qui eſt à droite, par l'entremise de sa main gauche; et D, qui eſt à gauche, par l'entremise de sa main droite. Et comme cet aveugle ne juge point qu'un corps soit double, encore qu'il le touche de ses deux mains, ainsi, lorsque nos yeux sont tous deux disposés en la façon qui eſt requise pour porter notre attention vers un même lieu, ils ne nous y doivent faire voir qu'un seul objet, nonobſtant qu'il s'en forme en chacun d'eux une peinture.

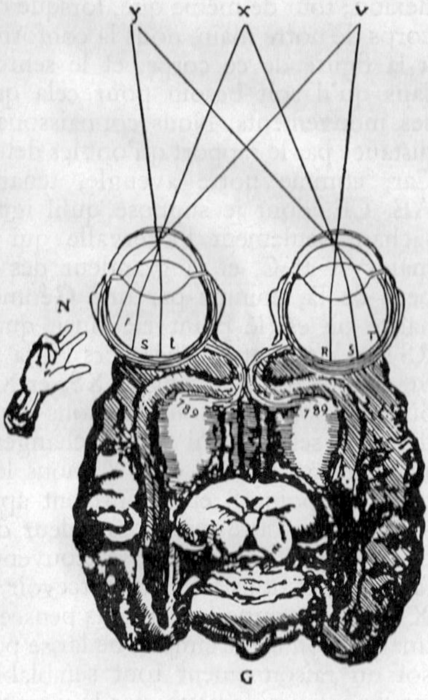

La vision de la diſtance ne dépend, non plus que celle de la situation, d'aucunes images envoyées des objets, mais, premièrement, de la figure du corps de l'œil; car, comme nous avons dit, cette figure doit être un peu autre, pour nous faire voir ce qui eſt proche de nos yeux, que pour nous faire voir ce qui en eſt plus éloigné, et à mesure que nous la changeons pour la proportionner à la diſtance des objets, nous changeons aussi certaine partie de notre cerveau, d'une façon qui eſt inſtituée de la Nature pour faire apercevoir à notre âme cette diſtance. Et ceci nous arrive ordinairement sans que nous y fassions de réflexion; tout de même que, lorsque nous serrons quelque corps de notre main, nous la conformons à la grosseur et à la figure de ce corps, et le sentons par son moyen, sans qu'il soit besoin pour cela que nous pensions à ses mouvements. Nous connaissons, en second lieu, la diſtance par le rapport qu'ont les deux yeux l'un à l'autre. Car, comme notre aveugle, tenant les deux bâtons AE, CE, dont je suppose qu'il ignore la longueur, et sachant seulement l'intervalle qui eſt entre ses deux mains A et C, et la grandeur des angles ACE, CAE, peut de là, comme par une Géométrie naturelle, connaître où eſt le point E; ainsi, quand nos deux yeux, RST et *rst,* sont tournés vers X, la grandeur de la ligne S*s,* et celle des deux angles XS*s* et X*s*S, nous font savoir où eſt le point X. Nous pouvons aussi le même par l'aide d'un œil seul, en lui faisant changer de place : comme, si, le tenant tourné vers X, nous le mettons premièrement au point S et incontinent après au point *s,* cela suffira pour faire que la grandeur de la ligne S*s* et des deux angles XS*s* et X*s*S se trouvent ensemble en notre fantaisie, et nous fassent apercevoir la diſtance du point X : et ce, par une aƈtion de la pensée, qui, n'étant qu'une imagination toute simple, ne laisse point d'envelopper en soi un raisonnement tout semblable à celui que font les arpenteurs, lorsque, par le moyen de deux différentes ſtations, ils mesurent les lieux inaccessibles. Nous avons encore une autre façon d'apercevoir la diſtance, à savoir par la diſtinƈtion ou confusion de la figure, et ensemble par la force ou débilité de la lumière. Comme, pendant que nous regardons fixement vers X, les rayons qui viennent des objets 10 et 12, ne s'assemblent pas si exaƈtement vers R et vers T, au fond de notre œil, que si ces objets étaient aux points V et Y; d'où nous voyons qu'ils sont plus éloignés, ou plus proches de nous, que n'eſt X. Plus, de ce que la lumière, qui vient de l'objet 10 vers notre œil, eſt plus forte que si cet objet était

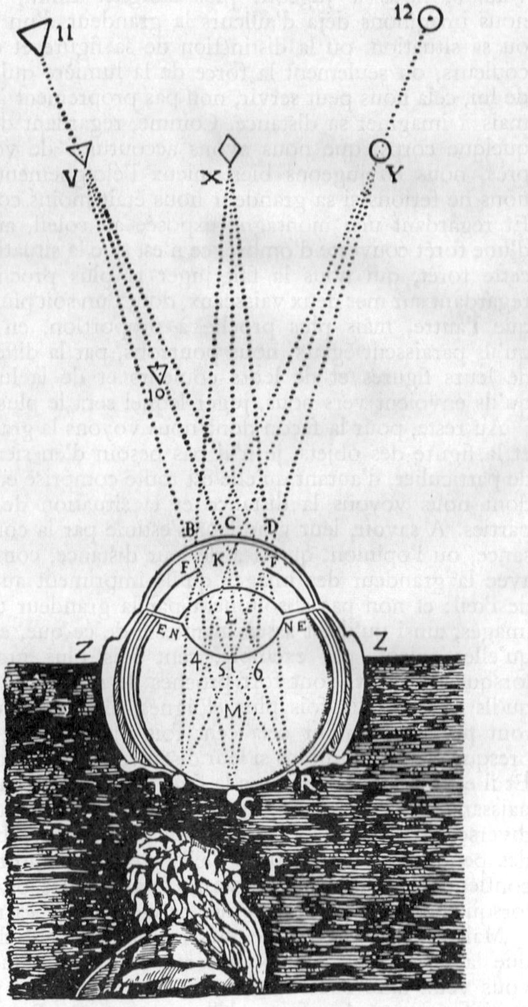

vers V, nous le jugeons être plus proche; et de ce que celle qui vient de l'objet 12, est plus faible que s'il était vers Y, nous le jugeons plus éloigné. Enfin, quand nous imaginons déjà d'ailleurs la grandeur d'un objet, ou sa situation, ou la distinction de sa figure et de ses couleurs, ou seulement la force de la lumière qui vient de lui, cela nous peut servir, non pas proprement à voir, mais à imaginer sa distance. Comme, regardant de loin quelque corps, que nous avons accoutumé de voir de près, nous en jugeons bien mieux l'éloignement, que nous ne ferions si sa grandeur nous était moins connue. Et regardant une montagne exposée au soleil, au-delà d'une forêt couverte d'ombre, ce n'est que la situation de cette forêt, qui nous la fait juger la plus proche. Et regardant sur mer deux vaisseaux, dont l'un soit plus petit que l'autre, mais plus proche à proportion, en sorte qu'ils paraissent égaux, nous pourrons, par la différence de leurs figures et de leurs couleurs et de la lumière qu'ils envoient vers nous, juger lequel sera le plus loin.

Au reste, pour la façon dont nous voyons la grandeur et la figure des objets, je n'ai pas besoin d'en rien dire de particulier, d'autant qu'elle est toute comprise en celle dont nous voyons la distance et la situation de leurs parties. A savoir, leur grandeur s'estime par la connaissance, ou l'opinion, qu'on a de leur distance, comparée avec la grandeur des images qu'ils impriment au fond de l'œil; et non pas absolument par la grandeur de ces images, ainsi qu'il est assez manifeste de ce que, encore qu'elles soient, par exemple, cent fois plus grandes, lorsque les objets sont fort proches de nous, que lorsqu'ils en sont dix fois plus éloignés, elles ne nous les font point voir pour cela cent fois plus grands, mais presque égaux, au moins si leur distance ne nous trompe. Et il est manifeste aussi que la figure se juge par la connaissance, ou l'opinion, qu'on a de la situation des diverses parties des objets, et non par la ressemblance des peintures qui sont dans l'œil : car ces peintures ne contiennent ordinairement que des ovales et des losanges, lorsqu'elles nous font voir des cercles et des carrés.

Mais, afin que vous ne puissiez aucunement douter que la vision ne se fasse ainsi que je l'ai expliquée, je vous veux faire encore ici considérer les raisons pourquoi il arrive quelquefois qu'elle nous trompe. Premièrement, à cause que c'est l'âme qui voit, et non pas l'œil, et qu'elle ne voit immédiatement que par l'entremise du cerveau, de là vient que les frénétiques, et ceux qui dorment, voient souvent, ou pensent voir, divers objets qui ne sont point pour cela devant leurs yeux : à savoir, quand quelques vapeurs, remuant leur cerveau, disposent celles de ses parties qui ont coutume de servir à la vision, en même façon que feraient ces objets, s'ils étaient présents. Puis, à cause que les impressions, qui viennent de dehors, passent vers le sens commun par l'entremise des nerfs, si la situation de ces nerfs eſt contrainte par quelque cause extraordinaire, elle peut faire voir les objets en d'autres lieux qu'ils ne sont. Comme, si l'œil *rst,* étant disposé de soi à regarder vers X, eſt contraint par le doigt N à se tourner vers M, les parties du cerveau d'où viennent ses nerfs, ne se disposent pas tout à fait en même sorte que si c'étaient ses muscles qui le tournassent vers M; ni aussi en même sorte que s'il regardait véritablement vers X; mais d'une façon moyenne entre ces deux, à savoir, comme s'il regardait vers Y; et ainsi l'objet M paraîtra au lieu où eſt Y, par l'entremise de cet œil, et Y au lieu où eſt X, et X au lieu où eſt V, et ces objets paraissant aussi en même temps en leurs vrais lieux, par l'entremise de l'autre œil RST, ils sembleront doubles. En même façon que, touchant la petite boule G des deux doigts A et D croisés l'un sur l'autre, on en pense toucher deux; à cause que, pendant que ces doigts se retiennent l'un l'autre ainsi croisés, les muscles de chacun d'eux tendent à les écarter, A vers C, et D vers F, au moyen de quoi les parties du cerveau d'où viennent les nerfs qui sont insérés en ces muscles, se trouvent disposées en la façon qui eſt requise pour faire qu'ils semblent être, A vers B, et D vers E, et par conséquent y toucher deux diverses boules, H et I. De plus, à cause que nous sommes accoutumés de juger que les impressions qui meuvent notre vue, viennent des lieux vers lesquels nous devons regarder pour les sentir, quand il arrive qu'elles viennent d'ailleurs, nous y pouvons facilement être trompés. Comme ceux qui ont les yeux infectés de la

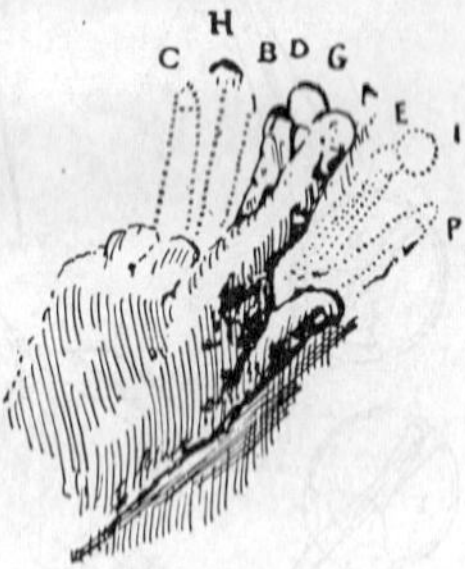

jaunisse, ou bien qui regardent au travers d'un verre jaune, ou qui sont enfermés dans une chambre où il n'entre aucune lumière que par de tels verres, attribuent cette couleur à tous les corps qu'ils regardent. Et celui qui eſt dans la chambre obscure que j'ai tantôt décrite, attribue au corps blanc RST les couleurs des objets V, X, Y, à cause que c'eſt seulement vers lui qu'il dresse sa vue. Et les yeux A, B, C, D, E, F, voyant les objets T, V, X, Y, Z, etc. au travers des verres N, O, P, et dans les miroirs Q, R, S, les jugent être aux points G, H, I, K, L, M; et V, Z être plus petits, et X, etc. plus grands qu'ils ne sont : ou bien aussi X, etc. plus petits et avec cela renversés, à savoir, lorsqu'ils sont un peu loin des yeux C, F, d'autant que ces verres et ces miroirs détournent les rayons qui viennent de ces objets, en telle

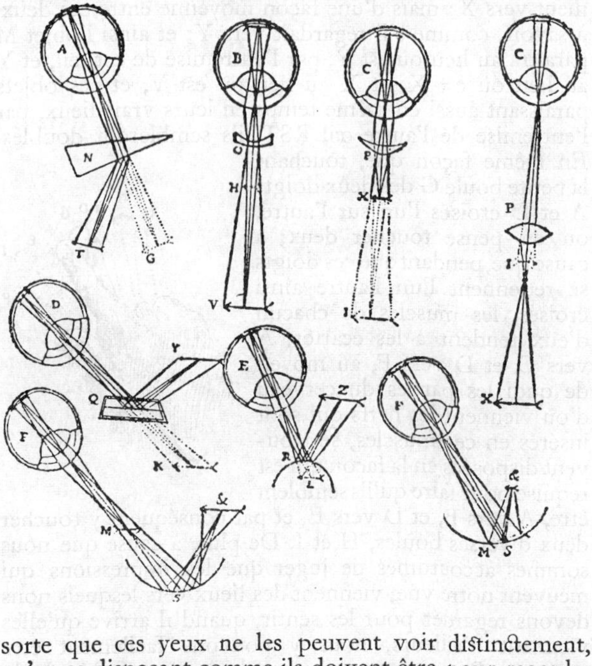

sorte que ces yeux ne les peuvent voir diſtinctement, qu'en se disposant comme ils doivent être pour regarder vers les points G, H, I, K, L, M, ainsi que connaîtront facilement ceux qui prendront la peine de l'examiner. Et ils verront, par même moyen, combien les anciens se sont abusés en leur Catoptrique, lorsqu'ils ont voulu déterminer le lieu des images dans les miroirs creux et convexes. Il est aussi à remarquer que tous les moyens qu'on a pour connaître la distance, sont fort incertains : car, quant à la figure de l'œil, elle ne varie quasi plus sensiblement, lorsque l'objet est à plus de quatre ou cinq pieds loin de lui, et même elle varie si peu lorsqu'il est plus proche, qu'on n'en peut tirer aucune connaissance bien précise. Et pour les angles compris entre les lignes tirées des deux yeux l'un à l'autre et de là vers l'objet, ou de deux stations d'un même objet, ils ne varient aussi presque plus, lorsqu'on regarde tant soit peu loin. Ensuite de quoi notre sens commun même ne semble pas être capable de recevoir en soi l'idée d'une distance plus grande qu'environ de cent ou deux cents pieds, ainsi qu'il se peut vérifier de ce que la lune et le soleil, qui sont du nombre des corps les plus éloignés que nous puissions voir, et dont les diamètres sont à leur distance à peu près comme un à cent, n'ont coutume de nous paraître que d'un ou deux pieds de diamètre tout au plus, nonobstant que nous sachions assez, par raison, qu'ils sont extrêmement grands et extrêmement éloignés. Car cela ne nous arrive pas faute de les pouvoir concevoir plus grands que nous ne faisons, vu que nous concevons bien des tours et des montagnes beaucoup plus grandes, mais pour ce que, ne les pouvant concevoir plus éloignés que de cent ou deux cents pieds, il suit de là que leur diamètre ne nous doit paraître que d'un ou de deux pieds. En quoi la situation aide aussi à nous tromper; car ordinairement ces astres semblent plus petits, lorsqu'ils sont fort hauts vers le midi, que lorsque, se levant ou se couchant, il se trouve divers objets entre eux et nos yeux, qui nous font mieux remarquer leur distance. Et les astronomes éprouvent assez, en les mesurant avec leurs instruments, que ce qu'ils paraissent ainsi plus grands une fois que l'autre, ne vient point de ce qu'ils se voient sous un plus grand angle, mais de ce qu'ils se jugent plus éloignés; d'où il suit que l'axiome de l'ancienne optique, qui dit que la grandeur apparente des objets est proportionnée à celle de l'angle de la vision, n'est pas toujours vrai. On se trompe aussi en ce que les corps blancs ou lumineux, et généralement tous ceux qui ont beaucoup de force pour mouvoir le sens de la vue, paraissent toujours quelque peu plus proches et plus grands qu'ils ne seraient, s'ils en avaient moins. Or la raison qui les fait paraître plus proches, est que le mouvement dont la prunelle s'étrécit pour éviter la force de leur lumière, est tellement joint avec celui qui dispose tout l'œil à voir distinctement les objets proches, et par lequel on juge de leur distance, que l'un ne se peut guère faire, sans qu'il se fasse aussi un peu de l'autre : en même façon qu'on ne peut fermer entièrement les deux premiers doigts de la main, sans que le troisième se courbe aussi quelque peu, comme pour se fermer avec eux. Et la raison pourquoi ces corps blancs ou lumineux paraissent plus grands, ne consiste pas seulement en ce que l'estime qu'on fait de leur grandeur dépend de celle de leur distance, mais aussi en ce que leurs images s'impriment plus grandes dans le fond de l'œil. Car il faut remarquer que les bouts des filets du nerf optique qui le couvrent, encore que très petits, ont néanmoins quelque grosseur; en sorte que chacun d'eux peut être touché en l'une de ses parties par un objet, et en d'autres par d'autres; et que n'étant toutefois capable d'être mû que d'une seule façon à chaque fois, lorsque la moindre de ses parties est touchée par quelque objet fort éclatant, et les autres par d'autres qui le sont moins, il suit tout entier le mouvement de celui qui est le plus éclatant, et en représente l'image, sans représenter celle des autres. Comme, si les bouts de ces petits filets sont 1, 2, 3, et que les rayons qui viennent, par exemple, tracer l'image d'une étoile sur le fond de l'œil, s'y étendent sur celui qui est marqué 1, et tant soit peu au-delà tout autour sur les extrémités des six autres marqués 2, sur lesquels je suppose qu'il ne vient point d'autres rayons, que fort faibles, des parties du ciel voisines à cette étoile, son image s'étendra en tout l'espace qu'occupent ces six marqués 2, et même peut-être encore en tout celui qu'occupent les douze marqués 3, si la force du mouvement est si grande qu'elle se communique aussi à eux. Et ainsi vous voyez que les étoiles, quoiqu'elles paraissent assez petites, paraissent néanmoins beaucoup plus

grandes qu'elles ne devraient à raison de leur extrême distance. Et encore qu'elles ne seraient pas entièrement rondes, elles ne laisseraient pas de paraître telles, comme aussi une tour carrée étant vue de loin paraît ronde, et tous les corps qui ne tracent que de fort petites images dans l'œil, n'y peuvent tracer les figures de leurs angles. Enfin, pour ce qui est de juger de la distance par la grandeur, ou la figure, ou la couleur, ou la lumière, les tableaux de perspective nous montrent assez combien il est facile de s'y tromper. Car souvent, parce que les choses, qui y sont peintes, sont plus petites que nous ne nous imaginons qu'elles doivent être, et que leurs linéaments sont plus confus, et leurs couleurs plus brunes ou plus faibles, elles nous paraissent plus éloignées qu'elles ne sont.

LES MÉTÉORES

DISCOURS HUITIÈME

DE L'ARC-EN-CIEL

L'ARC-EN-CIEL est une merveille de la Nature si remarquable, et sa cause a été de tout temps si curieusement recherchée par les bons esprits, et si peu connue, que je ne saurais choisir de matière plus propre à faire voir comment, par la méthode dont je me sers, on peut venir à des connaissances que ceux dont nous avons les écrits n'ont point eues. Premièrement, ayant considéré que cet arc ne peut pas seulement paraître dans le ciel, mais aussi en l'air proche de nous, toutes fois et quantes qu'il s'y trouve plusieurs gouttes d'eau éclairées par le soleil, ainsi que l'expérience fait voir en quelques fontaines, il m'a été aisé de juger qu'il ne procède que de la façon que les rayons de la lumière agissent contre ces gouttes, et de là tendent vers nos yeux. Puis, sachant que ces gouttes sont rondes, ainsi qu'il a été prouvé ci-dessus, et voyant que, pour être plus grosses ou plus petites, elles ne font point paraître cet arc d'autre façon, je me suis avisé d'en faire une fort grosse, afin de la pouvoir mieux examiner. Et ayant rempli d'eau, à cet effet, une grande fiole de verre toute ronde et fort transparente, j'ai trouvé que, le soleil venant, par exemple, de la partie du ciel marquée AFZ, et mon œil étant au point E, lorsque je mettais cette boule en l'endroit BCD, sa partie D me paraissait toute rouge et incomparablement plus éclatante que le reste; et que, soit que je l'approchasse, soit que je la reculasse, et que je la misse à droite ou à gauche, ou même la fisse tourner en rond autour de ma tête, pourvu que la ligne DE fît toujours un angle d'environ 42 degrés avec la ligne EM, qu'il faut imaginer tendre du centre de l'œil vers celui du soleil, cette partie D paraissait toujours également rouge; mais que, sitôt que

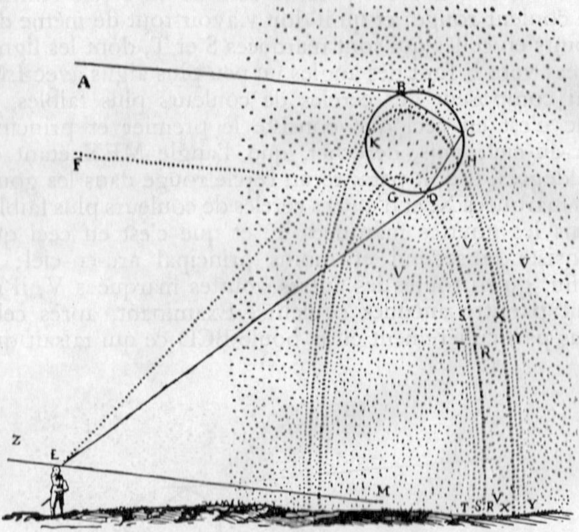

je faisais cet angle DEM tant soit peu plus grand, cette rougeur disparaissait; et que, si je le faisais un peu moindre, elle ne disparaissait pas du tout si à coup, mais se divisait auparavant comme en deux parties moins brillantes, et dans lesquelles on voyait du jaune, du bleu, et d'autres couleurs. Puis, regardant aussi vers l'endroit de cette boule qui est marqué K, j'ai aperçu que, faisant l'angle KEM d'environ 52 degrés, cette partie K paraissait aussi de couleur rouge, mais non pas si éclatante que D; et que, le faisant quelque peu plus grand, il y paraissait d'autres couleurs plus faibles; mais que, le faisant tant soit peu moindre, ou beaucoup plus grand, il n'y en paraissait plus aucune. D'où j'ai connu manifestement que, tout l'air qui est vers M étant rempli de telles boules, ou en leur place de gouttes d'eau, il doit paraître un point fort rouge et fort éclatant en chacune de celles de ces gouttes dont les lignes tirées vers l'œil E font un angle d'environ 42 degrés avec EM, comme je suppose celles qui sont marquées R; et que ces points, étant regardés tous ensemble, sans qu'on remarque autrement le lieu où ils sont que par l'angle sous lequel ils se voient, doivent paraître comme un cercle continu de couleur rouge; et qu'il doit y avoir tout de même des points en celles qui sont marquées S et T, dont les lignes tirées vers E font des angles un peu plus aigus avec EM, qui composent des cercles de couleurs plus faibles, et que c'eſt en ceci que consiſte le premier et principal arc-en-ciel; puis, derechef, que, l'angle MEX étant de 52 degrés, il doit paraître un cercle rouge dans les gouttes marquées X, et d'autres cercles de couleurs plus faibles dans les gouttes marquées Y, et que c'eſt en ceci que consiſte le second et moins principal arc-en-ciel; et enfin, qu'en toutes les autres gouttes marquées V, il ne doit paraître aucunes couleurs. Examinant, après cela, plus particulièrement en la boule BCD ce qui faisait que

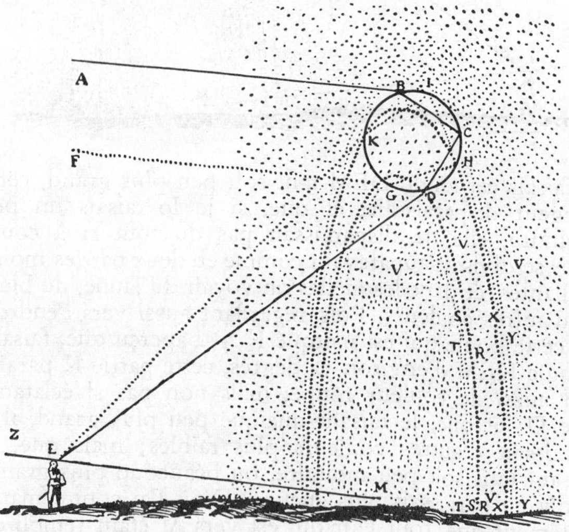

la partie D paraissait rouge, j'ai trouvé que c'étaient les rayons du soleil qui, venant d'A vers B, se courbaient en entrant dans l'eau au point B, et allaient vers C, d'où ils se réfléchissaient vers D, et là se courbant derechef en sortant de l'eau, tendaient vers E; car, sitôt que je mettais un corps opaque ou obscur en quelque endroit des lignes AB, BC, CD ou DE, cette couleur rouge disparaissait. Et quoi que je couvrisse toute la boule, excepté les deux points B et D, et que je misse des corps obscurs partout ailleurs, pourvu que rien n'empêchât l'action des rayons ABCDE, elle ne laissait pas de paraître. Puis, cherchant aussi ce qui était cause du rouge qui paraissait vers K, j'ai trouvé que c'étaient les rayons qui venaient d'F vers G, où ils se courbaient vers H, et en H se réfléchissaient vers I, et en I se réfléchissaient derechef vers K, puis enfin se courbaient au point K et tendaient vers E. De façon que le premier arc-en-ciel est causé par des rayons qui parviennent à l'œil après deux réfractions et une réflexion, et le second par d'autres rayons qui n'y parviennent qu'après deux réfractions et deux réflexions; ce qui empêche qu'il ne paraisse tant que le premier.

Mais la principale difficulté restait encore, qui était de savoir pourquoi, y ayant plusieurs autres rayons qui, après deux réfractions et une ou deux réflexions, peuvent tendre vers l'œil quand cette boule est en autre situation, il n'y a toutefois que ceux dont j'ai parlé, qui fassent paraître quelques couleurs. Et pour la résoudre, j'ai cherché s'il n'y avait point quelque autre sujet où elles parussent en même sorte, afin que, par la comparaison de l'un et de l'autre, je pusse mieux juger de leur cause. Puis, me souvenant qu'un prisme ou triangle de cristal en fait voir de semblables, j'en ai considéré un qui était tel qu'est ici MNP, dont les deux superficies MN et NP sont toutes plates, et inclinées l'une sur l'autre selon un angle d'environ 30 ou 40 degrés, en sorte que, si les rayons du soleil ABC traversent MN à angles droits ou presque droits, et ainsi n'y souffrent aucune sensible réfraction, ils en doivent souffrir une assez grande en sortant par NP. Et couvrant l'une

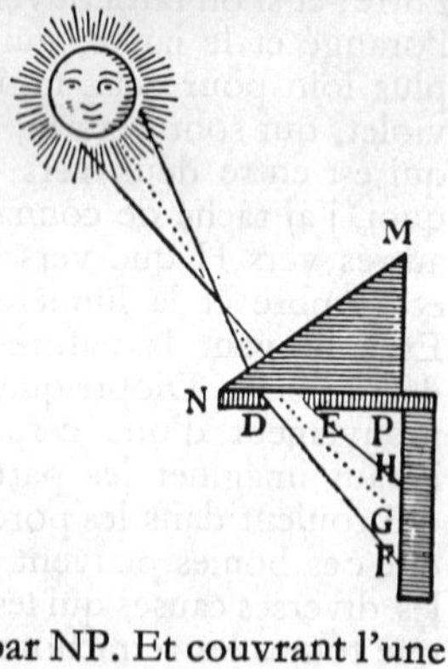

de ces deux superficies d'un corps obscur, dans lequel il y avait une ouverture assez étroite comme DE, j'ai observé que les rayons, passant par cette ouverture et de là s'allant rendre sur un linge ou papier blanc FGH, y peignent toutes les couleurs de l'arc-en-ciel; et qu'ils y peignent toujours le rouge vers F, et le bleu ou le violet vers H. D'où j'ai appris, premièrement, que la courbure des superficies des gouttes d'eau n'est point nécessaire à la production de ces couleurs, car celles de ce cristal sont toutes plates; ni la grandeur de l'angle sous lequel elles paraissent, car il peut ici être changé sans qu'elles changent, et bien qu'on puisse faire que les rayons qui vont vers F se courbent tantôt plus et tantôt moins que ceux qui vont vers H, ils ne laissent pas de peindre toujours du rouge, et ceux qui vont vers H toujours du bleu; ni aussi la réflexion, car il n'y en a ici aucune; ni enfin la pluralité des réfractions, car il n'y en a ici qu'une seule. Mais j'ai jugé qu'il y en fallait pour le moins une, et même une dont l'effet ne fût point détruit par une contraire; car l'expérience montre que, si les superficies MN et NP étaient parallèles, les rayons, se redressant autant en l'une qu'ils se pourraient courber en l'autre, ne produiraient point ces couleurs. Je n'ai pas douté qu'il n'y fallût aussi de la lumière; car sans elle on ne voit rien. Et, outre cela, j'ai observé qu'il y fallait de l'ombre, ou de la limitation à cette lumière; car, si on ôte le corps obscur qui est sur NP, les couleurs FGH cessent de paraître; et si on fait l'ouverture DE assez grande, le rouge, l'orangé et le jaune, qui sont vers F, ne s'étendent pas plus loin pour cela, non plus que le vert, le bleu et le violet, qui sont vers H, mais tout le surplus de l'espace qui est entre deux vers G demeure blanc. En suite de quoi, j'ai tâché de connaître pourquoi ces couleurs sont autres vers H que vers F, nonobstant que la réfraction et l'ombre et la lumière y concourent en même sorte. Et concevant la nature de la lumière telle que je l'ai décrite en la Dioptrique, à savoir comme l'action ou le mouvement d'une certaine matière fort subtile, dont il faut imaginer les parties ainsi que de petites boules qui roulent dans les pores des corps terrestres, j'ai connu que ces boules peuvent rouler en diverses façons, selon les diverses causes qui les y déterminent; et en particulier, que toutes les réfractions qui se font vers un même côté les déterminent à tourner en même sens; mais que, lorsqu'elles n'ont point de voisines qui se meuvent notablement plus vite ou moins vite qu'elles, leur tournoiement n'eſt qu'à peu près égal à leur mouvement en ligne droite; au lieu que, lorsqu'elles en ont d'un côté qui se meuvent moins vite, et de l'autre qui se meuvent plus ou également vite, ainsi qu'il arrive aux confins de l'ombre et de la lumière, si elles rencontrent celles qui se meuvent moins vite, du côté vers lequel elles roulent, comme font celles qui composent le rayon EH, cela eſt cause qu'elles ne tournoient pas si vite qu'elles se meuvent en ligne droite; et c'eſt tout le contraire, lorsqu'elles les rencontrent de l'autre côté, comme font celles du rayon DF. Pour mieux entendre ceci, pensez que la boule 1234 eſt poussée de V vers X, en telle sorte qu'elle ne va qu'en ligne droite, et que ses deux côtés 1 et 3 descendent également vite jusques à la superficie de l'eau YY, où le mouvement du côté marqué 3, qui la rencontre le premier, eſt retardé, pendant que celui du côté marqué 1 continue encore, ce qui eſt cause que toute la boule commence infailliblement à tournoyer suivant l'ordre des chiffres 123. Puis, imaginez qu'elle eſt environnée de quatre autres, Q, R, S, T, dont les deux Q et R tendent, avec plus de force qu'elle, à se mouvoir vers X, et les deux autres S et T y tendent avec moins de force. D'où il eſt évident que Q, pressant sa partie marquée 1, et S, retenant celle qui eſt marquée 3, augmentent son tournoiement; et que R et T n'y nuisent point, parce que R eſt disposée à se mouvoir vers X

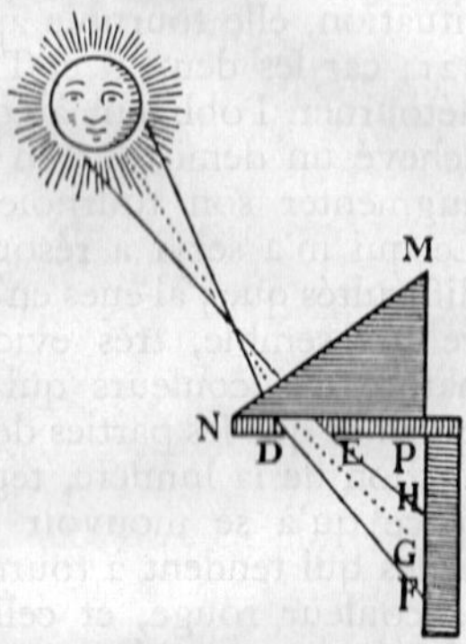

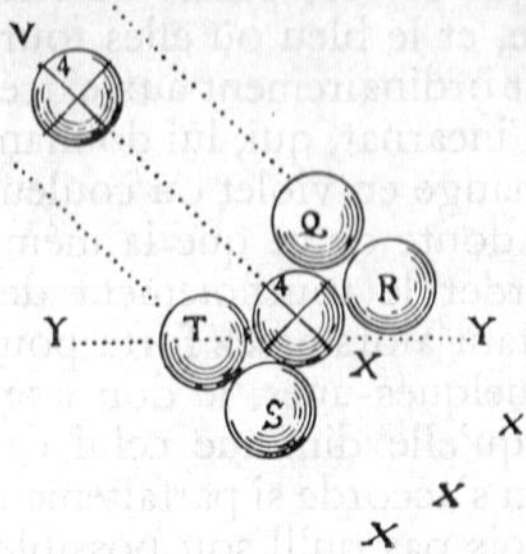

plus vite qu'elle ne la suit, et T n'est pas disposée à la suivre si vite qu'elle la précède. Ce qui explique l'action du rayon DF. Puis, tout au contraire, si Q et R tendent plus lentement qu'elle vers X, et S et T y tendent plus fort, R empêche le tournoiement de la partie marquée 1, et T celui de la partie 3, sans que les deux autres Q et S y fassent rien. Ce qui explique l'action du rayon EH. Mais il est à remarquer que, cette boule 1234 étant fort ronde, il peut aisément arriver que, lorsqu'elle est pressée un peu fort par les deux R et T, elle se revire en pirouettant autour de l'essieu 42, au lieu d'arrêter son tournoiement à leur occasion, et ainsi que, changeant en un moment de situation, elle tournoie après suivant l'ordre des chiffres 321; car les deux R et T, qui l'ont fait commencer à se détourner, l'obligent à continuer jusques à ce qu'elle ait achevé un demi-tour en ce sens-là, et qu'elles puissent augmenter son tournoiement, au lieu de le retarder. Ce qui m'a servi à résoudre la principale de toutes les difficultés que j'ai eues en cette matière. Et il se démontre, ce me semble, très évidemment de tout ceci, que la nature des couleurs qui paraissent vers F ne consiste qu'en ce que les parties de la matière subtile, qui transmet l'action de la lumière, tendent à tournoyer avec plus de force qu'à se mouvoir en ligne droite; en sorte que celles qui tendent à tourner beaucoup plus fort, causent la couleur rouge, et celles qui n'y tendent qu'un peu plus fort, causent la jaune. Comme, au contraire, la nature de celles qui se voient vers H ne consiste qu'en ce que ces petites parties ne tournoient pas si vite qu'elles ont de coutume, lorsqu'il n'y a point de cause particulière qui les en empêche; en sorte que le vert paraît où elles ne tournoient guère moins vite, et le bleu où elles tournoient beaucoup moins vite. Et ordinairement aux extrémités de ce bleu, il se mêle de l'incarnat, qui, lui donnant de la vivacité et de l'éclat, le change en violet ou couleur de pourpre. Ce qui vient sans doute de ce que la même cause, qui a coutume de retarder le tournoiement des parties de la matière subtile, étant alors assez forte pour faire changer de situation à quelques-unes, le doit augmenter en celles-là, pendant qu'elle diminue celui des autres. Et, en tout ceci, la raison s'accorde si parfaitement avec l'expérience, que je ne crois pas qu'il soit possible, après avoir bien connu l'une et l'autre, de douter que la chose ne soit telle que je viens de l'expliquer. Car, s'il est vrai que le sentiment que nous avons de la lumière soit causé par le mouvement ou l'inclination à se mouvoir de quelque matière qui touche nos yeux, comme plusieurs autres choses témoignent, il est certain que les divers mouvements de cette matière doivent causer en nous divers sentiments. Et comme il ne peut y avoir d'autre diversité en ces mouvements que celle que j'ai dite, aussi n'en trouvons-nous point d'autre par expérience, dans les sentiments que nous en avons, que celle des couleurs. Et il n'est pas possible de trouver aucune chose dans le cristal MNP qui puisse produire des couleurs, que la façon dont il envoie les petites parties de la matière subtile vers le linge FGH, et de là vers nos yeux; d'où il est, ce me semble, assez évident qu'on ne doit chercher autre chose non plus dans les couleurs que les autres objets font paraître : car l'expérience ordinaire témoigne que la lumière ou le blanc, et l'ombre ou le noir, avec les couleurs de l'iris qui ont été ici expliquées, suffisent pour composer toutes les autres. Et je ne saurais goûter la distinction des philosophes, quand ils disent qu'il y en a qui sont vraies, et d'autres qui ne sont que fausses ou apparentes. Car toute leur vraie nature n'étant que de paraître, c'est, ce me semble, une contradiction de dire qu'elles sont fausses, et qu'elles paraissent. Mais j'avoue bien que l'ombre et la réfraction ne sont pas toujours nécessaires pour les produire; et qu'en leur place, la grosseur, la figure, la situation et le mouvement des parties des corps qu'on nomme colorés, peuvent concourir diversement avec la lumière, pour augmenter ou diminuer le tournoiement des parties de la matière subtile. En sorte que, même en l'arc-en-ciel, j'ai douté d'abord si les couleurs s'y produisaient tout à fait en même façon que dans le cristal MNP; car je n'y remarquais point d'ombre qui terminât

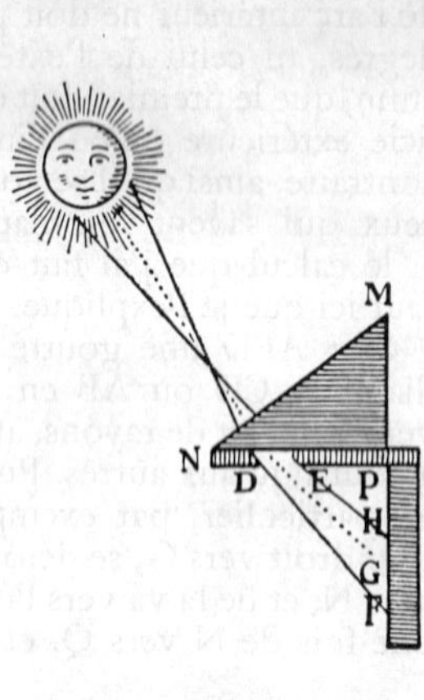

la lumière, et ne connaissais point encore pourquoi elles n'y paraissaient que sous certains angles, jusques à ce qu'ayant pris la plume et calculé par le menu tous les rayons qui tombent sur les divers points d'une goutte d'eau, pour savoir sous quels angles, après deux réfractions et une ou deux réflexions, ils peuvent venir vers nos yeux, j'ai trouvé qu'après une réflexion et deux réfractions, il y en a beaucoup plus qui peuvent être vus sous l'angle de 41 à 42 degrés, que sous aucun moindre; et qu'il n'y en a aucun qui puisse être vu sous un plus grand. Puis, j'ai trouvé aussi qu'après deux réflexions et deux réfractions, il y en a beaucoup plus qui viennent vers l'œil sous l'angle de 51 à 52 degrés, que sous aucun plus grand; et qu'il n'y en a point qui viennent sous un moindre. De façon qu'il y a de l'ombre de part et d'autre, qui termine la lumière, laquelle, après avoir passé par une infinité de gouttes de pluie éclairées par le soleil, vient vers l'œil sous l'angle de 42 degrés, ou un peu au-dessous, et ainsi cause le premier et principal arc-en-ciel. Et il y en a aussi qui termine celle qui vient sous l'angle de 51 degrés ou un peu au-dessus, et cause l'arc-en-ciel extérieur; car, ne recevoir point de rayons de lumière en ses yeux, ou en recevoir notablement moins d'un objet que d'un autre qui lui est proche, c'est voir de l'ombre. Ce qui montre clairement que les couleurs de ces arcs sont produites par la même cause que celles qui paraissent par l'aide du cristal MNP, et que le demi-diamètre de l'arc intérieur ne doit point être plus grand que de 42 degrés, ni celui de l'extérieur plus petit que de 51; et enfin, que le premier doit être bien plus limité en sa superficie extérieure qu'en l'intérieure; et le second tout au contraire, ainsi qu'il se voit par expérience. Mais, afin que ceux qui savent les mathématiques puissent connaître si le calcul que j'ai fait de ces rayons est assez juste, il faut ici que je l'explique.

Soit AFD une goutte d'eau, dont je divise le demi-diamètre CD ou AB en autant de parties égales que je veux calculer de rayons, afin d'attribuer autant de lumière aux uns qu'aux autres. Puis je considère un de ces rayons en particulier, par exemple EF, qui, au lieu de passer tout droit vers G, se détourne vers K, et se réfléchit de K vers N, et de là va vers l'œil P; ou bien se réfléchit encore une fois de N vers Q, et de là se détourne vers l'œil R.

Et ayant tiré CI à angles droits sur FK, je connais, de ce qui a été dit en la Dioptrique, qu'AE, ou HF, et CI ont entre elles la proportion par laquelle la réfraction de l'eau se mesure. De façon que, si HF contient 8000 parties, telles qu'AB en contient 10000, CI en contiendra environ de 5984, parce que la réfraction de l'eau est tant soit peu plus grande que de trois à quatre, et pour le plus justement que j'aie pu la mesurer, elle est comme de 187 à 250. Ayant ainsi les deux lignes HF et CI, je connais aisément les deux arcs, FG qui est de 73 degrés et 44 minutes, et FK qui est de 106.30. Puis, ôtant le double de l'arc FK, de l'arc FG ajouté à 180 degrés, j'ai 40.44 pour la quantité de l'angle ONP, car je suppose ON parallèle à EF. Et ôtant ces 40.44 de FK, j'ai 65.46 pour l'angle SQR, car je pose aussi SQ parallèle à EF. Et calculant en même façon tous les autres rayons parallèles à EF, qui passent par les divisions du diamètre AB, je compose la table suivante :

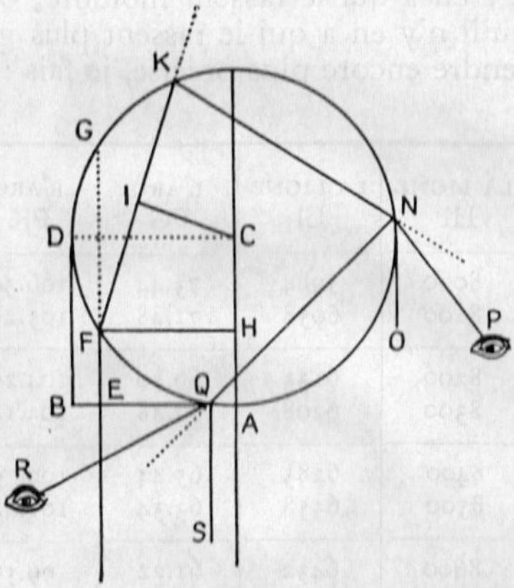

LA LIGNE HF	LA LIGNE CI	L'ARC FG	L'ARC FK	L'ANGLE ONP	L'ANGLE SQR
1000	748	168.30	171.25	5.40	165.45
2000	1496	156.55	162.48	11.19	151.29
3000	2244	145. 4	154. 4	17.56	136. 8
4000	2992	132.50	145.10	22.30	122. 4
5000	3740	120.	136. 4	27.52	108.12
6000	4488	106.16	126.40	32.56	93.44
7000	5236	91. 8	116.51	37.26	79.25
8000	5984	73.44	106.30	40.44	65.46
9000	6732	51.41	95.22	40.57	54.25
10000	7480	0.	83.10	13.40	69.30

Et il eſt aisé à voir, en cette table, qu'il y a bien plus de rayons qui font l'angle ONP d'environ 40 degrés, qu'il n'y en a qui le fassent moindre; ou SQR d'environ 54, qu'il n'y en a qui le fassent plus grand. Puis, afin de la rendre encore plus précise, je fais :

LA LIGNE HF	LA LIGNE CI	L'ARC FG	L'ARC FK	L'ANGLE ONP	L'ANGLE SQR
8000	5984	73.44	106.30	40.44	65.46
8100	6058	71.48	105.25	40.58	64.37
8200	6133	69.50	104.20	41.10	63.10
8300	6208	67.48	103.14	41.20	62.54
8400	6283	65.44	102. 9	41.26	61.43
8500	6358	63.34	101. 2	41.30	60.32
8600	6432	61.22	99.56	41.30	58.26
8700	6507	59. 4	98.48	41.28	57.20
8800	6582	56.42	97.40	41.22	56.18
8900	6657	54.16	96.32	41.12	55.20
9000	6732	51.41	95.22	40.57	54.25
9100	6806	49. 0	94.12	40.36	53.36
9200	6881	46. 8	93. 2	40. 4	52.58
9300	6956	43. 8	91.51	39.26	52.25
9400	7031	39.54	90.38	38.38	52. 0
9500	7106	36.24	89.26	37.32	51.54
9600	7180	32.30	88.12	36. 6	52. 6
9700	7255	28. 8	86.58	34.12	52.46
9800	7330	22.57	85.43	31.31	54.12

Et je vois ici que le plus grand angle ONP peut être de 41 degrés 30 minutes, et le plus petit SQR de 51.54, à quoi ajoutant ou ôtant environ 17 minutes pour le demi-diamètre du soleil, j'ai 41.47 pour le plus grand demi-diamètre de l'arc-en-ciel intérieur, et 51.37 pour le plus petit de l'extérieur.

Il est vrai que, l'eau étant chaude, sa réfraction est tant soit peu moindre que lorsqu'elle est froide, ce qui peut changer quelque chose en ce calcul. Toutefois, cela ne saurait augmenter le demi-diamètre de l'arc-en-ciel intérieur, que d'un ou deux degrés tout au plus; et lors, celui de l'extérieur sera de presque deux fois autant plus petit. Ce qui est digne d'être remarqué, parce que, par là, on peut démontrer que la réfraction de l'eau ne peut être guère moindre, ni plus grande, que je la suppose. Car, pour peu qu'elle fût plus grande, elle rendrait le demi-diamètre de l'arc-en-ciel intérieur moindre que 41 degrés, au lieu que, par la créance commune, on lui en donne 45; et si on la suppose assez petite pour faire qu'il soit véritablement de 45, on trouvera que celui de l'extérieur ne sera aussi guère plus que de 45, au lieu qu'il paraît à l'œil beaucoup plus grand que celui de l'intérieur. Et Maurolycus, qui est, je crois, le premier qui a déterminé l'un de 45 degrés, détermine l'autre d'environ 56. Ce qui montre le peu de foi qu'on doit ajouter aux observations qui ne sont pas accompagnées de la vraie raison. Au reste, je n'ai pas eu de peine à connaître pourquoi le rouge est en dehors de l'arc-en-ciel intérieur, ni pourquoi il est en dedans en l'extérieur; car la même cause pour laquelle c'est vers F, plutôt que vers H, qu'il paraît au travers du cristal MNP, fait que si, ayant l'œil en la place du linge blanc FGH, on regarde ce cristal, on y verra le rouge vers sa partie plus épaisse MP, et le bleu vers N, parce que le rayon teint de rouge qui va vers F, vient de C, la partie du soleil la plus avancée vers MP. Et cette même cause fait aussi que le centre des gouttes d'eau, et par conséquent leur plus épaisse partie, étant en dehors au respect des points colorés qui forment l'arc-en-ciel intérieur, le rouge y doit paraître en dehors; et qu'étant en dedans au respect de ceux qui forment l'extérieur, le rouge y doit aussi paraître en dedans.

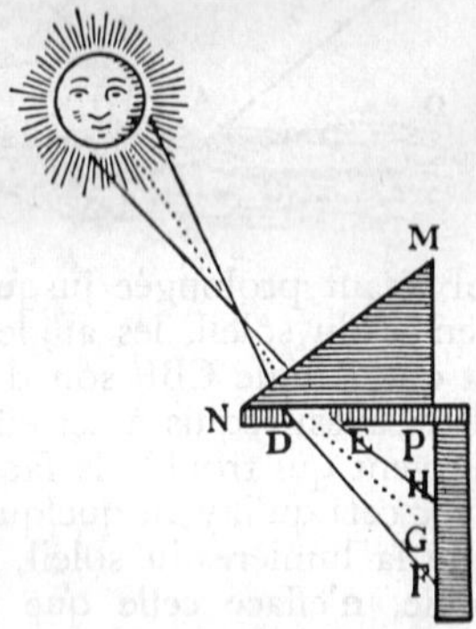

Ainsi je crois qu'il ne reste plus aucune difficulté en cette matière, si ce n'est peut-être touchant les irrégularités qui s'y rencontrent : comme lorsque l'arc n'est pas exactement rond, ou que son centre n'est pas en la ligne droite qui passe par l'œil et le soleil, ce qui peut arriver si les vents changent la figure des gouttes de pluie; car elles ne sauraient perdre si peu de leur rondeur, que cela ne fasse une notable différence en l'angle sous lequel les couleurs doivent paraître. On a vu aussi quelquefois, à ce qu'on m'a dit, un arc-en-ciel tellement renversé que ses cornes étaient tournées vers en haut, comme est ici représenté FF. Ce que je ne saurais juger être arrivé que par la réflexion des rayons du soleil donnant sur l'eau de la mer, ou de quelque lac. Comme si, venant de la partie du ciel SS, ils tombent sur l'eau DAE, et de là, se réfléchissent vers la pluie CF, l'œil B verra l'arc FF, dont le centre est au point C, en sorte que,

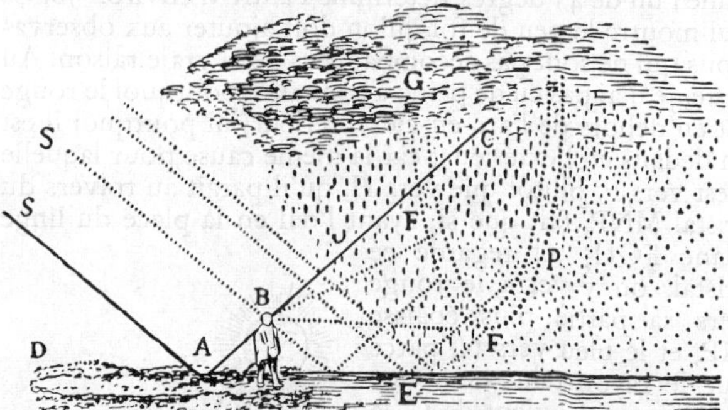

CB étant prolongée jusques à A, et AS passant par le centre du soleil, les angles SAD et BAE soient égaux, et que l'angle CBF soit d'environ 42 degrés. Toutefois, il est aussi requis à cet effet, qu'il n'y ait point du tout de vent qui trouble la face de l'eau vers E, et peut-être avec cela qu'il y ait quelque nue, comme G, qui empêche que la lumière du soleil, allant en ligne droite vers la pluie, n'efface celle que cette eau E y envoie : d'où vient qu'il n'arrive que rarement. Outre cela, l'œil peut être en telle situation, au respect du soleil et de la pluie, qu'on verra la partie inférieure qui achève le cercle de l'arc-en-ciel, sans voir la supérieure; et ainsi qu'on la prendra pour un arc renversé, nonobstant qu'on ne la verra pas vers le ciel, mais vers l'eau, ou vers la terre.

On m'a dit aussi avoir vu quelquefois un troisième arc-en-ciel au-dessus des deux ordinaires, mais qui était beaucoup plus faible, et environ autant éloigné du second que le second du premier. Ce que je ne juge pas pouvoir être arrivé, si ce n'est qu'il y ait eu des grains de grêle fort ronds et fort transparents, mêlés parmi la pluie, dans lesquels la réfraction étant notablement plus grande que dans l'eau, l'arc-en-ciel extérieur aura dû y être beaucoup plus grand, et ainsi paraître au-dessus de l'autre. Et pour l'intérieur, qui par même raison aura dû être plus petit que l'intérieur de la pluie, il se peut faire qu'il n'aura point été remarqué, à cause du grand lustre de celui-ci; ou bien que, leurs extrémités s'étant jointes, on ne les aura comptés tous deux que pour un, mais pour un dont les couleurs auront été autrement disposées qu'à l'ordinaire.

Et ceci me fait souvenir d'une invention pour faire paraître des signes dans le ciel, qui pourraient causer grande admiration à ceux qui en ignoreraient les raisons. Je suppose que vous savez déjà la façon de faire voir l'arc-en-ciel par le moyen d'une fontaine. Comme, si l'eau qui sort par les petits trous ABC, sautant assez haut, s'épand en l'air de tous côtés vers R, et que le soleil soit vers Z, en sorte que, ZEM étant ligne droite, l'angle MER puisse être d'environ 42 degrés, l'œil E ne manquera pas de voir l'iris vers R, tout semblable à celui qui paraît dans le ciel. A quoi il faut maintenant ajouter qu'il y a des huiles, des eaux-de-vie, et d'autres liqueurs, dans lesquelles la réfraction se fait notablement plus grande ou plus petite qu'en l'eau commune, et qui ne sont pas pour cela moins claires et transparentes. En sorte qu'on pourrait disposer par ordre plusieurs fontaines, dans lesquelles y ayant diverses de ces liqueurs, on y verrait par leur moyen toute une grande partie du ciel pleine des couleurs de l'iris : à savoir en faisant que les liqueurs dont la réfraction serait la plus grande, fussent les plus proches des spectateurs, et qu'elles ne s'élevassent point si haut, qu'elles empêchassent la vue de celles qui seraient derrière. Puis, à cause que, fermant une partie des trous ABC, on peut faire disparaître telle partie de l'iris RR qu'on veut, sans ôter les autres, il est aisé à entendre que, tout de même, ouvrant et fermant

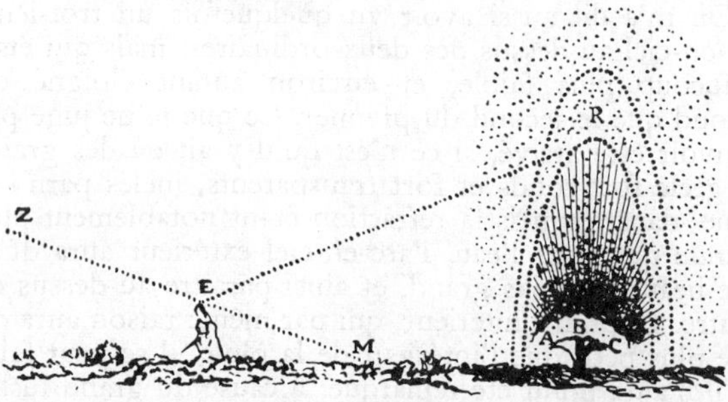

à propos les trous de ces diverses fontaines, on pourra faire que ce qui paraîtra coloré ait la figure d'une croix, ou d'une colonne, ou de quelque autre telle chose qui donne sujet d'admiration. Mais j'avoue qu'il y faudrait de l'adresse et de la dépense, afin de proportionner ces fontaines, et faire que les liqueurs y sautassent si haut, que ces figures pussent être vues de fort loin par tout un peuple, sans que l'artifice s'en découvrît.

LA GÉOMÉTRIE

Le 9 février 1639, Descartes écrit à Mersenne au sujet des travaux de Desargues sur les sections coniques : « Bien qu'il soit aisé de les expliquer [les coniques] plus clairement qu'Apollonius ni aucun autre, il est toutefois, ce me semble, fort difficile d'en rien dire sans l'Algèbre qui ne se puisse encore rendre beaucoup plus aisé par l'Algèbre. » C'est la *Géométrie* de 1637 qui sous-tend et soutient la tranquille assurance de Descartes. Mais Descartes est conscient depuis plus longtemps du ressort et de la portée de sa méthode en géométrie. Car c'est à elle qu'il doit la solution en 1631 du problème de Pappus, tel qu'il lui a été proposé par Golius, géomètre de Leyde. En termes modernes, ce problème peut s'énoncer ainsi : trouver le lieu d'un point tel que le produit des obliques menées sous des angles donnés à *n* droites d'un plan, soit dans un rapport donné avec le produit des droites semblablement menées à *n* autres droites du même plan. Un mathématicien de l'époque, le célèbre Fermat, avait proposé une construction du lieu dans le cas de trois droites. Descartes a inventé une méthode générale de solution, dont il donne les résultats plus encore que les principes directeurs dans la *Géométrie* de 1637. En proposant une solution générale du problème de Pappus, Descartes était naturellement conduit à étudier comme lieux géométriques des courbes plus complexes que les sections coniques et à plus forte raison que celles qui pouvaient être obtenues par l'usage, codifié dans la géométrie grecque, de la règle et du compas.

Dans l'extrait qui suit, on voit Descartes ramener l'étude d'une courbe à celle d'une équation grâce à la médiation du mouvement continu qui engendre la courbe, mouvement réglé par la constance d'un rapport que chaque point de la courbe soutient avec des droites de référence fixées.

Dans ce court extrait, se trouve donc présenté l'essentiel de ce qui fait l'originalité de Descartes comme mathématicien. Il peut donc affirmer, au livre III de la *Géométrie,* dans lequel il expose les principes de son algèbre : « Par la méthode dont je me sers, tout ce qui tombe sous la considération des Géomètres se réduit à un même genre de Problèmes qui est de chercher la valeur des racines de quelque Équation. » On n'est donc pas étonné de voir Descartes porter sur le second livre de la *Géométrie,* dont nous donnons ici le début, un jugement dépourvu de toute indulgence pour les mathématiciens de son temps, amis ou rivaux : « Après cela, ce que je donne, au second livre [de la Géométrie] touchant la nature et les propriétés des lignes courbes et la façon de les examiner, est, ce me semble, autant au delà de la géométrie ordinaire que la rhétorique de Cicéron est au delà de l'*a, b, c,* des enfants » (à Mersenne, décembre 1637).

LIVRE SECOND

DE LA NATURE DES LIGNES COURBES

Quelles sont les lignes courbes qu'on peut recevoir en Géométrie.

Les anciens ont fort bien remarqué qu'entre les problèmes de géométrie, les uns sont plans, les autres solides, et les autres linéaires : c'est-à-dire que les uns peuvent être construits en ne traçant que des lignes droites et des cercles; au lieu que les autres ne le peuvent être, qu'on n'y emploie pour le moins quelque section conique; ni enfin les autres, qu'on n'y emploie quelque autre ligne plus composée. Mais je m'étonne de ce qu'ils n'ont point, outre cela, distingué divers degrés entre ces lignes plus composées, et je ne saurais comprendre pourquoi ils les ont nommées mécaniques, plutôt que géométriques. Car, de dire que ç'ait été à cause qu'il est besoin de se servir de quelque machine pour les décrire, il faudrait rejeter, par même raison, les cercles et les lignes droites, vu qu'on ne les décrit sur le papier qu'avec un compas et une règle, qu'on peut aussi nommer des machines. Ce n'est pas non plus à cause que les instruments qui servent à les tracer, étant plus composés que la règle et le compas, ne peuvent être si justes : car il faudrait, pour cette raison, les rejeter des mécaniques, où la justesse des ouvrages qui sortent de la main est désirée, plutôt que de la géométrie, où c'est seulement la justesse du raisonnement qu'on recherche, et qui peut sans doute être aussi parfaite, touchant ces lignes, que touchant les autres. Je ne dirai pas aussi que ce soit à cause qu'ils n'ont pas voulu augmenter le nombre de leurs demandes, et qu'ils se sont contentés qu'on leur accordât qu'ils pussent joindre deux points donnés par une ligne droite, et décrire un cercle d'un centre donné, qui passât par un point donné : car ils n'ont point fait de scrupule de supposer, outre cela, pour traiter des sections coniques, qu'on pût couper tout cône donné par un plan donné. Et il n'est besoin de rien supposer, pour tracer toutes les lignes courbes que je prétends ici d'introduire, sinon que deux ou plusieurs lignes puissent être mues l'une par l'autre, et que leurs intersections en marquent d'autres : ce qui ne me paraît en rien plus difficile. Il est vrai qu'ils n'ont pas aussi entièrement reçu les sections coniques en leur géométrie, et je ne veux pas entreprendre de changer les noms qui ont été approuvés par l'usage; mais il est, ce me semble, très clair que, prenant, comme on fait, pour géométrique ce qui est précis et exact, et pour mécanique ce qui ne l'est pas; et considérant la géométrie comme une science qui enseigne généralement à connaître les mesures de tous les corps; on n'en doit pas plutôt exclure les lignes les plus composées que les plus simples, pourvu qu'on les puisse imaginer être décrites par un mouvement continu, ou par plusieurs qui s'entresuivent et dont les derniers soient entièrement réglés par ceux qui les précèdent : car, par ce moyen, on peut toujours avoir une connaissance exacte de leur mesure. Mais peut-être que ce qui a empêché les anciens géomètres de recevoir celles qui étaient plus composées que les sections coniques, c'est que les premières qu'ils ont considérées ayant par hasard été la spirale, la quadratrice, et semblables, qui n'appartiennent véritablement qu'aux mécaniques et ne sont point du nombre de celles que je pense devoir ici être reçues, à cause qu'on les imagine décrites par deux mouvements séparés et qui n'ont entre eux aucun rapport qu'on puisse mesurer exactement : bien qu'ils aient après examiné la conchoïde, la cissoïde, et quelque peu d'autres qui en sont, toutefois, à cause qu'ils n'ont peut-être pas assez remarqué leurs propriétés, ils n'en ont pas fait plus d'état que des premières. Ou bien, c'est que, voyant qu'ils ne connaissaient encore que peu de choses touchant les sections coniques, et qu'il leur en restait même beaucoup, touchant ce qui se peut faire avec la règle et le compas, qu'ils ignoraient, ils ont cru ne devoir pas entamer de matière plus difficile. Mais, parce que j'espère que dorénavant ceux qui auront l'adresse de se servir du calcul géométrique ici proposé, ne trouveront pas assez de quoi s'arrêter touchant les problèmes plans ou solides, je crois qu'il eſt à propos que je les invite à d'autres recherches, où ils ne manqueront jamais d'exercice.

Voyez les lignes AB, AD, AF et semblables, que je suppose avoir été décrites par l'aide de l'inſtrument YZ, qui eſt composé de plusieurs règles, tellement jointes que, celle qui eſt marquée YZ étant arrêtée sur la ligne AN, on peut ouvrir et fermer l'angle XYZ, et que, lorsqu'il eſt tout fermé, les points B, C, D, E, F, G, H, sont tous assemblés au point A; mais qu'à mesure qu'on

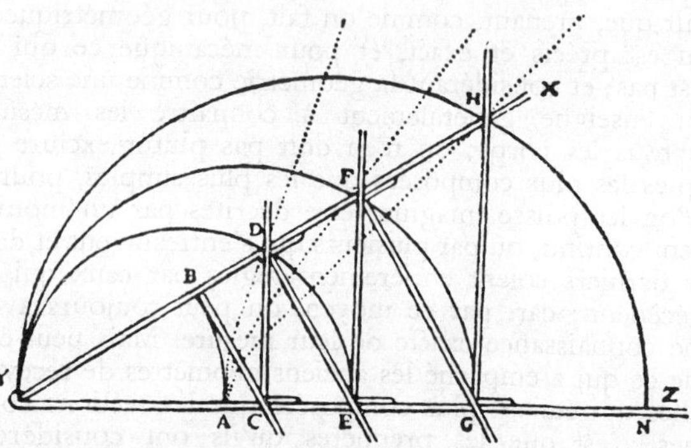

l'ouvre, la règle BC, qui eſt jointe à angles droits avec XY au point B, pousse vers Z la règle CD, qui coule sur YZ en faisant toujours des angles droits avec elle; et CD pousse DE, qui coule tout de même sur YX en demeurant parallèle à BC; DE pousse EF; EF pousse FG; celle-ci pousse GH; et on en peut concevoir une infinité d'autres, qui se poussent consécutivement en même façon et dont les unes fassent toujours les mêmes angles avec YX, et les autres avec YZ. Or, pendant qu'on ouvre ainsi l'angle XYZ, le point B décrit la ligne AB, qui eſt un cercle; et les autres points, D, F, H, où se font les interſections des autres règles, décrivent d'autres lignes courbes, AD, AF, AH, dont les dernières sont, par ordre, plus composées que la première, et celle-ci plus que le cercle. Mais je ne vois pas ce qui peut empêcher qu'on ne conçoive aussi nettement et aussi distinctement la description de cette première, que du cercle ou, du moins, que des sections coniques; ni ce qui peut empêcher qu'on ne conçoive la seconde, et la troisième, et toutes les autres qu'on peut décrire, aussi bien que la première; ni, par conséquent, qu'on ne les reçoive toutes en même façon, pour servir aux spéculations de géométrie.

La façon de distinguer toutes les lignes courbes en certains genres, et de connaître le rapport qu'ont tous leurs points à ceux des lignes droites.

Je pourrais mettre ici plusieurs autres moyens, pour tracer et concevoir des lignes courbes qui seraient de plus en plus composées par degrés à l'infini. Mais, pour comprendre ensemble toutes celles qui sont en la nature, et les distinguer par ordre en certains genres, je ne sache rien de meilleur que de dire que tous ies points de celles qu'on peut nommer géométriques, c'est-à-dire qui tombent sous quelque mesure précise et exacte, ont nécessairement quelque rapport à tous les points d'une ligne droite, qui peut être exprimé par quelque équation, en tous par une même. Et que, lorsque cette équation ne monte que jusques au rectangle de deux quantités indéterminées, ou bien au carré d'une même, la ligne courbe est du premier et plus simple genre, dans lequel il n'y a que le cercle, la parabole, l'hyperbole et l'ellipse qui soient comprises. Mais que, lorsque l'équation monte jusques à la trois ou quatrième dimension des deux ou de l'une des deux quantités indéterminées : car il en faut deux pour expliquer ici le rapport d'un point à un autre : elle est du second. Et que, lorsque l'équation monte jusqu'à la cinq ou sixième dimension, elle est du troisième : et ainsi des autres à l'infini.

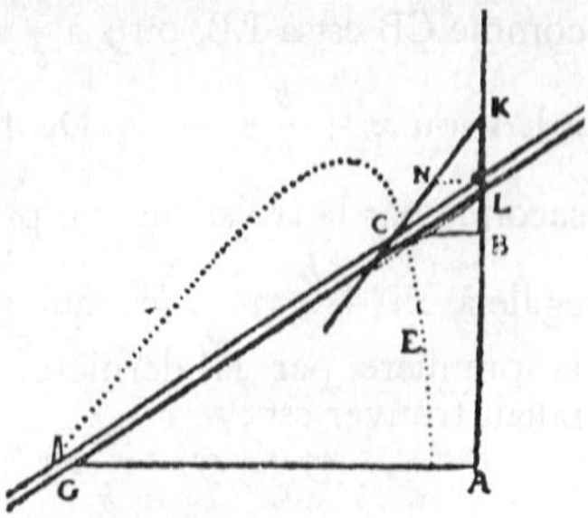

Comme, si je veux savoir de quel genre est la ligne EC, que j'imagine être décrite par l'intersection de la règle GL et du plan rectiligne CNKL, dont le côté KN est indéfiniment prolongé vers C, et qui étant mû sur le plan de dessous en ligne droite, c'est-à-dire en telle sorte que son diamètre KL se trouve toujours appliqué sur quelque endroit de la ligne BA prolongée de part et d'autre, fait mouvoir circulairement cette règle GL autour du point G, à cause qu'elle lui est tellement jointe qu'elle passe toujours par le point L. Je choisis une ligne droite, comme AB, pour rapporter à ses divers points tous ceux de cette ligne courbe EC, et en cette ligne AB je choisis un point, comme A, pour commencer par lui ce calcul. Je dis que je choisis et l'un et l'autre, à cause qu'il est libre de les prendre tels qu'on veut : car, encore qu'il y ait beaucoup de choix pour rendre l'équation plus courte et plus aisée, toutefois, en quelle façon qu'on les prenne, on peut toujours faire que la ligne paraisse de même genre, ainsi qu'il est aisé à démontrer. Après cela, prenant un point à discrétion dans la courbe, comme C, sur lequel je suppose que l'instrument qui sert à la décrire est appliqué, je tire de ce point C la ligne CB parallèle à GA; et parce que CB et BA sont deux quantités indéterminées et inconnues, je les nomme, l'une y, et l'autre x. Mais, afin de trouver le rapport de l'une à l'autre, je considère aussi les quantités connues qui déterminent la description de cette ligne courbe : comme GA que je nomme a, KL que je nomme b, et NL, parallèle à GA, que je nomme c. Puis je dis : comme NL est à LK, ou c à b, ainsi CB, ou y, est à BK, qui est, par conséquent $\frac{b}{c}y$; et BL est $\frac{b}{c}y - b$; et AL est $x + \frac{b}{c}y - b$. De plus, comme CB est à LB, ou y à $\frac{b}{c}y - b$, ainsi a, ou GA, est à LA, ou $x + \frac{b}{c}y - b$. De façon que, multipliant la seconde par la troisième, on produit $\frac{ab}{c}y - ab$, qui est égale à $xy + \frac{b}{c}yy - by$, qui se produit en multipliant la première par la dernière; et ainsi l'équation qu'il fallait trouver est :

$$yy = cy - \frac{c}{b}xy + ay - ac,$$

de laquelle on connaît que la ligne EC est du premier genre : comme, en effet, elle n'est autre qu'une hyperbole.

Que si, en l'instrument qui sert à la décrire, on fait qu'au lieu de la ligne droite CNK, ce soit cette hyperbole, ou quelque autre ligne courbe du premier genre, qui termine le plan CNKL, l'intersection de cette ligne et de la règle GL décrira, au lieu de l'hyperbole EC, une autre ligne courbe, qui sera du second genre. Comme, si CNK est un cercle dont L soit le centre, on décrira la première conchoïde des anciens; et si c'est une parabole dont le diamètre soit KB, on décrira la ligne courbe que j'ai tantôt dit être la première et la plus simple pour la question de Pappus, lorsqu'il n'y a que cinq lignes droites données par position. Mais si, au lieu d'une de ces lignes courbes du premier genre, c'en est une du second qui termine le plan CNKL, on en décrira, par son moyen, une du troisième : ou, si c'en est une du troisième, on en décrira une du quatrième; et ainsi à l'infini, comme il est fort aisé à connaître

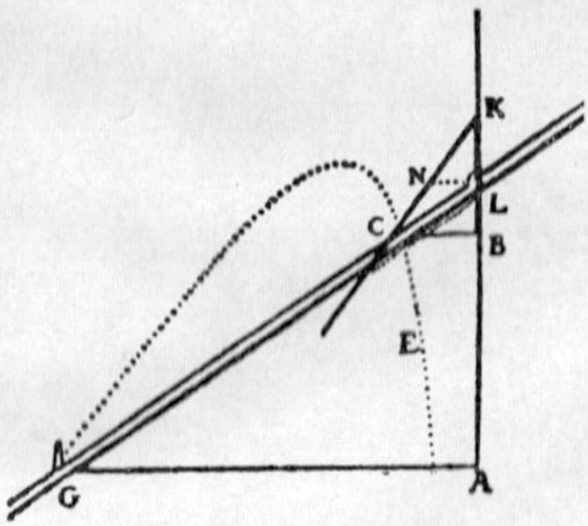

par le calcul. Et en quelque autre façon qu'on imagine la description d'une ligne courbe, pourvu qu'elle soit du nombre de celles que je nomme géométriques, on pourra toujours trouver une équation pour déterminer tous ses points en cette sorte.

Au reste, je mets les lignes courbes qui font monter cette équation jusques au carré de carré, au même genre que celles qui ne la font monter que jusques au cube; et celles dont l'équation monte au carré de cube, au même genre que celles dont elle ne monte qu'au sursolide; et ainsi des autres. Dont la raison est qu'il y a règle générale pour réduire au cube toutes les difficultés qui vont au carré de carré, et au sursolide toutes celles qui vont au carré de cube, de façon qu'on ne les doit point estimer plus composées.

Mais il est à remarquer qu'entre les lignes de chaque genre, encore que la plupart soient également composées, en sorte qu'elles peuvent servir à déterminer les mêmes points et construire les mêmes problèmes, il y en a toutefois aussi quelques-unes qui sont plus simples, et qui n'ont pas tant d'étendue en leur puissance. Comme, entre celles du premier genre, outre l'ellipse, l'hyperbole et la parabole, qui sont également composées, le cercle y est aussi compris, qui manifestement est plus simple. Et entre celles du second genre, il y a la conchoïde vulgaire, qui a son origine du cercle, et il y en a encore quelques autres qui, bien qu'elles n'aient pas tant d'étendue que la plupart de celles du même genre, ne peuvent toutefois être mises dans le premier.

MÉDITATIONS

OBJECTIONS
ET RÉPONSES

Les *Méditations* ont été publiées à Paris en 1641, chez Soly, avec le titre suivant : *Méditations sur la philosophie première, dans laquelle est démontrée l'existence de Dieu et l'immortalité de l'âme.* Une deuxième édition parut en 1642 à Amsterdam, chez Elzevier, avec un titre notablement différent, qui devait subsister : *Méditations sur la philosophie première, dans lesquelles sont démontrées l'existence de Dieu et la distinction de l'âme et du corps.*

Les *Méditations,* au nombre de six, sont suivies d' « objections variées d'hommes savants sur ces démonstrations de Dieu et de l'âme ». Dans la première édition nous avons six objections avec autant de réponses de Descartes. Dans la deuxième édition se trouvent en plus les septièmes objections avec les réponses de Descartes intercalées, et une lettre de Descartes au R. P. Dinet, provincial de France près la Compagnie de Jésus. Les premières objections ont pour auteur un théologien des Pays-Bas du nom de Caterus. Les deuxièmes ont été recueillies par le R. P. Mersenne « de la bouche de divers théologiens et philosophes ». Les troisièmes ont pour auteur Hobbes; les quatrièmes, le grand Arnauld; les cinquièmes, Gassendi. Les sixièmes sont l'œuvre d'un groupe de théologiens; les septièmes, du R. P. Bourdin.

Les *Méditations,* ainsi que les *Objections* et *Réponses,* ont été écrites en latin; mais elles furent bientôt traduites en français. « Dieu, nous dit Baillet, dans sa *Vie de M. Descartes,* permit qu'un seigneur de la Cour de France entreprît de faire une traduction française des mêmes *Méditations* pour en faire connaître plus particulièrement le mérite dans le Royaume, et en procurer la lecture à ceux qui, n'ayant pas l'usage de la langue des savants, ne laisseraient pas d'avoir de l'amour et de la disposition pour la philosophie. » Cette traduction, ayant été envoyée à Descartes, « fut jugée... propre à donner un grand relief à sa philosophie, et M. le duc de Luynes, son auteur, fut prié d'en souffrir la publication ».

« Peu de jours après, M. Clerselier, un des plus zélés et des plus vertueux amis de M. Descartes, entreprit de traduire aussi en notre langue les *Objections* faites à ces *Méditations* avec les *Réponses* de M. Descartes. Cette traduction était excellente aussi bien que celle de M. le duc de Luynes. Mais l'un et l'autre jugèrent que, si elles devaient voir le jour, il fallait qu'elles fussent revues auparavant par l'auteur même des *Méditations,* afin qu'en les confrontant avec sa pensée il pût les mettre le plus près de leur original qu'il serait possible, et leur en imprimer le caractère. M. Descartes fut obligé de se rendre à un avis si important. Mais, sous prétexte de revoir ces versions, il se donna la liberté de se corriger lui-même, et d'éclaircir ses propres pensées. De sorte qu'ayant trouvé quelques endroits où il croyait n'avoir pas rendu son sens assez clair dans le latin pour toutes sortes de personnes, il entreprit de les éclaircir dans la traduction par quelques petits changements qu'il est aisé de reconnaître à ceux qui confèrent le français avec le latin. »

Baillet ajoute, et nous soulignons l'importance du passage, que la version française est préférable à l'original latin : « Cet éclaircissement touchant la traduction des *Méditations* et des *Objections* est nécessaire, non seulement pour justifier les traducteurs sur les changements dont l'auteur est seul responsable, mais pour faire voir aussi que la traduction française vaut beaucoup mieux que l'original latin, parce que M. Descartes s'est servi de l'occasion de la revoir pour retoucher son original en notre langue. C'est un avantage qu'a eu ensuite la version française des *Principes* faite par l'abbé Picot. De sorte que tous ses ouvrages français, tant originaux que traduits, sont préférables à ceux qui sont latins. C'est-à-dire que les traductions qu'il a revues sont préférables aux originaux eux-mêmes. »

La traduction française des *Méditations* fut publiée à Paris, en 1647, chez « la veuve Camusat et Pierre Le Petit ».

Cette édition a ceci de particulier que les cinquièmes *Objections* et *Réponses* sont après les sixièmes. C'est que Descartes avait été impatienté par les objections de Gassendi qu'il jugeait trop longues, et où il sentait une résistance intellectuelle persistante, un désir plus vif de combattre que de comprendre, comme un parti pris de contradiction; il ne désirait pas les voir figurer dans l'édition française. Sur les instances de Clerselier, il finit par donner, un peu à contrecœur, l'autorisation de les mettre à la fin du volume.

Il faut noter d'autre part, d'après une lettre de Clerselier, que Descartes n'a sans doute pas poursuivi ses corrections au-delà des quatrièmes *Objections*.

Ces remarques sont de nature à nous guider dans le choix auquel nous sommes obligés, en raison des dimensions forcément restreintes de cette édition. Nous donnons en entier les quatre premières *Objections* et *Réponses*. Nous nous contentons de résumer les cinquièmes *Objections,* qui sont fort longues, comme nous l'avons dit plus haut, et qui rempliraient soixante pages environ du présent volume; mais nous donnons en entier les réponses de Descartes en y ajoutant la lettre importante adressée à Clerselier à la suite des instances faites par Gassendi contre les susdites réponses. Cette lettre, écrite en français, fut publiée à la fin de l'édition française de 1647. Nous donnons également les sixièmes *Objections* et *Réponses*. Nous ne donnons pas les septièmes, qui contiennent à la vérité de très beaux textes, mais où l'intérêt du débat commence à s'épuiser.

Nous adoptons, bien entendu, le texte de l'édition française de 1647, la seule qui ait été publiée du vivant de Descartes.

A MESSIEURS
LES DOYEN ET DOCTEURS
DE LA SACRÉE FACULTÉ DE THÉOLOGIE DE PARIS

MESSIEURS,

La raison qui me porte à vous présenter cet ouvrage est si juste, et, quand vous en connaîtrez le dessein, je m'assure que vous en aurez aussi une si juste de le prendre en votre protection, que je pense ne pouvoir mieux faire, pour vous le rendre en quelque sorte recommandable, qu'en vous disant en peu de mots ce que je m'y suis proposé. J'ai toujours estimé que ces deux questions, de Dieu et de l'âme, étaient les principales de celles qui doivent plutôt être démontrées par les raisons de la philosophie que de la théologie : car bien qu'il nous suffise, à nous autres qui sommes fidèles, de croire par la foi qu'il y a un Dieu, et que l'âme humaine ne meurt point avec le corps ; certainement il ne semble pas possible de pouvoir jamais persuader aux infidèles aucune religion, ni quasi même aucune vertu morale, si premièrement on ne leur prouve ces deux choses par raison naturelle. Et d'autant qu'on propose souvent en cette vie de plus grandes récompenses pour les vices que pour les vertus, peu de personnes préféreraient le juste à l'utile, si elles n'étaient retenues, ni par la crainte de Dieu, ni par l'attente d'une autre vie. Et quoiqu'il soit absolument vrai, qu'il faut croire qu'il y a un Dieu, parce qu'il est ainsi enseigné dans les Saintes Écritures, et d'autre part qu'il faut croire les Saintes Écritures, parce qu'elles viennent de Dieu; et cela parce que, la foi étant un don de Dieu, celui-là même qui donne la grâce pour faire croire les autres choses, la peut aussi donner pour nous faire croire qu'il existe : on ne saurait néanmoins proposer cela aux infidèles, qui pourraient s'imaginer que l'on commettrait en ceci la faute que les logiciens nomment un Cercle.

Et de vrai, j'ai pris garde que vous autres, Messieurs, avec tous les théologiens, n'assuriez pas seulement que l'existence de Dieu se peut prouver par raison naturelle, mais aussi que l'on infère de la Sainte Écriture, que sa connaissance est beaucoup plus claire que celle que l'on a de plusieurs choses créées, et qu'en effet elle est si facile, que ceux qui ne l'ont point sont coupables. Comme il paraît par ces paroles de la Sagesse, chapitre 13, où il est dit que *leur ignorance n'est point pardonnable : car si leur esprit a pénétré si avant dans la connaissance des choses du monde, comment est-il possible qu'ils n'en aient point trouvé plus facilement le souverain Seigneur ?* Et aux Romains, chapitre premier, il est dit qu'ils sont *inexcusables*. Et encore, au même endroit, par ces paroles : *Ce qui est connu de Dieu, est manifeste dans eux,* il semble que nous soyons avertis, que tout ce qui se peut savoir de Dieu peut être montré par des raisons qu'il n'est pas besoin de chercher ailleurs que dans nous-mêmes, et que notre esprit seul est capable de nous fournir. C'est pourquoi j'ai pensé qu'il ne serait point hors de propos, que je fisse voir ici par quels moyens cela se peut faire, et quelle voie il faut tenir, pour arriver à la connaissance de Dieu avec plus de facilité et de certitude que nous ne connaissons les choses de ce monde.

Et pour ce qui regarde l'âme, quoique plusieurs aient cru qu'il n'est pas aisé d'en connaître la nature, et que quelques-uns aient même osé dire que les raisons humaines nous persuadaient qu'elle mourait avec le corps, et qu'il n'y avait que la seule Foi qui nous enseignait le contraire, néanmoins, d'autant que le Concile de Latran, tenu sous Léon X, en la session 8, les condamne, et qu'il ordonne expressément aux philosophes chrétiens de répondre à leurs arguments, et d'employer toutes les forces de leur esprit pour faire connaître la vérité, j'ai bien osé l'entreprendre dans cet écrit. Davantage, sachant que la principale raison, qui fait que plusieurs impies ne veulent point croire qu'il y a un Dieu, et que l'âme humaine est distincte du corps, est qu'ils disent que personne jusques ici n'a pu démontrer ces deux choses ; quoique je ne sois point de leur opinion, mais qu'au contraire je tienne que presque toutes les raisons qui ont été apportées par tant de grands personnages, touchant ces deux questions, sont autant de démonstrations, quand elles sont bien entendues, et qu'il soit presque impossible d'en inventer de nouvelles : si est-ce que je crois qu'on ne saurait rien faire de plus utile en la philosophie, que d'en rechercher une fois curieusement et avec soin les meilleures et plus solides, et les disposer en un ordre si clair et si exact, qu'il soit constant désormais à tout le monde, que ce sont de véritables démonstrations. Et enfin, d'autant que plusieurs personnes ont désiré cela de moi, qui ont connaissance que j'ai cultivé une certaine méthode pour résoudre toutes sortes de difficultés dans les sciences; méthode qui de vrai n'est pas nouvelle, n'y ayant rien de plus ancien que la vérité, mais de laquelle ils savent que je me suis servi assez heureusement en d'autres rencontres; j'ai pensé qu'il était de mon devoir de tenter quelque chose sur ce sujet.

Or j'ai travaillé de tout mon possible pour comprendre dans ce traité tout ce qui s'en peut dire. Ce n'est pas que j'aie ici ramassé toutes les diverses raisons qu'on pourrait alléguer pour servir de preuve à notre sujet : car je n'ai jamais cru que cela fût nécessaire, sinon lorsqu'il n'y en a aucune qui soit certaine; mais seulement j'ai traité les premières et principales d'une telle manière, que j'ose bien les proposer pour de très évidentes et très certaines démonstrations. Et je dirai de plus qu'elles sont telles, que je ne pense pas qu'il y ait aucune voie par où l'esprit humain en puisse jamais découvrir de meilleures; car l'importance de l'affaire, et la gloire de Dieu à laquelle tout ceci se rapporte, me contraignent de parler ici un peu plus librement de moi que je n'ai de coutume. Néanmoins, quelque certitude et évidence que je trouve en mes raisons, je ne puis pas me persuader que tout le monde soit capable de les entendre. Mais, tout ainsi que dans la géométrie il y en a plusieurs qui nous ont été laissées par Archimède, par Apollonius, par Pappus, et par plusieurs autres, qui sont reçues de tout le monde pour très certaines et très évidentes, parce qu'elles ne contiennent rien qui, considéré séparément, ne soit très facile à connaître, et qu'il n'y a point d'endroit où les conséquences ne cadrent et ne conviennent fort bien avec les antécédents; néanmoins, parce qu'elles sont un peu longues, et qu'elles demandent un esprit tout entier, elles ne sont comprises et entendues que de fort peu de personnes : de même, encore que j'estime que celles dont je me sers ici, égalent, voire même surpassent en certitude et évidence les démonstrations de géométrie, j'appréhende néanmoins qu'elles ne puissent pas être assez suffisamment entendues de plusieurs, tant parce qu'elles sont aussi un peu longues, et dépendantes les unes des autres, que principalement parce qu'elles demandent un esprit entièrement libre de tous préjugés et qui se puisse aisément détacher du commerce des sens. Et en vérité, il ne s'en trouve pas tant dans le monde qui soient propres pour les spéculations métaphysiques, que pour celles de géométrie. Et de plus il y a encore cette différence que, dans la géométrie chacun étant prévenu de l'opinion, qu'il ne s'y avance rien qui n'ait une démonstration certaine, ceux qui n'y sont pas entièrement versés, pèchent bien plus souvent en approuvant de fausses démonstrations, pour faire croire qu'ils les entendent, qu'en réfutant les véritables. Il n'en est pas de même dans la philosophie, où, chacun croyant que toutes ses propositions sont problématiques, peu de personnes s'adonnent à la recherche de la vérité; et même beaucoup, se voulant acquérir la réputation de forts esprits, ne s'étudient à autre chose qu'à combattre arrogamment les vérités les plus apparentes.

C'est pourquoi, Messieurs, quelque force que puissent avoir mes raisons, parce qu'elles appartiennent à la philosophie, je n'espère pas qu'elles fassent un grand effort sur les esprits, si vous ne les prenez en votre protection. Mais l'estime que tout le monde fait de votre compagnie étant si grande, et le nom de Sorbonne d'une telle autorité, que non seulement en ce qui regarde la Foi, après les sacrés Conciles, on n'a jamais tant déféré au jugement d'aucune autre compagnie, mais aussi en ce qui regarde l'humaine philosophie, chacun croyant qu'il n'est pas possible de trouver ailleurs plus de solidité et de connaissance, ni plus de prudence et d'intégrité pour donner son jugement; je ne doute point, si vous daignez prendre tant de soin de cet écrit, que de vouloir premièrement le corriger; car ayant connaissance non seulement de mon infirmité, mais aussi de mon ignorance, je n'oserais pas assurer qu'il n'y ait aucunes erreurs; puis après y ajouter les choses qui y manquent, achever celles qui ne sont pas parfaites, et prendre vous-mêmes la peine de donner une explication plus ample à celles qui en ont besoin, ou du moins de m'en avertir afin que j'y travaille, et enfin, après que les raisons par lesquelles je prouve qu'il y a un Dieu, et que l'âme humaine diffère d'avec le corps, auront été portées jusques au point de clarté et d'évidence, où je m'assure qu'on les peut conduire, qu'elles devront être tenues pour de très exactes démonstrations, vouloir déclarer cela même, et le témoigner publiquement : je ne doute point, dis-je, que si cela se fait, toutes les erreurs et fausses opinions qui ont jamais été touchant ces deux questions, ne soient bientôt effacées de l'esprit des hommes. Car la vérité fera que tous les doctes et gens d'esprit souscriront à votre jugement; et votre autorité, que les athées, qui sont pour l'ordinaire plus arrogants que doctes et judicieux, se dépouilleront de leur esprit de contradiction, ou que peut-être ils soutiendront eux-mêmes les raisons qu'ils verront être reçues par toutes les personnes d'esprit pour des démonstrations, de peur qu'ils ne paraissent n'en avoir pas l'intelligence; et enfin tous les autres se rendront aisément à tant de témoignages, et il n'y aura plus personne qui ose douter de l'existence de Dieu, et de la distinction réelle et véritable de l'âme humaine d'avec le corps.

C'est à vous maintenant à juger du fruit qui reviendrait de cette créance, si elle était une fois bien établie, qui voyez les désordres que son doute produit; mais je n'aurais pas ici bonne grâce de recommander davantage la cause de Dieu et de la Religion, à ceux qui en ont toujours été les plus fermes colonnes.

ABRÉGÉ
DES SIX MÉDITATIONS SUIVANTES

Dans la première, je mets en avant les raisons pour lesquelles nous pouvons douter généralement de toutes choses, et particulièrement des choses matérielles, au moins tant que nous n'aurons point d'autres fondements dans les sciences, que ceux que nous avons eus jusqu'à présent. Or, bien que l'utilité d'un doute si général ne paraisse pas d'abord, elle est toutefois en cela très grande, qu'il nous délivre de toutes sortes de préjugés, et nous prépare un chemin très facile pour accoutumer notre esprit à se détacher des sens, et enfin, en ce qu'il fait qu'il n'est pas possible que nous ne puissions plus avoir aucun doute, de ce que nous découvrirons après être véritable.

Dans la seconde, l'esprit, qui, usant de sa propre liberté, suppose que toutes les choses ne sont point, de l'existence desquelles il a le moindre doute, reconnaît qu'il est absolument impossible que cependant il n'existe pas lui-même. Ce qui est aussi d'une très grande utilité, d'autant que par ce moyen il fait aisément distinction des choses qui lui appartiennent, c'est-à-dire à la nature intellectuelle, et de celles qui appartiennent au corps. Mais parce qu'il peut arriver que quelques-uns attendent de moi en ce lieu-là des raisons pour prouver l'immortalité de l'âme, j'estime les devoir maintenant avertir, qu'ayant tâché de ne rien écrire dans ce traité, dont je n'eusse des démonstrations très exactes, je me suis vu obligé de suivre un ordre semblable à celui dont se servent les géomètres, savoir est, d'avancer toutes les choses desquelles dépend la proposition que l'on cherche, avant que d'en rien conclure.

Or la première et principale chose qui est requise, avant que de connaître l'immortalité de l'âme, est d'en former une conception claire et nette, et entièrement distincte de toutes les conceptions que l'on peut avoir du corps : ce qui a été fait en ce lieu-là. Il est requis, outre cela, de savoir que toutes les choses que nous concevons clairement et distinctement sont vraies, selon que nous les concevons : ce qui n'a pu être prouvé avant la quatrième Méditation. De plus, il faut avoir une conception distincte de la nature corporelle, laquelle se forme, partie dans cette seconde, et partie dans la cinquième et sixième Méditation. Et enfin, l'on doit conclure de tout cela que les choses que l'on conçoit clairement et distinctement être des substances différentes, comme l'on conçoit l'esprit et le corps, sont en effet des substances diverses, et réellement distinctes les unes d'avec les autres : et c'est ce que l'on conclut dans la sixième Méditation. Et en la même aussi cela se confirme, de ce que nous ne concevons aucun corps que comme divisible, au lieu que l'esprit, ou l'âme de l'homme, ne se peut concevoir que comme indivisible : car, en effet, nous ne pouvons concevoir la moitié d'aucune âme, comme nous pouvons faire du plus petit de tous les corps ; en sorte que leurs natures ne sont pas seulement reconnues diverses, mais même en quelque façon contraires. Or il faut qu'ils sachent que je ne me suis pas engagé d'en rien dire davantage en ce traité-ci, tant parce que cela suffit pour montrer assez clairement que de la corruption du corps la mort de l'âme ne s'ensuit pas, et ainsi pour donner aux hommes l'espérance d'une seconde vie après la mort ; comme aussi parce que les prémisses desquelles on peut conclure l'immortalité de l'âme, dépendent de l'explication de toute la physique : premièrement, afin de savoir que généralement toutes les substances, c'est-à-dire toutes les choses qui ne peuvent exister sans être créées de Dieu, sont de leur nature incorruptibles, et ne peuvent jamais cesser d'être, si elles ne sont réduites au néant par ce même Dieu qui leur veuille dénier son concours ordinaire. Et ensuite, afin que l'on remarque que le corps, pris en général, est une substance, c'est pourquoi aussi il ne périt point ; mais que le corps humain, en tant qu'il diffère des autres corps, n'est formé et composé que d'une certaine configuration de membres, et d'autres semblables accidents ; et l'âme humaine, au contraire, n'est point ainsi composée d'aucuns accidents, mais est une pure substance. Car encore que tous ses accidents se changent, par exemple, qu'elle conçoive de certaines choses, qu'elle en veuille d'autres, qu'elle en sente d'autres, etc., c'est pourtant toujours la même âme ; au lieu que le corps humain n'est plus le même, de cela seul que la figure de quelques-unes de ses parties se trouve changée. D'où il s'ensuit que le corps humain peut facilement périr, mais que l'esprit, ou l'âme de l'homme (ce que je ne distingue point), est immortelle de sa nature.

Dans la troisième Méditation, il me semble que j'ai expli-

qué assez au long le principal argument dont je me sers pour prouver l'existence de Dieu. Toutefois, afin que l'esprit du lecteur se pût plus aisément abstraire des sens, je n'ai point voulu me servir en ce lieu-là d'aucunes comparaisons tirées des choses corporelles, si bien que peut-être il y est demeuré beaucoup d'obscurités, lesquelles, comme j'espère, seront entièrement éclaircies dans les réponses que j'ai faites aux objections qui m'ont depuis été proposées. Comme, par exemple, il est assez difficile d'entendre comment l'idée d'un être souverainement parfait, laquelle se trouve en nous, contient tant de réalité objective, c'est-à-dire participe par représentation à tant de degrés d'être et de perfection, qu'elle doive nécessairement venir d'une cause souverainement parfaite. Mais je l'ai éclairci dans ces réponses, par la comparaison d'une machine fort artificielle, dont l'idée se rencontre dans l'esprit de quelque ouvrier; car, comme l'artifice objectif de cette idée doit avoir quelque cause, à savoir la science de l'ouvrier, ou de quelque autre duquel il l'ait apprise, de même il est impossible que l'idée de Dieu, qui est en nous, n'ait pas Dieu même pour sa cause.

Dans la quatrième, il est prouvé que les choses que nous concevons fort clairement et fort distinctement sont toutes vraies; et ensemble est expliqué en quoi consiste la raison de l'erreur ou fausseté: ce qui doit nécessairement être su, tant pour confirmer les vérités précédentes, que pour mieux entendre celles qui suivent. Mais cependant il est à remarquer que je ne traite nullement en ce lieu-là du péché, c'est-à-dire de l'erreur qui se commet dans la poursuite du bien et du mal, mais seulement de celle qui arrive dans le jugement et le discernement du vrai et du faux; et que je n'entends point y parler des choses qui appartiennent à la foi, ou à la conduite de la vie, mais seulement de celles qui regardent les vérités spéculatives et connues par l'aide de la seule lumière naturelle.

Dans la cinquième, outre que la nature corporelle prise en général y est expliquée, l'existence de Dieu y est encore démontrée par de nouvelles raisons, dans lesquelles toutefois il se peut rencontrer quelques difficultés, mais qui seront résolues dans les réponses aux objections qui m'ont été faites; et aussi on y découvre de quelle sorte il est véritable, que la certitude même des démonstrations géométriques dépend de la connaissance d'un Dieu.

Enfin, dans la sixième, je distingue l'action de l'entendement d'avec celle de l'imagination; les marques de cette dis-

tinction y sont décrites. J'y montre que l'âme de l'homme est réellement distincte du corps, et toutefois qu'elle lui est si étroitement conjointe et unie, qu'elle ne compose que comme une même chose avec lui. Toutes les erreurs qui procèdent des sens y sont exposées, avec les moyens de les éviter. Et enfin, j'y apporte toutes les raisons desquelles on peut conclure l'existence des choses matérielles: non que je les juge fort utiles pour prouver ce qu'elles prouvent, à savoir, qu'il y a un monde, que les hommes ont des corps, et autres choses semblables, qui n'ont jamais été mises en doute par aucun homme de bon sens; mais parce qu'en les considérant de près, l'on vient à connaître qu'elles ne sont pas si fermes ni si évidentes, que celles qui nous conduisent à la connaissance de Dieu et de notre âme; en sorte que celles-ci sont les plus certaines et les plus évidentes qui puissent tomber en la connaissance de l'esprit humain. Et c'est tout ce que j'ai eu dessein de prouver dans ces six Méditations; ce qui fait que j'omets ici beaucoup d'autres questions, dont j'ai aussi parlé par occasion dans ce traité.

MÉDITATIONS

TOUCHANT

LA PREMIÈRE PHILOSOPHIE

DANS LESQUELLES

L'EXISTENCE DE DIEU ET LA DISTINCTION RÉELLE

ENTRE L'AME ET LE CORPS DE L'HOMME

SONT DÉMONTRÉES

PREMIÈRE MÉDITATION

Des choses que l'on peut révoquer en doute.

Il y a déjà quelque temps que je me suis aperçu que, dès mes premières années, j'avais reçu quantité de fausses opinions pour véritables, et que ce que j'ai depuis fondé sur des principes si mal assurés, ne pouvait être que fort douteux et incertain; de façon qu'il me fallait entreprendre sérieusement une fois en ma vie de me défaire de toutes les opinions que j'avais reçues jusques alors en ma créance, et commencer tout de nouveau dès les fondements, si je voulais établir quelque chose de ferme et de constant dans les sciences. Mais cette entreprise me semblant être fort grande, j'ai attendu que j'eusse atteint un âge qui fût si mûr, que je n'en pusse espérer d'autre après lui, auquel je fusse plus propre à l'exécuter; ce qui m'a fait différer si longtemps, que désormais je croirais commettre une faute, si j'employais encore à délibérer le temps qu'il me reste pour agir.

Maintenant donc que mon esprit est libre de tous soins, et que je me suis procuré un repos assuré dans une paisible solitude, je m'appliquerai sérieusement et avec liberté à détruire généralement toutes mes anciennes opinions. Or il ne sera pas nécessaire, pour arriver à ce dessein, de prouver qu'elles sont toutes fausses, de quoi peut-être je ne viendrais jamais à bout; mais, d'autant que la raison me persuade déjà que je ne dois pas moins soigneusement m'empêcher de donner créance aux choses qui ne sont pas entièrement certaines et indubitables, qu'à celles qui nous paraissent manifestement être fausses, le moindre sujet de douter que j'y trouverai, suffira pour me les faire toutes rejeter. Et pour cela il n'est pas besoin que je les examine chacune en particulier, ce qui serait d'un travail infini; mais, parce que la ruine des fondements entraîne nécessairement avec soi tout le reste de l'édifice, je m'attaquerai d'abord aux principes, sur lesquels toutes mes anciennes opinions étaient appuyées.

Tout ce que j'ai reçu jusqu'à présent pour le plus vrai et assuré, je l'ai appris des sens, ou par les sens : or j'ai quelquefois éprouvé que ces sens étaient trompeurs, et il est de la prudence de ne se fier jamais entièrement à ceux qui nous ont une fois trompés.

Mais, encore que les sens nous trompent quelquefois, touchant les choses peu sensibles et fort éloignées, il s'en rencontre peut-être beaucoup d'autres, desquelles on ne peut pas raisonnablement douter, quoique nous les connaissions par leur moyen : par exemple, que je sois ici, assis auprès du feu, vêtu d'une robe de chambre, ayant ce papier entre les mains, et autres choses de cette nature. Et comment est-ce que je pourrais nier que ces mains et ce corps-ci soient à moi? si ce n'est peut-être que je me compare à ces insensés, de qui le cerveau est tellement troublé et offusqué par les noires vapeurs de la bile, qu'ils assurent constamment qu'ils sont des rois, lorsqu'ils sont très pauvres; qu'ils sont vêtus d'or et de pourpre, lorsqu'ils sont tout nus; ou s'imaginent être des cruches, ou avoir un corps de verre. Mais quoi? ce sont des fous, et je ne serais pas moins extravagant, si je me réglais sur leurs exemples.

Toutefois j'ai ici à considérer que je suis homme, et par conséquent que j'ai coutume de dormir et de me représenter en mes songes les mêmes choses, ou quelquefois de moins vraisemblables, que ces insensés, lorsqu'ils veillent. Combien de fois m'est-il arrivé de songer, la nuit, que j'étais en ce lieu, que j'étais habillé, que j'étais auprès du feu, quoique je fusse tout nu dedans mon lit? Il me semble bien à présent que ce n'est point avec des yeux endormis que je regarde ce papier; que cette tête que je remue n'eſt point assoupie; que c'eſt avec dessein et de propos délibéré que j'étends cette main, et que je la sens : ce qui arrive dans le sommeil ne semble point si clair ni si diſtinct que tout ceci. Mais, en y pensant soigneusement, je me ressouviens d'avoir été souvent trompé, lorsque je dormais, par de semblables illusions. Et m'arrêtant sur cette pensée, je vois si manifeſtement qu'il n'y a point d'indices concluants, ni de marques assez certaines par où l'on puisse diſtinguer nettement la veille d'avec le sommeil, que j'en suis tout étonné; et mon étonnement eſt tel, qu'il eſt presque capable de me persuader que je dors.

Supposons donc maintenant que nous sommes endormis, et que toutes ces particularités-ci, à savoir, que nous ouvrons les yeux, que nous remuons la tête, que nous étendons les mains, et choses semblables, ne sont que de fausses illusions; et pensons que peut-être nos mains, ni tout notre corps, ne sont pas tels que nous les voyons. Toutefois il faut au moins avouer que les choses qui nous sont représentées dans le sommeil, sont comme des tableaux et des peintures, qui ne peuvent être formées qu'à la ressemblance de quelque chose de réel et de véritable; et qu'ainsi, pour le moins, ces choses générales, à savoir, des yeux, une tête, des mains, et tout le reſte du corps, ne sont pas choses imaginaires, mais vraies et exiſtantes. Car de vrai les peintres, lors même qu'ils s'étudient avec le plus d'artifice à représenter des sirènes et des satyres par des formes bizarres et extraordinaires, ne leur peuvent pas toutefois attribuer des formes et des natures entièrement nouvelles, mais font seulement un certain mélange et composition des membres de divers animaux; ou bien, si peut-être leur imagination eſt assez extravagante pour inventer quelque chose de si nouveau, que jamais nous n'ayons rien vu de semblable, et qu'ainsi leur ouvrage nous représente une chose purement feinte et absolument fausse, certes à tout le moins les couleurs dont ils le composent doivent-elles être véritables.

Et par la même raison, encore que ces choses générales, à savoir, des yeux, une tête, des mains, et autres semblables, pussent être imaginaires, il faut toutefois avouer qu'il y a des choses encore plus simples et plus universelles, qui sont vraies et existantes; du mélange desquelles, ni plus ni moins que de celui de quelques véritables couleurs, toutes ces images des choses qui résident en notre pensée, soit vraies et réelles, soit feintes et fantastiques, sont formées. De ce genre de choses est la nature corporelle en général, et son étendue; ensemble la figure des choses étendues, leur quantité ou grandeur, et leur nombre; comme aussi le lieu où elles sont, le temps qui mesure leur durée, et autres semblables.

C'est pourquoi peut-être que de là nous ne conclurons pas mal, si nous disons que la physique, l'astronomie, la médecine, et toutes les autres sciences qui dépendent de la considération des choses composées, sont fort douteuses et incertaines; mais que l'arithmétique, la géométrie, et les autres sciences de cette nature, qui ne traitent que de choses fort simples et fort générales, sans se mettre beaucoup en peine si elles sont dans la nature, ou si elles n'y sont pas, contiennent quelque chose de certain et d'indubitable. Car, soit que je veille ou que je dorme, deux et trois joints ensemble formeront toujours le nombre de cinq, et le carré n'aura jamais plus de quatre côtés; et il ne semble pas possible que des vérités si apparentes puissent être soupçonnées d'aucune fausseté ou d'incertitude.

Toutefois il y a longtemps que j'ai dans mon esprit une certaine opinion, qu'il y a un Dieu qui peut tout, et par qui j'ai été créé et produit tel que je suis. Or qui me peut avoir assuré que ce Dieu n'ait point fait qu'il n'y ait aucune terre, aucun ciel, aucun corps étendu, aucune figure, aucune grandeur, aucun lieu, et que néanmoins j'aie les sentiments de toutes ces choses, et que tout cela ne me semble point exister autrement que je le vois? Et même, comme je juge quelquefois que les autres se méprennent, même dans les choses qu'ils pensent savoir avec le plus de certitude, il se peut faire qu'il ait voulu que je me trompe toutes les fois que je fais l'addition de deux et de trois, ou que je nombre les côtés d'un carré, ou que je juge de quelque chose encore plus facile, si l'on se peut imaginer rien de plus facile que cela. Mais peut-être que Dieu n'a pas voulu que je fusse déçu de la sorte, car il est dit souverainement bon. Toutefois, si cela répugnait à sa bonté, de m'avoir fait tel que je me trompasse toujours, cela semblerait aussi lui être aucunement contraire, de permettre que je me trompe quelquefois, et néanmoins je ne puis douter qu'il ne le permette.

Il y aura peut-être ici des personnes qui aimeront mieux nier l'existence d'un Dieu si puissant, que de croire que toutes les autres choses sont incertaines. Mais ne leur résistons pas pour le présent, et supposons, en leur faveur, que tout ce qui est dit ici d'un Dieu soit une fable. Toutefois, de quelque façon qu'ils supposent que je sois parvenu à l'état et à l'être que je possède, soit qu'ils l'attribuent à quelque destin ou fatalité, soit qu'ils le réfèrent au hasard, soit qu'ils veuillent que ce soit par une continuelle suite et liaison des choses, il est certain que, puisque faillir et se tromper est une espèce d'imperfection, d'autant moins puissant sera l'auteur qu'ils attribueront à mon origine, d'autant plus sera-t-il probable que je suis tellement imparfait que je me trompe toujours. Auxquelles raisons je n'ai certes rien à répondre, mais je suis contraint d'avouer que, de toutes les opinions que j'avais autrefois reçues en ma créance pour véritables, il n'y en a pas une de laquelle je ne puisse maintenant douter, non par aucune inconsidération ou légèreté, mais pour des raisons très fortes et mûrement considérées : de sorte qu'il est nécessaire que j'arrête et suspende désormais mon jugement sur ces pensées, et que je ne leur donne pas plus de créance, que je ferais à des choses qui me paraîtraient évidemment fausses, si je désire trouver quelque chose de constant et d'assuré dans les sciences.

Mais il ne suffit pas d'avoir fait ces remarques, il faut encore que je prenne soin de m'en souvenir; car ces anciennes et ordinaires opinions me reviennent encore souvent en la pensée, le long et familier usage qu'elles ont eu avec moi leur donnant droit d'occuper mon esprit contre mon gré, et de se rendre presque maîtresses de ma créance. Et je ne me désaccoutumerai jamais d'y acquiescer, et de prendre confiance en elles, tant que je les considérerai telles qu'elles sont en effet, c'est à savoir en quelque façon douteuses, comme je viens de montrer, et toutefois fort probables, en sorte que l'on a beaucoup plus de raison de les croire que de les nier. C'est pourquoi je pense que j'en userai plus prudemment, si, prenant un parti contraire, j'emploie tous mes soins à me tromper moi-même, feignant que toutes ces pensées sont fausses et imaginaires; jusques à ce qu'ayant tellement balancé mes préjugés, qu'ils ne puissent faire pencher mon avis plus d'un côté que d'un autre, mon jugement ne soit plus désormais maîtrisé par de mau vais usages et détourné du droit chemin qui le peut conduire à la connaissance de la vérité. Car je suis assuré que cependant il ne peut y avoir de péril ni d'erreur en cette voie, et que je ne saurais aujourd'hui trop accorder à ma défiance, puisqu'il n'est pas maintenant question d'agir, mais seulement de méditer et de connaître.

Je supposerai donc qu'il y a, non point un vrai Dieu, qui est la souveraine source de vérité, mais un certain mauvais génie, non moins rusé et trompeur que puissant, qui a employé toute son industrie à me tromper. Je penserai que le ciel, l'air, la terre, les couleurs, les figures, les sons et toutes les choses extérieures que nous voyons, ne sont que des illusions et tromperies, dont il se sert pour surprendre ma crédulité. Je me considérerai moi-même comme n'ayant point de mains, point d'yeux, point de chair, point de sang, comme n'ayant aucuns sens, mais croyant faussement avoir toutes ces choses. Je demeurerai obstinément attaché à cette pensée; et si, par ce moyen, il n'est pas en mon pouvoir de parvenir à la connaissance d'aucune vérité, à tout le moins il est en ma puissance de suspendre mon jugement. C'est pourquoi je prendrai garde soigneusement de ne point recevoir en ma croyance aucune fausseté, et préparerai si bien mon esprit à toutes les ruses de ce grand trompeur, que, pour puissant et rusé qu'il soit, il ne pourra jamais rien imposer.

Mais ce dessein est pénible et laborieux, et une certaine paresse m'entraîne insensiblement dans le train de ma vie ordinaire. Et tout de même qu'un esclave qui jouissait dans le sommeil d'une liberté imaginaire, lorsqu'il commence à soupçonner que sa liberté n'est qu'un songe, craint d'être réveillé, et conspire avec ces illusions agréables pour en être plus longuement abusé, ainsi je retombe insensiblement de moi-même dans mes anciennes opinions, et j'appréhende de me réveiller de cet assoupissement, de peur que les veilles laborieuses qui succéderaient à la tranquillité de ce repos, au lieu de m'apporter quelque jour et quelque lumière dans la connaissance de la vérité, ne fussent pas suffisantes pour éclaircir les ténèbres des difficultés qui viennent d'être agitées.

MÉDITATION SECONDE

De la nature de l'esprit humain ;
et qu'il est plus aisé à connaître que le corps.

La Méditation que je fis hier m'a rempli l'esprit de tant de doutes, qu'il n'est plus désormais en ma puissance de les oublier. Et cependant je ne vois pas de quelle façon je les pourrai résoudre; et comme si tout à coup j'étais tombé dans une eau très profonde, je suis tellement surpris, que je ne puis ni assurer mes pieds dans le fond, ni nager pour me soutenir au-dessus. Je m'efforcerai néanmoins, et suivrai derechef la même voie où j'étais entré hier, en m'éloignant de tout ce en quoi je pourrai imaginer le moindre doute, tout de même que si je connaissais que cela fût absolument faux; et je continuerai toujours dans ce chemin, jusqu'à ce que j'aie rencontré quelque chose de certain, ou du moins, si je ne puis autre chose, jusqu'à ce que j'aie appris certainement, qu'il n'y a rien au monde de certain.

Archimède, pour tirer le globe terrestre de sa place et le transporter en un autre lieu, ne demandait rien qu'un point qui fût fixe et assuré. Ainsi j'aurai droit de concevoir de hautes espérances, si je suis assez heureux pour trouver seulement une chose qui soit certaine et indubitable.

Je suppose donc que toutes les choses que je vois sont fausses; je me persuade que rien n'a jamais été de tout ce que ma mémoire remplie de mensonges me représente; je pense n'avoir aucun sens; je crois que le corps, la figure, l'étendue, le mouvement et le lieu ne sont que des fictions de mon esprit. Qu'est-ce donc qui pourra être estimé véritable? Peut-être rien autre chose, sinon qu'il n'y a rien au monde de certain.

Mais que sais-je s'il n'y a point quelque autre chose différente de celles que je viens de juger incertaines, de laquelle on ne puisse avoir le moindre doute? N'y a-t-il point quelque Dieu, ou quelque autre puissance, qui me met en l'esprit ces pensées? Cela n'est pas nécessaire; car peut-être que je suis capable de les produire de moi-même. Moi donc à tout le moins ne suis-je pas quelque chose ? Mais j'ai déjà nié que j'eusse aucun sens ni aucun corps. J'hésite néanmoins, car que s'ensuit-il de là ? Suis-je tellement dépendant du corps et des sens, que je ne puisse être sans eux ? Mais je me suis persuadé qu'il n'y avait rien du tout dans le monde, qu'il n'y avait aucun ciel, aucune terre, aucuns esprits, ni aucuns corps ; ne me suis-je donc pas aussi persuadé que je n'étais point ? Non certes, j'étais sans doute, si je me suis persuadé, ou seulement si j'ai pensé quelque chose. Mais il y a un je ne sais quel trompeur très puissant et très rusé, qui emploie toute son industrie à me tromper toujours. Il n'y a donc point de doute que je suis, s'il me trompe ; et qu'il me trompe tant qu'il voudra, il ne saurait jamais faire que je ne sois rien, tant que je penserai être quelque chose. De sorte qu'après y avoir bien pensé, et avoir soigneusement examiné toutes choses, enfin il faut conclure, et tenir pour constant que cette proposition : *Je suis, j'existe,* est nécessairement vraie, toutes les fois que je la prononce, ou que je la conçois en mon esprit.

Mais je ne connais pas encore assez clairement ce que je suis, moi qui suis certain que je suis ; de sorte que désormais il faut que je prenne soigneusement garde de ne prendre pas imprudemment quelque autre chose pour moi, et ainsi de ne me point méprendre dans cette connaissance, que je soutiens être plus certaine et plus évidente que toutes celles que j'ai eues auparavant.

C'est pourquoi je considérerai derechef ce que je croyais être avant que j'entrasse dans ces dernières pensées ; et de mes anciennes opinions je retrancherai tout ce qui peut être combattu par les raisons que j'ai tantôt alléguées, en sorte qu'il ne demeure précisément rien que ce qui est entièrement indubitable. Qu'est-ce donc que j'ai cru être ci-devant ? Sans difficulté, j'ai pensé que j'étais un homme. Mais qu'est-ce qu'un homme ? Dirai-je que c'est un animal raisonnable ? Non certes : car il faudrait par après rechercher ce que c'est qu'animal, et ce que c'est que raisonnable, et ainsi d'une seule question nous tomberions insensiblement en une infinité d'autres plus difficiles et embarrassées, et je ne voudrais pas abuser du peu de temps et de loisir qui me reste, en l'employant à démêler de semblables subtilités. Mais je m'arrêterai plutôt à considérer ici les pensées qui naissaient ci-devant d'elles-mêmes en mon esprit, et qui ne m'étaient inspirées que de ma seule nature, lorsque je m'appliquais à la considération de mon être. Je me considérais, premièrement, comme ayant un visage, des mains, des bras, et toute cette machine composée d'os et de chair, telle qu'elle paraît en un cadavre, laquelle je désignais par le nom de corps. Je considérais, outre cela, que je me nourrissais, que je marchais, que je sentais et que je pensais, et je rapportais toutes ces actions à l'âme; mais je ne m'arrêtais point à penser ce que c'était que cette âme, ou bien, si je m'y arrêtais, j'imaginais qu'elle était quelque chose extrêmement rare et subtile, comme un vent, une flamme ou un air très délié, qui était insinué et répandu dans mes plus grossières parties. Pour ce qui était du corps, je ne doutais nullement de sa nature; car je pensais la connaître fort distinctement, et, si je l'eusse voulu expliquer suivant les notions que j'en avais, je l'eusse décrite en cette sorte. Par le corps, j'entends tout ce qui peut être terminé par quelque figure; qui peut être compris en quelque lieu, et remplir un espace en telle sorte que tout autre corps en soit exclu; qui peut être senti, ou par l'attouchement, ou par la vue, ou par l'ouïe, ou par le goût, ou par l'odorat; qui peut être mû en plusieurs façons, non par lui-même, mais par quelque chose d'étranger duquel il soit touché et dont il reçoive l'impression. Car d'avoir en soi la puissance de se mouvoir, de sentir et de penser, je ne croyais aucunement que l'on dût attribuer ces avantages à la nature corporelle; au contraire, je m'étonnais plutôt de voir que de semblables facultés se rencontraient en certains corps.

Mais moi, qui suis-je, maintenant que je suppose qu'il y a quelqu'un qui est extrêmement puissant et, si je l'ose dire, malicieux et rusé, qui emploie toutes ses forces et toute son industrie à me tromper? Puis-je m'assurer d'avoir la moindre de toutes les choses que j'ai attribuées ci-dessus à la nature corporelle? Je m'arrête à y penser avec attention, je passe et repasse toutes ces choses en mon esprit, et je n'en rencontre aucune que je puisse dire être en moi. Il n'est pas besoin que je m'arrête à les dénombrer. Passons donc aux attributs de l'âme, et voyons s'il y en a quelques-uns qui soient en moi. Les premiers sont de me nourrir et de marcher; mais s'il est vrai que je n'aie point de corps, il eſt vrai aussi que je ne puis marcher ni me nourrir. Un autre eſt de sentir; mais on ne peut aussi sentir sans le corps : outre que j'ai pensé sentir autrefois plusieurs choses pendant le sommeil, que j'ai reconnu à mon réveil n'avoir point en effet senties. Un autre eſt de penser; et je trouve ici que la pensée eſt un attribut qui m'appartient : elle seule ne peut être détachée de moi. *Je suis, j'exiſte :* cela eſt certain; mais combien de temps? A savoir, autant de temps que je pense; car peut-être se pourrait-il faire, si je cessais de penser, que je cesserais en même temps d'être ou d'exiſter. Je n'admets maintenant rien qui ne soit nécessairement vrai : je ne suis donc, précisément parlant, qu'une chose qui pense, c'eſt-à-dire un esprit, un entendement ou une raison, qui sont des termes dont la signification m'était auparavant inconnue. Or je suis une chose vraie, et vraiment exiſtante; mais quelle chose? Je l'ai dit : une chose qui pense. Et quoi davantage? J'exciterai encore mon imagination, pour chercher si je ne suis point quelque chose de plus. Je ne suis point cet assemblage de membres, que l'on appelle le corps humain; je ne suis point un air délié et pénétrant, répandu dans tous ces membres; je ne suis point un vent, un souffle, une vapeur, ni rien de tout ce que je puis feindre et imaginer, puisque j'ai supposé que tout cela n'était rien, et que, sans changer cette supposition, je trouve que je ne laisse pas d'être certain que je suis quelque chose.

Mais aussi peut-il arriver que ces mêmes choses, que je suppose n'être point, parce qu'elles me sont inconnues, ne sont point en effet différentes de moi, que je connais? Je n'en sais rien; je ne dispute pas maintenant de cela, je ne puis donner mon jugement que des choses qui me sont connues : j'ai reconnu que j'étais, et je cherche quel je suis, moi que j'ai reconnu être. Or il eſt très certain que cette notion et connaissance de moi-même, ainsi précisément prise, ne dépend point des choses dont l'exiſtence ne m'eſt pas encore connue; ni par conséquent, et à plus forte raison, d'aucunes de celles qui sont feintes et inventées par l'imagination. Et même ces termes de feindre et d'imaginer m'avertissent de mon erreur; car je feindrais en effet, si j'imaginais être quelque chose, puisque imaginer n'eſt autre chose que contempler la figure ou l'image d'une chose corporelle. Or je sais déjà certainement que je suis, et que tout ensemble il se peut faire que toutes ces images-là, et généralement toutes les choses que l'on rapporte à la nature du corps, ne soient que des songes ou des chimères. En suite de quoi je vois clairement que j'aurais aussi peu de raison en disant : j'exciterai mon imagination pour connaître plus distinctement qui je suis, que si je disais : je suis maintenant éveillé, et j'aperçois quelque chose de réel et de véritable; mais, parce que je ne l'aperçois pas encore assez nettement, je m'endormirai tout exprès, afin que mes songes me représentent cela même avec plus de verité et d'évidence. Et ainsi, je reconnais certainement que rien de tout ce que je puis comprendre par le moyen de l'imagination, n'appartient à cette connaissance que j'ai de moi-même, et qu'il est besoin de rappeler et détourner son esprit de cette façon de concevoir, afin qu'il puisse lui-même reconnaître bien distinctement sa nature.

Mais qu'est-ce donc que je suis ? Une chose qui pense. Qu'est-ce qu'une chose qui pense ? C'est-à-dire une chose qui doute, qui conçoit, qui affirme, qui nie, qui veut, qui ne veut pas, qui imagine aussi, et qui sent. Certes ce n'est pas peu si toutes ces choses appartiennent à ma nature. Mais pourquoi n'y appartiendraient-elles pas ? Ne suis-je pas encore ce même qui doute presque de tout, qui néanmoins entends et conçois certaines choses, qui assure et affirme celles-là seules être véritables, qui nie toutes les autres, qui veux et désire d'en connaître davantage, qui ne veux pas être trompé, qui imagine beaucoup de choses, même quelquefois en dépit que j'en aie, et qui en sens aussi beaucoup, comme par l'entremise des organes du corps ? Y a-t-il rien de tout cela qui ne soit aussi véritable qu'il est certain que je suis, et que j'existe, quand même je dormirais toujours, et que celui qui m'a donné l'être se servirait de toutes ses forces pour m'abuser ? Y a-t-il aussi aucun de ces attributs qui puisse être distingué de ma pensée, ou qu'on puisse dire être séparé de moi-même ? Car il est de soi si évident que c'est moi qui doute, qui entends, et qui désire, qu'il n'est pas ici besoin de rien ajouter pour l'expliquer. Et j'ai aussi certainement la puissance d'imaginer; car encore qu'il puisse arriver (comme j'ai supposé auparavant) que les choses que j'imagine ne soient pas vraies, néanmoins cette puissance d'imaginer ne laisse pas d'être réellement en moi, et fait partie de ma pensée. Enfin je suis le même qui sens, c'est-à-dire qui reçois et connais les choses comme par les organes des sens, puisqu'en effet je vois la lumière, j'ouïs le bruit, je ressens la chaleur. Mais l'on me dira que ces apparences sont fausses et que je dors. Qu'il soit ainsi; toutefois, à tout le moins, il est très certain qu'il me semble que je vois, que j'ouïs, et que je m'échauffe; et c'est proprement ce qui en moi s'appelle sentir, et cela, pris ainsi précisément, n'est rien autre chose que penser. D'où je commence à connaître quel je suis, avec un peu plus de lumière et de distinction que ci-devant.

Mais je ne me puis empêcher de croire que les choses corporelles, dont les images se forment par ma pensée, et qui tombent sous le sens, ne soient plus distinctement connues que cette je ne sais quelle partie de moi-même qui ne tombe point sous l'imagination : quoiqu'en effet ce soit une chose bien étrange, que des choses que je trouve douteuses et éloignées, soient plus clairement et plus facilement connues de moi, que celles qui sont véritables et certaines, et qui appartiennent à ma propre nature. Mais je vois bien ce que c'est : mon esprit se plaît de s'égarer, et ne se peut encore contenir dans les justes bornes de la vérité. Relâchons-lui donc encore une fois la bride, afin que, venant ci-après à la retirer doucement et à propos, nous le puissions plus facilement régler et conduire.

Commençons par la considération des choses les plus communes, et que nous croyons comprendre le plus distinctement, à savoir les corps que nous touchons et que nous voyons. Je n'entends pas parler des corps en général, car ces notions générales sont d'ordinaire plus confuses, mais de quelqu'un en particulier. Prenons pour exemple ce morceau de cire qui vient d'être tiré de la ruche : il n'a pas encore perdu la douceur du miel qu'il contenait, il retient encore quelque chose de l'odeur des fleurs dont il a été recueilli; sa couleur, sa figure, sa grandeur, sont apparentes; il est dur, il est froid, on le touche, et si vous le frappez, il rendra quelque son. Enfin toutes les choses qui peuvent distinctement faire connaître un corps, se rencontrent en celui-ci.

Mais voici que, cependant que je parle, on l'approche

du feu : ce qui y restait de saveur s'exhale, l'odeur s'évanouit, sa couleur se change, sa figure se perd, sa grandeur augmente, il devient liquide, il s'échauffe, à peine le peut-on toucher, et quoiqu'on le frappe, il ne rendra plus aucun son. La même cire demeure-t-elle après ce changement ? Il faut avouer qu'elle demeure ; et personne ne le peut nier. Qu'est-ce donc que l'on connaissait en ce morceau de cire avec tant de distinction ? Certes ce ne peut être rien de tout ce que j'y ai remarqué par l'entremise des sens, puisque toutes les choses qui tombaient sous le goût, ou l'odorat, ou la vue, ou l'attouchement, ou l'ouïe, se trouvent changées, et cependant la même cire demeure. Peut-être était-ce ce que je pense maintenant, à savoir que la cire n'était pas ni cette douceur du miel, ni cette agréable odeur des fleurs, ni cette blancheur, ni cette figure, ni ce son, mais seulement un corps qui un peu auparavant me paraissait sous ces formes, et qui maintenant se fait remarquer sous d'autres. Mais qu'est-ce, précisément parlant, que j'imagine, lorsque je la conçois en cette sorte ? Considérons-le attentivement, et éloignant toutes les choses qui n'appartiennent point à la cire, voyons ce qui reste. Certes il ne demeure rien que quelque chose d'étendu, de flexible et de muable. Or qu'est-ce que cela : flexible et muable ? N'est-ce pas que j'imagine que cette cire étant ronde est capable de devenir carrée, et de passer du carré en une figure triangulaire ? Non certes, ce n'est pas cela, puisque je la conçois capable de recevoir une infinité de semblables changements, et je ne saurais néanmoins parcourir cette infinité par mon imagination, et par conséquent cette conception que j'ai de la cire ne s'accomplit pas par la faculté d'imaginer.

Qu'est-ce maintenant que cette extension ? N'est-elle pas aussi inconnue, puisque dans la cire qui se fond elle augmente, et se trouve encore plus grande quand elle est entièrement fondue, et beaucoup plus encore quand la chaleur augmente davantage ? Et je ne concevrais pas clairement et selon la vérité ce que c'est que la cire, si je ne pensais qu'elle est capable de recevoir plus de variétés selon l'extension, que je n'en ai jamais imaginé. Il faut donc que je tombe d'accord, que je ne saurais pas même concevoir par l'imagination ce que c'est que cette cire, et qu'il n'y a que mon entendement seul qui le conçoive; je dis ce morceau de cire en particulier, car pour la cire en général, il est encore plus évident. Or quelle est cette cire, qui ne peut être conçue que par l'entendement ou l'esprit? Certes c'est la même que je vois, que je touche, que j'imagine, et la même que je connaissais dès le commencement. Mais ce qui est à remarquer, sa perception, ou bien l'action par laquelle on l'aperçoit, n'est point une vision, ni un attouchement, ni une imagination, et ne l'a jamais été, quoiqu'il le semblât ainsi auparavant, mais seulement une inspection de l'esprit, laquelle peut être imparfaite et confuse, comme elle était auparavant, ou bien claire et distincte, comme elle est à présent, selon que mon attention se porte plus ou moins aux choses qui sont en elle, et dont elle est composée.

Cependant je ne me saurais trop étonner, quand je considère combien mon esprit a de faiblesse, et de pente qui le porte insensiblement dans l'erreur. Car encore que sans parler je considère tout cela en moi-même, les paroles toutefois m'arrêtent, et je suis presque trompé par les termes du langage ordinaire; car nous disons que nous voyons la même cire, si on nous la présente, et non pas que nous jugeons que c'est la même, de ce qu'elle a même couleur et même figure : d'où je voudrais presque conclure, que l'on connaît la cire par la vision des yeux, et non par la seule inspection de l'esprit, si par hasard je ne regardais d'une fenêtre des hommes qui passent dans la rue, à la vue desquels je ne manque pas de dire que je vois des hommes, tout de même que je dis que je vois de la cire; et cependant que vois-je de cette fenêtre, sinon des chapeaux et des manteaux, qui peuvent couvrir des spectres ou des hommes feints qui ne se remuent que par ressorts? Mais je juge que ce sont de vrais hommes, et ainsi je comprends, par la seule puissance de juger qui réside en mon esprit, ce que je croyais voir de mes yeux.

Un homme qui tâche d'élever sa connaissance au-delà du commun, doit avoir honte de tirer des occasions de douter des formes et des termes de parler du vulgaire; j'aime mieux passer outre, et considérer, si je concevais avec plus d'évidence et de perfection ce qu'était la cire, lorsque je l'ai d'abord aperçue, et que j'ai cru la connaître par le moyen des sens extérieurs, ou à tout le moins du sens commun, ainsi qu'ils appellent, c'est-à-dire de la puissance imaginative, que je ne la conçois à présent, après avoir plus exactement examiné ce qu'elle est, et de quelle façon elle peut être connue. Certes il serait ridicule de mettre cela en doute. Car, qu'y avait-il dans cette première perception qui fût distinct et évident, et qui ne pourrait pas tomber en même sorte dans le sens du moindre des animaux? Mais quand je distingue la cire d'avec ses formes extérieures, et que, tout de même que si je lui avais ôté ses vêtements, je la considère toute nue, certes, quoiqu'il se puisse encore rencontrer quelque erreur dans mon jugement, je ne la puis concevoir de cette sorte sans un esprit humain.

Mais enfin que dirai-je de cet esprit, c'est-à-dire de moi-même? Car jusques ici je n'admets en moi autre chose qu'un esprit. Que prononcerai-je, dis-je, de moi qui semble concevoir avec tant de netteté et de distinction ce morceau de cire? Ne me connais-je pas moi-même, non seulement avec bien plus de vérité et de certitude, mais encore avec beaucoup plus de distinction et de netteté? Car si je juge que la cire est, ou existe, de ce que je la vois, certes il suit bien plus évidemment que je suis, ou que j'existe moi-même, de ce que je la vois. Car il se peut faire que ce que je vois ne soit pas en effet de la cire; il peut aussi arriver que je n'aie pas même des yeux pour voir aucune chose; mais il ne se peut pas faire que lorsque je vois, ou (ce que je ne distingue plus) lorsque je pense voir, que moi qui pense ne soit quelque chose. De même, si je juge que la cire existe, de ce que je la touche, il s'ensuivra encore la même chose, à savoir que je suis; et si je le juge de ce que mon imagination me le persuade, ou de quelque autre cause que ce soit, je conclurai toujours la même chose. Et ce que j'ai remarqué ici de la cire, se peut appliquer à toutes les autres choses qui me sont extérieures, et qui se rencontrent hors de moi.

Or si la notion ou la connaissance de la cire semble être plus nette et plus distincte, après qu'elle a été découverte non seulement par la vue ou par l'attouchement, mais encore par beaucoup d'autres causes, avec combien plus d'évidence, de distinction et de netteté, me dois-je connaître moi-même, puisque toutes les raisons qui servent à connaître et concevoir la nature de la cire, ou de quelque autre corps, prouvent beaucoup plus facilement et plus évidemment la nature de mon esprit ? Et il se rencontre encore tant d'autres choses en l'esprit même, qui peuvent contribuer à l'éclaircissement de sa nature, que celles qui dépendent du corps, comme celles-ci, ne méritent quasi pas d'être nombrées.

Mais enfin me voici insensiblement revenu où je voulais ; car, puisque c'est une chose qui m'est à présent connue, qu'à proprement parler nous ne concevons les corps que par la faculté d'entendre qui est en nous, et non point par l'imagination ni par les sens, et que nous ne les connaissons pas de ce que nous les voyons, ou que nous les touchons, mais seulement de ce que nous les concevons par la pensée, je connais évidemment qu'il n'y a rien qui me soit plus facile à connaître que mon esprit. Mais, parce qu'il est presque impossible de se défaire si promptement d'une ancienne opinion, il sera bon que je m'arrête un peu en cet endroit, afin que, par la longueur de ma méditation, j'imprime plus profondément en ma mémoire cette nouvelle connaissance.

MÉDITATION TROISIÈME

De Dieu ; qu'il existe.

Je fermerai maintenant les yeux, je boucherai mes oreilles, je détournerai tous mes sens, j'effacerai même de ma pensée toutes les images des choses corporelles, ou du moins, parce qu'à peine cela se peut-il faire, je les réputerai comme vaines et comme fausses; et ainsi m'entretenant seulement moi-même, et considérant mon intérieur, je tâcherai de me rendre peu à peu plus connu et plus familier à moi-même. Je suis une chose qui pense, c'est-à-dire qui doute, qui affirme, qui nie, qui connaît peu de choses, qui en ignore beaucoup, qui aime, qui hait, qui veut, qui ne veut pas, qui imagine aussi, et qui sent. Car, ainsi que j'ai remarqué ci-devant, quoique les choses que je sens et que j'imagine ne soient peut-être rien du tout hors de moi et en elles-mêmes, je suis néanmoins assuré que ces façons de penser, que j'appelle sentiments et imaginations, en tant seulement qu'elles sont des façons de penser, résident et se rencontrent certainement en moi. Et dans ce peu que je viens de dire, je crois avoir rapporté tout ce que je sais véritablement, ou du moins tout ce que jusques ici j'ai remarqué que je savais.

Maintenant je considérerai plus exactement si peut-être il ne se retrouve point en moi d'autres connaissances que je n'aie pas encore aperçues. Je suis certain que je suis une chose qui pense; mais ne sais-je donc pas aussi ce qui est requis pour me rendre certain de quelque chose? Dans cette première connaissance, il ne se rencontre rien qu'une claire et distincte perception de ce que je connais; laquelle de vrai ne serait pas suffisante pour m'assurer qu'elle est vraie, s'il pouvait jamais arriver qu'une chose que je concevrais ainsi clairement et distinctement se trouvât fausse. Et partant il me semble que déjà je puis établir pour règle générale, que toutes les choses que nous concevons fort clairement et fort distinctement, sont toutes vraies.

Toutefois j'ai reçu et admis ci-devant plusieurs choses comme très certaines et très manifestes, lesquelles néanmoins j'ai reconnu par après être douteuses et incertaines. Quelles étaient donc ces choses-là? C'était la terre, le ciel, les astres, et toutes les autres choses que j'apercevais par l'entremise de mes sens. Or qu'est-ce que je concevais clairement et distinctement en elles? Certes rien autre chose sinon que les idées ou les pensées de ces choses se présentaient à mon esprit. Et encore à présent je ne nie pas que ces idées ne se rencontrent en moi. Mais il y avait encore une autre chose que j'assurais, et qu'à cause de l'habitude que j'avais à la croire, je pensais apercevoir très clairement, quoique véritablement je ne l'aperçusse point, à savoir qu'il y avait des choses hors de moi, d'où procédaient ces idées, et auxquelles elles étaient tout à fait semblables. Et c'était en cela que je me trompais; ou, si peut-être je jugeais selon la vérité, ce n'était aucune connaissance que j'eusse, qui fût cause de la vérité de mon jugement.

Mais lorsque je considérais quelque chose de fort simple et de fort facile touchant l'arithmétique et la géométrie, par exemple que deux et trois joints ensemble produisent le nombre de cinq, et autres choses semblables, ne les concevais-je pas au moins assez clairement pour assurer qu'elles étaient vraies? Certes si j'ai jugé depuis qu'on pouvait douter de ces choses, ce n'a point été pour autre raison, que parce qu'il me venait en l'esprit, que peut-être quelque Dieu avait pu me donner une telle nature, que je me trompasse même touchant les choses qui me semblent les plus manifestes. Mais toutes les fois que cette opinion ci-devant conçue de la souveraine puissance d'un Dieu se présente à ma pensée, je suis contraint d'avouer qu'il lui est facile, s'il le veut, de faire en sorte que je m'abuse, même dans les choses que je crois connaître avec une évidence très grande. Et au contraire toutes les fois que je me tourne vers les choses que je pense concevoir fort clairement, je suis tellement persuadé par elles, que de moi-même je me laisse emporter à ces paroles : Me trompe qui pourra, si est-ce qu'il ne saurait jamais faire que je ne sois rien, tandis que je penserai être quelque chose; ou que quelque jour il soit vrai que je n'aie jamais été, étant vrai maintenant que je suis; ou bien que deux et trois joints ensemble fassent plus ni moins que cinq, ou choses semblables, que je vois clairement ne pouvoir être d'autre façon que je les conçois.

Et certes, puisque je n'ai aucune raison de croire qu'il y ait quelque Dieu qui soit trompeur, et même que je n'aie pas encore considéré celles qui prouvent qu'il y a un Dieu, la raison de douter qui dépend seulement de cette opinion, est bien légère, et pour ainsi dire métaphysique. Mais afin de la pouvoir tout à fait ôter, je dois examiner s'il y a un Dieu, sitôt que l'occasion s'en présentera; et si je trouve qu'il y en ait un, je dois aussi examiner s'il peut être trompeur : car sans la connaissance de ces deux vérités, je ne vois pas que je puisse jamais être certain d'aucune chose. Et afin que je puisse avoir occasion d'examiner cela sans interrompre l'ordre de méditer que je me suis proposé, qui est de passer par degrés des notions que je trouverai les premières en mon esprit à celles que j'y pourrai trouver après, il faut ici que je divise toutes mes pensées en certains genres, et que je considère dans lesquels de ces genres il y a proprement de la vérité ou de l'erreur.

Entre mes pensées, quelques-unes sont comme les images des choses, et c'est à celles-là seules que convient proprement le nom d'idée : comme lorsque je me représente un homme, ou une chimère, ou le ciel, ou un ange, ou Dieu même. D'autres, outre cela, ont quelques autres formes : comme, lorsque je veux, que je crains, que j'affirme ou que je nie, je conçois bien alors quelque chose comme le sujet de l'action de mon esprit, mais j'ajoute aussi quelque autre chose par cette action à l'idée que j'ai de cette chose-là; et de ce genre de pensées, les unes sont appelées volontés ou affections, et les autres jugements.

Maintenant, pour ce qui concerne les idées, si on les considère seulement en elles-mêmes, et qu'on ne les rapporte point à quelque autre chose, elles ne peuvent, à proprement parler, être fausses; car soit que j'imagine une chèvre ou une chimère, il n'est pas moins vrai que j'imagine l'une que l'autre.

Il ne faut pas craindre aussi qu'il se puisse rencontrer de la fausseté dans les affections ou volontés; car encore que je puisse désirer des choses mauvaises, ou même qui ne furent jamais, toutefois il n'est pas pour cela moins vrai que je les désire.

Ainsi il ne reste plus que les seuls jugements, dans lesquels je dois prendre garde soigneusement de ne me point tromper. Or la principale erreur et la plus ordinaire qui s'y puisse rencontrer, consiste en ce que je juge que les idées qui sont en moi sont semblables, ou conformes à des choses qui sont hors de moi; car certainement, si je considérais seulement les idées comme de certains modes ou façons de ma pensée, sans les vouloir rapporter à quelque autre chose d'extérieur, à peine me pourraient-elles donner occasion de faillir.

Or de ces idées les unes me semblent être nées avec moi, les autres être étrangères et venir de dehors, et les autres être faites et inventées par moi-même. Car, que j'aie la faculté de concevoir ce que c'est qu'on nomme en général une chose, ou une vérité, ou une pensée, il me semble que je ne tiens point cela d'ailleurs que de ma nature propre; mais si j'ouïs maintenant quelque bruit, si je vois le soleil, si je sens de la chaleur, jusqu'à cette heure j'ai jugé que ces sentiments procédaient de quelques choses qui existent hors de moi; et enfin il me semble que les sirènes, les hippogriffes et toutes les autres semblables chimères sont des fictions et inventions de mon esprit. Mais aussi peut-être me puis-je persuader que toutes ces idées sont du genre de celles que j'appelle étrangères, et qui viennent de dehors, ou bien qu'elles sont toutes nées avec moi, ou bien qu'elles ont toutes été faites par moi; car je n'ai point encore clairement découvert leur véritable origine. Et ce que j'ai principalement à faire en cet endroit, est de considérer, touchant celles qui me semblent venir de quelques objets qui sont hors de moi, quelles sont les raisons qui m'obligent à les croire semblables à ces objets.

La première de ces raisons est qu'il me semble que cela m'est enseigné par la nature; et la seconde, que j'expérimente en moi-même que ces idées ne dépendent point de ma volonté; car souvent elles se présentent à moi malgré moi, comme maintenant, soit que je le veuille, soit que je ne le veuille pas, je sens de la chaleur, et pour cette cause je me persuade que ce sentiment ou bien cette idée de la chaleur est produite en moi par une chose différente de moi, à savoir par la chaleur du feu auprès duquel je me rencontre. Et je ne vois rien qui me semble plus raisonnable, que de juger que cette chose étrangère envoie et imprime en moi sa ressemblance plutôt qu'aucune autre chose.

Maintenant il faut que je voie si ces raisons sont assez fortes et convaincantes. Quand je dis qu'il me semble que cela m'est enseigné par la nature, j'entends seulement par ce mot de nature une certaine inclination qui me porte à croire cette chose, et non pas une lumière naturelle qui me fasse connaître qu'elle est vraie. Or ces deux choses diffèrent beaucoup entre elles; car je ne saurais rien révoquer en doute de ce que la lumière naturelle me fait voir être vrai, ainsi qu'elle m'a tantôt fait voir que, de ce que je doutais, je pouvais conclure que j'étais. Et je n'ai en moi aucune autre faculté, ou puissance, pour distinguer le vrai du faux, qui me puisse enseigner que ce que cette lumière me montre comme vrai ne l'est pas, et à qui je me puisse tant fier qu'à elle. Mais, pour ce qui est des inclinations qui me semblent aussi m'être naturelles, j'ai souvent remarqué, lorsqu'il a été question de faire choix entre les vertus et les vices, qu'elles ne m'ont pas moins porté au mal qu'au bien; c'est pourquoi je n'ai pas sujet de les suivre non plus en ce qui regarde le vrai et le faux.

Et pour l'autre raison, qui est que ces idées doivent venir d'ailleurs, puisqu'elles ne dépendent pas de ma volonté, je ne la trouve non plus convaincante. Car tout de même que ces inclinations, dont je parlais tout maintenant, se trouvent en moi, nonobstant qu'elles ne s'accordent pas toujours avec ma volonté, ainsi peut-être qu'il y a en moi quelque faculté ou puissance propre à produire ces idées sans l'aide d'aucunes choses extérieures, bien qu'elle ne me soit pas encore connue; comme en effet il m'a toujours semblé jusques ici que, lorsque je dors, elles se forment ainsi en moi sans l'aide des objets qu'elles représentent. Et enfin, encore que je demeurasse d'accord qu'elles sont causées par ces objets, ce n'est pas une conséquence nécessaire qu'elles doivent leur être semblables. Au contraire, j'ai souvent remarqué, en beaucoup d'exemples, qu'il y avait une grande différence entre l'objet et son idée. Comme, par exemple, je trouve dans mon esprit deux idées du soleil toutes diverses : l'une tire son origine des sens, et doit être placée dans le genre de celles que j'ai dit ci-dessus venir de dehors, par laquelle il me paraît extrêmement petit; l'autre est prise des raisons de l'astronomie, c'est-à-dire de certaines notions nées avec moi, ou enfin est formée par moi-même de quelque sorte que ce puisse être, par laquelle il me paraît plusieurs fois plus grand que toute la terre. Certes, ces deux idées que je conçois du soleil, ne peuvent pas être toutes deux semblables au même soleil; et la raison me fait croire que celle qui vient immédiatement de son apparence, est celle qui lui est le plus dissemblable.

Tout cela me fait assez connaître que jusques à cette heure ce n'a point été par un jugement certain et prémédité, mais seulement par une aveugle et téméraire impulsion, que j'ai cru qu'il y avait des choses hors de moi, et différentes de mon être, qui, par les organes de mes sens, ou par quelque autre moyen que ce puisse être, envoyaient en moi leurs idées ou images, et y imprimaient leurs ressemblances.

Mais il se présente encore une autre voie pour rechercher si, entre les choses dont j'ai en moi les idées, il y en a quelques-unes qui existent hors de moi. A savoir, si ces idées sont prises en tant seulement que ce sont de certaines façons de penser, je ne reconnais entre elles aucune différence ou inégalité, et toutes semblent procéder de moi d'une même sorte; mais, les considérant comme des images, dont les unes représentent une chose et les autres une autre, il est évident qu'elles sont fort différentes les unes des autres. Car, en effet, celles qui me représentent des substances, sont sans doute quelque chose de plus, et contiennent en soi (pour ainsi parler) plus de réalité objective, c'est-à-dire participent par représentation à plus de degrés d'être ou de perfection, que celles qui me représentent seulement des modes ou accidents. De plus, celle par laquelle je conçois un Dieu souverain, éternel, infini, immuable, tout connaissant, tout-puissant, et Créateur universel de toutes les choses qui sont hors de lui; celle-là, dis-je, a certainement en soi plus de réalité objective, que celles par qui les substances finies me sont représentées.

Maintenant, c'est une chose manifeste par la lumière naturelle, qu'il doit y avoir pour le moins autant de réalité dans la cause efficiente et totale que dans son effet : car d'où est-ce que l'effet peut tirer sa réalité, sinon de sa cause? et comment cette cause la lui pourrait-elle communiquer, si elle ne l'avait en elle-même?

Et de là il suit, non seulement que le néant ne saurait

produire aucune chose, mais aussi que ce qui est plus parfait, c'est-à-dire qui contient en soi plus de réalité, ne peut être une suite et une dépendance du moins parfait. Et cette vérité n'est pas seulement claire et évidente dans les effets qui ont cette réalité que les philosophes appellent actuelle ou formelle, mais aussi dans les idées où l'on considère seulement la réalité qu'ils nomment objective : par exemple, la pierre qui n'a point encore été, non seulement ne peut pas maintenant commencer d'être, si elle n'est produite par une chose qui possède en soi formellement, ou éminemment, tout ce qui entre en la composition de la pierre, c'est-à-dire qui contienne en soi les mêmes choses ou d'autres plus excellentes que celles qui sont dans la pierre; et la chaleur ne peut être produite dans un sujet qui en était auparavant privé, si ce n'est par une chose qui soit d'un ordre, d'un degré ou d'un genre au moins aussi parfait que la chaleur, et ainsi des autres. Mais encore, outre cela, l'idée de la chaleur, ou de la pierre, ne peut pas être en moi, si elle n'y a été mise par quelque cause, qui contienne en soi pour le moins autant de réalité, que j'en conçois dans la chaleur ou dans la pierre. Car encore que cette cause-là ne transmette en mon idée aucune chose de sa réalité actuelle ou formelle, on ne doit pas pour cela s'imaginer que cette cause doive être moins réelle; mais on doit savoir que toute idée étant un ouvrage de l'esprit, sa nature est telle qu'elle ne demande de soi aucune autre réalité formelle, que celle qu'elle reçoit et emprunte de la pensée ou de l'esprit, dont elle est seulement un mode, c'est-à-dire une manière ou façon de penser. Or, afin qu'une idée contienne une telle réalité objective plutôt qu'une autre, elle doit sans doute avoir cela de quelque cause, dans laquelle il se rencontre pour le moins autant de réalité formelle que cette idée contient de réalité objective. Car si nous supposons qu'il se trouve quelque chose dans l'idée, qui ne se rencontre pas dans sa cause, il faut donc qu'elle tienne cela du néant; mais, pour imparfaite que soit cette façon d'être, par laquelle une chose est objectivement ou par représentation dans l'entendement par son idée, certes on ne peut pas néanmoins dire que cette façon et manière-là ne soit rien, ni par conséquent que cette idée tire son origine du néant. Je ne dois pas aussi douter qu'il ne soit nécessaire que la réalité soit formellement dans les causes de mes idées, quoique la réalité que je considère dans ces idées soit seulement objective, ni penser qu'il suffit que cette réalité se rencontre objectivement dans leurs causes; car, tout ainsi que cette manière d'être objectivement appartient aux idées, de leur propre nature, de même aussi la manière ou la façon d'être formellement appartient aux causes de ces idées (à tout le moins aux premières et principales) de leur propre nature. Et encore qu'il puisse arriver qu'une idée donne la naissance à une autre idée, cela ne peut pas toutefois être à l'infini, mais il faut à la fin parvenir à une première idée, dont la cause soit comme un patron ou un original, dans lequel toute la réalité ou perfection soit contenue formellement et en effet, qui se rencontre seulement objectivement ou par représentation dans ces idées. En sorte que la lumière naturelle me fait connaître évidemment, que les idées sont en moi comme des tableaux, ou des images, qui peuvent à la vérité facilement déchoir de la perfection des choses dont elles ont été tirées, mais qui ne peuvent jamais rien contenir de plus grand ou de plus parfait.

Et d'autant plus longuement et soigneusement j'examine toutes ces choses, d'autant plus clairement et distinctement je connais qu'elles sont vraies. Mais enfin que conclurai-je de tout cela? C'est à savoir que, si la réalité objective de quelqu'une de mes idées est telle, que je connaisse clairement qu'elle n'est point en moi, ni formellement, ni éminemment, et que par conséquent je ne puis pas moi-même en être la cause, il suit de là nécessairement que je ne suis pas seul dans le monde, mais qu'il y a encore quelque autre chose qui existe, et qui est la cause de cette idée; au lieu que, s'il ne se rencontre point en moi de telle idée, je n'aurai aucun argument qui me puisse convaincre et rendre certain de l'existence d'aucune autre chose que de moi-même; car je les ai tous soigneusement recherchés, et je n'en ai pu trouver aucun autre jusqu'à présent.

Or entre ces idées, outre celle qui me représente à moi-même, de laquelle il ne peut y avoir ici aucune difficulté, il y en a une autre qui me représente un Dieu, d'autres des choses corporelles et inanimées, d'autres des anges, d'autres des animaux, et d'autres enfin qui me représentent des hommes semblables à moi. Mais pour ce qui regarde les idées qui me représentent d'autres hommes, ou des animaux, ou des anges, je conçois facilement qu'elles peuvent être formées par le mélange et la composition des autres idées que j'ai des choses corporelles et de Dieu, encore que hors de moi il n'y eût point d'autres hommes dans le monde, ni aucuns animaux, ni aucuns anges. Et pour ce qui regarde les idées des choses corporelles, je n'y reconnais rien de si grand ni de si excellent, qui ne me semble pouvoir venir de moi-même; car, si je les considère de plus près, et si je les examine de la même façon que j'examinais hier l'idée de la cire, je trouve qu'il ne s'y rencontre que fort peu de chose que je conçoive clairement et distinctement : à savoir, la grandeur ou bien l'extension en longueur, largeur et profondeur; la figure qui est formée par les termes et les bornes de cette extension; la situation que les corps diversement figurés gardent entre eux; et le mouvement ou le changement de cette situation; auxquelles on peut ajouter la substance, la durée, et le nombre. Quant aux autres choses, comme la lumière, les couleurs, les sons, les odeurs, les saveurs, la chaleur, le froid, et les autres qualités qui tombent sous l'attouchement, elles se rencontrent dans ma pensée avec tant d'obscurité et de confusion, que j'ignore même si elles sont véritables, ou fausses et seulement apparentes, c'est-à-dire si les idées que je conçois de ces qualités, sont en effet les idées de quelques choses réelles, ou bien si elles ne me répresentent que des êtres chimériques, qui ne peuvent exister. Car, encore que j'aie remarqué ci-devant, qu'il n'y a que dans les jugements que se puisse rencontrer la vraie et formelle fausseté, il se peut néanmoins trouver dans les idées une certaine fausseté matérielle, à savoir, lorsqu'elles représentent ce qui n'est rien comme si c'était quelque chose. Par exemple, les idées que j'ai du froid et de la chaleur sont si peu claires et si peu distinctes, que par leur moyen je ne puis pas discerner si le froid est seulement une privation de la chaleur, ou la chaleur une privation du froid, ou bien si l'une et l'autre sont des qualités réelles, ou si elles ne le sont pas; et d'autant que, les idées étant comme des images, il n'y en peut avoir aucune qui ne nous semble représenter quelque chose, s'il est vrai de dire que le froid ne soit autre chose qu'une privation de la chaleur, l'idée qui me le représente comme quelque chose de réel et de positif, ne sera pas mal à propos appelée fausse, et ainsi des autres semblables idées; auxquelles certes il n'est pas nécessaire que j'attribue d'autre auteur que moi-même. Car, si elles sont fausses, c'est-à-dire si elles représentent des choses qui ne sont point, la lumière naturelle me fait connaître qu'elles procèdent du néant, c'est-à-dire qu'elles ne sont en moi, que parce qu'il manque quelque chose à ma nature, et qu'elle n'est pas toute parfaite. Et si ces idées sont vraies, néanmoins, parce qu'elles me font paraître si peu de réalité, que même je ne puis pas nettement discerner la chose représentée d'avec le non-être, je ne vois point de raison pourquoi elles ne puissent être produites par moi-même, et que je n'en puisse être l'auteur.

Quant aux idées claires et distinctes que j'ai des choses corporelles, il y en a quelques-unes qu'il semble que j'ai pu tirer de l'idée que j'ai de moi-même, comme celle que j'ai de la substance, de la durée, du nombre, et d'autres choses semblables. Car, lorsque je pense que la pierre est une substance, ou bien une chose qui de soi est capable d'exister, puis que je suis une substance, quoique je conçoive bien que je suis une chose qui pense et non étendue, et que la pierre au contraire est une chose étendue et qui ne pense point, et qu'ainsi entre ces deux conceptions il se rencontre une notable différence, toutefois elles semblent convenir en ce qu'elles représentent des substances. De même, quand je pense que je suis maintenant, et que je me ressouviens outre cela d'avoir été autrefois, et que je conçois plusieurs diverses pensées dont je connais le nombre, alors j'acquiers en moi les idées de la durée et du nombre, lesquelles, par après, je puis transférer à toutes les autres choses que je voudrai.

Pour ce qui est des autres qualités dont les idées des choses corporelles sont composées, à savoir, l'étendue, la figure, la situation, et le mouvement de lieu, il est vrai qu'elles ne sont point formellement en moi, puisque je ne suis qu'une chose qui pense; mais parce que ce sont seulement de certains modes de la substance, et comme les vêtements sous lesquels la substance corporelle nous paraît, et que je suis aussi moi-même une substance, il semble qu'elles puissent être contenues en moi éminemment.

Partant il ne reste que la seule idée de Dieu, dans laquelle il faut considérer s'il y a quelque chose qui n'ait pu venir de moi-même. Par le nom de Dieu j'entends une substance infinie, éternelle, immuable, indépendante, toute connaissante, toute-puissante, et par laquelle moi-même, et toutes les autres choses qui sont (s'il est vrai qu'il y en ait qui existent) ont été créées et produites. Or ces avantages sont si grands et si éminents, que plus attentivement je les considère, et moins je me persuade que l'idée que j'en ai puisse tirer son origine de moi seul. Et par conséquent il faut nécessairement conclure de tout ce que j'ai dit auparavant, que Dieu existe; car, encore que l'idée de la substance soit en moi, de cela même que je suis une substance, je n'aurais pas néanmoins l'idée d'une substance infinie, moi qui suis un être fini, si elle n'avait été mise en moi par quelque substance qui fût véritablement infinie.

Et je ne me dois pas imaginer que je ne conçois pas l'infini par une véritable idée, mais seulement par la négation de ce qui est fini, de même que je comprends le repos et les ténèbres par la négation du mouvement et de la lumière : puisque au contraire je vois manifestement qu'il se rencontre plus de réalité dans la substance infinie que dans la substance finie, et partant que j'ai en quelque façon premièrement en moi la notion de l'infini, que du fini, c'est-à-dire de Dieu, que de moi-même. Car comment serait-il possible que je pusse connaître que je doute et que je désire, c'est-à-dire qu'il me manque quelque chose et que je ne suis pas tout parfait, si je n'avais en moi aucune idée d'un être plus parfait que le mien, par la comparaison duquel je connaîtrais les défauts de ma nature?

Et l'on ne peut pas dire que peut-être cette idée de Dieu est matériellement fausse, et que par conséquent je la puis tenir du néant, c'est-à-dire qu'elle peut être en moi pour ce que j'ai du défaut, comme j'ai dit ci-devant des idées de la chaleur et du froid, et d'autres choses semblables : car, au contraire, cette idée étant fort claire et fort distincte, et contenant en soi plus de réalité objective qu'aucune autre, il n'y en a point qui soit de soi plus vraie, ni qui puisse être moins soupçonnée d'erreur et de fausseté.

L'idée, dis-je, de cet être souverainement parfait et infini est entièrement vraie; car, encore que peut-être l'on puisse feindre qu'un tel être n'existe point, on ne peut pas feindre néanmoins que son idée ne me représente rien de réel, comme j'ai tantôt dit de l'idée du froid.

Cette même idée est aussi fort claire et fort distincte, puisque tout ce que mon esprit conçoit clairement et distinctement de réel et de vrai, et qui contient en soi quelque perfection, est contenu et renfermé tout entier dans cette idée.

Et ceci ne laisse pas d'être vrai, encore que je ne comprenne pas l'infini, ou même qu'il se rencontre en Dieu une infinité de choses que je ne puis comprendre, ni peut-être aussi atteindre aucunement par la pensée : car il est de la nature de l'infini, que ma nature, qui est finie et bornée, ne le puisse comprendre; et il suffit que je conçoive bien cela, et que je juge que toutes les choses que je conçois clairement, et dans lesquelles je sais qu'il y a quelque perfection, et peut-être aussi une infinité d'autres que j'ignore, sont en Dieu formellement ou éminemment, afin que l'idée que j'en ai soit la plus vraie, la plus claire et la plus distincte de toutes celles qui sont en mon esprit.

Mais peut-être aussi que je suis quelque chose de plus que je ne m'imagine, et que toutes les perfections que j'attribue à la nature d'un Dieu, sont en quelque façon en moi en puissance, quoiqu'elles ne se produisent pas encore, et ne se fassent point paraître par leurs actions. En effet j'expérimente déjà que ma connaissance s'augmente et se perfectionne peu à peu, et je ne vois rien qui la puisse empêcher de s'augmenter de plus en plus jusques à l'infini; puis, étant ainsi accrue et perfectionnée, je ne vois rien qui empêche que je ne puisse m'acquérir par son moyen toutes les autres perfections de la nature divine; et enfin il semble que la puissance que j'ai pour l'acquisition de ces perfections, si elle est en moi, peut être capable d'y imprimer et d'y introduire leurs idées. Toutefois, en y regardant un peu de près, je reconnais que cela ne peut être; car, premièrement, encore qu'il fût vrai que ma connaissance acquît tous les jours de nouveaux degrés de perfection, et qu'il y eût en ma nature beaucoup de choses en puissance, qui n'y sont pas encore actuellement, toutefois tous ces avantages n'appartiennent et n'approchent en aucune sorte de l'idée que j'ai de la Divinité, dans laquelle rien ne se rencontre seulement en puissance, mais tout y est actuellement et en effet. Et même n'est-ce pas un argument infaillible et très certain d'imperfection en ma connaissance, de ce qu'elle s'accroît peu à peu, et qu'elle s'augmente par degrés? Davantage, encore que ma connaissance s'augmentât de plus en plus, néanmoins je ne laisse pas de concevoir qu'elle ne saurait être actuellement infinie, puisqu'elle n'arrivera jamais à un si haut point de perfection, qu'elle ne soit encore capable d'acquérir quelque plus grand accroissement. Mais je conçois Dieu actuellement infini en un si haut degré, qu'il ne se peut rien ajouter à la souveraine perfection qu'il possède. Et enfin je comprends fort bien que l'être objectif d'une idée ne peut être produit par un être qui existe seulement en puissance, lequel à proprement parler n'est rien, mais seulement par un être formel ou actuel.

Et certes je ne vois rien en tout ce que je viens de dire, qui ne soit très aisé à connaître par la lumière naturelle à tous ceux qui voudront y penser soigneusement; mais lorsque je relâche quelque chose de mon attention, mon esprit se trouvant obscurci et comme aveuglé par les images des choses sensibles, ne se ressouvient pas facilement de la raison pourquoi l'idée que j'ai d'un être plus parfait que le mien, doit nécessairement avoir été mise en moi par un être qui soit en effet plus parfait.

C'est pourquoi je veux ici passer outre, et considérer si moi-même, qui ai cette idée de Dieu, je pourrais être, en cas qu'il n'y eût point de Dieu. Et je demande, de qui aurais-je mon existence? Peut-être de moi-même, ou de mes parents, ou bien de quelques autres causes moins parfaites que Dieu; car on ne se peut rien imaginer de plus parfait, ni même d'égal à lui.

Or, si j'étais indépendant de tout autre, et que je fusse moi-même l'auteur de mon être, certes je ne douterais d'aucune chose, je ne concevrais plus de désirs, et enfin il ne me manquerait aucune perfection; car je me serais donné à moi-même toutes celles dont j'ai en moi quelque idée, et ainsi je serais Dieu.

Et je ne me dois point imaginer que les choses qui me

manquent sont peut-être plus difficiles à acquérir, que celles dont je suis déjà en possession; car au contraire il est très certain, qu'il a été beaucoup plus difficile, que moi, c'est-à-dire une chose ou une substance qui pense, soit sorti du néant, qu'il ne me serait d'acquérir les lumières et les connaissances de plusieurs choses que j'ignore, et qui ne sont que des accidents de cette substance. Et ainsi sans difficulté, si je m'étais moi-même donné ce plus que je viens de dire, c'est-à-dire si j'étais l'auteur de ma naissance et de mon existence, je ne me serais pas privé au moins des choses qui sont de plus facile acquisition, à savoir, de beaucoup de connaissances dont ma nature est dénuée; je ne me serais pas privé non plus d'aucune des choses qui sont contenues dans l'idée que je conçois de Dieu, parce qu'il n'y en a aucune qui me semble de plus difficile acquisition; et s'il y en avait quelqu'une, certes elle me paraîtrait telle (supposé que j'eusse de moi toutes les autres choses que je possède), puisque j'expérimenterais que ma puissance s'y terminerait, et ne serait pas capable d'y arriver.

Et encore que je puisse supposer que peut-être j'ai toujours été comme je suis maintenant, je ne saurais pas pour cela éviter la force de ce raisonnement, et ne laisse pas de connaître qu'il est nécessaire que Dieu soit l'auteur de mon existence. Car tout le temps de ma vie peut être divisé en une infinité de parties, chacune desquelles ne dépend en aucune façon des autres; et ainsi, de ce qu'un peu auparavant j'ai été, il ne s'ensuit pas que je doive maintenant être, si ce n'est qu'en ce moment quelque cause me produise et me crée, pour ainsi dire, derechef, c'est-à-dire me conserve.

En effet c'est une chose bien claire et bien évidente (à tous ceux qui considéreront avec attention la nature du temps), qu'une substance, pour être conservée dans tous les moments qu'elle dure, a besoin du même pouvoir et de la même action, qui serait nécessaire pour la produire et la créer tout de nouveau, si elle n'était point encore. En sorte que la lumière naturelle nous fait voir clairement, que la conservation et la création ne diffèrent qu'au regard de notre façon de penser, et non point en effet. Il faut donc seulement ici que je m'interroge moi-même, pour savoir si je possède quelque pouvoir et quelque vertu, qui soit capable de faire en sorte que moi qui suis maintenant, sois encore à l'avenir : car, puisque je ne suis qu'une chose qui pense (ou du moins puisqu'il ne s'agit encore jusques ici précisément que de cette partie-là de moi-même), si une telle puissance résidait en moi, certes je devrais à tout le moins le penser, et en avoir connaissance; mais je n'en ressens aucune dans moi, et par là je connais évidemment que je dépends de quelque être différent de moi.

Peut-être aussi que cet être-là, duquel je dépends, n'est pas ce que j'appelle Dieu, et que je suis produit, ou par mes parents, ou par quelques autres causes moins parfaites que lui? Tant s'en faut, cela ne peut être ainsi. Car, comme j'ai déjà dit auparavant, c'est une chose très évidente qu'il doit y avoir au moins autant de réalité dans la cause que dans son effet. Et partant, puisque je suis une chose qui pense, et qui ai en moi quelque idée de Dieu, quelle que soit enfin la cause que l'on attribue à ma nature, il faut nécessairement avouer qu'elle doit pareillement être une chose qui pense, et posséder en soi l'idée de toutes les perfections que j'attribue à la nature Divine. Puis l'on peut derechef rechercher si cette cause tient son origine et son existence de soi-même, ou de quelque autre chose. Car si elle la tient de soi-même, il s'ensuit, par les raisons que j'ai ci-devant alléguées, qu'elle-même doit être Dieu; puisque ayant la vertu d'être et d'exister par soi, elle doit aussi avoir sans doute la puissance de posséder actuellement toutes les perfections dont elle conçoit les idées, c'est-à-dire toutes celles que je conçois être en Dieu. Que si elle tient son existence de quelque autre cause que de soi, on demandera derechef, par la même raison, de cette seconde cause, si elle est par soi, ou par autrui, jusques à ce que de degrés en degrés on parvienne enfin à une dernière cause qui se trouvera être Dieu. Et il est très manifeste qu'en cela il ne peut y avoir de progrès à l'infini, vu qu'il ne s'agit pas tant ici de la cause qui m'a produit autrefois, comme de celle qui me conserve présentement.

On ne peut pas feindre aussi que peut-être plusieurs causes ont ensemble concouru en partie à ma production, et que de l'une j'ai reçu l'idée d'une des perfections que j'attribue à Dieu, et d'une autre l'idée de quelque autre, en sorte que toutes ces perfections se trouvent bien à la vérité quelque part dans l'Univers, mais ne se rencontrent pas toutes jointes et assemblées dans une seule qui soit Dieu. Car, au contraire, l'unité, la simplicité, ou l'inséparabilité de toutes les choses qui sont en Dieu, est une des principales perfections que je conçois être en lui; et certes l'idée de cette unité et assemblage de toutes les perfections de Dieu, n'a pu être mise en moi par aucune cause, de qui je n'aie point aussi reçu les idées de toutes les autres perfections. Car elle ne peut pas me les avoir fait comprendre ensemblement jointes et inséparables, sans avoir fait en sorte en même temps que je susse ce qu'elles étaient, et que je les connusse toutes en quelque façon.

Pour ce qui regarde mes parents, desquels il semble que je tire ma naissance, encore que tout ce que j'en ai jamais pu croire soit véritable, cela ne fait pas toutefois que ce soit eux qui me conservent, ni qui m'aient fait et produit en tant que je suis une chose qui pense, puisqu'ils ont seulement mis quelques dispositions dans cette matière, en laquelle je juge que moi, c'est-à-dire mon esprit, lequel seul je prends maintenant pour moi-même, se trouve renfermé; et partant il ne peut y avoir ici à leur égard aucune difficulté, mais il faut nécessairement conclure que, de cela seul que j'existe, et que l'idée d'un être souverainement parfait (c'est-à-dire de Dieu) est en moi, l'existence de Dieu est très évidemment démontrée.

Il me reste seulement à examiner de quelle façon j'ai acquis cette idée. Car je ne l'ai pas reçue par les sens, et jamais elle ne s'est offerte à moi contre mon attente, ainsi que font les idées des choses sensibles, lorsque ces choses se présentent ou semblent se présenter aux organes extérieurs de mes sens. Elle n'est pas aussi une pure production ou fiction de mon esprit; car il n'est pas en mon pouvoir d'y diminuer ni d'y ajouter aucune chose. Et par conséquent il ne reste plus autre chose à dire, sinon que, comme l'idée de moi-même, elle est née et produite avec moi dès lors que j'ai été créé.

Et certes on ne doit pas trouver étrange que Dieu, en me créant, ait mis en moi cette idée pour être comme la marque de l'ouvrier empreinte sur son ouvrage; et il n'est pas aussi nécessaire que cette marque soit quelque chose de différent de ce même ouvrage. Mais de cela seul que Dieu m'a créé, il est fort croyable qu'il m'a en quelque façon produit à son image et semblance, et que je conçois cette ressemblance (dans laquelle l'idée de Dieu se trouve contenue) par la même faculté par laquelle je me conçois moi-même; c'est-à-dire que, lorsque je fais réflexion sur moi, non seulement je connais que je suis une chose imparfaite, incomplète, et dépendante d'autrui, qui tend et qui aspire sans cesse à quelque chose de meilleur et de plus grand que je ne suis, mais je connais aussi, en même temps, que celui duquel je dépends, possède en soi toutes ces grandes choses auxquelles j'aspire, et dont je trouve en moi les idées, non pas indéfiniment et seulement en puissance, mais qu'il en jouit en effet, actuellement et infiniment et, ainsi qu'il est Dieu. Et toute la force de l'argument dont j'ai ici usé pour prouver l'existence de Dieu, consiste en ce que je reconnais qu'il ne serait pas possible que ma nature fût telle qu'elle est, c'est-à-dire que j'eusse en moi l'idée d'un Dieu, si Dieu n'existait véritablement; ce même Dieu, dis-je, duquel l'idée est en moi, c'est-à-dire qui possède toutes ces hautes perfections, dont notre esprit peut bien avoir quelque idée sans pourtant les comprendre toutes, qui n'est sujet à aucuns défauts, et qui n'a rien de toutes les choses qui marquent quelque imperfection.

D'où il est assez évident qu'il ne peut être trompeur, puisque la lumière naturelle nous enseigne que la tromperie dépend nécessairement de quelque défaut.

Mais, auparavant que j'examine cela plus soigneusement, et que je passe à la considération des autres vérités que l'on en peut recueillir, il me semble très à propos de m'arrêter quelque temps à la contemplation de ce Dieu tout parfait, de peser tout à loisir ses merveilleux attributs, de considérer, d'admirer et d'adorer l'incomparable beauté de cette immense lumière, au moins autant que la force de mon esprit, qui en demeure en quelque sorte ébloui, me le pourra permettre.

Car, comme la foi nous apprend que la souveraine félicité de l'autre vie ne consiste que dans cette contemplation de la Majesté divine, ainsi expérimenterons-nous dès maintenant, qu'une semblable méditation, quoique incomparablement moins parfaite, nous fait jouir du plus grand contentement que nous soyons capables de ressentir en cette vie.

MÉDITATION QUATRIÈME

Du vrai et du faux.

Je me suis tellement accoutumé ces jours passés à détacher mon esprit des sens, et j'ai si exactement remarqué qu'il y a fort peu de choses que l'on connaisse avec certitude touchant les choses corporelles, qu'il y en a beaucoup plus qui nous sont connues touchant l'esprit humain, et beaucoup plus encore de Dieu même, que maintenant je détournerai sans aucune difficulté ma pensée de la considération des choses sensibles ou imaginables, pour la porter à celles qui, étant dégagées de toute matière, sont purement intelligibles.

Et certes l'idée que j'ai de l'esprit humain, en tant qu'il est une chose qui pense, et non étendue en longueur, largeur et profondeur, et qui ne participe à rien de ce qui appartient au corps, est incomparablement plus distincte que l'idée d'aucune chose corporelle. Et lorsque je considère que je doute, c'est-à-dire que je suis une chose incomplète et dépendante, l'idée d'un être complet et indépendant, c'est-à-dire de Dieu, se présente à mon esprit avec tant de distinction et de clarté; et de cela seul que cette idée se retrouve en moi, ou bien que je suis ou existe, moi qui possède cette idée, je conclus si évidemment l'existence de Dieu, et que la mienne dépend entièrement de lui en tous les moments de ma vie, que je ne pense pas que l'esprit humain puisse rien connaître avec plus d'évidence et de certitude. Et déjà il me semble que je découvre un chemin qui nous conduira de cette contemplation du vrai Dieu (dans lequel tous les trésors de la science et de la sagesse sont renfermés) à la connaissance des autres choses de l'Univers.

Car, premièrement, je reconnais qu'il est impossible que jamais il me trompe, puisqu'en toute fraude et tromperie il se rencontre quelque sorte d'imperfection. Et quoiqu'il semble que pouvoir tromper soit une marque de subtilité, ou de puissance, toutefois vouloir tromper témoigne sans doute de la faiblesse ou de la malice. Et, partant, cela ne peut se rencontrer en Dieu.

En après j'expérimente en moi-même une certaine

puissance de juger, laquelle sans doute j'ai reçue de Dieu, de même que tout le reste des choses que je possède; et comme il ne voudrait pas m'abuser, il est certain qu'il ne me l'a pas donnée telle que je puisse jamais faillir, lorsque j'en userai comme il faut. Et il ne resterait aucun doute de cette vérité, si l'on n'en pouvait, ce semble, tirer cette conséquence, qu'ainsi donc je ne me suis jamais trompé; car, si je tiens de Dieu tout ce que je possède, et s'il ne m'a point donné de puissance pour faillir, il semble que je ne me doive jamais abuser. Et de vrai, lorsque je ne pense qu'à Dieu, je ne découvre en moi aucune cause d'erreur ou de fausseté; mais puis après, revenant à moi, l'expérience me fait connaître que je suis néanmoins sujet à une infinité d'erreurs, desquelles recherchant la cause de plus près, je remarque qu'il ne se présente pas seulement à ma pensée une réelle et positive idée de Dieu, ou bien d'un être souverainement parfait, mais aussi, pour ainsi parler, une certaine idée négative du néant, c'est-à-dire de ce qui est infiniment éloigné de toute sorte de perfection; et que je suis comme un milieu entre Dieu et le néant, c'est-à-dire placé de telle sorte entre le souverain être et le non-être, qu'il ne se rencontre, de vrai, rien en moi qui me puisse conduire dans l'erreur, en tant qu'un souverain être m'a produit; mais que, si je me considère comme participant en quelque façon du néant ou du non-être, c'est-à-dire en tant que je ne suis pas moi-même le souverain être, je me trouve exposé à une infinité de manquements, de façon que je ne me dois pas étonner si je me trompe.

Ainsi je connais que l'erreur, en tant que telle, n'est pas quelque chose de réel qui dépende de Dieu, mais que c'est seulement un défaut; et partant, que je n'ai pas besoin pour faillir de quelque puissance qui m'ait été donnée de Dieu particulièrement pour cet effet, mais qu'il arrive que je me trompe, de ce que la puissance que Dieu m'a donnée pour discerner le vrai d'avec le faux, n'est pas en moi infinie.

Toutefois cela ne me satisfait pas encore tout à fait; car l'erreur n'est pas une pure négation, c'est-à-dire, n'est pas le simple défaut ou manquement de quelque perfection qui ne m'est point due, mais plutôt est une privation de quelque connaissance qu'il semble que je devrais posséder. Et considérant la nature de Dieu, il ne me semble pas possible qu'il m'ait donné quelque faculté qui soit imparfaite en son genre, c'est-à-dire qui manque de quelque perfection qui lui soit due; car s'il est vrai que plus l'artisan est expert, plus les ouvrages qui sortent de ses mains sont parfaits et accomplis, quel être nous imaginerions-nous avoir été produit par ce souverain Créateur de toutes choses, qui ne soit parfait et entièrement achevé en toutes ses parties? Et certes il n'y a point de doute que Dieu n'ait pu me créer tel que je ne me pusse jamais tromper, il est certain aussi qu'il veut toujours ce qui est le meilleur : m'est-il donc plus avantageux de faillir, que de ne point faillir?

Considérant cela avec plus d'attention, il me vient d'abord en la pensée que je ne me dois point étonner, si mon intelligence n'est pas capable de comprendre pourquoi Dieu fait ce qu'il fait, et qu'ainsi je n'ai aucune raison de douter de son existence, de ce que peut-être je vois par expérience beaucoup d'autres choses, sans pouvoir comprendre pour quelle raison ni comment Dieu les a produites. Car, sachant déjà que ma nature est extrêmement faible et limitée, et au contraire que celle de Dieu est immense, incompréhensible, et infinie, je n'ai plus de peine à reconnaître qu'il y a une infinité de choses en sa puissance, desquelles les causes surpassent la portée de mon esprit. Et cette seule raison est suffisante pour me persuader que tout ce genre de causes, qu'on a coutume de tirer de la fin, n'est d'aucun usage dans les choses physiques, ou naturelles; car il ne me semble pas que je puisse sans témérité rechercher et entreprendre de découvrir les fins impénétrables de Dieu.

De plus il me tombe encore en l'esprit, qu'on ne doit pas considérer une seule créature séparément, lorsqu'on recherche si les ouvrages de Dieu sont parfaits, mais généralement toutes les créatures ensemble. Car la même chose qui pourrait peut-être avec quelque sorte de raison sembler fort imparfaite, si elle était toute seule, se rencontre très parfaite en sa nature, si elle est regardée comme partie de tout cet Univers. Et quoique, depuis que j'ai fait dessein de douter de toutes choses, je n'ai connu certainement que mon existence et celle de Dieu, toutefois aussi, depuis que j'ai reconnu l'infinie puissance de Dieu, je ne saurais nier qu'il n'ait produit beaucoup d'autres choses, ou du moins qu'il n'en puisse produire, en sorte que j'existe et sois placé dans le monde, comme faisant partie de l'universalité de tous les êtres.

En suite de quoi, me regardant de plus près, et considérant quelles sont mes erreurs (lesquelles seules témoignent qu'il y a en moi de l'imperfection), je trouve qu'elles dépendent du concours de deux causes, à savoir, de la puissance de connaître qui est en moi, et de la puissance d'élire, ou bien de mon libre arbitre : c'est-à-dire, de mon entendement, et ensemble de ma volonté. Car par l'entendement seul je n'assure ni ne nie aucune chose, mais je conçois seulement les idées des choses, que je puis assurer ou nier. Or, en le considérant ainsi précisément, on peut dire qu'il ne se trouve jamais en lui aucune erreur, pourvu qu'on prenne le mot d'erreur en sa propre signification. Et encore qu'il y ait peut-être une infinité de choses dans le monde, dont je n'ai aucune idée en mon entendement, on ne peut pas dire pour cela qu'il soit privé de ces idées, comme de quelque chose qui soit due à sa nature, mais seulement qu'il ne les a pas; parce qu'en effet il n'y a aucune raison qui puisse prouver que Dieu ait dû me donner une plus grande et plus ample faculté de connaître, que celle qu'il m'a donnée; et, quelque adroit et savant ouvrier que je me le représente, je ne dois pas pour cela penser qu'il ait dû mettre dans chacun de ses ouvrages toutes les perfections qu'il peut mettre dans quelques-uns. Je ne puis pas aussi me plaindre que Dieu ne m'a pas donné un libre arbitre, ou une volonté assez ample et parfaite, puisqu'en effet je l'expérimente si vague et si étendue, qu'elle n'est renfermée dans aucunes bornes. Et ce qui me semble bien remarquable en cet endroit, est que, de toutes les autres choses qui sont en moi, il n'y en a aucune si parfaite et si étendue, que je ne reconnaisse bien qu'elle pourrait être encore plus grande et plus parfaite. Car, par exemple, si je considère la faculté de concevoir qui est en moi, je trouve qu'elle est d'une fort petite étendue, et grandement limitée, et tout ensemble je me représente l'idée d'une autre faculté beaucoup plus ample, et même infinie; et de cela seul que je puis me représenter son idée, je connais sans difficulté qu'elle appartient à la nature de Dieu. En même façon, si j'examine la mémoire, ou l'imagination, ou quelque autre puissance, je n'en trouve aucune qui ne soit en moi très petite et bornée, et qui en Dieu ne soit immense et infinie. Il n'y a que la seule volonté, que j'expérimente en moi être si grande, que je ne conçois point l'idée d'aucune autre plus ample et plus étendue : en sorte que c'est elle principalement qui me fait connaître que je porte l'image et la ressemblance de Dieu. Car, encore qu'elle soit incomparablement plus grande dans Dieu, que dans moi, soit à raison de la connaissance et de la puissance, qui s'y trouvant jointes la rendent plus ferme et plus efficace, soit à raison de l'objet, d'autant qu'elle se porte et s'étend infiniment à plus de choses; elle ne me semble pas toutefois plus grande, si je la considère formellement et précisément en elle-même. Car elle consiste seulement en ce que nous pouvons faire une chose, ou ne la faire pas (c'est-à-dire affirmer ou nier, poursuivre ou fuir), ou plutôt seulement en ce que, pour affirmer ou nier, poursuivre ou fuir les choses que l'entendement nous propose, nous agissons en telle sorte que nous ne sentons point qu'aucune force extérieure nous y contraigne. Car, afin que je sois libre, il n'est pas nécessaire que je sois indifférent à choisir l'un ou l'autre des deux contraires; mais plutôt, d'autant plus que je penche vers l'un, soit que je connaisse évidemment que le bien et le vrai s'y rencontrent, soit que Dieu dispose ainsi l'intérieur de ma pensée, d'autant plus librement j'en fais choix et je l'embrasse. Et certes la grâce divine et la connaissance naturelle, bien loin de diminuer ma liberté, l'augmentent plutôt, et la fortifient. De façon que cette indifférence que je sens, lorsque je ne suis point emporté vers un côté plutôt que vers un autre par le poids d'aucune raison, est le plus bas degré de la liberté, et fait plutôt paraître un défaut dans la connaissance, qu'une perfection dans la volonté; car si je connaissais toujours clairement ce qui est vrai et ce qui est bon, je ne serais jamais en peine de délibérer quel jugement et quel choix je devrais faire; et ainsi je serais entièrement libre, sans jamais être indifférent.

De tout ceci je reconnais que ni la puissance de vouloir, laquelle j'ai reçue de Dieu, n'est point d'elle-même la cause de mes erreurs, car elle est très ample et très parfaite en son espèce; ni aussi la puissance d'entendre ou de concevoir : car ne concevant rien que par le moyen de cette puissance que Dieu m'a donnée pour concevoir, sans doute que tout ce que je conçois, je le conçois comme il faut, et il n'est pas possible qu'en cela je me trompe. D'où est-ce donc que naissent mes erreurs? C'est à savoir, de cela seul que, la volonté étant beaucoup plus ample et plus étendue que l'entendement, je ne la contiens pas dans les mêmes limites, mais que je l'étends aussi aux choses que je n'entends pas; auxquelles étant de soi indifférente, elle s'égare fort aisément, et choisit le mal pour le bien, ou le faux pour le vrai. Ce qui fait que je me trompe et que je pèche.

Par exemple, examinant ces jours passés si quelque chose existait dans le monde, et connaissant que, de cela seul que j'examinais cette question, il suivait très évidemment que j'existais moi-même, je ne pouvais pas m'empêcher de juger qu'une chose que je concevais si clairement était vraie, non que je m'y trouvasse forcé par aucune cause extérieure, mais seulement, parce que d'une grande clarté qui était en mon entendement, a suivi une grande inclination en ma volonté; et je me suis porté à croire avec d'autant plus de liberté, que je me suis trouvé avec moins d'indifférence. Au contraire, à présent je ne connais pas seulement que j'existe, en tant que je suis quelque chose qui pense, mais il se présente aussi à mon esprit une certaine idée de la nature corporelle : ce qui fait que je doute si cette nature qui pense, qui est en moi, ou plutôt par laquelle je suis ce que je suis, est différente de cette nature corporelle, ou bien si toutes deux ne sont qu'une même chose. Et je suppose ici que je ne connais encore aucune raison, qui me persuade plutôt l'un que l'autre : d'où il suit que je suis entièrement indifférent à le nier, ou à l'assurer, ou bien même à m'abstenir d'en donner aucun jugement.

Et cette indifférence ne s'étend pas seulement aux choses dont l'entendement n'a aucune connaissance, mais généralement aussi à toutes celles qu'il ne découvre pas avec une parfaite clarté, au moment que la volonté en délibère; car, pour probables que soient les conjectures qui me rendent enclin à juger quelque chose, la seule connaissance que j'ai que ce ne sont que des conjectures, et non des raisons certaines et indubitables, suffit pour me donner occasion de juger le contraire. Ce que j'ai suffisamment expérimenté ces jours passés, lorsque j'ai posé pour faux tout ce que j'avais tenu auparavant pour très véritable, pour cela seul que j'ai remarqué que l'on en pouvait douter en quelque sorte.

Or si je m'abstiens de donner mon jugement sur une chose, lorsque je ne la conçois pas avec assez de clarté et de distinction, il est évident que j'en use fort bien, et que je ne suis point trompé; mais si je me détermine à la nier, ou assurer, alors je ne me sers plus comme je dois de mon libre arbitre; et si j'assure ce qui n'est pas vrai, il est évident que je me trompe, même aussi, encore que je juge selon la vérité, cela n'arrive que par hasard, et je ne laisse pas de faillir, et d'user mal de mon libre arbitre; car la lumière naturelle nous enseigne que la connaissance de l'entendement doit toujours précéder la détermination de la volonté. Et c'est dans ce mauvais usage du libre arbitre, que se rencontre la privation qui constitue la forme de l'erreur. La privation, dis-je, se rencontre dans l'opération, en tant qu'elle procède de moi; mais elle ne se trouve pas dans la puissance que j'ai reçue de Dieu, ni même dans l'opération, en tant qu'elle dépend de lui. Car je n'ai certes aucun sujet de me plaindre, de ce que Dieu ne m'a pas donné une intelligence plus capable, ou une lumière naturelle plus grande que celle que je tiens de lui, puisqu'en effet il est du propre de l'entendement fini, de ne pas comprendre une infinité de choses, et du propre d'un entendement créé d'être fini : mais j'ai tout sujet de lui rendre grâces, de ce que, ne m'ayant jamais rien dû, il m'a néanmoins donné tout le peu de perfections qui est en moi; bien loin de concevoir des sentiments si injustes que de m'imaginer qu'il m'ait ôté ou retenu injustement les autres perfections qu'il ne m'a point données. Je n'ai pas aussi sujet de me plaindre, de ce qu'il m'a donné une volonté plus étendue que l'entendement, puisque, la volonté ne consistant qu'en une seule chose, et son sujet étant comme indivisible, il semble que sa nature est telle qu'on ne lui saurait rien ôter sans la détruire; et certes plus elle se trouve être grande, et plus j'ai à remercier la bonté de celui qui me l'a donnée. Et enfin je ne dois pas aussi me plaindre, de ce que Dieu concourt avec moi pour former les actes de cette volonté, c'est-à-dire les jugements dans lesquels je me trompe, parce que ces actes-là sont entièrement vrais, et absolument bons, en tant qu'ils dépendent de Dieu; et il y a en quelque sorte plus de perfection en ma nature, de ce que je les puis former, que si je ne le pouvais pas. Pour la privation, dans laquelle seule consiste la raison formelle de l'erreur et du péché, elle n'a besoin d'aucun concours de Dieu, puisque ce n'est pas une chose ou un être, et que, si on la rapporte à Dieu comme à sa cause, elle ne doit pas être nommée privation, mais seulement négation, selon la signification qu'on donne à ces mots dans l'École.

Car en effet ce n'est point une imperfection en Dieu, de ce qu'il m'a donné la liberté de donner mon jugement, ou de ne le pas donner, sur certaines choses dont il n'a pas mis une claire et distincte connaissance en mon entendement; mais sans doute c'est en moi une imperfection, de ce que je n'en use pas bien, et que je donne témérairement mon jugement, sur des choses que je ne conçois qu'avec obscurité et confusion.

Je vois néanmoins qu'il était aisé à Dieu de faire en sorte que je ne me trompasse jamais, quoique je demeurasse libre, et d'une connaissance bornée, à savoir, en donnant à mon entendement une claire et distincte intelligence de toutes les choses dont je devais jamais délibérer, ou bien seulement s'il eût si profondément gravé dans ma mémoire la résolution de ne juger jamais d'aucune chose sans la concevoir clairement et distinctement, que je ne la pusse jamais oublier. Et je remarque bien qu'en tant que je me considère tout seul, comme s'il n'y avait que moi au monde, j'aurais été beaucoup plus parfait que je ne suis, si Dieu m'avait créé tel que je ne faillisse jamais. Mais je ne puis pas pour cela nier, que ce ne soit en quelque façon une plus grande perfection dans tout l'Univers, de ce que quelques-unes de ses parties ne sont pas exemptes de défauts, que si elles étaient toutes semblables. Et je n'ai aucun droit de me plaindre, si Dieu, m'ayant mis au monde, n'a pas voulu me mettre au rang des choses les plus nobles et les plus parfaites; même j'ai sujet de me contenter de ce que, s'il ne m'a pas donné la vertu de ne point faillir, par le premier moyen que j'ai ci-dessus déclaré, qui dépend d'une claire et évidente connaissance de toutes les choses dont je puis délibérer, il a au moins laissé en ma puissance l'autre moyen, qui eſt de retenir fermement la résolution de ne jamais donner mon jugement sur les choses dont la vérité ne m'eſt pas clairement connue. Car quoique je remarque cette faiblesse en ma nature, que je ne puis attacher continuellement mon esprit à une même pensée, je puis toutefois, par une méditation attentive et souvent réitérée, me l'imprimer si fortement en la mémoire, que je ne manque jamais de m'en ressouvenir, toutes les fois que j'en aurai besoin, et acquérir de cette façon l'habitude de ne point faillir. Et, d'autant que c'eſt en cela que consiſte la plus grande et principale perfection de l'homme, j'eſtime n'avoir pas peu gagné par cette Méditation, que d'avoir découvert la cause des faussetés et des erreurs.

Et certes il n'y en peut avoir d'autre que celle que j'ai expliquée; car toutes les fois que je retiens tellement ma volonté dans les bornes de ma connaissance, qu'elle ne fait aucun jugement que des choses qui lui sont clairement et diſtinctement représentées par l'entendement, il ne se peut faire que je me trompe; parce que toute conception claire et diſtincte eſt sans doute quelque chose de réel et de positif, et partant ne peut tirer son origine du néant, mais doit nécessairement avoir Dieu pour son auteur, Dieu, dis-je, qui, étant souverainement parfait, ne peut être cause d'aucune erreur; et par conséquent il faut conclure qu'une telle conception ou un tel jugement eſt véritable.

Au reſte je n'ai pas seulement appris aujourd'hui ce que je dois éviter pour ne plus faillir, mais aussi ce que je dois faire pour parvenir à la connaissance de la vérité. Car certainement j'y parviendrai, si j'arrête suffisamment mon attention sur toutes les choses que je concevrai parfaitement, et si je les sépare des autres que je ne comprends qu'avec confusion et obscurité. A quoi dorénavant je prendrai soigneusement garde.

MÉDITATION CINQUIÈME

De l'essence des choses matérielles ;
et, derechef de Dieu, qu'il existe.

Il me reste beaucoup d'autres choses à examiner, touchant les attributs de Dieu, et touchant ma propre nature, c'est-à-dire celle de mon esprit : mais j'en reprendrai peut-être une autre fois la recherche. Maintenant (après avoir remarqué ce qu'il faut faire ou éviter pour parvenir à la connaissance de la vérité), ce que j'ai principalement à faire, est d'essayer de sortir et de me débarrasser de tous les doutes où je suis tombé ces jours passés, et voir si l'on ne peut rien connaître de certain touchant les choses matérielles.

Mais avant que j'examine s'il y a de telles choses qui existent hors de moi, je dois considérer leurs idées, en tant qu'elles sont en ma pensée, et voir quelles sont celles qui sont distinctes, et quelles sont celles qui sont confuses.

En premier lieu, j'imagine distinctement cette quantité que les philosophes appellent vulgairement la quantité continue, ou bien l'extension en longueur, largeur et profondeur, qui est en cette quantité, ou plutôt en la chose à qui on l'attribue. De plus, je puis nombrer en elle plusieurs diverses parties, et attribuer à chacune de ces parties toutes sortes de grandeurs, de figures, de situations, et de mouvements ; et enfin, je puis assigner à chacun de ces mouvements toutes sortes de durées.

Et je ne connais pas seulement ces choses avec distinction, lorsque je les considère en général ; mais aussi, pour peu que j'y applique mon attention, je conçois une infinité de particularités touchant les nombres, les figures, les mouvements, et autres choses semblables, dont la vérité se fait paraître avec tant d'évidence et s'accorde si bien avec ma nature, que lorsque je commence à les découvrir, il ne me semble pas que j'apprenne rien de nouveau, mais plutôt que je me ressouviens de ce que je savais déjà auparavant, c'est-à-dire que j'aperçois des choses qui étaient déjà dans mon esprit, quoique je n'eusse pas encore tourné ma pensée vers elles.

Et ce que je trouve ici de plus considérable, est que je trouve en moi une infinité d'idées de certaines choses, qui ne peuvent pas être estimées un pur néant, quoique peut-être elles n'aient aucune existence hors de ma pensée, et qui ne sont pas feintes par moi, bien qu'il soit en ma liberté de les penser ou ne les penser pas; mais elles ont leurs natures vraies et immuables. Comme, par exemple, lorsque j'imagine un triangle, encore qu'il n'y ait peut-être en aucun lieu du monde hors de ma pensée une telle figure, et qu'il n'y en ait jamais eu, il ne laisse pas néanmoins d'y avoir une certaine nature, ou forme, ou essence déterminée de cette figure, laquelle est immuable et éternelle, que je n'ai point inventée, et qui ne dépend en aucune façon de mon esprit; comme il paraît de ce que l'on peut démontrer diverses propriétés de ce triangle, à savoir, que les trois angles sont égaux à deux droits, que le plus grand angle est soutenu par le plus grand côté, et autres semblables, lesquelles maintenant, soit que je le veuille ou non, je reconnais très clairement et très évidemment être en lui, encore que je n'y aie pensé auparavant en aucune façon, lorsque je me suis imaginé la première fois un triangle; et partant on ne peut pas dire que je les aie feintes et inventées.

Et je n'ai que faire ici de m'objecter, que peut-être cette idée du triangle est venue en mon esprit par l'entremise de mes sens, parce que j'ai vu quelquefois des corps de figure triangulaire; car je puis former en mon esprit une infinité d'autres figures, dont on ne peut avoir le moindre soupçon que jamais elles me soient tombées sous les sens, et je ne laisse pas toutefois de pouvoir démontrer diverses propriétés touchant leur nature, aussi bien que touchant celle du triangle : lesquelles certes doivent être toutes vraies, puisque je les conçois clairement. Et partant elles sont quelque chose, et non pas un pur néant; car il est très évident que tout ce qui est vrai est quelque chose, et j'ai déjà amplement démontré ci-dessus que toutes les choses que je connais clairement et distinctement sont vraies. Et quoique je ne l'eusse pas démontré, toutefois la nature de mon esprit est telle, que je ne me saurais empêcher de les estimer vraies, pendant que je les conçois clairement et distinctement. Et je me ressouviens que, lors même que j'étais encore fortement attaché aux objets des sens, j'avais tenu au nombre des plus constantes vérités celles que je concevais clairement et distinctement touchant les figures, les nombres, et les autres choses qui appartiennent à l'arithmétique et à la géométrie.

Or maintenant, si de cela seul que je puis tirer de ma pensée l'idée de quelque chose, il s'ensuit que tout ce que je reconnais clairement et distinctement appartenir à cette chose, lui appartient en effet, ne puis-je pas tirer de ceci un argument et une preuve démonstrative de l'existence de Dieu ? Il est certain que je ne trouve pas moins en moi son idée, c'est-à-dire l'idée d'un être souverainement parfait, que celle de quelque figure ou de quelque nombre que ce soit. Et je ne connais pas moins clairement et distinctement qu'une actuelle et éternelle existence appartient à sa nature, que je connais que tout ce que je puis démontrer de quelque figure ou de quelque nombre, appartient véritablement à la nature de cette figure ou de ce nombre. Et partant, encore que tout ce que j'ai conclu dans les Méditations précédentes, ne se trouvât point véritable, l'existence de Dieu doit passer en mon esprit au moins pour aussi certaine, que j'ai estimé jusques ici toutes les vérités des mathématiques, qui ne regardent que les nombres et les figures : bien qu'à la vérité cela ne paraisse pas d'abord entièrement manifeste, mais semble avoir quelque apparence de sophisme. Car, ayant accoutumé dans toutes les autres choses de faire distinction entre l'existence et l'essence, je me persuade aisément que l'existence peut être séparée de l'essence de Dieu, et qu'ainsi on peut concevoir Dieu comme n'étant pas actuellement. Mais néanmoins, lorsque j'y pense avec plus d'attention, je trouve manifestement que l'existence ne peut non plus être séparée de l'essence de Dieu, que de l'essence d'un triangle rectiligne la grandeur de ses trois angles égaux à deux droits, ou bien de l'idée d'une montagne l'idée d'une vallée; en sorte qu'il n'y a pas moins de répugnance de concevoir un Dieu (c'est-à-dire un être souverainement parfait) auquel manque l'existence (c'est-à-dire auquel manque quelque perfection), que de concevoir une montagne qui n'ait point de vallée.

Mais encore qu'en effet je ne puisse pas concevoir un Dieu sans existence, non plus qu'une montagne sans vallée, toutefois, comme de cela seul que je conçois une montagne avec une vallée, il ne s'ensuit pas qu'il y ait aucune montagne dans le monde, de même aussi, quoique je conçoive Dieu avec l'existence, il semble qu'il ne s'ensuit pas pour cela qu'il y en ait aucun qui existe : car ma pensée n'impose aucune nécessité aux choses; et comme il ne tient qu'à moi d'imaginer un cheval ailé, encore qu'il n'y en ait aucun qui ait des ailes, ainsi je pourrais peut-être attribuer l'existence à Dieu, encore qu'il n'y eût aucun Dieu qui existât. Tant s'en faut, c'est ici qu'il y a un sophisme caché sous l'apparence de cette objection : car de ce que je ne puis concevoir une montagne sans vallée, il ne s'ensuit pas qu'il y ait au monde aucune montagne, ni aucune vallée, mais seulement que la montagne et la vallée, soit qu'il y en ait, soit qu'il n'y en ait point, ne se peuvent en aucune façon séparer l'une d'avec l'autre; au lieu que, de cela seul que je ne puis concevoir Dieu sans existence, il s'ensuit que l'existence est inséparable de lui, et partant qu'il existe véritablement : non pas que ma pensée puisse faire que cela soit de la sorte, et qu'elle impose aux choses aucune nécessité; mais, au contraire, parce que la nécessité de la chose même, à savoir de l'existence de Dieu, détermine ma pensée à le concevoir de cette façon. Car il n'est pas en ma liberté de concevoir un Dieu sans existence (c'est-à-dire un être souverainement parfait sans une souveraine perfection), comme il m'est libre d'imaginer un cheval sans ailes ou avec des ailes.

Et on ne doit pas dire ici qu'il est à la vérité nécessaire que j'avoue que Dieu existe, après que j'ai supposé qu'il possède toutes sortes de perfections, puisque l'existence en est une, mais qu'en effet ma première supposition n'était pas nécessaire; de même qu'il n'est point nécessaire de penser que toutes les figures de quatre côtés se peuvent inscrire dans le cercle, mais que, supposant que j'aie cette pensée, je suis contraint d'avouer que le rhombe se peut inscrire dans le cercle, puisque c'est une figure de quatre côtés; et ainsi je serai contraint d'avouer une chose fausse. On ne doit point, dis-je, alléguer cela : car encore qu'il ne soit pas nécessaire que je tombe jamais dans aucune pensée de Dieu, néanmoins, toutes les fois qu'il m'arrive de penser à un être premier et souverain, et de tirer, pour ainsi dire, son idée du trésor de mon esprit, il est nécessaire je que lui attribue toutes sortes de perfections, quoique je ne vienne pas à les nombrer toutes, et à appliquer mon attention sur chacune d'elles en particulier. Et cette nécessité est suffisante pour me faire conclure (après que j'ai reconnu que l'existence est une perfection), que cet être premier et souverain existe véritablement : de même qu'il n'est pas nécessaire que j'imagine jamais aucun triangle; mais toutes les fois que je veux considérer une figure rectiligne composée seulement de trois angles, il est absolument nécessaire que je lui attribue toutes les choses qui servent à conclure que ses trois angles ne sont pas plus grands que deux droits, encore que peut-être je ne considère pas alors cela en particulier. Mais quand j'examine quelles figures sont capables d'être inscrites dans le cercle, il n'est en aucune façon nécessaire que je pense que toutes les figures de quatre côtés sont de ce nombre; au contraire, je ne puis pas même feindre que cela soit, tant que je ne voudrai rien recevoir en ma pensée, que ce que je pourrai concevoir clairement et distinctement. Et par conséquent il y a une grande différence entre les fausses suppositions, comme est celle-ci, et les véritables idées qui sont nées avec moi, dont la première et principale est celle de Dieu.

Car en effet je reconnais en plusieurs façons que cette idée n'est point quelque chose de feint ou d'inventé, dépendant seulement de ma pensée, mais que c'est l'image d'une vraie et immuable nature. Premièrement, à cause que je ne saurais concevoir autre chose que Dieu seul, à l'essence de laquelle l'existence appartienne avec nécessité. Puis aussi, parce qu'il ne m'est pas possible de concevoir deux ou plusieurs Dieux de même façon. Et, posé qu'il y en ait un maintenant qui existe, je vois clairement qu'il est nécessaire qu'il ait été auparavant de toute éternité, et qu'il soit éternellement à l'avenir. Et enfin, parce que je connais une infinité d'autres choses en Dieu, desquelles je ne puis rien diminuer ni changer.

Au reste, de quelque preuve et argument que je me serve, il en faut toujours revenir là, qu'il n'y a que les choses que je conçois clairement et distinctement, qui aient la force de me persuader entièrement. Et quoique entre les choses que je conçois de cette sorte, il y en ait à la vérité quelques-unes manifestement connues d'un chacun, et qu'il y en ait d'autres aussi qui ne se découvrent qu'à ceux qui les considèrent de plus près et qui les examinent plus exactement; toutefois, après qu'elles sont une fois découvertes, elles ne sont pas estimées moins certaines les unes que les autres. Comme, par exemple, en tout triangle rectangle, encore qu'il ne paraisse pas d'abord si facilement que le carré de la base est égal aux carrés des deux autres côtés, comme il est évident que cette base est opposée au plus grand angle, néanmoins, depuis que cela a été une fois reconnu, on est autant persuadé de la vérité de l'un que de l'autre. Et pour ce qui est de Dieu, certes, si mon esprit n'était prévenu d'aucuns préjugés, et que ma pensée ne se trouvât point divertie par la présence continuelle des images des choses sensibles, il n'y aurait aucune chose que je connusse plutôt ni plus facilement que lui. Car y a-t-il rien de soi plus clair et plus manifeste, que de penser qu'il y a un Dieu, c'est-à-dire un être souverain et parfait, en l'idée duquel seul l'existence nécessaire ou éternelle est comprise, et par conséquent qui existe?

Et quoique, pour bien concevoir cette vérité, j'aie eu besoin d'une grande application d'esprit, toutefois à présent je ne m'en tiens pas seulement aussi assuré que de tout ce qui me semble le plus certain : mais, outre cela, je remarque que la certitude de toutes les autres choses en dépend si absolument, que sans cette connaissance il est impossible de pouvoir jamais rien savoir parfaitement.

Car encore que je sois d'une telle nature, que, dès aussitôt que je comprends quelque chose fort clairement et fort distinctement, je suis naturellement porté à la croire vraie; néanmoins, parce que je suis aussi d'une telle nature, que je ne puis pas avoir l'esprit toujours attaché à une même chose, et que souvent je me ressouviens d'avoir jugé une chose être vraie; lorsque je cesse de considérer les raisons qui m'ont obligé à la juger telle, il peut arriver pendant ce temps-là que d'autres raisons se présentent à moi, lesquelles me feraient aisément changer d'opinion, si j'ignorais qu'il y eût un Dieu. Et ainsi je n'aurais jamais une vraie et certaine science d'aucune chose que ce soit, mais seulement de vagues et inconstantes opinions.

Comme, par exemple, lorsque je considère la nature

du triangle, je connais évidemment, moi qui suis un peu versé dans la géométrie, que ses trois angles sont égaux à deux droits, et il ne m'est pas possible de ne le point croire, pendant que j'applique ma pensée à se démonstration; mais aussitôt que je l'en détourne, encore que je me ressouvienne de l'avoir clairement comprise, toutefois il se peut faire aisément que je doute de sa vérité, si j'ignore qu'il y ait un Dieu. Car je puis me persuader d'avoir été fait tel par la nature, que je me puisse aisément tromper, même dans les choses que je crois comprendre avec le plus d'évidence et de certitude; vu principalement que je me ressouviens d'avoir souvent estimé beaucoup de choses pour vraies et certaines, lesquelles par après d'autres raisons m'ont porté à juger absolument fausses.

Mais après que j'ai reconnu qu'il y a un Dieu, parce qu'en même temps j'ai reconnu aussi que toutes choses dépendent de lui, et qu'il n'est point trompeur, et qu'en suite de cela j'ai jugé que tout ce que je conçois clairement et distinctement ne peut manquer d'être vrai : encore que je ne pense plus aux raisons pour lesquelles j'ai jugé cela être véritable, pourvu que je me ressouvienne de l'avoir clairement et distinctement compris, on ne me peut apporter aucune raison contraire, qui me le fasse jamais révoquer en doute; et ainsi j'en ai une vraie et certaine science. Et cette même science s'étend aussi à toutes les autres choses que je me ressouviens d'avoir autrefois démontrées, comme aux vérités de la géométrie, et autres semblables : car qu'est-ce que l'on me peut objecter, pour m'obliger à les révoquer en doute? Me dira-t-on que ma nature est telle que je suis fort sujet à me méprendre? Mais je sais déjà que je ne puis me tromper dans les jugements dont je connais clairement les raisons. Me dira-t-on que j'ai tenu autrefois beaucoup de choses pour vraies et certaines, lesquelles j'ai reconnues par après être fausses? Mais je n'avais connu clairement ni distinctement aucune de ces choses-là, et, ne sachant point encore cette règle par laquelle je m'assure de la vérité, j'avais été porté à les croire par des raisons que j'ai reconnues depuis être moins fortes que je ne me les étais pour lors imaginées. Que me pourra-t-on donc objecter davantage? Que peut-être je dors (comme je me l'étais moi-même objecté ci-devant), ou bien que toutes les pensées que j'ai maintenant ne sont pas plus vraies que les rêveries que nous imaginons étant endormis? Mais quand bien même je dormirais, tout ce qui se présente à mon esprit avec évidence, est absolument véritable. Et ainsi je reconnais très clairement que la certitude et la vérité de toute science dépend de la seule connaissance du vrai Dieu : en sorte qu'avant que je le connusse, je ne pouvais savoir parfaitement aucune autre chose. Et à présent que je le connais, j'ai le moyen d'acquérir une science parfaite touchant une infinité de choses, non seulement de celles qui sont en lui, mais aussi de celles qui appartiennent à la nature corporelle, en tant qu'elle peut servir d'objet aux démonstrations des géomètres, lesquels n'ont point d'égard à son existence.

MÉDITATION SIXIÈME

De l'existence des choses matérielles, et de la réelle distinction entre l'âme et le corps de l'homme.

Il ne me reste plus maintenant qu'à examiner s'il y a des choses matérielles : et certes au moins sais-je déjà qu'il y en peut avoir, en tant qu'on les considère comme l'objet des démonstrations de géométrie, vu que de cette façon je les conçois fort clairement et fort distinctement. Car il n'y a point de doute que Dieu n'ait la puissance de produire toutes les choses que je suis capable de concevoir avec distinction; et je n'ai jamais jugé qu'il lui fût impossible de faire quelque chose, qu'alors que je trouvais de la contradiction à la pouvoir bien concevoir. De plus, la faculté d'imaginer qui est en moi, et de laquelle je vois par expérience que je me sers lorsque je m'applique à la considération des choses matérielles, est capable de me persuader leur existence : car quand je considère attentivement ce que c'est que l'imagination, je trouve qu'elle n'est autre chose qu'une certaine application de la faculté qui connaît, au corps qui lui est intimement présent, et partant qui existe.

Et pour rendre cela très manifeste, je remarque premièrement la différence qui est entre l'imagination et la pure intellection ou conception. Par exemple, lorsque j'imagine un triangle, je ne le conçois pas seulement comme une figure composée et comprise de trois lignes, mais outre cela je considère ces trois lignes comme présentes par la force et l'application intérieure de mon esprit; et c'est proprement ce que j'appelle imaginer. Que si je veux penser à un chiliogone, je conçois bien à la vérité que c'est une figure composée de mille côtés, aussi facilement que je conçois qu'un triangle est une figure composée de trois côtés seulement; mais je ne puis pas imaginer les mille côtés d'un chiliogone, comme je fais les trois d'un triangle, ni, pour ainsi dire, les regarder comme présents avec les yeux de mon esprit. Et quoique, suivant la coutume que j'ai de me servir toujours de mon imagination, lorsque je pense aux choses corporelles, il arrive qu'en concevant un chiliogone je me représente confusément quelque figure, toutefois il est très évident que cette figure n'est point un chiliogone, puisqu'elle ne diffère nullement de celle que je me représenterais, si je pensais à un myriogone, ou à quelque autre figure de beaucoup de côtés; et qu'elle ne sert en aucune façon à découvrir les propriétés qui font la différence du chiliogone d'avec les autres polygones.

Que s'il est question de considérer un pentagone, il est bien vrai que je puis concevoir sa figure, aussi bien que celle d'un chiliogone, sans le secours de l'imagination; mais je la puis aussi imaginer en appliquant l'attention de mon esprit à chacun de ses cinq côtés, et tout ensemble à l'aire, ou à l'espace qu'ils renferment. Ainsi je connais clairement que j'ai besoin d'une particulière contention d'esprit pour imaginer, de laquelle je ne me sers point pour concevoir; et cette particulière contention d'esprit montre évidemment la différence qui est entre l'imagination et l'intellection ou conception pure.

Je remarque outre cela que cette vertu d'imaginer qui est en moi, en tant qu'elle diffère de la puissance de concevoir, n'est en aucune sorte nécessaire à ma nature ou à mon essence, c'est-à-dire à l'essence de mon esprit; car, encore que je ne l'eusse point, il est sans doute que je demeurerais toujours le même que je suis maintenant : d'où il semble que l'on puisse conclure qu'elle dépend de quelque chose qui diffère de mon esprit. Et je conçois facilement que, si quelque corps existe, auquel mon esprit soit conjoint et uni de telle sorte, qu'il se puisse appliquer à le considérer quand il lui plaît, il se peut faire que par ce moyen il imagine les choses corporelles : en sorte que cette façon de penser diffère seulement de la pure intellection, en ce que l'esprit en concevant se tourne en quelque façon vers soi-même, et considère quelqu'une des idées qu'il a en soi; mais en imaginant il se tourne vers le corps, et y considère quelque chose de conforme à l'idée qu'il a formée de soi-même ou qu'il a reçue par les sens. Je conçois, dis-je, aisément que l'imagination se peut faire de cette sorte, s'il est vrai qu'il y ait des corps; et parce que je ne puis rencontrer aucune autre voie pour expliquer comment elle se fait, je conjecture de là probablement qu'il y en a : mais ce n'est que probablement, et quoique j'examine soigneusement toutes choses, je ne trouve pas néanmoins que de cette idée distincte de la nature corporelle, que j'ai en mon imagination, je puisse tirer aucun argument qui conclue avec nécessité l'existence de quelque corps.

Or j'ai accoutumé d'imaginer beaucoup d'autres choses, outre cette nature corporelle qui est l'objet de la géométrie, à savoir les couleurs, les sons, les saveurs, la douleur, et autres choses semblables, quoique moins distinctement. Et d'autant que j'aperçois beaucoup mieux ces choses-là par les sens, par l'entremise desquels, et de la mémoire, elles semblent être parvenues jusqu'à mon imagination, je crois que, pour les examiner plus commodément, il est à propos que j'examine en même temps ce que c'est que sentir, et que je voie si des idées que je reçois en mon esprit par cette façon de penser, que j'appelle sentir, je puis tirer quelque preuve certaine de l'existence des choses corporelles.

Et premièrement je rappellerai dans ma mémoire quelles sont les choses que j'ai ci-devant tenues pour vraies, comme les ayant reçues par les sens, et sur quels fondements ma créance était appuyée. Et après, j'examinerai les raisons qui m'ont obligé depuis à les révoquer en doute. Et enfin je considérerai ce que j'en dois maintenant croire.

Premièrement donc j'ai senti que j'avais une tête, des mains, des pieds, et tous les autres membres dont est composé ce corps que je considérais comme une partie de moi-même, ou peut-être aussi comme le tout. De plus j'ai senti que ce corps était placé entre beaucoup d'autres, desquels il était capable de recevoir diverses commodités et incommodités, et je remarquais ces commodités par un certain sentiment de plaisir ou de volupté, et ces incommodités par un sentiment de douleur. Et outre ce plaisir et cette douleur, je ressentais aussi en moi la faim, la soif, et d'autres semblables appétits, comme aussi de certaines inclinations corporelles vers la joie, la tristesse, la colère, et autres semblables passions. Et au dehors, outre l'extension, les figures, les mouvements des corps, je remarquais en eux de la dureté, de la chaleur, et toutes les autres qualités qui tombent sous l'attouchement. De plus j'y remarquais de la lumière, des couleurs, des odeurs, des saveurs et des sons, dont la variété me donnait moyen de distinguer le ciel, la terre, la mer, et généralement tous les autres corps les uns d'avec les autres.

Et certes, considérant les idées de toutes ces qualités qui se présentaient à ma pensée, et lesquelles seules je sentais proprement et immédiatement, ce n'était pas sans raison que je croyais sentir des choses entièrement différentes de ma pensée, à savoir des corps d'où procédaient ces idées. Car j'expérimentais qu'elles se présentaient à elle, sans que mon consentement y fût requis, en sorte que je ne pouvais sentir aucun objet, quelque volonté que j'en eusse, s'il ne se trouvait présent à l'organe d'un de mes sens; et il n'était nullement en mon pouvoir de ne le pas sentir, lorsqu'il s'y trouvait présent.

Et parce que les idées que je recevais par les sens étaient beaucoup plus vives, plus expresses, et même à leur façon plus distinctes, qu'aucune de celles que je pouvais feindre de moi-même en méditant, ou bien que je trouvais imprimées en ma mémoire, il semblait qu'elles ne pouvaient procéder de mon esprit; de façon qu'il était nécessaire qu'elles fussent causées en moi par quelques autres choses. Desquelles choses n'ayant aucune connaissance, sinon celle que me donnaient ces mêmes idées, il ne me pouvait venir autre chose en l'esprit, sinon que ces choses-là étaient semblables aux idées qu'elles causaient.

Et parce que je me ressouvenais aussi que je m'étais plutôt servi des sens que de la raison, et que je reconnaissais que les idées que je formais de moi-même n'étaient pas si expresses, que celles que je recevais par les sens, et même qu'elles étaient le plus souvent composées des parties de celles-ci, je me persuadais aisément que je n'avais aucune idée dans mon esprit, qui n'eût passé auparavant par mes sens.

Ce n'était pas aussi sans quelque raison que je croyais que ce corps (lequel par un certain droit particulier j'appelais mien) m'appartenait plus proprement et plus étroitement que pas un autre. Car en effet je n'en pouvais jamais être séparé comme des autres corps; je ressentais en lui et pour lui tous mes appétits et toutes mes affections; et enfin j'étais touché des sentiments de plaisir et de douleur en ses parties, et non pas en celles des autres corps qui en sont séparés.

Mais quand j'examinais pourquoi de ce je ne sais quel sentiment de douleur suit la tristesse en l'esprit, et du sentiment de plaisir naît la joie, ou bien pourquoi cette je ne sais quelle émotion de l'estomac, que j'appelle faim, nous fait avoir envie de manger, et la sécheresse du gosier nous fait avoir envie de boire, et ainsi du reste, je n'en pouvais rendre aucune raison, sinon que la nature me l'enseignait de la sorte; car il n'y a certes aucune affinité ni aucun rapport (au moins que je puisse comprendre) entre cette émotion de l'estomac et le désir de manger, non plus qu'entre le sentiment de la chose qui cause de la douleur, et la pensée de tristesse que fait naître ce sentiment. Et en même façon il me semblait que j'avais appris de la nature toutes les autres choses que je jugeais touchant les objets de mes sens; parce que je remarquais que les jugements que j'avais coutume de faire de ces objets, se formaient en moi avant que j'eusse le loisir de peser et considérer aucunes raisons qui me pussent obliger à les faire.

Mais par après plusieurs expériences ont peu à peu ruiné toute la créance que j'avais ajoutée aux sens. Car j'ai observé plusieurs fois que des tours, qui de loin m'avaient semblé rondes, me paraissaient de près être carrées, et que des colosses, élevés sur les plus hauts sommets de ces tours, me paraissaient de petites statues à les regarder d'en bas; et ainsi, dans une infinité d'autres rencontres, j'ai trouvé de l'erreur dans les jugements fondés sur les sens extérieurs. Et non pas seulement sur les sens extérieurs, mais même sur les intérieurs : car y a-t-il chose plus intime ou plus intérieure que la douleur? et cependant j'ai autrefois appris de quelques personnes qui avaient les bras et les jambes coupés, qu'il leur semblait encore quelquefois sentir de la douleur dans la partie qui leur avait été coupée; ce qui me donnait sujet de penser, que je ne pouvais aussi être assuré d'avoir mal à quelqu'un de mes membres, quoique je sentisse en lui de la douleur.

Et à ces raisons de douter j'en ai encore ajouté depuis peu deux autres fort générales. La première est que je n'ai jamais rien cru sentir étant éveillé, que je ne puisse aussi quelquefois croire sentir quand je dors; et comme je ne crois pas que les choses qu'il me semble que je sens en dormant, procèdent de quelques objets hors de moi, je ne voyais pas pourquoi je devais plutôt avoir cette créance, touchant celles qu'il me semble que je sens étant éveillé. Et la seconde, que, ne connaissant pas encore, ou plutôt feignant de ne pas connaître l'auteur de mon être, je ne voyais rien qui pût empêcher que je n'eusse été fait tel par la nature, que je me trompasse même dans les choses qui me paraissaient les plus véritables.

Et pour les raisons qui m'avaient ci-devant persuadé la vérité des choses sensibles, je n'avais pas beaucoup de peine à y répondre. Car la nature semblant me porter à beaucoup de choses dont la raison me détournait, je ne croyais pas me devoir confier beaucoup aux enseignements de cette nature. Et quoique les idées que je reçois par les sens ne dépendent pas de ma volonté, je ne pensais pas que l'on dût pour cela conclure qu'elles procédaient de choses différentes de moi, puisque peut-être il se peut rencontrer en moi quelque faculté (bien qu'elle m'ait été jusques ici inconnue), qui en soit la cause, et qui les produise.

Mais maintenant que je commence à me mieux connaître moi-même et à découvrir plus clairement l'auteur de mon origine, je ne pense pas à la vérité que je doive témérairement admettre toutes les choses que les sens semblent nous enseigner, mais je ne pense pas aussi que je les doive toutes généralement révoquer en doute.

Et premièrement, parce que je sais que toutes les choses que je conçois clairement et distinctement, peuvent être produites par Dieu telles que je les conçois, il suffit que je puisse concevoir clairement et distinctement une chose sans une autre, pour être certain que l'une est distincte ou différente de l'autre, parce qu'elles peuvent être posées séparément, au moins par la toute-puissance de Dieu; et il n'importe pas par quelle puissance cette séparation se fasse, pour m'obliger à les juger différentes. Et partant, de cela même que je connais avec certitude que j'existe, et que cependant je ne remarque point qu'il appartienne nécessairement aucune autre chose à ma nature ou à mon essence, sinon que je suis une chose qui pense, je conclus fort bien que mon essence consiste en cela seul, que je suis une chose qui pense, ou une substance dont toute l'essence ou la nature n'est que de penser. Et quoique peut-être (ou plutôt certainement, comme je le dirai tantôt) j'aie un corps auquel je suis très étroitement conjoint; néanmoins, parce que d'un côté j'ai une claire et distincte idée de moi-même, en tant que je suis seulement une chose qui pense et non étendue, et que d'un autre j'ai une idée distincte du corps, en tant qu'il est seulement une chose étendue et qui ne pense point, il est certain que ce moi, c'est-à-dire mon âme, par laquelle je suis ce que je suis, est entièrement et véritablement distincte de mon corps, et qu'elle peut être ou exister sans lui.

Davantage, je trouve en moi des facultés de penser toutes particulières, et distinctes de moi, à savoir les facultés d'imaginer et de sentir, sans lesquelles je puis bien me concevoir clairement et distinctement tout entier, mais non pas elles sans moi, c'est-à-dire sans une substance intelligente à qui elles soient attachées. Car dans la notion que nous avons de ces facultés, ou (pour me servir des termes de l'École) dans leur concept formel, elles enferment quelque sorte d'intellection : d'où je conçois qu'elles sont distinctes de moi, comme les figures, les mouvements, et les autres modes ou accidents des corps, le sont des corps mêmes qui les soutiennent.

Je reconnais aussi en moi quelques autres facultés, comme celles de changer de lieu, de se mettre en plusieurs postures, et autres semblables, qui ne peuvent être conçues, non plus que les précédentes, sans quelque substance à qui elles soient attachées, ni par conséquent exister sans elles; mais il est très évident que ces facultés, s'il est vrai qu'elles existent, doivent être attachées à quelque substance corporelle ou étendue, et non pas à une substance intelligente, puisque, dans leur concept clair et distinct, il y a bien quelque sorte d'extension qui se trouve contenue, mais point du tout d'intelligence. De plus, il se rencontre en moi une certaine faculté passive de sentir, c'est-à-dire de recevoir et de connaître les idées des choses sensibles; mais elle me serait inutile, et je ne m'en pourrais aucunement servir, s'il n'y avait en moi, ou en autrui, une autre faculté active, capable de former et produire ces idées. Or cette faculté active ne peut être en moi en tant que je ne suis qu'une chose qui pense, vu qu'elle ne présuppose point ma pensée, et aussi que ces idées-là me sont souvent représentées sans que j'y contribue en aucune sorte, et même souvent contre mon gré; il faut donc nécessairement qu'elle soit en quelque substance différente de moi, dans laquelle toute la réalité, qui est objectivement dans les idées qui en sont produites, soit contenue formellement ou éminemment (comme je l'ai remarqué ci-devant). Et cette substance est ou un corps, c'est-à-dire une nature corporelle, dans laquelle est contenu formellement et en effet tout ce qui est objectivement et par représentation dans les idées; ou bien c'est Dieu même, ou quelque autre créature plus noble que le corps, dans laquelle cela même est contenu éminemment.

Or, Dieu n'étant point trompeur, il est très manifeste qu'il ne m'envoie point ces idées immédiatement par lui-même, ni aussi par l'entremise de quelque créature, dans laquelle leur réalité ne soit pas contenue formellement, mais seulement éminemment. Car ne m'ayant donné aucune faculté pour connaître que cela soit, mais au contraire une très grande inclination à croire qu'elles me sont envoyées ou qu'elles partent des choses corporelles, je ne vois pas comment on pourrait l'excuser de tromperie, si en effet ces idées partaient ou étaient produites par d'autres causes que par des choses corporelles. Et partant il faut confesser qu'il y a des choses corporelles qui existent.

Toutefois elles ne sont peut-être pas entièrement telles que nous les apercevons par les sens, car cette perception des sens est fort obscure et confuse en plusieurs choses; mais au moins faut-il avouer que toutes les choses que j'y conçois clairement et distinctement, c'est-à-dire toutes les choses, généralement parlant, qui sont comprises dans l'objet de la géométrie spéculative, s'y retrouvent véritablement. Mais pour ce qui est des autres choses, lesquelles ou sont seulement particulières, par exemple, que le soleil soit de telle grandeur et de telle figure, etc., ou bien sont conçues moins clairement et moins distinctement, comme la lumière, le son, la douleur, et autres semblables, il est certain qu'encore qu'elles soient fort douteuses et incertaines, toutefois de cela seul que Dieu n'est point trompeur, et que par conséquent il n'a point permis qu'il pût y avoir aucune fausseté dans mes opinions, qu'il ne m'ait aussi donné quelque faculté capable de la corriger, je crois pouvoir conclure assurément que j'ai en moi les moyens de les connaître avec certitude.

Et premièrement il n'y a point de doute que tout ce que la nature m'enseigne contient quelque vérité. Car par la nature, considérée en général, je n'entends maintenant autre chose que Dieu même, ou bien l'ordre et la disposition que Dieu a établie dans les choses créées. Et par ma nature en particulier, je n'entends autre chose que la complexion ou l'assemblage de toutes les choses que Dieu m'a données.

Or il n'y a rien que cette nature m'enseigne plus expressément, ni plus sensiblement, sinon que j'ai un corps qui est mal disposé quand je sens de la douleur, qui a besoin de manger ou de boire, quand j'ai les sentiments de la faim ou de la soif, etc. Et partant je ne dois aucunement douter qu'il n'y ait en cela quelque vérité.

La nature m'enseigne aussi par ces sentiments de douleur, de faim, de soif, etc., que je ne suis pas seulement logé dans mon corps, ainsi qu'un pilote en son navire, mais, outre cela, que je lui suis conjoint très étroitement et tellement confondu et mêlé, que je compose comme un seul tout avec lui. Car, si cela n'était, lorsque mon corps est blessé, je ne sentirais pas pour cela de la douleur, moi qui ne suis qu'une chose qui pense, mais j'apercevrais cette blessure par le seul entendement, comme un pilote aperçoit par la vue si quelque chose se rompt dans son vaisseau; et lorsque mon corps a besoin de boire ou de manger, je connaîtrais simplement cela même, sans en être averti par des sentiments confus de faim et de soif. Car en effet tous ces sentiments de faim, de soif, de douleur, etc., ne sont autre chose que de certaines façons confuses de penser, qui proviennent et dépendent de l'union et comme du mélange de l'esprit avec le corps.

Outre cela, la nature m'enseigne que plusieurs autres corps existent autour du mien, entre lesquels je dois poursuivre les uns et fuir les autres. Et certes, de ce que je sens différentes sortes de couleurs, d'odeurs, de saveurs, de sons, de chaleur, de dureté, etc., je conclus fort bien qu'il y a dans les corps, d'où procèdent toutes ces diverses perceptions des sens, quelques variétés qui leur répondent, quoique peut-être ces variétés ne leur soient point en effet semblables. Et aussi, de ce qu'entre ces diverses perceptions des sens, les unes me sont agréables, et les autres désagréables, je puis tirer une conséquence tout à fait certaine, que mon corps (ou plutôt moi-même tout entier, en tant que je suis composé du corps et de l'âme) peut recevoir diverses commodités ou incommodités des autres corps qui l'environnent.

Mais il y a plusieurs autres choses qu'il semble que la nature m'ait enseignées, lesquelles toutefois je n'ai pas véritablement reçues d'elle, mais qui se sont introduites en mon esprit par une certaine coutume que j'ai de juger inconsidérément des choses; et ainsi il peut aisément arriver qu'elles contiennent quelque fausseté. Comme, par exemple, l'opinion que j'ai que tout espace dans lequel il n'y a rien qui meuve, et fasse impression sur mes sens, soit vide; que dans un corps qui est chaud, il y ait quelque chose de semblable à l'idée de la chaleur qui est en moi; que dans un corps blanc ou noir, il y ait la même blancheur ou noirceur que je sens; que dans un corps amer ou doux, il y ait le même goût ou la même saveur, et ainsi des autres; que les astres, les tours et tous les autres corps éloignés soient de la même figure et grandeur qu'ils paraissent de loin à nos yeux, etc.

Mais afin qu'il n'y ait rien en ceci que je ne conçoive distinctement, je dois précisément définir ce que j'entends proprement lorsque je dis que la nature m'enseigne quelque chose. Car je prends ici la nature en une signification plus resserrée, que lorsque je l'appelle un assemblage ou une complexion de toutes les choses que Dieu m'a données; vu que cet assemblage ou complexion comprend beaucoup de choses qui n'appartiennent qu'à l'esprit seul, desquelles je n'entends point ici parler, en parlant de la nature : comme, par exemple, la notion que j'ai de cette vérité, que ce qui a une fois été fait ne peut plus n'avoir point été fait, et une infinité d'autres semblables, que je connais par la lumière naturelle, sans l'aide du corps, et qu'il en comprend aussi plusieurs autres qui n'appartiennent qu'au corps seul, et ne sont point ici non plus contenues sous le nom de nature : comme la qualité qu'il a d'être pesant, et plusieurs autres semblables, desquelles je ne parle pas aussi, mais seulement des choses que Dieu m'a données, comme étant composé de l'esprit et du corps. Or cette nature m'apprend bien à fuir les choses qui causent en moi le sentiment de la douleur, et à me porter vers celles qui me communiquent quelque sentiment de plaisir;

mais je ne vois point qu'outre cela elle m'apprenne que de ces diverses perceptions des sens nous devions jamais rien conclure touchant les choses qui sont hors de nous, sans que l'esprit les ait soigneusement et mûrement examinées. Car c'est, ce me semble, à l'esprit seul, et non point au composé de l'esprit et du corps, qu'il appartient de connaître la vérité de ces choses-là.

Ainsi, quoiqu'une étoile ne fasse pas plus d'impression en mon œil que le feu d'un petit flambeau, il n'y a toutefois en moi aucune faculté réelle ou naturelle, qui me porte à croire qu'elle n'est pas plus grande que ce feu, mais je l'ai jugé ainsi dès mes premières années sans aucun raisonnable fondement. Et quoiqu'en approchant du feu je sente de la chaleur, et même que m'en approchant un peu trop près je ressente de la douleur, il n'y a toutefois aucune raison qui me puisse persuader qu'il y a dans le feu quelque chose de semblable à cette chaleur, non plus qu'à cette douleur; mais seulement j'ai raison de croire qu'il y a quelque chose en lui, quelle qu'elle puisse être, qui excite en moi ces sentiments de chaleur ou de douleur.

De même aussi, quoiqu'il y ait des espaces dans lesquels je ne trouve rien qui excite et meuve mes sens, je ne dois pas conclure pour cela que ces espaces ne contiennent en eux aucun corps; mais je vois que, tant en ceci qu'en plusieurs autres choses semblables, j'ai accoutumé de pervertir et confondre l'ordre de la nature, parce que ces sentiments ou perceptions des sens n'ayant été mises en moi que pour signifier à mon esprit quelles choses sont convenables ou nuisibles au composé dont il est partie, et jusque-là étant assez claires et assez distinctes, je m'en sers néanmoins comme si elles étaient des règles très certaines, par lesquelles je pusse connaître immédiatement l'essence et la nature des corps qui sont hors de moi, de laquelle toutefois elles ne me peuvent rien enseigner que de fort obscur et confus.

Mais j'ai déjà ci-devant assez examiné comment, nonobstant la souveraine bonté de Dieu, il arrive qu'il y ait de la fausseté dans les jugements que je fais en cette sorte. Il se présente seulement encore ici une difficulté touchant les choses que la nature m'enseigne devoir être suivies ou évitées, et aussi touchant les sentiments intérieurs qu'elle a mis en moi; car il me semble y avoir quelquefois remarqué de l'erreur, et ainsi que je suis directement trompé par ma nature. Comme, par exemple, le goût agréable de quelque viande, en laquelle on aura mêlé du poison, peut m'inviter à prendre ce poison, et ainsi me tromper. Il est vrai toutefois qu'en ceci la nature peut être excusée, car elle me porte seulement à désirer la viande dans laquelle je rencontre une saveur agréable, et non point à désirer le poison, lequel lui est inconnu; de façon que je ne puis conclure de ceci autre chose, sinon que ma nature ne connaît pas entièrement et universellement toutes choses : de quoi certes il n'y a pas lieu de s'étonner, puisque l'homme, étant d'une nature finie, ne peut aussi avoir qu'une connaissance d'une perfection limitée.

Mais nous nous trompons aussi assez souvent, même dans les choses auxquelles nous sommes directement portés par la nature, comme il arrive aux malades, lorsqu'ils désirent de boire ou de manger des choses qui leur peuvent nuire. On dira peut-être ici que ce qui est cause qu'ils se trompent, est que leur nature est corrompue; mais cela n'ôte pas la difficulté, parce qu'un homme malade n'est pas moins véritablement la créature de Dieu, qu'un homme qui est en pleine santé; et partant il répugne autant à la bonté de Dieu, qu'il ait une nature trompeuse et fautive, que l'autre. Et comme une horloge, composée de roues et de contrepoids, n'observe pas moins exactement toutes les lois de la nature, lorsqu'elle est mal faite, et qu'elle ne montre pas bien les heures, que lorsqu'elle satisfait entièrement au désir de l'ouvrier; de même aussi, si je considère le corps de l'homme comme étant une machine tellement bâtie et composée d'os, de nerfs, de muscles, de veines, de sang et de peau, qu'encore bien qu'il n'y eût en lui aucun esprit, il ne laisserait pas de se mouvoir en toutes les mêmes façons qu'il fait à présent, lorsqu'il ne se meut point par la direction de sa volonté, ni par conséquent par l'aide de l'esprit, mais seulement par la disposition de ses organes, je reconnais facilement qu'il serait aussi naturel à ce corps, étant, par exemple, hydropique, de souffrir la sécheresse du gosier, qui a coutume de signifier à l'esprit le sentiment de la soif, et d'être disposé par cette sécheresse à mouvoir ses nerfs et ses autres parties, en la façon qui est requise pour boire, et ainsi d'augmenter son mal et se nuire à soi-même, qu'il lui est naturel, lorsqu'il n'a aucune indisposition, d'être porté à boire pour son utilité par une semblable sécheresse du gosier. Et quoique, regardant à l'usage auquel l'horloge a été destinée par son ouvrier, je puisse dire qu'elle se détourne de sa nature, lorsqu'elle ne marque pas bien les heures; et qu'en même façon, considérant la machine du corps humain comme ayant été formée de Dieu pour avoir en soi tous les mouvements qui ont coutume d'y être, j'aie sujet de penser qu'elle ne suit pas l'ordre de sa nature, quand son gosier est sec, et que le boire nuit à sa conservation; je reconnais toutefois que cette dernière façon d'expliquer la nature est beaucoup différente de l'autre. Car celle-ci n'est autre chose qu'une simple dénomination, laquelle dépend entièrement de ma pensée, qui compare un homme malade et une horloge mal faite, avec l'idée que j'ai d'un homme sain et d'une horloge bien faite, et laquelle ne signifie rien qui se retrouve en la chose dont elle se dit; au lieu que, par l'autre façon d'expliquer la nature, j'entends quelque chose qui se rencontre véritablement dans les choses, et partant qui n'est point sans quelque vérité.

Mais certes, quoique, au regard du corps hydropique, ce ne soit qu'une dénomination extérieure, lorsqu'on dit que sa nature est corrompue, en ce que, sans avoir besoin de boire, il ne laisse pas d'avoir le gosier sec et aride; toutefois, au regard de tout le composé, c'est-à-dire de l'esprit ou de l'âme unie à ce corps, ce n'est pas une pure dénomination, mais bien une véritable erreur de nature, en ce qu'il a soif, lorsqu'il lui est très nuisible de boire; et partant, il reste encore à examiner comment la bonté de Dieu n'empêche pas que la nature de l'homme, prise de cette sorte, soit fautive et trompeuse.

Pour commencer donc cet examen, je remarque ici, premièrement, qu'il y a une grande différence entre l'esprit et le corps, en ce que le corps, de sa nature, est toujours divisible, et que l'esprit est entièrement indivisible. Car en effet, lorsque je considère mon esprit, c'est-à-dire moi-même en tant que je suis seulement une chose qui pense, je n'y puis distinguer aucunes parties, mais je me conçois comme une chose seule et entière. Et quoique tout l'esprit semble être uni à tout le corps, toutefois un pied, ou un bras, ou quelque autre partie étant séparée de mon corps, il est certain que pour cela il n'y aura rien de retranché de mon esprit. Et les facultés de vouloir, de sentir, de concevoir, etc., ne peuvent pas proprement être dites ses parties : car le même esprit s'emploie tout entier à vouloir, et aussi tout entier à sentir, à concevoir, etc. Mais c'est tout le contraire dans les choses corporelles ou étendues : car il n'y en a pas une que je ne mette aisément en pièces par ma pensée, que mon esprit ne divise fort facilement en plusieurs parties et par conséquent que je ne connaisse être divisible. Ce qui suffirait pour m'enseigner que l'esprit ou l'âme de l'homme est entièrement différente du corps, si je ne l'avais déjà d'ailleurs assez appris.

Je remarque aussi que l'esprit ne reçoit pas immédiatement l'impression de toutes les parties du corps, mais seulement du cerveau, ou peut-être même d'une de ses plus petites parties, à savoir de celle où s'exerce cette faculté qu'ils appellent le sens commun, laquelle, toutes les fois qu'elle est disposée de même façon, fait sentir la même chose à l'esprit, quoique cependant les autres parties du corps puissent être diversement disposées, comme le témoignent une infinité d'expériences, lesquelles il n'est pas ici besoin de rapporter.

Je remarque, outre cela, que la nature du corps est telle, qu'aucune de ses parties ne peut être mue par une autre partie un peu éloignée, qu'elle ne le puisse être aussi de la même sorte par chacune des parties qui sont entre deux, quoique cette partie plus éloignée n'agisse point. Comme, par exemple, dans la corde A B C D qui est toute tendue, si l'on vient à tirer et remuer la dernière partie D, la première A ne sera pas remuée d'une autre façon, qu'on la pourrait aussi faire mouvoir, si on tirait une des parties moyennes, B ou C, et que la dernière D demeurât cependant immobile. Et en même façon, quand je ressens de la douleur au pied, la physique m'apprend que ce sentiment se communique par le moyen des nerfs dispersés dans le pied, qui se trouvant étendus comme des cordes depuis là jusqu'au cerveau, lorsqu'ils sont tirés dans le pied, tirent aussi en même temps l'endroit du cerveau d'où ils viennent et auquel ils aboutissent, et y excitent un certain mouvement, que la nature a institué pour faire sentir de la douleur à l'esprit, comme si cette douleur était dans le pied.

Mais parce que ces nerfs doivent passer par la jambe, par la cuisse, par les reins, par le dos et par le col, pour s'étendre depuis le pied jusqu'au cerveau, il peut arriver qu'encore bien que leurs extrémités qui sont dans le pied ne soient point remuées, mais seulement quelques-unes de leurs parties qui passent par les reins ou par le col, cela néanmoins excite les mêmes mouvements dans le cerveau, qui pourraient y être excités par une blessure reçue dans le pied, en suite de quoi il sera nécessaire que l'esprit ressente dans le pied la même douleur que s'il y avait reçu une blessure. Et il faut juger le semblable de toutes les autres perceptions de nos sens.

Enfin je remarque que, puisque de tous les mouvements qui se font dans la partie du cerveau dont l'esprit reçoit immédiatement l'impression, chacun ne cause qu'un certain sentiment, on ne peut rien en cela souhaiter ni imaginer de mieux, sinon que ce mouvement fasse ressentir à l'esprit, entre tous les sentiments qu'il est capable de causer, celui qui est le plus propre et le plus ordinairement utile à la conservation du corps humain, lorsqu'il est en pleine santé. Or l'expérience nous fait connaître, que tous les sentiments que la nature nous a donnés sont tels que je viens de dire; et partant, il ne se trouve rien en eux, qui ne fasse paraître la puissance et la bonté de Dieu qui les a produits.

Ainsi, par exemple, lorsque les nerfs qui sont dans le pied sont remués fortement, et plus qu'à l'ordinaire, leur mouvement, passant par la moelle de l'épine du dos jusqu'au cerveau, fait une impression à l'esprit qui lui fait sentir quelque chose, à savoir de la douleur, comme étant dans le pied, par laquelle l'esprit est averti et excité à faire son possible pour en chasser la cause, comme très dangereuse et nuisible au pied.

Il est vrai que Dieu pouvait établir la nature de l'homme de telle sorte, que ce même mouvement dans le cerveau fît sentir toute autre chose à l'esprit : par exemple, qu'il se fît sentir soi-même, ou en tant qu'il est dans le cerveau, ou en tant qu'il est dans le pied, ou bien en tant qu'il est en quelque autre endroit entre le pied et le cerveau, ou enfin quelque autre chose telle qu'elle peut être; mais rien de tout cela n'eût si bien contribué à la conservation du corps, que ce qu'il lui fait sentir.

De même, lorsque nous avons besoin de boire, il naît

de là une certaine sécheresse dans le gosier, qui remue ses nerfs, et par leur moyen les parties intérieures du cerveau; et ce mouvement fait ressentir à l'esprit le sentiment de la soif, parce qu'en cette occasion-là il n'y a rien qui nous soit plus utile que de savoir que nous avons besoin de boire, pour la conservation de notre santé; et ainsi des autres.

D'où il est entièrement manifeste que, nonobstant la souveraine bonté de Dieu, la nature de l'homme, en tant qu'il est composé de l'esprit et du corps, ne peut qu'elle ne soit quelquefois fautive et trompeuse.

Car s'il y a quelque cause qui excite, non dans le pied, mais en quelqu'une des parties du nerf qui est tendu depuis le pied jusqu'au cerveau, ou même dans le cerveau, le même mouvement qui se fait ordinairement quand le pied est mal disposé, on sentira de la douleur comme si elle était dans le pied, et le sens sera naturellement trompé; parce qu'un même mouvement dans le cerveau ne pouvant causer en l'esprit qu'un même sentiment, et ce sentiment étant beaucoup plus souvent excité par une cause qui blesse le pied, que par une autre qui soit ailleurs, il est bien plus raisonnable qu'il porte à l'esprit la douleur du pied que celle d'aucune autre partie. Et quoique la sécheresse du gosier ne vienne pas toujours, comme à l'ordinaire, de ce que le boire est nécessaire pour la santé du corps, mais quelquefois d'une cause toute contraire, comme expérimentent les hydropiques, toutefois il est beaucoup mieux qu'elle trompe en ce rencontre-là, que si, au contraire, elle trompait toujours lorsque le corps est bien disposé; et ainsi des autres.

Et certes cette considération me sert beaucoup, non seulement pour reconnaître toutes les erreurs auxquelles ma nature est sujette, mais aussi pour les éviter, ou pour les corriger plus facilement : car sachant que tous mes sens me signifient plus ordinairement le vrai que le faux, touchant les choses qui regardent les commodités ou incommodités du corps, et pouvant presque toujours me servir de plusieurs d'entre eux pour examiner une même chose, et outre cela, pouvant user de ma mémoire pour lier et joindre les connaissances présentes aux passées, et de mon entendement qui a déjà découvert toutes les causes de mes erreurs, je ne dois plus craindre désormais qu'il se rencontre de la fausseté dans les choses qui me sont le plus ordinairement représentées par mes sens. Et je dois rejeter tous les doutes de ces jours passés, comme hyperboliques et ridicules, particulièrement cette incertitude si générale touchant le sommeil, que je ne pouvais distinguer de la veille : car à présent j'y rencontre une très notable différence, en ce que notre mémoire ne peut jamais lier et joindre nos songes les uns aux autres et avec toute la suite de notre vie, ainsi qu'elle a de coutume de joindre les choses qui nous arrivent étant éveillés. Et, en effet, si quelqu'un, lorsque je veille, m'apparaissait tout soudain et disparaissait de même, comme font les images que je vois en dormant, en sorte que je ne pusse remarquer ni d'où il viendrait, ni où il irait, ce ne serait pas sans raison que je l'estimerais un spectre ou un fantôme formé dans mon cerveau, et semblable à ceux qui s'y forment quand je dors, plutôt qu'un vrai homme. Mais lorsque j'aperçois des choses dont je connais distinctement et le lieu d'où elles viennent, et celui où elles sont, et le temps auquel elles m'apparaissent, et que, sans aucune interruption, je puis lier le sentiment que j'en ai, avec la suite du reste de ma vie, je suis entièrement assuré que je les aperçois en veillant, et non point dans le sommeil. Et je ne dois en aucune façon douter de la vérité de ces choses-là, si après avoir appelé tous mes sens, ma mémoire et mon entendement pour les examiner, il ne m'est rien rapporté par aucun d'eux, qui ait de la répugnance avec ce qui m'est rapporté par les autres. Car de ce que Dieu n'est point trompeur, il suit nécessairement que je ne suis point en cela trompé.

Mais parce que la nécessité des affaires nous oblige souvent à nous déterminer, avant que nous ayons eu le loisir de les examiner si soigneusement, il faut avouer que la vie de l'homme est sujette à faillir fort souvent dans les choses particulières; et enfin il faut reconnaître l'infirmité et la faiblesse de notre nature.

OBJECTIONS

FAITES PAR DES PERSONNES TRÈS DOCTES

CONTRE LES PRÉCÉDENTES MÉDITATIONS

AVEC LES RÉPONSES DE L'AUTEUR

PREMIÈRES OBJECTIONS

D'UN SAVANT THÉOLOGIEN[1] DU PAYS-BAS

Messieurs,

Aussitôt que j'ai reconnu le désir que vous aviez que j'examinasse soigneusement les écrits de Monsieur Descartes, j'ai pensé qu'il était de mon devoir de satisfaire en cette occasion à des personnes qui me sont si chères, tant pour vous témoigner par là l'estime que je fais de votre amitié, que pour vous faire connaître ce qui manque à ma suffisance et à la perfection de mon esprit ; afin que dorénavant vous ayez un peu plus de charité pour moi, si j'en ai besoin, et que vous m'épargniez une autre fois, si je ne puis porter la charge que vous m'avez imposée.

On peut dire avec vérité, selon que j'en puis juger, que Monsieur Descartes est un homme d'un très grand esprit et d'une très profonde modestie, et sur lequel je ne pense pas que Momus, le plus médisant de son siècle, pût trouver à reprendre. Je pense, dit-il, donc je suis ; voire même je suis la pensée même, ou l'esprit. Cela est vrai. Or est-il qu'en pensant j'ai en moi les idées des choses, et premièrement celle d'un être très parfait et infini. Je l'accorde. Mais je n'en suis pas la cause, moi qui n'égale pas la réalité objective d'une telle idée ; donc quelque chose de plus parfait que moi en est cause ; et partant il y a

1. Caterus, prêtre d'Alkmaar.

un être différent de moi qui existe, et qui a plus de perfections que je n'ai pas. Ou, comme dit saint Denis, au chapitre cinquième des NOMS DIVINS : Il y a quelque nature qui ne possède pas l'être à la façon des autres choses, mais qui embrasse et contient en soi très simplement, et sans aucune circonscription, tout ce qu'il y a d'essence dans l'être, et en qui toutes choses sont renfermées comme dans une cause première et universelle.

Mais je suis ici contraint de m'arrêter un peu, de peur de me fatiguer trop; car j'ai déjà l'esprit aussi agité que le flottant Euripe. J'accorde, je nie, j'approuve, je réfute, je ne veux pas m'éloigner de l'opinion de ce grand homme, et toutefois, je n'y puis consentir. Car, je vous prie, quelle cause requiert une idée? Ou dites-moi ce que c'est qu'idée? C'est donc la chose pensée, en tant qu'elle est objectivement dans l'entendement. *Mais qu'est-ce qu'être objectivement dans l'entendement? Si je l'ai bien appris, c'est terminer à la façon d'un objet l'acte de l'entendement, ce qui en effet n'est qu'une dénomination extérieure, et qui n'ajoute rien de réel à la chose. Car, tout ainsi qu'être vu n'est en moi autre chose sinon que l'acte que la vision tend vers moi, de même être pensé, ou être objectivement dans l'entendement, c'est terminer et arrêter en soi la pensée de l'esprit; ce qui se peut faire sans aucun mouvement et changement en la chose, voire même sans que la chose soit. Pourquoi donc recherché-je la cause d'une chose, qui actuellement n'est point, qui n'est qu'une simple dénomination et un pur néant?*

Et néanmoins, dit ce grand esprit, afin qu'une idée contienne une réalité objective, plutôt qu'une autre, elle doit sans doute avoir cela de quelque cause. *Au contraire, d'aucune; car la réalité objective est une pure dénomination; actuellement elle n'est point. Or l'influence que donne une cause est réelle et actuelle; ce qui actuellement n'est point, ne la peut pas recevoir, et partant ne peut pas dépendre ni procéder d'aucune véritable cause, tant s'en faut qu'il en requiert. Donc j'ai des idées, mais il n'y a point de causes de ces idées; tant s'en faut qu'il y en ait une plus grande que moi et infinie.*

Mais quelqu'un me dira peut-être : si vous ne donnez point la cause des idées, donnez au moins la raison pourquoi cette idée contient plutôt cette réalité objective que celle-là. C'est très bien dit; car je n'ai pas coutume d'être réservé avec mes amis, mais je traite avec eux libéralement. Je dis universelle-

ment de toutes les idées ce que Monsieur Descartes a dit autrefois du triangle : Encore que peut-être, *dit-il,* il n'y ait en aucun lieu du monde hors de ma pensée une telle figure, et qu'il n'y en ait jamais eu, il ne laisse pas néanmoins d'y avoir une certaine nature, ou forme, ou essence déterminée de cette figure, laquelle est immuable et éternelle. *Ainsi cette vérité est éternelle, et elle ne requiert point de cause. Un bateau est un bateau, et rien autre chose ; Davus est Davus, et non Œdipus. Si néanmoins vous me pressez de vous dire une raison, je vous dirai que c'est l'imperfection de notre esprit, qui n'est pas infini ; car, ne pouvant par une seule appréhension embrasser l'universel, qui est tout ensemble et tout à la fois, il le divise et le partage ; et ainsi ce qu'il ne saurait enfanter ou produire tout entier, il le conçoit petit à petit, ou bien, comme on dit en l'école* (inadæquate) *imparfaitement et par partie.*

Mais ce grand homme poursuit : Or, pour imparfaite que soit cette façon d'être, par laquelle une chose est objectivement dans l'entendement par son idée, certes on ne peut pas néanmoins dire que cette façon et manière-là ne soit rien, ni par conséquent que cette idée vienne du néant.

Il y a ici de l'équivoque ; car, si ce mot Rien *est la même chose que n'être pas actuellement, en effet ce n'est rien, parce qu'elle n'est pas actuellement, et ainsi elle vient du néant, c'est-à-dire qu'elle n'a point de cause. Mais si ce mot* Rien *dit quelque chose de feint par l'esprit, qu'ils appellent vulgairement* Être de raison, *ce n'est pas un* Rien, *mais quelque chose de réel, qui est conçue distinctement. Et néanmoins, parce qu'elle est seulement conçue, et qu'actuellement elle n'est pas, elle peut à la vérité être conçue, mais elle ne peut aucunement être causée, ou mise hors de l'entendement.*

Mais je veux, *dit-il,* outre cela examiner, si moi, qui ai cette idée de Dieu, je pourrais être, en cas qu'il n'y eût point de Dieu, *ou comme il dit immédiatement auparavant,* en cas qu'il n'y eût point d'être plus parfait que le mien, et qui ait mis en moi son idée. Car, *dit-il,* de qui aurais-je mon existence? Peut-être de moi-même, ou de mes parents, ou de quelques autres, etc. Or est-il que, si je l'avais de moi-même, je ne douterais point, ni ne désirerais point, et il ne me manquerait aucune chose; car je me serais donné toutes les perfections dont j'ai en moi quelque idée, et ainsi moi-même je serais Dieu.

Que si j'ai mon existence d'autrui, je viendrai enfin à ce qui l'a de soi; et ainsi le même raisonnement que je viens de faire pour moi est pour lui, et prouve qu'il est Dieu. *Voilà certes, à mon avis, la même voie que suit saint Thomas, qu'il appelle la voie de la causalité de la cause efficiente, laquelle il a tirée du Philosophe; hormis que saint Thomas ni Aristote ne se sont pas souciés des causes des idées. Et peut-être n'en était-il pas besoin; car pourquoi ne suivrais-je pas la voie la plus droite et la moins écartée? Je pense, donc je suis, voire même je suis l'esprit même et la pensée; or, cette pensée et cet esprit, ou il est par soi-même, ou par autrui; si par autrui, celui-là enfin par qui est-il? s'il est par soi, donc il est Dieu; car ce qui est par soi se sera aisément donné toutes choses.*

Je prie ici ce grand personnage, et le conjure de ne se point cacher à un lecteur qui est désireux d'apprendre, et qui peut-être n'est pas beaucoup intelligent. Car ce mot Par soi *est pris en deux façons. En la première, il est pris positivement, à savoir par soi-même comme par une cause; et ainsi ce qui serait par soi et se donnerait l'être à soi-même, si par un choix prévu et prémédité il se donnait ce qu'il voudrait, sans doute qu'il se donnerait toutes choses, et partant il serait Dieu. En la seconde, ce mot* Par soi *est pris négativement, et est la même chose que* de soi-même *ou* non par autrui; *et de cette façon, si je m'en souviens, il est pris de tout le monde.*

Or maintenant, si quelque chose est par soi, *c'est-à-dire* non par autrui, *comment prouverez-vous pour cela qu'elle comprend tout, et qu'elle est infinie? Car, à présent, je ne vous écoute point, si vous dites :* puisqu'elle est par soi, elle se sera aisément donné toutes choses; *d'autant qu'elle n'est pas par soi comme par une cause, et qu'il ne lui a pas été possible, avant qu'elle fût, de prévoir ce qu'elle pourrait être, pour choisir ce qu'elle serait après. Il me souvient d'avoir autrefois entendu Suarez raisonner de la sorte :* Toute limitation vient d'une cause; car une chose est finie et limitée, ou parce que la cause ne lui a pu donner rien de plus grand ni de plus parfait, ou parce qu'elle ne l'a pas voulu; si donc quelque chose est par soi et non par une cause, il est vrai de dire qu'elle est infinie et non limitée.

Pour moi, je n'acquiesce pas tout à fait à ce raisonnement. Car, qu'une chose soit par soi *tant qu'il vous plaira, c'est-à-dire qu'elle ne soit point* par autrui, *que pourrez-vous dire si cette limitation vient de ses principes internes et constituants, c'est-à-dire de sa forme même et de son essence, laquelle néanmoins vous n'avez pas encore prouvé être infinie ? Certainement, si vous supposez que le chaud est chaud, il sera chaud par ses principes internes et constituants, et non pas froid, encore que vous imaginiez qu'il ne soit pas* par autrui *ce qu'il est. Je ne doute point que Monsieur Descartes ne manque pas de raisons pour substituer à ce que les autres n'ont peut-être pas assez suffisamment expliqué, ni déduit assez clairement.*

Enfin je conviens avec ce grand homme, en ce qu'il établit pour règle générale, que les choses que nous concevons fort clairement et fort distinctement sont toutes vraies. *Même je crois que tout ce que je pense est vrai, et il y a déjà longtemps que j'ai renoncé à toutes les chimères et à tous les êtres de raison, car aucune puissance ne se peut détourner de son propre objet : si la volonté se meut, elle tend au bien ; les sens mêmes ne se trompent point, car la vue voit ce qu'elle voit, l'oreille entend ce qu'elle entend, et si on voit de l'oripeau, on voit bien ; mais on se trompe lorsqu'on détermine par son jugement, que ce que l'on voit est de l'or. De sorte que Monsieur Descartes attribue avec beaucoup de raison toutes les erreurs au jugement et à la volonté.*

Mais maintenant voyons si ce qu'il veut inférer de cette règle est véritable. Je connais, *dit-il,* clairement et distinctement l'Être infini; donc c'est un être vrai et qui est quelque chose. *Quelqu'un lui demandera : Connaissez-vous clairement et distinctement l'Être infini ? Que veut donc dire cette commune sentence, laquelle est connue d'un chacun :* L'infini, en tant qu'infini, est inconnu? *Car si, lorsque je pense à un chiliogone, me représentant confusément quelque figure, je n'imagine ou ne connais pas distinctement le chiliogone, parce que je ne me représente pas distinctement ses mille côtés, comment est-ce que je concevrais distinctement, et non pas confusément, l'Être infini, en tant qu'infini, vu que je ne puis pas voir clairement, et comme au doigt et à l'œil, les infinies perfections dont il est composé ?*

Et c'est peut-être ce qu'a voulu dire saint Thomas ; car, ayant nié que cette proposition, Dieu est, *fût claire et connue sans preuve, il se fait à soi-même cette objection des paroles de saint Damascène :* La connaissance que Dieu est, est naturellement empreinte en l'esprit de tous les hommes; donc c'est une chose claire, et qui n'a point besoin de preuve pour être connue. *A quoi il répond :* Connaître que Dieu est, en général, et, *comme il dit,* sous quelque confusion, à savoir, en tant qu'il est la béatitude de l'homme, cela est naturellement imprimé en nous; mais ce n'est pas, *dit-il,* connaître simplement que Dieu est; tout ainsi que connaître que quelqu'un vient, ce n'est pas connaître Pierre, encore que ce soit Pierre qui vienne, etc. *Comme s'il voulait dire que Dieu est connu sous une raison commune, ou de fin dernière, ou même de premier être, et très parfait, ou enfin sous la raison d'un être qui comprend et embrasse confusément et en général toutes choses, mais non pas sous la raison précise de son être, car ainsi il est infini et nous est inconnu. Je sais que Monsieur Descartes répondra facilement à celui qui l'interrogera de la sorte; je crois néanmoins que les choses que j'allègue ici, seulement par forme d'entretien et d'exercice, feront qu'il se ressouviendra de ce que dit Boëce,* qu'il y a certaines notions communes, qui ne peuvent être connues sans preuve que par les savants; *de sorte qu'il ne se faut pas étonner, si ceux-là interrogent beaucoup, qui désirent savoir plus que les autres, et s'ils s'arrêtent longtemps à considérer ce qu'ils savent avoir été dit et avancé, comme le premier et principal fondement de toute l'affaire, et que néanmoins ils ne peuvent entendre sans une longue recherche et une très grande attention d'esprit.*

Mais demeurons d'accord de ce principe, et supposons que quelqu'un ait l'idée claire et distincte d'un être souverain et souverainement parfait : que prétendez-vous inférer de là ? C'est à savoir, que cet être infini existe, et cela si certainement, que je dois être au moins aussi assuré de l'existence de Dieu, que je l'ai été jusques ici de la vérité des démonstrations mathématiques; en sorte qu'il n'y a pas moins de répugnance de concevoir un Dieu (c'est-à-dire un être souverainement parfait) auquel manque l'existence (c'est-à-dire auquel manque quelque perfection), que de concevoir une montagne qui n'ait point de vallée. *C'est ici le nœud de toute la question : qui cède à présent, il faut qu'il se confesse vaincu; pour moi, qui ai à faire avec un puissant adversaire, il faut que j'esquive un peu, afin qu'ayant à être vaincu, je diffère, au moins pour quelque temps, ce que je ne puis éviter.*

Et premièrement, encore que nous n'agissions pas ici par autorité, mais seulement par raison, néanmoins, de peur qu'il ne semble que je me veuille opposer sans sujet à ce grand esprit, écoutez plutôt saint Thomas, qui se fait à soi-même cette objection : Aussitôt qu'on a compris et entendu ce que signifie ce nom *Dieu,* on sait que Dieu est; car, par ce nom, on entend une chose telle, que rien de plus grand ne peut être conçu. Or ce qui eſt dans l'entendement et en effet, eſt plus grand que ce qui eſt seulement dans l'entendement. C'eſt pourquoi, puisque, ce nom *Dieu* étant entendu, Dieu eſt dans l'entendement, il s'ensuit aussi qu'il eſt en effet. *Lequel argument je rends ainsi en forme : Dieu eſt ce qui eſt tel que rien de plus grand ne peut être conçu; mais ce qui eſt tel que rien de plus grand ne peut être conçu enferme l'exiſtence; donc Dieu, par son nom ou par son concept, enferme l'exiſtence; et partant il ne peut être, ni être conçu sans exiſtence. Maintenant, dites-moi, je vous prie, n'eſt-ce pas là le même argument de Monsieur Descartes? Saint Thomas définit Dieu ainsi :* Ce qui eſt tel que rien de plus grand ne peut être conçu. *Monsieur Descartes l'appelle* un être souverainement parfait; *certes rien de plus grand que lui ne peut être conçu. Saint Thomas poursuit :* Ce qui eſt tel que rien de plus grand ne peut être conçu, enferme l'exiſtence; autrement quelque chose de plus grand que lui pourrait être conçu, à savoir ce qui eſt conçu enfermer aussi l'exiſtence. *Mais Monsieur Descartes ne semble t-il pas se servir de la même mineure dans son argument? Dieu eſt un être souverainement parfait; or eſt-il que l'être souverainement parfait enferme l'exiſtence, autrement il ne serait pas souverainement parfait. Saint Thomas infère :* Donc, puisque, ce nom *Dieu* étant compris et entendu, il eſt dans l'entendement, il s'ensuit aussi qu'il eſt en effet; c'eſt-à-dire, de ce que, dans le concept ou la notion essentielle d'un être tel que rien de plus grand ne peut être conçu, l'exiſtence eſt comprise et enfermée, il s'ensuit que cet être exiſte. *Monsieur Descartes infère la même chose.* Mais, *dit-il,* de cela seul que je ne puis concevoir Dieu sans exiſtence, il s'ensuit que l'exiſtence eſt inséparable de lui, et partant qu'il exiſte véritablement. *Que maintenant saint Thomas réponde à soi-même et à Monsieur Descartes.* Posé, *dit-il,* que chacun entende que par ce nom *Dieu* il eſt signifié ce qui a été dit, à savoir ce qui eſt tel que rien de plus grand ne peut être conçu, il ne s'ensuit pas pour cela qu'on entende que la chose qui eſt signifiée par ce nom soit dans la nature, mais seulement dans l'appréhension de l'entendement. Et on ne peut pas dire qu'elle soit en effet, si on ne demeure d'accord qu'il y a en effet quelque chose telle que rien de plus grand ne peut être conçu; ce que ceux-là nient ouvertement, qui disent qu'il n'y a point de Dieu. *D'où je réponds aussi en peu de paroles : encore que l'on demeure d'accord que l'être souverainement parfait par son propre nom emporte l'existence, néanmoins il ne s'ensuit pas que cette même existence soit dans la nature actuellement quelque chose, mais seulement qu'avec le concept, ou la notion de l'être souverainement parfait, celui de l'existence est inséparablement conjoint. D'où vous ne pouvez pas inférer que l'existence de Dieu soit actuellement quelque chose, si vous ne supposez que cet être souverainement parfait existe actuellement; car pour lors il contiendra actuellement toutes les perfections, et celle aussi d'une existence réelle.*

Trouvez bon maintenant, Messieurs, qu'après tant de fatigues je délasse un peu mon esprit. Ce composé, lion existant, *enferme essentiellement ces deux parties, à savoir, lion et l'existence; car si vous ôtez l'un ou l'autre, ce ne sera plus le même composé. Maintenant Dieu n'a-t-il pas de toute éternité connu clairement et distinctement ce composé? Et l'idée de ce composé, en tant que tel, n'enferme-t-elle pas essentiellement l'une et l'autre de ces parties? c'est-à-dire l'existence n'est-elle pas de l'essence de ce composé* lion existant? *Et néanmoins la distincte connaissance que Dieu a eue de toute éternité, ne fait pas nécessairement que l'une ou l'autre partie de ce composé soit, si on ne suppose que tout ce composé est actuellement; car alors il enfermera et contiendra en soi toutes ses perfections essentielles, et partant aussi l'existence actuelle. De même, encore que je connaisse clairement et distinctement l'être souverain, et encore que l'être souverainement parfait dans son concept essentiel enferme l'existence, néanmoins il ne s'ensuit pas que cette existence soit actuellement quelque chose, si vous ne supposez que cet être souverain existe; car alors, avec toutes ses autres perfections, il enfermera aussi actuellement celle de l'existence; et ainsi il faut prouver d'ailleurs que cet être souverainement parfait existe.*

J'en dirai peu touchant l'existence de l'âme et sa distinction réelle d'avec le corps; car je confesse que ce grand esprit m'a déjà tellement fatigué, qu'au delà je ne puis quasi plus rien. S'il y a une distinction entre l'âme et le corps, il semble la prouver de ce que ces deux choses peuvent être conçues distinctement et séparément l'une de l'autre. Et sur cela je mets ce savant homme aux prises avec Scot, qui dit qu'afin qu'une chose soit conçue distinctement et séparément d'une autre, il suffit qu'il y ait entre elles une distinction, qu'il appelle formelle et objective, *laquelle il met entre* la distinction réelle et celle de raison; *et c'est ainsi qu'il distingue la justice de Dieu d'avec sa miséricorde;* car elles ont, *dit-il,* avant aucune opération de l'entendement, des raisons formelles, différentes, en sorte que l'une n'est pas l'autre; et néanmoins ce serait une mauvaise conséquence de dire : la justice peut être conçue séparément d'avec la miséricorde, donc elle peut aussi exister séparément. *Mais je ne vois pas que j'ai déjà passé les bornes d'une lettre.*

Voilà, Messieurs, les choses que j'avais à dire touchant ce que vous m'avez proposé; c'est à vous maintenant d'en être les juges. Si vous prononcez en ma faveur, il ne sera pas malaisé d'obliger Monsieur Descartes à ne me vouloir point de mal, si je lui ai un peu contredit; que si vous êtes pour lui, je donne dès à présent les mains, et me confesse vaincu, et ce d'autant plus volontiers que je craindrais de l'être encore une autre fois. Adieu.

RÉPONSES DE L'AUTEUR

AUX PREMIÈRES OBJECTIONS

FAITES PAR UN SAVANT THÉOLOGIEN DU PAYS-BAS

MESSIEURS[1],

JE vous confesse que vous avez suscité contre moi un puissant adversaire, duquel l'esprit et la doctrine eussent pu me donner beaucoup de peine, si cet officieux et dévot théologien n'eût mieux aimé favoriser la cause de Dieu et celle de son faible défenseur, que de la combattre à force ouverte. Mais quoiqu'il lui ait été très honnête d'en user de la sorte, je ne pourrais pas m'exempter de blâme, si je tâchais de m'en prévaloir; c'est pourquoi mon dessein est plutôt de découvrir ici l'artifice dont il s'est servi pour m'assister, que de lui répondre comme à un adversaire.

1. Descartes répond à deux de ses amis qui lui avaient transmis les objections de Caterus.

Il a commencé par une brève déduction de la principale raison dont je me sers pour prouver l'existence de Dieu, afin que les lecteurs s'en ressouvinssent d'autant mieux. Puis, ayant succinctement accordé les choses qu'il a jugé être suffisamment démontrées, et ainsi les ayant appuyées de son autorité, il est venu au nœud de la difficulté, qui est de savoir ce qu'il faut ici entendre par le nom d'*idée,* et quelle cause cette idée requiert.

Or j'ai écrit en quelque part, *que l'idée est la chose même conçue, ou pensée, en tant qu'elle est objectivement dans l'entendement,* lesquelles paroles il feint d'entendre tout autrement que je ne les ai dites, afin de me donner occasion de les expliquer plus clairement. *Être,* dit-il, *objectivement dans l'entendement, c'est terminer à la façon d'un objet l'acte de l'entendement, ce qui n'est qu'une dénomination extérieure, et qui n'ajoute rien de réel à la chose, etc.* Où il faut remarquer qu'il a égard à la chose même, comme étant hors de l'entendement, au respect de laquelle c'est de vrai une dénomination extérieure, qu'elle soit objectivement dans l'entendement; mais que je parle de l'idée, qui n'est jamais hors de l'entendement, et au respect de laquelle *être objectivement* ne signifie autre chose, qu'être dans l'entendement en la manière que les objets ont coutume d'y être. Ainsi, par exemple, si quelqu'un demande, qu'est-ce qu'il arrive au soleil de ce qu'il est objectivement dans mon entendement, on répond fort bien qu'il ne lui arrive rien qu'une dénomination extérieure, à savoir qu'il termine à la façon d'un objet l'opération de mon entendement; mais si on demande de l'idée du soleil ce que c'est, et qu'on réponde que c'est la chose pensée, en tant qu'elle est objectivement dans l'entendement, personne n'entendra que c'est le soleil même, en tant que cette extérieure dénomination est en lui. Et là *être objectivement dans l'entendement* ne signifiera pas terminer son opération à la façon d'un objet, mais bien être dans l'entendement en la manière que ses objets ont coutume d'y être; en telle sorte que l'idée du soleil et le soleil même existant dans l'entendement, non pas à la vérité formellement, comme il est au ciel, mais objectivement, c'est-à-dire en la manière que les objets ont coutume d'exister dans l'entendement : laquelle façon d'être est de vrai bien plus imparfaite que celle par laquelle les choses existent hors de l'entendement; mais pourtant ce n'est pas un pur rien, comme j'ai déjà dit ci-devant.

Et lorsque ce savant théologien dit qu'il y a de l'équivoque en ces paroles, *un pur rien,* il semble avoir voulu m'avertir de celle que je viens tout maintenant de remarquer, de peur que je n'y prisse pas garde. Car il dit, premièrement, qu'une chose ainsi existante dans l'entendement par son idée, n'est pas un être réel ou actuel, c'est-à-dire, que ce n'est pas quelque chose qui soit hors de l'entendement; ce qui est vrai. En après il dit aussi que ce n'est pas quelque chose de feint par l'esprit, ou un être de raison, mais quelque chose de réel, qui est conçu distinctement; par lesquelles paroles il admet entièrement tout ce que j'ai avancé. Mais néanmoins il ajoute, *parce que cette chose est seulement conçue, et qu'actuellement elle n'est pas* (c'est-à-dire, parce qu'elle est seulement une idée, et non pas quelque chose hors de l'entendement), *elle peut à la vérité être conçue, mais elle ne peut aucunement être causée,* c'est-à-dire, qu'elle n'a pas besoin de cause pour exister hors de l'entendement; ce que je confesse, mais certes elle a besoin de cause pour être conçue, et de celle-là seule il est ici question. Ainsi, si quelqu'un a dans l'esprit l'idée de quelque machine fort artificielle, on peut avec raison demander quelle est la cause de cette idée; et celui-là ne satisferait pas, qui dirait que cette idée hors de l'entendement n'est rien, et partant qu'elle ne peut être causée, mais seulement conçue; car on ne demande ici rien autre chose, sinon quelle est la cause pourquoi elle est conçue. Celui-là ne satisfera pas aussi, qui dira que l'entendement même en est la cause, en tant que c'est une de ses opérations; car on ne doute point de cela, mais seulement on demande quelle est la cause de l'artifice objectif qui est en elle. Car que cette idée contienne un tel artifice objectif plutôt qu'un autre, elle doit sans doute avoir cela de quelque cause, et l'artifice objectif est la même chose au respect de cette idée, qu'au respect de l'idée de Dieu la réalité objective. Et de vrai on peut assigner diverses causes de cet artifice; car ou c'est une réelle et semblable machine qu'on aura vue auparavant, à la ressemblance de laquelle cette idée a été formée, ou une grande connaissance de la mécanique qui est dans l'entendement, ou peut-être une grande subtilité d'esprit, par le moyen de laquelle il a pu l'inventer sans aucune connaissance précédente. Et il faut remarquer que tout l'artifice, qui n'est qu'objectivement dans cette idée, doit être formellement ou éminemment dans sa cause, quelle que cette cause puisse être. Le même aussi faut-il penser de la réalité objective qui est dans l'idée de Dieu. Mais en qui est-ce que toute cette réalité, ou perfection, se pourra rencontrer telle, sinon en Dieu réellement existant ? Et cet esprit excellent a fort bien vu toutes ces choses; c'est pourquoi il confesse qu'on peut demander pourquoi cette idée contient cette réalité objective plutôt qu'une autre : à laquelle demande il a répondu, premièrement, *que de toutes les idées, il en est de même que de ce que j'ai écrit de l'idée du triangle, savoir est que, bien que peut-être il n'y ait point de triangle en aucun lieu du monde, il ne laisse pas d'y avoir une certaine nature, ou forme, ou essence déterminée du triangle, laquelle est immuable et éternelle, et laquelle il dit n'avoir pas besoin de cause*. Ce que néanmoins il a bien jugé ne pouvoir pas satisfaire; car, encore que la nature du triangle soit immuable et éternelle, il n'est pas pour cela moins permis de demander pourquoi son idée est en nous. C'est pourquoi il a ajouté : *Si néanmoins vous me pressez de vous dire une raison, je vous dirai que c'est l'imperfection de notre esprit, etc.* Par laquelle réponse il semble n'avoir voulu signifier autre chose, sinon que ceux qui se voudront ici éloigner de mon sentiment, ne pourront rien répondre de vraisemblable. Car, en effet, il n'est pas plus probable de dire que la cause pourquoi l'idée de Dieu est en nous, soit l'imperfection de notre esprit, que si on disait que l'ignorance des mécaniques fût la cause pourquoi nous imaginons plutôt une machine fort pleine d'artifice qu'une autre moins parfaite. Car, tout au contraire, si quelqu'un a l'idée d'une machine, dans laquelle soit contenu tout l'artifice que l'on saurait imaginer, l'on infère fort bien de là, que cette idée procède d'une cause dans laquelle il y aurait réellement et en effet tout l'artifice imaginable, encore qu'il ne soit qu'objectivement et non point en effet dans cette idée. Et par la même raison, puisque nous avons en nous l'idée de Dieu, dans laquelle toute la perfection est contenue que l'on puisse jamais concevoir, on peut de là conclure très évidemment, que cette idée dépend et procède de quelque cause, qui contient en soi véritablement toute cette perfection, à savoir, de Dieu réellement existant. Et certes la difficulté ne paraîtrait pas plus grande en l'un qu'en l'autre, si, comme tous les hommes ne sont pas savants en la mécanique, et pour cela ne peuvent pas avoir des idées de machines fort artificielles, ainsi tous n'avaient pas la même faculté de concevoir l'idée de Dieu. Mais, parce qu'elle est empreinte d'une même façon dans l'esprit de tout le monde, et que nous ne voyons pas qu'elle nous vienne jamais d'ailleurs que de nous-mêmes, nous supposons qu'elle appartient à la nature de notre esprit. Et certes non mal à propos; mais nous oublions une autre chose que l'on doit principalement considérer, et d'où dépend toute la force, et toute la lumière, ou l'intelligence de cet argument, qui est *que cette faculté d'avoir en soi l'idée de Dieu ne pourrait pas être en nous, si notre esprit était seulement une chose finie, comme il est en effet, et qu'il n'eût point, pour cause de son être, une cause qui fût Dieu.* C'est pourquoi, outre cela, j'ai demandé, savoir si je pourrais être, en cas que Dieu ne fût point, non tant pour apporter une raison différente de la précédente, que pour expliquer la même plus exactement.

Mais ici la courtoisie de cet adversaire me jette dans un passage assez difficile, et capable d'attirer sur moi l'envie et la jalousie de plusieurs; car il compare mon argument avec un autre tiré de saint Thomas et d'Aristote, comme s'il voulait par ce moyen m'obliger à dire la raison pourquoi, étant entré avec eux dans un même chemin, je ne l'ai pas néanmoins suivi en toutes choses; mais je le prie de me permettre de ne point parler des autres, et de rendre seulement raison des choses que j'ai écrites. Premièrement donc, je n'ai point tiré mon argument de ce que je voyais, que dans les choses sensibles il y avait un ordre ou une certaine succession de causes efficientes, partie à cause que j'ai pensé que l'existence de Dieu était beaucoup plus évidente que celle d'aucune chose sensible, et partie aussi pour ce que je ne voyais pas que cette succession de causes me pût conduire ailleurs qu'à me faire connaître l'imperfection de mon esprit, en ce que je ne puis comprendre comment une infinité de telles causes ont tellement succédé les unes aux autres de toute éternité, qu'il n'y en ait point eu de première. Car certainement, de ce que je ne puis comprendre cela, il ne s'ensuit pas qu'il y en doive avoir une première : comme aussi, de ce que je ne puis comprendre une infinité de divisions en une quantité finie, il ne s'ensuit pas que l'on puisse venir à une dernière, après laquelle cette quantité ne puisse plus être divisée; mais bien il suit seulement que mon entendement, qui est fini, ne peut comprendre l'infini. C'est pourquoi j'ai mieux aimé appuyer mon raisonnement sur l'existence de moi-même, laquelle ne dépend d'aucune suite de causes, et qui m'est si connue que rien ne le peut être davantage; et, m'interrogeant sur cela moi-même, je n'ai pas tant cherché par quelle cause j'ai autrefois été produit, que j'ai cherché quelle est la cause qui à présent me conserve, afin de me délivrer par ce moyen de toute suite et succession de causes. Outre cela, je n'ai pas cherché quelle est la cause de mon être, en tant que je suis composé de corps et d'âme, mais seulement et précisément en tant que je suis une chose qui pense. Ce que je crois ne servir pas peu à ce sujet, car ainsi j'ai pu beaucoup mieux me délivrer des préjugés, considérer ce que dicte la lumière naturelle, m'interroger moi-même, et tenir pour certain que rien ne peut être en moi, dont je n'aie quelque connaissance. Ce qui en effet est autre chose que si, de ce que je vois que je suis né de mon père, je considérais que mon père vient aussi de mon aïeul; et si, parce qu'en cherchant ainsi les pères de mes pères je ne pourrais pas continuer ce progrès à l'infini, pour mettre fin à cette recherche, je concluais qu'il y a une première cause. De plus, je n'ai pas seulement cherché quelle est la cause de mon être, en tant que je suis une chose qui pense, mais principalement en tant qu'entre plusieurs autres pensées, je reconnais que j'ai en moi l'idée d'un être souverainement parfait; car de cela seul dépend toute la force de ma démonstration. Premièrement, parce que cette idée me fait connaître ce que c'est que Dieu, au moins autant que je suis capable de le connaître; et, selon les lois de la vraie logique, on ne doit jamais demander d'aucune chose, *si elle est*, qu'on ne sache premièrement *ce qu'elle est*. En second lieu, parce que c'est cette même idée qui me donne occasion d'examiner si je suis par moi ou par autrui, et de reconnaître mes défauts. Et en dernier lieu, c'est elle qui m'apprend que non seulement il y a une cause de mon être, mais de plus aussi, que cette cause contient toutes sortes de perfections, et partant qu'elle est Dieu. Enfin, je n'ai point dit qu'il est impossible qu'une chose soit la cause efficiente de soi-même; car encore que cela soit manifestement véritable, lorsqu'on restreint la signification d'efficient à ces causes qui sont différentes de leurs effets, ou qui les précèdent en temps, il semble toutefois que dans cette question elle ne doit pas être ainsi restreinte, tant parce que ce serait une question frivole : car qui ne sait qu'une même chose ne peut pas être différente de soi-même ni se précéder en temps? comme aussi parce que la lumière naturelle ne nous dicte point, que ce soit le propre de la cause efficiente de précéder en temps son effet : car au contraire, à proprement parler, elle n'a point le nom ni la nature de cause efficiente, sinon lorsqu'elle produit son effet, et partant elle n'est point devant lui. Mais certes la lumière naturelle nous dicte qu'il n'y a aucune chose de laquelle il ne soit loisible de demander pourquoi elle existe, ou dont on ne puisse rechercher la cause efficiente, ou bien, si elle n'en a point, demander pourquoi elle n'en a pas besoin; de sorte que, si je pensais qu'aucune chose ne peut en quelque façon être, à l'égard de soi-même, ce que la cause efficiente est à l'égard de son effet, tant s'en faut que de là je voulusse conclure qu'il y a une première cause, qu'au contraire de celle-là même qu'on appellerait première, je rechercherais derechef la cause, et ainsi je ne viendrais jamais à une première. Mais certes j'avoue franchement qu'il peut y avoir quelque chose dans laquelle il y ait une puissance si grande et si inépuisable, qu'elle n'ait jamais eu besoin d'aucun secours pour exister, et qui n'en ait pas encore besoin maintenant pour être conservée, et ainsi qui soit en quelque façon la cause de soi-même; et je conçois que Dieu est tel. Car, tout de même que, bien que j'eusse été de toute éternité, et que par conséquent il n'y eût rien eu avant moi, néanmoins, parce que je vois que les parties du temps peuvent être séparées les unes d'avec les autres, et qu'ainsi, de ce que je suis maintenant, il ne s'ensuit pas que je doive être encore après, si, pour ainsi parler, je ne suis créé de nouveau à chaque moment par quelque cause, je ne ferais point difficulté d'appeler *efficiente* la cause qui me crée continuellement en cette façon, c'est-à-dire qui me conserve. Ainsi, encore que

Dieu ait toujours été, néanmoins, parce que c'est lui-même qui en effet se conserve, il semble qu'assez proprement, il peut être dit et appelé *la cause de soi-même*. (Toutefois il faut remarquer que je n'entends pas ici parler d'une conservation qui se fasse par aucune influence réelle et positive de la cause efficiente, mais que j'entends seulement que l'essence de Dieu est telle, qu'il est impossible qu'il ne soit ou n'existe pas toujours.)

Cela étant posé, il me sera facile de répondre à la distinction du mot *par soi,* que ce très docte théologien m'avertit devoir être expliqué. Car, encore bien que ceux qui, ne s'attachant qu'à la propre et étroite signification d'efficient, pensent qu'il est impossible qu'une chose soit la cause efficiente de soi-même, et ne remarquent ici aucun autre genre de cause, qui ait rapport et analogie avec la cause efficiente, encore, dis-je, que ceux-là n'aient pas de coutume d'entendre autre chose, lorsqu'ils disent que quelque chose est *par soi,* sinon qu'elle n'a point de cause, si toutefois ils veulent plutôt s'arrêter à la chose qu'aux paroles, ils reconnaîtront facilement que la signification négative du mot *par soi* ne procède que de la seule imperfection de l'esprit humain, et qu'elle n'a aucun fondement dans les choses; mais qu'il y en a une autre positive, tirée de la vérité des choses; et sur laquelle seule mon argument est appuyé. Car si, par exemple, quelqu'un pense qu'un corps soit par soi, il peut n'entendre par là autre chose, sinon que ce corps n'a point de cause; et ainsi il n'assure point ce qu'il pense par aucune raison positive, mais seulement d'une façon négative, parce qu'il ne connaît aucune cause de ce corps. Mais cela témoigne quelque imperfection en son jugement, comme il reconnaîtra facilement après, s'il considère que les parties du temps ne dépendent point les unes des autres, et que partant, de ce qu'il a supposé que ce corps jusqu'à cette heure a été par soi, c'est-à-dire sans cause, il ne s'ensuit pas pour cela qu'il doive être encore à l'avenir, si ce n'est qu'il y ait en lui quelque puissance réelle et positive, laquelle, pour ainsi dire, le reproduise continuellement. Car alors, voyant que dans l'idée du corps il ne se rencontre aucune puissance de cette sorte, il lui sera aisé d'inférer de là que ce corp n'est pas par soi, et ainsi il prendra ce mot *par soi* positivement. De même, lorsque nous disons que Dieu eſt par soi, nous pouvons aussi à la vérité entendre cela négativement, et n'avoir point d'autre pensée, sinon qu'il n'y a aucune cause de son exiſtence; mais si nous avons auparavant recherché la cause pourquoi il eſt, ou pourquoi il ne cesse point d'être, et que, considérant l'immense et incompréhensible puissance qui eſt contenue dans son idée, nous l'ayons reconnue si pleine et si abondante, qu'en effet elle soit la cause pourquoi il eſt et ne cesse point d'être, et qu'il n'y en puisse avoir d'autre que celle-là, nous disons que Dieu eſt *par soi,* non plus négativement, mais au contraire très positivement. Car, encore qu'il ne soit pas besoin de dire qu'il eſt la cause efficiente de soi-même, de peur que peut-être on n'entre en dispute du mot, néanmoins, parce que nous voyons que ce qui fait qu'il eſt par soi, ou qu'il n'a point de cause différente de soi-même, ne procède pas du néant, mais de la réelle et véritable immensité de sa puissance, il nous eſt tout à fait loisible de penser qu'il fait en quelque façon la même chose à l'égard de soi-même, que la cause efficiente à l'égard de son effet, et partant, qu'il eſt par soi positivement. Il eſt aussi loisible à un chacun de s'interroger soi-même, savoir si en ce même sens il eſt par soi, et lorsqu'il ne trouve en soi aucune puissance capable de le conserver seulement un moment, il conclut avec raison qu'il eſt par un autre, et même par un autre qui eſt par soi, parce qu'étant ici queſtion du temps présent, et non point du passé ou du futur, le progrès ne peut pas être continué à l'infini. Voire même j'ajouterai ici de plus (ce que néanmoins je n'ai point écrit ailleurs), qu'on ne peut pas seulement aller jusqu'à une seconde cause, parce que celle qui a tant de puissance que de conserver une chose qui eſt hors de soi, se conserve à plus forte raison soi-même par sa propre puissance, et ainsi elle eſt *par soi.*

Maintenant, lorsqu'on dit que toute limitation eſt par une cause, je pense, à la vérité, qu'on entend une chose vraie, mais qu'on ne l'exprime pas en termes assez propres, et qu'on n'ôte pas la difficulté; car, à proprement parler, la limitation eſt seulement une négation d'une plus grande perfection, laquelle négation n'eſt point par une cause, mais bien la chose limitée. Et encore qu'il soit vrai que toute chose eſt limitée par une cause, cela néanmoins n'est pas de soi manifeste, mais il le faut prouver d'ailleurs. Car, comme répond fort bien ce subtil théologien, une chose peut être limitée en deux façons, ou parce que celui qui l'a produite ne lui a pas donné plus de perfections, ou parce que sa nature est telle qu'elle n'en peut recevoir qu'un certain nombre, comme il est de la nature du triangle de n'avoir pas plus de trois côtés. Mais il me semble que c'est une chose de soi évidente et qui n'a pas besoin de preuve, que tout ce qui existe, est ou par une cause, ou par soi comme par une cause; car puisque nous concevons et entendons fort bien, non seulement l'existence, mais aussi la négation de l'existence, il n'y a rien que nous puissions feindre être tellement par soi, qu'il ne faille donner aucune raison pourquoi plutôt il existe, qu'il n'existe point; et ainsi nous devons toujours interpréter ce mot *être par soi* positivement, et comme si c'était être par une cause, à savoir par une surabondance de sa propre puissance, laquelle ne peut être qu'en Dieu seul, ainsi qu'on peut aisément démontrer.

Ce qui m'est ensuite accordé par ce savant docteur, bien qu'en effet il ne reçoive aucun doute, est néanmoins ordinairement si peu considéré, et est d'une telle importance pour tirer toute la philosophie hors des ténèbres où elle semble être ensevelie, que lorsqu'il le confirme par son autorité, il m'aide beaucoup en mon dessein.

Et il demande ici, avec beaucoup de raison, si je connais clairement et distinctement l'infini; car bien que j'aie tâché de prévenir cette objection, néanmoins elle se présente si facilement à un chacun, qu'il est nécessaire que j'y réponde un peu amplement. C'est pourquoi je dirai ici premièrement que l'infini, en tant qu'infini, n'est point à la vérité compris, mais que néanmoins il est entendu; car, entendre clairement et distinctement qu'une chose soit telle qu'on ne puisse y rencontrer de limites, c'est clairement entendre qu'elle est infinie. Et je mets ici de la distinction entre l'*indéfini* et l'*infini*. Et il n'y a rien que je nomme proprement infini, sinon ce en quoi de toutes parts je ne rencontre point de limites, auquel sens Dieu seul est infini. Mais les choses auxquelles sous quelque considération seulement je ne vois point de fin, comme l'étendue des espaces imaginaires, la multitude des nombres, la divisibilité des parties de la quantité et autres choses semblables, je les appelle *indéfinies,* et non pas *infinies,* parce que de toutes parts elles ne sont pas sans fin ni sans limites. Davantage, je mets distinction entre la raison formelle de l'infini, ou l'infinité, et la chose qui est infinie. Car, quant à l'infinité, encore que nous la concevions être très positive, nous ne l'entendons néanmoins que d'une façon négative, savoir est, de ce que nous ne remarquons en la chose aucune limitation. Et quant à la chose qui est infinie, nous la concevons à la vérité positivement, mais non pas selon toute son étendue, c'est-à-dire que nous ne comprenons pas tout ce qui est intelligible en elle. Mais tout ainsi que, lorsque nous jetons les yeux sur la mer, on ne laisse pas de dire que nous la voyons, quoique notre vue n'en atteigne pas toutes les parties et n'en mesure pas la vaste étendue : et de vrai, lorsque nous ne la regardons que de loin, comme si nous la voulions embrasser toute avec les yeux, nous ne la voyons que confusément, comme aussi n'imaginons-nous que confusément un chiliogone, lorsque nous tâchons d'imaginer tous les côtés ensemble; mais, lorsque notre vue s'arrête sur une partie de la mer seulement, cette vision alors peut être fort claire et fort distincte, comme aussi l'imagination d'un chiliogone, lorsqu'elle s'étend seulement sur un ou deux de ses côtés. De même j'avoue avec tous les théologiens, que Dieu ne peut être compris par l'esprit humain, et même qu'il ne peut être distinctement connu par ceux qui tâchent de l'embrasser tout entier et tout à la fois par la pensée, et qui le regardent comme de loin : auquel sens saint Thomas a dit, au lieu ci-devant cité, que la connaissance de Dieu est en nous sous une espèce de confusion seulement, et comme sous une image obscure; mais ceux qui considèrent attentivement chacune de ses perfections, et qui appliquent toutes les forces de leur esprit à les contempler, non point à dessein de les comprendre, mais plutôt de les admirer, et reconnaître combien elles sont au-delà de toute compréhension, ceux-là, dis-je, trouvent en lui incomparablement plus de choses qui peuvent être clairement et distinctement connues, et avec plus de facilité, qu'il ne s'en trouve en aucune des choses créées. Ce que saint Thomas a fort bien reconnu lui-même en ce lieu-là, comme il eſt aisé de voir de ce qu'en l'article suivant il assure que l'exiſtence de Dieu peut être démontrée. Pour moi, toutes les fois que j'ai dit que Dieu pouvait être connu clairement et diſtinctement, je n'ai jamais entendu parler que de cette connaissance finie, et accommodée à la petite capacité de nos esprits. Aussi n'a-t-il pas été nécessaire de l'entendre autrement pour la vérité des choses que j'ai avancées, comme on verra facilement, si on prend garde que je n'ai dit cela qu'en deux endroits. En l'un desquels il était queſtion de savoir si quelque chose de réel était contenu dans l'idée que nous formons de Dieu, ou bien s'il n'y avait qu'une négation de chose (ainsi qu'on peut douter si, dans l'idée du froid, il n'y a rien qu'une négation de chaleur), ce qui peut aisément être connu, encore qu'on ne comprenne pas l'infini. Et en l'autre, j'ai maintenu que l'exiſtence n'appartenait pas moins à la nature de l'être souverainement parfait, que trois côtés appartiennent à la nature du triangle : ce qui se peut aussi assez entendre, sans qu'on ait une connaissance de Dieu si étendue, qu'elle comprenne tout ce qui eſt en lui.

Il compare ici derechef un de mes arguments avec un autre de saint Thomas, afin de m'obliger en quelque façon de montrer lequel des deux a le plus de force. Et il me semble que je le puis faire sans beaucoup d'envie, parce que saint Thomas ne s'eſt pas servi de cet argument comme sien, et il ne conclut pas la même chose que celui dont je me sers; et enfin, je ne m'éloigne ici en aucune façon de l'opinion de cet angélique docteur. Car on lui demande, savoir, si la connaissance de l'exiſtence de Dieu eſt si naturelle à l'esprit humain qu'il ne soit point besoin de la prouver, c'eſt-à-dire si elle eſt claire et manifeſte à un chacun; ce qu'il nie, et moi avec lui. Or l'argument qu'il s'objecte à soi-même, se peut ainsi proposer. Lorsqu'on comprend et entend ce que signifie ce nom *Dieu,* on entend une chose telle que rien de plus grand ne peut être conçu; mais c'eſt une chose plus grande d'être en effet et dans l'entendement, que d'être seulement dans l'entendement; donc, lorsqu'on comprend et entend ce que signifie ce nom *Dieu,* on entend que Dieu eſt en effet et dans l'entendement : où il y a une faute manifeſte en la forme, car on devrait seulement conclure : donc, lorsqu'on comprend et entend ce que signifie ce nom *Dieu,* on entend qu'il signifie une chose qui est en effet et dans l'entendement; or ce qui est signifié par un mot, ne paraît pas pour cela être vrai. Mais mon argument a été tel : ce que nous concevons clairement et distinctement appartenir à la nature, ou à l'essence, ou à la forme immuable et vraie de quelque chose, cela peut être dit ou affirmé avec vérité de cette chose; mais après que nous avons assez soigneusement recherché ce que c'est que Dieu, nous concevons clairement et distinctement qu'il appartient à sa vraie et immuable nature qu'il existe; donc alors nous pouvons affirmer avec vérité qu'il existe. Ou du moins la conclusion est légitime. Mais la majeure ne se peut aussi nier, parce qu'on est déjà tombé d'accord ci-devant, que tout ce que nous entendons ou concevons clairement et distinctement est vrai. Il ne reste plus que la mineure, où je confesse que la difficulté n'est pas petite. Premièrement, parce que nous sommes tellement accoutumés dans toutes les autres choses de distinguer l'existence de l'essence, que nous ne prenons pas assez garde comment elle appartient à l'essence de Dieu, plutôt qu'à celle des autres choses; et aussi parce que, ne distinguant pas les choses qui appartiennent à la vraie et immuable essence de quelque chose, de celles qui ne lui sont attribuées que par la fiction de notre entendement, encore que nous apercevions assez clairement que l'existence appartient à l'essence de Dieu, nous ne concluons pas toutefois de là que Dieu existe, parce que nous ne savons pas si son essence est immuable et vraie, ou si elle a seulement été inventée. Mais, pour ôter la première partie de cette difficulté, il faut faire distinction entre l'existence possible et la nécessaire; et remarquer que l'existence possible est contenue dans le concept ou l'idée de toutes les choses que nous concevons clairement et distinctement, mais que l'existence nécessaire n'est contenue que dans la seule idée de Dieu. Car je ne doute point que ceux qui considéreront avec attention cette différence qui est entre l'idée de Dieu et toutes les autres idées, n'aperçoivent fort bien, qu'encore que nous ne concevions jamais les autres choses, sinon comme existantes, il ne s'ensuit pas néanmoins de là qu'elles existent, mais seulement qu'elles peuvent exister; parce que nous ne concevons pas qu'il soit nécessaire que l'existence actuelle soit conjointe avec leurs autres propriétés; mais que, de ce que nous concevons clairement que l'existence actuelle est nécessairement et toujours conjointe avec les autres attributs de Dieu, il suit de là que Dieu nécessairement existe. Puis, pour ôter l'autre partie de la difficulté, il faut prendre garde que les idées qui ne contiennent pas de vraies et immuables natures, mais seulement de feintes et composées par l'entendement, peuvent être divisées par le même entendement, non seulement par une abstraction ou restriction de sa pensée, mais par une claire et distincte opération; en sorte que les choses que l'entendement ne peut pas ainsi diviser, n'ont point sans doute été faites ou composées par lui. Par exemple, lorsque je me représente un cheval ailé, ou un lion actuellement existant, ou un triangle inscrit dans un carré, je conçois facilement que je puis aussi tout au contraire me représenter un cheval qui n'ait point d'ailes, un lion qui ne soit point existant, un triangle sans carré, et partant, que ces choses n'ont point de vraies et immuables natures. Mais si je me représente un triangle, ou un carré (je ne parle point ici du lion ni du cheval, parce que leurs natures ne nous sont pas encore entièrement connues), alors certes toutes les choses que je reconnaîtrai être contenues dans l'idée du triangle, comme que ses trois angles sont égaux à deux droits, etc., je l'assurerai avec vérité d'un triangle; et d'un carré, tout ce que je trouverai être contenu dans l'idée du carré; car encore que je puisse concevoir un triangle, en restreignant tellement ma pensée, que je ne conçoive en aucune façon que ses trois angles sont égaux à deux droits, je ne puis pas néanmoins nier cela de lui par une claire et distincte opération, c'est-à-dire entendant nettement ce que je dis. De plus, si je considère un triangle inscrit dans un carré, non afin d'attribuer au carré ce qui appartient seulement au triangle, ou d'attribuer au triangle ce qui appartient au carré, mais pour examiner seulement les choses qui naissent de la conjonction de l'un et de l'autre, la nature de cette figure composée du triangle et du carré ne sera pas moins vraie et immuable, que celle du seul carré ou du seul triangle. De façon que je pourrai assurer avec vérité que le carré n'est pas moindre que le double du triangle qui lui est inscrit, et autres choses semblables qui appartiennent à la nature de cette figure composée. Mais je considère que, dans l'idée d'un corps très parfait, l'existence est contenue, et cela parce que c'est une plus grande perfection d'être en effet et dans l'entendement que d'être seulement dans l'entendement, je ne puis pas de là conclure que ce corps très parfait existe, mais seulement qu'il peut exister. Car je reconnais assez que cette idée a été faite par mon entendement, lequel a joint ensemble toutes les perfections corporelles; et aussi que l'existence ne résulte point des autres perfections qui sont comprises en la nature du corps, parce que l'on peut également affirmer ou nier qu'elles existent. Et de plus, à cause qu'en examinant l'idée du corps, je ne vois en lui aucune force par laquelle il se produise ou se conserve lui-même, je conclus fort bien que l'existence nécessaire, de laquelle seule il est ici question, convient aussi peu à la nature du corps, tant parfait qu'il puisse être, qu'il appartient à la nature d'une montagne de n'avoir point de vallée, ou à la nature du triangle d'avoir ses trois angles plus grands que deux droits. Mais maintenant, si nous demandons, non d'un corps, mais d'une chose, telle qu'elle puisse être, qui ait toutes les perfections qui peuvent être ensemble, savoir si l'existence doit être comptée parmi elles; il est vrai que d'abord nous en pourrons douter, parce que notre esprit, qui est fini, n'ayant pas coutume de les considérer que séparées, n'apercevra peut-être pas du premier coup, combien nécessairement elles sont jointes entre elles. Mais si nous examinons soigneusement, savoir, si l'existence convient à l'être souverainement puissant, et quelle sorte d'existence, nous pourrons clairement et distinctement connaître, premièrement, qu'au moins l'existence possible lui convient, comme toutes les autres choses dont nous avons en nous quelque idée distincte, même à celles qui sont composées par les fictions de notre esprit. En après, parce que nous ne pouvons penser que son existence est possible, qu'en même temps, prenant garde à sa puissance infinie, nous ne connaissions qu'il peut exister par sa propre force, nous conclurons de là que réellement il existe, et qu'il a été de toute éternité. Car il est très manifeste, par la lumière naturelle, que ce qui peut exister par sa propre force, existe toujours; et ainsi nous connaîtrons que l'existence nécessaire est contenue dans l'idée d'un être souverainement puissant, non par aucune fiction de l'entendement, mais parce qu'il appartient à la vraie et immuable nature d'un tel être, d'exister; et nous connaîtrons aussi facilement qu'il est impossible que cet être souverainement puissant n'ait point en lui toutes les autres perfections qui sont contenues dans l'idée de Dieu, en sorte que, de leur propre nature, et sans aucune fiction de l'entendement, elles soient toutes jointes ensemble, et existent dans Dieu. Toutes lesquelles choses sont manifestes à celui qui y pense sérieusement, et ne diffèrent point de celles que j'avais déjà ci-devant écrites, si ce n'est seulement en la façon dont elles sont ici expliquées, laquelle j'ai expressément changée pour m'accommoder à la diversité des esprits. Et je confesserai ici librement que cet argument est tel, que ceux qui ne se ressouviendront pas de toutes les choses qui servent à sa démonstration, le prendront aisément pour un sophisme; et que cela m'a fait douter au commencement si je m'en devais servir, de peur de donner occasion à ceux qui ne le comprendront pas, de se défier aussi des autres. Mais parce qu'il n'y a que deux voies par lesquelles on puisse prouver qu'il y a un Dieu, savoir : l'une par ses effets, et l'autre par son essence, ou sa nature même; et que j'ai expliqué, autant qu'il m'a été possible, la première dans la troisième Méditation, j'ai cru qu'après cela je ne devais pas omettre l'autre.

Pour ce qui regarde la distinction formelle que ce très docte théologien dit avoir prise de Scot, je réponds brièvement qu'elle ne diffère point de la modale, et qu'elle ne s'étend que sur les êtres incomplets, lesquels j'ai soigneusement distingués de ceux qui sont complets; et qu'à la vérité elle suffit pour faire qu'une chose soit conçue séparément et distinctement d'une autre, par une abstraction de l'esprit qui conçoive la chose imparfaitement, mais non pas pour faire que deux choses soient conçues tellement distinctes et séparées l'une de l'autre, que nous entendions que chacune est un être complet et différent de tout autre; car pour cela il est besoin d'une distinction réelle. Ainsi, par exemple, entre le mouvement et la figure d'un même corps, il y a une distinction formelle, et je puis fort bien concevoir le mouvement sans la figure, et la figure sans le mouvement, et l'un et l'autre sans penser particulièrement au corps qui se meut ou qui eſt figuré; mais je ne puis pas néanmoins concevoir pleinement et parfaitement le mouvement sans quelque corps auquel ce mouvement soit attaché, ni la figure sans quelque corps où réside cette figure; ni enfin je ne puis pas feindre que le mouvement soit en une chose dans laquelle la figure ne puisse pas être, ou la figure en une chose incapable du mouvement. De même je ne puis pas concevoir la juſtice sans un juſte, ou la miséricorde sans un miséricordieux; et on ne peut pas feindre que celui-là même qui eſt juſte, ne puisse pas être miséricordieux. Mais je conçois pleinement ce que c'eſt que le corps (c'eſt-à-dire je conçois le corps comme une chose complète), en pensant seulement que c'eſt une chose étendue, figurée, mobile, etc., encore que je nie de lui toutes les choses qui appartiennent à la nature de l'esprit; et je conçois aussi que l'esprit eſt une chose complète, qui doute, qui entend, qui veut, etc., encore que je n'accorde point qu'il y ait en lui aucune des choses qui sont contenues en l'idée du corps; ce qui ne se pourrait aucunement faire, s'il n'y avait une diſtinction réelle entre le corps et l'esprit.

Voilà, Messieurs, ce que j'ai eu à répondre aux objections subtiles et officieuses de votre ami commun. Mais si je n'ai pas été assez heureux d'y satisfaire entièrement, je vous prie que je puisse être averti des lieux qui méritent une plus ample explication, ou peut-être même sa censure. Que si je puis obtenir cela de lui par votre moyen, je me tiendrai à tous infiniment votre obligé.

SECONDES OBJECTIONS

RECUEILLIES PAR LE R. P. MERSENNE DE LA BOUCHE DE DIVERS THÉOLOGIENS ET PHILOSOPHES

Monsieur,

Puisque, pour confondre les nouveaux Géants du siècle, qui osent attaquer l'Auteur de toutes choses, vous avez entrepris d'en affermir le trône en démontrant son exiſtence, et que votre dessein semble si bien conduit, que les gens de bien peuvent espérer qu'il ne se trouvera désormais personne qui, après avoir lu attentivement vos Méditations, ne confesse qu'il y a une divinité éternelle de qui toutes choses dépendent, nous avons jugé à propos de vous avertir et vous prier tout ensemble, de répandre encore sur de certains lieux, que nous vous marquerons ci-après, une telle lumière, qu'il ne reste rien dans tout votre ouvrage, qui ne soit, s'il est possible, très clairement et très manifestement démontré. Car, d'autant que depuis plusieurs années vous avez, par de continuelles méditations, tellement exercé votre esprit, que les choses qui semblent aux autres obscures et incertaines, vous peuvent paraître plus claires, et que vous les concevez peut-être par une simple inspection de l'esprit, sans vous apercevoir de l'obscurité que les autres y trouvent, il sera bon que vous soyez averti de celles qui ont besoin d'être plus clairement et plus amplement expliquées et démontrées, et lorsque vous nous aurez satisfaits en ceci, nous ne jugeons pas qu'il y ait guère personne qui puisse nier que les raisons, dont vous avez commencé la déduction pour la gloire de Dieu et l'utilité du public, ne doivent être prises pour des démonstrations.

Premièrement, *vous vous ressouviendrez que ce n'est pas actuellement et en vérité, mais seulement par une fiction de l'esprit, que vous avez rejeté, autant qu'il vous a été possible, les idées de tous les corps, comme des choses feintes ou des fantômes trompeurs, pour conclure que vous étiez seulement une chose qui pense; de peur qu'après cela vous ne croyiez peut-être que l'on puisse conclure qu'en effet et sans fiction vous n'êtes rien autre chose qu'un esprit, ou une chose qui pense; ce que nous avons seulement trouvé digne d'observation touchant vos deux premières Méditations, dans lesquelles vous faites voir clairement qu'au moins il est certain que vous qui pensez êtes quelque chose. Mais arrêtons-nous un peu ici. Jusque-là vous connaissez que vous êtes une chose qui pense, mais vous ne savez pas encore ce que c'est que cette chose qui pense. Et que savez-vous si ce n'est point un corps, qui, par ses divers mouvements et rencontres, fait cette action que nous appelons du nom de pensée? Car, encore que vous croyiez avoir rejeté toutes sortes de corps, vous vous êtes pu tromper en cela, que vous ne vous êtes pas rejeté vous-même, qui êtes un corps. Car comment prouvez-vous qu'un corps ne peut penser? ou que des mouvements corporels ne sont point la pensée même? Et pourquoi tout le système de votre corps, que vous croyez avoir rejeté, ou quelques parties de celui-ci, par exemple celles du cerveau, ne peuvent-elles pas concourir à former ces mouvements que nous appelons des pensées ? Je suis, dites-vous, une chose qui pense ; mais que savez-vous si vous n'êtes point aussi un mouvement corporel, ou un corps remué ?*

Secondement, *de l'idée d'un être souverain, laquelle vous soutenez ne pouvoir être produite par vous, vous osez conclure l'existence d'un souverain être, duquel seul peut procéder l'idée qui est en votre esprit. Mais nous trouvons en nous-mêmes un fondement suffisant, sur lequel étant seulement appuyés nous pouvons former cette idée, quoiqu'il n'y eût point de souverain être, ou que nous ne sussions pas s'il y en a un, et que son existence ne nous vînt pas même en la pensée ; car ne vois-je pas qu'ayant la faculté de penser, j'ai en moi quelque degré de perfection ? Et ne vois-je pas aussi que d'autres que moi ont un semblable degré ? Ce qui me sert de fondement pour penser à quelque nombre que ce soit, et aussi pour ajouter un degré de perfection sur l'autre jusqu'à l'infini ; tout de même que, quand il n'y aurait au monde qu'un degré de chaleur ou de lumière, je pourrais néanmoins en ajouter et en feindre toujours de nouveaux jusques à l'infini. Pourquoi pareillement ne pourrais-je pas ajouter à quelque degré d'être que j'aperçois être en moi, tel autre degré que ce soit, et, de tous les degrés capables d'être ajoutés, former l'idée d'un être parfait ? Mais dites-vous, l'effet ne peut avoir aucun degré de perfection, ou de réalité, qui n'ait été auparavant dans sa cause. Mais (outre que nous voyons tous les jours que les mouches, et plusieurs autres animaux, comme aussi les plantes, sont produites par le soleil, la pluie et la terre, dans lesquels il n'y a point de vie comme en ces animaux, laquelle vie est plus noble qu'aucun autre degré purement corporel, d'où il arrive que l'effet tire quelque réalité de sa cause, qui néanmoins n'était pas dans sa cause) ; mais, dis-je, cette idée n'est rien autre chose qu'un être de raison, qui n'est pas plus noble que votre esprit qui la conçoit. De plus, que savez-vous si cette idée se fût jamais offerte à votre esprit, si vous eussiez passé toute votre vie dans un désert, et non point en la compagnie de personnes savantes ? Et ne peut-on pas dire que vous l'avez puisée des pensées que vous avez eues auparavant, des enseignements des livres, des discours et entretiens de vos amis, etc., et non pas de votre esprit seul, ou d'un souverain être existant ? Et partant il faut prouver plus clairement que cette idée ne pourrait être en vous, s'il n'y avait point de souverain être ; et alors nous serons les premiers à nous rendre à votre raisonnement, et nous y donnerons tous les mains. Or, que cette idée procède de ces notions anticipées, cela paraît, ce semble, assez clairement, de ce que les Canadiens, les Hurons et les autres hommes sauvages n'ont point en eux une telle idée, laquelle vous pouvez même former de la connaissance que vous avez des choses corporelles ; en sorte que votre idée ne représente rien que ce monde corporel, qui embrasse toutes les perfections que vous sauriez imaginer ; de sorte que vous ne pouvez conclure autre chose, sinon qu'il y a un être corporel très parfait ; si ce n'est que vous ajoutiez quelque chose de plus, qui élève votre esprit jusqu'à la connaissance des choses spirituelles ou incorporelles. Nous pouvons ici encore dire, que l'idée d'un ange peut être en vous, aussi bien que celle d'un être très parfait, sans qu'il soit besoin pour cela qu'elle soit formée en vous par un ange réellement existant, bien que l'ange soit plus parfait que vous. Mais vous n'avez pas l'idée de Dieu, non plus que celles d'un nombre ou d'une ligne infinie ; laquelle quand vous pourriez avoir, ce nombre néanmoins est entièrement impossible. Ajoutez à cela que l'idée de l'unité et simplicité d'une seule perfection qui embrasse et contienne toutes les autres, se fait seulement par l'opération de l'entendement qui raisonne, tout ainsi que se font les unités universelles, qui ne sont point dans les choses, mais seulement dans l'entendement, comme on peut voir par l'unité générique, transcendantale, etc.*

En troisième lieu, *puisque vous n'êtes pas encore assuré de l'existence de Dieu, et que vous dites néanmoins que vous ne sauriez être assuré d'aucune chose, ou que vous ne pouvez rien connaître clairement et distinctement si premièrement vous ne connaissez certainement et clairement que Dieu existe, il s'ensuit que vous ne savez pas encore que vous êtes une chose qui pense, puisque, selon vous, cette connaissance dépend de la connaissance claire d'un Dieu existant, laquelle vous n'avez pas encore démontrée, aux lieux où vous concluez que vous connaissez clairement ce que vous êtes. Ajoutez à cela qu'un athée connaît clairement et distinctement que les trois angles d'un triangle sont égaux à deux droits, quoique néanmoins il soit fort éloigné de croire l'existence de Dieu, puisqu'il la nie tout à fait : parce que, dit-il, si Dieu existait, il y aurait un souverain être et un souverain bien, c'est-à-dire un infini ; or ce qui est infini en tout genre de perfection exclut toute autre chose que ce soit, non seulement toute sorte d'être et de bien, mais aussi toute sorte de non-être et de mal ; et néanmoins il y a plusieurs êtres et plusieurs biens, comme aussi plusieurs non-êtres et plusieurs maux ; à laquelle objection nous jugeons qu'il est à propos que vous répondiez, afin qu'il ne reste plus rien aux impies à objecter, et qui puisse servir de prétexte à leur impiété.*

En quatrième lieu, *vous niez que Dieu puisse mentir ou décevoir ; quoique néanmoins il se trouve des scolastiques qui tiennent le contraire, comme Gabriel, Ariminensis, et quelques autres, qui pensent que Dieu ment, absolument parlant, c'est-à-dire qu'il signifie quelque chose aux hommes contre son intention, et contre ce qu'il a décrété et résolu, comme lorsque, sans ajouter de condition, il dit aux Ninivites par son prophète :* Encore quarante jours, et Ninive sera subvertie, *et lorsqu'il a dit plusieurs autres choses qui ne sont point arrivées, parce qu'il n'a pas voulu que telles paroles répondissent à son intention ou à son décret. Que s'il a endurci et aveuglé Pharaon, et s'il a mis dans les prophètes un esprit de mensonge, comment pouvez-vous dire que nous ne pouvons être trompés par lui ? Dieu ne peut-il pas se comporter envers les hommes, comme un médecin envers ses malades, et un père envers ses enfants, lesquels l'un et l'autre trompent si souvent, mais toujours avec prudence et utilité ? Car si Dieu nous montrait la vérité toute nue, quel œil ou plutôt quel esprit aurait assez de force pour la supporter ?*

Combien qu'à vrai dire il ne soit pas nécessaire de feindre un Dieu trompeur, afin que vous soyez déçu dans les choses que vous pensez connaître clairement et distinctement, vu que la cause de cette déception peut être en vous, quoique vous n'y songiez seulement pas. Car que savez-vous si votre nature n'est point telle qu'elle se trompe toujours, ou du moins fort souvent ? Et d'où avez-vous appris que, touchant les choses que vous pensez connaître clairement et distinctement, il est certain que vous n'êtes jamais trompé, et que vous ne le pouvez être ? Car combien de fois avons-nous vu que des personnes se sont trompées en des choses qu'elles pensaient voir plus clairement que le soleil ! Et partant, ce principe d'une claire et distincte connaissance doit être expliqué si clairement et si distinctement, que personne désormais, qui ait l'esprit raisonnable, ne puisse être déçu dans les choses qu'il croira savoir clairement et distinctement ; autrement nous ne voyons point encore que nous puissions répondre avec certitude de la vérité d'aucune chose.

En cinquième lieu, *si la volonté ne peut jamais faillir, ou ne pèche point, lorsqu'elle suit et se laisse conduire par les lumières claires et distinctes de l'esprit qui la gouverne et, si, au contraire, elle se met en danger, lorsqu'elle poursuit et embrasse les connaissances obscures et confuses de l'entendement, prenez garde que de là il semble que l'on puisse inférer que les Turcs et les autres infidèles non seulement ne pèchent point lorsqu'ils n'embrassent pas la religion chrétienne et catholique, mais même qu'ils pèchent lorsqu'ils l'embrassent, puisqu'ils n'en connaissent point la vérité ni clairement ni distinctement. Bien plus, si cette règle que vous établissez est vraie, il ne sera permis à la volonté d'embrasser que fort peu de choses, vu que nous ne connaissons quasi rien avec cette clarté et distinction que vous requérez, pour former une certitude qui ne puisse être sujette à aucun doute. Prenez donc garde, s'il vous plaît, que, voulant affermir le parti de la vérité, vous ne prouviez plus qu'il ne faut, et qu'au lieu de l'appuyer vous ne la renversiez.*

En sixième lieu, *dans vos réponses aux précédentes objections, il semble que vous ayez manqué de bien tirer la conclusion, dont voici l'argument :* Ce que clairement et distinctement nous entendons appartenir à la nature, ou à l'essence, ou à la forme immuable et vraie de quelque chose, cela peut être dit ou affirmé avec vérité de cette chose; mais (après que nous avons assez soigneusement observé ce que c'est que Dieu) nous entendons clairement et distinctement qu'il appartient à sa vraie et immuable nature, qu'il existe. *Il faudrait conclure : Donc (après que nous avons assez soigneusement observé ce que c'est que Dieu), nous pouvons dire ou affirmer avec vérité, qu'il appartient à la nature de Dieu qu'il existe. D'où il ne suit pas que Dieu existe en effet, mais seulement qu'il doit exister, si sa nature est possible, ou ne répugne point; c'est-à-dire que la nature ou l'essence de Dieu ne peut être conçue sans existence, en telle sorte que, si cette essence est, il existe réellement. Ce qui se rapporte à cet argument que d'autres proposent de la sorte : s'il n'implique point que Dieu soit, il est certain qu'il existe; or il n'implique point qu'il existe; donc, etc. Mais on est en question de la mineure, à savoir,* qu'il n'implique point qu'il existe, *la vérité de laquelle quelques-uns de nos adversaires révoquent en doute, et d'autres la nient. Davantage, cette clause de votre raisonnement* (après que nous avons assez clairement reconnu et observé ce que c'est que Dieu) *est supposée comme vraie, dont tout le monde ne tombe pas encore d'accord, vu que vous avouez vous-même que vous ne comprenez l'infini qu'imparfaitement ; le même faut-il dire de tous ses autres attributs : car, tout ce qui est en Dieu étant entièrement infini, quel est l'esprit qui puisse comprendre la moindre chose qui soit en Dieu, que très imparfaitement ? Comment donc pouvez-vous avoir assez clairement et distinctement observé ce que c'est que Dieu ?*

En septième lieu, *nous ne trouvons pas un seul mot dans vos Méditations touchant l'immortalité de l'âme de l'homme, laquelle néanmoins vous deviez principalement prouver, et en faire une très exacte démonstration pour confondre ces personnes indignes de l'immortalité, puisqu'ils la nient, et que peut-être ils la détestent. Mais, outre cela, nous craignons que vous n'ayez pas encore assez prouvé la distinction qui est entre l'âme et le corps de l'homme, comme nous avons déjà remarqué en la première de nos observations, à laquelle nous ajoutons qu'il ne semble pas que, de cette distinction de l'âme d'avec le corps, il s'ensuive qu'elle soit incorruptible ou immortelle ; car qui sait si sa nature n'est point limitée selon la durée de la vie corporelle, et si Dieu n'a point tellement mesuré ses forces et son existence, qu'elle finisse avec le corps ?*

Voilà, Monsieur, les choses auxquelles nous désirons que vous apportiez une plus grande lumière, afin que la lecture de vos très subtiles, et, comme nous estimons, très véritables Méditations soit profitable à tout le monde. C'est pourquoi ce serait une chose fort utile, si, à la fin de vos solutions, après avoir premièrement avancé quelques définitions, demandes et axiomes, vous concluiez le tout selon la méthode des géomètres, en laquelle vous êtes si bien versé, afin que tout d'un coup, et comme d'une seule œillade, vos lecteurs y puissent voir de quoi se satisfaire, et que vous remplissiez leur esprit de la connaissance de la divinité.

RÉPONSES DE L'AUTEUR
AUX SECONDES OBJECTIONS
RECUEILLIES DE PLUSIEURS THÉOLOGIENS ET PHILOSOPHES PAR LE R. P. MERSENNE

Messieurs,

C'est avec beaucoup de satisfaction que j'ai lu les observations que vous avez faites sur mon petit traité de la première philosophie; car elles m'ont fait connaître la bienveillance que vous avez pour moi, votre piété envers Dieu, et le soin que vous prenez pour l'avancement de sa gloire; et je ne puis que je ne me réjouisse, non seulement de ce que vous avez jugé mes raisons dignes de votre censure, mais aussi de ce que vous n'avancez rien contre elles, à quoi il ne me semble que je pourrai répondre assez commodément.

En premier lieu, vous m'avertissez de me ressouvenir : *Que ce n'est pas actuellement et en vérité, mais seulement par une fiction de l'esprit, que j'ai rejeté les idées ou les fantômes des corps, pour conclure que je suis une chose qui pense, de peur que peut-être je n'estime qu'il suit de là que je ne suis qu'une chose qui pense.* Mais j'ai déjà fait voir, dans ma seconde Méditation, que je m'en étais assez souvenu, vu que j'y ai mis ces paroles : *Mais aussi peut-il arriver que ces mêmes choses que je suppose n'être point, parce qu'elles me sont inconnues, ne sont point en effet différentes de moi que je connais : je n'en sais rien, je ne dispute pas maintenant de cela, etc.,* par lesquelles j'ai voulu expressément avertir le lecteur, que je ne cherchais pas encore en ce lieu-là si l'esprit était différent du corps, mais que j'examinais seulement celles de ses propriétés, dont je puis avoir une claire et assurée connaissance. Et, d'autant que j'en ai là remarqué plusieurs, je ne puis admettre sans distinction ce que vous ajoutez ensuite : *Que je ne sais pas néanmoins ce que c'est qu'une chose qui pense.* Car, bien que j'avoue que je ne savais pas encore si cette chose qui pense n'était point différente du corps, ou si elle l'était, je n'avoue pas pour cela que je ne la connaissais point; car qui a jamais tellement connu aucune chose, qu'il sût n'y avoir rien en elle que cela même qu'il connaissait? Mais nous pensons d'autant mieux connaître une chose, qu'il y a plus de particularités en elle que nous connaissons; ainsi nous avons plus de connaissance de ceux avec qui nous conversons tous les jours, que de ceux dont nous ne connaissons que le nom ou le visage; et toutefois nous ne jugeons pas que ceux-ci nous soient tout à fait inconnus; auquel sens je pense avoir assez démontré que l'esprit, considéré sans les choses que l'on a de coutume d'attribuer au corps, est plus connu que le corps considéré sans l'esprit. Et c'est tout ce que j'avais dessein de prouver en cette seconde Méditation.

Mais je vois bien ce que vous voulez dire, c'est à savoir que, n'ayant écrit que six Méditations touchant la première philosophie, les lecteurs s'étonneront que, dans les deux premières, je ne conclue rien autre chose que ce que je viens de dire tout maintenant, et que pour cela ils les trouveront trop stériles, et indignes d'avoir été mises en lumière. A quoi je réponds seulement que je ne crains pas que ceux qui auront lu avec jugement le reste de ce que j'ai écrit, aient occasion de soupçonner que la matière m'ait manqué; mais qu'il m'a semblé très raisonnable que les choses qui demandent une particulière attention, et qui doivent être considérées séparément d'avec les autres, fussent mises dans des Méditations séparées.

C'est pourquoi, ne sachant rien de plus utile pour parvenir à une ferme et assurée connaissance des choses, que si, auparavant que de rien établir, on s'accoutume à douter de tout et principalement des choses corporelles, encore que j'eusse vu il y a longtemps plusieurs livres écrits par les sceptiques et académiciens touchant cette matière et que ce ne fût pas sans quelque dégoût que je remâchais une viande si commune, je n'ai pu toutefois me dispenser de lui donner une Méditation tout entière; et je voudrais que les lecteurs n'employassent pas seulement le peu de temps qu'il faut pour la lire, mais quelques mois, ou du moins quelques semaines, à considérer les choses dont elle traite, auparavant que de passer outre; car ainsi je ne doute point qu'ils ne fissent bien mieux leur profit de la lecture du reste.

De plus, à cause que nous n'avons eu jusques ici aucunes idées des choses qui appartiennent à l'esprit, qui n'aient été très confuses et mêlées avec les idées des choses sensibles, et que ç'a été la première et principale raison, pourquoi on n'a pu entendre assez clairement aucune des choses qui se disaient de Dieu et de l'âme, j'ai pensé que je ne ferais pas peu, si je montrais comment il faut distinguer les propriétés ou qualités de l'esprit, des propriétés ou qualités du corps, et comment il les faut reconnaître; car, encore qu'il ait déjà été dit par plusieurs que, pour bien entendre les choses immatérielles ou métaphysiques, il faut éloigner son esprit des sens, néanmoins personne, que je sache, n'avait encore montré par quel moyen cela se peut faire. Or le vrai et, à mon jugement, l'unique moyen pour cela est contenu dans ma seconde Méditation; mais il est tel que ce n'est pas assez de l'avoir envisagé une fois, il le faut examiner souvent, et le considérer longtemps, afin que l'habitude de confondre les choses intellectuelles avec les corporelles, qui s'est enracinée en nous pendant tout le cours de notre vie, puisse être effacée par une habitude contraire de les distinguer, acquise par l'exercice de quelques journées. Ce qui m'a semblé une cause assez juste pour ne point traiter d'autre matière en la seconde Méditation.

Vous demandez ici comment je démontre que le corps ne peut penser; mais pardonnez-moi si je réponds que je n'ai pas encore donné lieu à cette question, n'ayant commencé d'en traiter que dans la sixième Méditation, par ces paroles : *C'est assez que je puisse clairement et distinctement concevoir une chose sans une autre, pour être certain que l'une est distincte ou différente de l'autre, etc.* Et un peu après : *Encore que j'aie un corps qui me soit fort étroitement conjoint, néanmoins, parce que, d'un côté, j'ai une claire et distincte idée de moi-même, en tant que je suis seulement une chose qui pense, et non étendue, et que, d'un autre, j'ai une claire et distincte idée du corps, en tant qu'il est seulement une chose étendue, et qui ne pense point, il est certain que moi, c'est-à-dire mon esprit, ou mon âme, par laquelle je suis ce que je suis, est entièrement et véritablement distincte de mon corps, et qu'elle peut être ou exister sans lui.* A quoi il est aisé d'ajouter : *Tout ce qui peut penser est esprit, ou s'appelle esprit. Mais puisque le corps et l'esprit sont réellement distincts, nul corps n'est esprit.* Donc nul corps ne peut penser. Et certes je ne vois rien en cela que vous puissiez nier; car nierez-vous qu'il suffit que nous concevions clairement une chose sans une autre, pour savoir qu'elles sont réellement distinctes? Donnez-nous donc quelque signe plus certain de la distinction réelle, si toutefois on en peut donner aucun. Car que direz-vous? Sera-ce que ces choses-là sont réellement distinctes, chacune desquelles peut exister sans l'autre? Mais derechef je vous demanderai, d'où vous connaissez qu'une chose peut exister sans une autre. Car, afin que ce soit un signe de distinction, il est nécessaire qu'il soit connu.

Peut-être direz-vous que les sens vous le font connaître, parce que vous voyez une chose en l'absence de l'autre, ou que vous la touchez, etc. Mais la foi des sens est plus incertaine que celle de l'entendement; et il se peut faire en plusieurs façons qu'une seule et même chose paraisse à nos sens sous diverses formes, ou en plusieurs lieux et manières, et qu'ainsi elle soit prise pour deux. Et enfin, si vous vous ressouvenez de ce qui a été dit de la cire à la fin de la seconde Méditation, vous saurez que les corps mêmes ne sont pas proprement connus par les sens, mais par le seul entendement; en telle sorte que sentir une chose sans une autre, n'est rien sinon avoir l'idée d'une chose, et entendre que cette idée n'est pas la même que l'idée d'une autre : or cela ne peut être connu d'ailleurs, que de ce qu'une chose est conçue sans l'autre; et cela ne peut être certainement connu, si l'on n'a l'idée claire et distincte de ces deux choses : et ainsi ce signe de réelle distinction doit être réduit au mien pour être certain.

Que s'il y en a qui nient qu'ils aient des idées distinctes de l'esprit et du corps, je ne puis autre chose que les prier de considérer assez attentivement les choses qui sont contenues dans cette seconde Méditation, et de remarquer que l'opinion qu'ils ont que les parties du cerveau concourent avec l'esprit pour former nos pensées, n'est point fondée sur aucune raison positive, mais seulement sur ce qu'ils n'ont jamais expérimenté d'avoir été sans corps, et qu'assez souvent ils ont été empêchés par lui dans leurs opérations; et c'est le même que si quelqu'un, de ce que dès son enfance il aurait eu des fers aux pieds, estimait que ces fers fussent une partie de son corps, et qu'ils lui fussent nécessaires pour marcher.

En second lieu, lorsque vous dites : *Que nous avons en*

nous-mêmes un fondement suffisant pour former l'idée de Dieu, vous ne dites rien de contraire à mon opinion. Car j'ai dit moi-même en termes exprès, à la fin de la troisième Méditation : *Que cette idée est née avec moi, et qu'elle ne me vient point d'ailleurs que de moi-même.* J'avoue aussi *que nous la pourrions former, encore que nous ne sussions pas qu'il y a un souverain être,* mais non pas si en effet il n'y en avait point; car, au contraire, j'ai averti *que toute la force de mon argument consiste en ce qu'il ne se pourrait faire que la faculté de former cette idée fût en moi, si je n'avais été créé de Dieu.*

Et ce que vous dites des mouches, des plantes, etc., ne prouve en aucune façon que quelque degré de perfection peut être dans un effet, qui n'ait point été auparavant dans sa cause. Car, ou il est certain qu'il n'y a point de perfection dans les animaux qui n'ont point de raison, qui ne se rencontre aussi dans les corps inanimés, ou s'il y en a quelqu'une, qu'elle leur vient d'ailleurs, et que le soleil, la pluie et la terre ne sont point les causes totales de ces animaux. Et ce serait une chose fort éloignée de la raison, si quelqu'un, de cela seul qu'il ne connaît point de cause qui concoure à la génération d'une mouche et qui ait autant de degrés de perfection qu'en a une mouche, n'étant pas cependant assuré qu'il n'y en ait point d'autres que celles qu'il connaît, prenait de là occasion de douter d'une chose, laquelle, comme je dirai tantôt plus au long, est manifeste par la lumière naturelle.

A quoi j'ajoute que ce que vous objectez ici des mouches, étant tiré de la considération des choses matérielles, ne peut venir en l'esprit de ceux qui, suivant l'ordre de mes Méditations, détourneront leurs pensées des choses sensibles, pour commencer à philosopher.

Il ne me semble pas aussi que vous prouviez rien contre moi, en disant *que l'idée de Dieu qui est en nous n'est qu'un être de raison.* Car cela n'est pas vrai, si *par un être de raison* l'on entend une chose qui n'est point, mais seulement si toutes les opérations de l'entendement sont prises pour des *êtres de raison,* c'est-à-dire pour des êtres qui partent de la raison; auquel sens tout ce monde peut aussi être appelé un être de raison divine, c'est-à-dire un être créé par un simple acte de l'entendement divin. Et j'ai déjà suffisamment averti en plusieurs lieux, que je parlais seulement de la perfection ou réalité objective de cette idée de Dieu, laquelle ne requiert pas moins une cause, en qui soit contenu en effet tout ce qui n'est contenu en elle qu'objectivement ou par représentation, que fait l'artifice objectif ou représenté, qui est en l'idée que quelque artisan a d'une machine fort artificielle.

Et certes je ne vois pas que l'on puisse rien ajouter pour faire connaître plus clairement que cette idée ne peut être en nous, si un souverain être n'existe, si ce n'est que le lecteur, prenant garde de plus près aux choses que j'ai déjà écrites, se délivre lui-même des préjugés qui offusquent peut-être sa lumière naturelle, et qu'il s'accoutume à donner créance aux premières notions, dont les connaissances sont si vraies et si évidentes, que rien ne le peut être davantage, plutôt qu'à des opinions obscures et fausses, mais qu'un long usage a profondément gravées en nos esprits.

Car, qu'il n'y ait rien dans un effet, qui n'ait été d'une semblable ou plus excellente façon dans sa cause, c'est une première notion, et si évidente, qu'il n'y en a point de plus claire; et cette autre commune notion, *que de rien rien ne se fait,* la comprend en soi, parce que, si on accorde qu'il y ait quelque chose dans l'effet, qui n'ait point été dans sa cause, il faut aussi demeurer d'accord que cela procède du néant; et s'il est évident que le rien ne peut être la cause de quelque chose, c'est seulement parce que, dans cette cause, il n'y aurait pas la même chose que dans l'effet.

C'est aussi une première notion, que toute la réalité, ou toute la perfection, qui n'est qu'objectivement dans les idées, doit être formellement ou éminemment dans leurs causes; et toute l'opinion que nous avons jamais eue de l'existence des choses qui sont hors de notre esprit, n'est appuyée que sur elle seule. Car d'où nous a pu venir le soupçon qu'elles existaient, sinon de cela seul que leurs idées venaient par les sens frapper notre esprit?

Or, qu'il y ait en nous quelque idée d'un être souverainement puissant et parfait, et aussi que la réalité objective de cette idée ne se trouve point en nous, ni formellement, ni éminemment, cela deviendra manifeste à ceux qui y penseront sérieusement, et qui voudront avec moi prendre la peine d'y méditer; mais je ne le saurais pas mettre par force en l'esprit de ceux qui ne liront mes Méditations que comme un roman, pour se désennuyer, et sans y avoir grande attention. Or, de tout cela, on conclut très manifestement que Dieu existe. Et toutefois, en faveur de ceux dont la lumière naturelle est si faible, qu'ils ne voient pas que c'est une première notion, *que toute la perfection qui est objectivement dans une idée, doit être réellement dans quelqu'une de ses causes,* je l'ai encore démontré d'une façon plus aisée à concevoir, en montrant que l'esprit qui a cette idée ne peut pas exister par soi-même; et partant je ne vois pas ce que vous pouvez désirer de plus pour donner les mains, ainsi que vous l'avez promis.

Je ne vois pas aussi que vous prouviez rien contre moi, en disant que j'ai peut-être reçu l'idée qui me représente Dieu, *des pensées que j'ai eues auparavant, des enseignements des livres, des discours et entretiens de mes amis, etc., et non pas de mon esprit seul.* Car mon argument aura toujours la même force, si, m'adressant à ceux de qui l'on dit que je l'ai reçue, je leur demande s'ils l'ont par eux-mêmes, ou bien par autrui, au lieu de le demander de moi-même; et je conclurai toujours que celui-là est Dieu, de qui elle est premièrement dérivée.

Quant à ce que vous ajoutez en ce lieu-là, *qu'elle peut être formée de la considération des choses corporelles,* cela ne me semble pas plus vraisemblable, que si vous disiez que nous n'avons aucune faculté pour ouïr, mais que, par la seule vue des couleurs, nous parvenons à la connaissance des sons. Car on peut dire qu'il y a plus d'analogie ou de rapport entre les couleurs et les sons, qu'entre les choses corporelles et Dieu. Et lorsque vous demandez *que j'ajoute quelque chose qui nous élève jusqu'à la connaissance de l'être immatériel ou spirituel,* je ne puis mieux faire que de vous renvoyer à ma seconde Méditation, afin qu'au moins vous connaissiez qu'elle n'est pas tout à fait inutile; car que pourrais-je faire ici par une ou deux périodes, si je n'ai pu rien avancer par un long discours préparé seulement pour ce sujet, et auquel il me semble n'avoir pas moins apporté d'industrie qu'en aucun autre écrit que j'aie publié?

Et encore qu'en cette Méditation j'aie seulement traité de l'esprit humain, elle n'est pas pour cela moins utile à faire connaître la différence qui est entre la nature divine et celle des choses matérielles. Car je veux bien ici avouer franchement que l'idée que nous avons, par exemple, de l'entendement divin, ne me semble point différer de celle que nous avons de notre propre entendement, sinon seulement comme l'idée d'un nombre infini diffère de l'idée du nombre binaire ou du ternaire; et il en est de même de tous les attributs de Dieu, dont nous reconnaissons en nous quelque vestige.

Mais, outre cela, nous concevons en Dieu une immensité, simplicité, ou unité absolue, qui embrasse et contient tous ses autres attributs, et de laquelle nous ne trouvons ni en nous, ni ailleurs, aucun exemple; mais elle est (ainsi que j'ai dit auparavant) *comme la marque de l'ouvrier imprimée sur son ouvrage*. Et, par son moyen, nous connaissons qu'aucune des choses que nous concevons être en Dieu et en nous, et que nous considérons en lui par parties et comme si elles étaient distinctes, à cause de la faiblesse de notre entendement et que nous les expérimentons telles en nous, ne conviennent point à Dieu et à nous en la façon qu'on nomme univoque dans les écoles. Comme aussi nous connaissons que, de plusieurs choses particulières qui n'ont point de fin, dont nous avons les idées, comme d'une connaissance sans fin, d'une puissance, d'un nombre, d'une longueur, etc., qui sont aussi sans fin, il y en a quelques-unes qui sont contenues formellement dans l'idée que nous avons de Dieu, comme la connaissance et la puissance, et d'autres qui n'y sont qu'éminemment, comme le nombre et la longueur; ce qui certes ne serait pas ainsi, si cette idée n'était rien autre chose en nous qu'une fiction.

Et elle ne serait pas aussi conçue si exactement de la même façon de tout le monde; car c'est une chose très remarquable, que tous les métaphysiciens s'accordent unanimement dans la description qu'ils font des attributs de Dieu (au moins de ceux qui peuvent être connus par la seule raison humaine), en telle sorte qu'il n'y a aucune chose physique ni sensible, aucune chose dont nous ayons une idée si expresse et si palpable, touchant la nature de laquelle il ne se rencontre chez les philosophes une plus grande diversité d'opinions, qu'il ne s'en rencontre touchant celle de Dieu.

Et certes jamais les hommes ne pourraient s'éloigner de la vraie connaissance de cette nature divine, s'ils voulaient seulement porter leur attention sur l'idée qu'ils ont de l'être souverainement parfait. Mais ceux qui mêlent quelques autres idées avec celle-là, composent par ce moyen un Dieu chimérique, en la nature duquel il y a des choses qui se contrarient; et, après l'avoir ainsi composé, ce n'est pas merveille s'ils nient qu'un tel Dieu, qui leur est représenté par une fausse idée, existe. Ainsi, lorsque vous parlez ici *d'un être corporel très parfait,* si vous prenez le nom de très parfait absolument, en sorte que vous entendiez que le corps est un être dans lequel se rencontrent toutes les perfections, vous dites des choses qui se contrarient : d'autant que la nature du corps enferme plusieurs imperfections, par exemple, que le corps soit divisible en parties, que chacune de ses parties ne soit pas l'autre, et autres semblables; car c'est une chose de soi manifeste, que c'est une plus grande perfection de ne pouvoir être divisé, que de le pouvoir être. Que si vous entendez seulement ce qui est très parfait dans le genre de corps, cela n'est point le vrai Dieu.

Ce que vous ajoutez *de l'idée d'un ange, laquelle est plus parfaite que nous,* à savoir, *qu'il n'est pas besoin qu'elle ait été mise en nous par un ange,* j'en demeure aisément d'accord; car j'ai déjà dit moi-même, dans la troisième Méditation, *qu'elle peut être composée des idées que nous avons de Dieu et de l'homme.* Et cela ne m'est en aucune façon contraire.

Quant à ceux qui nient d'avoir en eux l'idée de Dieu, et qui au lieu d'elle forgent quelque idole, etc., ceux-là, dis-je, nient le nom, et accordent la chose. Car certainement je ne pense pas que cette idée soit de même nature que les images des choses matérielles dépeintes en la fantaisie; mais, au contraire, je crois qu'elle ne peut être conçue que par le seul entendement, et qu'en effet elle n'est rien autre chose que ce qu'il nous en fait connaître, soit par la première, soit par la seconde, soit par la troisième de ses opérations. Et je prétends maintenir que, de cela seul que quelque perfection, qui est au-dessus de moi, devient l'objet de mon entendement, en quelque façon que ce soit qu'elle se présente à lui : par exemple, de cela seul que j'aperçois que je ne puis jamais, en nombrant, arriver au plus grand de tous les nombres, et que de là je connais qu'il y a quelque chose, en matière de nombrer, qui surpasse mes forces, je puis conclure nécessairement, non pas à la vérité qu'un nombre infini existe, ni aussi que son existence implique contradiction, comme vous dites, mais que cette puissance que j'ai de comprendre qu'il y a toujours quelque chose de plus à concevoir, dans le plus grand des nombres, que je ne puis jamais concevoir, ne me vient pas de moi-même, et que je l'ai reçue de quelque autre être qui est plus parfait que je ne suis.

Et il importe fort peu qu'on donne le nom d'idée à ce concept d'un nombre indéfini, ou qu'on ne lui donne pas. Mais, pour entendre quel est cet être plus parfait que je ne suis, et si ce n'est point ce même nombre, dont je ne puis trouver la fin, qui est réellement existant et infini, ou bien si c'est quelque autre chose, il faut considérer toutes les autres perfections, lesquelles, outre la puissance de me donner cette idée, peuvent être en la même chose en qui est cette puissance; et ainsi on trouvera que cette chose est Dieu.

Enfin, lorsque Dieu est dit être *inconcevable,* cela s'entend d'une pleine et entière conception, qui comprenne et embrasse parfaitement tout ce qui est en lui, et non pas de cette médiocre et imparfaite qui est en nous, laquelle néanmoins suffit pour connaître qu'il existe. Et vous ne prouvez rien contre moi, en disant *que l'idée de l'unité de toutes les perfections qui sont en Dieu, soit formée de la même façon que l'unité générique et celle des autres universaux*. Mais néanmoins elle en est fort différente; car elle dénote une particulière et positive perfection en Dieu, au lieu que l'unité générique n'ajoute rien de réel à la nature de chaque individu.

En troisième lieu, où j'ai dit *que nous ne pouvons rien savoir certainement, si nous ne connaissons premièrement que Dieu existe,* j'ai dit, en termes exprès, que je ne parlais que de la science de ces conclusions, *dont la mémoire nous peut revenir en l'esprit, lorsque nous ne pensons plus aux raisons d'où nous les avons tirées.* Car la connaissance des premiers principes ou axiomes n'a pas accoutumé d'être appelée science par les dialecticiens. Mais quand nous apercevons que nous sommes des choses qui pensent, c'est une première notion qui n'est tirée d'aucun syllogisme; et lorsque quelqu'un dit : *Je pense, donc je suis, ou j'existe,* il ne conclut pas son existence de sa pensée comme par la force de quelque syllogisme, mais comme une chose connue de soi; il la voit par une simple inspection de l'esprit. Comme il paraît de ce que, s'il la déduisait par le syllogisme, il aurait dû auparavant connaître cette majeure : *Tout ce qui pense, est ou existe.* Mais, au contraire, elle lui est enseignée de ce qu'il sent en lui-même qu'il ne se peut pas faire qu'il pense, s'il n'existe. Car c'est le propre de notre esprit, de former les propositions générales de la connaissance des particulières.

Or, *qu'un athée puisse connaître clairement que les trois angles d'un triangle sont égaux à deux droits,* je ne le nie pas; mais je maintiens seulement qu'il ne le connaît pas par une vraie et certaine science, parce que toute connaissance qui peut être rendue douteuse ne doit pas être appelée science; et puisqu'on suppose que celui-là est un athée, il ne peut pas être certain de n'être point déçu dans les choses qui lui semblent être très évidentes, comme il a déjà été montré ci-devant; et encore que peut-être ce doute ne lui vienne point en la pensée, il lui peut néanmoins venir, s'il l'examine, ou s'il lui est proposé par un autre; et jamais il ne sera hors du danger de l'avoir, si premièrement il ne reconnaît un Dieu.

Et il n'importe pas que peut-être il estime qu'il a des démonstrations pour prouver qu'il n'y a point de Dieu; car, ces démonstrations prétendues étant fausses, on lui en peut toujours faire connaître la fausseté, et alors on le fera changer d'opinion. Ce qui à la vérité ne sera pas difficile, si pour toutes raisons il apporte seulement ce que vous ajoutez ici, c'est à savoir, *que l'infini en tout genre de perfection exclut toute autre sorte d'être, etc.*

Car, premièrement, si on lui demande d'où il a appris que cette exclusion de tous les autres êtres appartient à la nature de l'infini, il n'aura rien qu'il puisse répondre pertinemment, d'autant que, par le nom d'*infini,* on n'a pas coutume d'entendre ce qui exclut l'existence des choses finies, et qu'il ne peut rien savoir de la nature d'une chose qu'il pense n'être rien du tout, et par conséquent n'avoir point de nature, sinon ce qui est contenu dans la seule et ordinaire signification du nom de cette chose.

De plus, à quoi servirait l'infinie puissance de cet infini imaginaire, s'il ne pouvait jamais rien créer? Et enfin, de ce que nous expérimentons avoir en nous-mêmes quelque puissance de penser, nous concevons facilement qu'une telle puissance peut être en quelque autre, et même plus grande qu'en nous; mais encore que nous pensions que celle-là s'augmente à l'infini, nous ne craindrons pas pour cela que la nôtre devienne moindre. Il en eſt de même de tous les autres attributs de Dieu, même de la puissance de produire quelques effets hors de soi, pourvu que nous supposions qu'il n'y en a point en nous, qui ne soit soumise à la volonté de Dieu; et partant il peut être entendu tout à fait infini sans aucune exclusion des choses créées.

En quatrième lieu, *lorsque je dis que Dieu ne peut mentir, ni être trompeur,* je pense convenir avec tous les théologiens qui ont jamais été et qui seront à l'avenir. Et tout ce que vous alléguez au contraire n'a pas plus de force, que si, ayant nié que Dieu se mît en colère, ou qu'il fût sujet aux autres passions de l'âme, vous m'objeƈtiez les lieux de l'Écriture où il semble que quelques passions humaines lui sont attribuées.

Car tout le monde connaît assez la diſtinƈtion qui eſt entre ces façons de parler de Dieu, dont l'Écriture se sert ordinairement, qui sont accommodées à la capacité du vulgaire et qui contiennent bien quelque vérité, mais seulement en tant qu'elle eſt rapportée aux hommes, et celles qui expriment une vérité plus simple et plus pure et qui ne change point de nature, encore qu'elle ne leur soit point rapportée; desquelles chacun doit user en philosophant, et dont j'ai dû principalement me servir dans mes Méditations, vu qu'en ce lieu-là même je ne supposais pas encore qu'aucun homme me fût connu, et que je ne me considérais pas non plus en tant que composé de corps et d'esprit, mais comme un esprit seulement.

D'où il eſt évident que je n'ai point parlé en ce lieu-là du mensonge qui s'exprime par des paroles, mais seulement de la malice interne et formelle qui eſt contenue dans la tromperie : quoique néanmoins ces paroles que vous apportez du prophète : *Encore quarante jours, et Ninive sera subvertie,* ne soient pas même un mensonge verbal, mais une simple menace, dont l'événement dépendait d'une condition; et lorsqu'il eſt dit *que Dieu a endurci le cœur de Pharaon,* ou quelque chose de semblable, il ne faut pas penser qu'il ait fait cela positivement, mais seulement négativement, à savoir, ne donnant pas à Pharaon une grâce efficace pour se convertir.

Je ne voudrais pas néanmoins condamner ceux qui disent que Dieu peut proférer par ses prophètes quelque mensonge verbal, tels que sont ceux dont se servent les médecins quand ils déçoivent leurs malades pour les guérir, c'est-à-dire qui fût exempt de toute la malice qui se rencontre ordinairement dans la tromperie. Mais, bien davantage, nous voyons quelquefois que nous sommes réellement trompés par cet instinct naturel qui nous a été donné de Dieu, comme lorsqu'un hydropique a soif; car alors il est réellement poussé à boire par la nature qui lui a été donnée de Dieu pour la conservation de son corps, quoique néanmoins cette nature le trompe, puisque le boire lui doit être nuisible; mais j'ai expliqué, dans la sixième Méditation, comment cela peut compatir avec la bonté et la vérité de Dieu.

Mais dans les choses qui ne peuvent pas être ainsi expliquées, à savoir, dans nos jugements très clairs et très exacts, lesquels, s'ils étaient faux, ne pourraient être corrigés par d'autres plus clairs, ni par l'aide d'aucune autre faculté naturelle, je soutiens hardiment que nous ne pouvons être trompés. Car Dieu étant le souverain être, il faut nécessairement qu'il soit aussi le souverain bien et la souveraine vérité, et partant il répugne que quelque chose vienne de lui, qui tende positivement à la fausseté. Mais puisqu'il ne peut y avoir rien en nous de réel, qui ne nous ait été donné par lui (comme il a été démontré en prouvant son existence), et puisque nous avons en nous une faculté réelle pour connaître le vrai et le distinguer d'avec le faux (comme on peut prouver de cela seul que nous avons en nous les idées du vrai et du faux), si cette faculté ne tendait au vrai, au moins lorsque nous nous en servons comme il faut (c'est-à-dire lorsque nous ne donnons notre consentement qu'aux choses que nous concevons clairement et distinctement, car on ne peut pas feindre un autre bon usage de cette faculté), ce ne serait pas sans raison que Dieu, qui nous l'a donnée, serait tenu pour un trompeur.

Et ainsi vous voyez qu'après avoir connu que Dieu existe, il est nécessaire de feindre qu'il soit trompeur, si nous voulons révoquer en doute les choses que nous concevons clairement et distinctement; et parce que cela ne se peut pas même feindre, il faut nécessairement admettre ces choses comme très vraies et très assurées.

Mais d'autant que je remarque ici que vous vous arrêtez encore aux doutes que j'ai proposés dans ma première Méditation, et que je pensais avoir levés assez exactement dans les suivantes, j'expliquerai ici derechef le fondement sur lequel il me semble que toute la certitude humaine peut être appuyée.

Premièrement, aussitôt que nous pensons concevoir clairement quelque vérité, nous sommes naturellement portés à la croire. Et si cette croyance est si forte que nous ne puissions jamais avoir aucune raison de douter de ce que nous croyons de la sorte, il n'y a rien à rechercher davantage : nous avons touchant cela toute la certitude qui se peut raisonnablement souhaiter.

Car que nous importe, si peut-être quelqu'un feint que cela même, de la vérité duquel nous sommes si fortement persuadés, paraît faux aux yeux de Dieu ou des anges, et que partant, absolument parlant, il est faux? Qu'avons-nous à faire de nous mettre en peine de cette fausseté absolue, puisque nous ne la croyons point du tout, et que nous n'en avons pas même le moindre soupçon? Car nous supposons une croyance ou une persuasion si ferme, qu'elle ne puisse être ôtée; laquelle par conséquent est en tout la même chose qu'une très parfaite certitude. Mais on peut bien douter si l'on a quelque certitude de cette nature, ou quelque persuasion ferme et immuable.

Et certes, il est manifeste qu'on n'en peut pas avoir des choses obscures et confuses, pour peu d'obscurité ou confusion que nous y remarquions; car cette obscurité, quelle qu'elle soit, est une cause assez suffisante pour nous faire douter de ces choses. On n'en peut pas aussi avoir des choses qui ne sont aperçues que par les sens, quelque clarté qu'il y ait en leur perception, parce que nous avons souvent remarqué que dans le sens il peut y avoir de l'erreur, comme lorsqu'un hydropique a soif, ou que la neige paraît jaune à celui qui a la jaunisse; car celui-là ne la voit pas moins clairement et distinctement de la sorte, que nous à qui elle paraît blanche. Il reste donc que, si on en peut avoir, ce soit seulement des choses que l'esprit conçoit clairement et distinctement.

Or, entre ces choses, il y en a de si claires et tout ensemble de si simples, qu'il nous est impossible de penser à elles, que nous ne les croyons être vraies : par exemple, que j'existe lorsque je pense, que les choses qui ont une fois été faites ne peuvent pas n'avoir point été faites, et autres choses semblables, dont il est manifeste que l'on a une parfaite certitude.

Car nous ne pouvons pas douter de ces choses-là sans penser à elles; mais nous n'y pouvons jamais penser, sans croire qu'elles sont vraies, comme je viens de dire; donc, nous n'en pouvons douter, que nous ne les croyons être vraies, c'est-à-dire que nous n'en pouvons jamais douter.

Et il ne sert de rien de dire *que nous avons souvent expérimenté que des personnes se sont trompées en des choses qu'elles pensaient voir plus clairement que le Soleil.* Car nous n'avons jamais vu, ni nous ni personne, que cela soit arrivé à ceux qui ont tiré toute la clarté de leur perception de l'entendement seul, mais bien à ceux qui l'ont prise des sens ou de quelque faux préjugé. Il ne sert de rien aussi que quelqu'un feigne que ces choses semblent fausses à Dieu ou aux anges, parce que l'évidence de notre perception ne permettra pas que nous écoutions celui qui l'aura feint et nous le voudra persuader.

Il y a d'autres choses que notre entendement conçoit aussi fort clairement, lorsque nous prenons garde de près aux raisons d'où dépend leur connaissance; et pour ce, nous ne pouvons pas alors en douter. Mais, parce que nous pouvons oublier les raisons, et cependant nous ressouvenir des conclusions qui en ont été tirées, on demande si on peut avoir une ferme et immuable persuasion de ces conclusions, tandis que nous nous ressouvenons qu'elles ont été déduites de principes très évidents; car ce souvenir doit être supposé pour pouvoir être appelé conclusions. Et je réponds que ceux-là en peuvent avoir, qui connaissent tellement Dieu, qu'ils savent qu'il ne se peut pas faire que la faculté d'entendre, qui leur a été donnée par lui, ait autre chose que la vérité pour objet; mais que les autres n'en ont point. Et cela a été si clairement expliqué à la fin de la cinquième Méditation, que je ne pense pas y devoir ici rien ajouter.

En cinquième lieu, je m'étonne que vous niiez *que la volonté se met en danger de faillir, lorsqu'elle poursuit et embrasse les connaissances obscures et confuses de l'entendement.* Car qu'est-ce qui la peut rendre certaine, si ce qu'elle suit n'est pas clairement connu? Et quel a jamais été le philosophe ou le théologien, ou bien seulement l'homme usant de raison, qui n'ait confessé que le danger de faillir où nous nous exposons, est d'autant moindre, que plus claire est la chose que nous concevons auparavant que d'y donner notre consentement? et que ceux-là pèchent, qui, sans connaissance de cause, portent quelque jugement? Or nulle conception n'est dite obscure ou confuse, sinon parce qu'il y a en elle quelque chose de contenu, qui n'est pas connu.

Et partant, ce que vous objectez *touchant la foi qu'on doit embrasser*, n'a pas plus de force contre moi, que contre tous ceux qui ont jamais cultivé la raison humaine; et, à vrai dire, elle n'en a aucune contre pas un. Car, encore qu'on dise que la foi a pour objet des choses obscures, néanmoins ce pour quoi nous les croyons n'est pas obscur; mais il est plus clair qu'aucune lumière naturelle. D'autant qu'il faut distinguer entre la matière, ou la chose à laquelle nous donnons notre créance, et la raison formelle qui meut notre volonté à la donner. Car c'est dans cette seule raison formelle que nous voulons qu'il y ait de la clarté et de l'évidence.

Et quant à la matière, personne n'a jamais nié qu'elle peut être obscure, voire l'obscurité même; car, quand je juge que l'obscurité doit être ôtée de nos pensées pour leur pouvoir donner notre consentement sans aucun danger de faillir, c'est l'obscurité même qui me sert de matière pour former un jugement clair et distinct.

Outre cela, il faut remarquer que la clarté ou l'évidence, par laquelle notre volonté peut être excitée à croire, est de deux sortes : l'une qui part de la lumière naturelle, et l'autre qui vient de la grâce divine.

Or, quoiqu'on dise ordinairement que la foi est des choses obscures, toutefois cela s'entend seulement de sa matière, et non point de la raison formelle pour laquelle nous croyons; car, au contraire, cette raison formelle consiste en une certaine lumière intérieure, de laquelle Dieu nous ayant surnaturellement éclairés, nous avons une confiance certaine que les choses qui nous sont proposées à croire, ont été révélées par lui, et qu'il est entièrement impossible qu'il soit menteur et qu'il nous trompe : ce qui est plus assuré que toute autre lumière naturelle, et souvent même plus évident, à cause de la lumière de la grâce.

Et certes les Turcs et les autres infidèles, lorsqu'ils n'embrassent point la religion chrétienne, ne pèchent pas pour ne vouloir point ajouter foi aux choses obscures, comme étant obscures; mais ils pèchent, ou de ce qu'ils résistent à la grâce divine qui les avertit intérieurement, ou que, péchant en d'autres choses, ils se rendent indignes de cette grâce. Et je dirai hardiment qu'un infidèle qui, destitué de toute grâce surnaturelle, et ignorant tout à fait que les choses que nous autres chrétiens croyons, ont été révélées de Dieu, néanmoins, attiré par quelques faux raisonnements, se porterait à croire ces mêmes choses qui lui seraient obscures, ne serait pas pour cela fidèle, mais plutôt qu'il pécherait en ce qu'il ne se servirait pas comme il faut de sa raison.

Et je ne pense pas que jamais aucun théologien orthodoxe ait eu d'autres sentiments touchant cela; et ceux aussi qui liront mes Méditations n'auront pas sujet de croire que je n'aie point connu cette lumière surnaturelle, puisque, dans la quatrième, où j'ai soigneusement recherché la cause de l'erreur ou fausseté, j'ai dit, en paroles expresses, *qu'elle dispose l'intérieur de notre pensée à vouloir, et que néanmoins elle ne diminue point la liberté*.

Au reste, je vous prie ici de vous souvenir que, touchant les choses que la volonté peut embrasser, j'ai toujours mis une très grande distinction entre l'usage de la vie et la contemplation de la vérité. Car, pour ce qui regarde l'usage de la vie, tant s'en faut que je pense qu'il ne faille suivre que les choses que nous connaissons très clairement, qu'au contraire je tiens qu'il ne faut pas même toujours attendre les plus vraisemblables, mais qu'il faut quelquefois, entre plusieurs choses tout à fait inconnues et incertaines, en choisir une et s'y déterminer, et après cela ne la pas croire moins fermement, tant que nous ne voyons point de raisons au contraire, que si nous l'avions choisie pour des raisons certaines et très évidentes, ainsi que j'ai déjà expliqué dans le *Discours de la Méthode*. Mais où il ne s'agit que de la contemplation de la vérité, qui a jamais nié qu'il faille suspendre son jugement à l'égard des choses obscures, et qui ne sont pas assez distinctement connues? Or, que cette seule contemplation de la vérité ait lieu dans mes Méditations, outre que cela se reconnaît assez clairement par elles-mêmes, je l'ai de plus déclaré en paroles expresses sur la fin de la première, en disant *que je ne pouvais trop douter ni user de trop de défiance en ce lieu-là, d'autant que je ne m'appliquais pas alors aux choses qui regardent l'usage de la vie, mais seulement à la recherche de la vérité.*

En sixième lieu, où vous reprenez la conclusion d'un syllogisme que j'avais mis en forme, il semble que vous péchiez vous-mêmes en la forme; car, pour conclure ce que vous voulez, la majeure devait être telle : *Ce que clairement et distinctement nous concevons appartenir à la nature de quelque chose, cela peut être dit ou affirmé avec vérité appartenir à la nature de cette chose.* Et ainsi elle ne contiendrait rien qu'une inutile et superflue répétition. Mais la majeure de mon argument a été telle : *Ce que clairement et distinctement nous concevons appartenir à la nature de quelque chose, cela peut être dit ou affirmé avec vérité de cette chose.* C'est-à-dire, si être animal appartient à l'essence ou à la nature de l'homme, on peut assurer que l'homme est animal; si avoir les trois angles égaux à deux droits appartient à la nature du triangle rectiligne, on peut assurer que le triangle rectiligne a ses trois angles égaux à deux droits; si exister appartient à la nature de Dieu, on peut assurer que Dieu existe, etc. Et la mineure a été telle : *Or est-il qu'il appartient à la nature de Dieu d'exister.* D'où il est évident qu'il faut conclure comme j'ai fait, c'est à savoir : *Donc on peut avec vérité assurer de Dieu qu'il existe;* et non pas comme vous voulez : *Donc nous pouvons assurer avec vérité qu'il appartient à la nature de Dieu d'exister.*

Et partant, pour user de l'exception que vous apportez ensuite, il vous eût fallu nier la majeure, et dire que ce que nous concevons clairement et distinctement appartenir à la nature de quelque chose, ne peut pas pour cela être dit ou affirmé de cette chose, si ce n'est que sa nature soit possible, ou ne répugne point. Mais voyez, je vous prie, la faiblesse de cette exception. Car, ou bien par ce mot de *possible* vous entendez, comme l'on fait d'ordinaire, tout ce qui ne répugne point à la pensée humaine, auquel sens il est manifeste que la nature de Dieu, de la façon que je l'ai décrite, est possible, parce que je n'ai rien supposé en elle, sinon ce que nous concevons clairement et distinctement lui devoir appartenir, et ainsi je n'ai rien supposé qui répugne à la pensée ou au concept humain; ou bien vous feignez quelque autre possibilité, de la part de l'objet même, laquelle, si elle ne convient avec la précédente, ne peut jamais être connue par l'entendement humain; et partant elle n'a pas plus de force pour nous obliger à nier la nature de Dieu ou son existence, que pour renverser toutes les autres choses qui tombent sous la connaissance des hommes. Car, par la même raison que l'on nie que la nature de Dieu est possible, encore qu'il ne se rencontre aucune impossibilité de la part du concept ou de la pensée, mais qu'au contraire toutes les choses qui sont contenues dans ce concept de la nature divine, soient tellement connexes entre elles, qu'il nous semble y avoir de la contradiction à dire qu'il y en ait quelqu'une qui n'appartienne pas à la nature de Dieu, on pourra aussi nier qu'il soit possible que les trois angles d'un triangle soient égaux à deux droits, ou que celui qui pense actuellement existe; et à bien plus forte raison l'on pourra nier qu'il n'y ait rien de vrai de toutes les choses que nous apercevons par les sens; et ainsi toute la connaissance humaine sera renversée, mais ce ne sera pas avec aucune raison ou fondement.

Et pour ce qui est de cet argument que vous comparez avec le mien, à savoir : *S'il n'implique point que Dieu existe, il est certain qu'il existe : mais il n'implique point; donc, etc.*, matériellement parlant il est vrai, mais formellement c'est un sophisme. Car, dans la majeure, ce mot *il implique* regarde le concept de la cause par laquelle Dieu peut être, et, dans la mineure, il regarde le seul concept de l'existence et de la nature de Dieu, comme il paraît de ce que, si on nie la majeure, il la faudra ainsi prouver :

Si Dieu n'existe point encore, il implique qu'il existe, parce qu'on ne saurait assigner de cause suffisante pour le produire; mais il n'implique point qu'il existe, comme il a été accordé dans la mineure; donc, etc.

Et si on nie la mineure, il la faudra prouver ainsi :

Cette chose n'implique point, dans le concept formel de laquelle il n'y a rien qui enferme contradiction; mais dans le concept formel de l'existence ou de la nature divine, il n'y a rien qui enferme contradiction; donc, etc. Et ainsi ce mot *il implique* est pris en deux divers sens.

Car il se peut faire qu'on ne concevra rien dans la chose même qui empêche qu'elle ne puisse exister, et que cependant on concevra quelque chose de la part de sa cause, qui empêche qu'elle ne soit produite.

Or, encore que nous ne concevions Dieu que très imparfaitement, cela n'empêche pas qu'il ne soit certain que sa nature est possible, ou qu'elle n'implique point; ni aussi que nous ne puissions assurer avec vérité que nous l'avons assez soigneusement examinée, et assez clairement connue (à savoir autant qu'il suffit pour connaître qu'elle est possible, et aussi que l'existence nécessaire lui appartient). Car toute impossibilité, ou s'il m'est permis de me servir ici du mot de l'École, toute implicance consiste seulement en notre concept ou pensée, qui ne peut conjoindre les idées qui se contrarient les unes les autres; et elle ne peut consister en aucune chose qui soit hors de l'entendement, parce que, de cela même qu'une chose est hors de l'entendement, il est manifeste qu'elle n'implique point, mais qu'elle est possible.

Or l'impossibilité que nous trouvons en nos pensées, ne vient que de ce qu'elles sont obscures et confuses, et il n'y en peut avoir aucune dans celles qui sont claires et distinctes; et partant, afin que nous puissions assurer que nous connaissons assez la nature de Dieu pour savoir qu'il n'y a point de répugnance qu'elle existe, il suffit que nous entendions clairement et distinctement toutes les choses que nous apercevons être en elle, quoique ces choses ne soient qu'en petit nombre, au regard de celles que nous n'apercevons pas, bien qu'elles soient aussi en elle; et qu'avec cela nous remarquions que l'existence nécessaire est l'une des choses que nous apercevons ainsi être en Dieu.

En septième lieu, j'ai déjà donné la raison, dans l'abrégé de mes Méditations, pourquoi je n'ai rien dit ici touchant l'immortalité de l'âme; j'ai aussi fait voir ci-devant comme quoi j'ai suffisamment prouvé la distinction qui est entre l'esprit et toute sorte de corps.

Quant à ce que vous ajoutez, *que de la distinction de l'âme d'avec le corps il ne s'ensuit pas qu'elle soit immortelle, parce que nonobstant cela on peut dire que Dieu l'a faite d'une telle nature, que sa durée finit avec celle de la vie du corps,* je confesse que je n'ai rien à y répondre; car je n'ai pas tant de présomption que d'entreprendre de déterminer, par la force du raisonnement humain, une chose qui ne dépend que de la pure volonté de Dieu.

La connaissance naturelle nous apprend que l'esprit est différent du corps, et qu'il est une substance; et aussi que le corps humain, en tant qu'il diffère des autres corps, est seulement composé d'une certaine configuration de membres, et autres semblables accidents; et enfin que la mort du corps dépend seulement de quelque division ou changement de figure. Or nous n'avons aucun argument ni aucun exemple, qui nous persuade que la mort, ou l'anéantissement d'une substance telle qu'est l'esprit, doive suivre d'une cause si légère comme est un changement de figure, qui n'est autre chose qu'un mode, et encore un mode, non de l'esprit, mais du corps, qui est réellement distinct de l'esprit. Et même nous n'avons aucun argument ni exemple, qui nous puisse persuader qu'il y a des substances qui sont sujettes à être anéanties. Ce qui suffit pour conclure que l'esprit, ou l'âme de l'homme, autant que cela peut être connu par la philosophie naturelle, est immortelle.

Mais si on demande si Dieu, par son absolue puissance, n'a point peut-être déterminé que les âmes humaines cessent d'être, au même temps que les corps auxquels elles sont unies sont détruits, c'est à Dieu seul d'en répondre. Et puisqu'il nous a maintenant révélé que cela n'arrivera point, il ne nous doit plus rester touchant cela aucun doute.

Au reste, j'ai beaucoup à vous remercier de ce que vous avez daigné si officieusement, et avec tant de franchise, m'avertir non seulement des choses qui vous ont semblé dignes d'explication, mais aussi des difficultés qui pouvaient m'être faites par les athées, ou par quelques ennuyeux et médisants.

Car encore que je ne voie rien, entre les choses que vous m'avez proposées, que je n'eusse auparavant rejeté ou expliqué dans mes Méditations (comme, par exemple, ce que vous avez allégué des mouches qui sont produites par le soleil, des Canadiens, des Ninivites, des Turcs, et autres choses semblables, ne peut venir en l'esprit à ceux qui, suivant l'ordre de ces Méditations, mettront à part pour quelque temps toutes les choses qu'ils ont apprises des sens, pour prendre garde à ce que dicte la plus pure et plus saine raison, c'est pourquoi je pensais avoir déjà rejeté toutes ces choses), encore, dis-je, que cela soit, je juge néanmoins que ces objections seront fort utiles à mon dessein, d'autant que je ne me promets pas d'avoir beaucoup de lecteurs qui veuillent apporter tant d'attention aux choses que j'ai écrites, qu'étant parvenus à la fin, ils se ressouviennent de tout ce qu'ils auront lu auparavant; et ceux qui ne le feront pas, tomberont aisément en des difficultés, auxquelles ils verront, puis après, que j'aurai satisfait par cette réponse, ou du moins ils prendront de là occasion d'examiner plus soigneusement la vérité.

Pour ce qui regarde le conseil que vous me donnez, de disposer mes raisons selon la méthode des géomètres, afin que tout d'un coup les lecteurs les puissent comprendre, je vous dirai ici en quelle façon j'ai déjà tâché ci-devant de la suivre, et comment j'y tâcherai encore ci-après.

Dans la façon d'écrire des géomètres, je distingue deux choses, à savoir l'ordre, et la manière de démontrer.

L'ordre consiste en cela seulement, que les choses qui sont proposées les premières doivent être connues sans l'aide des suivantes, et que les suivantes doivent après être disposées de telle façon, qu'elles soient démontrées par les seules choses qui les précèdent. Et certainement j'ai tâché, autant que j'ai pu, de suivre cet ordre en mes Méditations. Et c'est ce qui a fait que je n'ai pas traité, dans la seconde, de la distinction de l'esprit d'avec le corps, mais seulement dans la sixième, et que j'ai omis de parler de beaucoup de choses dans tout ce traité, parce qu'elles présupposaient l'explication de plusieurs autres.

La manière de démontrer est double : l'une se fait par l'analyse ou résolution, et l'autre par la synthèse ou composition.

L'analyse montre la vraie voie par laquelle une chose a été méthodiquement inventée, et fait voir comment les effets dépendent des causes; en sorte que, si le lecteur la veut suivre, et jeter les yeux soigneusement sur tout ce qu'elle contient, il n'entendra pas moins parfaitement la chose ainsi démontrée, et ne la rendra pas moins sienne, que si lui-même l'avait inventée.

Mais cette sorte de démonstration n'est pas propre à convaincre les lecteurs opiniâtres ou peu attentifs : car si on laisse échapper, sans y prendre garde, la moindre des choses qu'elle propose, la nécessité de ses conclusions ne paraîtra point; et on n'a pas coutume d'y exprimer fort amplement les choses qui sont assez claires de soi-même, bien que ce soit ordinairement celles auxquelles il faut le plus prendre garde.

La synthèse, au contraire, par une voie tout autre, et comme en examinant les causes par leurs effets (bien que la preuve qu'elle contient soit souvent aussi des effets par les causes), démontre à la vérité clairement ce qui est contenu en ses conclusions, et se sert d'une longue suite de définitions, de demandes, d'axiomes, de théorèmes et de problèmes, afin que, si on lui nie quelques conséquences, elle fasse voir comment elles sont contenues dans les antécédents, et qu'elle arrache le consentement du lecteur, tant obstiné et opiniâtre qu'il puisse être; mais elle ne donne pas, comme l'autre, une entière satisfaction aux esprits de ceux qui désirent d'apprendre, parce qu'elle n'enseigne pas la méthode par laquelle la chose a été inventée.

Les anciens géomètres avaient coutume de se servir seulement de cette synthèse dans leurs écrits, non qu'ils ignorassent entièrement l'analyse, mais, à mon avis, parce qu'ils en faisaient tant d'état, qu'ils la réservaient pour eux seuls, comme un secret d'importance.

Pour moi, j'ai suivi seulement la voie analytique dans mes Méditations, parce qu'elle me semble être la plus vraie, et la plus propre pour enseigner; mais, quant à la synthèse, laquelle sans doute est celle que vous désirez ici de moi, encore que, touchant les choses qui se traitent en la géométrie, elle puisse utilement être mise après l'analyse, elle ne convient pas toutefois si bien aux matières qui appartiennent à la métaphysique. Car il y a cette différence, que les premières notions qui sont supposées pour démontrer les propositions géométriques, ayant de la convenance avec les sens, sont reçues facilement d'un chacun; c'est pourquoi il n'y a point là de difficulté, sinon à bien tirer les conséquences, ce qui se peut faire par toutes sortes de personnes, même par les moins attentives, pourvu seulement qu'elles se ressouviennent des choses précédentes; et on les oblige aisément à s'en souvenir, en distinguant autant de diverses propositions qu'il y a de choses à remarquer dans la difficulté proposée, afin qu'elles s'arrêtent séparément sur chacune, et qu'on les leur puisse citer par après, pour les avertir de celles auxquelles elles doivent penser. Mais au contraire, touchant les questions qui appartiennent à la métaphysique, la principale difficulté est de concevoir clairement et distinctement les premières notions. Car, encore que de leur nature elles ne soient pas moins claires, et même que souvent elles soient plus claires que celles qui sont considérées par les géomètres, néanmoins, d'autant qu'elles semblent ne s'accorder pas avec plusieurs préjugés que nous avons reçus par les sens, et auxquels nous sommes accoutumés dès notre enfance, elles ne sont parfaitement comprises que par ceux qui sont fort attentifs et qui s'étudient à détacher, autant qu'ils peuvent, leur esprit du commerce des sens; c'est pourquoi, si on les proposait toutes seules, elles seraient aisément niées par ceux qui ont l'esprit porté à la contradiction.

Ce qui a été la cause pourquoi j'ai plutôt écrit des Méditations que des disputes ou des questions, comme font les philosophes, ou bien des théorèmes ou des problèmes, comme les géomètres, afin de témoigner par là que je n'ai écrit que pour ceux qui se voudront donner la peine de méditer avec moi sérieusement et considérer les choses avec attention. Car, de cela même que quelqu'un se prépare pour impugner la vérité, il se rend moins propre à la comprendre, d'autant qu'il détourne son esprit de la considération des raisons qui la persuadent, pour l'appliquer à la recherche de celles qui la détruisent.

Mais néanmoins, pour témoigner combien je défère à votre conseil, je tâcherai ici d'imiter la synthèse des géomètres, et y ferai un abrégé des principales raisons dont j'ai usé pour démontrer l'existence de Dieu, et la distinction qui est entre l'esprit et le corps humain : ce qui ne servira peut-être pas peu pour soulager l'attention des lecteurs.

RAISONS

QUI PROUVENT L'EXISTENCE DE DIEU ET LA DISTINCTION QUI EST ENTRE L'ESPRIT ET LE CORPS HUMAIN

DISPOSÉES D'UNE FAÇON GÉOMÉTRIQUE

Définitions.

I. Par le nom de *pensée,* je comprends tout ce qui est tellement en nous, que nous en sommes immédiatement connaissants. Ainsi toutes les opérations de la volonté, de l'entendement, de l'imagination et des sens, sont des pensées. Mais j'ai ajouté *immédiatement,* pour exclure les choses qui suivent et dépendent de nos pensées : par exemple, le mouvement volontaire a bien, à la vérité, la volonté pour son principe, mais lui-même néanmoins n'est pas une pensée.

II. Par le nom d'*idée,* j'entends cette forme de chacune de nos pensées, par la perception immédiate de laquelle nous avons connaissance de ces mêmes pensées. En telle sorte que je ne puis rien exprimer par des paroles, lorsque j'entends ce que je dis, que de cela même il ne soit certain que j'ai en moi l'idée de la chose qui est signifiée par mes paroles. Et ainsi je n'appelle pas du nom d'idée les seules images qui sont dépeintes en la fantaisie; au contraire, je ne les appelle point ici de ce nom, en tant qu'elles sont en la fantaisie corporelle, c'est-à-dire en tant qu'elles sont dépeintes en quelques parties du cerveau, mais seulement en tant qu'elles informent l'esprit même, qui s'applique à cette partie du cerveau.

III. Par la *réalité objective d'une idée,* j'entends l'entité ou l'être de la chose représentée par l'idée, en tant que cette entité est dans l'idée; et de la même façon, on peut dire une perfection objective, ou un artifice objectif, etc. Car tout ce que nous concevons comme étant dans les objets des idées, tout cela est objectivement, ou par représentation, dans les idées mêmes.

IV. Les mêmes choses sont dites être *formellement* dans les objets des idées, quand elles sont en eux telles que nous les concevons; et elles sont dites y être *éminemment,* quand elles n'y sont pas à la vérité telles, mais qu'elles sont si grandes, qu'elles peuvent suppléer à ce défaut par leur excellence.

V. Toute chose dans laquelle réside immédiatement comme dans son sujet, ou par laquelle existe quelque chose que nous concevons, c'est-à-dire quelque propriété, qualité, ou attribut, dont nous avons en nous une réelle idée, s'appelle *Substance.* Car nous n'avons point d'autre idée de la substance précisément prise, sinon qu'elle est une chose dans laquelle existe formellement, ou éminemment, ce que nous concevons, ou ce qui est objectivement dans quelqu'une de nos idées, d'autant que la lumière naturelle nous enseigne que le néant ne peut avoir aucun attribut réel.

VI. La substance, dans laquelle réside immédiatement la pensée, est ici appelée *Esprit.* Et toutefois ce nom est équivoque, en ce qu'on l'attribue aussi quelquefois au vent et aux liqueurs fort subtiles; mais je n'en sache point de plus propre.

VII. La substance, qui est le sujet immédiat de l'extension et des accidents qui présupposent l'extension, comme de la figure, de la situation, du mouvement local, etc., s'appelle *Corps.* Mais de savoir si la substance qui est appelée *Esprit* est la même que celle que nous appelons *Corps,* ou bien si elles sont deux substances diverses et séparées, c'est ce qui sera examiné ci-après.

VIII. La substance que nous entendons être souverainement parfaite, et dans laquelle nous ne concevons rien qui enferme quelque défaut, ou limitation de perfection, s'appelle *Dieu.*

IX. Quand nous disons que quelque attribut est contenu dans la nature ou dans le concept d'une chose, c'est de même que si nous disions que cet attribut est vrai de cette chose, et qu'on peut assurer qu'il est en elle.

X. Deux substances sont dites être distinguées réellement, quand chacune d'elles peut exister sans l'autre.

Demandes.

Je demande, *premièrement,* que les lecteurs considèrent combien faibles sont les raisons qui leur ont fait jusques ici ajouter foi à leur sens, et combien sont incertains tous les jugements qu'ils ont depuis appuyés sur eux; et qu'ils repassent si longtemps et si souvent cette considération en leur esprit, qu'enfin ils acquièrent l'habitude de ne se plus confier si fort en leurs sens; car j'estime que cela est nécessaire pour se rendre capable de connaître la vérité des choses métaphysiques, lesquelles ne dépendent point des sens.

En second lieu, je demande qu'ils considèrent leur propre esprit, et tous ceux de ses attributs dont ils reconnaîtront ne pouvoir en aucune façon douter, encore même qu'ils supposassent que tout ce qu'ils ont jamais reçu par les sens fût entièrement faux; et qu'ils ne cessent point de le considérer, que premièrement ils n'aient acquis l'usage de le concevoir distinctement, et de croire qu'il est plus aisé à connaître que toutes les choses corporelles.

En troisième lieu, qu'ils examinent diligemment les propositions qui n'ont pas besoin de preuve pour être connues, et dont chacun trouve les notions en soi-même, comme font celles-ci : *qu'une même chose ne peut pas être et n'être point tout ensemble ; que le rien ne peut pas être la cause efficiente d'aucune chose,* et autres semblables; et qu'ainsi ils exercent cette clarté de l'entendement qui leur a été donnée par la nature, mais que les perceptions des sens ont accoutumé de troubler et d'obscurcir, qu'ils l'exercent, dis-je, toute pure et délivrée de leurs préjugés; car par ce moyen la vérité des axiomes suivants leur sera fort évidente.

En quatrième lieu, qu'ils examinent les idées de ces natures, qui contiennent en elles un assemblage de plusieurs attributs ensemble, comme est la nature du triangle, celle du carré ou de quelque autre figure; comme aussi la nature de l'esprit, la nature du corps, et, par-dessus toutes, la nature de Dieu ou d'un être souverainement parfait. Et qu'ils prennent garde qu'on peut assurer avec vérité, que toutes ces choses-là sont en elles, que nous concevons clairement y être contenues.

Par exemple, parce que, dans la nature du triangle rectiligne, il est contenu que ses trois angles sont égaux à deux droits, et que dans la nature du corps ou d'une chose étendue la divisibilité y est comprise (car nous ne concevons point la chose étendue si petite, que nous ne la puissions diviser, au moins par la pensée), il est vrai de dire que les trois angles de tout triangle rectiligne sont égaux à deux droits, et que tout corps est divisible.

En cinquième lieu, je demande qu'ils s'arrêtent longtemps à contempler la nature de l'être souverainement parfait; et, entre autres choses, qu'ils considèrent que, dans les idées de toutes les autres natures, l'existence possible se trouve bien contenue, mais que, dans l'idée de Dieu, non seulement l'existence possible y est contenue, mais de plus la nécessaire. Car, de cela seul, et sans aucun raisonnement, ils connaîtront que Dieu existe; et il ne leur sera pas moins clair et évident, sans autre preuve, qu'il leur est manifeste que deux est un nombre pair, et que trois est un nombre impair, et choses semblables. Car il y a des choses qui sont ainsi connues sans preuves par quelques-uns, que d'autres n'entendent que par un long discours et raisonnement.

En sixième lieu, que, considérant avec soin tous les exemples d'une claire et distincte perception, et tous ceux dont la perception est obscure et confuse, desquels j'ai parlé dans mes Méditations, ils s'accoutument à distinguer les choses qui sont clairement connues, de celles qui sont obscures; car cela s'apprend mieux par des exemples que par des règles, et je pense qu'on n'en peut donner aucun exemple, dont je n'aie touché quelque chose.

En septième lieu, je demande que les lecteurs, prenant garde qu'ils n'ont jamais reconnu aucune fausseté dans les choses qu'ils ont clairement conçues, et qu'au contraire ils n'ont jamais rencontré, sinon par hasard, aucune vérité dans les choses qu'ils n'ont conçues qu'avec obscurité, ils considèrent que ce serait une chose entièrement déraisonnable, si, pour quelques préjugés des sens, ou pour quelques suppositions faites à plaisir, et fondées sur quelque chose d'obscur et d'inconnu, ils révoquaient en doute les choses que l'entendement conçoit clairement et distinctement. Au moyen de quoi ils admettront facilement les axiomes suivants pour vrais et indubitables, bien que j'avoue que plusieurs d'entre eux eussent pu être mieux expliqués, et eussent dû être plutôt proposés comme des théorèmes que comme des axiomes, si j'eusse voulu être plus exact.

Axiomes ou Notions communes.

I. Il n'y a aucune chose existante de laquelle on ne puisse demander quelle est la cause pourquoi elle existe. Car cela même se peut demander de Dieu; non qu'il ait besoin d'aucune cause pour exister, mais parce que l'immensité même de sa nature est la cause ou la raison pour laquelle il n'a besoin d'aucune cause pour exister.

II. Le temps présent ne dépend point de celui qui l'a immédiatement précédé; c'est pourquoi il n'est pas besoin d'une moindre cause pour conserver une chose, que pour la produire la première fois.

III. Aucune chose, ni aucune perfection de cette chose actuellement existante, ne peut avoir le *Néant,* ou une chose non existante, pour la cause de son existence.

IV. Toute la réalité ou perfection qui est dans une chose se rencontre formellement, ou éminemment, dans sa cause première et totale.

V. D'où il suit aussi que la réalité objective de nos idées requiert une cause, dans laquelle cette même réalité soit contenue, non seulement objectivement, mais même formellement, ou éminemment. Et il faut remarquer que cet axiome doit si nécessairement être admis, que de lui seul dépend la connaissance de toutes les choses, tant sensibles qu'insensibles. Car d'où savons-nous, par exemple, que le ciel existe? Est-ce parce que nous le voyons? Mais cette vision ne touche point l'esprit, sinon en tant qu'elle est une idée : une idée, dis-je, inhérente en l'esprit même, et non pas une image dépeinte en la fantaisie; et, à l'occasion de cette idée, nous ne pouvons pas juger que le ciel existe, si ce n'est que nous supposions que toute idée doit avoir une cause de sa réalité objective, qui soit réellement existante; laquelle cause nous jugeons que c'est le ciel même; et ainsi des autres.

VI. Il y a divers degrés de réalité ou d'entité : car la substance a plus de réalité que l'accident ou le mode, et la substance infinie que la finie. C'est pourquoi aussi il y a plus de réalité objective dans l'idée de la substance que dans celle de l'accident, et dans l'idée de la substance infinie que dans l'idée de la substance finie.

VII. La volonté se porte volontairement, et librement (car cela est de son essence), mais néanmoins infailliblement, au bien qui lui est clairement connu. C'est pourquoi, si elle vient à connaître quelques perfections qu'elle n'ait pas, elle se les donnera aussitôt, si elles sont en sa puissance; car elle connaîtra que ce lui est un plus grand bien de les avoir, que de ne les avoir pas.

VIII. Ce qui peut faire le plus, ou le plus difficile, peut aussi faire le moins, ou le plus aisé.

IX. C'est une chose plus grande et plus difficile de créer ou conserver une substance, que de créer ou conserver ses attributs ou propriétés; mais ce n'est pas une chose plus grande, ou plus difficile, de créer une chose que de la conserver, ainsi qu'il a déjà été dit.

X. Dans l'idée ou le concept de chaque chose, l'existence y est contenue, parce que nous ne pouvons rien concevoir que sous la forme d'une chose qui existe; mais avec cette différence que, dans le concept d'une chose limitée, l'existence possible ou contingente est seulement contenue, et dans le concept d'un être souverainement parfait, la parfaite et nécessaire y est comprise.

Proposition première

L'existence de Dieu se connaît de la seule considération de sa nature

Démonstration.

Dire que quelque attribut est contenu dans la nature ou dans le concept d'une chose, c'est le même que de dire que cet attribut est vrai de cette chose, et qu'on peut assurer qu'il est en elle (par la définition neuvième).

Or est-il que l'existence nécessaire est contenue dans la nature ou dans le concept de Dieu (par l'axiome dixième).

Donc il est vrai de dire que l'existence nécessaire est en Dieu, ou bien que Dieu existe.

Et ce syllogisme est le même dont je me suis servi en

ma réponse au sixième article de ces objections; et sa conclusion peut être connue sans preuve par ceux qui sont libres de tous préjugés, comme il a été dit en la cinquième demande. Mais parce qu'il n'est pas aisé de parvenir à une si grande clarté d'esprit, nous tâcherons de prouver la même chose par d'autres voies.

Proposition seconde

l'existence de dieu est démontrée par ses effets, de cela seul que son idée est en nous

Démonstration.

La réalité objective de chacune de nos idées requiert une cause dans laquelle cette même réalité soit contenue, non pas objectivement, mais formellement ou éminemment (par l'axiome cinquième).

Or est-il que nous avons en nous l'idée de Dieu (par la définition deuxième et huitième), et que la réalité objective de cette idée n'est point contenue en nous, ni formellement, ni éminemment (par l'axiome sixième), et qu'elle ne peut être contenue dans aucun autre que dans Dieu même (par la définition huitième).

Donc cette idée de Dieu, qui est en nous, demande Dieu pour sa cause : et par conséquent Dieu existe (par l'axiome troisième).

Proposition troisième

l'existence de dieu est encore démontrée de ce que nous-mêmes, qui avons en nous son idée, nous existons

Démonstration.

Si j'avais la puissance de me conserver moi-même, j'aurais aussi, à plus forte raison, le pouvoir de me donner toutes les perfections qui me manquent (par l'axiome 8 et 9); car ces perfections ne sont que des attributs de la substance, et moi je suis une substance.

Mais je n'ai pas la puissance de me donner toutes ces perfections, car autrement je les posséderais déjà (par l'axiome 7).

Donc je n'ai pas la puissance de me conserver moi-même.

En après, je ne puis exister sans être conservé tant que j'existe, soit par moi-même, supposé que j'en aie le pouvoir, soit par un autre qui ait cette puissance (par l'axiome 1 et 2).

Or est-il que j'existe, et toutefois je n'ai pas la puissance de me conserver moi-même, comme je viens de prouver.

Donc je suis conservé par un autre.

De plus, celui par qui je suis conservé a en soi formellement, ou éminemment, tout ce qui est en moi (par l'axiome 4).

Or est-il que j'ai en moi l'idée ou la notion de plusieurs perfections qui me manquent, et ensemble l'idée d'un Dieu (par la définition 2 et 8).

Donc la notion de ces mêmes perfections est aussi en celui par qui je suis conservé.

Enfin, celui-là même par qui je suis conservé ne peut avoir la notion d'aucunes perfections qui lui manquent, c'est-à-dire qu'il n'ait point en soi formellement, ou éminemment (par l'axiome 7); car, ayant la puissance de me conserver, comme il a été dit maintenant, il aurait à plus forte raison le pouvoir de se les donner lui-même, s'il ne les avait pas (par l'axiome 8 et 9).

Or est-il qu'il a la notion de toutes les perfections que je reconnais me manquer, et que je conçois ne pouvoir être qu'en Dieu seul, comme je viens de prouver.

Donc il les a déjà toutes en soi formellement, ou éminemment; et ainsi il est Dieu.

Corollaire

DIEU A CRÉÉ LE CIEL ET LA TERRE, ET TOUT CE QUI Y EST CONTENU, ET OUTRE CELA, IL PEUT FAIRE TOUTES LES CHOSES QUE NOUS CONCEVONS CLAIREMENT, EN LA MANIÈRE QUE NOUS LES CONCEVONS

Démonstration.

Toutes ces choses suivent clairement de la proposition précédente. Car nous y avons prouvé l'existence de Dieu, parce qu'il est nécessaire qu'il y ait un être qui existe, dans lequel toutes les perfections, dont il y a en nous quelque idée, soient contenues formellement, ou éminemment.

Or est-il que nous avons en nous l'idée d'une puissance si grande, que, par celui-là seul en qui elle se retrouve, non seulement le ciel et la terre, etc., doivent avoir été créés, mais aussi toutes les autres choses que nous connaissons comme possibles.

Donc, en prouvant l'existence de Dieu, nous avons aussi prouvé de lui toutes ces choses.

Proposition quatrième

L'esprit et le corps sont réellement distincts

Démonstration.

Tout ce que nous concevons clairement peut être fait par Dieu en la manière que nous le concevons (par le corollaire précédent).

Mais nous concevons clairement l'esprit, c'est-à-dire une substance qui pense, sans le corps, c'est-à-dire sans une substance étendue (par la demande 2); et d'autre part nous concevons aussi clairement le corps sans l'esprit (ainsi que chacun accorde facilement).

Donc, au moins par la toute-puissance de Dieu, l'esprit peut être sans le corps, et le corps sans l'esprit.

Maintenant les substances qui peuvent être l'une sans l'autre sont réellement distinctes (par la définition 10).

Or est-il que l'esprit et le corps sont des substances (par les définitions 5, 6 et 7) qui peuvent être l'une sans l'autre (comme je le viens de prouver).

Donc l'esprit et le corps sont réellement distincts.

Et il faut remarquer que je me suis ici servi de la toute-puissance de Dieu pour en tirer ma preuve; non qu'il soit besoin de quelque puissance extraordinaire pour séparer l'esprit d'avec le corps, mais parce que, n'ayant traité que de Dieu seul dans les propositions précédentes, je ne la pouvais tirer d'ailleurs que de lui. Et il n'importe aucunement par quelle puissance deux choses soient séparées, pour que nous connaissions qu'elles sont réellement distinctes.

TROISIÈMES OBJECTIONS

FAITES PAR UN CÉLÈBRE PHILOSOPHE ANGLAIS[1], AVEC LES RÉPONSES DE L'AUTEUR

OBJECTION PREMIÈRE

SUR LA PREMIÈRE MÉDITATION

DES CHOSES QUI PEUVENT ÊTRE RÉVOQUÉES EN DOUTE

Il paraît assez, par les choses qui ont été dites dans cette Méditation, qu'il n'y a point de marque certaine et évidente par laquelle nous puissions reconnaître et distinguer nos songes de la veille et d'une vraie perception des sens; et partant, que les images des choses que nous sentons étant éveillés, ne sont point des accidents attachés à des objets extérieurs, et qu'elles ne sont point des preuves suffisantes pour montrer que ces objets extérieurs existent en effet. C'est pourquoi si, sans nous aider d'aucun autre raisonnement, nous suivons seulement nos sens, nous avons juste sujet de douter si quelque chose existe ou non. Nous reconnaissons donc la vérité de cette Méditation. Mais d'autant que Platon a parlé de cette incertitude des choses sensibles, et plusieurs autres anciens philosophes avant et après lui, et qu'il est aisé de remarquer la difficulté qu'il y a de discerner la veille du sommeil, j'eusse voulu que cet excellent auteur de nouvelles spéculations se fût abstenu de publier des choses si vieilles.

RÉPONSE

Les raisons de douter qui sont ici reçues pour vraies par ce philosophe, n'ont été proposées par moi que comme vraisemblables; et je m'en suis servi, non pour les débiter comme nouvelles, mais en partie pour préparer les esprits des lecteurs à considérer les choses intellectuelles et les distinguer des corporelles, à quoi elles m'ont toujours semblé très nécessaires; en partie pour y répondre dans les Méditations suivantes; et en partie

1. Hobbes.

aussi pour faire voir combien les vérités que je propose ensuite sont fermes et assurées, puisqu'elles ne peuvent être ébranlées par des doutes si généraux et si extraordinaires. Et ce n'a point été pour acquérir de la gloire que je les ai rapportées, mais je pense n'avoir pas été moins obligé de les expliquer, qu'un médecin de décrire la maladie dont il a entrepris d'enseigner la cure.

OBJECTION SECONDE

SUR LA SECONDE MÉDITATION

DE LA NATURE DE L'ESPRIT HUMAIN

JE suis une chose qui pense. *C'est fort bien dit ; car, de ce que je pense, ou de ce que j'ai une idée, soit en veillant, soit en dormant, l'on infère que je suis pensant : car ces deux choses,* je pense et je suis pensant, *signifient la même chose. De ce que je suis pensant, il s'ensuit* que je suis, *parce que ce qui pense n'est pas un rien. Mais où notre auteur ajoute :* c'est-à-dire un esprit, une âme, un entendement, une raison, *de là naît un doute. Car ce raisonnement ne me semble pas bien déduit, de dire :* je suis pensant, *donc* je suis une pensée; *ou bien* je suis intelligent, *donc* je suis un entendement. *Car de la même façon je pourrais dire :* je suis promenant, *donc* je suis une promenade. *Monsieur Descartes donc prend la chose intelligente et l'intellection, qui en est l'acte, pour une même chose ; ou du moins il dit que c'est le même que la chose qui entend et l'entendement, qui est une puissance ou faculté d'une chose intelligente. Néanmoins tous les philosophes distinguent le sujet de ses facultés et de ses actes, c'est-à-dire de ses propriétés et de ses essences, car c'est autre chose que la chose même* qui est, *et autre chose que son* essence. *Il se peut donc faire qu'une chose qui pense soit le sujet de l'esprit, de la raison, ou de l'entendement, et partant, que ce soit quelque chose de corporel, dont le contraire est pris, ou avancé, et n'est pas prouvé. Et néanmoins c'est en cela que consiste le fondement de la conclusion qu'il semble que Monsieur Descartes veuille établir.*

Au même endroit il dit : J'ai reconnu que j'existe, je cherche maintenant qui je suis, moi que j'ai reconnu être. Or il est très certain que cette notion et connaissance de moi-même, ainsi précisément prise, ne dépend point des choses dont l'existence ne m'est pas encore connue.

Il est très certain que la connaissance de cette proposition : j'existe, *dépend de celle-ci :* je pense, *comme il nous a fort bien enseigné. Mais d'où nous vient la connaissance de celle-ci :* je pense? *Certes, ce n'est point d'autre chose, que de ce que nous ne pouvons concevoir aucun acte sans son sujet, comme la pensée sans une chose qui pense, la science sans une chose qui sache, et la promenade sans une chose qui se promène.*

Et de là il semble suivre, qu'une chose qui pense est quelque chose de corporel; car les sujets de tous les actes semblent être seulement entendus sous une raison corporelle, ou sous une raison de matière, comme il a lui-même montré un peu après par l'exemple de la cire, laquelle, quoique sa couleur, sa dureté, sa figure, et tous ses autres actes soient changés, est toujours conçue être la même chose, c'est-à-dire la même matière sujette à tous ces changements. Or ce n'est pas par une autre pensée qu'on infère que je pense; car, encore que quelqu'un puisse penser qu'il a pensé (laquelle pensée n'est rien autre chose qu'un souvenir), néanmoins il est tout à fait impossible de penser qu'on pense, ni de savoir qu'on sait; car ce serait une interrogation qui ne finirait jamais : d'où savez-vous que vous savez que vous savez ce que vous savez, etc.?

Et partant, puisque la connaissance de cette proposition : j'existe, *dépend de la connaissance de celle-ci :* je pense; *et la connaissance de celle-ci, de ce que nous ne pouvons séparer la pensée d'une matière qui pense; il semble qu'on doit plutôt inférer qu'une chose qui pense est matérielle, qu'immatérielle.*

Réponse

Où j'ai dit : *c'est-à-dire un esprit, une âme, un entendement, une raison, etc.*, je n'ai point entendu par ces noms les seules facultés, mais les choses douées de la faculté de penser, comme par les deux premiers on a coutume d'entendre, et assez souvent aussi par les deux derniers : ce que j'ai si souvent expliqué, et en termes si exprès, que je ne vois pas qu'il y ait eu lieu d'en douter.

Et il n'y a point ici de rapport ou de convenance entre la promenade et la pensée, parce que la promenade n'est jamais prise autrement que pour l'action même; mais la pensée se prend quelquesfois pour l'action quelquefois pour la faculté, et quelquefois pour la chose en laquelle réside cette faculté.

Et je ne dis pas que l'intellection et la chose qui entend soient une même chose, non pas même la chose qui entend et l'entendement, si l'entendement eſt pris pour une faculté, mais seulement lorsqu'il eſt pris pour la chose même qui entend. Or j'avoue franchement que pour signifier une chose ou une subſtance, laquelle je voulais dépouiller de toutes les choses qui ne lui appartiennent point, je me suis servi de termes autant simples et abſtraits que j'ai pu, comme au contraire ce philosophe, pour signifier la même subſtance, en emploie d'autres fort concrets et composés, à savoir ceux de sujet, de matière et de corps, afin d'empêcher, autant qu'il peut, qu'on ne puisse séparer la pensée d'avec le corps. Et je ne crains pas que la façon dont il se sert, qui eſt de joindre ainsi plusieurs choses ensemble, soit trouvée plus propre pour parvenir à la connaissance de la vérité, qu'eſt la mienne, par laquelle je diſtingue, autant que je puis, chaque chose. Mais ne nous arrêtons pas davantage aux paroles, venons à la chose dont il eſt queſtion.

Il se peut faire, dit-il, *qu'une chose qui pense soit quelque chose de corporel, dont le contraire eſt pris et n'eſt pas prouvé.* Tant s'en faut. Je n'ai point avancé le contraire, et ne m'en suis en façon quelconque servi pour fondement, mais je l'ai laissé entièrement indéterminé jusqu'à la sixième Méditation, dans laquelle il eſt prouvé.

En après, il dit fort bien *que nous ne pouvons concevoir aucun acte sans son sujet, comme la pensée sans une chose qui pense, parce que la chose qui pense n'eſt pas un rien;* mais c'eſt sans aucune raison, et contre toute bonne logique, et même contre la façon ordinaire de parler, qu'il ajoute *que de là il semble suivre qu'une chose qui pense, eſt quelque chose de corporel;* car les sujets de tous les actes sont bien à la vérité entendus comme étant des subſtances (ou, si vous voulez, comme des matières, à savoir des matières métaphysiques), mais non pas pour cela comme des corps.

Au contraire, tous les logiciens, et presque tout le monde avec eux, ont coutume de dire qu'entre les subſtances les unes sont spirituelles, et les autres corporelles. Et je n'ai prouvé autre chose par l'exemple de la cire, sinon que la couleur, la dureté, la figure, etc., n'appartiennent point à la raison formelle de la cire; c'est-à-dire qu'on peut concevoir tout ce qui se trouve nécessairement dans la cire, sans avoir besoin pour cela de penser à elles. Je n'ai point aussi parlé en ce lieu-là de la raison formelle de l'esprit, ni même de celle du corps.

Et il ne sert de rien de dire, comme fait ici ce philosophe, qu'une pensée ne peut pas être le sujet d'une autre pensée. Car qui a jamais feint cela que lui? Mais je tâcherai ici d'expliquer toute la chose dont il est question en peu de paroles.

Il est certain que la pensée ne peut pas être sans une chose qui pense, et en général aucun accident ou aucun acte ne peut être sans une substance de laquelle il soit l'acte. Mais, d'autant que nous ne connaissons pas la substance immédiatement par elle-même, mais seulement parce qu'elle est le sujet de quelques actes, il est fort convenable à la raison, et l'usage même le requiert, que nous appelions de divers noms ces substances que nous connaissons être les sujets de plusieurs actes ou accidents entièrement différents, et qu'après cela nous examinions si ces divers noms signifient des choses différentes, ou une seule et même chose.

Or il y a certains actes que nous appelons *corporels,* comme la grandeur, la figure, le mouvement, et toutes les autres choses qui ne peuvent être conçues sans une extension locale, et nous appelons du nom de *corps* la substance en laquelle ils résident; et on ne peut pas feindre que ce soit une autre substance qui soit le sujet de la figure, une autre qui soit le sujet du mouvement local, etc., parce que tous ces actes conviennent entre eux, en ce qu'ils présupposent l'étendue. En après, il y a d'autres actes que nous appelons *intellectuels,* comme entendre, vouloir, imaginer, sentir, etc., tous lesquels conviennent entre eux en ce qu'ils ne peuvent être sans pensée, ou perception, ou conscience et connaissance; et la substance en laquelle ils résident, nous disons que c'est *une chose qui pense,* ou *un esprit,* ou de quelque autre nom que nous veuillions l'appeler, pourvu que nous ne la confondions point avec la substance corporelle, d'autant que les actes intellectuels n'ont aucune affinité avec les actes corporels, et que la pensée, qui est la raison commune en laquelle ils conviennent, diffère totalement de l'extension, qui est la raison commune des autres.

Mais, après que nous avons formé deux concepts clairs et distincts de ces deux substances, il est aisé de connaître, par ce qui a été dit en la sixième Méditation, si elles ne sont qu'une même chose, ou si elles en sont deux différentes.

OBJECTION TROISIÈME

Qu'y a-t-il donc qui soit distingué de ma pensée ? Qu'y a-t-il que l'on puisse dire être séparé de moi-même ? *Quelqu'un répondra peut-être à cette question : Je suis distingué de ma pensée, moi-même qui pense ; et quoiqu'elle ne soit pas à la vérité séparée de moi-même, elle est néanmoins différente de moi : de la même façon que la promenade (comme il a été dit ci-dessus) est distinguée de celui qui se promène. Que si Monsieur Descartes montre que celui qui entend et l'entendement font une même chose, nous tomberons dans cette façon de parler scolastique : l'entendement entend, la vue voit, la volonté veut ; et par une juste analogie, la promenade, ou du moins la faculté de se promener, se promènera : toutes lesquelles choses sont obscures, impropres, et très indignes de la netteté ordinaire de Monsieur Descartes.*

Réponse

Je ne nie pas que moi, qui pense, sois distingué de ma pensée, comme une chose l'est de son mode; mais où je demande : *qu'y a-t-il donc qui soit distingué de ma pensée ?* j'entends cela des diverses façons de penser, qui sont là énoncées, et non pas de ma substance; et où j'ajoute : *qu'y a-t-il que l'on puisse dire être séparé de moi-même ?* je veux dire seulement que toutes ces manières de penser, qui sont en moi, ne peuvent avoir aucune existence hors de moi : et je ne vois pas qu'il y ait en cela aucun lieu de doute, ni pourquoi l'on me blâme ici d'obscurité.

OBJECTION QUATRIÈME

Il faut donc que je demeure d'accord que je ne saurais pas même concevoir par l'imagination ce que c'est que cette cire, et qu'il n'y a que mon entendement seul qui le conçoive.

Il y a grande différence entre imaginer, c'est-à-dire avoir quelque idée, et concevoir, de l'entendement, c'est-à-dire conclure, en raisonnant, que quelque chose est ou existe; mais Monsieur Descartes ne nous a pas expliqué en quoi ils diffèrent. Les anciens Péripatéticiens ont aussi enseigné assez clairement que la substance ne s'aperçoit point par les sens, mais qu'elle se collige par la raison.

Que dirons-nous maintenant, si peut-être le raisonnement n'est rien autre chose qu'un assemblage et enchaînement de noms par ce mot est? *D'où il s'ensuivrait que, par la raison, nous ne concluons rien du tout touchant la nature des choses, mais seulement touchant leurs appellations, c'est-à-dire que, par elle, nous voyons simplement si nous assemblons bien ou mal les noms des choses, selon les conventions que nous avons faites à notre fantaisie touchant leurs significations. Si cela est ainsi, comme il peut être, le raisonnement dépendra des noms, les noms de l'imagination, et l'imagination peut-être (et ceci selon mon sentiment) du mouvement des organes corporels; et ainsi l'esprit ne sera rien autre chose qu'un mouvement en certaines parties du corps organique.*

RÉPONSE

J'ai expliqué, dans la seconde Méditation, la différence qui est entre l'imagination et le pur concept de l'entendement ou de l'esprit, lorsqu'en l'exemple de la cire j'ai fait voir quelles sont les choses que nous imaginons en elle, et quelles sont celles que nous concevons par le seul entendement; mais j'ai encore expliqué ailleurs comment nous entendons autrement une chose que nous ne l'imaginons, en ce que, pour imaginer, par exemple, un pentagone, il est besoin d'une particulière contention d'esprit qui nous rende figure (c'est-à-dire ses cinq côtés et l'espace qu'ils renferment) comme présente, de laquelle nous ne nous servons point pour concevoir. Or l'assemblage qui se fait dans le raisonnement n'est pas celui des noms, mais bien celui des choses signifiées par les noms; et je m'étonne que le contraire puisse venir en l'esprit de personne.

Car qui doute qu'un Français et qu'un Allemand ne puissent avoir les mêmes pensées ou raisonnements touchant les mêmes choses, quoique néanmoins ils conçoivent des mots entièrement différents? Et ce philosophe ne se condamme-t-il pas lui-même, lorsqu'il parle des conventions que nous avons faites à notre fantaisie touchant la signification des mots? Car s'il admet que quelque chose est signifié par les paroles, pourquoi ne veut-il pas que nos discours et raisonnements soient plutôt de la chose qui est signifiée, que des paroles seules? Et certes, de la même façon et avec une aussi juste raison qu'il conclut que l'esprit est un mouvement, il pourrait aussi conclure que la terre est le ciel, ou telle autre chose qu'il lui plaira; parce qu'il n'y a point d'autres choses au monde, entre lesquelles il n'y ait autant de convenance qu'il y en a entre le mouvement et l'esprit, qui sont de deux genres entièrement différents.

OBJECTION CINQUIÈME

SUR LA TROISIÈME MÉDITATION

DE DIEU

QUELQUES-UNES d'entre elles *(à savoir d'entre les pensées des hommes)* sont comme les images des choses, auxquelles seules convient proprement le nom d'idée, comme lorsque je pense à un homme, à une chimère, au ciel, à un ange, ou à Dieu.

Lorsque je pense à un homme, je me représente une idée ou une image composée de couleur et de figure, de laquelle je puis douter si elle a la ressemblance d'un homme, ou si elle ne l'a pas. Il en est de même, lorsque je pense au ciel. Lorsque je pense à une chimère, je me représente une idée, ou une image, de laquelle je puis douter si elle est le portrait de quelque animal qui n'existe point, mais qui puisse être, ou qui ait été autrefois, ou bien qui n'ait jamais été.

Et lorsque quelqu'un pense à un ange, quelquefois l'image d'une flamme se présente à son esprit, et quelquefois celle d'un jeune enfant qui a des ailes, de laquelle je pense pouvoir dire avec certitude qu'elle n'a point la ressemblance d'un ange, et partant, qu'elle n'est point l'idée d'un ange; mais, croyant qu'il y a des créatures invisibles et immatérielles, qui sont les ministres de Dieu, nous donnons à une chose que nous croyons ou supposons, le nom d'ange, quoique néanmoins l'idée sous laquelle j'imagine un ange soit composée des idées des choses visibles.

Il en est de même du nom vénérable de Dieu, de qui nous n'avons aucune image ou idée; c'est pourquoi on nous défend de l'adorer sous une image, de peur qu'il ne nous semble que nous concevions celui qui est inconcevable.

Nous n'avons donc point en nous, ce semble, aucune idée de Dieu; mais tout ainsi qu'un aveugle-né, qui s'est plusieurs fois approché du feu et qui en a senti la chaleur, reconnaît qu'il y a quelque chose par quoi il a été échauffé, et, entendant dire que cela s'appelle du feu, conclut qu'il y a du feu, et néanmoins n'en connaît pas la figure ni la couleur, et n'a, à vrai dire, aucune idée, ou image du feu, qui se présente à son esprit; de même l'homme, voyant qu'il doit y avoir quelque cause de ses images ou de ses idées, et de cette cause une autre première, et ainsi de suite, est enfin conduit à une fin, ou à une supposition de quelque cause éternelle, qui, parce qu'elle n'a jamais commencé d'être, ne peut avoir de cause qui la précède, ce qui fait qu'il conclut nécessairement qu'il y a un être éternel qui existe; et néanmoins il n'a point d'idée qu'il puisse dire être celle de cet être éternel, mais il nomme ou appelle du nom de Dieu cette chose que la foi ou sa raison lui persuade.

Maintenant, d'autant que de cette supposition, à savoir que nous avons en nous l'idée de Dieu, Monsieur Descartes vient à la preuve de ce théorème : que Dieu *(c'est-à-dire un être tout-puissant, très sage, Créateur de l'Univers, etc.)* existe, *il a dû mieux expliquer cette idée de Dieu, et de là en conclure non seulement son existence, mais aussi la création du monde.*

Réponse

Par le nom d'idée, il veut seulement qu'on entende ici les images des choses matérielles dépeintes en la fantaisie corporelle; et cela étant supposé, il lui est aisé de montrer qu'on ne peut avoir aucune propre et véritable idée de Dieu ni d'un ange; mais j'ai souvent averti, et principalement en ce lieu-là même, que je prends le nom d'idée pour tout ce qui est conçu immédiatement par l'esprit : en sorte que, lorsque je veux et que je crains, parce que je conçois en même temps que je veux et que je crains, ce vouloir et cette crainte sont mis par moi au nombre des idées; et je me suis servi de ce nom, parce qu'il était déjà communément reçu par les philosophes, pour signifier les formes des conceptions de l'entendement divin, encore que nous ne reconnaissions en Dieu aucune fantaisie ou imagination corporelle; et je n'en savais point de plus propre. Et je pense avoir assez expliqué l'idée de Dieu, pour ceux qui veulent concevoir le sens que je donne à mes paroles; mais pour ceux qui s'attachent à les entendre autrement que je ne fais, je ne le pourrais jamais assez. Enfin, ce qu'il ajoute ici de la création du monde, est tout à fait hors de propos; car j'ai prouvé que Dieu existe, avant que d'examiner s'il y avait un monde créé par lui, et de cela seul que Dieu, c'est-à-dire un être souverainement puissant, existe, il suit que, s'il y a un monde, il doit avoir été créé par lui.

OBJECTION SIXIÈME

MAIS, il y en a d'autres *(à savoir d'autres pensées)* qui contiennent de plus d'autres formes : par exemple, lorsque je veux, que je crains, que j'affirme, que je nie, je conçois bien, à la vérité, toujours quelque chose comme le sujet de l'action de mon esprit, mais j'ajoute aussi quelque autre chose par cette action à l'idée que j'ai de cette chose-là; et de ce genre de pensées, les unes sont appelées volontés ou affections, et les autres jugements.

Lorsque quelqu'un veut *ou* craint, *il a bien, à la vérité, l'image de la chose qu'il craint et de l'action qu'il veut; mais qu'est-ce que celui qui veut ou qui craint, embrasse de plus par sa pensée, cela n'est pas ici expliqué. Et quoique à le bien prendre la crainte soit une pensée, je ne vois pas comment elle peut être autre que la pensée ou l'idée de la chose que l'on craint. Car qu'est-ce autre chose que la crainte d'un lion qui s'avance vers nous, sinon l'idée de ce lion, et l'effet (qu'une telle idée engendre dans le cœur) par lequel celui qui craint est porté à ce mouvement animal que nous appelons fuite? Maintenant ce mouvement de fuite n'est pas une pensée; et partant, il reste que, dans la crainte, il n'y a point d'autre pensée, que celle qui consiste en la ressemblance de la chose que l'on craint. Le même se peut dire aussi de la volonté.*

Davantage, l'affirmation et la négation ne se font point sans parole et sans noms; d'où vient que les bêtes ne peuvent rien affirmer ni nier, non pas même par la pensée, et partant, ne peuvent aussi faire aucun jugement. Et néanmoins la pensée peut être semblable dans un homme et dans une bête; car, quand nous affirmons qu'un homme court, nous n'avons point d'autre pensée que celle qu'a un chien qui voit courir son maître et partant, l'affirmation et la négation n'ajoutent rien aux simples pensées, si ce n'est peut-être la pensée que les noms, dont l'affirmation est composée, sont les noms de la chose même qui est en l'esprit de celui qui affirme; et cela n'est rien autre chose que comprendre par la pensée la ressemblance de la chose, mais cette ressemblance deux fois.

Réponse

Il est de soi très évident, que c'est autre chose de voir un lion, et ensemble de le craindre, que de le voir seulement; et tout de même, que c'est autre chose que de voir un homme qui court, que d'assurer qu'on le voit. Et je ne remarque rien ici qui ait besoin de réponse ou d'explication.

OBJECTION SEPTIÈME

Il me reste seulement à examiner de quelle façon j'ai acquis cette idée; car je ne l'ai point reçue par les sens, et jamais elle ne s'est offerte à moi contre mon attente, comme font les idées des choses sensibles, lorsque ces choses se présentent aux organes extérieurs de mes sens, ou qu'elles semblent s'y présenter. Elle n'est pas aussi une pure production ou fiction de mon esprit, car il n'est pas en mon pouvoir d'y diminuer, ni d'y ajouter aucune chose; et partant, il ne reste plus autre chose à dire, sinon que, comme l'idée de moi-même, elle est née et produite avec moi, dès lors que j'ai été créé.

S'il n'y a point d'idée de Dieu (or on ne prouve point qu'il y en ait), comme il semble qu'il n'y en a point, toute cette recherche est inutile. Davantage l'idée de moi-même me vient (si on regarde le corps) principalement de la vue; (si l'âme) nous n'en avons aucune idée; mais la raison nous fait conclure qu'il y a quelque chose de renfermé dans le corps humain, qui lui donne le mouvement animal par lequel il sent et se meut; et cela, quoi que ce soit, sans aucune idée, nous l'appelons âme.

Réponse

S'il y a une idée de Dieu (comme il est manifeste qu'il y en a une), toute cette objection est renversée; et lorsqu'on ajoute que nous n'avons point d'idée de l'âme, mais qu'elle se collige par la raison, c'est de même que si on disait qu'on n'en a point d'image dépeinte en la fantaisie, mais qu'on en a néanmoins cette notion que jusques ici j'ai appelée du nom d'idée.

OBJECTION HUITIÈME

Mais l'autre idée du soleil est prise des raisons de l'astronomie, c'est-à-dire de certaines notions qui sont naturellement en moi.

Il semble qu'il ne puisse y avoir en même temps qu'une idée du soleil, soit qu'il soit vu par les yeux, soit qu'il soit conçu par le raisonnement être plusieurs fois plus grand qu'il ne paraît à la vue; car cette dernière n'est pas l'idée du soleil, mais une conséquence de notre raisonnement, qui nous apprend que l'idée du soleil serait plusieurs fois plus grande, s'il était regardé de beaucoup plus près. Il est vrai qu'en divers temps il peut y avoir diverses idées du soleil, comme si en un temps il est regardé seulement avec les yeux, et en un autre avec une lunette d'approche; mais les raisons de l'astronomie ne rendent point l'idée du soleil plus grande ou plus petite, seulement elles nous enseignent que l'idée sensible du soleil est trompeuse.

Réponse

Derechef, ce qui est dit ici n'être point l'idée du soleil, et néanmoins est décrit, c'est cela même que j'appelle idée. Et pendant que ce philosophe ne veut pas convenir avec moi de la signification des mots, il ne me peut rien objecter qui ne soit frivole.

OBJECTION NEUVIÈME

Car il est certain que les idées qui me représentent des substances sont quelque chose de plus, et, pour ainsi dire, ont plus de réalité objective, que celles qui me représentent seulement des modes ou accidents; et derechef celle par laquelle je conçois un Dieu souverain, éternel, infini, tout connaissant, tout-puissant, et créateur universel de toutes les choses qui sont hors de lui, a sans doute en soi plus de réalité objective que celles par qui les substances finies me sont représentées.

J'ai déjà plusieurs fois remarqué ci-devant que nous n'avons aucune idée de Dieu ni de l'âme; j'ajoute maintenant : ni de la substance; car j'avoue bien que la substance, en tant qu'elle est une matière capable de recevoir divers accidents, et qui est sujette à leurs changements, est aperçue et prouvée par le raisonnement; mais néanmoins elle n'est point conçue, ou nous n'en avons aucune idée. Si cela est vrai, comment peut-on dire que les idées qui nous représentent des substances, sont quelque chose de plus et ont plus de réalité objective, que celles qui nous représentent des accidents? Davantage, que Monsieur Descartes considère derechef ce qu'il veut dire par ces mots, ont plus de réalité. *La réalité reçoit-elle le plus et le moins? Ou, s'il pense qu'une chose soit plus chose qu'une autre, qu'il considère comment il est possible que cela puisse être expliqué avec toute la clarté et l'évidence qui est requise en une démonstration, et avec laquelle il a plusieurs fois traité d'autres matières.*

Réponse

J'ai plusieurs fois dit que j'appelais du nom d'idée cela même que la raison nous fait connaître, comme aussi toutes les autres choses que nous concevons, de quelque façon que nous les concevions. Et j'ai suffisamment expliqué comment la réalité reçoit le plus et le moins, en disant que la substance est quelque chose de plus que le mode, et que, s'il y a des qualités réelles ou des substances incomplètes, elles sont aussi quelque chose de plus que les modes, mais quelque chose de moins que les substances complètes; et enfin que, s'il y a une substance infinie et indépendante, cette substance est plus chose, ou a plus de réalité, c'est-à-dire participe plus de l'être ou de la chose, que la substance finie et dépendante. Ce qui est de soi si manifeste, qu'il n'est pas besoin d'y apporter une plus ample explication.

OBJECTION DIXIÈME

Et partant, il ne reste que la seule idée de Dieu, dans laquelle il faut considérer s'il y a quelque chose qui n'ait pu venir de moi-même. Par le nom de Dieu, j'entends une substance infinie, indépendante, souverainement intelligente, souverainement puissante, et par laquelle tant moi que tout ce qui est au monde, s'il y a quelque monde, a été créé. Toutes lesquelles choses sont telles que, plus j'y pense et moins me semblent-elles pouvoir venir de moi seul. Et par conséquent il faut conclure nécessairement de tout ce qui a été dit ci-devant, que Dieu existe.

Considérons les attributs de Dieu, afin que de là nous en ayons l'idée, et que nous voyions s'il y a quelque chose en elle qui n'ait pu venir de nous-mêmes, je trouve, si je ne me trompe, que ni les choses que nous concevons par le nom de Dieu ne viennent point de nous, ni qu'il n'est pas nécessaire qu'elles viennent d'ailleurs que des objets extérieurs. Car, par le nom de Dieu, j'entends une substance, *c'est-à-dire j'entends que Dieu existe (non point par aucune idée, mais par le discours) ;* infinie *(c'est-à-dire que je ne puis concevoir ni imaginer ses termes ou des parties si éloignées, que je n'en puisse encore imaginer de plus reculées) : d'où il suit que le nom d'*infini *ne nous fournit pas l'idée de l'infinité divine, mais bien celle de mes propres termes et limites;* indépendante, *c'est-à-dire je ne conçois point de cause de laquelle Dieu puisse venir : d'où il paraît que je n'ai point d'autre idée qui réponde à ce nom d'*indépendant, *sinon la mémoire de mes propres idées, qui ont toutes leur commencement en divers temps, et qui par conséquent sont dépendantes.*

C'est pourquoi, dire que Dieu est indépendant, *ce n'est rien dire autre chose, sinon que Dieu est du nombre des choses dont je ne puis imaginer l'origine ; tout ainsi que, dire que Dieu est* infini, *c'est de même que si nous disions qu'il est du nombre des choses dont nous ne concevons point les limites. Et ainsi toute l'idée de Dieu est réfutée ; car quelle est cette idée qui est sans fin et sans origine ?*

Souverainement intelligente. *Je demande ici par quelle idée Monsieur Descartes conçoit l'intellection de Dieu.*

Souverainement puissante. *Je demande aussi par quelle*

idée sa puissance, qui regarde les choses futures, c'est-à-dire non existantes, est entendue.

Certes, pour moi, j'entends la puissance par l'image ou la mémoire des choses passées, en raisonnant de cette sorte : Il a fait ainsi; donc il a pu faire ainsi; donc, tant qu'il fera, il pourra encore faire ainsi, c'est-à-dire il en a la puissance. Or toutes ces choses sont des idées qui peuvent venir des objets extérieurs.

Créateur de toutes les choses qui sont au monde. *Je puis former quelque image de la création par le moyen des choses que j'ai vues, par exemple, de ce que j'ai vu un homme naissant, et qui est parvenu, d'une petitesse presque inconcevable, à la forme et grandeur qu'il a maintenant; et personne, à mon avis, n'a d'autre idée à ce nom de Créateur; mais il ne suffit pas, pour prouver la création, que nous puissions imaginer le monde créé.*

C'est pourquoi, encore qu'on eût démontré qu'un être infini, indépendant, tout-puissant, etc., *existe, il ne s'ensuit pas néanmoins qu'un créateur existe, si ce n'est que quelqu'un pense qu'on infère fort bien, de ce que quelque chose existe, laquelle nous croyons avoir créé toutes les autres choses, que pour cela le monde a autrefois été créé par elle.*

Davantage, où il dit que l'idée de Dieu et de notre âme est née et résidante en nous, je voudrais bien savoir si les âmes de ceux-là pensent, qui dorment profondément et sans aucune rêverie. Si elles ne pensent point, elles n'ont alors aucunes idées; et partant, il n'y a point d'idée qui soit née et résidante en nous, car ce qui est né et résidant en nous, est toujours présent à notre pensée.

Réponse

Aucune chose, de celles que nous attribuons à Dieu, ne peut venir des objets extérieurs comme d'une cause exemplaire : car il n'y a rien en Dieu de semblable aux choses extérieures, c'est-à-dire aux choses corporelles. Or il est manifeste que tout ce que nous concevons être en Dieu de dissemblable aux choses extérieures, ne peut venir en notre pensée par l'entremise de ces mêmes choses, mais seulement par celle de la cause de cette diversité, c'est-à-dire de Dieu.

Et je demande ici de quelle façon ce philosophe tire l'intellection de Dieu des choses extérieures; car, pour moi, j'explique aisément quelle est l'idée que j'en ai, en disant que, par le mot d'idée, j'entends tout ce qui est la forme de quelque perception; car qui est celui qui conçoit quelque chose, qui ne s'en aperçoive, et partant, qui n'ait cette forme ou idée de l'intellection, laquelle étendant à l'infini, il forme l'idée de l'intellection divine? Et ainsi des autres attributs de Dieu.

Mais, d'autant que je me suis servi de l'idée de Dieu qui est en nous pour démontrer son existence, et que dans cette idée une puissance si immense est contenue, que nous concevons qu'il répugne (s'il est vrai que Dieu existe), que quelque autre chose que lui existe, si elle n'a été créée par lui, il suit clairement de ce que son existence a été démontrée, qu'il a été aussi démontré que tout ce monde, c'est-à-dire toutes les autres choses différentes de Dieu qui existent, ont été créées par lui.

Enfin, lorsque je dis que quelque idée est née avec nous, ou qu'elle est naturellement empreinte en nos âmes, je n'entends pas qu'elle se présente toujours à notre pensée, car ainsi il n'y en aurait aucune; mais seulement, que nous avons en nous-mêmes la faculté de la produire.

OBJECTION ONZIÈME

Et toute la force de l'argument dont j'ai usé pour prouver l'existence de Dieu, consiste en ce que je vois qu'il ne serait pas possible que ma nature fût telle qu'elle est, c'est-à-dire que j'eusse en moi l'idée d'un Dieu, si Dieu n'existait véritablement, à savoir ce même Dieu dont j'ai en moi l'idée.

Donc, puisque ce n'est pas une chose démontrée que nous ayons en nous l'idée de Dieu, et que la Religion chrétienne nous oblige de croire que Dieu est inconcevable, c'est-à-dire, selon mon opinion, qu'on n'en peut avoir d'idée, il s'ensuit que l'existence de Dieu n'a point été démontrée, et beaucoup moins la création.

Réponse

Lorsque Dieu est dit inconcevable, cela s'entend d'une conception qui le comprenne totalement et parfaitement. Au reste, j'ai déjà tant de fois expliqué comment nous avons en nous l'idée de Dieu, que je ne le puis encore ici répéter sans ennuyer les lecteurs.

OBJECTION DOUZIÈME

SUR LA QUATRIÈME MÉDITATION

DU VRAI ET DU FAUX

Et ainsi je connais que l'erreur, en tant que telle, n'eſt pas quelque chose de réel qui dépende de Dieu, mais que c'eſt seulement un défaut; et partant, que je n'ai pas besoin, pour errer, de quelque puissance qui m'ait été donnée de Dieu particulièrement pour cet effet.

Il eſt certain que l'ignorance eſt seulement un défaut, et qu'il n'eſt pas besoin d'aucune faculté positive pour ignorer; mais, quant à l'erreur, la chose n'eſt pas si manifeſte : car il semble que, si les pierres et les autres choses inanimées ne peuvent errer, c'eſt seulement parce qu'elles n'ont pas la faculté de raisonner ni d'imaginer; et partant, il faut conclure que, pour errer, il eſt besoin d'un entendement, ou du moins d'une imagination, qui sont des facultés toutes deux positives, accordées à tous ceux qui errent, mais aussi à eux seuls.

Davantage, Monsieur Descartes ajoute : J'aperçois que mes erreurs dépendent du concours de deux causes, à savoir, de la faculté de connaître qui eſt en moi, et de la faculté d'élire ou du libre arbitre, *ce qui semble avoir de la contradiction avec les choses qui ont été dites auparavant. Où il faut aussi remarquer que la liberté du franc-arbitre eſt supposée sans être prouvée, quoique cette supposition soit contraire à l'opinion des calviniſtes.*

Réponse

Encore que, pour errer, il soit besoin de la faculté de raisonner (ou plutôt de juger, ou bien d'affirmer ou de nier), d'autant que c'en eſt le défaut, il ne s'ensuit pas pour cela que ce défaut soit réel, non plus que l'aveuglement n'eſt appelé réel, quoique les pierres ne soient pas dites aveugles pour ce seulement qu'elles ne sont pas capables de voir. Et je suis étonné de n'avoir encore pu rencontrer dans toutes ces objections aucune conséquence, qui me semblât être bien déduite de ses principes.

Je n'ai rien supposé ou avancé, touchant la liberté, que ce que nous ressentons tous les jours en nous-mêmes, et qui eſt très connu par la lumière naturelle;

et je ne puis comprendre pourquoi il est dit ici que cela répugne, ou a de la contradiction, avec ce qui a été dit auparavant.

Mais encore que peut-être il y en ait plusieurs qui, lorsqu'ils considèrent la préordination de Dieu, ne peuvent pas comprendre comment notre liberté peut subsister et s'accorder avec elle, il n'y a néanmoins personne qui, se regardant seulement soi-même, ne ressente et n'expérimente que la volonté et la liberté ne sont qu'une même chose, ou plutôt qu'il n'y a point de différence entre ce qui est volontaire et ce qui est libre. Et ce n'est pas ici le lieu d'examiner quelle est en cela l'opinion des calvinistes.

OBJECTION TREIZIÈME

PAR exemple, examinant ces jours passés si quelque chose existait dans le monde, et prenant garde que, de cela seul que j'examinais cette question, il suivait très évidemment que j'existais moi-même, je ne pouvais pas m'empêcher de juger qu'une chose que je concevais si clairement était vraie; non que je m'y trouvasse forcé par aucune cause extérieure, mais seulement parce que, d'une grande clarté qui était en mon entendement, a suivi une grande inclination en ma volonté, et ainsi je me suis porté à croire avec d'autant plus de liberté, que je me suis trouvé avec moins d'indifférence.

Cette façon de parler, une grande clarté dans l'entendement, *est métaphorique, et partant, n'est pas propre à entrer dans un argument : or celui qui n'a aucun doute, prétend avoir une semblable clarté, et sa volonté n'a pas une moindre inclination pour affirmer ce dont il n'a aucun doute, que celui qui a une parfaite science. Cette clarté peut donc bien être la cause pourquoi quelqu'un aura et défendra avec opiniâtreté quelque opinion, mais elle ne lui peut pas faire connaître avec certitude qu'elle est vraie.*

De plus, non seulement savoir qu'une chose est vraie, mais aussi la croire, ou lui donner son aveu et consentement, ce sont choses qui ne dépendent point de la volonté; car les choses qui nous sont prouvées par de bons arguments, ou racontées comme croyables, soit que nous le veuillons ou non, nous sommes contraints de les croire. Il est bien vrai qu'affirmer ou nier, soutenir ou réfuter des propositions, ce sont des actes de la volonté; mais il ne s'ensuit pas que le consentement et l'aveu intérieur dépende de la volonté.

Et partant, la conclusion qui suit n'est pas suffisamment démontrée : Et c'est dans ce mauvais usage de notre liberté, que consiste cette privation qui constitue la forme de l'erreur.

RÉPONSE

Il importe peu que cette façon de parler, *une grande clarté,* soit propre, ou non, à entrer dans un argument, pourvu qu'elle soit propre pour expliquer nettement notre pensée, comme elle est en effet. Car il n'y a personne qui ne sache que par ce mot, *une clarté dans l'entendement,* on entend une clarté ou perspicuité de connaissance, que tous ceux-là n'ont peut-être pas, qui pensent l'avoir; mais cela n'empêche pas qu'elle ne diffère beaucoup d'une opinion obstinée, qui a été conçue sans une évidente perception.

Or, quand il est dit ici que, soit que nous voulions, ou que nous ne voulions pas, nous donnons notre créance aux choses que nous concevons clairement, c'est de même que si on disait que, soit que nous voulions, ou que nous ne voulions pas, nous voulons et désirons les choses bonnes, quand elles nous sont clairement connues; car cette façon de parler, *soit que nous ne voulions pas,* n'a point de lieu en telles occasions, parce qu'il y a de la contradiction à vouloir et ne vouloir pas une même chose.

OBJECTION QUATORZIÈME

SUR LA CINQUIÈME MÉDITATION

DE L'ESSENCE DES CHOSES CORPORELLES

COMME, par exemple, lorsque j'imagine un triangle, encore qu'il n'y ait peut-être en aucun lieu du monde hors de ma pensée une telle figure, et qu'il n'y en ait jamais eu, il ne laisse pas néanmoins d'y avoir une certaine nature, ou forme, ou essence déterminée de cette figure, laquelle est immuable et éternelle, que je n'ai point inventée, et qui ne dépend en aucune façon de mon esprit, comme il paraît de ce que l'on peut démontrer diverses propriétés de ce triangle.

S'il n'y a point de triangle en aucun lieu du monde, je ne puis comprendre comment il a une nature ; car ce qui n'est nulle part, n'est point du tout, et n'a donc point aussi d'être ou de nature. L'idée que notre esprit conçoit du triangle, vient d'un autre triangle que nous avons vu, ou inventé sur les choses que nous avons vues ; mais depuis qu'une fois nous avons appelé du nom de triangle la chose d'où nous pensons que l'idée du triangle tire son origine, encore que cette chose périsse, le nom demeure toujours. De même, si nous avons une fois conçu par la pensée que tous les angles d'un triangle pris ensemble sont égaux à deux droits et que nous ayons donné cet autre nom au triangle : qu'il est une chose qui a trois angles égaux à deux droits, *quand il n'y aurait au monde aucun triangle, le nom néanmoins ne laisserait pas de demeurer. Et ainsi la vérité de cette proposition sera éternelle,* que le triangle est une chose qui a trois angles égaux à deux droits; *mais la nature du triangle ne sera pas pour cela éternelle, car s'il arrivait par hasard que tout triangle généralement pérît, elle cesserait d'être.*

De même cette proposition, l'homme est un animal, *sera vraie éternellement, à cause des noms éternels ; mais, supposé que le genre humain fût anéanti, il n'y aurait plus de nature humaine.*

D'où il est évident que l'essence, en tant qu'elle est distinguée de l'existence, n'est rien autre chose qu'un assemblage de noms par le verbe est; *et partant, l'essence sans l'existence est une fiction de notre esprit. Et il semble que, comme l'image de l'homme qui est dans l'esprit est à l'homme, ainsi l'essence est à l'existence ; ou bien, comme cette proposition,* Socrate est homme, *est à celle-ci,* Socrate est *ou* existe, *ainsi l'essence de Socrate est à l'existence du même Socrate. Or ceci,* Socrate est homme, *quand Socrate n'existe point, ne signifie autre chose qu'un assemblage de noms, et ce mot* est *ou* être *a sous soi l'image de l'unité d'une chose, qui est désignée par deux noms.*

RÉPONSE

La distinction qui est entre l'essence et l'existence est connue de tout le monde; et ce qui est dit ici des noms éternels, au lieu des concepts ou des idées d'une éternelle vérité, a déjà été ci-devant assez réfuté et rejeté.

OBJECTION QUINZIÈME

SUR LA SIXIÈME MÉDITATION

DE L'EXISTENCE DES CHOSES MATÉRIELLES

CAR Dieu ne m'ayant donné aucune faculté pour connaître que cela soit *(à savoir que Dieu, par lui-même ou par l'entremise de quelque créature plus noble que le corps, m'envoie les idées du corps)*, mais, au contraire, m'ayant donné une grande inclination à croire qu'elles me sont envoyées ou qu'elles partent des choses corporelles, je ne vois pas comment on pourrait l'excuser de tromperie, si en effet ces idées partaient d'ailleurs ou étaient produites par d'autres causes que par des choses corporelles; et partant, il faut avouer qu'il y a des choses corporelles qui existent.

C'est la commune opinion que les médecins ne pèchent point, qui déçoivent les malades pour leur propre santé, ni les pères qui trompent leurs enfants pour leur propre bien, et que le mal de la tromperie ne consiste pas dans la fausseté des paroles, mais dans la malice de celui qui trompe. Que Monsieur Descartes prenne donc garde si cette proposition : Dieu ne nous peut jamais tromper, *prise universellement, est vraie; car si elle n'est pas vraie, ainsi universellement prise, cette conclusion n'est pas bonne :* donc il y a des choses corporelles qui existent.

RÉPONSE

Pour la vérité de cette conclusion, il n'est pas nécessaire que nous ne puissions jamais être trompés (car, au contraire, j'ai avoué franchement que nous le sommes souvent); mais seulement, que nous ne le soyons point, quand notre erreur ferait paraître en Dieu une volonté de décevoir, laquelle ne peut être en lui; et il y a encore ici une conséquence qui ne me semble pas être bien déduite de ses principes.

OBJECTION DERNIÈRE

CAR je reconnais maintenant qu'il y a entre l'un et l'autre *(savoir est, entre la veille et le sommeil)* une très grande différence, en ce que notre mémoire ne peut jamais lier et joindre nos songes les uns aux autres et avec toute la suite de notre vie, ainsi qu'elle a de coutume de joindre les choses qui nous arrivent étant éveillés.

Je demande : savoir si c'est une chose certaine, qu'une personne, songeant qu'elle doute si elle songe ou non, ne puisse songer que son songe est joint et lié avec les idées d'une longue suite de choses passées. Si elle le peut, les choses qui semblent à une personne qui dort être les actions de sa vie passée, peuvent être tenues pour vraies, tout ainsi que si elle était éveillée. Davantage, d'autant, comme il dit lui-même, que toute la certitude de la science et toute sa vérité dépend de la seule connaissance du vrai Dieu, ou bien un athée ne peut pas reconnaître qu'il veille par la mémoire de sa vie passée, ou bien une personne peut savoir qu'elle veille sans la connaissance du vrai Dieu.

Réponse

Celui qui dort et songe, ne peut pas joindre et assembler parfaitement et avec vérité ses rêveries avec les idées des choses passées, encore qu'il puisse songer qu'il les assemble. Car qui est-ce qui nie que celui qui dort se puisse tromper? Mais après, étant éveillé, il connaîtra facilement son erreur.

Et un athée peut reconnaître qu'il veille par la mémoire de sa vie passée; mais il ne peut pas savoir que ce signe est suffisant pour le rendre certain qu'il ne se trompe point, s'il ne sait qu'il a été créé de Dieu, et que Dieu ne peut être trompeur.

QUATRIÈMES OBJECTIONS

FAITES PAR MONSIEUR ARNAUD, DOCTEUR EN THÉOLOGIE

Lettre dudit S. au R. P. *Mersenne*

Mon Révérend Père,

JE *mets au rang des signalés bienfaits la communication qui m'a été faite par votre moyen des* Méditations *de Monsieur Descartes; mais, comme vous en saviez le prix, aussi me l'avez-vous vendue fort chèrement, puisque vous n'avez point voulu me faire participant de cet excellent ouvrage, que je ne me sois premièrement obligé de vous en dire mon sentiment. C'est une condition à laquelle je ne me serais point engagé, si le désir de connaître les belles choses n'était en moi fort violent, et contre laquelle je réclamerais volontiers, si je pensais pouvoir obtenir de vous aussi facilement une exception pour m'être laissé emporter par la volupté, comme autrefois le Préteur en accordait à ceux de qui la crainte ou la violence avait arraché le consentement.*

Car que voulez-vous de moi : Mon jugement touchant l'auteur ? Nullement ; il y a longtemps que vous savez en quelle estime j'ai sa personne, et le cas que je fais de son esprit et de sa doctrine. Vous n'ignorez pas aussi les fâcheuses affaires qui me tiennent à présent occupé, et si vous avez meilleure opinion de moi que je ne mérite, il ne s'ensuit pas que je n'aie point connaissance de mon peu de capacité. Cependant, ce que vous voulez soumettre à mon examen, demande une très haute suffisance, avec beaucoup de tranquillité et de loisir, afin que l'esprit, étant dégagé de l'embarras des affaires du monde, ne pense qu'à soi-même ; ce que vous jugez bien ne se pouvoir faire sans une méditation très profonde et une très grande recollection d'esprit. J'obéirai néanmoins, puisque vous le voulez, mais à condition que vous serez mon garant, et que vous répondrez de toutes mes fautes. Or quoique la philosophie se puisse vanter d'avoir seule enfanté cet ouvrage, néanmoins, parce que notre auteur, en cela très modeste, se vient lui-même présenter au tribunal de la théologie, je jouerai ici deux personnages : dans le premier, paraissant en philosophe, je représenterai les principales difficultés que je jugerai pouvoir être proposées par ceux de cette profession, touchant les deux questions de la nature de l'esprit humain et de l'existence de Dieu ; et après cela, prenant l'habit d'un théologien, je mettrai en avant les scrupules qu'un homme de cette robe pourrait rencontrer en tout cet ouvrage.

DE LA NATURE DE L'ESPRIT HUMAIN

La première chose que je trouve ici digne de remarque, est de voir que Monsieur Descartes établisse pour fondement et premier principe de toute sa philosophie ce qu'avant lui saint Augustin, homme de très grand esprit et d'une singulière doctrine, non seulement en matière de théologie, mais aussi en ce qui concerne l'humaine philosophie, avait pris pour la base et le soutien de la sienne. Car, dans le livre second du Libre

Arbitre, *chap.* 3, *Alipius disputant avec Evodius, et voulant prouver qu'il y a un Dieu:* Premièrement, *dit-il,* je vous demande, afin que nous commencions par les choses les plus manifestes, savoir : si vous êtes, ou si peut-être vous ne craignez point de vous méprendre en répondant à ma demande, combien qu'à vrai dire, si vous n'étiez point, vous ne pourriez jamais être trompé. *Auxquelles paroles reviennent celles-ci de notre auteur :* Mais il y a un je ne sais quel trompeur très puissant et très rusé, qui met toute son industrie à me tromper toujours. Il est donc sans doute que je suis, s'il me trompe. *Mais poursuivons, et afin de ne nous point éloigner de notre sujet, voyons comment de ce principe on peut conclure que notre esprit est distinct et séparé du corps.*

Je puis douter si j'ai un corps, voire même je puis douter s'il y a aucun corps au monde, et néanmoins je ne puis pas douter que je ne sois, ou que je n'existe, tandis que je doute, ou que je pense.

Donc, moi qui doute et qui pense, je ne suis point un corps : autrement, en doutant du corps, je douterais de moi-même.

Voire même, encore que je soutienne opiniâtrement qu'il n'y a aucun corps au monde, cette vérité néanmoins subsiste toujours : je suis quelque chose, *et partant, je ne suis point un corps.*

Certes cela est subtil; mais quelqu'un pourra dire (ce que même notre auteur s'objecte) : de ce que je doute, ou même de ce que je nie qu'il y ait aucun corps, il ne s'ensuit pas pour cela qu'il n'y en ait point.

Mais aussi peut-il arriver que ces choses mêmes que je suppose n'être point, parce qu'elles me sont inconnues, ne sont point en effet différentes de moi, que je connais. Je n'en sais rien, *dit-il,* je ne dispute pas maintenant de cela. Je ne puis donner mon jugement que des choses qui me sont connues; j'ai reconnu que j'étais, et je cherche quel je suis, moi que j'ai reconnu être. Or il est très certain que cette notion et connaissance de moi-même, ainsi précisément prise, ne dépend point des choses dont l'existence ne m'est pas encore connue.

Mais, puisqu'il confesse lui-même que, par l'argument qu'il a proposé dans son traité de la Méthode, *la chose en est venue seulement à ce point, d'exclure tout ce qui est corporel de la nature de son esprit,* non pas eu égard à la vérité de la chose, mais seulement suivant l'ordre de sa pensée et de son raisonnement (en telle sorte que son sens était, qu'il ne connaissait rien qu'il sût appartenir à son essence, sinon qu'il était une chose qui pense), *il est évident, par cette réponse, que la dispute en est encore aux mêmes termes, et partant, que la question, dont il nous promet la solution, demeure encore en son entier : à savoir,* comment, de ce qu'il ne connaît rien autre chose qui appartienne à son essence *(sinon qu'il est une chose qui pense),* il s'ensuit qu'il n'y a aussi rien autre chose qui en effet lui appartienne. *Ce que toutefois je n'ai pu découvrir dans toute l'étendue de la seconde Méditation, tant j'ai l'esprit pesant et grossier. Mais, autant que je le puis conjecturer, il en vient à la preuve dans la sixième, parce qu'il a cru qu'elle dépendait de la connaissance claire et distincte de Dieu, qu'il ne s'était pas encore acquise dans la seconde Méditation. Voici donc comment il prouve et décide cette difficulté :*

Parce que, *dit-il,* je sais que toutes les choses que je conçois clairement et distinctement peuvent être produites par Dieu telles que je les conçois, il suffit que je puisse concevoir clairement et distinctement une chose sans une autre, pour être certain que l'une est distincte ou différente de l'autre, parce qu'elles peuvent être posées séparément, au moins par la toute-puissance de Dieu; et il n'importe pas par quelle puissance cette séparation se fasse pour m'obliger à les juger différentes. Donc, parce que, d'un côté, j'ai une claire et distincte idée de moi-même, en tant que je suis seulement une chose qui pense et non étendue; et que, d'un autre, j'ai une idée distincte du corps, en tant qu'il est seulement une chose étendue et qui ne pense point, il est certain que ce moi, c'est-à-dire mon âme, par laquelle je suis ce que je suis, est entièrement et véritablement distincte de mon corps, et qu'elle peut être ou exister sans lui, en sorte qu'encore qu'il ne fût point, elle ne laisserait pas d'être tout ce qu'elle est.

Il faut ici s'arrêter un peu, car il me semble que dans ce peu de paroles consiste tout le nœud de la difficulté.

Et premièrement, afin que la majeure de cet argument soit vraie, cela ne se doit pas entendre de toute sorte de connaissance, ni même de toute celle qui est claire et distincte, mais seulement de celle qui est pleine et entière (c'est-à-dire qui comprend tout ce qui peut être connu de la chose). Car Monsieur Descartes confesse lui-même, dans ses Réponses aux premières Objec-

tions, qu'il n'est pas besoin d'une distinction réelle, *mais que la* formelle *suffit, afin qu'une chose soit conçue distinctement et séparément d'une autre, par une abstraction de l'esprit qui ne conçoit la chose qu'imparfaitement et en partie; d'où vient qu'au même lieu il ajoute :*

Mais je conçois pleinement ce que c'est que le corps *(c'est-à-dire je conçois le corps comme une chose complète),* en pensant seulement que c'est une chose étendue, figurée, mobile, etc., encore que je nie de lui toutes les choses qui appartiennent à la nature de l'esprit. Et d'autre part je conçois que l'esprit est une chose complète, qui doute, qui entend, qui veut, etc., encore que je n'accorde point qu'il y ait en lui aucune des choses qui sont contenues en l'idée du corps. Donc il y a une distinction réelle entre le corps et l'esprit.

Mais si quelqu'un vient à révoquer en doute cette mineure, et qu'il soutienne que l'idée que vous avez de vous-même n'est pas entière, mais seulement imparfaite, lorsque vous vous concevez (c'est-à-dire votre esprit) comme une chose qui pense et qui n'est point étendue, et pareillement, lorsque vous vous concevez (c'est-à-dire votre corps) comme une chose étendue et qui ne pense point, il faut voir comment cela a été prouvé dans ce que vous avez dit auparavant; car je ne pense pas que ce soit une chose si claire, qu'on la doive prendre pour un principe indémontrable, et qui n'ait pas besoin de preuve.

Et quant à sa première partie, à savoir que vous concevez pleinement ce que c'est que le corps, en pensant seulement que c'est une chose étendue, figurée, mobile, etc., encore que vous niiez de lui toutes les choses qui appartiennent à la nature de l'esprit, *elle est de peu d'importance; car celui qui maintiendrait que notre esprit est corporel, n'estimerait pas pour cela que tout le corps fût esprit, et ainsi le corps serait à l'esprit comme le genre est à l'espèce. Mais le genre peut être entendu sans l'espèce, encore que l'on nie de lui tout ce qui est propre et particulier à l'espèce : d'où vient cet axiome de logique, que,* l'espèce étant niée, le genre n'est pas nié, *ou bien,* là où est le genre, il n'est pas nécessaire que l'espèce soit; *ainsi je puis concevoir la figure sans concevoir aucune des propriétés qui sont particulières au cercle. Il reste donc encore à prouver que l'esprit peut être pleinement et entièrement entendu sans le corps.*

Or, pour prouver cette proposition, je n'ai point, ce me semble, trouvé de plus propre argument dans tout cet ouvrage que celui que j'ai allégué au commencement : à savoir, je puis nier qu'il y ait aucun corps au monde, aucune chose étendue, et néanmoins je suis assuré que je suis, tandis que je le nie ou que je pense; je suis donc une chose qui pense, et non point un corps, et le corps n'appartient point à la connaissance que j'ai de moi-même.

Mais je vois que de là il résulte seulement que je puis acquérir quelque connaissance de moi-même sans la connaissance du corps; mais, que cette connaissance soit complète et entière, en telle sorte que je sois assuré que je ne me trompe point, lorsque j'exclus le corps de mon essence, cela ne m'est pas encore entièrement manifeste. Par exemple :

Posons que quelqu'un sache que l'angle au demi-cercle est droit, et partant, que le triangle fait de cet angle et du diamètre du cercle est rectangle; mais qu'il doute et ne sache pas encore certainement, voire même qu'ayant été déçu par quelque sophisme, il nie que le carré de la base d'un triangle rectangle soit égal aux carrés des côtés, il semble que, par la même raison que propose Monsieur Descartes, il doive se confirmer dans son erreur et fausse opinion. Car, dira-t-il, je connais clairement et distinctement que ce triangle est rectangle; je doute néanmoins que le carré de sa base soit égal aux carrés des côtés; donc il n'est pas de l'essence de ce triangle que le carré de sa base soit égal aux carrés des côtés.

En après, encore que je nie que le carré de sa base soit égal aux carrés des côtés, je suis néanmoins assuré qu'il est rectangle, et il me demeure en l'esprit une claire et distincte connaissance qu'un des angles de ce triangle est droit, ce qu'étant, Dieu même ne saurait faire qu'il ne soit pas rectangle.

Et partant, ce dont je doute, et que je puis même nier, la même idée me demeurant en l'esprit, n'appartient point à son essence.

Davantage, pour ce que je sais que toutes les choses que je conçois clairement et distinctement, peuvent être produites par Dieu telles que je les conçois, c'est assez que je puisse concevoir clairement et distinctement une chose sans une autre, pour être certain que l'une est différente de l'autre, parce que Dieu les peut séparer. *Mais je conçois clairement et distinctement que ce triangle est rectangle, sans que je sache que le carré de sa base soit égal aux carrés des côtés; donc, au moins par la toute-puissance de Dieu, il se peut faire un triangle rectangle dont le carré de la base ne sera pas égal aux carrés des côtés.*

Je ne vois pas ce que l'on peut ici répondre, si ce n'est que cet homme ne connaît pas clairement et distinctement la nature du triangle rectangle. Mais d'où puis-je savoir que je connais mieux la nature de mon esprit, qu'il ne connaît celle de ce triangle? Car il est aussi assuré que le triangle au demi-cercle a un angle droit, ce qui est la notion du triangle rectangle, que je suis assuré que j'existe, de ce que je pense.

Tout ainsi donc que celui-là se trompe, de ce qu'il pense qu'il n'est pas de l'essence de ce triangle (qu'il connaît clairement et distinctement être rectangle), que le carré de sa base soit égal aux carrés des côtés, pourquoi peut-être ne me trompé-je pas aussi, en ce que je pense que rien autre chose n'appartient à ma nature (que je sais certainement et distinctement être une chose qui pense), sinon que je suis une chose qui pense? vu que peut-être il est aussi de mon essence, que je sois une chose étendue.

Et certainement, dira quelqu'un, ce n'est pas merveille si, lorsque, de ce que je pense, je viens à conclure que je suis, l'idée que de là je forme de moi-même, ne me représente point autrement à mon esprit que comme une chose qui pense, puisqu'elle a été tirée de ma seule pensée. Et ainsi il ne semble pas que cette idée nous puisse fournir aucun argument, pour prouver que rien autre chose n'appartient à mon essence, que ce qui est contenu en elle.

On peut ajouter à cela que l'argument proposé semble prouver trop, et nous porter dans cette opinion de quelques platoniciens (laquelle néanmoins notre auteur réfute), que rien de corporel n'appartient à notre essence, en sorte que l'homme soit seulement un esprit, et que le corps n'en soit que le véhicule, d'où vient qu'ils définissent l'homme un esprit vivant ou se servant du corps.

Que si vous répondez que le corps n'est pas absolument exclu de mon essence, mais seulement en tant que précisément je suis une chose qui pense, on pourrait craindre que quelqu'un ne vînt à soupçonner que peut-être la notion ou l'idée que j'ai de moi-même, en tant que je suis une chose qui pense, ne soit pas l'idée ou la notion de quelque être complet, lequel soit pleinement et parfaitement conçu, mais seulement imparfaitement et avec quelque sorte d'abstraction d'esprit et restriction de la pensée.

C'est pourquoi, tout ainsi que les géomètres conçoivent la ligne comme une longueur sans largeur, et la superficie comme une longueur et largeur sans profondeur, quoiqu'il n'y ait point de longueur sans largeur, ni de largeur sans profondeur; peut-

être aussi quelqu'un pourra-t-il mettre en doute, savoir si tout ce qui pense n'est point aussi une chose étendue, mais qui, outre les propriétés qui lui sont communes avec les autres choses étendues, comme d'être mobile, figurable, etc., ait aussi cette particulière vertu et faculté de penser, ce qui fait que, par une abstraction de l'esprit, elle peut être conçue avec cette seule vertu comme une chose qui pense, quoiqu'en effet les propriétés et qualités du corps conviennent à toutes les choses qui pensent; tout ainsi que la quantité peut être conçue avec la longueur seule, quoiqu'en effet il n'y ait point de quantité à laquelle, avec la longueur, la largeur et la profondeur ne conviennent.

Ce qui augmente cette difficulté est que cette vertu de penser semble être attachée aux organes corporels, puisque dans les enfants elle paraît assoupie, et dans les fous tout à fait éteinte et perdue; ce que les personnes impies et meurtrières des âmes nous objectent principalement.

Voilà ce que j'avais à dire touchant la distinction réelle de l'esprit d'avec le corps. Mais puisque Monsieur Descartes a entrepris de démontrer l'immortalité de l'âme, on peut demander avec raison si elle résulte évidemment de cette distinction. Car, selon les principes de la philosophie ordinaire, cela ne s'ensuit point du tout; vu qu'ordinairement ils disent que les âmes des bêtes sont distinctes de leurs corps, et que néanmoins elles périssent avec eux.

J'avais étendu jusques ici cet écrit, et mon dessein était de montrer comment, selon les principes de notre auteur (lesquels je pensais avoir recueillis de sa façon de philosopher), de la réelle distinction de l'esprit d'avec le corps, son immortalité se conclut facilement, lorsqu'on m'a mis entre les mains un sommaire des six Méditations fait par le même auteur, qui outre la grande lumière qu'il apporte à tout son ouvrage, contenait sur ce sujet les mêmes raisons que j'avais méditées pour la solution de cette question.

Pour ce qui est des âmes des bêtes, il a déjà assez fait connaître, en d'autres lieux, que son opinion est qu'elles n'en ont point, mais seulement un corps figuré d'une certaine façon, et composé de plusieurs différents organes disposés de telle sorte, que toutes les opérations que nous voyons peuvent être faites en lui et par lui.

Mais il y a lieu de craindre que cette opinion ne puisse pas trouver créance dans les esprits des hommes, si elle n'est soutenue et prouvée par de très fortes raisons. Car cela semble incroyable d'abord, qu'il se puisse faire, sans le ministère d'aucune âme, que la lumière qui réfléchit du corps du loup dans les yeux de la brebis, remue les petits filets des nerfs optiques, et qu'en vertu de ce mouvement, qui va jusqu'au cerveau, les esprits animaux soient répandus dans les nerfs en la manière qu'il est nécessaire pour faire que la brebis prenne la fuite.

J'ajouterai seulement ici que j'approuve grandement ce que Monsieur Descartes dit touchant la distinction qui est entre l'imagination et la pensée ou l'intelligence; et que ç'a toujours été mon opinion, que les choses que nous concevons par la raison sont beaucoup plus certaines que celles que les sens corporels nous font apercevoir. Car il y a longtemps que j'ai appris de saint Augustin, chap. 15, De la quantité de l'âme, *qu'il faut rejeter le sentiment de ceux qui se persuadent que les choses que nous voyons par l'esprit, sont moins certaines que celles que nous voyons par les yeux du corps, qui sont toujours troublés par la pituite. Ce qui fait dire au même saint Augustin, dans le livre premier de ses* Soliloques, *chap. 4, qu'il a expérimenté plusieurs fois qu'en matière de géométrie les sens sont comme des vaisseaux.*

Car, *dit-il,* lorsque, pour l'établissement et la preuve de quelque proposition de géométrie, je me suis laissé conduire par mes sens jusqu'au lieu où je prétendais aller, je ne les ai pas plutôt quittés que, venant à repasser par ma pensée toutes les choses qu'ils semblaient m'avoir apprises, je me suis trouvé l'esprit aussi inconstant que sont les pas de ceux que l'on vient de mettre à terre après une longue navigation. C'est pourquoi je pense qu'on pourrait plutôt trouver l'art de naviguer sur la terre, que de pouvoir comprendre la géométrie par la seule entremise des sens, quoiqu'il semble qu'ils n'aident pas peu ceux qui commencent à l'apprendre.

DE DIEU

La première raison que notre auteur apporte pour démontrer l'existence de Dieu, laquelle il a entrepris de prouver dans sa troisième Méditation, contient deux parties: la première est que Dieu existe, parce que son idée est en moi; et la seconde, que moi, qui ai une telle idée, je ne puis venir que de Dieu.

Touchant la première partie, il n'y a qu'une seule chose que je ne puis approuver, qui est que, Monsieur Descartes ayant soutenu que la fausseté ne se trouve proprement que dans les jugements, il dit néanmoins, un peu après, qu'il y a des idées qui peuvent, non pas à la vérité formellement, mais matériellement, être fausses: ce qui me semble avoir de la répugnance avec ses principes.

Mais, de peur qu'en une matière si obscure je ne puisse pas expliquer ma pensée assez nettement, je me servirai d'un exemple qui la rendra plus manifeste. Si, *dit-il,* le froid est seulement une privation de la chaleur, l'idée qui me le représente comme une chose positive, sera matériellement fausse.

Au contraire, si le froid est seulement une privation, il ne pourra y avoir aucune idée du froid, qui me le représente comme une chose positive; et ici notre auteur confond le jugement avec l'idée.

Car qu'est-ce que l'idée du froid? C'est le froid même, en tant qu'il est objectivement dans l'entendement; mais si le froid est une privation, il ne saurait être objectivement dans l'entendement par une idée de qui l'être objectif soit un être positif; donc, si le froid est seulement une privation, jamais l'idée n'en pourra être positive, et conséquemment il n'y en pourra avoir aucune qui soit matériellement fausse.

Cela se confirme par le même argument que Monsieur Descartes emploie pour trouver que l'idée d'un être infini est nécessairement vraie. Car, bien que l'on puisse feindre qu'un tel être n'existe point, on ne peut pas néanmoins feindre que son idée ne me représente rien de réel.

La même chose se peut dire de toute idée positive; car, encore que l'on puisse feindre que le froid, que je pense être représenté par une idée positive, ne soit pas une chose positive, on ne peut pas néanmoins feindre qu'une idée positive ne me représente rien de réel et de positif, vu que les idées ne sont pas appelées positives selon l'être qu'elles ont en qualité de modes ou de manières de penser, car en ce sens elles seraient toutes positives; mais elles sont ainsi appelées de l'être objectif qu'elles contiennent et représentent à notre esprit. Partant, cette idée peut bien n'être pas l'idée du froid, mais elle ne peut pas être fausse.

Mais, direz-vous, elle est fausse pour cela même qu'elle n'est pas l'idée du froid. Au contraire, c'est votre jugement qui est faux, si vous la jugez être l'idée du froid; mais, pour elle, il est certain qu'elle est très vraie; tout ainsi que l'idée de Dieu ne doit pas matériellement même être appelée fausse, encore que quelqu'un la puisse transférer et rapporter à une chose qui ne soit point Dieu, comme ont fait les idolâtres.

Enfin cette idée du froid, que vous dites être matériellement fausse, que représente-t-elle à votre esprit ? Une privation ? Donc elle est vraie. Un être positif ? Donc elle n'est pas l'idée du froid. Et de plus, quelle est la cause de cet être positif objectif qui, selon votre opinion, fait que cette idée soit matériellement fausse ? C'est, *dites-vous,* moi-même, en tant que je participe du néant. *Donc l'être objectif positif de quelque idée peut venir du néant, ce qui néanmoins répugne tout à fait à vos premiers fondements.*

Mais venons à la seconde partie de cette démonstration, en laquelle on demande, si moi, qui ai l'idée d'un être infini, je puis être par un autre que par un être infini, et principalement si je puis être par moi-même. *Monsieur Descartes soutient que je ne puis être par moi-même, d'autant que,* si je me donnais l'être, je me donnerais aussi toutes les perfections dont je trouve en moi quelque idée. *Mais l'auteur des premières Objections réplique fort subtilement:* Être par soi *ne doit pas être pris* positivement, *mais* négativement, *en sorte que ce soit le même que* n'être pas par autrui. Or, *ajoute-t-il,* si quelque chose est par soi, c'est-à-dire non par autrui, comment prouverez-vous pour cela qu'elle comprend tout, et qu'elle est infinie ? Car à présent je ne vous écoute point, si vous dites : puisqu'elle est par soi, elle se sera aisément donné toutes choses; d'autant qu'elle n'est pas par soi comme par une cause, et qu'il ne lui a pas été possible, avant qu'elle fût, de prévoir ce qu'elle pourrait être, pour choisir ce qu'elle serait après.

Pour résoudre cet argument, Monsieur Descartes répond que cette façon de parler, être par soi, *ne doit pas être prise* négativement, *mais* positivement, *eu égard même à l'existence de Dieu; en telle sorte que* Dieu fait en quelque façon la même chose à l'égard de soi-même, que la cause efficiente à l'égard de son effet. *Ce qui me semble un peu hardi, et n'être pas véritable.*

C'est pourquoi je conviens en partie avec lui, et en partie je n'y conviens pas. Car j'avoue bien que je ne puis être par moi-même que positivement, mais je nie que le même se doive dire de Dieu. Au contraire, je trouve une manifeste contradiction que quelque chose soit par soi positivement et comme par une cause. C'est pourquoi je conclus la même chose que notre auteur, mais par une voie tout à fait différente, en cette sorte :

Pour être par moi-même, je devrais être par moi positivement *et comme par une cause ; donc il est impossible que je sois par moi-même. La majeure de cet argument est prouvée par ce qu'il dit lui-même,* que les parties du temps pouvant être séparées, et ne dépendant point les unes des autres, il ne s'ensuit pas, de ce que je suis, que je doive être encore à l'avenir, si ce n'est qu'il y ait en moi quelque puissance réelle et positive, qui me crée quasi derechef en tous les moments.

Quant à la mineure, à savoir que je ne puis être par moi positivement et comme par une cause, *elle me semble si manifeste par la lumière naturelle, que ce serait en vain qu'on s'arrêterait à la vouloir prouver, puisque ce serait perdre le temps à prouver une chose connue par une autre moins connue. Notre auteur même semble en avoir reconnu la vérité, lorsqu'il n'a pas osé la nier ouvertement. Car, je vous prie, examinons soigneusement ces paroles de sa Réponse aux premières Objections :*

Je n'ai pas dit, *dit-il,* qu'il est impossible qu'une chose soit la cause efficiente de soi-même ; car, encore que cela soit manifestement véritable, quand on restreint la signification d'efficient à ces sortes de causes qui sont différentes de leurs effets, ou qui les précèdent en temps, il ne semble pas néanmoins que, dans cette question, on la doive ainsi restreindre, parce que la lumière naturelle ne nous dicte point que ce soit le propre de la cause efficiente de précéder en temps son effet.

Cela est fort bon pour ce qui regarde le premier membre de cette distinction, mais pourquoi a-t-il omis le second, et que n'a-t-il ajouté que la même lumière naturelle ne nous dicte point que ce soit le propre de la cause efficiente d'être différente de son effet, sinon parce que la lumière naturelle ne lui permettait pas de le dire ?

Et de vrai, tout effet étant dépendant de sa cause, et recevant d'elle son être, n'est-il pas très évident qu'une même chose ne peut pas dépendre ni recevoir l'être de soi-même ?

Davantage, toute cause est la cause d'un effet, et tout effet est l'effet d'une cause, et partant, il y a un rapport mutuel entre la cause et l'effet : or il ne peut y avoir de rapport mutuel qu'entre deux choses.

En après, on ne peut concevoir, sans absurdité, qu'une chose reçoive l'être, et que néanmoins cette même chose ait l'être auparavant que nous ayons conçu qu'elle l'ait reçu. Or cela arriverait, si nous attribuions les notions de cause et d'effet à une même chose au regard de soi-même. Car quelle est la notion d'une cause ? Donner l'être. Quelle est la notion d'un effet ? Le recevoir. Or la notion de la cause précède naturellement la notion de l'effet.

Maintenant, nous ne pouvons pas concevoir une chose sous la notion de cause, comme donnant l'être, si nous ne concevons qu'elle l'a ; car personne ne peut donner ce qu'il n'a pas. Donc nous concevrions premièrement qu'une chose a l'être, que nous ne concevrions qu'elle l'a reçu ; et néanmoins, en celui qui reçoit, recevoir précède l'avoir.

Cette raison peut être encore ainsi expliquée : personne ne donne ce qu'il n'a pas ; donc personne ne se peut donner l'être, que celui qui l'a déjà ; or, s'il l'a déjà, pourquoi se le donnerait-il ?

Enfin, il dit qu'il est manifeste, par la lumière naturelle, que la création n'est distinguée de la conservation que par la raison. *Mais il est aussi manifeste, par la même lumière naturelle, que rien ne se peut créer soi-même, ni par conséquent aussi se conserver.*

Que si de la thèse générale nous descendons à l'hypothèse spéciale de Dieu, la chose sera encore, à mon avis, plus manifeste, à savoir, que Dieu ne peut être par soi positivement, *mais seulement* négativement, *c'est-à-dire* non par autrui.

Et premièrement cela est évident par la raison que Monsieur Descartes apporte pour prouver que, si le corps est par soi, *il doit être par soi* positivement. Car, *dit-il,* les parties du temps ne dépendent point les unes des autres; et partant, de ce que l'on suppose que ce corps jusqu'à cette heure a été par soi, c'est-à-dire sans cause, il ne s'ensuit pas pour cela qu'il doive être encore à l'avenir, si ce n'est qu'il y ait en lui quelque puissance réelle et positive, qui, pour ainsi dire, le reproduise continuellement.

Mais tant s'en faut que cette raison puisse avoir lieu, lorsqu'il est question d'un être souverainement parfait et infini, qu'au contraire, pour des raisons tout à fait opposées, il faut conclure tout autrement. Car, dans l'idée d'un être infini, l'infinité de sa durée y est aussi contenue, c'est-à-dire qu'elle n'est point renfermée dans aucunes limites, et partant, qu'elle est indivisible, permanente et subsistante toute à la fois, et dans laquelle on ne peut sans erreur et qu'impropre-

ment, à cause de l'imperfection de notre esprit, concevoir de passé ni d'avenir.

D'où il est manifeste qu'on ne peut concevoir qu'un être infini existe, quand ce ne serait qu'un moment, qu'on ne conçoive en même temps qu'il a toujours été et qu'il sera éternellement (ce que notre auteur même dit en quelque endroit), et partant, que c'est une chose superflue de demander pourquoi il persévère dans l'être.

Voire même, comme l'enseigne saint Augustin (lequel, après les auteurs sacrés, a parlé de Dieu plus hautement et plus dignement qu'aucun autre), en Dieu il n'y a point de passé ni de futur, mais un continuel présent; ce qui fait voir clairement qu'on ne peut sans absurdité demander pourquoi Dieu persévère dans l'être, vu que cette question enveloppe manifestement le devant et l'après, le passé et le futur, qui doivent être bannis de l'idée d'un être infini.

Davantage on ne peut pas concevoir que Dieu soit par soi positivement, *comme s'il s'était lui-même premièrement produit, car il aurait été auparavant que d'être; mais seulement (comme notre auteur déclare en plusieurs lieux), parce qu'en effet il se conserve.*

Mais la conservation ne convient pas mieux à l'être infini que la première production. Car qu'est-ce, je vous prie, que la conservation, sinon une continuelle reproduction d'une chose? d'où il arrive que toute conservation suppose une première production. Et c'est pour cela même que le nom de continuation, comme aussi celui de conservation, étant plutôt des noms de puissance que d'acte, emportent avec soi quelque capacité ou disposition à recevoir; mais l'être infini est un acte très pur, incapable de telles dispositions.

Concluons donc que nous ne pouvons concevoir que Dieu soit par soi positivement, *sinon à cause de l'imperfection de notre esprit, qui conçoit Dieu à la façon des choses créées; ce qui sera encore plus évident par cette autre raison:*

On ne demande point la cause efficiente d'une chose, sinon à raison de son existence, et non à raison de son essence: par exemple, quand on demande la cause efficiente d'un triangle, on demande qui a fait que ce triangle soit au monde; mais ce ne serait pas sans absurdité que je demanderais la cause efficiente pourquoi un triangle a ses trois angles égaux à deux droits; et à celui qui ferait cette demande, on ne répondrait pas bien par la cause efficiente, mais on doit seulement répondre, parce que telle est la nature du triangle; d'où vient que les mathématiciens, qui ne se mettent pas beaucoup en peine de l'existence de leur objet, ne font aucune démonstration par la cause efficiente et finale. Or il n'est pas moins de l'essence d'un être infini d'exister, voire même, si vous voulez, de persévérer dans l'être, qu'il est de l'essence d'un triangle d'avoir ses trois angles égaux à deux droits. Donc, tout ainsi qu'à celui qui demanderait pourquoi un triangle a ses trois angles égaux à deux droits, on ne doit pas répondre par la cause efficiente, mais seulement : parce que telle est la nature immuable et éternelle du triangle ; de même, si quelqu'un demande pourquoi Dieu est, ou pourquoi il ne cesse point d'être, il ne faut point chercher en Dieu, ni hors de Dieu, de cause efficiente, ou quasi efficiente (car je ne dispute pas ici du nom, mais de la chose), mais il faut dire, pour toute raison, parce que telle est la nature de l'être souverainement parfait.

C'est pourquoi, à ce que dit Monsieur Descartes, que la lumière naturelle nous dicte qu'il n'y a aucune chose de laquelle il ne soit permis de demander pourquoi elle existe, ou dont on ne puisse rechercher la cause efficiente, ou bien, si elle n'en a point, demander pourquoi elle n'en a pas besoin, *je réponds que, si on demande pourquoi Dieu existe, il ne faut pas répondre par la cause efficiente, mais seulement : parce qu'il est Dieu, c'est-à-dire un être infini. Que si on demande quelle est sa cause efficiente, il faut répondre qu'il n'en a pas besoin ; et enfin, si on demande pourquoi il n'en a pas besoin, il faut répondre : parce qu'il est un être infini, duquel l'existence est son essence ; car il n'y a que les choses dans lesquelles il est permis de distinguer l'existence actuelle de l'essence, qui aient besoin de cause efficiente.*

Et partant, ce qu'il ajoute immédiatement après les paroles que je viens de citer, se détruit de soi-même, à savoir : Si je pensais, *dit-il,* qu'aucune chose ne pût en quelque façon être à l'égard de soi-même ce que la cause efficiente est à l'égard de son effet, tant s'en faut que de là je voulusse conclure qu'il y a une première cause, qu'au contraire de celle-là même qu'on appellerait première, je rechercherais derechef la cause, et ainsi je ne viendrais jamais à une première.

Car, au contraire, si je pensais que, de quelque chose que ce fût, il fallût rechercher la cause efficiente, ou quasi efficiente, j'aurais dans l'esprit de chercher une cause différente de cette chose ; d'autant qu'il est manifeste que rien ne peut en aucune façon être à l'égard de soi-même ce que la cause efficiente est à l'égard de son effet.

Or il me semble que notre auteur doit être averti de considérer diligemment et avec attention toutes ces choses, parce que je suis assuré qu'il y a peu de théologiens qui ne s'offensent de cette proposition, à savoir, que Dieu est par soi positivement, et comme *par* une cause.

Il ne me reste plus qu'un scrupule, qui est de savoir comment il se peut défendre de ne pas commettre un cercle, lorsqu'il dit que nous sommes assurés que les choses que nous concevons clairement et distinctement sont vraies, qu'à cause que Dieu est ou existe.

Car nous ne pouvons être assurés que Dieu est, sinon parce que nous concevons cela très clairement et très distinctement; donc, auparavant que d'être assurés de l'existence de Dieu, nous devons être assurés que toutes les choses que nous concevons clairement et distinctement sont toutes vraies.

J'ajouterai une chose qui m'était échappée, c'est à savoir, que cette proposition me semble fausse, que Monsieur Descartes donne pour une vérité très constante, à savoir, que rien ne peut être en lui, en tant qu'il est une chose qui pense, dont il n'ait connaissance. *Car par ce mot,* en lui, en tant qu'il est une chose qui pense, *il n'entend autre chose que son esprit, en tant qu'il est distingué du corps. Mais qui ne voit qu'il peut y avoir plusieurs choses en l'esprit, dont l'esprit même n'ait aucune connaissance? Par exemple, l'esprit d'un enfant qui est dans le ventre de sa mère, a bien la vertu ou la faculté de penser, mais il n'en a pas connaissance. Je passe sous silence un grand nombre de semblables choses.*

DES CHOSES QUI PEUVENT ARRÊTER LES THÉOLOGIENS

Enfin, pour finir un discours qui n'est déjà que trop ennuyeux, je veux ici traiter les choses le plus brièvement qu'il me sera possible, et à ce sujet mon dessein est de marquer seulement les difficultés, sans m'arrêter à une dispute plus exacte.

Premièrement, je crains que quelques-uns ne s'offensent de cette libre façon de philosopher, par laquelle toutes choses sont révoquées en doute. Et de vrai notre auteur même confesse, dans sa Méthode, *que cette voie est dangereuse pour les faibles esprits; j'avoue néanmoins qu'il tempère un peu le sujet de cette crainte dans l'abrégé de sa première Méditation.*

Toutefois je ne sais s'il ne serait point à propos de la munir de quelque préface, dans laquelle le lecteur fût averti que ce n'est pas sérieusement et tout de bon que l'on doute de ces choses, mais afin qu'ayant pour quelque temps mis à part toutes celles qui peuvent donner le moindre doute, *ou, comme parle notre auteur en un autre endroit,* qui peuvent donner à notre esprit une occasion de douter la plus hyperbolique, *nous voyions si, après cela, il n'y aura pas moyen de trouver quelque vérité qui soit si ferme et si assurée, que les plus opiniâtres n'en puissent aucunement douter. Et aussi, au lieu de ces paroles :* ne connaissant pas l'auteur de mon origine, *je penserais qu'il vaudrait mieux mettre :* feignant de ne pas connaître.

Dans la quatrième Méditation, qui traite du vrai et du faux, je voudrais, pour plusieurs raisons qu'il serait long de rapporter ici, que Monsieur Descartes, dans son abrégé, ou dans le tissu même de cette Méditation, avertît le lecteur de deux choses.

La première, que, lorsqu'il explique la cause de l'erreur, il entend principalement parler de celle qui se commet dans le discernement du vrai et du faux, et non pas de celle qui arrive dans la poursuite du bien et du mal.

Car, puisque cela suffit pour le dessein et le but de notre auteur, et que les choses qu'il dit ici touchant la cause de l'erreur souffriraient de très grandes objections, si on les étendait aussi à ce qui regarde la poursuite du bien et du mal, il me semble qu'il est de la prudence, et que l'ordre même, dont notre auteur paraît si jaloux, requiert que toutes les choses qui ne servent point au sujet, et qui peuvent donner lieu à plusieurs disputes, soient retranchées, de peur que, tandis que le lecteur s'amuse inutilement à disputer des choses qui sont superflues, il ne soit diverti de la connaissance des nécessaires.

La seconde chose dont je voudrais que notre auteur donnât quelque avertissement, est que, lorsqu'il dit que nous ne devons donner notre créance qu'aux choses que nous concevons clairement et distinctement, cela s'entend seulement des choses qui concernent les sciences, et qui tombent sous notre intelligence, et non pas de celles qui regardent la foi et les actions de notre vie ; ce qui a fait qu'il a toujours condamné l'arrogance et présomption de ceux qui opinent, c'est-à-dire de ceux qui pensent savoir ce qu'ils ne savent pas, mais qu'il n'a jamais blâmé la juste persuasion de ceux qui croient avec prudence.

Car, comme remarque fort judicieusement saint Augustin au chapitre 15 de l'Utilité de la Croyance, il y a trois choses en l'esprit de l'homme qui ont entre elles un très grand rapport, et semblent quasi n'être qu'une même chose, mais qu'il faut néanmoins très soigneusement distinguer, savoir est : *entendre, croire et opiner.*

Celui-là *entend,* qui comprend quelque chose par des raisons certaines. Celui-là *croit,* lequel, emporté par le poids et le crédit de quelque grave et puissante autorité, tient pour vrai cela même qu'il ne comprend pas par des raisons certaines. Celui-là *opine,* qui se persuade ou plutôt qui présume de savoir ce qu'il ne sait pas.

Or c'est une chose honteuse et fort indigne d'un homme que d'*opiner,* pour deux raisons : la première, parce que celui-là n'est plus en état d'apprendre, qui s'est déjà persuadé de savoir ce qu'il ignore; et la seconde, parce que la présomption est de soi la marque d'un esprit mal fait et d'un homme de peu de sens.

Donc ce que nous entendons, nous le devons *à la raison;* ce que nous croyons, *à l'autorité;* ce que nous opinons, *à l'erreur.* Je dis cela afin que nous sachions qu'ajoutant foi même aux choses que nous ne comprenons pas encore, nous sommes exempts de la présomption de ceux qui opinent.

Car ceux qui disent qu'il ne faut rien croire que ce que nous savons, tâchent seulement de ne point tomber dans la faute de ceux qui opinent, laquelle en effet est de soi honteuse et blâmable. Mais si quelqu'un considère avec soin la grande différence qu'il y a entre celui qui présume savoir ce qu'il ne sait pas, et celui qui croit ce qu'il sait bien qu'il n'entend pas, y étant toutefois porté par quelque puissante autorité, il verra que celui-ci évite sagement le péril de l'erreur, le blâme de peu de confiance et d'humanité, et le péché de superbe.

Et un peu après, chapitre 12, il ajoute :

On peut apporter plusieurs raisons qui feront voir qu'il ne reste plus rien d'assuré parmi la société des hommes, si nous sommes résolus de ne rien croire que ce que nous pourrons connaître certainement. *Jusques ici saint Augustin.*

Monsieur Descartes peut maintenant juger combien il est nécessaire de distinguer ces choses, de peur que plusieurs de ceux qui penchent aujourd'hui vers l'impiété, ne puissent se servir de ses paroles pour combattre la foi et la vérité de notre créance.

Mais ce dont je prévois que les théologiens s'offenseront le plus, est que, selon ses principes, il ne semble pas que les choses que l'Église nous enseigne touchant le sacré mystère de l'Eucharistie puissent subsister et demeurer en leur entier.

Car nous tenons pour article de foi que la substance du pain étant ôtée du pain eucharistique, les seuls accidents y demeurent. *Or ces accidents sont l'étendue, la figure, la couleur, l'odeur, la saveur, et les autres qualités sensibles.*

De qualités sensibles notre auteur n'en reconnaît point, mais seulement certains différents mouvements des petits corps qui sont autour de nous, par le moyen desquels nous sentons ces différentes impressions, lesquelles puis après nous appelons du nom de couleur, de saveur, d'odeur, etc. Ainsi il reste seulement la figure, l'étendue et la mobilité. Mais notre auteur nie que ces facultés puissent être entendues sans quelque substance en laquelle elles résident, et partant aussi, qu'elles puissent exister sans elle; ce que même il répète dans ses Réponses aux premières Objections.

Il ne reconnaît point aussi entre ces modes ou affections de la substance, et la substance, de distinction autre que la formelle, laquelle ne suffit pas, ce semble, pour que les choses qui sont ainsi distinguées, puissent être séparées l'une de l'autre, même par la toute-puissance de Dieu.

Je ne doute point que Monsieur Descartes, dont la piété nous est très connue, n'examine et ne pèse diligemment ces choses, et qu'il ne juge bien qu'il lui faut soigneusement prendre garde, qu'en tâchant de soutenir la cause de Dieu contre l'impiété des libertins, il ne semble pas leur avoir mis des armes en main, pour combattre une foi que l'autorité du Dieu qu'il défend a fondée, et au moyen de laquelle il espère parvenir à cette vie immortelle qu'il a entrepris de persuader aux hommes.

RÉPONSES DE L'AUTEUR
AUX QUATRIÈMES OBJECTIONS
FAITES PAR MONSIEUR ARNAULD, DOCTEUR EN THÉOLOGIE

Lettre de l'Auteur au R. P. Mersenne.

MON R. PÈRE,

IL m'eût été difficile de souhaiter un plus clairvoyant et plus officieux examinateur de mes écrits, que celui dont vous m'avez envoyé les remarques; car il me traite avec tant de douceur et de civilité, que je vois bien que son dessein n'a pas été de rien dire contre moi ni contre le sujet que j'ai traité; et néanmoins c'est avec tant de soin qu'il a examiné ce qu'il a combattu, que j'ai raison de croire que rien ne lui a échappé. Et outre cela il insiste si vivement contre les choses qui n'ont pu obtenir de lui son approbation, que je n'ai pas sujet de craindre qu'on estime que la complaisance lui ait rien fait dissimuler; c'est pourquoi je ne me mets pas tant en peine des objections qu'il m'a faites, que je me réjouis de ce qu'il n'y a point plus de choses en mon écrit auxquelles il contredise.

RÉPONSES A LA PREMIÈRE PARTIE

DE LA NATURE DE L'ESPRIT HUMAIN

Je ne m'arrêterai point ici à le remercier du secours qu'il m'a donné en me fortifiant de l'autorité de saint Augustin, et de ce qu'il a proposé mes raisons de telle sorte, qu'il semblait avoir peur que les autres ne les trouvassent pas assez fortes et convaincantes.

Mais je dirai d'abord en quel lieu j'ai commencé de prouver comment, *de ce que je ne connais rien autre chose qui appartienne à mon essence,* c'est-à-dire à l'essence de mon esprit, *sinon que je suis une chose qui pense, il s'ensuit qu'il n'y a aussi rien autre chose qui en effet lui appartienne.* C'est au même lieu où j'ai prouvé que Dieu est ou existe, ce Dieu, dis-je, qui peut faire toutes les choses que je conçois clairement et distinctement comme possibles.

Car, quoique peut-être il y ait en moi plusieurs choses que je ne connais pas encore (comme en effet je supposais en ce lieu-là que je ne savais pas encore que l'esprit eût la force de mouvoir le corps, ou de lui être substantiellement uni), néanmoins, d'autant que ce que je connais être en moi me suffit pour subsister avec cela seul, je suis assuré que Dieu me pouvait créer sans les autres choses que je ne connais pas encore, et partant, que ces autres choses n'appartiennent point à l'essence de mon esprit.

Car il me semble qu'aucune des choses sans lesquelles une autre peut être, n'est comprise en son essence; et encore que l'esprit soit de l'essence de l'homme, il n'est pas néanmoins, à proprement parler, de l'essence de l'esprit, qu'il soit uni au corps humain.

Il faut aussi que j'explique ici quelle est ma pensée, lorsque je dis *qu'on ne peut pas inférer une distinction réelle entre deux choses, de ce que l'une est conçue sans l'autre par une abstraction de l'esprit qui conçoit la chose imparfaitement, mais seulement, de ce que chacune d'elles est conçue sans l'autre pleinement, ou comme une chose complète.*

Car je n'estime pas qu'une connaissance entière et parfaite de la chose soit ici requise, comme le prétend Monsieur Arnauld; mais il y a en cela cette différence, qu'afin qu'une connaissance soit *entière et parfaite,* elle doit contenir en soi toutes et chacunes les propriétés qui sont dans la chose connue. Et c'est pour cela qu'il n'y a que Dieu seul qui sache qu'il a les connaissances entières et parfaites de toutes les choses.

Mais, quoiqu'un entendement créé ait peut-être en effet les connaissances entières et parfaites de plusieurs choses, néanmoins jamais il ne peut savoir qu'il les a, si Dieu même ne lui révèle particulièrement. Car, pour faire qu'il ait une connaissance pleine et entière de quelque chose, il est seulement requis que la puissance de connaître qui est en lui égale cette chose, ce qui se peut faire aisément; mais pour faire qu'il sache qu'il a une telle connaissance, ou bien que Dieu n'a rien mis de plus dans cette chose que ce qu'il en connaît, il faut que, par sa puissance de connaître, il égale la puissance infinie de Dieu, ce qui eſt entièrement impossible.

Or, pour connaître la diſtinction réelle qui eſt entre deux choses, il n'eſt pas nécessaire que la connaissance que nous avons de ces choses soit entière et parfaite, si nous ne savons en même temps qu'elle eſt telle; mais nous ne le pouvons jamais savoir, comme je viens de prouver; donc il n'eſt pas nécessaire qu'elle soit entière et parfaite.

C'eſt pourquoi, où j'ai dit *qu'il ne suffit pas qu'une chose soit conçue sans une autre par une abſtraction de l'esprit qui conçoit la chose imparfaitement,* je n'ai pas pensé que de là l'on pût inférer que, pour établir une diſtinction réelle, il fût besoin d'une connaissance entière et parfaite, mais seulement d'une qui fût telle, que nous ne la rendissions point *imparfaite et défectueuse* par l'abſtraction et reſtriction de notre esprit.

Car il y a bien de la différence entre avoir une connaissance entièrement parfaite, de laquelle personne ne peut jamais être assuré, si Dieu même ne lui révèle, et avoir une connaissance parfaite jusqu'à ce point que nous sachions qu'elle n'eſt point rendue imparfaite par aucune abſtraction de notre esprit.

Ainsi, quand j'ai dit qu'il fallait concevoir *pleinement* une chose, ce n'était pas mon intention de dire que notre conception devait être entière et parfaite, mais seulement, qu'elle devait être assez diſtincte, pour savoir que cette chose était *complète.*

Ce que je pensais être manifeſte, tant par les choses que j'avais dites auparavant, que par celles qui suivent immédiatement après : car j'avais diſtingué un peu auparavant les êtres incomplets de ceux qui sont complets, et j'avais dit qu'il était nécessaire que chacune des choses qui sont diſtinguées réellement, fût conçue comme un être par soi et diſtinct de tout autre.

Et un peu après, au même sens que j'ai dit que je concevais *pleinement* ce que c'eſt que le corps, j'ai ajouté au même lieu que je concevais aussi que l'esprit *eſt une chose complète,* prenant ces deux façons de parler, *concevoir pleinement,* et *concevoir que c'eſt une chose complète,* en une seule et même signification.

Mais on peut ici demander avec raison ce que j'entends par *une chose complète,* et comment je prouve que, *pour la distinction réelle, il suffit que deux choses soient conçues l'une sans l'autre comme deux choses complètes.*

A la première demande je réponds que, par *une chose complète,* je n'entends autre chose qu'une substance revêtue des formes, ou attributs, qui suffisent pour me faire connaître qu'elle est une substance.

Car, comme j'ai déjà remarqué ailleurs, nous ne connaissons point les substances immédiatement par elles-mêmes; mais, de ce que nous apercevons quelques formes, ou attributs, qui doivent être attachés à quelque chose pour exister, nous appelons du nom de *Substance* cette chose à laquelle ils sont attachés.

Que si, après cela, nous voulions dépouiller cette même substance de tous ces attributs qui nous la font connaître, nous détruirions toute la connaissance que nous en avons, et ainsi nous pourrions bien à la vérité dire quelque chose de la substance, mais tout ce que nous en dirions ne consisterait qu'en paroles, desquelles nous ne concevrions pas clairement et distinctement la signification.

Je sais bien qu'il y a des substances que l'on appelle vulgairement *incomplètes;* mais, si on les appelle ainsi parce que de soi elles ne peuvent pas subsister toutes seules et sans être soutenues par d'autres choses, je confesse qu'il me semble qu'en cela il y a de la contradiction, qu'elles soient des substances, c'est-à-dire des choses qui subsistent par soi, et qu'elles soient aussi incomplètes, c'est-à-dire des choses qui ne peuvent pas subsister par soi. Il est vrai qu'en un autre sens on les peut appeler incomplètes, non qu'elles aient rien d'incomplet en tant qu'elles sont des substances, mais seulement en tant qu'elles se rapportent à quelque autre substance avec laquelle elles composent un tout par soi et distinct de tout autre.

Ainsi la main est une substance incomplète, si vous la rapportez à tout le corps dont elle est partie; mais si vous la considérez toute seule, elle est une substance complète. Et pareillement l'esprit et le corps sont des substances incomplètes, lorsqu'ils sont rapportés à l'homme qu'ils composent; mais étant considérés séparément, ils sont des substances complètes.

Car tout ainsi qu'être étendu, divisible, figuré, etc., sont des formes ou des attributs par le moyen desquels je connais cette substance qu'on appelle *corps;* de même être intelligent, voulant, doutant, etc., sont des formes par le moyen desquelles je connais cette substance qu'on appelle *esprit;* et je ne comprends pas moins que la substance qui pense est une chose complète, que je comprends que la substance étendue en est une.

Et ce que Monsieur Arnauld a ajouté ne se peut dire en façon quelconque, à savoir, que peut-être *le corps est à l'esprit comme le genre est à l'espèce :* car, encore que le genre puisse être conçu sans cette particulière différence spécifique, ou sans celle-là, l'espèce toutefois ne peut en aucune façon être conçue sans le genre.

Ainsi, par exemple, nous concevons aisément la figure sans penser au cercle (quoique cette conception ne soit pas distincte, si elle n'est rapportée à quelque figure particulière; ni d'une chose complète, si elle ne comprend la nature du corps); mais nous ne pouvons concevoir aucune différence spécifique du cercle, que nous ne pensions en même temps à la figure.

Au lieu que l'esprit peut être conçu distinctement et pleinement, c'est-à-dire autant qu'il faut pour être tenu pour une chose complète, sans aucune de ces formes, ou attributs, au moyen desquels nous reconnaissons que le corps est une substance, comme je pense avoir suffisamment démontré dans la seconde Méditation; et le corps est aussi conçu distinctement et comme une chose complète, sans aucune des choses qui appartiennent à l'esprit.

Ici néanmoins Monsieur Arnauld passe plus avant, et dit : *Encore que je puisse acquérir quelque notion de moi-même sans la notion du corps, il ne résulte pas néanmoins de là, que cette notion soit complète et entière, en telle sorte que je sois assuré qne je ne me trompe point, lorsque j'exclus le corps de mon essence.*

Ce qu'il explique par l'exemple du triangle inscrit au demi-cercle, que nous pouvons clairement et distinctement concevoir être rectangle, encore que nous ignorions, ou même que nous niions, que le carré de sa base soit égal aux carrés des côtés; et néanmoins on ne peut pas de là inférer qu'on puisse faire un triangle rectangle, duquel le carré de la base ne soit pas égal aux carrés des côtés.

Mais, pour ce qui est de cet exemple, il diffère en

plusieurs façons de la chose proposée. Car, *premièrement,* encore que peut-être par un triangle on puisse entendre une substance dont la figure est triangulaire, certes la propriété d'avoir le carré de la base égal aux carrés des côtés, n'est pas une substance, et partant, chacune de ces deux choses ne peut pas être entendue comme une chose complète, ainsi que le sont l'*esprit* et le *corps*. Et même cette propriété ne peut pas être appelée une chose, au même sens que j'ai dit *que c'est assez que je puisse concevoir une chose* (c'est à savoir une chose complète) *sans une autre, etc.,* comme il est aisé de voir par ces paroles qui suivent : *Davantage je trouve en moi des facultés, etc.* Car je n'ai pas dit que ces facultés fussent *des choses,* mais j'ai voulu expressément faire distinction entre les choses, c'est-à-dire entre les substances, et les modes de ces choses, c'est-à-dire les facultés de ces substances.

En second lieu, encore que nous puissions clairement et distinctement concevoir que le triangle au demi-cercle est rectangle, sans apercevoir que le carré de sa base est égal aux carrés des côtés, néanmoins nous ne pouvons pas concevoir ainsi clairement un triangle duquel le carré de la base soit égal aux carrés des côtés, sans que nous apercevions en même temps qu'il est rectangle; mais nous concevons clairement et distinctement l'esprit sans le corps, et réciproquement le corps sans l'esprit.

En troisième lieu, encore que le concept ou l'idée du triangle inscrit au demi-cercle puisse être telle, qu'elle ne contienne point l'égalité qui est entre le carré de la base et les carrés des côtés, elle ne peut pas néanmoins être telle, que l'on conçoive que nulle proportion qui puisse être entre le carré de la base et les carrés des côtés n'appartient à ce triangle; et partant, tandis que l'on ignore quelle est cette proportion, on n'en peut nier aucune que celle qu'on connaît clairement ne lui point appartenir, ce qui ne peut jamais être entendu de la proportion d'égalité qui est entre eux.

Mais il n'y a rien de contenu dans le concept du corps de ce qui appartient à l'esprit, et réciproquement dans le concept de l'esprit rien n'est compris de ce qui appartient au corps.

C'est pourquoi, bien que j'aie dit *que c'est assez que je puisse concevoir clairement et distinctement une chose sans une autre, etc.,* on ne peut pas pour cela former cette mineure : *Or eſt-il que je conçois clairement et diſtinctement que ce triangle eſt rectangle, encore que je doute ou que je nie que le carré de sa base soit égal aux carrés des côtés, etc.*

Premièrement, parce que la proportion qui eſt entre le carré de la base et les carrés des côtés n'eſt pas une chose complète.

Secondement, parce que cette proportion d'égalité ne peut être clairement entendue que dans le triangle rectangle.

Et en troisième lieu, parce que nul triangle ne peut être diſtinctement conçu, si on nie la proportion qui eſt entre les carrés de ses côtés et de sa base.

Mais maintenant il faut passer à la seconde demande, et montrer comment il eſt vrai que, *de cela seul que je conçois clairement et diſtinctement une subſtance sans une autre, je suis assuré qu'elles s'excluent mutuellement l'une l'autre :* ce que je montre en cette sorte.

La notion *de la subſtance* eſt telle, qu'on la conçoit comme une chose qui peut exiſter par soi-même, c'eſt-à-dire sans le secours d'aucune autre subſtance, et il n'y a jamais eu personne qui ait conçu deux subſtances par deux différents concepts, qui n'ait jugé qu'elles étaient réellement diſtinctes.

C'eſt pourquoi, si je n'eusse point cherché de certitude plus grande que la vulgaire, je me fusse contenté d'avoir montré, en la seconde Méditation, que l'*esprit* eſt conçu comme une chose subsiſtante, quoiqu'on ne lui attribue rien de ce qui appartient au corps, et qu'en même façon le *corps* eſt conçu comme une chose subsiſtante, quoiqu'on ne lui attribue rien de ce qui appartient à l'esprit. Et je n'aurais rien ajouté davantage pour prouver que l'esprit eſt réellement diſtingué du corps, d'autant que vulgairement nous jugeons que toutes les choses sont en effet, et selon la vérité, telles qu'elles paraissent à notre pensée.

Mais, d'autant qu'entre ces doutes hyperboliques que j'ai proposés dans ma première Méditation, celui-ci en était un, à savoir, que je ne pouvais être assuré *que les choses fussent en effet, et selon la vérité, telles que nous les concevons,* tandis que je supposais que je ne connaissais pas l'auteur de mon origine, tout ce que j'ai dit de Dieu et de la vérité, dans la troisième, quatrième et cinquième Méditation, sert à cette conclusion de la réelle diſtinction de l'*esprit* d'avec le *corps,* laquelle enfin j'ai achevé dans la sixième.

Je conçois fort bien, dit Monsieur Arnauld, *la nature du triangle inscrit dans le demi-cercle, sans que je sache que le carré de sa base est égal aux carrés des côtés.* A quoi je réponds que ce triangle peut véritablement être conçu, sans que l'on pense à la proportion qui est entre le carré de sa base et les carrés de ses côtés, mais qu'on ne peut pas concevoir que cette proportion doive être niée de ce triangle, c'est-à-dire qu'elle n'appartienne point à la nature de ce triangle; et qu'il n'en est pas ainsi de l'esprit; parce que non seulement nous concevons qu'il est sans le corps, mais aussi nous pouvons nier qu'aucune des choses qui appartiennent au corps, appartienne à l'esprit; car c'est le propre et la nature des substances de s'exclure mutuellement l'une l'autre.

Et ce que Monsieur Arnauld a ajouté ne m'est aucunement contraire, à savoir, *que ce n'est pas merveille si, lorsque de ce que je pense je viens à conclure que je suis, l'idée que de là je forme de moi-même, me représente seulement comme une chose qui pense.* Car, de la même façon, lorsque j'examine la nature du corps, je ne trouve rien en elle qui ressente la pensée; et on ne saurait avoir un plus fort argument de la distinction de deux choses, que lorsque, venant à les considérer toutes deux séparément, nous ne trouvons aucune chose dans l'une qui ne soit entièrement différente de ce qui se retrouve en l'autre.

Je ne vois pas aussi pourquoi *cet argument semble prouver trop;* car je ne pense pas que, pour montrer qu'une chose est réellement distincte d'une autre, on puisse rien dire de moins, sinon que par la toute-puissance de Dieu elle en peut être séparée; et il m'a semblé que j'avais pris garde assez soigneusement à ce que personne ne pût pour cela penser *que l'homme n'est rien qu'un esprit usant ou se servant du corps.*

Car, dans la même sixième Méditation, où j'ai parlé de la distinction de l'esprit d'avec le corps, j'ai aussi montré qu'il lui est substantiellement uni; pour preuve de quoi je me suis servi de raisons qui sont telles, que je n'ai point souvenance d'en avoir jamais lu ailleurs de plus fortes et convaincantes.

Et comme celui qui dirait que le bras d'un homme est une substance réellement distincte du reste de son corps, ne nierait pas pour cela qu'il eſt de l'essence de l'homme entier, et que celui qui dit que ce même bras eſt de l'essence de l'homme entier, ne donne pas pour cela occasion de croire qu'il ne peut pas subsiſter par soi; ainsi je ne pense pas avoir trop prouvé en montrant que l'esprit peut être sans le corps, ni avoir aussi trop peu dit, en disant qu'il lui eſt subſtantiellement uni; parce que cette union subſtantielle n'empêche pas qu'on ne puisse avoir une claire et diſtincte idée ou concept de l'esprit, comme d'une chose complète; c'eſt pourquoi le concept de l'esprit diffère beaucoup de celui de la superficie et de la ligne, qui ne peuvent pas être ainsi entendues comme des choses complètes, si, outre la longueur et la largeur, on ne leur attribue aussi la profondeur.

Et enfin, de ce que *la faculté de penser eſt assoupie dans les enfants, et que dans les fous elle eſt,* non pas à la vérité *éteinte,* mais *troublée,* il ne faut pas penser qu'elle soit tellement attachée aux organes corporels, qu'elle ne puisse être sans eux. Car, de ce que nous voyons souvent qu'elle eſt empêchée par ces organes, il ne s'ensuit aucunement qu'elle soit produite par eux; et il n'eſt pas possible d'en donner aucune raison, tant légère qu'elle puisse être.

Je ne nie pas néanmoins que cette étroite liaison de l'esprit et du corps, que nous expérimentons tous les jours, ne soit cause que nous ne découvrons pas aisément, et sans une profonde méditation, la diſtinction réelle qui eſt entre l'un et l'autre.

Mais, à mon jugement, ceux qui repasseront souvent dans leur esprit les choses que j'ai écrites dans ma seconde Méditation, se persuaderont aisément que l'esprit n'eſt pas diſtingué du corps par une seule fiction ou abſtraction de l'entendement, mais qu'il eſt connu comme une chose diſtincte, parce qu'il eſt tel en effet.

Je ne réponds rien à ce que Monsieur Arnauld a ici ajouté touchant l'immortalité de l'âme, puisque cela ne m'eſt point contraire; mais, pour ce qui regarde les âmes des bêtes, quoique leur considération ne soit pas de ce lieu, et que, sans l'explication de toute la physique, je n'en puisse dire davantage que ce que j'ai déjà dit dans la 5e partie de mon traité de la *Méthode,* toutefois je dirai encore ici qu'il me semble que c'eſt une chose fort remarquable, qu'aucun mouvement ne se peut faire, soit dans les corps des bêtes, soit même dans les nôtres, si ces corps n'ont en eux tous les organes et instruments, par le moyen desquels ces mêmes mouvements pourraient aussi être accomplis dans une machine; en sorte que, même dans nous, ce n'est pas l'esprit (ou l'âme) qui meut immédiatement les membres extérieurs, mais seulement il peut déterminer le cours de cette liqueur fort subtile, qu'on nomme les esprits animaux, laquelle, coulant continuellement du cœur par le cerveau dans les muscles, est cause de tous les mouvements de nos membres, et souvent en peut causer plusieurs différents, aussi facilement les uns que les autres. Et même il ne le détermine pas toujours; car, entre les mouvements qui se font en nous, il y en a plusieurs qui ne dépendent point du tout de l'esprit, comme sont le battement du cœur, la digestion des viandes, la nutrition, la respiration de ceux qui dorment, et même, en ceux qui sont éveillés, le marcher, chanter, et autres actions semblables, quand elles se font sans que l'esprit y pense. Et lorsque ceux qui tombent de haut, présentent leurs mains les premières pour sauver leur tête, ce n'est point par le conseil de leur raison qu'ils font cette action; et elle ne dépend point de leur esprit, mais seulement de ce que leurs sens, étant touchés par le danger présent, causent quelque changement en leur cerveau qui détermine les esprits animaux à passer de là dans les nerfs, en la façon qui est requise pour produire ce mouvement tout de même que dans une machine, et sans que l'esprit le puisse empêcher.

Or, puisque nous expérimentons cela en nous-mêmes, pourquoi nous étonnerons-nous tant, si la lumière réfléchie du corps du loup dans les yeux de la brebis a la même force pour exciter en elle le mouvement de la fuite?

Après avoir remarqué cela, si nous voulons un peu raisonner pour connaître si quelques mouvements des bêtes sont semblables à ceux qui se font en nous par le ministère de l'esprit, ou bien à ceux qui dépendent seulement des esprits animaux et de la disposition des organes, il faut considérer les différences qui sont entre les uns et les autres, lesquelles j'ai expliquées dans la cinquième partie du *Discours de la Méthode,* car je ne pense pas qu'on en puisse trouver d'autres; et alors on verra facilement que toutes les actions des bêtes sont seulement semblables à celles que nous faisons sans que notre esprit y contribue.

A raison de quoi nous serons obligés de conclure, que nous ne connaissons en effet en elles aucun autre principe de mouvement que la seule disposition des organes et la continuelle affluence des esprits animaux produits par la chaleur du cœur, qui atténue et subtilise le sang; et ensemble nous reconnaîtrons que rien ne nous a ci-devant donné occasion de leur en attribuer un autre, sinon que, ne distinguant pas ces deux principes du mouvement, et voyant que l'un, qui dépend seulement des esprits animaux et des organes, est dans les bêtes aussi bien que dans nous, nous avons cru inconsidérément que l'autre, qui dépend de l'esprit et de la pensée, était aussi en elles.

Et certes, lorsque nous nous sommes persuadés quelque chose dès notre jeunesse, et que notre opinion s'est fortifiée par le temps, quelques raisons qu'on emploie après cela pour nous en faire voir la fausseté, ou plutôt quelque fausseté que nous remarquions en elle, il est néanmoins très difficile de l'ôter entièrement de notre créance, si nous ne les repassons souvent en notre esprit, et ne nous accoutumons ainsi à déraciner peu à peu ce que l'habitude à croire, plutôt que la raison, avait profondément gravé en notre esprit.

RÉPONSE A L'AUTRE PARTIE

DE DIEU

Jusques ici j'ai tâché de résoudre les arguments qui m'ont été proposés par Monsieur Arnauld, et me suis mis en devoir de soutenir tous ses efforts; mais désormais, imitant ceux qui ont à faire à un trop fort adversaire, je tâcherai plutôt d'éviter les coups, que de m'opposer directement à leur violence.

Il traite seulement de trois choses dans cette partie, qui peuvent facilement être accordées selon qu'il les entend; mais je les prenais en un autre sens, lorsque je les ai écrites, lequel sens me semble aussi pouvoir être reçu comme véritable.

La première est que *quelques idées sont matériellement*

fausses; c'eſt-à-dire, selon mon sens, qu'elles sont telles qu'elles donnent au jugement matière ou occasion d'erreur; mais lui, considérant les idées prises formellement, soutient qu'il n'y a en elles aucune fausseté.

La seconde, que *Dieu eſt par soi positivement et comme par une cause,* où j'ai seulement voulu dire que la raison pour laquelle Dieu n'a besoin d'aucune cause efficiente pour exiſter, eſt fondée en une chose positive, à savoir, dans l'immensité même de Dieu, qui eſt la chose la plus positive qui puisse être; mais lui, prenant la chose autrement, prouve que Dieu n'eſt point produit par soi-même, et qu'il n'eſt point conservé par une aċtion positive de la cause efficiente, de quoi je demeure aussi d'accord.

Enfin, la troisième eſt, qu'*il ne peut y avoir rien dans notre esprit dont nous n'ayons connaissance;* ce que j'ai entendu des opérations, et lui le nie des puissances.

Mais je tâcherai d'expliquer tout ceci plus au long. Et premièrement, où il dit que, *si le froid eſt seulement une privation, il ne peut y avoir d'idée qui me le représente comme une chose positive,* il eſt manifeſte qu'il parle de l'idée prise *formellement.*

Car, puisque les idées mêmes ne sont rien que des formes, et qu'elles ne sont point composées de matière, toutes et quantes fois qu'elles sont considérées en tant qu'elles représentent quelque chose, elles ne sont pas prises *matériellement,* mais *formellement;* que si on les considérait, non pas en tant qu'elles représentent une chose ou une autre, mais seulement comme étant des opérations de l'entendement, on pourrait bien à la vérité dire qu'elles seraient prises matériellement, mais alors elles ne se rapporteraient point du tout à la vérité ni à la fausseté des objets.

C'eſt pourquoi je ne pense pas qu'elles puissent être dites matériellement fausses, en un autre sens que celui que j'ai déjà expliqué : c'eſt à savoir, soit que le froid soit une chose positive, soit qu'il soit une privation, je n'ai pas pour cela une autre idée de lui, mais elle demeure en moi la même que j'ai toujours eue; laquelle je dis me donner matière ou occasion d'erreur, s'il eſt vrai que le froid soit une privation, et qu'il n'ait pas autant de réalité que la chaleur, d'autant que, venant à considérer l'une et l'autre de ces idées, selon que je les ai reçues des sens, je ne puis reconnaître qu'il y ait plus de réalité qui me soit représentée par l'une que par l'autre.

Et certes *je n'ai pas confondu le jugement avec l'idée;* car j'ai dit qu'en celle-ci se rencontrait une fausseté *matérielle,* mais dans le jugement il ne peut y en avoir d'autre qu'une *formelle.* Et quand il dit que *l'idée du froid est le froid même en tant qu'il est objectivement dans l'entendement,* je pense qu'il faut user de distinction; car il arrive souvent dans les idées obscures et confuses, entre lesquelles celles du froid et de la chaleur doivent être mises, qu'elles se rapportent à d'autres choses qu'à celles dont elles sont véritablement les idées.

Ainsi, si le froid est seulement une privation, l'idée du froid n'est pas le froid même en tant qu'il est objectivement dans l'entendement, mais quelque autre chose qui est prise faussement pour cette privation : savoir est, un certain sentiment qui n'a aucun être hors de l'entendement.

Il n'en est pas de même de l'idée de Dieu, au moins de celle qui est claire et distincte, parce qu'on ne peut pas dire qu'elle se rapporte à quelque chose à quoi elle ne soit pas conforme.

Quant aux idées confuses des dieux qui sont forgées par les idolâtres, je ne vois pas pourquoi elles ne pourraient point aussi être dites matériellement fausses, en tant qu'elles servent de matière à leurs faux jugements.

Combien qu'à dire vrai, celles qui ne donnent, pour ainsi dire, au jugement aucune occasion d'erreur, ou qui la donnent fort légère, ne doivent pas avec tant de raison être dites matériellement fausses, que celles qui la donnent fort grande; or il est aisé de faire voir, par plusieurs exemples, qu'il y en a qui donnent une bien plus grande occasion d'erreur les unes que les autres.

Car elle n'est pas si grande en ces idées confuses que notre esprit invente lui-même (telles que sont celles des faux dieux), qu'en celles qui nous sont offertes confusément par les sens, comme sont les idées du froid et de la chaleur, s'il est vrai, comme j'ai dit, qu'elles ne représentent rien de réel.

Mais la plus grande de toutes est dans ces idées qui naissent de l'appétit sensitif. Par exemple, l'idée de la soif dans un hydropique ne lui est-elle pas en effet occasion d'erreur, lorsqu'elle lui donne sujet de croire que le boire lui sera profitable, qui toutefois lui doit être nuisible ?

Mais Monsieur Arnauld demande ce que cette idée du froid me représente, laquelle j'ai dit être matériellement fausse : *car,* dit-il, *si elle représente une privation, donc elle est vraie ; si un être positif, donc elle n'est point l'idée du froid.* Ce que je lui accorde; mais je ne l'appelle fausse, que parce qu'étant obscure et confuse, je ne puis discerner si elle me représente quelque chose qui, hors de mon sentiment, soit positive ou non; c'est pourquoi j'ai occasion de juger que c'est quelque chose de positif, quoique peut-être ce ne soit qu'une simple privation.

Et partant, il ne faut pas demander *quelle est la cause de cet être positif objectif, qui, selon mon opinion, fait que cette idée est matériellement fausse ;* d'autant que je ne dis pas qu'elle soit faite matériellement fausse par quelque être positif, mais par la seule obscurité, laquelle néanmoins a pour sujet et fondement un être positif, à savoir le sentiment même.

Et de vrai, cet être positif est en moi, en tant que je suis une chose vraie; mais l'obscurité, laquelle seule me donne occasion de juger que l'idée de ce sentiment représente quelque objet hors de moi qu'on appelle froid, n'a point de cause réelle, mais elle vient seulement de ce que ma nature n'est pas entièrement parfaite.

Et cela ne renverse en façon quelconque mes fondements. Mais ce que j'aurais le plus à craindre, serait que, ne m'étant jamais beaucoup arrêté à lire les livres des philosophes, je n'aurais peut-être pas suivi assez exactement leur façon de parler, lorsque j'ai dit que ces idées, qui donnent au jugement matière ou occasion d'erreur, étaient *matériellement fausses,* si je ne trouvais que ce mot *matériellement* est pris en la même signification par le premier auteur qui m'est tombé par hasard entre les mains pour m'en éclaircir : c'est Suarez, en la *Dispute 9,* section 2, n. 4.

Mais passons aux choses que M. Arnauld désapprouve le plus, et qui toutefois me semblent mériter le moins sa censure : c'est à savoir, où j'ai dit *qu'il nous était loisible de penser que Dieu fait en quelque façon la même chose à l'égard de soi-même, que la cause efficiente à l'égard de son effet.*

Car, par cela même, j'ai nié ce qui lui semble un peu hardi et n'être pas véritable, à savoir, que Dieu soit la cause efficiente de soi-même, parce qu'en disant qu'*il fait en quelque façon la même chose,* j'ai montré que je ne croyais pas que ce fût entièrement la même; et en mettant devant ces paroles : *il nous est tout à fait loisible de penser,* j'ai donné à connaître que je n'expliquais ainsi ces choses, qu'à cause de l'imperfection de l'esprit humain.

Mais qui plus est, dans tout le reste de mes écrits, j'ai toujours fait la même distinction. Car dès le commencement, où j'ai dit *qu'il n'y a aucune chose dont on ne puisse rechercher la cause efficiente,* j'ai ajouté : *ou, si elle n'en a point, demander pourquoi elle n'en a pas besoin;* lesquelles paroles témoignent assez que j'ai pensé que quelque chose existait, qui n'a pas besoin de cause efficiente.

Or quelle chose peut être telle, excepté Dieu? Et même un peu après j'ai dit : *qu'il y avait en Dieu une si grande et si inépuisable puissance, qu'il n'a jamais eu besoin d'aucun secours pour exister, et qu'il n'en a pas encore besoin pour être conservé, en telle sorte qu'il est en quelque façon la cause de soi-même.*

Là où ces paroles, *la cause de soi-même,* ne peuvent en façon quelconque être entendues de la cause efficiente, mais seulement que la puissance inépuisable de Dieu est la cause ou la raison pour laquelle il n'a pas besoin de cause.

Et d'autant que cette puissance inépuisable, ou cette immensité d'essence, est *très positive,* pour cela j'ai dit que la raison ou la cause pour laquelle Dieu n'a pas besoin de cause, est *positive.* Ce qui ne se pourrait dire en même façon d'aucune chose finie, encore qu'elle fût très parfaite en son genre.

Car si on disait qu'une telle chose fût *par soi,* cela ne pourrait être entendu que d'une façon *négative,* d'autant qu'il serait impossible d'apporter aucune raison, qui fût tirée de la nature positive de cette chose, pour laquelle nous dussions concevoir qu'elle n'aurait pas besoin de cause efficiente.

Et ainsi, en tous les autres endroits, j'ai tellement comparé la cause formelle, ou la raison prise de l'essence de Dieu, pour laquelle il n'a pas besoin de cause pour exister ni pour être conservé, avec la cause efficiente, sans laquelle les choses finies ne peuvent exister, que partout il est aisé de connaître, de mes propres termes, qu'elle est tout à fait différente de la cause efficiente.

Et il ne se trouvera point d'endroit, où j'aie dit que Dieu se conserve par une influence positive, ainsi que les choses créées sont conservées par lui, mais bien seulement ai-je dit que l'immensité de sa puissance ou de son essence, qui est la cause pourquoi il n'a pas besoin de conservateur, est une chose *positive*.

Et partant, je puis facilement admettre tout ce que M. Arnauld apporte pour prouver que Dieu n'est pas la cause efficiente de soi-même, et qu'il ne se conserve pas par aucune influence positive, ou bien par une continuelle reproduction de soi-même, qui est tout ce que l'on peut inférer de ses raisons.

Mais il ne niera pas aussi, comme j'espère, que cette immensité de puissance, qui fait que Dieu n'a pas besoin de cause pour exister, est en lui une chose *positive,* et que dans toutes les autres choses on ne peut rien concevoir de semblable, qui soit *positif,* à raison de quoi elles n'aient pas besoin de cause efficiente pour exister; ce que j'ai seulement voulu signifier, lorsque j'ai dit qu'aucune chose ne pouvait être conçue exister *par soi* que *négativement,* hormis Dieu seul; et je n'ai pas eu besoin de rien avancer davantage, pour répondre à la difficulté qui m'était proposée.

Mais d'autant que M. Arnauld m'avertit ici si sérieusement *qu'il y aura peu de théologiens qui ne s'offensent de cette proposition, à savoir, que Dieu est par soi positivement et comme par une cause,* je dirai ici la raison pourquoi cette façon de parler est, à mon avis, non seulement très utile en cette question, mais aussi nécessaire et telle qu'il n'y a personne qui puisse avec raison la trouver mauvaise.

Je sais que nos théologiens, traitant des choses divines, ne se servent point du nom de *cause,* lorsqu'il s'agit de la procession des personnes de la très sainte Trinité et que là où les Grecs ont mis indifféremment αἴτιον et ἀρχήν, ils aiment mieux user du seul nom de *principe,* comme très général, de peur que de là ils ne donnent occasion de juger que le Fils est moindre que le Père.

Mais où il ne peut y avoir une semblable occasion

d'erreur, et lorsqu'il ne s'agit pas de personnes de la Trinité, mais seulement de l'unique essence de Dieu, je ne vois pas pourquoi il faille tant fuir le nom de *cause*, principalement lorsqu'on en est venu à ce point, qu'il semble très utile de s'en servir, et en quelque façon nécessaire.

Or ce nom ne peut être plus utilement employé que pour démontrer l'existence de Dieu; et la nécessité de s'en servir ne peut être plus grande que si, sans en user, on ne la peut pas clairement démontrer.

Et je pense qu'il est manifeste à tout le monde que la considération de la cause efficiente est le premier et principal moyen, pour ne pas dire le seul et l'unique, que nous ayons pour prouver l'existence de Dieu.

Or nous ne pouvons nous en servir, si nous ne donnons licence à notre esprit de rechercher les causes efficientes de toutes les choses qui sont au monde, sans en excepter Dieu même; car pour quelle raison l'excepterions-nous de cette recherche, avant qu'il ait été prouvé qu'il existe?

On peut donc demander de chaque chose, si elle est *par soi* ou *par autrui;* et certes par ce moyen on peut conclure l'existence de Dieu, quoiqu'on n'explique pas en termes formels et précis, comment on doit entendre ces paroles : *être par soi.*

Car tous ceux qui suivent seulement la conduite de la lumière naturelle, forment tout aussitôt en eux dans cette rencontre un certain concept qui participe de la cause efficiente et de la formelle, et qui est commun à l'une et à l'autre : c'est à savoir, que ce qui est *par autrui,* et par lui comme par une cause efficiente; et que ce qui est *par soi,* est comme par une cause formelle, c'est-à-dire parce qu'il a une telle nature qu'il n'a pas besoin de cause efficiente. C'est pourquoi je n'ai pas expliqué cela dans mes Méditations, et je l'ai omis, comme étant une chose de soi manifeste, et qui n'avait pas besoin d'aucune explication.

Mais lorsque ceux qu'une longue accoutumance a confirmés dans cette opinion de juger que rien ne peut être la cause efficiente de soi-même, et qui sont soigneux de distinguer cette cause de la formelle, voient que l'on demande si quelque chose est *par soi,* il arrive aisément que ne portant leur esprit qu'à la seule cause efficiente proprement prise, ils ne pensent pas que ce mot *par soi* doive être entendu comme *par une cause,* mais seulement *négativement* et comme *sans cause;* en sorte qu'ils pensent qu'il y a quelque chose qui existe, de laquelle on ne doit point demander pourquoi elle existe.

Laquelle interprétation du mot *par soi,* si elle était reçue, nous ôterait le moyen de pouvoir démontrer l'existence de Dieu par les effets, comme il a été bien prouvé par l'auteur des premières Objections; c'est pourquoi elle ne doit aucunement être admise.

Mais pour y répondre pertinemment, j'estime qu'il est nécessaire de montrer qu'entre *la cause efficiente* proprement dite, et *nulle cause,* il y a quelque chose qui tient comme le milieu, à savoir, *l'essence positive d'une chose,* à laquelle l'idée ou le concept de la cause efficiente se peut étendre en la même façon que nous avons coutume d'étendre en géométrie le concept d'une ligne circulaire, la plus grande qu'on puisse imaginer, au concept d'une ligne droite, ou le concept d'un polygone rectiligne, qui a un nombre indéfini de côtés, au concept du cercle.

Et je ne pense pas que j'eusse jamais pu mieux expliquer cela, que lorsque j'ai dit *que la signification de la cause efficiente ne doit pas être restreinte en cette question à ces causes qui sont différentes de leurs effets, ou qui les précèdent en temps; tant parce que ce serait une chose frivole et inutile, puisqu'il n'y a personne qui ne sache qu'une même chose ne peut pas être différente de soi-même, ni se précéder en temps, que parce que l'une de ces deux conditions peut être ôtée de son concept, la notion de la cause efficiente ne laissant pas de demeurer tout entière.*

Car qu'il ne soit pas nécessaire qu'elle précède en temps son effet, il est évident, puisqu'elle n'a le nom et la nature de cause efficiente que lorsqu'elle produit son effet, comme il a déjà été dit.

Mais de ce que l'autre condition ne peut pas aussi être ôtée, on doit seulement inférer que ce n'est pas une cause efficiente proprement dite, ce que j'avoue; mais non pas que ce n'est point du tout une cause positive, qui par analogie puisse être rapportée à la cause efficiente, et cela est seulement requis en la question opposée. Car par la même lumière naturelle, par laquelle je conçois que je me serais donné toutes les perfections dont j'ai en moi quelque idée, si je m'étais donné l'être, je conçois aussi que rien ne se le peut donner en la matière qu'on a coutume de restreindre la signification de la cause efficiente proprement dite, à savoir, en sorte qu'une même chose, en tant qu'elle se donne l'être, soit différente de soi-même en tant qu'elle le reçoit; parce qu'il y a de la contradiction entre ces deux choses, être le même, et non le même, ou différent.

C'est pourquoi, lorsque l'on demande si quelque chose se peut donner l'être à soi-même, il ne faut pas entendre autre chose que si on demandait, savoir, si la nature ou l'essence de quelque chose peut être telle qu'elle n'ait pas besoin de cause efficiente pour être ou exister.

Et lorsqu'on ajoute, *si quelque chose est telle, elle se donnera toutes les perfections dont elle a les idées, s'il est vrai qu'elle ne les ait pas encore,* cela veut dire qu'il est impossible qu'elle n'ait pas actuellement toutes les perfections dont elle a les idées; d'autant que la lumière naturelle nous fait connaître que la chose dont l'essence est si immense qu'elle n'a pas besoin de cause efficiente pour être, n'en a pas aussi besoin pour avoir toutes les perfections dont elle a les idées, et que sa propre essence lui donne éminemment tout ce que nous pouvons imaginer pouvoir être donné à d'autres choses par la cause efficiente.

Et ces mots, *si elle ne les a pas encore, elle se les donnera,* servent seulement d'explication; d'autant que par la même lumière naturelle nous comprenons que cette chose ne peut pas avoir, au moment que je parle, la vertu et la volonté de se donner quelque chose de nouveau, mais que son essence est telle, qu'elle a eu de toute éternité tout ce que nous pouvons maintenant penser qu'elle se donnerait, si elle ne l'avait pas encore.

Et néanmoins toutes ces manières de parler, qui ont rapport et analogie avec la cause efficiente, sont très nécessaires pour conduire tellement la lumière naturelle, que nous concevions clairement ces choses; tout ainsi qu'il y a plusieurs choses qui ont été démontrées par Archimède touchant la sphère et les autres figures composées de lignes courbes, par la comparaison de ces mêmes figures avec celles composées de lignes droites; ce qu'il aurait eu peine à faire comprendre, s'il en eût usé autrement.

Et comme ces sortes de démonstrations ne sont point désapprouvées, bien que la sphère y soit considérée comme une figure qui a plusieurs côtés, de même je ne pense pas pouvoir être ici repris de ce que je me suis servi de l'analogie de la cause efficiente, pour expliquer les choses qui appartiennent à la cause formelle, c'est-à-dire à l'essence même de Dieu.

Et il n'y a pas lieu de craindre en ceci aucune occasion d'erreur, d'autant que tout ce qui est le propre de la cause efficiente, et qui ne peut être étendu à la cause formelle, porte avec soi une manifeste contradiction, et partant, ne pourrait jamais être cru de personne, à savoir, qu'une chose soit différente de soi-même, ou bien qu'elle soit ensemble la même chose, et non la même.

Et il faut remarquer que j'ai tellement attribué à Dieu la dignité d'être la cause, qu'on ne peut pas de là inférer que je lui aie aussi attribué l'imperfection d'être l'effet : car, comme les théologiens, lorsqu'ils disent que le Père est le *principe* du Fils, n'avouent pas pour cela que le Fils soit *principié,* ainsi, quoique j'aie dit que Dieu pouvait en quelque façon être dit *la cause de soi-même,* il ne se trouvera pas néanmoins que je l'aie nommé en aucun lieu *l'effet de soi-même;* et ce d'autant qu'on a de coutume de rapporter principalement l'effet à la cause efficiente, et de le juger moins noble qu'elle, quoique souvent il soit plus noble que les autres causes.

Mais, lorsque je prends l'essence entière de la chose pour la cause formelle, je ne suis en cela que les vestiges d'Aristote; car, au livre 2 de ses *Analyt. postér.,* chap. 16, ayant omis la cause matérielle, la première qu'il nomme est celle qu'il appelle αἰτίαν τὸ τί ἦν εἶναι, ou, comme l'ont tourné ses interprètes, *la cause formelle,* laquelle il étend à toutes les essences de toutes les choses, parce qu'il ne traite pas en ce lieu-là des causes du composé physique (non plus que je fais ici), mais généralement des causes d'où l'on peut tirer quelque connaissance.

Or, pour faire voir qu'il était malaisé, dans la question proposée, de ne point attribuer à Dieu le nom de *cause,* il n'en faut point de meilleure preuve que, de ce que Monsieur Arnauld ayant tâché de conclure par une autre voie la même chose que moi, il n'en est pas néanmoins venu à bout, au moins à mon jugement.

Car, après avoir amplement montré que Dieu n'est pas

la cause efficiente de soi-même, parce qu'il eſt de la nature de la cause efficiente d'être différente de son effet; ayant aussi fait voir qu'il n'eſt pas par soi *positivement*, entendant par ce mot *positivement* une influence positive de la cause, et aussi qu'à vrai dire il ne se conserve pas soi-même, prenant le mot de *conservation* pour une continuelle reproduction de la chose (de toutes lesquelles choses je suis d'accord avec lui) après tout cela il veut derechef prouver que Dieu ne doit pas être dit la cause efficiente de soi-même : *parce que,* dit-il, *la cause efficiente d'une chose n'eſt demandée qu'à raison de son existence, et jamais à raison de son essence : or eſt-il qu'il n'eſt pas moins de l'essence d'un être infini d'exiſter, qu'il eſt de l'essence d'un triangle d'avoir ses trois angles égaux à deux droits; donc il ne faut non plus répondre par la cause efficiente, lorsqu'on demande pourquoi Dieu exiſte, que lorsqu'on demande pourquoi les trois angles d'un triangle sont égaux à deux droits.*

Lequel syllogisme peut aisément être renvoyé contre son auteur, en cette manière : Quoiqu'on ne puisse pas demander la cause efficiente à raison de l'essence, on la peut néanmoins demander à raison de l'exiſtence; mais en Dieu l'essence n'eſt point diſtinguée de l'existence, donc on peut demander la cause efficiente de Dieu.

Mais, pour concilier ensemble ces deux choses, on doit dire qu'à celui qui demande pourquoi Dieu exiſte, il ne faut pas à la vérité répondre par la cause efficiente proprement dite, mais seulement par l'essence même de la chose, ou bien par la cause formelle, laquelle, pour cela même qu'en Dieu l'exiſtence n'eſt point diſtinguée de l'essence, a un très grand rapport avec la cause efficiente, et partant, peut être appelée quasi-cause efficiente.

Enfin il ajoute, *qu'à celui qui demande la cause efficiente de Dieu, il faut répondre qu'il n'en a pas besoin; et derechef, à celui qui demande pourquoi il n'en a pas besoin, il faut répondre, parce qu'il eſt un être infini duquel l'exiſtence eſt son essence; car il n'y a que les choses dans lesquelles il eſt permis de diſtinguer l'exiſtence actuelle de l'essence, qui aient besoin de cause efficiente.*

D'où il infère que ce que j'avais dit auparavant eſt entièrement renversé; c'eſt à savoir, *si je pensais qu'aucune chose ne peut en quelque façon être à l'égard de soi-même ce que la cause efficiente est à l'égard de son effet, jamais en cherchant les causes des choses je ne viendrais à une première ;* ce qui néanmoins ne me semble aucunement renversé, non pas même tant soit peu affaibli ou ébranlé; car il est certain que la principale force non seulement de ma démonstration, mais aussi de toutes celles qu'on peut apporter pour prouver l'existence de Dieu par les effets, en dépend entièrement. Or presque tous les théologiens soutiennent qu'on n'en peut apporter aucune, si elle n'est tirée des effets.

Et partant, tant s'en faut qu'il apporte quelque éclaircissement à la preuve et démonstration de l'existence de Dieu, lorsqu'il ne permet pas qu'on lui attribue à l'égard de soi-même l'analogie de la cause efficiente, qu'au contraire il l'obscurcit et empêche que les lecteurs ne la puissent comprendre, particulièrement vers la fin, où il conclut *que, s'il pensait qu'il fallût rechercher la cause efficiente, ou quasi efficiente, de chaque chose, il chercherait une cause différente de cette chose.*

Car comment est-ce que ceux qui ne connaissent pas encore Dieu, rechercheraient la cause efficiente des autres choses, pour arriver par ce moyen à la connaissance de Dieu, s'ils ne pensaient qu'on peut rechercher la cause efficiente de chaque chose ?

Et comment enfin s'arrêteraient-ils à Dieu comme à la cause première, et mettraient-ils en lui la fin de leur recherche, s'ils pensaient que la cause efficiente de chaque chose dût être cherchée différente de cette chose ?

Certes, il me semble que M. Arnauld a fait en ceci la même chose que si (après qu'Archimède, parlant des choses qu'il a démontrées de la sphère par analogie aux figures rectilignes inscrites dans la sphère même, aurait dit : si je pensais que la sphère ne pût être prise pour une figure rectiligne, ou quasi rectiligne, dont les côtés sont infinis, je n'attribuerais aucune force à cette démonstration, parce qu'elle n'est pas véritable, si vous considérez la sphère comme une figure curviligne, ainsi qu'elle est en effet, mais bien si vous la considérez comme une figure rectiligne dont le nombre des côtés est infini).

Si, dis-je, M. Arnauld, ne trouvant pas bon qu'on appelât ainsi la sphère, et néanmoins désirant retenir la démonstration d'Archimède, disait : si je pensais que ce qui se conclut ici, se dût entendre d'une figure rectiligne dont les côtés sont infinis, je ne croirais point du tout cela de la sphère, parce que j'ai une connaissance certaine que la sphère n'est point une figure rectiligne.

Par lesquelles paroles il est sans doute qu'il ne ferait pas la même chose qu'Archimède, mais qu'au contraire il se ferait un obstacle à soi-même et empêcherait les autres de bien comprendre sa démonstration.

Ce que j'ai déduit ici plus au long que la chose ne semblait peut-être le mériter, afin de montrer que je prends soigneusement garde à ne pas mettre la moindre chose dans mes écrits, que les théologiens puissent censurer avec raison.

Enfin j'ai déjà fait voir assez clairement, dans les réponses aux secondes Objections, nombre 3 et 4, que je ne suis point tombé dans la faute qu'on appelle cercle, lorsque j'ai dit que nous ne sommes assurés que les choses que nous concevons fort clairement et fort distinctement sont toutes vraies, qu'à cause que Dieu est ou existe; et que nous ne sommes assurés que Dieu est ou existe, qu'à cause que nous concevons cela fort clairement et fort distinctement; et faisant distinction des choses que nous concevons en effet fort clairement, d'avec celles que nous nous ressouvenons d'avoir autrefois fort clairement conçues.

Car, premièrement, nous sommes assurés que Dieu existe, parce que nous prêtons notre attention aux raisons qui nous prouvent son existence; mais après cela, il suffit que nous nous ressouvenions d'avoir conçu une chose clairement, pour être assurés qu'elle est vraie : ce qui ne suffirait pas, si nous ne savions que Dieu existe et qu'il ne peut être trompeur.

Pour la question de savoir s'il ne peut y avoir rien dans notre esprit, en tant qu'il est une chose qui pense, dont lui-même n'ait une actuelle connaissance, il me semble qu'elle est fort aisée à résoudre, parce que nous voyons fort bien qu'il n'y a rien en lui, lorsqu'on le considère de la sorte, qui ne soit une pensée, ou qui ne dépende entièrement de la pensée : autrement cela n'appartiendrait pas à l'esprit, en tant qu'il est une chose qui pense; et il ne peut y avoir en nous aucune pensée, de laquelle, dans le même moment qu'elle est en nous, nous n'ayons une actuelle connaissance.

C'est pourquoi je ne doute point que l'esprit, aussitôt qu'il est infus dans le corps d'un enfant, ne commence à penser, et que dès lors il ne sache qu'il pense, encore qu'il ne se ressouvienne pas après de ce qu'il a pensé, parce que les espèces de ses pensées ne demeurent pas empreintes en sa mémoire.

Mais il faut remarquer que nous avons bien une actuelle connaissance des actes ou des opérations de notre esprit, mais non pas toujours de ses facultés, si ce n'est en puissance; en telle sorte que, lorsque nous nous disposons à nous servir de quelque faculté, tout aussitôt, si cette faculté est en notre esprit, nous en acquérons une actuelle connaissance; c'est pourquoi nous pouvons alors nier assurément qu'elle y soit, si nous ne pouvons en acquérir cette connaissance actuelle.

RÉPONSE AUX CHOSES

QUI PEUVENT ARRÊTER LES THÉOLOGIENS

Je me suis opposé aux premières raisons de Monsieur Arnauld, j'ai tâché de parer aux secondes, et je donne entièrement les mains à celles qui suivent, excepté à la dernière, pour raison de laquelle j'espère qu'il ne me sera pas difficile de faire en sorte que lui-même s'accommode à mon avis.

Je confesse donc ingénument avec lui que les choses qui sont contenues dans la première Méditation, et même dans les suivantes, ne sont pas propres à toutes sortes d'esprits, et qu'elles ne s'ajustent pas à la capacité de tout le monde; mais ce n'est pas d'aujourd'hui que j'ai fait cette déclaration : je l'ai déjà faite, et la ferai encore autant de fois que l'occasion s'en présentera.

Aussi a-ce été la seule raison qui m'a empêché de traiter de ces choses dans le *Discours de la Méthode,* qui était en langue vulgaire, et que j'ai réservé de le faire dans ces Méditations, qui ne doivent être lues, comme j'en ai plusieurs fois averti, que par les plus forts esprits.

Et on ne peut pas dire que j'eusse mieux fait, si je me fusse abstenu d'écrire des choses dont la lecture ne doit pas être propre ni utile à tout le monde; car je les crois si nécessaires, que je me persuade que sans elles on ne peut jamais rien établir de ferme et d'assuré dans la philosophie.

Et quoique le fer et le feu ne se manient jamais sans péril par des enfants ou par des imprudents, néanmoins, parce qu'ils sont utiles pour la vie, il n'y a personne qui juge qu'il se faille abstenir pour cela de leur usage.

Or, que dans la quatrième Méditation je n'aie parlé que de l'erreur *qui se commet dans le discernement du vrai et du faux,* et non pas de celle qui arrive dans la poursuite du bien et du mal; et que j'aie toujours excepté les choses qui regardent la foi et les actions de notre vie, lorsque j'ai dit que nous ne devons donner créance qu'aux choses que nous connaissons évidemment, tout le contenu de mes Méditations en fait foi; et outre cela je l'ai expressément déclaré dans les réponses aux secondes Objections, nombre cinquième, comme aussi dans l'abrégé de mes Méditations; ce que je dis pour faire voir combien je défère au jugement de Monsieur Arnauld, et l'estime que je fais de ses conseils.

Il reste le sacrement de l'Eucharistie, avec lequel Monsieur Arnauld juge que mes opinions ne peuvent pas convenir, *parce que,* dit-il, *nous tenons pour article de foi que, la substance du pain étant ôtée du pain eucharistique, les seuls accidents y demeurent.* Or il pense que je n'admets point *d'accidents réels,* mais seulement des modes, qui ne peuvent pas être entendus *sans quelque substance* en laquelle ils résident, *et partant, ils ne peuvent pas exister sans elle.*

A laquelle objection je pourrais très facilement m'exempter de répondre, en disant que jusques ici je n'ai jamais nié que les accidents fussent réels : car, encore que je ne m'en sois point servi dans la *Dioptrique* et dans les *Météores,* pour expliquer les choses que je traitais alors, j'ai dit néanmoins en termes exprès, dans les *Météores,* que je ne voulais pas nier qu'ils fussent réels.

Et dans ces Méditations j'ai de vrai supposé que je ne les connaissais pas bien encore, mais non pas que pour cela il n'y en eût point : car la manière d'écrire analytique que j'y ai suivie permet de faire quelquefois des suppositions, lorsqu'on n'a pas encore assez soigneusement examiné les choses, comme il a paru dans la première Méditation, où j'avais supposé beaucoup de choses que j'ai depuis réfutées dans les suivantes.

Et certes ce n'a point été ici mon dessein de rien définir touchant la nature des accidents, mais j'ai seulement proposé ce qui m'a semblé d'eux de prime abord; et enfin, de ce que j'ai dit que les modes ne peuvent pas être entendus sans quelque substance en laquelle ils résident, on ne doit pas inférer que j'aie nié que par la toute-puissance de Dieu ils en puissent être séparés, parce que je tiens pour très assuré et crois fermement que Dieu peut faire une infinité de choses que nous ne sommes pas capables d'entendre.

Mais, pour procéder ici avec plus de franchise, je ne dissimulerai point que je me persuade qu'il n'y a rien autre chose par quoi nos sens soient touchés, que cette seule superficie qui est le terme des dimensions du corps qui est senti ou aperçu par les sens. Car c'est en la superficie seule que se fait le contact, lequel est si nécessaire pour le sentiment, que j'estime que sans lui pas un de nos sens ne pourrait être mû; et je ne suis pas le seul de cette opinion : Aristote même et quantité d'autres philosophes avant moi en ont été. De sorte que, par exemple, le pain et le vin ne sont point aperçus par les sens, sinon en tant que leur superficie est touchée par l'organe du sens, ou immédiatement, ou médiatement par le moyen de l'air ou des autres corps, comme je l'estime bien, comme disent plusieurs philosophes, par le moyen des espèces intentionnelles.

Et il faut remarquer que ce n'est pas la seule figure extérieure des corps qui est sensible aux doigts et à la main, qui doit être prise pour cette superficie, mais qu'il faut aussi considérer tous ces petits intervalles qui sont, par exemple, entre les petites parties de la farine dont le pain est composé, comme aussi entre les particules de l'eau-de-vie, de l'eau douce, du vinaigre, de la lie ou du tartre, du mélange desquelles le vin est composé, et ainsi entre les petites parties des autres corps, et penser que toutes les petites superficies qui terminent ces intervalles, font partie de la superficie de chaque corps.

Car certes, ces petites parties de tous les corps ayant diverses figures et grosseurs et différents mouvements, jamais elles ne peuvent être si bien arrangées ni si justement jointes ensemble, qu'il ne reste plusieurs intervalles autour d'elles, qui ne sont pas néanmoins vides, mais qui sont remplis d'air ou de quelque autre matière, comme il s'en voit dans le pain, qui sont assez larges et qui peuvent être remplis non seulement d'air, mais aussi d'eau, de vin, ou de quelque autre liqueur; et puisque le pain demeure toujours le même, encore que l'air, ou telle autre matière qui est contenue dans ses pores soit changée, il est constant que ces choses n'appartiennent point à la substance du pain, et partant, que sa superficie n'est pas celle qui par un petit circuit l'environne tout entier, mais celle qui touche immédiatement chacune de ses petites parties.

Il faut aussi remarquer que cette superficie n'est pas seulement remuée tout entière, lorsque toute la masse du pain est portée d'un lieu en un autre, mais qu'elle est aussi remuée en partie, lorsque quelques-unes de ses petites parties sont agitées par l'air ou par les autres corps qui entrent dans ses pores; tellement que, s'il y a des corps qui soient d'une telle nature que quelques-unes de leurs parties, ou toutes celles qui les composent, se remuent continuellement (ce que j'estime être vrai de plusieurs parties du pain et de toutes celles du vin), il faudra aussi concevoir que leur superficie est dans un continuel mouvement.

Enfin, il faut remarquer que, par la superficie du pain ou du vin, ou de quelque autre corps que ce soit, on n'entend pas ici aucune partie de la substance, ni même de la quantité de ce même corps, ni aussi aucunes parties des autres corps qui l'environnent, mais seulement *ce terme que l'on conçoit être moyen entre chacune des particules de ce corps et les corps qui les environnent, et qui n'a point d'autre entité que la modale.*

Ainsi, puisque le contact se fait dans ce seul terme, et que rien n'est senti, si ce n'est par contact, c'est une chose manifeste que, de cela seul que les substances du pain et du vin sont dites être tellement changées en la substance de quelque autre chose, que cette nouvelle substance soit contenue précisément sous les mêmes termes sous qui les autres étaient contenues, ou qu'elle existe dans le même lieu où le pain et le vin existaient auparavant (ou plutôt, d'autant que leurs termes sont continuellement agités, dans lequel ils existeraient s'ils étaient présents), il s'ensuit nécessairement que cette nouvelle substance doit mouvoir tous nos sens de la même façon que feraient le pain et le vin, si aucune transsubstantiation n'avait été faite.

Or l'Église nous enseigne dans le Concile de Trente, section 13, can. 2 et 4, *qu'il se fait une conversion de toute la substance du pain en la substance du Corps de Notre-Seigneur Jésus-Christ, demeurant seulement l'espèce du pain.* Où je ne vois pas ce que l'on peut entendre par *l'espèce du pain,* si ce n'est cette superficie qui est moyenne entre chacune de ses petites parties et les corps qui les environnent.

Car, comme il a déjà été dit, le contact se fait en cette seule superficie; et Aristote même confesse que, non seulement ce sens que par privilège spécial on nomme *l'attouchement,* mais aussi tous les autres, ne sentent que par le moyen de l'attouchement. C'est dans le livre 3 *De l'Ame,* chap. 13, où sont ces mots : *Καὶ τὰ ἄλλα αἰσθητήρια ἁφῇ αἰσθάνεται.*

Or il n'y a personne qui pense que par l'espèce on entende autre chose que ce qui est précisément requis pour toucher les sens. Et il n'y a aussi personne qui croie la conversion du pain au Corps de Christ, qui ne pense que ce Corps de Christ est précisément contenu sous la même superficie sous qui le pain serait contenu s'il était présent, quoique néanmoins il ne soit pas là comme proprement dans un lieu, mais sacramentellement, et de cette manière d'exister, laquelle, quoique nous ne puissions qu'à peine exprimer par paroles, après néanmoins que notre esprit est éclairé des lumières de la foi, nous pouvons concevoir comme possible à un Dieu, et laquelle nous sommes obligés de croire très fermement. Toutes lesquelles choses me semblent être si commodément expliquées par mes principes, que non seulement je ne crains pas d'avoir rien dit ici qui puisse offenser nos théologiens, qu'au contraire j'espère qu'ils me sauront gré de ce que les opinions que je propose dans la physique sont telles, qu'elles conviennent beaucoup mieux avec la théologie, que celles qu'on y propose d'ordinaire. Car, de vrai, l'Église n'a jamais enseigné (au moins que je sache) que les espèces du pain et du vin, qui demeurent au Sacrement de l'Eucharistie, soient des accidents réels qui subsistent miraculeusement tout seuls, après que la substance à laquelle ils étaient attachés a été ôtée.

Mais peut-être à cause que les premiers théologiens

qui ont entrepris d'ajuster cette question avec la philosophie naturelle se persuadaient si fortement que ces accidents qui touchent nos sens étaient quelque chose de réel différent de la substance, qu'ils ne pensaient pas seulement que jamais on en pût douter, ils ont supposé, sans aucune juste raison et sans y avoir bien pensé, que les espèces du pain étaient des accidents réels de cette nature; puis ensuite ils ont mis toute leur étude à expliquer comment ces accidents peuvent subsister sans sujet. En quoi ils ont trouvé tant de difficultés que cela seul leur devait faire juger qu'ils s'étaient détournés du droit chemin, ainsi que font les voyageurs quand quelque sentier les a conduits à des lieux pleins d'épines et inaccessibles.

Car, premièrement, ils semblent se contredire (au moins ceux qui tiennent que les objets ne meuvent nos sens que par le moyen du contact), lorsqu'ils supposent qu'il faut encore quelque autre chose dans les objets, pour mouvoir les sens, que leurs superficies diversement disposées; d'autant que c'est une chose qui de soi est évidente, que la superficie seule suffit pour le contact; et s'il y en a qui ne veulent pas tomber d'accord que nous ne sentons rien sans le contact, ils ne peuvent rien dire, touchant la façon dont les sens sont mus par leurs objets, qui ait aucune apparence de vérité.

Outre cela, l'esprit humain ne peut pas concevoir que les accidents du pain soient réels, et que néanmoins ils existent sans sa substance, qu'il ne les conçoive en même façon que si c'étaient des substances; c'est pourquoi il semble qu'il y ait en cela de la contradiction, que toute la substance du pain soit changée, ainsi que le croit l'Église, et que cependant il demeure quelque chose de réel qui était auparavant dans le pain; parce qu'on ne peut pas concevoir qu'il demeure rien de réel, que ce qui subsiste; et encore qu'on nomme cela un accident, on le conçoit néanmoins comme une substance. Et c'est en effet la même chose que si on disait qu'à la vérité toute la substance du pain est changée, mais que néanmoins cette partie de sa substance, qu'on nomme accident réel, demeure : dans lesquelles paroles s'il n'y a point de contradiction, certainement dans le concept il en paraît beaucoup.

Et il semble que ce soit principalement pour ce sujet

que quelques-uns se sont éloignés en ceci de la créance de l'Église romaine. Mais qui pourra nier que, lorsqu'il est permis, et que nulle raison, ni théologique, ni même philosophique, ne nous oblige à embrasser une opinion plutôt qu'une autre, il ne faille principalement choisir celles qui ne peuvent donner occasion ni prétexte à personne de s'éloigner des vérités de la foi? Or, que l'opinion qui admet des accidents réels ne s'accommode pas aux raisons de la théologie, je pense que cela se voit ici assez clairement; et qu'elle soit tout à fait contraire à celles de la philosophie, j'espère dans peu le démontrer évidemment, dans un traité des principes que j'ai dessein de publier, et d'y expliquer comment la couleur, la saveur, la pesanteur, et toutes les autres qualités qui touchent nos sens, dépendent seulement en cela de la superficie extérieure des corps.

Au reste, on ne peut pas supposer que les accidents soient réels, sans qu'au miracle de la transsubstantiation, lequel seul peut être inféré des paroles de la consécration, on n'en ajoute sans nécessité un nouveau et incompréhensible, par lequel ces accidents réels existent tellement sans la substance du pain, que cependant ils ne soient pas eux-mêmes faits des substances; ce qui ne répugne pas seulement à la raison humaine, mais même à l'axiome des théologiens, qui disent que les paroles de la consécration n'opèrent rien que ce qu'elles signifient, et qui ne veulent pas attribuer à miracle les choses qui peuvent être expliquées par raison naturelle. Toutes lesquelles difficultés sont entièrement levées par l'explication que je donne à ces choses. Car tant s'en faut que, selon l'explication que j'y donne, il soit besoin de quelque miracle pour conserver les accidents après que la substance du pain est ôtée, qu'au contraire, sans un nouveau miracle (à savoir, par lequel les dimensions fussent changées), ils ne peuvent pas être ôtés. Et les histoires nous apprennent que cela est quelquefois arrivé, lorsque au lieu de pain consacré il a paru de la chair ou un petit enfant entre les mains du prêtre; car jamais on n'a cru que cela soit arrivé par une cessation de miracle, mais on a toujours attribué cet effet à un miracle nouveau.

Davantage, il n'y a rien en cela d'incompréhensible ou de difficile, que Dieu, créateur de toutes choses, puisse changer une substance en une autre, et que cette dernière substance demeure précisément sous la même superficie sous qui la première était contenue. On ne peut aussi rien dire de plus conforme à la raison, ni qui soit plus communément reçu par les philosophes, que non seulement tout sentiment, mais généralement toute action d'un corps sur un autre, se fait par le contact, et que ce contact peut être en la seule superficie : d'où il suit évidemment que la même superficie doit toujours de la même façon agir ou pâtir, quelque changement qui arrive en la substance qu'elle couvre.

C'est pourquoi, s'il m'est ici permis de dire la vérité sans envie, j'ose espérer que le temps viendra, auquel cette opinion, qui admet les accidents réels, sera rejetée par les théologiens comme peu sûre en la foi, éloignée de la raison, et du tout incompréhensible, et que la mienne sera reçue en sa place comme certaine et indubitable. Ce que j'ai cru ne devoir pas ici dissimuler, pour prévenir, autant qu'il m'est possible, les calomnies de ceux qui, voulant paraître plus savants que les autres, et ne pouvant souffrir qu'on propose aucune opinion différente des leurs, qui soit estimée vraie et importante, ont coutume de dire qu'elle répugne aux vérités de la foi, et tâchent d'abolir par autorité ce qu'ils ne peuvent réfuter par raison. Mais j'appelle de leur sentence à celle des bons et orthodoxes théologiens, au jugement et à la censure desquels je me soumettrai toujours très volontiers.

RÉSUMÉ DES CINQUIÈMES OBJECTIONS

FAITES PAR GASSENDI

CONTRE LA PREMIÈRE MÉDITATION

DES CHOSES QUI PEUVENT ÊTRE RÉVOQUÉES EN DOUTE

Il suffisait de tenir les connaissances seulement pour incertaines et de mettre ensuite à part celles qui seraient reconnues vraies; au lieu de les regarder toutes comme fausses, ce qui est un nouveau préjugé, et de supposer des sens toujours infidèles, un Dieu trompeur, un malin génie, un sommeil perpétuel, ce qui est une fiction insoutenable.

CONTRE LA DEUXIÈME MÉDITATION

DE LA NATURE DE L'ESPRIT HUMAIN ET QU'IL EST PLUS AISÉ DE LE CONNAÎTRE QUE LE CORPS

I. Vous n'aviez pas besoin d'un si grand appareil pour prouver que vous êtes; cela peut se conclure de toute action, car le nœud de la difficulté n'est pas de savoir si l'on existe, mais ce que l'on est.

II. Il n'y a pas de raison pour refuser à l'être qui pense les qualités du corps, par exemple l'étendue ou la mobilité.

III. L'être qui pense croît et s'affaiblit avec le corps; il meut les membres et participe en conséquence à leur mouvement; il peut être un corps fort subtil. Il reste à prouver que la faculté de penser est incompatible avec la nature corporelle, que l'âme des bêtes est immatérielle ou que le corps humain ne contribue en rien à la pensée.

IV. Il est malaisé de croire que l'âme pense toujours; on ne pense ni pendant la léthargie, ni dans le sein de sa mère, ou quelques instants après en être sorti.

V. Vous ne vous concevez pas par une pensée différente de l'imagination; vous vous représentez à vous-même comme une substance pure, claire et subtile répandue dans le corps, tout au moins dans le cerveau. Quand vous dites que les choses conçues par l'imagination ne peuvent convenir à la connaissance que vous avez de vous-même, c'est une affirmation toute gratuite.

VI. Il n'y a pas d'intellection qui ne soit une imagination, ni d'imagination qui ne soit une intellection.

VII. La faculté de sentir que vous rangez parmi les modes de la pensée n'est pas différente en l'homme de ce qu'elle est chez les bêtes; or, comme l'âme des bêtes est matérielle, celle de l'homme peut l'être aussi.

VIII. La conception que vous avez de la substance de la cire est une imagination, car vous ne pouvez pas la dépouiller de toute étendue, de toute forme et de toute couleur. Si nous reconnaissons des hommes sous des chapeaux ou sous des manteaux, c'est acte d'imagination plutôt que d'entendement; le chien, d'ailleurs, reconnaît son maître aux mêmes signes.

IX. Vous montrez bien que vous êtes, mais non point ce que vous êtes. Dire que l'esprit est une chose qui pense, ce n'est pas nous faire connaître la substance de l'esprit.

CONTRE LA TROISIÈME MÉDITATION

DE DIEU, QU'IL EXISTE

I. La clarté d'une idée ne permet pas de conclure sa vérité. Les hommes ont des opinions différentes et chacun conçoit la sienne clairement. Il faudrait trouver une méthode qui, parmi les choses clairement conçues, permette de distinguer les vraies et les fausses.

II. Toutes nos idées ont une origine extérieure. Celles que vous croyez innées, comme les idées des choses en général, de vérité et de pensée, ne sont que des généralisations.

III. Vous ne pouvez pas douter sérieusement des choses extérieures dont l'existence nous est révélée par nos sens, car vous marchez sur la terre. Les deux idées que nous avons du soleil sont également vraies, ou plutôt celle que l'astronomie nous donne n'est pas une véritable idée, car nous ne pourrions pas nous représenter le soleil tel qu'elle nous le démontre.

IV. L'idée de la substance est une idée confuse et qui ne saurait avoir plus de réalité objective que celle des accidents, auxquels elle emprunte tout ce qu'elle a de réalité, puisqu'on ne peut concevoir la substance que comme quelque chose d'étendu, de figuré, de coloré, etc. L'idée que nous avons de Dieu ne contient pas plus de réalité objective que l'idée d'une chose finie; l'idée de ses attributs n'est que l'idée de nos propres qualités agrandies. Nous sommes d'ailleurs incapables de concevoir l'infini et de former une idée de Dieu qui le représente tel qu'il est.

V. La cause efficiente ne contient pas toujours son effet; par exemple l'architecte ne contient pas la maison. Pour ce qui est de la « réalité objective », prenons pour exemple l'image que vous avez de moi-même; cette idée n'est qu'une émanation de ma propre substance, à laquelle elle ne saurait être comparée, au point de vue de la réalité. Je pense donc comme vous que le contenu d'une idée n'est presque rien en comparaison de sa cause.

VI. Vous ne pouvez pas douter qu'il existe des choses hors de nous, et vous n'avez pas besoin de raisons pour le prouver. Vous n'avez pas l'idée de vous-même; l'entendement ne peut pas plus s'entendre que l'œil ne peut se voir. Et quand vous auriez cette idée, vous n'en pourriez tirer celle de la substance corporelle.

VII. Vous passez de l'idée de Dieu à sa réalité, mais l'idée que se formaient les anciens philosophes d'une infinité de principes et d'une infinité de mondes ne prouvait pas la réalité de ces objets. Dire que pour avoir une idée claire de l'infini il suffit d'en concevoir quelque chose, c'est dire que vous feriez mon portrait en dessinant l'extrémité d'un de mes cheveux.

VIII. Ce que vous désirez, le pain, par exemple, n'est pas nécessairement plus parfait que vous. D'autre part, relativement à l'idée de Dieu, les choses que l'on conçoit sont actuellement dans l'idée, mais non pour cela dans la réalité.

IX. Il n'est pas nécessaire qu'une cause extérieure plus parfaite que vous assure votre conservation, par une sorte de création continue : il y a des effets qui subsistent alors que leur cause n'existe plus. Vous dites que les parties du temps ne dépendent pas les unes des autres, alors qu'on ne saurait rien imaginer de plus indissolublement lié; d'ailleurs le temps est extérieur à votre vie et n'y contribue pas plus que les flots à la conservation du rocher qu'ils arrosent. Vous avez en vous-même un principe qui vous conserve, bien que vous n'en ayez pas conscience. On ne voit pas pourquoi vous ne procéderiez pas de vos parents, et, par leur intermédiaire, d'une série infinie de causes. Le recours à l'infini est absurde lorsque les causes ne peuvent agir l'une sans l'autre, comme les anneaux d'une chaîne, mais non entre les causes dont la seconde peut continuer son action alors même que la première est détruite. Vous avez pu former l'idée d'un être parfait à partir des perfections qui sont dans ce monde et que vous avez grossies.

X. L'idée de Dieu n'est pas immuable dans notre esprit. Vous dites que cette idée est en nous comme la marque de l'ouvrier sur son œuvre, mais quelle idée vous faites-vous de la forme de cette marque et de la ressemblance entre l'œuvre et l'ouvrier? Enfin, si Dieu a marqué sur nous son idée, pourquoi tous les hommes en ont-ils une conception si différente?

CONTRE LA QUATRIÈME MÉDITATION

DU VRAI ET DU FAUX

I. On ne voit pas pourquoi vous attribuez l'erreur au néant, ni pourquoi Dieu ne nous a pas donné une faculté de juger exempte d'erreur. Vous avez raison de dire que les causes finales ne sont d'aucun usage dans les sciences physiques, mais on peut en faire état en philosophie naturelle. Si vous n'aviez jamais fait usage de vos sens extérieurs, que serait en vous l'idée de Dieu?

II. Il est difficile de prétendre que des parties défectueuses contribuent à la perfection de l'ensemble. L'univers serait plus parfait si vous n'étiez pas sujet à l'erreur. Quand l'erreur ne serait qu'une négation, Dieu en vous créant ne pouvait-il pas y remédier?

III. L'entendement a au moins autant d'étendue que la volonté qui ne saurait s'appliquer à une chose dont nous n'avons pas idée. Quand les raisons de l'entendement n'inclinent pas la volonté d'un côté ou de l'autre, il n'y a aucun jugement. Si l'entendement conçoit clairement, le libre arbitre porte son jugement sans hésitation; mais il ne le porte qu'avec crainte lorsque la conception de l'entendement est confuse.

IV. Je répète que la difficulté est de distinguer dans quel cas une conception claire nous égare et dans quel cas elle nous conduit bien.

CONTRE LA CINQUIÈME MÉDITATION

DE L'ESSENCE DES CHOSES MATÉRIELLES ET DE L'EXISTENCE DE DIEU

I. L'essence et l'existence ne peuvent être séparées. Il n'est pas vrai que vous puissiez avoir l'idée du triangle sans avoir vu ou touché de corps triangulaire.

II. Si l'existence appartient à l'essence divine, on peut prétendre avec une égale raison que l'existence appartient aussi à l'essence du triangle. « Il faut ensuite remarquer que vous mettez l'existence entre les perfections divines, et que vous ne la mettez pas entre celles d'un triangle ou d'une montagne, quoique néanmoins elle soit autant et selon la manière d'être de chacun, la perfection de l'un que de l'autre. Mais, à vrai dire, soit que vous considériez l'existence en Dieu, soit que vous la considériez en quelque autre sujet, elle n'est point une perfection, mais seulement une forme ou un acte sans lequel il n'y en peut avoir. » Vous dites que l'existence de Dieu résulte de son essence aussi nécessairement que l'égalité des angles à deux droits résulte de l'essence du triangle; mais la nécessité de cette deuxième conséquence peut être reconnue par la démonstration. Il devrait en être de même pour la première.

III. Vous faites reposer la vérité sur l'existence de Dieu; mais vous étiez auparavant pleinement convaincu des vérités géométriques et de celle du *cogito*. Plusieurs personnes doutent de Dieu, mais nul ne doute des démonstrations de la géométrie.

CONTRE LA SIXIÈME MÉDITATION

DE L'EXISTENCE DES CHOSES MATÉRIELLES ET DE LA RÉELLE DISTINCTION ENTRE L'AME ET LE CORPS DE L'HOMME

I. L'intelligence et l'imagination ont le même sort quant à la clarté; elles ne diffèrent que de degré. Vous ne concevez pas mieux le chiliogone que vous ne l'imaginez; vous ne faites qu'énoncer un mot.

II. Si les sens nous trompent, ils nous montrent aussi la vérité.

III. Comme vous pouvez vous concevoir sans votre corps, vous pensez que vous en êtes distinct; mais il s'agit de savoir si vous n'êtes pas un corps plus subtil répandu dans l'autre.

IV. Comment l'image représentative du corps qui est étendue pourrait-elle être reçue en vous si vous êtes inétendu? D'autre part pouvez-vous être sans extension, puisque vous êtes dans toutes les parties de votre corps; et si vous n'êtes pas corporel, comment pouvez-vous mouvoir le corps?

V. L'union serait impossible entre un être corporel et un être incorporel. Si vous étiez simple et indivisible, vous ne pourriez pas souffrir car la douleur n'est qu'une séparation de parties.

VI. Je suis de votre avis sur la croyance qu'il faut avoir en ce que nos sens nous montrent le plus souvent, sur la distinction de la veille et du sommeil, enfin sur les infirmités de notre nature.

RÉPONSES DE L'AUTEUR

AUX CINQUIÈMES OBJECTIONS

FAITES PAR MONSIEUR GASSENDI

Monsieur Descartes à Monsieur Gassendi

MONSIEUR,

VOUS avez impugné mes Méditations par un discours si élégant et si soigneusement recherché, et qui m'a semblé si utile pour en éclaircir davantage la vérité, que je crois vous devoir beaucoup d'avoir pris la peine d'y mettre la main, et n'être pas peu obligé au Révérend Père Mersenne de vous avoir excité de l'entreprendre. Car il a très bien reconnu, lui qui a toujours été très curieux de rechercher la vérité, principalement lorsqu'elle peut servir à augmenter la gloire de Dieu, qu'il n'y avait point de moyen plus propre pour juger de la vérité de mes démonstrations que de les soumettre à l'examen et à la censure de quelques personnes reconnues pour doctes par-dessus les autres, afin de voir si je pourrais répondre pertinemment à toutes les difficultés qui me pourraient être par eux proposées. A cet effet il en a provoqué plusieurs, il l'a obtenu de quelques-uns, et je me réjouis que vous ayez aussi acquiescé à sa prière. Car, encore que vous n'ayez pas tant employé les raisons d'un philosophe pour réfuter mes opinions que les artifices d'un orateur pour les éluder, cela ne laisse pas de m'être très agréable, et ce d'autant plus, que je conjecture de là qu'il est difficile d'apporter contre moi des raisons différentes de celles qui sont contenues dans les précédentes objections que vous avez lues. Car certainement, s'il y en eût eu quelques-unes, elles ne vous auraient pas échappé; et je m'imagine que tout votre dessein en ceci n'a été que de m'avertir des moyens dont ces personnes de qui l'esprit est tellement plongé et attaché aux sens qu'ils ne peuvent rien concevoir qu'en imaginant, et qui, partant, ne sont pas propres pour les spéculations métaphysiques, se pourraient servir pour éluder mes raisons, et me donner lieu en même temps de les prévenir. C'est pourquoi, ne pensez pas que vous répondant ici, j'estime répondre à un parfait et subtil philosophe, tel que je sais que vous êtes; mais comme si vous étiez du nombre de ces hommes de chair dont vous empruntez le visage, je vous adresserai seulement la réponse que je leur voudrais faire.

DES CHOSES QUI ONT ÉTÉ OBJECTÉES CONTRE LA PREMIÈRE MÉDITATION

Vous dites que vous approuvez le dessein que j'ai eu de délivrer l'esprit de ses anciens préjugés, qui est tel en effet que personne n'y peut trouver à redire; mais vous voudriez que je m'en fusse acquitté « simplement et en peu de paroles », c'est-à-dire, en un mot, « négligemment et sans tant de précautions »; comme si c'était une chose si facile que de se délivrer de toutes les erreurs dont nous sommes imbus dès notre enfance, et que l'on pût faire trop exactement ce qu'on ne doute point qu'il ne faille faire. Mais certes je vois bien que vous avez voulu m'indiquer qu'il y en a plusieurs qui disent seulement de bouche qu'il faut soigneusement éviter la prévention, mais qui pourtant ne l'évitent jamais, parce qu'ils ne s'étudient point à s'en défaire, et se persuadent qu'on ne doit point tenir pour des préjugés ce qu'ils ont une fois reçu pour véritable. Certainement vous jouez ici parfaitement bien leur personnage, et n'omettez rien de ce qu'ils me pourraient objecter, mais cependant vous ne dites rien qui sente tant soit peu son philosophe. Car, où vous dites qu'il n'était « pas besoin de feindre un Dieu trompeur, ni que je dormais », un philosophe aurait cru être obligé d'ajouter la raison pourquoi cela ne peut être révoqué en doute, ou s'il n'en eût point eu, comme de vrai il n'y en a point, il se serait abstenu de dire cela. Il n'aurait pas non plus ajouté qu'il suffisait en ce lieu-là d'alléguer pour raison de notre défiance, le peu de lumière de l'esprit humain, ou la faiblesse de notre nature; car il ne sert de rien, pour corriger nos erreurs, de dire que nous nous trompons parce que notre esprit n'est pas beaucoup clairvoyant, ou que notre nature est infirme; car c'est le même que si nous disions que nous errons parce que nous sommes sujets à l'erreur. Et certes on ne peut pas nier qu'il ne soit plus utile de prendre garde, comme j'ai fait, à toutes les choses où il peut arriver que nous errions, de peur que nous ne leur donnions trop légèrement notre créance. Un philosophe n'aurait pas dit aussi qu'en « tenant toutes choses pour » fausses, je ne me dépouille pas tant de mes anciens » préjugés, que je me revêts d'un autre tout nouveau »; ou bien il eût premièrement tâché de montrer qu'une telle supposition nous pouvait induire en erreur; mais tout au contraire, vous assurez un peu après qu'il n'est pas possible que je puisse obtenir cela de moi, que de douter de la vérité et certitude de ces choses que j'ai supposées être fausses; c'est-à-dire que je puisse me revêtir de ce nouveau préjugé dont vous appréhendiez que je me laissasse prévenir. Et un philosophe ne serait pas plus étonné de cette supposition que de voir quelquefois une personne qui, pour redresser un bâton qui est courbé, le recourbe de l'autre part; car il n'ignore pas que souvent on prend ainsi des choses fausses pour véritables, afin d'éclaircir davantage la vérité, comme lorsque les astronomes imaginent au ciel un équateur, un zodiaque et d'autres cercles, ou que les géomètres ajoutent de nouvelles lignes à des figures données, et souvent aussi les philosophes en beaucoup de rencontres; et celui qui appelle cela « recourir à une machine, forger des illusions, chercher des détours et des nouveautés », et qui dit que cela est « indigne de la candeur d'un philosophe et du zèle de la vérité », montre bien qu'il ne se veut pas lui-même servir de cette candeur philosophique, ni mettre en usage les raisons, mais seulement donner aux choses le fard et les couleurs de la rhétorique.

DES CHOSES QUI ONT ÉTÉ OBJECTÉES CONTRE LA SECONDE MÉDITATION

I. Vous continuez ici à nous amuser par des feintes et des déguisements de rhétorique, au lieu de nous payer de bonnes et solides raisons; car vous feignez que je me moque lorsque je parle tout de bon, et vous prenez comme une chose dite sérieusement et avec quelque assurance de vérité ce que je n'ai proposé que par forme d'interrogation et selon l'opinion du vulgaire, pour en faire par après une plus exacte recherche. Car quand j'ai dit qu'il fallait « tenir pour incertains, ou même pour » faux, tous les témoignages que nous recevons des » sens », je l'ai dit tout de bon; et cela est si nécessaire pour bien entendre mes Méditations, que celui qui ne peut, ou qui ne veut pas admettre cela, n'est pas capable de rien dire à l'encontre qui puisse mériter réponse. Mais cependant il faut prendre garde à la différence qui est entre les actions de la vie et la recherche de la vérité, laquelle j'ai tant de fois inculquée; car, quand il est question de la conduite de la vie, ce serait une chose tout à fait ridicule de ne s'en pas rapporter aux sens; d'où vient qu'on s'est toujours moqué de ces sceptiques qui négligeaient jusqu'à tel point toutes les choses du monde, que, pour empêcher qu'ils ne se jetassent eux-mêmes dans des précipices, ils devaient être gardés par leurs amis; et c'est pour cela que j'ai dit en quelque part : « qu'une personne de bon sens ne pouvait douter sérieusement de ces choses »; mais lorsqu'il s'agit de la recherche de la vérité et de savoir quelles choses peuvent être certainement connues par l'esprit humain, il est sans doute du tout contraire à la raison de ne vouloir pas rejeter sérieusement ces choses-là comme incertaines, ou même aussi comme fausses, afin de remarquer que celles qui ne peuvent pas être ainsi rejetées sont en cela même plus assurées, et à notre égard plus connues et plus évidentes.

Quant à ce que j'ai dit que « je ne connaissais pas encore assez ce que c'est qu'une chose qui pense », il n'est pas vrai, comme vous dites, que je l'aie dit tout de bon, car je l'ai expliqué en son lieu; ni même que j'aie dit que je ne doutais nullement en quoi consistait la nature du corps, et que je ne lui attribuais point la faculté de se mouvoir soi-même; ni aussi que j'imaginais l'âme comme un vent ou un feu, et autres choses semblables que j'ai seulement rapportées en ce lieu-là, selon l'opinion du vulgaire, pour faire voir par après qu'elles étaient fausses. Mais avec quelle fidélité dites-vous que « je rapporte à l'âme les facultés de marcher, de sentir, » d'être nourri », etc., afin que vous ajoutiez immédiatement après ces paroles : « Je vous accorde tout cela, » pourvu que nous nous donnions garde de votre dis- » tinction d'entre l'esprit et le corps ? » car en ce lieu-là même j'ai dit en termes exprès que la nutrition ne devait être rapportée qu'au corps; et, pour ce qui est du sentiment et du marcher, je les rapporte aussi, pour la plus grande partie, au corps, et je n'attribue rien à l'âme de ce qui les concerne que cela seul qui est une pensée.

De plus, quelle raison avez-vous de dire qu'il n'était « pas besoin d'un si grand appareil pour prouver mon » existence » ? Certes je pense avoir fort bonne raison de conjecturer de vos paroles mêmes que l'appareil dont je me suis servi n'a pas encore été assez grand, puisque je n'ai pu faire encore que vous comprissiez bien la chose; car, quand vous dites que j'eusse pu conclure la même chose de chacune autre de mes actions indifféremment, vous vous méprenez bien fort, parce qu'il n'y en a pas une de laquelle je sois entièrement certain, j'entends de cette certitude métaphysique de laquelle seule il est ici question, excepté la pensée. Car, par exemple, cette conséquence ne serait pas bonne : *Je me promène, donc je suis,* sinon en tant que la connaissance intérieure que j'en ai est une pensée, de laquelle seule cette conclusion est certaine, non du mouvement du corps, lequel parfois peut être faux, comme dans nos songes, quoiqu'il nous semble alors que nous nous promenions; de façon que de ce que je pense me promener je puis fort bien inférer l'existence de mon esprit, qui a cette pensée, mais non celle de mon corps, lequel se promène. Il en est de même de toutes les autres.

II. Vous commencez ensuite par une figure de rhétorique assez agréable, qu'on nomme prosopopée, à m'interroger, non plus comme un homme tout entier, mais comme une âme séparée du corps; en quoi il semble que vous ayez voulu m'avertir que ces objections ne partent pas de l'esprit d'un subtil philosophe, mais de celui d'un homme attaché au sens et à la chair. Dites-moi donc, je vous prie, ô chair, ou qui que vous soyez, et quel que soit le nom dont vous vouliez qu'on vous appelle, avez-vous si peu de commerce avec l'esprit que vous n'ayez pu remarquer l'endroit où j'ai corrigé cette imagination du vulgaire par laquelle on feint que la chose qui pense eſt semblable au vent ou à quelque autre corps de cette sorte? Car je l'ai sans doute corrigée lorsque j'ai fait voir que l'on peut supposer qu'il n'y a point de vent, point de feu, ni aucun autre corps au monde, et que néanmoins, sans changer cette supposition, toutes les choses par quoi je connais que je suis une chose qui pense ne laissent pas de demeurer en leur entier. Et partant toutes les queſtions que vous me faites ensuite, par exemple : « Pourquoi ne pourrais-je donc pas » être un vent? Pourquoi ne pas remplir un espace? » Pourquoi n'être pas mû en plusieurs façons? » et autres semblables, sont si vaines et si inutiles qu'elles n'ont pas besoin de réponse.

III. Ce que vous ajoutez ensuite n'a pas plus de force à savoir : « si je suis corps subtil et délié, pourquoi ne » pourrais-je pas être nourri? » et le reſte. Car je nie absolument que je sois un corps. Et pour terminer une fois pour toutes ces difficultés, parce que vous m'objeƈtez quasi toujours la même chose, et que vous ne combattez pas mes raisons, mais que les dissimulant comme si elles étaient de peu de valeur, ou que les rapportant imparfaites et défeƈtueuses, vous prenez de là occasion de me faire plusieurs objeƈtions que les personnes peu versées en la philosophie ont coutume d'opposer à mes conclusions, ou à d'autres qui leur ressemblent, ou même qui n'ont rien de commun avec elles, lesquelles ou sont éloignées du sujet, ou ont déjà été en leur lieu réfutées et résolues, il n'eſt pas nécessaire que je réponde à chacune de vos demandes, autrement il faudrait répéter cent fois les mêmes choses que j'ai ci-devant écrites. Mais je satisferai seulement en peu de paroles à celles qui me sembleront pouvoir arrêter des personnes un peu entendues. Et pour ceux qui ne s'attachent pas tant à la force des raisons qu'à la multitude des paroles, je ne fais pas tant de cas de leur approbation que je veuille perdre le temps en discours inutiles pour l'acquérir.

Premièrement donc, je remarquerai ici qu'on ne vous croit pas quand vous avancez si hardiment et sans aucune preuve que l'esprit croît et s'affaiblit avec le corps; car de ce qu'il n'agit pas si parfaitement dans le corps d'un enfant que dans celui d'un homme parfait, et que souvent ses actions peuvent être empêchées par le vin et par d'autres choses corporelles, il s'ensuit seulement que tandis qu'il est uni au corps il s'en sert comme d'un instrument pour faire ces sortes d'opération auxquelles il est pour l'ordinaire occupé, mais non pas que le corps le rende plus ou moins parfait qu'il est en soi; et la conséquence que vous tirez de là n'est pas meilleure que si, de ce qu'un artisan ne travaille pas bien toutes les fois qu'il se sert d'un mauvais outil, vous infériez qu'il emprunte son adresse et la science de son art de la bonté de son instrument.

Il faut aussi remarquer qu'il ne semble pas, ô chair, que vous sachiez en façon quelconque ce que c'est que d'user de raison, puisque, pour prouver que le rapport et la foi de mes sens ne me doivent point être suspects, vous dites que, « quoique sans me servir de l'œil il m'ait » semblé quelquefois que je sentais des choses qui ne se » peuvent sentir sans lui, je n'ai pas néanmoins toujours » expérimenté la même fausseté »; comme si ce n'était pas un fondement suffisant pour douter d'une chose que d'y avoir une fois reconnu de l'erreur, et comme s'il se pouvait faire que toutes les fois que nous nous trompons nous puissions nous en apercevoir; vu qu'au contraire l'erreur ne consiste qu'en ce qu'elle ne paraît pas comme telle. Enfin, parce que vous me demandez souvent des raisons lorsque vous n'en avez vous-même aucune, et que c'est néanmoins à vous d'en avoir, je suis obligé de vous avertir que pour bien philosopher il n'est pas besoin de prouver que toutes ces choses-là sont fausses que nous ne recevons pas pour vraies, à cause que leur vérité ne nous est pas connue; mais il faut seulement prendre garde très soigneusement de ne rien recevoir pour véritable que nous ne puissions démontrer être tel. Et ainsi, quand j'aperçois que je suis une substance qui pense, et que je forme un concept clair et distinct de cette substance, dans lequel il n'y a rien de contenu de tout ce qui appartient à celui de la substance corporelle, cela me suffit pleinement pour assurer qu'en tant que je me connais je ne suis rien qu'une chose qui pense; et c'est tout ce que j'ai assuré dans la seconde Méditation, de laquelle il s'agit maintenant : et je n'ai pas dû admettre que cette substance qui pense fût un corps subtil, pur, délié, etc., d'autant que je n'ai eu lors aucune raison qui me le persuadât; si vous en avez quelqu'une, c'est à vous de nous l'enseigner, et non pas d'exiger de moi que je prouve qu'une chose est fausse que je n'ai point eu d'autre raison pour ne la pas admettre qu'à cause qu'elle m'était inconnue. Car vous faites le même que si, disant que je suis maintenant en Hollande, vous disiez que je ne dois pas être cru si je ne prouve en même temps que je ne suis pas en Chine, ni en aucune autre partie du monde; d'autant que peut-être il se peut faire qu'un même corps, par la toute-puissance de Dieu, soit en plusieurs lieux. Et lorsque vous ajoutez que je dois aussi prouver que les âmes des bêtes ne sont pas corporelles et que le corps ne contribue rien à la pensée, vous faites voir que non seulement vous ignorez à qui appartient l'obligation de prouver une chose, mais aussi que vous ne savez pas ce que chacun doit prouver; car pour moi je ne crois point ni que les âmes des bêtes ne soient pas corporelles, ni que le corps ne contribue rien à la pensée; mais seulement je dis que ce n'est pas ici le lieu d'examiner ces choses.

IV. Vous cherchez ici de l'obscurité à cause de l'équivoque qui est dans le mot d'*âme;* mais je l'ai tant de fois nettement éclaircie que j'ai honte de le répéter ici; c'est pourquoi je dirai seulement que les noms ont été pour l'ordinaire imposés par des personnes ignorantes, ce qui fait qu'ils ne conviennent pas toujours assez proprement aux choses qu'ils signifient; néanmoins, depuis qu'ils sont une fois reçus, il ne nous est pas libre de les changer, mais seulement nous pouvons corriger leurs significations quand nous voyons qu'elles ne sont pas bien entendues. Ainsi, d'autant que peut-être les premiers auteurs des noms n'ont pas distingué en nous ce principe par lequel nous sommes nourris, nous croissons et faisons sans la pensée toutes les autres fonctions qui nous sont communes avec les bêtes, d'avec celui par lequel nous pensons, ils ont appelé l'un et l'autre du seul nom d'*âme;* et, voyant puis après que la pensée était différente de la nutrition, ils ont appelé du nom d'*esprit* cette chose qui en nous a la faculté de penser, et ont cru que c'était la principale partie de l'âme. Mais moi, venant à prendre garde que le principe par lequel nous sommes nourris est entièrement distingué de celui par lequel nous pensons, j'ai dit que le nom d'*âme,* quand il est pris conjointement pour l'un et pour l'autre, est équivoque, et que pour le prendre précisément pour ce premier acte, ou cette *forme principale de l'homme,* il doit être seulement entendu de ce principe par lequel nous pensons : aussi l'ai-je le plus souvent appelé du nom d'*esprit,* pour ôter cette équivoque et ambiguïté. Car je ne considère pas l'*esprit* comme une partie de l'âme, mais comme cette âme tout entière qui pense.

Mais, dites-vous, vous êtes en peine de savoir si « je » n'estime donc point que l'âme pense toujours ». Mais pourquoi ne penserait-elle pas toujours, puisqu'elle est une substance qui pense? Et quelle merveille y a-t-il de ce que nous ne nous ressouvenons pas des pensées qu'elle a eues dans le ventre de nos mères, ou pendant une léthargie, etc., puisque nous ne nous ressouvenons pas même de plusieurs pensées que nous savons fort bien avoir eues étant adultes, sains et éveillés, dont la raison est que, pour se ressouvenir des pensées que l'esprit a une fois conçues tandis qu'il est conjoint au corps, il est nécessaire qu'il en reste quelques vestiges imprimés dans le cerveau, vers lesquels l'esprit se tournant, et appliquant à eux sa pensée, il vient à se ressouvenir; or qu'y a-t-il de merveilleux si le cerveau d'un enfant ou d'un léthargique n'est pas propre pour recevoir de telles impressions?

Enfin, où j'ai dit « que peut-être il se pouvait faire » que ce que je ne connais pas encore (à savoir, mon » corps) n'est point différent de moi que je connais (à » savoir, de mon esprit), que je n'en sais rien, que je ne » dispute pas de cela, etc. », vous m'objectez : « Si vous » ne le savez pas, si vous ne disputez pas de cela, pour» quoi dites-vous que vous n'êtes rien de tout cela? » Où il n'est pas vrai que j'aie rien avancé que je ne susse;

car, tout au contraire, parce que je ne savais pas lors si le corps était une même chose que l'esprit ou s'il ne l'était pas, je n'en ai rien voulu avancer, mais j'ai seulement considéré l'esprit, jusqu'à ce qu'enfin, dans la sixième Méditation, je n'ai pas simplement avancé, mais j'ai démontré très clairement qu'il était réellement distingué du corps. Mais vous manquez vous-même en cela beaucoup, que, n'ayant pas la moindre raison pour montrer que l'esprit n'est point distingué du corps, vous ne laissez pas de l'avancer sans aucune preuve.

V. Ce que j'ai dit de l'imagination est assez clair si l'on veut y prendre garde, mais ce n'est pas merveille si cela semble obscur à ceux qui ne méditent jamais et qui ne font aucune réflexion sur ce qu'ils pensent. Mais j'ai à les avertir que les choses que j'ai assuré ne point appartenir à cette connaissance que j'ai de moi-même ne répugnent point avec celles que j'avais dit auparavant ne savoir pas si elles appartenaient à mon essence, d'autant que ce sont deux choses entièrement différentes, appartenir à mon essence, et appartenir à la connaissance que j'ai de moi-même.

VI. Tout ce que vous alléguez ici, ô très bonne chair, ne me semble pas tant des objections que quelques murmures qui n'ont pas besoin de repartie.

VII. Vous continuez encore ici vos murmures, mais il n'est pas nécessaire que je m'y arrête davantage que j'ai fait aux autres. Car toutes les questions que vous faites des bêtes sont hors de propos, et ce n'est pas ici le lieu de les examiner; d'autant que l'esprit, méditant en soi-même et faisant réflexion sur ce qu'il est, peut bien expérimenter qu'il pense, mais non pas si les bêtes ont des pensées ou si elles n'en ont pas; et il n'en peut rien découvrir que lorsque, examinant leurs opérations, il remonte des effets vers leurs causes. Je ne m'arrête pas non plus à réfuter les lieux où vous me faites parler impertinemment, parce qu'il me suffit d'avoir une fois averti le lecteur que vous ne gardez pas toute la fidélité qui est due au rapport des paroles d'autrui. Mais j'ai souvent apporté la véritable marque par laquelle nous pouvons connaître que l'esprit est différent du corps, qui est que toute l'essence ou toute la nature de l'esprit consiste seulement à penser, là où toute la nature du corps consiste seulement en ce point, que le corps est une chose étendue, et aussi qu'il n'y a rien du tout de commun entre la pensée et l'extension. J'ai souvent aussi fait voir fort clairement que l'esprit peut agir indépendamment du cerveau; car il est certain qu'il est de nul usage lorsqu'il s'agit de former des actes d'une pure intellection, mais seulement quand il est question de sentir ou d'imaginer quelque chose; et bien que, lorsque le sentiment ou l'imagination est fortement agitée, comme il arrive quand le cerveau est troublé, l'esprit ne puisse pas facilement s'appliquer à concevoir d'autres choses, nous expérimentons néanmoins que, lorsque notre imagination n'est pas si forte, nous ne laissons pas souvent de concevoir quelque chose d'entièrement différent de ce que nous imaginons, comme lorsque au milieu de nos songes nous apercevons que nous rêvons; car alors c'est bien un effet de notre imagination que nous rêvons, mais c'est un ouvrage qui n'appartient qu'à l'entendement seul de nous faire apercevoir de nos rêveries.

VIII. Ici, comme souvent ailleurs, vous faites voir seulement que vous n'entendez pas ce que vous tâchez de reprendre; car je n'ai point fait abstraction du concept de la cire d'avec celui de ses accidents, mais plutôt j'ai voulu montrer comment sa substance est manifestée par les accidents, et combien sa perception, quand elle est claire et distincte, et qu'une exacte réflexion nous l'a rendue manifeste, diffère de la vulgaire et confuse. Et je ne vois pas, ô chair, sur quel argument vous vous fondez pour assurer avec tant de certitude qu'un chien discerne et juge de la même façon que nous, sinon parce que, voyant qu'il est aussi composé de chair, vous vous persuadez que les mêmes choses qui sont en vous se rencontrent aussi en lui. Pour moi, qui ne reconnais dans un chien aucun esprit, je ne pense pas qu'il y ait rien en lui de semblable aux choses qui appartiennent à l'esprit.

IX. Je m'étonne que vous avouiez que toutes les choses que je considère en la cire prouvent bien que je connais distinctement que je suis, mais non pas quel je suis ou quelle est ma nature, vu que l'un ne se démontre point sans l'autre. Et je ne vois pas ce que vous pouvez désirer de plus, touchant cela, sinon qu'on vous dise de quelle odeur et de quelle saveur est l'esprit humain, ou de quel sel, soufre et mercure il est composé; car vous voulez que, comme par une espèce d'opération chimique, à l'exemple du vin nous le passions par l'alambic, pour savoir ce qui entre en la composition de son essence. Ce qui certes est digne de vous, ô chair, et de tous ceux qui, ne concevant rien que fort confusément, ne savent pas ce que l'on doit rechercher de chaque chose. Mais, quant à moi, je n'ai jamais pensé que pour rendre une substance manifeste il fût besoin d'autre chose que de découvrir ses divers attributs; en sorte que plus nous connaissons d'attributs de quelque substance, plus parfaitement aussi nous en connaissons la nature; et tout ainsi que nous pouvons distinguer plusieurs divers attributs dans la cire : l'un qu'elle est blanche, l'autre qu'elle est dure, l'autre que de dure elle devient liquide, etc.; de même y en a-t-il autant en l'esprit : l'un qu'il a la vertu de connaître la blancheur de la cire, l'autre qu'il a la vertu d'en connaître la dureté, l'autre qu'il peut connaître le changement de cette dureté ou la liquéfaction, etc., car tel peut connaître la dureté qui pour cela ne connaîtra pas la blancheur, comme un aveugle-né, et ainsi du reste. D'où l'on voit clairement qu'il n'y a point de chose dont on connaisse tant d'attributs que de notre esprit, parce qu'autant qu'on en connaît dans les autres choses, on en peut autant compter dans l'esprit de ce qu'il les connaît; et partant sa nature est plus connue que celle d'aucune autre chose.

Enfin, vous m'arguez ici en passant de ce que, n'ayant rien admis en moi que l'esprit, je parle néanmoins de la cire que je vois et que je touche, ce qui toutefois ne se peut faire sans yeux ni sans mains; mais vous avez dû remarquer que j'ai expressément averti qu'il ne s'agissait pas ici de la vue ou du toucher, qui se font par l'entremise des organes corporels, mais de la seule pensée de voir et de toucher, qui n'a pas besoin de ces organes, comme nous expérimentons toutes les nuits dans nos songes; et certes vous l'avez fort bien remarqué, mais vous avez seulement voulu faire voir combien d'absurdités et d'injustes cavillations sont capables d'inventer ceux qui ne travaillent pas tant à bien concevoir une chose qu'à l'impugner et contredire.

DES CHOSES QUI ONT ÉTÉ OBJECTÉES CONTRE LA TROISIÈME MÉDITATION

I. Courage; enfin vous apportez ici contre moi quelque raison, ce que je n'ai point remarqué que vous ayez fait jusques ici; car, pour prouver que ce n'eſt point une règle certaine, « que les choses que nous concevons » fort clairement et fort diſtinctement sont toutes vraies », vous dites que quantité de grands esprits, qui semblent avoir dû connaître plusieurs choses fort clairement et fort diſtinctement, ont eſtimé que la vérité était cachée dans le sein de Dieu même, ou dans le profond des abîmes; en quoi j'avoue que c'eſt fort bien argumenter de l'autorité d'autrui; mais vous devriez vous souvenir, ô chair, que vous parlez ici à un esprit qui eſt tellement détaché des choses corporelles qu'il ne sait pas même si jamais il y a eu aucuns hommes avant lui, et qui partant ne s'émeut pas beaucoup de leur autorité. Ce que vous alléguez ensuite des sceptiques eſt un lieu commun qui n'eſt pas mauvais, mais qui ne prouve rien; non plus que ce que vous dites qu'il y a des personnes qui mourraient pour la défense de leurs fausses opinions, parce qu'on ne saurait prouver qu'ils conçoivent clairement et diſtinctement ce qu'ils assurent avec tant d'opiniâtreté. Enfin, ce que vous ajoutez, qu'il ne faut pas tant se travailler à confirmer la vérité de cette règle qu'à donner une bonne méthode pour connaître si nous nous trompons ou non lorsque nous pensons concevoir clairement quelque chose, eſt très véritable; mais aussi je maintiens l'avoir fait exactement en son lieu, premièrement en ôtant les préjugés, puis après en expliquant toutes les principales idées, et enfin en diſtinguant les claires et diſtinctes de celles qui sont obscures et confuses.

II. Certes j'admire votre raisonnement, par lequel vous voulez prouver que toutes nos idées sont étrangères ou viennent de dehors, et qu'il n'y en a point que nous ayons formée, « parce que, dites-vous, l'esprit n'a » pas seulement la faculté de concevoir les idées étran- » gères mais il a aussi celle de les assembler, diviser, » étendre, raccourcir, composer, etc., en plusieurs ma- » nières »; d'où vous concluez que l'idée d'une chimère que l'esprit fait en composant, divisant, etc., n'eſt pas faite par lui, mais qu'elle vient de dehors ou qu'elle est étrangère. Mais vous pourriez aussi de la même façon prouver que Praxitèle n'a fait aucunes statues, d'autant qu'il n'a pas eu de lui le marbre sur lequel il les pût tailler; et l'on pourrait aussi dire que vous n'avez pas fait ces objections, parce que vous les avez composées de paroles que vous n'avez pas inventées, mais que vous avez empruntées d'autrui. Mais certes ni la forme d'une chimère ne consiste pas dans les parties d'une chèvre ou d'un lion, ni celle de vos objections dans chacune des paroles dont vous vous êtes servi, mais seulement dans la composition et l'arrangement des choses. J'admire aussi que vous souteniez que l'idée de ce qu'on nomme en général une *chose* ne puisse être en l'esprit, « si les idées d'un animal, d'une plante, d'une » pierre et de tous les universaux n'y sont ensemble »; comme si, pour connaître que je suis une chose qui pense, je devais connaître les animaux et les plantes, parce que je dois connaître ce qu'on nomme une *chose,* ou bien ce que c'est en général qu'une *chose.* Vous n'êtes pas aussi plus véritable en tout ce que vous dites touchant la vérité. Et enfin, puisque vous impugnez seulement des choses dont je n'ai rien affirmé, vous vous armez en vain contre des fantômes.

III. Pour réfuter les raisons pour lesquelles j'ai estimé que l'on pouvait douter de l'existence des choses matérielles, vous demandez ici « pourquoi donc je marche » sur la terre, etc. »; en quoi il est évident que vous retombez dans la première difficulté; car vous posez pour fondement ce qui est en controverse, et qui a besoin de preuve, savoir est, qu'il est si certain que je marche sur la terre, qu'on n'en peut aucunement douter.

Et lorsque aux objections que je me suis faites, et dont j'ai donné la solution, vous voulez y ajouter cette autre, à savoir, « pourquoi donc dans un aveugle-né n'y a-t-il » point d'idée de la couleur, ou dans un sourd, des sons » et de la voix? » vous faites bien voir que vous n'en avez aucune de conséquence; car comment savez-vous que dans un aveugle-né il n'y a aucune idée des couleurs? vu que parfois nous expérimentons qu'encore bien que nous ayons les yeux fermés, il s'excite néanmoins en nous des sentiments de couleur et de lumière; et, quoiqu'on vous accordât ce que vous dites, celui qui nierait l'existence des choses matérielles n'aurait-il pas aussi bonne raison de dire qu'un aveugle-né n'a point les idées des couleurs parce que son esprit est privé de la faculté de les former, que vous en avez de dire qu'il n'en a point les idées parce qu'il est privé de la vue?

Ce que vous ajoutez des deux idées du soleil ne prouve rien, mais quand vous les prenez toutes deux pour une seule, parce qu'elles se rapportent au même soleil, c'est le même que si vous disiez que le vrai et le faux ne diffèrent point lorsqu'ils se disent d'une même chose; et lorsque vous niez que l'on doive appeler du nom d'idée celle que nous inférons des raisons de l'astronomie, vous restreignez le nom d'idée aux seules images dépeintes en la fantaisie, contre ce que j'ai expressément établi.

IV. Vous faites le même lorsque vous niez qu'on puisse avoir une vraie idée de la substance, à cause, dites-vous, que la substance ne s'aperçoit point par l'imagination, mais par le seul entendement. Mais j'ai déjà plusieurs fois protesté, ô chair, que je ne voulais point avoir affaire avec ceux qui ne se veulent servir que de l'imagination, et non point de l'entendement.

Mais où vous dites que « l'idée de la substance n'a » point de réalité qu'elle n'ait empruntée des idées des » accidents sous lesquels ou à la façon desquels elle est » conçue », vous faites voir clairement que vous n'en avez aucune qui soit distincte, parce que la substance ne peut jamais être conçue à la façon des accidents, ni emprunter d'eux sa réalité; mais tout au contraire, les accidents sont communément conçus par les philosophes comme des substances, savoir, lorsqu'ils les conçoivent comme réels; car on ne peut attribuer aux accidents aucune réalité (c'est-à-dire aucune entité plus que modale), qui ne soit empruntée de l'idée de la substance.

Enfin, là où vous dites que « nous ne formons l'idée de » Dieu que sur ce que nous avons appris et entendu des » autres », lui attribuant, à leur exemple, les mêmes perfections que nous avons vu que les autres lui attribuaient, j'eusse voulu que vous eussiez aussi ajouté d'où c'est donc que ces premiers hommes, de qui nous avons appris et entendu ces choses, ont eu cette même idée de Dieu. Car, s'ils l'ont eue d'eux-mêmes, pourquoi ne la pourrons-nous pas avoir de nous-mêmes? Que si Dieu la leur a révélée, par conséquent Dieu existe.

Et lorsque vous ajoutez que « celui qui dit une chose » infinie donne à une chose qu'il ne comprend pas » un nom qu'il n'entend point non plus », vous ne mettez point de distinction entre l'intellection conforme à la portée de notre esprit, telle que chacun reconnaît assez en soi-même avoir de l'infini, et la conception entière et parfaite des choses, c'est-à-dire qui comprenne tout ce qu'il y a d'intelligible en elles, qui est telle que personne n'en eut jamais non seulement de l'infini, mais même aussi peut-être d'aucune autre chose qui soit au monde, pour petite qu'elle soit; et il n'est pas vrai que nous concevions l'infini par la négation du fini, vu qu'au contraire toute limitation contient en soi la négation de l'infini.

Il n'est pas vrai aussi que « l'idée qui nous représente » toutes les perfections que nous attribuons à Dieu n'a » pas plus de réalité objective qu'en ont les choses finies ». Car vous confessez vous-même que toutes ces perfections sont amplifiées par notre esprit, afin qu'elles puissent être attribuées à Dieu; pensez-vous donc que les choses ainsi amplifiées ne soient point plus grandes que celles qui ne le sont point; et d'où nous peut venir cette faculté d'amplifier toutes les perfections créées, c'est-à-dire de concevoir quelque chose de plus grand et de plus parfait qu'elles ne sont, sinon de cela seul que nous avons en nous l'idée d'une chose plus grande, à savoir, de Dieu même? Et enfin il n'est pas vrai aussi que Dieu serait très peu de chose s'il n'était point plus grand que nous le concevons; car nous concevons qu'il est infini, et il ne peut y avoir rien de plus grand que l'infini. Mais vous confondez l'intellection avec l'imagination, et vous feignez que nous imaginons Dieu comme quelque grand et puissant géant, ainsi que ferait celui qui, n'ayant jamais vu d'éléphant, s'imaginerait qu'il est semblable à un ciron d'une grandeur et grosseur démesurée, ce que je confesse avec vous être fort impertinent.

V. Vous dites ici beaucoup de choses pour faire semblant de me contredire, et néanmoins vous ne dites rien contre moi, puisque vous concluez la même chose que moi. Mais néanmoins vous entremêlez par-ci par-là plusieurs choses dont je ne demeure pas d'accord; par exemple, que cet axiome, *il n'y a rien dans un effet qui n'ait été premièrement dans sa cause,* se doit plutôt entendre de la cause matérielle que de l'efficiente; car il eſt impossible de concevoir que la perfeɥtion de la forme préexiſte dans la cause matérielle, mais bien dans la seule cause efficiente, et aussi que *la réalité formelle d'une idée soit une subſtance,* et plusieurs autres choses semblables.

VI. Si vous aviez quelques raisons pour prouver l'exiſtence des choses matérielles, sans doute que vous les eussiez ici rapportées. Mais puisque vous demandez seulement « s'il eſt donc vrai que je sois incertain qu'il » y ait quelque autre chose que moi qui exiſte dans le » monde », et que vous feignez qu'il n'eſt pas besoin de chercher des raisons d'une chose si évidente, et ainsi que vous vous en rapportez seulement à vos anciens préjugés, vous faites voir bien plus clairement que vous n'avez aucune raison pour prouver ce que vous assurez que si vous n'en aviez rien dit du tout. Quant à ce que vous dites touchant les idées, cela n'a pas besoin de réponse, parce que vous reſtreignez le nom d'idée aux seules images dépeintes en la fantaisie; et moi je l'étends à tout ce que nous concevons par la pensée.

Mais je vous demande, en passant, par quel argument vous prouvez que « rien n'agit sur soi-même ». Car ce n'eſt pas votre coutume d'user d'arguments et de prouver ce que vous dites. Vous prouvez cela par l'exemple du doigt qui ne se peut frapper soi-même, et de l'œil qui ne se peut voir si ce n'eſt dans un miroir : à quoi il eſt aisé de répondre que ce n'eſt point l'œil qui se voit lui-même ni le miroir, mais bien l'esprit, lequel seul connaît et le miroir, et l'œil, et soi-même. On peut même aussi donner d'autres exemples, parmi les choses corporelles, de l'aɥtion qu'une chose exerce sur soi, comme lorsqu'un sabot se tourne sur soi-même; cette conversion n'eſt-elle pas une aɥtion qu'il exerce sur soi ?

Enfin il faut remarquer que je n'ai point affirmé que « les idées des choses matérielles dérivaient de l'esprit », comme vous me voulez ici faire accroire; car j'ai montré expressément après qu'elles procédaient souvent des corps, et que c'eſt par là que l'on prouve l'exiſtence des choses corporelles; mais j'ai seulement fait voir en cet endroit-là qu'il n'y a point en elles tant de réalité qu'à cause de cette maxime : « Il n'y a rien dans un effet » qui n'ait été dans sa cause, formellement ou éminem- » ment », on doive conclure qu'elles n'ont pu dériver de l'esprit seul; ce que vous n'impugnez en aucune façon.

VII. Vous ne dites rien ici que vous n'ayez déjà dit auparavant, et que je n'aie entièrement réfuté. Je vous avertirai seulement ici, touchant l'idée de l'infini (laquelle vous dites ne pouvoir être vraie si je ne comprends l'infini, et que ce que j'en connais n'est tout au plus qu'une partie de l'infini, et même une fort petite partie, qui ne représente pas mieux l'infini que le portrait d'un simple cheveu représente un homme tout entier), je vous avertirai, dis-je, qu'il répugne que je comprenne quelque chose, et que ce que je comprends soit infini; car pour avoir une idée vraie de l'infini il ne doit en aucune façon être compris, d'autant que l'incompréhensibilité même est contenue dans la raison formelle de l'infini; et néanmoins c'est une chose manifeste que l'idée que nous avons de l'infini ne représente pas seulement une de ses parties, mais l'infini tout entier, selon qu'il doit être représenté par une idée humaine; quoiqu'il soit certain que Dieu ou quelque autre nature intelligente en puisse avoir une autre beaucoup plus parfaite, c'est-à-dire beaucoup plus exacte et plus distincte que celle que les hommes en ont, en même façon que nous disons que celui qui n'est pas versé dans la géométrie ne laisse pas d'avoir l'idée de tout le triangle lorsqu'il le conçoit comme une figure composée de trois lignes, quoique les géomètres puissent connaître plusieurs autres propriétés du triangle, et remarquer quantité de choses dans son idée que celui-là n'y observe pas. Car, comme il suffit de concevoir une figure composée de trois lignes pour avoir l'idée de tout le triangle, de même il suffit de concevoir une chose qui n'est renfermée d'aucunes limites pour avoir une vraie et entière idée de tout l'infini.

VIII. Vous tombez ici dans la même erreur lorsque vous niez que nous puissions avoir une vraie idée de Dieu : car, encore que nous ne connaissions pas toutes les choses qui sont en Dieu, néanmoins tout ce que nous connaissons être en lui est entièrement véritable. Quant à ce que vous dites, « que le pain n'est pas plus parfait » que celui qui le désire, et que, de ce que je conçois que » quelque chose est actuellement contenue dans une

» idée, il ne s'ensuit pas qu'elle soit actuellement dans » la chose dont elle est l'idée, et aussi que je donne » jugement de ce que j'ignore », et autres choses semblables, tout cela, dis-je, nous montre seulement que vous voulez témérairement impugner plusieurs choses dont vous ne comprenez pas le sens; car, de ce que quelqu'un désire du pain, on n'infère pas que le pain soit plus parfait que lui, mais seulement que celui qui a besoin de pain est moins parfait que lorsqu'il n'en a pas besoin. Et, de ce que quelque chose est contenue dans une idée, je ne conclus pas que cette chose existe actuellement, sinon, lorsqu'on ne peut assigner aucune autre cause de cette idée que cette chose même qu'elle représente actuellement existante; ce que j'ai démontré ne se pouvoir dire de plusieurs mondes, ni d'aucune autre chose que ce soit, excepté de Dieu seul. Et je ne juge point non plus de ce que j'ignore, car j'ai apporté les raisons du jugement que je faisais, qui sont telles que vous n'avez encore pu jusques ici réfuter la moindre.

IX. Lorsque vous niez que nous ayons besoin du concours et de l'influence continuelle de la cause première pour être conservés, vous niez une chose que tous les métaphysiciens affirment comme très manifeste, mais à laquelle les personnes peu lettrées ne pensent pas souvent, parce qu'elles portent seulement leurs pensées sur ces causes qu'on appelle en l'École *secundum fieri,* c'est-à-dire de qui les effets dépendent quant à leur production, et non pas sur celles qu'ils appellent *secundum esse,* c'est-à-dire de qui les effets dépendent quant à leur subsistance et continuation dans l'être. Ainsi l'architecte est la cause de la maison, et le père la cause de son fils, quant à la production seulement; c'est pourquoi, l'ouvrage étant une fois achevé, il peut subsister et demeurer sans cette cause; mais le soleil est la cause de la lumière qui procède de lui, et Dieu est la cause de toutes les choses créées, non seulement en ce qui dépend de leur production, mais même en ce qui concerne leur conservation ou leur durée dans l'être. C'est pourquoi il doit toujours agir sur son effet d'une même façon pour le conserver dans le premier être qu'il lui a donné. Et cela se démontre fort clairement par ce que j'ai expliqué de l'indépendance des parties du temps, ce que vous tâchez en vain d'éluder en proposant la nécessité de la suite qui eſt entre les parties du temps considéré dans l'abſtrait, de laquelle il n'eſt pas ici queſtion, mais seulement du temps ou de la durée de la chose même, de qui vous ne pouvez pas nier que tous les moments ne puissent être séparés de ceux qui les suivent immédiatement, c'eſt-à-dire qu'elle ne puisse cesser d'être dans chaque moment de sa durée.

Et lorsque vous dites qu'il y a « en nous assez de vertu » pour nous faire persévérer au cas que quelque cause » corruptive ne survienne », vous ne prenez pas garde que vous attribuez à la créature la perfection du Créateur, en ce qu'elle persévère dans l'être indépendamment d'autrui; et, en même temps que vous attribuez au Créateur l'imperfection de la créature, en ce que, si jamais il voulait que nous cessassions d'être, il faudrait qu'il eût le néant pour le terme d'une action positive.

Ce que vous dites après cela touchant le *progrès à l'infini,* à savoir, qu'il n'y a « point de répugnance qu'il y ait » un tel progrès », vous le désavouez incontinent après; car vous confessez vous-même, qu'il eſt « impossible » qu'il y en puisse avoir dans ces sortes de causes, qui » sont tellement connexes et subordonnées entre elles, » que l'inférieur ne peut agir si le supérieur ne lui donne » le branle ». Or, il ne s'agit ici que de ces sortes de causes, à savoir, de celles qui donnent et conservent l'être à leurs effets, et non pas de celles de qui les effets ne dépendent qu'au moment de leur production, comme sont les parents; et partant l'autorité d'Ariſtote ne m'eſt point ici contraire, non plus que ce que vous dites de la Pandore; car vous avouez vous-même que je puis tellement accroître et augmenter toutes les perfections que je reconnais être dans l'homme, qu'il me sera facile de reconnaître qu'elles me sont telles qu'elles ne sauraient convenir à la nature humaine; ce qui me suffit entièrement pour démontrer l'exiſtence de Dieu : car je soutiens que cette vertu-là, d'augmenter et d'accroître les perfections humaines jusqu'à tel point qu'elles ne soient plus humaines, mais infiniment relevées au-dessus de l'état et condition des hommes, ne pourrait être en nous si nous n'avions un Dieu pour auteur de notre être. Mais, à n'en point mentir, je m'étonne fort peu de ce qu'il ne vous semble pas que j'aie démontré cela assez clairement;

car je n'ai point vu jusques ici que vous ayez bien compris aucune de mes raisons.

X. Lorsque vous reprenez ce que j'ai dit, à savoir, « qu'on ne peut rien ajouter ni diminuer de l'idée de » Dieu », il semble que vous n'ayez pas pris garde à ce que disent communément les philosophes, que les essences des choses sont indivisibles; car l'idée représente l'essence de la chose, à laquelle si on ajoute ou diminue quoi que ce soit, elle devient aussitôt l'idée d'une autre chose : ainsi s'est-on figuré autrefois l'idée d'une Pandore; ainsi ont été faites toutes les idées des faux dieux par ceux qui ne concevaient pas comme il faut celle du vrai Dieu. Mais depuis que l'on a une fois conçu l'idée du vrai Dieu, encore que l'on puisse découvrir en lui de nouvelles perfections qu'on n'avait pas encore aperçues, son idée n'est point pourtant accrue ou augmentée, mais elle est seulement rendue plus distincte et plus expresse, d'autant qu'elles ont dû être toutes contenues dans cette même idée que l'on avait auparavant, puisqu'on suppose qu'elle était vraie; de la même façon que l'idée du triangle n'est point augmentée lorsqu'on vient à remarquer en lui plusieurs propriétés qu'on avait auparavant ignorées. Car ne pensez pas que « l'idée que » nous avons de Dieu se forme successivement de l'augmentation des perfections des créatures »; elle se forme tout entière et tout à la fois de ce que nous concevons par notre esprit l'être infini, incapable de toute sorte d'augmentation.

Et lorsque vous demandez « comment je prouve que » l'idée de Dieu est en nous comme la marque de l'ouvrier empreinte sur son ouvrage, quelle est la manière » de cette impression, et quelle est la forme de cette » marque », c'est de même que si, reconnaissant dans quelque tableau tant d'artifice que je jugeasse n'être pas possible qu'un tel ouvrage fût sorti d'autre main que de celle d'Apelles, et que je vinsse à dire que cet artifice inimitable est comme une certaine marque qu'Apelles a imprimée en tous ses ouvrages pour les faire distinguer d'avec les autres, vous me demandiez quelle est la forme de cette marque, ou quelle est la manière de cette impression. Certes, il semble que vous seriez alors plus digne de risée que de réponse. Et lorsque vous poursuivez, « si cette marque n'est point différente de l'ou-

» vrage, vous êtes donc vous-même une idée, vous » n'êtes rien autre chose qu'une manière de penser, vous » êtes et la marque empreinte et le sujet de l'impression », cela n'eſt-il pas aussi subtil que si, moi ayant dit que cet artifice par lequel les tableaux d'Apelles sont distingués d'avec les autres n'eſt point différent des tableaux mêmes, vous objectiez que ces tableaux ne sont donc rien autre chose qu'un artifice, qu'ils ne sont composés d'aucune matière, et qu'ils ne sont qu'une manière de peindre, etc. ?

Et lorsque, pour nier que nous avons été faits à l'image et semblance de Dieu, vous dites que « Dieu a » donc la forme d'un homme », et qu'ensuite vous rapportez toutes les choses en quoi la nature humaine eſt différente de la divine, êtes-vous en cela plus subtil que si, pour nier que quelques tableaux d'Apelles ont été faits à la semblance d'Alexandre, vous disiez qu'Alexandre ressemble donc à un tableau, et néanmoins que les tableaux sont composés de bois et de couleurs, et non pas de chair comme Alexandre? Car il n'eſt pas de l'essence d'une image d'être en tout semblable à la chose dont elle eſt l'image, mais il suffit qu'elle lui ressemble en quelque chose. Et il eſt très évident que cette vertu admirable et très parfaite de penser que nous concevons être en Dieu, eſt représentée par celle qui eſt en nous, quoique beaucoup moins parfaite. Et lorsque vous aimez mieux comparer la création de Dieu avec l'opération d'un architecte qu'avec la génération d'un père, vous le faites sans aucune raison; car, encore que ces trois manières d'agir soient totalement différentes, l'éloignement pourtant n'eſt pas si grand de la production naturelle à la divine que de l'artificielle à la même production divine. Mais ni vous ne trouverez point que j'aie dit qu'il y a autant de rapport entre Dieu et nous qu'il y en a entre un père et ses enfants; ni il n'eſt pas vrai aussi qu'il n'y a jamais aucun rapport entre l'ouvrier et son ouvrage, comme il paraît lorsqu'un peintre fait un tableau qui lui ressemble.

Mais avec combien peu de fidélité rapportez-vous mes paroles lorsque vous feignez que j'ai dit que « je con- » çois cette ressemblance que j'ai avec Dieu en ce que » je connais que je suis une chose incomplète et dépen- » dante », vu qu'au contraire je n'ai dit cela que pour montrer la différence qui est entre Dieu et nous, de peur qu'on ne crût que je voulusse égaler les hommes à Dieu, et la créature au Créateur! Car, en ce lieu-là même, j'ai dit que je ne concevais pas seulement que j'étais en cela beaucoup inférieur à Dieu, et que j'aspirais cependant à de plus grandes choses que je n'avais, mais aussi que ces plus grandes choses auxquelles j'aspirais se rencontraient en Dieu actuellement et d'une manière infinie, auxquelles néanmoins je trouvais en moi quelque chose de semblable, puisque j'osais en quelque sorte y aspirer.

Enfin, lorsque vous dites « qu'il y a lieu de s'étonner » pourquoi le reste des hommes n'a pas les mêmes pen» sées de Dieu que celles que j'ai, puisqu'il a empreint » en eux son idée aussi bien qu'en moi », c'est de même que si vous vous étonniez de ce que, tout le monde ayant la notion du triangle, chacun pourtant n'y remarque pas également autant de propriétés, et qu'il y en a même peut-être quelques-uns qui lui attribuent faussement plusieurs choses.

DES CHOSES QUI ONT ÉTÉ OBJECTÉES CONTRE LA QUATRIÈME MÉDITATION

I. J'ai déjà assez expliqué quelle est l'idée que nous avons du *néant,* et comment nous participons du *non-être,* en nommant cette idée négative et disant que cela ne veut rien dire autre chose sinon que nous ne sommes pas le souverain Être, et qu'il nous manque plusieurs choses; mais vous cherchez partout des difficultés où il n'y en a point. Et lorsque vous dites « qu'entre les » ouvrages de Dieu, j'en vois quelques-uns qui ne sont » pas entièrement achevés », vous controuvez une chose que je n'ai écrite nulle part, et que je ne pensai jamais; mais bien seulement ai-je dit que si certaines choses étaient considérées, non pas comme faisant partie de tout cet univers, mais comme des touts détachés et des choses singulières, pour lors elles pourraient sembler imparfaites. Tout ce que vous dites ensuite pour la cause finale doit être rapporté à la cause efficiente; ainsi, de cet usage admirable de chaque partie dans les plantes et dans les animaux, etc., il est juste d'admirer la main de

Dieu qui les a faites, et de connaître et glorifier l'ouvrier par l'inspection de ses ouvrages, mais non pas de deviner pour quelle fin il a créé toutes choses. Et quoique, en matière de morale, où il est souvent permis d'user de conjectures, ce soit quelquefois pieux et utile de considérer la fin que Dieu s'est proposée pour la conduite de l'univers, certes dans la physique, où toutes choses doivent être appuyées de solides raisons, c'est une chose tout à fait ridicule. Et on ne peut pas feindre qu'il y ait des fins plus aisées à découvrir les unes que les autres; car elles sont toutes également cachées dans l'abîme imperscrutable de sa sagesse. Et vous ne devez pas aussi feindre qu'il n'y a point d'homme qui puisse comprendre les autres causes; car il n'y en a pas une qui ne soit beaucoup plus aisée à connaître que celle de la fin que Dieu s'est proposée en la création de l'univers; et même celles que vous apportez pour servir d'exemple de la difficulté qu'il y a de les connaître, sont si notoires, qu'il y a peu de personnes qui ne se persuadent de les bien entendre. Enfin, puisque vous me demandez si ingénument « quelles idées j'estime que mon esprit aurait » eues de Dieu et de lui-même si, du moment qu'il a été » infus dedans le corps, il y fût demeuré jusqu'à cette » heure les yeux fermés, les oreilles bouchées, et sans » aucun usage des autres sens », je vous réponds aussi ingénument et sincèrement que (pourvu que nous supposions qu'il n'eût été ni empêché ni aidé par le corps à penser et méditer) je ne doute point qu'il n'aurait eu les mêmes idées qu'il en a maintenant, sinon qu'il les aurait eues beaucoup plus claires et plus pures; car les sens l'empêchent en beaucoup de rencontres, et ne lui aident en rien pour les concevoir. Et de fait il n'y a rien qui empêche tous les hommes de reconnaître également qu'ils ont en eux ces mêmes et pareilles idées, que parce qu'ils sont pour l'ordinaire trop occupés à la considération des choses corporelles.

II. Vous prenez partout ici mal à propos *être sujet à l'erreur* pour une imperfection positive, quoique néanmoins ce soit seulement (principalement au respect de Dieu), une négation d'une grande perfection dans les créatures. Et la comparaison des citoyens d'une république ne cadre pas avec les parties de l'univers; car la malice des citoyens, en tant que rapportée à la république, eſt quelque chose de positif; mais il n'en eſt pas de même de ce que l'homme eſt sujet à l'erreur, c'eſt-à-dire de ce qu'il n'a pas toutes sortes de perfections, eu égard au bien de l'univers. Mais la comparaison peut être mieux établie entre celui qui voudrait que le corps humain fût couvert d'yeux, afin qu'il parût plus beau, d'autant qu'il n'y a point en lui de partie plus belle que l'œil, et celui qui pense qu'il ne devrait point y avoir de créatures au monde qui ne fussent exemptes d'erreur, c'eſt-à-dire qui ne fussent entièrement parfaites.

De plus, ce que vous supposez ensuite n'eſt nullement véritable, à savoir, « que Dieu nous deſtine à des œuvres » mauvaises, et qu'il nous donne des imperfections et » autres choses semblables ». Comme aussi il n'eſt pas vrai que « Dieu ait donné à l'homme une faculté de juger » incertaine, confuse et insuffisante pour ce peu de » choses qu'il a voulu soumettre à son jugement ».

III. Voulez-vous que je vous dise, en peu de paroles, « à quoi la volonté se peut étendre qui passe les bornes » de l'entendement » ? C'eſt, en un mot, à toutes les choses où il arrive que nous errions. Ainsi, quand vous jugez que l'esprit eſt un corps subtil et délié, vous pouvez bien, à la vérité, concevoir qu'il eſt un esprit, c'eſt-à-dire une chose qui pense, et aussi qu'un corps délié eſt une chose étendue; mais que la chose qui pense et celle qui eſt étendue ne soient qu'une même chose, certainement vous ne le concevez point, mais seulement vous le voulez croire, parce que vous l'avez déjà cru auparavant, et que vous ne vous départez pas facilement de vos opinions, ni ne quittez pas volontiers vos préjugés. Ainsi, lorsque vous jugez qu'une pomme qui de hasard eſt empoisonnée sera bonne pour votre aliment, vous concevez à la vérité fort bien que son odeur, sa couleur et même son goût sont agréables, mais vous ne concevez pas pour cela que cette pomme vous doive être utile si vous en faites votre aliment; mais, parce que vous le voulez ainsi, vous en jugez de la sorte. Et ainsi j'avoue bien que nous ne voulons rien dont nous ne concevions en quelque façon quelque chose, mais je nie que notre *entendre* et notre *vouloir* soient d'égale étendue; car il eſt certain que nous pouvons avoir plusieurs volontés d'une même chose, et que cependant nous pouvons n'en connaître que fort peu; et lorsque nous ne jugeons pas bien, nous ne voulons pas pour cela mal, mais peut-être quelque chose de mauvais; et même on peut dire nous ne concevons rien de mal, mais seulement que nous sommes dits mal concevoir lorsque nous jugeons que nous concevons quelque chose de plus qu'en effet nous ne concevons.

Quoique ce que vous niez ensuite touchant l'indifférence de la volonté soit de soi très manifeste, je ne veux pas pourtant entreprendre de vous le prouver; car cela est tel que chacun le doit plutôt ressentir et expérimenter en soi-même que se le persuader par raison; et certes ce n'est pas merveille si dans le personnage que vous jouez, et vu la naturelle disproportion qui est entre la chair et l'esprit, il semble que vous ne preniez pas garde et ne remarquiez pas la manière avec laquelle l'esprit agit au-dedans de soi. Ne soyez donc pas libre, si bon vous semble; pour moi, je jouirai de ma liberté, puisque non seulement je la ressens en moi-même, mais que je vois aussi qu'ayant dessein de la combattre, au lieu de lui opposer de bonnes et solides raisons, vous vous contentez simplement de la nier. Et peut-être que je trouverai plus de créance en l'esprit des autres en assurant ce que j'ai expérimenté, et dont chacun peut aussi faire épreuve en soi-même, que non pas vous, qui niez une chose pour cela seul que vous ne l'avez peut-être jamais expérimentée. Et néanmoins il est aisé de juger par vos propres paroles que vous l'avez quelquefois éprouvée : car où vous niez que « nous puissions nous empêcher de » tomber dans l'erreur », parce que vous ne voulez pas que la volonté se porte à aucune chose qu'elle n'y soit déterminée par l'entendement, là même vous demeurez d'accord que « nous pouvons faire en sorte de n'y » pas persévérer », ce qui ne se peut aucunement faire sans cette liberté que la volonté a de se porter çà ou là sans attendre la détermination de l'entendement, laquelle néanmoins vous ne vouliez pas reconnaître. Car si l'entendement a une fois déterminé la volonté à faire un faux jugement, je vous demande, lorsqu'elle commence la première fois à vouloir prendre garde de ne pas persévérer dans l'erreur, qui est-ce qui la détermine à cela? Si c'est elle-même, donc elle se peut porter vers des choses auxquelles l'entendement ne la pousse point, et néanmoins c'était ce que vous niiez tantôt et qui fait encore à présent tout le sujet de notre dispute; que si elle est déterminée par l'entendement, donc ce n'est pas elle qui se tient sur ses gardes; mais seulement il arrive que, comme elle se portait auparavant vers le faux qui lui était par lui proposé, de même par hasard elle se porte maintenant vers le vrai, parce que l'entendement le lui propose. Mais de plus je voudrais bien savoir quelle est la nature du faux que vous concevez et comment vous pensez qu'il peut être l'objet de l'entendement. Car, pour moi, qui par le faux n'entends rien autre chose que la privation du vrai, je trouve qu'il y a une entière répugnance que l'entendement appréhende le faux sous la forme ou l'apparence du vrai, ce qui toutefois serait nécessaire s'il déterminait jamais la volonté à embrasser la fausseté.

IV. Pour ce qui regarde le fruit de ces Méditations, j'ai, ce me semble, assez averti dans la préface, laquelle je pense que vous avez lue, qu'il ne sera pas grand pour ceux qui, ne se mettant pas en peine de comprendre l'ordre et la liaison de mes raisons, tâcheront seulement de chercher à toutes rencontres des occasions de dispute. Et quant à la méthode par laquelle nous puissions discerner les choses que nous concevons en effet clairement de celles que nous nous persuadons seulement de concevoir avec clarté et distinction, encore que je pense l'avoir assez exactement enseignée, comme j'ai déjà dit, je n'oserais pas néanmoins me promettre que ceux-là la puissent aisément comprendre qui travaillent si peu à se dépouiller de leurs préjugés qu'ils se plaignent que j'ai été trop long et trop exact à montrer le moyen de s'en défaire.

DES CHOSES QUI ONT ÉTÉ OBJECTÉES CONTRE LA CINQUIÈME MÉDITATION

I. D'autant qu'après avoir ici rapporté quelques-unes de mes paroles vous ajoutez que c'est tout ce que j'ai dit touchant la question proposée, je suis obligé d'avertir le lecteur que vous n'avez pas assez pris garde à la suite et liaison de ce que j'ai écrit; car je crois qu'elle est telle pour la preuve de chaque question que toutes les choses qui la précèdent y contribuent et une grande partie de celles qui la suivent : en sorte que vous ne sauriez fidèlement rapporter tout ce que j'ai dit de quelque question si vous ne rapportez en même temps tout ce que j'ai écrit des autres.

Quant à ce que vous dites que « cela vous semble dur » de voir établir quelque chose d'immuable et d'éternel » autre que Dieu », vous auriez raison s'il était question d'une chose existante, ou bien seulement si j'établissais quelque chose de tellement immuable que son immutabilité même ne dépendît pas de Dieu. Mais tout ainsi que les poètes feignent que les destinées ont bien à la vérité été faites et ordonnées par Jupiter, mais que depuis qu'elles ont une fois par lui été établies il s'est lui-même obligé de les garder, de même je ne pense pas à la vérité que les essences des choses, et ces vérités mathématiques que l'on en peut connaître, soient indépendantes de Dieu, mais néanmoins je pense que, parce que Dieu l'a ainsi voulu et qu'il en a ainsi disposé, elles sont immuables et éternelles; or, que cela vous semble dur ou non, il m'importe fort peu; pour moi il me suffit que cela soit véritable.

Ce que vous alléguez ensuite contre les universaux des dialecticiens ne me touche point, puisque je les conçois tout d'une autre façon qu'eux. Mais pour ce qui regarde les essences que nous connaissons clairement et distinctement, telles qu'est celle du triangle ou de quelque autre figure de géométrie, je vous ferai aisément avouer que les idées de celles qui sont en nous n'ont point été tirées des idées des choses singulières; car ce qui vous meut ici à dire qu'elles sont fausses n'est que parce qu'elles ne s'accordent pas avec l'opinion que vous avez conçue de la nature des choses. Et même un peu après vous dites que « l'objet des pures mathématiques, comme le » point, la ligne, la superficie et les indivisibles qui en » sont composés, ne peuvent avoir aucune existence » hors de l'entendement »; d'où il suit nécessairement qu'il n'y a jamais eu aucun triangle dans le monde, ni rien de tout ce que nous concevons n'appartenir à la nature du triangle, ou à celle de quelque autre figure de géométrie, et partant que les essences de ces choses n'ont point été tirées d'aucunes choses existantes. Mais, dites-vous, elles sont fausses. Oui, selon votre opinion, parce que vous supposez la nature des choses être telle qu'elles ne peuvent pas lui être conformes. Mais si vous ne soutenez aussi que toute la géométrie eſt fausse, vous ne sauriez nier qu'on n'en démontre plusieurs vérités, qui ne changeant jamais et étant toujours les mêmes, ce n'eſt pas sans raison qu'on les appelle immuables et éternelles.

Mais de ce qu'elles ne sont peut-être pas conformes à l'opinion que vous avez de la nature des choses, ni même aussi à celle que Démocrite et Épicure ont bâtie et composée d'atomes, cela n'eſt à leur égard qu'une dénomination extérieure, qui ne cause en elles aucun changement; et toutefois on ne peut pas douter qu'elles ne soient conformes à cette véritable nature des choses qui a été faite et conſtruite par le vrai Dieu : non qu'il y ait dans le monde des subſtances qui aient de la longueur sans largeur, ou de la largeur sans profondeur; mais parce que les figures géométriques ne sont pas considérées comme des subſtances, mais seulement comme des termes sous lesquels la subſtance eſt contenue. Cependant, je ne demeure pas d'accord que les idées de ces figures nous soient jamais tombées sous les sens, comme chacun se le persuade ordinairement; car, encore qu'il n'y ait point de doute qu'il y en puisse avoir dans le monde de telles que les géomètres les considèrent, je nie pourtant qu'il y en ait aucune autour de nous, sinon peut-être de si petites qu'elles ne font aucune impression sur nos sens : car elles sont pour l'ordinaire composées de lignes droites, et je ne pense pas que jamais aucune partie d'une ligne ait touché nos sens qui fût véritablement droite. Aussi, quand nous venons à regarder au travers d'une lunette celles qui nous avaient semblé les plus droites, nous les voyons toutes irrégulières et courbées de toutes parts comme les ondes. Et partant, lorsque nous avons la première fois aperçu en notre enfance une figure triangulaire tracée sur le papier, cette figure n'a pu nous apprendre comme il fallait concevoir le triangle géométrique, parce qu'elle ne le représentait pas mieux qu'un mauvais crayon une image parfaite. Mais, d'autant que l'idée véritable du triangle était déjà en nous, et que notre esprit la pouvait plus aisément concevoir que la figure moins simple ou plus composée d'un triangle peint, de là vient qu'ayant vu cette figure composée nous ne l'avons pas conçue elle-même, mais plutôt le véritable triangle. Tout ainsi que quand nous jetons les yeux sur une carte où il y a quelques traits qui sont disposés et arrangés, de telle sorte qu'ils représentent la face d'un homme, alors cette vue n'excite pas tant en nous l'idée de ces mêmes traits que celle d'un homme : ce qui n'arriverait pas ainsi si la face d'un homme ne nous était connue d'ailleurs, et si nous n'étions plus accoutumés à penser à elle que non pas à ses traits, lesquels assez souvent même nous ne saurions distinguer les uns des autres quand nous en sommes un peu éloignés. Ainsi, certes, nous ne pourrions jamais connaître le triangle géométrique par celui que nous voyons tracé sur le papier, si notre esprit d'ailleurs n'en avait eu l'idée.

II. Je ne vois pas ici de quel genre de choses vous voulez que l'existence soit, ni pourquoi elle ne peut pas aussi bien être dite une propriété, comme la toute-puissance, prenant le nom de propriété pour toute sorte d'attribut ou pour tout ce qui peut être attribué à une chose, selon qu'en effet il doit ici être pris. Mais, bien davantage, l'existence nécessaire est vraiment en Dieu une propriété prise dans le sens le moins étendu, parce qu'elle convient à lui seul, et qu'il n'y a qu'en lui qu'elle fasse partie de l'essence. C'est pourquoi aussi l'existence du triangle ne doit pas être comparée avec l'existence de Dieu, parce qu'elle a manifestement en Dieu une autre relation à l'essence qu'elle n'a pas dans le triangle; et je ne commets pas plutôt en ceci la faute que les logiciens nomment une pétition de principe, lorsque je mets l'existence entre les choses qui appartiennent à l'essence de Dieu, que lorsque entre les propriétés du triangle je mets l'égalité de la grandeur de ses trois angles avec deux droits. Il n'est pas vrai aussi que l'essence et l'existence en Dieu, aussi bien que dans le triangle, peuvent être conçues l'une sans l'autre, parce que Dieu est son être, et non pas le triangle. Et toutefois je ne nie pas que l'existence possible ne soit une perfection dans l'idée du triangle, comme l'existence nécessaire est une perfection dans l'idée de Dieu, car cela la rend plus parfaite que ne sont les idées de toutes ces chimères que nous supposons ne pouvoir être produites. Et partant vous n'avez en rien diminué la force de mon argument, et vous demeurez toujours abusé par ce sophisme que vous dites avoir été si facile à résoudre. Quant à ce que vous ajoutez ensuite, j'y ai déjà suffisamment répondu; et vous vous trompez grandement lorsque vous dites qu'on ne démontre pas l'existence de Dieu comme on démontre que tout triangle rectiligne a ses trois angles égaux à deux droits; car la raison est pareille en tous les deux, hormis que la démonstration qui prouve l'existence en Dieu est beaucoup plus simple et plus évidente que l'autre. Enfin, je passe sous silence le reste de ce que vous poursuivez, parce que, lorsque vous dites que je n'explique pas assez les choses, et que mes preuves ne sont pas convaincantes, je pense qu'à meilleur titre on pourrait dire de même de vous et des vôtres.

III. Contre tout ce que vous rapportez ici de Diagore, de Théodore, de Pythagore, et de plusieurs autres, je vous oppose les sceptiques, qui révoquaient en doute les démonstrations même de géométrie, et je soutiens qu'ils ne l'eussent pas fait s'ils eussent eu la connaissance certaine de la vérité d'un Dieu; et même de ce qu'une chose paraît vraie à plus de personnes, cela ne prouve pas que cette chose soit plus notoire et plus manifeste qu'une autre, mais bien de ce que ceux qui ont une connaissance suffisante de l'une et de l'autre reconnaissent que l'une est premièrement connue, plus évidente et plus assurée que l'autre.

DES CHOSES QUI ONT ÉTÉ OBJECTÉES CONTRE LA SIXIÈME MÉDITATION

I. J'ai déjà ci-devant réfuté ce que vous niez ici, à savoir que « les choses matérielles, en tant qu'elles sont » l'objet des mathématiques pures, puissent avoir aucune » existence ». Pour ce qui est de l'intellection d'un chiliogone, il n'est nullement vrai qu'elle soit confuse, car on en peut très clairement et très distinctement démontrer plusieurs choses, ce qui ne se pourrait aucunement faire si on ne le connaissait que confusément, ou, comme vous dites, si on n'en connaissait que le nom; mais il est très certain que nous le concevons très clairement tout entier et tout à la fois, quoique nous ne le puissions pas ainsi clairement imaginer : d'où il est évident que les facultés d'entendre et d'imaginer en diffèrent pas seulement selon le plus et le moins, mais comme deux manières d'agir totalement différentes. Car dans l'intellection l'esprit ne se sert que de soi-même, au lieu que dans l'imagination il contemple quelque forme corporelle; et encore que les figures géométriques soient tout à fait corporelles, néanmoins il ne se faut pas persuader que ces idées qui servent à nous les faire concevoir soient aussi corporelles quand elles ne tombent point sous l'imagination; et enfin cela ne peut être digne que de vous, ô chair, de penser que « les » idées de Dieu, de l'ange et de l'âme de l'homme soient » corporelles ou quasi corporelles, ayant été tirées de » la forme du corps humain et de quelques autres choses » fort simples, fort légères et fort imperceptibles ». Car quiconque se représente Dieu de la sorte ou même l'esprit humain, tâche d'imaginer une chose qui n'est point du tout imaginable, et ne se figure autre chose qu'une idée corporelle à qui il attribue faussement le nom de Dieu ou d'esprit; car, dans la vraie idée de l'esprit, il n'y a rien de contenu que la seule pensée avec tous ses attributs, entre lesquels il n'y en a aucun qui soit corporel.

II. Vous faites voir ici clairement que vous vous appuyez seulement sur vos préjugés sans jamais vous en défaire, puisque vous ne voulez pas que nous ayons le moindre soupçon de fausseté pour les choses où jamais nous n'en avons remarqué aucune; et c'est pour cela que vous dites « que lorsque nous regardons de près, » et que nous touchons quasi de la main une tour, nous » sommes assurés qu'elle est carrée, si elle nous paraît » telle; et que, lorsque nous sommes en effet éveillés, » nous ne pouvons pas être en doute si nous veillons » ou si nous rêvons », et autres choses semblables; car vous n'avez aucune raison de croire que vous ayez jamais assez soigneusement examiné et observé toutes les choses en quoi il peut arriver que vous erriez; et peut-être ne serait-il pas malaisé de montrer que vous vous trompez quelquefois en des choses que vous admettez ainsi pour vraies et pour assurées. Mais lorsque vous en revenez là de dire « qu'au moins on ne peut » pas douter que les choses ne nous paraissent comme » elles sont », vous en revenez à ce que j'ai dit; car cela même est en termes exprès dans ma seconde Méditation; mais ici il était question de la vérité des choses qui sont hors de nous, sur quoi je ne vois pas que vous ayez du tout rien dit de véritable.

III. Je ne m'arrête pas ici sur des choses que vous avez tant de fois rebattues, et que vous répétez encore en cet endroit si vainement; par exemple, qu'il y a beaucoup de choses que j'ai avancées sans preuve, lesquelles je maintiens néanmoins avoir très évidemment démontrées; comme aussi que j'ai seulement voulu parler du corps grossier et palpable lorsque j'ai exclu le corps de mon essence; quoique néanmoins mon dessein ait été d'en exclure toute sorte de corps, pour petit et subtil qu'il puisse être, et autres choses semblables; car qu'y a-t-il à répondre à tant de paroles dites et avancées sans aucun raisonnable fondement, sinon que de les nier tout simplement? Je dirai néanmoins en passant que je voudrais bien savoir sur quoi vous vous fondez pour dire que j'ai plutôt parlé du corps massif et grossier que du corps subtil et délié. C'est, dites-vous, parce que j'ai dit que « j'ai un corps auquel je suis conjoint », et aussi qu'il est « certain que moi, c'est-à-dire mon âme, » est distincte de mon corps », où je confesse que je ne vois pas pourquoi ces paroles ne pourraient pas aussi bien être rapportées au corps subtil et imperceptible qu'à celui qui est plus grossier et palpable; et je ne crois pas que cette pensée puisse tomber en l'esprit d'un autre que de vous. Au reste, j'ai fait voir clairement dans la seconde Méditation que l'esprit pouvait être conçu comme une substance existante, auparavant même que nous sachions s'il y a au monde aucun vent, aucun feu, aucune vapeur, aucun air, ni aucun autre corps que ce soit, pour subtil et délié qu'il puisse être; mais de savoir si en effet il était différent du corps, j'ai dit en cet endroit-là que ce n'était pas là le lieu d'en traiter. Ce qu'ayant réservé pour cette sixième Méditation, c'est là aussi où j'en ai amplement traité, et où j'ai décidé cette question par une très forte et véritable démonstration. Mais vous, au contraire, confondant la question qui concerne comment l'esprit peut être conçu avec celle qui regarde ce qu'il est en effet, ne faites paraître autre chose sinon que vous n'avez rien compris distinctement de toutes ces choses.

IV. Vous demandez ici « comment j'estime que l'es-

» pèce ou l'idée du corps, lequel est étendu, peut être » reçue en moi qui suis une chose non étendue ». Je réponds à cela qu'aucune espèce corporelle n'est reçue dans l'esprit, mais que la conception ou l'intellection pure des choses, soit corporelles, soit spirituelles, se fait sans aucune image ou espèce corporelle; et quant à l'imagination, qui ne peut être que des choses corporelles, il est vrai que pour en former une il est besoin d'une espèce qui soit un véritable corps et à laquelle l'esprit s'applique, mais non pas qui soit reçue dans l'esprit. Ce que vous dites de l'idée du soleil, qu'un aveugle-né forme sur la simple connaissance qu'il a de sa chaleur, se peut aisément réfuter; car cet aveugle peut bien avoir une idée claire et distincte du soleil comme d'une chose qui échauffe, quoiqu'il n'en ait pas l'idée comme d'une chose qui éclaire et illumine. Et c'est sans raison que vous me comparez à cet aveugle; premièrement parce que la connaissance d'une chose qui pense s'étend beaucoup plus loin que celle d'une chose qui échauffe, voire même elle est plus ample qu'aucune que nous ayons de quelque autre chose que ce soit, comme j'ai montré en son lieu, et aussi parce qu'il n'y a personne qui puisse montrer que cette idée du soleil que forme cet aveugle ne contienne pas tout ce que l'on peut connaître de lui, sinon celui qui étant doué du sens de la vue connaît outre cela sa figure et sa lumière; mais pour vous, non seulement vous n'en connaissez pas davantage que moi touchant l'esprit, mais vous n'y apercevez pas tout ce que j'y vois, de sorte qu'en cela c'est plutôt vous qui ressemblez à un aveugle, et je ne puis tout au plus, à votre égard, être appelé que louche ou peu clairvoyant, avec tout le reste des hommes.

Au reste, je n'ai pas ajouté que l'esprit n'était point étendu pour expliquer quel il est et faire connaître sa nature, mais seulement, pour avertir que ceux-là se trompent qui pensent qu'il soit étendu. Tout de même que s'il s'en trouvait quelques-uns qui voulussent dire que Bucéphale est une musique, ce ne serait pas en vain et sans raison que cela serait nié par d'autres. Et certes dans tout le reste que vous ajoutez ici pour prouver que l'esprit a de l'étendue, d'autant, dites-vous, qu'il se sert du corps, lequel est étendu, il me semble que vous ne raisonnez pas mieux que si, de ce que Bucéphale hennit et ainsi pousse des sons qui peuvent être rapportés à la musique, vous tiriez cette conséquence que Bucéphale est donc une musique. Car, encore que l'esprit soit uni à tout le corps, il ne s'ensuit pas de là qu'il soit étendu par tout le corps, parce que ce n'est pas le propre de l'esprit d'être étendu, mais seulement de penser. Et il ne conçoit pas l'extension par une espèce étendue qui soit en lui, bien qu'il l'imagine en se tournant et s'appliquant à une espèce corporelle qui est étendue, comme j'ai dit auparavant. Et enfin il n'est pas nécessaire que l'esprit soit de l'ordre et de la nature du corps, quoiqu'il ait la force ou la vertu de mouvoir le corps.

V. Ce que vous dites ici, touchant l'union de l'esprit avec le corps, est semblable aux difficultés précédentes. Vous n'objectez rien du tout contre mes raisons, mais vous proposez seulement les doutes qui vous semblent suivre de mes conclusions, quoiqu'en effet ils ne vous viennent à l'esprit que parce que vous voulez soumettre à l'examen de l'imagination des choses qui de leur nature ne sont point sujettes à sa juridiction. Ainsi, quand vous voulez comparer ici le mélange qui se fait du corps et de l'esprit avec celui de deux corps mêlés ensemble, il me suffit de répondre qu'on ne doit faire entre ces choses aucune comparaison, parce qu'elles sont de deux genres totalement différents, et qu'il ne se faut pas imaginer que l'esprit ait des parties, encore qu'il conçoive des parties dans le corps. Car, qui vous a appris que tout ce que l'esprit conçoit doive être réellement en lui ? Certainement, si cela était, lorsqu'il conçoit la grandeur de l'univers, il aurait aussi en lui cette grandeur, et ainsi il ne serait pas seulement étendu, mais il serait même plus grand que tout le monde.

VI. Vous ne dites rien ici qui me soit contraire, et ne laissez pas d'en dire beaucoup; d'où le lecteur peut apprendre qu'on ne doit pas juger de la force de vos raisons par la prolixité de vos paroles.

Jusques ici l'esprit a discouru avec la chair, et, comme il était raisonnable, en beaucoup de choses n'a pas suivi ses sentiments. Mais maintenant je lève le masque et reconnais que véritablement je parle à M. Gassendi, personnage autant recommandable pour l'intégrité de ses mœurs et la candeur de son esprit que pour la profondeur et la subtilité de sa doctrine, et de qui l'amitié me sera toujours très chère; aussi je proteste, et lui-même le peut savoir, que je rechercherai toujours, autant qu'il me sera possible, les occasions de l'acquérir. C'est pourquoi je le supplie de ne pas trouver mauvais si, en réfutant ses objections, j'ai usé de la liberté ordinaire aux philosophes; comme aussi de ma part je l'assure que je n'y ai rien trouvé qui ne m'ait été très agréable; mais surtout j'ai été ravi qu'un homme de son mérite, dans un discours si long et si soigneusement recherché, n'ait apporté aucune raison qui détruisît et renversât les miennes, et qu'il n'ait aussi rien opposé contre mes conclusions à quoi il ne m'ait été très facile de répondre.

LETTRE

DE M. DESCARTES A M. CLERSELIER,

SERVANT DE RÉPONSE A UN RECUEIL DES PRINCIPALES INSTANCES FAITES PAR MONSIEUR GASSENDI CONTRE LES PRÉCÉDENTES RÉPONSES

Monsieur,

Je vous ai beaucoup d'obligation de ce que, voyant que j'ai négligé de répondre au gros livre d'instances que l'auteur des cinquièmes objections a produit contre mes réponses, vous avez prié quelques-uns de vos amis de recueillir les plus fortes raisons de ce livre, et m'avez envoyé l'extrait qu'ils en ont fait. Vous avez eu en cela plus de soin de ma réputation que moi-même; car je vous assure qu'il m'est indifférent d'être estimé ou méprisé par ceux que de semblables raisons auraient pu persuader. Les meilleurs esprits de ma connaissance qui ont lu son livre m'ont témoigné qu'ils n'y avaient trouvé aucune chose qui les arrêtât; c'est à eux seuls que je désire satisfaire. Je sais que la plupart des hommes remarquent mieux les apparences que la vérité, et jugent plus souvent mal que bien; c'est pourquoi je ne crois pas que leur approbation vaille la peine que je fasse tout ce qui pourrait être utile pour l'acquérir. Mais je ne laisse pas d'être bien aise du recueil que vous m'avez envoyé, et je me sens obligé d'y répondre plutôt pour reconnaissance du travail de vos amis que par la nécessité de ma défense; car je crois que ceux qui ont pris la peine de le faire doivent maintenant juger, comme moi, que toutes les objections que ce livre contient ne sont fondées que sur quelques mots mal entendus ou quelques suppositions qui sont fausses; vu que toutes celles qu'ils ont remarquées sont de cette sorte, et que néanmoins ils ont été si diligents qu'ils en ont même ajouté quelques-unes que je ne me souviens point d'y avoir lues.

Ils en remarquent trois contre la première Méditation, à savoir : « 1° que je demande une chose impossible en » voulant qu'on quitte toutes sortes de préjugés; 2° qu'en » pensant les quitter on se revêt d'autres préjugés qui » sont plus préjudiciables; 3° et que la méthode de » douter de tout, que j'ai proposée, ne peut servir à » trouver aucune vérité ».

La première desquelles est fondée sur ce que l'auteur de ce livre n'a pas considéré que le mot préjugé ne s'étend point à toutes les notions qui sont en notre esprit, desquelles j'avoue qu'il est impossible de se défaire, mais seulement à toutes les opinions que les jugements que nous avons faits auparavant ont laissées en notre créance; et, parce que c'est une action de la volonté que de juger ou ne pas juger, ainsi que j'ai expliqué en son lieu, il est évident qu'elle est en notre pouvoir; car enfin, pour se défaire de toute sorte de préjugés, il ne faut autre chose que se résoudre à ne rien assurer ou nier de tout ce qu'on avait assuré ou nié auparavant, sinon après l'avoir derechef examiné, quoiqu'on ne laisse pas pour cela de retenir toutes les mêmes notions en sa mémoire. J'ai dit néanmoins qu'il y avait de la difficulté à chasser ainsi hors de sa créance tout ce qu'on y avait mis auparavant, partie à cause qu'il est besoin d'avoir quelque raison de douter avant que de s'y déterminer (c'est pourquoi j'ai proposé les principales en ma première Méditation), et partie aussi à cause que, quelque résolution qu'on ait prise de ne rien nier ni assurer, on s'en oublie aisément par après si on ne l'a fortement imprimée en sa mémoire; c'est pourquoi j'ai désiré qu'on y pensât avec soin.

La deuxième objection n'est qu'une supposition manifestement fausse; car, encore que j'aie dit qu'il fallait même s'efforcer de nier les choses qu'on avait trop assurées auparavant, j'ai très expressément limité que cela ne se devait faire que pendant le temps qu'on portait son attention à chercher quelque chose de plus certain que tout ce qu'on pourrait ainsi nier, pendant lequel il est évident qu'on ne saurait se revêtir d'aucun préjugé qui soit préjudiciable.

La troisième aussi ne contient qu'une cavillation; car, bien qu'il soit vrai que le doute seul ne suffit pas pour établir aucune vérité, il ne laisse pas d'être utile à préparer l'esprit pour en établir par après, et c'est à cela seul que je l'ai employé.

Contre la seconde Méditation, vos amis remarquent six choses. La première est qu'en disant : *Je pense, donc je suis,* l'auteur des Instances veut que je suppose cette majeure : *Celui qui pense est;* et ainsi que j'aie déjà épousé un préjugé. En quoi il abuse derechef du mot de *préjugé :* car, bien qu'on en puisse donner le nom à cette proposition lorsqu'on la profère sans attention, et qu'on croit seulement qu'elle est vraie à cause qu'on se souvient de l'avoir ainsi jugée auparavant, on ne peut pas dire toutefois qu'elle soit un préjugé lorsqu'on l'examine, à cause qu'elle paraît si évidente à l'entendement qu'il ne se saurait empêcher de la croire, encore que ce soit peut-être la première fois de sa vie qu'il y pense, et que par conséquent il n'en ait aucun préjugé. Mais l'erreur qui est ici la plus considérable est que cet auteur suppose que la connaissance des propositions particulières doit toujours être déduite des universelles, suivant l'ordre des syllogismes de la dialectique; en quoi il montre savoir bien peu de quelle façon la vérité se doit chercher; car il est certain que pour la trouver on doit toujours commencer par les notions particulières, pour venir après aux générales, bien qu'on puisse aussi, réciproquement, ayant trouvé les générales, en déduire d'autres particulières. Ainsi, quand on enseigne à un enfant les éléments de la géométrie, on ne lui fera point entendre en général que, *lorsque de deux quantités égales on ôte des parties égales, les restes demeurent égaux,* ou que *le tout est plus grand que ses parties,* si on ne lui en montre des exemples en des cas particuliers. Et c'est faute d'avoir pris garde à ceci que notre auteur s'est trompé en tant de faux raisonnements dont il a grossi son livre; car il n'a fait que composer de fausses majeures à sa fantaisie, comme si j'en avais déduit les vérités que j'ai expliquées.

La seconde objection que remarquent ici vos amis est que, « pour savoir qu'on pense, il faut savoir ce que » c'est que pensée; ce que je ne sais point, disent-ils, à » cause que j'ai tout nié ». Mais je n'ai nié que les préjugés, et non point les notions, comme celles-ci, qui se connaissent sans aucune affirmation ni négation.

La troisième est que « la pensée ne peut être sans objet; » par exemple, sans le corps ». Où il faut éviter l'équivoque du mot de pensée, lequel on peut prendre pour la chose qui pense, et aussi pour l'action de cette chose; or, je nie que la chose qui pense ait besoin d'autre objet que de soi-même pour exercer son action, bien qu'elle puisse aussi l'étendre aux choses matérielles lorsqu'elle les examine.

La quatrième, que, « bien que j'aie une pensée de moi- » même, je ne sais pas si cette pensée est une action cor- » porelle ou un atome qui se meut, plutôt qu'une » substance immatérielle »; où l'équivoque du nom de pensée est répétée, et je n'y vois rien de plus, sinon une question sans fondement, et qui est semblable à celle-ci : Vous jugez que vous êtes un homme à cause que vous apercevez en vous toutes les choses à l'occasion desquelles vous nommez hommes ceux en qui elles se trouvent; mais que savez-vous si vous n'êtes point un éléphant plutôt qu'un homme, pour quelques autres raisons que vous ne pouvez apercevoir? Car, après que la substance qui pense a jugé qu'elle est intellectuelle, à cause qu'elle a remarqué en soi toutes les propriétés des substances intellectuelles, et n'y en a pu remarquer aucune de celles qui appartiennent au corps, on lui demande encore comment elle sait si elle n'est point un corps plutôt qu'une substance immatérielle.

La cinquième objection est semblable : que, « bien » que je ne trouve point d'étendue en ma pensée, il ne » s'ensuit pas qu'elle ne soit point étendue, parce que » ma pensée n'est pas la règle de la vérité des choses ». Et aussi la sixième, « qu'il se peut faire que la distinction » que je trouve par ma pensée entre la pensée et le corps

» soit fausse ». Mais il faut particulièrement ici remarquer l'équivoque qui est en ces mots : *Ma pensée n'est pas la règle de la vérité des choses;* car si on veut dire que ma pensée ne doit pas être la règle des autres pour les obliger à croire une chose à cause que je la pense vraie, j'en suis entièrement d'accord; mais cela ne vient point ici à propos, car je n'ai jamais voulu obliger personne à suivre mon autorité; au contraire, j'ai averti en divers lieux qu'on ne se devait laisser persuader que par la seule évidence des raisons. De plus, si on prend indifféremment le mot de pensée pour toute sorte d'opérations de l'âme, il est certain qu'on peut avoir plusieurs pensées desquelles on ne doit rien inférer touchant la vérité des choses qui sont hors de nous; mais cela ne vient point aussi à propos en cet endroit, où il n'est question que des pensées qui sont des perceptions claires et distinctes, et des jugements que chacun doit faire à part soi ensuite de ces perceptions. C'est pourquoi, au sens que ces mots doivent ici être entendus, je dis que la pensée d'un chacun, c'est-à-dire la perception ou connaissance qu'il a d'une chose, doit être pour lui la règle de la vérité de cette chose, c'est-à-dire que tous les jugements qu'il en a faits doivent être conformes à cette perception pour être bons; même touchant les vérités de la foi, nous devons apercevoir quelque raison qui nous persuade qu'elles ont été révélées de Dieu, avant que de nous déterminer à les croire; et encore que les ignorants fassent bien de suivre le jugement des plus capables touchant les choses difficiles à connaître, il faut néanmoins que ce soit leur perception qui leur enseigne qu'ils sont ignorants, et que ceux dont ils veulent suivre les jugements ne le sont peut-être pas tant; autrement ils feraient mal de les suivre, et ils agiraient plutôt en automates ou en bêtes qu'en hommes. Ainsi, c'est l'erreur la plus absurde et la plus exorbitante qu'un philosophe puisse admettre, que de vouloir faire des jugements qui ne se rapportent pas aux perceptions qu'il a des choses; et toutefois je ne vois pas comment notre auteur se pourrait excuser d'être tombé en cette faute en la plupart de ses objections; car il ne veut pas que chacun s'arrête à sa propre perception, mais il prétend qu'on doit plutôt croire des opinions ou fantaisies qu'il lui plaît nous proposer, bien qu'on ne les aperçoive aucunement.

Contre la troisième Méditation vos amis ont remarqué : « 1° que tout le monde n'expérimente pas en soi l'idée » de Dieu; 2° que si j'avais cette idée, je la compren- » drais; 3° que plusieurs ont lu mes raisons, qui n'en » sont point persuadés; 4° et que, de ce que je me con- » nais imparfait, il ne s'ensuit pas que Dieu soit ». Mais si on prend le mot d'idée en la façon que j'ai dit très expressément que je le prenais, sans s'excuser par l'équivoque de ceux qui le restreignent aux images des choses matérielles qui se forment en l'imagination, on ne saurait nier d'avoir quelque idée de Dieu, si ce n'est qu'on dise qu'on n'entend pas ce que signifient ces mots : *la chose la plus parfaite que nous puissions concevoir*; car c'est ce que tous les hommes appellent *Dieu*. Et c'est passer à d'étranges extrémités pour vouloir faire des objections que d'en venir à dire qu'on n'entend pas ce que signifient les mots qui sont les plus ordinaires en la bouche des hommes; outre que c'est la confession la plus impie qu'on puisse faire que de dire de soi-même, au sens que j'ai pris le mot d'idée, qu'on n'en a aucune de Dieu : car ce n'est pas seulement dire qu'on ne le connaît point par raison naturelle, mais aussi que, ni par la foi, ni par aucun autre moyen, on ne saurait rien savoir de lui, parce que si on n'a aucune idée, c'est-à-dire aucune perception qui réponde à la signification de ce mot, *Dieu*, on a beau dire qu'on croit que *Dieu* est, c'est le même que si on disait qu'on croit que *rien* est, et ainsi on demeure dans l'abîme de l'impiété, et dans l'extrémité de l'ignorance.

Ce qu'ils ajoutent, que « si j'avais cette idée, je la com- » prendrais », est dit sans fondement : car, à cause que le mot de *comprendre* signifie quelque limitation, un esprit fini ne saurait comprendre Dieu, qui est infini; mais cela n'empêche pas qu'il ne l'aperçoive, ainsi qu'on peut bien toucher une montagne, encore qu'on ne la puisse embrasser.

Ce qu'ils disent aussi de mes raisons, que « plusieurs » les ont lues sans en être persuadés », peut aisément être réfuté, parce qu'il y en a quelques autres qui les ont comprises et en ont été satisfaits; car on doit plus croire à un seul qui dit, sans intention de mentir, qu'il a vu ou compris quelque chose, qu'on ne doit faire à mille autres qui la nient pour cela seul qu'ils ne l'ont pu voir ou comprendre : ainsi qu'en la découverte des antipodes on a plutôt cru au rapport de quelques matelots qui ont fait le tour de la terre qu'à des milliers de philosophes qui n'ont pas cru qu'elle fût ronde. Et parce qu'ils allèguent ici les *Éléments* d'Euclide, comme s'ils étaient faciles à tout le monde, je les prie de considérer qu'entre ceux qu'on estime les plus savants en la philosophie de l'École, il n'y en a pas de cent un qui les entende, et qu'il n'y en a pas un de dix mille qui entende toutes les démonstrations d'Apollonius ou d'Archimède, bien qu'elles soient aussi évidentes et aussi certaines que celles d'Euclide.

Enfin, quand ils disent que « de ce que je reconnais en » moi quelque imperfection, il ne s'ensuit pas que Dieu » soit », ils ne prouvent rien; car je ne l'ai pas immédiatement déduit de cela seul sans y ajouter quelque autre chose; et ils me font seulement souvenir de l'artifice de cet auteur qui a coutume de tronquer mes raisons, et n'en rapporter que quelques parties pour les faire paraître imparfaites.

Je ne vois rien, en tout ce qu'ils ont remarqué touchant les trois autres Méditations, à quoi je n'aie amplement répondu ailleurs, comme à ce qu'ils objectent : « 1° que j'ai commis un cercle en prouvant l'existence » de Dieu par certaines notions qui sont en nous, et » disant après qu'on ne peut être certain d'aucune chose » sans savoir auparavant que Dieu est; 2° et que sa connaissance ne sert de rien pour acquérir celle des vérités de mathématique; 3° et qu'il peut être trompeur. » Voyez sur cela ma réponse aux secondes objections, et la fin de la seconde partie de la réponse aux quatrièmes.

Mais ils ajoutent à la fin une pensée que je ne sache point que notre auteur ait écrite dans son livre d'Instances, bien qu'elle soit fort semblable aux siennes : « Plusieurs excellents esprits, disent-ils, croient voir clairement que l'étendue mathématique, laquelle je pose » pour le principe de ma physique, n'est rien autre chose » que ma pensée, et qu'elle n'a ni ne peut avoir aucune » subsistance hors de mon esprit, n'étant qu'une abstraction que je fais du corps physique; et, partant, » que toute ma physique ne peut être qu'imaginaire et » feinte, comme sont toutes les pures mathématiques; et » que, dans la physique réelle des choses que Dieu a

» créées, il faut une matière réelle, solide, et non imaginaire. » Voilà l'objection des objections, et l'abrégé de toute la doctrine des excellents esprits qui sont ici allégués. Toutes les choses que nous pouvons entendre et concevoir ne sont à leur compte que des imaginations et des fictions de notre esprit, qui ne peuvent avoir aucune subsistance : d'où il suit qu'il n'y a rien que ce qu'on ne peut aucunement entendre, ni concevoir ou imaginer, qu'on doive admettre pour vrai : c'est-à-dire qu'il faut entièrement fermer la porte à la raison et se contenter d'être singe ou perroquet, et non plus homme, pour mériter d'être mis au rang de ces excellents esprits. Car si les choses qu'on peut concevoir doivent être estimées fausses pour cela seul qu'on les peut concevoir, que reste-t-il, sinon qu'on doit seulement recevoir pour vraies celles qu'on ne conçoit pas, et en composer sa doctrine, en imitant les autres, sans savoir pourquoi on les imite, comme font les singes, et en ne proférant que des paroles dont on n'entend point le sens, comme font les perroquets ? Mais j'ai bien de quoi me consoler, parce qu'on joint ici ma physique avec les pures mathématiques, auxquelles je souhaite surtout qu'elle ressemble.

Pour les deux questions qu'ils ajoutent aussi à la fin, à savoir, « comment l'âme meut le corps si elle n'est » point matérielle, et comment elle peut recevoir les » espèces des objets corporels », elles me donnent seulement ici occasion d'avertir que notre auteur n'a pas eu raison lorsque, sous prétexte de me faire des objections, il m'a proposé quantité de telles questions dont la solution n'était pas nécessaire pour la preuve des choses que j'ai écrites, et que les plus ignorants en peuvent plus faire en un quart d'heure que tous les plus savants n'en sauraient résoudre en toute leur vie; ce qui est cause que je ne me suis pas mis en peine de répondre à aucunes. Et celles-ci entre autres présupposent l'explication de l'union qui est entre l'âme et le corps, de laquelle je n'ai point encore traité. Mais je vous dirai à vous que toute la difficulté qu'elles contiennent ne procède que d'une supposition qui est fausse, et qui ne peut aucunement être prouvée, à savoir, que si l'âme et le corps sont deux substances de diverse nature, cela les empêche de pouvoir agir l'une contre l'autre; car au contraire ceux qui admettent des accidents réels, comme la chaleur, la pesanteur, et semblables, ne doutent point que ces accidents ne puissent agir contre le corps; et toutefois il y a plus de différence entre eux et lui, c'est-à-dire entre des accidents et une substance, qu'il n'y a entre deux substances.

Au reste, puisque j'ai la plume en main, je remarquerai encore ici deux des équivoques que j'ai trouvées dans ce livre d'Instances, parce que ce sont celles qui me semblent pouvoir surprendre le plus aisément les lecteurs moins attentifs; et je désire par là vous témoigner que si j'y avais rencontré quelque autre chose que je crusse mériter réponse, je ne l'aurais pas négligée.

La première est en la page 63, où, pour ce que j'ai dit en un lieu que, pendant que l'âme doute de l'existence de toutes les choses matérielles, elle ne se connaît que précisément, *præcise tantum,* comme une substance immatérielle; et, sept ou huit lignes plus bas, pour montrer que par ces mots, *præcise tantum,* je n'entends point une entière exclusion ou négation, mais seulement une abstraction des choses matérielles, j'ai dit que, nonobstant cela, on n'était pas assuré qu'il n'y a rien en l'âme qui soit corporel; bien qu'on n'y connaisse rien, on me traite si injustement que de vouloir persuader au lecteur qu'en disant *præcise tantum* j'ai voulu exclure le corps, et ainsi que je me suis contredit par après en disant que je ne le voulais pas exclure. Je ne réponds rien à ce que je suis accusé ensuite d'avoir supposé quelque chose en la sixième Méditation que je n'avais pas prouvée auparavant, et ainsi d'avoir fait un paralogisme; car il est facile de reconnaître la fausseté de cette accusation, qui n'est que trop commune en tout ce livre, et qui me pourrait faire soupçonner que son auteur n'aurait pas agi de bonne foi, si je ne connaissais son esprit, et ne croyais qu'il a été le premier surpris par une si fausse créance.

L'autre équivoque est en la page 84, où il veut que *distinguere et abstrahere* soient la même chose; et toutefois il y a une grande différence, car en distinguant une substance de ses accidents on doit considérer l'un et l'autre, ce qui sert beaucoup à la connaître; au lieu que si on sépare seulement par abstraction cette substance de ses accidents, c'est-à-dire si on la considère toute seule sans penser à eux, cela empêche qu'on ne la puisse si bien connaître à cause que c'est par les accidents que la nature de la substance est manifestée.

Voilà, Monsieur, tout ce que je crois devoir répondre au gros livre d'Instances; car, bien que je satisferais peut-être davantage aux amis de l'auteur si je réfutais toutes ses instances l'une après l'autre, je crois que je ne satisferais pas tant aux miens, lesquels auraient sujet de me reprendre d'avoir employé du temps en une chose si peu nécessaire, et ainsi de rendre maîtres de mon loisir tous ceux qui voudraient perdre le leur à me proposer des questions inutiles. Mais je vous remercie de vos soins. Adieu.

SIXIÈMES OBJECTIONS

FAITES PAR DIVERS THÉOLOGIENS ET PHILOSOPHES

Après avoir lu avec attention vos Méditations, et les réponses que vous avez faites aux difficultés qui vous ont été ci-devant objectées, il nous reste encore en l'esprit quelques scrupules, dont il est à propos que vous nous releviez.

Le premier est, *qu'il ne semble pas que ce soit un argument fort certain de notre être, de ce que nous pensons. Car, pour être certain que vous pensez, vous devez auparavant savoir quelle est la nature de la pensée et de l'existence ; et, dans l'ignorance où vous êtes de ces deux choses, comment pouvez-vous savoir que vous pensez, ou que vous êtes ? Puis donc qu'en disant :* je pense, *vous ne savez pas ce que vous dites ; et qu'en ajoutant* donc je suis, *vous ne vous entendez pas non plus ; que même vous ne savez pas si vous dites ou si vous pensez quelque chose, étant pour cela nécessaire que vous connaissiez que vous savez ce que vous dites, et derechef que vous sachiez que vous connaissez que vous savez ce que vous dites, et ainsi jusques à l'infini, il est évident que vous ne pouvez pas savoir si vous êtes, ou même si vous pensez.*

Mais, pour venir au second scrupule, *lorsque vous dites :* je pense, donc je suis, *ne pourrait-on pas dire que vous vous trompez,* que vous ne pensez point, *mais que vous êtes seulement remué, et que ce que vous attribuez à la pensée n'est rien autre chose qu'un mouvement corporel ? personne n'ayant encore pu comprendre votre raisonnement, par lequel vous prétendez avoir démontré qu'il n'y a point de mouvement corporel qui puisse légitimement être appelé du nom de pensée. Car pensez-vous avoir tellement coupé et divisé, par le moyen de votre analyse, tous les mouvements de votre matière subtile, que vous soyez assuré, et que vous nous puissiez persuader, à nous qui sommes très attentifs et qui pensons être assez clairvoyants, qu'il y a de la répugnance que nos pensées soient répandues dans ces mouvements corporels ?*

Le troisième scrupule *n'est point différent du second ; car bien que quelques Pères de l'Église aient cru, avec tous les platoniciens, que les anges étaient corporels, d'où vient que le Concile de Latran a conclu qu'on les pouvait peindre, et qu'ils aient eu la même pensée de l'âme raisonnable, que quelques-uns d'entre eux ont estimé venir de père à fils, ils ont néanmoins dit que les anges et que les âmes pensaient ; ce qui nous fait croire que leur opinion était que la pensée se pouvait faire par des mouvements corporels, ou que les anges n'étaient eux-mêmes que des mouvements corporels, dont ils ne distinguaient point la pensée. Cela se peut aussi confirmer par les pensées qu'ont les singes, les chiens et les autres animaux, et de vrai, les chiens aboient en dormant, comme s'ils poursuivaient des lièvres ou des voleurs ; ils savent aussi fort bien, en veillant, qu'ils courent, et en rêvant, qu'ils aboient, quoique nous reconnaissions avec vous qu'il n'y a rien en eux qui soit distingué du corps. Que si vous dites que les chiens ne savent pas qu'ils courent, ou qu'ils pensent, outre que vous le dites sans le prouver, peut-être est-il vrai qu'ils font de nous un pareil jugement, à savoir, que nous ne savons pas si nous courons, ou si nous pensons, lorsque nous faisons l'une ou l'autre de ces actions. Car enfin vous ne voyez pas quelle est la façon intérieure d'agir qu'ils ont en eux, non plus qu'ils ne voient pas quelle est la vôtre ; et il s'est trouvé autrefois de grands personnages, et s'en trouve encore aujourd'hui, qui ne dénient pas la raison aux bêtes. Et tant s'en faut que nous puissions nous persuader que toutes leurs opérations puissent être suffisamment expliquées par le moyen de la mécanique, sans leur attribuer ni sens, ni âme, ni vie, qu'au contraire nous sommes prêts de soutenir, au dédit de ce que l'on voudra, que c'est une chose tout à fait impossible et même ridicule. Et enfin, s'il est vrai que les singes, les chiens et les éléphants agissent de cette sorte dans toutes leurs opérations, il s'en trouvera plusieurs qui diront que toutes les actions de l'homme sont aussi semblables à celles des machines, et qui ne voudront plus admettre en lui de sens ni d'entendement ; vu que, si la faible raison des bêtes diffère de celle de l'homme, ce n'est que par le plus et le moins, qui ne change point la nature des choses.*

Le quatrième scrupule *est touchant la science d'un athée, laquelle il soutient être très certaine, et même, selon votre règle, très évidente, lorsqu'il assure que, si de choses égales on ôte choses égales, les restes seront égaux ; ou bien que les trois angles d'un triangle rectiligne sont égaux à deux droits, et autres choses semblables ; puisqu'il ne peut penser à ces choses sans croire qu'elles sont très certaines. Ce qu'il maintient être si véritable, qu'encore bien qu'il n'y eût point de Dieu, ou même qu'il fût impossible qu'il y en eût, comme il s'imagine, il ne se tient pas moins assuré de ces vérités, que si en effet il y en avait un qui existât. Et de fait, il nie qu'on lui puisse jamais rien objecter qui lui cause le moindre doute ; car que lui objecterez-vous ? que, s'il y a un Dieu, il le peut décevoir ? mais il vous soutiendra qu'il n'est pas possible qu'il puisse jamais être en cela déçu, quand même Dieu y emploierait toute sa puissance.*

De ce scrupule en naît un cinquième, *qui prend sa force de cette déception que vous voulez dénier entièrement à Dieu. Car, si plusieurs théologiens sont dans ce sentiment, que les damnés, tant les anges que les hommes, sont continuellement déçus par l'idée que Dieu leur a imprimée d'un feu dévorant, en sorte qu'ils croient fermement, et s'imaginent voir et ressentir effectivement, qu'ils sont tourmentés par un feu qui les consume, quoiqu'en effet il n'y en ait point, Dieu ne peut-il pas nous décevoir par de semblables espèces, et nous imposer continuellement, imprimant sans cesse dans nos âmes de ces fausses et trompeuses idées ? en sorte que nous pensions voir très clairement, et toucher de chacun de nos sens, des choses qui toutefois ne sont rien hors de nous, étant véritable qu'il n'y a point de ciel, point d'astres, point de terre, et que nous n'avons point de bras, point de pieds, point d'yeux, etc. Et certes, quand il en userait ainsi, il ne pourrait être blâmé d'injustice, et nous n'aurions aucun sujet de nous plaindre de lui, puisque étant le Souverain Seigneur de toutes choses, il peut disposer de tout comme il lui plaît ; vu principalement qu'il semble avoir droit de le faire, pour abaisser l'arrogance des hommes, châtier leurs crimes, ou punir le péché de leur premier père, ou pour d'autres raisons qui nous sont inconnues. Et de vrai, il semble que cela se confirme par ces lieux de l'Écriture, qui prouvent que l'homme ne peut rien savoir, comme il paraît par ce texte de l'Apôtre à la première aux Corinth., chapitre 8, verset 2 :* Quiconque estime savoir quelque chose, ne connaît pas encore ce qu'il doit savoir ni comment il doit savoir; *et par celui de l'Ecclésiaste chapitre 8, verset 17 :* J'ai reconnu que, de tous les ouvrages de Dieu qui se font sous le Soleil, l'homme n'en peut rendre aucune raison, et que, plus il s'efforcera d'en trouver, d'autant moins il en trouvera; même s'il dit en savoir quelques-unes, il ne les pourra trouver. *Or, que le Sage ait dit cela pour des raisons mûrement considérées, et non point à la hâte et sans y avoir bien pensé, cela se voit par le contenu de tout le Livre, et principalement où il traite la question de l'âme, que vous soutenez être immortelle. Car, au chapitre 3, verset 19, il dit :* Que l'homme et la jument passent de même façon; *et afin que vous ne disiez pas que cela se doit entendre seulement du corps, il ajoute, un peu après,* que l'homme n'a rien de plus que la jument; *et venant à parler de l'esprit même de l'homme, il dit* qu'il n'y a personne qui sache s'il monte en haut, *c'est-à-dire s'il est immortel,* ou si, avec ceux des autres animaux, il descend en bas, *c'est-à-dire s'il se corrompt. Et ne dites point qu'il parle en ce lieu-là en la personne des impies : autrement il aurait dû en avertir, et réfuter ce qu'il aurait auparavant allégué. Ne pensez pas aussi vous excuser, en renvoyant aux théologiens d'interpréter l'Écriture ; car, étant chrétien comme vous êtes, vous devez être prêt de répondre et de satisfaire à tous ceux qui vous objectent quelque chose contre la foi, principalement quand ce qu'on vous objecte choque les principes que vous voulez établir.*

Le sixième scrupule *vient de l'indifférence du jugement, ou de la liberté, laquelle tant s'en faut que, selon votre doctrine, elle rende le franc arbitre plus noble et plus parfait, qu'au contraire c'est dans l'indifférence que vous mettez son imperfection; en sorte que, tout autant de fois que l'entendement connaît clairement et distinctement les choses qu'il faut croire, qu'il faut faire, ou qu'il faut omettre, la volonté pour lors n'est jamais indifférente. Car ne voyez-vous pas que par ces principes vous détruisez entièrement la liberté de Dieu, de laquelle vous ôtez l'indifférence, lorsqu'il crée ce monde-ci plutôt qu'un autre, ou lorsqu'il n'en crée aucun ? étant néanmoins de la foi de croire que Dieu a été de toute éternité indifférent à créer un monde ou plusieurs, ou même à n'en créer pas un. Et qui peut douter que Dieu n'ait toujours vu très clairement toutes les choses qui étaient à faire ou à laisser ? Si bien que l'on ne peut pas dire que la connaissance très claire des choses et leur distincte perception ôte l'indifférence du libre arbitre, laquelle ne conviendrait jamais avec la liberté de Dieu, si elle ne pouvait convenir avec la liberté humaine, étant vrai que les essences des choses, aussi bien que celles des nombres, sont indivisibles et immuables; et partant, l'indifférence n'est pas moins comprise dans la liberté du franc arbitre de Dieu, que dans la liberté du franc arbitre des hommes.*

Le septième scrupule *sera de la superficie, en laquelle ou par le moyen de laquelle vous dites que se font tous les sentiments. Car nous ne voyons pas comment il se peut faire qu'elle ne soit point partie des corps qui sont aperçus, ni de l'air, ou des vapeurs, ni même l'extrémité d'aucune de ces choses; et nous n'entendons pas bien encore comment vous pouvez dire qu'il n'y a point d'accidents réels, de quelque corps ou substance que ce soit, qui puissent par la toute-puissance de Dieu être séparés de leur sujet, et exister sans lui, et qui véritablement existent ainsi au Saint Sacrement de l'autel. Toutefois nos docteurs n'ont pas occasion de s'émouvoir beaucoup, jusqu'à ce qu'ils aient vu si, dans cette physique que vous nous promettez, vous aurez suffisamment démontré toutes ces choses ; il est vrai qu'ils ont de la peine à croire qu'elle nous les puisse si clairement proposer, que nous les devions désormais embrasser, au préiudice de ce que l'antiquité nous en a appris.*

La réponse que vous avez faite aux cinquièmes objections a donné lieu au huitième scrupule. *Et de vrai, comment se peut-il faire que les vérités géométriques ou métaphysiques, telles que sont celles dont vous avez fait mention en ce lieu-là, soient immuables et éternelles, et que néanmoins elles dépendent de Dieu ? Car en quel genre de cause peuvent-elles dépendre de lui ? Et comment aurait-il pu faire que la nature du triangle ne fût point ? ou qu'il n'eût pas été vrai, de toute éternité, que deux fois quatre fussent huit ? ou qu'un triangle n'eût pas trois angles ? Et partant, ou ces vérités ne dépendent que du seul entendement, lorsqu'il pense, ou elles dépendent de l'existence des choses mêmes, ou bien elles sont indépendantes : vu qu'il ne semble pas possible que Dieu ait pu faire qu'aucune de ces essences ou vérités ne fût pas de toute éternité.*

Enfin le neuvième scrupule *nous semble fort pressant, lorsque vous dites qu'il faut se défier des sens, et que la certitude de l'entendement est beaucoup plus grande que la leur. Car comment cela pourrait-il être, si l'entendement même n'a point d'autre certitude que celle qu'il emprunte des sens bien disposés ? Et de fait, ne voit-on pas qu'il ne peut corriger l'erreur d'aucun de nos sens, si, premièrement, un autre ne l'a tiré de l'erreur où il était lui-même ? Par exemple, un bâton paraît rompu dans l'eau à cause de la réfraction : qui corrigera cette erreur ? sera-ce l'entendement ? point du tout, mais le sens du toucher. Il en est de même de tous les autres. Et partant, si une fois vous pouvez avoir tous vos sens bien disposés, et qui vous rapportent toujours la même chose, tenez pour certain que vous acquerrez par leur moyen la plus grande certitude dont un homme soit naturellement capable. Que si vous vous fiez par trop aux raisonnements de votre esprit, assurez-vous d'être souvent trompé ; car il arrive assez ordinairement que notre entendement nous trompe en des choses qu'il avait tenues pour indubitables.*

Voilà en quoi consistent nos principales difficultés ; à quoi vous ajouterez aussi quelque règle certaine et des marques infaillibles, suivant lesquelles nous puissions connaître avec certitude, quand nous concevons une chose si parfaitement sans l'autre, qu'il soit vrai que l'une soit tellement distincte de l'autre, qu'au moins par la toute-puissance de Dieu elles puissent subsister séparément : c'est-à-dire, en un mot, que vous nous enseigniez comment nous pouvons clairement, distinctement et certainement connaître que cette distinction, que notre entendement forme, ne prend point son fondement dans notre esprit, mais dans les choses mêmes. Car, lorsque nous contemplons l'immensité de Dieu, sans penser à sa justice, ou que nous faisons réflexion sur son existence, sans penser au Fils ou au Saint-Esprit, ne concevons-nous pas parfaitement cette existence, ou Dieu même existant, sans ces deux autres personnes, qu'un infidèle peut avec autant de raison nier de la divinité, que vous en avez de dénier au corps l'esprit ou la pensée ? Tout ainsi donc que celui-là conclurait mal, qui dirait que le Fils et que le Saint-Esprit sont essentiellement distingués du Père, ou qu'ils peuvent être séparés de lui : de même on ne vous concédera jamais que la pensée, ou plutôt que l'esprit humain, soit réellement distingué du corps, quoi que vous conceviez clairement l'un sans l'autre, et que vous puissiez nier l'un de l'autre, et même que vous reconnaissiez que cela ne se fait point par aucune abstraction de votre esprit. Mais certes, si vous satisfaites pleinement à toutes ces difficultés, vous devez être assuré qu'il n'y aura plus rien qui puisse faire ombrage à nos théologiens.

Addition

J'ajouterai ici ce que quelques autres m'ont proposé, afin de n'avoir pas besoin d'y répondre séparément; car leur sujet est presque semblable.

Des personnes de très bon esprit, et de rare doctrine, m'ont fait les trois questions suivantes :

La première est : *comment nous pouvons être assurés que nous avons l'idée claire et distincte de notre âme.*

La seconde : *comment nous pouvons être assurés que cette idée est tout à fait différente des autres choses.*

La troisième : *comment nous pouvons être assurés qu'elle n'a rien en soi de ce qui appartient au corps.*

Ce qui suit m'a aussi été envoyé avec ce titre :

DES PHILOSOPHES ET GÉOMÈTRES A MONSIEUR DESCARTES

Monsieur,

Quelque soin que nous prenions à examiner si l'idée que nous avons de notre esprit, c'est-à-dire, si la notion ou le concept de l'esprit humain ne contient rien en soi de corporel, nous n'osons pas néanmoins assurer que la pensée ne puisse en aucune façon convenir au corps agité par de secrets mouvements. Car, voyant qu'il y a certains corps qui ne pensent point, et d'autres qui pensent, comme ceux des hommes et peut-être des bêtes, ne passerions-nous pas auprès de vous pour des sophistes, et ne nous accuseriez-vous pas de trop de témérité, si, nonobstant cela, nous voulions conclure qu'il n'y a aucun corps qui pense ? Nous avons même de la peine à ne pas croire que vous auriez eu raison de vous moquer de nous, si nous eussions les premiers forgé cet argument qui parle des idées, et dont vous vous servez pour la preuve d'un Dieu et de la distinction réelle de l'esprit d'avec le corps, et que vous l'eussiez ensuite fait passer par l'examen de votre analyse. Il est vrai que vous paraissez en être si fort prévenu et préoccupé, qu'il semble que vous vous soyez vous-même mis un voile devant l'esprit, qui vous empêche de voir que toutes les opérations et propriétés de l'âme, que vous remarquez être en vous, dépendent purement des mouvements du corps ; ou bien défaites le nœud qui, selon votre jugement, tient nos esprits enchaînés, et les empêche de s'élever au-dessus du corps.

Le nœud que nous trouvons en ceci est que nous comprenons fort bien que 2 et 3 joints ensemble font le nombre de 5, et que, si de choses égales on ôte choses égales, les restes seront égaux : nous sommes convaincus par ces vérités et par mille autres, aussi bien que vous ; pourquoi donc ne sommes-nous pas pareillement convaincus par le moyen de vos idées, ou même par les nôtres, que l'âme de l'homme est réellement distincte du corps, et que Dieu existe ? Vous direz peut-être que vous ne pouvez pas nous mettre cette vérité dans l'esprit, si nous ne méditons avec vous ; mais nous avons à vous répondre que nous avons lu plus de sept fois vos Méditations avec une attention d'esprit presque semblable à celle des anges, et que néanmoins nous ne sommes pas encore persuadés. Nous ne pouvons pas toutefois nous persuader que vous veuilliez dire que, tous tant que nous sommes, nous avons l'esprit stupide et grossier comme des bêtes, et du tout inhabile pour les choses métaphysiques, auxquelles il y a trente ans que nous nous exerçons, plutôt que de confesser que les raisons que vous avez tirées des idées de Dieu et de l'esprit, ne sont pas d'un si grand poids et d'une telle autorité, que les hommes savants, qui tâchent, autant qu'ils peuvent, d'élever leur esprit au-dessus de la matière, s'y puissent et s'y doivent entièrement soumettre.

Au contraire, nous estimons que vous confesserez le même avec nous, si vous voulez vous donner la peine de relire vos Méditations avec le même esprit, et les passer par le même examen que vous feriez si elles vous avaient été proposées par une personne ennemie. Enfin, puisque nous ne connaissons point jusqu'où se peut étendre la vertu des corps et de leurs mouvements, vu que vous confessez vous-même qu'il n'y a personne qui puisse savoir tout ce que Dieu a mis ou peut mettre dans un sujet, sans une révélation particulière de sa part, d'où pouvez-vous avoir appris que Dieu n'ait point mis cette vertu et propriété dans quelques corps, que de penser, de douter, etc. ?

Ce sont là, Monsieur, nos arguments, ou, si vous aimez mieux, nos préjugés, auxquels si vous apportez le remède nécessaire, nous ne saurions vous exprimer de combien de grâces nous vous serons redevables, ni quelle sera l'obligation que nous vous aurons, d'avoir tellement défriché notre esprit, que de l'avoir rendu capable de recevoir avec fruit la semence de votre doctrine. Dieu veuille que vous en puissiez venir heureusement à bout, et nous le prions qu'il lui plaise donner cette récompense à votre piété, qui ne vous permet pas de rien entreprendre, que vous ne sacrifiez entièrement à sa gloire.

RÉPONSES DE L'AUTEUR

AUX SIXIÈMES OBJECTIONS

FAITES PAR DIVERS THÉOLOGIENS, PHILOSOPHES ET GÉOMÈTRES

1. C'est une chose très assurée que personne ne peut être certain s'il pense et s'il existe, si, premièrement, il ne connaît la nature de la pensée et de l'existence. Non que pour cela il soit besoin d'une science réfléchie, ou acquise par une démonstration, et beaucoup moins de

la science de cette science, par laquelle il connaisse qu'il sait, et derechef qu'il sait qu'il sait, et ainsi jusqu'à l'infini, étant impossible qu'on en puisse jamais avoir une telle d'aucune chose que ce soit; mais il suffit qu'il sache cela par cette sorte de connaissance intérieure qui précède toujours l'acquise, et qui eſt si naturelle à tous les hommes, en ce qui regarde la pensée et l'exiſtence, que, bien que peut-être étant aveuglés par quelques préjugés, et plus attentifs au son des paroles qu'à leur véritable signification, nous puissions feindre que nous ne l'avons point, il eſt néanmoins impossible qu'en effet nous ne l'ayons. Ainsi donc, lorsque quelqu'un aperçoit qu'il pense et que de là il suit très évidemment qu'il exiſte, encore qu'il ne se soit peut-être jamais auparavant mis en peine de savoir ce que c'eſt que la pensée et que l'exiſtence, il ne se peut faire néanmoins qu'il ne les connaisse assez l'une et l'autre pour être en cela pleinement satisfait.

2. Il eſt aussi du tout impossible, que celui qui d'un côté sait qu'il pense, et qui d'ailleurs connaît ce que c'eſt que d'être agité par des mouvements, puisse jamais croire qu'il se trompe, et qu'en effet il ne pense point, mais qu'il eſt seulement remué. Car, ayant une idée ou notion tout autre de la pensée que du mouvement corporel, il faut de nécessité qu'il conçoive l'un comme différent de l'autre; quoique, pour s'être trop accoutumé à attribuer à un même sujet plusieurs propriétés différentes, et qui n'ont entre elles aucune affinité, il se puisse faire qu'il révoque en doute, ou même qu'il assure, que c'eſt en lui la même chose de penser et d'être mû. Or il faut remarquer que les choses dont nous avons différentes idées, peuvent être prises en deux façons pour une seule et même chose : c'eſt à savoir, ou en unité et identité de nature, ou seulement en unité de composition. Ainsi, par exemple, il eſt bien vrai que l'idée de la figure n'eſt pas la même que celle du mouvement; que l'aɛtion par laquelle j'entends, eſt conçue sous une autre idée que celle par laquelle je veux; que la chair et les os ont des idées différentes; et que l'idée de la pensée eſt tout autre que celle de l'extension. Et néanmoins nous concevons fort bien que la même subſtance, à qui la figure convient, eſt aussi capable de mouvement, de sorte qu'être figuré et être mobile n'eſt qu'une même

chose en unité de nature; comme aussi n'est-ce qu'une même chose, en unité de nature, qui veut et qui entend. Mais il n'en est pas ainsi de la substance que nous considérons sous la forme d'un os, et de celle que nous considérons sous la forme de chair : ce qui fait que nous ne pouvons pas les prendre pour une même chose en unité de nature, mais seulement en unité de composition, en tant que c'est un même animal qui a de la chair et des os. Maintenant la question est de savoir si nous concevons que la chose qui pense et celle qui est étendue, soient une même chose en unité de nature, en sorte que nous trouvions qu'entre la pensée et l'extension, il y ait une pareille connexion et affinité que nous remarquons entre le mouvement et la figure, l'action de l'entendement et celle de la volonté; ou plutôt si elles ne sont pas appelées une en unité de composition, en tant qu'elles se rencontrent toutes deux en un même homme, comme des os et de la chair en un même animal. Et pour moi, c'est là mon sentiment; car la distinction ou diversité que je remarque entre la nature d'une chose étendue et celle d'une chose qui pense, ne me paraît pas moindre que celle qui est entre des os et de la chair.

Mais pour ce qu'en cet endroit on se sert d'autorités pour me combattre, je me trouve obligé, pour empêcher qu'elles ne portent aucun préjudice à la vérité, de répondre à ce qu'on m'objecte *(que personne n'a encore pu comprendre ma démonstration)*, qu'encore bien qu'il y en ait fort peu qui l'aient soigneusement examinée, il s'en trouve néanmoins quelques-uns qui se persuadent de l'entendre, et qui s'en tiennent entièrement convaincus. Et comme on doit ajouter plus de foi à un seul témoin qui, après avoir voyagé en Amérique, nous dit qu'il a vu des antipodes, qu'à mille autres qui ont nié ci-devant qu'il y en eût, sans en avoir d'autre raison, sinon qu'ils ne le savaient pas : de même ceux qui pèsent comme il faut la valeur des raisons, doivent faire plus d'état de l'autorité d'un seul homme, qui dit entendre fort bien une démonstration, que de celle de mille autres qui disent, sans raison, qu'elle n'a pu encore être comprise de personne. Car, bien qu'ils ne l'entendent point, cela ne fait pas que d'autres ne la puissent entendre; et parce qu'en inférant l'un de l'autre, ils font voir qu'ils ne sont pas assez exacts dans leurs raisonnements, il semble que leur autorité ne doive pas être beaucoup considérée.

Enfin, à la question qu'on me propose en cet endroit, savoir : *si j'ai tellement coupé et divisé par le moyen de mon analyse tous les mouvements de ma matière subtile, que non seulement je sois assuré, mais même que je puisse faire connaître à des personnes très attentives, et qui pensent être assez clairvoyantes, qu'il y a de la répugnance que nos pensées soient répandues dans des mouvements corporels,* c'est-à-dire, comme je l'estime, que nos pensées soient une même chose avec des mouvements corporels, je réponds que, pour mon particulier, j'en suis très certain, mais que je ne me promets pas pour cela de le pouvoir persuader aux autres, quelque attention qu'ils y apportent et quelque capacité qu'ils pensent avoir, au moins tandis qu'ils n'appliqueront leur esprit qu'aux choses qui sont seulement imaginables, et non point à celles qui sont purement intelligibles : comme il est aisé de voir que ceux-là font, qui s'imaginent que toute la distinction et différence qui est entre la pensée et le mouvement, se doit entendre par la dissection de quelque matière subtile. Car cela ne se peut entendre, sinon lorsqu'on considère que les idées d'une chose qui pense, et d'une chose étendue ou mobile, sont entièrement diverses et indépendantes l'une de l'autre, et qu'il répugne que des choses que nous concevons clairement et distinctement être diverses et indépendantes, ne puissent pas être séparées, au moins par la toute-puissance de Dieu; de sorte que, tout autant de fois que nous les rencontrons ensemble dans un même sujet, comme la pensée et le mouvement corporel dans un même homme, nous ne devons pas pour cela estimer qu'elles soient une même chose en unité de nature, mais seulement en unité de composition.

3. Ce qui est ici rapporté des platoniciens et de leurs sectateurs, est aujourd'hui tellement décrié par toute l'Église catholique, et communément par tous les philosophes, qu'on ne doit plus s'y arrêter. D'ailleurs il est bien vrai que le Concile de Latran a conclu qu'on pouvait peindre les anges, mais il n'a pas conclu pour cela qu'ils fussent corporels. Et quand en effet on les croirait être tels, on n'aurait pas raison pour cela de penser que leurs esprits fussent plus inséparables de leurs corps que ceux des hommes; et quand on voudrait aussi feindre que l'âme humaine viendrait de père à fils, on ne pourrait

pas pour cela conclure qu'elle fût corporelle, mais seulement que, comme nos corps prennent leur naissance de ceux de nos parents, de même nos âmes procéderaient des leurs. Pour ce qui eśt des chiens et des singes, quand je leur attribuerais la pensée, il ne s'ensuivrait pas de là que l'âme humaine n'eśt point diśtinćte du corps, mais plutôt que dans les autres animaux les esprits et les corps sont aussi diśtingués : ce que les mêmes platoniciens, dont on nous vantait tout maintenant l'autorité, ont eśtimé avec Pythagore, comme leur métempsycose fait assez connaître. Mais pour moi, je n'ai pas seulement dit que dans les bêtes il n'y avait point de pensée, ainsi qu'on me veut faire accroire, mais outre cela je l'ai prouvé par des raisons qui sont si fortes, que jusques à présent je n'ai vu personne qui ait rien opposé de considérable à l'encontre. Et ce sont plutôt ceux qui assurent *que les chiens savent en veillant qu'ils courent, et même en dormant qu'ils aboient,* et qui en parlent comme s'ils étaient d'intelligence avec eux, et qu'ils vissent tout ce qui se passe dans leurs cœurs, lesquels ne prouvent rien de ce qu'ils disent. Car bien qu'ils ajoutent : *qu'ils ne peuvent pas se persuader que les opérations des bêtes puissent être suffisamment expliquées par le moyen de la mécanique, sans leur attribuer ni sens, ni âme, ni vie* (c'eśt-à-dire, selon que je l'explique, sans la pensée; car je ne leur ai jamais dénié ce que vulgairement on appelle vie, âme corporelle, et sens organique), *qu'au contraire ils veulent soutenir, au dédit de ce que l'on voudra, que c'eśt une chose tout à fait impossible et même ridicule,* cela néanmoins ne doit pas être pris pour une preuve : car il n'y a point de proposition si véritable, dont on ne puisse dire en même façon qu'on ne se la saurait persuader; et même ce n'eśt point la coutume d'en venir aux gageures, que lorsque les preuves nous manquent; et, puisqu'on a vu autrefois de grands hommes qui se sont moqués, d'une façon presque pareille, de ceux qui soutenaient qu'il y avait des antipodes, j'eśtime qu'il ne faut pas légèrement tenir pour faux tout ce qui semble ridicule à quelques autres.

Enfin, ce qu'on ajoute ensuite : *qu'il s'en trouvera plusieurs qui diront que toutes les aćtions de l'homme sont semblables à celles des machines, et qui ne voudront plus admettre en lui de sens ni d'entendement, s'il eśt vrai que les singes, les chiens et les éléphants agissent aussi comme des machines en toutes leurs opérations,* n'eſt pas aussi une raison qui prouve rien, si ce n'eſt peut-être qu'il y a des hommes qui conçoivent les choses si confusément, et qui s'attachent avec tant d'opiniâtreté aux premières opinions qu'ils ont une fois conçues, sans les avoir jamais bien examinées, que, plutôt que de s'en départir, ils nieront qu'ils aient en eux-mêmes les choses qu'ils expérimentent y être. Car, de vrai, il ne se peut pas faire que nous n'expérimentions tous les jours en nous-mêmes que nous pensons; et partant, quoiqu'on nous fasse voir qu'il n'y a point d'opérations dans les bêtes qui ne se puissent faire sans la pensée, personne ne pourra de là raisonnablement inférer qu'il ne pense donc point, si ce n'eſt celui qui, ayant toujours supposé que les bêtes pensent comme nous, et pour ce sujet s'étant persuadé qu'il n'agit point autrement qu'elles, se voudra tellement opiniâtrer à maintenir cette proposition : *l'homme et la bête opèrent d'une même façon,* que, lorsqu'on viendra à lui montrer que les bêtes ne pensent point, il aimera mieux se dépouiller de sa propre pensée (laquelle il ne peut toutefois ne pas connaître en soi-même par une expérience continuelle et infaillible) que de changer cette opinion, *qu'il agit de même façon que les bêtes.* Je ne puis pas néanmoins me persuader qu'il y ait beaucoup de ces esprits; mais je m'assure qu'il s'en trouvera bien davantage qui, si on leur accorde *que la pensée n'eſt point diſtinguée du mouvement corporel,* soutiendront (et certes avec plus de raison) qu'elle se rencontre dans les bêtes aussi bien que dans les hommes, puisqu'ils verront en elles les mêmes mouvements corporels que dans nous; et, ajoutant à cela *que la différence, qui n'eſt que selon le plus ou le moins, ne change point la nature des choses,* bien que peut-être ils ne fassent pas les bêtes si raisonnables que les hommes, ils auront néanmoins occasion de croire qu'il y a en elles des esprits de semblable espèce que les nôtres.

4. Pour ce qui regarde la science d'un athée, il eſt aisé de montrer qu'il ne peut rien savoir avec certitude et assurance; car, comme j'ai déjà dit ci-devant, d'autant moins puissant sera celui qu'il reconnaîtra pour l'auteur de son être, d'autant plus aura-t-il occasion de douter si sa nature n'eſt point tellement imparfaite qu'il se trompe, même dans les choses qui lui semblent très

évidentes; et jamais il ne pourra être délivré de ce doute, si, premièrement, il ne reconnaît qu'il a été créé par un vrai Dieu, principe de toute vérité, qui ne peut être trompeur.

5. Et on peut voir clairement qu'il est impossible que Dieu soit trompeur, pourvu qu'on veuille considérer que la forme ou l'essence de la tromperie est un non-être, vers lequel jamais le souverain être ne se peut porter. Aussi tous les théologiens sont-ils d'accord de cette vérité, qu'on peut dire être la base et le fondement de la religion Chrétienne, puisque toute la certitude de sa foi en dépend. Car comment pourrions-nous ajouter foi aux choses que Dieu nous a révélées, si nous pensions qu'il nous trompe quelquefois? Et bien que la commune opinion des théologiens soit que les damnés sont tourmentés par le feu des enfers, néanmoins leur sentiment n'est pas pour cela, *qu'ils sont déçus par une fausse idée que Dieu leur a imprimée d'un feu qui les consume,* mais plutôt qu'ils sont véritablement tourmentés par le feu; parce que, *comme l'esprit d'un homme vivant, bien qu'il ne soit pas corporel, est néanmoins naturellement détenu dans le corps, ainsi Dieu, par sa toute-puissance, peut aisément faire qu'il souffre les atteintes du feu corporel après sa mort, etc.* (Voyez le Maître des Sentences, Lib. 4, Dist. 44.) Pour ce qui est des lieux de l'Écriture, je ne juge pas que je sois obligé d'y répondre, si ce n'est qu'ils semblent contraires à quelque opinion qui me soit particulière; car lorsqu'ils ne s'attaquent pas à moi seul, mais qu'on les propose contre les opinions qui sont communément reçues de tous les chrétiens, comme sont celles que l'on impugne en ce lieu-ci, par exemple : que nous pouvons savoir quelque chose, et que l'âme de l'homme n'est pas semblable à celle des animaux; je craindrais de passer pour présomptueux, si je n'aimais pas mieux me contenter des réponses qui ont déjà été faites par d'autres, que d'en rechercher de nouvelles; vu que je n'ai jamais fait profession de l'étude de la théologie, et que je ne m'y suis appliqué qu'autant que j'ai cru qu'elle était nécessaire pour ma propre instruction, et enfin que je ne sens point en moi d'inspiration divine, qui me fasse juger capable de l'enseigner. C'est pourquoi je fais ici ma déclaration, que désormais je ne répondrai plus à de pareilles objections.

Mais je ne laisserai pas d'y répondre encore pour cette fois, de peur que mon silence ne donnât occasion à quelques-uns de croire que je m'en abstiens faute de pouvoir donner des explications assez commodes aux lieux de l'Écriture que vous proposez. Je dis donc, premièrement, que le passage de saint Paul de la première aux Corinth., Chap. 8, vers. 2, se doit seulement entendre de la science qui n'est pas jointe avec la charité, c'est-à-dire de la science des athées : par ce que quiconque connaît Dieu comme il faut, ne peut pas être sans amour pour lui, et n'avoir point de charité. Ce qui se prouve, tant par ces paroles qui précèdent immédiatement : *la science enfle, mais la charité édifie,* que par celles qui suivent un peu après : *que si quelqu'un aime Dieu, icelui* (à savoir Dieu) *est connu de lui.* Car ainsi l'Apôtre ne dit pas qu'on ne puisse avoir aucune science, puisqu'il confesse que ceux qui aiment Dieu le connaissent, c'est-à-dire qu'ils ont de lui quelque science; mais il dit seulement que ceux qui n'ont point de charité, et qui par conséquent n'ont pas une connaissance de Dieu suffisante, encore que peut-être ils s'estiment savants en d'autres choses, *ils ne connaissent pas néanmoins encore ce qu'ils doivent savoir, ni comment ils le doivent savoir :* d'autant qu'il faut commencer par la connaissance de Dieu, et après faire dépendre d'elle toute la connaissance que nous pouvons avoir des autres choses, ce que j'ai aussi expliqué dans mes Méditations. Et partant, ce même texte, qui était allégué contre moi, confirme si ouvertement mon opinion touchant cela, que je ne pense pas qu'il puisse être bien expliqué par ceux qui sont d'un contraire avis. Car, si on voulait prétendre que le sens que j'ai donné à ces paroles : *que si quelqu'un aime Dieu, icelui* (à savoir Dieu) *est connu de lui,* n'est pas celui de l'Écriture, et que ce pronom *icelui* ne se réfère pas à Dieu, mais à l'homme, qui est connu et approuvé par lui, l'apôtre saint Jean, en sa première Épître, Chapitre 2, vers. 2, favorise entièrement mon explication, par ces paroles : *En cela nous savons que nous l'avons connu, si nous observons ses commandements;* et au Chap. 4, vers. 7 : *Celui qui aime, est enfant de Dieu, et le connaît.*

Les lieux que vous alléguez de l'Ecclésiaste ne sont point aussi contre moi : car il faut remarquer que Salomon, dans ce livre, ne parle pas en la personne des impies, mais en la sienne propre, en ce qu'ayant été auparavant pécheur et ennemi de Dieu, il se repent pour lors de ses fautes, et confesse que, tant qu'il s'était seulement voulu servir pour la conduite de ses actions des lumières de la sagesse humaine, sans la référer à Dieu ni la regarder comme un bienfait de sa main, jamais il n'avait rien pu trouver qui le satisfît entièrement, ou qu'il ne vît rempli de vanité. C'est pourquoi, en divers lieux, il exhorte et sollicite les hommes de se convertir à Dieu et de faire pénitence. Et notamment au Chap. 11, vers. 9, par ces paroles : *Et sache,* dit-il, *que Dieu te fera rendre compte de toutes tes actions ;* ce qu'il continue dans les autres suivants jusqu'à la fin du livre. Et ces paroles du Chap. 8, vers. 17 : *Et j'ai reconnu que, de tous les ouvrages de Dieu qui se font sous le soleil, l'homme n'en peut rendre aucune raison, etc.,* ne doivent pas être entendues de toutes sortes de personnes, mais seulement de celui qu'il a décrit au verset précédent : *Il y a tel homme qui passe les jours et les nuits sans dormir ;* comme si le prophète voulait en ce lieu-là nous avertir que le trop grand travail, et la trop grande assiduité à l'étude des lettres, empêche qu'on ne parvienne à la connaissance de la vérité : ce que je ne crois pas que ceux qui me connaissent particulièrement, jugent pouvoir être appliqué à moi. Mais surtout il faut prendre garde à ces paroles : *qui se font sous le soleil,* car elles sont souvent répétées dans tout ce livre, et dénotent toujours les choses naturelles, à l'exclusion de la subordination et dépendance qu'elles ont à Dieu, parce que, Dieu étant élevé au-dessus de toutes choses, on ne peut pas dire qu'il soit contenu entre celles qui ne sont que sous le soleil; de sorte que le vrai sens de ce passage est que l'homme ne saurait avoir une connaissance parfaite des choses naturelles, tandis qu'il ne connaîtra point Dieu : en quoi je conviens aussi avec le prophète. Enfin, au Chapitre 3, vers. 19, où il est dit *que l'homme et la jument passent de même façon,* et aussi que *l'homme n'a rien de plus que la jument,* il est manifeste que cela ne se dit qu'à raison du corps; car en cet endroit il n'est fait mention que des choses qui appartiennent au corps; et incontinent après il ajoute, en parlant séparément de l'âme : *Qui sait si l'esprit des enfants d'Adam monte en haut, et si l'esprit des animaux descend en bas ?* c'est-à-dire qui peut connaître, par la force de la raison humaine, et à moins que de se tenir à ce que Dieu nous en a révélé, si les âmes des hommes jouiront de la béatitude éternelle? Certes j'ai bien tâché de prouver par raison naturelle que l'âme de l'homme n'est point corporelle; mais de savoir si elle montera en haut, c'est-à-dire si elle jouira de la gloire de Dieu, j'avoue qu'il n'y a que la seule foi qui nous le puisse apprendre.

6. Quant à la liberté du franc arbitre, il est certain que celle qui se retrouve en Dieu, est bien différente de celle qui est en nous, d'autant qu'il répugne que la volonté de Dieu n'ait pas été de toute éternité indifférente à toutes les choses qui ont été faites ou qui se feront jamais, n'y ayant aucune idée qui représente le bien ou le vrai, ce qu'il faut croire, ce qu'il faut faire, ou ce qu'il faut omettre, qu'on puisse feindre avoir été l'objet de l'entendement divin, avant que sa nature ait été constituée telle par la détermination de sa volonté. Et je ne parle pas ici d'une simple priorité de temps, mais bien davantage je dis qu'il a été impossible qu'une telle idée ait précédé la détermination de la volonté de Dieu par une priorité d'ordre, ou de nature, ou de raison raisonnée, ainsi qu'on la nomme dans l'École, en sorte que cette idée du bien ait porté Dieu à élire l'un plutôt que l'autre. Par exemple ce n'est pas pour avoir vu qu'il était meilleur que le monde fût créé dans le temps que dès l'éternité, qu'il a voulu le créer dans le temps; et il n'a pas voulu que les trois angles d'un triangle fussent égaux à deux droits, parce qu'il a connu que cela ne se pouvait faire autrement, etc. Mais, au contraire, parce qu'il a voulu créer le monde dans le temps, pour cela il est ainsi meilleur que s'il eût été créé dès l'éternité; et d'autant qu'il a voulu que les trois angles d'un triangle fussent nécessairement égaux à deux droits, il est maintenant vrai que cela est ainsi, et il ne peut pas être autrement, et ainsi de toutes les autres choses. Et cela n'empêche pas qu'on ne puisse dire que les mérites des saints sont la cause de leur béatitude éternelle; car ils n'en sont pas tellement la cause qu'ils déterminent Dieu à ne rien vouloir, mais ils sont seulement la cause d'un effet, dont Dieu a voulu de toute éternité qu'ils fussent la cause. Et ainsi une entière indifférence en Dieu est une preuve très grande de sa toute-puissance. Mais il n'en est pas ainsi de l'homme, lequel trouvant déjà la nature de la bonté et

de la vérité établie et déterminée de Dieu, et sa volonté étant telle qu'elle ne se peut naturellement porter que vers ce qui est bon, il est manifeste qu'il embrasse d'autant plus volontiers, et par conséquent d'autant plus librement, le bon et le vrai, qu'il les connaît plus évidemment; et que jamais il n'est indifférent que lorsqu'il ignore ce qui est de mieux ou de plus véritable, ou du moins lorsque cela ne lui paraît pas si clairement qu'il n'en puisse aucunement douter. Et ainsi l'indifférence qui convient à la liberté de l'homme, est fort différente de celle qui convient à la liberté de Dieu. Et il ne sert ici de rien d'alléguer que les essences des choses sont indivisibles; car, premièrement, il n'y en a point qui puisse convenir d'une même façon à Dieu et à la créature; et enfin l'indifférence n'est point de l'essence de la liberté humaine, vu que nous ne sommes pas seulement libres, quand l'ignorance du bien et du vrai nous rend indifférents, mais principalement aussi lorsque la claire et distincte connaissance d'une chose nous pousse et nous engage à sa recherche.

7. Je ne conçois point la superficie par laquelle j'estime que nos sens sont touchés, autrement que les mathématiciens ou philosophes conçoivent ordinairement, ou du moins doivent concevoir, celle qu'ils distinguent du corps et qu'ils supposent n'avoir point de profondeur. Mais le nom de superficie se prend en deux façons par les mathématiciens : à savoir, ou pour le corps dont on ne considère que la seule longueur et largeur, sans s'arrêter du tout à la profondeur, quoiqu'on ne nie pas qu'il en ait quelqu'une; ou il est pris seulement pour un mode du corps, et pour lors toute profondeur lui est déniée. C'est pourquoi, pour éviter toute sorte d'ambiguïté, j'ai dit que je parlais de cette superficie, laquelle, étant seulement un mode, ne peut pas être partie du corps; car le corps est une substance dont le mode ne peut être partie. Mais je n'ai jamais nié qu'elle fût le terme du corps; au contraire, je crois qu'elle peut fort proprement être appelée l'extrémité, tant du corps contenu que de celui qui contient, au sens que l'on dit que les corps contigus sont ceux dont les extrémités sont ensemble. Car de vrai, quand deux corps se touchent mutuellement, ils n'ont ensemble qu'une même extrémité, qui n'est point partie de l'un ni de l'autre, mais qui est le

même mode de tous les deux, et qui demeurera toujours le même, quoique ces deux corps soient ôtés, pourvu seulement qu'on en substitue d'autres en leur place, qui soient précisément de la même grandeur et figure. Et même ce lieu, qui est appelé par les Péripatéticiens la superficie du corps qui environne, ne peut être conçu être une autre superficie, que celle qui n'est point une substance, mais un mode. Car on ne dit point que le lieu d'une tour soit changé, quoique l'air qui l'environne le soit, ou qu'on substitue un autre corps en la place de la tour; et partant la superficie, qui est ici prise pour le lieu, n'est point partie de la tour, ni de l'air qui l'environne. Mais, pour réfuter entièrement l'opinion de ceux qui admettent des accidents réels, il me semble qu'il n'est pas besoin que je produise d'autres raisons que celles que j'ai déjà avancées. Car, premièrement, puisque nul sentiment ne se fait sans contact, rien ne peut être senti que la superficie des corps. Or, s'il y a des accidents réels, ils doivent être quelque chose de différent de cette superficie, qui n'est autre chose qu'un mode. Donc, s'il y en a, ils ne peuvent être sentis. Mais qui a jamais pensé qu'il y en eût, que parce qu'il a cru qu'ils étaient sentis? De plus, c'est une chose entièrement impossible et qui ne se peut concevoir sans répugnance et contradiction, qu'il y ait des accidents réels, par ce que tout ce qui est réel peut exister séparément de tout autre sujet : or ce qui peut ainsi exister séparément, est une substance, et non point un accident. Et il ne sert de rien de dire que les accidents réels ne peuvent pas naturellement être séparés de leurs sujets, mais seulement par la toute-puissance de Dieu; car être fait naturellement, n'est rien autre chose qu'être fait par la puissance ordinaire de Dieu, laquelle ne diffère en rien de sa puissance extraordinaire, et laquelle, ne mettant rien de nouveau dans les choses, n'en change point aussi la nature; de sorte que, si tout ce qui peut être naturellement sans sujet, est une substance, tout ce qui peut aussi être sans sujet par la puissance de Dieu, tant extraordinaire qu'elle puisse être, doit aussi être appelé du nom de substance. J'avoue bien, à la vérité, qu'une substance peut être appliquée à une autre substance; mais, quand cela arrive, ce n'est pas la substance qui prend la forme d'un accident, c'est le seul mode ou la façon dont cela arrive : par exemple, quand un habit est appliqué sur un homme, ce n'est pas l'habit, mais être *habillé,* qui est un accident. Et parce que la principale raison qui a mû les philosophes à établir des accidents réels, a été qu'ils ont cru que sans eux on ne pouvait pas expliquer comment se font les perceptions de nos sens, j'ai promis d'expliquer par le menu, en écrivant de la physique, la façon dont chacun de nos sens est touché par ses objets; non que je veuille qu'en cela, ni en aucune autre chose, on s'en rapporte à mes paroles, mais parce que j'ai cru que ce que j'avais expliqué de la vue, dans ma Dioptrique, pouvait servir de preuve suffisante de ce que je puis dans le reste.

8. Quand on considère attentivement l'immensité de Dieu, on voit manifestement qu'il est impossible qu'il y ait rien qui ne dépende de lui, non seulement de tout ce qui subsiste, mais encore qu'il n'y a ordre, ni loi, ni raison de bonté et de vérité qui n'en dépende; autrement (comme je disais un peu auparavant), il n'aurait pas été tout à fait indifférent à créer les choses qu'il a créées. Car si quelque raison ou apparence de bonté eût précédé sa préordination, elle l'eût sans doute déterminé à faire ce qui aurait été de meilleur. Mais, tout au contraire, parce qu'il s'est déterminé à faire les choses qui sont au monde, pour cette raison, comme il est dit en la Genèse, *elles sont très bonnes,* c'est-à-dire que la raison de leur bonté dépend de ce qu'il les a ainsi voulu faire. Et il n'est pas besoin de demander en quel genre de cause cette bonté, ni toutes les autres vérités, tant mathématiques que métaphysiques, dépendent de Dieu; car, les genres des causes ayant été établis par ceux qui peut-être ne pensaient point à cette raison de causalité, il n'y aurait pas lieu de s'étonner, quand ils ne lui auraient point donné de nom; mais néanmoins ils lui en ont donné un, car elle peut être appelée efficiente, de la même façon que la volonté du roi peut être dite la cause efficiente de la loi, bien que la loi même ne soit pas un être naturel, mais seulement (comme ils disent en l'École) un être moral. Il est aussi inutile de demander comment Dieu eût pu faire de toute éternité que deux fois 4 n'eussent pas été 8, etc., car j'avoue bien que nous ne pouvons pas comprendre cela; mais, puisque d'un autre côté je comprends fort bien que rien ne peut exister, en quelque genre d'être que ce soit, qui ne dépende de Dieu, et

qu'il lui a été très facile d'ordonner tellement certaines choses que les hommes ne pussent pas comprendre qu'elles eussent pu être autrement qu'elles sont, ce serait une chose tout à fait contraire à la raison, de douter des choses que nous comprenons fort bien, à cause de quelques autres que nous ne comprenons pas, et que nous ne voyons point que nous devions comprendre. Ainsi donc il ne faut pas penser que *les vérités éternelles dépendent de l'entendement humain, ou de l'existence des choses,* mais seulement de la volonté de Dieu, qui, comme un souverain législateur, les a ordonnées et établies de toute éternité.

9. Pour bien comprendre quelle est la certitude du sens, il faut distinguer en lui trois sortes de degrés. Dans le premier, on ne doit considérer autre chose que ce que les objets extérieurs causent immédiatement dans l'organe corporel; ce qui ne peut être autre chose que le mouvement des particules de cet organe, et le changement de figure et de situation qui provient de ce mouvement. Le second contient tout ce qui résulte immédiatement en l'esprit, de ce qu'il est uni à l'organe corporel ainsi mû et disposé par ses objets; et tels sont les sentiments de la douleur, du chatouillement, de la faim, de la soif, des couleurs, des sons, des saveurs, des odeurs, du chaud, du froid, et autres semblables, que nous avons dit, dans la sixième Méditation, provenir de l'union et pour ainsi dire du mélange de l'esprit avec le corps. Et enfin, le troisième comprend tous les jugements que nous avons coutume de faire depuis notre jeunesse, touchant les choses qui sont autour de nous à l'occasion des impressions, ou mouvements, qui se font dans les organes de nos sens. Par exemple, lorsque je vois un bâton, il ne faut pas s'imaginer qu'il sorte de lui de petites images voltigeantes par l'air, appelées vulgairement des espèces intentionnelles, qui passent jusques à mon œil, mais seulement que les rayons de la lumière réfléchis de ce bâton excitent quelques mouvements dans le nerf optique, et par son moyen dans le cerveau même, ainsi que j'ai amplement expliqué dans la Dioptrique. Et c'est en ce mouvement du cerveau, qui nous est commun avec les bêtes, que consiste le premier degré du sentiment. De ce premier suit le second, qui s'étend seulement à la perception de la couleur et de la

lumière qui est réfléchie de ce bâton, et qui provient de ce que l'esprit est si étroitement et si intimement conjoint avec le cerveau, qu'il se ressent même et est comme touché par les mouvements qui se font en lui; et c'est tout ce qu'il faudrait rapporter au sens, si nous voulions le distinguer exactement de l'entendement. Car, que de ce sentiment de la couleur, dont je sens l'impression, je vienne à juger que ce bâton qui est hors de moi est coloré, et que de l'étendue de cette couleur, de sa terminaison et de la relation de sa situation avec les parties de mon cerveau, je détermine quelque chose touchant la grandeur, la figure et la distance de ce même bâton, quoiqu'on ait accoutumé de l'attribuer au sens, et que pour ce sujet je l'aie rapporté à un troisième degré de sentiment, c'est néanmoins une chose manifeste que cela ne dépend que de l'entendement seul. Et même j'ai fait voir, dans la Dioptrique, que la grandeur, la distance et la figure ne s'aperçoivent que par le raisonnement, en les déduisant les unes des autres. Mais il y a seulement en cela de la différence, que nous attribuons à l'entendement les jugements nouveaux et non accoutumés que nous faisons touchant toutes les choses qui se présentent, et que nous attribuons aux sens ceux que nous avons été accoutumés de faire dès notre enfance touchant les choses sensibles, à l'occasion des impressions qu'elles font dans les organes de nos sens; dont la raison est que la coutume nous fait raisonner et juger si promptement de ces choses-là (ou plutôt nous fait ressouvenir des jugements que nous en avons faits autrefois), que nous ne distinguons point cette façon de juger d'avec la simple appréhension ou perception de nos sens. D'où il est manifeste que, lorsque nous disons que la certitude de l'entendement est plus grande que celle des sens, nos paroles ne signifient autre chose, sinon que les jugements que nous faisons dans un âge plus avancé, à cause de quelques nouvelles observations, sont plus certains que ceux que nous avons formés dès notre enfance, sans y avoir fait de réflexion; ce qui ne peut recevoir aucun doute, car il est constant qu'il ne s'agit point ici du premier ni du second degré du sentiment, d'autant qu'il ne peut y avoir en eux aucune fausseté. Quand donc on dit *qu'un bâton paraît rompu dans l'eau, à cause de la réfraction,* c'est de même que si l'on disait qu'il nous paraît d'une telle façon qu'un enfant jugerait de là qu'il est rompu, et qui fait aussi que, selon les préjugés auxquels nous sommes accoutumés dès notre enfance, nous jugeons la même chose. Mais je ne puis demeurer d'accord de ce que l'on ajoute ensuite, à savoir *que cette erreur n'est point corrigée par l'entendement, mais par le sens de l'attouchement;* car bien que ce sens nous fasse juger qu'un bâton est droit, et cela par cette façon de juger à laquelle nous sommes accoutumés dès notre enfance, et qui par conséquent peut être appelée *sentiment,* néanmoins cela ne suffit pas pour corriger l'erreur de la vue, mais outre cela il est besoin que nous ayons quelque raison, qui nous enseigne que nous devons en cette rencontre nous fier plutôt au jugement que nous faisons en suite de l'attouchement, qu'à celui où semble nous porter le sens de la vue; laquelle raison n'ayant point été en nous dès notre enfance, ne peut être attribuée au sens, mais au seul entendement; et partant, dans cet exemple même, c'est l'entendement seul qui corrige l'erreur du sens, et il est impossible d'en apporter jamais aucun, dans lequel l'erreur vient pour s'être plus fié à l'opération de l'esprit qu'à la perception des sens.

10. D'autant que les difficultés qui restent à examiner, me sont plutôt proposées comme des doutes que comme des objections, je ne présume pas tant de moi, que j'ose me promettre d'expliquer assez suffisamment des choses que je vois être encore aujourd'hui le sujet des doutes de tant de savants hommes. Néanmoins, pour faire en cela tout ce que je puis, et ne pas manquer à ma propre cause, je dirai ingénument de quelle façon il est arrivé que je me sois moi-même entièrement délivré de ces doutes. Car, en ce faisant, si par hasard il arrive que cela puisse servir à quelques-uns, j'aurai sujet de m'en réjouir, et s'il ne peut servir à personne, au moins aurai-je la satisfaction qu'on ne me pourra pas accuser de présomption ou de témérité.

Lorsque j'eus la première fois conclu, en suite des raisons qui sont contenues dans mes Méditations, que l'esprit humain est réellement distingué du corps, et qu'il est même plus aisé à connaître que lui, et plusieurs autres choses dont il est là traité, je me sentais à la vérité obligé d'y acquiescer, par ce que je ne remarquais rien en elles qui ne fût bien suivi, et qui ne fût tiré de principes très évidents, suivant les règles de la logique. Toutefois je confesse que je ne fus pas pour cela pleinement persuadé, et qu'il m'arriva presque la même chose qu'aux astronomes, qui, après avoir été convaincus par de puissantes raisons que le soleil est plusieurs fois plus grand que toute la terre, ne sauraient pourtant s'empêcher de juger qu'il est plus petit, lorsqu'ils jettent les yeux sur lui. Mais après que j'eus passé plus avant, et qu'appuyé sur les mêmes principes, j'eus porté ma considération sur les choses physiques ou naturelles, examinant premièrement les notions ou les idées que je trouvais en moi de chaque chose, puis les distinguant soigneusement les unes des autres pour faire que mes jugements eussent un entier rapport avec elles, je reconnus qu'il n'y avait rien qui appartînt à la nature ou à l'essence du corps, sinon qu'il est une substance étendue en longueur, largeur et profondeur, capable de plusieurs figures et de divers mouvements, et que ses figures et mouvements n'étaient autre chose que des modes, qui ne peuvent jamais être sans lui; mais que les couleurs, les odeurs, les saveurs, et autres choses semblables, n'étaient rien que des sentiments qui n'ont aucune existence hors de ma pensée, et qui ne sont pas moins différents des corps que la douleur diffère de la figure ou du mouvement de la flèche qui la cause; et enfin, que la pesanteur, la dureté, la vertu d'échauffer, d'attirer, de purger, et toutes les autres qualités que nous remarquons dans les corps, consistent seulement dans le mouvement ou dans sa privation, et dans la configuration et arrangement des parties.

Toutes lesquelles opinions étant fort différentes de celles que j'avais eues auparavant touchant les mêmes choses, je commençai après cela, à considérer pourquoi j'en avais eu d'autres par ci-devant, et je trouvai que la principale raison était que, dès ma jeunesse, j'avais fait plusieurs jugements touchant les choses naturelles (comme celles qui devaient beaucoup contribuer à la conservation de ma vie, en laquelle je ne faisais que d'entrer), et que j'avais toujours retenu depuis les mêmes opinions que j'avais autrefois formées de ces choses-là. Et d'autant que mon esprit ne se servait pas bien en ce bas âge des organes du corps, et qu'y étant trop attaché il ne pensait rien sans eux, aussi n'apercevait-il que confusément toutes choses. Et bien qu'il eût connaissance de sa propre cause, et qu'il n'eût pas moins en soi l'idée de la pensée que celle de l'étendue, néanmoins, par ce qu'il ne concevait rien de purement intellectuel, qu'il n'imaginât aussi en même temps quelque chose de corporel, il prenait l'un et l'autre pour une même chose, et rapportait au corps toutes les notions qu'il avait des choses intellectuelles. Et d'autant que je ne m'étais jamais depuis délivré de ces préjugés, il n'y avait rien que je connusse assez distinctement et que je ne supposasse être corporel, quoique néanmoins je formasse souvent de telles idées de ces choses mêmes que je supposais être corporelles, et que j'en eusse de telles notions, qu'elles représentaient plutôt des esprits que des corps.

Par exemple, lorsque je concevais la pesanteur comme une qualité réelle, inhérente et attachée aux corps massifs et grossiers, encore que je la nommasse une *qualité*, en tant que je la rapportais aux corps dans lesquels elle résidait, néanmoins, parce que j'ajoutais ce mot de *réelle*, je pensais en effet que c'était une substance : de même qu'un habit considéré en soi est une substance, quoique étant rapporté à un homme habillé, il puisse être dit une qualité; et ainsi, bien que l'esprit soit une substance, il peut néanmoins être dit une qualité, eu égard au corps auquel il est uni. Et bien que je conçusse que la pesanteur est répandue par tout le corps qui est pesant, je ne lui attribuais pas néanmoins la même sorte d'étendue qui constitue la nature du corps, car cette étendue est telle qu'elle exclut toute pénétrabilité de parties; et je pensais qu'il y avait autant de pesanteur dans une masse d'or ou de quelque autre métal de la longeur d'un pied qu'il y en avait dans une pièce de bois longue de dix pieds; voire même j'estimais que toute cette pesanteur pouvait être contenue sous un point mathématique. Et même lorsque cette pesanteur était ainsi également étendue par tout le corps, je voyais qu'elle pouvait exercer toute sa force en chacune de ses parties, parce que, de quelque façon que ce corps fût suspendu à une corde, il la tirait de toute sa pesanteur, comme si toute cette pesanteur eût été renfermée dans la partie qui touchait la corde. Et certes je ne conçois point encore aujourd'hui que l'esprit soit autrement étendu dans le corps, lorsque je le conçois être tout entier dans le tout, et tout entier dans chaque partie. Mais ce qui fait mieux paraître que cette idée de la pesanteur avait été tirée en partie de celle que j'avais de mon esprit, est que je pensais que la pesanteur portait les corps vers le centre de la terre, comme si elle eût eu en soi quelque connaissance de ce centre : car certainement il n'est pas possible que cela se fasse sans connaissance, et partout où il y a connaissance, il faut qu'il y ait de l'esprit. Toutefois j'attribuais encore d'autres choses à cette pesanteur, qui ne peuvent pas en même façon être entendues de l'esprit : par exemple, qu'elle était divisible, mesurable, etc.

Mais après que j'eus suffisamment considéré toutes ces choses, et que j'eus distingué l'idée de l'esprit humain des idées du corps et du mouvement corporel, et que je me fus aperçu que toutes les autres idées que j'avais eues auparavant, soit des qualités réelles, soit des formes substantielles, en avaient été composées, ou formées par mon esprit, je n'eus pas beaucoup de peine à me défaire de tous les doutes qui sont ici proposés. Car, premièrement, je ne doutai plus que je n'eusse une claire idée de mon propre esprit, duquel je ne pouvais pas nier que je n'eusse connaissance, puisqu'il m'était si présent et si conjoint. Je ne mis plus aussi en doute que cette idée ne fût entièrement différente de celles de toutes les autres choses, et qu'elle n'eût rien en soi de ce qui appartient au corps : par ce qu'ayant recherché très soigneusement les vraies idées des autres choses, et pensant même les connaître toutes en général, je ne trouvais rien en elles qui ne fût en tout différent de l'idée de mon esprit. Et je voyais qu'il y avait une bien plus grande différence entre ces choses, qui, bien qu'elles fussent tout à la fois en ma pensée, me paraissaient néanmoins distinctes et différentes, comme sont l'esprit et le corps, qu'entre celles dont nous pouvons à la vérité avoir des pensées séparées, nous arrêtant à l'une sans penser à l'autre, mais qui ne sont jamais ensemble en notre esprit, que nous ne voyions, bien qu'elles ne peuvent pas subsister séparément. Comme, par exemple, l'immensité de Dieu peut bien être conçue sans que nous pensions à sa justice, mais on ne peut pas les avoir toutes deux présentes à son esprit, et croire que Dieu puisse être immense sans être juste. De même l'existence de Dieu peut être clairement connue, sans que l'on sache rien des personnes de la très sainte Trinité, qu'aucun esprit ne saurait bien entendre, s'il n'est éclairé des lumières de la foi; mais lorsqu'elles sont une fois bien entendues, je nie qu'on puisse concevoir entre elles aucune distinction réelle à raison de l'essence divine, quoique cela se puisse à raison des relations.

Et enfin je n'appréhende plus de m'être peut-être laissé surprendre et prévenir par mon analyse, lorsque, voyant qu'il y a des corps qui ne pensent point, ou plutôt concevant très clairement que certains corps peuvent être sans la pensée, j'ai mieux aimé dire que la pensée n'appartient point à la nature du corps, que de conclure qu'elle en est un mode, par ce que j'en voyais d'autres (à savoir ceux des hommes) qui pensent; car, à vrai dire, je n'ai jamais vu ni compris que les corps humains eussent des pensées, mais bien que ce sont les mêmes hommes qui pensent et qui ont des corps. Et j'ai reconnu que cela se fait par la composition et l'assemblage de la substance qui pense avec la corporelle; par ce que, considérant séparément la nature de la substance qui pense, je n'ai rien remarqué en elle qui pût appartenir au corps, et que je n'ai rien trouvé dans la nature du corps, considérée toute seule, qui pût appartenir à la pensée. Mais, au contraire, examinant tous les modes, tant du corps que de l'esprit, je n'en ai remarqué pas un, dont le concept ne dépendît entièrement du concept même de la chose dont il est le mode. Aussi, de ce que nous voyons souvent deux choses jointes ensemble, on ne peut pas pour cela inférer qu'elles ne sont qu'une même chose; mais, de ce que nous voyons quelquefois l'une de ces choses sans l'autre, on peut fort bien conclure qu'elles sont diverses. Et il ne faut pas que la puissance de Dieu nous empêche de tirer cette conséquence; car il n'y a pas moins de répugnance à penser que des choses que nous concevons clairement et distinctement comme deux choses diverses, soient faites une même chose en essence et sans aucune composition, que de penser qu'on puisse séparer ce qui n'est aucunement distinct. Et partant, si Dieu a donné à quelques corps la faculté de penser (comme en effet il l'a donnée à ceux des hommes), il peut, quand il voudra, l'en séparer, et ainsi elle ne laisse pas d'être réellement distincte de ces corps.

Et je ne m'étonne pas d'avoir autrefois fort bien compris, avant même que je me fusse délivré des préjugés de mes sens, *que deux et trois joints ensemble font le nombre de cinq, et que, lorsque de choses égales on ôte choses égales, les restes sont égaux,* et plusieurs choses semblables, bien que je ne songeasse pas alors que l'âme de l'homme fût distincte de son corps : car je vois très bien que ce qui a fait que je n'ai point en mon enfance donné de faux jugement touchant ces propositions qui sont reçues généralement de tout le monde, a été parce qu'elles ne m'étaient pas encore pour lors en usage, et que les enfants n'apprennent point à assembler deux avec trois, qu'ils ne soient capables de juger s'ils font le nombre de cinq, etc. Tout au contraire, dès ma plus tendre jeunesse, j'ai conçu l'esprit et le corps (dont je voyais confusément que j'étais composé) comme une seule et même chose; et c'est le vice presque ordinaire de toutes les connaissances imparfaites, d'assembler en un plusieurs choses, et les prendre toutes pour une même; c'est pourquoi il faut par après avoir la peine de les séparer, et par un examen plus exact les distinguer des autres.

Mais je m'étonne grandement que des personnes très doctes et *accoutumées depuis trente années aux spéculations métaphysiques,* après avoir lu mes Méditations plus de *sept fois,* se persuadent *que, si je les relisais avec le même esprit que je les examinerais si elles m'avaient été proposées par une personne ennemie, je ne ferais pas tant de cas et n'aurais pas une opinion si avantageuse des raisons qu'elles contiennent, que de croire que chacun se devrait rendre à la force et au poids de leurs vérités et liaisons,* vu cependant qu'ils ne font voir eux-mêmes aucune faute dans tous mes raisonnements. Et certes ils m'attribuent beaucoup plus qu'ils ne doivent, et qu'on ne doit pas même penser d'aucun homme, s'ils croient que je me serve d'une telle analyse que je puisse par son moyen renverser les démonstrations véritables, ou donner une telle couleur aux fausses, que personne n'en puisse jamais découvrir la fausseté; vu qu'au contraire je professe hautement que je n'en ai jamais recherché d'autre que celle au moyen de laquelle on peut s'assurer de la certitude des raisons véritables, et découvrir le vice des fausses et captieuses. C'est pourquoi je ne suis pas tant étonné de voir des personnes très doctes n'acquiescer pas encore à mes conclusions, que je suis joyeux de voir qu'après une si sérieuse et fréquente lecture de mes raisons, ils ne me blâment point d'avoir rien avancé mal à propos, ou d'avoir tiré quelque conclusion autrement que dans les formes. Car la difficulté qu'ils ont à recevoir mes conclusions, peut aisément être attribuée à la coutume invétérée qu'ils ont de juger autrement de ce qu'elles contiennent, comme il a déjà été remarqué des astronomes, qui ne peuvent s'imaginer que le soleil soit plus grand que la terre, bien qu'ils aient des raisons très certaines qui le démontrent. Mais je ne vois pas qu'il puisse y avoir d'autre raison pourquoi ni ces Messieurs, ni personne que je sache, n'ont pu jusques ici rien reprendre dans mes raisonnements, sinon parce qu'ils sont entièrement vrais et indubitables; vu principalement que les principes sur quoi ils sont appuyés, ne sont point obscurs, ni inconnus, ayant tous été tirés des plus certaines et plus évidentes notions qui se présentent à un esprit qu'un doute général de toutes choses a déjà délivré de toutes sortes de préjugés; car il suit de là nécessairement qu'il ne peut y avoir d'erreurs, que tout homme d'esprit un peu médiocre n'eût pu facilement remarquer. Et ainsi je pense que je n'aurai pas mauvaise raison de conclure, que les choses que j'ai écrites ne sont pas tant affaiblies par l'autorité de ces savants hommes qui, après les avoir lues attentivement plusieurs fois, ne se peuvent pas encore laisser persuader par elles, qu'elles sont fortifiées par leur autorité même, de ce qu'après un examen si exact et des revues si générales, ils n'ont pourtant remarqué aucunes erreurs ou paralogismes dans mes démonstrations.

LES PRINCIPES
DE
LA PHILOSOPHIE

Les Principes de la Philosophie ont été publiés à Amsterdam, chez Elzevier, en 1644. Ce livre est dédié à la Princesse Élisabeth de Bohême, la grande amie de Descartes et son disciple d'élection. Composé pour l'enseignement et destiné aux écoles, il a été écrit en latin, langue des professeurs. Mais il fut bientôt traduit en français par l'abbé Picot, ami de Descartes, et publié à Paris, chez Henri Le Gras, en 1647. Ainsi que celle des *Méditations,* la traduction à été revue et corrigée par Descartes; nous pouvons donc la considérer comme l'expression authentique de la pensée du philosophe. Toutefois, cette traduction est moins ferme et moins précise que la première; surtout, elle contient des modifications et des adjonctions importantes, sans doute apportées par Descartes lui-même, de sorte que le texte français ne saurait être considéré comme l'équivalent exact du texte latin et qu'il est souvent utile de confronter l'un avec l'autre.

Les Principes de la Philosophie comprennent quatre parties. La première : *Des principes de la connaissance humaine,* est un exposé général de la philosophie de Descartes. La deuxième : *Des principes des choses matérielles,* étudie les éléments essentiels de la science de l'univers, les corps, l'étendue, la matière, le temps, le mouvement, les lois du mouvement, les lois du choc. La troisième : *Du monde visible,* étudie les phénomènes du ciel, les mouvements des planètes, la constitution de l'univers par le système des tourbillons, la formation du soleil, de la lumière, des taches du soleil, des étoiles fixes, des comètes et des planètes. La quatrième : *De la terre,* étudie le globe terrestre et sa formation : comment, sous l'action de la lumière, de la chaleur et de la pesanteur, la matière subtile se répartit en quatre corps principaux, qui sont l'air, l'eau, la terre et le feu; nous trouvons ensuite une longue explication de l'aimant, qui était alors une question d'actualité et dont Descartes énumère avec complaisance toutes les propriétés; enfin, pour terminer le livre, plusieurs chapitres sur les sens extérieurs et les sentiments intérieurs.

Avec l'*Épître dédicatoire à la Princesse Élisabeth* et la *Lettre au traducteur pouvant servir de préface,* nous donnons ici la première partie qui est classique, et la deuxième qui contient, à la vérité, des choses vieillies, notamment vers la fin, mais qui, surtout au début, contient des remarques importantes sur les corps, l'étendue, le temps, le mouvement; notions cardinales de la science cartésienne, qui sont comme les traits d'union entre la métaphysique et la physique, entre l'esprit auteur de la science et le monde objet de la science. Il ne pouvait être question de donner la troisième partie, ni, au moins dans sa totalité, la quatrième, en raison de leur longueur, et aussi parce qu'elles sont encombrées d'hypothèses et de figurations aujourd'hui tout à fait périmées. Devant ces laborieux exposés, le lecteur a l'impression que la méthode spécifiquement cartésienne, destinée à un si grand avenir, n'a pas encore porté son fruit ni pris la force de soulever l'énorme fatras sous lequel la science était alors ensevelie. On est peiné de voir Descartes s'appliquer à montrer que la terre tourne tout en ne tournant pas, et verser constamment dans cet abus de l'imagination que les newtoniens devaient lui reprocher si vivement, et qu'il avait lui-même maintes fois dénoncé, notamment dans les conversations avec Burman, où l'on dirait qu'il se peint lui-même quand il parle de ces physiciens malheureux qui traitent tout non par la raison, mais par l'imagination, alors que cette faculté n'a pas de place en physique.

En raison de leur intérêt et de leur rapport étroit avec la philosophie cartésienne, nous donnons les derniers chapitres de la quatrième partie. Nous donnons aussi, à la suite des *Principes,* toute la Table des Matières, qui est très développée, et grâce à laquelle le lecteur pourra se rendre compte de l'ensemble de l'œuvre et du détail des questions traitées.

LES PRINCIPES
DE
LA PHILOSOPHIE

A LA SÉRÉNISSIME PRINCESSE ÉLISABETH

PREMIÈRE FILLE DE FRÉDÉRIC, ROI DE BOHÊME, COMTE PALATIN ET PRINCE-ÉLECTEUR DE L'EMPIRE

MADAME,

Le principal fruit que j'aie reçu des écrits que j'ai ci-devant publiés a été qu'à leur occasion j'ai eu l'honneur d'être connu de Votre Altesse, et de lui pouvoir quelquefois parler, ce qui m'a donné moyen de remarquer en elle des qualités si estimables, et si rares, que je crois que c'est rendre service au public de les proposer à la postérité pour exemple. J'aurais mauvaise grâce à flatter, ou bien à écrire des choses dont je n'aurais point de connaissance certaine, principalement aux premières pages de ce livre, dans lequel je tâcherai de mettre les principes de toutes les vérités que l'esprit humain peut savoir. Et la généreuse modestie qui reluit en toutes les actions de Votre Altesse m'assure que les discours simples et francs d'un homme qui n'écrit que ce qu'il croit, vous seront plus agréables que ne seraient des louanges ornées de termes pompeux et recherchés par ceux qui ont étudié l'art des compliments. C'est pourquoi je ne mettrai rien en cette lettre dont l'expérience et la raison ne m'ait rendu certain; et j'y écrirai en philosophe ainsi que dans le reste du livre. Il y a beaucoup de différence entre les vraies vertus et celles qui ne sont qu'apparentes; et il y en a aussi beaucoup entre les vraies qui procèdent d'une exacte connaissance de la vérité, et celles qui sont accompagnées d'ignorance ou d'erreur. Les vertus que je nomme apparentes ne sont, à proprement parler, que des vices, qui, n'étant pas si fréquents que d'autres vices qui leur sont contraires, ont coutume d'être plus estimés que les vertus qui consistent en la médiocrité, dont ces vices opposés sont les excès. Ainsi, à cause qu'il y a bien plus de personnes qui craignent trop les dangers qu'il n'y en a qui les craignent trop peu, on prend souvent la témérité pour une vertu; et elle éclate bien plus aux occasions que ne fait le vrai courage. Ainsi les prodigues ont coutume d'être plus loués que les libéraux; et ceux qui sont véritablement gens de bien n'acquièrent point tant la réputation d'être dévots que font les superstitieux et les hypocrites. Pour ce qui est des vraies vertus, elles ne viennent pas toutes d'une vraie connaissance, mais il y en a qui naissent aussi quelquefois du défaut ou de l'erreur; ainsi souvent la simplicité est cause de la bonté, la peur donne de la dévotion, et le désespoir du courage. Or, les vertus qui sont ainsi accompagnées de quelque imperfection sont différentes entre elles, et on leur a aussi donné divers noms. Mais celles qui sont si pures et si parfaites qu'elles ne viennent que de la seule connaissance du bien sont toutes de même nature, et peuvent être comprises sous le seul nom de la sagesse. Car quiconque a une volonté ferme et constante d'user toujours de la raison le mieux qu'il est en son pouvoir, et de faire en toutes ses actions ce qu'il juge être le meilleur, est véritablement sage autant que sa nature permet qu'il le soit; et par cela seul il est juste, courageux, modéré, et a toutes les autres vertus, mais tellement jointes entre elles qu'il n'y en a aucune qui paraisse plus que les autres; c'est pourquoi, encore qu'elles soient beaucoup plus parfaites que celles que le mélange de quelque défaut fait éclater, toutefois, à cause que le commun des hommes les remarque moins, on n'a pas coutume de leur donner tant de louanges. Outre cela, de deux choses qui sont requises à la sagesse ainsi décrite, à savoir, que l'entendement connaisse tout ce qui est bien et que la volonté soit toujours disposée à le suivre, il n'y a que celle qui consiste en la volonté que tous les hommes puissent également avoir, d'autant que l'entendement de quelques-uns n'est pas si bon que celui des autres. Mais encore que ceux qui n'ont pas le plus d'esprit puissent être aussi parfaitement sages que leur nature le permet, et se rendre très agréables à Dieu par leur vertu, si seulement ils ont toujours une ferme résolution de faire tout le bien qu'ils sauront, et de n'omettre rien pour apprendre celui qu'ils ignorent; toutefois ceux qui, avec une constante volonté de bien faire et un soin très particulier de s'instruire, ont aussi un très excellent esprit, arrivent sans doute à un plus haut degré de sagesse que les autres. Et je vois que ces trois choses se trouvent très parfaitement en Votre Altesse. Car, pour le soin qu'elle a eu de s'instruire, il paraît assez de ce que ni les divertissements de la cour, ni la façon dont les princesses ont coutume d'être nourries, qui les détournent entièrement de la connaissance des lettres, n'ont pu empêcher que vous n'ayez très diligemment étudié tout ce qu'il y a de meilleur dans les sciences, et l'on connaît l'excellence de votre esprit en ce que vous les avez parfaitement apprises en fort peu de temps. Mais j'en ai encore une autre preuve qui m'est particulière, en ce que je n'ai jamais rencontré personne qui ait si généralement et si bien entendu tout ce qui est contenu dans mes écrits. Car il y en a plusieurs qui les trouvent très obscurs, même entre les meilleurs esprits et les plus doctes; et je remarque presque en tous que ceux qui conçoivent aisément les choses qui appartiennent aux mathématiques ne sont nullement propres à entendre celles qui se rapportent à la métaphysique, et au contraire que ceux à qui celles-ci sont aisées ne peuvent comprendre les autres; en sorte que je puis dire avec vérité que je n'ai jamais rencontré que le seul esprit de Votre Altesse auquel l'un et l'autre fût également facile; et que par conséquent j'ai juste raison de l'estimer incomparable. Mais ce qui augmente le plus mon admiration, c'est qu'une si parfaite et si diverse connaissance de toutes les sciences n'est point en quelque vieux docteur qui ait employé beaucoup d'années à s'instruire, mais en une princesse encore jeune et dont le visage représente mieux celui que les poètes attribuent aux Grâces que celui qu'ils attribuent aux Muses ou à la savante Minerve. Enfin, je ne remarque pas seulement en Votre Altesse tout ce qui est requis de la part de l'esprit à la plus haute et plus excellente sagesse, mais aussi tout ce qui peut être requis de la part de la volonté ou des mœurs, dans lesquelles on voit la magnanimité et la douceur jointes ensemble avec un tel tempérament que, quoique la fortune, en vous attaquant par de continuelles injures, semble avoir fait tous ses efforts pour vous faire changer d'humeur, elle n'a jamais pu tant soit peu ni vous irriter ni vous abaisser. Et cette si parfaite sagesse m'oblige à tant de vénération, que non seulement je pense lui devoir ce livre, puisqu'il traite de la philosophie qui en est l'étude, mais aussi je n'ai pas plus de zèle à philosopher, c'est-à-dire à tâcher d'acquérir de la sagesse, que j'en ai à être,

Madame,

de Votre Altesse,

Le très humble, très obéissant et très dévot serviteur,

Descartes.

LETTRE DE L'AUTEUR
A CELUI QUI A TRADUIT LE LIVRE
LAQUELLE PEUT ICI SERVIR DE PRÉFACE

Monsieur,

La version que vous avez pris la peine de faire de mes *Principes* est si nette et si accomplie, qu'elle me fait espérer qu'ils seront lus par plus de personnes en français qu'en latin, et qu'ils seront mieux entendus. J'appréhende seulement que le titre n'en rebute plusieurs qui n'ont point été nourris aux lettres, ou bien qui ont mauvaise opinion de la philosophie : à cause que celle qu'on leur a enseignée ne les a pas contentés; et cela me fait croire qu'il serait bon d'y ajouter une préface qui leur déclarât quel est le sujet du livre, quel dessein j'ai eu en l'écrivant, et quelle utilité l'on en peut tirer. Mais encore que ce serait à moi à faire cette préface, à cause que je dois savoir ces choses-là mieux qu'aucun autre, je ne puis rien obtenir de moi-même sinon que je mettrai ici en abrégé les principaux points qui me semblent y devoir être traités; et je laisse à votre discrétion d'en faire telle part au public que vous jugerez être à propos.

J'aurais voulu premièrement y expliquer ce que c'est que la philosophie, en commençant par les choses les plus vulgaires, comme sont : que ce mot de *philosophie* signifie l'étude de la sagesse, et que par la sagesse on n'entend pas seulement la prudence dans les affaires, mais une parfaite connaissance de toutes les choses que l'homme peut savoir, tant pour la conduite de sa vie que pour la conservation de sa santé et l'invention de tous les arts; et qu'afin que cette connaissance soit telle, il est nécessaire qu'elle soit déduite des premières causes, en sorte que pour étudier à l'acquérir, ce qui se nomme proprement philosopher, il faut commencer par la recherche de ces premières causes, c'est-à-dire des principes; et que ces principes doivent avoir deux conditions : l'une, qu'ils soient si clairs et si évidents que l'esprit humain ne puisse douter de leur vérité, lorsqu'il s'applique avec attention à les considérer; l'autre, que ce soit d'eux que dépende la connaissance des autres choses, en sorte qu'ils puissent être connus sans elles, mais non pas réciproquement elles sans eux; et qu'après cela il faut tâcher de déduire tellement de ces principes la connaissance des choses qui en dépendent, qu'il n'y ait rien en toute la suite des déductions qu'on en fait qui ne soit très manifeste. Il n'y a véritablement que Dieu seul qui soit parfaitement sage, c'est-à-dire qui ait l'entière connaissance de la vérité de toutes choses; mais on peut dire que les hommes ont plus ou moins de sagesse à raison de ce qu'ils ont plus ou moins de connaissance des vérités plus importantes. Et je crois qu'il n'y a rien en ceci dont tous les doctes ne demeurent d'accord.

J'aurais ensuite fait considérer l'utilité de cette philosophie, et montré que, puisqu'elle s'étend à tout ce que l'esprit humain peut savoir, on doit croire que c'est elle seule qui nous distingue des plus sauvages et barbares, et que chaque nation est d'autant plus civilisée et polie que les hommes y philosophent mieux; et ainsi que c'est le plus grand bien qui puisse être dans un État que d'avoir de vrais philosophes. Et outre cela que, pour chaque homme en particulier, il n'est pas seulement utile de vivre avec ceux qui s'appliquent à cette étude, mais qu'il est incomparablement meilleur de s'y appliquer soi-même; comme sans doute il vaut beaucoup mieux se servir de ses propres yeux pour se conduire, et jouir par même moyen de la beauté des couleurs et de la lumière, que non pas de les avoir fermés et suivre la conduite d'un autre; mais ce dernier est encore meilleur que de les tenir fermés et n'avoir que soi pour se conduire. Or, c'est proprement avoir les yeux fermés, sans tâcher jamais de les ouvrir, que de vivre sans philosopher; et le plaisir de voir toutes les choses que notre vue découvre n'est point comparable à la satisfaction que donne la connaissance de celles qu'on trouve par la philosophie; et, enfin, cette étude est plus nécessaire pour régler nos mœurs et nous conduire en cette vie, que n'est l'usage de nos yeux pour guider nos pas. Les bêtes brutes, qui n'ont que leur corps à conserver, s'occupent continuellement à chercher de quoi le nourrir; mais les hommes, dont la principale partie eſt l'esprit, devraient employer leurs principaux soins à la recherche de la sagesse, qui en eſt la vraie nourriture; et je m'assure aussi qu'il y en a plusieurs qui n'y manqueraient pas, s'ils avaient espérance d'y réussir, et qu'ils sussent combien ils en sont capables. Il n'y a point d'âme tant soit peu noble qui demeure si fort attachée aux objets des sens qu'elle ne s'en détourne quelquefois pour souhaiter quelque autre plus grand bien, nonobſtant qu'elle ignore souvent en quoi il consiſte. Ceux que la fortune favorise le plus, qui ont abondance de santé, d'honneurs, de richesses, ne sont pas plus exempts de ce désir que les autres; au contraire, je me persuade que ce sont eux qui soupirent avec le plus d'ardeur après un autre bien, plus souverain que tous ceux qu'ils possèdent. Or, ce souverain bien considéré par la raison naturelle sans la lumière de la foi, n'eſt autre chose que la connaissance de la vérité par ses premières causes, c'eſt-à-dire la sagesse, dont la philosophie eſt l'étude. Et, parce que toutes ces choses sont entièrement vraies, elles ne seraient pas difficiles à persuader si elles étaient bien déduites.

Mais parce qu'on eſt empêché de les croire, par l'expérience qui montre que ceux qui font profession d'être philosophes sont souvent moins sages et moins raisonnables que d'autres qui ne se sont jamais appliqués à cette étude, j'aurais ici sommairement expliqué en quoi consiſte toute la science qu'on a maintenant, et quels sont les degrés de sagesse auxquels on eſt parvenu. Le premier ne contient que des notions qui sont si claires d'elles-mêmes qu'on les peut acquérir sans méditation; le second comprend tout ce que l'expérience des sens fait connaître; le troisième, ce que la conversation des autres hommes nous enseigne; à quoi l'on peut ajouter, pour la quatrième, la lecture, non de tous les livres, mais particulièrement de ceux qui ont été écrits par des personnes capables de nous donner de bonnes inſtructions, car c'eſt une espèce de conversation que nous avons avec leurs auteurs. Et il me semble que toute la sagesse qu'on a coutume d'avoir n'eſt acquise que par ces quatre moyens; car je ne mets point ici en rang la révélation divine, parce qu'elle ne nous conduit pas par degrés, mais nous élève tout d'un coup à une croyance infaillible.

Or, il y a eu de tout temps de grands hommes qui ont tâché de trouver un cinquième degré pour parvenir à la sagesse, incomparablement plus haut et plus assuré que les quatre autres; c'est de chercher les premières causes et les vrais principes dont on puisse déduire les raisons de tout ce qu'on est capable de savoir; et ce sont particulièrement ceux qui ont travaillé à cela qu'on a nommés philosophes. Toutefois je ne sache point qu'il y en ait eu jusqu'à présent à qui ce dessein ait réussi. Les premières et les principaux dont nous ayons les écrits sont Platon et Aristote, entre lesquels il n'y a eu autre différence sinon que le premier, suivant les traces de son maître Socrate, a ingénument confessé qu'il n'avait encore rien pu trouver de certain, et s'est contenté d'écrire les choses qui lui ont semblé être vraisemblables, imaginant à cet effet quelques principes par lesquels il tâchait de rendre raison des autres choses : au lieu qu'Aristote a eu moins de franchise; et bien qu'il eût été vingt ans son disciple, et qu'il n'eût point d'autres principes que les siens, il a entièrement changé la façon de les débiter, et les a proposés comme vrais et assurés, quoiqu'il n'y ait aucune apparence qu'il les ait jamais estimés tels. Or, ces deux hommes avaient beaucoup d'esprit et beaucoup de la sagesse qui s'acquiert par les quatre moyens précédents, ce qui leur donnait beaucoup d'autorité; en sorte que ceux qui vinrent après eux s'arrêtèrent plus à suivre leurs opinions qu'à chercher quelque chose de meilleur; et la principale dispute que leurs disciples eurent entre eux, fut pour savoir si on devait mettre toutes choses en doute, ou bien s'il y en avait quelques-unes qui fussent certaines; ce qui les porta de part et d'autre à des erreurs extravagantes; car quelques-uns de ceux qui étaient pour le doute l'étendaient même jusques aux actions de la vie, en sorte qu'ils négligeaient d'user de prudence pour se conduire; et ceux qui maintenaient la certitude, supposant qu'elle devait dépendre des sens, se fiaient entièrement à eux, jusque-là qu'on dit qu'Épicure osait assurer, contre tous les raisonnements des astronomes, que le soleil n'est pas plus grand qu'il paraît.

C'est un défaut qu'on peut remarquer en la plupart des disputes, que la vérité étant moyenne entre les deux opinions qu'on soutient, chacun s'en éloigne d'autant plus qu'il a plus d'affection à contredire. Mais l'erreur de ceux qui penchaient trop du côté du doute ne fut pas longtemps suivie, et celle des autres a été quelque peu corrigée, en ce qu'on a reconnu que les sens nous trompent en beaucoup de choses. Toutefois je ne sache point qu'on l'ait entièrement ôtée en faisant voir que la certitude n'est pas dans le sens, mais dans l'entendement seul lorsqu'il a des perceptions évidentes; et que pendant qu'on n'a que les connaissances qui s'acquièrent par les quatre premiers degrés de sagesse, on ne doit pas douter des choses qui semblent vraies en ce qui regarde la conduite de la vie; mais qu'on ne doit pas aussi les estimer si certaines qu'on ne puisse changer d'avis lorsqu'on y est obligé par l'évidence de quelque raison.

Faute d'avoir connu cette vérité, ou bien, s'il y en a qui l'ont connue, faute de s'en être servis, la plupart de ceux de ces derniers siècles qui ont voulu être philosophes ont suivi aveuglément Aristote; en sorte qu'ils ont souvent corrompu le sens de ses écrits, en lui attribuant diverses opinions qu'il ne reconnaîtrait pas être siennes s'il revenait en ce monde; et ceux qui ne l'ont pas suivi, du nombre desquels ont été plusieurs des meilleurs esprits, n'ont pas laissé d'avoir été imbus de ses opinions en leur jeunesse, parce que ce sont les seules qu'on enseigne dans les écoles, ce qui les a tellement préoccupés qu'ils n'ont pu parvenir à la connaissance des vrais principes. Et bien que je les estime tous, et que je ne veuille pas me rendre odieux en les reprenant, je puis donner une preuve de mon dire (que je ne crois pas qu'aucun d'eux désavoue), qui est qu'ils ont tous supposé pour principe quelque chose qu'ils n'ont point parfaitement connue. Par exemple, je n'en sache aucun qui n'ait supposé la pesanteur dans les corps terrestres; mais encore que l'expérience nous montre bien clairement que les corps qu'on nomme pesants descendent vers le centre de la terre, nous ne connaissons point pour cela quelle est la nature de ce qu'on nomme pesanteur, c'est-à-dire de la cause ou du principe qui les fait ainsi descendre, et nous le devons apprendre d'ailleurs. On peut dire le même du vide et des atomes, et du chaud et du froid, du sec, de l'humide, et du sel, du soufre et du mercure, et de toutes les choses semblables que quelques-uns ont supposées pour leurs principes.

Or, toutes les conclusions que l'on déduit d'un principe qui n'est point évident, ne peuvent aussi être évidentes, encore qu'elles en seraient déduites évidemment; d'où il suit que tous les raisonnements qu'ils ont appuyés sur de tels principes n'ont pu leur donner la connaissance certaine d'aucune chose, ni par conséquent les faire avancer d'un pas en la recherche de la sagesse. Et s'ils ont trouvé quelque chose de vrai, ce n'a été que par quelques-uns des quatre moyens ci-dessus déduits. Toutefois, je ne veux rien diminuer de l'honneur que chacun d'eux peut prétendre; je suis seulement obligé de dire, pour la consolation de ceux qui n'ont point étudié, que tout de même qu'en voyageant, pendant qu'on tourne le dos au lieu où l'on veut aller, on s'en éloigne d'autant plus qu'on marche plus longtemps et plus vite, en sorte que, bien qu'on soit mis par après dans le droit chemin, on ne peut pas y arriver sitôt que si on n'avait point marché auparavant; ainsi, lorsqu'on a de mauvais principes, d'autant qu'on les cultive davantage et qu'on s'applique avec plus de soin à en tirer diverses conséquences, pensant que ce soit bien philosopher, d'autant s'éloigne-t-on davantage de la connaissance de la vérité et de la sagesse : d'où il faut conclure que ceux qui ont le moins appris de tout ce qui a été nommé jusques ici philosophie sont les plus capables d'apprendre la vraie.

Après avoir bien fait entendre ces choses, j'aurais voulu mettre ici les raisons qui servent à prouver que les vrais principes par lesquels on peut parvenir à ce plus haut degré de sagesse, auquel consiste le souverain bien de la vie humaine, sont ceux que j'ai mis en ce livre; et deux seules sont suffisantes à cela, dont la première est qu'ils sont très clairs; et la seconde, qu'on en peut déduire toutes les autres choses; car il n'y a que ces deux conditions qui soient requises en eux. Or, je prouve aisément qu'ils sont très clairs : premièrement, par la façon dont je les ai trouvés, à savoir, en rejetant toutes les choses auxquelles je pouvais rencontrer la moindre occasion de douter; car il est certain que celles qui n'ont pu en cette façon être rejetées, lorsqu'on s'est appliqué à les considérer, sont les plus évidentes et les plus claires que l'esprit humain puisse connaître. Ainsi, en considérant que celui qui veut douter de tout ne peut toutefois douter qu'il ne soit pendant qu'il doute, et que ce qui raisonne ainsi, en ne pouvant douter de soi-même et doutant néanmoins de tout le reste, n'est pas ce que nous disons être notre corps, mais ce que nous appelons notre âme ou notre pensée, j'ai pris l'être ou l'existence de cette pensée pour le premier principe, duquel j'ai déduit très clairement les suivants, à savoir qu'il y a un Dieu qui est auteur de tout ce qui est au monde, et qui, étant la source de toute vérité, n'a point créé notre entendement de telle nature qu'il se puisse tromper au jugement qu'il fait des choses dont il a une perception fort claire et fort distincte. Ce sont là tous les principes dont je me sers touchant les choses immatérielles ou métaphysiques, desquels je déduis très clairement ceux des choses corporelles ou physiques, à savoir, qu'il y a des corps étendus en longueur, largeur et profondeur, qui ont diverses figures et se meuvent en diverses façons. Voilà, en somme, tous les principes dont je déduis la vérité des autres choses. L'autre raison qui prouve la clarté de ces principes est qu'ils ont été connus de tout temps, et même reçus pour vrais et indubitables par tous les hommes, excepté seulement l'existence de Dieu, qui a été mise en doute par quelques-uns à cause qu'ils ont trop attribué aux perceptions des sens, et que Dieu ne peut être vu ni touché.

Mais encore que toutes les vérités que je mets entre mes principes aient été connues de tout temps de tout le monde, il n'y a toutefois eu personne jusqu'à présent, que je sache, qui les ait reconnues pour les principes de la philosophie, c'est-à-dire pour telles qu'on en peut déduire la connaissance de toutes les autres choses qui sont au monde : c'est pourquoi il me reste ici à prouver qu'elles sont telles; et il me semble ne le pouvoir mieux prouver qu'en le faisant voir par expérience, c'est-à-dire en conviant les lecteurs à lire ce livre. Car encore que je n'y aie pas traité de toutes choses, et que cela soit impossible, je pense avoir tellement expliqué toutes celles dont j'ai eu occasion de traiter, que ceux qui les liront avec attention auront sujet de se persuader qu'il n'est pas besoin de chercher d'autres principes que ceux que j'ai donnés pour parvenir à toutes les plus hautes connaissances dont l'esprit humain soit capable; principalement si, après avoir lu mes écrits, ils prennent la peine de considérer combien de diverses questions y sont expliquées, et que, parcourant aussi ceux des autres, ils voient combien peu de raisons vraisemblables on a pu donner pour expliquer les mêmes questions par des principes différents des miens. Et, afin qu'ils entreprennent cela plus aisément, j'aurais pu leur dire que ceux qui sont imbus de mes opinions ont beaucoup moins de peine à entendre les écrits des autres et à en connaître la juste valeur que ceux qui n'en sont point imbus; tout au contraire de ce que j'ai tantôt dit de ceux qui ont commencé par l'ancienne philosophie, que d'autant qu'ils ont plus étudié, d'autant ils ont coutume d'être moins propres à bien apprendre la vraie.

J'aurais aussi ajouté un mot d'avis touchant la façon de lire ce livre, qui est que je voudrais qu'on le parcourût d'abord tout entier ainsi qu'un roman, sans forcer beaucoup son attention ni s'arrêter aux difficultés qu'on y peut rencontrer, afin seulement de savoir en gros quelles sont les matières dont j'ai traité; et qu'après cela, si on trouve qu'elles méritent d'être examinées et qu'on ait la curiosité d'en connaître les causes, on le peut lire une seconde fois pour remarquer la suite de mes raisons; mais qu'il ne se faut pas derechef rebuter si on ne la peut assez connaître partout, ou qu'on ne les entende pas toutes; il faut seulement marquer d'un trait de plume les lieux où l'on trouvera de la difficulté et continuer de lire sans interruption jusqu'à la fin; puis, si on reprend le livre pour la troisième fois, j'ose croire qu'on y trouvera la solution de la plupart des difficultés qu'on aura marquées auparavant, et que s'il en reste encore quelques-unes, on en trouvera enfin la solution en relisant.

J'ai pris garde, en examinant le naturel de plusieurs esprits, qu'il n'y en a presque point de si grossiers ni de si tardifs qu'ils ne fussent capables d'entrer dans les bons sentiments et même d'acquérir toutes les plus hautes sciences, s'ils étaient conduits comme il faut. Et cela peut aussi être prouvé par raison : car, puisque les principes sont clairs et qu'on n'en doit rien déduire que par des raisonnements très évidents, on a toujours assez d'esprit pour entendre les choses qui en dépendent. Mais, outre l'empêchement des préjugés, dont aucun n'est entièrement exempt, bien que ce sont ceux qui ont le plus étudié les mauvaises sciences auxquels ils nuisent le plus il arrive presque toujours que ceux qui ont l'esprit modéré négligent d'étudier, parce qu'ils n'en pensent pas être capables, et que les autres qui sont plus ardents se hâtent trop, d'où vient qu'ils reçoivent souvent des principes qui ne sont pas évidents, et qu'ils en tirent des conséquences incertaines. C'est pourquoi je voudrais assurer ceux qui se défient trop de leurs forces qu'il n'y a aucune chose en mes écrits qu'ils ne puissent entièrement entendre s'ils prennent la peine de les examiner; et néanmoins aussi avertir les autres que même les plus excellents esprits auront besoin de beaucoup de temps et d'attention pour remarquer toutes les choses que j'ai eu dessein d'y comprendre.

En suite de quoi, pour faire bien concevoir quel but j'ai eu en les publiant, je voudrais ici expliquer l'ordre qu'il me semble qu'on doit tenir pour s'instruire. Premièrement, un homme qui n'a encore que la connaissance vulgaire et imparfaite que l'on peut acquérir par les quatre moyens ci-dessus expliqués doit, avant tout, tâcher de se former une morale qui puisse suffire pour régler les actions de sa vie, à cause que cela ne souffre point de délai, et que nous devons surtout tâcher de bien vivre. Après cela, il doit aussi étudier la logique, non pas celle de l'École, car elle n'est, à proprement parler, qu'une dialectique qui enseigne les moyens de faire entendre à autrui les choses qu'on sait, ou même aussi de dire sans jugement plusieurs paroles touchant celles qu'on ne sait pas, et ainsi elle corrompt le bon sens plutôt qu'elle ne l'augmente; mais celle qui apprend à bien conduire sa raison pour découvrir les vérités qu'on ignore; et, parce qu'elle dépend beaucoup de l'usage, il est bon qu'il s'exerce longtemps à en pratiquer les règles touchant des questions faciles et simples, comme sont celles des mathématiques. Puis, lorsqu'il s'est acquis quelque habitude à trouver la vérité en ces questions, il doit commencer tout de bon à s'appliquer à la vraie philosophie, dont la première partie est la métaphysique, qui contient les principes de la connaissance, entre lesquels est l'explication des principaux attributs de Dieu, de l'immatérialité de nos âmes, et de toutes les notions claires et simples qui sont en nous. La seconde est la physique, en laquelle, après avoir trouvé les vrais principes des choses matérielles, on examine en général comment tout l'univers est composé; puis en particulier quelle est la nature de cette terre et de tous les corps qui se trouvent le plus communément autour d'elle, comme de l'air, de l'eau, du feu, de l'aimant et des autres minéraux. En suite de quoi il est besoin aussi d'examiner en particulier la nature des plantes, celle des animaux, et surtout celle de l'homme, afin qu'on soit capable par après de trouver les autres sciences qui lui sont utiles. Ainsi toute la philosophie est comme un arbre, dont les racines sont la métaphysique, le tronc est la physique, et les branches qui sortent de ce tronc sont toutes les autres sciences, qui se réduisent à trois principales, à savoir la médecine, la mécanique et la morale; j'entends la plus haute et la plus parfaite morale, qui présupposant une entière connaissance des autres sciences, est le dernier degré de la sagesse.

Or, comme ce n'est pas des racines ni du tronc des arbres qu'on cueille des fruits, mais seulement des extrémités de leurs branches, ainsi la principale utilité de la philosophie dépend de celles de ses parties qu'on ne peut apprendre que les dernières. Mais, bien que je les ignore presque toutes, le zèle que j'ai toujours eu pour tâcher de rendre service au public est cause que je fis imprimer, il y a dix ou douze ans, quelques essais des choses qu'il me semblait avoir apprises. La première partie de ces essais fut un discours touchant la Méthode pour bien conduire sa raison et chercher la vérité dans les sciences, où je mis sommairement les principales règles de la logique et d'une morale imparfaite, qu'on peut suivre par provision pendant qu'on n'en sait point encore de meilleure. Les autres parties furent trois traités : l'un de *la Dioptrique,* l'autre des *Météores,* et le dernier de *la Géométrie*. Par *la Dioptrique,* j'eus dessein de faire voir qu'on pouvait aller assez avant en la philosophie pour arriver par son moyen jusques à la connaissance des arts qui sont utiles à la vie, à cause que l'invention des lunettes d'approche, que j'y expliquais, est l'une des plus difficiles qui aient jamais été cherchées. Par *les Météores,* je désirais qu'on reconnût la différence qui est entre la philosophie que je cultive et celle qu'on enseigne dans les écoles où l'on a coutume de traiter de la même matière. Enfin, par *la Géométrie,* je prétendais démontrer que j'avais trouvé plusieurs choses qui ont été ci-devant ignorées, et ainsi donner occasion de croire qu'on en peut découvrir encore plusieurs autres, afin d'inciter par ce moyen tous les hommes à la recherche de la vérité. Depuis ce temps-là, prévoyant la difficulté que plusieurs auraient à concevoir les fondements de la métaphysique, j'ai tâché d'en expliquer les principaux points dans un livre de Méditations qui n'est pas bien grand, mais dont le volume a été grossi et la matière beaucoup éclaircie par les objections que plusieurs personnes très doctes m'ont envoyées à leur sujet, et par les réponses que je leur ai faites. Puis enfin, lorsqu'il m'a semblé que ces traités précédents avaient assez préparé l'esprit des lecteurs à recevoir les *Principes de la Philosophie,* je les ai aussi publiés; et j'en ai divisé le livre en quatre parties, dont la première contient les principes de la connaissance, qui est ce qu'on peut nommer la première philosophie ou bien la métaphysique : c'est pourquoi, afin de la bien entendre, il est à propos de lire auparavant les Méditations que j'ai écrites sur le même sujet. Les trois autres parties contiennent tout ce qu'il y a de plus général en la physique, à savoir l'explication des premières lois ou des principes de la nature, et la façon dont les cieux, les étoiles fixes, les planètes, les comètes, et généralement tout l'univers est composé; puis en particulier la nature de cette terre, et de l'air, de l'eau, du feu, de l'aimant, qui sont les corps qu'on peut trouver le plus communément partout autour d'elle, et de toutes les qualités qu'on remarque en ces corps, comme sont la lumière, la chaleur, la pesanteur, et semblables; au moyen de quoi je pense avoir commencé à expliquer toute la philosophie par ordre, sans avoir omis aucune des choses qui doivent précéder les dernières dont j'ai écrit.

Mais, afin de conduire ce dessein jusqu'à sa fin, je devrais ci-après expliquer en même façon la nature de chacun des autres corps plus particuliers qui sont sur la terre, à savoir des minéraux, des plantes, des animaux, et principalement de l'homme; puis enfin traiter exactement de la médecine, de la morale et des mécaniques. C'est ce qu'il faudrait que je fisse pour donner aux hommes un corps de philosophie tout entier; et je ne me sens point encore si vieil, je ne me défie point tant de mes forces, je ne me trouve pas si éloigné de la connaissance de ce qui reste, que je n'osasse entreprendre d'achever ce dessein si j'avais la commodité de faire toutes les expériences dont j'aurais besoin pour appuyer et justifier mes raisonnements. Mais voyant qu'il faudrait pour cela de grandes dépenses auxquelles un particulier comme moi ne saurait suffire s'il n'était aidé par le public, et ne voyant pas que je doive attendre cette aide, je crois devoir dorénavant me contenter d'étudier pour mon instruction particulière, et que la postérité m'excusera si je manque à travailler désormais pour elle.

Cependant, afin qu'on puisse voir en quoi je pense lui avoir déjà servi, je dirai ici quels sont les fruits que je me persuade qu'on peut tirer de mes principes. Le premier est la satisfaction qu'on aura d'y trouver plusieurs vérités qui ont été ci-devant ignorées; car, bien que souvent la vérité ne touche pas tant notre imagination que font les faussetés et les feintes, à cause qu'elle paraît moins admirable et plus simple, toutefois le contentement qu'elle donne est toujours plus durable et plus solide. Le second fruit est qu'en étudiant ces principes on s'accoutumera peu à peu à mieux juger de toutes les choses qui se rencontrent, et ainsi à être plus sage : en quoi ils auront un effet contraire à celui de la philosophie commune; car on peut aisément remarquer en ceux qu'on appelle pédants qu'elle les rend moins capables de raison qu'ils ne seraient s'ils ne l'avaient jamais apprise. Le troisième est que les vérités qu'ils contiennent, étant très claires et très certaines, ôteront tous sujets de dispute, et ainsi disposeront les esprits à la douceur et à la concorde : tout au contraire des controverses de l'École, qui, rendant insensiblement ceux qui les apprennent plus pointilleux et plus opiniâtres, sont peut-être la première cause des hérésies et des dissensions qui travaillent maintenant le monde. Le dernier et le principal fruit de ces principes est qu'on pourra, en les cultivant, découvrir plusieurs vérités que je n'ai point expliquées; et ainsi, passant peu à peu des unes aux autres, acquérir avec le temps une parfaite connaissance de toute la philosophie et monter au plus haut degré de la sagesse. Car comme on voit en tous les arts que, bien qu'ils soient au commencement rudes et imparfaits, toutefois, à cause qu'ils contiennent quelque chose de vrai et dont l'expérience montre l'effet, ils se perfectionnent peu à peu par l'usage : ainsi, lorsqu'on a de vrais principes en philosophie, on ne peut manquer en les suivant de rencontrer parfois d'autres vérités; et on ne saurait mieux prouver la fausseté de ceux d'Aristote, qu'en disant qu'on n'a su faire aucun progrès par leur moyen depuis plusieurs siècles qu'on les a suivis.

Je sais bien qu'il y a des esprits qui se hâtent tant et qui usent de si peu de circonspection en ce qu'ils font, que, même ayant des fondements bien solides, ils ne sauraient rien bâtir d'assuré; et, parce que ce sont d'ordinaire ceux-là qui sont les plus prompts à faire des livres, ils pourraient en peu de temps gâter tout ce que j'ai fait, et introduire l'incertitude et le doute en ma façon de philosopher, d'où j'ai soigneusement tâché de les bannir, si on recevait leurs écrits comme miens ou comme remplis de mes opinions. J'en ai vu depuis peu l'expérience en l'un de ceux qu'on a le plus cru me vouloir suivre[1], et même duquel j'avais écrit en quelque endroit que je m'assurais tant sur son esprit, que je ne croyais pas qu'il eût aucune opinion que je ne voulusse bien avouer pour mienne : car il publia l'année passée un livre intitulé *Fundamenta physica,* où, encore qu'il semble n'avoir rien mis touchant la physique et la médecine qu'il n'ait tiré de mes écrits, tant de ceux que j'ai publiés que d'un autre encore imparfait touchant la nature des animaux, qui lui est tombé entre les mains; toutefois, à cause qu'il a mal transcrit et changé l'ordre, et nié quelques vérités de métaphysique, sur qui toute la physique doit être appuyée, je suis obligé de le désavouer entièrement, et de prier ici les lecteurs qu'ils ne m'attribuent jamais aucune opinion s'ils ne la trouvent expressément en mes écrits, et qu'ils n'en reçoivent aucune pour vraie, ni dans mes écrits ni ailleurs, s'ils ne la voient très clairement être déduite des vrais principes.

Je sais bien aussi qu'il pourra se passer plusieurs siècles avant qu'on ait ainsi déduit de ces principes toutes les vérités qu'on en peut déduire, parce que la plupart de celles qui restent à trouver dépendent de quelques expériences particulières qui ne se rencontreront jamais par hasard, mais doivent être cherchées avec

---

1. Il s'agit ici d'Henri Régius, médecin d'Utrecht, professeur de médecine et de botanique, qui fut l'un des premiers et des plus fervents disciples de Descartes, mais qui se brouilla avec lui à la suite de l'incident rapporté dans ce passage.

soin et dépense par des hommes fort intelligents, et parce qu'il arrivera difficilement que les mêmes qui auront l'adresse de s'en bien servir aient le pouvoir de les faire, et aussi parce que la plupart des meilleurs esprits ont conçu une si mauvaise opinion de toute la philosophie, à cause des défauts qu'ils ont remarqués en celle qui a été jusques à présent en usage, qu'ils ne pourront pas s'appliquer à en chercher une meilleure.

Mais si enfin, la différence qu'ils verront entre ces principes et tous ceux des autres, et la grande suite de vérités qu'on en peut déduire, leur fait connaître combien il eſt important de continuer en la recherche de ces vérités, et jusques à quel degré de sagesse, à quelle perfection de vie, à quelle félicité elles peuvent conduire, j'ose croire qu'il n'y en aura aucun qui ne tâche de s'employer à une étude si profitable, ou du moins qui ne favorise et veuille aider de tout son pouvoir ceux qui s'y emploieront avec fruit. Je souhaite que nos neveux en voient le succès, etc.

PREMIÈRE PARTIE

DES PRINCIPES DE LA CONNAISSANCE HUMAINE

1. *Que pour examiner la vérité il est besoin, une fois en sa vie, de mettre toutes choses en doute autant qu'il se peut.*

Comme nous avons été enfants avant que d'être hommes, et que nous avons jugé tantôt bien et tantôt mal des choses qui se sont présentées à nos sens lorsque nous n'avions pas encore l'usage entier de notre raison, plusieurs jugements ainsi précipités nous empêchent de parvenir à la connaissance de la vérité, et nous préviennent de telle sorte qu'il n'y a point d'apparence que nous puissions nous en délivrer, si nous n'entreprenons de douter une fois en notre vie de toutes les choses où nous trouverons le moindre soupçon d'incertitude.

2. *Qu'il est utile aussi de considérer comme fausses toutes les choses dont on peut douter.*

Il sera même fort utile que nous rejetions comme fausses toutes celles où nous pourrons imaginer le moindre doute, afin que si nous en découvrons quelques-unes qui, nonobstant cette précaution, nous semblent manifestement vraies, nous fassions état qu'elles sont aussi très certaines et les plus aisées qu'il est possible de connaître.

3. *Que nous ne devons point user de ce doute pour la conduite de nos actions.*

Cependant il est à remarquer que je n'entends point que nous nous servions d'une façon de douter si générale, sinon lorsque nous commençons à nous appliquer à la contemplation de la vérité. Car il est certain qu'en ce qui regarde la conduite de notre vie nous sommes obligés de suivre bien souvent des opinions qui ne sont que vraisemblables, à cause que les occasions d'agir en nos affaires se passeraient presque toujours avant que nous pussions nous délivrer de tous nos doutes; et lorsqu'il s'en rencontre plusieurs de telles sur un même sujet, encore que nous n'apercevions peut-être pas davantage de vraisemblance aux unes qu'aux autres, si l'action ne souffre aucun délai, la raison veut que nous en choisissions une, et qu'après l'avoir choisie nous la suivions constamment, de même que si nous l'avions jugée très certaine.

4. *Pourquoi on peut douter de la vérité des choses sensibles.*

Mais, d'autant que nous n'avons point maintenant d'autre dessein que de vaquer à la recherche de la vérité nous douterons en premier lieu si, de toutes les choses qui sont tombées sous nos sens ou que nous avons jamais imaginées, il y en a quelques-unes qui soient véritablement dans le monde, tant à cause que nous savons par expérience que nos sens nous ont trompés en plusieurs rencontres, et qu'il y aurait de l'imprudence de nous trop fier à ceux qui nous ont trompés, quand même ce n'aurait été qu'une fois, comme aussi à cause que nous songeons presque toujours en dormant, et que pour lors il nous semble que nous sentons vivement et que nous imaginons clairement une infinité de choses qui ne sont point ailleurs, et que lorsqu'on est ainsi résolu à douter de tout, il ne reste plus de marque par où l'on puisse savoir si les pensées qui viennent en songe sont plutôt fausses que les autres.

5. *Pourquoi on peut aussi douter des démonstrations de mathématique.*

Nous douterons aussi de toutes les autres choses qui nous ont semblé autrefois très certaines, même des démonstrations de mathématique et de ses principes, encore que d'eux-mêmes ils soient assez manifestes, parce qu'il y a des hommes qui se sont mépris en raisonnant sur de telles matières; mais principalement parce que nous avons ouï dire que Dieu, qui nous a créés, peut faire tout ce qui lui plaît, et que nous ne savons pas encore si peut-être il n'a point voulu nous faire tels que nous soyons toujours trompés, même aux choses que nous pensons mieux connaître; car, puisqu'il a bien permis que nous nous soyons trompés quelquefois, ainsi qu'il a été déjà remarqué, pourquoi ne pourrait-il pas permettre que nous nous trompions toujours? Et si nous voulons feindre qu'un Dieu tout-puissant n'est point auteur de notre être, et que nous subsistons par nous-mêmes ou par quelque autre moyen, de ce que nous supposerons cet auteur moins puissant, nous aurons toujours d'autant plus de sujet de croire que nous ne sommes pas si parfaits que nous ne puissions être continuellement abusés.

6. *Que nous avons un libre arbitre qui fait que nous pouvons nous abstenir de croire les choses douteuses, et ainsi nous empêcher d'être trompés.*

Mais quand celui qui nous a créés serait tout-puissant, et quand même il prendrait plaisir à nous tromper, nous ne laissons pas d'éprouver en nous une liberté qui est telle que, toutes les fois qu'il nous plaît, nous pouvons nous abstenir de recevoir en notre croyance les choses que nous ne connaissons pas bien, et ainsi nous empêcher d'être jamais trompés.

7. *Que nous ne saurions douter sans être, et que cela est la première connaissance certaine qu'on peut acquérir.*

Pendant que nous rejetons en cette sorte tout ce dont nous pouvons douter, et que nous feignons même qu'il est faux, nous supposons facilement qu'il n'y a point de Dieu, ni de ciel, ni de terre, et que nous n'avons point de corps; mais nous ne saurions supposer de même que nous ne sommes point pendant que nous doutons de la vérité de toutes ces choses; car nous avons tant de répugnance à concevoir que ce qui pense n'est pas véritablement au même temps qu'il pense, que, nonobstant toutes les plus extravagantes suppositions, nous ne saurions nous empêcher de croire que cette conclusion : *Je pense, donc je suis,* ne soit vraie, et par conséquent la première et la plus certaine qui se présente à celui qui conduit ses pensées par ordre.

8. *Qu'on connaît aussi ensuite la distinction qui est entre l'âme et le corps.*

Il me semble aussi que ce biais est tout le meilleur que nous puissions choisir pour connaître la nature de l'âme, et qu'elle est une substance entièrement distincte du corps; car, examinant ce que nous sommes, nous qui pensons maintenant qu'il n'y a rien hors de notre pensée qui soit véritablement ou qui existe, nous connaissons manifestement que, pour être, nous n'avons pas besoin d'extension, de figure, d'être en aucun lieu, ni d'aucune autre telle chose que l'on peut attribuer au corps, et que nous sommes par cela seul que nous pensons; et par conséquent que la notion que nous avons de notre âme ou de notre pensée précède celle que nous avons du corps, et qu'elle est plus certaine, vu que nous doutons encore qu'il y ait aucun corps au monde, et que nous savons certainement que nous pensons.

9. *Ce que c'est que penser.*

Par le mot de penser, j'entends tout ce qui se fait en nous de telle sorte que nous l'apercevons immédiatement par nous-mêmes; c'est pourquoi non seulement entendre, vouloir, imaginer, mais aussi sentir, est la même chose ici que penser. Car si je dis que je vois ou que je marche, et que j'infère de là que je suis; si j'entends parler de l'action qui se fait avec mes yeux ou avec mes jambes, cette conclusion n'est pas tellement infaillible, que je n'aie quelque sujet d'en douter, à cause qu'il se peut faire que je pense voir ou marcher, encore que je n'ouvre point les yeux et que je ne bouge de ma place; car cela m'arrive quelquefois en dormant, et le même pourrait peut-être arriver si je n'avais point de corps; au lieu que si j'entends parler seulement de l'action de ma pensée ou du sentiment, c'est-à-dire de la connaissance qui est en moi, qui fait qu'il me semble que je vois ou que je marche, cette même conclusion est si absolument vraie que je n'en puis douter, à cause qu'elle se rapporte à l'âme, qui seule a la faculté de sentir ou bien de penser en quelque autre façon que ce soit.

10. *Qu'il y a des notions d'elles-mêmes si claires qu'on les obscurcit en les voulant définir à la façon de l'École, et qu'elles ne s'acquièrent point par l'étude, mais naissent avec nous.*

Je n'explique pas ici plusieurs autres termes dont je me suis déjà servi et dont je fais état de me servir ci-après; car je ne pense pas que, parmi ceux qui liront mes écrits, il s'en rencontre de si stupides qu'ils ne puissent entendre d'eux-mêmes ce que ces termes signifient. Outre que j'ai remarqué que les philosophes, en tâchant d'expliquer par les règles de leur logique des choses qui sont manifestes d'elles-mêmes, n'ont rien fait que les obscurcir; et lorsque j'ai dit que cette proposition : *Je pense, donc je suis,* est la première et la plus certaine qui se présente à celui qui conduit ses pensées par ordre, je n'ai pas pour cela nié qu'il ne fallût savoir auparavant ce que c'est que pensée, certitude, existence, et que pour penser il faut être, et autres choses semblables; mais, à cause que ce sont là des notions si simples que d'elles-mêmes elles ne nous font avoir la connaissance d'aucune chose qui existe, je n'ai pas jugé qu'elles dussent être mises ici en compte.

11. *Comment nous pouvons plus clairement connaître notre âme que notre corps.*

Or, afin de savoir comment la connaissance que nous avons de notre pensée précède celle que nous avons du corps, et qu'elle est incomparablement plus évidente, et telle qu'encore qu'il ne fût point nous aurions raison de conclure qu'elle ne laisserait pas d'être tout ce qu'elle est, nous remarquerons qu'il est manifeste, par une lumière qui est naturellement en nos âmes, que le néant n'a aucunes qualités ni propriétés qui lui soient affectées, et qu'où nous en apercevons quelques-unes il se doit trouver nécessairement une chose ou substance dont elles dépendent. Cette même lumière nous montre aussi que nous connaissons d'autant mieux une chose ou substance, que nous remarquons en elle davantage de propriétés; or, il est certain que nous en remarquons beaucoup plus en notre pensée qu'en aucune autre chose, d'autant qu'il n'y a rien qui nous excite à connaître quoi que ce soit, qui ne nous porte encore plus certainement à connaître notre pensée. Par exemple, si je me persuade qu'il y a une terre à cause que je la touche ou que je la vois : de cela même, par une raison encore plus forte, je dois être persuadé que ma pensée est ou existe, à cause qu'il se peut faire que je pense toucher la terre, encore qu'il n'y ait peut-être aucune terre au monde; et qu'il n'eſt pas possible que moi, c'eſt-à-dire mon âme, ne soit rien pendant qu'elle a cette pensée; nous pouvons conclure le même de toutes les autres choses qui nous viennent en la pensée, à savoir, que nous, qui les pensons, exiſtons, encore qu'elles soient peut-être fausses ou qu'elles n'aient aucune exiſtence.

12. *D'où vient que tout le monde ne la connaît pas en cette façon.*

Ceux qui n'ont pas philosophé par ordre ont eu d'autres opinions sur ce sujet, parce qu'ils n'ont jamais diſtingué assez soigneusement leur âme, ou ce qui pense d'avec le corps, ou ce qui eſt étendu en longueur, largeur et profondeur. Car, encore qu'ils ne fissent point difficulté de croire qu'ils étaient dans le monde, et qu'ils en eussent une assurance plus grande que d'aucune autre chose, néanmoins, comme ils n'ont pas pris garde que par eux, lorsqu'il était queſtion d'une certitude métaphysique, ils devaient entendre seulement leur pensée, et qu'au contraire ils ont mieux aimé croire que c'était leur corps qu'ils voyaient de leurs yeux, qu'ils touchaient de leurs mains, et auquel ils attribuaient mal à propos la faculté de sentir, ils n'ont pas connu diſtinctement la nature de leur âme.

13. *En quel sens on peut dire que si on ignore Dieu, on ne peut avoir de connaissance certaine d'aucune autre chose.*

Mais lorsque la pensée, qui se connaît soi-même en cette façon, nonobſtant qu'elle persiſte encore à douter des autres choses, use de circonspeƈtion pour tâcher d'étendre sa connaissance plus avant, elle trouve en soi premièrement les idées de plusieurs choses; et pendant qu'elle les contemple simplement, et qu'elle n'assure pas qu'il y ait rien hors de soi qui soit semblable à ces idées, et qu'aussi elle ne le nie pas, elle eſt hors de danger de se méprendre. Elle rencontre aussi quelques notions communes dont elle compose des démonſtrations qui la persuadent si absolument qu'elle ne saurait douter de leur vérité pendant qu'elle s'y applique. Par exemple, elle a en soi les idées des nombres et des figures; elle a aussi entre ses communes notions que, « si on ajoute des quantités égales à d'autres quantités égales, les touts seront égaux », et beaucoup d'autres aussi évidentes que celle-ci par lesquelles il eſt aisé de démontrer que les trois angles d'un triangle sont égaux à deux droits, etc. Tant qu'elle aperçoit ces notions et l'ordre dont elle a déduit cette conclusion ou d'autres semblables, elle eſt très assurée de leur vérité : mais, comme elle ne saurait y penser toujours avec tant d'attention, lorsqu'il arrive qu'elle se souvient de quelque conclusion sans prendre garde à l'ordre dont elle peut être démontrée, et que cependant elle pense que l'Auteur de son être aurait pu la créer de telle nature qu'elle se méprît en tout ce qui lui semble très évident, elle voit bien qu'elle a un juſte sujet de se défier de la vérité de tout ce qu'elle n'aperçoit pas diſtinctement, et qu'elle ne saurait avoir aucune science certaine jusques à ce qu'elle ait connu celui qui l'a créée.

14. *Qu'on peut démontrer qu'il y a un Dieu de cela seul que la nécessité d'être ou d'exiſter eſt comprise en la notion que nous avons de lui.*

Lorsque par après, elle fait une revue sur les diverses idées ou notions qui sont en soi, et qu'elle y trouve celle d'un être tout-connaissant, tout-puissant et extrêmement parfait, elle juge facilement, par ce qu'elle aperçoit en cette idée, que Dieu, qui eſt cet être tout parfait, eſt ou exiſte : car encore qu'elle ait des idées diſtinctes de plusieurs autres choses, elle n'y remarque rien qui l'assure de l'exiſtence de leur objet; au lieu qu'elle aperçoit en celle-ci, non pas seulement une exiſtence possible, comme dans les autres, mais une exiſtence absolument nécessaire et éternelle. Et comme de ce qu'elle voit qu'il eſt nécessairement compris dans l'idée qu'elle a du triangle que ses trois angles soient égaux à deux droits, elle se persuade absolument que le triangle a trois angles égaux à deux droits; de même, de cela seul qu'elle aperçoit que l'exiſtence nécessaire et éternelle eſt comprise dans l'idée qu'elle a d'un être tout parfait, elle doit conclure que cet être tout parfait eſt ou exiſte.

15. *Que la nécessité d'être n'eſt pas ainsi comprise en la notion que nous avons des autres choses, mais seulement le pouvoir d'être.*

Elle pourra s'assurer encore mieux de la vérité de cette conclusion, si elle prend garde qu'elle n'a point en soi l'idée ou la notion d'aucune autre chose où elle puisse reconnaître une existence qui soit ainsi absolument nécessaire; car de cela seul elle saura que l'idée d'un être tout parfait n'est point en elle par une fiction, comme celle qui représente une chimère, mais qu'au contraire, elle y est empreinte par une nature immuable et vraie, et qui doit nécessairement exister, parce qu'elle ne peut être conçue qu'avec une existence nécessaire.

16. *Que les préjugés empêchent que plusieurs ne connaissent clairement cette nécessité d'être qui est en Dieu.*

Notre âme ou notre pensée n'aurait pas de peine à se persuader cette vérité si elle était libre de ses préjugés; mais, d'autant que nous sommes accoutumés à distinguer en toutes les autres choses l'essence de l'existence, et que nous pouvons feindre à plaisir plusieurs idées de choses qui, peut-être, n'ont jamais été et qui ne seront peut-être jamais, lorsque nous n'élevons pas comme il faut notre esprit à la contemplation de cet être parfait, il se peut faire que nous doutions si l'idée que nous avons de lui n'est pas l'une de celles que nous feignons quand bon nous semble, ou qui sont possibles, encore que l'existence ne soit pas nécessairement comprise en leur nature.

17. *Que, d'autant que nous concevons plus de perfection en une chose, d'autant devons-nous croire que sa cause doit aussi être plus parfaite.*

De plus, lorsque nous faisons réflexion sur les diverses idées qui sont en nous, il est aisé d'apercevoir qu'il n'y a pas beaucoup de différence entre elles, en tant que nous les considérons simplement comme les dépendances de notre âme ou de notre pensée, mais qu'il y en a beaucoup en tant que l'une représente une chose, et l'autre une autre; et même que leur cause doit être d'autant plus parfaite que ce qu'elles représentent de leur objet a plus de perfection. Car tout ainsi que, lorsqu'on nous dit que quelqu'un a l'idée d'une machine où il y a beaucoup d'artifice, nous avons raison de nous enquérir comment il a pu avoir cette idée, à savoir, s'il a vu quelque part une telle machine faite par un autre, ou s'il a si bien appris la science des mécaniques, ou s'il est avantagé d'une telle vivacité d'esprit que de lui-même il ait pu l'inventer sans avoir rien vu de semblable ailleurs, à cause que tout l'artifice qui est représenté dans l'idée qu'a cet homme, ainsi que dans un tableau, doit être en sa première et principale cause, non pas seulement par imitation, mais en effet de la même sorte ou d'une façon encore plus éminente qu'il n'est représenté.

18. *Qu'on peut derechef démontrer par cela qu'il y a un Dieu.*

De même, parce que nous trouvons en nous l'idée d'un Dieu, ou d'un être tout parfait, nous pouvons rechercher la cause qui fait que cette idée est en nous; mais, après avoir considéré avec attention combien sont immenses les perfections qu'elle nous représente, nous sommes contraints d'avouer que nous ne saurions la tenir que d'un être très parfait, c'est-à-dire d'un Dieu qui est véritablement ou qui existe, parce qu'il est non seulement manifeste par la lumière naturelle que le néant ne peut être auteur de quoi que ce soit, et que le plus parfait ne saurait être une suite et une dépendance du moins parfait, mais aussi parce que nous voyons par le moyen de cette même lumière qu'il est impossible que nous ayons l'idée ou l'image de quoi que ce soit, s'il n'y a en nous ou ailleurs un original qui comprenne en effet toutes les perfections qui nous sont ainsi représentées : mais comme nous savons que nous sommes sujets à beaucoup de défauts, et que nous ne possédons pas ces extrêmes perfections dont nous avons l'idée, nous devons conclure qu'elles sont en quelque nature qui est différente de la nôtre, et en effet très parfaite, c'est-à-dire qui est Dieu, ou du moins qu'elles ont été autrefois en cette chose, et il suit de ce qu'elles étaient infinies qu'elles y sont encore.

19. *Qu'encore que nous ne comprenions pas tout ce qui est en Dieu, il n'y a rien toutefois que nous ne connaissions si clairement comme ses perfections.*

Je ne vois point en cela de difficulté pour ceux qui ont accoutumé leur esprit à la contemplation de la Divinité, et qui ont pris garde à ses perfections infinies : car encore que nous ne les comprenions pas, parce que la nature de l'infini eſt telle que des pensées finies ne le sauraient comprendre, nous les concevons néanmoins plus clairement et plus diſtinctement que les choses matérielles, à cause qu'étant plus simples et n'étant point limitées, ce que nous en concevons eſt beaucoup moins confus. Aussi il n'y a point de spéculation qui puisse plus aider à perfectionner notre entendement, et qui soit plus importante que celle-ci, d'autant que la considération d'un objet qui n'a point de bornes en ses perfections nous comble de satisfaction et d'assurance.

20. *Que nous ne sommes pas la cause de nous-mêmes, mais que c'eſt Dieu, et que par conséquent il y a un Dieu.*

Mais tout le monde n'y prend pas garde comme il faut, et parce que nous savons assez, lorsque nous avons une idée de quelque machine où il y a beaucoup d'artifice, la façon dont nous l'avons eue, et que nous ne saurions nous souvenir de même quand l'idée que nous avons d'un Dieu nous a été communiquée de Dieu, à cause qu'elle a toujours été en nous, il faut que nous fassions encore cette revue, et que nous recherchions quel eſt donc l'auteur de notre âme ou de notre pensée qui a en soi l'idée des perfections infinies qui sont en Dieu, parce qu'il eſt évident que ce qui connaît quelque chose de plus parfait que soi ne s'eſt point donné l'être, à cause que par même moyen il se serait donné toutes les perfections dont il aurait eu connaissance, et par conséquent qu'il ne saurait subsiſter par aucun autre que par celui qui possède en effet toutes ces perfections, c'eſt-à-dire qui eſt Dieu.

21. *Que la seule durée de notre vie suffit pour démontrer que Dieu eſt.*

Je ne crois pas qu'on doute de la vérité de cette démonſtration, pourvu qu'on prenne garde à la nature du temps ou de la durée de notre vie; car, étant telle que ses parties ne dépendent point les unes des autres et n'existent jamais ensemble, de ce que nous sommes maintenant, il ne s'ensuit pas nécessairement que nous soyons un moment après, si quelque cause, à savoir la même qui nous a produits, ne continue à nous produire, c'est-à-dire ne nous conserve. Et nous connaissons aisément qu'il n'y a point de force en nous par laquelle nous puissions subsister ou nous conserver un seul moment, et que celui qui a tant de puissance qu'il nous fait subsister hors de lui et qui nous conserve, doit se conserver soi-même, ou plutôt n'a besoin d'être conservé par qui que ce soit, et enfin qu'il est Dieu.

22. *Qu'en connaissant qu'il y a un Dieu en la façon ici expliquée, on connaît aussi tous ses attributs, autant qu'ils peuvent être connus par la seule lumière naturelle.*

Nous recevons encore cet avantage, en prouvant de cette sorte l'existence de Dieu, que nous connaissons par même moyen ce qu'il est, autant que le permet la faiblesse de notre nature. Car, faisant réflexion sur l'idée que nous avons naturellement de lui, nous voyons qu'il est éternel, tout-connaissant, tout-puissant, source de toute bonté et vérité, créateur de toutes choses, et qu'enfin il a en soi tout ce en quoi nous pouvons reconnaître quelque perfection infinie ou bien qui n'est bornée d'aucune imperfection.

23. *Que Dieu n'est point corporel, et ne connaît point par l'aide des sens comme nous, et n'est point auteur du péché.*

Car il y a des choses dans le monde qui sont limitées, et en quelque façon imparfaites, encore que nous remarquions en elles quelques perfections; mais nous concevons aisément qu'il n'est pas possible qu'aucunes de celles-là soient en Dieu : ainsi, parce que l'extension constitue la nature du corps, et que ce qui est étendu peut être divisé en plusieurs parties, et que cela marque du défaut, nous concluons que Dieu n'est point un corps. Et bien que ce soit un avantage aux hommes d'avoir des sens, néanmoins, à cause que les sentiments se font en nous par des impressions qui viennent d'ailleurs, et que cela témoigne de la dépendance, nous concluons aussi que Dieu n'en a point, mais qu'il entend et veut, non pas encore comme nous par des opérations aucunement différentes, mais que toujours par une même et très simple action, il entend, veut et fait tout, c'est-à-dire toutes les choses qui sont en effet; car il ne veut point la malice du péché, parce qu'elle n'est rien.

24. *Qu'après avoir connu que Dieu est, pour passer à la connaissance des créatures, il se faut souvenir que notre entendement est fini, et la puissance de Dieu infinie.*

Après avoir ainsi connu que Dieu existe et qu'il est l'auteur de tout ce qui est ou qui peut être, nous suivrons sans doute la meilleure méthode dont on se puisse servir pour découvrir la vérité, si, de la connaissance que nous avons de sa nature, nous passons à l'explication des choses qu'il a créées, et si nous essayons de la déduire en telle sorte des notions qui sont naturellement en nos âmes, que nous ayons une science parfaite, c'est-à-dire que nous connaissions les effets par leurs causes. Mais, afin que nous puissions l'entreprendre avec plus de sûreté, toutes les fois que nous voudrons examiner la nature de quelque chose, nous nous souviendrons que Dieu, qui en est l'auteur, est infini, et que nous sommes entièrement finis.

25. *Et qu'il faut croire tout ce que Dieu a révélé, encore qu'il soit au-dessus de la portée de notre esprit.*

Tellement que s'il nous fait la grâce de nous révéler, ou bien à quelques autres, des choses qui surpassent la portée ordinaire de notre esprit, telles que sont les mystères de l'Incarnation et de la Trinité, nous ne ferons point difficulté de les croire, encore que nous ne les entendions peut-être pas bien clairement. Car nous ne devons point trouver étrange qu'il y ait en sa nature, qui est immense, et en ce qu'il a fait, beaucoup de choses qui surpassent la capacité de notre esprit.

26. *Qu'il ne faut point tâcher de comprendre l'infini, mais seulement penser que tout ce en quoi nous ne trouvons aucunes bornes est indéfini*

Ainsi nous ne nous embarrasserons jamais dans les disputes de l'infini; d'autant qu'il serait ridicule que nous, qui sommes finis, entreprissions d'en déterminer quelque chose, et par ce moyen le supposer fini en tâchant de le comprendre; c'est pourquoi nous ne nous soucierons pas de répondre à ceux qui demandent si la moitié d'une ligne infinie est infinie, et si le nombre infini est pair ou non pair, et autres choses semblables, à cause qu'il n'y a que ceux qui s'imaginent que leur esprit est infini qui semblent devoir examiner telles difficultés. Et, pour nous, en voyant des choses dans lesquelles, selon certains sens, nous ne remarquons point de limites, nous n'assurerons pas pour cela qu'elles soient infinies, mais nous les estimerons seulement indéfinies. Ainsi, parce que nous ne saurions imaginer une étendue si grande que nous ne concevions en même temps qu'il y en peut avoir une plus grande, nous dirons que l'étendue des choses possibles est indéfinie; et parce qu'on ne saurait diviser un corps en des parties si petites que chacune de ses parties ne puisse être divisée en d'autres plus petites, nous penserons que la quantité peut être divisée en des parties dont le nombre est indéfini; et parce que nous ne saurions imaginer tant d'étoiles que Dieu n'en puisse créer davantage, nous supposerons que leur nombre est indéfini, et ainsi du reste.

27. *Quelle différence il y a entre* indéfini *et* infini.

Et nous appellerons ces choses indéfinies plutôt qu'infinies, afin de réserver à Dieu seul le nom d'infini; tant à cause que nous ne remarquons point de bornes en ses perfections, comme aussi à cause que nous sommes très assurés qu'il n'y en peut avoir. Pour ce qui est des autres choses, nous savons qu'elles ne sont pas ainsi absolument parfaites, parce qu'encore que nous y remarquions quelquefois des propriétés qui nous semblent n'avoir point de limites, nous ne laissons pas de connaître que cela procède du défaut de notre entendement, et non point de leur nature.

28. *Qu'il ne faut point examiner pour quelle fin Dieu a fait chaque chose, mais seulement par quel moyen il a voulu qu'elle fût produite.*

Nous ne nous arrêterons pas aussi à examiner les fins que Dieu s'est proposées en créant le monde, et nous rejetterons entièrement de notre philosophie la recherche des causes finales; car nous ne devons pas tant présumer de nous-mêmes, que de croire que Dieu nous ait voulu faire part de ses conseils : mais, le considérant comme l'auteur de toutes choses, nous tâcherons seulement de trouver par la faculté de raisonner qu'il a mise en nous, comment celles que nous apercevons par l'entremise de nos sens ont pu être produites; et nous serons assurés, par ceux de ses attributs dont il a voulu que nous ayons quelque connaissance, que ce que nous aurons une fois aperçu clairement et distinctement appartenir à la nature de ces choses, a la perfection d'être vrai.

29. *Que Dieu n'est point la cause de nos erreurs.*

Et le premier de ses attributs qui semble devoir être ici considéré, consiste en ce qu'il est très véritable et la source de toute lumière, de sorte qu'il n'est pas possible qu'il nous trompe, c'est-à-dire qu'il soit directement la cause des erreurs auxquelles nous sommes sujets, et que nous expérimentons en nous-mêmes; car encore que l'adresse à pouvoir tromper semble être une marque de subtilité d'esprit entre les hommes, néanmoins jamais la volonté de tromper ne procède que de malice ou de crainte et de faiblesse, et par conséquent ne peut être attribuée à Dieu.

30. *Et que par conséquent tout cela est vrai que nous connaissons clairement être vrai, ce qui nous délivre des doutes ci-dessus proposés.*

D'où il suit que la faculté de connaître qu'il nous a donnée, que nous appelons lumière naturelle, n'aperçoit jamais aucun objet qui ne soit vrai en ce qu'elle l'aperçoit, c'est-à-dire en ce qu'elle connaît clairement et distinctement; parce que nous aurions sujet de croire que Dieu serait trompeur, s'il nous l'avait donnée telle que nous prissions le faux pour le vrai lorsque nous en usons bien. Et cette considération seule doit nous délivrer de ce doute hyperbolique où nous avons été pendant que nous ne savions pas encore si celui qui nous a créés avait pris plaisir à nous faire tels, que nous fussions trompés en toutes les choses qui nous semblent très claires. Elle nous doit servir aussi contre toutes les autres raisons que nous avions de douter, et que j'ai alléguées ci-dessus; même les vérités de mathématique ne nous seront plus suspectes, à cause qu'elles sont très évidentes; et si nous apercevons quelque chose par nos sens, soit en veillant, soit en dormant, pourvu que nous séparions ce qu'il y aura de clair et de distinct en la notion que nous aurons de cette chose de ce qui sera obscur et confus, nous pourrons facilement nous assurer de ce qui sera vrai. Je ne m'étends pas ici davantage sur ce sujet, parce que j'en ai amplement traité dans les Méditations de ma métaphysique, et ce qui suivra tantôt servira encore à l'expliquer mieux.

31. *Que nos erreurs au regard de Dieu ne sont que des négations, mais au regard de nous sont des privations ou des défauts.*

Mais parce qu'il arrive que nous nous méprenons souvent, quoique Dieu ne soit pas trompeur, si nous désirons rechercher la cause de nos erreurs, et en découvrir la source, afin de les corriger, il faut que nous prenions garde qu'elles ne dépendent pas tant de notre entendement comme de notre volonté, et qu'elles ne sont pas des choses ou substances qui aient besoin du concours actuel de Dieu pour être produites; en sorte qu'elles ne sont à son égard que des négations, c'est-à-dire qu'il ne nous a pas donné tout ce qu'il pouvait nous donner, et que nous voyons par même moyen qu'il n'était point tenu de nous donner; au lieu qu'à notre égard elles sont des défauts et des imperfections.

32. *Qu'il n'y a en nous que deux sortes de pensées, à savoir la perception de l'entendement et l'action de la volonté.*

Car toutes les façons de penser que nous remarquons en nous peuvent être rapportées à deux générales, dont l'une consiste à apercevoir par l'entendement, et l'autre à se déterminer par la volonté. Aussi sentir, imaginer et même concevoir des choses purement intelligibles, ne sont que des façons différentes d'apercevoir; mais désirer, avoir de l'aversion, assurer, nier, douter, sont des façons différentes de vouloir.

33. *Que nous ne nous trompons que lorsque nous jugeons de quelque chose qui ne nous eſt pas assez connue.*

Lorsque nous apercevons quelque chose, nous ne sommes pas en danger de nous méprendre si nous n'en jugeons en aucune façon; et quand même nous en jugerions, pourvu que nous ne donnions notre consentement qu'à ce que nous connaissons clairement et distinctement devoir être compris en ce dont nous jugeons, nous ne saurions non plus faillir; mais ce qui fait que nous nous trompons ordinairement eſt que nous jugeons bien souvent, encore que nous n'ayons pas une connaissance bien exacte de ce dont nous jugeons.

34. *Que la volonté aussi bien que l'entendement eſt requise pour juger.*

J'avoue que nous ne saurions juger de rien, si notre entendement n'y intervient, parce qu'il n'y a pas d'apparence que notre volonté se détermine sur ce que notre entendement n'aperçoit en aucune façon; mais comme la volonté eſt absolument nécessaire, afin que nous donnions notre consentement à ce que nous n'avons aucunement aperçu, et qu'il n'eſt pas nécessaire pour faire un jugement tel quel que nous ayons une connaissance entière et parfaite; de là vient que bien souvent nous donnons notre consentement à des choses dont nous n'avons jamais eu qu'une connaissance fort confuse.

35. *Qu'elle a plus d'étendue que lui, et que de là viennent nos erreurs.*

De plus, l'entendement ne s'étend qu'à ce peu d'objets qui se présentent à lui, et sa connaissance eſt toujours fort limitée; au lieu que la volonté en quelque sens peut sembler infinie, parce que nous n'apercevons rien qui puisse être l'objet de quelque autre volonté, même de cette immense qui eſt en Dieu, à quoi la nôtre ne puisse aussi s'étendre; ce qui eſt cause que nous la portons ordinairement au-delà de ce que nous connaissons clairement et diſtinctement; et lorsque nous en abusons de la sorte, ce n'eſt pas merveille s'il nous arrive de nous méprendre.

36. *Lesquelles ne peuvent être imputées à Dieu.*

Or, quoique Dieu ne nous ait pas donné un entendement tout-connaissant, nous ne devons pas croire pour cela qu'il soit l'auteur de nos erreurs, parce que tout entendement créé eſt fini, et qu'il eſt de la nature de l'entendement fini de n'être pas tout-connaissant.

37. *Que la principale perfection de l'homme eſt d'avoir un libre arbitre, et que c'eſt ce qui le rend digne de louange ou de blâme.*

Au contraire, la volonté étant, de sa nature, très étendue, ce nous eſt un avantage très grand de pouvoir agir par son moyen, c'eſt-à-dire librement; en sorte que nous soyons tellement les maîtres de nos actions, que nous sommes dignes de louange lorsque nous les conduisons bien : car, tout ainsi qu'on ne donne point aux machines qu'on voit se mouvoir en plusieurs façons diverses, aussi juſtement qu'on saurait désirer, des louanges qui se rapportent véritablement à elles, parce que ces machines ne représentent aucune action qu'elles ne doivent faire par le moyen de leurs ressorts, et qu'on en donne à l'ouvrier qui les a faites, parce qu'il a eu le pouvoir et la volonté de les composer avec tant d'artifice; de même on doit nous attribuer quelque chose de plus, de ce que nous choisissons ce qui eſt vrai, lorsque nous le diſtinguons d'avec le faux, par une détermination de notre volonté, que si nous y étions déterminés et contraints par un principe étranger.

38. *Que nos erreurs sont des défauts de notre façon d'agir, mais non point de notre nature; et que les fautes des sujets peuvent souvent être attribuées aux autres maîtres, mais non point à Dieu.*

Il eſt bien vrai que toutes les fois que nous faillons, il y a du défaut en notre façon d'agir ou en l'usage de notre liberté; mais il n'y a point pour cela de défaut en notre nature, à cause qu'elle eſt toujours la même quoique nos jugements soient vrais ou faux. Et quand Dieu aurait pu nous donner une connaissance si grande que nous n'eussions jamais été sujets à faillir, nous n'avons aucun droit pour cela de nous plaindre de lui; car encore que parmi nous celui qui a pu empêcher un mal et ne l'a pas empêché en soit blâmé et jugé comme coupable, il n'en est pas de même à l'égard de Dieu, d'autant que le pouvoir que les hommes ont les uns sur les autres est institué afin qu'ils empêchent de mal faire ceux qui leur sont inférieurs, et que la toute-puissance que Dieu a sur l'univers est très absolue et très libre. C'est pourquoi nous devons le remercier des biens qu'il nous a faits, et non point nous plaindre de ce qu'il ne nous a pas avantagés de ceux que nous connaissons qui nous manquent et qu'il aurait peut-être pu nous départir.

39. *Que la liberté de notre volonté se connaît sans preuve, par la seule expérience que nous en avons.*

Au reste il est si évident que nous avons une volonté libre, qui peut donner son consentement ou ne le pas donner quand bon lui semble, que cela peut être compté pour une de nos plus communes notions. Nous en avons eu ci-devant une preuve bien claire; car, au même temps que nous doutions de tout, et que nous supposions même que celui qui nous a créés employait son pouvoir à nous tromper en toutes façons, nous apercevions en nous une liberté si grande, que nous pouvions nous empêcher de croire ce que nous ne connaissions pas encore parfaitement bien. Or, ce que nous apercevions distinctement, et dont nous ne pouvions douter pendant une suspension si générale, est aussi certain qu'aucune autre chose que nous puissions jamais connaître.

40. *Que nous savons aussi très certainement que Dieu a préordonné toutes choses.*

Mais, à cause que ce que nous avons depuis connu de Dieu nous assure que sa puissance est si grande que nous ferions un crime de penser que nous eussions jamais été capables de faire aucune chose qu'il ne l'eût auparavant ordonnée, nous pourrions aisément nous embarrasser en des difficultés très grandes si nous entreprenions d'accorder la liberté de notre volonté avec ses ordonnances, et si nous tâchions de comprendre, c'est-à-dire d'embrasser et comme limiter avec notre entendement, toute l'étendue de notre libre arbitre et l'ordre de la Providence éternelle.

41. *Comment on peut accorder notre libre arbitre avec la préordination divine.*

Au lieu que nous n'aurons point du tout de peine à nous en délivrer, si nous remarquons que notre pensée eſt finie, et que la toute-puissance de Dieu, par laquelle il a non seulement connu de toute éternité ce qui eſt ou qui peut être, mais il l'a aussi voulu, eſt infinie. Ce qui fait que nous avons bien assez d'intelligence pour connaître clairement et diſtinctement que cette puissance eſt en Dieu; mais que nous n'en avons pas assez pour comprendre tellement son étendue que nous puissions savoir comment elle laisse les actions des hommes entièrement libres et indéterminées; et que d'autre côté nous sommes aussi tellement assurés de la liberté et de l'indifférence qui eſt en nous, qu'il n'y a rien que nous connaissions plus clairement; de façon que la toute-puissance de Dieu ne nous doit point empêcher de la croire. Car nous aurions tort de douter de ce que nous apercevons intérieurement et que nous savons par expérience être en nous, parce que nous ne comprenons pas une autre chose que nous savons être incompréhensible de sa nature.

42. *Comment, encore que nous ne voulions jamais faillir, c'eſt néanmoins par notre volonté que nous faillons.*

Mais, parce que nous savons que l'erreur dépend de notre volonté, et que personne n'a la volonté de se tromper, on s'étonnera peut-être qu'il y ait de l'erreur en nos jugements. Mais il faut remarquer qu'il y a bien de la différence entre vouloir être trompé et vouloir donner son consentement à des opinions qui sont cause que nous nous trompons quelquefois. Car encore qu'il n'y ait personne qui veuille expressément se méprendre, il ne s'en trouve presque pas un qui ne veuille donner son consentement à des choses qu'il ne connaît pas diſtinctement : et même il arrive souvent que c'eſt le désir de connaître la vérité qui fait que ceux qui ne savent pas l'ordre qu'il faut tenir pour la rechercher manquent de la trouver et se trompent, à cause qu'il les incite à précipiter leurs jugements, et à prendre des choses pour vraies, desquelles ils n'ont pas assez de connaissance.

43. *Que nous ne saurions faillir en ne jugeant que des choses que nous apercevons clairement et distinctement.*

Mais il est certain que nous ne prendrons jamais le faux pour le vrai tant que nous ne jugerons que de ce que nous apercevons clairement et distinctement; parce que Dieu n'étant point trompeur, la faculté de connaître qu'il nous a donnée ne saurait faillir, ni même la faculté de vouloir, lorsque nous ne l'étendons point au-delà de ce que nous connaissons. Et quand même cette vérité n'aurait pas été démontrée, nous sommes naturellement si enclins à donner notre consentement aux choses que nous apercevons manifestement, que nous n'en saurions douter pendant que nous les apercevons de la sorte.

44. *Que nous ne saurions que mal juger de ce que nous n'apercevons pas clairement, bien que notre jugement puisse être vrai, et que c'est souvent notre mémoire qui nous trompe.*

Il est aussi très certain que toutes les fois que nous approuvons avec quelque raison dont nous n'avons pas une connaissance bien exacte, ou que nous nous trompons, ou si nous trouvons la vérité, comme ce n'est que par hasard, que nous ne saurions être assurés de l'avoir rencontrée, et ne saurions savoir certainement que nous ne nous trompons point. J'avoue qu'il arrive rarement que nous jugions d'une chose en même temps que nous remarquons que nous ne la connaissons pas assez distinctement; à cause que la raison naturellement nous dicte que nous ne devons jamais juger de rien que de ce que nous connaissons distinctement auparavant que de juger. Mais nous nous trompons souvent parce que nous présumons avoir autrefois connu plusieurs choses, et que tout aussitôt qu'il nous en souvient nous y donnons notre consentement, de même que si nous les avions suffisamment examinées, bien qu'en effet nous n'en ayons jamais eu une connaissance exacte.

45. *Ce que c'est qu'une perception claire et distincte.*

Il y a même des personnes qui en toute leur vie n'aperçoivent rien comme il faut pour en bien juger; car la connaissance sur laquelle on peut établir un jugement indubitable doit être non seulement claire, mais aussi distincte. J'appelle claire celle qui est présente et manifeste à un esprit attentif; de même que nous disons voir clairement les objets lorsque étant présents ils agissent assez fort, et que nos yeux sont disposés à les regarder; et distincte, celle qui est tellement précise et différente de toutes les autres, qu'elle ne comprend en soi que ce qui paraît manifestement à celui qui la considère comme il faut.

46. *Qu'elle peut être claire sans être distincte, mais non au contraire.*

Par exemple, lorsque quelqu'un sent une douleur cuisante, la connaissance qu'il a de cette douleur est claire à son égard, et n'est pas pour cela toujours distincte, parce qu'il la confond ordinairement avec le faux jugement qu'il fait sur la nature de ce qu'il pense être en la partie blessée, qu'il croit être semblable à l'idée ou au sentiment de la douleur qui est en sa pensée, encore qu'il n'aperçoive rien clairement que le sentiment ou la pensée confuse qui est en lui. Ainsi la connaissance peut être claire sans être distincte, et ne peut être distincte qu'elle ne soit claire par même moyen.

47. *Que pour ôter les préjugés de notre enfance, il faut considérer ce qu'il y a de clair en chacune de nos premières notions.*

Or, pendant nos premières années, notre âme ou notre pensée était si fort offusquée du corps, qu'elle ne connaissait rien distinctement, bien qu'elle aperçût plusieurs choses assez clairement; et parce qu'elle ne laissait pas de faire cependant une réflexion telle quelle sur les choses qui se présentaient, nous avons rempli notre mémoire de beaucoup de préjugés, dont nous n'entreprenons presque jamais de nous délivrer, encore qu'il soit très certain que nous ne saurions autrement les bien examiner.

Mais afin que nous le puissions maintenant sans beaucoup de peine, je ferai ici un dénombrement de toutes les notions simples qui composent nos pensées, et séparerai ce qu'il y a de clair en chacune d'elles, et ce qu'il y a d'obscur ou en quoi nous pouvons faillir.

48. *Que tout ce dont nous avons quelque notion est considéré comme une chose ou comme une vérité ; et le dénombrement des choses.*

Je distingue tout ce qui tombe sous notre connaissance en deux genres : le premier contient toutes les choses qui ont quelque existence, et l'autre toutes les vérités qui ne sont rien hors de notre pensée. Touchant les choses, nous avons premièrement certaines notions générales qui se peuvent rapporter à toutes, à savoir celles que nous avons de la substance, de la durée, de l'ordre et du nombre, et peut-être aussi quelques autres : puis nous en avons aussi de plus particulières, qui servent à les distinguer. Et la principale distinction que je remarque entre toutes les choses créées est que les unes sont intellectuelles, c'est-à-dire sont des substances intelligentes, ou bien des propriétés qui appartiennent à ces substances; et les autres sont corporelles, c'est-à-dire sont des corps, ou bien des propriétés qui appartiennent au corps. Ainsi l'entendement, la volonté et toutes les façons de connaître et de vouloir, appartiennent à la substance qui pense; la grandeur, ou l'étendue en longueur, largeur et profondeur, la figure, le mouvement, la situation des parties et la disposition qu'elles ont à être divisées, et telles autres propriétés, se rapportent au corps. Il y a encore outre cela certaines choses que nous expérimentons en nous-mêmes, qui ne doivent pas être attribuées à l'âme seule, ni aussi au corps seul, mais à l'étroite union qui est entre eux, ainsi que j'expliquerai ci-après : tels sont les appétits de boire, de manger, et les émotions ou les passions de l'âme, qui ne dépendent pas de la pensée seule, comme l'émotion à la colère, à la joie, à la tristesse, à l'amour, etc.; tels sont tous les sentiments, comme la lumière, les couleurs, les sons, les odeurs, le goût, la chaleur, la dureté, et toutes les autres qualités qui ne tombent que sous le sens de l'attouchement.

49. *Que les vérités ne peuvent ainsi être dénombrées, et qu'il n'en est pas besoin.*

Jusques ici j'ai dénombré tout ce que nous connaissons comme des choses, il reste à parler de ce que nous connaissons comme des vérités. Par exemple, lorsque nous pensons qu'on ne saurait faire quelque chose de rien, nous ne croyons point que cette proposition soit une chose qui existe ou la propriété de quelque chose, mais nous la prenons pour une certaine vérité éternelle qui a son siège en notre pensée, et que l'on nomme une notion commune ou une maxime : tout de même quand on dit qu'il est impossible qu'une même chose soit et ne soit pas en même temps, que ce qui a été fait ne peut n'être pas fait, que celui qui pense ne peut manquer d'être ou d'exister pendant qu'il pense et quantité d'autres semblables, ce sont seulement des vérités, et non pas des choses qui soient hors de notre pensée, et il y en a si grand nombre de telles qu'il serait malaisé de les dénombrer; mais aussi n'est-il pas nécessaire, parce que nous ne saurions manquer de les savoir lorsque l'occasion se présente de penser à elles, et que nous n'avons point de préjugés qui nous aveuglent.

50. *Que toutes ces vérités peuvent être clairement aperçues, mais non pas de tous, à cause des préjugés.*

Pour ce qui est des vérités qu'on nomme des notions communes, il est certain qu'elles peuvent être connues de plusieurs très clairement et très distinctement; car autrement elles ne mériteraient pas d'avoir ce nom; mais il est vrai aussi qu'il y en a qui le méritent au regard de quelques personnes, et qui ne le méritent point au regard des autres, à cause qu'elles ne leur sont pas assez évidentes. Non pas que je croie que la faculté de connaître qui est en quelques hommes s'étende plus loin que celle qui est communément en tous, mais c'est plutôt qu'il y en a lesquels ont imprimé de longue main des opinions en leur créance qui, étant contraires à quelques-unes de ces vérités, empêchent qu'ils ne les puissent apercevoir, bien qu'elles soient fort manifestes à ceux qui ne sont point ainsi préoccupés.

51. *Ce que c'est que la substance ; et que c'est un nom qu'on ne peut attribuer à Dieu et aux créatures en même sens.*

Pour ce qui est des choses que nous considérons comme ayant quelque existence, il est besoin que nous les examinions ici l'une après l'autre, afin de distinguer ce qui est obscur d'avec ce qui est évident en la notion que nous avons de chacune. Lorsque nous concevons la substance, nous concevons seulement une chose qui existe en telle façon qu'elle n'a besoin que de soi-même pour exister. En quoi il peut y avoir de l'obscurité touchant l'explication de ce mot, *n'avoir besoin que de soi-même ;* car, à proprement parler, il n'y a que Dieu qui soit tel, et il n'y a aucune chose créée qui puisse exister un seul moment sans être soutenue et conservée par sa puissance. C'est pourquoi on a raison dans l'École de dire que le nom de substance n'est pas *univoque* au regard de Dieu et des créatures, c'est-à-dire qu'il n'y a aucune signification de ce mot que nous concevions distinctement, laquelle convienne à lui et à elles : mais parce qu'entre les choses créées quelques-unes sont de telle nature qu'elles ne peuvent exister sans quelques autres, nous les distinguons d'avec celles qui n'ont besoin que du concours ordinaire de Dieu, en nommant celles-ci des substances, et celles-là des qualités ou des attributs de ces substances.

52. *Qu'il peut être attribué à l'âme et au corps en même sens ; et comment on connaît la substance.*

Et la notion que nous avons ainsi de la substance créée se rapporte en même façon à toutes, c'est-à-dire à celles qui sont immatérielles comme à celles qui sont matérielles ou corporelles; car, pour entendre que ce sont des substances, il faut seulement que nous apercevions qu'elles peuvent exister sans l'aide d'aucune chose créée. Mais lorsqu'il est question de savoir si quelqu'une de ces substances existe véritablement, c'est-à-dire si elle est à présent dans le monde, ce n'est pas assez qu'elle existe en cette façon pour faire que nous l'apercevions : car cela seul ne nous découvre rien qui excite quelque connaissance particulière en notre pensée; il faut outre cela qu'elle ait quelques attributs que nous puissions remarquer; et il n'y en a aucun qui ne suffise pour cet effet, à cause que l'une de nos notions communes eſt que le néant ne peut avoir aucuns attributs, ni propriétés ou qualités : c'eſt pourquoi, lorsqu'on en rencontre quelqu'un, on a raison de conclure qu'il eſt l'attribut de quelque subſtance, et que cette subſtance exiſte.

53. *Que chaque subſtance a un attribut principal, et que celui de l'âme eſt la pensée, comme l'extension eſt celui du corps.*

Mais encore que chaque attribut soit suffisant pour faire connaître la subſtance, il y en a toutefois un en chacune qui conſtitue sa nature et son essence, et de qui tous les autres dépendent. A savoir, l'étendue en longueur, largeur et profondeur, conſtitue la nature de la subſtance corporelle; et la pensée conſtitue la nature de la subſtance qui pense. Car tout ce que d'ailleurs on peut attribuer au corps présuppose de l'étendue, et n'eſt qu'une dépendance de ce qui eſt étendu; de même, toutes les propriétés que nous trouvons en la chose qui pense ne sont que des façons différentes de penser. Ainsi nous ne saurions concevoir, par exemple, de figure, si ce n'eſt en une chose étendue, ni de mouvement qu'en un espace qui eſt étendu; ainsi l'imagination, le sentiment et la volonté dépendent tellement d'une chose qui pense que nous ne les pouvons concevoir sans elle. Mais, au contraire, nous pouvons concevoir l'étendue sans figure ou sans mouvement; et la chose qui pense sans imagination ou sans sentiment, et ainsi du reſte.

54. *Comment nous pouvons avoir des pensées diſtinctes de la subſtance qui pense, de celle qui eſt corporelle, et de Dieu.*

Nous pouvons donc avoir deux notions ou idées claires et diſtinctes, l'une d'une subſtance créée qui pense, et l'autre d'une subſtance étendue, pourvu que nous séparions soigneusement tous les attributs de la pensée d'avec les attributs de l'étendue. Nous pouvons avoir aussi une idée claire et diſtincte d'une subſtance increéée qui pense et qui eſt indépendante, c'eſt-à-dire d'un Dieu, pourvu que nous ne pensions pas que cette idée nous représente tout ce qui eſt en lui, et que nous n'y mêlions rien par une fiction de notre entendement; mais que nous prenions garde seulement à ce qui est compris véritablement en la notion distincte que nous avons de lui et que nous savons appartenir à la nature d'un être tout parfait. Car il n'y a personne qui puisse nier qu'une telle idée de Dieu soit en nous, s'il ne veut croire sans raison que l'entendement humain ne saurait avoir aucune connaissance de la Divinité.

55. *Comment nous en pouvons aussi avoir de la durée, de l'ordre et du nombre.*

Nous concevons aussi très distinctement ce que c'est que la durée, l'ordre et le nombre, si, au lieu de mêler dans l'idée que nous en avons ce qui appartient proprement à l'idée de la substance, nous pensons seulement que la durée de chaque chose est un mode ou une façon dont nous considérons cette chose en tant qu'elle continue d'être; et que pareillement l'ordre et le nombre ne diffèrent pas en effet des choses ordonnées et nombrées, mais qu'ils sont seulement des façons sous lesquelles nous considérons diversement ces choses.

56. *Ce que c'est que qualité et attribut, et façon ou mode.*

Lorsque je dis ici façon ou mode, je n'entends rien que ce que je nomme ailleurs attribut ou qualité. Mais lorsque je considère que la substance en est autrement disposée ou diversifiée, je me sers particulièrement du nom de mode ou façon; et lorsque, de cette disposition ou changement, elle peut être appelée telle, je nomme qualité les diverses façons qui font qu'elle est ainsi nommée; enfin, lorsque je pense plus généralement que ces modes ou qualités sont en la substance, sans les considérer autrement que comme les dépendances de cette substance, je les nomme attributs. Et, parce que je ne dois concevoir en Dieu aucune variété ni changement, je ne dis pas qu'il y ait en lui des modes ou des qualités, mais plutôt des attributs; et même dans les choses créées, ce qui se trouve en elles toujours de même sorte, comme l'existence et la durée en la chose qui existe et qui dure, je le nomme attribut, et non pas mode ou qualité.

57. *Qu'il y a des attributs qui appartiennent aux choses auxquelles ils sont attribués, et d'autres qui dépendent de notre pensée.*

De ces qualités ou attributs, il y en a quelques-uns qui sont dans les choses mêmes, et d'autres qui ne sont qu'en notre pensée; ainsi, par exemple, le temps, que nous distinguons de la durée prise en général, et que nous disons être le nombre du mouvement, n'est rien qu'une certaine façon dont nous pensons à cette durée, parce que nous ne concevons point que la durée des choses qui sont mues soit autre que celle des choses qui ne le sont point; comme il est évident de ce que si deux corps sont mus pendant une heure, l'un vite et l'autre lentement, nous ne comptons pas plus de temps en l'un qu'en l'autre, encore que nous supposions plus de mouvement en l'un de ces deux corps. Mais afin de comprendre la durée de toutes les choses sous une même mesure, nous nous servons ordinairement de la durée de certains mouvements réguliers qui sont les jours et les années, et la nommons temps, après l'avoir ainsi comparée; bien qu'en effet ce que nous nommons ainsi ne soit rien, hors de la véritable durée des choses, qu'une façon de penser.

58. *Que les nombres et les universaux dépendent de notre pensée.*

De même le nombre que nous considérons en général, sans faire réflexion sur aucune chose créée, n'est point hors de notre pensée, non plus que toutes ces autres idées générales que dans l'École on comprend sous le nom d'universaux.

59. *Quels sont les universaux.*

Qui se font de cela seul que nous nous servons d'une même idée pour penser à plusieurs choses particulières qui ont entre elles un certain rapport. Et lorsque nous comprenons sous un même nom les choses qui sont représentées par cette idée, ce nom est aussi universel. Par exemple, quand nous voyons deux pierres et que, sans penser autrement à ce qui est de leur nature, nous remarquons seulement qu'il y en a deux, nous formons en nous l'idée d'un certain nombre que nous nommons le nombre de deux. Si, voyant ensuite deux oiseaux ou deux arbres, nous remarquons (sans penser aussi à ce qui est de leur nature) qu'il y en a deux, nous reprenons par ce moyen la même idée que nous avions auparavant formée, et la rendons universelle, et le nombre aussi que nous nommons d'un nom universel le nombre de deux. De même, lorsque nous considérons une figure de trois côtés, nous formons une certaine idée que nous nommons l'idée du triangle, et nous en servons ensuite à nous représenter généralement toutes les figures qui n'ont que trois côtés. Mais quand nous remarquons plus particulièrement que, des figures de trois côtés, les unes ont un angle droit et que les autres n'en ont point, nous formons en nous une idée universelle du triangle rectangle, qui, étant rapportée à la précédente qui est générale et plus universelle, peut être nommée espèce; et l'angle droit, la différence universelle par où les triangles rectangles diffèrent de tous les autres; de plus, si nous remarquons que le carré du côté qui sous-tend l'angle droit est égal aux carrés des deux autres côtés, et que cette propriété convient seulement à cette espèce de triangles, nous la pourrons nommer propriété universelle des triangles rectangles. Enfin, si nous supposons que de ces triangles les uns se meuvent et que les autres ne se meuvent point, nous prendrons cela pour un accident universel en ces triangles; et c'est ainsi qu'on compte ordinairement cinq universaux, à savoir le genre, l'espèce, la différence, le propre et l'accident.

60. *Des distinctions, et premièrement de celle qui est réelle.*

Pour ce qui est du nombre que nous remarquons dans les choses mêmes, il vient de la distinction qui est entre elles; et il y a des distinctions de trois sortes : à savoir, réelle, modale, et de raison, ou bien qui se fait de la pensée. La réelle se trouve proprement entre deux ou plusieurs substances. Car nous pouvons conclure que deux substances sont réellement distinctes l'une de l'autre, de cela seul que nous en pouvons concevoir une clairement et distinctement sans penser à l'autre; parce que, suivant ce que nous connaissons de Dieu, nous sommes assurés qu'il peut faire tout ce dont nous avons une idée claire et distincte. C'est pourquoi, de ce que nous avons maintenant l'idée, par exemple, d'une substance étendue ou corporelle, bien que nous ne sachions pas encore certainement si une telle chose est à présent dans le monde, néanmoins, parce que nous en avons l'idée, nous pouvons conclure qu'elle peut être, et qu'en cas qu'elle existe, quelque partie que nous puissions déterminer de la pensée doit être distincte réellement de ses autres parties. De même, parce qu'un chacun de nous aperçoit en soi qu'il pense, et qu'il peut en pensant exclure de soi ou de son âme toute autre substance ou qui pense ou qui est étendue, nous pouvons conclure aussi qu'un chacun de nous ainsi considéré est réellement distinct de toute autre substance qui pense, et de toute substance corporelle. Et quand Dieu même joindrait si étroitement un corps à une âme qu'il fût impossible de les unir davantage, et ferait un composé de ces deux substances ainsi unies, nous concevons aussi qu'elles demeureraient toutes deux réellement distinctes, nonobstant cette union, parce que, quelque liaison que Dieu ait mise entre elles, il n'a pu se défaire de la puissance qu'il avait de les séparer, ou bien de les conserver l'une sans l'autre, et que les choses que Dieu peut séparer ou conserver séparément les unes des autres sont réellement distinctes.

61. *De la distinction modale.*

Il y a deux sortes de distinction modale, à savoir, l'une entre le mode que nous avons appelé façon et la substance dont il dépend et qu'il diversifie; et l'autre entre deux différentes façons d'une même substance. La première est remarquable en ce que nous pouvons apercevoir clairement la substance sans la façon qui diffère d'elle en cette sorte, mais que réciproquement nous ne pouvons avoir une idée distincte d'une telle façon sans penser à une telle substance. Il y a, par exemple, une distinction modale entre la figure ou le mouvement et la substance corporelle dont ils dépendent tous deux; il y en a aussi entre assurer ou se ressouvenir et la chose qui pense. Pour l'autre sorte de distinction, qui est entre deux différentes façons d'une même substance, elle est remarquable en ce que nous pouvons connaître l'une de ces façons sans l'autre, comme la figure sans le mouvement, et le mouvement sans la figure; mais que nous ne pouvons penser distinctement ni à l'une ni à l'autre que nous ne sachions qu'elles dépendent toutes deux d'une même substance. Par exemple, si une pierre est mue, et avec cela carrée, nous pouvons connaître sa figure carrée sans savoir qu'elle soit mue, et réciproquement nous pouvons savoir qu'elle est mue sans savoir si elle est carrée; mais nous ne pouvons avoir une connaissance distincte de ce mouvement et de cette figure si nous ne connaissons qu'ils sont tous deux en une même chose, à savoir en la substance de cette pierre. Pour ce qui est de la distinction dont la façon d'une substance est différente d'une autre substance ou bien de la façon d'une autre substance, comme le mouvement d'un corps est différent d'un autre corps ou d'une chose qui pense, ou bien comme le mouvement est différent du doute, il me semble qu'on la doit nommer réelle plutôt que modale, à cause que nous ne saurions connaître les modes sans les substances dont ils dépendent, et que les substances sont réellement distinctes les unes des autres.

62. *De la distinction qui se fait par la pensée.*

Enfin, la distinction qui se fait par la pensée consiste en ce que nous distinguons quelquefois une substance de quelqu'un de ses attributs sans lequel néanmoins il n'est pas possible que nous en ayons une connaissance distincte; ou bien en ce que nous tâchons de séparer d'une même substance deux tels attributs, en pensant à l'un sans penser à l'autre. Cette distinction est remarquable en ce que nous ne saurions avoir une idée claire et distincte d'une telle substance si nous lui ôtons un tel attribut; ou bien en ce que nous ne saurions avoir une idée claire et distincte de l'un de deux ou plusieurs tels attributs si nous le séparons des autres. Par exemple, à cause qu'il n'y a point de substance qui ne cesse d'exister lorsqu'elle cesse de durer, la durée n'est distincte de la substance que par la pensée; et généralement tous les attributs qui font que nous avons des pensées diverses d'une même chose, tels que sont par exemple l'étendue du corps et sa propriété d'être divisible en plusieurs parties, ne diffèrent du corps qui nous sert d'objet, et réciproquement l'un de l'autre, qu'à cause que nous pensons quelquefois confusément à l'un sans penser à l'autre. Il me souvient d'avoir mêlé la distinction qui se fait par la pensée avec la modale, sur la fin des réponses que j'ai faites aux premières objections qui m'ont été envoyées sur les Méditations de ma métaphysique; mais cela ne répugne point à ce que j'écris en cet endroit, parce que, n'ayant pas dessein de traiter pour lors fort amplement de cette matière, il me suffisait de les distinguer toutes deux de la réelle.

63. *Comment on peut avoir des notions distinctes de l'extension et de la pensée, en tant que l'une constitue la nature du corps et l'autre celle de l'âme.*

Nous pouvons aussi considérer la pensée et l'étendue comme les choses principales qui constituent la nature de la substance intelligente et corporelle; et alors nous ne devons point les concevoir autrement que comme la substance même qui pense et qui est étendue; c'est-à-dire comme l'âme et le corps; car nous les connaissons en cette sorte très clairement et très distinctement. Il est même plus aisé de connaître une substance qui pense ou une substance étendue que la substance toute seule, laissant à part si elle pense ou si elle est étendue; parce qu'il y a quelque difficulté à séparer la notion que nous avons de la substance de celle que nous avons de la pensée et de l'étendue : car elles ne diffèrent de la substance que par cela seul que nous considérons quelquefois la pensée ou l'étendue sans faire réflexion sur la chose même qui pense ou qui est étendue. Et notre conception n'est pas plus distincte parce qu'elle comprend peu de choses, mais parce que nous discernons soigneusement ce qu'elle comprend, et que nous prenons garde à ne le point confondre avec d'autres notions qui la rendraient plus obscure.

64. *Comment on peut aussi les concevoir distinctement en les prenant pour des modes ou attributs de ces substances.*

Nous pouvons considérer aussi la pensée et l'étendue comme les modes ou différentes façons qui se trouvent en la substance; c'est-à-dire que lorsque nous considérons qu'une même âme peut avoir plusieurs pensées diverses et qu'un même corps avec sa même grandeur peut être étendu en plusieurs façons, tantôt plus en longueur et moins en largeur ou en profondeur, et quelquefois au contraire plus en largeur et moins en longueur; et que nous ne distinguons la pensée et l'étendue de ce qui pense et de ce qui est étendu que comme les dépendances d'une chose, de la chose même dont elles dépendent; nous les connaissons aussi clairement et aussi distinctement que leurs substances, pourvu que nous ne pensions point qu'elles subsistent d'elles-mêmes, mais qu'elles sont seulement les façons ou dépendances de quelques substances. Parce que, quand nous les considérons comme les propriétés des substances dont elles dépendent, nous les distinguons aisément de ces substances, et les prenons pour telles qu'elles sont véritablement; au lieu que si nous voulions les considérer sans substance, cela pourrait être cause que nous les prendrions pour des choses qui subsistent d'elles-mêmes; en sorte que nous confondrions l'idée que nous devons avoir de la substance avec celle que nous devons avoir de ses propriétés.

65. *Comment on conçoit aussi leurs diverses propriétés ou attributs.*

Nous pouvons aussi concevoir fort distinctement diverses façons de penser, comme entendre, imaginer, se souvenir, vouloir, etc.; et diverses façons d'étendue, ou qui appartiennent à l'étendue, comme généralement toutes les figures, la situation des parties et leurs mouvements, pourvu que nous les considérions simplement comme les dépendances des substances où elles sont; et quant à ce qui est du mouvement, pourvu que nous pensions seulement à celui qui se fait d'un lieu en un autre, sans rechercher la force qui le produit, laquelle toutefois j'essayerai de faire connaître lorsqu'il en sera temps.

66. *Que nous avons aussi des notions distinctes de nos sentiments, de nos affections et de nos appétits, bien que souvent nous nous trompions aux jugements que nous en faisons.*

Il ne reste plus que les sentiments, les affections et les appétits, desquels nous pouvons avoir aussi une connaissance claire et distincte, pourvu que nous prenions garde à ne comprendre dans les jugements que nous en ferons que ce que nous connaîtrons précisément par le moyen de notre entendement et dont nous serons assurés par la raison. Mais il est malaisé d'user continuellement d'une telle précaution, au moins à l'égard de nos sens, à cause que nous avons cru dès le commencement de notre vie que toutes les choses que nous sentions avaient une existence hors de notre pensée et qu'elles étaient entièrement semblables aux sentiments ou aux idées que nous avions à leur occasion. Ainsi, lorsque nous avons vu, par exemple, une certaine couleur, nous avons cru voir une chose qui subsistait hors de nous, et qui était semblable à l'idée que nous avions. Or nous avons ainsi jugé en tant de rencontres, et il nous a semblé voir cela si clairement et si distinctement, à cause que nous étions accoutumés à juger de la sorte, qu'on ne doit pas trouver étrange que quelques-uns demeurent ensuite tellement persuadés de ce faux préjugé qu'ils ne puissent pas même se résoudre à en douter.

67. *Que souvent même nous nous trompons en jugeant que nous sentons de la douleur en quelque partie de notre corps.*

La même prévention a eu lieu en tous nos autres sentiments, même en ce qui est du chatouillement et de la douleur. Car encore que nous n'ayons pas cru qu'il y eût hors de nous, dans les objets extérieurs, des choses qui fussent semblables au chatouillement ou à la douleur qu'ils nous faisaient sentir, nous n'avons pourtant pas considéré ces sentiments comme des idées qui étaient seulement en notre âme; mais nous avons cru qu'ils étaient dans nos mains, dans nos pieds et dans les autres parties de notre corps, sans toutefois qu'il y ait aucune raison qui nous oblige à croire que la douleur que nous sentons, par exemple au pied, soit quelque chose hors de notre pensée qui soit dans notre pied, ni que la lumière que nous pensons voir dans le soleil soit dans le soleil ainsi qu'elle est en nous. Et si quelques-uns se laissent encore persuader à une si fausse opinion, ce n'est qu'à cause qu'ils font si grand cas des jugements qu'ils ont faits lorsqu'ils étaient enfants, qu'ils ne sauraient les oublier pour en faire d'autres plus solides, comme il paraîtra encore plus manifestement par ce qui suit.

68. *Comment on doit distinguer en telles choses ce en quoi on peut se tromper d'avec ce qu'on conçoit clairement.*

Mais afin que nous puissions distinguer ici ce qu'il y a de clair en nos sentiments d'avec ce qui est obscur, nous remarquerons en premier lieu que nous connaissons clairement et distinctement la douleur, la couleur et les autres sentiments, lorsque nous les considérons simplement comme des pensées; mais que quand nous voulons juger que la couleur, que la douleur, etc., sont des choses qui subsistent hors de notre pensée, nous ne concevons en aucune façon quelle chose c'est que cette couleur, cette douleur, etc. Et il en est de même lorsque quelqu'un nous dit qu'il voit de la couleur dans un corps, ou qu'il sent de la douleur en quelqu'un de ses membres; comme s'il nous disait qu'il voit ou qu'il sent quelque chose, mais qu'il ignore entièrement quelle est la nature de cette chose, ou bien qu'il n'a pas une connaissance distincte de ce qu'il voit et de ce qu'il sent. Car encore que, lorsqu'il n'examine pas ses pensées avec attention, il se persuade peut-être qu'il en a quelque connaissance, à cause qu'il suppose que la couleur qu'il croit voir dans l'objet a de la ressemblance avec le sentiment qu'il éprouve en soi, néanmoins, s'il fait réflexion sur ce qui lui est représenté par la couleur ou par la douleur, en tant qu'elles existent dans un corps coloré ou bien dans une partie blessée, il trouvera sans doute qu'il n'en a pas de connaissance.

69. *Qu'on connaît tout autrement les grandeurs, les figures, etc., que les couleurs, les douleurs, etc.*

Principalement, s'il considère qu'il connaît bien d'une autre façon ce que c'est que la grandeur dans le corps qu'il aperçoit, ou la figure, ou le mouvement, au moins celui qui se fait d'un lieu en un autre (car les philosophes, en feignant d'autres mouvements que celui-ci, n'ont pas connu si facilement sa vraie nature), ou la situation des parties, ou la durée, ou le nombre, et les autres propriétés que nous apercevons clairement en tous les corps, comme il a été déjà remarqué, que non pas ce que c'est que la couleur dans ce même corps, ou la douleur, l'odeur, le goût, la saveur et tout ce que j'ai dit devoir être attribué au sens. Car encore que voyant un corps nous ne soyons pas moins assurés de son existence par la couleur que nous apercevons à son occasion que par la figure qui le termine, toutefois il est certain que nous connaissions tout autrement en lui cette propriété qui est cause que nous disons qu'il est figuré, que celle qui fait qu'il nous semble coloré.

70. *Que nous pouvons juger en deux façons des choses sensibles, par l'une desquelles nous tombons en l'erreur, et par l'autre nous l'évitons.*

Il est donc évident, lorsque nous disons à quelqu'un que nous apercevons des couleurs dans les objets, qu'il en est de même que si nous lui disions que nous apercevons en ces objets je ne sais quoi dont nous ignorons la nature, mais qui cause pourtant en nous un certain sentiment fort clair et manifeste qu'on nomme le sentiment des couleurs. Mais il y a bien de la différence en nos jugements. Car, tant que nous nous contentons de croire qu'il y a je ne sais quoi dans les objets (c'est-à-dire dans les choses telles qu'elles soient) qui cause en nous ces pensées confuses qu'on nomme sentiments, tant s'en faut que nous nous méprenions, qu'au contraire nous évitons la surprise qui nous pourrait faire méprendre, à cause que nous ne nous emportons pas sitôt à juger témérairement d'une chose que nous remarquons ne pas bien connaître. Mais lorsque nous croyons apercevoir une certaine couleur dans un objet, bien que nous n'ayons aucune connaissance distincte de ce que nous appelons d'un tel nom, et que notre raison ne nous fasse apercevoir aucune ressemblance entre la couleur que nous supposons être en cet objet et celle qui est en notre sens; néanmoins, parce que nous ne prenons pas garde à cela, et que nous remarquons en ces mêmes objets plusieurs propriétés, comme la grandeur, la figure, le nombre, etc., qui existent en eux de même sorte que nos sens ou plutôt notre entendement nous les fait apercevoir, nous nous laissons persuader aisément que ce qu'on nomme couleur dans un objet est quelque chose qui existe en cet objet et qui ressemble entièrement à la couleur qui est en notre pensée; et ensuite nous pensons apercevoir clairement en cette chose ce que nous n'apercevons en aucune façon appartenir à sa nature.

71. *Que la première et principale cause de nos erreurs sont les préjugés de notre enfance.*

C'est ainsi que nous avons reçu la plupart de nos erreurs. A savoir, pendant les premières années de notre vie, que notre âme était si étroitement liée au corps, qu'elle ne s'appliquait à autre chose qu'à ce qui causait en lui quelques impressions, elle ne considérait pas encore si ces impressions étaient causées par des choses qui existassent hors de soi, mais seulement elle sentait de la douleur lorsque le corps en était offensé, ou du plaisir lorsqu'il en recevait de l'utilité, ou bien, si elles étaient si légères que le corps n'en reçût point de commodité, ni aussi d'incommodité qui fût importante à sa conservation, elle avait des sentiments tels que sont ceux qu'on nomme goût, odeur, son, chaleur, froid, lumière, couleur, et autres semblables, qui véritablement ne nous représentent rien qui existe hors de notre pensée, mais qui sont divers selon les diversités qui se rencontrent dans les mouvements qui passent de tous les endroits de notre corps jusques à l'endroit du cerveau auquel elle est étroitement jointe et unie. Elle apercevait aussi des grandeurs, des figures et des mouvements qu'elle ne prenait pas pour des sentiments, mais pour des choses ou des propriétés de certaines choses qui lui semblaient exister ou du moins pouvoir exister hors de soi, bien qu'elle n'y remarquât pas encore cette différence. Mais lorsque nous avons été quelque peu plus avancés en âge et que notre corps, se tournant fortuitement de part et d'autre par la disposition de ses organes, a rencontré des choses utiles ou en a évité de nuisibles, l'âme, qui lui était étroitement unie, faisant réflexion sur les choses qu'il rencontrait ou évitait, a remarqué premièrement qu'elles existaient au-dehors, et ne leur a pas attribué seulement les grandeurs, les figures, les mouvements et les autres propriétés qui appartiennent véritablement au corps, et qu'elle concevait fort bien ou comme des choses ou comme les dépendances de quelques choses, mais encore les couleurs, les odeurs, et toutes les autres idées de ce genre qu'elle apercevait aussi à leur occasion; et comme elle était si fort offusquée du corps qu'elle ne considérait les autres choses qu'autant qu'elles servaient à son usage, elle jugeait qu'il y avait plus ou moins de réalité en chaque objet, selon que les impressions qu'il causait lui semblaient plus ou moins fortes. De là vient qu'elle a cru qu'il y avait beaucoup plus de substance ou de corps dans les pierres et dans les métaux que dans l'air ou dans l'eau, parce qu'elle y sentait plus de dureté et de pesanteur; et qu'elle n'a considéré l'air non plus que rien lorsqu'il n'était agité d'aucun vent, et qu'il ne lui semblait ni chaud ni froid. Et parce que les étoiles ne lui faisaient guère plus sentir de lumière que des chandelles allumées, elle n'imaginait pas que chaque étoile fût plus grande que la flamme qui paraît au bout d'une chandelle qui brûle. Et parce qu'elle ne considérait pas encore si la terre peut tourner sur son essieu, et si sa superficie est courbée comme celle d'une boule, elle a jugé d'abord qu'elle est immobile, et que sa superficie est plate. Et nous avons été par ce moyen si fort prévenus de mille autres préjugés, que lors même que nous étions capables de bien user de notre raison, nous les avons reçus en notre créance; et au lieu de penser que nous avions fait ces jugements en un temps que nous n'étions pas capables de bien juger, et par conséquent qu'ils pouvaient être plutôt faux que vrais, nous les avons reçus pour aussi certains que si nous en avions eu une connaissance distincte par l'entremise de nos sens, et n'en avons non plus douté que s'ils eussent été des notions communes.

72. *Que la seconde est que nous ne pouvons oublier ces préjugés.*

Enfin, lorsque nous avons atteint l'usage entier de notre raison, et que notre âme, n'étant plus si sujette au corps, tâche à bien juger des choses, et à connaître leur nature, bien que nous remarquions que les jugements que nous avons faits lorsque nous étions enfants sont pleins d'erreurs, nous avons assez de peine à nous en délivrer entièrement, et néanmoins il est certain que si nous manquons à nous souvenir qu'ils sont douteux, nous sommes toujours en danger de retomber en quelque fausse prévention. Cela est tellement vrai qu'à cause que dès notre enfance, nous avons imaginé, par exemple, les étoiles fort petites, nous ne saurions nous défaire encore de cette imagination, bien que nous connaissions par les raisons de l'astronomie qu'elles sont très grandes : tant a de pouvoir sur nous une opinion déjà reçue !

73. *La troisième, que notre esprit se fatigue quand il se rend attentif à toutes les choses dont nous jugeons.*

De plus, comme notre âme ne saurait s'arrêter à considérer longtemps une même chose avec attention, sans se peiner et même sans se fatiguer, et qu'elle ne s'applique à rien avec tant de peine qu'aux choses purement intelligibles, qui ne sont présentes ni aux sens ni à l'imagination, soit que naturellement elle ait été faite ainsi à cause qu'elle est unie au corps, ou que pendant les premières années de notre vie nous nous soyons si fort accoutumés à sentir et imaginer, que nous ayons acquis une facilité plus grande à penser de cette sorte, de là vient que beaucoup de personnes ne sauraient croire qu'il y ait de substance si elle n'est imaginable et corporelle, et même sensible; car on ne prend pas garde ordinairement qu'il n'y a que les choses qui consistent en étendue, en mouvement et en figure, qui soient imaginables, et qu'il y en a quantité d'autres que celles-là qui sont intelligibles : de là vient aussi que la plupart du monde se persuade qu'il n'y a rien qui puisse subsister sans corps, et même qu'il n'y a point de corps qui ne soit sensible. Et d'autant que ce ne sont point nos sens qui nous font découvrir la nature de quoi que ce soit, mais seulement notre raison lorsqu'elle y intervient, on ne doit pas trouver étrange que la plupart des hommes n'aperçoivent les choses que fort confusément, vu qu'il n'y en a que très peu qui s'étudient à la bien conduire.

74. *La quatrième, que nous attachons nos pensées à des paroles qui ne les expriment pas exactement.*

Au reste, parce que nous attachons nos conceptions à certaines paroles afin de les exprimer de bouche, et que nous nous souvenons plutôt des paroles que des choses, à peine saurions-nous concevoir aucune chose si distinctement que nous séparions entièrement ce que nous concevons d'avec les paroles qui avaient été choisies pour l'exprimer. Ainsi tous les hommes donnent leur attention aux paroles plutôt qu'aux choses; ce qui est cause qu'ils donnent bien souvent leur consentement à des termes qu'ils n'entendent point, et qu'ils ne se soucient pas beaucoup d'entendre, ou parce qu'ils croient les avoir autrefois entendus, ou parce qu'il leur a semblé que ceux qui les leur ont enseignés en connaissaient la signification, et qu'ils l'ont apprise par même moyen. Et, bien que ce ne soit pas ici l'endroit où je dois traiter de cette matière, à cause que je n'ai pas enseigné quelle est la nature du corps humain et que je n'ai pas même encore prouvé qu'il y ait au monde aucun corps, il me semble néanmoins que ce que j'en ai dit nous pourra servir à discerner celles de nos conceptions qui sont claires et distinctes d'avec celles où il y a de la confusion et qui nous sont inconnues.

75. *Abrégé de tout ce qu'on doit observer pour bien philosopher.*

C'est pourquoi, si nous désirons vaquer sérieusement à l'étude de la philosophie et à la recherche de toutes les vérités que nous sommes capables de connaître, nous nous délivrerons en premier lieu de nos préjugés, et ferons état de rejeter toutes les opinions que nous avons autrefois reçues en notre créance, jusques à ce que nous les ayons derechef examinées; nous ferons ensuite une revue sur les notions qui sont en nous, et ne recevrons pour vraies que celles qui se présenteront clairement et distinctement à notre entendement. Par ce moyen, nous connaîtrons premièrement que nous sommes, en tant que notre nature est de penser, et qu'il y a un Dieu duquel nous dépendons; et après avoir considéré ses attributs nous pourrons rechercher la vérité de toutes les autres choses, parce qu'il en eﬅ la cause. Outre les notions que nous avons de Dieu et de notre pensée, nous trouverons aussi en nous la connaissance de beaucoup de propositions qui sont perpétuellement vraies, comme par exemple, que le néant ne peut être l'auteur de quoi que ce soit, etc. Nous y trouverons l'idée d'une nature corporelle ou étendue, qui peut être mue, divisée, etc., et des sentiments qui causent en nous certaines dispositions, comme la douleur, les couleurs, etc.; et, comparant ce que nous venons d'apprendre en examinant ces choses par ordre, avec ce que nous en pensions avant que de les avoir ainsi examinées, nous nous accoutumerons à former des conceptions claires et diﬅinctes sur tout ce que nous sommes capables de connaître. C'eﬅ en ce peu de préceptes que je pense avoir compris tous les principes plus généraux et plus importants de la connaissance humaine.

76. *Que nous devons préférer l'autorité divine à nos raisonnements, et ne rien croire de ce qui n'eﬅ pas révélé que nous ne le connaissions fort clairement.*

Surtout, nous tiendrons pour règle infaillible que ce que Dieu a révélé eﬅ incomparablement plus certain que le reﬅe, afin que, si quelque étincelle de raison semblait nous suggérer quelque chose au contraire, nous soyons toujours prêts à soumettre notre jugement à ce qui vient de sa part; mais pour ce qui eﬅ des vérités dont la théologie ne se mêle point, il n'y aurait pas d'apparence qu'un homme qui veut être philosophe reçût pour vrai ce qu'il n'a point connu être tel, et qu'il aimât mieux se fier à ses sens, c'eﬅ-à-dire aux jugements inconsidérés de son enfance, qu'à sa raison, lorsqu'il eﬅ en état de la bien conduire.

SECONDE PARTIE

DES PRINCIPES DES CHOSES MATÉRIELLES

1. *Quelles raisons nous font savoir certainement qu'il y a des corps.*

Bien que nous soyons suffisamment persuadés qu'il y a des corps qui sont véritablement dans le monde, néanmoins, comme nous en avons douté ci-devant, et que nous avons mis cela au nombre des jugements que nous avons faits dès le commencement de notre vie, il eſt besoin que nous recherchions ici des raisons qui nous en fassent avoir une science certaine. Premièrement, nous expérimentons en nous-mêmes que tout ce que nous sentons vient de quelque autre chose que de notre pensée; parce qu'il n'eſt pas en notre pouvoir de faire que nous ayons un sentiment plutôt qu'un autre, et que cela dépend de cette chose, selon qu'elle touche nos sens. Il eſt vrai que nous pourrions nous enquérir si Dieu, ou quelque autre que lui, ne serait point cette chose; mais, à cause que nous sentons, ou plutôt que nos sens nous excitent souvent à apercevoir clairement et diſtinctement, une matière étendue en longueur, largeur et profondeur, dont les parties ont des figures et des mouvements divers, d'où procèdent les sentiments que nous avons des couleurs, des odeurs, de la douleur, etc., si Dieu présentait à notre âme immédiatement par lui-même l'idée de cette matière étendue, ou seulement s'il permettait qu'elle fût causée en nous par quelque chose qui n'eût point d'extension, de figure, ni de mouvement, nous ne pourrions trouver aucune raison qui nous empêchât de croire qu'il prend plaisir à nous tromper; car nous concevons cette matière comme une chose différente de Dieu et de notre pensée, et il nous semble que l'idée que nous en avons se forme en nous à l'occasion des corps de dehors, auxquels elle eſt entièrement semblable. Or, puisque Dieu ne nous trompe point, parce que cela répugne à sa nature, comme il a été déjà remarqué, nous devons conclure qu'il y a une certaine substance étendue en longueur, largeur et profondeur, qui existe à présent dans le monde avec toutes les propriétés que nous connaissons manifestement lui appartenir. Et cette substance étendue est ce qu'on nomme proprement le corps, ou la substance des choses matérielles.

2. *Comment nous savons aussi que notre âme est jointe à un corps.*

Nous devons conclure aussi qu'un certain corps est plus étroitement uni à notre âme que tous les autres qui sont au monde, parce que nous apercevons clairement que la douleur et plusieurs autres sentiments nous arrivent sans que nous les ayons prévus, et que notre âme, par une connaissance qui lui est naturelle, juge que ces sentiments ne procèdent point d'elle seule, en tant qu'elle est une chose qui pense, mais en tant qu'elle est unie à une chose étendue qui se meut par la disposition de ses organes, qu'on nomme proprement le corps d'un homme. Mais ce n'est pas ici l'endroit où je prétends en traiter particulièrement.

3. *Que nos sens ne nous enseignent pas la nature des choses, mais seulement ce en quoi elles nous sont utiles ou nuisibles.*

Il suffira que nous remarquions seulement que tout ce que nous apercevons par l'entremise de nos sens se rapporte à l'étroite union qu'a l'âme avec le corps, et que nous connaissons ordinairement par leur moyen ce en quoi les corps de dehors nous peuvent profiter ou nuire, mais non pas quelle est leur nature, si ce n'est peut-être rarement et par hasard. Car, après cette réflexion, nous quitterons sans peine tous les préjugés qui ne sont fondés que sur nos sens, et ne nous servirons que de notre entendement, parce que c'est en lui seul que les premières notions ou idées, qui sont comme les semences des vérités que nous sommes capables de connaître, se trouvent naturellement.

4. *Que ce n'est pas la pesanteur, ni la dureté, ni la couleur, etc., qui constitue la nature du corps, mais l'extension seule.*

En ce faisant, nous saurons que la nature de la matière, ou du corps pris en général, ne consiste point en ce qu'il est une chose dure, ou pesante, ou colorée, ou qui touche nos sens de quelque autre façon, mais seulement en ce qu'il eſt une subſtance étendue en longueur, largeur et profondeur. Pour ce qui eſt de la dureté, nous n'en connaissons autre chose, par le moyen de l'attouchement, sinon que les parties des corps durs réſiſtent au mouvement de nos mains lorsqu'elles les rencontrent; mais si, toutes les fois que nous portons nos mains vers quelque part, les corps qui sont en cet endroit se retiraient aussi vite comme elles en approchent, il eſt certain que nous ne sentirions jamais de dureté; et néanmoins nous n'avons aucune raison qui nous puisse faire croire que les corps qui se retireraient de cette sorte perdissent pour cela ce qui les fait corps. D'où il suit que leur nature ne consiſte pas en la dureté que nous sentons quelquefois à leur occasion, ni aussi en la pesanteur, chaleur et autres qualités de ce genre; car si nous examinons quelque corps que ce soit, nous pouvons penser qu'il n'a en soi aucune de ces qualités, et cependant nous connaissons clairement et diſtinctement qu'il a tout ce qui le fait corps, pourvu qu'il ait de l'extension en longueur, largeur et profondeur : d'où il suit aussi que, pour être, il n'a besoin d'elles en aucune façon et que sa nature consiſte en cela seul qu'il eſt une subſtance qui a de l'extension.

5. *Que cette vérité eſt obscurcie par les opinions dont on eſt préoccupé touchant la raréfaction et le vide.*

Pour rendre cette vérité entièrement évidente, il ne reſte ici que deux difficultés à éclaircir. La première consiſte en ce que quelques-uns, voyant proche de nous des corps qui sont quelquefois plus et quelquefois moins raréfiés, ont imaginé qu'un même corps a plus d'extension, lorsqu'il eſt raréfié, que lorsqu'il eſt condensé; il y en a même qui ont subtilisé jusques à vouloir diſtinguer la subſtance d'un corps d'avec sa propre grandeur, et la grandeur même d'avec son extension. L'autre n'eſt fondée que sur une façon de penser qui eſt en usage, à savoir qu'on n'entend pas qu'il y ait un corps, où on dit qu'il n'y a qu'une étendue en longueur, largeur et profondeur, mais seulement un espace, et encore un espace vide, qu'on se persuade aisément n'être rien.

6. *Comment se fait la raréfaction.*

Pour ce qui est de la raréfaction et de la condensation, quiconque voudra examiner ses pensées, et ne rien admettre sur ce sujet que ce dont il aura une idée claire et distincte, ne croira pas qu'elles se fassent autrement que par un changement de figure qui arrive au corps, lequel est raréfié ou condensé : c'est-à-dire que toutes fois et quantes que nous voyons qu'un corps est raréfié, nous devons penser qu'il y a plusieurs intervalles entre ses parties, lesquels sont remplis de quelque autre corps; et que, lorsqu'il est condensé, ces mêmes parties sont plus proches les unes des autres qu'elles n'étaient, soit qu'on ait rendu les intervalles qui étaient entre elles plus petits, ou qu'on les ait entièrement ôtés, auquel cas on ne saurait concevoir qu'un corps puisse être davantage condensé. Et toutefois il ne laisse pas d'avoir tout autant d'extension que lorsque ces mêmes parties, étant éloignées les unes des autres et comme éparses en plusieurs branches, embrassaient un plus grand espace. Car nous ne devons point lui attribuer l'étendue qui est dans les pores ou intervalles que ses parties n'occupent point lorsqu'il est raréfié, mais aux autres corps qui remplissent ces intervalles; tout de même que, voyant une éponge pleine d'eau ou de quelque autre liqueur, nous n'entendons point que chaque partie de cette éponge ait pour cela plus d'étendue, mais seulement qu'il y a des pores ou intervalles entre ses parties, qui sont plus grands, que lorsqu'elle est sèche et plus serrée.

7. *Qu'elle ne peut être intelligiblement expliquée qu'en la façon ici proposée.*

Je ne sais pourquoi, lorsqu'on a voulu expliquer comment un corps est raréfié, on a mieux aimé dire que c'était par l'augmentation de sa quantité, que de se servir de l'exemple de cette éponge. Car bien que nous ne voyions point, lorsque l'air ou l'eau sont raréfiés, les pores qui sont entre les parties de ces corps, ni comment ils sont devenus plus grands, ni même le corps qui les remplit, il est toutefois beaucoup moins raisonnable de feindre je ne sais quoi qui n'est pas intelligible, pour expliquer seulement en apparence, et par des termes qui n'ont aucun sens, la façon dont un corps eſt raréfié, que de conclure, en conséquence de ce qu'il eſt raréfié, qu'il y a des pores ou intervalles entre ses parties qui sont devenus plus grands, et qui sont pleins de quelque autre corps. Et nous ne devons pas faire difficulté de croire que la raréfaction ne se fasse ainsi que je dis, bien que nous n'apercevions par aucun de nos sens le corps qui les remplit, parce qu'il n'y a point de raison qui nous oblige à croire que nous devons apercevoir de nos sens tous les corps qui sont autour de nous, et que nous voyons qu'il eſt très aisé de l'expliquer en cette sorte, et qu'il eſt impossible de la concevoir autrement. Car enfin il y aurait, ce me semble, une contradiction manifeſte qu'une chose fût augmentée d'une grandeur ou d'une extension qu'elle n'avait point, et qu'elle ne fût pas accrue par même moyen d'une nouvelle subſtance étendue ou bien d'un nouveau corps, à cause qu'il n'eſt pas possible de concevoir qu'on puisse ajouter de la grandeur ou de l'extension à une chose par aucun autre moyen qu'en y ajoutant une chose grande et étendue, comme il paraîtra encore plus clairement par ce qui suit.

8. *Que la grandeur ne diffère de ce qui eſt grand, ni le nombre des choses nombrées, que par notre pensée.*

Dont la raison eſt que la grandeur ne diffère de ce qui eſt grand et le nombre de ce qui eſt nombré, que par notre pensée; c'eſt-à-dire qu'encore que nous puissions penser à ce qui eſt de la nature d'une chose étendue qui eſt comprise en un espace de dix pieds, sans prendre garde à cette mesure de dix pieds, à cause que cette chose eſt de même nature en chacune de ses parties comme dans le tout; et que nous puissions penser à un nombre de dix, ou bien à une grandeur continue de dix pieds, sans penser à une telle chose, à cause que l'idée que nous avons du nombre de dix eſt la même, soit que nous considérions un nombre de dix pieds ou quelque autre dizaine; et que nous puissions même concevoir une grandeur continue de dix pieds sans faire réflexion sur telle ou telle chose, bien que nous ne puissions la concevoir sans quelque chose d'étendu; toutefois il eſt évident qu'on ne saurait ôter aucune partie d'une telle grandeur, ou d'une telle extension, qu'on ne retranche par même moyen tout autant de la chose ; et réciproquement, qu'on ne saurait retrancher de la chose, qu'on n'ôte par même moyen tout autant de la grandeur ou de l'extension.

9. *Que la substance corporelle ne peut être clairement conçue sans son extension.*

Si quelques-uns s'expliquent autrement sur ce sujet, je ne pense pourtant pas qu'ils conçoivent autre chose que ce que je viens de dire. Car lorsqu'ils distinguent la substance d'avec l'extension et la grandeur, ou ils n'entendent rien par le mot de substance, ou ils forment seulement en leur esprit une idée confuse de la substance immatérielle, qu'ils attribuent faussement à la substance matérielle, et laissent à l'extension la véritable idée de cette substance matérielle, qu'ils nomment accident, si improprement qu'il est aisé de connaître que leurs paroles n'ont point de rapport avec leurs pensées.

10. *Ce que c'est que l'espace ou le lieu intérieur.*

L'espace, ou le lieu intérieur, et le corps qui est compris en cet espace, ne sont différents aussi que par notre pensée. Car, en effet, la même étendue en longueur, largeur et profondeur, qui constitue l'espace, constitue le corps ; et la différence qui est entre eux ne consiste qu'en ce que nous attribuons au corps une étendue particulière, que nous concevons changer de place avec lui toutes fois et quantes qu'il est transporté, et que nous en attribuons à l'espace une si générale et si vague, qu'après avoir ôté d'un certain espace le corps qui l'occupait, nous ne pensons pas avoir aussi transporté l'étendue de cet espace, à cause qu'il nous semble que la même étendue y demeure toujours, pendant qu'il est de même grandeur, de même figure, et qu'il n'a point changé de situation au regard des corps de dehors par lesquels nous le déterminons.

11. *En quel sens on peut dire qu'il n'est point différent du corps qu'il contient.*

Mais il sera aisé de connaître que la même étendue qui constitue la nature du corps, constitue aussi la nature de l'espace, en sorte qu'ils ne diffèrent entre eux que comme la nature du genre ou de l'espèce diffère de la nature de l'individu, si, pour mieux discerner quelle est la véritable idée que nous avons du corps, nous prenons pour exemple une pierre et en ôtons tout ce que nous saurons ne point appartenir à la nature du corps. Otons-en donc premièrement la dureté, parce que, si on réduisait cette pierre en poudre, elle n'aurait plus de dureté, et ne laisserait pas pour cela d'être un corps; ôtons-en aussi la couleur, parce que nous avons pu voir quelquefois des pierres si transparentes qu'elles n'avaient point de couleur; ôtons-en la pesanteur, parce que nous voyons que le feu, quoiqu'il soit très léger, ne laisse pas d'être un corps; ôtons-en le froid, la chaleur, et toutes les autres qualités de ce genre, parce que nous ne pensons point qu'elles soient dans la pierre, ou bien que cette pierre change de nature parce qu'elle nous semble tantôt chaude et tantôt froide. Après avoir ainsi examiné cette pierre, nous trouverons que la véritable idée que nous en avons consiste en cela seul que nous apercevons distinctement qu'elle est une substance étendue en longueur, largeur et profondeur : or, cela même est compris en l'idée que nous avons de l'espace, non seulement de celui qui est plein de corps, mais encore de celui qu'on appelle vide.

12. *Et en quel sens il est différent.*

Il est vrai qu'il y a de la différence en notre façon de penser; car si on a ôté une pierre de l'espace ou du lieu où elle était, nous entendons qu'on en a ôté l'étendue de cette pierre, parce que nous les jugeons inséparables l'une de l'autre : et toutefois nous pensons que la même étendue du lieu où était cette pierre est demeurée, nonobstant que le lieu qu'elle occupait auparavant ait été rempli de bois, ou d'eau, ou d'air, ou de quelque autre corps, ou que même il paraisse vide, parce que nous prenons l'étendue en général, et qu'il nous semble que la même peut être commune aux pierres, au bois, à l'eau, à l'air, et à tous les autres corps, et aussi au vide, s'il y en a, pourvu qu'elle soit de même grandeur, de même figure qu'auparavant, et qu'elle conserve une même situation à l'égard des corps de dehors qui déterminent cet espace.

13. *Ce que c'eſt que le lieu extérieur.*

Dont la raison eſt que les mots de lieu et d'espace ne signifient rien qui diffère véritablement du corps que nous disons être en quelque lieu, et nous marquent seulement sa grandeur, sa figure, et comment il eſt situé entre les autres corps. Car il faut, pour déterminer cette situation, en remarquer quelques autres que nous considérons comme immobiles; mais, selon que ceux que nous considérons ainsi sont divers, nous pouvons dire qu'une même chose en même temps change de lieu et n'en change point. Par exemple, si nous considérons un homme assis à la poupe d'un vaisseau que le vent emporte hors du port, et ne prenons garde qu'à ce vaisseau, il nous semblera que cet homme ne change point de lieu, parce que nous voyons qu'il demeure toujours en une même situation à l'égard des parties du vaisseau sur lequel il eſt; et si nous prenons garde aux terres voisines, il nous semblera aussi que cet homme change incessamment de lieu, parce qu'il s'éloigne de celles-ci, et qu'il approche de quelques autres; si, outre cela, nous supposons que la terre tourne sur son essieu, et qu'elle fait précisément autant de chemin du couchant au levant comme ce vaisseau en fait du levant au couchant, il nous semblera derechef que celui qui eſt assis à la poupe ne change point de lieu, parce que nous déterminons ce lieu par quelques points immobiles que nous imaginerons être au ciel. Mais si nous pensons qu'on ne saurait rencontrer en tout l'univers aucun point qui soit véritablement immobile (car on connaîtra par ce qui suit que cela peut être démontré), nous conclurons qu'il n'y a point de lieu d'aucune chose au monde qui soit ferme et arrêté, sinon en tant que nous l'arrêtons en notre pensée.

14. *Quelle différence il y a entre le lieu et l'espace.*

Toutefois le lieu et l'espace sont différents en leurs noms, parce que le lieu nous marque plus expressément la situation que la grandeur ou la figure; et qu'au contraire nous pensons plutôt à celles-ci, lorsqu'on nous parle de l'espace. Car nous disons qu'une chose eſt entrée en la place d'une autre, bien qu'elle n'en ait exactement ni la grandeur ni la figure, et n'entendons point qu'elle occupe pour cela le même espace qu'occupait cette autre chose; et lorsque la situation est changée, nous disons que le lieu est aussi changé, quoiqu'il soit de même grandeur et de même figure qu'auparavant. De sorte que, si nous disons qu'une chose est en tel lieu, nous entendons seulement qu'elle est située de telle façon à l'égard de quelques autres choses; mais si nous ajoutons qu'elle occupe un tel espace ou un tel lieu, nous entendons, outre cela, qu'elle est de telle grandeur et de telle figure qu'elle peut les remplir tout justement.

15. *Comment la superficie qui environne un corps peut être prise pour son lieu extérieur.*

Ainsi nous ne distinguons jamais l'espace d'avec l'étendue en longueur, largeur et profondeur; mais nous considérons quelquefois le lieu comme s'il était en la chose qui est placée, et quelquefois aussi comme s'il en était dehors. L'intérieur ne diffère en aucune façon de l'espace; mais nous prenons quelquefois l'extérieur ou pour la superficie qui environne immédiatement la chose qui est placée (et il est à remarquer que, par la superficie, on ne doit entendre aucune partie du corps qui environne, mais seulement l'extrémité qui est entre le corps qui environne et celui qui est environné, qui n'est rien qu'un mode ou une façon), ou bien pour la superficie en général, qui n'est point partie d'un corps plutôt que d'un autre, et qui semble toujours la même, tant qu'elle est de même grandeur et de même figure. Car, encore que nous voyions que le corps qui environne un autre corps, passe ailleurs avec sa superficie, nous n'avons pas coutume de dire que celui qui en était environné ait pour cela changé de place, lorsqu'il demeure en la même situation à l'égard des autres corps que nous considérons comme immobiles. Ainsi nous disons qu'un bateau qui est emporté par le cours d'une rivière, mais qui est repoussé par le vent d'une force si égale qu'il ne change point de situation à l'égard des rivages, demeure en même lieu, bien que nous voyions que toute la superficie qui l'environne change incessamment.

16. *Qu'il ne peut y avoir aucun vide au sens que les philosophes prennent ce mot.*

Pour ce qui eſt du vide, au sens que les philosophes prennent ce mot, à savoir, pour un espace où il n'y a point de subſtance, il eſt évident qu'il n'y a point d'espace en l'univers qui soit tel, parce que l'extension de l'espace ou du lieu intérieur n'eſt point différente de l'extension du corps. Et comme, de cela seul qu'un corps eſt étendu en longueur, largeur et profondeur, nous avons raison de conclure qu'il eſt une subſtance, à cause que nous concevons qu'il n'eſt pas possible que ce qui n'eſt rien ait de l'extension, nous devons conclure de même de l'espace qu'on suppose vide : à savoir, que, puisqu'il y a en lui de l'extension, il y a nécessairement aussi de la subſtance.

17. *Que le mot de vide pris selon l'usage ordinaire n'exclut point toute sorte de corps.*

Mais lorsque nous prenons ce mot selon l'usage ordinaire, et que nous disons qu'un lieu eſt vide, il eſt constant que nous ne voulons pas dire qu'il n'y a rien du tout en ce lieu ou en cet espace, mais seulement qu'il n'y a rien de ce que nous présumons y devoir être. Ainsi, parce qu'une cruche eſt faite pour tenir de l'eau, nous disons qu'elle eſt vide lorsqu'elle ne contient que de l'air; et s'il n'y a point de poisson dans un vivier, nous disons qu'il n'y a rien dedans, quoiqu'il soit plein d'eau; ainsi nous disons qu'un vaisseau eſt vide, lorsque au lieu des marchandises dont on le charge d'ordinaire, on ne l'a chargé que de sable, afin qu'il pût résiſter à l'impétuosité du vent : et c'eſt en ce même sens que nous disons qu'un espace eſt vide, lorsqu'il ne contient rien qui nous soit sensible, encore qu'il contienne une matière créée et une subſtance étendue. Car nous ne considérons ordinairement les corps qui sont proches de nous, qu'en tant qu'ils causent dans les organes de nos sens des impressions si fortes que nous pouvons les sentir. Et si, au lieu de nous souvenir de ce que nous devons entendre par ces mots de vide ou de rien, nous pensions par après qu'un tel espace, où nos sens ne nous font rien apercevoir, ne contient aucune chose créée, nous tomberions en une erreur aussi grossière que si, à cause qu'on dit ordinairement qu'une cruche eſt vide, dans laquelle il n'y a que de l'air, nous jugions que l'air qu'elle contient n'eſt pas une chose ou une subſtance.

18. *Comment on peut corriger la fausse opinion dont on eſt préoccupé touchant le vide.*

Nous avons presque tous été préoccupés de cette erreur dès le commencement de notre vie, parce que, voyant qu'il n'y a point de liaison nécessaire entre le vase et le corps qu'il contient, il nous a semblé que Dieu pourrait ôter tout le corps qui eſt contenu dans un vase, et conserver ce vase en son même état, sans qu'il fût besoin qu'aucun autre corps succédât en la place de celui qu'il aurait ôté. Mais, afin que nous puissions maintenant corriger une si fausse opinion, nous remarquerons qu'il n'y a point de liaison nécessaire entre le vase et un tel corps qui le remplit, mais qu'elle eſt si absolument nécessaire entre la figure concave qu'a ce vase et l'étendue qui doit être comprise en cette concavité, qu'il n'y a pas plus de répugnance à concevoir une montagne sans vallée, qu'une telle concavité sans l'extension qu'elle contient, et cette extension sans quelque chose d'étendu, à cause que le néant, comme il a été déjà remarqué plusieurs fois, ne peut avoir d'extension. C'eſt pourquoi, si on nous demande ce qui arriverait, en cas que Dieu ôtât tout le corps qui eſt dans un vase, sans qu'il permît qu'il en rentrât d'autre, nous répondrons que les côtés de ce vase se trouveraient si proches qu'ils se toucheraient immédiatement. Car il faut que deux corps s'entre-touchent, lorsqu'il n'y a rien entre eux deux, parce qu'il y aurait de la contradiction que ces deux corps fussent éloignés, c'eſt-à-dire qu'il y eût de la diſtance de l'un à l'autre, et que néanmoins cette diſtance ne fût rien : car la diſtance eſt une propriété de l'étendue, qui ne saurait subsiſter sans quelque chose d'étendu.

19. *Que cela confirme ce qui a été dit de la raréfaction.*

Après qu'on a remarqué que la nature de la subſtance matérielle ou du corps ne consiſte qu'en ce qu'il eſt quelque chose d'étendu, et que son extension ne diffère point de celle qu'on attribue à l'espace vide, il eſt aisé de connaître qu'il n'eſt pas possible qu'en quelque façon que ce soit aucune de ses parties occupe plus d'espace une fois que l'autre, et puisse être autrement raréfiée qu'en la façon qui a été exposée ci-dessus; ou bien qu'il y ait plus de matière ou de corps dans un vase, lorsqu'il eſt plein d'or, ou de plomb, ou de quelque autre corps pesant et dur, que lorsqu'il ne contient que de l'air et qu'il paraît vide : car la grandeur des parties dont un corps eſt composé ne dépend point de la pesanteur ou de la dureté que nous sentons à son occasion, comme il a été aussi remarqué, mais seulement de l'étendue, qui eſt toujours égale dans un même vase.

20. *Qu'il ne peut y avoir aucuns atomes ou petits corps indivisibles.*

Il eſt aussi très aisé de connaître qu'il ne peut y avoir des atomes, ou des parties de corps qui soient indivisibles, ainsi que quelques philosophes ont imaginé. D'autant que, si petites qu'on suppose ces parties, néanmoins, parce qu'il faut qu'elles soient étendues, nous concevons qu'il n'y en a pas une entre elles qui ne puisse être encore divisée en deux ou plus grand nombre d'autres plus petites, d'où il suit qu'elle eſt divisible. Car, de ce que nous connaissons clairement et diſtinctement qu'une chose peut être divisée, nous devons juger qu'elle eſt divisible, parce que, si nous en jugions autrement, le jugement que nous ferions de cette chose serait contraire à la connaissance que nous en avons. Et quand même nous supposerions que Dieu eût réduit quelque partie de la matière à une petitesse si extrême, qu'elle ne pût être divisée en d'autres plus petites, nous ne pourrions conclure pour cela qu'elle serait indivisible, parce que, quand Dieu aurait rendu cette partie si petite qu'il ne serait pas au pouvoir d'aucune créature de la diviser, il n'a pu se priver soi-même du pouvoir qu'il avait de la diviser, à cause qu'il n'eſt pas possible qu'il diminue sa toute-puissance, comme il a été déjà remarqué. C'eſt pourquoi nous dirons que la plus petite partie étendue qui puisse être au monde, peut toujours être divisée, parce qu'elle eſt telle de sa nature.

21. *Que l'étendue du monde eſt indéfinie.*

Nous saurons aussi que ce monde, ou la matière étendue qui compose l'univers, n'a point de bornes, parce que, quelque part où nous en veuillons feindre, nous pouvons encore imaginer au-delà des espaces indéfiniment étendus, que nous n'imaginons pas seulement, mais que nous concevons être tels en effet que nous les imaginons; de sorte qu'ils contiennent un corps indéfiniment étendu, car l'idée de l'étendue que nous concevons en quelque espace que ce soit, eſt la vraie idée que nous devons avoir du corps.

22. *Que la terre et les cieux ne sont faits que d'une même matière, et qu'il ne peut y avoir plusieurs mondes.*

Enfin il n'eſt pas malaisé d'inférer de tout ceci, que la terre et les cieux sont faits d'une même matière; et que, quand même il y aurait une infinité de mondes, ils ne seraient faits que de cette matière; d'où il suit qu'il ne peut y en avoir plusieurs, à cause que nous concevons manifeſtement que la matière, dont la nature consiſte en cela seul qu'elle eſt une chose étendue, occupe maintenant tous les espaces imaginables où ces autres mondes pourraient être, et que nous ne saurions découvrir en nous l'idée d'aucune autre matière.

23. *Que toutes les variétés qui sont en la matière dépendent du mouvement de ses parties.*

Il n'y a donc qu'une même matière en tout l'univers, et nous la connaissons par cela seul qu'elle eſt étendue; pour ce que toutes les propriétés que nous apercevons diſtinctement en elle, se rapportent à ce qu'elle peut être divisée et mue selon ses parties, et qu'elle peut recevoir toutes les diverses dispositions que nous remarquons pouvoir arriver par le mouvement de ses parties. Car, encore que nous puissions feindre, de la pensée, des divisions en cette matière, néanmoins il eſt conſtant que notre pensée n'a pas le pouvoir d'y rien changer, et que toute la diversité des formes qui s'y rencontrent dépend du mouvement local. Ce que les philosophes ont sans doute remarqué, d'autant qu'ils ont dit, en beaucoup d'endroits, que la nature eſt le principe du mouvement et du repos, et qu'ils entendaient, par la nature, ce qui fait que les corps se disposent ainsi que nous voyons par expérience.

24. *Ce que c'eſt que le mouvement pris selon l'usage commun.*

Or le mouvement (à savoir celui qui se fait d'un lieu en un autre, car je ne conçois que celui-là, et ne pense pas aussi qu'il en faille supposer d'autre en la nature), le mouvement donc, selon qu'on le prend d'ordinaire, n'eſt autre chose que l'action par laquelle un corps passe d'un lieu en un autre. Et tout ainsi que nous avons remarqué ci-dessus, qu'une même chose en même temps change de lieu et n'en change point, de même nous pouvons dire qu'en même temps elle se meut et ne se meut point. Car celui, par exemple, qui eſt assis à la poupe d'un vaisseau que le vent fait aller, croit se mouvoir, quand il ne prend garde qu'au rivage duquel il eſt parti et le considère comme immobile, et ne croit pas se mouvoir, quand il ne prend garde qu'au vaisseau sur lequel il eſt, parce qu'il ne change point de situation au regard de ses parties. Toutefois, à cause que nous sommes accoutumés de penser qu'il n'y a point de mouvement sans action, nous dirons que celui qui eſt ainsi assis, eſt en repos, puisqu'il ne sent point d'action en soi, et que cela eſt en usage.

25. *Ce que c'eſt que le mouvement proprement dit.*

Mais si, au lieu de nous arrêter à ce qui n'a point d'autre fondement que l'usage ordinaire, nous désirons savoir ce que c'eſt que le mouvement selon la vérité, nous dirons, afin de lui attribuer une nature qui soit déterminée, qu'il eſt le transport d'une partie de la matière, ou d'un corps, du voisinage de ceux qui le touchent immédiatement, et que nous considérons comme en repos dans le voisinage de quelques autres. Par un corps, ou bien par une partie de la matière, j'entends tout ce qui eſt transporté ensemble, quoiqu'il soit peut-être composé de plusieurs parties qui emploient cependant leur agitation à faire d'autres mouvements. Et je dis qu'il eſt le transport et non pas la force ou l'action qui transporte, afin de montrer que le mouvement est toujours dans le mobile, et non pas en celui qui meut; car il me semble qu'on n'a pas coutume de distinguer ces deux choses assez soigneusement. De plus, j'entends qu'il est une propriété du mobile, et non pas une substance : de même que la figure est une propriété de la chose qui est figurée, et le repos, de la chose qui est en repos.

26. *Qu'il n'est pas requis plus d'action pour le mouvement que pour le repos.*

Et d'autant que nous nous trompons ordinairement, en ce que nous pensons qu'il faut plus d'action pour le mouvement que pour le repos, nous remarquerons ici que nous sommes tombés en cette erreur dès le commencement de notre vie, parce que nous remuons ordinairement notre corps selon notre volonté, dont nous avons une connaissance intérieure; et qu'il est en repos, de cela seul qu'il est attaché à la terre par la pesanteur, dont nous ne sentons point la force. Et comme cette pesanteur, et plusieurs autres causes que nous n'avons pas coutume d'apercevoir, résistent au mouvement de nos membres, et font que nous nous lassons, il nous a semblé qu'il fallait une force plus grande et plus d'action pour produire un mouvement que pour l'arrêter, à cause que nous avons pris l'action pour l'effort qu'il faut que nous fassions, afin de mouvoir nos membres et les autres corps par leur entremise. Mais nous n'aurons point de peine à nous délivrer de ce faux préjugé, si nous remarquons que nous ne faisons pas seulement quelque effort pour mouvoir les corps qui sont proches de nous, mais que nous en faisons aussi pour arrêter leurs mouvements, lorsqu'ils ne sont point amortis par quelque autre cause. De sorte que nous n'employons pas plus d'action, pour faire aller, par exemple, un bateau qui est en repos dans une eau calme et qui n'a point de cours, que pour l'arrêter tout à coup pendant qu'il se meut. Et si l'expérience nous fait voir en ce cas qu'il en faut quelque peu moins pour l'arrêter que pour le faire aller, c'est à cause que la pesanteur de l'eau qu'il soulève lorsqu'il se meut, et sa lenteur[1] (car je la sup-

1. C'est-à-dire sa viscosité. Traduction du latin *lentor*.

pose calme et comme dormante) diminuent peu à peu son mouvement.

27. *Que le mouvement et le repos ne sont rien que deux diverses façons dans le corps où ils se trouvent.*

Mais parce qu'il ne s'agit pas ici de l'action qui est en celui qui meut ou qui arrête le mouvement, et que nous considérons principalement le transport, et la cessation du transport, ou le repos, il est évident que ce transport n'est rien hors du corps qui est mû; mais que seulement un corps est autrement disposé, lorsqu'il est transporté, que lorsqu'il ne l'est pas; de sorte que le mouvement et le repos ne sont en lui que deux diverses façons.

28. *Que le mouvement en sa propre signification ne se rapporte qu'aux corps qui touchent celui qu'on dit se mouvoir.*

J'ai aussi ajouté que le transport du corps se fait du voisinage de ceux qu'il touche, dans le voisinage de quelques autres, et non pas d'un lieu en un autre, parce que le lieu peut être pris en plusieurs façons, qui dépendent de notre pensée, comme il a été remarqué ci-dessus. Mais quand nous prenons le mouvement pour le transport d'un corps qui quitte le voisinage de ceux qu'il touche, il est certain que nous ne saurions attribuer à un même mobile plus d'un mouvement, à cause qu'il n'y a qu'une certaine quantité de corps qui le puissent toucher en même temps.

29. *Et même qu'il ne se rapporte qu'à ceux de ces corps que nous considérons comme en repos.*

Enfin, j'ai dit que le transport ne se fait pas du voisinage de toutes sortes de corps, mais seulement de ceux que nous considérons comme en repos. Car il est réciproque; et nous ne saurions concevoir que le corps AB soit transporté du voisinage du corps CD, que nous ne sachions aussi que le corps CD est transporté du voisinage du corps AB, et qu'il faut tout autant d'action pour l'un que pour l'autre. Tellement que, si nous voulons attribuer au mouvement une nature qui puisse être considérée toute seule, et sans qu'il soit besoin de la rapporter à quelque autre chose, lorsque nous verrons que deux corps qui se touchent immédiatement seront transportés, l'un d'un côté et l'autre d'un autre, et seront réciproquement séparés, nous ne ferons point difficulté de dire qu'il y a tout autant de mouvement en l'un comme en l'autre. J'avoue qu'en cela nous nous éloignerons beaucoup de la façon de parler qui est en usage : car, comme nous sommes sur la terre, et que nous pensons qu'elle est en repos, bien que nous voyions que quelques-unes de ses parties, qui touchent d'autres corps plus petits, sont transportées du voisinage de ces corps, nous n'entendons pas pour cela qu'elle soit mue.

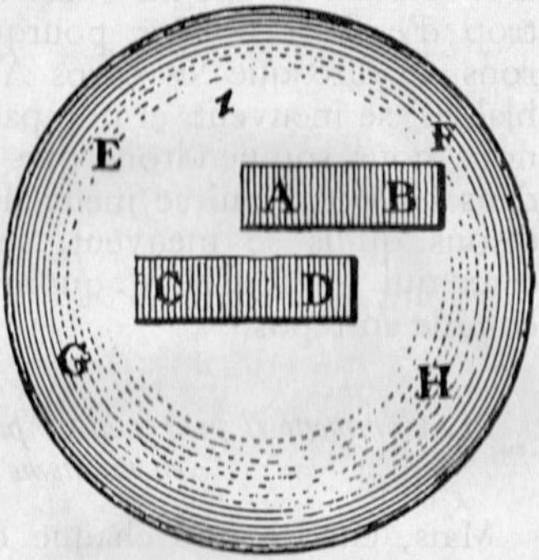

30. *D'où vient que le mouvement qui sépare deux corps qui se touchent, est plutôt attribué à l'un qu'à l'autre.*

Parce que nous pensons qu'un corps ne se meut point, s'il ne se meut tout entier, et que nous ne saurions nous persuader que la terre se meuve tout entière, de cela seul que quelques-unes de ses parties sont transportées du voisinage de quelques autres corps plus petits qui les touchent; dont la raison est que nous remarquons souvent auprès de nous plusieurs tels transports qui sont contraires les uns aux autres; car si nous supposons, par exemple, que le corps EFGH soit la terre, et qu'en même temps que le corps AB est transporté de E vers F, le corps CD soit transporté de H vers G, bien que nous sachions que les parties de la terre qui touchent le corps AB sont transportées de B vers A, et que l'action qui sert à ce transport n'est point d'autre nature, ni moindre, dans les parties de la terre, que dans celles du corps AB, nous ne dirons pas que la terre se meuve de B vers A, ou bien de l'occident vers l'orient, à cause que, celles de ses parties qui touchent le corps CD étant transportées en même sorte de C vers D, il faudrait dire aussi qu'elle se meut vers le côté opposé, à savoir du levant au couchant, et il y aurait en cela trop d'embarras. C'est pourquoi nous nous contenterons de dire que les corps AB et CD, et autres semblables, se meuvent, et non pas la terre. Mais cependant nous nous souviendrons que tout ce qu'il y a de réel dans les corps qui se meuvent, en vertu de quoi nous disons qu'ils se meuvent, se trouve pareillement en ceux qui les touchent, quoique nous les considérions comme en repos.

31. *Comment il peut y avoir plusieurs divers mouvements en un même corps.*

Mais, encore que chaque corps en particulier n'ait qu'un seul mouvement qui lui est propre, à cause qu'il n'y a qu'une certaine quantité de corps qui le touchent et qui soient en repos à son égard, toutefois il peut participer à une infinité d'autres mouvements, en tant qu'il fait partie de quelques autres corps qui se meuvent diversement. Par exemple, si un marinier, se promenant dans son vaisseau, porte sur soi une montre, bien que les roues de sa montre n'aient qu'un mouvement unique qui leur est propre, il est certain qu'elles participent aussi à celui du marinier qui se promène, parce qu'elles composent avec lui un corps qui est transporté tout ensemble; il est certain qu'elles participent aussi à celui du vaisseau, et même à celui de la mer, parce qu'elles suivent son cours; et à celui de la terre, si on suppose que la terre tourne sur son essieu, parce qu'elles composent un corps avec elle. Et bien qu'il soit vrai que tous ces mouvements sont dans les roues de cette montre, néanmoins, parce que nous n'en concevons pas ordinairement un si grand nombre à la fois, et que même il n'est pas en notre pouvoir de connaître tous ceux auxquels elles participent, il suffira que nous considérions en chaque corps celui qui est unique, et duquel nous pouvons avoir une connaissance certaine.

32. *Comment le mouvement unique proprement dit, qui est unique en chaque corps, peut aussi être pris pour plusieurs.*

Nous pouvons même considérer ce mouvement unique qui est proprement attribué à chaque corps, comme s'il était composé de plusieurs autres mouvements : tout ainsi que nous en distinguons deux dans les roues d'un carrosse, à savoir l'un circulaire, qui se fait autour de leur essieu, et l'autre droit, qui laisse une trace le long du chemin qu'elles parcourent. Toutefois il est évident que ces deux mouvements ne diffèrent pas, en effet, l'un de l'autre, parce que chaque point de ces roues, et de tout autre corps qui se meut, ne décrit jamais plus d'une seule ligne. Et n'importe que cette ligne soit souvent tortue, en sorte qu'elle semble avoir été produite par plusieurs mouvements divers; car on peut imaginer que quelque ligne que ce soit, même la droite, qui est la plus simple de toutes, a été décrite par une infinité de tels mouvements. Par exemple, si, en même temps que la ligne AB tombe sur CD, on fait avancer son point A vers B, la ligne AD, qui sera décrite par le point A, ne dépendra pas moins des deux mouvements de A vers B et de AB sur CD, qui sont droits, que la ligne courbe, qui est décrite par chaque point de la roue, dépend du mouvement droit et du circulaire. Et bien qu'il soit utile de distinguer quelquefois un mouvement en plusieurs parties, afin d'en avoir une connaissance plus distincte, néanmoins absolument parlant, nous n'en devons jamais compter plus d'un en chaque corps.

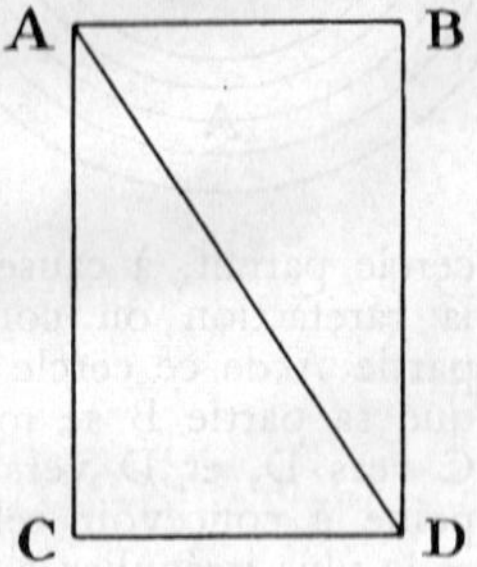

33. *Comment, en chaque mouvement, il doit y avoir un cercle, ou anneau, de corps qui se meuvent ensemble.*

Après ce qui a été démontré ci-dessus, à savoir, que tous les lieux sont pleins de corps, et que chaque partie de la matière eſt tellement proportionnée à la grandeur du lieu qu'elle occupe, qu'il n'eſt pas possible qu'elle en remplisse un plus grand, ni qu'elle se resserre en un moindre, ni qu'aucun autre corps y trouve place pendant qu'elle y eſt, nous devons conclure qu'il faut nécessairement qu'il y ait toujours tout un cercle de matière ou anneau de corps qui se meuvent ensemble en même temps ; en sorte que, quand un corps quitte sa place à quelque autre qui le chasse, il entre en celle d'un autre, et cet autre en celle d'un autre, et ainsi de suite jusques au dernier, qui occupe au même inſtant le lieu délaissé par le premier. Nous concevons cela sans peine en un

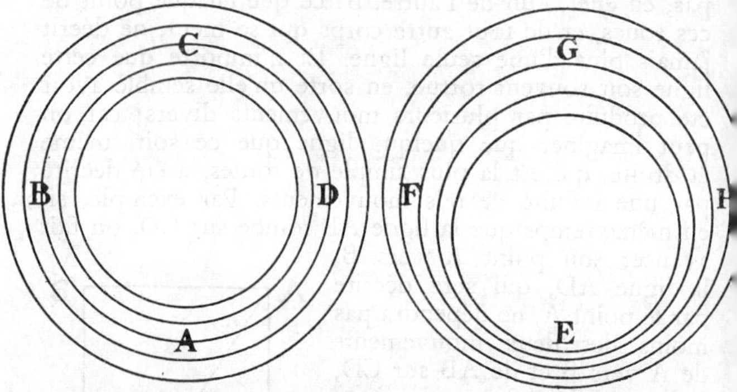

cercle parfait, à cause que, sans recourir au vide et à la raréfaction ou condensation, nous voyons que la partie A de ce cercle peut se mouvoir vers B, pourvu que sa partie B se meuve en même temps vers C, et C vers D, et D vers A. Mais on n'aura pas plus de peine à concevoir cela même en un cercle imparfait, et le plus irrégulier qu'on saurait imaginer, si on prend garde à la façon dont toutes les inégalités des lieux peuvent être compensées par d'autres inégalités qui se trouvent dans le mouvement des parties. En sorte que toute la matière qui eſt comprise en l'espace EF GH, peut se mouvoir circulairement, et sa partie qui eſt vers E, passer vers G, et celle qui eſt vers G, passer en même temps vers E, sans qu'il faille supposer de condensation ou de vide, pourvu que, comme on suppose l'espace G quatre fois plus grand que l'espace E, et deux fois plus grand que les espaces F et H, on suppose aussi que son mouvement eſt quatre fois plus vite vers E que vers G et deux fois plus que vers F ou vers H, et qu'en tous les endroits de ce cercle la vitesse du mouvement compense la petitesse du lieu. Car il eſt aisé de connaître en cette façon qu'en chaque espace de temps qu'on voudra déterminer, il passera tout autant de matière dans ce cercle par un endroit que par l'autre.

34. *Qu'il suit de là que la matière se divise en des parties indéfinies et innombrables.*

Toutefois il faut avouer qu'il y a quelque chose en ce mouvement que notre âme conçoit être vrai, mais que néanmoins elle ne saurait comprendre : à savoir, une division de quelques parties de la matière jusques à l'infini, ou bien une division indéfinie, et qui se fait en tant de parties, que nous n'en saurions déterminer de la pensée aucune si petite, que nous ne concevions qu'elle eſt divisée en effet en d'autres plus petites. Car il n'eſt pas possible que la matière qui remplit maintenant l'espace G, remplisse successivement tous les espaces qui sont entre G et E, plus petits les uns que les autres par des degrés qui sont innombrables, si quelqu'une de ses parties ne change sa figure, et ne se divise ainsi qu'il faut pour emplir tout juſtement les grandeurs de ces espaces qui sont différentes les unes des autres et innombrables. Mais, afin que cela soit, il faut que toutes les petites parcelles auxquelles on peut imaginer qu'une telle partie eſt divisée, lesquelles véritablement sont innombrables, s'éloignent quelque peu les unes des autres; car, si petit que soit cet éloignement, il ne laisse pas d'être une vraie division.

35. *Que nous ne devons point douter que cette division ne se fasse, encore que nous ne la puissions comprendre.*

Il faut remarquer que je ne parle pas de toute la matière, mais seulement de quelqu'une de ses parties. Car encore que nous supposions qu'il y a deux ou trois parties en l'espace G, de la grandeur de l'espace E, et qu'il y en a d'autres plus petites en plus grand nombre, qui demeurent indivises, nous concevons néanmoins qu'elles peuvent se mouvoir toutes circulairement vers E, pourvu qu'il y en ait d'autres mêlées parmi, qui changent leurs figures en tant de façons, qu'étant jointes à celles qui ne peuvent changer les leurs si facilement, mais qui vont plus ou moins vite à raison du lieu qu'elles doivent occuper, elles puissent emplir tous les angles et les petits recoins, où ces autres pour être trop grandes ne sauraient entrer. Et bien que nous n'entendions pas comment se fait cette division indéfinie, nous ne devons point douter qu'elle ne se fasse, parce que nous apercevons qu'elle suit nécessairement de la nature de la matière, dont nous avons déjà une connaissance très distincte, et que nous apercevons aussi que cette vérité est du nombre de celles que nous ne saurions comprendre, à cause que notre pensée est finie.

36. *Que Dieu est la première cause du mouvement, et qu'il en conserve toujours une égale quantité en l'univers.*

Après avoir examiné la nature du mouvement, il faut que nous en considérions la cause, et parce qu'elle peut être prise en deux façons, nous commencerons par la première et plus universelle, qui produit généralement tous les mouvements qui sont au monde; nous considérerons par après l'autre, qui fait que chaque partie de la matière en acquiert, qu'elle n'avait pas auparavant. Pour ce qui est de la première il me semble qu'il est évident qu'il n'y en a point d'autre que Dieu, qui de sa toute-puissance a créé la matière avec le mouvement et le repos, et qui conserve maintenant en l'univers, par son concours ordinaire, autant de mouvement et de repos qu'il y en a mis en le créant. Car, bien que le mouvement ne soit qu'une façon en la matière qui est mue, elle en a pourtant une certaine quantité qui n'augmente et ne diminue jamais, encore qu'il y en ait tantôt plus et tantôt moins en quelques-unes de ses parties. C'est pourquoi, lorsqu'une partie de la matière se meut deux fois plus vite qu'une autre, et que cette autre est deux fois plus grande que la première, nous devons penser qu'il y a tout autant de mouvement dans la plus petite que dans la plus grande; et que toutes fois et quantes que le mouvement d'une partie diminue, celui de quelque autre partie augmente à proportion.

Nous connaissons aussi que c'est une perfection en Dieu, non seulement de ce qu'il est immuable en sa nature, mais encore de ce qu'il agit d'une façon qu'il ne change jamais : tellement qu'outre les changements que nous voyons dans le monde, et ceux que nous croyons, parce que Dieu les a révélés, et que nous savons arriver ou être arrivés en la nature sans aucun changement de la part du Créateur, nous ne devons point en supposer d'autres en ses ouvrages, de peur de lui attribuer de l'inconstance. D'où il suit que, puisqu'il a mû en plusieurs façons différentes les parties de la matière, lorsqu'il les a créées, et qu'il les maintient toutes en la même façon et avec les mêmes lois qu'il leur a fait observer en leur création, il conserve incessamment en cette matière une égale quantité de mouvement.

37. *La première loi de la nature : que chaque chose demeure en l'état qu'elle est, pendant que rien ne le change.*

De cela aussi que Dieu n'est point sujet à changer, et qu'il agit toujours de même sorte, nous pouvons parvenir à la connaissance de certaines règles, que je nomme les lois de la nature, et qui sont les causes secondes des divers mouvements que nous remarquons en tous les corps; ce qui les rend ici fort considérables. La première est que chaque chose en particulier continue d'être en même état autant qu'il se peut, et que jamais elle ne le change que par la rencontre des autres. Ainsi nous voyons tous les jours, lorsque quelque partie de cette matière est carrée, qu'elle demeure toujours carrée, s'il n'arrive rien d'ailleurs qui change sa figure; et que, si elle est en repos, elle ne commence point à se mouvoir de soi-même. Mais lorsqu'elle a commencé une fois de se mouvoir, nous n'avons aussi aucune raison de penser qu'elle doive jamais cesser de se mouvoir de même force, pendant qu'elle ne rencontre rien qui retarde ou qui arrête son mouvement. De façon que, si un corps a commencé une fois de se mouvoir, nous devons conclure qu'il continue par après de se mouvoir, et que jamais il ne s'arrête de soi-même. Mais, parce que nous habitons une terre dont la constitution est telle que tous les mouvements qui se font auprès de nous cessent en peu de temps, et souvent par des raisons qui sont cachées à nos sens, nous avons jugé, dès le commencement de notre vie, que les mouvements qui cessent ainsi par des raisons qui nous sont inconnues, s'arrêtent d'eux-mêmes, et nous avons encore à présent beaucoup d'inclination à croire le semblable de tous les autres qui sont au monde, à savoir, que naturellement ils cessent d'eux-mêmes, et qu'ils tendent au repos, parce qu'il nous semble que nous en avons fait l'expérience en plusieurs rencontres. Et toutefois ce n'est qu'un faux préjugé, qui répugne manifestement aux lois de la nature; car le repos est contraire au mouvement, et rien ne se porte par l'instinct de sa nature à son contraire, ou à la destruction de soi-même.

38. *Pourquoi les corps poussés de la main continuent de se mouvoir après qu'elle les a quittés.*

Nous voyons tous les jours la preuve de cette première règle dans les choses qu'on a poussées au loin. Car il n'y a point d'autre raison pourquoi elles continuent de se mouvoir, lorsqu'elles sont hors de la main de celui qui les a poussées, sinon que, suivant les lois de la nature, tous les corps qui se meuvent continuent de se mouvoir jusques à ce que leur mouvement soit arrêté par quelques autres corps. Et il est évident que l'air et les autres corps liquides, entre lesquels nous voyons ces choses se mouvoir, diminuent peu à peu la vitesse de leur mouvement; car nous pouvons même sentir de la main la résistance de l'air, si nous secouons assez vite un éventail qui soit étendu, et il n'y a point de corps fluide sur la terre, qui ne résiste, encore plus manifestement que l'air, aux mouvements des autres corps.

39. *La seconde loi de la nature : que tout corps qui se meut, tend à continuer son mouvement en ligne droite.*

La seconde loi que je remarque en la nature, est que chaque partie de la matière, en son particulier, ne tend jamais à continuer de se mouvoir suivant des lignes courbes, mais suivant des lignes droites, bien que plusieurs de ces parties soient souvent contraintes de se détourner, parce qu'elles en rencontrent d'autres en leur chemin, et que, lorsqu'un corps se meut, il se fait toujours un cercle ou anneau de toute la matière qui eſt mue ensemble. Cette règle, comme la précédente, dépend de ce que Dieu eſt immuable, et qu'il conserve le mouvement en la matière par une opération très simple; car il ne le conserve pas comme il a pu être quelque temps auparavant, mais comme il eſt précisément au même

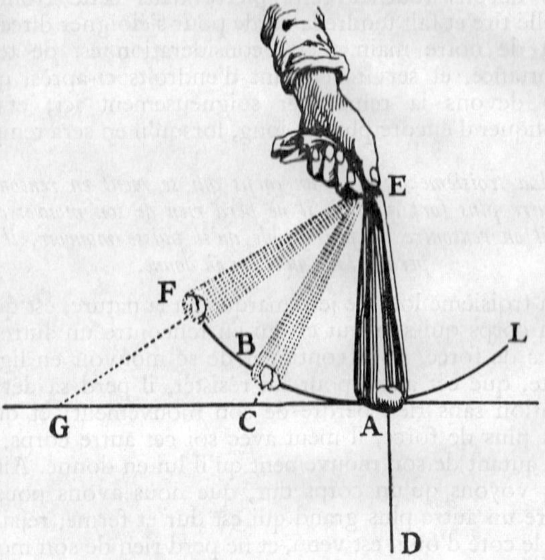

inſtant qu'il le conserve. Et bien qu'il soit vrai que le mouvement ne se fait pas en un inſtant, néanmoins il eſt évident que tout corps qui se meut, eſt déterminé à se mouvoir suivant une ligne droite, et non pas suivant une circulaire : car, lorsque la pierre A tourne dans la fronde EA suivant le cercle ABF, en l'inſtant qu'elle eſt au point A, elle eſt déterminée à se mouvoir vers quelque côté, à savoir vers C, suivant la ligne droite AC, si on suppose que c'eſt celle-là qui touche le cercle. Mais on ne saurait feindre qu'elle soit déterminée à se mouvoir circulairement, parce que, encore qu'elle soit venue d'L vers A suivant une ligne courbe, nous ne concevons point qu'il y ait aucune partie de cette courbure en cette pierre, lorsqu'elle eſt au point A; et nous en sommes assurés par l'expérience, parce que cette pierre avance tout droit vers C, lorsqu'elle sort de la fronde, et ne tend en aucune façon à se mouvoir vers B. Ce qui nous fait voir manifeſtement, que tout le corps qui eſt mû en rond, tend sans cesse à s'éloigner du cercle qu'il décrit. Et nous le pouvons même sentir de la main, pendant que nous faisons tourner cette pierre dans cette fronde; car elle tire et fait tendre la corde pour s'éloigner directement de notre main. Cette considération eſt de telle importance, et servira en tant d'endroits ci-après, que nous devons la remarquer soigneusement ici; et je l'expliquerai encore plus au long, lorsqu'il en sera temps.

40. *La troisième : que, si un corps qui se meut en rencontre un autre plus fort que soi, il ne perd rien de son mouvement, et s'il en rencontre un plus faible qu'il puisse mouvoir, il en perd autant qu'il lui en donne.*

La troisième loi que je remarque en la nature, eſt que, si un corps qui se meut et qui en rencontre un autre, a moins de force, pour continuer de se mouvoir en ligne droite, que cet autre pour lui résiſter, il perd sa détermination sans rien perdre de son mouvement; et que, s'il a plus de force, il meut avec soi cet autre corps, et perd autant de son mouvement qu'il lui en donne. Ainsi nous voyons qu'un corps dur, que nous avons poussé contre un autre plus grand qui eſt dur et ferme, rejaillit vers le côté d'où il eſt venu, et ne perd rien de son mouvement; mais que, si le corps qu'il rencontre eſt mol, il s'arrête incontinent, parce qu'il lui transfère son mouvement. Les causes particulières des changements qui arrivent aux corps, sont toutes comprises en cette règle, au moins celles qui sont corporelles; car je ne m'informe pas maintenant si les anges et les pensées des hommes ont la force de mouvoir les corps : c'eſt une queſtion que je réserve au traité que j'espère faire de l'homme.

41. *La preuve de la première partie de cette règle.*

On connaîtra encore mieux la vérité de la première partie de cette règle, si on prend garde à la différence qui est entre le mouvement d'une chose, et sa détermination vers un côté plutôt que vers un autre; laquelle différence est cause que cette détermination peut être changée, sans qu'il y ait rien de changé au mouvement. Car, de ce que chaque chose, telle qu'est le mouvement, continue toujours d'être comme elle est en soi simplement, et non pas comme elle est au regard des autres, jusques à ce qu'elle soit contrainte de changer par la rencontre de quelque autre; il faut nécessairement qu'un corps qui, en se remuant, en rencontre un autre en son chemin, si dur et si ferme qu'il ne saurait le pousser en aucune façon, perde entièrement la détermination qu'il avait à se mouvoir vers ce côté-là; d'autant que la cause qui la lui fait perdre est manifeste, à savoir, la résistance du corps qui l'empêche de passer outre; mais il ne faut point qu'il perde rien pour cela de son mouvement, d'autant qu'il ne lui est point ôté par ce corps, ni par aucune autre cause, et que le mouvement n'est point contraire au mouvement.

42. *La preuve de la seconde partie.*

On connaîtra mieux aussi la vérité de l'autre partie de cette règle, si on prend garde que Dieu ne change jamais sa façon d'agir, et qu'il conserve le monde avec la même action qu'il l'a créé. Car, tout étant plein de corps, et néanmoins chaque partie de la matière tendant à se mouvoir en ligne droite, il est évident que, dès le commencement que Dieu a créé la matière, non seulement il a mû diversement ses parties, mais aussi qu'il les a faites de telle nature, que les unes ont dès lors commencé à pousser les autres, et à leur communiquer une part de leur mouvement. Et parce qu'il les maintient encore avec la même action et les mêmes lois qu'il leur a fait observer en leur création, il faut qu'il conserve maintenant en elles toutes le mouvement qu'il y a mis dès lors avec la propriété qu'il a donnée à ce mouvement, de ne demeurer pas toujours attaché aux mêmes parties de la matière, et de passer des unes aux autres, selon leurs diverses rencontres. En sorte que ce continuel changement qui est dans les créatures, ne répugne en aucune façon à l'immutabilité qui est en Dieu, et semble même servir d'argument pour la prouver.

43. *En quoi consiste la force de chaque corps pour agir ou pour résister.*

Outre cela il faut remarquer que la force dont un corps agit contre un autre corps ou résiste à son action, consiste en cela seul, que chaque chose persiste autant qu'elle peut à demeurer au même état où elle se trouve, conformément à la première loi qui a été exposée ci-dessus. De façon qu'un corps qui est joint à un autre corps, a quelque force pour empêcher qu'il n'en soit séparé; et que, lorsqu'il en est séparé, il a quelque force pour empêcher qu'il ne lui soit joint; et aussi que, lorsqu'il est en repos, il a de la force pour demeurer en ce repos et pour résister à tout ce qui pourrait le faire changer. De même que, lorsqu'il se meut, il a de la force pour continuer de se mouvoir avec la même vitesse et vers le même côté. Mais on doit juger de la quantité de cette force par la grandeur du corps où elle est, et de la superficie selon laquelle ce corps est séparé d'un autre, et aussi par la vitesse du mouvement, et les façons contraires dont plusieurs divers corps se rencontrent.

44. *Que le mouvement n'est pas contraire à un autre mouvement, mais au repos; et la détermination d'un mouvement vers un côté, à sa détermination vers un autre.*

De plus, il faut remarquer qu'un mouvement n'est pas contraire à un autre mouvement plus vite que soi, et qu'il n'y a de la contrariété qu'en deux façons seulement. À savoir, entre le mouvement et le repos, ou bien entre la vitesse et la tardiveté du mouvement, en tant que cette tardiveté participe de la nature du repos; et entre la détermination qu'a un corps à se mouvoir vers quelque côté, et la résistance des autres corps qu'il rencontre en son chemin, soit que ces autres corps se reposent, ou qu'ils se meuvent autrement que lui, ou que celui qui se meut rencontre diversement leurs parties; car, selon que ces corps se trouvent disposés, cette contrariété est plus ou moins grande.

45. *Comment on peut déterminer combien les corps qui se rencontrent, changent les mouvements les uns des autres, par les règles qui suivent.*

Or, afin que nous puissions déduire de ces principes comment chaque corps en particulier augmente ou diminue ses mouvements, ou change leur détermination à cause de la rencontre des autres corps, il faut seulement calculer combien il y a de force en chacun de ces corps, pour mouvoir ou pour résister au mouvement, parce qu'il est évident que celui qui en a le plus, doit toujours produire son effet, et empêcher celui de l'autre; et ce calcul serait aisé à faire en des corps parfaitement durs, s'il se pouvait faire qu'il n'y en eût point plus de deux qui se rencontrassent, ni qui se touchassent l'un l'autre à même temps, et qu'ils fussent tellement séparés de tous les autres, tant durs que liquides, qu'il n'y en eût aucun qui aidât, ni qui empêchât en aucune façon leurs mouvements : car alors ils observeraient les règles suivantes.

46. *La première.*

La première est que, si ces deux corps, par exemple B et C, étaient exactement égaux, et se mouvaient d'égale vitesse en ligne droite l'un vers l'autre, lorsqu'ils

viendraient à se rencontrer, ils rejailliraient tous deux également, et retourneraient chacun vers le côté d'où il serait venu, sans perdre rien de leur vitesse. Car il n'y a point en cela de cause qui la leur puisse ôter, mais il y en a une fort évidente qui les doit contraindre de rejaillir; et parce qu'elle serait égale en l'un et en l'autre, ils rejailliraient tous deux en même façon.

47. *La seconde.*

La seconde est que, si B était tant soit peu plus grand que C, et qu'ils se rencontrassent avec même vitesse, il n'y aurait que C qui rejaillît vers le côté d'où il serait venu, et ils continueraient par après leur mouvement tous deux ensemble vers ce même côté. Car B ayant plus de force que C, il ne pourrait être contraint par lui à rejaillir.

48. *La troisième.*

La troisième, que, si ces deux corps étaient de même grandeur, mais que B eût tant soit peu plus de vitesse que C, non seulement, après s'être rencontrés, C seul rejaillirait, et ils iraient tous deux ensemble, comme devant, vers le côté d'où C serait venu; mais aussi il serait nécessaire que B lui transférât la moitié de ce qu'il aurait de plus de vitesse, à cause que, l'ayant devant soi, il ne pourrait aller plus vite que lui. De façon que, si B avait eu, par exemple, six degrés de vitesse avant leur rencontre, et que C en eût eu seulement quatre, il lui transférerait l'un de ses deux degrés qu'il aurait eu de plus, et ainsi ils iraient par après chacun avec cinq degrés de vitesse; car il lui est bien plus aisé de communiquer un de ses degrés de vitesse à C, qu'il n'est à C de changer le cours de tout le mouvement qui est en B.

49. *La quatrième.*

La quatrième, que, si le corps C était tant soit peu plus grand que B, et qu'il fût entièrement en repos, c'est-à-dire que non seulement il n'eût point de mouvement apparent, mais aussi qu'il ne fût point environné d'air, ni d'aucuns autres corps liquides, lesquels, comme je dirai ci-après, disposent les corps durs qu'ils environnent à pouvoir être mus fort aisément, de quelle vitesse que B pût venir vers lui, jamais il n'aurait la force de le mouvoir; mais il serait contraint de rejaillir vers le même côté d'où il serait venu. Car d'autant que B ne saurait pousser C, sans le faire aller aussi vite qu'il irait soi-même par après, il est certain que C doit d'autant plus résister, que B vient plus vite vers lui; et que sa résistance doit prévaloir à l'action de B, à cause qu'il est plus grand que lui. Ainsi, par exemple, si C est double de B, et que B ait trois degrés de mouvement, il ne peut pousser C, qui est en repos, si ce n'est qu'il lui en transfère deux degrés, à savoir un pour chacune de ses moitiés, et qu'il retienne seulement le troisième pour soi, à cause qu'il n'eſt pas plus grand que chacune des moitiés de C, et qu'il ne peut aller par après plus vite qu'elles. Tout de même, si B a trente degrés de vitesse, il faudra qu'il en communique vingt à C; s'il en a trois cents, qu'il communique deux cents; et ainsi toujours le double de ce qu'il retiendra pour soi. Mais puisque C eſt en repos, il résiſte dix fois plus à la réception de vingt degrés, qu'à celle de deux, et cent fois plus à la réception de deux cents; en sorte que, d'autant que B a plus de vitesse, d'autant il trouve en C plus de résiſtance. Et parce que chacune des moitiés de C a autant de force pour demeurer en son repos, que B en a pour la pousser, et qu'elles lui résiſtent toutes deux en même temps, il eſt évident qu'elles doivent prévaloir à le contraindre de rejaillir. De façon que, de quelle vitesse que B aille vers C, ainsi en repos et plus grand que lui, jamais il ne peut avoir la force de le mouvoir.

50. *La cinquième.*

La cinquième eſt que si, au contraire, le corps C était tant soit peu moindre que B, celui-ci ne saurait aller si lentement vers l'autre, lequel je suppose encore parfaitement en repos, qu'il n'eût la force de le pousser et lui transférer la partie de son mouvement qui serait requise pour faire qu'ils allassent par après de même vitesse : à savoir, si B était double de C, il ne lui transférerait que le tiers de son mouvement, à cause que ce tiers ferait mouvoir C aussi vite que les deux autres tiers feraient mouvoir B, puisqu'il eſt supposé deux fois aussi grand; et ainsi, après que B aurait rencontré C, il irait d'un tiers plus lentement qu'auparavant, c'eſt-à-dire qu'en autant de temps qu'il aurait pu parcourir auparavant trois espaces, il n'en pourrait plus parcourir que deux. Tout de même, si B était trois fois plus grand que C, il ne lui transférerait que la quatrième partie de son mouvement, et ainsi des autres; et B ne saurait avoir si peu de force qu'elle ne lui suffise toujours pour mouvoir C; car il eſt certain que les plus faibles mouvements doivent suivre les mêmes lois, et avoir à proportion les mêmes effets que les plus forts, bien que souvent on pense remarquer le contraire sur cette terre, à cause de l'air et des autres liqueurs qui environnent toujours les corps durs qui se meuvent, et qui peuvent beaucoup augmenter ou retarder leur vitesse, ainsi qu'il paraîtra ci-après.

51. *La sixième.*

La sixième, que si le corps C était en repos, et parfaitement égal en grandeur au corps B, qui se meut vers lui, il faudrait nécessairement qu'il fût en partie poussé par B, et qu'en partie il le fît rejaillir; en sorte que, si B était venu vers C avec quatre degrés de vitesse, il faudrait qu'il lui en transférât un, et qu'avec les trois autres, il retournât vers le côté d'où il serait venu. Car étant nécessaire, ou bien que B pousse C sans rejaillir, et ainsi qu'il lui transfère deux degrés de son mouvement; ou bien qu'il rejaillisse sans le pousser, et que par conséquent il retienne ces deux degrés de vitesse avec les deux autres qui ne lui peuvent être ôtés; ou bien enfin qu'il rejaillisse en retenant une partie de ces deux degrés et qu'il le pousse en lui transférant l'autre partie : il est évident que, puisqu'ils sont égaux, et ainsi qu'il n'y a pas plus de raison pourquoi il doive rejaillir que pousser C, ces deux effets doivent être également partagés; c'est-à-dire, que B doit transférer à C l'un de ces deux degrés de vitesse, et rejaillir avec l'autre.

52. *La septième.*

La septième et dernière règle est que, si B et C vont vers un même côté, et que C précède, mais aille plus lentement que B, en sorte qu'il soit enfin atteint par lui, il peut arriver que B transférera une partie de sa vitesse à C, pour le pousser devant soi; et il peut arriver aussi qu'il ne lui en transférera rien du tout, mais rejaillira, avec tout son mouvement, vers le côté d'où il sera venu. A savoir, non seulement lorsque C est plus petit que B, mais aussi lorsqu'il est plus grand, pourvu que ce en quoi la grandeur de C surpasse celle de B, soit moindre que ce en quoi la vitesse de B surpasse celle de C, jamais B ne doit rejaillir, mais pousser C, en lui transférant une partie de sa vitesse. Et au contraire, lorsque ce en quoi la grandeur de C surpasse celle de B, est plus grand que ce en quoi la vitesse de B surpasse celle de C, il faut que B rejaillisse, sans rien communiquer à C de son mouvement; et enfin, lorsque l'excès de grandeur qui eſt en C, eſt parfaitement égal à l'excès de vitesse qui eſt en B, celui-ci doit transférer une partie de son mouvement à l'autre, et rejaillir avec le reſte. Ce qui peut être supputé en cette façon : si C eſt juſtement deux fois aussi grand que B, et que B ne se meuve pas deux fois aussi vite que C, mais qu'il en manque quelque chose, B doit rejaillir sans augmenter le mouvement de C; et si B se meut plus de deux fois aussi vite que C, il ne doit point rejaillir, mais transférer autant de son mouvement à C, qu'il eſt requis pour faire qu'ils se meuvent tous deux par après de même vitesse. Par exemple, si C n'a que deux degrés de vitesse, et que B en ait cinq, qui eſt plus que le double, il lui en doit communiquer deux de ses cinq, lesquels deux étant en C, n'en feront qu'un, à cause que C eſt deux fois aussi grand que B, et ainsi ils iront tous deux par après avec trois degrés de vitesse. Et les démonſtrations de tout ceci sont si certaines, qu'encore que l'expérience nous semblerait faire voir le contraire, nous serions néanmoins obligés d'ajouter plus de foi à nótre raison qu'à nos sens.

53. *Que l'explication de ces règles eſt difficile, à cause que chaque corps eſt touché par plusieurs autres en même temps.*

En effet, il arrive souvent que l'expérience peut sembler d'abord répugner aux règles que je viens d'expliquer, mais la raison en eſt évidente. Car elles présupposent que les deux corps B et C sont parfaitement durs, et tellement séparés de tous les autres, qu'il n'y en a aucun autour d'eux qui puisse aider ou empêcher leur mouvement; et nous n'en voyons point de tels en ce monde. C'eſt pourquoi, avant qu'on puisse juger si s'y elles observent ou non, il ne suffit pas de savoir comment deux corps, tels que B et C, peuvent agir l'un contre l'autre, lorsqu'ils se rencontrent; mais il faut, outre cela, considérer comment tous les autres corps qui les environnent peuvent augmenter ou diminuer leur aƈtion. Et parce qu'il n'y a rien qui leur fasse avoir en ceci des effets différents, sinon la différence qui eſt entre eux, en ce que les uns sont liquides ou mous, et les autres durs, il eſt besoin que nous examinions, en cet endroit, en quoi consiſtent ces deux qualités d'être dur et d'être liquide.

54. *En quoi consiste la nature des corps durs et des liquides.*

En quoi nous devons, premièrement, recevoir le témoignage de nos sens, puisque ces qualités se rapportent à eux; et ils ne nous enseignent en ceci autre chose, sinon que les parties des corps liquides cèdent si aisément leur place qu'elles ne font point de résistance à nos mains, lorsqu'elles les rencontrent; et qu'au contraire, les parties des corps durs sont tellement jointes les unes aux autres, qu'elles ne peuvent être séparées sans une force qui rompe cette liaison qui est entre elles. En suite de quoi, si nous examinons quelle peut être la cause pourquoi certains corps cèdent leur place sans faire de résistance, et pourquoi les autres ne la cèdent pas de même, nous n'en trouvons point d'autre, sinon que les corps qui sont déjà en action pour se mouvoir, n'empêchent point que les lieux qu'ils sont disposés à quitter d'eux-mêmes, ne soient occupés par d'autres corps; mais que ceux qui sont en repos, ne peuvent être chassés de leur place, sans quelque force qui vienne d'ailleurs, afin de causer en eux ce changement. D'où il suit qu'un corps est liquide, lorsqu'il est divisé en plusieurs petites parties qui se meuvent séparément les unes des autres en plusieurs façons différentes, et qu'il est dur, lorsque toutes ses parties s'entre-touchent, sans être en action pour s'éloigner l'une de l'autre.

55. *Qu'il n'y a rien qui joigne les parties des corps durs, sinon qu'elles sont en repos au regard l'une de l'autre.*

Et je ne crois pas qu'on puisse imaginer aucun ciment plus propre à joindre ensemble les parties des corps durs, que leur propre repos. Car de quelle nature pourrait-il être? Il ne sera pas une chose qui subsiste de soi-même; car toutes ces petites parties étant des substances, pour quelle raison seraient-elles plutôt unies par d'autres substances, que par elles-mêmes? Il ne sera pas aussi une qualité différente du repos, parce qu'il n'y a aucune qualité plus contraire au mouvement qui pourrait séparer ces parties, que le repos qui est en elles. Mais, outre les substances et leurs qualités, nous ne connaissons point qu'il y ait d'autres genres de choses.

56. *Que les parties des corps fluides ont des mouvements qui tendent également de tous côtés, et que la moindre force suffit pour mouvoir les corps durs qu'elles environnent.*

Pour ce qui est des corps fluides, bien que nous ne voyions point que leurs parties se meuvent, d'autant qu'elles sont trop petites, nous pouvons néanmoins le connaître par plusieurs effets; et principalement parce que l'air et l'eau corrompent plusieurs autres corps, et que les parties dont ces liqueurs sont composées ne pourraient produire une action corporelle telle qu'est cette corruption, si elles ne se remuaient actuellement. Je montrerai ci-après quelles sont les causes qui font mouvoir ces parties. Mais la difficulté que nous devons examiner ici, est que les petites parties qui composent ces corps fluides, ne sauraient se mouvoir toutes en même temps

de tous côtés, et que néanmoins cela semble être requis, afin qu'elles n'empêchent pas le mouvement des corps qui peuvent venir vers elles de tous côtés, comme en effet nous voyons qu'elles ne l'empêchent point. Car si nous supposons, par exemple, que le corps dur B se meut vers C, et que quelques parties de la liqueur qui est entre deux se meuvent de C vers B, tant s'en faut que celles-là facilitent le mouvement de B, qu'au contraire elles l'empêchent beaucoup plus que si elles étaient tout à fait sans mouvement. Pour résoudre cette difficulté, nous nous souviendrons, en cet endroit, que le mouvement est contraire au repos, et non pas au mouvement; et que la détermination d'un mouvement vers un côté, est contraire à la détermination vers le côté opposé, comme il a été remarqué ci-dessus; et aussi que tout ce qui se meut tend toujours à continuer de se mouvoir en ligne droite. En suite de quoi il eﬆ évident que, lorsque le corps B eﬆ en repos, il eﬆ plus opposé par son repos aux mouvements des petites parties du corps liquide D, prises toutes ensemble, qu'il ne leur serait opposé par son mouvement, s'il se mouvait. Et pour ce qui eﬆ de leur détermination, il eﬆ évident aussi qu'il y en a tout autant qui se meuvent de C vers B, comme il y en a qui se meuvent au contraire; d'autant que ce sont les mêmes qui, venant de C, heurtent contre la superficie du corps B, et retournent après vers C. Et bien que quelques-unes de ces parties, prises en particulier, poussent B vers F, à mesure qu'elles le rencontrent, et l'empêchent par ce moyen davantage de se mouvoir vers C, que si elles étaient sans mouvement; néanmoins, parce qu'il y en a tout autant d'autres, qui tendant de F vers B, le poussent vers C, il n'eﬆ pas plus poussé par elles toutes d'un côté que d'autre, et ne doit point se mouvoir, s'il ne lui arrive rien d'ailleurs; parce que, quelque figure qu'on suppose en ce corps B, il y aura juﬆement autant de ces parties qui le pousseront vers un côté, comme il y en a d'autres qui le pousseront au contraire, pourvu que la liqueur qui l'environne n'ait point de cours semblable à celui des rivières, qui la fasse couler tout entière vers quelque part. Et je suppose que B eﬆ environné de tous côtés par la liqueur FD, et non pas juﬆement au milieu d'elle. Car, encore qu'il y en ait plus entre B et C qu'entre B et F, elle n'a pas pour cela plus de force à le pousser vers F que vers C, parce qu'elle n'agit pas tout entière contre lui, mais seulement par celles de ses parties qui touchent sa superficie. Nous avons considéré jusques à cette heure le corps B comme étant en repos; mais si nous supposons maintenant qu'il soit poussé vers C par quelque force qui lui vienne de dehors, si petite qu'elle puisse être, elle suffira, non pas véritablement à le mouvoir toute seule, mais à se joindre avec les parties du corps liquide FD, en les déterminant à le pousser aussi vers C, et à lui communiquer une partie de leur mouvement.

57. *La preuve de l'article précédent.*

Afin de connaître ceci plus diﬆinctement, considérons que, quand il n'y a point de corps dur dans le corps fluide FD, ses petites parties *a e i o a* sont disposées comme un anneau, et qu'elles se meuvent circulairement suivant l'ordre des marques *a e i ;* et que les autres, marquées *o u y a o,* se meuvent aussi suivant l'ordre des marques *o u y.* Car, afin qu'un corps soit fluide, les petites parties qui le composent doivent se mouvoir en plusieurs façons différentes, comme il a été déjà remarqué. Mais supposant que le corps dur B flotte dans le fluide FD entre ses parties *a* et *o,* sans se mouvoir, considérons ce qui en advient. Premièrement, il empêche que les petites parties *a e i o* ne passent d'*o* vers *a,* et n'achèvent le cercle de leur mouvement; il empêche aussi que celles qui sont marquées *o u y a* ne passent d'*a* vers *o ;* de plus, celles qui viennent d'*i* vers *o,* poussent B vers C, et celles qui viennent pareillement d'*y* vers *a,* le poussent vers F, d'une force si égale que, s'il n'arrive rien d'ailleurs, elles ne peuvent le faire mouvoir, mais les unes retournent d'*o* vers *u,* et les autres d'*a* vers *e ;* et au lieu des deux circulations qu'elles faisaient auparavant, elles n'en font plus qu'une suivant l'ordre des marques *a e i o u y a.* Il eſt donc manifeſte qu'elles ne perdent rien de leur mouvement par la rencontre du corps B, et qu'elles changent seulement leur détermination, et ne continuent plus de se mouvoir suivant des lignes si droites, ni si approchantes de la droite, que si elles ne le rencontraient point en leur chemin. Enfin, si nous supposons que B soit poussé par quelque force qui n'était pas en lui auparavant, je dis que cette force, étant jointe à celle dont les parties du corps fluide qui viennent d'*i* vers *o* le poussent vers C, ne saurait être si petite, qu'elle ne surmonte celle qui fait que les autres qui viennent d'*y* vers *a* le repoussent au contraire, et qu'elle suffit pour changer leur détermination, et faire qu'elles se meuvent suivant l'ordre des marques *a y u o,* autant qu'il eſt requis pour ne point empêcher le mouvement du corps B; parce que, quand deux corps sont déterminés à se mouvoir vers deux endroits directement opposés l'un à l'autre, et qu'ils se rencontrent, celui qui a plus de force doit changer la détermination de l'autre. Et ce que je viens de remarquer, touchant les petites parties *a e i o u y,* se doit aussi entendre de toutes les autres parties du corps fluide FD, qui heurtent contre le corps B : à savoir que celles qui le poussent vers C, sont opposées à un nombre égal d'autres qui le poussent à l'opposite, et que, pour peu de force qui survienne aux unes plus qu'aux autres, ce peu de force suffit pour changer la détermination de celles qui en ont moins. Et quand même elles ne décriraient pas des cercles tels que ceux qui sont ici représentés, elles emploient sans doute leur agitation à se mouvoir circulairement, ou bien en quelques autres façons équivalentes.

58. *Qu'un corps ne doit pas être estimé entièrement fluide, au regard d'un corps dur qu'il environne, quand quelques-unes de ses parties se meuvent moins vite que ne fait ce corps dur.*

Or, la détermination des petites parties du corps fluide qui empêchaient le corps B de se mouvoir vers C, étant ainsi changée, ce corps commencera de se mouvoir, et aura tout autant de vitesse, qu'en a la force qui doit être ajoutée à celle des petites parties de cette liqueur, pour le déterminer à ce mouvement; pourvu toutefois qu'il n'y en ait aucunes parmi elles, qui ne se meuvent plus vite, ou du moins aussi vite, que cette force; parce que, s'il y en a quelques-unes qui se meuvent plus lentement, on ne doit pas considérer ce corps comme liquide, en tant qu'il en est composé; et en ce cas aussi la moindre petite force ne pourrait pas mouvoir le corps dur qui serait dedans, d'autant qu'il faudrait qu'elle fût si grande, qu'elle pût surmonter la résistance de celles qui ne se remueraient pas assez vite. Ainsi nous voyons que l'air, l'eau, et les autres corps fluides résistent assez sensiblement aux corps qui se meuvent parmi eux d'une vitesse extraordinaire, et que ces mêmes liqueurs leur cèdent très aisément, lorsqu'ils se meuvent plus lentement.

59. *Qu'un corps dur, étant poussé par un autre, ne reçoit pas de lui seul tout le mouvement qu'il acquiert, mais en emprunte aussi une partie du corps fluide qui l'environne.*

Toutefois nous devons penser que, lorsque le corps B est mû par une force extérieure, il ne reçoit pas son mouvement de la seule force qui l'a poussé, mais qu'il en reçoit aussi beaucoup des petites parties du corps fluide qui l'environne; et que celles qui composent les cercles *a e i o* et *a y u o* perdent autant de leur mouvement, comme elles en communiquent aux parties du corps B, qui sont entre *o* et *a,* parce qu'elles participent aux mouvements circulaires *a e i o a* et *a y u o a,* nonobstant qu'elles se joignent sans cesse à d'autres parties de cette liqueur, pendant qu'elles avancent vers C; ce qui est cause aussi qu'elles ne reçoivent que fort peu de mouvement de chacune.

60. *Qu'il ne peut toutefois avoir plus de vitesse que ce corps dur ne lui en donne.*

Mais il faut que je rende raison pourquoi je n'ai pas dit ci-dessus que la détermination des parties *a y u o* devait être entièrement changée, et que seulement elle devait l'être autant qu'il était requis pour ne point empêcher le mouvement du corps B : à savoir, parce que ce corps B ne peut se mouvoir plus vite qu'il n'est poussé par la force extérieure, encore que les parties du corps fluide FD aient souvent beaucoup plus d'agitation. Et c'est ce qu'on doit soigneusement observer en philosophant, que de n'attribuer jamais à une cause aucun effet qui surpasse son pouvoir. Car, si nous supposons que le corps B, qui était environné de tous côtés de la liqueur FD sans se mouvoir, est maintenant poussé assez lentement par quelque force extérieure, à savoir, par celle de ma main, nous ne devons pas croire qu'il se meuve avec plus de vitesse qu'il n'en a reçu de ma main, parce qu'il n'y a que la seule impulsion qu'il a reçue de ma main, qui soit cause de ce qu'il se meut. Et bien que les parties du corps fluide se meuvent peut-être beaucoup plus vite, nous ne devons pas croire qu'elles soient déterminées à des mouvements circulaires, tels que *a e i o a* et *a y u o a,* ou autres semblables, qui aient plus de vitesse que la force qui pousse le corps B, mais seulement qu'elles emploient l'agitation qu'elles ont de reste, à se mouvoir en plusieurs autres façons.

61. *Qu'un corps fluide qui se meut tout entier vers quelque côté, emporte nécessairement avec soi tous les corps durs qu'il contient ou environne.*

Or, il est aisé de connaître, par ce qui vient d'être démontré, qu'un corps dur qui est en repos entre les petites parties d'un corps fluide qui l'environne de tous côtés, eſt également balancé : en sorte que la moindre petite force le peut pousser de côté et d'autre, nonobſtant qu'on le suppose fort grand; soit que cette force lui vienne de quelque cause extérieure, ou qu'elle consiſte en ce que tout le corps fluide qui l'environne prend son cours vers un certain côté : de même que les rivières coulent vers la mer, et l'air vers le couchant, lorsque les vents d'Orient soufflent; car en ce cas il faut que le corps dur qui eſt environné de tous côtés de cette liqueur, soit emporté avec elle. Et la quatrième règle, suivant laquelle il a été dit ci-dessus qu'un corps qui eſt en repos ne peut être mû par un plus petit, bien que ce plus petit se meuve extrêmement vite, ne répugne en aucune façon à cela.

62. *Qu'on ne peut pas dire proprement qu'un corps dur se meut, lorsqu'il eſt ainsi emporté par un corps fluide.*

Et même si nous prenons garde à la vraie nature du mouvement, qui n'eſt proprement que le transport du corps qui se meut du voisinage de quelques autres corps qui le touchent, et que ce transport eſt réciproque dans les corps qui se touchent l'un l'autre : encore que nous n'ayons pas coutume de dire qu'ils se meuvent tous deux, nous saurons néanmoins qu'il n'eſt pas si vrai de dire qu'un corps dur se meut, lorsque étant environné de tous côtés d'une liqueur, il obéit à son cours, que s'il avait tant de force pour lui résiſter, qu'il pût s'empêcher d'être emporté par elle; car il s'éloigne beaucoup moins des parties qui l'environnent, lorsqu'il suit le cours de cette liqueur, que lorsqu'il ne le suit point.

63. *D'où vient qu'il y a des corps si durs, qu'ils ne peuvent être divisés par nos mains, bien qu'ils soient plus petits qu'elles.*

Après avoir montré que la facilité que nous avons quelquefois à mouvoir de fort grands corps, lorsqu'ils flottent ou sont suspendus en quelque liqueur, ne répugne point à la quatrième règle ci-dessus expliquée, il faut aussi que je montre comment la difficulté que nous avons à en rompre d'autres qui sont assez petits, se peut accorder avec la cinquième. Car, s'il eſt vrai que les parties des corps durs ne soient jointes ensemble par aucun ciment, et qu'il n'y ait rien du tout qui empêche leur séparation, sinon qu'elles sont en repos les unes contre les autres, ainsi qu'il a été tantôt dit, et qu'il soit vrai aussi qu'un corps qui se meut, quoique lentement, a toujours assez de force pour en mouvoir un autre plus petit qui eſt en repos, ainsi qu'enseigne cette cinquième règle; on peut demander pourquoi nous ne pouvons, avec la seule force de nos mains, rompre un clou ou un autre morceau de fer qui eſt plus petit qu'elles, d'autant que chacune des moitiés de ce clou peut être prise pour un corps qui eſt en repos contre son autre moitié, et qui doit, ce semble, en pouvoir être séparé par la force de nos mains, puisqu'il n'eſt pas si grand qu'elles, et que la nature du mouvement consiſte en ce que le corps qu'on dit se mouvoir, eſt séparé des autres corps qui le touchent. Mais il faut remarquer que nos mains sont fort molles, c'eſt-à-dire qu'elles participent davantage de la nature des corps liquides que des corps durs, ce qui eſt cause que toutes les parties dont elles sont composées, n'agissent pas ensemble contre le corps que nous voulons séparer, et qu'il n'y a que celles qui, en le touchant, s'appuient conjointement sur lui. Car, comme la moitié d'un clou peut être prise pour un corps, à cause qu'on la peut séparer de son autre moitié, de même la partie de notre main qui touche cette moitié de clou, et qui eſt beaucoup plus petite que la main entière, peut être prise pour un autre corps, à cause qu'elle peut être séparée des autres parties qui composent cette main; et parce qu'elle peut être séparée plus aisément du reſte de la main, qu'une autre partie de clou du reſte du clou, et que nous sentons de la douleur, lorsqu'une telle séparation arrive aux parties de notre corps, nous ne saurions rompre un clou avec nos mains; mais, si nous prenons un marteau, ou une lime, ou des ciseaux, ou quelque autre tel inſtrument, et nous en servons en telle sorte que nous appliquions la force de notre main contre la partie du corps que nous voulons diviser, qui doit être plus petite que la partie de l'inſtrument que nous appliquons contre elle, nous pourrons venir à bout de la dureté de ce corps, bien qu'elle soit fort grande.

64. *Que je ne reçois point de principes en physique, qui ne soient aussi reçus en mathématique, afin de pouvoir prouver par démonstration tout ce que j'en déduirai ; et que ces principes suffisent, d'autant que tous les phénomènes de la nature peuvent être expliqués par leur moyen.*

Je n'ajoute rien ici touchant les figures, ni comment de leurs diversités infinies il arrive, dans les mouvements, des diversités innombrables : d'autant que ces choses pourront assez être entendues d'elles-mêmes, lorsqu'il sera temps d'en parler, et que je suppose que ceux qui liront mes écrits, savent les éléments de la géométrie, ou, pour le moins, qu'ils ont l'esprit propre à comprendre les démonstrations de mathématique. Car j'avoue franchement ici que je ne connais point d'autre matière des choses corporelles, que celle qui peut être divisée, figurée et mue en toutes sortes de façons, c'est-à-dire celle que les géomètres nomment la quantité, et qu'ils prennent pour l'objet de leurs démonstrations; et que je ne considère, en cette matière, que ses divisions, ses figures et ses mouvements; et enfin que, touchant cela, je ne veux rien recevoir pour vrai, sinon ce qui en sera déduit avec tant d'évidence, qu'il pourra tenir lieu d'une démonstration mathématique. Et parce qu'on peut rendre raison, en cette sorte, de tous les phénomènes de la nature, comme on pourra juger par ce qui suit, je ne pense pas qu'on doive recevoir d'autres principes en la physique, ni même qu'on ait raison d'en souhaiter d'autres, que ceux qui sont ici expliqués.

QUATRIÈME PARTIE[1]

. . . .

188. *Quelles choses doivent encore être expliquées, afin que ce traité soit complet.*

Je finirais ici cette quatrième partie des *Principes de la Philosophie,* si je l'accompagnais de deux autres, l'une touchant la nature des animaux et des plantes, l'autre touchant celle de l'homme, ainsi que je m'étais proposé lorsque j'ai commencé ce traité. Mais, parce que je n'ai pas encore assez de connaissance de plusieurs choses que j'avais envie de mettre aux deux dernières parties, et que, par faute d'expériences ou de loisir, je n'aurai peut-être jamais le moyen de les achever; afin que celles-ci ne laissent pas d'être complètes, et qu'il n'y manque rien de ce que j'aurais cru y devoir mettre, si je ne me fusse point réservé à l'expliquer dans les suivantes, j'ajouterai ici quelque chose touchant les objets de nos sens. Car jusques ici j'ai décrit cette terre et généralement tout le monde visible, comme si c'était seulement une machine en laquelle il n'y eût rien du tout à considérer que les figures et les mouvements de ses parties; et toutefois il est certain que nos sens nous y font paraître plusieurs autres choses, à savoir, des couleurs, des odeurs, des sons, et toutes les autres qualités sensibles, desquelles si je ne parlais point, on pourrait penser que j'aurais omis l'explication de la plupart des choses qui sont en la nature.

---

1. Ces chapitres consacrés aux sens, à leurs objets et aux données qu'ils nous fournissent envisagées dans leurs rapports avec la réalité des choses, forment la conclusion des *Principes.* Ainsi que Descartes l'indique, on peut les considérer comme un supplément à la quatrième partie intitulée *De la Terre.* Pour se faire une idée des questions traitées dans cette partie, ainsi que dans la troisième, le lecteur pourra se reporter à la Table des Matières, que nous donnons plus loin (p.671).

189. *Ce que c'eſt que le sens, et en quelle façon nous sentons.*

C'eſt pourquoi il eſt ici besoin que nous remarquions qu'encore que notre âme soit unie à tout le corps, elle exerce néanmoins ses principales fonctions dans le cerveau, et que c'eſt là non seulement qu'elle entend et qu'elle imagine, mais aussi qu'elle sent; et ce par l'entremise des nerfs, qui sont étendus, comme des filets très déliés, depuis le cerveau jusques à toutes les parties des autres membres, auxquelles ils sont tellement attachés, qu'on s'en saurait presque toucher aucune qu'on ne fasse mouvoir les extrémités de quelque nerf, et que ce mouvement ne passe par le moyen de ce nerf, jusques au cerveau où eſt le siège du sens commun, ainsi que j'ai assez amplement expliqué au quatrième discours de *la Dioptrique;* et que les mouvements qui passent ainsi, par l'entremise des nerfs, jusques à l'endroit du cerveau auquel notre âme eſt étroitement jointe et unie, lui font avoir diverses pensées, à raison des diversités qui sont en eux; et enfin, que ce sont ces diverses pensées de notre âme, qui viennent immédiatement des mouvements qui sont excités par l'entremise des nerfs dans le cerveau, que nous appelons proprement nos sentiments, ou bien les perceptions de nos sens.

190. *Combien il y a de divers sens, et quels sont les intérieurs, c'eſt-à-dire les appétits naturels et les passions.*

Il eſt besoin aussi de considérer que toutes les variétés de ces sentiments dépendent, premièrement, de ce que nous avons plusieurs nerfs, puis aussi, de ce qu'il y a divers mouvements en chaque nerf; mais que, néanmoins, nous n'avons pas autant de sens différents que nous avons de nerfs. Et je n'en diſtingue principalement que sept, deux desquels peuvent être nommés intérieurs, et les cinq autres extérieurs. Le premier sens que je nomme intérieur, comprend la faim, la soif, et tous les autres appétits naturels; et il eſt excité en l'âme par les mouvements des nerfs de l'eſtomac, du gosier, et de toutes les autres parties qui servent aux fonctions naturelles, pour lesquelles on a de tels appétits. Le second comprend la joie, la triſtesse, l'amour, la colère, et toutes les autres passions; et il dépend principalement d'un petit nerf qui va vers le cœur, puis aussi de ceux du diaphragme et des autres parties intérieures. Car, par exemple, lorsqu'il arrive que notre sang est fort pur et bien tempéré, en sorte qu'il se dilate dans le cœur plus aisément et plus fort que de coutume, cela fait tendre les petits nerfs qui sont aux entrées de ses concavités, et les meut d'une certaine façon qui répond jusques au cerveau et y excite notre âme à sentir naturellement de la joie. Et toutes fois et quantes que ces mêmes nerfs sont mus en la même façon, bien que ce soit pour d'autres causes, ils excitent en notre âme ce même sentiment de joie. Ainsi, lorsque nous pensons jouir de quelque bien, l'imagination de cette jouissance ne contient pas en soi le sentiment de la joie, mais elle fait que les esprits animaux passent du cerveau dans les muscles auxquels ces nerfs sont insérés; et faisant par ce moyen que les entrées du cœur se dilatent, elle fait aussi que ces nerfs se meuvent en la façon qui est instituée de la nature pour donner le sentiment de la joie. Ainsi, lorsqu'on nous dit quelque nouvelle, l'âme juge premièrement si elle est bonne ou mauvaise; et la trouvant bonne, elle s'en réjouit en elle-même, d'une joie qui est purement intellectuelle, et tellement indépendante des émotions du corps, que les Stoïques n'ont pu la dénier à leur Sage, bien qu'ils aient voulu qu'il fût exempt de toute passion. Mais sitôt que cette joie spirituelle vient de l'entendement en l'imagination, elle fait que les esprits coulent du cerveau vers les muscles qui sont autour du cœur, et là excitent le mouvement des nerfs, par lequel est excité un autre mouvement dans le cerveau, qui donne à l'âme le sentiment ou la passion de la joie. Tout de même, lorsque le sang est si grossier qu'il ne coule et ne se dilate qu'à peine dans le cœur, il excite dans les mêmes nerfs un mouvement tout autre que le précédent, et qui est institué de la nature pour donner à l'âme le sentiment de la tristesse, bien que souvent elle ne sache pas elle-même ce que c'est qui fait qu'elle s'attriste; et toutes les autres causes qui meuvent ces nerfs en même façon, donnent aussi à l'âme le même sentiment. Mais les autres mouvements des mêmes nerfs lui font sentir d'autres passions, à savoir, celles de l'amour, de la haine, de la crainte, de la colère, etc., en tant que ce sont des sentiments ou passions de l'âme; c'est-à-dire en tant que ce sont des pensées confuses que l'âme n'a pas de soi seule, mais de ce qu'étant étroitement unie au corps, elle reçoit l'impression des mouvements qui se font en lui; car il y a une grande différence entre ces passions et les connaissances ou pensées distinctes que nous avons de ce qui doit être aimé, ou haï, ou craint, etc., bien que souvent elles se trouvent ensemble. Les appétits naturels, comme la faim, la soif, et tous les autres, sont aussi des sentiments excités en l'âme par le moyen des nerfs de l'estomac, du gosier, et des autres parties, et sont entièrement différents de l'appétit ou de la volonté qu'on a de manger, de boire, et d'avoir tout ce que nous pensons être propre à la conservation de notre corps; mais à cause que cet appétit ou volonté les accompagne presque toujours, on les a nommés des appétits.

191. *Des sens extérieurs ; et en premier lieu, de l'attouchement.*

Pour ce qui est des sens extérieurs, tout le monde a coutume d'en compter cinq, à cause qu'il y a autant de divers genres d'objets qui meuvent les nerfs, et que les impressions qui viennent de ces objets excitent en l'âme cinq divers genres de pensées confuses. Le premier est l'attouchement, qui a pour objet tous les corps qui peuvent mouvoir quelque partie de la chair ou de la peau de notre corps, et pour organe tous les nerfs qui, se trouvant en cette partie de notre corps, participent à son mouvement. Ainsi les divers corps qui touchent notre peau meuvent les nerfs qui se terminent en elle, d'une façon par leur dureté, d'une autre par leur pesanteur, d'une autre par leur chaleur, d'une autre par leur humidité, etc.; et ces nerfs excitent autant de divers sentiments en l'âme qu'il y a de diverses façons dont ils sont mus, ou dont leur mouvement ordinaire est empêché; à raison de quoi on a aussi attribué autant de diverses qualités à ces corps; et on a donné à ces qualités les noms de dureté, pesanteur, chaleur, humidité et semblables, qui ne signifient rien autre chose, sinon qu'il y a en ces corps ce qui est requis pour faire que nos nerfs excitent en notre âme les sentiments de la dureté, pesanteur, chaleur, etc. Outre cela, lorsque ces nerfs sont mus un peu plus fort que de coutume, et toutefois en telle sorte que notre corps n'en est aucunement endommagé, cela fait que l'âme sent le chatouillement qui eſt aussi en elle une pensée confuse; et cette pensée lui eſt naturellement agréable, d'autant qu'elle lui rend témoignage de la force du corps avec lequel elle eſt jointe, en ce qu'il peut souffrir l'action qui cause ce chatouillement sans être offensé. Mais, si cette même action a tant soit peu plus de force, en sorte qu'elle offense notre corps en quelque façon, cela donne à notre âme le sentiment de la douleur. Et ainsi on voit pourquoi la volupté du corps et la douleur sont en l'âme des sentiments entièrement contraires, nonobſtant que souvent l'un suive de l'autre, et que leurs causes soient presque semblables.

192. *Du goût.*

Le sens qui eſt le plus grossier, après l'attouchement, eſt le goût, lequel a pour organe les nerfs de la langue et des autres parties qui lui sont voisines, et pour objet les petites parties des corps terreſtres, lorsque étant séparées les unes des autres, elles nagent dans la salive qui humecte le dedans de la bouche : car, selon qu'elles sont différentes en figure, en grosseur, ou en mouvement, elles agitent diversement les extrémités de ces nerfs, et par leur moyen font sentir à l'âme toutes sortes de goûts différents.

193. *De l'odorat.*

Le troisième eſt l'odorat, qui a pour organe deux nerfs, lesquels ne semblent être que des parties du cerveau qui s'avancent vers le nez, parce qu'ils ne sortent point hors du crâne; et il a pour objet les petites parties des corps terreſtres qui, étant séparées les unes des autres, voltigent par l'air, non pas toutes indifféremment, mais seulement celles qui sont assez subtiles et pénétrantes pour entrer par les pores de l'os qu'on nomme spongieux, lorsqu'elles sont attirées avec l'air de la respiration, et aller mouvoir les extrémités de ces nerfs : ce qu'elles font en autant de différentes façons que nous sentons de différentes odeurs.

194. *De l'ouïe.*

Le quatrième eſt l'ouïe, qui n'a pour objet que les divers tremblements de l'air; car il y a des nerfs au dedans des oreilles, tellement attachés à trois petits os qui se soutiennent l'un l'autre, et dont le premier est appuyé contre la petite peau qui couvre la concavité qu'on nomme le tambour de l'oreille, que tous les divers tremblements que l'air de dehors communique à cette peau sont rapportés à l'âme par ces nerfs, et lui font ouïr autant de divers sons.

195. *De la vue.*

Enfin le plus subtil de tous les sens est celui de la vue; car les nerfs optiques, qui en sont les organes, ne sont point mus par l'air, ni par les autres corps terrestres, mais seulement par les parties du second élément, qui, passant par les pores de toutes les humeurs et peaux transparentes des yeux, parviennent jusques à ces nerfs, et selon les diverses façons qu'elles se meuvent, elles font sentir à l'âme toutes les diversités des couleurs et de la lumière, comme j'ai déjà expliqué assez au long dans *la Dioptrique* et dans *les Météores*.

196. *Comment on prouve que l'âme ne sent qu'en tant qu'elle est dans le cerveau.*

Et on peut aisément prouver que l'âme ne sent pas en tant qu'elle est en chaque membre du corps, mais seulement en tant qu'elle est dans le cerveau, où les nerfs, par leurs mouvements, lui rapportent les diverses actions des objets extérieurs qui touchent les parties du corps dans lesquelles ils sont insérés. Car, premièrement, il y a plusieurs maladies qui, bien qu'elles n'offensent que le cerveau seul, ôtent néanmoins l'usage de tous les sens, comme fait aussi le sommeil, ainsi que nous expérimentons tous les jours, et toutefois il ne change rien que dans le cerveau. De plus, encore qu'il n'y ait rien de mal disposé, ni dans le cerveau, ni dans les membres où sont les organes des sens extérieurs; si seulement le mouvement de l'un des nerfs qui s'étendent du cerveau jusques à ces membres est empêché en quelque endroit de l'espace qui est entre deux, cela suffit pour ôter le sentiment à la partie du corps où sont les extrémités de ce nerf. Et, outre cela, nous sentons quelquefois de la douleur, comme si elle était en quelques-uns de nos membres, dont la cause n'eſt pas en ces membres où elle se sent, mais en quelque lieu plus proche du cerveau par où passent les nerfs qui en donnent à l'âme le sentiment. Ce que je pourrais prouver par plusieurs expériences; mais je me contenterai ici d'en mettre une fort manifeſte. On avait coutume de bander les yeux à une jeune fille, lorsque le chirurgien la venait panser d'un mal qu'elle avait à la main, à cause qu'elle n'en pouvait supporter la vue, et la gangrène s'étant mise à son mal, on fut contraint de lui couper jusques à la moitié du bras, ce qu'on fit sans l'en avertir, parce qu'on ne la voulait pas attriſter; et on lui attacha plusieurs linges liés l'un sur l'autre en la place de ce qu'on avait coupé, en sorte qu'elle demeura longtemps après sans le savoir. Et ce qui eſt en ceci remarquable, elle ne laissait pas cependant d'avoir diverses douleurs qu'elle pensait être dans la main qu'elle n'avait plus, et de se plaindre de ce qu'elle sentait tantôt en l'un de ses doigts, et tantôt à l'autre. De quoi on ne saurait donner d'autre raison, sinon que les nerfs de sa main, qui finissaient alors vers le coude, y étaient mus en la même façon qu'ils auraient dû être auparavant dans les extrémités de ses doigts pour faire avoir à l'âme dans le cerveau le sentiment de semblables douleurs. Et cela montre évidemment que la douleur de la main n'eſt pas sentie par l'âme en tant qu'elle eſt dans la main, mais en tant qu'elle eſt dans le cerveau.

197. *Comment on prouve qu'elle eſt de telle nature que le seul mouvement de quelque corps suffit pour lui donner toute sorte de sentiments.*

On peut aussi prouver fort aisément que notre âme eſt de telle nature que les seuls mouvements qui se font dans le corps sont suffisants pour lui faire avoir toutes sortes de pensées, sans qu'il soit besoin qu'il y ait en eux aucune chose qui ressemble à ce qu'ils lui font concevoir; et particulièrement, qu'ils peuvent exciter en elle ces pensées confuses qui s'appellent des sentiments. Car, premièrement, nous voyons que les paroles, soit proférées de la voix, soit écrites sur du papier, lui font concevoir toutes les choses qu'elles signifient, et lui donnent ensuite diverses passions. Sur un même papier, avec la même plume, et la même encre, en remuant tant soit peu le bout de la plume en certaine façon, vous tracez des lettres qui font imaginer des combats, des tempêtes, ou des furies, à ceux qui les lisent, et qui les rendent indignés ou tristes; au lieu que, si vous remuez la plume d'une autre façon presque semblable, la seule différence qui sera en ce peu de mouvement leur peut donner des pensées toutes contraires, de paix, de repos, de douceur, et exciter en eux des passions d'amour et de joie. Quelqu'un répondra peut-être que l'écriture et les paroles ne représentent immédiatement à l'âme que la figure des lettres et leurs sons, en suite de quoi, elle qui entend la signification de ces paroles, excite en soi-même les imaginations et passions qui s'y rapportent. Mais que dira-t-on du chatouillement et de la douleur? Le seul mouvement dont une épée coupe quelque partie de notre peau nous fait sentir de la douleur, sans nous faire savoir pour cela quel est le mouvement ou la figure de cette épée. Et il est certain que l'idée que nous avons de cette douleur n'est pas moins différente du mouvement qui la cause, ou de celui de la partie de notre corps que l'épée coupe, que sont les idées que nous avons des couleurs, des sons, des odeurs ou des goûts. C'est pourquoi on peut conclure que notre âme est de telle nature que les seuls mouvements de quelques corps peuvent aussi bien exciter en elle tous ces divers sentiments, que celui d'une épée y excite de la douleur.

198. *Qu'il n'y a rien dans les corps qui puisse exciter en nous quelque sentiment, excepté le mouvement, la figure ou situation et la grandeur de leurs parties.*

Outre cela nous ne saurions remarquer aucune différence entre les nerfs, qui nous fasse juger que les uns puissent apporter au cerveau quelque autre chose que les autres, bien qu'ils causent en l'âme d'autres sentiments, ni aussi qu'ils y apportent aucune chose que les diverses façons dont ils sont mus. Et l'expérience nous montre quelquefois très clairement que les seuls mouvements excitent en nous non seulement du chatouillement et de la douleur, mais aussi des sons et de la lumière. Car, si nous recevons quelque coup en l'œil assez fort, en sorte que le nerf optique en soit ébranlé, cela nous fait voir mille étincelles de feu, qui ne sont point toutefois hors de notre œil; et quand nous mettons le doigt un peu avant en notre oreille, nous oyons un bourdonnement dont la cause ne peut être attribuée qu'à l'agitation de l'air que nous y tenons enfermé. Nous pouvons souvent aussi remarquer que la chaleur, la dureté, la pesanteur, et les autres qualités sensibles, en tant qu'elles sont dans les corps que nous appelons chauds, durs, pesants, etc., et même aussi les formes de ces corps qui sont purement matérielles, comme la forme du feu, et semblables, y sont produites par le mouvement de quelques autres corps, et qu'elles produisent aussi par après d'autres mouvements en d'autres corps. Et nous pouvons fort bien concevoir comment le mouvement d'un corps peut être causé par celui d'un autre, et diversifié par la grandeur, la figure, et la situation de ses parties, mais nous ne saurions entendre en aucune façon comment ces mêmes choses, à savoir, la grandeur, la figure et le mouvement, peuvent produire des natures entièrement différentes des leurs, telles que sont celles des qualités réelles et des formes substantielles, que la plupart des philosophes ont supposées être dans les corps; ni aussi comment ces formes ou qualités, étant dans un corps, peuvent avoir la force d'en mouvoir d'autres. Or, puisque nous savons que notre âme est de telle nature que les divers mouvements de quelques corps suffisent pour lui faire avoir tous les divers sentiments qu'elle a, et que nous voyons bien par expérience que plusieurs de ses sentiments sont véritablement causés par de tels mouvements, mais que nous n'apercevons point qu'aucune autre chose que ces mouvements passe jamais par les organes des sens jusques au cerveau, nous avons sujet de conclure que nous n'apercevons point aussi en aucune façon que tout ce qui est dans les objets, que nous appelons leur lumière, leurs couleurs, leurs odeurs, leurs goûts, leurs sons, leur chaleur ou froideur, et leurs autres qualités qui se sentent par l'attouchement, et aussi ce que nous appelons leurs formes substantielles, soit en eux autre chose que les diverses figures, situations, grandeurs et mouvements de leurs parties, qui sont tellement disposées qu'elles peuvent mouvoir nos nerfs en toutes les diverses façons qui sont requises pour exciter en notre âme tous les divers sentiments qu'ils y excitent.

199. *Qu'il n'y a aucun phénomène en la nature qui ne soit compris en ce qui a été expliqué en ce traité.*

Et ainsi je puis démontrer, par un dénombrement très facile, qu'il n'y a aucun phénomène en la nature dont l'explication ait été omise en ce traité. Car il n'y a rien qu'on puisse mettre au nombre de ces phénomènes, sinon ce que nous pouvons apercevoir par l'entremise des sens; mais, excepté le mouvement, la grandeur, la figure ou situation des parties de chaque corps, qui sont des choses que j'ai ici expliquées le plus exactement qu'il m'a été possible, nous n'apercevons rien hors de nous, par le moyen de nos sens, que la lumière, les couleurs, les odeurs, les goûts, les sons, et les qualités de l'attouchement : de toutes lesquelles je viens de prouver que nous n'apercevons point aussi qu'elles soient rien hors de notre pensée, sinon les mouvements, les grandeurs ou les figures de quelques corps. Si bien que j'ai prouvé qu'il n'y a rien en tout ce monde visible, en tant qu'il est seulement visible ou sensible, sinon les choses que j'y ai expliquées.

200. *Que ce traité ne contient aussi aucuns principes qui n'aient été reçus de tout temps de tout le monde ; en sorte que cette philosophie n'est pas nouvelle, mais la plus ancienne et la plus commune qui puisse être.*

Mais je désire aussi qu'on remarque que, bien que j'aie ici tâché de rendre raison de toutes les choses matérielles, je ne m'y suis néanmoins servi d'aucun principe qui n'ait été reçu et approuvé par Aristote et par tous les autres philosophes qui ont jamais été au monde; en sorte que cette philosophie n'est point nouvelle, mais la plus ancienne et la plus vulgaire qui puisse être. Car je n'ai rien du tout considéré que la figure, le mouvement et la grandeur de chaque corps, ni examiné aucune autre chose que ce que les lois des mécaniques, dont la vérité peut être prouvée par une infinité d'expériences, enseignent devoir suivre de ce que des corps qui ont diverses grandeurs, ou figures, ou mouvements, se rencontrent ensemble. Mais personne n'a jamais douté qu'il n'y eût des corps dans le monde qui ont diverses grandeurs et figures, et se meuvent diversement, selon les diverses façons qu'ils se rencontrent, et même qui quelquefois se divisent, au moyen de quoi ils changent de figure et de grandeur. Nous expérimentons la vérité de cela tous les jours, non par le moyen d'un seul sens, mais par le moyen de plusieurs, à savoir de l'attouchement, de la vue et de l'ouïe; notre imagination en reçoit des idées très distinctes, et notre entendement le conçoit très clairement. Ce qui ne se peut dire d'aucune des autres choses qui tombent sous nos sens, comme sont les couleurs, les odeurs, les sons et semblables : car chacune de ces choses ne touche qu'un seul de nos sens, et n'imprime en notre imagination qu'une idée de soi qui est fort confuse, et enfin ne fait point connaître à notre entendement ce qu'elle est.

201. *Qu'il est certain que les corps sensibles sont composés de parties insensibles.*

On dira peut-être que je considère plusieurs parties en chaque corps qui sont si petites qu'elles ne peuvent être senties; et je sais bien que cela ne sera pas approuvé par ceux qui prennent leurs sens pour la mesure des choses qui se peuvent connaître. Mais c'est, ce me semble, faire grand tort au raisonnement humain, de ne vouloir pas qu'il aille plus loin que les yeux; et il n'y a personne qui puisse douter qu'il n'y ait des corps qui sont si petits, qu'ils ne peuvent être aperçus par aucun de nos sens, pourvu seulement qu'il considère quels sont les corps qui sont ajoutés à chaque fois aux choses qui s'augmentent continuellement peu à peu, et quels sont ceux qui sont ôtés des choses qui diminuent en même façon. On voit tous les jours croître les plantes, et il est impossible de concevoir comment elles deviennent plus grandes qu'elles n'ont été, si on ne conçoit que quelque corps est ajouté au leur; mais qui est-ce qui a jamais pu remarquer, par l'entremise des sens, quels sont les petits corps qui sont ajoutés en chaque moment à chaque partie d'une plante qui croît? Pour le moins, entre les philosophes, ceux qui avouent que les parties de la quantité sont divisibles à l'infini, doivent avouer qu'en se divisant elles peuvent devenir si petites qu'elles ne seront aucunement sensibles. Et la raison qui nous empêche de pouvoir sentir les corps qui sont fort petits est évidente, car elle consiste en ce que tous les objets que nous sentons doivent mouvoir quelques-unes des parties de notre corps qui servent d'organes aux sens, c'est-à-dire quelques petits filets de nos nerfs, et que, chacun de ces petits filets ayant quelque grosseur, les corps qui sont beaucoup plus petits qu'eux n'ont point la force de les mouvoir. Ainsi, étant assurés que chacun des corps que nous sentons est composé de plusieurs autres corps si petits que nous ne les saurions apercevoir, il n'y a, ce me semble, personne, pourvu qu'il veuille user de raison, qui ne doive avouer que c'est beaucoup mieux philosopher, de juger de ce qui arrive en ces petits corps, que leur seule petitesse nous empêche de pouvoir sentir, par l'exemple de ce que nous voyons arriver en ceux que nous sentons, et de rendre raison, par ce moyen, de tout ce qui est en la nature, ainsi que j'ai tâché de faire en ce traité, que, pour rendre raison des mêmes choses, en inventer je ne sais quelles autres qui n'ont aucun rapport avec celles que nous sentons, comme sont la matière première, les formes substantielles, et tout ce grand attirail de qualités que plusieurs ont coutume de supposer, chacune desquelles peut plus difficilement être connue que toutes les choses qu'on prétend expliquer par leur moyen.

202. *Que ces principes ne s'accordent point mieux avec ceux de Démocrite qu'avec ceux d'Aristote ou des autres.*

Peut-être aussi que quelqu'un dira que Démocrite a déjà ci-devant imaginé des petits corps qui avaient diverses figures, grandeurs et mouvements, par le divers mélange desquels tous les corps sensibles étaient composés, et que néanmoins sa philosophie est communément rejetée. A quoi je réponds qu'elle n'a jamais été rejetée de personne, parce qu'il faisait considérer des corps plus petits que ceux qui sont aperçus de nos sens, et qu'il leur attribuait diverses grandeurs, figures et mouvements, parce qu'il n'y a personne qui puisse douter qu'il n'y en ait véritablement de tels, ainsi qu'il a déjà été prouvé. Mais elle a été rejetée, premièrement, à cause qu'elle supposait que ces petits corps étaient indivisibles : ce que je rejette aussi entièrement. Puis, à cause qu'il imaginait du vide entre eux, et je démontre qu'il est impossible qu'il y en ait; puis aussi, à cause qu'il leur attribuait de la pesanteur, et moi je nie qu'il y en ait en aucun corps, en tant qu'il eſt considéré seul, parce que c'eſt une qualité qui dépend du mutuel rapport que plusieurs corps ont les uns aux autres; puis, enfin, on a eu sujet de la rejeter, à cause qu'il n'expliquait point en particulier comment toutes choses avaient été formées par la seule rencontre de ces petits corps, ou bien, s'il l'expliquait de quelques-unes, les raisons qu'il en donnait ne dépendaient pas tellement les unes des autres que cela fît voir que toute la nature pouvait être expliquée en même façon (au moins on ne peut le connaître de ce qui nous a été laissé par écrit de ses opinions). Mais je laisse à juger aux lecteurs si les raisons que j'ai mises en ce traité se suivent assez, et si on en peut déduire assez de choses. Et parce que la considération des figures, des grandeurs et des mouvements a été reçue par Ariſtote et par tous les autres, aussi bien que par Démocrite, et que je rejette tout ce que ce dernier a supposé outre cela, ainsi que je rejette généralement tout ce qui a été supposé par les autres, il eſt évident que cette façon de philosopher n'a pas plus d'affinité avec celle de Démocrite qu'avec toutes les autres sectes particulières.

203. *Comment on peut parvenir à la connaissance des figures, grandeurs et mouvements des corps insensibles.*

Quelqu'un derechef pourra demander d'où j'ai appris quelles sont les figures, grandeurs et mouvements des petites parties de chaque corps, plusieurs desquelles j'ai ici déterminées tout de même que si je les avais vues, bien qu'il soit certain que je n'ai pu les apercevoir par l'aide des sens, puisque j'avoue qu'elles sont insensibles. A quoi je réponds que j'ai, premièrement, considéré en général toutes les notions claires et diſtinctes qui peuvent être en notre entendement touchant les choses matérielles, et que, n'en ayant point trouvé d'autres sinon celles que nous avons des figures, des grandeurs et des mouvements, et des règles suivant lesquelles ces trois choses peuvent être diversifiées l'une par l'autre, lesquelles règles sont les principes de la géométrie et des mécaniques, j'ai jugé qu'il fallait nécessairement que toute la connaissance que les hommes peuvent avoir de la nature fût tirée de cela seul; parce que toutes les autres notions que nous avons des choses sensibles, étant confuses et obscures, ne peuvent servir à nous donner la connaissance d'aucune chose hors de nous, mais plutôt la peuvent empêcher. En suite de quoi, j'ai examiné toutes les principales différences qui se peuvent trouver entre les figures, grandeurs et mouvements de divers corps que leur seule petitesse rend insensibles, et quels effets sensibles peuvent être produits par les diverses façons dont ils se mêlent ensemble. Et par après lorsque j'ai rencontré de semblables effets dans les corps que nos sens aperçoivent, j'ai pensé qu'ils avaient pu être ainsi produits. Puis j'ai cru qu'ils l'avaient infailliblement été, lorsqu'il m'a semblé être impossible de trouver en toute l'étendue de la nature aucune autre cause capable de les produire. A quoi l'exemple de plusieurs corps, composés par l'artifice des hommes, m'a beaucoup servi : car je ne reconnais aucune différence entre les machines que font les artisans et les divers corps que la nature seule compose, sinon que les effets des machines ne dépendent que de l'agencement de certains tuyaux, ou ressorts, ou autres instruments, qui, devant avoir quelque proportion avec les mains de ceux qui les font, sont toujours si grands que leurs figures et mouvements se peuvent voir, au lieu que les tuyaux ou ressorts qui causent les effets des corps naturels sont ordinairement trop petits pour être aperçus de nos sens. Et il est certain que toutes les règles des mécaniques appartiennent à la physique, en sorte que toutes les choses qui sont artificielles, sont avec cela naturelles. Car, par exemple, lorsqu'une montre marque les heures par le moyen des roues dont elle est faite, cela ne lui est pas moins naturel qu'il est à un arbre de produire ses fruits. C'est pourquoi, en même façon qu'un horloger, en voyant une montre qu'il n'a point faite, peut ordinairement juger, de quelques-unes de ses parties qu'il regarde, quelles sont toutes les autres qu'il ne voit pas : ainsi, en considérant les effets et les parties sensibles des corps naturels, j'ai tâché de connaître quelles doivent être celles de leurs parties qui sont insensibles.

204. *Que touchant les choses que nos sens n'aperçoivent point, il suffit d'expliquer comment elles peuvent être ; et que c'est tout ce qu'Aristote a tâché de faire.*

On répliquera encore à ceci que, bien que j'aie peut-être imaginé des causes qui pourraient produire des effets semblables à ceux que nous voyons, nous ne devons pas pour cela conclure que ceux que nous voyons sont produits par elles. Parce que, comme un horloger industrieux peut faire deux montres qui marquent les heures en même façon, et entre lesquelles il n'y ait aucune différence en ce qui paraît à l'extérieur, qui n'aient toutefois rien de semblable en la composition de leurs roues : ainsi il est certain que Dieu a une infinité de divers moyens, par chacun desquels il peut avoir fait que toutes les choses de ce monde paraissent telles que maintenant elles paraissent, sans qu'il soit possible à l'esprit humain de connaître lequel de tous ces moyens il a voulu employer à les faire. Ce que je ne fais aucune difficulté d'accorder. Et je croirai avoir assez fait, si les causes que j'ai expliquées sont telles que tous les effets qu'elles peuvent produire se trouvent semblables à ceux que nous voyons dans le monde, sans m'enquérir si c'est par elles ou par d'autres qu'ils sont produits. Même je crois qu'il est aussi utile pour la vie, de connaître des causes ainsi imaginées, que si on avait la connaissance des vraies : car la médecine, les mécaniques, et généralement tous les arts à quoi la connaissance de la physique peut servir, n'ont pour fin que d'appliquer tellement quelques corps sensibles les uns aux autres, que, par la suite des causes naturelles, quelques effets sensibles soient produits ; ce que nous ferons tout aussi bien, en considérant la suite de quelques causes ainsi imaginées, bien que fausses, que si elles étaient les vraies, puisque cette suite est supposée semblable, en ce qui regarde les effets sensibles. Et afin qu'on ne pense pas qu'Aristote ait jamais prétendu de faire quelque chose de plus que cela, il dit lui-même, au commencement du septième chapitre du premier livre de ses *Météores,* que « pour ce qui est des choses qui ne sont » pas manifestes aux sens, il pense les démontrer suffi- » samment, et autant qu'on peut désirer avec raison, s'il » fait seulement voir qu'elles peuvent être telles qu'il » les explique ».

205. *Que néanmoins on a une certitude morale, que toutes les choses de ce monde sont telles qu'il a été ici démontré qu'elles peuvent être.*

Mais néanmoins, afin que je ne fasse point de tort à la vérité, en la supposant moins certaine qu'elle n'est, je distinguerai ici deux sortes de certitudes. La première est appelée morale, c'est-à-dire suffisante pour régler nos mœurs, ou aussi grande que celle des choses dont nous n'avons point coutume de douter touchant la conduite de la vie, bien que nous sachions qu'il se peut faire, absolument parlant, qu'elles soient fausses. Ainsi ceux qui n'ont jamais été à Rome ne doutent point que ce ne soit une ville en Italie, bien qu'il se pourrait faire que tous ceux desquels ils l'ont appris les aient trompés. Et si quelqu'un, pour deviner un chiffre écrit avec les lettres ordinaires, s'avise de lire un B partout où il y aura un A, et de lire un C partout où il y aura un B, et ainsi de substituer en la place de chaque lettre celle qui la suit en l'ordre de l'alphabet, et que, le lisant en cette façon, il y trouve des paroles qui aient du sens, il ne doutera point que ce ne soit le vrai sens de ce chiffre qu'il aura ainsi trouvé, bien qu'il se pourrait faire que celui qui l'a écrit y en ait mis un autre tout différent, en donnant une autre signification à chaque lettre : car cela peut si difficilement arriver, principalement lorsque le chiffre contient beaucoup de mots, qu'il n'est pas moralement croyable. Or, si on considère combien de diverses propriétés de l'aimant, du feu, et de toutes les autres choses qui sont au monde, ont été très évidemment déduites d'un fort petit nombre de causes que j'ai proposées au commencement de ce traité, encore même qu'on s'imaginerait que je les ai supposées par hasard et sans que la raison me les ait persuadées, on ne laissera pas d'avoir pour le moins autant de raison de juger qu'elles sont les vraies causes de tout ce que j'en ai déduit, qu'on en a de croire qu'on a trouvé le vrai sens d'un chiffre, lorsqu'on le voit suivre de la signification qu'on a donnée par conjecture à chaque lettre. Car le nombre des lettres de l'alphabet est beaucoup plus grand que celui des premières causes que j'ai supposées, et on n'a pas coutume de mettre tant de mots, ni même tant de lettres, dans un chiffre, que j'ai déduit de divers effets de ces causes.

206. *Et même qu'on en a une certitude plus que morale.*

L'autre sorte de certitude eſt lorsque nous pensons qu'il n'eſt aucunement possible que la chose soit autre que nous la jugeons. Et elle eſt fondée sur un principe de métaphysique très assuré, qui eſt que Dieu étant souverainement bon et la source de toute vérité, puisque c'eſt lui qui nous a créés, il eſt certain que la puissance ou faculté qu'il nous a donnée pour diſtinguer le vrai d'avec le faux, ne se trompe point, lorsque nous en usons bien et qu'elle nous montre évidemment qu'une chose eſt vraie. Ainsi cette certitude s'étend à tout ce qui eſt démontré dans la mathématique; car nous voyons clairement qu'il eſt impossible que deux et trois joints ensemble fassent plus ou moins que cinq, ou qu'un carré n'ait que trois côtés, et choses semblables. Elle s'étend aussi à la connaissance que nous avons qu'il y a des corps dans le monde, pour les raisons ci-dessus expliquées au commencement de la seconde partie. Puis ensuite elle s'étend à toutes les choses qui peuvent être démontrées, touchant ces corps, par les principes de la mathématique ou par d'autres aussi évidents et certains; au nombre desquelles il me semble que celles que j'ai écrites en ce traité doivent être reçues, au moins les principales et plus générales. Et j'espère qu'elles le seront en effet par ceux qui les auront examinées en telle sorte, qu'ils verront clairement toute la suite des déductions que j'ai faites, et combien sont évidents tous les principes desquels je me suis servi; principalement s'ils comprennent bien qu'il ne se peut faire que nous sentions aucun objet, sinon par le moyen de quelque mouvement local que cet objet excite en nous, et que les étoiles fixes ne peuvent exciter ainsi aucun mouvement en nos yeux, sans mouvoir aussi en quelque façon toute la matière qui eſt entre elles et nous, d'où il suit très évidemment que les cieux doivent être fluides, c'eſt-à-dire composés de petites parties qui se meuvent séparément les unes des autres, ou du moins qu'il doit y avoir en eux de telles parties. Car tout ce qu'on peut dire que j'ai supposé, et qui se trouve en l'article 46 de la troisième partie, peut être réduit à cela seul que les cieux sont fluides. En sorte que ce seul point étant reconnu pour suffisamment démontré par tous les effets de la lumière, et par la suite de toutes les autres choses que j'ai expliquées, je pense qu'on doit aussi reconnaître que j'ai prouvé par démonstration mathématique toutes les choses que j'ai écrites, au moins les plus générales qui concernent la fabrique du ciel et de la terre, et en la façon que je les ai écrites : car j'ai eu soin de proposer comme douteuses toutes celles que j'ai pensé l'être.

207. *Mais que je soumets toutes mes opinions au jugement des plus sages et à l'autorité de l'Église.*

Toutefois, à cause que je ne veux pas me fier trop à moi-même, je n'assure ici aucune chose, et je soumets toutes mes opinions au jugement des plus sages et à l'autorité de l'Église. Même je prie les lecteurs de n'ajouter point du tout de foi à tout ce qu'ils trouveront ici écrit, mais seulement de l'examiner et n'en recevoir que ce que la force et l'évidence de la raison les pourra contraindre de croire.

TABLE

DES

PRINCIPES DE LA PHILOSOPHIE

PREMIÈRE PARTIE

DES PRINCIPES DE LA CONNAISSANCE HUMAINE

SECONDE PARTIE

DES PRINCIPES DES CHOSES MATÉRIELLES

TROISIÈME PARTIE

DU MONDE VISIBLE

QUATRIÈME PARTIE

DE LA TERRE

LES PASSIONS DE L'ÂME

Le traité des *Passions de l'Âme* a été publié à Paris, chez Henri Le Gras, en 1649. Toutefois l'ouvrage avait été imprimé à Amsterdam chez Louis Elzevier. Mais, comme cela arrive souvent, un accord avait eu lieu entre les deux librairies. Il est probable que Descartes eut le temps de revoir les épreuves avant son départ pour la Suède (début de septembre 1649), mais les exemplaires ne furent distribués, tant en Hollande qu'en France, que vers la fin de novembre, c'est-à-dire deux mois environ après son arrivée à Stockholm.

Ce petit livre a été écrit en français. Il existait depuis quelques années déjà en manuscrit, ayant été composé pour la princesse Élisabeth de Bohême, vraisemblablement dans l'hiver 1645-1646. Descartes l'avait en outre fait connaître à quelques amis, et en avait envoyé une copie à la reine Christine de Suède. En cet état le *Traité des Passions* ne comprenait encore que les deux premières parties. La troisième fut ajoutée par Descartes plus tard, lorsqu'il revit son ouvrage avant l'impression.

LES PASSIONS DE L'ÂME

PREMIÈRE PARTIE

DES PASSIONS EN GÉNÉRAL

ET PAR OCCASION

DE TOUTE LA NATURE DE L'HOMME

ART. I. *Que ce qui est passion au regard d'un sujet est toujours action à quelque autre égard.*

IL n'y a rien en quoi paraisse mieux combien les sciences que nous avons des anciens sont défectueuses qu'en ce qu'ils ont écrit des passions. Car, bien que ce soit une matière dont la connaissance a toujours été fort recherchée, et qu'elle ne semble pas être des plus difficiles, à cause que chacun les sentant soi-même on n'a point besoin d'emprunter d'ailleurs aucune observation pour en découvrir la nature, toutefois ce que les anciens en ont enseigné est si peu de chose, et pour la plupart si peu croyable, que je ne puis avoir aucune espérance d'approcher de la vérité qu'en m'éloignant des chemins qu'ils ont suivis. C'est pourquoi je serai obligé d'écrire ici en même façon que si je traitais d'une matière que jamais personne avant moi n'eût touchée. Et pour commencer, je considère que tout ce qui se fait ou qui arrive de nouveau est généralement appelé par les philosophes une passion au regard du sujet auquel il arrive, et une action au regard de celui qui fait qu'il arrive. En sorte que, bien que l'agent et le patient soient souvent fort différents, l'action et la passion ne laissent pas d'être toujours une même chose qui a ces deux noms, à raison des deux divers sujets auxquels on la peut rapporter.

Art. 2. *Que pour connaître les passions de l'âme il faut distinguer ses fonctions d'avec celles du corps.*

Puis aussi je considère que nous ne remarquons point qu'il y ait aucun sujet qui agisse plus immédiatement contre notre âme que le corps auquel elle est jointe, et que par conséquent nous devons penser que ce qui est en elle une passion est communément en lui une action; en sorte qu'il n'y a point de meilleur chemin pour venir à la connaissance de nos passions que d'examiner la différence qui est entre l'âme et le corps, afin de connaître auquel des deux on doit attribuer chacune des fonctions qui sont en nous.

Art. 3. *Quelle règle on doit suivre pour cet effet.*

A quoi on ne trouvera pas grande difficulté si on prend garde que tout ce que nous expérimentons être en nous, et que nous voyons aussi pouvoir être en des corps tout à fait inanimés, ne doit être attribué qu'à notre corps; et, au contraire, que tout ce qui est en nous, et que nous ne concevons en aucune façon pouvoir appartenir à un corps, doit être attribué à notre âme.

Art. 4. *Que la chaleur et le mouvement des membres procèdent du corps, et les pensées de l'âme.*

Ainsi, à cause que nous ne concevons point que le corps pense en aucune façon, nous avons raison de croire que toutes les sortes de pensées qui sont en nous appartiennent à l'âme; et à cause que nous ne doutons point qu'il n'y ait des corps inanimés qui se peuvent mouvoir en autant ou plus de diverses façons que les nôtres, et qui ont autant ou plus de chaleur (ce que l'expérience fait voir en la flamme, qui seule a beaucoup plus de chaleur et de mouvement qu'aucun de nos membres), nous devons croire que toute la chaleur et tous les mouvements qui sont en nous, en tant qu'ils ne dépendent point de la pensée, n'appartiennent qu'au corps.

Art. 5. *Que c'est erreur de croire que l'âme donne le mouvement et la chaleur au corps.*

Au moyen de quoi nous éviterons une erreur très considérable en laquelle plusieurs sont tombés, en sorte que j'eſtime qu'elle eſt la première cause qui a empêché qu'on n'ait pu bien expliquer jusques ici les passions et les autres choses qui appartiennent à l'âme. Elle consiſte en ce que, voyant que tous les corps morts sont privés de chaleur et ensuite de mouvement, on s'eſt imaginé que c'était l'absence de l'âme qui faisait cesser ces mouvements et cette chaleur. Et ainsi on a cru sans raison que notre chaleur naturelle et tous les mouvements de nos corps dépendent de l'âme, au lieu qu'on devait penser au contraire que l'âme ne s'absente, lorsqu'on meurt, qu'à cause que cette chaleur cesse, et que les organes qui servent à mouvoir le corps se corrompent.

Art. 6. *Quelle différence il y a entre un corps vivant et un corps mort.*

Afin donc que nous évitions cette erreur, considérons que la mort n'arrive jamais par la faute de l'âme, mais seulement parce que quelqu'une des principales parties du corps se corrompt; et jugeons que le corps d'un homme vivant diffère autant de celui d'un homme mort que fait une montre, ou autre automate (c'eſt-à-dire autre machine qui se meut de soi-même), lorsqu'elle eſt montée et qu'elle a en soi le principe corporel des mouvements pour lesquels elle eſt inſtituée, avec tout ce qui eſt requis pour son aćtion, et la même montre, ou autre machine, lorsqu'elle eſt rompue et que le principe de son mouvement cesse d'agir.

Art. 7. *Brève explication des parties du corps, et de quelques-unes de ses fonćtions.*

Pour rendre cela plus intelligible, j'expliquerai ici en peu de mots toute la façon dont la machine de notre corps eſt composée. Il n'y a personne qui ne sache déjà qu'il y a en nous un cœur, un cerveau, un eſtomac, des muscles, des nerfs, des artères, des veines, et choses semblables. On sait aussi que les viandes qu'on mange descendent dans l'eſtomac et dans les boyaux, d'où leur suc, coulant dans le foie et dans toutes les veines, se mêle avec le sang qu'elles contiennent, et par ce moyen en augmente la quantité. Ceux qui ont tant soit peu ouï parler de la médecine savent, outre cela, comment le cœur eſt composé et comment tout le sang des veines peut facilement couler de la veine cave en son côté droit, et de là passer dans le poumon par le vaisseau qu'on nomme la veine artérieuse, puis retourner du poumon dans le côté gauche du cœur par le vaisseau nommé l'artère veineuse, et enfin passer de là dans la grande artère, dont les branches se répandent par tout le corps. Même tous ceux que l'autorité des anciens n'a point entièrement aveuglés, et qui ont voulu ouvrir les yeux pour examiner l'opinion d'Hervæus touchant la circulation du sang, ne doutent point que toutes les veines et les artères du corps ne soient comme des ruisseaux par où le sang coule sans cesse fort promptement, en prenant son cours de la cavité droite du cœur par la veine artérieuse, dont les branches sont éparses en tout le poumon et jointes à celles de l'artère veineuse, par laquelle il passe du poumon dans le côté gauche du cœur; puis de là il va dans la grande artère, dont les branches, éparses par tout le reste du corps, sont jointes aux branches de la veine cave qui portent derechef le même sang en la cavité droite du cœur; en sorte que ces deux cavités sont comme des écluses par chacune desquelles passe tout le sang à chaque tour qu'il fait dans le corps. De plus, on sait que tous les mouvements des membres dépendent des muscles, et que ces muscles sont opposés les uns aux autres, en telle sorte que, lorsque l'un d'eux s'accourcit, il tire vers soi la partie du corps à laquelle il est attaché, ce qui fait allonger au même temps le muscle qui lui est opposé. Puis, s'il arrive en un autre temps que ce dernier s'accourcisse, il fait que le premier se rallonge, et il retire vers soi la partie à laquelle ils sont attachés. Enfin on sait que tous ces mouvements des muscles, comme aussi tous les sens, dépendent des nerfs, qui sont comme de petits filets ou comme de petits tuyaux qui viennent tous du cerveau, et contiennent, ainsi que lui, un certain air ou vent très subtil qu'on nomme les esprits animaux.

ART. 8. *Quel est le principe de toutes ces fonctions.*

Mais on ne sait pas communément en quelle façon ces esprits animaux et ces nerfs contribuent aux mouvements et aux sens, ni quel est le principe corporel qui les fait agir; c'est pourquoi, encore que j'en aie déjà touché quelque chose en d'autres écrits, je ne laisserai pas de dire ici succinctement que, pendant que nous vivons, il y a une chaleur continuelle en notre cœur, qui est une espèce de feu que le sang des veines y entretient, et que ce feu est le principe corporel de tous les mouvements de nos membres.

ART. 9. *Comment se fait le mouvement du cœur.*

Son premier effet est qu'il dilate le sang dont les cavités du cœur sont remplies; ce qui est cause que ce sang, ayant besoin d'occuper un plus grand lieu, passe avec impétuosité de la cavité droite dans la veine artérieuse, et de la gauche dans la grande artère. Puis, cette dilatation cessant, il entre incontinent du nouveau sang de la veine cave en la cavité droite du cœur, et de l'artère veineuse en la gauche. Car il y a de petites peaux aux entrées de ces quatre vaisseaux, tellement disposées qu'elles font que le sang ne peut entrer dans le cœur que par les deux derniers ni en sortir que par les deux autres. Le nouveau sang entré dans le cœur y est incontinent après raréfié en même façon que le précédent. Et c'est en cela seul que consiste le pouls ou battement du cœur et des artères; en sorte que ce battement se réitère autant de fois qu'il entre de nouveau sang dans le cœur. C'est aussi cela seul qui donne au sang son mouvement, et fait qu'il coule sans cesse très vite en toutes les artères et les veines, au moyen de quoi il porte la chaleur qu'il acquiert dans le cœur à toutes les autres parties du corps, et il leur sert de nourriture.

ART. 10. *Comment les esprits animaux sont produits dans le cerveau.*

Mais ce qu'il y a ici de plus considérable, c'est que toutes les plus vives et plus subtiles parties du sang que la chaleur a raréfiées dans le cœur entrent sans cesse en grande quantité dans les cavités du cerveau. Et la raison qui fait qu'elles y vont plutôt qu'en aucun autre lieu, est que tout le sang qui sort du cœur par la grande artère prend son cours en ligne droite vers ce lieu-là, et que, n'y pouvant pas tout entrer, à cause qu'il n'y a que des passages fort étroits, celles de ses parties qui sont les plus agitées et les plus subtiles y passent seules pendant que le reste se répand en tous les autres endroits du corps. Or, ces parties du sang très subtiles composent les esprits animaux. Et elles n'ont besoin à cet effet de recevoir aucun autre changement dans le cerveau, sinon qu'elles y sont séparées des autres parties du sang moins subtiles. Car ce que je nomme ici des esprits ne sont que des corps, et ils n'ont point d'autre propriété sinon que ce sont des corps très petits et qui se meuvent très vite, ainsi que les parties de la flamme qui sort d'un flambeau; en sorte qu'ils ne s'arrêtent en aucun lieu, et qu'à mesure qu'il en entre quelques-uns dans les cavités du cerveau, il en sort aussi quelques autres par les pores qui sont en sa substance, lesquels pores les conduisent dans les nerfs, et de là dans les muscles, au moyen de quoi ils meuvent le corps en toutes les diverses façons qu'il peut être mû.

Art. 11. *Comment se font les mouvements des muscles.*

Car la seule cause de tous les mouvements des membres est que quelques muscles s'accourcissent et que leurs opposés s'allongent, ainsi qu'il a déjà été dit. Et la seule cause qui fait qu'un muscle s'accourcit plutôt que son opposé est qu'il vient tant soit peu plus d'esprit du cerveau vers lui que vers l'autre. Non pas que les esprits qui viennent immédiatement du cerveau suffisent seuls pour mouvoir ces muscles, mais ils déterminent les autres esprits qui sont déjà dans ces deux muscles à sortir tous fort promptement de l'un d'eux et passer dans l'autre; au moyen de quoi celui d'où ils sortent devient plus long et plus lâche, et celui dans lequel ils entrent, étant promptement enflé par eux, s'accourcit et tire le membre auquel il est attaché. Ce qui est facile à concevoir, pourvu que l'on sache qu'il n'y a que fort peu d'esprits animaux qui viennent continuellement du cerveau vers chaque muscle, mais qu'il y en a toujours quantité d'autres enfermés dans le même muscle qui s'y meuvent très vite, quelquefois en tournoyant seulement dans le lieu où ils sont, à savoir, lorsqu'ils ne trouvent point de passages ouverts pour en sortir, et quelquefois en coulant dans le muscle opposé. D'autant qu'il y a de petites ouvertures en chacun de ces muscles par où ces esprits peuvent couler de l'un dans l'autre, et qui sont tellement disposées que, lorsque les esprits qui viennent du cerveau vers l'un d'eux ont tant soit peu plus de force que ceux qui vont vers l'autre, ils ouvrent toutes les entrées par où les esprits de l'autre muscle peuvent passer en celui-ci, et ferment en même temps toutes celles par où les esprits de celui-ci peuvent passer en l'autre; au moyen de quoi tous les esprits contenus auparavant en ces deux muscles s'assemblent en l'un d'eux fort promptement, et ainsi l'enflent et l'accourcissent, pendant que l'autre s'allonge et se relâche.

Art. 12. *Comment les objets de dehors agissent contre les organes des sens.*

Il reste encore ici à savoir les causes qui font que les esprits ne coulent pas toujours du cerveau dans les muscles en même façon, et qu'il en vient quelquefois plus vers les uns que vers les autres. Car, outre l'action de l'âme, qui véritablement est en nous l'une de ces causes, ainsi que je dirai ci-après, il y en a encore deux autres qui ne dépendent que du corps, lesquelles il est besoin de remarquer. La première consiste en la diversité des mouvements qui sont excités dans les organes des sens par leurs objets, laquelle j'ai déjà expliquée assez amplement en *la Dioptrique;* mais afin que ceux qui verront cet écrit n'aient pas besoin d'en avoir lu d'autres, je répéterai ici qu'il y a trois choses à considérer dans les nerfs, à savoir : leur moelle, ou substance intérieure, qui s'étend en forme de petits filets depuis le cerveau, d'où elle prend son origine, jusques aux extrémités des autres membres auxquelles ces filets sont attachés; puis les peaux qui les environnent et qui, étant contiguës avec celles qui enveloppent le cerveau, composent de petits tuyaux dans lesquels ces petits filets sont enfermés; puis enfin les esprits animaux qui, étant portés par ces mêmes tuyaux depuis le cerveau jusques aux muscles, sont cause que ces filets y demeurent entièrement libres et étendus, en telle sorte que la moindre chose qui meut la partie du corps où l'extrémité de quelqu'un d'eux est attachée, fait mouvoir par même moyen la partie du cerveau d'où il vient, en même façon que lorsqu'on tire l'un des bouts d'une corde on fait mouvoir l'autre.

ART. 13. *Que cette action des objets de dehors peut conduire diversement les esprits dans les muscles.*

Et j'ai expliqué en *la Dioptrique* comment tous les objets de la vue ne se communiquent à nous que par cela seul qu'ils meuvent localement, par l'entremise des corps transparents qui sont entre eux et nous, les petits filets des nerfs optiques qui sont au fond de nos yeux, et ensuite les endroits du cerveau d'où viennent ces nerfs; qu'ils les meuvent, dis-je, en autant de diverses façons qu'ils nous font voir de diversités dans les choses, et que ce ne sont pas immédiatement les mouvements qui se font en l'œil, mais ceux qui se font dans le cerveau, qui représentent à l'âme ces objets. A l'exemple de quoi il est aisé de concevoir que les sons, les odeurs, les saveurs, la chaleur, la douleur, la faim, la soif, et généralement tous les objets, tant de nos autres sens extérieurs que de nos appétits intérieurs, excitent aussi quelque mouvement en nos nerfs, qui passe par leur moyen jusqu'au cerveau; et outre que ces divers mouvements du cerveau font avoir à notre âme divers sentiments, ils peuvent aussi faire sans elle que les esprits prennent leur cours vers certains muscles plutôt que vers d'autres, et ainsi qu'ils meuvent nos membres, ce que je prouverai seulement ici par un exemple. Si quelqu'un avance promptement sa main contre nos yeux, comme pour nous frapper, quoique nous sachions qu'il est notre ami, qu'il ne fait cela que par jeu et qu'il se gardera bien de nous faire aucun mal, nous avons toutefois de la peine à nous empêcher de les fermer; ce qui montre que ce n'est point par l'entremise de notre âme qu'ils se ferment puisque c'est contre notre volonté, laquelle est sa seule ou du moins sa principale action; mais que c'est à cause que la machine de notre corps est tellement composée que le mouvement de cette main vers nos yeux excite un autre mouvement en notre cerveau, qui conduit les esprits animaux dans les muscles qui font abaisser les paupières.

ART. 14. *Que la diversité qui est entre les esprits peut aussi diversifier leur cours.*

L'autre cause qui sert à conduire diversement les esprits animaux dans les muscles est l'inégale agitation de ces esprits et la diversité de leurs parties. Car lorsque quelques-unes de leurs parties sont plus grosses et plus agitées que les autres, elles passent plus avant en ligne droite dans les cavités et dans les pores du cerveau, et par ce moyen sont conduites en d'autres muscles qu'elles ne le seraient si elles avaient moins de force.

ART. 15. *Quelles sont les causes de leur diversité.*

Et cette inégalité peut procéder des diverses matières dont ils sont composés, comme on voit en ceux qui ont bu beaucoup de vin que les vapeurs de ce vin, entrant promptement dans le sang, montent du cœur au cerveau, où elles se convertissent en esprits qui, étant plus forts et plus abondants que ceux qui y sont d'ordinaire, sont capables de mouvoir le corps en plusieurs étranges façons. Cette inégalité des esprits peut aussi procéder des diverses dispositions du cœur, du foie, de l'estomac, de la rate et de toutes les autres parties qui contribuent à leur production; car il faut principalement ici remarquer certains petits nerfs insérés dans la base du cœur, qui servent à élargir et étrécir les entrées de ces concavités, au moyen de quoi le sang, s'y dilatant plus ou moins fort, produit des esprits diversement disposés. Il faut aussi remarquer que, bien que le sang qui entre dans le cœur y vienne de tous les autres endroits du corps, il arrive souvent néanmoins qu'il y est davantage poussé de quelques parties que des autres, à cause que les nerfs et les muscles qui répondent à ces parties-là le pressent ou l'agitent davantage, et que, selon la diversité des parties desquelles il vient le plus, il se dilate diversement dans le cœur, et ensuite produit des esprits qui ont des qualités différentes. Ainsi, par exemple, celui qui vient de la partie inférieure du foie, où est le fiel, se dilate d'autre façon dans le cœur que celui qui vient de la rate, et celui-ci autrement que celui qui vient des veines des bras ou des jambes, et enfin celui-ci tout autrement que le suc des viandes, lorsque, étant nouvellement sorti de l'estomac et des boyaux, il passe promptement par le foie jusques au cœur.

ART. 16. *Comment tous les membres peuvent être mus par les objets des sens et par les esprits sans l'aide de l'âme.*

Enfin il faut remarquer que la machine de notre corps est tellement composée que tous les changements qui arrivent au mouvement des esprits peuvent faire qu'ils ouvrent quelques pores du cerveau plus que les autres, et réciproquement que, lorsque quelqu'un de ces pores est tant soit peu plus ou moins ouvert que de coutume par l'action des nerfs qui servent aux sens, cela change quelque chose au mouvement des esprits, et fait qu'ils sont conduits dans les muscles qui servent à mouvoir le corps en la façon qu'il est ordinairement mû à l'occasion d'une telle action; en sorte que tous les mouvements que nous faisons sans que notre volonté y contribue (comme il arrive souvent que nous respirons, que nous marchons, que nous mangeons, et enfin que nous faisons toutes les actions qui nous sont communes avec les bêtes) ne dépendent que de la conformation de nos membres et du cours que les esprits, excités par la chaleur du cœur, suivent naturellement dans le cerveau, dans les nerfs et dans les muscles, en même façon que le mouvement d'une montre est produit par la seule force de son ressort et la figure de ses roues.

ART. 17. *Quelles sont les fonctions de l'âme.*

Après avoir ainsi considéré toutes les fonctions qui appartiennent au corps seul, il est aisé de connaître qu'il ne reste rien en nous que nous devions attribuer à notre âme, sinon nos pensées, lesquelles sont principalement de deux genres, à savoir : les unes sont les actions de l'âme, les autres sont ses passions. Celles que je nomme ses actions sont toutes nos volontés, à cause que nous expérimentons qu'elles viennent directement de notre âme, et semblent ne dépendre que d'elle; comme, au contraire, on peut généralement nommer ses passions toutes les sortes de perceptions ou connaissances qui se trouvent en nous, à cause que souvent ce n'est pas notre âme qui les fait telles qu'elles sont, et que toujours elle les reçoit des choses qui sont représentées par elles.

Art. 18. *De la volonté.*

Derechef nos volontés sont de deux sortes; car les unes sont des actions de l'âme qui se terminent en l'âme même, comme lorsque nous voulons aimer Dieu ou généralement appliquer notre pensée à quelque objet qui n'est point matériel; les autres sont des actions qui se terminent en notre corps, comme lorsque de cela seul que nous avons la volonté de nous promener, il suit que nos jambes se remuent et que nous marchons.

Art. 19. *De la perception.*

Nos perceptions sont aussi de deux sortes, et les unes ont l'âme pour cause, les autres le corps. Celles qui ont l'âme pour cause sont les perceptions de nos volontés et de toutes les imaginations ou autres pensées qui en dépendent; car il est certain que nous ne saurions vouloir aucune chose que nous n'apercevions par même moyen que nous la voulons; et bien qu'au regard de notre âme ce soit une action de vouloir quelque chose, on peut dire que c'est aussi en elle une passion d'apercevoir qu'elle veut; toutefois, à cause que cette perception et cette volonté ne sont en effet qu'une même chose, la dénomination se fait toujours par ce qui est le plus noble, et ainsi on n'a point coutume de la nommer une passion, mais seulement une action.

Art. 20. *Des imaginations et autres pensées qui sont formées par l'âme.*

Lorsque notre âme s'applique à imaginer quelque chose qui n'est point, comme à se représenter un palais enchanté ou une chimère, et aussi lorsqu'elle s'applique à considérer quelque chose qui est seulement intelligible et non point imaginable, par exemple à considérer sa propre nature, les perceptions qu'elle a de ces choses dépendent principalement de la volonté qui fait qu'elle les aperçoit; c'est pourquoi on a coutume de les considérer comme des actions plutôt que comme des passions.

ART. 21. *Des imaginations qui n'ont pour cause que le corps.*

Entre les perceptions qui sont causées par le corps, la plupart dépendent des nerfs; mais il y en a aussi quelques-unes qui n'en dépendent point, et qu'on nomme des imaginations, ainsi que celles dont je viens de parler, desquelles néanmoins elles diffèrent en ce que notre volonté ne s'emploie point à les former, ce qui fait qu'elles ne peuvent être mises au nombre des actions de l'âme, et elles ne procèdent que de ce que les esprits étant diversement agités, et rencontrant les traces de diverses impressions qui ont précédé dans le cerveau, ils y prennent leur cours fortuitement par certains pores plutôt que par d'autres. Telles sont les illusions de nos songes et aussi les rêveries que nous avons souvent étant éveillés, lorsque notre pensée erre nonchalamment sans s'appliquer à rien de soi-même. Or, encore que quelques-unes de ces imaginations soient des passions de l'âme, en prenant ce mot en sa plus propre et plus parfaite signification, et qu'elles puissent être toutes ainsi nommées, si on le prend en une signification plus générale, toutefois, pour ce qu'elles n'ont pas une cause si notable et si déterminée que les perceptions que l'âme reçoit par l'entremise des nerfs, et qu'elles semblent n'en être que l'ombre et la peinture, avant que nous les puissions bien distinguer, il faut considérer la différence qui est entre ces autres.

ART. 22. *De la différence qui est entre les autres perceptions.*

Toutes les perceptions que je n'ai pas encore expliquées viennent à l'âme par l'entremise des nerfs, et il y a entre elles cette différence que nous les rapportons les unes aux objets de dehors, qui frappent nos sens, les autres à notre corps ou à quelques-unes de ses parties, et enfin les autres à notre âme.

ART. 23. *Des perceptions que nous rapportons aux objets qui sont hors de nous.*

Celles que nous rapportons à des choses qui sont hors de nous, à savoir, aux objets de nos sens, sont causées, au moins lorsque notre opinion n'est point fausse, par ces objets qui, excitant quelques mouvements dans les organes des sens extérieurs, en excitent aussi par l'entremise des nerfs dans le cerveau, lesquels font que l'âme les sent. Ainsi lorsque nous voyons la lumière d'un flambeau et que nous oyons le son d'une cloche, ce son et cette lumière sont deux diverses actions qui, par cela seul qu'elles excitent deux divers mouvements en quelques-uns de nos nerfs, et par leur moyen dans le cerveau, donnent à l'âme deux sentiments différents, lesquels nous rapportons tellement aux sujets que nous supposons être leurs causes, que nous pensons voir le flambeau même et ouïr la cloche, non pas sentir seulement des mouvements qui viennent d'eux.

ART. 24. *Des perceptions que nous rapportons à notre corps.*

Les perceptions que nous rapportons à notre corps ou à quelques-unes de ses parties sont celles que nous avons de la faim, de la soif et de nos autres appétits naturels, à quoi on peut joindre la douleur, la chaleur et les autres affections que nous sentons comme dans nos membres, et non pas comme dans les objets qui sont hors de nous : ainsi nous pouvons sentir en même temps, et par l'entremise des mêmes nerfs, la froideur de notre main et la chaleur de la flamme dont elle s'approche, ou bien, au contraire, la chaleur de la main et le froid de l'air auquel elle est exposée, sans qu'il y ait aucune différence entre les actions qui nous font sentir le chaud ou le froid qui est en notre main et celles qui nous font sentir celui qui est hors de nous, sinon que, l'une de ces actions survenant à l'autre, nous jugeons que la première est déjà en nous, et que celle qui survient n'y est pas encore, mais en l'objet qui la cause.

ART. 25. *Des perceptions que nous rapportons à notre âme.*

Les perceptions qu'on rapporte seulement à l'âme sont celles dont on sent les effets comme en l'âme même, et desquelles on ne connaît communément aucune cause prochaine à laquelle on les puisse rapporter : tels sont les sentiments de joie, de colère, et autres semblables, qui sont quelquefois excités en nous par les objets qui meuvent nos nerfs, et quelquefois aussi par d'autres causes. Or, encore que toutes nos perceptions, tant celles qu'on rapporte aux objets qui sont hors de nous que celles qu'on rapporte aux diverses affections de notre corps, soient véritablement des passions au regard de notre âme lorsqu'on prend ce mot en sa plus générale signification, toutefois on a coutume de le restreindre à signifier seulement celles qui se rapportent à l'âme même, et ce ne sont que ces dernières que j'ai entrepris ici d'expliquer sous le nom de passions de l'âme.

ART. 26. *Que les imaginations qui ne dépendent que du mouvement fortuit des esprits, peuvent être d'aussi véritables passions que les perceptions qui dépendent des nerfs.*

Il reste ici à remarquer que toutes les mêmes choses que l'âme aperçoit par l'entremise des nerfs lui peuvent aussi être représentées par le cours fortuit des esprits, sans qu'il y ait autre différence sinon que les impressions qui viennent dans le cerveau par les nerfs ont coutume d'être plus vives et plus expresses que celles que les esprits y excitent : ce qui m'a fait dire en l'article 21 que celles-ci sont comme l'ombre et la peinture des autres. Il faut aussi remarquer qu'il arrive quelquefois que cette peinture est si semblable à la chose qu'elle représente, qu'on peut y être trompé touchant les perceptions qui se rapportent aux objets qui sont hors de nous, ou bien celles qui se rapportent à quelques parties de notre corps, mais qu'on ne peut pas l'être en même façon touchant les passions, d'autant qu'elles sont si proches et si intérieures à notre âme qu'il est impossible qu'elle les sente sans qu'elles soient véritablement telles qu'elle les sent. Ainsi souvent lorsqu'on dort, et même quelquefois étant éveillé, on imagine si fortement certaines choses qu'on pense les voir devant soi ou les sentir en son corps, bien qu'elles n'y soient aucunement; mais, encore qu'on soit endormi et qu'on rêve, on ne saurait se sentir triste ou ému de quelque autre passion, qu'il ne soit très vrai que l'âme a en soi cette passion.

ART. 27. *La définition des passions de l'âme.*

Après avoir considéré en quoi les passions de l'âme diffèrent de toutes ses autres pensées, il me semble qu'on peut généralement les définir des perceptions, ou des sentiments, ou des émotions de l'âme, qu'on rapporte particulièrement à elle, et qui sont causées, entretenues et fortifiées par quelque mouvement des esprits.

ART. 28. *Explication de la première partie de cette définition.*

On les peut nommer des perceptions lorsqu'on se sert généralement de ce mot pour signifier toutes les pensées qui ne sont point des actions de l'âme ou des volontés, mais non point lorsqu'on ne s'en sert que pour signifier des connaissances évidentes; car l'expérience fait voir que ceux qui sont les plus agités par leurs passions ne sont pas ceux qui les connaissent le mieux, et qu'elles sont du nombre des perceptions que l'étroite alliance qui est entre l'âme et le corps rend confuses et obscures. On les peut aussi nommer des sentiments, à cause qu'elles sont reçues en l'âme en même façon que les objets des sens extérieurs, et ne sont pas autrement connues par elle; mais on peut encore mieux les nommer des émotions de l'âme, non seulement à cause que ce nom peut être attribué à tous les changements qui arrivent en elle, c'est-à-dire à toutes les diverses pensées qui lui viennent, mais particulièrement parce que, de toutes les sortes de pensées qu'elle peut avoir, il n'y en a point d'autres qui l'agitent et l'ébranlent si fort que font ces passions.

ART. 29. *Explication de son autre partie.*

J'ajoute qu'elles se rapportent particulièrement à l'âme, pour les distinguer des autres sentiments qu'on rapporte, les uns aux objets extérieurs, comme les odeurs, les sons, les couleurs; les autres à notre corps, comme la faim, la soif, la douleur. J'ajoute aussi qu'elles sont causées, entretenues et fortifiées par quelque mouvement des esprits, afin de les distinguer de nos volontés, qu'on peut nommer des émotions de l'âme qui se rapportent à elle, mais qui sont causées par elle-même, et aussi afin d'expliquer leur dernière et plus prochaine cause, qui les distingue derechef des autres sentiments.

ART. 30. *Que l'âme est unie à toutes les parties du corps conjointement.*

Mais pour entendre plus parfaitement toutes ces choses, il est besoin de savoir que l'âme est véritablement jointe à tout le corps, et qu'on ne peut pas proprement dire qu'elle soit en quelqu'une de ses parties à l'exclusion des autres, à cause qu'il est un et en quelque façon indivisible, à raison de la disposition de ses organes qui se rapportent tellement tous l'un à l'autre que, lorsque quelqu'un d'eux est ôté, cela rend tout le corps défectueux; et à cause qu'elle est d'une nature qui n'a aucun rapport à l'étendue ni aux dimensions ou autres propriétés de la matière dont le corps est composé, mais seulement à tout l'assemblage de ses organes, comme il paraît de ce qu'on ne saurait aucunement concevoir la moitié ou le tiers d'une âme ni quelle étendue elle occupe, et qu'elle ne devient point plus petite de ce qu'on retranche quelque partie du corps, mais qu'elle s'en sépare entièrement lorsqu'on dissout l'assemblage de ses organes.

ART. 31. *Qu'il y a une petite glande dans le cerveau en laquelle l'âme exerce ses fonctions plus particulièrement que dans les autres parties.*

Il est besoin aussi de savoir que, bien que l'âme soit jointe à tout le corps, il y a néanmoins en lui quelque partie en laquelle elle exerce ses fonctions plus particulièrement qu'en toutes les autres; et on croit communément que cette partie est le cerveau, ou peut-être le cœur : le cerveau, à cause que c'est à lui que se rapportent les organes des sens; et le cœur, à cause que c'est comme en lui qu'on sent les passions. Mais, en examinant la chose avec soin, il me semble avoir évidemment reconnu que la partie du corps en laquelle l'âme exerce immédiatement ses fonctions n'est nullement le cœur, ni aussi tout le cerveau, mais seulement la plus intérieure de ses parties, qui est une certaine glande fort petite, située dans le milieu de sa substance, et tellement suspendue au-dessus du conduit par lequel les esprits de ses cavités antérieures ont communication avec ceux de la postérieure, que les moindres mouvements qui sont en elle peuvent beaucoup pour changer le cours de ces esprits, et réciproquement que les moindres changements qui arrivent au cours des esprits peuvent beaucoup pour changer les mouvements de cette glande.

ART. 32. *Comment on connaît que cette glande est le principal siège de l'âme.*

La raison qui me persuade que l'âme ne peut avoir en tout le corps aucun autre lieu que cette glande où elle exerce immédiatement ses fonctions est que je considère que les autres parties de notre cerveau sont toutes doubles, comme aussi nous avons deux yeux, deux mains, deux oreilles, et enfin tous les organes de nos sens extérieurs sont doubles; et que, d'autant que nous n'avons qu'une seule et simple pensée d'une même chose en même temps, il faut nécessairement qu'il y ait quelque lieu où les deux images qui viennent par les deux yeux, où les deux autres impressions qui viennent d'un seul objet par les doubles organes des autres sens, se puissent assembler en une avant qu'elles parviennent à l'âme, afin qu'elles ne lui représentent pas deux objets au lieu d'un. Et on peut aisément concevoir que ces images ou autres impressions se réunissent en cette glande par l'entremise des esprits qui remplissent les cavités du cerveau, mais il n'y a aucun autre endroit dans le corps où elles puissent ainsi être unies, sinon ensuite de ce qu'elles le sont en cette glande.

ART. 33. *Que le siège des passions n'est pas dans le cœur.*

Pour l'opinion de ceux qui pensent que l'âme reçoit ses passions dans le cœur, elle n'est aucunement considérable, car elle n'est fondée que sur ce que les passions y font sentir quelque altération; et il est aisé à remarquer que cette altération n'est sentie, comme dans le cœur, que par l'entremise d'un petit nerf qui descend du cerveau vers lui, ainsi que la douleur est sentie comme dans le pied par l'entremise des nerfs du pied, et les astres sont aperçus comme dans le ciel par l'entremise de leur lumière et des nerfs optiques : en sorte qu'il n'est pas plus nécessaire que notre âme exerce immédiatement ses fonctions dans le cœur pour y sentir ses passions qu'il est nécessaire qu'elle soit dans le ciel pour y voir les astres.

Art. 34. *Comment l'âme et le corps agissent l'un contre l'autre.*

Concevons donc ici que l'âme a son siège principal dans la petite glande qui est au milieu du cerveau, d'où elle rayonne en tout le reste du corps par l'entremise des esprits, des nerfs et même du sang, qui, participant aux impressions des esprits, les peut porter par les artères en tous les membres; et nous souvenant de ce qui a été dit ci-dessus de la machine de notre corps, à savoir, que les petits filets de nos nerfs sont tellement distribués en toutes ses parties qu'à l'occasion des divers mouvements qui y sont excités par les objets sensibles, ils ouvrent diversement les pores du cerveau, ce qui fait que les esprits animaux contenus en ces cavités entrent diversement dans les muscles, au moyen de quoi ils peuvent mouvoir les membres en toutes les diverses façons qu'ils sont capables d'être mus, et aussi que toutes les autres causes qui peuvent diversement mouvoir les esprits suffisent pour les conduire en divers muscles; ajoutons ici que la petite glande qui est le principal siège de l'âme est tellement suspendue entre les cavités qui contiennent ces esprits qu'elle peut être mue par eux en autant de diverses façons qu'il y a de diversités sensibles dans les objets; mais qu'elle peut aussi être diversement mue par l'âme, laquelle est de telle nature qu'elle reçoit autant de diverses impressions en elle, c'est-à-dire qu'elle a autant de diverses perceptions qu'il arrive de divers mouvements en cette glande; comme aussi réciproquement la machine du corps est tellement composée que, de cela seul que cette glande est diversement mue par l'âme ou par telle autre cause que ce puisse être, elle pousse les esprits qui l'environnent vers les pores du cerveau, qui les conduisent par les nerfs dans les muscles, au moyen de quoi elle leur fait mouvoir les membres.

Art. 35. *Exemple de la façon que les impressions des objets s'unissent en la glande qui est au milieu du cerveau.*

Ainsi, par exemple, si nous voyons quelque animal venir vers nous, la lumière réfléchie de son corps en peint deux images, une en chacun de nos yeux, et ces deux images en forment deux autres, par l'entremise des nerfs optiques, dans la superficie intérieure du cerveau qui regarde ses concavités; puis, de là, par l'entremise des esprits dont ses cavités sont remplies, ces images rayonnent en telle sorte vers la petite glande que ces esprits environnent, que le mouvement qui compose chaque point de l'une des images tend vers le même point de la glande vers lequel tend le mouvement qui forme le point de l'autre image, lequel représente la même partie de cet animal, au moyen de quoi les deux images qui sont dans le cerveau n'en composent qu'une seule sur la glande, qui, agissant immédiatement contre l'âme, lui fait voir la figure de cet animal.

Art. 36. *Exemple de la façon que les passions sont excitées en l'âme.*

Et, outre cela, si cette figure eſt fort étrange et fort effroyable, c'eſt-à-dire si elle a beaucoup de rapport avec les choses qui ont été auparavant nuisibles au corps, cela excite en l'âme la passion de la crainte, et ensuite celle de la hardiesse, ou bien celle de la peur et de l'épouvante, selon le divers tempérament du corps ou la force de l'âme, et selon qu'on s'eſt auparavant garanti par la défense ou par la fuite contre les choses nuisibles auxquelles l'impression présente a du rapport; car cela rend le cerveau tellement disposé en quelques hommes, que les esprits réfléchis de l'image ainsi formée sur la glande vont de là se rendre partie dans les nerfs qui servent à tourner le dos et remuer les jambes pour s'enfuir, et partie en ceux qui élargissent ou étrécissent tellement les orifices du cœur, ou bien qui agitent tellement les autres parties d'où le sang lui eſt envoyé, que ce sang y étant raréfié d'autre façon que de coutume, il envoie des esprits au cerveau qui sont propres à entretenir et fortifier la passion de la peur, c'eſt-à-dire qui sont propres à tenir ouverts ou bien à ouvrir derechef les pores du cerveau qui les conduisent dans les mêmes nerfs; car de cela seul que ces esprits entrent en ces pores ils excitent un mouvement particulier en cette glande, lequel eſt inſtitué de la nature pour faire sentir à l'âme cette passion; et parce que ces pores se rapportent principalement aux petits nerfs qui servent à resserrer ou élargir les orifices du cœur, cela fait que l'âme la sent principalement comme dans le cœur.

Art. 37. *Comment il paraît qu'elles sont toutes causées par quelque mouvement des esprits.*

Et parce que le semblable arrive en toutes les autres passions, à savoir, qu'elles sont principalement causées par les esprits qui sont contenus dans les cavités du cerveau, en tant qu'ils prennent leur cours vers les nerfs qui servent à élargir ou étrécir les orifices du cœur, ou à pousser diversement vers lui le sang qui eſt dans les autres parties, ou, en quelque autre façon que ce soit, à entretenir la même passion, on peut clairement entendre de ceci pourquoi j'ai mis ci-dessus en leur définition qu'elles sont causées par quelque mouvement particulier des esprits.

Art. 38. *Exemple des mouvements du corps qui accompagnent les passions et ne dépendent point de l'âme.*

Au reſte, en même façon que le cours que prennent ces esprits vers les nerfs du cœur suffit pour donner le mouvement à la glande par lequel la peur eſt mise dans l'âme, ainsi aussi, par cela seul que quelques esprits vont en même temps vers les nerfs qui servent à remuer les jambes pour fuir, ils causent un autre mouvement en la même glande par le moyen duquel l'âme sent et aperçoit cette fuite, laquelle peut en cette façon être excitée dans le corps par la seule disposition des organes et sans que l'âme y contribue.

Art. 39. *Comment une même cause peut exciter diverses passions en divers hommes.*

La même impression que la présence d'un objet effroyable fait sur la glande, et qui cause la peur en quelques hommes, peut exciter en d'autres le courage et la hardiesse, dont la raison eſt que tous les cerveaux ne sont pas disposés en même façon, et que le même mouvement de la glande qui en quelques-uns excite la peur fait dans les autres que les esprits entrent dans les pores du cerveau qui les conduisent partie dans les nerfs qui servent à remuer les mains pour se défendre, et partie en ceux qui agitent et poussent le sang vers le cœur, en la façon qui est requise pour produire des esprits propres à continuer cette défense et en retenir la volonté.

ART. 40. *Quel est le principal effet des passions.*

Car il est besoin de remarquer que le principal effet de toutes les passions dans les hommes est qu'elles incitent et disposent leur âme à vouloir les choses auxquelles elles préparent leur corps; en sorte que le sentiment de la peur l'incite à vouloir fuir, celui de la hardiesse à vouloir combattre, et ainsi des autres.

ART. 41. *Quel est le pouvoir de l'âme au regard du corps.*

Mais la volonté est tellement libre de sa nature, qu'elle ne peut jamais être contrainte; et des deux sortes de pensées que j'ai distinguées en l'âme, dont les unes sont ses actions, à savoir, ses volontés, les autres ses passions, en prenant ce mot en sa plus générale signification, qui comprend toutes sortes de perceptions, les premières sont absolument en son pouvoir et ne peuvent qu'indirectement être changées par le corps, comme au contraire les dernières dépendent absolument des actions qui les produisent, et elles ne peuvent qu'indirectement être changées par l'âme, excepté lorsqu'elle est elle-même leur cause. Et toute l'action de l'âme consiste en ce que, par cela seul qu'elle veut quelque chose, elle fait que la petite glande à qui elle est étroitement jointe se meut en la façon qui est requise pour produire l'effet qui se rapporte à cette volonté.

ART. 42. *Comment on trouve en sa mémoire les choses dont on veut se souvenir.*

Ainsi, lorsque l'âme veut se souvenir de quelque chose, cette volonté fait que la glande, se penchant successivement vers divers côtés, pousse les esprits vers divers endroits du cerveau, jusques à ce qu'ils rencontrent celui où sont les traces que l'objet dont on veut se souvenir y a laissées; car ces traces ne sont autre chose sinon que les pores du cerveau, par où les esprits ont auparavant pris leur cours à cause de la présence de cet objet, ont acquis par cela une plus grande facilité que les autres à être ouverts derechef en même façon par les esprits qui viennent vers eux; en sorte que ces esprits rencontrant ces pores entrent dedans plus facilement que dans les autres, au moyen de quoi ils excitent un mouvement particulier en la glande, lequel représente à l'âme le même objet et lui fait connaître qu'il est celui duquel elle voulait se souvenir.

ART. 43. *Comment l'âme peut imaginer, être attentive et mouvoir le corps.*

Ainsi, quand on veut imaginer quelque chose qu'on n'a jamais vue, cette volonté a la force de faire que la glande se meut en la façon qui est requise pour pousser les esprits vers les pores du cerveau par l'ouverture desquels cette chose peut être représentée; ainsi, quand on veut arrêter son attention à considérer quelque temps un même objet, cette volonté retient la glande pendant ce temps-là penchée vers un même côté; ainsi, enfin, quand on veut marcher ou mouvoir son corps en quelque autre façon, cette volonté fait que la glande pousse les esprits vers les muscles qui servent à cet effet.

ART. 44. *Que chaque volonté est naturellement jointe à quelque mouvement de la glande; mais que, par industrie ou par habitude, on la peut joindre à d'autres.*

Toutefois ce n'est pas toujours la volonté d'exciter en nous quelque mouvement ou quelque autre effet qui peut faire que nous l'excitons; mais cela change selon que la nature ou l'habitude ont diversement joint chaque mouvement de la glande à chaque pensée. Ainsi, par exemple, si on veut disposer ses yeux à regarder un objet fort éloigné, cette volonté fait que leur prunelle s'élargit; et si on les veut disposer à regarder un objet fort proche, cette volonté fait qu'elle s'étrécit; mais si on pense seulement à élargir la prunelle, on a beau en avoir la volonté, on ne l'élargit point pour cela, d'autant que la nature n'a pas joint le mouvement de la glande qui sert à pousser les esprits vers le nerf optique en la façon qui eſt requise pour élargir ou étrécir la prunelle avec la volonté de l'élargir ou étrécir, mais bien avec celle de regarder des objets éloignés ou proches. Et lorsqu'en parlant nous ne pensons qu'au sens de ce que nous voulons dire, cela fait que nous remuons la langue et les lèvres beaucoup plus promptement et beaucoup mieux que si nous pensions à les remuer en toutes les façons qui sont requises pour proférer les mêmes paroles, d'autant que l'habitude que nous avons acquise en apprenant à parler a fait que nous avons joint l'action de l'âme, qui, par l'entremise de la glande, peut mouvoir la langue et les lèvres, avec la signification des paroles qui suivent de ces mouvements plutôt qu'avec les mouvements mêmes.

ART. 45. *Quel eſt le pouvoir de l'âme au regard de ses passions.*

Nos passions ne peuvent pas aussi directement être excitées ni ôtées par l'action de notre volonté, mais elles peuvent l'être indirectement par la représentation des choses qui ont coutume d'être jointes avec les passions que nous voulons avoir, et qui sont contraires à celles que nous voulons rejeter. Ainsi, pour exciter en soi la hardiesse et ôter la peur, il ne suffit pas d'en avoir la volonté, mais il faut s'appliquer à considérer les raisons, les objets ou les exemples qui persuadent que le péril n'eſt pas grand; qu'il y a toujours plus de sûreté en la défense qu'en la fuite; qu'on aura de la gloire et de la joie d'avoir vaincu, au lieu qu'on ne peut attendre que du regret et de la honte d'avoir fui, et choses semblables.

ART. 46. *Quelle eſt la raison qui empêche que l'âme ne puisse entièrement disposer de ses passions.*

Il y a une raison particulière qui empêche l'âme de pouvoir promptement changer ou arrêter ses passions, laquelle m'a donné sujet de mettre ci-dessus en leur définition qu'elles sont non seulement causées, mais aussi entretenues et fortifiées par quelque mouvement particulier des esprits. Cette raison eſt qu'elles sont presque toutes accompagnées de quelque émotion qui se fait dans le cœur, et par conséquent aussi en tout le sang et les esprits, en sorte que, jusqu'à ce que cette émotion ait cessé, elles demeurent présentes à notre pensée en même façon que les objets sensibles y sont présents pendant qu'ils agissent contre les organes de nos sens. Et comme l'âme, en se rendant fort attentive à quelque autre chose, peut s'empêcher d'ouïr un petit bruit ou de sentir une petite douleur, mais ne peut s'empêcher en même façon d'ouïr le tonnerre ou de sentir le feu qui brûle la main, ainsi elle peut aisément surmonter les moindres passions, mais non pas les plus violentes et les plus fortes, sinon après que l'émotion du sang et des esprits est apaisée. Le plus que la volonté puisse faire pendant que cette émotion est en sa vigueur, c'est de ne pas consentir à ses effets et de retenir plusieurs des mouvements auxquels elle dispose le corps. Par exemple, si la colère fait lever la main pour frapper, la volonté peut ordinairement la retenir; si la peur incite les gens à fuir, la volonté les peut arrêter, et ainsi des autres.

ART. 47. *En quoi consistent les combats qu'on a coutume d'imaginer entre la partie inférieure et la supérieure de l'âme.*

Et ce n'est qu'en la répugnance qui est entre les mouvements que le corps par ses esprits et l'âme par sa volonté tendent à exciter en même temps dans la glande, que consistent tous les combats qu'on a coutume d'imaginer entre la partie inférieure de l'âme qu'on nomme sensitive et la supérieure, qui est raisonnable, ou bien entre les appétits naturels et la volonté; car il n'y a en nous qu'une seule âme, et cette âme n'a en soi aucune diversité de parties : la même qui est sensitive est raisonnable, et tous ses appétits sont des volontés. L'erreur qu'on a commise en lui faisant jouer divers personnages qui sont ordinairement contraires les uns aux autres ne vient que de ce qu'on n'a pas bien distingué ses fonctions d'avec celles du corps, auquel seul on doit attribuer tout ce qui peut être remarqué en nous qui répugne à notre raison; en sorte qu'il n'y a point en ceci d'autre combat sinon que la petite glande qui est au milieu du cerveau pouvant être poussée d'un côté par l'âme et de l'autre par les esprits animaux, qui ne sont que des corps, ainsi que j'ai dit ci-dessus, il arrive souvent que ces deux impulsions sont contraires, et que la plus forte empêche l'effet de l'autre. Or on peut distinguer deux sortes de mouvements excités par les esprits dans la glande : les uns représentent à l'âme les objets qui meuvent les sens, ou les impressions qui se rencontrent dans le cerveau et ne font aucun effort sur sa volonté; les autres y font quelque effort, à savoir, ceux qui causent les passions ou les mouvements du corps qui les accompagnent; et, pour les premiers, encore qu'ils empêchent souvent les actions de l'âme ou bien qu'ils soient empêchés par elles, toutefois, à cause qu'ils ne sont pas directement contraires, on n'y remarque point de combats. On en remarque seulement entre les derniers et les volontés qui leur répugnent : par exemple, entre l'effort dont les esprits poussent la glande pour causer en l'âme le désir de quelque chose, et celui dont l'âme la repousse par la volonté qu'elle a de fuir la même chose; et ce qui fait principalement paraître ce combat, c'est que la volonté n'ayant pas le pouvoir d'exciter directement les passions, ainsi qu'il a déjà été dit, elle est contrainte d'user d'industrie et de s'appliquer à considérer successivement diverses choses dont, s'il arrive que l'une ait la force de changer pour un moment le cours des esprits, il peut arriver que celle qui suit ne l'a pas et qu'ils le reprennent aussitôt après, à cause que la disposition qui a précédé dans les nerfs, dans le cœur et dans le sang n'est pas changée, ce qui fait que l'âme se sent poussée presque en même temps à désirer et ne pas désirer une même chose; et c'est de là qu'on a pris occasion d'imaginer en elle deux puissances qui se combattent. Toutefois on peut encore concevoir quelque combat, en ce que souvent la même cause qui excite en l'âme quelque passion excite aussi certains mouvements dans le corps auxquels l'âme ne contribue point, et lesquels elle arrête ou tâche d'arrêter sitôt qu'elle les aperçoit, comme on éprouve lorsque ce qui excite la peur fait aussi que les esprits entrent dans les muscles qui servent à remuer les jambes pour fuir, et que la volonté qu'on a d'être hardi les arrête.

Art. 48. *En quoi on connaît la force ou la faiblesse des âmes, et quel est le mal des plus faibles.*

Or, c'est par le succès de ces combats que chacun peut connaître la force ou la faiblesse de son âme; car ceux en qui naturellement la volonté peut le plus aisément vaincre les passions et arrêter les mouvements du corps qui les accompagnent ont sans doute les âmes les plus fortes; mais il y en a qui ne peuvent éprouver leur force, parce qu'ils ne font jamais combattre leur volonté avec ses propres armes, mais seulement avec celles que lui fournissent quelques passions pour résister à quelques autres. Ce que je nomme ses propres armes sont des jugements fermes et déterminés touchant la connaissance du bien et du mal, suivant lesquels elle a résolu de conduire les actions de sa vie; et les âmes les plus faibles de toutes sont celles dont la volonté ne se détermine point ainsi à suivre certains jugements, mais se laisse continuellement emporter aux passions présentes, lesquelles, étant souvent contraires les unes aux autres, la tirent tour à tour à leur parti et, l'employant à combattre contre elle-même, mettent l'âme au plus déplorable état qu'elle puisse être. Ainsi, lorsque la peur représente la mort comme un mal extrême et qui ne peut être évité que par la fuite, si l'ambition, d'autre côté, représente l'infamie de cette fuite comme un mal pire que la mort, ces deux passions agitent diversement la volonté, laquelle obéissant tantôt à l'une, tantôt à l'autre, s'oppose continuellement à soi-même, et ainsi rend l'âme esclave et malheureuse.

Art. 49. *Que la force de l'âme ne suffit pas sans la connaissance de la vérité.*

Il est vrai qu'il y a fort peu d'hommes si faibles et irrésolus qu'ils ne veulent rien que ce que leur passion leur dicte. La plupart ont des jugements déterminés, suivant lesquels ils règlent une partie de leurs actions; et, bien que souvent ces jugements soient faux, et même fondés sur quelques passions par lesquelles la volonté s'est auparavant laissé vaincre ou séduire, toutefois, à cause qu'elle continue de les suivre lorsque la passion qui les a causés est absente, on les peut considérer comme ses propres armes, et penser que les âmes sont plus fortes ou plus faibles à raison de ce qu'elles peuvent plus ou moins suivre ces jugements et résister aux passions présentes qui leur sont contraires. Mais il y a pourtant grande différence entre les résolutions qui procèdent de quelque fausse opinion et celles qui ne sont appuyées que sur la connaissance de la vérité; d'autant que si on suit ces dernières, on est assuré de n'en avoir jamais de regret ni de repentir, au lieu qu'on en a toujours d'avoir suivi les premières lorsqu'on en découvre l'erreur.

Art. 50. *Qu'il n'y a point d'âme si faible qu'elle ne puisse, étant bien conduite, acquérir un pouvoir absolu sur ses passions.*

Et il est utile ici de savoir que, comme il a déjà été dit ci-dessus, encore que chaque mouvement de la glande semble avoir été joint par la nature à chacune de nos pensées dès le commencement de notre vie, on les peut toutefois joindre à d'autres par habitude, ainsi que l'expérience fait voir aux paroles qui excitent des mouvements en la glande, lesquels, selon l'institution de la nature, ne représentent à l'âme que leur son lorsqu'elles sont proférées de la voix, ou la figure de leurs lettres lorsqu'elles sont écrites, et qui, néanmoins, par l'habitude qu'on a acquise en pensant à ce qu'elles signifient lorsqu'on a ouï leur son ou bien qu'on a vu leurs lettres, ont coutume de faire concevoir cette signification plutôt que la figure de leurs lettres ou bien le son de leurs syllabes. Il est utile aussi de savoir qu'encore que les mouvements, tant de la glande que des esprits et du cerveau, qui représentent à l'âme certains objets, soient naturellement joints avec ceux qui excitent en elle certaines passions, ils peuvent toutefois par habitude en être séparés et joints à d'autres fort différents, et même que cette habitude peut être acquise par une seule action et ne requiert point un long usage. Ainsi, lorsqu'on rencontre inopinément quelque chose de fort sale en une viande qu'on mange avec appétit, la surprise de cette rencontre peut tellement changer la disposition du cerveau qu'on ne pourra plus voir par après de telle viande qu'avec horreur, au lieu qu'on la mangeait auparavant avec plaisir. Et on peut remarquer la même chose dans les bêtes; car encore qu'elles n'aient point de raison, ni peut-être aucune pensée, tous les mouvements des esprits et de la glande qui excitent en nous les passions ne laissent pas d'être en elles et d'y servir à entretenir et fortifier, et non pas comme en nous, les passions, mais les mouvements des nerfs et des muscles qui ont coutume de les accompagner. Ainsi, lorsqu'un chien voit une perdrix, il est naturellement porté à courir vers elle; et lorsqu'il oit tirer un fusil, ce bruit l'incite naturellement à s'enfuir; mais néanmoins on dresse ordinairement les chiens couchants en telle sorte que la vue d'une perdrix fait qu'ils s'arrêtent, et que le bruit qu'ils oient après, lorsqu'on tire sur elle, fait qu'ils y accourent. Or ces choses sont utiles à savoir pour donner le courage à un chacun d'étudier à regarder ses passions; car, puisqu'on peut, avec un peu d'industrie, changer les mouvements du cerveau dans les animaux dépourvus de raison, il est évident qu'on le peut encore mieux dans les hommes, et que ceux même qui ont les plus faibles âmes pourraient acquérir un empire très absolu sur toutes leurs passions, si on employait assez d'industrie à les dresser et à les conduire.

SECONDE PARTIE

DU NOMBRE ET DE L'ORDRE DES PASSIONS ET L'EXPLICATION DES SIX PRIMITIVES

ART. 51. *Quelles sont les premières causes des passions.*

On connaît, de ce qui a été dit ci-dessus, que la dernière et plus prochaine cause des passions de l'âme n'est autre que l'agitation dont les esprits meuvent la petite glande qui est au milieu du cerveau. Mais cela ne suffit pas pour les pouvoir distinguer les unes des autres; il est besoin de rechercher leurs sources, et d'examiner leurs premières causes; or, encore qu'elles puissent quelquefois être causées par l'action de l'âme, qui se détermine à concevoir tels ou tels objets, et aussi par le seul tempérament du corps ou par les impressions qui se rencontrent fortuitement dans le cerveau, comme il arrive lorsqu'on se sent triste ou joyeux sans en pouvoir dire aucun sujet, il paraît néanmoins, par ce qui a été dit, que toutes les mêmes peuvent aussi être excitées par les objets qui meuvent les sens, et que ces objets sont leurs causes les plus ordinaires et principales; d'où il suit que, pour les trouver toutes, il suffit de considérer tous les effets de ces objets.

ART. 52. *Quel est leur usage, et comment on les peut dénombrer.*

Je remarque outre cela que les objets qui meuvent les sens n'excitent pas en nous diverses passions à raison de toutes les diversités qui sont en eux, mais seulement à raison des diverses façons qu'ils nous peuvent nuire ou profiter, ou bien en général être importants; et que l'usage de toutes les passions consiste en cela seul qu'elles disposent l'âme à vouloir les choses que la nature dicte nous être utiles, et à persister en cette volonté, comme aussi la même agitation des esprits qui a coutume de les causer dispose le corps aux mouvements qui servent à l'exécution de ces choses; c'est pourquoi, afin de les dénombrer, il faut seulement examiner par ordre en combien de diverses façons qui nous importent nos sens peuvent être mus par leurs objets; et je ferai ici le dénombrement de toutes les principales passions selon l'ordre qu'elles peuvent ainsi être trouvées.

L'ORDRE ET LE DÉNOMBREMENT DES PASSIONS

ART. 53. *L'admiration.*

Lorsque la première rencontre de quelque objet nous surprend, et que nous le jugeons être nouveau, ou fort différent de ce que nous connaissions auparavant ou bien de ce que nous supposions qu'il devait être, cela fait que nous l'admirons et en sommes étonnés; et parce que cela peut arriver avant que nous connaissions aucunement si cet objet nous est convenable ou s'il ne l'est pas, il me semble que l'admiration est la première de toutes les passions; et elle n'a point de contraire, à cause que, si l'objet qui se présente n'a rien en soi qui nous surprenne, nous n'en sommes aucunement émus et nous le considérons sans passion.

Art. 54. *L'estime ou le mépris, la générosité ou l'orgueil, et l'humilité ou la bassesse.*

A l'admiration est jointe l'estime ou le mépris, selon que c'est la grandeur d'un objet ou sa petitesse que nous admirons. Et nous pouvons ainsi nous estimer ou nous mépriser nous-mêmes; d'où viennent les passions, et ensuite les habitudes de magnanimité ou d'orgueil et d'humilité ou de bassesse.

Art. 55. *La vénération et le dédain.*

Mais quand nous estimons ou méprisons d'autres objets que nous considérons comme des causes libres capables de faire du bien ou du mal, de l'estime vient la vénération, et du simple mépris le dédain.

Art. 56. *L'amour et la haine.*

Or, toutes les passions précédentes peuvent être excitées en nous sans que nous apercevions en aucune façon si l'objet qui les cause est bon ou mauvais. Mais lorsqu'une chose nous est présentée comme bonne à notre égard, c'est-à-dire comme nous étant convenable, cela nous fait avoir pour elle de l'amour; et lorsqu'elle nous est représentée comme mauvaise ou nuisible, cela nous excite à la haine.

Art. 57. *Le désir.*

De la même considération du bien et du mal naissent toutes les autres passions; mais afin de les mettre par ordre, je distingue les temps, et considérant qu'elles nous portent bien plus à regarder l'avenir que le présent ou le passé, je commence par le désir. Car non seulement lorsqu'on désire acquérir un bien qu'on n'a pas encore, ou bien éviter un mal qu'on juge pouvoir arriver, mais aussi lorsqu'on ne souhaite que la conservation d'un bien ou l'absence d'un mal, qui est tout ce à quoi se peut étendre cette passion, il est évident qu'elle regarde toujours l'avenir.

ART. 58. *L'espérance, la crainte, la jalousie, la sécurité et le désespoir.*

Il suffit de penser que l'acquisition d'un bien ou la fuite d'un mal est possible pour être incité à la désirer. Mais quand on considère, outre cela, s'il y a beaucoup ou peu d'apparence qu'on obtienne ce qu'on désire, ce qui nous représente qu'il y en a beaucoup excite en nous l'espérance, et ce qui nous représente qu'il y en a peu excite la crainte, dont la jalousie est une espèce. Lorsque l'espérance est extrême, elle change de nature et se nomme sécurité ou assurance, comme au contraire l'extrême crainte devient désespoir.

ART. 59. *L'irrésolution, le courage, la hardiesse, l'émulation, la lâcheté et l'épouvante.*

Et nous pouvons ainsi espérer et craindre, encore que l'événement de ce que nous attendons ne dépende aucunement de nous; mais quand il nous est représenté comme en dépendant, il peut y avoir de la difficulté en l'élection des moyens ou en l'exécution. De la première vient l'irrésolution, qui nous dispose à délibérer et prendre conseil. A la dernière s'oppose le courage ou la hardiesse, dont l'émulation est une espèce. Et la lâcheté est contraire au courage, comme la peur ou l'épouvante à la hardiesse.

ART. 60. *Le remords.*

Et si on est déterminé à quelque action avant que l'irrésolution fût ôtée, cela fait naître le remords de conscience, lequel ne regarde pas le temps à venir, comme les passions précédentes, mais le présent ou le passé.

ART. 61. *La joie et la tristesse.*

Et la considération du bien présent excite en nous de la joie, celle du mal, de la tristesse, lorsque c'est un bien ou un mal qui nous est représenté comme nous appartenant.

Art. 62. *La moquerie, l'envie, la pitié.*

Mais lorsqu'il nous est représenté comme appartenant à d'autres hommes, nous pouvons les en estimer dignes ou indignes; et lorsque nous les en estimons dignes, cela n'excite point en nous d'autre passion que la joie, en tant que c'est pour nous quelque bien de voir que les choses arrivent comme elles doivent. Il y a seulement cette différence que la joie qui vient du bien est sérieuse, au lieu que celle qui vient du mal est accompagnée de ris et de moquerie. Mais si nous les en estimons indignes, le bien excite l'envie, et le mal la pitié, qui sont des espèces de tristesse. Et il est à remarquer que les mêmes passions qui se rapportent aux biens ou aux maux présents peuvent souvent aussi être rapportées à ceux qui sont à venir, en tant que l'opinion qu'on a qu'ils adviendront les représente comme présents.

Art. 63. *La satisfaction de soi-même et le repentir.*

Nous pouvons aussi considérer la cause du bien ou du mal, tant présent que passé. Et le bien qui a été fait par nous-mêmes nous donne une satisfaction intérieure, qui est la plus douce de toutes les passions, au lieu que le mal excite le repentir, qui est la plus amère.

Art. 64. *La faveur et la reconnaissance.*

Mais le bien qui a été fait par d'autres est cause que nous avons pour eux de la faveur, encore que ce ne soit point à nous qu'il ait été fait; et si c'est à nous, à la faveur nous joignons la reconnaissance.

Art. 65. *L'indignation et la colère.*

Tout de même le mal fait par d'autres, n'étant point rapporté à nous, fait seulement que nous avons pour eux de l'indignation; et lorsqu'il y est rapporté, il émeut aussi la colère.

Art. 66. *La gloire et la honte.*

De plus, le bien qui est ou qui a été en nous, étant rapporté à l'opinion que les autres en peuvent avoir, excite en nous de la gloire, et le mal, de la honte.

Art. 67. *Le dégoût, le regret et l'allégresse.*

Et quelquefois la durée du bien cause l'ennui ou le dégoût, au lieu que celle du mal diminue la tristesse. Enfin, du bien passé vient le regret, qui est une espèce de tristesse, et du mal passé vient l'allégresse, qui est une espèce de joie.

Art. 68. *Pourquoi ce dénombrement des passions est différent de celui qui est communément reçu.*

Voilà l'ordre qui me semble être le meilleur pour dénombrer les passions. En quoi je sais bien que je m'éloigne de l'opinion de tous ceux qui en ont ci-devant écrit, mais ce n'est pas sans grande raison. Car ils tirent leur dénombrement de ce qu'ils distinguent en la partie sensitive de l'âme deux appétits, qu'ils nomment l'un *concupiscible,* l'autre *irascible.* Et parce que je ne connais en l'âme aucune distinction de parties, ainsi que j'ai dit ci-dessus, cela me semble ne signifier autre chose sinon qu'elle a deux facultés, l'une de désirer, l'autre de se fâcher; et à cause qu'elle a en même façon les facultés d'admirer, d'aimer, d'espérer, de craindre, et ainsi de recevoir en soi chacune des autres passions, ou de faire les actions auxquelles ces passions la poussent, je ne vois pas pourquoi ils ont voulu les rapporter toutes à la concupiscence ou à la colère. Outre que leur dénombrement ne comprend point toutes les principales passions, comme je crois que fait celui-ci. Je parle seulement des principales, à cause qu'on en pourrait encore distinguer plusieurs autres plus particulières, et leur nombre est indéfini.

Art. 69. *Qu'il n'y a que six passions primitives.*

Mais le nombre de celles qui sont simples et primitives n'est pas fort grand. Car, en faisant une revue sur toutes celles que j'ai dénombrées, on peut aisément remarquer qu'il n'y en a que six qui soient telles; à savoir : l'admiration, l'amour, la haine, le désir, la joie et la tristesse; et que toutes les autres sont composées de quelques-unes de ces six, ou bien en sont des espèces. C'est pourquoi, afin que leur multitude n'embarrasse point les lecteurs, je traiterai ici séparément des six primitives; et par après je ferai voir en quelle façon toutes les autres en tirent leur origine.

ART. 70. *De l'admiration; sa définition et sa cause.*

L'admiration est une subite surprise de l'âme, qui fait qu'elle se porte à considérer avec attention les objets qui lui semblent rares et extraordinaires. Ainsi elle est causée premièrement par l'impression qu'on a dans le cerveau, qui représente l'objet comme rare et par conséquent digne d'être fort considéré; puis ensuite par le mouvement des esprits, qui sont disposés par cette impression à tendre avec grande force vers l'endroit du cerveau où elle est pour l'y fortifier et conserver; comme aussi ils sont disposés par elle à passer de là dans les muscles qui servent à retenir les organes des sens en la même situation qu'ils sont, afin qu'elle soit encore entretenue par eux, si c'est par eux qu'elle a été formée.

ART. 71. *Qu'il n'arrive aucun changement dans le cœur ni dans le sang en cette passion.*

Et cette passion a cela de particulier qu'on ne remarque point qu'elle soit accompagnée d'aucun changement qui arrive dans le cœur et dans le sang, ainsi que les autres passions. Dont la raison est que, n'ayant pas le bien ni le mal pour objet, mais seulement la connaissance de la chose qu'on admire, elle n'a point de rapport avec le cœur et le sang, desquels dépend tout le bien du corps, mais seulement avec le cerveau, où sont les organes des sens qui servent à cette connaissance.

ART. 72. *En quoi consiste la force de l'admiration.*

Ce qui n'empêche pas qu'elle n'ait beaucoup de force à cause de la surprise, c'est-à-dire de l'arrivement subit et inopiné de l'impression qui change le mouvement des esprits, laquelle surprise eﬆ propre et particulière à cette passion; en sorte que lorsqu'elle se rencontre en d'autres, comme elle a coutume de se rencontrer presque en toutes et de les augmenter, c'eﬆ que l'admiration eﬆ jointe avec elles. Et la force dépend de deux choses, à savoir, de la nouveauté, et de ce que le mouvement qu'elle cause a dès son commencement toute sa force. Car il eﬆ certain qu'un tel mouvement a plus d'effet que ceux qui, étant faibles d'abord et ne croissant que peu à peu, peuvent aisément être détournés. Il eﬆ certain aussi que les objets des sens qui sont nouveaux touchent le cerveau en certaines parties auxquelles il n'a point coutume d'être touché; et que ces parties étant plus tendres ou moins fermes que celles qu'une agitation fréquente a endurcies, cela augmente l'effet des mouvements qu'ils y excitent. Ce qu'on ne trouvera pas incroyable si l'on considère que c'eﬆ une pareille raison qui fait que les plantes de nos pieds étant accoutumées à un attouchement assez rude, par la pesanteur du corps qu'elles portent, nous ne sentons que fort peu cet attouchement quand nous marchons; au lieu qu'un autre beaucoup moindre et plus doux dont on les chatouille nous eﬆ presque insupportable, à cause qu'il ne nous eﬆ pas ordinaire.

Art. 73. *Ce que c'eﬆ que l'étonnement.*

Et cette surprise a tant de pouvoir pour faire que les esprits qui sont dans les cavités du cerveau y prennent leur cours vers le lieu où eﬆ l'impression de l'objet qu'on admire, qu'elle les y pousse quelquefois tous, et fait qu'ils sont tellement occupés à conserver cette impression, qu'il n'y en a aucuns qui passent de là dans les muscles, ni même qui se détournent en aucune façon des premières traces qu'ils ont suivies dans le cerveau : ce qui fait que tout le corps demeure immobile comme une ﬆatue, et qu'on ne peut apercevoir de l'objet que la première face qui s'eﬆ présentée, ni par conséquent en acquérir une plus particulière connaissance. C'eﬆ cela qu'on appelle communément être étonné; et l'étonnement eﬆ un excès d'admiration qui ne peut jamais être que mauvais.

Art. 74. *A quoi servent toutes les passions, et à quoi elles nuisent.*

Or, il eſt aisé à connaître, de ce qui a été dit ci-dessus, que l'utilité de toutes les passions ne consiſte qu'en ce qu'elles fortifient et font durer en l'âme des pensées, lesquelles il eſt bon qu'elle conserve, et qui pourraient facilement, sans cela, en être effacées. Comme aussi tout le mal qu'elles peuvent causer consiſte en ce qu'elles fortifient et conservent ces pensées plus qu'il n'eſt besoin, ou bien qu'elles en fortifient et conservent d'autres auxquelles il n'eſt pas bon de s'arrêter.

Art. 75. *A quoi sert particulièrement l'admiration.*

Et on peut dire en particulier de l'admiration qu'elle eſt utile en ce qu'elle fait que nous apprenons et retenons en notre mémoire les choses que nous avons auparavant ignorées; car nous n'admirons que ce qui nous paraît rare et extraordinaire; et rien ne nous peut paraître tel que parce que nous l'avons ignoré, ou même aussi parce qu'il eſt différent des choses que nous avons sues; car c'eſt cette différence qui fait qu'on le nomme extraordinaire. Or, encore qu'une chose qui nous était inconnue se présente de nouveau à notre entendement ou à nos sens, nous ne la retenons point pour cela en notre mémoire, si ce n'eſt que l'idée que nous en avons soit fortifiée en notre cerveau par quelque passion, ou bien aussi par l'application de notre entendement, que notre volonté détermine à une attention et réflexion particulière. Et les autres passions peuvent servir pour faire qu'on remarque les choses qui paraissent bonnes ou mauvaises, mais nous n'avons que l'admiration pour celles qui paraissent seulement rares. Aussi voyons-nous que ceux qui n'ont aucune inclination naturelle à cette passion sont ordinairement fort ignorants.

Art. 76. *En quoi elle peut nuire, et comment on peut suppléer à son défaut et corriger son excès.*

Mais il arrive bien plus souvent qu'on admire trop, et qu'on s'étonne en apercevant des choses qui ne méritent que peu ou point d'être considérées, que non pas qu'on admire trop peu. Et cela peut entièrement ôter ou pervertir l'usage de la raison. C'eſt pourquoi, encore qu'il soit bon d'être né avec quelque inclination à cette passion, parce que cela nous dispose à l'acquisition des sciences, nous devons toutefois tâcher par après de nous en délivrer le plus qu'il eſt possible. Car il eſt aisé de suppléer à son défaut par une réflexion et attention particulière, à laquelle notre volonté peut toujours obliger notre entendement lorsque nous jugeons que la chose qui se présente en vaut la peine; mais il n'y a point d'autre remède pour s'empêcher d'admirer avec excès que d'acquérir la connaissance de plusieurs choses, et de s'exercer en la considération de toutes celles qui peuvent sembler les plus rares et les plus étranges.

Art. 77. *Que ce ne sont ni les plus ſtupides ni les plus habiles qui sont le plus portés à l'admiration.*

Au reſte, encore qu'il n'y ait que ceux qui sont hébétés et ſtupides qui ne sont point portés de leur naturel à l'admiration, ce n'eſt pas à dire que ceux qui ont le plus d'esprit y soient toujours le plus enclins; mais ce sont principalement ceux qui, bien qu'ils aient un sens commun assez bon, n'ont pas toutefois grande opinion de leur suffisance.

Art. 78. *Que son excès peut passer en habitude lorsque l'on manque de le corriger.*

Et bien que cette passion semble se diminuer par l'usage, à cause que plus on rencontre de choses rares qu'on admire, plus on s'accoutume à cesser de les admirer et à penser que toutes celles qui se peuvent présenter par après sont vulgaires, toutefois, lorsqu'elle eſt excessive et qu'elle fait qu'on arrête seulement son attention sur la première image des objets qui se sont présentés, sans en acquérir d'autre connaissance, elle laisse après soi une habitude qui dispose l'âme à s'arrêter en même façon sur tous les autres objets qui se présentent, pourvu qu'ils lui paraissent tant soit peu nouveaux. Et c'eſt ce qui fait durer la maladie de ceux qui sont aveuglément curieux, c'eſt-à-dire qui recherchent les raretés seulement pour les admirer et non point pour les connaître : car ils deviennent peu à peu si admiratifs, que des choses de nulle importance ne sont pas moins capables de les arrêter que celles dont la recherche est plus utile.

ART. 79. *Les définitions de l'amour et de la haine.*

L'amour est une émotion de l'âme causée par le mouvement des esprits, qui l'incite à se joindre de volonté aux objets qui paraissent lui être convenables. Et la haine est une émotion causée par les esprits, qui incite l'âme à vouloir être séparée des objets qui se présentent à elle comme nuisibles. Je dis que ces émotions sont causées par les esprits, afin de distinguer l'amour et la haine, qui sont des passions et dépendent du corps, tant des jugements qui portent aussi l'âme à se joindre de volonté avec les choses qu'elle estime bonnes et à se séparer de celles qu'elle estime mauvaises, que des émotions que ces seuls jugements excitent en l'âme.

ART. 80. *Ce que c'est que se joindre ou séparer de volonté.*

Au reste, par le mot de volonté, je n'entends pas ici parler du désir, qui est une passion à part et se rapporte à l'avenir; mais du consentement par lequel on se considère dès à présent comme joint avec ce qu'on aime, en sorte qu'on imagine un tout duquel on pense être seulement une partie, et que la chose aimée en est une autre. Comme, au contraire, en la haine on se considère seul comme un tout entièrement séparé de la chose pour laquelle on a de l'aversion.

ART. 81. *De la distinction qu'on a coutume de faire entre l'amour de concupiscence et de bienveillance.*

Or, on distingue communément deux sortes d'amour, l'une desquelles est nommée amour de bienveillance, c'est-à-dire qui incite à vouloir du bien à ce qu'on aime; l'autre est nommée amour de concupiscence, c'est-à-dire qui fait désirer la chose qu'on aime. Mais il me semble que cette distinction regarde seulement les effets de l'amour, et non point son essence; car sitôt qu'on s'est joint de volonté à quelque objet, de quelque nature qu'il soit, on a pour lui de la bienveillance, c'est-à-dire on joint aussi à lui de volonté les choses qu'on croit lui être convenables : ce qui est un des principaux effets de l'amour. Et si on juge que ce soit un bien de le posséder ou d'être associé avec lui d'autre façon que de volonté, on le désire : ce qui est aussi l'un des plus ordinaires effets de l'amour.

ART. 82. *Comment des passions fort différentes conviennent en ce qu'elles participent de l'amour.*

Il n'est pas besoin aussi de distinguer autant d'espèces d'amour qu'il y a de divers objets qu'on peut aimer; car, par exemple, encore que les passions qu'un ambitieux a pour la gloire, un avaricieux pour l'argent, un ivrogne pour le vin, un brutal pour une femme qu'il veut violer, un homme d'honneur pour son ami ou pour sa maîtresse, et un bon père pour ses enfants, soient bien différentes entre elles, toutefois en ce qu'elles participent de l'amour elles sont semblables. Mais les quatre premiers n'ont de l'amour que pour la possession des objets auxquels se rapporte leur passion, et n'en ont point pour les objets mêmes, pour lesquels ils ont seulement du désir mêlé avec d'autres passions particulières, au lieu que l'amour qu'un bon père a pour ses enfants est si pur qu'il ne désire rien avoir d'eux, et ne veut point les posséder autrement qu'il fait, ni être joint à eux plus étroitement qu'il est déjà; mais, les considérant comme d'autres soi-même, il recherche leur bien comme le sien propre, ou même avec plus de soin, parce que, se représentant que lui et eux font un tout dont il n'est pas la meilleure partie, il préfère souvent leurs intérêts aux siens et ne craint pas de se perdre pour les sauver. L'affection que les gens d'honneur ont pour leurs amis est de cette nature, bien qu'elle soit rarement si parfaite; et celle qu'ils ont pour leur maîtresse en participe beaucoup, mais elle participe aussi un peu de l'autre.

ART. 83. *De la différence qui est en la simple affection, l'amitié et la dévotion.*

On peut, ce me semble, avec meilleure raison, distinguer l'amour par l'estime qu'on fait de ce qu'on aime, à comparaison de soi-même; car lorsqu'on estime l'objet de son amour moins que soi, on n'a pour lui qu'une simple affection; lorsqu'on l'estime à l'égal de soi, cela se nomme amitié; et lorsqu'on l'estime davantage, la passion qu'on a peut être nommée dévotion. Ainsi on peut avoir de l'affection pour une fleur, pour un oiseau, pour un cheval; mais, à moins que d'avoir l'esprit fort déréglé, on ne peut avoir de l'amitié que pour des hommes. Et ils sont tellement l'objet de cette passion, qu'il n'y a point d'homme si imparfait qu'on ne puisse avoir pour lui une amitié très parfaite lorsqu'on pense qu'on en est aimé et qu'on a l'âme véritablement noble et généreuse, suivant ce qui sera expliqué ci-après en l'article 154 et 156. Pour ce qui est de la dévotion, son principal objet est sans doute la souveraine Divinité, à laquelle on ne saurait manquer d'être dévot lorsqu'on la connaît comme il faut; mais on peut aussi avoir de la dévotion pour son prince, pour son pays, pour sa ville, et même pour un homme particulier, lorsqu'on l'estime beaucoup plus que soi. Or, la différence qui est entre ces trois sortes d'amour paraît principalement par leurs effets; car, d'autant qu'en toutes on se considère comme joint et uni à la chose aimée, on est toujours prêt d'abandonner la moindre partie du tout qu'on compose avec elle pour conserver l'autre; ce qui fait qu'en la simple affection l'on se préfère toujours à ce qu'on aime, et qu'au contraire en la dévotion l'on préfère tellement la chose aimée à soi-même qu'on ne craint pas de mourir pour la conserver. De quoi on a vu souvent des exemples en ceux qui se sont exposés à une mort certaine pour la défense de leur prince ou de leur ville, et même aussi quelquefois pour des personnes particulières auxquelles ils s'étaient dévoués.

ART. 84. *Qu'il n'y a pas tant d'espèces de haine que d'amour.*

Au reste, encore que la haine soit directement opposée à l'amour, on ne la distingue pas toutefois en autant d'espèces, à cause qu'on ne remarque pas tant la différence qui est entre les maux desquels on est séparé de volonté qu'on fait celle qui est entre les biens auxquels on est joint.

Art. 85. *De l'agrément et de l'horreur.*

Et je ne trouve qu'une seule distinction considérable qui soit pareille en l'une et en l'autre. Elle consiste en ce que les objets tant de l'amour que de la haine peuvent être représentés à l'âme par les sens extérieurs, ou bien par les intérieurs et par sa propre raison; car nous appelons communément bien ou mal ce que nos sens intérieurs ou notre raison nous font juger convenable ou contraire à notre nature; mais nous appelons beau ou laid ce qui nous est ainsi représenté par nos sens extérieurs, principalement par celui de la vue, lequel seul est plus considéré que tous les autres; d'où naissent deux espèces d'amour, à savoir, celle qu'on a pour les choses bonnes, et celle qu'on a pour les belles, à laquelle on peut donner le nom d'agrément, afin de ne la pas confondre avec l'autre, ni aussi avec le désir, auquel on attribue souvent le nom d'amour; et de là naissent en même façon deux espèces de haine, l'une desquelles se rapporte aux choses mauvaises, l'autre à celles qui sont laides; et cette dernière peut être appelée horreur ou aversion, afin de la distinguer. Mais ce qu'il y a ici de plus remarquable, c'est que ces passions d'agrément et d'horreur ont coutume d'être plus violentes que les autres espèces d'amour ou de haine, à cause que ce qui vient à l'âme par les sens la touche plus fort que ce qui lui est représenté par sa raison, et que toutefois elles ont ordinairement moins de vérité; en sorte que de toutes les passions, ce sont celles-ci qui trompent le plus, et dont on doit le plus soigneusement se garder.

Art. 86. *La définition du désir.*

La passion du désir est une agitation de l'âme causée par les esprits qui la disposent à vouloir pour l'avenir les choses qu'elle se représente être convenables. Ainsi on ne désire pas seulement la présence du bien absent, mais aussi la conservation du présent, et de plus l'absence du mal, tant de celui qu'on a déjà que de celui qu'on croit pouvoir recevoir au temps à venir.

ART. 87. *Que c'est une passion qui n'a point de contraire.*

Je sais bien que communément dans l'École on oppose la passion qui tend à la recherche du bien, laquelle seule on nomme désir, à celle qui tend à la fuite du mal, laquelle on nomme aversion. Mais, d'autant qu'il n'y a aucun bien dont la privation ne soit un mal, ni aucun mal considéré comme une chose positive dont la privation ne soit un bien, et qu'en recherchant, par exemple, les richesses, on fuit nécessairement la pauvreté, en fuyant les maladies on recherche la santé, et ainsi des autres, il me semble que c'est toujours un même mouvement qui porte à la recherche du bien, et ensemble à la fuite du mal qui lui est contraire. J'y remarque seulement cette différence, que le désir qu'on a lorsqu'on tend vers quelque bien est accompagné d'amour et ensuite d'espérance et de joie; au lieu que le même désir, lorsqu'on tend à s'éloigner du mal contraire à ce bien, est accompagné de haine, de crainte et de tristesse; ce qui est cause qu'on le juge contraire à soi-même. Mais si on veut le considérer lorsqu'il se rapporte également en même temps à quelque bien pour le rechercher, et au mal opposé pour l'éviter, on peut voir très évidemment que ce n'est qu'une seule passion qui fait l'un et l'autre.

ART. 88. *Quelles sont ses diverses espèces.*

Il y aurait plus de raison de distinguer le désir en autant de diverses espèces qu'il y a de divers objets qu'on recherche; car, par exemple, la curiosité, qui n'est autre chose qu'un désir de connaître, diffère beaucoup du désir de gloire, et celui-ci du désir de vengeance, et ainsi des autres. Mais il suffit ici de savoir qu'il y en a autant que d'espèces d'amour ou de haine, et que les plus considérables et les plus forts sont ceux qui naissent de l'agrément et de l'horreur.

ART. 89. *Quel est le désir qui naît de l'horreur.*

Or, encore que ce ne soit qu'un même désir qui tend à la recherche d'un bien et à la fuite du mal qui lui est contraire, ainsi qu'il a été dit, le désir qui naît de l'agrément ne laisse pas d'être fort différent de celui qui naît de l'horreur; car cet agrément et cette horreur, qui véritablement sont contraires, ne sont pas le bien et le mal qui servent d'objets à ces désirs, mais seulement deux émotions de l'âme qui la disposent à rechercher deux choses fort différentes; à savoir : l'horreur est instituée de la nature pour représenter à l'âme une mort subite et inopinée, en sorte que, bien que ce ne soit quelquefois que l'attouchement d'un vermisseau, ou le bruit d'une feuille tremblante, ou son ombre, qui fait avoir de l'horreur, on sent d'abord autant d'émotion que si un péril de mort très évident s'offrait aux sens, ce qui fait subitement naître l'agitation qui porte l'âme à employer toutes ses forces pour éviter un mal si présent; et c'est cette espèce de désir qu'on appelle communément la fuite ou l'aversion.

ART. 90. *Quel est celui qui naît de l'agrément.*

Au contraire, l'agrément est particulièrement institué de la nature pour représenter la jouissance de ce qui agrée comme le plus grand de tous les biens qui appartiennent à l'homme, ce qui fait qu'on désire très ardemment cette jouissance. Il est vrai qu'il y a diverses sortes d'agréments, et que les désirs qui en naissent ne sont pas tous également puissants; car, par exemple, la beauté des fleurs nous incite seulement à les regarder, et celle des fruits à les manger. Mais le principal est celui qui vient des perfections qu'on imagine en une personne qu'on pense pouvoir devenir un autre soi-même; car, avec la différence du sexe, que la nature a mise dans les hommes ainsi que dans les animaux sans raison, elle a mis aussi certaines impressions dans le cerveau qui font qu'en certain âge et en certain temps on se considère comme défectueux et comme si on n'était que la moitié d'un tout dont une personne de l'autre sexe doit être l'autre moitié, en sorte que l'acquisition de cette moitié est confusément représentée par la nature comme le plus grand de tous les biens imaginables. Et encore qu'on voie plusieurs personnes de cet autre sexe, on n'en souhaite pas pour cela plusieurs en même temps, d'autant que la nature ne fait point imaginer qu'on ait besoin de plus d'une moitié. Mais lorsqu'on remarque quelque chose en une qui agrée davantage que ce qu'on remarque au même temps dans les autres, cela détermine l'âme à sentir pour celle-là seule toute l'inclination que la nature lui donne à rechercher le bien qu'elle lui représente comme le plus grand qu'on puisse posséder; et cette inclination ou ce désir qui naît ainsi de l'agrément eſt appelé du nom d'amour plus ordinairement que la passion d'amour qui a ci-dessus été décrite. Aussi a-t-il de plus étranges effets, et c'eſt lui qui sert de principale matière aux faiseurs de romans et aux poètes.

ART. 91. *La définition de la joie.*

La joie eſt une agréable émotion de l'âme, en laquelle consiſte la jouissance qu'elle a du bien que les impressions du cerveau lui représentent comme sien. Je dis que c'eſt en cette émotion que consiſte la jouissance du bien; car en effet l'âme ne reçoit aucun autre fruit de tous les biens qu'elle possède; et pendant qu'elle n'en a aucune joie, on peut dire qu'elle n'en jouit pas plus que si elle ne les possédait point. J'ajoute aussi que c'eſt du bien que les impressions du cerveau lui représentent comme sien, afin de ne pas confondre cette joie, qui eſt une passion, avec la joie purement intellectuelle, qui vient en l'âme par la seule action de l'âme, et qu'on peut dire être une agréable émotion excitée en elle-même, en laquelle consiſte la jouissance qu'elle a du bien que son entendement lui représente comme sien. Il eſt vrai que pendant que l'âme eſt jointe au corps cette joie intellectuelle ne peut guère manquer d'être accompagnée de celle qui eſt une passion; car, sitôt que notre entendement s'aperçoit que nous possédons quelque bien, encore que ce bien puisse être si différent de tout ce qui appartient au corps qu'il ne soit point du tout imaginable, l'imagination ne laisse pas de faire incontinent quelque impression dans le cerveau, de laquelle suit le mouvement des esprits qui excite la passion de la joie.

ART. 92. *La définition de la triſtesse.*

La triſtesse eſt une langueur désagréable en laquelle consiſte l'incommodité que l'âme reçoit du mal, ou du défaut que les impressions du cerveau lui représentent comme lui appartenant. Et il y a aussi une tristesse intellectuelle qui n'est pas la passion, mais qui ne manque guère d'en être accompagnée.

ART. 93. *Quelles sont les causes de ces deux passions.*

Or, lorsque la joie ou la tristesse intellectuelle excite ainsi celle qui est une passion, leur cause est assez évidente; et on voit de leurs définitions que la joie vient de l'opinion qu'on a de posséder quelque bien, et la tristesse, de l'opinion qu'on a d'avoir quelque mal ou quelque défaut. Mais il arrive souvent qu'on se sent triste ou joyeux sans qu'on puisse ainsi distinctement remarquer le bien ou le mal qui en sont les causes, à savoir, lorsque ce bien ou ce mal font leurs impressions dans le cerveau sans l'entremise de l'âme, quelquefois à cause qu'ils n'appartiennent qu'au corps, et quelquefois aussi, encore qu'ils appartiennent à l'âme, à cause qu'elle ne les considère pas comme bien et mal, mais sous quelque autre forme dont l'impression est jointe avec celle du bien et du mal dans le cerveau.

ART. 94. *Comment ces passions sont excitées par des biens et des maux qui ne regardent que le corps, et en quoi consistent le chatouillement et la douleur.*

Ainsi lorsqu'on est en pleine santé et que le temps est plus serein que de coutume, on sent en soi une gaieté qui ne vient d'aucune fonction de l'entendement, mais seulement des impressions que le mouvement des esprits fait dans le cerveau; et l'on se sent triste en même façon que lorsque le corps est indisposé, encore qu'on ne sache point qu'il le soit. Ainsi le chatouillement des sens est suivi de si près par la joie, et la douleur par la tristesse, que la plupart des hommes ne les distinguent point. Toutefois, ils diffèrent si fort qu'on peut quelquefois souffrir des douleurs avec joie, et recevoir des chatouillements qui déplaisent. Mais la cause qui fait que pour l'ordinaire la joie suit du chatouillement est que tout ce qu'on nomme chatouillement ou sentiment agréable consiste en ce que les objets des sens excitent quelque mouvement dans les nerfs qui serait capable de leur nuire s'ils n'avaient pas assez de force pour lui résister ou que le corps ne fût pas bien disposé; ce qui fait une impression dans le cerveau, laquelle étant instituée de la nature pour témoigner cette bonne disposition et cette force, la représente à l'âme comme un bien qui lui appartient, en tant qu'elle est unie avec le corps, et ainsi excite en elle la joie. C'est presque la même raison qui fait qu'on prend naturellement plaisir à se sentir émouvoir à toutes sortes de passions, même à la tristesse et à la haine, lorsque ces passions ne sont causées que par les aventures étranges qu'on voit représenter sur un théâtre, ou par d'autres pareils sujets, qui, ne pouvant nous nuire en aucune façon, semblent chatouiller notre âme en la touchant. Et la cause qui fait que la douleur produit ordinairement la tristesse est que le sentiment qu'on nomme douleur vient toujours de quelque action si violente qu'elle offense les nerfs; en sorte qu'étant institué de la nature pour signifier à l'âme le dommage que reçoit le corps par cette action, et sa faiblesse en ce qu'il ne lui a pu résister, il lui représente l'un et l'autre comme des maux qui lui sont toujours désagréables, excepté lorsqu'ils causent quelques biens qu'elle estime plus qu'eux.

ART. 95. *Comment elles peuvent aussi être excitées par des biens et des maux que l'âme ne remarque point, encore qu'ils lui appartiennent ; comme sont les plaisirs qu'on prend à se hasarder ou à se souvenir du mal passé.*

Ainsi le plaisir que prennent souvent les jeunes gens à entreprendre des choses difficiles et à s'exposer à de grands périls, encore même qu'ils n'en espèrent aucun profit ni aucune gloire, vient en eux de ce que la pensée qu'ils ont que ce qu'ils entreprennent est difficile fait une impression dans leur cerveau qui, étant jointe avec celle qu'ils pourraient former s'ils pensaient que c'est un bien de se sentir assez courageux, assez heureux, assez adroit ou assez fort pour oser se hasarder à tel point, est cause qu'ils y prennent plaisir. Et le contentement qu'ont les vieillards lorsqu'ils se souviennent des maux qu'ils ont soufferts, vient de ce qu'ils se représentent que c'est un bien d'avoir pu nonobstant cela subsister.

ART. 96. *Quels sont les mouvements du sang et des esprits qui causent les cinq passions précédentes.*

Les cinq passions que j'ai ici commencé à expliquer sont tellement jointes ou opposées les unes aux autres, qu'il eſt plus aisé de les considérer toutes ensemble que de traiter séparément de chacune, ainsi qu'il a été traité de l'admiration; et leur cause n'eſt pas comme la sienne dans le cerveau seul, mais aussi dans le cœur, dans la rate, dans le foie et dans toutes les autres parties du corps, en tant qu'elles servent à la production du sang et ensuite des esprits : car, encore que toutes les veines conduisent le sang qu'elles contiennent vers le cœur, il arrive néanmoins quelquefois que celui de quelques-unes y eſt poussé avec plus de force que celui des autres; et il arrive aussi que les ouvertures par où il entre dans le cœur, ou bien celles par où il en sort, sont plus élargies ou plus resserrées une fois que l'autre.

ART. 97. *Les principales expériences qui servent à connaître ces mouvements en l'amour.*

Or, en considérant les diverses altérations que l'expérience fait voir dans notre corps pendant que notre âme eſt agitée de diverses passions, je remarque en l'amour, quand elle eſt seule, c'eſt-à-dire, quand elle n'eſt accompagnée d'aucune forte joie, ou désir, ou triſtesse, que le battement du pouls eſt égal et beaucoup plus grand et plus fort que de coutume; qu'on sent une douce chaleur dans la poitrine, et que la digeſtion des viandes se fait fort promptement dans l'eſtomac, en sorte que cette passion eſt utile pour la santé.

ART. 98. *En la haine.*

Je remarque, au contraire, en la haine, que le pouls eſt inégal et plus petit, et souvent plus vite; qu'on sent des froideurs entremêlées de je ne sais quelle chaleur âpre et piquante dans la poitrine; que l'eſtomac cesse de faire son office et eſt enclin à vomir et rejeter les viandes qu'on a mangées, ou du moins à les corrompre et convertir en mauvaises humeurs.

ART. 99. *En la joie.*

En la joie, que le pouls est égal et plus vite qu'à l'ordinaire, mais qu'il n'est pas si fort ou si grand qu'en l'amour; et qu'on sent une chaleur agréable qui n'est pas seulement en la poitrine, mais qui se répand aussi en toutes les parties extérieures du corps avec le sang qu'on voit y venir en abondance; et que cependant on perd quelquefois l'appétit, à cause que la digestion se fait moins que de coutume.

ART. 100. *En la tristesse.*

En la tristesse, que le pouls est faible et lent, et qu'on sent comme des liens autour du cœur, qui le serrent, et des glaçons qui le gèlent et communiquent leur froideur au reste du corps; et que cependant on ne laisse pas d'avoir quelquefois bon appétit et de sentir que l'estomac ne manque point à faire son devoir, pourvu qu'il n'y ait point de haine mêlée avec la tristesse.

ART. 101. *Au désir.*

Enfin je remarque cela de particulier dans le désir, qu'il agite le cœur plus violemment qu'aucune des autres passions, et fournit au cerveau plus d'esprits, lesquels, passant de là dans les muscles, rendent tous les sens plus aigus et toutes les parties du corps plus mobiles.

ART. 102. *Le mouvement du sang et des esprits en l'amour.*

Ces observations, et plusieurs autres qui seraient trop longues à écrire, m'ont donné sujet de juger que, lorsque l'entendement se représente quelque objet d'amour, l'impression que cette pensée fait dans le cerveau conduit les esprits animaux, par les nerfs de la sixième paire, vers les muscles qui sont autour des intestins et de l'estomac, en la façon qui est requise pour faire que le suc des viandes, qui se convertit en nouveau sang, passe promptement vers le cœur sans s'arrêter dans le foie, et qu'y étant poussé avec plus de force que celui qui est dans les autres parties du corps, il y entre en plus grande abondance et y excite une chaleur plus forte, à cause qu'il eﬆ plus grossier que celui qui a déjà été raréfié plusieurs fois en passant et repassant par le cœur; ce qui fait qu'il envoie aussi des esprits vers le cerveau, dont les parties sont plus grosses et plus agitées qu'à l'ordinaire; et ces esprits, fortifiant l'impression que la première pensée de l'objet aimable y a faite, obligent l'âme à s'arrêter sur cette pensée; et c'eﬆ en cela que consiﬆe la passion d'amour.

Art. 103. *En la haine.*

Au contraire, en la haine, la première pensée de l'objet qui donne de l'aversion conduit tellement les esprits qui sont dans le cerveau vers les muscles de l'eﬆomac et des inteﬆins, qu'ils empêchent que le suc des viandes ne se mêle avec le sang en resserrant toutes les ouvertures par où il a coutume d'y couler; et elle les conduit aussi tellement vers les petits nerfs de la rate et de la partie inférieure du foie, où eﬆ le réceptacle de la bile, que les parties du sang qui ont coutume d'être rejetées vers ces endroits-là en sortent et coulent avec celui qui eﬆ dans les rameaux de la veine cave vers le cœur; ce qui cause beaucoup d'inégalités en sa chaleur, d'autant que le sang qui vient de la rate ne s'échauffe et ne se raréfie qu'à peine, et qu'au contraire, celui qui vient de la partie inférieure du foie, où eﬆ toujours le fiel, s'embrase et se dilate fort promptement; ensuite de quoi les esprits qui vont au cerveau ont aussi des parties fort inégales et des mouvements fort extraordinaires; d'où vient qu'ils y fortifient les idées de haine qui s'y trouvent déjà imprimées, et disposent l'âme à des pensées qui sont pleines d'aigreur et d'amertume.

Art. 104. *En la joie.*

En la joie ce ne sont pas tant les nerfs de la rate, du foie, de l'eﬆomac ou des inteﬆins qui agissent, que ceux qui sont en tout le reﬆe du corps, et particulièrement celui qui eﬆ autour des orifices du cœur, lequel, ouvrant et élargissant ces orifices, donne moyen au sang que les autres nerfs chassent des veines vers le cœur d'y entrer et d'en sortir en plus grande quantité que de coutume; et parce que le sang qui entre alors dans le cœur y a déjà passé et repassé plusieurs fois, étant venu des artères dans les veines, il se dilate fort aisément et produit des esprits dont les parties, étant fort égales et subtiles, sont propres à former et fortifier les impressions du cerveau qui donnent à l'âme des pensées gaies et tranquilles.

Art. 105. *En la tristesse.*

Au contraire, en la tristesse les ouvertures du cœur sont fort rétrécies par le petit nerf qui les environne, et le sang des veines n'est aucunement agité, ce qui fait qu'il en va fort peu vers le cœur; et cependant les passages par où le suc des viandes coule de l'estomac et des intestins vers le foie demeurent ouverts, ce qui fait que l'appétit ne diminue point, excepté lorsque la haine, laquelle est souvent jointe à la tristesse, les ferme.

Art. 106. *Au désir.*

Enfin la passion du désir a cela de propre, que la volonté qu'on a d'obtenir quelque bien ou de fuir quelque mal envoie promptement les esprits du cerveau vers toutes les parties du corps qui peuvent servir aux actions requises pour cet effet, et particulièrement vers le cœur et les parties qui lui fournissent le plus de sang, afin qu'en recevant plus grande abondance que de coutume, il envoie plus grande quantité d'esprits vers le cerveau, tant pour y entretenir et fortifier l'idée de cette volonté que pour passer de là dans tous les organes des sens et tous les muscles qui peuvent être employés pour obtenir ce qu'on désire.

Art. 107. *Quelle est la cause de ces mouvements en l'amour.*

Et je déduis les raisons de tout ceci de ce qui a été dit ci-dessus, qu'il y a telle liaison entre notre âme et notre corps, que lorsque nous avons une fois joint quelque action corporelle avec quelque pensée, l'une des deux ne se présente point à nous par après que l'autre ne s'y présente aussi : comme on voit en ceux qui ont pris avec grande aversion quelque breuvage étant malades, qu'ils ne peuvent rien boire ou manger par après qui en approche du goût, sans avoir derechef la même aversion; et pareillement qu'ils ne peuvent penser à l'aversion qu'on a des médecines, que le même goût ne leur revienne en la pensée. Car il me semble que les premières passions que notre âme a eues lorsqu'elle a commencé d'être jointe à notre corps ont dû être que quelquefois le sang, ou autre suc qui entrait dans le cœur, était un aliment plus convenable que l'ordinaire pour y entretenir la chaleur, qui eſt le principe de la vie; ce qui était cause que l'âme joignait à soi de volonté cet aliment, c'eſt-à-dire l'aimait, et en même temps les esprits coulaient du cerveau vers les muscles, qui pouvaient presser ou agiter les parties d'où il était venu vers le cœur, pour faire qu'elles lui en envoyassent davantage; et ces parties étaient l'eſtomac et les inteſtins, dont l'agitation augmente l'appétit, ou bien aussi le foie et le poumon, que les muscles du diaphragme peuvent presser : c'eſt pourquoi ce même mouvement des esprits a toujours accompagné depuis la passion d'amour.

ART. 108. *En la haine.*

Quelquefois, au contraire, il venait quelque suc étranger vers le cœur, qui n'était pas propre à entretenir la chaleur, ou même qui la pouvait éteindre; ce qui était cause que les esprits qui montaient du cœur au cerveau excitaient en l'âme la passion de la haine; et en même temps aussi ces esprits allaient du cerveau vers les nerfs qui pouvaient pousser du sang de la rate et des petites veines du foie vers le cœur, pour empêcher ce suc nuisible d'y entrer, et de plus vers ceux qui pouvaient repousser ce même suc vers les inteſtins et vers l'eſtomac, ou aussi quelquefois obliger l'eſtomac à le vomir : d'où vient que ces mêmes mouvements ont coutume d'accompagner la passion de la haine. Et on peut voir à l'œil qu'il y a dans le foie quantité de veines ou conduits assez larges par où le suc des viandes peut passer de la veine porte en la veine cave, et de là au cœur, sans s'arrêter aucunement au foie; mais il y en a aussi une infinité d'autres plus petites où il peut s'arrêter, et qui contiennent toujours du sang de réserve, ainsi que fait aussi la rate; lequel sang, étant plus grossier que celui qui eſt dans les autres parties du corps, peut mieux servir d'aliment au feu qui eſt dans le cœur quand l'eſtomac et les inteſtins manquent de lui en fournir.

ART. 109. *En la joie.*

Il eſt aussi quelquefois arrivé au commencement de notre vie que le sang contenu dans les veines était un aliment assez convenable pour entretenir la chaleur du cœur, et qu'elles en contenaient en telle quantité qu'il n'avait pas besoin de tirer aucune nourriture d'ailleurs; ce qui a excité en l'âme la passion de la joie, et a fait en même temps que les orifices du cœur se sont plus ouverts que de coutume, et que les esprits coulant abondamment du cerveau, non seulement dans les nerfs qui servent à ouvrir ces orifices, mais aussi généralement en tous les autres qui poussent le sang des veines vers le cœur, empêchent qu'il n'y en vienne de nouveau du foie, de la rate, des inteſtins et de l'eſtomac : c'eſt pourquoi ces mêmes mouvements accompagnent la joie.

ART. 110. *En la triſteſse.*

Quelquefois, au contraire, il eſt arrivé que le corps a eu faute de nourriture, et c'eſt ce qui doit avoir fait sentir à l'âme sa première triſteſse, au moins celle qui n'a point été jointe à la haine. Cela même a fait aussi que les orifices du cœur se sont étrécis, à cause qu'ils ne reçoivent que peu de sang, et qu'une assez notable partie de ce sang eſt venue de la rate, à cause qu'elle eſt comme le dernier réservoir qui sert à en fournir au cœur lorsqu'il ne lui en vient pas assez d'ailleurs : c'eſt pourquoi les mouvements des esprits et des nerfs qui servent à étrécir ainsi les orifices du cœur et à y conduire du sang de la rate accompagnent toujours la triſteſse.

ART. 111. *Au désir.*

Enfin, tous les premiers désirs que l'âme peut avoir eus lorsqu'elle était nouvellement jointe au corps ont été de recevoir les choses qui lui étaient convenables, et de repousser celles qui lui étaient nuisibles; et ç'a été pour ces mêmes effets que les esprits ont commencé dès lors à mouvoir tous les muscles et tous les organes des sens en toutes les façons qu'ils les peuvent mouvoir; ce qui eſt cause que maintenant, lorsque l'âme désire quelque chose, tout le corps devient plus agile et plus disposé à se mouvoir qu'il n'a coutume d'être sans cela. Et lorsqu'il arrive d'ailleurs que le corps eſt ainsi disposé, cela rend les désirs de l'âme plus forts et plus ardents.

ART. 112. *Quels sont les signes extérieurs de ces passions.*

Ce que j'ai mis ici fait assez entendre la cause des différences du pouls et de toutes les autres propriétés que j'ai ci-dessus attribuées à ces passions, sans qu'il soit besoin que je m'arrête à les expliquer davantage. Mais, parce que j'ai seulement remarqué en chacune ce qui s'y peut observer lorsqu'elle eſt seule, et qui sert à connaître les mouvements du sang et des esprits qui les produisent, il me reſte encore à traiter de plusieurs signes extérieurs qui ont coutume de les accompagner, et qui se remarquent bien mieux lorsqu'elles sont mêlées plusieurs ensemble, ainsi qu'elles ont coutume d'être, que lorsqu'elles sont séparées. Les principaux de ces signes sont les actions des yeux et du visage, les changements de couleur, les tremblements, la langueur, la pâmoison, les ris, les larmes, les gémissements et les soupirs.

ART. 113. *Des actions des yeux et du visage.*

Il n'y a aucune passion que quelque particulière action des yeux ne déclare : et cela eſt si manifeſte en quelques-unes, que même les valets les plus ſtupides peuvent remarquer à l'œil de leur maître s'il eſt fâché contre eux ou s'il ne l'eſt pas. Mais encore qu'on aperçoive aisément ces actions des yeux et qu'on sache ce qu'elles signifient, il n'eſt pas aisé pour cela de les décrire, à cause que chacune eſt composée de plusieurs changements qui arrivent au mouvement et en la figure de l'œil, lesquels sont si particuliers et si petits, que chacun d'eux ne peut être aperçu séparément, bien que ce qui résulte de leur conjonction soit fort aisé à remarquer. On peut dire quasi le même des actions du visage qui accompagnent aussi les passions; car, bien qu'elles soient plus grandes que celles des yeux, il eſt toutefois malaisé de les diſtinguer, et elles sont si peu différentes qu'il y a des hommes qui font presque la même mine lorsqu'ils pleurent que les autres lorsqu'ils rient. Il eſt vrai qu'il y en a quelques-unes qui sont assez remarquables, comme sont les rides du front, en la colère, et certains mouvements du nez et des lèvres en l'indignation et en la moquerie; mais elles ne semblent pas tant être naturelles que volontaires. Et généralement toutes les actions, tant du visage que des yeux, peuvent être changées par l'âme lorsque, voulant cacher sa passion, elle en imagine fortement une contraire; en sorte qu'on s'en peut aussi bien servir à dissimuler ses passions qu'à les déclarer.

ART. 114. *Des changements de couleur.*

On ne peut pas si facilement s'empêcher de rougir ou de pâlir lorsque quelque passion y dispose, parce que ces changements ne dépendent pas des nerfs et des muscles, ainsi que les précédents, et qu'ils viennent plus immédiatement du cœur, lequel on peut nommer la source des passions, en tant qu'il prépare le sang et les esprits à les produire. Or, il eſt certain que la couleur du visage ne vient que du sang, lequel, coulant continuellement du cœur par les artères en toutes les veines, et de toutes les veines dans le cœur, colore plus ou moins le visage, selon qu'il remplit plus ou moins les petites veines qui vont vers sa superficie.

ART. 115. *Comment la joie fait rougir.*

Ainsi la joie rend la couleur plus vive et plus vermeille, parce qu'en ouvrant les écluses du cœur elle fait que le sang coule plus vite en toutes les veines, et que, devenant plus chaud et plus subtil, il enfle médiocrement toutes les parties du visage, ce qui en rend l'air plus riant et plus gai.

ART. 116. *Comment la triſtesse fait pâlir.*

La triſtesse, au contraire, en étrécissant les orifices du cœur, fait que le sang coule plus lentement dans les veines, et que, devenant plus froid et plus épais, il a besoin d'y occuper moins de place; en sorte que, se retirant dans les plus larges, qui sont les plus proches du cœur, il quitte les plus éloignées, dont les plus apparentes étant celles du visage, cela le fait paraître pâle et décharné, principalement lorsque la tristesse est grande ou qu'elle survient promptement, comme on voit en l'épouvante, dont la surprise augmente l'action qui serre le cœur.

ART. 117. *Comment on rougit souvent étant triste.*

Mais il arrive souvent qu'on ne pâlit point étant triste, et qu'au contraire on devient rouge; ce qui doit être attribué aux autres passions qui se joignent à la tristesse, à savoir, à l'amour ou au désir, et quelquefois aussi à la haine. Car ces passions échauffant ou agitant le sang qui vient du foie, des intestins et des autres parties intérieures, le poussent vers le cœur, et de là, par la grande artère, vers les veines du visage, sans que la tristesse qui serre de part et d'autre les orifices du cœur le puisse empêcher, excepté lorsqu'elle est fort excessive. Mais, encore qu'elle ne soit que médiocre, elle empêche aisément que le sang ainsi venu dans les veines du visage ne descende vers le cœur pendant que l'amour, le désir ou la haine y en poussent d'autre des parties intérieures; c'est pourquoi ce sang étant arrêté autour de la face, il la rend rouge, et même plus rouge que pendant la joie, à cause que la couleur du sang paraît d'autant mieux qu'il coule moins vite, et aussi à cause qu'il s'en peut ainsi assembler davantage dans les veines de la face que lorsque les orifices du cœur sont plus ouverts. Ceci paraît principalement en la honte, laquelle est composée de l'amour de soi-même et d'un désir pressant d'éviter l'infamie présente, ce qui fait venir le sang des parties intérieures vers le cœur, puis de là par les artères vers la face, et avec cela d'une médiocre tristesse qui empêche ce sang de retourner vers le cœur. Le même paraît aussi ordinairement lorsqu'on pleure; car, comme je dirai ci-après, c'est l'amour joint à la tristesse qui cause la plupart des larmes; et le même paraît en la colère, où souvent un prompt désir de vengeance est mêlé avec l'amour, la haine et la tristesse.

ART. 118. *Des tremblements.*

Les tremblements ont deux diverses causes : l'une eſt qu'il vient quelquefois trop peu d'esprits du cerveau dans les nerfs, et l'autre qu'il y en vient quelquefois trop pour pouvoir fermer bien juſtement les petits passages des muscles qui, suivant ce qui a été dit en l'article 11, doivent être fermés pour déterminer les mouvements des membres. La première cause paraît en la triſtesse et en la peur, comme aussi lorsqu'on tremble de froid, car ces passions peuvent, aussi bien que la froideur de l'air, tellement épaissir le sang, qu'il ne fournit pas assez d'esprits au cerveau pour en envoyer dans les nerfs. L'autre cause paraît souvent en ceux qui désirent ardemment quelque chose, et en ceux qui sont fort émus de colère, comme aussi en ceux qui sont ivres : car ces deux passions, aussi bien que le vin, font aller quelquefois tant d'esprits dans le cerveau qu'ils ne peuvent pas être réglément conduits de là dans les muscles.

ART. 119. *De la langueur.*

La langueur eſt une disposition à se relâcher et être sans mouvement, qui eſt sentie en tous les membres; elle vient, ainsi que le tremblement, de ce qu'il ne va pas assez d'esprits dans les nerfs, mais d'une façon différente : car la cause du tremblement eſt qu'il n'y en a pas assez dans le cerveau pour obéir aux déterminations de la glande lorsqu'elle les pousse vers quelque muscle, au lieu que la langueur vient de ce que la glande ne les détermine point à aller vers aucuns muscles plutôt que vers d'autres.

ART. 120. *Comment elle eſt causée par l'amour et par le désir.*

Et la passion qui cause le plus ordinairement cet effet eſt l'amour, jointe au désir d'une chose dont l'acquisition n'eſt pas imaginée comme possible pour le temps présent; car l'amour occupe tellement l'âme à considérer l'objet aimé, qu'elle emploie tous les esprits qui sont dans le cerveau à lui en représenter l'image, et arrête tous les mouvements de la glande qui ne servent point à cet effet. Et il faut remarquer, touchant le désir, que la propriété que je lui ai attribuée de rendre le corps plus mobile ne lui convient que lorsqu'on imagine l'objet désiré être tel qu'on peut dès ce temps-là faire quelque chose qui serve à l'acquérir; car si, au contraire, on imagine qu'il eśt impossible pour lors de rien faire qui y soit utile, toute l'agitation du désir demeure dans le cerveau, sans passer aucunement dans les nerfs, et étant entièrement employée à y fortifier l'idée de l'objet désiré, elle laisse le reśte du corps languissant.

Art. 121. *Qu'elle peut aussi être causée par d'autres passions.*

Il eśt vrai que la haine, la triśtesse et même la joie peuvent causer aussi quelque langueur lorsqu'elles sont fort violentes, à cause qu'elles occupent entièrement l'âme à considérer leur objet, principalement lorsque le désir d'une chose à l'acquisition de laquelle on ne peut rien contribuer au temps présent eśt joint avec elle. Mais parce qu'on s'arrête bien plus à considérer les objets qu'on joint à soi de volonté que ceux qu'on en sépare et qu'aucuns autres, et que la langueur ne dépend point d'une surprise, mais a besoin de quelque temps pour être formée, elle se rencontre bien plus en l'amour qu'en toutes les autres passions.

Art. 122. *De la pâmoison.*

La pâmoison n'eśt pas fort éloignée de la mort, car on meurt lorsque le feu qui eśt dans le cœur s'éteint tout à fait, et on tombe seulement en pâmoison lorsqu'il eśt étouffé en telle sorte qu'il demeure encore quelques reśtes de chaleur qui peuvent par après le rallumer. Or, il y a plusieurs indispositions du corps qui peuvent faire qu'on tombe ainsi en défaillance; mais entre les passions il n'y a que l'extrême joie qu'on remarque en avoir le pouvoir; et la façon dont je crois qu'elle cause cet effet eśt qu'ouvrant extraordinairement les orifices du cœur, le sang des veines y entre si à coup et en si grande quantité, qu'il n'y peut être raréfié par la chaleur assez promptement pour lever les petites peaux qui ferment les entrées de ces veines : au moyen de quoi il étouffe le feu, lequel il a coutume d'entretenir lorsqu'il n'entre dans le cœur que par mesure.

ART. 123. *Pourquoi on ne pâme point de tristesse.*

Il semble qu'une grande tristesse qui survient inopinément doit tellement serrer les orifices du cœur qu'elle en peut aussi éteindre le feu; mais néanmoins on n'observe point que cela arrive, ou s'il arrive, c'est très rarement; dont je crois que la raison est qu'il ne peut guère y avoir si peu de sang dans le cœur qu'il ne suffise pour entretenir la chaleur lorsque ses orifices sont presque fermés.

ART. 124. *Du ris.*

Le ris consiste en ce que le sang qui vient de la cavité droite du cœur par la veine artérieuse, enflant les poumons subitement et à diverses reprises, fait que l'air qu'ils contiennent est contraint d'en sortir avec impétuosité par le sifflet, où il forme une voix inarticulée et éclatante; et tant les poumons en s'enflant, que cet air en sortant, poussent tous les muscles du diaphragme, de la poitrine et de la gorge, au moyen de quoi ils font mouvoir ceux du visage qui ont quelque connexion avec eux; et ce n'est que cette action du visage, avec cette voix inarticulée et éclatante, qu'on nomme le ris.

ART. 125. *Pourquoi il n'accompagne point les plus grandes joies.*

Or, encore qu'il semble que le ris soit un des principaux signes de la joie, elle ne peut toutefois le causer que lorsqu'elle est seulement médiocre et qu'il y a quelque admiration ou quelque haine mêlée avec elle : car on trouve par expérience que lorsqu'on est extraordinairement joyeux, jamais le sujet de cette joie ne fait qu'on éclate de rire, et même on ne peut pas si aisément y être invité par quelque autre cause, que lorsqu'on est triste; dont la raison est que, dans les grandes joies, le poumon est toujours si plein de sang qu'il ne peut être davantage enflé par reprises.

ART. 126. *Quelles sont ses principales causes.*

Et je ne puis remarquer que deux causes qui fassent ainsi subitement enfler le poumon. La première est la surprise de l'admiration, laquelle, étant jointe à la joie, peut ouvrir si promptement les orifices du cœur, qu'une grande abondance de sang, entrant tout à coup en son côté droit par la veine cave, s'y raréfie, et passant de là par la veine artérieuse, enfle le poumon. L'autre est le mélange de quelque liqueur qui augmente la raréfaction du sang; et je n'en trouve point propre à cela que la plus coulante partie de celui qui vient de la rate, laquelle partie du sang étant poussée vers le cœur par quelque légère émotion de haine, aidée par la surprise de l'admiration, et s'y mêlant avec le sang qui vient des autres endroits du corps, lequel la joie y fait entrer en abondance, peut faire que ce sang s'y dilate beaucoup plus que l'ordinaire; en même façon qu'on voit quantité d'autres liqueurs s'enfler tout à coup, étant sur le feu, lorsqu'on jette un peu de vinaigre dans le vaisseau où elles sont; car la plus coulante partie du sang qui vient de la rate est de nature semblable au vinaigre. L'expérience aussi nous fait voir qu'en toutes les rencontres qui peuvent produire ce ris éclatant qui vient du poumon, il y a toujours quelque petit sujet de haine, ou du moins d'admiration. Et ceux dont la rate n'est pas bien saine sont sujets à être non seulement plus tristes, mais aussi par intervalles, plus gais et plus disposés à rire que les autres : d'autant que la rate envoie deux sortes de sang vers le cœur, l'un fort épais et grossier, qui cause la tristesse; l'autre fort fluide et subtil, qui cause la joie. Et souvent, après avoir beaucoup ri, on se sent naturellement enclin à la tristesse, parce que, la plus fluide partie du sang de la rate étant épuisée, l'autre, plus grossière, la suit vers le cœur.

ART. 127. *Quelle est sa cause en l'indignation.*

Pour le ris qui accompagne quelquefois l'indignation, il est ordinairement artificiel et feint; mais lorsqu'il est naturel, il semble venir de la joie qu'on a de ce qu'on voit ne pouvoir être offensé par le mal dont on est indigné, et, avec cela, de ce qu'on se trouve surpris par la nouveauté ou par la rencontre inopinée de ce mal; de façon que la joie, la haine et l'admiration y contribuent. Toutefois je veux croire qu'il peut aussi être produit, sans aucune joie, par le seul mouvement de l'aversion, qui envoie du sang de la rate vers le cœur, où il eſt raréfié et poussé de là dans le poumon, lequel il enfle facilement lorsqu'il le rencontre presque vide; et généralement tout ce qui peut enfler subitement le poumon en cette façon cause l'action extérieure du ris, excepté lorsque la tristesse la change en celle des gémissements et des cris qui accompagnent les larmes. A propos de quoi Vivès[1] écrit de soi-même que, lorsqu'il avait été longtemps sans manger, les premiers morceaux qu'il mettait en sa bouche l'obligeaient à rire; ce qui pouvait venir de ce que son poumon, vide de sang par faute de nourriture, était promptement enflé par le premier suc qui passait de son eſtomac vers le cœur, et que la seule imagination de manger y pouvait conduire, avant même que celui des viandes qu'il mangeait y fût parvenu.

Art. 128. *De l'origine des larmes.*

Comme le ris n'eſt jamais causé par les plus grandes joies, ainsi les larmes ne viennent point d'une extrême triſtesse, mais seulement de celle qui eſt médiocre et accompagnée ou suivie de quelque sentiment d'amour, ou aussi de joie. Et, pour bien entendre leur origine, il faut remarquer que, bien qu'il sorte continuellement quantité de vapeurs de toutes les parties de notre corps, il n'y en a toutefois aucune dont il en sorte tant que des yeux, à cause de la grandeur des nerfs optiques et de la multitude de petites artères par où elles y viennent; et que, comme la sueur n'eſt composée que des vapeurs qui, sortant des autres parties, se convertissent en eau sur leur superficie, ainsi les larmes se font des vapeurs qui sortent des yeux.

1. Vivès (Jean-Louis), savant espagnol né à Valence en 1492, mort à Bruges en 1540; un des auteurs de la réaction contre Ariſtote et la scolaſtique. Il formait, avec Érasme et Budé, ce qu'on nommait *le Triumvirat* dans la république des lettres.

ART. 129. *De la façon que les vapeurs se changent en eau.*

Or, comme j'ai écrit dans *les Météores,* en expliquant en quelle façon les vapeurs de l'air se convertissent en pluie, que cela vient de ce qu'elles sont moins agitées ou plus abondantes qu'à l'ordinaire, ainsi je crois que lorsque celles qui sortent du corps sont beaucoup moins agitées que de coutume, encore qu'elles ne soient pas si abondantes, elles ne laissent pas de se convertir en eau, ce qui cause les sueurs froides qui viennent quelquefois de faiblesse quand on eſt malade; et je crois que lorsqu'elles sont beaucoup plus abondantes, pourvu qu'elles ne soient pas avec cela plus agitées, elles se convertissent aussi en eau, ce qui eſt cause de la sueur qui vient quand on fait quelque exercice. Mais alors les yeux ne suent point, parce que, pendant les exercices du corps, la plupart des esprits allant dans les muscles qui servent à le mouvoir, il en va moins par le nerf optique vers les yeux. Et ce n'eſt qu'une même matière qui compose le sang pendant qu'elle eſt dans les veines ou dans les artères, et les esprits lorsqu'elle eſt dans le cerveau, dans les nerfs ou dans les muscles, et les vapeurs lorsqu'elle en sort en forme d'air, et enfin la sueur ou les larmes lorsqu'elle s'épaissit en eau sur la superficie du corps ou des yeux.

ART. 130. *Comment ce qui fait de la douleur à l'œil l'excite à pleurer.*

Et je ne puis remarquer que deux causes qui fassent que les vapeurs qui sortent des yeux se changent en larmes. La première eſt quand la figure des pores par où elles passent eſt changée par quelque accident que ce puisse être : car cela, retardant le mouvement de ces vapeurs et changeant leur ordre, peut faire qu'elles se convertissent en eau. Ainsi il ne faut qu'un fétu qui tombe dans l'œil pour en tirer quelques larmes, à cause qu'en y excitant de la douleur il change la disposition de ses pores; en sorte que, quelques-uns devenant plus étroits, les petites parties des vapeurs y passent moins vite, et qu'au lieu qu'elles en sortaient auparavant également diſtantes les unes des autres, et ainsi demeuraient séparées, elles viennent à se rencontrer, à cause que l'ordre de ces pores eſt troublé, au moyen de quoi elles se joignent et ainsi se convertissent en larmes.

ART. 131. *Comment on pleure de triſtesse.*

L'autre cause eſt la triſtesse suivie d'amour ou de joie, ou généralement de quelque cause qui fait que le cœur pousse beaucoup de sang par les artères. La tristesse y eſt requise, à cause que, refroidissant tout le sang, elle étrécit les pores des yeux; mais, parce qu'à mesure qu'elle les étrécit, elle diminue aussi la quantité des vapeurs auxquelles ils doivent donner passage, cela ne suffit pas pour produire des larmes si la quantité de ces vapeurs n'eſt à même temps augmentée par quelque autre cause; et il n'y a rien qui l'augmente davantage que le sang qui eſt envoyé vers le cœur en la passion de l'amour. Aussi voyons-nous que ceux qui sont triſtes ne jettent pas continuellement des larmes, mais seulement par intervalles, lorsqu'ils font quelque nouvelle réflexion sur les objets qu'ils affectionnent.

ART. 132. *Des gémissements qui accompagnent les larmes.*

Et alors les poumons sont aussi quelquefois enflés tout à coup par l'abondance du sang qui entre dedans et qui en chasse l'air qu'ils contenaient, lequel, sortant par le sifflet, engendre les gémissements et les cris qui ont coutume d'accompagner les larmes; et ces cris sont ordinairement plus aigus que ceux qui accompagnent le ris, bien qu'ils soient produits quasi en même façon; dont la raison eſt que les nerfs qui servent à élargir ou étrécir les organes de la voix, pour la rendre plus grosse ou plus aiguë, étant joints avec ceux qui ouvrent les orifices du cœur pendant la joie et les étrécissent pendant la triſtesse, ils font que ces organes s'élargissent ou s'étrécissent au même temps.

ART. 133. *Pourquoi les enfants et les vieillards pleurent aisément.*

Les enfants et les vieillards sont plus enclins à pleurer que ceux du moyen âge, mais c'eſt pour diverses raisons.

Les vieillards pleurent souvent d'affection et de joie; car ces deux passions jointes ensemble envoient beaucoup de sang à leur cœur, et de là beaucoup de vapeurs à leurs yeux; et l'agitation de ces vapeurs est tellement retardée par la froideur de leur naturel, qu'elles se convertissent aisément en larmes, encore qu'aucune tristesse n'ait précédé. Que si quelques vieillards pleurent aussi fort aisément de fâcherie, ce n'est pas tant le tempérament de leur corps que celui de leur esprit qui les y dispose; et cela n'arrive qu'à ceux qui sont si faibles qu'ils se laissent entièrement surmonter par de petits sujets de douleur, de crainte ou de pitié. Le même arrive aux enfants, lesquels ne pleurent guère de joie, mais bien plus de tristesse, même quand elle n'est point accompagnée d'amour; car ils ont toujours assez de sang pour produire beaucoup de vapeurs; le mouvement desquelles étant retardé par la tristesse, elles se convertissent en larmes.

ART. 134. *Pourquoi quelques enfants pâlissent au lieu de pleurer.*

Toutefois il y en a quelques-uns qui pâlissent au lieu de pleurer quand ils sont fâchés; ce qui peut témoigner en eux un jugement et un courage extraordinaire, à savoir, lorsque cela vient de ce qu'ils considèrent la grandeur du mal et se préparent à une forte résistance, en même façon que ceux qui sont plus âgés; mais c'est plus ordinairement une marque de mauvais naturel, à savoir, lorsque cela vient de ce qu'ils sont enclins à la haine ou à la peur; car ce sont des passions qui diminuent la matière des larmes, et on voit, au contraire, que ceux qui pleurent fort aisément sont enclins à l'amour et à la pitié.

ART. 135. *Des soupirs.*

La cause des soupirs est fort différente de celle des larmes, encore qu'ils présupposent comme elles la tristesse; car, au lieu qu'on est incité à pleurer quand les poumons sont pleins de sang, on est incité à soupirer quand ils sont presque vides, et que quelque imagination d'espérance ou de joie ouvre l'orifice de l'artère veineuse, que la tristesse avait étréci, parce qu'alors le peu de sang qui reste dans les poumons tombant tout à coup dans le côté gauche du cœur par cette artère veineuse, et y étant poussé par le désir de parvenir à cette joie, lequel agite en même temps tous les muscles du diaphragme et de la poitrine, l'air est poussé promptement par la bouche dans les poumons, pour y remplir la place que laisse ce sang; et c'est cela qu'on nomme soupirer.

ART. 136. *D'où viennent les effets des passions qui sont particulières à certains hommes.*

Au reste, afin de suppléer ici en peu de mots à tout ce qui pourrait y être ajouté touchant les divers effets ou les diverses causes des passions, je me contenterai de répéter le principe sur lequel tout ce que j'en ai écrit est appuyé, à savoir qu'il y a telle liaison entre notre âme et notre corps, que lorsque nous avons une fois joint quelque action corporelle avec quelque pensée, l'une des deux ne se présente point à nous par après que l'autre ne s'y présente aussi, et que ce ne sont pas toujours les mêmes actions qu'on joint aux mêmes pensées; car cela suffit pour rendre raison de tout ce qu'un chacun peut remarquer de particulier en soi ou en d'autres, touchant cette matière, qui n'a point été expliquée. Et pour exemple, il est aisé de penser que les étranges aversions de quelques-uns, qui les empêchent de souffrir l'odeur des roses ou la présence d'un chat, ou choses semblables, ne viennent que de ce qu'au commencement de leur vie, ils ont été fort offensés par quelques pareils objets, ou bien qu'ils ont compati au sentiment de leur mère qui en a été offensée étant grosse; car il est certain qu'il y a du rapport entre tous les mouvements de la mère et ceux de l'enfant qui est en son ventre, en sorte que ce qui est contraire à l'un nuit à l'autre. Et l'odeur des roses peut avoir causé un grand mal de tête à un enfant lorsqu'il était encore au berceau, ou bien un chat le peut avoir fort épouvanté, sans que personne y ait pris garde ni qu'il en ait eu après aucune mémoire, bien que l'idée de l'aversion qu'il avait alors pour ces roses ou pour ce chat demeure imprimée en son cerveau jusques à la fin de sa vie.

Art. 137. *De l'usage des cinq passions ici expliquées, en tant qu'elles se rapportent au corps.*

Après avoir donné les définitions de l'amour, de la haine, du désir, de la joie, de la tristesse, et traité de tous les mouvements corporels qui les causent ou les accompagnent, nous n'avons plus ici à considérer que leur usage. Touchant quoi il est à remarquer que, selon l'institution de la nature, elles se rapportent toutes au corps, et ne sont données à l'âme qu'en tant qu'elle est jointe avec lui; en sorte que leur usage naturel est d'inciter l'âme à consentir et contribuer aux actions qui peuvent servir à conserver le corps ou à le rendre en quelque façon plus parfait; et en ce sens la tristesse et la joie sont les deux premières qui sont employées. Car l'âme n'est immédiatement avertie des choses qui nuisent au corps que par le sentiment qu'elle a de la douleur, lequel produit en elle premièrement la passion de la tristesse, puis ensuite la haine de ce qui cause cette douleur, et en troisième lieu le désir de s'en délivrer; comme aussi l'âme n'est immédiatement avertie des choses utiles au corps que par quelque sorte de chatouillement qui excitant en elle de la joie, fait ensuite naître l'amour de ce qu'on croit en être la cause, et enfin le désir d'acquérir ce qui peut faire qu'on continue en cette joie ou bien qu'on jouisse encore après d'une semblable. Ce qui fait voir qu'elles sont toutes cinq très utiles au regard du corps, et même que la tristesse est en quelque façon première et plus nécessaire que la joie, et la haine que l'amour, à cause qu'il importe davantage de repousser les choses qui nuisent et peuvent détruire que d'acquérir celles qui ajoutent quelque perfection sans laquelle on peut subsister.

Art. 138. *De leurs défauts, et des moyens de les corriger.*

Mais, encore que cet usage des passions soit le plus naturel qu'elles puissent avoir, et que tous les animaux sans raison ne conduisent leur vie que par des mouvements corporels semblables à ceux qui ont coutume en nous de les suivre, et auxquels elles incitent notre âme à consentir, il n'est pas néanmoins toujours bon, d'autant qu'il y a plusieurs choses nuisibles au corps qui ne causent au commencement aucune tristesse ou même qui donnent de la joie, et d'autres qui lui sont utiles, bien que d'abord elles soient incommodes. Et outre cela, elles font paraître presque toujours, tant les biens que les maux qu'elles représentent, beaucoup plus grands et plus importants qu'ils ne sont, en sorte qu'elles nous incitent à rechercher les uns et fuir les autres avec plus d'ardeur et plus de soin qu'il n'est convenable, comme nous voyons aussi que les bêtes sont souvent trompées par des appâts, et que pour éviter de petits maux elles se précipitent en de plus grands; c'est pourquoi nous devons nous servir de l'expérience et de la raison pour distinguer le bien d'avec le mal et connaître leur juste valeur, afin de ne prendre pas l'un pour l'autre, et de ne nous porter à rien avec excès.

Art. 139. *De l'usage des mêmes passions, en tant qu'elles appartiennent à l'âme, et premièrement de l'amour.*

Ce qui suffirait si nous n'avions en nous que le corps ou qu'il fût notre meilleure partie; mais, d'autant qu'il n'est que la moindre, nous devons principalement considérer les passions en tant qu'elles appartiennent à l'âme, au regard de laquelle l'amour et la haine viennent de la connaissance et précèdent la joie et la tristesse, excepté lorsque ces deux dernières tiennent le lieu de la connaissance, dont elles sont des espèces. Et lorsque cette connaissance est vraie, c'est-à-dire que les choses qu'elle nous porte à aimer sont véritablement bonnes, et celles qu'elle nous porte à haïr sont véritablement mauvaises, l'amour est incomparablement meilleure que la haine; elle ne saurait être trop grande, et elle ne manque jamais de produire la joie. Je dis que cette amour est extrêmement bonne, parce que, joignant à nous de vrais biens, elle nous perfectionne d'autant. Je dis aussi qu'elle ne saurait être trop grande, car tout ce que la plus excessive peut faire, c'est de nous joindre si parfaitement à ces biens, que l'amour que nous avons particulièrement pour nous-mêmes n'y mette aucune distinction, ce que je crois ne pouvoir jamais être mauvais; et elle est nécessairement suivie de la joie, à cause qu'elle nous représente ce que nous aimons comme un bien qui nous appartient.

Art. 140. *De la haine.*

La haine, au contraire, ne saurait être si petite qu'elle ne nuise; et elle n'est jamais sans tristesse. Je dis qu'elle ne saurait être trop petite, à cause que nous ne sommes incités à aucune action par la haine du mal que nous ne le puissions être encore mieux par l'amour du bien, auquel il est contraire, au moins lorsque ce bien et ce mal sont assez connus; car j'avoue que la haine du mal qui n'est manifestée que par la douleur est nécessaire au regard du corps; mais je ne parle ici que de celle qui vient d'une connaissance plus claire, et je ne la rapporte qu'à l'âme. Je dis aussi qu'elle n'est jamais sans tristesse, à cause que le mal n'étant qu'une privation, il ne peut être conçu sans quelque sujet réel dans lequel il soit; et il n'y a rien de réel qui n'ait en soi quelque bonté, de façon que la haine qui nous éloigne de quelque mal nous éloigne par même moyen du bien auquel il est joint, et la privation de ce bien, étant représentée à notre âme comme un défaut qui lui appartient, excite en elle la tristesse : par exemple, la haine qui nous éloigne des mauvaises mœurs de quelqu'un nous éloigne par même moyen de sa conversation, en laquelle nous pourrions sans cela trouver quelque bien duquel nous sommes fâchés d'être privés. Et ainsi en toutes les autres haines on peut remarquer quelque sujet de tristesse.

Art. 141. *Du désir, de la joie et de la tristesse.*

Pour le désir, il est évident que lorsqu'il procède d'une vraie connaissance il ne peut être mauvais, pourvu qu'il ne soit point excessif et que cette connaissance le règle. Il est évident aussi que la joie ne peut manquer d'être bonne, ni la tristesse d'être mauvaise, au regard de l'âme, parce que c'est en la dernière que consiste toute l'incommodité que l'âme reçoit du mal, et en la première que consiste toute la jouissance du bien qui lui appartient; de façon que si nous n'avions point de corps, j'oserais dire que nous ne pourrions trop nous abandonner à l'amour et à la joie, ni trop éviter la haine et la tristesse; mais les mouvements corporels qui les accompagnent peuvent tous être nuisibles à la santé lorsqu'ils sont fort violents, et au contraire lui être utiles lorsqu'ils ne sont que modérés.

ART. 142. *De la joie et de l'amour, comparées avec la tristesse et la haine.*

Au reste, puisque la haine et la tristesse doivent être rejetées par l'âme, lors même qu'elles procèdent d'une vraie connaissance, elles doivent l'être à plus forte raison lorsqu'elles viennent de quelque fausse opinion. Mais on peut douter si l'amour et la joie sont bonnes ou non lorsqu'elles sont ainsi mal fondées; et il me semble que si on ne les considère précisément que ce qu'elles sont en elles-mêmes au regard de l'âme, on peut dire que, bien que la joie soit moins solide et l'amour moins avantageuse que lorsqu'elles ont un meilleur fondement, elles ne laissent pas d'être préférables à la tristesse et à la haine aussi mal fondées : en sorte que, dans les rencontres de la vie où nous ne pouvons éviter le hasard d'être trompés, nous faisons toujours beaucoup mieux de pencher vers les passions qui tendent au bien que vers celles qui regardent le mal, encore que ce ne soit que pour l'éviter; et même souvent une fausse joie vaut mieux qu'une tristesse dont la cause est vraie. Mais je n'ose pas dire de même de l'amour au regard de la haine; car, lorsque la haine est juste, elle ne nous éloigne que du sujet qui contient le mal dont il est bon d'être séparé, au lieu que l'amour qui est injuste nous joint à des choses qui peuvent nuire, ou du moins qui ne méritent pas d'être tant considérées par nous qu'elles sont, ce qui nous avilit et nous abaisse.

ART. 143. *Des mêmes passions, en tant qu'elles se rapportent au désir.*

Et il faut exactement remarquer que ce que je viens de dire de ces quatre passions n'a lieu que lorsqu'elles sont considérées précisément en elles-mêmes, et qu'elles ne nous portent à aucune action; car, en tant qu'elles excitent en nous le désir, par l'entremise duquel elles règlent nos mœurs, il est certain que toutes celles dont la cause est fausse peuvent nuire, et qu'au contraire toutes celles dont la cause est juste peuvent servir, et même que, lorsqu'elles sont également mal fondées, la joie est ordinairement plus nuisible que la tristesse, parce que celle-ci, donnant de la retenue et de la crainte, dispose en quelque façon à la prudence, au lieu que l'autre rend inconsidérés et téméraires ceux qui s'abandonnent à elle.

ART. 144. *Des désirs dont l'événement ne dépend que de nous.*

Mais, parce que ces passions ne nous peuvent porter à aucune action que par l'entremise du désir qu'elles excitent, c'est particulièrement ce désir que nous devons avoir soin de régler; et c'est en cela que consiste la principale utilité de la morale : or, comme j'ai tantôt dit qu'il est toujours bon lorsqu'il suit une vraie connaissance, ainsi il ne peut manquer d'être mauvais lorsqu'il est fondé sur quelque erreur. Et il me semble que l'erreur qu'on commet le plus ordinairement touchant les désirs est qu'on ne distingue pas assez les choses qui dépendent entièrement de nous de celles qui n'en dépendent point : car, pour celles qui ne dépendent que de nous, c'est-à-dire de notre libre arbitre, il suffit de savoir qu'elles sont bonnes pour ne les pouvoir désirer avec trop d'ardeur, à cause que c'est suivre la vertu que de faire les choses bonnes qui dépendent de nous, et il est certain qu'on ne saurait avoir un désir trop ardent pour la vertu, outre que ce que nous désirons en cette façon ne pouvant manquer de nous réussir, puisque c'est de nous seuls qu'il dépend, nous en recevons toujours toute la satisfaction que nous en avons attendue. Mais la faute qu'on a coutume de commettre en ceci n'est jamais qu'on désire trop, c'est seulement qu'on désire trop peu; et le souverain remède contre cela est de se délivrer l'esprit autant qu'il se peut de toutes sortes d'autres désirs moins utiles, puis de tâcher de connaître bien clairement et de considérer avec attention la bonté de ce qui est à désirer.

ART. 145. *De ceux qui ne dépendent que des autres causes, et ce que c'est que la fortune.*

Pour les choses qui ne dépendent aucunement de nous, tant bonnes qu'elles puissent être, on ne les doit jamais désirer avec passion, non seulement à cause qu'elles peuvent n'arriver pas, et par ce moyen nous affliger d'autant plus que nous les aurons plus souhaitées, mais principalement à cause qu'en occupant notre pensée elles nous détournent de porter notre affection à d'autres choses dont l'acquisition dépend de nous. Et il y a deux remèdes généraux contre ces vains désirs : le premier est la générosité, de laquelle je parlerai ci-après; le second est que nous devons souvent faire réflexion sur la Providence divine, et nous représenter qu'il est impossible qu'aucune chose arrive d'autre façon qu'elle a été déterminée de toute éternité par cette Providence; en sorte qu'elle est comme une fatalité ou une nécessité immuable qu'il faut opposer à la fortune, pour la détruire comme une chimère qui ne vient que de l'erreur de notre entendement. Car nous ne pouvons désirer que ce que nous estimons en quelque façon être possible, et nous ne pouvons estimer possibles les choses qui ne dépendent point de nous qu'en tant que nous pensons qu'elles dépendent de la fortune, c'est-à-dire que nous jugeons qu'elles peuvent arriver, et qu'il en est arrivé autrefois de semblables. Or cette opinion n'est fondée que sur ce que nous ne connaissons pas toutes les causes qui contribuent à chaque effet; car, lorsqu'une chose que nous avons estimée dépendre de la fortune n'arrive pas, cela témoigne que quelqu'une des causes qui étaient nécessaires pour la produire a manqué, et par conséquent qu'elle était absolument impossible, et qu'il n'en est jamais arrivé de semblable, c'est-à-dire à la production de laquelle une pareille cause ait aussi manqué : en sorte que si nous n'eussions point ignoré cela auparavant, nous ne l'eussions jamais estimée possible, ni par conséquent ne l'eussions désirée.

Art. 146. *De ceux qui dépendent de nous et d'autrui.*

Il faut donc entièrement rejeter l'opinion vulgaire qu'il y a hors de nous une fortune qui fait que les choses arrivent ou n'arrivent pas, selon son plaisir, et savoir que tout est conduit par la Providence divine, dont le décret éternel est tellement infaillible et immuable, qu'excepté les choses que ce même décret a voulu dépendre de notre libre arbitre, nous devons penser qu'à notre égard il n'arrive rien qui ne soit nécessaire et comme fatal, en sorte que nous ne pouvons sans erreur désirer qu'il arrive d'autre façon. Mais parce que la plupart de nos désirs s'étendent à des choses qui ne dépendent pas toutes de nous ni toutes d'autrui, nous devons exactement distinguer en elles ce qui ne dépend que de nous, afin de n'étendre notre désir qu'à cela seul; et pour le surplus, encore que nous en devions estimer le succès entièrement fatal et immuable, afin que notre désir ne s'y occupe point, nous ne devons pas laisser de considérer les raisons qui le font plus ou moins espérer, afin qu'elles servent à régler nos actions : car, par exemple, si nous avons affaire en quelque lieu où nous puissions aller par deux divers chemins, l'un desquels ait coutume d'être beaucoup plus sûr que l'autre, bien que peut-être le décret de la Providence soit tel que si nous allons par le chemin qu'on estime le plus sûr nous ne manquerons pas d'y être volés, et qu'au contraire nous pourrons passer par l'autre sans aucun danger, nous ne devons pas pour cela être indifférents à choisir l'un ou l'autre, ni nous reposer sur la fatalité immuable de ce décret; mais la raison veut que nous choisissions le chemin qui a coutume d'être le plus sûr; et notre désir doit être accompli touchant cela lorsque nous l'avons suivi, quelque mal qu'il nous en soit arrivé, à cause que ce mal ayant été à notre égard inévitable, nous n'avons eu aucun sujet de souhaiter d'en être exempts, mais seulement de faire tout le mieux que notre entendement a pu connaître, ainsi que je suppose que nous avons fait. Et il est certain que lorsqu'on s'exerce à distinguer ainsi la fatalité de la fortune, on s'accoutume aisément à régler ses désirs en telle sorte que, d'autant que leur accomplissement ne dépend que de nous, ils peuvent toujours nous donner une entière satisfaction.

ART. 147. *Des émotions intérieures de l'âme.*

J'ajouterai seulement encore ici une considération qui me semble beaucoup servir pour nous empêcher de recevoir aucune incommodité des passions; c'est que notre bien et notre mal dépendent principalement des émotions intérieures qui ne sont excitées en l'âme que par l'âme même, en quoi elles diffèrent de ces passions, qui dépendent toujours de quelque mouvement des esprits; et bien que ces émotions de l'âme soient souvent jointes avec les passions qui leur sont semblables, elles peuvent souvent aussi se rencontrer avec d'autres, et même naître de celles qui leur sont contraires. Par exemple, lorsqu'un mari pleure sa femme morte, laquelle (ainsi qu'il arrive quelquefois) il serait fâché de voir ressuscitée, il se peut faire que son cœur est serré par la tristesse que l'appareil des funérailles et l'absence d'une personne à la conversation de laquelle il était accoutumé excitent en lui; et il se peut faire que quelques restes d'amour ou de pitié qui se présentent à son imagination tirent de véritables larmes de ses yeux, nonobstant qu'il sente cependant une joie secrète dans le plus intérieur de son âme, l'émotion de laquelle a tant de pouvoir que la tristesse et les larmes qui l'accompagnent ne peuvent rien diminuer de sa force. Et lorsque nous lisons des aventures étranges dans un livre, ou que nous les voyons représenter sur un théâtre, cela excite quelquefois en nous la tristesse, quelquefois la joie, ou l'amour, ou la haine, et généralement toutes les passions, selon la diversité des objets qui s'offrent à notre imagination; mais avec cela nous avons du plaisir de les sentir exciter en nous, et ce plaisir est une joie intellectuelle qui peut aussi bien naître de la tristesse que de toutes les autres passions.

Art. 148. *Que l'exercice de la vertu est un souverain remède contre les passions.*

Or, d'autant que ces émotions intérieures nous touchent de plus près et ont, par conséquent, beaucoup plus de pouvoir sur nous que les passions, dont elles diffèrent, qui se rencontrent avec elles, il est certain que, pourvu que notre âme ait toujours de quoi se contenter en son intérieur, tous les troubles qui viennent d'ailleurs n'ont aucun pouvoir de lui nuire; mais plutôt ils servent à augmenter sa joie, en ce que, voyant qu'elle ne peut être offensée par eux, cela lui fait connaître sa perfection. Et afin que notre âme ait ainsi de quoi être contente, elle n'a besoin que de suivre exactement la vertu. Car quiconque a vécu en telle sorte que sa conscience ne lui peut reprocher qu'il n'ait jamais manqué à faire toutes les choses qu'il a jugées être les meilleures (qui est ce que je nomme ici suivre la vertu), il en reçoit une satisfaction qui est si puissante pour le rendre heureux, que les plus violents efforts des passions n'ont jamais assez de pouvoir pour troubler la tranquillité de son âme.

TROISIÈME PARTIE

DES PASSIONS PARTICULIÈRES

ART. 149. *De l'estime et du mépris.*

APRÈS avoir expliqué les six passions primitives, qui sont comme les genres dont toutes les autres sont des espèces, je remarquerai ici succinctement ce qu'il y a de particulier en chacune de ces autres, et je tiendrai le même ordre suivant lequel je les ai ci-dessus dénombrées. Les deux premières sont l'estime et le mépris; car, bien que ces noms ne signifient ordinairement que les opinions qu'on a sans passion de la valeur de chaque chose, toutefois, à cause que, de ces opinions, il naît souvent des passions auxquelles on n'a point donné de noms particuliers, il me semble que ceux-ci leur peuvent être attribués. Et l'estime, en tant qu'elle est une passion, est une inclination qu'a l'âme à se représenter la valeur de la chose estimée, laquelle inclination est causée par un mouvement particulier des esprits tellement conduits dans le cerveau qu'ils fortifient les impressions qui servent à ce sujet; comme, au contraire, la passion du mépris est une inclination qu'a l'âme à considérer la bassesse ou petitesse de ce qu'elle méprise, causée par le mouvement des esprits qui fortifient l'idée de cette petitesse.

ART. 150. *Que ces deux passions ne sont que des espèces d'admiration.*

Ainsi ces deux passions ne sont que des espèces d'admiration; car lorsque nous n'admirons point la grandeur ni la petitesse d'un objet, nous n'en faisons ni plus ni moins d'état que la raison nous dicte que nous en devons faire, de façon que nous l'estimons ou le méprisons alors sans passion; et, bien que souvent l'estime soit excitée en nous par l'amour, et le mépris par la haine, cela n'est pas universel et ne vient que de ce qu'on est plus ou moins enclin à considérer la grandeur ou la petitesse d'un objet, à raison de ce qu'on a plus ou moins d'affection pour lui.

Art. 151. *Qu'on peut s'estimer ou mépriser soi-même.*

Or, ces deux passions se peuvent généralement rapporter à toutes sortes d'objets; mais elles sont principalement remarquables quand nous les rapportons à nous-mêmes, c'est-à-dire quand c'est notre propre mérite que nous estimons ou méprisons; et le mouvement des esprits qui les cause est alors si manifeste qu'il change même la mine, les gestes, la démarche et généralement toutes les actions de ceux qui conçoivent une meilleure ou une plus mauvaise opinion d'eux-mêmes qu'à l'ordinaire.

Art. 152. *Pour quelle cause on peut s'estimer.*

Et parce que l'une des principales parties de la sagesse est de savoir en quelle façon et pour quelle cause chacun se doit estimer ou mépriser, je tâcherai ici d'en dire mon opinion. Je ne remarque en nous qu'une seule chose qui nous puisse donner juste raison de nous estimer, à savoir l'usage de notre libre arbitre, et l'empire que nous avons sur nos volontés; car il n'y a que les seules actions qui dépendent de ce libre arbitre pour lesquelles nous puissions avec raison être loués ou blâmés; et il nous rend en quelque façon semblables à Dieu en nous faisant maîtres de nous-mêmes, pourvu que nous ne perdions point par lâcheté les droits qu'il nous donne.

Art. 153. *En quoi consiste la générosité.*

Ainsi je crois que la vraie générosité, qui fait qu'un homme s'estime au plus haut point qu'il se peut légitimement estimer, consiste seulement partie en ce qu'il connaît qu'il n'y a rien qui véritablement lui appartienne que cette libre disposition de ses volontés, ni pourquoi il doive être loué ou blâmé sinon pour ce qu'il en use bien ou mal, et partie en ce qu'il sent en soi-même une ferme et constante résolution d'en bien user, c'est-à-dire de ne manquer jamais de volonté pour entreprendre et exécuter toutes les choses qu'il jugera être les meilleures; ce qui est suivre parfaitement la vertu.

ART. 154. *Qu'elle empêche qu'on ne méprise les autres.*

Ceux qui ont cette connaissance et sentiment d'eux-mêmes se persuadent facilement que chacun des autres hommes les peut aussi avoir de soi, parce qu'il n'y a rien en cela qui dépende d'autrui. C'est pourquoi ils ne méprisent jamais personne; et, bien qu'ils voient souvent que les autres commettent des fautes qui font paraître leur faiblesse, ils sont toutefois plus enclins à les excuser qu'à les blâmer, et à croire que c'est plutôt par manque de connaissance que par manque de bonne volonté qu'ils les commettent; et, comme ils ne pensent point être de beaucoup inférieurs à ceux qui ont plus de bien ou d'honneurs, ou même qui ont plus d'esprit, plus de savoir, plus de beauté, ou généralement qui les surpassent en quelques autres perfections, aussi ne s'estiment-ils point beaucoup au-dessus de ceux qu'ils surpassent, à cause que toutes ces choses leur semblent être fort peu considérables, à comparaison de la bonne volonté, pour laquelle seule ils s'estiment, et laquelle ils supposent aussi être ou du moins pouvoir être en chacun des autres hommes.

ART. 155. *En quoi consiste l'humilité vertueuse.*

Ainsi les plus généreux ont coutume d'être les plus humbles; et l'humilité vertueuse ne consiste qu'en ce que la réflexion que nous faisons sur l'infirmité de notre nature et sur les fautes que nous pouvons autrefois avoir commises ou sommes capables de commettre, qui ne sont pas moindres que celles qui peuvent être commises par d'autres, est cause que nous ne nous préférons à personne, et que nous pensons que les autres ayant leur libre arbitre aussi bien que nous, ils en peuvent aussi bien user.

Art. 156. *Quelles sont les propriétés de la générosité, et comment elle sert de remède contre tous les dérèglements des passions.*

Ceux qui sont généreux en cette façon sont naturellement portés à faire de grandes choses, et toutefois à ne rien entreprendre dont ils ne se sentent capables; et parce qu'ils n'estiment rien de plus grand que de faire du bien aux autres hommes et de mépriser leur propre intérêt, pour ce sujet ils sont toujours parfaitement courtois, affables et officieux envers un chacun. Et avec cela ils sont entièrement maîtres de leurs passions, particulièrement des désirs, de la jalousie et de l'envie, à cause qu'il n'y a aucune chose dont l'acquisition ne dépende pas d'eux qu'ils pensent valoir assez pour mériter d'être beaucoup souhaitée; et de la haine envers les hommes, à cause qu'ils les estiment tous; et de la peur, à cause que la confiance qu'ils ont en leur vertu les assure; et enfin de la colère, à cause que, n'estimant que fort peu toutes les choses qui dépendent d'autrui, jamais ils ne donnent tant d'avantage à leurs ennemis que de reconnaître qu'ils en sont offensés.

Art. 157. *De l'orgueil.*

Tous ceux qui conçoivent bonne opinion d'eux-mêmes pour quelque autre cause, telle qu'elle puisse être, n'ont pas une vraie générosité, mais seulement un orgueil qui est toujours fort vicieux, encore qu'il le soit d'autant plus que la cause pour laquelle on s'estime est plus injuste; et la plus injuste de toutes est lorsqu'on est orgueilleux sans aucun sujet; c'est-à-dire sans qu'on pense pour cela qu'il y ait en soi aucun mérite pour lequel on doive être prisé, mais seulement parce qu'on ne fait point d'état du mérite, et que, s'imaginant que la gloire n'est autre chose qu'une usurpation, l'on croit que ceux qui s'en attribuent le plus en ont le plus. Ce vice est si déraisonnable et si absurde, que j'aurais de la peine à croire qu'il y eût des hommes qui s'y laissassent aller, si jamais personne n'était loué injustement; mais la flatterie est si commune partout qu'il n'y a point d'homme si défectueux qu'il ne se voie souvent estimer pour des choses qui ne méritent aucune louange, ou même qui méritent du blâme; ce qui donne occasion aux plus ignorants et aux plus stupides de tomber en cette espèce d'orgueil.

Art. 158. *Que ses effets sont contraires à ceux de la générosité.*

Mais, quelle que puisse être la cause pour laquelle on s'estime, si elle est autre que la volonté qu'on sent en soi-même d'user toujours bien de son libre arbitre, de laquelle j'ai dit que vient la générosité, elle produit toujours un orgueil très blâmable, et qui est si différent de cette vraie générosité qu'il a des effets entièrement contraires; car tous les autres biens, comme l'esprit, la beauté, les richesses, les honneurs, etc., ayant coutume d'être d'autant plus estimés qu'ils se trouvent en moins de personnes, et même étant pour la plupart de telle nature qu'ils ne peuvent être communiqués à plusieurs, cela fait que les orgueilleux tâchent d'abaisser tous les autres hommes, et qu'étant esclaves de leurs désirs, ils ont l'âme incessamment agitée de haine, d'envie, de jalousie ou de colère.

Art. 159. *De l'humilité vicieuse.*

Pour la bassesse ou humilité vicieuse, elle consiste principalement en ce qu'on se sent faible ou peu résolu, et que, comme si on n'avait pas l'usage entier de son libre arbitre, on ne se peut empêcher de faire des choses dont on sait qu'on se repentira par après; puis aussi en ce qu'on croit ne pouvoir subsister par soi-même ni se passer de plusieurs choses dont l'acquisition dépend d'autrui. Ainsi elle est directement opposée à la générosité; et il arrive souvent que ceux qui ont l'esprit le plus bas sont les plus arrogants et superbes, en même façon que les plus généreux sont les plus modestes et les plus humbles. Mais, au lieu que ceux qui ont l'esprit fort et généreux ne changent point d'humeur pour les prospérités ou adversités qui leur arrivent, ceux qui l'ont faible et abject ne sont conduits que par la fortune, et la prospérité ne les enfle pas moins que l'adversité les rend humbles. Même on voit souvent qu'ils s'abaissent honteusement auprès de ceux dont ils attendent quelque profit ou craignent quelque mal, et qu'au même temps ils s'élèvent insolemment au-dessus de ceux desquels ils n'espèrent ni ne craignent aucune chose.

ART. 160. *Quel eſt le mouvement des esprits en ces passions.*

Au reſte, il eſt aisé à connaître que l'orgueil et la bassesse ne sont pas seulement des vices, mais aussi des passions, à cause que leur émotion paraît fort à l'extérieur en ceux qui sont subitement enflés ou abattus par quelque nouvelle occasion; mais on peut douter si la générosité et l'humilité, qui sont des vertus, peuvent aussi être des passions, parce que leurs mouvements paraissent moins, et qu'il semble que la vertu ne symbolise pas tant avec la passion que fait le vice. Toutefois je ne vois point de raison qui empêche que le même mouvement des esprits qui sert à fortifier une pensée lorsqu'elle a un fondement qui eſt mauvais, ne la puisse aussi fortifier lorsqu'elle en a un qui eſt juſte; et parce que l'orgueil et la générosité ne consiſtent qu'en la bonne opinion qu'on a de soi-même, et ne diffèrent qu'en ce que cette opinion eſt injuſte en l'un et juſte en l'autre, il me semble qu'on les peut rapporter à une même passion, laquelle eſt excitée par un mouvement composé de ceux de l'admiration, de la joie et de l'amour, tant de celle qu'on a pour soi que de celle qu'on a pour la chose qui fait qu'on s'eſtime : comme, au contraire, le mouvement qui excite l'humilité, soit vertueuse, soit vicieuse, eſt composé de ceux de l'admiration, de la triſtesse, et de l'amour qu'on a pour soi-même, mêlée avec la haine qu'on a pour ses défauts, qui font qu'on se méprise; et toute la différence que je remarque en ces mouvements eſt que celui de l'admiration a deux propriétés : la première, que la surprise le rend fort dès son commencement; et l'autre, qu'il eſt égal en sa continuation, c'eſt-à-dire que les esprits continuent à se mouvoir d'une même teneur dans le cerveau. Desquelles propriétés la première se rencontre bien plus en l'orgueil et en la bassesse qu'en la générosité et en l'humilité vertueuse; et au contraire, la dernière se remarque mieux en celles-ci qu'aux deux autres; dont la raison est que le vice vient ordinairement de l'ignorance, et que ce sont ceux qui se connaissent le moins qui sont le plus sujets à s'enorgueillir et à s'humilier plus qu'ils ne doivent, à cause que tout ce qui leur arrive de nouveau les surprend et fait que, se l'attribuant à eux-mêmes, ils s'admirent, et qu'ils s'estiment ou se méprisent selon qu'ils jugent que ce qui leur arrive est à leur avantage ou n'y est pas. Mais, parce que souvent après une chose qui les a enorgueillis il en survient une autre qui les humilie, le mouvement de leurs passions est variable; au contraire, il n'y a rien en la générosité qui ne soit compatible avec l'humilité vertueuse, ni rien ailleurs qui les puisse changer, ce qui fait que leurs mouvements sont fermes, constants et toujours fort semblables à eux-mêmes. Mais ils ne viennent pas tant de surprise, parce que ceux qui s'estiment en cette façon connaissent assez quelles sont les causes qui font qu'ils s'estiment; toutefois on peut dire que ces causes sont si merveilleuses (à savoir, la puissance d'user de son libre arbitre, qui fait qu'on se prise soi-même, et les infirmités du sujet en qui est cette puissance, qui font qu'on ne s'estime pas trop) qu'à toutes les fois qu'on se les représente de nouveau elles donnent toujours une nouvelle admiration.

ART. 161. *Comment la générosité peut être acquise.*

Et il faut remarquer que ce qu'on nomme communément des vertus sont des habitudes en l'âme qui la disposent à certaines pensées, en sorte qu'elles sont différentes de ces pensées, mais qu'elles les peuvent produire, et réciproquement être produites par elles. Il faut remarquer aussi que ces pensées peuvent être produites par l'âme seule, mais qu'il arrive souvent que quelque mouvement des esprits les fortifie, et que pour lors elles sont des actions de vertu et ensemble des passions de l'âme : ainsi, encore qu'il n'y ait point de vertu à laquelle il semble que la bonne naissance contribue tant qu'à celle qui fait qu'on ne s'estime que selon sa juste valeur, et qu'il soit aisé à croire que toutes les âmes que Dieu met en nos corps ne sont pas également nobles et fortes (ce qui est cause que j'ai nommé cette vertu générosité, suivant l'usage de notre langue, plutôt que magnanimité, suivant l'usage de l'École, où elle n'eſt pas fort connue), il eſt certain néanmoins que la bonne inſtitution sert beaucoup pour corriger les défauts de la naissance, et que si on s'occupe souvent à considérer ce que c'eſt que le libre arbitre, et combien sont grands les avantages qui viennent de ce qu'on a une ferme résolution d'en bien user, comme aussi, d'autre côté, combien sont vains et inutiles tous les soins qui travaillent les ambitieux, on peut exciter en soi la passion et ensuite acquérir la vertu de générosité, laquelle étant comme la clef de toutes les autres vertus et un remède général contre tous les dérèglements des passions, il me semble que cette considération mérite bien d'être remarquée.

ART. 162. *De la vénération.*

La vénération ou le respeꝺt eſt une inclination de l'âme non seulement à eſtimer l'objet qu'elle révère, mais aussi à se soumettre à lui avec quelque crainte, pour tâcher de se le rendre favorable; de façon que nous n'avons de la vénération que pour les causes libres que nous jugeons capables de nous faire du bien ou du mal, sans que nous sachions lequel des deux elles feront; car nous avons de l'amour et de la dévotion plutôt qu'une simple vénération pour celles de qui nous n'attendons que du bien, et nous avons de la haine pour celles de qui nous n'attendons que du mal; et si nous ne jugeons point que la cause de ce bien ou de ce mal soit libre, nous ne nous soumettons point à elle pour tâcher de l'avoir favorable. Ainsi, quand les païens avaient de la vénération pour des bois, des fontaines ou des montagnes, ce n'était pas proprement ces choses mortes qu'ils révéraient, mais les divinités qu'ils pensaient y présider. Et le mouvement des esprits qui excite cette passion eſt composé de celui qui excite l'admiration et de celui qui excite la crainte, de laquelle je parlerai ci-après.

ART. 163. *Du dédain.*

Tout de même, ce que je nomme le dédain eſt l'inclination qu'a l'âme à mépriser une cause libre en jugeant que, bien que de sa nature elle soit capable de faire du bien et du mal, elle eſt néanmoins si fort au-dessous de nous qu'elle ne nous peut faire ni l'un ni l'autre. Et le mouvement des esprits qui l'excite est composé de ceux qui excitent l'admiration et la sécurité ou la hardiesse.

ART. 164. *De l'usage de ces deux passions.*

Et c'est la générosité et la faiblesse de l'esprit ou la bassesse qui déterminent le bon et le mauvais usage de ces deux passions : car d'autant qu'on a l'âme plus noble et plus généreuse, d'autant a-t-on plus d'inclination à rendre à chacun ce qui lui appartient; et ainsi on n'a pas seulement une très profonde humilité au regard de Dieu, mais aussi on rend sans répugnance tout l'honneur et le respect qui est dû aux hommes, à chacun selon le rang et l'autorité qu'il a dans le monde, et on ne méprise rien que les vices. Au contraire, ceux qui ont l'esprit bas et faible sont sujets à pécher par excès, quelquefois en ce qu'ils révèrent et craignent des choses qui ne sont dignes que de mépris, et quelquefois en ce qu'ils dédaignent insolemment celles qui méritent le plus d'être révérées; et ils passent souvent fort promptement de l'extrême impiété à la superstition, puis de la superstition à l'impiété, en sorte qu'il n'y a aucun vice ni aucun dérèglement d'esprit dont ils ne soient capables.

ART. 165. *De l'espérance et de la crainte.*

L'espérance est une disposition de l'âme à se persuader que ce qu'elle désire adviendra, laquelle est causée par un mouvement particulier des esprits, à savoir, par celui de la joie et du désir mêlés ensemble; et la crainte est une autre disposition de l'âme qui lui persuade qu'il n'adviendra pas; et il est à remarquer que bien que ces deux passions soient contraires, on les peut néanmoins avoir toutes deux ensemble, à savoir, lorsqu'on se représente en même temps diverses raisons dont les unes font juger que l'accomplissement du désir est facile, les autres le font paraître difficile.

ART. 166. *De la sécurité et du désespoir.*

Et jamais l'une de ces passions n'accompagne le désir qu'elle ne laisse quelque place à l'autre : car, lorsque l'espérance eſt si forte qu'elle chasse entièrement la crainte, elle change de nature et se nomme sécurité ou assurance; et, quand on eſt assuré que ce qu'on désire adviendra, bien qu'on continue à vouloir qu'il advienne, on cesse néanmoins d'être agité de la passion du désir, qui en faisait rechercher l'événement avec inquiétude; tout de même, lorsque la crainte eſt si extrême qu'elle ôte tout lieu à l'espérance, elle se convertit en désespoir; et ce désespoir, représentant la chose comme impossible, éteint entièrement le désir, lequel ne se porte qu'aux choses possibles.

ART. 167. *De la jalousie.*

La jalousie eſt une espèce de crainte qui se rapporte au désir qu'on a de se conserver la possession de quelque bien; et elle ne vient pas tant de la force des raisons qui font juger qu'on le peut perdre que de la grande eſtime qu'on en fait, laquelle eſt cause qu'on examine jusqu'aux moindres sujets de soupçon, et qu'on les prend pour des raisons fort considérables.

ART. 168. *En quoi cette passion peut être honnête.*

Et, parce qu'on doit avoir plus de soin de conserver les biens qui sont fort grands que ceux qui sont moindres, cette passion peut être juſte et honnête en quelques occasions. Ainsi, par exemple, un capitaine qui garde une place de grande importance a droit d'en être jaloux, c'eſt-à-dire de se défier de tous les moyens par lesquels elle pourrait être surprise; et une honnête femme n'eſt pas blâmée d'être jalouse de son honneur, c'eſt-à-dire de ne se garder pas seulement de mal faire, mais aussi d'éviter jusqu'aux moindres sujets de médisance.

ART. 169. *En quoi elle eſt blâmable.*

Mais on se moque d'un avaricieux lorsqu'il eſt jaloux de son trésor, c'eſt-à-dire lorsqu'il le couve des yeux et ne s'en veut jamais éloigner de peur qu'il ne lui soit dérobé; car l'argent ne vaut pas la peine d'être gardé avec tant de soin. Et on méprise un homme qui eſt jaloux de sa femme, parce que c'eſt un témoignage qu'il ne l'aime pas de la bonne sorte, et qu'il a mauvaise opinion de soi ou d'elle : je dis qu'il ne l'aime pas de la bonne sorte; car, s'il avait une vraie amour pour elle, il n'aurait aucune inclination à s'en défier; mais ce n'est pas proprement elle qu'il aime, c'est seulement le bien qu'il imagine consister à en avoir seul la possession; et il ne craindrait pas de perdre ce bien s'il ne jugeait pas qu'il en est indigne ou bien que sa femme est infidèle. Au reste, cette passion ne se rapporte qu'aux soupçons et aux défiances, car ce n'est pas proprement être jaloux que de tâcher d'éviter quelque mal lorsqu'on a juste sujet de le craindre.

ART. 170. *De l'irrésolution.*

L'irrésolution est aussi une espèce de crainte qui, retenant l'âme comme en balance entre plusieurs actions qu'elle peut faire, est cause qu'elle n'en exécute aucune, et ainsi qu'elle a du temps pour choisir avant que de se déterminer, en quoi véritablement elle a quelque usage qui est bon; mais lorsqu'elle dure plus qu'il ne faut, et qu'elle fait employer à délibérer le temps qui est requis pour agir, elle est fort mauvaise. Or, je dis qu'elle est une espèce de crainte, nonobstant qu'il puisse arriver, lorsqu'on a le choix de plusieurs choses dont la bonté paraît fort égale, qu'on demeure incertain et irrésolu sans qu'on ait pour cela aucune crainte; car cette sorte d'irrésolution vient seulement du sujet qui se présente, et non point d'aucune émotion des esprits; c'est pourquoi elle n'est pas une passion, si ce n'est que la crainte qu'on a de manquer en son choix en augmente l'incertitude. Mais cette crainte est si ordinaire et si forte en quelques-uns, que souvent, encore qu'ils n'aient point à choisir et qu'ils ne voient qu'une seule chose à prendre ou à laisser, elle les retient et fait qu'ils s'arrêtent inutilement à en chercher d'autres; et alors c'est un excès d'irrésolution qui vient d'un trop grand désir de bien faire, et d'une faiblesse de l'entendement, lequel, n'ayant point de notions claires et distinctes, en a seulement beaucoup de confuses : c'est pourquoi le remède contre cet excès est de s'accoutumer à former des jugements certains et déterminés touchant toutes les choses qui se présentent, et à croire qu'on s'acquitte toujours de son devoir lorsqu'on fait ce qu'on juge être le meilleur, encore que peut-être on juge très mal.

Art. 171. *Du courage et de la hardiesse.*

Le courage, lorsque c'est une passion et non point une habitude ou inclination naturelle, est une certaine chaleur ou agitation qui dispose l'âme à se porter puissamment à l'exécution des choses qu'elle veut faire, de quelque nature qu'elles soient; et la hardiesse est une espèce de courage qui dispose l'âme à l'exécution des choses qui sont les plus dangereuses.

Art. 172. *De l'émulation.*

Et l'émulation en est aussi une espèce, mais en un autre sens; car on peut considérer le courage comme un genre qui se divise en autant d'espèces qu'il y a d'objets différents, et en autant d'autres qu'il y a de causes : en la première façon la hardiesse en est une espèce, en l'autre, l'émulation; et cette dernière n'est autre chose qu'une chaleur qui dispose l'âme à entreprendre des choses qu'elle espère lui pouvoir réussir parce qu'elle les voit réussir à d'autres; et ainsi c'est une espèce de courage duquel la cause externe est l'exemple. Je dis la cause externe, parce qu'il doit outre cela y en avoir une interne, qui consiste en ce qu'on a le corps tellement disposé que le désir et l'espérance ont plus de force à faire aller quantité de sang vers le cœur que la crainte ou le désespoir à l'empêcher.

Art. 173. *Comment la hardiesse dépend de l'espérance.*

Car il est à remarquer que, bien que l'objet de la hardiesse soit la difficulté, de laquelle suit ordinairement la crainte ou même le désespoir, en sorte que c'est dans les affaires les plus dangereuses et les plus désespérées qu'on emploie le plus de hardiesse et de courage, il est besoin néanmoins qu'on espère ou même qu'on soit assuré que la fin qu'on se propose réussira, pour s'opposer avec vigueur aux difficultés qu'on rencontre. Mais cette fin est différente de cet objet; car on ne saurait être assuré et désespéré d'une même chose en même temps. Ainsi quand les Décies se jetaient au travers des ennemis et couraient à une mort certaine, l'objet de leur hardiesse était la difficulté de conserver leur vie pendant cette action, pour laquelle difficulté ils n'avaient que du désespoir, car ils étaient certains de mourir; mais leur fin était d'animer leurs soldats par leur exemple, et de leur faire gagner la victoire, pour laquelle ils avaient de l'espérance; ou bien aussi leur fin était d'avoir de la gloire après leur mort, de laquelle ils étaient assurés.

ART. 174. *De la lâcheté et de la peur.*

La lâcheté est directement opposée au courage, et c'est une langueur ou froideur qui empêche l'âme de se porter à l'exécution des choses qu'elle ferait si elle était exempte de cette passion; et la peur ou l'épouvante, qui est contraire à la hardiesse, n'est pas seulement une froideur, mais aussi un trouble et un étonnement de l'âme qui lui ôte le pouvoir de résister aux maux qu'elle pense être proches.

ART. 175. *De l'usage de la lâcheté.*

Or, encore que je ne me puisse persuader que la nature ait donné aux hommes quelque passion qui soit toujours vicieuse et n'ait aucun usage bon et louable, j'ai toutefois bien de la peine à deviner à quoi ces deux peuvent servir. Il me semble seulement que la lâcheté a quelque usage lorsqu'elle fait qu'on est exempt des peines qu'on pourrait être incité à prendre par des raisons vraisemblables, si d'autres raisons plus certaines qui les ont fait juger inutiles n'avaient excité cette passion; car, outre qu'elle exempte l'âme de ces peines, elle sert aussi alors pour le corps, en ce que, retardant le mouvement des esprits, elle empêche qu'on ne dissipe ses forces. Mais ordinairement elle est très nuisible, à cause qu'elle détourne la volonté des actions utiles; et parce qu'elle ne vient que de ce qu'on n'a pas assez d'espérance ou de désir, il ne faut qu'augmenter en soi ces deux passions pour la corriger.

ART. 176. *De l'usage de la peur.*

Pour ce qui est de la peur ou de l'épouvante, je ne vois point qu'elle puisse jamais être louable et utile;

aussi n'eſt-ce pas une passion particulière, c'eſt seulement un excès de lâcheté, d'étonnement et de crainte, lequel eſt toujours vicieux, ainsi que la hardiesse eſt un excès de courage qui eſt toujours bon, pourvu que la fin qu'on se propose soit bonne; et parce que la principale cause de la peur eſt la surprise, il n'y a rien de meilleur pour s'en exempter que d'user de préméditation et de se préparer à tous les événements, la crainte desquels la peut causer.

Art. 177. *Du remords.*

Le remords de conscience eſt une espèce de triſtesse qui vient du doute qu'on a qu'une chose qu'on fait ou qu'on a faite n'eſt pas bonne, et il présuppose nécessairement le doute : car, si on était entièrement assuré que ce qu'on fait fût mauvais, on s'abſtiendrait de le faire, d'autant que la volonté ne se porte qu'aux choses qui ont quelque apparence de bonté; et si on était assuré que ce qu'on a déjà fait fût mauvais, on en aurait du repentir, non pas seulement du remords. Or, l'usage de cette passion eſt de faire qu'on examine si la chose dont on doute eſt bonne ou non, ou d'empêcher qu'on ne la fasse une autre fois pendant qu'on n'eſt pas assuré qu'elle soit bonne. Mais, parce qu'elle présuppose le mal, le meilleur serait qu'on n'eût jamais sujet de la sentir; et on la peut prévenir par les mêmes moyens par lesquels on se peut exempter de l'irrésolution.

Art. 178. *De la moquerie.*

La dérision ou moquerie eſt une espèce de joie mêlée de haine, qui vient de ce qu'on aperçoit quelque petit mal en une personne qu'on en pense être digne : on a de la haine pour ce mal, on a de la joie de le voir en celui qui en eſt digne; et lorsque cela survient inopinément, la surprise de l'admiration eſt cause qu'on s'éclate de rire, suivant ce qui a été dit ci-dessus de la nature du ris. Mais ce mal doit être petit; car, s'il eſt grand, on ne peut croire que celui qui l'a en soit digne, si ce n'eſt qu'on soit de fort mauvais naturel ou qu'on lui porte beaucoup de haine.

ART. 179. *Pourquoi les plus imparfaits ont coutume d'être les plus moqueurs.*

Et on voit que ceux qui ont des défauts fort apparents, par exemple, qui sont boiteux, borgnes, bossus, ou qui ont reçu quelque affront en public, sont particulièrement enclins à la moquerie; car, désirant voir tous les autres aussi disgraciés qu'eux, ils sont bien aises des maux qui leur arrivent, et ils les en estiment dignes.

ART. 180. *De l'usage de la raillerie.*

Pour ce qui est de la raillerie modeste, qui reprend utilement les vices en les faisant paraître ridicules, sans toutefois qu'on en rie soi-même ni qu'on témoigne aucune haine contre les personnes, elle n'est pas une passion, mais une qualité d'honnête homme, laquelle fait paraître la gaieté de son humeur et la tranquillité de son âme, qui sont des marques de vertu, et souvent aussi l'adresse de son esprit, en ce qu'il sait donner une apparence agréable aux choses dont il se moque.

ART. 181. *De l'usage du ris en la raillerie.*

Et il n'est pas déshonnête de rire lorsqu'on entend les railleries d'un autre; même elles peuvent être telles que ce serait être chagrin de n'en rire pas; mais lorsqu'on raille soi-même, il est plus séant de s'en abstenir, afin de ne sembler pas être surpris par les choses qu'on dit, ni admirer l'adresse qu'on a de les inventer; et cela fait qu'elles surprennent d'autant plus ceux qui les oient.

ART. 182. *De l'envie.*

Ce qu'on nomme communément envie est un vice qui consiste en une perversité de nature qui fait que certaines gens se fâchent du bien qu'ils voient arriver aux autres hommes; mais je me sers ici de ce mot pour signifier une passion qui n'est pas toujours vicieuse. L'envie donc, en tant qu'elle est une passion, est une espèce de tristesse mêlée de haine qui vient de ce qu'on voit arriver du bien à ceux qu'on pense en être indignes :

ce qu'on ne peut penser avec raison que des biens de fortune; car pour ceux de l'âme ou même du corps, en tant qu'on les a de naissance, c'est assez en être digne que de les avoir reçus de Dieu avant qu'on fût capable de commettre aucun mal.

ART. 183. *Comment elle peut être juste ou injuste.*

Mais lorsque la fortune envoie des biens à quelqu'un dont il est véritablement indigne, et que l'envie n'est excitée en nous que parce qu'aimant naturellement la justice, nous sommes fâchés qu'elle ne soit pas observée en la distribution de ces biens, c'est un zèle qui peut être excusable, principalement lorsque le bien qu'on envie à d'autres est de telle nature qu'il se peut convertir en mal entre leurs mains; comme si c'est quelque charge ou office en l'exercice duquel ils se puissent mal comporter, même lorsqu'on désire pour soi le même bien et qu'on est empêché de l'avoir, parce que d'autres qui en sont moins dignes le possèdent, cela rend cette passion plus violente, et elle ne laisse pas d'être excusable, pourvu que la haine qu'elle contient se rapporte seulement à la mauvaise distribution du bien qu'on envie, et non point aux personnes qui le possèdent ou le distribuent. Mais il y en a peu qui soient si justes et si généreux que de n'avoir point de haine pour ceux qui les préviennent en l'acquisition d'un bien qui n'est pas communicable à plusieurs, et qu'ils avaient désiré pour eux-mêmes, bien que ceux qui l'ont acquis en soient autant ou plus dignes. Et ce qui est ordinairement le plus envié, c'est la gloire; car, encore que celle des autres n'empêche pas que nous n'y puissions aspirer, elle en rend toutefois l'accès plus difficile et en renchérit le prix.

ART. 184. *D'où vient que les envieux sont sujets à avoir le teint plombé.*

Au reste, il n'y a aucun vice qui nuise tant à la félicité des hommes que celui de l'envie : car, outre que ceux qui en sont entachés s'affligent eux-mêmes, ils troublent aussi de tout leur pouvoir le plaisir des autres, et ils ont ordinairement le teint plombé, c'est-à-dire mêlé de jaune et de noir et comme de sang meurtri : d'où vient que l'envie eſt nommée *livor* en latin; ce qui s'accorde fort bien avec ce qui a été dit ci-dessus des mouvements du sang en la triſtesse et en la haine; car celle-ci fait que la bile jaune, qui vient de la partie inférieure du foie, et la noire, qui vient de la rate, se répandent du cœur par les artères en toutes les veines; et celle-là fait que le sang des veines a moins de chaleur et coule plus lentement qu'à l'ordinaire, ce qui suffit pour rendre la couleur livide. Mais parce que la bile, tant jaune que noire, peut aussi être envoyée dans les veines par plusieurs autres causes, et que l'envie ne les y pousse pas en assez grande quantité pour changer la couleur du teint, si ce n'eſt qu'elle soit fort grande et de longue durée, on ne doit pas penser que tous ceux en qui on voit cette couleur y soient enclins.

ART. 185. *De la pitié.*

La pitié eſt une espèce de triſtesse mêlée d'amour ou de bonne volonté envers ceux à qui nous voyons souffrir quelque mal duquel nous les eſtimons indignes. Ainsi elle eſt contraire à l'envie à raison de son objet, et à la moquerie à cause qu'elle les considère d'autre façon.

ART. 186. *Qui sont les plus pitoyables.*

Ceux qui se sentent fort faibles et fort sujets aux adversités de la fortune semblent être plus enclins à cette passion que les autres, à cause qu'ils se représentent le mal d'autrui comme leur pouvant arriver; et ainsi ils sont émus à la pitié plutôt par l'amour qu'ils se portent à eux-mêmes que par celle qu'ils ont pour les autres.

ART. 187. *Comment les plus généreux sont touchés de cette passion.*

Mais néanmoins ceux qui sont les plus généreux et qui ont l'esprit le plus fort, en sorte qu'ils ne craignent aucun mal pour eux et se tiennent au-delà du pouvoir de la fortune, ne sont pas exempts de compassion lorsqu'ils voient l'infirmité des autres hommes et qu'ils entendent leurs plaintes; car c'est une partie de la générosité que d'avoir de la bonne volonté pour un chacun. Mais la tristesse de cette pitié n'est plus amère; et, comme celle que causent les actions funestes qu'on voit représenter sur un théâtre, elle est plus dans l'extérieur et dans le sens que dans l'intérieur de l'âme, laquelle a cependant la satisfaction de penser qu'elle fait ce qui est de son devoir, en ce qu'elle compatit avec des affligés. Et il y a en cela de la différence, qu'au lieu que le vulgaire a compassion de ceux qui se plaignent, à cause qu'il pense que les maux qu'ils souffrent sont fort fâcheux, le principal objet de la pitié des plus grands hommes est la faiblesse de ceux qu'ils voient se plaindre, à cause qu'ils n'estiment point qu'aucun accident qui puisse arriver soit un si grand mal qu'est la lâcheté de ceux qui ne le peuvent souffrir avec constance; et, bien qu'ils haïssent les vices, ils ne haïssent point pour cela ceux qu'ils y voient sujets, ils ont seulement pour eux de la pitié.

ART. 188. *Qui sont ceux qui n'en sont point touchés.*

Mais il n'y a que les esprits malins et envieux qui haïssent naturellement tous les hommes, ou bien ceux qui sont si brutaux, et tellement aveuglés par la bonne fortune ou désespérés par la mauvaise qu'ils ne pensent point qu'aucun mal leur puisse plus arriver, qui soient insensibles à la pitié.

ART. 189. *Pourquoi cette passion excite à pleurer.*

Au reste, on pleure fort aisément en cette passion, à cause que l'amour, envoyant beaucoup de sang vers le cœur, fait qu'il sort beaucoup de vapeurs par les yeux, et que la froideur de la tristesse, retardant l'agitation de ces vapeurs, fait qu'elles se changent en larmes, suivant ce qui a été dit ci-dessus.

ART. 190. *De la satisfaction de soi-même.*

La satisfaction qu'ont toujours ceux qui suivent constamment la vertu est une habitude en leur âme qui se nomme tranquillité et repos de conscience; mais celle qu'on acquiert de nouveau lorsqu'on a fraîchement fait quelque action qu'on pense bonne est une passion, à savoir, une espèce de joie, laquelle je crois être la plus douce de toutes, parce que sa cause ne dépend que de nous-mêmes. Toutefois, lorsque cette cause n'est pas juste, c'est-à-dire lorsque les actions dont on tire beaucoup de satisfaction ne sont pas de grande importance, ou même qu'elles sont vicieuses, elle est ridicule et ne sert qu'à produire un orgueil et une arrogance impertinente : ce qu'on peut particulièrement remarquer en ceux qui, croyant être dévots, sont seulement bigots et superstitieux; c'est-à-dire qui, sous ombre qu'ils vont souvent à l'église, qu'ils récitent force prières, qu'ils portent les cheveux courts, qu'ils jeûnent, qu'ils donnent l'aumône, pensent être entièrement parfaits, et s'imaginent qu'ils sont si grands amis de Dieu qu'ils ne sauraient rien faire qui lui déplaise, et que tout ce que leur dicte leur passion est un bon zèle, bien qu'elle leur dicte quelquefois les plus grands crimes qui puissent être commis par des hommes, comme de trahir des villes, de tuer des princes, d'exterminer des peuples entiers, pour cela seul qu'ils ne suivent pas leurs opinions.

Art. 191. *Du repentir.*

Le repentir est directement contraire à la satisfaction de soi-même, et c'est une espèce de tristesse qui vient de ce qu'on croit avoir fait quelque mauvaise action; et elle est très amère, parce que sa cause ne vient que de nous; ce qui n'empêche pas néanmoins qu'elle ne soit fort utile lorsqu'il est vrai que l'action dont nous nous repentons est mauvaise et que nous en avons une connaissance certaine, parce qu'elle nous incite à mieux faire une autre fois. Mais il arrive souvent que les esprits faibles se repentent des choses qu'ils ont faites sans savoir assurément qu'elles soient mauvaises; ils se le persuadent seulement à cause qu'ils le craignent; et s'ils avaient fait le contraire, ils s'en repentiraient en même façon : ce qui est en eux une imperfection digne de pitié; et les remèdes contre ce défaut sont les mêmes qui servent à ôter l'irrésolution.

ART. 192. *De la faveur.*

La faveur est proprement un désir de voir arriver du bien à quelqu'un pour qui on a de la bonne volonté; mais je me sers ici de ce mot pour signifier cette volonté en tant qu'elle est excitée en nous par quelque bonne action de celui pour qui nous l'avons; car nous sommes naturellement portés à aimer ceux qui font des choses que nous estimons bonnes, encore qu'il ne nous en revienne aucun bien. La faveur, en cette signification, est une espèce d'amour, non point de désir, encore que le désir de voir du bien à celui qu'on favorise l'accompagne toujours; et elle est ordinairement jointe à la pitié, à cause que les disgrâces que nous voyons arriver aux malheureux sont cause que nous faisons plus de réflexion sur leurs mérites.

ART. 193. *De la reconnaissance.*

La reconnaissance est aussi une espèce d'amour excitée en nous par quelque action de celui pour qui nous l'avons, et par laquelle nous croyons qu'il nous a fait quelque bien, ou du moins qu'il en a eu intention. Ainsi elle contient tout le même que la faveur, et cela de plus qu'elle est fondée sur une action qui nous touche et dont nous avons désir de nous revancher : c'est pourquoi elle a beaucoup plus de force, principalement dans les âmes tant soit peu nobles et généreuses.

ART. 194. *De l'ingratitude.*

Pour l'ingratitude, elle n'est pas une passion, car la nature n'a mis en nous aucun mouvement des esprits qui l'excite; mais elle est seulement un vice directement opposé à la reconnaissance, en tant que celle-ci est toujours vertueuse et l'un des principaux liens de la société humaine; c'est pourquoi ce vice n'appartient qu'aux hommes brutaux et sottement arrogants qui pensent que toutes choses leur sont dues, ou aux stupides qui ne font aucune réflexion sur les bienfaits qu'ils reçoivent, ou aux faibles et abjects qui, sentant leur infirmité et leur besoin, recherchent bassement le secours des autres, et après qu'ils l'ont reçu, ils les haïssent, parce que, n'ayant pas la volonté de leur rendre la pareille, ou désespérant de le pouvoir, et s'imaginant que tout le monde est mercenaire comme eux et qu'on ne fait aucun bien qu'avec espérance d'en être récompensé, ils pensent les avoir trompés.

Art. 195. *De l'indignation.*

L'indignation est une espèce de haine ou d'aversion qu'on a naturellement contre ceux qui font quelque mal, de quelque nature qu'il soit; et elle est souvent mêlée avec l'envie ou avec la pitié; mais elle a néanmoins un objet tout différent, car on n'est indigné que contre ceux qui font du bien ou du mal aux personnes qui n'en sont pas dignes, mais on porte envie à ceux qui reçoivent ce bien, et on a pitié de ceux qui reçoivent ce mal. Il est vrai que c'est en quelque façon faire du mal que de posséder un bien dont on n'est pas digne; ce qui peut être la cause pourquoi Aristote et ses suivants, supposant que l'envie est toujours un vice, ont appelé du nom d'indignation celle qui n'est pas vicieuse.

Art. 196. *Pourquoi elle est quelquefois jointe à la pitié, et quelquefois à la moquerie.*

C'est aussi en quelque façon recevoir du mal que d'en faire; d'où vient que quelques-uns joignent à leur indignation la pitié, et quelques autres la moquerie, selon qu'ils sont portés de bonne ou de mauvaise volonté envers ceux auxquels ils voient commettre des fautes, et c'est ainsi que le ris de Démocrite et les pleurs d'Héraclite ont pu procéder de même cause.

Art. 197. *Qu'elle est souvent accompagnée d'admiration, et n'est pas incompatible avec la joie.*

L'indignation est souvent aussi accompagnée d'admiration : car nous avons coutume de supposer que toutes choses seront faites en la façon que nous estimons bonne. C'est pourquoi, lorsqu'il en arrive autrement, cela nous surprend, et nous l'admirons. Elle n'est pas incompatible aussi avec la joie, bien qu'elle soit plus ordinairement jointe à la tristesse : car, lorsque le mal dont nous sommes indignés ne nous peut nuire, et que nous considérons que nous n'en voudrions pas faire de semblable, cela nous donne quelque plaisir; et c'est peut-être l'une des causes du ris qui accompagne quelquefois cette passion.

Art. 198. *De son usage.*

Au reste, l'indignation se remarque bien plus en ceux qui veulent paraître vertueux qu'en ceux qui le sont véritablement; car, bien que ceux qui aiment la vertu ne puissent voir sans quelque aversion les vices des autres, ils ne se passionnent que contre les plus grands et extraordinaires. C'est être difficile et chagrin que d'avoir beaucoup d'indignation pour des choses de peu d'importance; c'est être injuste que d'en avoir pour celles qui ne sont point blâmables, et c'est être impertinent et absurde de ne restreindre pas cette passion aux actions des hommes, et de l'étendre jusques aux œuvres de Dieu ou de la nature, ainsi que font ceux qui, n'étant jamais contents de leur condition ni de leur fortune, osent trouver à redire en la conduite du monde et aux secrets de la Providence.

Art. 199. *De la colère.*

La colère est aussi une espèce de haine ou d'aversion que nous avons contre ceux qui ont fait quelque mal, ou qui ont tâché de nuire, non pas indifféremment à qui que ce soit, mais particulièrement à nous. Ainsi elle contient tout le même que l'indignation, et cela de plus qu'elle est fondée sur une action qui nous touche et dont nous avons désir de nous venger; car ce désir l'accompagne presque toujours; et elle est directement opposée à la reconnaissance, comme l'indignation à la faveur; mais elle est incomparablement plus violente que ces trois autres passions, à cause que le désir de repousser les choses nuisibles et de se venger est le plus pressant de tous. C'est le désir joint à l'amour qu'on a pour soi-même qui fournit à la colère toute l'agitation du sang que le courage et la hardiesse peuvent causer; et la haine fait que c'est principalement le sang bilieux qui vient de la rate et des petites veines du foie qui reçoit cette agitation et entre dans le cœur, où, à cause de son abondance et de la nature de la bile dont il eﬆ mêlé, il excite une chaleur plus âpre et plus ardente que n'eﬆ celle qui peut y être excitée par l'amour ou par la joie.

ART. 200. *Pourquoi ceux qu'elle fait rougir sont moins à craindre que ceux qu'elle fait pâlir.*

Et les signes extérieurs de cette passion sont différents, selon les divers tempéraments des personnes et la diversité des autres passions qui la composent ou se joignent à elle. Ainsi on en voit qui pâlissent ou qui tremblent lorsqu'ils se mettent en colère, et on en voit d'autres qui rougissent ou même qui pleurent; et on juge ordinairement que la colère de ceux qui pâlissent eﬆ plus à craindre que n'eﬆ la colère de ceux qui rougissent : dont la raison eﬆ que lorsqu'on ne veut ou qu'on ne peut se venger autrement que de mine et de paroles, on emploie toute sa chaleur et toute sa force dès le commencement qu'on eﬆ ému, ce qui eﬆ cause qu'on devient rouge; outre que quelquefois le regret et la pitié qu'on a de soi-même, parce qu'on ne peut se venger d'autre façon, eﬆ cause qu'on pleure. Et, au contraire, ceux qui se réservent et se déterminent à une plus grande vengeance deviennent triﬆes de ce qu'ils pensent y être obligés par l'action qui les met en colère; et ils ont aussi quelquefois de la crainte des maux qui peuvent suivre de la résolution qu'ils ont prise, ce qui les rend d'abord pâles, froids et tremblants; mais, quand ils viennent après à exécuter leur vengeance, ils se réchauffent d'autant plus qu'ils ont été plus froids au commencement, ainsi qu'on voit que les fièvres qui commencent par le froid ont coutume d'être les plus fortes.

ART. 201. *Qu'il y a deux sortes de colère, et que ceux qui ont le plus de bonté sont les plus sujets à la première.*

Ceci nous avertit qu'on peut diﬆinguer deux espèces de colère : l'une qui eﬆ fort prompte et se manifeﬆe fort à l'extérieur, mais néanmoins qui a peu d'effet et peut facilement être apaisée; l'autre qui ne paraît pas tant à l'abord, mais qui ronge davantage le cœur et qui a des effets plus dangereux. Ceux qui ont beaucoup de bonté et beaucoup d'amour sont les plus sujets à la première; car elle ne vient pas d'une profonde haine, mais d'une prompte aversion qui les surprend, à cause qu'étant portés à imaginer que toutes choses doivent aller en la façon qu'ils jugent être la meilleure, sitôt qu'il en arrive autrement ils l'admirent et s'en offensent, souvent même sans que la chose les touche en leur particulier, à cause qu'ayant beaucoup d'affection, ils s'intéressent pour ceux qu'ils aiment en même façon que pour eux-mêmes. Ainsi ce qui ne serait qu'un sujet d'indignation pour un autre est pour eux un sujet de colère; et parce que l'inclination qu'ils ont à aimer fait qu'ils ont beaucoup de chaleur et beaucoup de sang dans le cœur, l'aversion qui les surprend ne peut y pousser si peu de bile que cela ne cause d'abord une grande émotion dans ce sang; mais cette émotion ne dure guère, à cause que la force de la surprise ne continue pas, et que sitôt qu'ils s'aperçoivent que le sujet qui les a fâchés ne les devait pas tant émouvoir, ils s'en repentent.

ART. 202. *Que ce sont les âmes faibles et basses qui se laissent le plus emporter à l'autre.*

L'autre espèce de colère, en laquelle prédomine la haine et la tristesse, n'est pas si apparente d'abord, sinon peut-être en ce qu'elle fait pâlir le visage; mais sa force est augmentée peu à peu par l'agitation d'un ardent désir de se venger excité dans le sang, lequel, étant mêlé avec la bile qui est poussée vers le cœur de la partie inférieure du foie et de la rate, y excite une chaleur fort âpre et fort piquante. Et comme ce sont les âmes les plus généreuses qui ont le plus de reconnaissance, ainsi ce sont celles qui ont le plus d'orgueil et qui sont les plus basses et les plus infirmes qui se laissent le plus emporter à cette espèce de colère; car les injures paraissent d'autant plus grandes que l'orgueil fait qu'on s'estime davantage, et aussi d'autant qu'on estime davantage les biens qu'elles ôtent, lesquels on estime d'autant plus qu'on a l'âme plus faible et plus basse, à cause qu'ils dépendent d'autrui.

ART. 203. *Que la générosité sert de remède contre ses excès.*

Au reste, encore que cette passion soit utile pour nous donner de la vigueur à repousser les injures, il n'y en a toutefois aucune dont on doive éviter les excès avec plus de soin, parce que, troublant le jugement, ils font souvent commettre des fautes dont on a par après du repentir, et même que quelquefois ils empêchent qu'on ne repousse si bien ces injures qu'on pourrait faire si on avait moins d'émotion. Mais, comme il n'y a rien qui la rende plus excessive que l'orgueil, ainsi je crois que la générosité est le meilleur remède qu'on puisse trouver contre ses excès, parce que, faisant qu'on estime fort peu tous les biens qui peuvent être ôtés, et qu'au contraire on estime beaucoup la liberté et l'empire absolu sur soi-même, qu'on cesse d'avoir lorsqu'on peut être offensé par quelqu'un, elle fait qu'on n'a que du mépris ou tout au plus de l'indignation pour les injures dont les autres ont coutume de s'offenser.

ART. 204. *De la gloire.*

Ce que j'appelle ici du nom de gloire est une espèce de joie fondée sur l'amour qu'on a pour soi-même, et qui vient de l'opinion ou de l'espérance qu'on a d'être loué par quelques autres. Ainsi elle est différente de la satisfaction intérieure qui vient de l'opinion qu'on a d'avoir fait quelque bonne action; car on est quelquefois loué pour des choses qu'on ne croit point être bonnes, et blâmé pour celles qu'on croit être meilleures : mais elles sont l'une et l'autre des espèces de l'estime qu'on fait de soi-même, aussi bien que des espèces de joie; car c'est un sujet pour s'estimer que de voir qu'on est estimé par les autres.

ART. 205. *De la honte.*

La honte, au contraire, est une espèce de tristesse fondée aussi sur l'amour de soi-même, et qui vient de l'opinion ou de la crainte qu'on a d'être blâmé; elle est, outre cela, une espèce de modestie ou d'humilité et défiance de soi-même : car, lorsqu'on s'estime si fort qu'on ne se peut imaginer d'être méprisé par personne, on ne peut pas aisément être honteux.

Art. 206. *De l'usage de ces deux passions.*

Or la gloire et la honte ont même usage en ce qu'elles nous incitent à la vertu, l'une par l'espérance, l'autre par la crainte; il eſt seulement besoin d'inſtruire son jugement touchant ce qui eſt véritablement digne de blâme ou de louange, afin de n'être pas honteux de bien faire, et ne tirer point de vanité de ses vices, ainsi qu'il arrive à plusieurs. Mais il n'eſt pas bon de se dépouiller entièrement de ces passions, ainsi que faisaient autrefois les cyniques; car, encore que le peuple juge très mal, toutefois, à cause que nous ne pouvons vivre sans lui, et qu'il nous importe d'en être eſtimés, nous devons souvent suivre ses opinions plutôt que les nôtres, touchant l'extérieur de nos actions.

Art. 207. *De l'impudence.*

L'impudence ou l'effronterie, qui eſt un mépris de honte, et souvent aussi de gloire, n'eſt pas une passion, parce qu'il n'y a en nous aucun mouvement particulier des esprits qui l'excite; mais c'eſt un vice opposé à la honte, et aussi à la gloire, en tant que l'une et l'autre sont bonnes, ainsi que l'ingratitude eſt opposée à la reconnaissance, et la cruauté à la pitié. Et la principale cause de l'effronterie vient de ce qu'on a reçu plusieurs fois de grands affronts; car il n'y a personne qui ne s'imagine, étant jeune, que la louange eſt un bien et l'infamie un mal beaucoup plus importants à la vie qu'on ne trouve par expérience qu'ils sont, lorsque, ayant reçu quelques affronts signalés, on se voit entièrement privé d'honneur et méprisé par un chacun. C'eſt pourquoi ceux-là deviennent effrontés qui, ne mesurant le bien et le mal que par les commodités du corps, voient qu'ils en jouissent après ces affronts tout aussi bien qu'auparavant, ou même quelquefois beaucoup mieux, à cause qu'ils sont déchargés de plusieurs contraintes auxquelles l'honneur les obligeait, et que, si la perte des biens eſt jointe à leur disgrâce, il se trouve des personnes charitables qui leur en donnent.

Art. 208. *Du dégoût.*

Le dégoût eſt une espèce de triſtesse qui vient de la même cause dont la joie eſt venue auparavant; car nous sommes tellement composés, que la plupart des choses dont nous jouissons ne sont bonnes à notre égard que pour un temps, et deviennent par après incommodes : ce qui paraît principalement au boire et au manger, qui ne sont utiles que pendant qu'on a de l'appétit, et qui sont nuisibles lorsqu'on n'en a plus; et parce qu'elles cessent alors d'être agréables au goût, on a nommé cette passion le dégoût.

Art. 209. *Du regret.*

Le regret eſt aussi une espèce de triſtesse, laquelle a une particulière amertume, en ce qu'elle eſt toujours jointe à quelque désespoir et à la mémoire du plaisir que nous a donné la jouissance; car nous ne regrettons jamais que les biens dont nous avons joui, et qui sont tellement perdus que nous n'avons aucune espérance de les recouvrer au temps et en la façon que nous les regrettons.

Art. 210. *De l'allégresse.*

Enfin, ce que je nomme allégresse eſt une espèce de joie en laquelle il y a cela de particulier, que sa douceur eſt augmentée par la souvenance des maux qu'on a soufferts et desquels on se sent allégé en même façon que si on se sentait déchargé de quelque pesant fardeau qu'on eût longtemps porté sur ses épaules. Et je ne vois rien de fort remarquable en ces trois passions; aussi ne les ai-je mises ici que pour suivre l'ordre du dénombrement que j'ai fait ci-dessus; mais il me semble que ce dénombrement a été utile pour faire voir que nous n'en omettions aucune qui fût digne de quelque particulière considération.

Art. 211. *Un remède général contre les passions.*

Et maintenant que nous les connaissons toutes, nous avons beaucoup moins de sujet de les craindre que nous n'avions auparavant; car nous voyons qu'elles sont toutes bonnes de leur nature, et que nous n'avons rien à éviter que leurs mauvais usages ou leurs excès, contre lesquels les remèdes que j'ai expliqués pourraient suffire si chacun avait assez de soin de les pratiquer. Mais, parce que j'ai mis entre ces remèdes la préméditation et l'industrie par laquelle on peut corriger les défauts de son naturel, en s'exerçant à séparer en soi les mouvements du sang et des esprits d'avec les pensées auxquelles ils ont coutume d'être joints, j'avoue qu'il y a peu de personnes qui se soient assez préparées en cette façon contre toutes sortes de rencontres, et que ces mouvements excités dans le sang par les objets des passions suivent d'abord si promptement des seules impressions qui se font dans le cerveau et de la disposition des organes, encore que l'âme n'y contribue en aucune façon, qu'il n'y a point de sagesse humaine qui soit capable de leur résister lorsqu'on n'y est pas assez préparé. Ainsi plusieurs ne sauraient s'abstenir de rire étant chatouillés, encore qu'ils n'y prennent point de plaisir; car l'impression de la joie et de la surprise, qui les a fait rire autrefois pour le même sujet, étant réveillée en leur fantaisie, fait que leur poumon est subitement enflé malgré eux par le sang que le cœur lui envoie. Ainsi ceux qui sont fort portés de leur naturel aux émotions de la joie et de la pitié, ou de la peur, ou de la colère, ne peuvent s'empêcher de pâmer, ou de pleurer, ou de trembler, ou d'avoir le sang tout ému, en même façon que s'ils avaient la fièvre, lorsque leur fantaisie est fortement touchée par l'objet de quelqu'une de ces passions. Mais ce qu'on peut toujours faire en telle occasion, et que je pense pouvoir mettre ici comme le remède le plus général et le plus aisé à pratiquer contre tous les excès des passions, c'est que, lorsqu'on se sent le sang ainsi ému, on doit être averti et se souvenir que tout ce qui se présente à l'imagination tend à tromper l'âme et à lui faire paraître les raisons qui servent à persuader l'objet de sa passion beaucoup plus fortes qu'elles ne sont, et celles qui servent à dissuader beaucoup plus faibles. Et lorsque la passion ne persuade que des choses dont l'exécution souffre quelque délai, il faut s'abstenir d'en porter sur l'heure aucun jugement, et se divertir par d'autres pensées jusqu'à ce que le temps et le repos aient entièrement apaisé l'émotion qui eſt dans le sang. Et enfin, lorsqu'elle incite à des actions touchant lesquelles il eſt nécessaire qu'on prenne résolution sur-le-champ, il faut que la volonté se porte principalement à considérer et à suivre les raisons qui sont contraires à celles que la passion représente, encore qu'elles paraissent moins fortes : comme lorsqu'on eſt inopinément attaqué par quelque ennemi, l'occasion ne permet pas qu'on emploie aucun temps à délibérer. Mais ce qu'il me semble que ceux qui sont accoutumés à faire réflexion sur leurs actions peuvent toujours, c'eſt que, lorsqu'ils se sentiront saisis de la peur, ils tâcheront à détourner leur pensée de la considération du danger, en se représentant les raisons pour lesquelles il y a beaucoup plus de sûreté et plus d'honneur en la résiſtance qu'en la fuite; et, au contraire, lorsqu'ils sentiront que le désir de vengeance et la colère les incite à courir inconsidérément vers ceux qui les attaquent, ils se souviendront de penser que c'eſt imprudence de se perdre quand on peut sans déshonneur se sauver, et que, si la partie eſt fort inégale, il vaut mieux faire une honnête retraite ou prendre quartier que s'exposer brutalement à une mort certaine.

ART. 212. *Que c'eſt d'elles seules que dépend tout le bien et le mal de cette vie.*

Au reſte, l'âme peut avoir ses plaisirs à part; mais pour ceux qui lui sont communs avec le corps, ils dépendent entièrement des passions : en sorte que les hommes qu'elles peuvent le plus émouvoir sont capables de goûter le plus de douceur en cette vie. Il eſt vrai qu'ils y peuvent aussi trouver le plus d'amertume lorsqu'ils ne les savent pas bien employer et que la fortune leur eſt contraire; mais la sagesse eſt principalement utile en ce point, qu'elle enseigne à s'en rendre tellement maître et à les ménager avec tant d'adresse, que les maux qu'elles causent sont fort supportables, et même qu'on tire de la joie de tous.

TABLE
DES
PASSIONS DE L'ÂME

PREMIÈRE PARTIE

DES PASSIONS EN GÉNÉRAL ET PAR OCCASION DE TOUTE LA NATURE DE L'HOMME

SECONDE PARTIE

DU NOMBRE ET DE L'ORDRE DES PASSIONS ET L'EXPLICATION DES SIX PRIMITIVES

TROISIÈME PARTIE

DES PASSIONS PARTICULIÈRES

TRAITÉ DE L'HOMME

Le *Traité de l'Homme,* écrit par Descartes en français, a été publié pour la première fois dans sa langue d'origine par Clerselier, à Paris, au mois d'avril 1664, en un volume qui portait le titre suivant : « L'Homme de René Descartes, et un Traité de la Formation du Fœtus du même auteur. Avec les Remarques de Louis de la Forge, Docteur en médecine, demeurant à La Flèche, sur le Traité de l'Homme de René Descartes, et sur les Figures par lui inventées. »

Une traduction latine avait été publiée en 1662 à Leyde par Florent Schuyl.

Ce traité où le lecteur trouvera l'écho de la cinquième partie du *Discours de la Méthode,* était sans doute depuis longtemps dans les papiers de Descartes. Sans doute aussi, a-t-il connu, avant sa publication, bien des vicissitudes. Certaines indications autorisent ces conjectures, en particulier celles que nous pouvons recueillir dans une lettre à Mersenne du 23 nov. 1646 « ... il y a déjà 12 ou 13 ans que j'avais décrit toutes les fonctions du corps humain, ou de l'animal, mais le papier où je les ai mises est si brouillé que j'aurais moi-même beaucoup de peine à le lire; toutefois, je ne pus m'empêcher, il y a 4 ou 5 ans, de le prêter à un intime ami, lequel en fit une copie, laquelle en a encore été transcrite depuis par deux autres, avec ma permission, mais sans que je les aie relues et corrigées. Et je les avais priés de ne le faire voir à personne, comme aussi je ne l'ai jamais voulu faire voir à Regius, parce que je savais son humeur, et que, pensant faire imprimer nos opinions touchant cette matière, je ne désirais pas qu'un autre leur ôtât la grâce de la nouveauté. Mais il a eu, malgré moi, une copie de cet écrit, sans que je puisse deviner, en aucune façon, par quel moyen il l'a eue, et il en a tiré cette belle pièce du mouvement des muscles. Il en eût pu tirer beaucoup d'autres choses, pour grossir son livre; mais on m'a dit qu'il ne l'a eue que lorsqu'il était presque achevé d'imprimer ».

L'« Homme » est la suite naturelle d'un autre traité : « le Monde de M. Descartes, ou Traité de la Lumière », publié aussi, un peu auparavant, en 1664. D'ailleurs, en passant à l'Homme, Descartes ne change pas de sujet. Il s'agit toujours d'un monde artificiel que notre auteur construit dans les espaces imaginaires, qui n'est pas le monde réel où nous vivons, mais qui va, si l'on peut dire, à sa rencontre.

L'Homme, dans la mesure où il est corps, entre dans le monde et ne saurait être soustrait à la « Grande mécanique » qui en est la loi. Nous sommes donc en face d'une explication mécanique du corps humain, considéré comme une machine, et, ce qui est grandement à remarquer, d'une explication mécanique des fonctions mentales, telles que les sens, l'imagination, la mémoire, en tant qu'elles dépendent de la structure et des mouvements de cette machine corporelle. Le *Traité de l'Homme* nous expose la physiologie de Descartes, toute mécanique, et aussi sa psychophysiologie, toute mécanique également; c'est par ce côté qu'il était destiné à exercer une influence considérable. En lisant le texte justement célèbre qui termine le « Traité », où se trouve l'énumération de toutes les fonctions que « cette machine » peut assurer, on a l'impression d'être à l'origine d'une des voies principales sur lesquelles s'est développée l'influence cartésienne. Descartes a poussé fort loin l'explication mécanique, comme on verra. Toutefois, persuadé comme il l'était de la réalité de l'esprit, il a réservé le côté intellectuel des fonctions mentales, de la perception, de la mémoire; il a retenu le mécanisme, loi des corps, à la frontière de nos pensées. Mais certains de ses successeurs ont lâché la bride. Chez eux le mécanisme a rompu toutes les barrières, pour envahir les fonctions de l'âme. Il s'agit d'ailleurs d'une idée naturellement gourmande qui tend d'elle-même à s'ériger en explication intégrale. A la suite de l' « Homme » de Descartes, il faut placer l' « Homme machine », de La Mettrie, l'automate de Vaucanson, les médecins matérialistes du XVIIIe et du XIXe siècle, la conscience épiphénomène.

En dehors de son intérêt propre, le « Traité » a donc une importance historique considérable. D'ailleurs tous nos lecteurs ont entendu parler de l'émotion que Malebranche a éprouvée en le lisant, et dans laquelle il a trouvé la révélation de sa vocation philosophique.

Ce traité est illustré de nombreuses figures. Deux de ces figures sont de Descartes lui-même (elles ne sont pas numérotées). Les autres sont de Louis de la Forge, docteur en médecine à La Flèche, et de Gérard van Gutsehoven, professeur à Louvain.

TRAITÉ DE L'HOMME

Ces hommes seront composés, comme nous, d'une Âme et d'un Corps. Et il faut que je vous décrive, premièrement, le corps à part, puis après, l'âme aussi à part; et enfin, que je vous montre comment ces deux natures doivent être jointes et unies, pour composer des hommes qui nous ressemblent.

Je suppose que le corps n'est autre chose qu'une statue ou machine de terre, que Dieu forme tout exprès, pour la rendre la plus semblable à nous qu'il est possible : en sorte que, non seulement il lui donne au-dehors la couleur et la figure de tous nos membres, mais aussi qu'il met au-dedans toutes les pièces qui sont requises pour faire qu'elle marche, qu'elle mange, qu'elle respire, et enfin qu'elle imite toutes celles de nos fonctions qui peuvent être imaginées procéder de la matière, et ne dépendre que de la disposition des organes.

Nous voyons des horloges, des fontaines artificielles, des moulins, et autres semblables machines, qui n'étant faites que par des hommes, ne laissent pas d'avoir la force de se mouvoir d'elles-mêmes en plusieurs diverses façons; et il me semble que je ne saurais imaginer tant de sortes de mouvements en celle-ci, que je suppose être faite des mains de Dieu, ni lui attribuer tant d'artifice, que vous n'ayez sujet de penser, qu'il y en peut avoir encore davantage.

Or, je ne m'arrêterai pas à vous décrire les os, les nerfs, les muscles, les veines, les artères, l'estomac, le foie, la rate, le cœur, le cerveau, ni toutes les autres diverses pièces dont elle doit être composée; car je les suppose du tout semblables aux parties de notre corps qui ont les mêmes noms, et que vous pouvez vous faire montrer par quelque savant anatomiste, au moins celles qui sont assez grosses pour être vues, si vous ne les connaissez déjà suffisamment de vous-mêmes. Et pour celles qui à cause de leur petitesse sont invisibles, je vous les pourrai plus facilement et plus clairement faire connaître, en vous parlant des mouvements qui en dépendent; si bien qu'il est seulement ici besoin que j'explique par ordre ces mouvements, et que je vous dise par même moyen quelles sont celles de nos fonctions qu'ils représentent.

Premièrement, les viandes se digèrent dans l'estomac de cette machine, par la force de certaines liqueurs, qui, se glissant entre leurs parties, les séparent, les agitent, et les échauffent : ainsi que l'eau commune fait celles de la chaux vive, ou l'eau-forte celles des métaux. Outre que ces liqueurs, étant apportées du cœur fort promptement par les artères, ainsi que je vous dirai ci-après, ne peuvent manquer d'être fort chaudes. Et même les viandes sont telles, pour l'ordinaire, qu'elles se pourraient corrompre et échauffer toutes seules : ainsi que fait le foin nouveau dans la grange, quand on l'y serre avant qu'il soit sec.

Et sachez que l'agitation que reçoivent les petites parties de ces viandes en s'échauffant, jointe à celle de l'estomac et des boyaux qui les contiennent, et à la disposition des petits filets dont ces boyaux sont composés, fait qu'à mesure qu'elles se digèrent, elles descendent peu à peu vers le conduit par où les plus grossières d'entre elles doivent sortir; et que cependant les plus subtiles et les plus agitées rencontrent çà et là une infinité de petits trous, par où elles s'écoulent dans les rameaux d'une grande veine qui les porte vers le foie, et en d'autres qui les portent ailleurs, sans qu'il y ait rien que la petitesse de ces trous, qui les sépare des plus grossières : ainsi que, quand on agite de la farine dans un sas, toute la plus pure s'écoule, et il n'y a rien que la petitesse des trous par où elle passe, qui empêche que le son ne la suive.

Ces plus subtiles parties des viandes étant inégales, et encore imparfaitement mêlées ensemble, composent une liqueur qui demeurerait toute trouble et toute blanchâtre, n'était qu'une partie se mêle incontinent avec la masse du sang, qui est contenue dans tous les rameaux de la veine nommée porte (qui reçoit cette liqueur des intestins), dans tous ceux de la veine nommée cave (qui la conduit vers le cœur), et dans le foie, ainsi que dans un seul vaisseau.

Même il eſt ici à remarquer que les pores du foie sont tellement disposés, que lorsque cette liqueur entre dedans, elle s'y subtilise, s'y élabore, y prend la couleur, et y acquiert la forme du sang : tout ainsi que le suc des raisins noirs, qui eſt blanc, se convertit en vin clairet, lors qu'on le laisse cuver sur la râpe.

Or ce sang, ainsi contenu dans les veines, n'a qu'un seul passage manifeſte par où il en puisse sortir, savoir celui qui le conduit dans la concavité droite du cœur. Et sachez que la chair du cœur contient dans ses pores un de ces feux sans lumière, dont je vous ai parlé ci-dessus, qui la rend si chaude et si ardente, qu'à mesure qu'il entre du sang dans quelqu'une des deux chambres ou concavités qui sont en elle, il s'y enfle promptement, et s'y dilate : ainsi que vous pourrez expérimenter que fera le sang ou le lait de quelque animal que ce puisse être, si vous le versez goutte à goutte dans un vase qui soit fort chaud. Et le feu qui eſt dans le cœur de la machine que je vous décris, n'y sert à autre chose qu'à dilater, échauffer, et subtiliser ainsi le sang, qui tombe continuellement goutte à goutte, par un tuyau de la veine cave, dans la concavité de son côté droit, d'où il s'exhale dans le poumon; et de la veine du poumon, que les anatomiſtes ont nommée l'*Artère veineuse,* dans son autre concavité, d'où il se diſtribue par tout le corps.

La chair du poumon eſt si rare et si molle, et toujours tellement rafraîchie par l'air de la respiration, qu'à mesure que les vapeurs du sang, qui sortent de la concavité droite du cœur, entrent dedans par l'artère que les anatomiſtes ont nommée la *Veine artérieuse,* elles s'y épaississent et convertissent en sang derechef; puis de là tombent goutte à goutte dans la concavité gauche du cœur; où si elles entraient sans être ainsi derechef épaissies, elles ne seraient pas suffisantes pour servir de nourriture au feu qui y eſt.

Et ainsi vous voyez que la respiration, qui sert seulement en cette machine à y épaissir ces vapeurs, n'eſt pas moins nécessaire à l'entretènement de ce feu, que l'eſt celle qui eſt en nous, à la conservation de notre vie, au moins en ceux de nous qui sont hommes formés; car pour les enfants, qui étant encore au ventre de leurs mères ne peuvent attirer aucun air frais en respirant, ils ont deux conduits qui suppléent à ce défaut; l'un par où le sang de la veine cave passe dans la veine nommée artère, et l'autre par où les vapeurs, ou le sang raréfié de l'artère nommée veine, s'exhalent et vont dans la grande artère. Et pour les animaux qui n'ont point du tout de poumon, ils n'ont qu'une seule concavité dans le cœur; ou bien, s'ils y en ont plusieurs, elles sont toutes consécutives l'une à l'autre.

Le pouls, ou battement des artères, dépend des onze petites peaux, qui, comme autant de petites portes, ferment et ouvrent les entrées des quatre vaisseaux qui regardent dans les deux concavités du cœur; car au moment qu'un de ces battements cesse, et qu'un autre est prêt de commencer, celles de ces petites portes qui sont aux entrées des deux artères, se trouvent exactement fermées, et celles qui sont aux entrées des deux veines, se trouvent ouvertes : si bien qu'il ne peut manquer de tomber aussitôt deux gouttes de sang par ces deux veines, une dans chaque concavité du cœur. Puis ces gouttes de sang se raréfiant, et s'étendant tout d'un coup dans un espace plus grand sans comparaison que celui qu'elles occupaient auparavant, poussent et ferment ces petites portes qui sont aux entrées des deux veines, empêchant par ce moyen qu'il ne descende davantage de sang dans le cœur, et poussent et ouvrent celles des deux artères, par où elles entrent promptement et avec effort, faisant ainsi enfler le cœur et toutes les artères du corps en même temps. Mais incontinent après, ce sang raréfié se condense derechef, ou pénètre dans les autres parties; et ainsi le cœur et les artères se désenflent, les petites portes qui sont aux deux entrées des artères se referment, et celles qui sont aux entrées des deux veines se rouvrent, et donnent passage à deux autres gouttes de sang, qui font derechef enfler le cœur et les artères, tout de même que les précédentes.

Sachant ainsi la cause du pouls, il est aisé à entendre que, ce n'est pas tant le sang contenu dans les veines de cette machine, et qui vient nouvellement de son foie, comme celui qui est dans ses artères, et qui a déjà été distillé dans son cœur, qui se peut attacher à ses autres parties, et servir à réparer ce que leur agitation continuelle, et les diverses actions des autres corps qui les environnent, en détachent et font sortir : car le sang qui est dans ses veines s'écoule toujours peu à peu de leurs extrémités vers le cœur (et la disposition de certaines petites portes, ou valvules, que les anatomistes ont remarquées en plusieurs endroits le long de nos veines, vous doit assez persuader qu'il arrive en nous tout le semblable); mais, au contraire, celui qui est dans ses artères est poussé hors du cœur avec effort, et à diverses petites secousses, vers leurs extrémités : en sorte qu'il peut facilement s'aller joindre et unir à tous ses membres, et ainsi les entretenir, ou même les faire croître, si elle représente le corps d'un homme qui y soit disposé.

Car, au moment que les artères s'enflent, les petites parties du sang qu'elles contiennent vont choquer çà et là les racines de certains petits filets, qui, sortant des extrémités des petites branches de ces artères, composent les os, les chairs, les peaux, les nerfs, le cerveau, et tout le reste des membres solides, selon les diverses façons qu'ils se joignent ou s'entrelacent : et ainsi elles ont la force de les pousser quelque peu devant soi, et de se mettre en leur place; puis, au moment que les artères se désenflent, chacune de ces parties s'arrête où elle se trouve, et par cela seul y est jointe et unie à celles qu'elle touche, suivant ce qui a été dit ci-dessus.

Or, si c'est le corps d'un enfant que notre machine représente, sa matière sera si tendre, et ses pores si aisés à élargir, que les parties du sang qui entreront ainsi en la composition des membres solides, seront communément un peu plus grosses que celles en la place de qui elles se mettront; ou même il arrivera que deux ou trois succéderont ensemble à une seule, ce qui sera cause de sa croissance. Mais cependant la matière de ses membres se durcira peu à peu, en sorte qu'après quelques années ses pores ne se pourront plus tant élargir; et ainsi, cessant de croître, elle représentera le corps d'un homme plus âgé.

Au reste il n'y a que fort peu de parties du sang, qui se puissent unir à chaque fois aux membres solides en la façon que je viens d'expliquer; mais la plupart retournent dans les veines par les extrémités des artères, qui se trouvent en plusieurs endroits jointes à celles des veines. Et des veines il en passe peut-être aussi quelques parties en la nourriture de quelques membres; mais la plupart retournent dans le cœur, puis de là vont derecher dans les artères : en sorte que le mouvement du sang dans le corps n'est qu'une circulation perpétuelle.

De plus il y a quelques-unes des parties du sang qui se vont rendre dans la rate, et d'autres dans la vésicule du fiel; et tant de la rate et du fiel, comme immédiatement des artères, il y en a qui retournent dans l'estomac et dans les boyaux, où elles servent comme d'eau-forte pour aider à la digestion des viandes; et parce qu'elles y sont apportées du cœur quasi en un moment par les artères, elles ne manquent jamais d'être fort chaudes; ce qui fait que leurs vapeurs peuvent monter facilement par le gosier vers la bouche, et y composer la salive. Il y en a aussi qui s'écoulent en urine au travers de la chair des rognons, ou en sueur et autres excréments au travers de toute la peau. Et en tous ces lieux, c'est seulement, ou la situation, ou la figure, ou la petitesse des pores par où elles passent, qui fait que les unes y passent plutôt que les autres, et que le reste du sang ne les peut suivre : ainsi que vous pouvez avoir vu divers cribles, qui, étant diversement percés, servent à séparer divers grains les uns des autres.

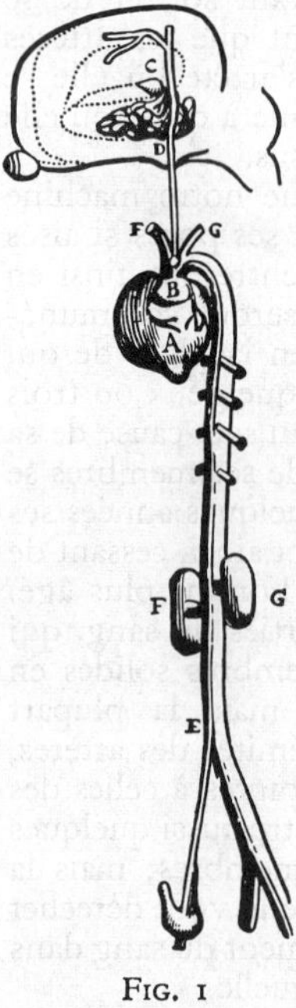

FIG. 1

Mais ce qu'il faut ici principalement remarquer, c'est que toutes les plus vives, les plus fortes, et les plus subtiles parties de ce sang, se vont rendre dans les concavités du cerveau; d'autant que les artères qui les y portent, sont celles qui viennent du cœur le plus en ligne droite de toutes, et que, comme vous savez, tous les corps qui se meuvent tendent chacun, autant qu'il est possible, à continuer leur mouvement en ligne droite.

Voyez, par exemple, le cœur A *(Fig. 1)* et pensez que, lorsque le sang en sort avec effort par l'ouverture B, il n'y a aucune de ses parties qui ne tende vers C, où sont les concavités du cerveau; mais que, le passage n'étant pas assez grand pour les y porter toutes, les plus faibles en sont détournées par les plus fortes, qui par ce moyen s'y vont rendre seules.

Vous pouvez aussi remarquer en passant, qu'après celles qui entrent dans le cerveau, il n'y en a point de plus fortes ni de plus vives, que celles qui se vont rendre aux vaisseaux destinés à la génération. Car, par exemple, si celles qui ont la force de parvenir jusques à D, ne peuvent aller plus avant vers C, à cause qu'il n'y a pas assez de place pour toutes, elles retournent plutôt vers E, que vers F ni vers G, d'autant que le passage y est plus droit. En suite de quoi je pourrais peut-être vous faire voir, comment, de l'humeur qui s'assemble vers E, il se peut former une autre machine, toute semblable à celle-ci; mais je ne veux pas entrer plus avant en cette matière.

Pour ce qui est des parties du sang qui pénètrent jusqu'au cerveau, elles n'y servent pas seulement à nourrir et entretenir sa substance, mais principalement aussi à y produire un certain vent très subtil, ou plutôt une flamme très vive et très pure, qu'on nomme les *Esprits animaux*. Car il faut savoir, que les artères qui les apportent du cœur, après s'être divisées en une infinité de petites branches, et avoir composé ces petits tissus, qui sont étendus comme des tapisseries au fond des concavités du cerveau, se rassemblent autour d'une certaine petite *glande,* située environ le milieu de la substance de ce cerveau, tout à l'entrée de ses concavités; et ont en cet endroit un grand nombre de petits trous, par où les plus subtiles parties du sang qu'elles contiennent, se peuvent écouler dans cette glande, mais qui sont si étroits, qu'ils ne donnent aucun passage aux plus grossières.

Il faut aussi savoir, que ces artères ne s'arrêtent pas là, mais que, s'y étant assemblées plusieurs en une, elles montent tout droit, et se vont rendre dans ce grand vaisseau qui est comme un Euripe, dont toute la superficie extérieure de ce cerveau est arrosée. Et de plus il faut remarquer, que les plus grosses parties du sang peuvent perdre beaucoup de leur agitation, dans les détours des petits tissus par où elles passent : d'autant qu'elles ont la force de pousser les plus petites qui sont parmi elles, et ainsi de la leur transférer; mais que ces plus petites ne peuvent pas en même façon perdre la leur, d'autant qu'elle est même augmentée par celle que leur transfèrent les plus grosses, et qu'il n'y a point d'autres corps autour d'elles, auxquels elles puissent si aisément la transférer.

D'où il est facile à concevoir que, lorsque les plus grosses montent tout droit vers la superficie extérieure du cerveau, où elles servent de nourriture à sa substance, elles sont cause que les plus petites et les plus agitées se détournent, et entrent toutes en cette glande, qui doit être imaginée comme une source fort abondante, d'où elles coulent en même temps de tous côtés dans les concavités du cerveau. Et ainsi, sans autre préparation, ni changement, sinon qu'elles sont séparées des plus grossières, et qu'elles retiennent encore l'extrême vitesse que la chaleur du cœur leur a donnée, elles cessent d'avoir la forme du sang, et se nomment les Esprits animaux.

Or, à mesure que ces esprits entrent ainsi dans les concavités du cerveau, ils passent de là dans les pores de sa substance, et de ces pores dans les nerfs; où selon qu'ils entrent, ou même seulement qu'ils tendent à entrer, plus ou moins dans les uns que dans les autres, ils ont la force de changer la figure des muscles en qui ces nerfs sont insérés, et par ce moyen de faire mouvoir tous les membres. Ainsi que vous pouvez avoir vu, dans les grottes et les fontaines qui sont aux jardins de nos Rois, que la seule force dont l'eau se meut en sortant de sa source, est suffisante pour y mouvoir diverses machines, et même pour les y faire jouer de quelques instruments, ou prononcer quelques paroles, selon la diverse disposition des tuyaux qui la conduisent.

Et véritablement l'on peut fort bien comparer les nerfs de la machine que je vous décris, aux tuyaux des machines de ces fontaines; ses muscles et ses tendons, aux autres divers engins et ressorts qui servent à les mouvoir; ses esprits animaux, à l'eau qui les remue, dont le cœur est la source, et les concavités du cerveau sont les regards. De plus, la respiration, et autres telles actions qui lui sont naturelles et ordinaires, et qui dépendent du cours des esprits, sont comme les mouvements d'une horloge, ou d'un moulin, que le cours ordinaire de l'eau peut rendre continus. Les objets extérieurs, qui par leur seule présence agissent contre les organes de ses sens, et qui par ce moyen la déterminent à se mouvoir en plusieurs diverses façons, selon que les parties de son cerveau sont disposées, sont comme des étrangers qui, entrant dans quelques-unes des grottes de ces fontaines, causent eux-mêmes sans y penser les mouvements qui s'y font en leur présence : car ils n'y peuvent entrer qu'en marchant sur certains carreaux tellement disposés, que, par exemple, s'ils approchent d'une Diane qui se baigne, ils la feront cacher dans des roseaux; et s'ils passent plus outre pour la poursuivre, ils feront venir vers eux un Neptune qui les menacera de son trident; ou s'ils vont de quelque autre côté, ils en feront sortir un monstre marin qui leur vomira de l'eau contre la face; ou choses semblables, selon le caprice des ingénieurs qui les ont faites. Et enfin quand l'*âme raisonnable* sera en cette machine, elle y aura son siège principal dans le cerveau, et sera là comme le fontenier, qui doit être dans les regards où se vont rendre tous les tuyaux de ces machines, quand il veut exciter, ou empêcher, ou changer en quelque façon leurs mouvements.

Mais, afin que je vous fasse entendre tout ceci distinctement, je veux, premièrement, vous parler de la fabrique des nerfs et des muscles, et vous montrer comment, de cela seul que les esprits qui sont dans le cerveau se présentent pour entrer dans quelques nerfs, ils ont la force de mouvoir au même instant quelque membre. Puis, ayant touché un mot de la respiration, et de tels autres mouvements simples et ordinaires, je dirai comment les objets extérieurs agissent contre les organes des sens. Et après cela, j'expliquerai par le menu tout ce qui se fait dans les concavités et dans les pores du cerveau; comment les esprits animaux y prennent leur cours; et quelles sont celles de nos fonctions que cette machine peut imiter par leur moyen. Car, si je commençais par le cerveau, et que je ne fisse que suivre par ordre le cours des esprits, ainsi que j'ai fait celui du sang, il me semble que mon discours ne pourrait pas être du tout si clair.

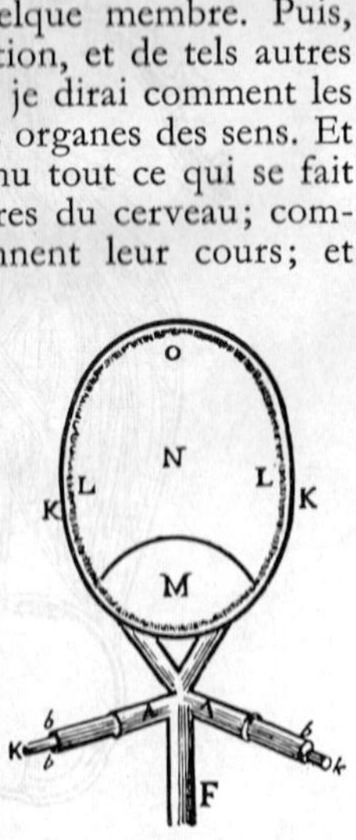

FIG. 2

Voyez donc ici, par exemple, le nerf A *(Fig. 2)*, dont la peau extérieure est comme un grand tuyau, qui contient plusieurs autres petits tuyaux *b, c, k, l*, etc., composés d'une peau intérieure plus déliée; et ces deux peaux sont continues avec les deux K, L, qui enveloppent le cerveau M, N, O.

Voyez aussi qu'en chacun de ces petits tuyaux, il y a comme une moelle, composée de plusieurs filets fort déliés, qui viennent de la propre substance du cerveau N, et dont les extrémités finissent d'un côté à sa superficie intérieure qui regarde ses concavités, et de l'autre aux peaux et aux chairs contre lesquelles le tuyau qui les contient se termine. Mais, parce que cette moelle ne sert point au mouvement des membres, il me suffit, pour maintenant, que vous sachiez qu'elle ne remplit pas tellement les petits tuyaux qui la contiennent, que les esprits animaux n'y trouvent encore assez de place, pour couler facilement du cerveau dans les muscles, où ces petits tuyaux, qui doivent ici être comptés pour autant de petits nerfs, se vont rendre.

Voyez, après cela, comment *(Fig. 3)* le tuyau, ou petit nerf *bf*, se va rendre dans le muscle D, que je suppose

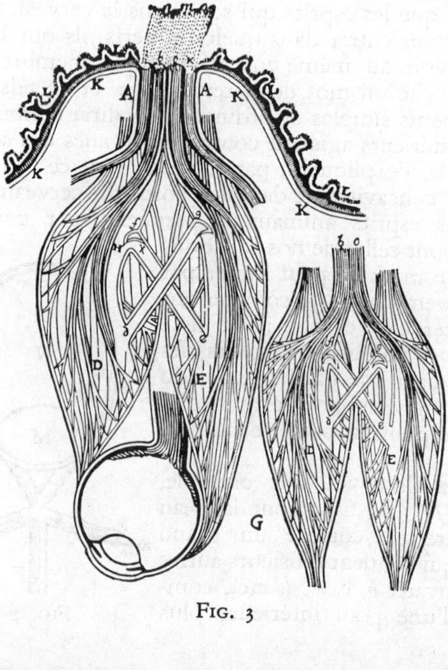

FIG. 3

être l'un de ceux qui meuvent l'œil; et comment y étant il se divise en plusieurs branches, composées d'une peau lâche, qui se peut étendre, ou élargir et rétrécir, selon la quantité des esprits animaux qui y entrent ou qui en sortent, et dont les rameaux ou les fibres sont tellement disposées, que, lorsque les esprits animaux entrent dedans, ils font que tout le corps du muscle s'enfle et s'accourcit, et ainsi qu'il tire l'œil auquel il est attaché; comme, au contraire, lorsqu'ils en ressortent, ce muscle se désenfle et se rallonge.

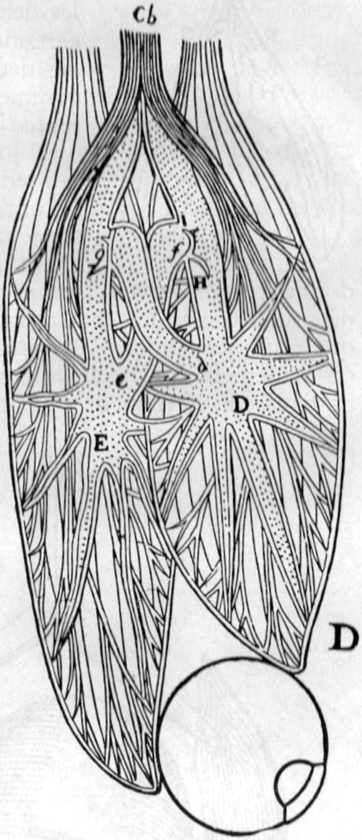

De plus, voyez qu'outre le tuyau *bf*, il y en a encore un autre, à savoir *ef*, par où les esprits animaux peuvent entrer dans le muscle D, et un autre, à savoir *dg*, par où ils en peuvent sortir. Et que, tout de même le muscle E, que je suppose servir à mouvoir l'œil tout au contraire du précédent, reçoit les esprits animaux du cerveau par le tuyau *cg*, et du muscle D par *dg*, et les renvoie vers D par *ef*. Et pensez qu'encore qu'il n'y ait aucun passage évident, par où les esprits contenus dans les deux muscles D et E, en puissent sortir, si ce n'est pour entrer de l'un dans l'autre : toutefois, parce que leurs parties sont fort petites, et même qu'elles se subtilisent sans cesse de plus en plus par la force de leur agitation, il s'en échappe toujours quelques-unes

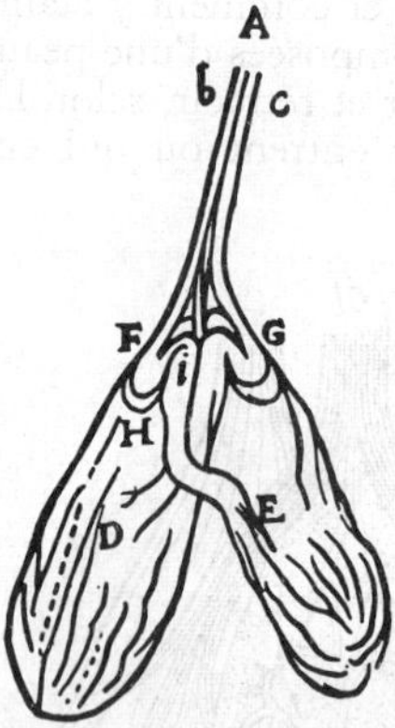

au travers des peaux et des chairs de ces muscles, mais qu'en revanche, il y en revient toujours aussi quelques autres par les deux tuyaux *bf, cg.*

Enfin voyez *(Fig. 4),* qu'entre les deux tuyaux *bf, ef,* il y a une certaine petite peau H*fi,* qui sépare ces deux tuyaux, et qui leur sert comme de porte, laquelle a deux replis H et *i,* tellement disposés, que, lorsque les esprits animaux qui tendent à descendre de *b* vers H, ont plus de force que ceux qui tendent à monter d'*e* vers *i,* ils abaissent et ouvrent cette peau, donnant ainsi moyen à ceux qui sont dans le muscle E, de couler très promptement avec eux vers D. Mais, lorsque ceux qui tendent à monter d'*e* vers *i* sont plus forts, ou seulement lorsqu'ils sont aussi forts que les autres, ils haussent et ferment cette peau H*fi,* et ainsi s'empê-

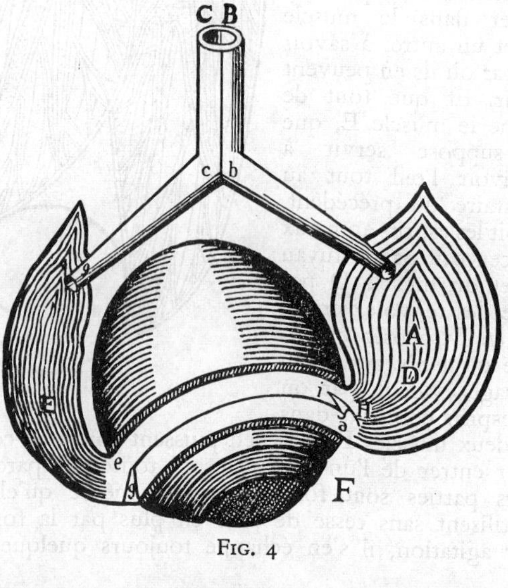

FIG. 4

chent eux-mêmes de sortir hors du muscle E; au lieu que, s'ils n'ont pas de part et d'autre assez de force pour la pousser, elle demeure naturellement entrouverte. Et enfin que, si quelquefois les esprits contenus dans le muscle D tendent à en sortir par *dfe*, ou *dfb*, le repli H se peut étendre, et leur en boucher le passage. Et que tout de même, entre les deux tuyaux *cg*, *dg*, il y a une petite peau ou valvule *g*, semblable à la précédente, qui demeure naturellement entrouverte, et qui peut être fermée par les esprits qui viennent du tuyau *dg*, et ouverte par ceux qui viennent de *cg*.

En suite de quoi, il est aisé à entendre que, si les esprits animaux qui sont dans le cerveau (cf. figure 3) ne tendent point, ou presque point, à couler par les tuyaux *bf*, *cg*, les deux petites peaux ou valvules *f* et *g* demeurent entrouvertes, et ainsi, que les deux muscles D et E, sont lâches et sans action; d'autant que les esprits animaux qu'ils contiennent, passent librement de l'un dans l'autre, prenant leur cours d'*e* par *f* vers *d*, et réciproquement de *d* par *g* vers *e*. Mais si les esprits qui sont dans le cerveau tendent à entrer avec quelque force dans les deux tuyaux *bf*, *cg*, et que cette force soit égale des deux côtés, ils ferment aussitôt les deux passages *g* et *f*, et enflent les deux muscles D et E autant qu'ils peuvent, leur faisant par ce moyen tenir et arrêter l'œil ferme en la situation qu'ils le trouvent.

Puis, si ces esprits qui viennent du cerveau tendent à couler avec plus de force par *bf* que par *cg*, ils ferment la petite peau *g*, et ouvrent *f*; et ce plus ou moins, selon qu'ils agissent plus ou moins fort. Au moyen de quoi, les esprits contenus dans le muscle E se vont rendre dans le muscle D, par le canal *ef*; et ce plus ou moins vite, selon que la peau *f* est plus ou moins ouverte. Si bien que le muscle D, d'où ces esprits ne peuvent sortir, s'accourcit, et E se rallonge; et ainsi l'œil est tourné vers D. Comme, au contraire, si les esprits qui sont dans le cerveau tendent à couler avec plus de force par *cg* que par *bf*, ils ferment la petite peau *f*, et ouvrent *g*; en sorte que les esprits du muscle D retournent aussitôt par le canal *dg* dans le muscle E, qui par ce moyen s'accourcit, et retire l'œil de son côté.

Car vous savez bien que ces esprits, étant comme un vent ou une flamme très subtile, ne peuvent manquer de couler très promptement d'un muscle dans l'autre, sitôt qu'ils y trouvent quelque passage; encore qu'il n'y ait aucune autre puissance qui les y porte, que la seule inclination qu'ils ont à continuer leur mouvement, suivant les lois de la nature. Et vous savez, outre cela, qu'encore qu'ils soient fort mobiles et subtils, ils ne laissent pas d'avoir la force d'enfler et de roidir les muscles où ils sont enfermés : ainsi que l'air qui eſt dans un ballon le durcit, et fait tendre les peaux qui le contiennent.

Or, il vous eſt aisé d'appliquer ce que je viens de dire du nerf A, et des deux muscles D et E, à tous les autres muscles et nerfs; et ainsi, d'entendre comment la machine dont je vous parle, peut être mue en toutes les mêmes façons que nos corps, par la seule force des esprits animaux qui coulent du cerveau dans les nerfs. Car, pour chaque mouvement, et pour son contraire, vous pouvez imaginer deux petits nerfs, ou tuyaux, tels que sont *bf, cg,* et deux autres, tels que sont *dg, ef,* et deux petites portes ou valvules, telles que sont H*fi* et *g*.

Et pour les façons dont ces tuyaux sont insérés dans les muscles, encore qu'elles varient en mille sortes, il n'eſt pas néanmoins malaisé à juger quelles elles sont, en sachant ce que l'anatomie vous peut apprendre de la figure extérieure, et de l'usage de chaque muscle.

Car sachant, par exemple, que les paupières *(Fig. 5)*

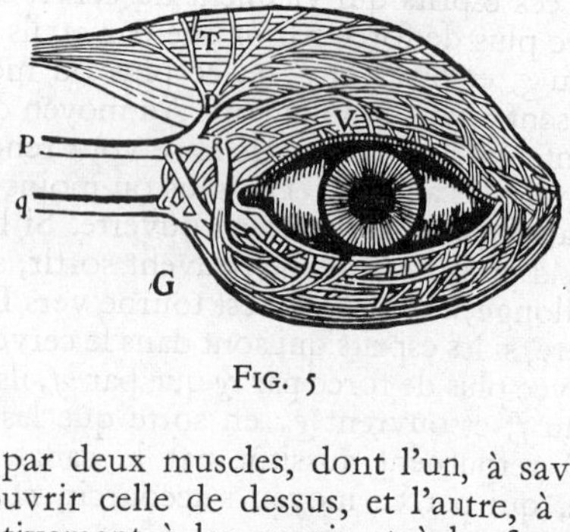

FIG. 5

sont mues par deux muscles, dont l'un, à savoir T, ne sert qu'à ouvrir celle de dessus, et l'autre, à savoir V, sert alternativement à les ouvrir et à les fermer toutes deux : il eſt aisé à penser qu'ils reçoivent les esprits par deux tuyaux tels que sont *p*R, et *q*S; et que l'un de ces deux tuyaux *p*R se va rendre dans ces deux muscles, et l'autre *q*S dans l'un d'eux seulement. Et enfin, que les branches R et S, étant quasi insérées en même façon dans le muscle V, y ont toutefois deux effets tout contraires, à cause de la diverse disposition de leurs rameaux ou de leurs fibres; ce qui suffit pour vous faire entendre les autres.

Et même il n'est pas malaisé à juger de ceci, que les esprits animaux peuvent causer quelques mouvements en tous les membres où quelques nerfs se terminent, encore qu'il y en ait plusieurs où les anatomistes n'en remarquent aucuns de visibles : comme dans la prunelle de l'œil, dans le cœur, dans le foie, dans la vésicule du fiel, dans la rate, et autres semblables.

Maintenant, pour entendre en particulier comment cette machine respire, pensez *(Fig. 6)* que le muscle *d* est l'un de ceux qui servent à hausser sa poitrine, ou à abaisser son diaphragme, et que le muscle E est son contraire; et que les esprits animaux qui sont dans la concavité de son cerveau marquée *m,* coulant par le pore ou petit canal marqué *n,* qui demeure naturellement toujours ouvert, se vont rendre d'abord dans le tuyau BF, où abaissant la petite peau F, ils font que ceux du muscle E viennent enfler le muscle *d.*

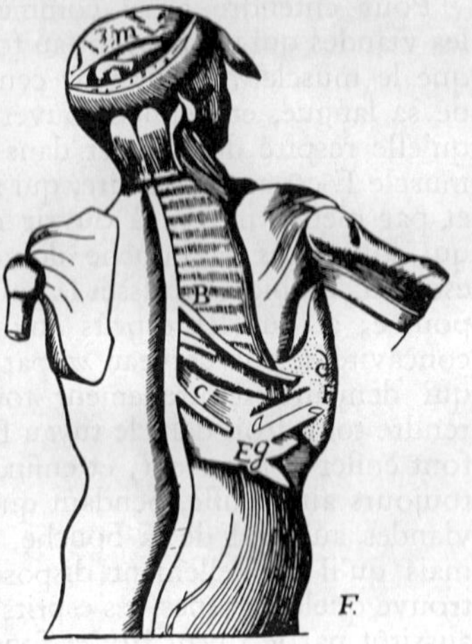

FIG. 6

Pensez après cela, qu'il y a certaines peaux autour de ce muscle *d,* qui le pressent de plus en plus à mesure qu'il s'enfle, et qui sont tellement disposées, qu'avant que tous les esprits du muscle E soient passés vers lui, elles arrêtent leur cours, et les font comme regorger par le tuyau BF, en sorte que ceux du canal *n* s'en détournent; au moyen de quoi, s'allant rendre dans le tuyau *cg,* qu'ils ouvrent en même temps, ils font enfler le muscle E, et désenfler le muscle *d;* ce qu'ils continuent de faire aussi longtemps que dure l'impétuosité dont les esprits contenus dans le muscle *d,* pressés par les peaux qui l'environnent, tendent à en sortir. Puis, quand cette impétuosité n'a plus de force, ils reprennent d'eux-mêmes leur cours par le tuyau BF, et ainsi ne cessent de faire enfler et désenfler alternativement ces deux muscles. Ce que vous devez juger aussi des autres muscles qui servent à même effet; et penser qu'ils sont tous tellement disposés, que, quand ce sont les semblables à *d* qui s'enflent, l'espace qui contient les poumons s'élargit, ce qui eſt cause que l'air entre dedans, tout de même que dans un soufflet que l'on ouvre; et que, quand ce sont leurs contraires, cet espace se rétrécit, ce qui eſt cause que l'air en ressort.

Pour entendre aussi comment cette machine avale les viandes qui se trouvent au fond de sa bouche, pensez que le muscle *d* eſt l'un de ceux qui haussent la racine de sa langue, et tiennent ouvert le passage par où l'air qu'elle respire doit entrer dans son poumon; et que le muscle E eſt son contraire, qui sert à fermer ce passage, et par même moyen à ouvrir celui par où les viandes qui sont dans sa bouche doivent descendre dans son eſtomac, ou bien à hausser la pointe de sa langue qui les y pousse; et que les esprits animaux qui viennent de la concavité de son cerveau *m,* par le pore ou petit canal *n,* qui demeure naturellement toujours ouvert, se vont rendre tout droit dans le tuyau BF, au moyen de quoi ils font enfler le muscle *d;* et enfin, que ce muscle demeure toujours ainsi enflé, pendant qu'il ne se trouve aucunes viandes au fond de la bouche, qui le puissent presser; mais qu'il eſt tellement disposé, que, lorsqu'il s'y en trouve quelques-unes, les esprits qu'il contient regorgent aussitôt par le tuyau BF, et font que ceux qui viennent par le canal *n,* entrent par le tuyau *cg* dans le muscle E, où se vont aussi rendre ceux du muscle *d :* et ainsi la gorge s'ouvre, et les viandes descendent dans l'eſtomac; puis incontinent après, les esprits du canal *n* reprennent leur cours par BF comme devant.

A l'exemple de quoi, vous pouvez aussi entendre comment cette machine peut éternuer, bâiller, tousser, et faire les mouvements nécessaires à rejeter divers autres excréments.

Pour entendre, après cela, comment elle peut être incitée, par les objets extérieurs qui frappent les organes de ses sens, à mouvoir en mille autres façons tous ses membres, pensez que les petits filets, que je vous ai déjà tantôt dit venir du plus intérieur de son cerveau, et composer la moelle de ses nerfs, sont tellement disposés en toutes celles de ses parties qui servent d'organe à quelques sens, qu'ils y peuvent très facilement être mus par les objets de ces sens; et que, lorsqu'ils y sont mus tant soit peu fort, ils tirent au même instant les parties du cerveau d'où ils viennent, et ouvrent par même moyen les entrées de certains pores, qui sont en la superficie intérieure de ce cerveau, par où les esprits animaux qui sont dans ses concavités commencent aussitôt à prendre leur cours, et se vont rendre par eux dans les nerfs, et dans les muscles, qui servent à faire, en cette machine, des mouvements tout semblables à ceux auxquels nous sommes naturellement incités, lorsque nos sens sont touchés en même sorte.

Comme, par exemple *(Fig. 7)*, si le feu A se trouve proche du pied B, les petites parties de ce feu, qui se meuvent comme vous savez très promptement, ont la force de mouvoir avec soi l'endroit de la peau de ce pied qu'elles touchent; et par ce moyen tirant le petit filet, *c, c,* que vous voyez y être attaché, elles ouvrent au même instant l'entrée du pore *d, e,* contre lequel ce petit filet se termine : ainsi que, tirant l'un des bouts d'une corde, on fait sonner en même temps la cloche qui pend à l'autre bout.

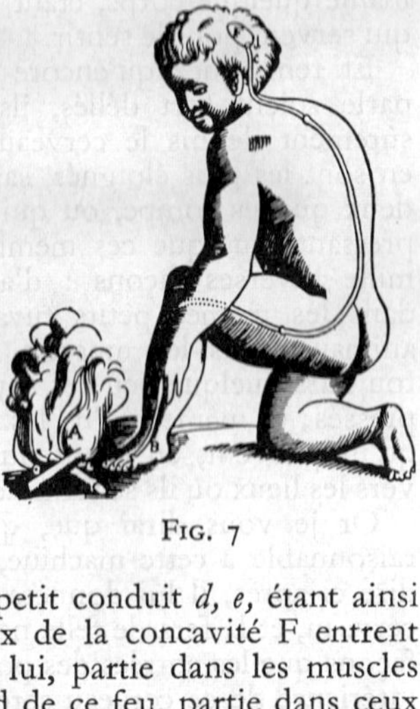

FIG. 7

Or, l'entrée du pore ou petit conduit *d, e,* étant ainsi ouverte, les esprits animaux de la concavité F entrent dedans, et sont portés par lui, partie dans les muscles qui servent à retirer ce pied de ce feu, partie dans ceux qui servent à tourner les yeux et la tête pour le regarder, et partie en ceux qui servent à avancer les mains et à plier tout le corps pour le défendre.

Mais ils peuvent aussi être portés par ce même conduit *d, e,* en plusieurs autres muscles. Et avant que je m'arrête à vous expliquer plus exactement, en quelle sorte les esprits animaux suivent leur cours par les pores du cerveau, et comment ces pores sont disposés, je veux vous parler ici en particulier de tous les sens, tels qu'ils se trouvent en cette machine, et vous dire comment ils se rapportent aux nôtres.

Sachez donc, premièrement, qu'il y a un grand nombre de petits filets semblables à *c, c,* qui commencent tous à se séparer les uns des autres, dès la superficie intérieure de son cerveau, d'où ils prennent leur origine, et qui, s'allant de là épandre par tout le reste de son corps, y servent d'organe pour le sens de l'attouchement. Car encore que, pour l'ordinaire, ce ne soit pas eux qui soient immédiatement touchés par les objets extérieurs, mais les peaux qui les environnent, il n'y a pas toutefois plus d'apparence de penser que ce sont ces peaux qui sont les organes du sens, que de penser, lorsqu'on manie quelque corps, étant ganté, que ce sont les gants qui servent pour le sentir.

Et remarquez qu'encore que les filets dont je vous parle soient fort déliés, ils ne laissent pas de passer sûrement depuis le cerveau jusques aux membres qui en sont les plus éloignés, sans qu'il se trouve rien entre deux qui les rompe, ou qui empêche leur action en les pressant, quoique ces membres se plient cependant en mille diverses façons : d'autant qu'ils sont enfermés dans les mêmes petits tuyaux qui portent les esprits animaux dans les muscles, et que ces esprits, enflant toujours quelque peu ces tuyaux, les empêchent d'y être pressés; et même, qu'ils les font toujours tendre autant qu'ils peuvent, en tirant du cerveau d'où ils viennent, vers les lieux où ils se terminent.

Or je vous dirai que, quand Dieu unira une âme raisonnable à cette machine, ainsi que je prétends vous dire ci-après, il lui donnera son siège principal dans le cerveau, et la fera de telle nature, que, selon les diverses façons que les entrées des pores qui sont en la superficie intérieure de ce cerveau seront ouvertes par l'entremise des nerfs, elle aura divers sentiments.

Comme, premièrement, si les petits filets qui composent la moelle de ces nerfs, sont tirés avec tant de force, qu'ils se rompent, et se séparent de la partie à laquelle ils étaient joints, en sorte que la structure de toute la machine en soit en quelque façon moins accomplie : le mouvement qu'ils causeront dans le cerveau donnera occasion à l'âme, à qui il importe que le lieu de sa demeure se conserve, d'avoir le sentiment de la *douleur*.

Et s'ils sont tirés par une force presque aussi grande que la précédente, sans que toutefois ils se rompent, ni se séparent aucunement des parties auxquelles ils sont attachés : ils causeront un mouvement dans le cerveau, qui, rendant témoignage de la bonne constitution des autres membres, donnera occasion à l'âme de sentir une certaine volupté corporelle, qu'on nomme *chatouillement,* et qui, comme vous voyez, étant fort proche de la douleur en sa cause, lui est toute contraire en son effet.

Que si plusieurs de ces petits filets sont tirés ensemble également, ils feront sentir à l'âme que la superficie du corps qui touche le membre où ils se terminent, est *polie ;* et ils la lui feront sentir inégale, et qu'elle est *rude,* s'ils sont tirés inégalement.

Que s'ils ne sont qu'ébranlés quelque peu séparément l'un de l'autre, ainsi qu'ils sont continuellement par la chaleur que le cœur communique aux autres membres, l'âme n'en aura aucun sentiment, non plus que de toutes les autres actions qui sont ordinaires; mais si ce mouvement est augmenté ou diminué en eux par quelque cause extraordinaire, son augmentation fera avoir à l'âme le sentiment de la *chaleur,* et sa diminution celui de la *froideur.* Et enfin, selon les autres diverses façons qu'ils seront mus, ils lui feront sentir toutes les autres qualités qui appartiennent à l'attouchement en général, comme *l'humidité,* la *sécheresse,* la *pesanteur,* et semblables.

Seulement faut-il remarquer qu'encore qu'ils soient fort déliés, et fort aisés à mouvoir, ils ne le sont pas toutefois tellement, qu'ils puissent rapporter au cerveau toutes les plus petites actions qui soient en la nature; mais que les moindres qu'ils lui rapportent, sont celles des plus grossières parties des corps terrestres. Et même, qu'il peut y avoir quelques-uns de ces corps, dont les parties, quoique assez grosses, ne laisseront pas de se glisser contre ces petits filets si doucement, qu'elles les presseront ou couperont tout à fait, sans que leur action passe jusqu'au cerveau : tout de même qu'il y a certaines drogues, qui ont la force d'assoupir, ou même de corrompre, ceux de nos membres contre qui elles sont appliquées, sans nous en faire avoir aucun sentiment.

Mais les petits filets qui composent la moelle des nerfs de la langue, et qui servent d'organe pour le *goût* en cette machine, peuvent être mus par de moindres actions, que ceux qui ne servent que pour l'attouchement en général : tant à cause qu'ils sont un peu plus déliés, comme aussi parce que les peaux qui les couvrent sont plus tendres.

Pensez, par exemple, qu'ils peuvent être mus en quatre diverses façons, par les parties des sels, des eaux aigres, des eaux communes, et des eaux-de-vie, dont je vous ai ci-dessus expliqué les grosseurs et les figures, et ainsi qu'ils peuvent faire sentir à l'âme quatre sortes de goûts différents : d'autant que les parties des sels, étant séparées l'une de l'autre et agitées par l'action de la salive, entrent de pointe, et sans se plier, dans les pores qui sont en la peau de la langue; celles des eaux aigres s'y coulent de biais, en tranchant ou incisant, les plus tendres de ses parties, et obéissant aux plus grossières; celles de l'eau douce ne font que se glisser par-dessus, sans inciser aucunes de ses parties, ni entrer fort avant dans ses pores; et enfin celles de l'eau-de-vie, étant fort petites, y pénètrent le plus avant de toutes, et s'y meuvent avec une très grande vitesse. D'où il vous est aisé de juger, comment l'âme pourra sentir toutes les autres sortes de goûts, si vous considérez en combien d'autres façons les petites parties des corps terrestres peuvent agir contre la langue.

Mais ce qu'il faut ici principalement remarquer, c'est que ce sont les mêmes petites parties des viandes, qui étant dans la bouche peuvent entrer dans les pores de la langue, et y émouvoir le sentiment du goût, lesquelles étant dans l'estomac peuvent passer dans le sang, et de là s'aller joindre et unir à tous les membres; et même, qu'il n'y a que celles qui chatouillent la langue modérément, et qui pourront par ce moyen faire sentir à l'âme un goût agréable, qui soient entièrement propres à cet effet.

Car, pour celles qui agissent trop ou trop peu, comme elles ne sauraient faire sentir qu'un goût trop piquant, ou trop fade, aussi sont-elles trop pénétrantes, ou trop molles, pour entrer en la composition du sang, et servir à l'entretènement de quelques membres. Et pour celles qui sont si grosses, ou jointes si fort l'une à l'autre, qu'elles ne peuvent être séparées par l'action de la salive, ni aucunement pénétrer dans les pores de la langue, pour agir contre les petits filets des nerfs qui y servent pour le goût, autrement que contre ceux des autres membres qui servent pour l'attouchement en général, et qui n'ont point aussi de pores en elles-mêmes, où les petites parties de la langue, ou bien pour le moins celles de la salive dont elle est humectée, puissent entrer : comme elles ne pourront faire sentir à l'âme aucun goût, ni saveur, aussi ne sont-elles pas propres pour l'ordinaire à être mises dans l'estomac.

Et ceci est si généralement vrai, que souvent, à mesure que le tempérament de l'estomac se change, la force du goût se change aussi; en sorte qu'une viande qui aura coutume de sembler à l'âme agréable au goût, lui pourra même quelquefois sembler fade, ou amère : dont la raison est que la salive, qui vient de l'estomac, et qui retient toujours les qualités de l'humeur qui y abonde, se mêle avec les petites parties des viandes qui sont dans la bouche, et contribue beaucoup à leur action.

Le sens de l'*odorat* dépend aussi de plusieurs petits filets, qui s'avancent de la base du cerveau vers le nez, au-dessous de ces deux petites parties toutes creuses, que les anatomistes ont comparées aux bouts des mamelles d'une femme, et qui ne diffèrent en rien des nerfs qui servent à l'attouchement et au goût, sinon qu'ils ne sortent point hors de la concavité de la tête qui contient tout le cerveau, et qu'ils peuvent être mus par des parties terrestres encore plus petites que les nerfs de la langue, tant à cause qu'ils sont un peu plus déliés, comme aussi à cause qu'ils sont plus immédiatement touchés par les objets qui les meuvent.

Car vous devez savoir que, lorsque cette machine respire, les plus subtiles parties de l'air qui lui entrent par le nez, pénètrent par les pores de l'os qu'on nomme spongieux, sinon jusqu'au-dedans des concavités du cerveau, pour le moins jusqu'à l'espace qui eſt entre les deux peaux qui l'enveloppent, d'où elles peuvent ressortir en même temps par le palais : comme réciproquement, quand l'air sort de la poitrine, elles peuvent entrer dans cet espace par le palais, et en ressortir par le nez; et qu'à l'entrée de cet espace elles rencontrent les extrémités de ces petits filets toutes nues, ou seulement couvertes d'une peau qui eſt extrêmement déliée, ce qui fait qu'elles n'ont pas besoin de beaucoup de force pour les mouvoir.

Vous devez aussi savoir, que ces pores sont tellement disposés, et si étroits, qu'ils ne laissent passer jusqu'à ces petits filets, aucunes parties terreſtres qui soient plus grosses que celles que j'ai ci-dessus nommées *Odeurs* pour ce sujet; si ce n'eſt peut-être aussi quelques-unes de celles qui composent les eaux-de-vie, à cause que leur figure les rend fort pénétrantes.

Enfin vous devez savoir, qu'entre ces parties terreſtres extrêmement petites, qui se trouvent toujours en plus grande abondance dans l'air, qu'en aucun des autres corps composés, il n'y a que celles qui sont un peu plus ou moins grosses que les autres, ou qui à raison de leur figure sont plus ou moins aisées à mouvoir, qui pourront donner occasion à l'âme d'avoir les divers sentiments des odeurs. Et même il n'y aura que celles en qui ces excès sont fort modérés, et tempérés l'un par l'autre, qui lui en feront avoir d'agréables. Car, pour celles qui n'agissent qu'à l'ordinaire, elles ne pourront aucunement être senties; et celles qui agissent avec trop ou trop peu de force, ne lui pourront être que déplaisantes.

Pour les petits filets qui servent d'organe au sens de l'ouïe, ils n'ont pas besoin d'être si déliés que les précédents; mais il suffit de penser qu'ils sont tellement disposés au fond des concavités des oreilles, qu'ils peuvent facilement être mus tous ensemble, et d'une même façon, par les petites secousses dont l'air de dehors pousse une certaine peau fort déliée, qui eſt tendue à l'entrée de ces concavités, et qu'ils ne peuvent être touchés par aucun autre objet que par l'air qui eſt au-dessous de cette peau; car ce seront ces petites secousses, qui passant jusqu'au cerveau par l'entremise de ces nerfs, donneront occasion à l'âme de concevoir l'idée des sons.

Et notez qu'une seule d'entre elles ne lui pourra faire ouïr autre chose qu'un bruit sourd, qui passe en un moment, et dans lequel il n'y aura point d'autre variété, sinon qu'il se trouvera plus ou moins grand, selon que l'oreille sera frappée plus ou moins fort; mais que, lorsque plusieurs s'entresuivront, ainsi qu'on voit à l'œil que font les tremblements des cordes, et des cloches quand elles sonnent, alors ces petites secousses composeront un son, que l'âme jugera plus doux ou plus rude, selon qu'elles seront plus égales ou plus inégales entre elles; et qu'elle jugera plus aigu ou plus grave, selon qu'elles seront plus promptes à s'entresuivre, ou plus tardives : en sorte que, si elles sont de la moitié, ou du tiers ou du quart, ou d'une cinquième partie, etc., plus promptes à s'entresuivre une fois que l'autre, elles composeront un son que l'âme jugera plus aigu d'une octave, ou d'une quinte, ou d'une quarte, ou d'une tierce majeure, etc. Et enfin plusieurs sons mêlés ensemble seront accordants ou discordants, selon qu'il y aura plus ou moins de rapport, et qu'il se trouvera des intervalles plus égaux ou plus inégaux, entre les petites secousses qui les composent.

Comme, par exemple *(Fig. 8)*, si les divisions des lignes, A, B, C, D, E, F, G, H, représentent les petites secousses qui composent autant de divers sons, il est aisé à juger que ceux qui sont représentés par les lignes G et H, ne doivent pas être si doux à l'oreille que les autres : ainsi que les parties raboteuses d'une pierre ne le sont pas tant à l'attouchement, que celles d'un miroir bien poli. Et il faut penser que B représente un son plus aigu que A, d'une octave, C d'une quinte, D d'une quarte, E d'une tierce majeure, et F d'un ton aussi majeur; et remarquer qu'A et B joints ensemble, ou ABC, ou ABD, ou même ABCE sont beaucoup plus accordants que ne sont A et F, ou ACD, ou ADE, etc. Ce qui me semble suffire pour montrer comment l'âme, qui sera en la machine que je vous décris, pourra se plaire à une musique qui suivra toutes les mêmes règles que la nôtre;

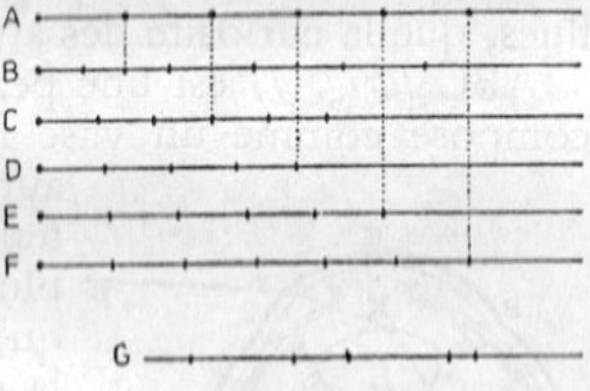

FIG. 8

et comment même elle pourra la rendre beaucoup plus parfaite; au moins si l'on considère, que ce ne sont pas absolument les choses les plus douces, qui sont les plus agréables aux sens, mais celles qui les chatouillent d'une façon mieux tempérée : ainsi que le sel et le vinaigre sont souvent plus agréables à la langue que l'eau douce. Et c'est ce qui fait que la musique reçoit les tierces et les sixtes, et même quelquefois les dissonances, aussi bien que les unissons, les octaves, et les quintes.

Il reste encore le sens de la vue, que j'ai besoin d'expliquer un peu plus exactement que les autres, à cause qu'il sert davantage à mon sujet. Ce sens dépend aussi en cette machine de deux nerfs, qui doivent sans doute être composés de plusieurs petits filets, les plus déliés, et les plus aisés à mouvoir qui puissent être; d'autant qu'ils sont destinés à rapporter au cerveau ces diverses actions des parties du second élément, qui, suivant ce qui a été dit ci-dessus, donneront occasion à l'âme, quand elle sera unie à cette machine, de concevoir les diverses idées des couleurs et de la lumière.

Mais parce que la structure de l'œil aide aussi à cet effet, il est ici besoin que je la décrive; et pour plus grande facilité, je tâcherai de le faire en peu de mots, en laissant tout à dessein plusieurs particularités superflues, que la curiosité des anatomistes y remarque.

ABC *(Fig. 9)* est une peau assez dure et épaisse, qui compose comme un vase rond, dans lequel toutes les autres parties de l'œil sont contenues. DEF en est une autre plus déliée, qui est tendue, ainsi qu'une tapisserie, au-dedans de la précédente. GHI est le nerf, dont les petits filets HG, HI, étant épars tout autour depuis H jusques à G et I, couvrent entièrement le fond de l'œil. K, L, M, sont trois sortes de glaires, ou humeurs, extrêmement claires et transparentes, qui remplissent tout l'espace contenu au-dedans de ces peaux, et qui ont chacune la figure que vous voyez ici représentée.

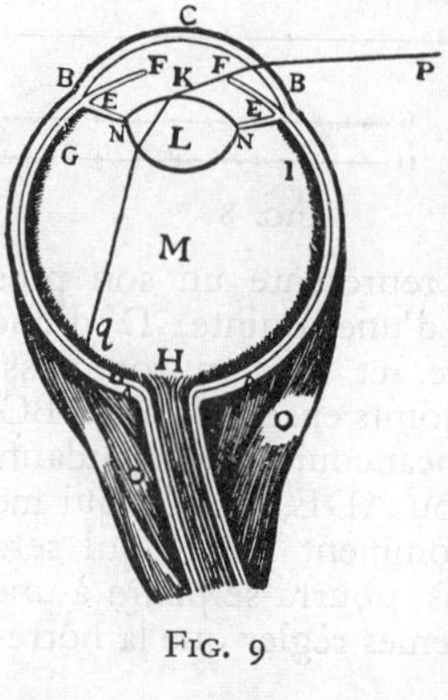

FIG. 9

En la première peau, la partie BCB eſt transparente, et un peu plus voûtée que le reſte; et la réfraction des rayons qui entrent dedans, s'y fait vers la perpendiculaire. En la deuxième peau, la superficie intérieure de la partie EF, qui regarde le fond de l'œil, eſt toute noire et obscure, et elle a au milieu un petit trou rond, qui eſt ce qu'on nomme la *prunelle,* et qui paraît si noir au milieu de l'œil, quand on le regarde par-dehors. Ce trou n'eſt pas toujours de même grandeur, car la partie EF de la peau dans laquelle il eſt, nageant librement dans l'humeur K, qui eſt fort liquide, semble être comme un petit muscle, qui s'élargit ou s'étrécit par la direction du cerveau, selon que l'usage le requiert.

La figure de l'humeur marquée L, qu'on nomme l'*humeur criſtalline,* eſt semblable à celle de ces verres, que j'ai décrits au traité de la Dioptrique, par le moyen desquels tous les rayons qui viennent d'un certain point se rassemblent à un autre certain point; et sa matière eſt moins molle, ou plus ferme, et cause par conséquent une plus grande réfraction, que celle des deux autres humeurs qui l'environnent.

E, N, sont de petits filets noirs, qui viennent du dedans de la peau D, E, F, et qui embrassent tout autour cette humeur criſtalline; qui sont comme autant de petits tendons, par le moyen desquels sa figure se peut changer, et se rendre un peu plus plate, ou plus voûtée, selon qu'il eſt de besoin. Enfin o, o sont six ou sept muscles attachés à l'œil par-dehors, et qui le peuvent mouvoir très facilement et très promptement de tous côtés.

Or la peau BCB *(Fig. 9)*, et les trois humeurs K, L, M, étant fort claires et transparentes, n'empêchent point que les rayons de la lumière, qui entrent par le trou de la prunelle, ne pénètrent jusqu'au fond de l'œil, où eſt le nerf, et qu'ils n'agissent aussi facilement contre lui, comme s'il était tout à fait à découvert; et elles servent à le préserver des injures de l'air, et des autres corps extérieurs, qui le pourraient facilement offenser, s'ils le touchaient; et de plus, à faire qu'il demeure si tendre et si délicat, que ce n'eſt pas merveille qu'il puisse être mû par des actions si peu sensibles, comme sont celles que je prends ici pour les *couleurs*.

La courbure qui eſt en la partie de la première peau,

marquée BCB, et la réfraction qui s'y fait, est cause que les rayons qui viennent des objets qui sont vers les côtés de l'œil, peuvent entrer par la prunelle; et ainsi que, sans que l'œil se remue, l'âme pourra voir plus grand nombre d'objets, qu'elle ne pourrait faire sans cela : car, par exemple, si le rayon PBK*q* ne se courbait pas au point B, il ne pourrait passer entre les points F, F, pour parvenir jusques au nerf.

La réfraction qui se fait en l'humeur cristalline sert à rendre la vision plus forte, et ensemble plus distincte. Car vous devez savoir, que la figure de cette humeur est tellement compassée, eu égard aux réfractions qui se font dans les autres parties de l'œil, et à la distance des objets, que lorsque la vue est dressée vers quelque point déterminé d'un objet, elle fait que tous les rayons qui viennent de ce point, et qui entrent dans l'œil par le trou de la prunelle, se rassemblent en un autre point au fond de l'œil, justement contre l'une des parties du nerf qui y est, et empêche par même moyen, qu'aucun des autres rayons qui entrent dans l'œil, ne touche la même partie de ce nerf.

Par exemple *(Fig. 10)*, l'œil étant disposé à regarder le point R, la disposition de l'humeur cristalline fait que tous les rayons RNS, RLS, etc., s'assemblent justement au point S, et empêche, par même moyen, qu'aucun de ceux qui viennent des points T et X, etc., n'y parviennent; car elle assemble aussi tous ceux du point T environ le point V, ceux du point X environ le point Y, et ainsi des autres. Au lieu que, s'il ne se faisait aucune réfraction dans cet œil, l'objet R n'enverrait qu'un seul de ses rayons au point S, et les autres s'épandraient çà et là en tout l'espace V, Y; et de même les points T et X, et tous ceux qui sont entre deux, enverraient chacun un de leurs rayons vers ce même point S.

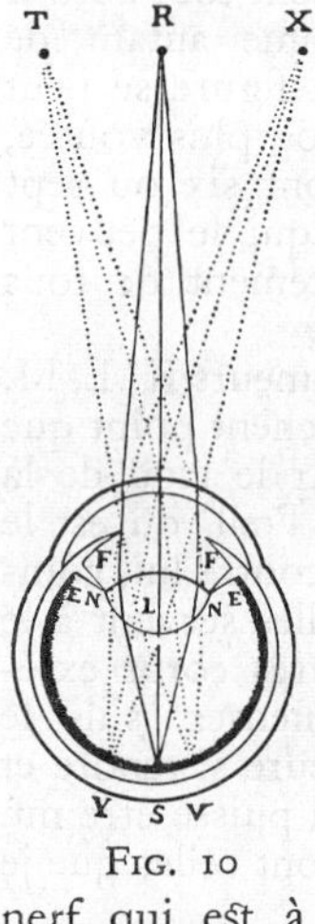

FIG. 10

Or il est bien évident que l'objet R doit agir plus fort contre la partie du nerf qui est à ce point S, lorsqu'il y envoie grand nombre de rayons, que s'il n'y en envoyait qu'un seul;

et que cette partie du nerf S doit rapporter plus distinctement et plus fidèlement au cerveau l'action de cet objet R, lorsqu'elle ne reçoit des rayons que de lui seul, que si elle en recevait de divers autres.

La couleur noire, tant de la superficie intérieure de le peau EF, que des petits filets EN, sert aussi à rendre la vision plus distincte : car, suivant ce qui a été dit ci-dessus de la nature de cette couleur, elle amortit la force des rayons qui se réfléchissent du fond de l'œil vers le devant, et empêche que de là ils ne retournent derechef vers le fond de l'œil, où ils pourraient apporter de la confusion. Par exemple, les rayons de l'objet X, donnant au point Y contre le nerf qui est blanc, se réfléchissent de là de tous côtés vers N et vers F, d'où ils pourraient derechef se réfléchir vers S et vers V, et y troubler l'action des points R et T, si les corps N et F n'étaient pas noirs.

Le changement de figure, qui se fait en l'humeur cristalline, sert à ce que les objets qui sont à diverses distances puissent peindre distinctement leurs images au fond de l'œil : car, suivant ce qui a été dit au traité de la Dioptrique, si par exemple *(Fig. 11)* l'humeur LN est de telle figure, qu'elle fasse que tous les rayons qui partent du point R aillent justement toucher le nerf au point S, la même humeur sans être changée, ne pourra faire que ceux du point T, qui est plus proche, ou du point X, qui est plus éloigné, y aillent aussi; mais elle fera que le rayon TL ira vers H, et TN vers G; et au contraire, que XL ira vers G, XN vers H, et ainsi des autres. Si bien que, pour représenter distinctement le point X, il est besoin que toute la figure de cette humeur NL se change, et qu'elle devienne un peu plus plate, comme celle qui est marquée I; et pour représenter le point T, il est besoin qu'elle devienne un peu plus voûtée, comme celle qui est marquée F.

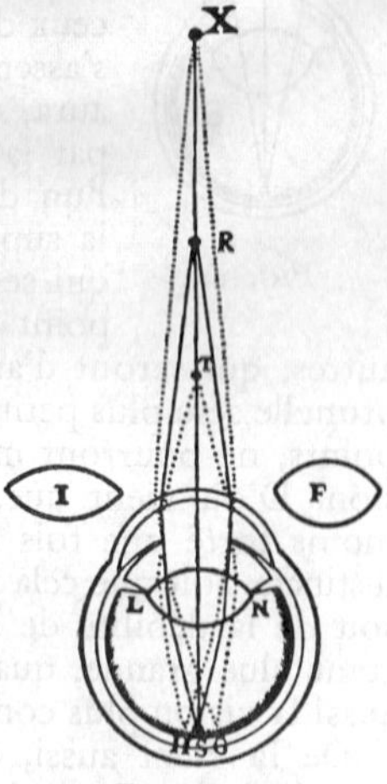

FIG. 11

Le changement de grandeur qui arrive à la prunelle sert à modérer la force de la vision; car il eſt besoin qu'elle soit plus petite, quand la lumière eſt trop vive, afin qu'il n'entre pas tant de rayons dans l'œil, que le nerf en puisse être offensé; et qu'elle soit plus grande, quand la lumière eſt trop faible, afin qu'il y en entre assez pour être sentis. Et de plus, posant que la lumière demeure égale, il eſt besoin que la prunelle soit plus grande, quand l'objet que l'œil regarde eſt éloigné, que quand il eſt proche : car, par exemple *(Fig. 12)*, s'il n'entre qu'autant de rayons du point R, par la prunelle de l'œil 7, qu'il en faut pour pouvoir être sentis, il eſt besoin qu'il en entre tout autant dans l'œil 8, et par conséquent que sa prunelle soit plus grande.

FIG. 12

La petitesse de la prunelle sert aussi à rendre la vision plus diſtincte; car vous devez savoir que, quelque figure que puisse avoir l'humeur criſtalline, il eſt impossible qu'elle fasse que les rayons qui viennent de divers points de l'objet s'assemblent tous exactement en autant d'autres divers points : mais que, si ceux du point R, par exemple *(Fig. 10)*, s'assemblent juſtement au point S, il n'y aura, du point T, que ceux qui passent par la circonférence et par le centre de l'un des cercles qu'on peut décrire sur la superficie de cette humeur criſtalline, qui se puissent assembler exactement au point V; et par conséquent, que les autres, qui seront d'autant moindres en nombre que la prunelle sera plus petite, allant toucher le nerf en d'autres points, ne pourront manquer d'y apporter de la confusion. D'où vient que, si la vision d'un même œil eſt moins forte une fois que l'autre, elle sera aussi moins diſtincte, soit que cela vienne de l'éloignement de l'objet, soit de la débilité de la lumière; parce que, la prunelle étant plus grande, quand elle eſt moins forte, cela rend aussi la vision plus confuse.

De là vient aussi, que l'âme ne pourra jamais voir très diſtinctement qu'un seul point de l'objet à chaque fois, savoir, celui vers lequel toutes les parties de l'œil seront dressées pour lors, et que les autres lui paraîtront d'autant plus confus, qu'ils seront plus éloignés de celui-ci. Car, par exemple, si les rayons du point R s'assemblent tous exactement au point S, ceux du point X s'assembleront encore moins exactement vers Y, que ceux du point T ne s'assembleront vers V; et il faut juger ainsi des autres, à mesure qu'ils sont plus éloignés du point R. Mais les muscles o, o, tournant l'œil très promptement de tous côtés, servent à suppléer à ce défaut : car ils peuvent en moins de rien l'appliquer successivement à tous les points de l'objet, et ainsi faire que l'âme les puisse voir tous distinctement l'un après l'autre.

Je n'ajoute pas ici, particulièrement, ce que c'est qui pourra donner occasion à cette âme de concevoir toutes les différences des couleurs, car j'en ai déjà assez parlé ci-dessus. Et je ne dis pas aussi quels objets de la vue lui doivent être agréables ou désagréables; car, de ce que j'ai expliqué des autres sens, il vous est facile à entendre que la lumière trop forte doit offenser les yeux, et que la modérée les doit récréer; et qu'entre les couleurs, la verte, qui consiste en l'action la plus modérée (qu'on peut nommer par analogie la proportion d'un à deux), est comme l'octave entre les consonances de la musique, ou le pain entre les viandes que l'on mange, c'est-à-dire celle qui est la plus universellement agréable; et enfin, que toutes ces diverses couleurs de la mode, qui recréent souvent beaucoup plus que le vert, sont comme les accords et les passages d'un air nouveau, touché par quelque excellent joueur de luth, ou les ragoûts d'un bon cuisinier, qui chatouillent bien davantage le sens, et lui font sentir d'abord plus de plaisir, mais aussi qui le lassent beaucoup plus tôt, que ne font les objets simples et ordinaires.

Seulement faut-il encore que je vous dise ce que c'est qui donnera moyen à l'âme de sentir la situation, la figure, la distance, la grandeur, et autres semblables qualités : qui ne se rapportent pas à un seul sens en particulier, ainsi que font celles dont j'ai parlé jusques ici; mais qui sont communes à l'attouchement et à la vue, et même en quelque façon aux autres sens.

Remarquez donc, premièrement, que *(Fig. 13)*, si la main A, par exemple, touche le corps C, les parties du cerveau B, d'où viennent les petits filets de ses nerfs, seront autrement disposées, que si elle en touchait un qui fût d'autre figure, ou d'autre grandeur, ou situé en une autre place; et ainsi, que l'âme pourra connaître, par leur moyen, la situation de ce corps, et sa figure, et sa grandeur, et toutes les autres semblables qualités. Et que tout de même *(Fig. 14)*, si l'œil D est tourné vers l'objet E, l'âme pourra connaître la situation de cet objet, d'autant que les nerfs de cet œil seront disposés en une autre sorte, que s'il était tourné vers ailleurs. Et qu'elle pourra connaître sa figure, d'autant que les rayons du point 1, s'assemblant au point 2, contre le nerf nommé optique, et ceux du point 3 au point 4, et ainsi des autres, y en traceront une, qui se rapportera exactement à la sienne. Et qu'elle pourra connaître la distance du point 1, par exemple, d'autant que la disposition de l'humeur cristalline sera d'autre figure, pour faire que tous les rayons qui viennent de ce point s'assemblent au fond de l'œil justement au point 2, que je suppose en être le milieu, que s'il en était plus proche ou plus éloigné, ainsi qu'il a tantôt été dit. Et de plus, qu'elle connaîtra celle du point 3, et de tous les autres dont les rayons entreront dans l'œil en même temps : parce que, l'humeur

FIG. 13

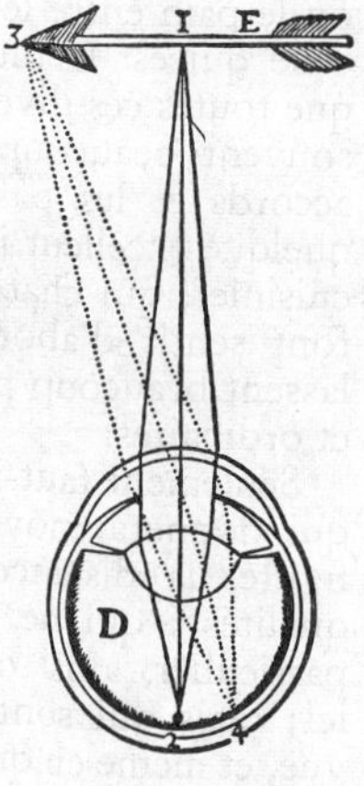

FIG. 14

cristalline étant ainsi disposée, les rayons de ce point 3 ne s'assembleront pas si justement au point 4, que ceux du point 1 au point 2, et ainsi des autres; et que leur action ne sera pas du tout si forte à proportion, ainsi qu'il a aussi tantôt été dit. Et enfin, que l'âme pourra connaître la grandeur des objets de la vue, et toutes leurs autres semblables qualités, par la seule connaissance qu'elle aura de la distance et de la situation de tous leurs points; comme aussi, réciproquement, elle jugera quelquefois de leur distance, par l'opinion qu'elle aura de leur grandeur.

Remarquez aussi *(Fig. 15)*, que si les deux mains, *f* et *g*, tiennent chacune un bâton, *i* et *h*, dont elles touchent l'objet K : encore que l'âme ignore d'ailleurs la longueur de ces bâtons, toutefois, parce qu'elle saura la distance qui est entre les deux points *f* et *g*, et la grandeur des angles *fgh*, et *gfi*, elle pourra connaître, comme par une géométrie naturelle, où est l'objet K. Et tout de même *(Fig. 16)*, si les deux yeux L et M sont tournés vers l'objet N, la grandeur de la ligne LM, et celle des deux angles LMN, MLN, lui feront connaître où est le point N.

FIG. 15

Mais elle pourra aussi assez souvent se tromper en tout ceci; car, premièrement, si la situation de la main, ou de l'œil, ou du doigt, est contrainte par quelque cause extérieure, elle ne s'accordera pas si exactement avec celle des petites parties du cerveau d'où viennent les nerfs, comme si elle ne dépendait que des muscles; et ainsi l'âme, qui ne la sentira que par l'entremise

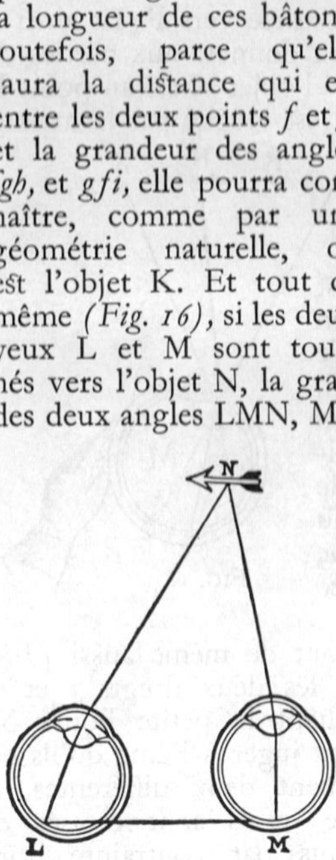

FIG. 16

des parties du cerveau, ne manquera pas pour lors de se tromper.

Comme, par exemple *(Fig. 17)*, si la main *f*, étant de soi disposée à se tourner vers O, se trouve contrainte par quelque force extérieure à demeurer tournée vers K : les parties du cerveau d'où viennent ses nerfs, ne seront pas tout à fait disposées en même sorte, que si c'était par la force de ses muscles que la main fût ainsi tournée vers K; ni aussi en même sorte, que si elle était véritablement tournée vers O; mais d'une façon moyenne entre ces deux, savoir en même sorte que si elle était tournée vers P. Et ainsi la disposition que cette contrainte donnera aux parties du cerveau, fera juger à l'âme que l'objet K est au point P, et qu'il est autre que celui qui est touché par la main *g*.

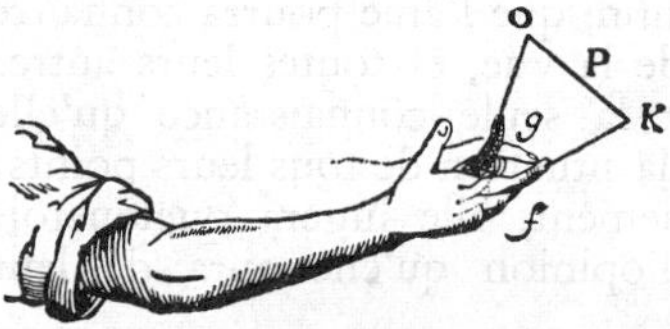

Fig. 17

Tout de même *(Fig. 18)*, si l'œil M est détourné par force de l'objet N, et disposé comme s'il devait regarder vers *q*, l'âme jugera que l'œil est tourné vers R. Et parce qu'en cette situation les rayons de l'objet N entreront dans l'œil, tout de même que feraient ceux du point S, si l'œil était véritablement tourné vers R : elle croira que cet objet N est au point S, et qu'il est autre que celui qui est regardé par l'autre œil.

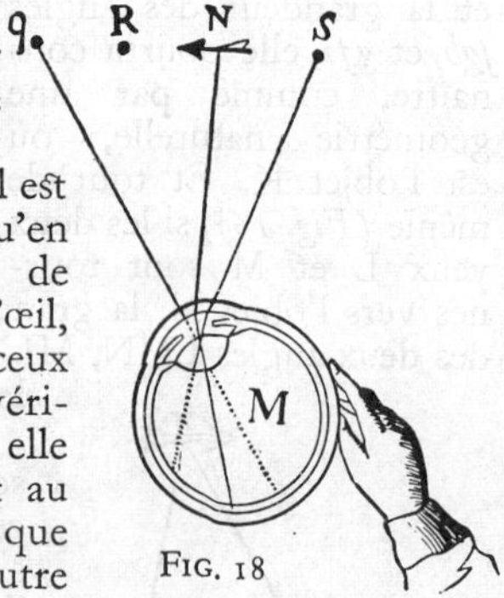

Fig. 18

Tout de même aussi *(Fig. 19)*, les deux doigts *t* et *v*, touchant la petite boule X, feront juger à l'âme qu'ils en touchent deux différentes, à cause qu'ils sont croisés et retenus par contrainte hors de leur situation naturelle.

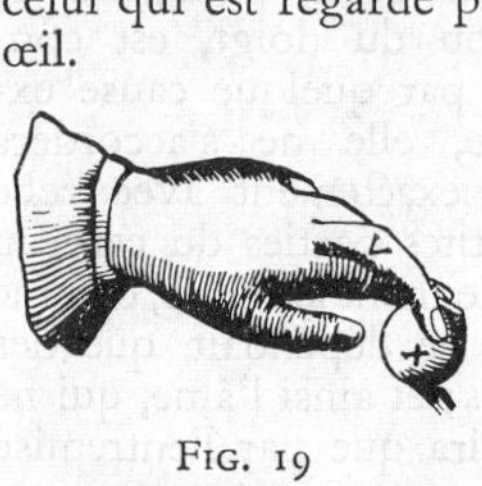
Fig. 19

De plus, si les rayons, ou autres lignes, par l'entremise desquelles les actions des objets éloignés passent vers les sens, sont courbées, l'âme, qui les supposera communément être droites, en tirera occasion de se tromper. Comme, par exemple *(Fig. 20)*, si le bâton HY est

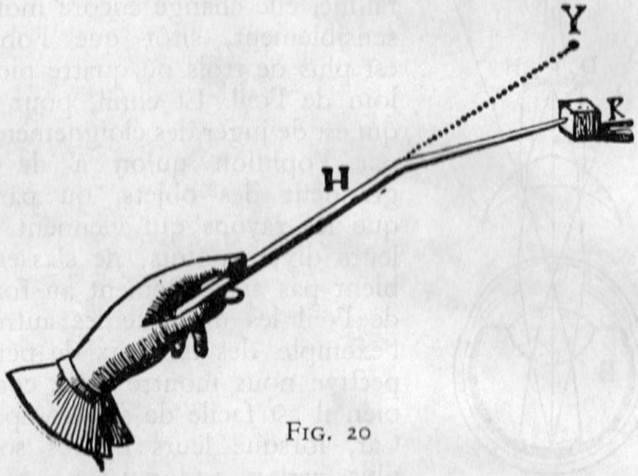

FIG. 20

courbé vers K, il semblera à l'âme que l'objet K, que ce bâton touche, est vers Y. Et si l'œil L *(Fig. 21)* reçoit les rayons de l'objet N au travers du verre Z, qui les courbe, il semblera à l'âme que cet objet est vers A. Et tout de même *(Fig. 22)*, si l'œil B reçoit les rayons du point D, au travers du verre *c*, que je suppose les plier tous en même façon que s'ils venaient du point E, et ceux du point F, comme s'ils venaient du point G, et ainsi des autres, il semblera à l'âme que l'objet DFH, est aussi éloigné et aussi grand que paraît EGI.

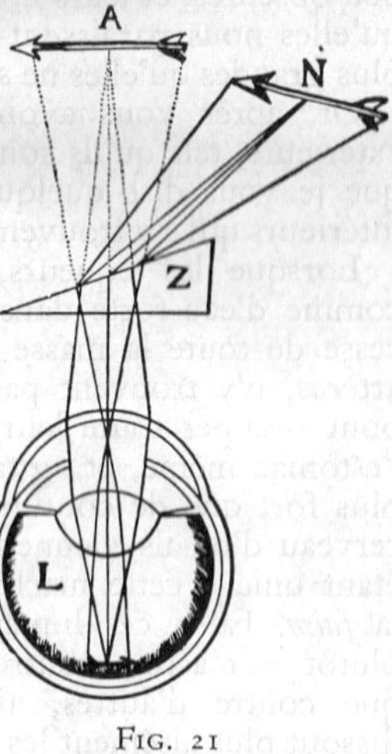

FIG. 21

Et pour conclusion, il faut remarquer, que tous les moyens que l'âme aura pour connaître la distance des objets de la vue, sont incertains.

Car *(Fig. 16)* pour les angles LMN, MLN, et leurs semblables, ils ne changent quasi plus sensiblement, quand l'objet eſt à quinze ou vingt pieds de diſtance. Et pour la disposition de l'humeur cristalline, elle change encore moins sensiblement, sitôt que l'objet eſt plus de trois ou quatre pieds loin de l'œil. Et enfin, pour ce qui eſt de juger des éloignements, par l'opinion qu'on a de la grandeur des objets, ou parce que les rayons qui viennent de leurs divers points, ne s'assemblent pas si exactement au fond de l'œil les uns que les autres, l'exemple des tableaux de perspective nous montre assez combien il eſt facile de s'y tromper. Car, lorsque leurs figures sont plus petites que nous ne nous imaginons qu'elles doivent être, et que leurs couleurs sont un peu obscures, et leurs linéaments un peu confus, cela fait qu'elles nous paraissent de beaucoup plus éloignées et plus grandes qu'elles ne sont.

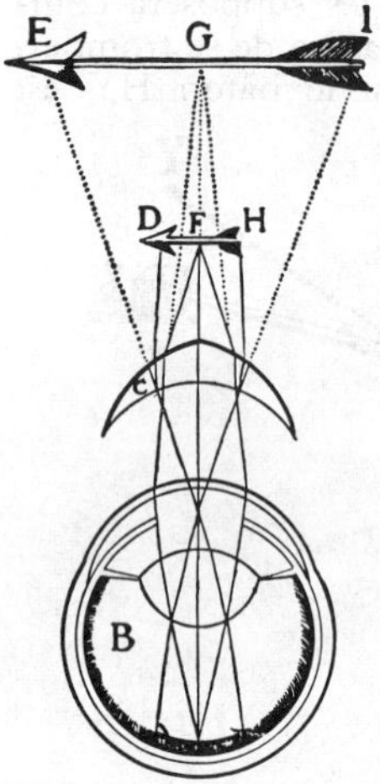

FIG. 22

Or, après vous avoir ainsi expliqué les cinq sens extérieurs, tels qu'ils sont en cette machine, il faut aussi que je vous dise quelque chose de certains sentiments intérieurs qui s'y trouvent.

Lorsque les liqueurs, que j'ai dit ci-dessus servir comme d'eau-forte dans son eſtomac, et y entrer sans cesse de toute la masse du sang par les extrémités des artères, n'y trouvent pas assez de viandes à dissoudre pour occuper toute leur force, elles la tournent contre l'eſtomac même, et agitant les petits filets de ses nerfs plus fort que de coutume, font mouvoir les parties du cerveau d'où ils viennent. Ce qui sera cause que l'âme étant unie à cette machine concevra l'idée générale de la *faim*. Et si ces liqueurs sont disposées à employer plutôt leur action contre certaines viandes particulières que contre d'autres, ainsi que l'eau-forte commune dissout plus aisément les métaux que la cire, elles agiront aussi d'une façon particulière contre les nerfs de l'estomac, laquelle sera cause que l'âme concevra pour lors l'appétit de manger de certaines viandes, plutôt que d'autres. *(Hic notari potest mira hujus machinæ conformatio, quod fames oriatur ex jejunio : sanguis enim circulatione acrior fit, et ita liquor ex eo in stomachum veniens nervos magis vellicat, idque modo peculiari, si peculiaris sit constitutio sanguinis : unde pica mulierum.)* Or ces liqueurs s'assemblent principalement au fond de l'estomac, et c'est là qu'elles causent le sentiment de la faim.

Mais il monte aussi continuellement plusieurs de leurs parties vers le gosier, et lorsqu'elles n'y viennent pas en assez grande abondance pour l'humecter, et remplir ses pores en forme d'eau, elles y montent seulement en forme d'air, ou de fumée, et agissant pour lors contre ses nerfs d'autre façon que de coutume, elles causent un mouvement dans le cerveau, qui donnera occasion à l'âme de concevoir l'idée de la *soif*.

Ainsi, lorsque le sang qui va dans le cœur est plus pur et plus subtil, et s'y embrase plus facilement qu'à l'ordinaire, il dispose le petit nerf qui y est, en la façon qui est requise pour causer le sentiment de la *joie;* et en celle qui est requise pour causer le sentiment de la *tristesse,* quand ce sang a des qualités toutes contraires.

Et de ceci vous pouvez assez entendre ce qu'il y a, en cette machine, qui se rapporte à tous les autres sentiments intérieurs qui sont en nous; si bien qu'il est temps que je commence à vous expliquer, comment les esprits animaux suivent leur cours dans les concavités et dans les pores de son cerveau, et quelles sont les fonctions qui en dépendent.

Si vous avez jamais eu la curiosité de voir de près les orgues de nos églises, vous savez comment les soufflets y poussent l'air en certains réceptacles, qui, ce me semble, sont nommés à cette occasion les porte-vent; et comment cet air entre de là dans les tuyaux, tantôt dans les uns, tantôt dans les autres, selon les diverses façons que l'organiste remue ses doigts sur le clavier. Or, vous pouvez ici concevoir que le cœur et les artères, qui poussent les esprits animaux dans les concavités du cerveau de notre machine, sont comme les soufflets de ces orgues, qui poussent l'air dans les porte-vent; et que les objets extérieurs, qui, selon les nerfs qu'ils remuent, font que les esprits contenus dans ces concavités entrent de là dans quelques-uns de ces pores, sont comme les doigts de l'organiste, qui, selon les touches qu'ils pressent, font que l'air entre des porte-vent dans quelques tuyaux. Et comme l'harmonie des orgues ne dépend point de cet arrangement de leurs tuyaux que l'on voit par-dehors, ni de la figure de leurs porte-vent, ou autres parties, mais seulement de trois choses, savoir, de l'air qui vient des soufflets, des tuyaux qui rendent le son, et de la distribution de cet air dans les tuyaux : ainsi je veux vous avertir, que les fonctions dont il est ici question, ne dépendent aucunement de la figure extérieure de toutes ces parties visibles que les anatomistes distinguent en la substance du cerveau, ni de celle de ses concavités; mais seulement des esprits qui viennent du cœur, des pores du cerveau par où ils passent, et de la façon que ces esprits se distribuent dans ces pores. Si bien qu'il est seulement ici besoin, que je vous explique par ordre tout ce qu'il y a de plus considérable en ces trois choses.

Premièrement, pour ce qui est des esprits animaux, ils peuvent être plus ou moins abondants, et leurs parties plus ou moins grosses, et plus ou moins agitées, et plus ou moins égales entre elles une fois que l'autre; et c'est par le moyen de ces quatre différences, que toutes les diverses humeurs ou inclinations naturelles qui sont en nous (au moins en tant qu'elles ne dépendent point de la constitution du cerveau, ni des affections particulières de l'âme) sont représentées en cette machine. Car, si ces esprits sont plus abondants que de coutume, ils sont propres à exciter en elle des mouvements tout semblables à ceux qui témoignent en nous de la *bonté,* de la *libéralité* et de l'*amour;* et de semblables à ceux qui témoignent en nous de la *confiance* ou de la *hardiesse,* si leurs parties sont plus fortes et plus grosses; et de la *confiance,* si avec cela elles sont plus égales en figure, en force, et en grosseur; et de la *promptitude,* de la *diligence,* et du *désir,* si elles sont plus agitées; et de la *tranquillité d'esprit,* si elles sont plus égales en leur agitation. Comme, au contraire, ces mêmes esprits sont propres à exciter en elle des mouvements tout semblables à ceux qui témoignent en nous de la *malignité,* de la *timidité,* de l'*inconstance,* de la *tardiveté,* et de l'*inquiétude,* si ces mêmes qualités leur défaillent.

Et sachez que toutes les autres humeurs ou inclinations naturelles sont dépendantes de celles-ci. Comme l'*humeur joyeuse* eſt composée de la promptitude et de la tranquillité d'esprit; et la bonté et la confiance servent à la rendre plus parfaite. L'*humeur triſte* eſt composée de la tardiveté et de l'inquiétude, et peut être augmentée par la malignité et la timidité. L'*humeur colérique* eſt composée de la promptitude et de l'inquiétude, et la malignité et la confiance la fortifient. Enfin, comme je viens de dire, la libéralité, la bonté, et l'amour dépendent de l'abondance des esprits, et forment en nous cette humeur qui nous rend complaisants et bienfaisants à tout le monde. La curiosité et les autres désirs dépendent de l'agitation de leurs parties; et ainsi des autres.

Mais parce que ces mêmes humeurs, ou du moins les passions auxquelles elles disposent, dépendent aussi beaucoup des impressions qui se font dans la subſtance du cerveau, vous les pourrez ci-après mieux entendre; et je me contenterai ici de vous dire les causes d'où viennent les différences des esprits.

Le suc des viandes, qui passe de l'eſtomac dans les veines, se mêlant avec le sang, lui communique toujours quelques-unes de ses qualités, et entre autres il le rend ordinairement plus grossier, quand il se mêle tout fraîchement avec lui : en sorte que pour lors les petites parties de ce sang, que le cœur envoie vers le cerveau, pour y composer les esprits animaux, ont coutume de n'être pas si agitées, ni si fortes, ni si abondantes; et par conséquent, de ne rendre pas le corps de cette machine si léger, ni si allègre, comme il eſt quelque temps après que la digeſtion eſt achevée, et que le même sang, ayant passé et repassé plusieurs fois dans le cœur, eſt devenu plus subtil.

L'air de la respiration, se mêlant aussi en quelque façon avec le sang, avant qu'il entre dans la concavité gauche du cœur, fait qu'il s'y embrase plus fort, et y produit des esprits plus vifs et plus agités en temps sec qu'en temps humide : ainsi qu'on expérimente que, pour lors, toute sorte de flamme eſt plus ardente.

Lorsque le foie eſt bien disposé, et qu'il élabore parfaitement le sang qui doit aller dans le cœur, les esprits qui sortent de ce sang, en sont d'autant plus abondants, et plus également agités; et s'il arrive que le foie soit pressé par ses nerfs, les plus subtiles parties du sang qu'il contient, montant incontinent vers le cœur, produiront aussi des esprits plus abondants et plus vifs que de coutume, mais non pas si également agités.

Si le fiel, qui est destiné à purger le sang de celles de ses parties qui sont les plus propres de toutes à être embrasées dans le cœur, manque à faire son devoir, ou qu'étant resserré par son nerf, la matière qu'il contient regorge dans les veines, les esprits en seront d'autant plus vifs, et avec cela plus inégalement agités.

Si la rate, qui, au contraire, est destinée à purger le sang de celles de ses parties qui sont les moins propres à être embrasées dans le cœur, est mal disposée, ou qu'étant pressée par ses nerfs, ou par quelque autre corps que ce soit, la matière qu'elle contient regorge dans les veines, les esprits en seront d'autant moins abondants, et moins agités, et avec cela plus inégalement agités.

Enfin tout ce qui peut causer quelque changement dans le sang, en peut aussi causer dans les esprits. Mais par-dessus tout, le petit nerf qui se termine dans le cœur, pouvant dilater et resserrer, tant les deux entrées par où le sang des veines et l'air du poumon y descend, que les deux sorties par où ce sang s'exhale et s'élance dans les artères, peut causer mille différences en la nature des esprits : ainsi que la chaleur de certaines lampes fermées, dont se servent les alchimistes, peut être modérée en plusieurs façons, selon qu'on ouvre plus ou moins, tantôt le conduit par où l'huile ou autre aliment de la flamme y doit entrer, et tantôt celui par où la fumée en doit sortir.

Secondement, pour ce qui est des pores du cerveau, ils ne doivent pas être imaginés autrement que comme les intervalles qui se trouvent entre les filets de quelque tissu : car, en effet, tout le cerveau n'est autre chose qu'un tissu composé d'une certaine façon particulière, que je tâcherai ici de vous expliquer.

Concevez *(Fig. 23 et Fig. 24)* sa superficie AA, qui regarde les concavités EE, comme un réseau ou lacis assez épais et pressé, dont toutes les mailles sont autant de petits tuyaux par où les esprits animaux peuvent entrer, et qui, regardant toujours vers la glande H, d'où sortent ces esprits, se peuvent facilement tourner çà et là vers les divers points de cette glande : comme vous

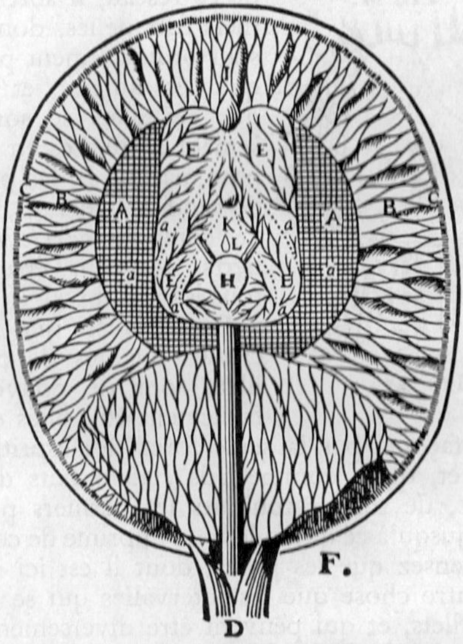

FIG. 23

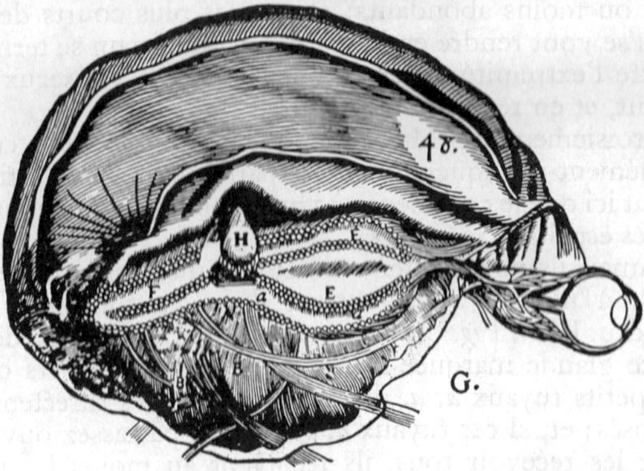

FIG. 24

voyez *(Fig. 25)* qu'ils sont tournés autrement en la 48e qu'en la 49e figure. Et pensez que, de chaque partie

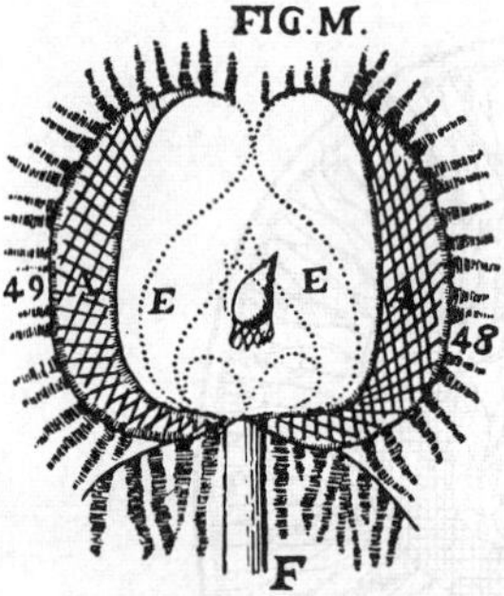

Fig. 25

de ce réseau, il sort plusieurs filets fort déliés, dont les uns sont ordinairement plus longs que les autres; et qu'après que ces filets se sont diversement entrelacés en tout l'espace marqué B, les plus longs descendent vers D, puis de là, composant la moelle des nerfs, se vont épandre par tous les membres.

Pensez aussi que les principales qualités de ces petits filets sont de pouvoir assez facilement être pliés en toutes sortes de façons, par la seule force des esprits qui les touchent, et, quasi comme s'ils étaient faits de plomb ou de cire, de retenir toujours les derniers plis qu'ils ont reçus, jusqu'à ce qu'on leur en imprime de contraires.

Enfin pensez que les pores, dont il est ici question, ne sont autre chose que les intervalles qui se trouvent entre ces filets, et qui peuvent être diversement élargis et rétrécis, par la force des esprits qui entrent dedans, selon qu'elle est plus ou moins grande, et qu'ils sont plus ou moins abondants; et que les plus courts de ces filets se vont rendre en l'espace *c, c,* où chacun se termine contre l'extrémité de quelqu'un des petits vaisseaux qui y sont, et en reçoit sa nourriture.

Troisièmement. Mais afin que je puisse plus commodément expliquer toutes les particularités de ce tissu, il faut ici que je commence à vous parler de la distribution de ces esprits.

Jamais ils ne s'arrêtent un seul moment en une place; mais, à mesure qu'ils entrent dans les concavités du cerveau EE *(Fig. 23 et Fig. 24)*, par les trous de la petite glande marquée H, ils tendent d'abord vers ceux des petits tuyaux *a, a,* qui leur sont le plus directement opposés; et, si ces tuyaux *a, a,* ne sont pas assez ouverts pour les recevoir tous, ils reçoivent au moins les plus fortes et les plus vives de leurs parties, pendant que les plus faibles et superflues sont repoussées vers les conduits I, K, L, qui regardent les narines, et le palais : à savoir, les plus agitées vers I, par où, quand elles ont encore beaucoup de force, et qu'elles n'y trouvent pas le passage assez libre, elles sortent quelquefois avec tant de violence, qu'elles chatouillent les parties intérieures du nez, ce qui cause l'*éternuement ;* puis les autres vers K et vers L, par où elles peuvent facilement sortir, parce que les passages y sont fort larges; ou si elles y manquent, étant contraintes de retourner vers les petits tuyaux *a, a,* qui sont en la superficie intérieure du cerveau, elles causent aussitôt un *éblouissement,* ou *vertige,* qui trouble les fonctions de l'*imagination.*

Et notez, en passant, que ces plus faibles parties des esprits, ne viennent pas tant des artères qui s'insèrent dans la glande H, comme de celles qui, se divisant en mille branches fort déliées, tapissent le fond des concavités du cerveau. Notez aussi qu'elles se peuvent aisément épaissir en pituite, non pas jamais étant dans le cerveau, si ce n'est par quelque grande maladie, mais en ces larges espaces qui sont au-dessous de sa base, entre les narines et le gosier : tout de même que la fumée se convertit facilement en suie, dans les tuyaux des cheminées, mais non pas jamais dans le foyer où est le feu.

Notez aussi que, lorsque je dis que les esprits, en sortant de la glande H, tendent vers les endroits de la superficie intérieure du cerveau, qui leur sont le plus directement opposés : je n'entends pas qu'ils tendent toujours vers ceux qui sont vis-à-vis d'eux en ligne droite, mais seulement vers ceux, où la disposition qui est pour lors dans le cerveau, les fait tendre.

Or, la substance du cerveau étant molle et pliante, ses concavités seraient fort étroites, et presque toutes fermées, ainsi qu'elles paraissent dans le cerveau d'un homme mort, s'il n'entrait dedans aucun esprit; mais la source qui produit ces esprits est ordinairement si abondante, qu'à mesure qu'ils entrent dans ces concavités, ils ont la force de pousser tout autour la matière qui les environne, et de l'enfler, et par ce moyen de faire tendre tous les petits filets des nerfs qui en viennent : ainsi que le vent, étant un peu fort, peut enfler les voiles d'un navire, et faire tendre toutes les cordes auxquelles elles sont attachées. D'où vient que pour lors cette machine, étant disposée à obéir à toutes les actions des esprits, représente le corps d'un homme qui *veille.* Ou du moins ils ont la force d'en pousser ainsi et faire tendre quelques parties, pendant que les autres demeurent libres et lâches : ainsi que sont celles d'une voile, quand le vent eſt un peu trop faible pour la remplir. Et pour lors cette machine représente le corps d'un homme qui *dort,* et qui a *divers songes* en dormant. Imaginez-vous, par exemple, que la différence qui eſt entre les deux figures M et N *(Fig. 26, 27 et 28)* eſt la même qui eſt entre le cerveau d'un homme qui veille, et celui d'un homme qui dort, et qui rêve en dormant.

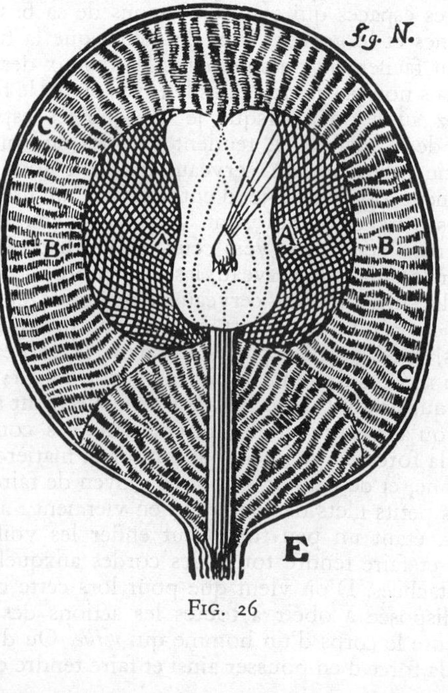

FIG. 26

Mais, avant que je vous parle plus particulièrement du *sommeil* et des *songes,* il faut que je vous fasse ici considérer tout ce qui se fait de plus remarquable dans le cerveau, pendant le temps de la veille : à savoir, comment s'y forment les idées des objets, dans le lieu destiné pour l'*imagination,* et pour le *sens commun,* comment elles se réservent dans la *mémoire,* et comment elles causent le *mouvement de tous les membres.*

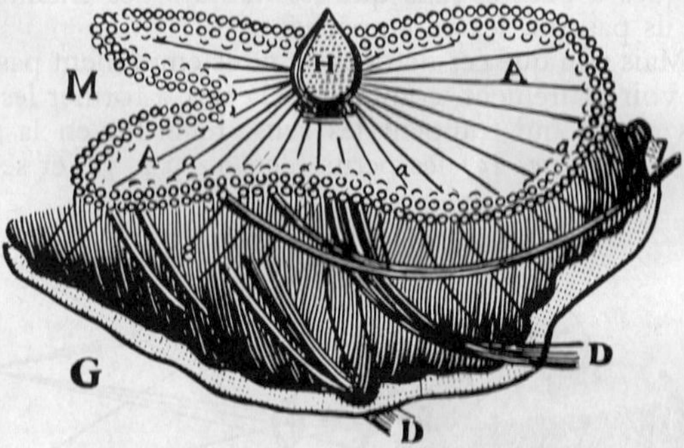

FIG. 27

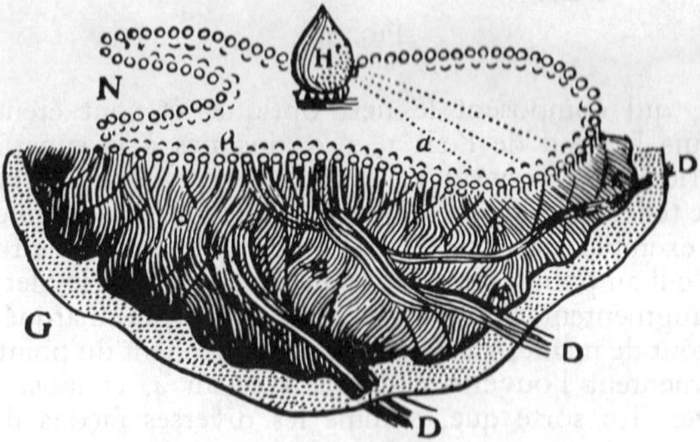

FIG. 28

Vous pouvez voir, en la figure marquée M *(Fig. 27)*, que les esprits qui sortent de la glande H, ayant dilaté la partie du cerveau marquée A, et entrouvert tous ses pores, coulent de là vers B, puis vers C, et enfin vers D, d'où ils se répandent dans tous ses nerfs, et tiennent par ce moyen tous les petits filets, dont ces nerfs et le cerveau sont composés, tellement tendus, que les actions qui ont tant soit peu la force de les mouvoir, se communiquent facilement de l'une de leurs extrémités jusques à l'autre, sans que les détours des chemins par où ils passent, les en empêchent.

Mais afin que ces détours ne vous empêchent pas aussi de voir clairement, comment cela sert à former les idées des objets qui frappent les sens, regardez en la figure ci-jointe *(Fig. 29)* les petits filets 12, 34, 56, et sembla-

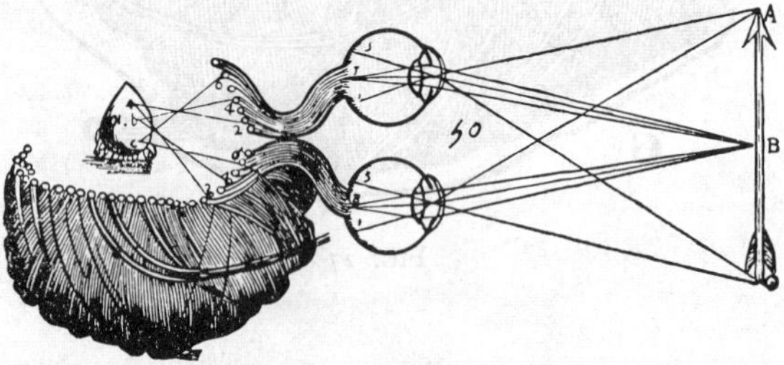

FIG. 29

bles, qui composent le nerf optique, et sont étendus depuis le fond de l'œil 1, 3, 5, jusques à la superficie intérieure du cerveau 2, 4, 6. Et pensez que ces filets sont tellement disposés, que, si les rayons qui viennent, par exemple, du point A de l'objet, vont presser le fond de l'œil au point 1, ils tirent par ce moyen tout le filet 12, et augmentent l'ouverture du petit tuyau marqué 2. Et tout de même, que les rayons qui viennent du point B, augmentent l'ouverture du petit tuyau 4, et ainsi des autres. En sorte que, comme les diverses façons dont les points 1, 3, 5, sont pressés par ces rayons tracent dans le fond de l'œil une figure qui se rapporte à celle de l'objet ABC, ainsi qu'il a été dit ci-dessus : il est évident que les diverses façons, dont les petits tuyaux 2, 4, 6, sont ouverts par les filets 12, 34, 56, etc., la doivent aussi tracer en la superficie intérieure du cerveau.

Pensez, après cela, que les esprits qui tendent à entrer dans chacun des petits tuyaux 2, 4, 6, et semblables, ne viennent pas indifféremment de tous les points qui sont en la superficie de la glande H, mais seulement de quelqu'un en particulier; et que ce sont ceux qui viennent, par exemple, du point *a* de cette superficie, qui tendent à entrer dans le tuyau 2, et ceux des points *b* et *c*, qui tendent à entrer dans les tuyaux 4 et 6, et ainsi des autres. En sorte qu'au même instant que l'ouverture de ces tuyaux devient plus grande, les esprits commencent à sortir plus librement et plus vite qu'ils ne faisaient auparavant, par les endroits de cette glande qui les regardent. Et que, comme les diverses façons dont les tuyaux 2, 4, 6, sont ouverts, tracent une figure qui se rapporte à celle de l'objet ABC, sur la superficie intérieure du cerveau : ainsi celle dont les esprits sortent des points *a*, *b*, *c*, la tracent sur la superficie de cette glande.

Et notez que, par ces figures, je n'entends pas seulement ici les choses qui représentent en quelque sorte la position des lignes et des superficies des objets, mais aussi toutes celles qui, suivant ce que j'ai dit ci-dessus, pourront donner occasion à l'âme de sentir le mouvement, la grandeur, la distance, les couleurs, les sons, les odeurs, et autres telles qualités; et même celles qui lui pourront faire sentir le chatouillement, la douleur, la faim, la soif, la joie, la tristesse, et autres telles passions. Car il est facile à entendre, que le tuyau 2, par exemple, sera ouvert autrement par l'action que j'ai dit causer le sentiment de la couleur rouge, ou celui du chatouillement, que par celle que j'ai dit causer le sentiment de la couleur blanche, ou bien celui de la douleur; et que les esprits qui sortent du point *a*, tendront diversement vers ce tuyau, selon qu'il sera ouvert diversement, et ainsi des autres.

Or, entre ces figures, ce ne sont pas celles qui s'impriment dans les organes des sens extérieurs, ou dans la superficie intérieure du cerveau, mais seulement celles qui se tracent dans les esprits sur la superficie de la glande H, *où est le siège de l'imagination, et du sens commun,* qui doivent être prises pour les idées, c'est-à-dire pour les formes ou images que l'âme raisonnable considérera immédiatement, lorsqu'étant unie à cette machine elle imaginera ou sentira quelque objet.

Et notez que je dis, imaginera, ou sentira; d'autant que je veux comprendre généralement, sous le nom d'*Idée,* toutes les impressions que peuvent recevoir les esprits en sortant de la glande H, lesquelles s'attribuent toutes au sens commun, lorsqu'elles dépendent de la présence des objets; mais elles peuvent aussi procéder de plusieurs autres causes, ainsi que je vous dirai ci-après, et alors c'est à l'imagination qu'elles doivent être attribuées.

Et je pourrais ajouter ici, comment les traces de ces idées passent par les artères vers le cœur, et ainsi rayonnent en tout le sang; et comment même elles peuvent quelquefois être déterminées, par certaines actions de la mère, à s'imprimer sur les membres de l'enfant qui se forme dans ses entrailles. Mais je me contenterai de vous dire encore, comment elles s'impriment en la partie intérieure du cerveau, marquée B, où est le siège de la *mémoire*.

Pensez donc, à cet effet, qu'après que les esprits qui sortent de la glande H *(Fig. 29),* y ont reçu l'impression de quelque idée, ils passent de là par les tuyaux 2, 4, 6, et semblables, dans les pores ou intervalles qui sont entre les petits filets dont cette partie du cerveau, B, est composée; et qu'ils ont la force d'élargir quelque peu ces intervalles, et de plier et disposer diversement les petits filets qu'ils rencontrent en leurs chemins, selon les diverses façons dont ils se meuvent, et les diverses ouvertures des tuyaux par où ils passent : en sorte qu'ils y tracent aussi des figures, qui se rapportent à celles des objets; non pas toutefois si aisément ni si parfaitement du premier coup, que sur la glande H, mais peu à peu de mieux en mieux, selon que leur action est plus forte, et qu'elle dure plus longtemps, ou qu'elle est plus de fois réitérée. Ce qui est cause que ces figures ne s'effacent pas non plus si aisément, mais qu'elles s'y conservent en telle sorte, que par leur moyen les idées qui ont été autrefois sur cette glande, s'y peuvent former derechef longtemps après, sans que la présence des objets auxquels elles se rapportent y soit requise. Et c'est en quoi consiste la *mémoire*.

Par exemple, quand l'action de l'objet ABC, augmentant l'ouverture des tuyaux 2, 4, 6, est cause que les esprits entrent dedans en plus grande quantité qu'ils ne feraient pas sans cela, elle est aussi cause que, passant plus outre vers N, ils ont la force de s'y former certains passages qui demeurent ouverts, encore après que l'action de l'objet ABC a cessé; ou qui du moins, s'ils se referment, laissent une certaine disposition dans les petits filets dont cette partie du cerveau N est composée, par le moyen de laquelle ils peuvent beaucoup plus aisément être ouverts derechef, que s'ils ne l'avaient point encore été : ainsi que, si on passait plusieurs aiguilles, ou poinçons, au travers d'une toile, comme vous voyez *(Fig. 30)* en celle qui est marquée A, les petits trous qu'on y ferait demeureraient encore ouverts, comme vers *a* et vers *b,* après que ces aiguilles en seraient ôtées; ou s'ils se refermaient, ils laisseraient des traces en cette toile, comme vers *c* et vers *d,* qui seraient cause qu'on les pourrait rouvrir fort aisément.

FIG. 30

Et même il faut remarquer que, si on en rouvrait seulement quelques-uns, comme *a* et *b,* cela seul pourrait être cause que les autres, comme *c* et *d,* se rouvriraient aussi en même temps; principalement s'ils avaient été ouverts plusieurs fois tous ensemble, et n'eussent pas coutume de l'être les uns sans les autres. Ce qui montre comment la souvenance d'une chose peut être excitée par celle d'une autre, qui a été autrefois imprimée en même temps qu'elle en la mémoire. Comme, si je vois deux yeux avec un nez, je m'imagine aussitôt un front et une bouche, et toutes les autres parties d'un visage, parce que je n'ai pas accoutumé de les voir l'une sans l'autre; et voyant du feu, je me ressouviens de sa chaleur, parce que je l'ai sentie autrefois en le voyant.

Considérez, outre cela, que la glande H eſt composée d'une matière qui eſt fort molle, et qu'elle n'eſt pas toute jointe et unie à la subſtance du cerveau, mais seulement attachée à de petites artères (dont les peaux sont assez lâches et pliantes) et soutenue comme en balance par la force du sang que la chaleur du cœur pousse vers elle; en sorte qu'il faut fort peu de chose pour la déterminer à s'incliner et se pencher plus ou moins, tantôt d'un côté tantôt d'un autre, et faire qu'en se penchant, elle dispose les esprits qui sortent d'elle, à prendre leur cours vers certains endroits du cerveau, plutôt que vers les autres.

Or, il y a deux causes principales, sans compter la force de l'âme, que je mettrai ci-après, qui la peuvent ainsi faire mouvoir, et qu'il faut ici que je vous explique.

La première eſt la différence qui se rencontre entre les petites parties des esprits qui sortent d'elle. Car si tous ces esprits étaient exactement d'égale force, et qu'il n'y eut aucune autre cause qui la déterminât à se pencher ni çà ni là, ils couleraient également dans tous ses pores, et la soutiendraient toute droite et immobile du centre de la tête, ainsi qu'elle eſt représentée en la figure 40 *(Fig. 31)*. Mais comme un corps attaché

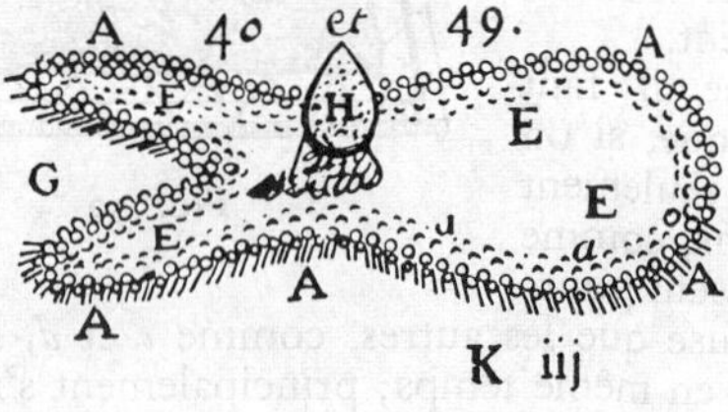

FIG. 31

seulement à quelques filets, qui serait soutenu en l'air par la force de la fumée qui sortirait d'un fourneau, flotterait incessamment çà et là, selon que les diverses parties de cette fumée agiraient contre lui diversement : ainsi les petites parties de ces esprits, qui soulèvent et soutiennent cette glande, étant presque toujours différentes en quelque chose, ne manquent pas de l'agiter et faire pencher tantôt d'un côté tantôt d'un autre, comme vous la voyez en cette figure 41 *(Fig. 32)*, où non

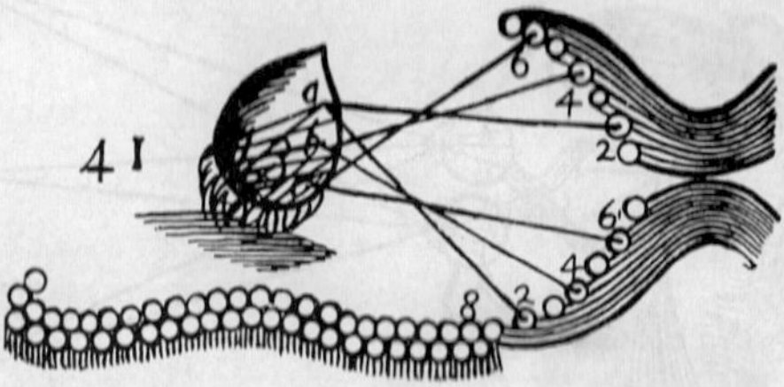

FIG. 32

seulement son centre H eſt un peu éloigné du centre du cerveau, marqué *o*, mais aussi les extrémités des artères qui la soutiennent, sont courbées en telle sorte, que presque tous les esprits qu'elles lui apportent, prennent leur cours par l'endroit de sa superficie *a, b, c,* vers les petits tuyaux 2, 4, 6, ouvrant par ce moyen ceux de ses pores qui regardent vers là, beaucoup davantage que les autres.

Or, le principal effet qui suit de ceci, consiſte en ce que les esprits, sortant ainsi plus particulièrement de quelques endroits de la superficie de cette glande, que des autres, peuvent avoir la force de tourner les petits tuyaux de la superficie intérieure du cerveau dans lesquels ils se vont rendre, vers les endroits d'où ils sortent, s'ils ne les y trouvent déjà tout tournés; et par ce moyen, de faire mouvoir les membres auxquels se rapportent ces tuyaux, vers les lieux auxquels se rapportent ces endroits de la superficie de la glande H. Et notez que l'idée de ce mouvement des membres ne consiſte qu'en la façon dont ces esprits sortent pour lors de cette glande, et ainsi que c'eſt son idée qui le cause.

Comme ici *(Fig. 33)* par exemple, on peut supposer, que ce qui fait que le tuyau 8 se tourne plutôt vers le point *b*, que vers quelque autre, c'eſt seulement que les esprits qui sortent de ce point, tendent avec plus de force vers lui qu'aucuns autres; et que cela même donnerait occasion à l'âme, de sentir que le bras se tourne vers l'objet B, si elle était déjà dans cette machine, ainsi que

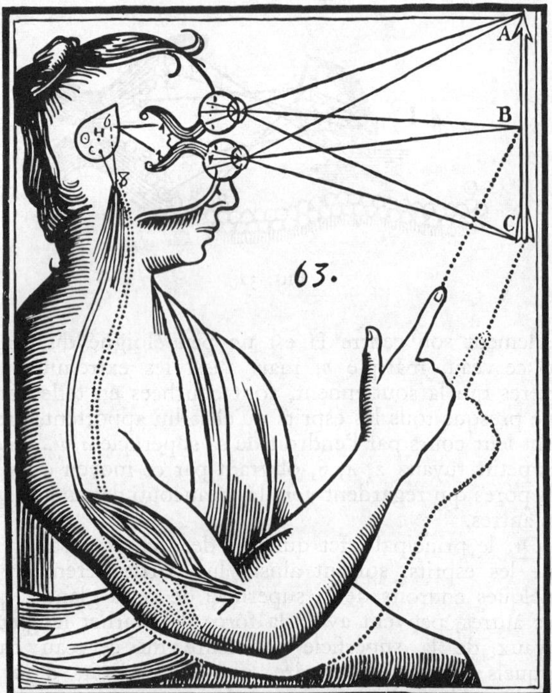

FIG. 33

je l'y supposerai ci-après. Car il faut penser que tous les points de la glande vers lesquels ce tuyau 8 peut être tourné, répondent tellement à tous les lieux vers lesquels le bras marqué 7 le peut être, que ce qui fait maintenant que ce bras eſt tourné vers l'objet B, c'eſt que ce tuyau regarde le point *b* de la glande. Que si les esprits changeant leur cours tournaient ce tuyau vers quelque autre point de la glande, comme vers *c*, les petits filets 8, 7, qui sortant d'autour de lui se vont rendre dans les muscles de ce bras, changeant par même moyen de situation, rétréciraient quelques-uns des pores du cerveau qui sont vers D, et en élargiraient quelques autres : ce qui ferait que les esprits, passant de là dans ces muscles d'autre façon qu'ils ne font à présent, tourneraient incontinent ce bras vers l'objet C. Comme, réciproquement, si quelque autre action que celle des esprits qui entrent par le tuyau 8, tournait ce même bras vers B ou vers C, elle ferait que ce tuyau 8 se tournerait vers les points de la glande *b* ou *c*; en sorte que l'idée de ce mouvement se formerait aussi en même temps, au moins si l'attention n'en était point divertie, c'est-à-dire, si la glande H n'était point empêchée de se pencher vers 8, par quelque autre action qui fût plus forte. Et ainsi généralement il faut penser, que chacun des autres petits tuyaux qui sont en la superficie intérieure du cerveau, se rapporte à chacun des autres membres; et chacun des autres points de la superficie de la glande H, à chacun des côtés vers lesquels ces membres peuvent être tournés : en sorte que les mouvements de ces membres, et leurs idées, peuvent être causés réciproquement l'un par l'autre.

Et de plus, pour entendre ici par occasion, comment, lorsque les deux yeux de cette machine, et les organes de plusieurs autres de ses sens, sont tournés vers un même objet, il ne s'en forme pas pour cela plusieurs idées dans son cerveau, mais une seule, il faut penser que c'est toujours des mêmes points de cette superficie de la glande H que sortent les esprits, qui tendant vers divers tuyaux peuvent tourner divers membres vers les mêmes objets : comme ici *(Fig. 33)*, que c'est du seul point *b* que sortent les esprits qui tendant vers les tuyaux 4, 4 et 8, tournent en même temps les deux yeux et le bras droit vers l'objet B.

Ce qui vous sera facile à croire, si pour entendre aussi en quoi consiste l'idée de la distance des objets, vous pensez que, selon que cette superficie change de situation, les mêmes de ses points se rapportent à des lieux d'autant plus éloignés du centre du cerveau marqué *o*, que ces points en sont plus proches, et d'autant plus proches qu'ils en sont plus éloignés. Comme ici, il faut penser que, si le point *b* était un peu plus retiré en arrière qu'il n'est pas, il se rapporterait à un lieu plus éloigné que n'eſt B; et s'il était un peu plus penché en avant, il se rapporterait à un plus proche.

Et ceci sera cause que, lorsqu'il y aura une âme dans cette machine, elle pourra quelquefois sentir divers objets par l'entremise des mêmes organes, disposés en même sorte, et sans qu'il y ait rien du tout qui se change, que la situation de la glande H. Comme ici *(Fig. 34)*, par

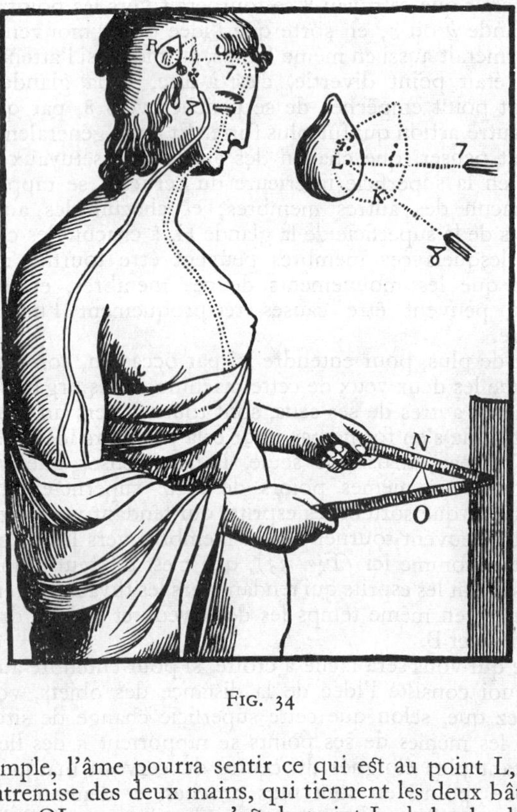

FIG. 34

exemple, l'âme pourra sentir ce qui eſt au point L, par l'entremise des deux mains, qui tiennent les deux bâtons NL et OL, pour ce que c'eſt du point L, de la glande H, que sortent les esprits qui entrent dans les tuyaux 7 et 8, auxquels répondent ses deux mains; au lieu que, si cette glande H était un peu plus en avant qu'elle n'est, en sorte que les points de sa superficie *n* et *o* fussent aux lieux marqués *i* et *k*, et par conséquent que ce fût d'eux, que sortissent les esprits qui vont vers 7 et vers 8, l'âme devrait sentir ce qui est vers N, et vers O, par l'entremise des mêmes mains, et sans qu'elles fussent en rien changées.

Au reste, il faut remarquer que, lorsque la glande H est penchée vers quelque côté, par la seule force des esprits, et sans que l'âme raisonnable, ni les sens extérieurs y contribuent, les idées qui se forment sur sa superficie ne procèdent pas seulement des inégalités, qui se rencontrent entre les petites parties de ces esprits, et qui causent la différence des humeurs, ainsi qu'il a été dit ci-dessus, mais elles procèdent aussi des impressions de la mémoire. Car si la figure de quelque objet particulier est imprimée beaucoup plus distinctement qu'aucune autre, à l'endroit du cerveau vers lequel est justement penchée cette glande, les esprits qui tendent vers là ne peuvent manquer d'en recevoir aussi l'impression. Et c'est ainsi que les choses passées reviennent quelquefois en la pensée, comme par hasard, et sans que la mémoire en soit fort excitée par aucun objet qui touche les sens.

Mais si plusieurs diverses figures se trouvent tracées en ce même endroit du cerveau, presque aussi parfaitement l'une que l'autre, ainsi qu'il arrive le plus souvent, les esprits recevront quelque chose de l'impression de chacune, et ce, plus ou moins, selon la diverse rencontre de leurs parties. Et c'est ainsi que se composent les chimères, et les hippogriffes, en l'imagination de ceux qui rêvent étant éveillés, c'est-à-dire qui laissent errer nonchalamment çà et là leur fantaisie, sans que les objets extérieurs la divertissent, ni qu'elle soit conduite par leur raison.

Mais l'effet de la mémoire qui me semble ici le plus digne d'être considéré, consiste en ce que, sans qu'il y ait aucune âme dans cette machine, elle peut naturellement être disposée à imiter tous les mouvements que de vrais hommes, ou bien d'autres semblables machines, feront en sa présence.

La seconde cause qui peut déterminer les mouvements de la glande H, est l'action des objets qui touchent les sens. Car il eſt aisé à entendre *(Fig. 35)*, que l'ouverture des petits tuyaux 2, 4, 6, par exemple, étant élargie par l'action de l'objet ABC, les esprits qui commencent

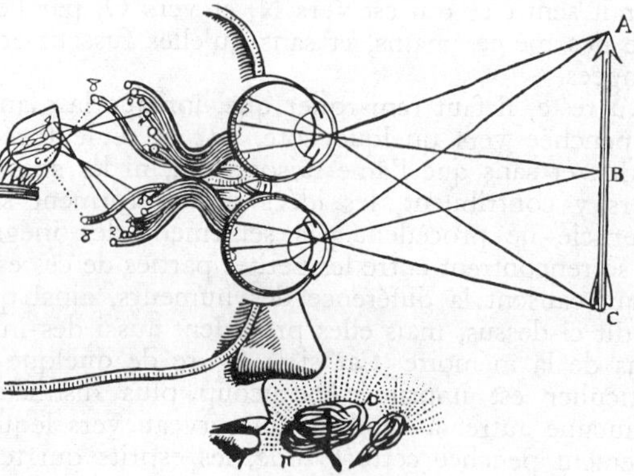

FIG. 35

aussitôt à couler vers eux, plus librement et plus vite qu'ils ne faisaient, attirent après soi quelque peu cette glande, et font qu'elle se penche, si elle n'en eſt d'ailleurs empêchée; et changeant la disposition de ses pores, elle commence à conduire beaucoup plus grande quantité d'esprits par *a, b, c,* vers 2, 4, 6 qu'elle ne faisait auparavant : ce qui rend l'idée que forment ces esprits d'autant plus parfaite. Et c'eſt en quoi consiſte le premier effet, que je désire que vous remarquiez.

Le second consiſte en ce que, pendant que cette glande eſt retenue ainsi penchée vers quelque côté, cela l'empêche de pouvoir si aisément recevoir les idées des objets qui agissent contre les organes des autres sens. Comme ici, par exemple, pendant que presque tous les esprits que produit la glande H, sortent des points *a, b, c,* il n'en sort pas assez du point *d,* pour y former l'idée de l'objet D, dont je suppose que l'action n'eſt ni si vive, ni si forte, que celle d'ABC. D'où vous voyez comment les idées s'empêchent l'une l'autre, et d'où vient qu'on ne peut être fort attentif à plusieurs choses en même temps.

Il faut aussi remarquer, que les organes des sens, lorsqu'ils commencent à être touchés par quelque objet plus fort que par les autres, n'étant pas encore autant disposés à en recevoir l'action qu'ils pourraient être, la présence de cet objet est suffisante pour achever de les y disposer entièrement. Comme, si l'œil, par exemple, est disposé à regarder vers un lieu fort éloigné, lorsque l'objet ABC, qui est fort proche, commence à se présenter devant lui, je dis que l'action de cet objet pourra faire qu'il se disposera tout aussitôt à le regarder fixement.

Et afin que ceci vous soit plus aisé à entendre, considérez, premièrement, la différence qui est entre l'œil, disposé à regarder un objet éloigné, comme il est en la 50e figure *(Fig. 29)*, et le même œil, disposé à en regarder un plus proche, comme il est en cette 51e : qui consiste, non seulement en ce que l'humeur cristalline est un peu plus voûtée, et les autres parties de l'œil à proportion autrement disposées en cette dernière figure qu'en la précédente, mais aussi en ce que les petits tuyaux 2, 4, 6, y sont inclinés vers un point plus proche, et que la glande H y est un peu plus avancée vers eux, et que l'endroit de sa superficie *a, b, c,* y est à proportion un peu plus voûté ou courbé : en sorte qu'en l'une et en l'autre figure, c'est toujours du point *a,* que sortent les esprits qui tendent vers le tuyau 2; du point *b,* que sortent ceux qui tendent vers le tuyau 4; et du point *c,* que sortent ceux qui tendent vers le tuyau 6.

Considérez aussi que les seuls mouvements de la glande H, sont suffisants pour changer la situation de ces tuyaux, et ensuite toute la disposition du corps de l'œil; ainsi qu'il a tantôt été dit, en général, qu'ils peuvent faire mouvoir tous les membres.

Considérez, après cela, que ces tuyaux 2, 4, 6 *(Fig. 36)*, peuvent être d'autant plus ouverts par l'action de l'objet ABC, que l'œil est plus disposé à le regarder. Car si les rayons qui tombent sur le point 3 par exemple, viennent tous du point B, comme ils font lorsque l'œil regarde fixement vers là, il est évident que leurs actions doivent tirer plus fort le petit filet 3, 4, que s'ils venaient, partie du point A, partie de B, et partie de C, comme ils font sitôt que l'œil est un peu autrement disposé; à cause que pour lors leurs actions, n'étant pas si semblables, ni si unies, ne peuvent être du tout si fortes, et s'empêchent même souvent l'une l'autre. Ce qui n'a lieu néanmoins que touchant les objets dont les linéaments ne sont ni

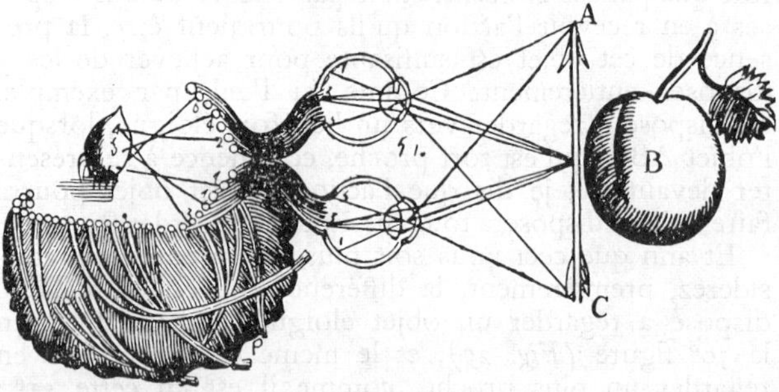

FIG. 36

trop semblables ni trop confus; comme aussi n'y a-t-il que ceux-là, dont l'œil puisse bien distinguer la distance, et discerner les parties, ainsi que j'ai remarqué en la Dioptrique.

De plus, considérez que la glande H peut beaucoup plus facilement être mue, vers le côté vers lequel en se penchant elle disposera l'œil à recevoir plus distinctement qu'il ne fait l'action de l'objet qui agit le plus fort de tous contre lui, que vers ceux où elle pourrait faire le contraire. Comme, par exemple, en cette 50e figure *(Fig. 29)*, où l'œil est disposé à regarder un objet éloigné, il faut bien moins de force pour l'inciter à se pencher un peu plus en avant qu'elle n'est, que pour faire qu'elle se retire plus en arrière : parce qu'en se retirant elle rendrait l'œil encore moins disposé qu'il n'est pas, à recevoir l'action de l'objet ABC, que l'on suppose être proche, et agir le plus fort de tous contre lui. Et ainsi elle serait cause que les petits tuyaux 2, 4, 6, seraient aussi moins ouverts par cette action, et que les esprits qui sortent des points *a, b, c,* couleraient aussi moins librement vers ces tuyaux; au lieu qu'en s'avançant, elle ferait, tout au contraire, que l'œil se disposant mieux à recevoir cette action, les petits tuyaux 2, 4, 6, s'ouvriraient davantage, et ensuite, que les esprits qui sortent des points *a, b, c,* couleraient vers eux plus librement : en sorte même que, sitôt que la glande aurait le moins du monde commencé ainsi à se mouvoir, le cours de ces esprits l'emporterait tout aussitôt, et ne lui permettrait pas de s'arrêter, jusqu'à ce qu'elle fût tout à fait disposée en la façon que vous la voyez en la 51e figure, et que l'œil regardât fixement vers cet objet proche ABC.

Si bien qu'il ne reste plus qu'à vous dire la cause qui peut commencer ainsi à la mouvoir : laquelle n'est autre, ordinairement, que la force de l'objet même, qui, agissant contre l'organe de quelque sens, augmente l'ouverture de quelques-uns des petits tuyaux qui sont en la superficie intérieure du cerveau, vers lesquels les esprits commençant aussitôt à prendre leur cours, attirent avec soi cette glande, et la font incliner vers ce côté-là. Mais en cas que ces tuyaux fussent déjà d'ailleurs autant ou plus ouverts que cet objet ne les ouvre, il faut penser que les petites parties des esprits qui coulent au travers de ses pores, étant inégales, la poussent tantôt deçà tantôt delà, fort promptement, et en moins d'un clin d'œil, de tous côtés, sans la laisser jamais en repos un seul moment; et que, s'il se rencontre d'abord qu'elles la poussent vers un côté, vers lequel il ne lui soit pas aisé de s'incliner, leur action, qui n'est pas de soi grandement forte, ne peut presque avoir aucun effet; mais, au contraire, sitôt qu'elles la poussent le moins du monde vers le côté vers lequel elle est déjà toute portée, elle ne manquera pas de s'incliner vers là aussitôt, et ensuite, de disposer l'organe du sens à recevoir l'action de son objet, le plus parfaitement qu'il est possible, ainsi que je viens d'expliquer.

Achevons maintenant de conduire les esprits jusques aux nerfs, et voyons les mouvements qui en dépendent. Si les petits tuyaux de la superficie intérieure du cerveau ne sont point du tout plus ouverts, ni d'autre façon, les uns que les autres, et par conséquent que ces esprits n'aient en eux l'impression d'aucune idée particulière : ils se répandent indifféremment de tous côtés, et passent des pores qui sont vers B *(Fig. 27)*, en ceux qui sont vers C, d'où les plus subtiles de leurs parties s'écouleront tout à fait hors du cerveau, par les pores de la petite peau qui l'enveloppe; puis le surplus, prenant son cours vers D, s'ira rendre dans les nerfs et dans les muscles, sans y causer aucun effet particulier, parce qu'il se distribuera en tous également.

Mais s'il y a quelques-uns des tuyaux qui soient plus ou moins ouverts, ou seulement ouverts de quelque autre façon que leurs voisins, par action des objets qui meuvent les sens : les petits filets qui composent la substance du cerveau, étant ensuite un peu plus tendus ou plus lâches les uns que les autres, conduiront les esprits vers certains endroits de sa base, et de là vers certains nerfs, avec plus ou moins de force que vers les autres. Ce qui suffira pour causer divers mouvements dans les muscles, suivant ce qui a été ci-dessus amplement expliqué.

Or, d'autant que je veux vous faire concevoir ces mouvements semblables à ceux auxquels nous sommes naturellement incités par les diverses actions des objets qui meuvent nos sens, je désire ici que vous considériez six diverses sortes de circonstances dont ils peuvent dépendre. La première est le lieu d'où procède l'action qui ouvre quelques-uns des petits tuyaux par où entrent premièrement les esprits. La seconde consiste en la force et en toutes les autres qualités de cette action. La troisième, en la disposition des petits filets qui composent la substance du cerveau. La quatrième, en l'inégale force que peuvent avoir les petites parties des esprits. La cinquième, en la diverse situation des membres extérieurs. Et la sixième, en la rencontre de plusieurs actions qui meuvent les sens en même temps.

Pour le lieu d'où procède l'action, vous savez déjà que, si l'objet ABC *(Fig. 36)*, par exemple, agissait contre un autre sens, que contre celui de la vue, il ouvrirait d'autres tuyaux, en la superficie intérieure du cerveau, que ceux qui sont marqués 2, 4, 6. Et que, s'il était plus près ou plus loin, ou autrement situé au respect de l'œil qu'il n'est pas, il pourrait bien à la vérité ouvrir ces mêmes tuyaux, mais qu'il faudrait qu'ils fussent autrement situés qu'ils ne sont, et par conséquent qu'ils pussent recevoir des esprits d'autres points de la glande que de ceux qui sont marqués *a, b, c*, et les conduire vers d'autres endroits que vers ABC, où ils les conduisent maintenant, et ainsi des autres.

Pour les diverses qualités de l'action qui ouvre ces tuyaux, vous savez aussi que, selon qu'elles sont différentes, elle les ouvre diversement; et il faut penser que cela seul est suffisant, pour changer le cours des esprits dans le cerveau. Comme, par exemple, si l'objet ABC est rouge, c'est-à-dire, s'il agit contre l'œil 1, 3, 5, en la façon que j'ai dit ci-dessus être requise pour faire sentir la couleur rouge, et qu'avec cela il ait la figure d'une pomme, ou autre fruit : il faut penser qu'il ouvrira les tuyaux 2, 4, 6, d'une certaine façon particulière, qui sera cause que les parties du cerveau qui sont vers N, se presseront l'une contre l'autre, un peu plus que de coutume; en sorte que les esprits qui entreront par ces tuyaux 2, 4, 6, prendront leur cours de N par *o* vers *p*. Et que, si cet objet ABC était d'une autre couleur, ou d'une autre figure, ce ne serait pas justement les petits filets qui sont vers N et vers *o*, qui détourneraient les esprits qui entrent par 2, 4, 6, mais quelques autres de leurs voisins.

Et si la chaleur du feu A *(Fig. 37)*, qui est proche de

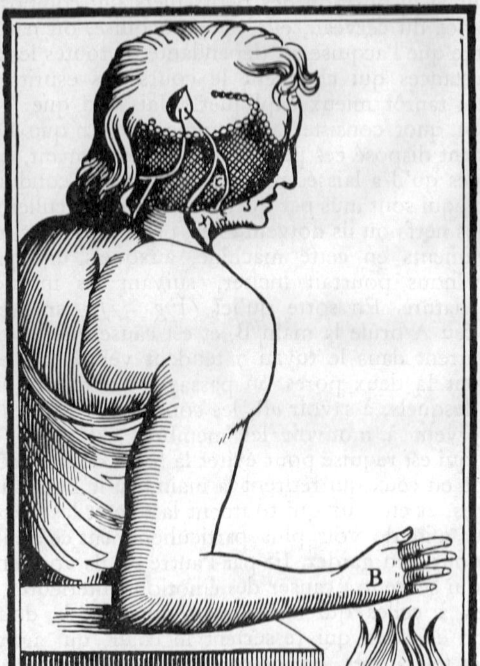

FIG. 37

la main B, n'était que médiocre, il faudrait penser que la façon dont elle ouvrirait les tuyaux 7, serait cause que les parties du cerveau qui sont vers N, se presseraient, et que celles qui sont vers *o,* s'élargiraient un peu plus que de coutume; et ainsi, que les esprits qui viennent du tuyau 7, iraient de N par *o* vers *p.* Mais supposant que ce feu brûle la main, il faut penser que son action ouvre tant ces tuyaux 7, que les esprits qui entrent dedans, ont la force de passer plus loin en ligne droite, que jusques à N : à savoir jusques à *o* et à R, où poussant devant eux les parties du cerveau qui se trouvent en leur chemin, ils les pressent en telle sorte, qu'ils sont repoussés et détournés par elles vers S, et ainsi des autres.

Pour la disposition des petits filets qui composent la substance du cerveau, elle est ou acquise, ou naturelle; et parce que l'acquise est dépendante de toutes les autres circonstances qui changent le cours des esprits, je la pourrai tantôt mieux expliquer. Mais afin que je vous dise en quoi consiste la naturelle, sachez que Dieu a tellement disposé ces petits filets en les formant, que les passages qu'il a laissés parmi eux, peuvent conduire les esprits, qui sont mus par quelque action particulière, vers tous les nerfs où ils doivent aller, pour causer les mêmes mouvements en cette machine, auxquels une pareille action nous pourrait inciter, suivant les instincts de notre nature. En sorte qu'ici *(Fig. 37),* par exemple, où le feu A brûle la main B, et est cause que les esprits qui entrent dans le tuyau 7 tendent vers *o,* ces esprits trouvent là deux pores ou passages principaux *o*R, *os.* L'un desquels, à savoir *o*R, les conduit en tous les nerfs qui servent à mouvoir les membres extérieurs, en la façon qui est requise pour éviter la force de cette action : comme en ceux qui retirent la main, ou le bras, ou tout le corps, et en ceux qui tournent la tête et les yeux vers ce feu, afin de voir plus particulièrement ce qu'il faut faire pour s'en garder. Et par l'autre *os,* ils vont en tous ceux qui servent à causer des émotions intérieures, semblables à celles qui suivent en nous de la douleur : comme en ceux qui resserrent le cœur, qui agitent le foie, et tels autres. Et même aussi en ceux qui peuvent causer les mouvements extérieurs qui la témoignent : comme en ceux qui excitent les larmes, qui rident le front et les joues, et qui disposent la voix à crier. Au lieu que, si la main B, étant fort froide, le feu A la réchauffait modérément et sans la brûler, il serait cause que les mêmes esprits, qui entrent par le tuyau 7, iraient se rendre non plus vers O et vers R, mais vers *o* et vers *p*, où ils trouveraient derechef des pores, disposés à les conduire en tous les nerfs qui peuvent servir aux mouvements convenables à cette action.

Et remarquez que j'ai particulièrement distingué les deux pores *o*R et *os*, pour vous avertir qu'il y a presque toujours deux sortes de mouvements qui procèdent de chaque action : savoir les extérieurs, qui servent à poursuivre les choses désirables, ou à éviter les nuisibles; et les intérieurs, qu'on nomme communément les *passions*, qui servent à disposer le cœur et le foie, et tous les autres organes desquels le tempérament du sang et ensuite celui des esprits peut dépendre, en telle sorte que les esprits qui naissent pour lors, se trouvent propres à causer les mouvements extérieurs qui doivent suivre. Car, supposant que les diverses qualités de ces esprits sont l'une des circonstances qui servent à changer leur cours, ainsi que j'expliquerai tout maintenant, on peut bien penser que si, par exemple, il est question d'éviter quelque mal par la force, et en le surmontant ou le chassant, à quoi incline la passion de la *colère*, les esprits doivent être plus inégalement agités et plus forts que de coutume; et au contraire que, s'il faut l'éviter, en se cachant, ou le supporter avec patience, à quoi incline la passion de la *peur*, ils doivent être moins abondants et moins forts. Et pour cet effet le cœur se doit resserrer pour lors, comme pour les épargner et réserver pour le besoin. Et vous pouvez juger des autres passions à proportion.

Quant aux autres mouvements extérieurs, qui ne servent point à éviter le mal ou à suivre le bien, mais seulement à témoigner les passions, comme ceux en quoi consiste le rire ou le pleurer, ils ne se font que par occasion, et parce que les nerfs par où doivent entrer les esprits pour les causer, ont leur origine toute proche de ceux par où ils entrent pour causer les passions, ainsi que l'anatomie vous peut apprendre.

Mais je ne vous ai pas encore fait voir, comment les diverses qualités des esprits peuvent avoir la force de changer la détermination de leur cours; ce qui arrive principalement lorsque d'ailleurs ils ne sont que fort peu ou point du tout déterminés. Comme, si les nerfs de l'estomac sont agités en la façon que j'ai dit ci-dessus qu'ils doivent être, pour causer le sentiment de la faim, et que cependant il ne se présente rien à aucun sens, ni à la mémoire, qui paraisse propre à être mangé : les esprits que cette action fera entrer par les tuyaux 8 dans le cerveau, s'iront rendre en un endroit, où ils trouveront plusieurs pores disposés à les conduire indifféremment en tous les nerfs qui peuvent servir à la recherche ou à la poursuite de quelque objet; en sorte qu'il n'y aura que la seule inégalité de leurs parties, qui puisse être cause qu'ils prennent leur cours plutôt par les uns que par les autres.

Et s'il arrive que les plus fortes de ces parties soient maintenant celles qui tendent à couler vers certains nerfs, puis incontinent après, que ce soient celles qui tendent vers leurs contraires, cela fera imiter à cette machine les mouvements qui se voient en nous, lorsque nous hésitons, et sommes en doute de quelque chose.

Tout de même, si l'action du feu A est moyenne entre celles qui peuvent conduire les esprits vers R, et vers P, c'est-à-dire entre celles qui causent la douleur et le plaisir, il est aisé à entendre que les seules inégalités qui sont en eux, doivent suffire pour les déterminer à l'un ou à l'autre : ainsi que souvent une même action, qui nous est agréable lorsque nous sommes en bonne humeur, nous peut déplaire lorsque nous sommes tristes et chagrins. Et vous pouvez tirer de ceci la raison de tout ce que j'ai dit ci-dessus, touchant les humeurs ou inclinations tant naturelles qu'acquises, qui dépendent de la différence des esprits.

Pour la diverse situation des membres extérieurs, il faut seulement penser qu'elle change les pores qui portent immédiatement ces esprits dans les nerfs : en sorte que, par exemple, si lorsque le feu A brûle la main B, la tête était tournée vers le côté gauche, au lieu qu'elle l'est maintenant vers le droit, les esprits iraient tout de même qu'ils font de 7 vers N, puis vers *o*, et de là vers R et vers *s*; mais que de R, au lieu d'aller vers *x*, par où je suppose qu'ils doivent passer pour redresser la tête qui est tournée vers la main droite, ils iraient vers *z*, par où je suppose qu'ils devraient entrer pour la redresser, si elle était tournée vers la gauche;

d'autant que la situation de cette tête, qui eſt maintenant cause que les petits filets de la subſtance du cerveau qui sont vers *x*, sont beaucoup plus lâches et aisés à écarter l'un de l'autre que ceux qui sont vers *z*, étant changée, ferait, tout au contraire, que ceux qui sont vers *z* seraient fort lâches, et ceux qui sont vers *x*, fort tendus et resserrés.

Ainsi, pour entendre comment une seule action, sans se changer, peut mouvoir maintenant un pied de cette machine, maintenant l'autre, selon qu'il eſt requis pour faire qu'elle marche : il suffit de penser que les esprits passent par un seul pore, dont l'extrémité eſt autrement disposée et les conduit en d'autres nerfs, quand c'eſt le pied gauche qui eſt le plus avancé, que quand c'eſt le droit. Et on peut rapporter ici tout ce que j'ai dit ci-dessus de la respiration, et de tels autres mouvements, qui ne dépendent ordinairement d'aucune idée; je dis ordinairement, car ils en peuvent quelquefois aussi dépendre.

Maintenant que je pense avoir suffisamment expliqué toutes les fonctions de la veille, il ne me reſte que fort peu de choses à vous dire touchant le *sommeil;* car, premièrement, il ne faut que jeter les yeux sur cette figure *(Fig. 38)*, et voir comment les petits filets D, D,

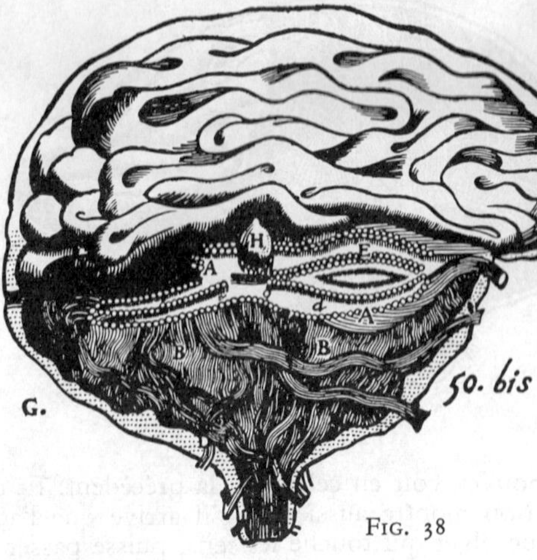

FIG. 38

qui se vont rendre dans les nerfs, y sont lâches et pressés, pour entendre comment, lorsque cette machine représente le corps d'un homme qui dort, les actions des objets extérieurs sont pour la plupart empêchées de passer jusqu'à son cerveau, pour y être senties; et les esprits qui sont dans le cerveau, empêchés de passer jusques aux membres extérieurs, pour les mouvoir : qui sont les deux principaux effets du sommeil.

Pour ce qui est des *songes,* ils dépendent en partie de l'inégale force que peuvent avoir les esprits qui sortent de la glande H, et en partie des impressions qui se rencontrent dans la mémoire : en sorte qu'ils ne diffèrent en rien de ces idées que j'ai dit ci-dessus se former quelquefois dans l'imagination de ceux qui rêvent étant éveillés, si ce n'est en ce que les images qui se forment pendant le sommeil, peuvent être beaucoup plus distinctes et plus vives, que celles qui se forment pendant la veille. Dont la raison est, qu'une même force peut ouvrir davantage les petits tuyaux, comme 2, 4, 6, et les pores, comme *a, b, c,* qui servent à former ces images, lorsque les parties du cerveau qui les environnent sont lâches et détendues, ainsi que vous le voyez en cette figure *(Fig. 39),* que lorsqu'elles sont toutes tendues, ainsi que

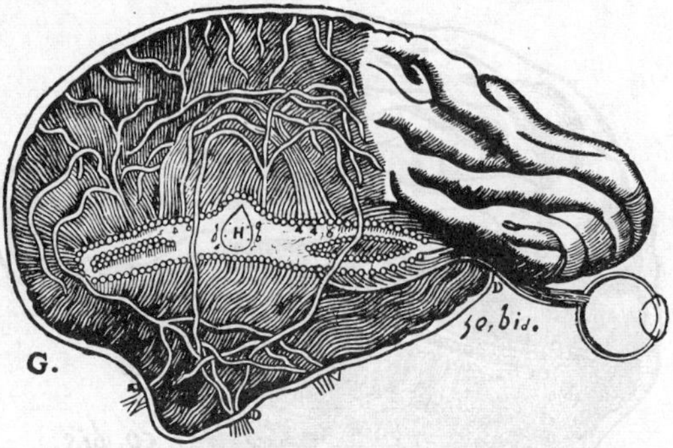

FIG. 39

vous le pouvez voir en celles qui la précèdent. Et cette même raison montre aussi que, s'il arrive que l'action de quelque objet qui touche les sens, puisse passer jusqu'au cerveau pendant le sommeil, elle n'y formera pas la même idée qu'elle ferait pendant la veille, mais quelque autre plus remarquable et plus sensible : comme quelquefois, quand nous dormons, si nous sommes piqués par une mouche, nous songeons qu'on nous donne un coup d'épée; si nous ne sommes pas du tout assez couverts, nous nous imaginons être tout nus; et si nous le sommes quelque peu trop, nous pensons être accablés d'une montagne.

Au reste, pendant le sommeil, la substance du cerveau qui est en repos, a le loisir de se nourrir et de se refaire, étant humectée par le sang que contiennent les petites veines ou artères qui paraissent en sa superficie extérieure. En sorte qu'après quelque temps, ses pores étant devenus plus étroits, les esprits n'ont pas besoin d'avoir tant de force qu'auparavant, pour la pouvoir soutenir toute tendue : non plus que le vent n'a pas besoin d'être si fort, pour enfler les voiles d'un navire, quand elles sont mouillées, que quand elles sont sèches. Et cependant ces esprits se trouvent être plus forts, d'autant que le sang qui les produit, s'est purifié, en passant et repassant plusieurs fois dans le cœur, ainsi qu'il a été ci-dessus remarqué. D'où il suit que cette machine se doit naturellement réveiller de soi-même, après qu'elle a dormi assez longtemps. Comme, réciproquement, elle doit aussi se rendormir, après avoir assez longtemps veillé; à cause que, pendant la veille, la substance de son cerveau est desséchée, et ses pores sont élargis peu à peu, par la continuelle action des esprits; et que cependant, venant à manger (ainsi qu'elle fait infailliblement de temps en temps, si elle peut trouver de quoi, parce que la faim l'y excite) le suc des viandes qui se mêle avec son sang le rend plus grossier, et fait par conséquent qu'il produit moins d'esprits.

Je ne m'arrêterai pas à vous dire, comment le bruit et la douleur, et les autres actions qui meuvent avec beaucoup de force les parties intérieures de son cerveau, par l'entremise des organes de ses sens; et comment la joie et la colère, et les autres passions qui agitent beaucoup ses esprits; et comment la sécheresse de l'air, qui rend son sang plus subtil, et choses semblables, la peuvent empêcher de dormir. Ni comment, au contraire, le silence, la tristesse, l'humidité de l'air, et choses semblables, l'y invitent. Ni comment une grande perte de sang, le trop jeûner, le trop boire, et autres tels excès, qui ont en soi quelque chose qui augmente, et quelque chose qui diminue la force de ses esprits, peuvent, selon ses divers tempéraments, la faire ou trop veiller, ou trop dormir. Ni comment par l'excès de la veille son cerveau se peut affaiblir, et par l'excès du sommeil s'appesantir, et ainsi devenir semblable à celui d'un homme insensé, ou d'un stupide; ni une infinité d'autres telles choses : d'autant qu'elles me semblent pouvoir toutes assez facilement être déduites de celles que j'ai ici expliquées.

Or, avant que je passe à la description de l'âme raisonnable, je désire encore que vous fassiez un peu de réflexion, sur tout ce que je viens de dire de cette machine; et que vous considériez, premièrement, que je n'ai supposé en elle aucuns organes, ni aucuns ressorts, qui ne soient tels, qu'on se peut très aisément persuader qu'il y en a de tout semblables, tant en nous, que même aussi en plusieurs animaux sans raison. Car pour ceux qui peuvent être clairement aperçus de la vue, les anatomistes les y ont déjà tous remarqués; et quant à ce que j'ai dit de la façon que les artères apportent les esprits au-dedans de la tête, et de la différence qui est entre la superficie intérieure du cerveau et le milieu de sa substance, ils en pourront aussi voir à l'œil assez d'indices pour n'en pouvoir douter, s'ils y regardent un peu de près. Ils ne pourront non plus douter de ces petites portes, ou valvules, que j'ai mises dans les nerfs aux entrées de chaque muscle, s'ils prennent garde que la nature en a formé généralement en tous les endroits de nos corps, par où il entre d'ordinaire quelque matière qui peut tendre à en ressortir : comme aux entrées du cœur, du fiel, de la gorge, des plus larges boyaux, et aux principales divisions de toutes les veines. Ils ne sauraient aussi rien imaginer de plus vraisemblable, touchant le cerveau, que de dire qu'il est composé de plusieurs petits filets diversement entrelacés, vu que toutes les peaux et toutes les chairs paraissent ainsi composées de plusieurs fibres ou filets, et qu'on remarque le même en toutes les plantes : en sorte que c'est une propriété, qui semble commune à tous les corps qui peuvent croître et se nourrir par l'union et la jonction des petites parties des autres corps. Enfin, pour le reste des choses que j'ai supposées, et qui ne peuvent être aperçues par aucun sens, elles sont toutes si simples et si communes, et même en si petit nombre, que si vous les comparez avec la diverse composition, et le merveilleux artifice, qui paraît en la structure des organes qui sont visibles, vous aurez bien plus de sujet de penser, que j'en ai omis plusieurs qui sont en nous, que non pas que j'en aie supposé aucune qui n'y soit point. Et sachant que la Nature agit toujours par les moyens qui sont les plus faciles de tous et les plus simples, vous ne jugerez peut-être pas qu'il soit possible d'en trouver de plus semblables à ceux dont elle se sert, que ceux qui sont ici proposés.

Je désire que vous considériez, après cela, que toutes les fonctions que j'ai attribuées à cette machine, comme la digestion des viandes, le battement du cœur et des artères, la nourriture et la croissance des membres, la respiration, la veille et le sommeil; la réception de la lumière, des sons, des odeurs, des goûts, de la chaleur, et de telles autres qualités, dans les organes des sens extérieurs; l'impression de leurs idées dans l'organe du sens commun et de l'imagination, la rétention ou l'empreinte de ces idées dans la mémoire; les mouvements intérieurs des appétits et des passions; et enfin les mouvements extérieurs de tous les membres, qui suivent si à propos, tant des actions des objets qui se présentent aux sens, que des passions, et des impressions qui se rencontrent dans la mémoire, qu'ils imitent le plus parfaitement qu'il est possible ceux d'un vrai homme : je désire, dis-je, que vous considériez que ces fonctions suivent toutes naturellement, en cette machine, de la seule disposition de ses organes, ne plus ne moins que font les mouvements d'une horloge, ou autre automate, de celle de ses contrepoids et de ses roues; en sorte qu'il ne faut point à leur occasion concevoir en elle aucune autre âme végétative, ni sensitive, ni aucun autre principe de mouvement et de vie, que son sang et ses esprits, agités par la chaleur du feu qui brûle continuellement dans son cœur, et qui n'est point d'autre nature que tous les feux qui sont dans les corps inanimés.

LA
RECHERCHE DE LA VÉRITÉ
PAR
LA LUMIÈRE NATURELLE

Ce dialogue, inachevé, faisait partie des papiers qui furent retrouvés à Stockholm après la mort de Descartes. Nous savons qu'il était écrit en français, mais le texte original a disparu. Toutefois une traduction latine fut publiée à Amsterdam en 1701, dans les *Opuscula posthuma*.

Comme Leibniz disait avoir en sa possession le manuscrit du texte original français, on pouvait espérer le trouver à la Bibliothèque de Hanovre. Tout ce qu'on put découvrir, après de longues recherches, ce fut, voici trente ans, une copie de Tschirnhaus qui contient à peu près la première moitié du dialogue. Nous la reproduisons ici; pour le reste, nous avons traduit le texte latin de 1701.

On ne peut pas dire avec certitude de quelle année est cet ouvrage. D'après Baillet, Descartes l'aurait écrit vers la fin de sa vie, « M. Descartes ayant goûté l'art du dialogue principalement dans les dernières années ». Pour M. Adam, la composition remonterait plutôt à l'année 1641 et aurait eu pour occasion une visite que l'abbé Picot et Desbarreaux firent à Descartes, alors dans sa résidence hollandaise d'Endegeest. Sous des noms de fantaisie, les trois amis seraient devenus les trois « entreparleurs » du dialogue : Epistemon, Poliandre et Eudoxe. Epistemon, c'est-à-dire l'abbé Picot, l'homme qui sait tout ce qu'on peut apprendre dans les écoles et qui est resté fidèle à la doctrine aristotélicienne; Poliandre, c'est-à-dire Desbarreaux, le joyeux compagnon, qui n'a jamais rien appris dans les livres, mais qui, en revanche, a beaucoup roulé par le monde; Eudoxe, enfin, c'est-à-dire Descartes lui-même, l'homme dont le jugement n'est perverti par aucune fausse croyance, et qui possède la raison dans toute la pureté de nature.

LA RECHERCHE DE LA VÉRITÉ PAR LA LUMIÈRE NATURELLE

QUI TOUTE PURE, ET SANS EMPRUNTER LE SECOURS DE LA RELIGION NI DE LA PHILOSOPHIE, DÉTERMINE LES OPINIONS QUE DOIT AVOIR UN HONNÊTE HOMME, TOUCHANT TOUTES LES CHOSES QUI PEUVENT OCCUPER SA PENSÉE, ET PÉNÈTRE JUSQUE DANS LES SECRETS DES PLUS CURIEUSES SCIENCES.

Un honnête homme n'est pas obligé d'avoir vu tous les livres, ni d'avoir appris soigneusement tout ce qui s'enseigne dans les écoles; et même ce serait une espèce de défaut en son éducation, s'il avait trop employé de temps en l'exercice des lettres. Il a beaucoup d'autres choses à faire pendant sa vie, le cours de laquelle doit être si bien mesuré, qu'il lui en reste la meilleure partie pour pratiquer les bonnes actions, qui lui devraient être enseignées par sa propre raison, s'il n'apprenait rien que d'elle seule. Mais il est entré ignorant dans le monde, et la connaissance de son premier âge n'étant appuyée que sur la faiblesse des sens et sur l'autorité des précepteurs, il est presque impossible, que son imagination ne se trouve remplie d'une infinité de fausses pensées, avant que cette raison en puisse entreprendre la conduite : de sorte qu'il a besoin par après d'un très grand naturel, ou bien des instructions de quelque sage, tant pour se défaire des mauvaises doctrines dont il est préoccupé, que pour jeter les premiers fondements d'une science solide, et découvrir toutes les voies par où il puisse élever sa connaissance jusques au plus haut degré qu'elle puisse atteindre.

Lesquelles choses je me suis proposé d'enseigner en cet ouvrage, et de mettre en évidence les véritables richesses de nos âmes, ouvrant à un chacun les moyens de trouver en soi-même, et sans rien emprunter d'autrui, toute la science qui lui est nécessaire à la conduite de sa vie, et d'acquérir par après par son étude toutes les plus curieuses connaissances, que la raison des hommes est capable de posséder.

Mais, de peur que la grandeur de mon dessein ne remplisse d'abord vos esprits de tant d'étonnement, que la créance n'y puisse trouver place, je vous veux avertir que ce que j'entreprends n'est pas si malaisé qu'on se pourrait imaginer : car les connaissances qui ne surpassent point la portée de l'esprit humain, sont toutes enchaînées avec une liaison si merveilleuse, et se peuvent tirer les unes des autres par des conséquences si nécessaires, qu'il ne faut point avoir beaucoup d'adresse et de capacité pour les trouver, pourvu qu'ayant commencé par les plus simples, on sache se conduire de degré en degré jusques aux plus relevées. Ce que je tâcherai de vous faire voir ici par une suite de raisons si claires et si communes, que chacun jugera que ce n'était que faute de jeter plus tôt les yeux du bon côté, et d'arrêter sa pensée sur les mêmes considérations que j'ai fait, s'il ne remarquait pas les mêmes choses; et que je ne mérite point plus de gloire de les avoir trouvées, que ferait un passant d'avoir rencontré par bonheur à ses pieds quelque riche trésor, que la diligence de plusieurs aurait inutilement cherché longtemps auparavant.

Et certes je m'étonne qu'entre tant de rares esprits, qui s'en fussent acquittés beaucoup mieux que moi, il ne se soit trouvé personne, qui se soit voulu donner la patience de les démêler, et qu'ils aient presque tous imité ces voyageurs, lesquels, ayant laissé le grand chemin pour prendre la traverse, demeurent égarés entre des épines et des précipices.

Mais je ne veux point examiner ce que les autres ont su ou ignoré; il me suffit de remarquer que, quand bien même toute la science qui se peut désirer, serait comprise dans les livres, si est-ce que ce qu'ils ont de bon est mêlé parmi tant de choses inutiles, et semé confusément dans un tas de si gros volumes, qu'il faudrait plus de temps pour les lire, que nous n'en avons pour demeurer en cette vie, et plus d'esprit pour choisir les choses utiles, que pour les inventer de soi-même.

Ce qui me fait espérer que vous serez bien aise de trouver ici un chemin plus facile, et que les vérités que je dirai ne laisseront pas d'être bien reçues, encore que je ne les emprunte point d'Aristote, ni de Platon; mais qu'elles auront cours dans le monde ainsi que la monnaie, laquelle n'est pas de moindre valeur, quand elle sort de la bourse d'un paysan, que lorsqu'elle vient de l'épargne. Aussi me suis-je efforcé de les rendre également utiles à tous les hommes; et pour cet effet, je n'ai point trouvé de style plus commode, que celui de ces conversations honnêtes, où chacun découvre familièrement à ses amis ce qu'il a de meilleur en sa pensée, et sous les noms d'Eudoxe, de Poliandre et Epistemon, je suppose qu'un homme de médiocre esprit, mais duquel le jugement n'est perverti par aucune fausse créance, et qui possède toute la raison selon la pureté de sa nature, est visité, en une maison de campagne où il demeure, par deux des plus rares esprits et des plus curieux de ce siècle, l'un desquels n'a jamais étudié, et l'autre, au contraire, sait exactement tout ce qui se peut apprendre dans les écoles; et que là, parmi d'autres discours, que je vous laisse à imaginer, aussi bien que la constitution du lieu et toutes les particularités qui s'y trouvent, desquelles je leur ferai souvent emprunter des exemples pour rendre leurs conceptions plus faciles, ils proposent ainsi l'argument de ce qu'ils doivent dire par après, jusques à la fin de ces deux livres.

POLIANDRE, EPISTEMON, EUDOXE

Poliandre. — Je vous estime si heureux, de voir toutes ces belles choses dans les livres grecs et latins, qu'il me semble que, si j'avais autant étudié comme vous, je serais aussi différent de ce que je suis, que les anges le sont de ce que vous êtes; et je ne saurais excuser l'erreur de mes parents, lesquels, s'étant persuadés que l'exercice des lettres rendait les courages plus lâches, m'ont envoyé si jeune à la Cour et dans les armées, que le regret d'être ignorant me demeurera toute ma vie, si je n'apprends quelque chose en votre conversation.

EPISTEMON. — Tout ce qu'on vous peut enseigner de meilleur sur ce sujet, c'est que le désir de savoir, qui est commun à tous les hommes, est une maladie qui ne se peut guérir, car la curiosité s'accroît avec la doctrine; et parce que les défauts qui sont en l'âme, ne nous affligent qu'autant que nous en avons la connaissance, vous avez quelque avantage plus que nous, en ce que vous ne voyez pas qu'il vous manque tant de choses, comme nous faisons.

EUDOXE. — Est-il possible, Epistemon, qu'étant savant comme vous êtes, vous vous puissiez persuader, qu'il y ait une maladie si universelle en la nature, sans qu'il y ait aussi quelque remède pour la guérir? Quant à moi, il me semble que, comme il y a en chaque terre assez de fruits et de ruisseaux pour apaiser la faim et la soif de tout le monde, il y a de même assez de vérités qui se peuvent connaître en chaque matière, pour satisfaire pleinement à la curiosité des âmes réglées, et que le corps des hydropiques n'est pas plus éloigné de son juste tempérament, que l'esprit de ceux-là qui sont perpétuellement travaillés d'une curiosité insatiable.

EPISTEMON. — J'ai bien appris autrefois que notre désir ne se peut étendre naturellement jusques aux choses qui nous paraissent être impossibles, et qu'il ne le doit pas jusques à celles qui sont vicieuses ou inutiles; mais il y a tant de choses à savoir, qui nous semblent possibles, et qui sont non seulement honnêtes et agréables, mais encore très nécessaires pour la conduite de nos actions, que je ne saurais croire que jamais personne en sache tant, qu'il ne lui reste toujours de très justes raisons pour en désirer davantage.

EUDOXE. — Que direz-vous donc de moi, si je vous assure que je n'ai plus de passion pour apprendre aucune chose, et que je suis aussi content du peu de connaissance que j'ai, comme jamais Diogène le fut de son tonneau, sans que toutefois j'aie besoin de sa philosophie. Car la science de mes voisins ne borne pas la mienne, ainsi comme leurs terres font ici tout autour le peu que je possède, et mon esprit, disposant à son gré de toutes les vérités qu'il rencontre, ne songe point qu'il y en ait d'autres à découvrir; mais il jouit du même repos que ferait le roi de quelque pays à part et tellement séparé de tous les autres, qu'il se serait imaginé qu'au-delà de ses terres il n'y aurait plus rien, que des déserts infertiles et des montagnes inhabitables.

Epistemon. — J'estimerais tout autre que vous, qui m'en dirait autant, être bien vain ou bien peu curieux; mais la retraite que vous avez choisie en ce lieu si solitaire, et le peu de soin que vous avez d'être connu, vous met à couvert de la vanité; et le temps que vous avez autrefois employé à voyager, à fréquenter les savants, et à examiner tout ce qui avait été inventé de plus difficile en chaque science, nous assure que vous ne manquez pas de curiosité : de sorte que je ne saurais dire autre chose, sinon que je vous estime très content, et que je me persuade qu'il faut donc que vous ayez une science qui soit beaucoup plus parfaite que celle des autres.

Eudoxe. — Je vous remercie de la bonne opinion que vous avez de moi; mais je ne veux pas tant abuser de votre courtoisie, que de l'obliger à croire ce que j'ai dit sur ma simple parole. On ne doit jamais avancer de propositions si éloignées de la créance commune, si on ne peut en même temps faire voir quelques effets. C'est pourquoi je vous convie tous deux de séjourner ici pendant cette belle saison, afin que j'aie loisir de vous déclarer ouvertement une partie de ce que je sais. Car j'ose me promettre, que non seulement vous avouerez que j'ai quelque raison de m'en contenter, mais outre cela, que vous-mêmes demeurerez pleinement satisfaits des choses que vous aurez apprises.

Epistemon. — Je n'ai garde que je n'accepte une faveur, de laquelle j'avais déjà envie de vous prier.

Poliandre. — Et moi, je serai bien aise d'assister à cette conférence, encore que je ne me sente pas capable d'en retirer aucun profit.

Eudoxe. — Pensez plutôt, Poliandre, que ce sera vous qui aurez ici l'avantage, parce que vous n'êtes pas préoccupé, et qu'il me sera bien plus aisé de ranger du bon côté une personne neutre, que non pas Epistemon, qui se trouvera souvent engagé dans le parti contraire. Mais, afin que vous conceviez plus distinctement de quelle qualité sera la doctrine que je vous promets, je désire que vous remarquiez la différence qu'il y a entre les sciences et les simples connaissances qui s'acquièrent sans aucun discours de raison, comme les langues, l'histoire, la géographie, et généralement tout ce qui ne dépend que de l'expérience seule. Car je suis bien d'accord que la vie d'un homme ne suffirait pas pour acquérir l'expérience de toutes les choses qui sont au monde; mais aussi je me persuade que ce serait folie de le désirer, et qu'un honnête homme n'est pas plus obligé de savoir le grec ou le latin, que le suisse ou le bas breton, ni l'histoire de l'Empire, que celle du moindre État qui soit en l'Europe; et qu'il doit seulement prendre garde à employer son loisir en choses honnêtes et utiles, et à ne charger sa mémoire que des plus nécessaires. Pour les sciences, qui ne sont autre chose que les jugements certains que nous appuyons sur quelque connaissance qui précède, les unes se tirent des choses communes et desquelles tout le monde a entendu parler, les autres des expériences rares et étudiées. Et je confesse aussi qu'il serait impossible de discourir en particulier de toutes ces dernières; car il faudrait, premièrement, avoir recherché toutes les herbes et les pierres qui viennent aux Indes, il faudrait avoir vu le Phénix, et bref n'ignorer rien de tout ce qu'il y a de plus étrange en la nature. Mais je croirai avoir assez satisfait à ma promesse, si en vous expliquant les vérités qui se peuvent déduire des choses ordinaires et connues à un chacun, je vous rends capables de trouver vous-mêmes toutes les autres, lorsqu'il vous plaira prendre la peine de les chercher.

POLIANDRE. — Je crois que c'est aussi tout ce qu'il est possible de souhaiter; et je serais content, si vous m'aviez seulement bien prouvé un certain nombre de propositions, qui sont si célèbres, que personne ne les ignore, comme touchant la Divinité, l'âme raisonnable, les vertus, leur récompense : lesquelles je compare à ces anciennes maisons, que chacun reconnaît pour être très illustres, encore que tous les titres de leur noblesse soient ensevelis dans la ruine de l'antiquité. Car je ne doute point que les premiers qui ont obligé le genre humain à croire toutes ces choses, n'eussent de très fortes raisons pour les prouver; mais elles ont été, depuis, si peu souvent répétées, qu'il n'y a plus personne qui les sache; et toutefois ces vérités sont si importantes, que la prudence nous oblige de les croire plutôt aveuglément et au hasard d'être trompés, que d'attendre à nous en éclaircir, lorsque nous serons dans l'autre monde.

Epistemon. — Pour moi, je suis un peu plus curieux, et voudrais, outre cela, que vous m'expliquassiez quelques difficultés particulières que j'ai en chaque science, et principalement touchant les artifices des hommes, les spectres, les illusions, et bref tous les effets merveilleux qui s'attribuent à la magie; car j'estime, qu'il est utile de les savoir, non pas pour s'en servir, mais afin que notre jugement ne puisse être prévenu par l'admiration d'aucune chose qu'il ignore.

Eudoxe. — Je tâcherai de vous satisfaire tous deux; et afin d'établir un ordre que nous puissions garder jusques au bout, je désire premièrement, Poliandre, que nous nous entretenions, vous et moi, de toutes les choses qui sont au monde, les considérant en elles-mêmes, sans qu'Epistemon nous interrompe, que le moins qu'il pourra, à cause que ses objections nous contraindraient souvent de sortir de notre sujet. Par après, nous considérerons tous trois derechef toutes les choses, mais sous un autre sens, à savoir, en tant qu'elles se rapportent à nous, et qu'elles peuvent être nommées vraies ou fausses, et bonnes ou mauvaises; et c'est ici qu'Epistemon aura occasion de proposer toutes les difficultés qui lui seront demeurées des discours précédents.

Poliandre. — Dites-nous donc aussi l'ordre que vous tiendrez pour expliquer chaque matière.

Eudoxe. — Il faudra commencer par l'âme raisonnable, parce que c'est en elle que réside toute notre connaissance; et ayant considéré sa nature et ses effets, nous viendrons à son auteur; et après avoir reconnu quel il est, et comme il a créé tout ce qui est au monde, nous remarquerons ce qu'il y a de plus certain touchant les autres créatures, et examinerons de quelle sorte nos sens reçoivent les objets, et comment nos pensées se rendent véritables ou fausses. Ensuite j'étalerai ici les ouvrages des hommes touchant les choses corporelles; et vous ayant fait admirer les plus puissantes machines, les plus rares automates, les plus apparentes visions, et les plus subtiles impostures, que l'artifice puisse inventer, je vous en découvrirai les secrets, qui seront si simples et si innocents, que vous aurez sujet de n'admirer plus rien du tout des œuvres de nos mains. Je viendrai à celles de la nature, et vous ayant fait voir la cause de tous ses changements, la diversité de ses qualités, et comment l'âme des plantes et des animaux diffère de la nôtre, je vous ferai considérer toute l'architecture des choses sensibles; et ayant rapporté ce qui s'observe dans les cieux et ce qu'on en peut juger de certain, je passerai jusqu'aux plus saines conjectures touchant ce qui ne peut être déterminé par les hommes, afin d'expliquer le rapport des choses sensibles aux intellectuelles, et de toutes les deux au Créateur, l'immortalité des créatures, et quel sera l'état de leur être après la consommation des siècles. Nous viendrons après à la seconde partie de cette conférence, où nous traiterons de toutes les sciences en particulier, choisirons ce qu'il y a de plus solide en chacune, et proposerons la méthode pour les pousser beaucoup plus avant qu'elles n'ont été, et trouver de soi-même, avec médiocre esprit, tout ce que les plus subtils peuvent inventer. Ayant ainsi préparé notre entendement pour juger en perfection de la vérité, il faudra aussi que nous apprenions à régler nos volontés, en distinguant les choses bonnes d'avec les mauvaises, et remarquant la vraie différence qu'il y a entre les vertus et les vices. Cela étant fait, j'espère que la passion de savoir, que vous avez, ne sera plus si violente, et que tout ce que j'aurai dit, vous semblera être si bien prouvé, que vous jugerez qu'un bon esprit, quand bien même il aurait été nourri dans un désert, et n'aurait jamais eu de lumière que celle de la nature, ne pourrait avoir d'autres sentiments que les nôtres, s'il avait bien pesé toutes les mêmes raisons. Pour donner entrée à ce discours, il faut examiner quelle est la première connaissance des hommes, en quelle partie de l'âme elle réside, et d'où vient qu'elle est au commencement si imparfaite.

EPISTEMON. — Il me semble que tout cela s'explique fort clairement, si on compare la fantaisie des enfants à une table d'attente, dans laquelle doivent être mises nos idées, qui sont comme des portraits tirés de chaque chose d'après le naturel. Les sens, l'inclination, les précepteurs, et l'entendement, sont les peintres différents, qui peuvent travailler à cet ouvrage; entre lesquels ceux qui en sont moins capables, sont les premiers qui s'en mêlent, à savoir des sens imparfaits, un instinct aveugle, et des nourrices impertinentes. Le meilleur vient le dernier, qui est l'entendement; et encore faut-il qu'il fasse plusieurs années d'apprentissage, et qu'il suive longtemps l'exemple de ses maîtres, avant qu'il ose entreprendre de corriger aucune de leurs fautes. Ce qui eſt, à mon avis, une des principales causes pourquoi nous avons tant de peine à connaître. Car nos sens ne voient rien au-delà des choses plus grossières et communes, notre inclination naturelle eſt toute corrompue; et pour les précepteurs, encore qu'il s'en puisse trouver sans doute de très parfaits, si eſt-ce qu'ils ne sauraient forcer notre créance de recevoir leurs raisons, jusqu'à ce que notre entendement les ait examinées, auquel seul il appartient de parachever cet ouvrage. Mais il eſt comme un excellent peintre qu'on aurait employé pour mettre les dernières couleurs à un mauvais tableau, que de jeunes apprentis ont ébauché; lequel aurait beau pratiquer toutes les règles de son art, pour y corriger peu à peu tantôt un trait tantôt un autre, et y ajouter du sien tout ce qui manque, si eſt-ce pourtant qu'il ne pourrait jamais si bien faire, qu'il n'y laissât de grands défauts, puisque dans le commencement le dessin a été mal compris, les figures mal plantées, et les proportions mal observées.

Eudoxe. — Votre comparaison découvre fort bien le premier empêchement qui nous arrive; mais vous n'ajoutez pas le moyen duquel il se faut servir, afin de s'en garder. Qui eſt, ce me semble, que, comme votre peintre ferait beaucoup mieux de recommencer tout à fait ce tableau, ayant premièrement passé l'éponge pardessus pour en effacer tous les traits qu'il y trouve, que de perdre le temps à les corriger : il faudrait aussi que chaque homme, sitôt qu'il a atteint un certain terme qu'on appelle l'âge de connaissance, se résolût une bonne fois d'ôter de sa fantaisie toutes les idées imparfaites qui y ont été tracées jusques alors, et qu'il recommençât tout de bon d'en former de nouvelles, y employant si bien toute l'induſtrie de son entendement, que, s'il ne les conduisait à la perfection, il n'en pût au moins rejeter la faute sur la faiblesse des sens, ni sur les dérèglements de la nature.

Epistemon. — Ce remède serait excellent, s'il était aisé à pratiquer; mais vous n'ignorez pas que les premières créances qui ont été reçues en notre fantaisie, y demeurent tellement imprimées, que notre volonté seule ne suffit pas pour les effacer, si elle n'emprunte le secours de quelques puissantes raisons.

EUDOXE. — Aussi veux-je tâcher de vous en enseigner quelques-unes; et si vous désirez tirer du profit de cette conférence, il faudra ici que vous me prêtiez votre attention, et me laissiez un peu entretenir avec Poliandre, afin que je puisse d'abord renverser toute la connaissance acquise jusques à présent. Car puisqu'elle n'est pas suffisante pour lui satisfaire, elle ne saurait être que mauvaise, et je la tiens pour quelque maison mal bâtie, de qui les fondements ne sont pas assurés. Je ne sais point de meilleur moyen pour y remédier, que de la jeter toute par terre, et d'en bâtir une nouvelle; car je ne veux pas être de ces petits artisans, qui ne s'emploient qu'à raccommoder les vieux ouvrages, parce qu'ils se sentent incapables d'en entreprendre de nouveaux. Mais, Poliandre, pendant que nous travaillerons à cette démolition, nous pourrons, par même moyen, creuser les fondements qui doivent servir à notre dessein, et préparer les meilleures et plus solides matières, qui sont nécessaires pour les remplir : s'il vous plaît de considérer avec moi, quelles sont les plus certaines et les plus faciles à connaître, de toutes les vérités que les hommes puissent avoir.

POLIANDRE. — Y a-t-il quelqu'un qui puisse douter que les choses sensibles, j'entends celles qui se voient et qui se touchent, ne soient beaucoup plus assurées que toutes les autres? Pour moi, je serais fort étonné, si vous me faisiez voir aussi clairement quelque chose de ce qui se dit de Dieu ou de notre âme.

EUDOXE. — C'est pourtant ce que j'espère; et je trouve étrange que les hommes soient si crédules, que d'appuyer leur science sur la certitude des sens, puisque personne n'ignore qu'ils trompent quelquefois, et que nous avons juste raison de nous défier toujours de ceux qui nous ont une fois trompés.

POLIANDRE. — Je sais bien que les sens trompent quelquefois, s'ils sont mal disposés, comme lorsque toutes les viandes semblent amères à un malade; ou bien trop éloignés, comme quand nous regardons les étoiles, qui ne nous paraissent jamais si grandes qu'elles sont; ou, généralement, lorsqu'ils n'agissent pas en liberté selon la constitution de leur nature. Mais tous leurs défauts sont fort aisés à connaître, et ils n'empêchent pas que je ne sois maintenant bien assuré, que je vous vois, que nous nous promenons en ce jardin, que le soleil nous éclaire, et bref que tout ce qui paraît communément à mes sens est véritable.

EUDOXE. — Puisqu'il ne suffit pas de vous dire que les sens nous trompent en certaines occasions, où vous l'apercevez, pour vous faire craindre qu'ils ne le fassent aussi en d'autres, sans que vous le puissiez reconnaître : je veux passer outre, pour savoir si vous n'avez jamais vu de ces mélancoliques, qui pensent être cruches ou bien avoir quelque partie du corps d'une grandeur énorme; ils jureront qu'ils le voient et qu'ils le touchent ainsi qu'ils imaginent. Il est vrai que ce serait offenser un honnête homme, que de lui dire, qu'il ne peut avoir plus de raison qu'eux pour assurer sa créance, puisqu'il s'en rapporte, comme eux, à ce que les sens et son imagination lui représentent. Mais vous ne sauriez trouver mauvais que je vous demande si vous n'êtes pas sujet au sommeil, ainsi que tous les hommes, et si vous ne pouvez pas, en dormant, penser que vous me voyez, que vous vous promenez en ce jardin, que le soleil vous éclaire, et bref toutes les choses dont vous croyez maintenant être tout assuré. N'avez-vous jamais ouï ce mot d'étonnement dedans les comédies : *Veillé-je, ou si je dors ?* Comment pouvez-vous être certain que votre vie n'est pas un songe continuel, et que tout ce que vous pensez apprendre par vos sens n'est pas faux, aussi bien maintenant comme lorsque vous dormez ? Vu principalement que vous avez appris que vous étiez créé par un être supérieur, lequel étant tout-puissant, comme il est, n'aurait pas eu plus de difficulté à nous créer tel que je dis, que tel que vous pensez que vous êtes.

POLIANDRE. — Voilà, certes, des raisons qui seront suffisantes pour renverser toute la doctrine d'Epistemon, s'il est assez contemplatif pour y arrêter sa pensée; mais pour moi, je craindrais de me rendre un peu trop rêveur, pour un homme qui n'a point étudié, et qui n'a pas accoutumé d'éloigner ainsi son esprit des choses sensibles, si je voulais entrer en des considérations qui pour moi sont un peu trop relevées[1].

1. Le texte étant ici inintelligible et évidemment altéré, nous l'avons très légèrement rectifié en nous réglant sur la traduction latine.

Epistemon. — Je juge aussi qu'il eſt très dangereux de s'y engager trop avant. Ces doutes si généraux nous mèneraient tout droit dans l'ignorance de Socrate, ou dans l'incertitude des Pyrrhoniens; et c'eſt une eau profonde, où il ne me semble pas qu'on puisse trouver pied.

Eudoxe. — J'avoue qu'il y aurait du danger, pour ceux qui ne connaissent pas le gué, de s'y hasarder sans conduite, et que plusieurs s'y sont perdus; mais vous ne devez pas craindre d'y passer après moi. Car une semblable timidité a empêché la plupart des gens de lettres, d'acquérir une doctrine qui fût assez solide et assurée pour mériter le nom de science, lorsque, s'étant imaginé qu'au-delà des choses sensibles il n'y avait rien de plus ferme sur quoi appuyer leur créance, ils ont bâti sur ce sable, au lieu de creuser plus avant, pour trouver du roc ou de l'argile. Ce n'eſt donc pas ici, qu'il en faut demeurer; aussi bien, quand vous ne voudriez plus considérer les raisons que j'ai dites, elles ont déjà, en leur principal effet, fait ce que je désirais, si elles ont assez touché votre imagination, pour faire que vous les craigniez. Car c'eſt un indice, que votre science n'eſt point si infaillible, que vous n'ayez peur qu'elles en puissent saper les fondements, en vous faisant douter de toutes choses; et par conséquent que vous en doutez déjà, et que mon dessein eſt accompli, qui était de renverser toute votre doctrine, en vous faisant voir qu'elle eſt mal assurée. Mais, afin que vous ne refusiez pas de passer outre avec plus de courage, je vous avertis que ces doutes, qui vous ont fait peur à l'abord, sont comme des fantômes et vaines images, qui paraissent la nuit à la faveur d'une lumière débile et incertaine : si vous les fuyez, votre crainte vous suivra; mais si vous approchez comme pour les toucher, vous découvrirez que ce n'eſt rien, que de l'air et de l'ombre, et en serez à l'avenir plus assuré en pareille rencontre.

Poliandre. — Je veux donc bien, à votre persuasion, me représenter ces difficultés les plus fortes qu'il me sera possible, et employer mon attention à douter si je n'ai point rêvé toute ma vie, et si toutes les idées que je pensais ne pouvoir entrer en mon esprit que par la porte des sens, ne s'y sont point formées d'elles-mêmes, ainsi qu'il s'en forme de pareilles à toutes les fois que je dors, et lorsque je sais bien que mes yeux sont fermés, mes oreilles bouchées, et bref qu'aucun de mes sens n'y contribue. Et par conséquent, je serai non seulement incertain si vous êtes au monde, s'il y a une terre, s'il y a un soleil; mais encore, si j'ai des yeux, si j'ai des oreilles, si j'ai un corps, et même si je vous parle, si vous me parlez, et bref de toutes choses. . . . .

Ici se termine le fragment de l'original français. Une note de Leibniz indique : « J'ai la suite ailleurs. » Cette suite n'ayant pas encore été retrouvée, nous donnons à la place notre traduction du texte latin publié en 1701.

Eudoxe. — Vous voilà disposé pour le mieux, et c'est justement à ce point que j'avais décidé de vous conduire; mais voici maintenant l'occasion d'être attentif aux conséquences que je veux tirer de là. Vous voyez, il est vrai, que vous pouvez douter avec raison de toutes les choses dont la connaissance ne vous vient que par l'office des sens; mais pouvez-vous douter de votre doute et rester incertain si vous doutez ou non?

Poliandre. — Certes, j'avoue que cela me frappe d'étonnement et le peu de perspicacité que me donne mon faible bon sens fait que je ne me vois pas sans stupeur contraint d'avouer que je ne sais rien avec quelque certitude, mais que je doute de tout et que je ne suis certain d'aucune chose. Mais que désirez-vous conclure de là? Je ne vois pas à quoi peut servir un étonnement si général, ni comment un pareil doute peut être un principe capable de nous conduire si loin. Au contraire, vous avez donné pour but à cet entretien de nous délivrer de nos doutes et de nous faire connaître des vérités qu'Epistemon, tout savant qu'il est, pourrait ignorer.

Eudoxe. — Donnez-moi seulement votre attention; je vous conduirai plus loin que vous ne pensez. Car à partir de ce doute universel, comme à partir d'un point fixe et immobile, je me suis proposé de faire dériver la connaissance de Dieu, de vous-même et de toutes les choses qui existent dans le monde.

Poliandre. — Certes, voilà de grandes promesses; s'il en est ainsi, cela vaut bien la peine que nous accédions à votre demande. Tenez-vous-en donc à vos promesses; nous serons fidèles aux nôtres.

Eudoxe. — Puis donc que vous ne pouvez nier que vous doutez et qu'au contraire il est certain que vous doutiez, et même si certain que vous n'en pouvez douter : il est vrai aussi que vous qui doutez vous êtes, et cela est si vrai que vous n'en pouvez douter davantage.

Poliandre. — Je suis d'accord avec vous sur ce point, parce que si je n'étais pas je ne pourrais pas douter.

Eudoxe. — Donc vous êtes, et vous savez que vous êtes, et cela vous le savez parce que vous doutez.

Poliandre. — Certes, tout cela eſt vrai.

Eudoxe. — Mais pour que vous ne soyez pas détourné de votre dessein, avançons peu à peu et, comme je l'ai dit, vous trouverez que cette voie mène plus loin que vous ne pensez. Répétons l'argument : Vous êtes, et vous savez que vous êtes, et vous le savez parce que vous savez que vous doutez, mais vous qui doutez de tout et ne pouvez douter de vous-même, qu'êtes-vous ?

Poliandre. — La réponse n'eſt pas difficile, et je vois assez bien pourquoi vous m'avez choisi plutôt qu'Epiſtemon pour répondre à vos queſtions; c'eſt que vous aviez décidé de ne poser aucune queſtion à laquelle il ne fût très facile de répondre. Je dirai donc que je suis un homme.

Eudoxe. — Vous ne faites pas attention à ce que je demande et la réponse que vous me présentez, bien qu'elle vous paraisse simple, vous jetterait dans des queſtions très difficiles et très embarrassées, si je voulais tant soit peu les serrer. En effet si je demandais à Epiſtemon lui-même ce qu'eſt l'homme et s'il me répondait comme on a coutume de faire dans les écoles que l'homme eſt un animal raisonnable, et si en outre, pour expliquer ces deux termes qui ne sont pas moins obscurs que le premier, il nous conduisait par tous ces degrés qu'on nomme métaphysiques, certes nous serions engagés dans un labyrinthe dont nous ne pourrions jamais sortir. De cette queſtion en effet deux autres naissent : la première, qu'eſt-ce qu'animal; la seconde, qu'eſt-ce que raisonnable ? Et de plus si pour expliquer ce qu'eſt un animal, il répondait que c'eſt un vivant doué de sensibilité, et qu'un vivant eſt un corps animé, et qu'un corps eſt une subſtance corporelle : vous voyez sur-le-champ que les queſtions s'augmentent et se multiplient comme les rameaux d'un arbre généalogique; et que pour finir il eſt assez évident que toutes ces belles queſtions se termineraient en une pure battologie, qui n'éclairerait rien et nous laisserait dans notre ignorance primitive.

Epistemon. — Je suis très fâché de vous voir mépriser à ce point le fameux arbre de Porphyre, qui fut toujours un objet d'admiration pour tous les savants. De plus cela m'afflige que vous tentiez d'enseigner à Poliandre ce qu'il eſt par une autre méthode que celle qui depuis si longtemps eſt reçue dans toutes les écoles. En effet, on n'y a pu jusqu'à ce jour trouver une méthode meilleure ni plus appropriée pour nous enseigner ce que nous sommes que de mettre successivement sous nos yeux tous les degrés qui constituent l'ensemble de notre être, afin qu'en montant et en descendant par tous ces degrés nous puissions apprendre ce que nous avons de commun avec les autres choses qui sont dans la nature et ce que nous avons de différent. Et c'eſt là le plus haut point auquel puisse atteindre notre connaissance.

Eudoxe. — Je ne me suis pas mis ni ne me mettrai jamais dans l'esprit de blâmer la méthode ordinaire d'enseignement qui prévaut dans les écoles; car je lui dois le peu que je sais et c'est de son secours que je me suis servi pour reconnaître l'incertitude de toutes les choses que j'y ai apprises. Aussi, bien que mes précepteurs ne m'aient rien appris de certain, néanmoins, puisque j'ai appris d'eux à le reconnaître, je dois leur rendre grâces et je leur ai assurément plus d'obligation aujourd'hui du fait que toutes les choses qu'ils m'ont apprises étaient fort douteuses que si elles avaient été conformes à la raison; dans ce cas, en effet, je me serais peut-être contenté du peu de raison que j'y aurais trouvé et cela m'aurait rendu plus négligent dans la recherche soigneuse de la vérité. Ainsi donc l'avertissement que j'ai donné à Poliandre ne sert point tant à lui faire observer l'obscurité et l'incertitude où vous jette sa réponse qu'à le rendre pour l'avenir plus attentif à mes questions. J'en reviens à mon propos, et pour ne plus nous écarter de notre route, je lui demande de nouveau, ce qu'il est lui qui peut douter de toutes choses et qui ne peut douter de lui-même.

Poliandre. — Je croyais vous avoir déjà satisfait, en disant que j'étais un homme; mais je vois que j'ai mal calculé mes raisons. Je vois en effet que ma réponse ne vous contente pas et, pour parler franchement, elle me paraît insuffisante, à présent, surtout si je considère que vous m'avez fait apparaître les embarras et l'incertitude dans lesquels elle peut nous jeter pour peu que nous voulions l'éclairer et la comprendre. En effet, quoi qu'en dise Epistemon, je trouve assurément beaucoup d'obscurité dans ces degrés métaphysiques. Si quelqu'un dit par exemple que le corps est une substance corporelle, sans faire connaître en même temps ce qu'est la substance corporelle, ces deux mots substance corporelle ne nous rendront en aucune façon plus savants que le mot corps. De même, si quelqu'un affirme que le vivant est un corps animé sans avoir expliqué auparavant ce qu'est corps et ce qu'est animé et s'il n'agit pas différemment pour tous les autres degrés métaphysiques; certes celui-là prononce des mots, et même il les prononce dans un semblant d'ordre, mais il ne dit rien. Car cela ne signifie rien qui puisse être conçu et former dans notre esprit une idée claire et distincte. Bien plus, quand, pour répondre à votre question, j'ai dit que j'étais un homme, je n'ai point eu égard à tous ces êtres scolastiques que j'ignorais, dont je n'avais jamais rien entendu dire, et qui, comme je le crois, n'existent que dans l'imagination de ceux qui les ont inventés; mais j'ai voulu parler des choses que nous voyons, que nous touchons, que nous sentons, dont nous avons l'expérience en nous-mêmes, des choses en un mot, que le plus simple des hommes sait aussi bien que le plus grand philosophe du globe : c'est-à-dire que je suis un certain ensemble, composé de deux bras, de deux jambes, d'une tête et de toutes les autres parties qui constituent ce qui s'appelle le corps humain, lequel, en outre, se nourrit, marche, sent et pense.

Eudoxe. — Je concluais déjà de votre réponse que vous n'aviez pas bien compris ma question et que vous répondiez à plus de choses que je n'en avais demandé. Comme vous aviez déjà inscrit au nombre des choses dont vous doutiez le fait d'avoir des bras, des jambes, une tête, et toutes ces autres parties qui composent la machine du corps humain : je n'ai en aucune façon voulu vous interroger sur toutes ces choses de l'existence desquelles vous n'êtes pas certain. Dites-moi donc ce que vous êtes proprement, en tant que vous doutez. Car c'est la seule chose que je m'étais proposé de vous demander, puisqu'en dehors d'elle vous ne pouvez connaître rien d'autre avec certitude.

POLIANDRE. — Maintenant, certes, je reconnais que je me suis trompé dans ma réponse, et que je suis allé plus loin qu'il ne fallait parce que je n'avais pas assez bien saisi votre pensée. Cela me rendra plus prudent pour l'avenir et cela fait en même temps que j'admire la précision de la méthode grâce à laquelle vous nous conduisez, par des voies simples et faciles, à la connaissance des choses que vous voulez nous apprendre. Nous avons cependant quelque raison d'appeler heureuse l'erreur que j'ai commise, puisque, grâce à elle, je vois très bien que ce que je suis, en tant que je doute, n'est pas du tout ce que j'appelle mon corps. Bien plus, je ne sais même pas que j'ai un corps puisque vous avez montré que je puis en douter. J'ajoute à cela que je ne puis même pas nier absolument que j'aie un corps. Cependant, bien que nous laissions entières toutes ces suppositions, cela n'empêchera pas que je ne sois certain d'exister; au contraire, elles me confirment davantage dans la certitude que j'ai d'exister et de n'être pas un corps. Autrement, si je doutais de mon corps, je douterais aussi de moi, ce qui m'est impossible : car je suis entièrement convaincu que j'existe, et convaincu de telle sorte que je ne puis aucunement en douter.

EUDOXE. — Vous dites des choses admirables et vous vous comportez si bien, que moi-même, sur ce point, je ne saurais mieux dire. Je le vois bien, il n'y a plus qu'à vous confier entièrement à votre propre arbitre, et mon seul souci sera de vous mettre sur la voie. Bien plus, pour découvrir les vérités, même les plus difficiles, j'estime qu'il suffit, pourvu qu'on soit bien dirigé, de ce qu'on nomme ordinairement le sens commun, et comme je vous en trouve aussi bien pourvu que je le désirais, à l'avenir, je vous montrerai seulement la voie où vous devez entrer. Continuez donc à tirer, avec vos propres forces, les conséquences qui suivent de ce premier principe.

POLIANDRE. — Ce principe me paraît si fécond, et tant de choses se présentent à moi, en même temps, que j'aurai, je crois, beaucoup de peine pour les mettre en ordre. Ce seul avis, que vous m'avez donné, de considérer attentivement ce que je suis et de ne le point confondre avec ce qu'autrefois j'ai cru être moi, a prêté une telle lumière à mon esprit et en a sur-le-champ chassé tant de ténèbres, qu'à la lumière de ce flambeau je vois mieux en moi ce qui n'y est point visible et que je suis mieux persuadé de posséder ce qui n'est pas tangible que je ne l'ai jamais été de posséder un corps.

Eudoxe. — Cet élan de l'âme me plaît beaucoup, bien qu'il ait sans doute déplu à Epistemon, qui, tant que vous ne l'aurez pas arraché à son erreur et que vous n'aurez pas mis sous ses yeux une partie des choses que vous dites être contenues dans ce principe, sera toujours disposé à croire ou tout au moins à craindre que toute cette lumière qui s'offre à vous, ne soit semblable à ces feux errants qui, dès que vous en approchez, s'éteignent et s'évanouissent et que vous ne retombiez dès lors dans les ténèbres précédentes, c'est-à-dire dans votre ancienne ignorance. Et assurément, cela tiendrait du prodige, si vous, qui ne vous êtes point appliqué aux études et n'avez point feuilleté les livres des philosophes, vous deveniez savant si vite et avec si peu de peine. C'est pourquoi nous ne devons pas être surpris qu'Espistemon soit de cet avis.

Epistemon. — Certes, je l'avoue, j'ai pris cela pour un transport de l'esprit, et j'ai cru que Poliandre, qui n'a jamais exercé sa réflexion sur ces grandes vérités qu'enseigne la philosophie, a été frappé d'une telle joie en examinant la moindre d'entre elles, qu'il n'a pu s'empêcher de vous l'exprimer avec toute cette exubérance. Mais ceux qui comme vous ont longtemps foulé ce sentier et dépensé beaucoup d'huile et de travail à lire et à relire les écrits des anciens, à débrouiller et à expliquer ce qu'il y a de plus épineux dans les philosophes, n'admirent point ces transports d'esprit et ne les estiment pas plus que la vaine espérance de certains qui ont salué les mathématiques à partir du seuil. Ceux-ci en effet, aussitôt que vous leur avez donné une ligne et un cercle, et appris ce que c'est qu'une droite et une courbe, se persuadent qu'ils vont trouver la quadrature du cercle et la duplication du cube. Mais nous avons tant de fois réfuté la doctrine des Pyrrhoniens, et leur méthode de philosopher leur a donné si peu de fruit, qu'il apparaît bien qu'ils se sont égarés toute leur vie et n'ont pu se délivrer des doutes qu'ils ont introduits dans la philosophie, en sorte qu'ils semblent s'être appliqués à cela seulement, d'apprendre à douter. Ainsi, n'en déplaise à Poliandre, je continuerai à douter que lui-même puisse retirer de là quelque chose de meilleur.

Eudoxe. — Je vois assez qu'en adressant la parole à Poliandre vous voulez m'épargner, néanmoins il apparaît clairement que vos railleries s'adressent à moi. Cependant, que Poliandre continue à parler et nous verrons ensuite qui de nous rira le dernier.

Poliandre. — Je le ferai volontiers; d'autant plus que j'ai des raisons pour craindre que ce débat ne s'échauffe entre vous deux et que si vous reprenez la chose de trop haut je n'y comprenne plus rien; cela me ferait prendre tout le fruit que je me promets de recueillir en revenant sur mes premiers pas. Je prie donc Epistemon qu'il me permette de nourrir cet espoir tant qu'Eudoxe voudra bien me conduire par la main dans la voie où il m'a placé lui-même.

Eudoxe. — Vous avez déjà bien reconnu, en vous considérant simplement dans la mesure où vous doutez, que vous n'êtes pas un corps et qu'en conséquence vous ne trouvez en vous aucune de ces parties qui composent la machine du corps humain, c'est-à-dire ni bras, ni jambes, ni tête, ni même yeux, ni oreilles, ni aucun organe qui puisse servir à un sens quelconque; mais voyez si, pareillement, vous ne pourriez pas rejeter toutes les autres choses que vous avez comprises tout à l'heure dans la définition de l'homme, telle que vous la conceviez autrefois. Car, comme vous l'avez justement observé, vous avez commis une heureuse erreur en dépassant dans votre réponse les limites de ma question; grâce à elle en effet, vous pouvez parvenir facilement à la connaissance de ce que vous êtes, en écartant de vous et en rejetant tout ce que vous voyez clairement ne pas vous concerner et en n'admettant rien en dehors de ce qui vous appartient avec une telle nécessité que vous en soyez aussi certain que de votre existence et de votre doute.

Poliandre. — Vous m'obligez en me ramenant ainsi dans mon chemin, car je ne savais déjà plus où j'en étais. J'ai dit auparavant que j'étais un tout, formé de bras, de jambes, d'une tête, et de toutes les autres parties qui composent ce qu'on appelle le corps humain, en outre que je marchais, que je me nourrissais, que je sentais et que je pensais. Il a fallu aussi, pour me considérer simplement tel que je sais être, que je rejette toutes ces parties et tous ces membres qui constituent la machine du corps humain, c'est-à-dire me considérer sans bras, sans jambes, sans tête, en un mot sans corps. Or, il est vrai que ce qui doute en nous n'est point ce que nous disons être notre corps; il est donc vrai que moi, en tant que je doute, je ne me nourris ni ne marche : car aucun de ces deux actes ne peut s'accomplir sans le corps. Bien plus, je ne puis même pas affirmer que moi, en tant que je doute, je puisse sentir : car de même qu'il faut des pieds pour marcher, il faut des yeux pour voir et des oreilles pour entendre; mais, comme je n'ai aucun de ces organes, puisque je n'ai pas de corps, je ne puis pas, en vérité, dire que je sente. En outre, j'ai cru autrefois sentir en rêve beaucoup de choses que cependant je ne sentais pas en réalité; et puisque j'ai décidé de n'admettre ici rien qui ne soit tellement vrai que je n'en puisse douter, je ne puis dire que je sois une chose sentante, c'est-à-dire qui voit par des yeux et entend par des oreilles, il pourrait se faire que je croie sentir de cette manière, quoique rien de tel n'ait lieu.

Eudoxe. — Je ne puis que vous arrêter ici, non pour vous détourner de votre chemin, mais pour vous donner du courage et pour vous faire examiner ce que peut le bon sens, pourvu qu'il soit bien gouverné. En effet, dans tout cela y a-t-il rien qui ne soit exact, qui ne soit légitimement conclu et correctement déduit de ses antécédents? Et cependant, tout cela se dit et s'effectue sans logique, sans règle, sans formule d'argumentation, par la seule lumière de la raison et du bon sens qui est moins exposé aux erreurs, quand il agit seul par lui-même que lorsqu'il s'efforce anxieusement d'observer mille règles diverses que l'art et la paresse des hommes ont inventées plutôt pour le corrompre que pour le perfectionner, Bien plus, il me semble qu'Epistemon pense comme nous; en effet. s'il ne dit rien, cela signifie qu'il approuve ce que vous avez dit. Continuez donc, Poliandre, et montrez-lui jusqu'où le bon sens peut aller et en même temps les conséquences qui peuvent être déduites de notre principe.

Poliandre. — De tous ces attributs que je m'étais donnés, il n'en reste qu'un à examiner, la pensée, et je reconnais qu'elle seule est d'une nature telle que je ne puis la séparer de moi. Car s'il est vrai que je doute, comme je n'en puis douter, il est également vrai que je pense; en effet douter est-il autre chose que penser d'une certaine manière? Et certes, si je ne pensais pas, je ne pourrais savoir ni si je doute ni si j'existe. Je suis cependant et je sais que je suis, et je le sais parce que je doute, c'est-à-dire, en conséquence, parce que je pense. Et même il pourrait arriver que si, pour un instant, je cessais de penser, je cessasse en même temps d'être; ainsi, la seule chose que je ne puisse séparer de moi, que je sais avec certitude être moi et que je puis maintenant affirmer sans crainte d'erreur, c'est que je suis une chose qui pense.

Eudoxe. — Que vous semble, Epistemon, de ce que vient de dire Poliandre? Trouvez-vous, dans tout son raisonnement quelque chose de boiteux ou d'inconséquent? Auriez-vous cru possible qu'un homme illettré et sans études raisonnât si juste et fût en tout d'accord avec lui-même? En conséquence, si je juge bien, vous devez commencer à voir que si quelqu'un sait bien se servir de son doute, il en peut tirer des conséquences très certaines, et même plus certaines et plus utiles que toutes celles que nous construisons d'ordinaire sur ce grand principe, considéré comme le fondement de toutes choses et comme le centre auquel elles se ramènent et aboutissent : il est impossible qu'une seule et même chose, dans le même temps, soit et ne soit pas. J'aurai sans doute l'occasion de vous en démontrer l'utilité. Mais, pour ne pas rompre le fil du discours de Poliandre, ne nous écartons pas de notre argument, recherchez donc si vous avez quelque chose à dire ou à objecter.

Epistemon. — Puisque vous me prenez à partie et que même vous m'aiguillonnez, je vais vous montrer ce que peut la logique irritée et du même coup, vous susciter des embarras et des obstacles dont, non seulement Poliandre, mais vous-même, ne pourrez que très difficilement vous tirer. N'allons donc pas plus loin, mais demeurons plutôt ici et, de propos délibéré, examinons sévèrement vos fondements, vos principes et vos conséquences; car, à l'aide de la vraie logique et à partir de vos principes mêmes, je vous démontrerai que tout ce qu'a dit Poliandre repose sur un fondement illégitime et ne conclut rien. Vous dites que vous êtes, que vous savez que vous êtes, et que vous le savez parce que vous doutez et parce que vous pensez. Mais ce que c'est que douter et ce que c'est que penser, l'avez-vous jamais su? Et puisque vous ne voulez rien admettre dont vous ne soyez certain et que vous ne connaissiez parfaitement, comment pouvez-vous avoir la certitude d'être en prenant point d'appui sur des fondements si obscurs et si peu assurés ? Il aurait fallu apprendre d'abord à Poliandre ce que c'est que le doute, la pensée, l'existence, pour que son raisonnement pût avoir la force d'une démonstration et qu'il pût se comprendre lui-même avant de vouloir se faire comprendre des autres.

Poliandre. — Certes, cela dépasse la portée de mon intelligence; c'est pourquoi je me rends, vous laissant défaire ce nœud avec Epistemon.

Eudoxe. — Pour cette fois, je prends cela sur moi volontiers, mais à cette condition que vous serez juge de notre débat. En effet, je n'oserais me promettre qu'Epistemon se rende à mes raisons. Celui qui est, comme lui, plein d'opinions et embarrassé de cent préjugés, se confie difficilement à la seule lumière naturelle car il a déjà pris l'habitude de céder à l'autorité plutôt que d'ouvrir les oreilles à la seule voix de la raison. Il interroge les autres et pèse ce qu'ont écrit les anciens plutôt qu'il ne se consulte lui-même sur le jugement qu'il doit porter. Bien plus, de même que dès l'enfance il a pris pour la raison ce qui ne reposait que sur l'autorité de ses précepteurs, de même maintenant il présente son autorité pour la raison et il cherche à se faire payer par les autres le même tribut qu'il a payé autrefois. Mais j'aurai lieu d'être content et je croirai avoir amplement satisfait aux objections que vous a proposées Epistemon si vous donnez votre assentiment à ce que j'aurai dit et si votre raison vous en assure.

Epistemon. — Je ne suis ni si opiniâtre, ni si difficile à persuader, ni si mécontent d'être satisfait que vous le pensez. Bien plus, quoique j'aie des raisons pour me défier de Poliandre, je veux bien confier notre débat à son arbitrage. Je vous promets même de m'avouer vaincu aussitôt qu'il se rendra lui-même. Mais il lui faut veiller à ne pas se laisser tromper et à ne pas tomber dans l'erreur qu'il reproche aux autres; c'est-à-dire à ne pas prendre pour une raison convaincante l'estime dans laquelle il vous tient.

Eudoxe. — S'il s'appuyait sur un fondement si faible, certes, il serait bien malheureux; et je réponds qu'il s'en gardera bien. Mais cessons les digressions, pour reprendre notre route. Je suis d'accord avec vous, Epistemon, sur ce point qu'il faut savoir ce que c'est que le doute, la pensée, l'existence avant d'être entièrement persuadé de la vérité de ce raisonnement : je doute, donc je suis, ou bien, ce qui est la même chose : je pense, donc je suis. Mais n'allez pas vous imaginer que pour le savoir il soit nécessaire de violenter et de torturer notre esprit comme s'il fallait trouver le genre prochain et la différence spécifique afin de composer une vraie définition. Cela est le fait de celui qui veut faire le recteur, ou disputer dans les écoles. Mais quiconque désire examiner les choses par soi-même et les juge selon qu'il les conçoit, ne peut pas être d'esprit si faible qu'il n'ait assez de lumière pour connaître suffisamment, toutes les fois qu'il y fera attention, ce que c'est que le doute, la pensée, l'existence, et pour en apprendre nécessairement les distinctions. En outre il y a bien des choses que nous rendons plus obscures en voulant les définir, parce que, comme elles sont très simples et très claires, nous ne pouvons mieux les connaître ni les percevoir que par elles-mêmes. Bien plus, il faut mettre au nombre des principales erreurs qui se puissent commettre dans les sciences, l'erreur de ceux qui veulent définir ce qui doit seulement être conçu, et qui ne peuvent pas distinguer les choses claires des choses obscures, ni discerner ce qui, pour être connu, exige et mérite d'être défini de ce qui peut très bien être connu par soi-même.

Je ne crois pas en effet, qu'il y ait eu jamais personne d'assez stupide, pour avoir besoin d'apprendre ce que c'est que l'existence avant de pouvoir conclure et affirmer qu'il existe. Il en est de même pour le doute et pour la pensée. J'ajoute même qu'il est impossible d'apprendre ces choses autrement que par soi-même et d'en être persuadé autrement que par sa propre expérience et par cette conscience ou par ce témoignage intérieur que chacun trouve en lui lorsqu'il se livre à un examen quelconque. Si bien que, tout de même qu'il est inutile de définir le blanc pour faire comprendre ce que c'est à un aveugle et qu'il nous suffit d'ouvrir les yeux et de voir du blanc pour savoir ce que c'est, pour savoir ce que c'est que le doute, et la pensée, il suffit de douter et de penser. Cela nous apprend tout ce que nous pouvons savoir à cet égard et même nous en dit plus que les définitions les plus exactes. Il est donc vrai que Poliandre a dû connaître ces choses avant d'en pouvoir déduire les conclusions qu'il a formulées. D'ailleurs, puisque nous l'avons choisi pour juge, demandons-lui s'il les a jamais ignorées.

Poliandre. — Je l'avoue, c'est avec le plus grand plaisir que je vous ai entendu discuter de cette chose que vous n'avez pu apprendre que de moi, et ce n'est pas sans joie que, du moins en cette occasion, je vois qu'il faut me reconnaître comme votre précepteur et vous reconnaître comme mes disciples. C'est pourquoi, pour vous tirer tous les deux de votre embarras, et résoudre votre difficulté sur-le-champ (on dit en effet qu'une chose est faite sur-le-champ lorsqu'elle arrive en dehors de tout espoir et de toute attente), je puis vous certifier que je n'ai jamais douté de ce que c'est que le doute, bien que je n'aie commencé à le connaître ou plutôt à y faire attention que quand Epistemon a voulu en douter lui-même. A peine m'aviez-vous montré la faible certitude que nous avons de l'existence des choses dont la connaissance ne nous parvient que par les sens, que j'ai commencé à douter de ces choses et cela a suffi pour me faire apparaître en même temps mon doute et la certitude de ce doute si bien que je puis affirmer que j'ai commencé à me connaître avec certitude du moment même où j'ai commencé à douter. Mais mon doute et ma certitude ne se rapportaient pas aux mêmes objets. Car mon doute s'appliquait seulement aux choses qui sont en dehors de moi, tandis que ma certitude concernait mon doute et moi-même. Ce que dit Eudoxe est donc vrai, qu'il y a des choses que nous ne pouvons apprendre qu'en les voyant. Ainsi, pour apprendre ce que c'est que le doute et ce que c'est que la pensée, il ne faut que douter et penser soi-même. Il en est de même pour l'existence : il faut seulement savoir ce qu'on entend par ce mot. Aussitôt, en effet, on connaît la chose, autant qu'on peut la connaître; et il n'est besoin ici d'aucune définition qui obscurcirait la chose plutôt qu'elle ne l'éclairerait.

Epistemon. — Puisque Poliandre est content, je m'en tiens là également, et je ne pousserai pas plus loin la controverse. Cependant, je ne vois pas qu'il ait beaucoup progressé depuis deux heures que nous avons passées ici à raisonner. Tout ce qu'il a appris, grâce à cette belle méthode que vous prônez tant, c'est seulement qu'il doute, qu'il pense et qu'il est une chose pensante. Certes, c'est admirable! Voilà beaucoup de paroles pour bien peu de choses. Cela aurait pu être dit en quatre mots et nous aurions tous été d'accord. Quant à moi, si je devais dépenser autant de paroles et de temps pour apprendre une chose de si peu d'importance, j'aurais du mal à m'y résigner. Nos précepteurs nous en disent beaucoup plus, ils ont beaucoup plus de confiance; rien ne les arrête, ils prennent tout sur eux, ils décident de tout; rien ne les détourne de leur dessein ni ne les frappe d'étonnement; quoi qu'il arrive, s'ils se voient trop pressés, une équivoque ou le « distinguo » les tire de tout embarras. Bien plus, soyez certain que leur méthode sera toujours préférée à la vôtre, qui doute de tout, et qui craint tellement les faux pas, qu'en hésitant sans cesse elle n'avance jamais.

Eudoxe. — Je ne me suis jamais proposé de prescrire à quiconque la méthode à suivre dans la recherche de la vérité, mais seulement d'exposer celle dont je me suis servi : afin que, si elle paraît mauvaise, on la rejette, si au contraire, elle paraît bonne et utile, d'autres s'en servent aussi; chacun d'ailleurs étant absolument libre de la prendre ou de la rejeter. Si maintenant on me dit que grâce à elle je n'ai fait que peu de progrès, c'est à l'expérience d'en juger; et je suis certain, pourvu que vous continuiez à me prêter votre attention, que vous reconnaîtrez avec moi que nous ne pouvons pas être assez prudents pour établir nos principes, et qu'une fois ces principes bien établis nous pourrons mener les conséquences plus loin et plus aisément que nous n'aurions osé nous le promettre. C'est ainsi à mon avis, que toutes les erreurs qui arrivent dans les sciences ont pour unique origine nos jugements trop hâtifs au début, lorsque nous prenons pour principes des choses obscures et dont nous n'avions aucune notion claire et distincte. Ce qui prouve la vérité de ce que je viens de dire, ce sont ces petits progrès que nous avons faits dans les sciences dont les principes sont certains et connus de tous; alors qu'au contraire, dans les autres dont les principes sont obscurs et incertains, ceux qui veulent être sincères avec eux-mêmes doivent avouer qu'après avoir dépensé beaucoup de temps et lu beaucoup de volumes, ils ont reconnu qu'ils ne savent rien et qu'ils n'ont rien appris. Ne vous étonnez donc point, mon cher Epistemon, si, alors que je veux conduire Poliandre dans une voie plus sûre que celle qu'on m'a enseignée, je suis à ce point précis et exact que je ne tienne rien pour vrai dont je ne sois aussi certain que d'être, de penser, et d'être une chose qui pense.

Epistemon. — Vous me paraissez semblable à ces sauteurs qui retombent toujours sur leurs pieds; vous en revenez toujours à votre principe. Mais, si vous continuez de cette manière, vous n'irez ni loin ni vite. Comment, en effet, trouverons-nous toujours des vérités dont nous puissions être aussi certains que de notre existence?

Eudoxe. — Cela n'est pas aussi difficile que vous le pensez; car toutes les vérités se suivent l'une l'autre et sont réciproquement tenues ensemble par un lien. Tout le secret consiste en cela seulement de commencer par les premières et par les plus simples et de s'avancer ensuite peu à peu et comme par degrés jusqu'aux plus éloignées et aux plus composées. Or qui donc doutera que ce que j'ai posé comme premier principe ne soit la première de toutes les choses que nous puissions connaître avec quelque méthode que ce soit? Il est évident en effet que nous n'en pouvons douter quand même nous douterions de la vérité de toutes les choses qui sont dans le monde. Puis donc que nous avons bien commencé, pour ne point nous tromper dans la suite, il nous faut prendre garde, comme nous le faisons, à ne rien admettre pour vrai qui soit sujet au moindre doute. A cette fin, il faut, à mon avis, laisser parler Poliandre seul. Car, comme il ne suit aucun maître que le sens commun, et comme sa raison n'est gâtée par aucun faux préjugé, il est presque impossible qu'il se trompe ou du moins il s'en apercevra facilement et pourra être ramené sans peine dans la bonne voie. Écoutons-le donc parler et laissons-lui exposer les choses qu'il dit lui-même être contenues dans votre principe.

Poliandre. — Il y a tant de choses contenues dans l'idée d'une chose qui pense qu'il faudrait des jours entiers pour les expliquer. Pour le moment, nous traiterons seulement des principales et de celles qui servent à rendre cette idée plus distincte, et qui aident à ne pas la confondre avec tout ce qui ne s'y rapporte point... J'entends par chose qui pense . . . .
. . . .

[*Le reste manque.*]

LETTRES CHOISIES

Les lettres tiennent une place considérable dans la vie et dans l'œuvre de Descartes. Après sa retraite en Hollande et durant les vingt dernières années de sa vie, c'est par les lettres qu'il est demeuré en liaison avec son pays et avec le monde des savants et des philosophes. Il consacrait à sa correspondance souvent plusieurs heures par jour et tout un jour par semaine, le jour du courrier; d'ailleurs l'importance de son travail peut se mesurer au nombre et à la longueur des lettres que nous possédons, qui représentent environ la moitié de ses écrits. Encore ne faut-il pas oublier les autres, certainement très nombreuses, qui n'ont pas pu réchapper de la noyade, du vol, de la vente, de la dispersion.

Chacun sait qu'au XVIIe siècle les lettres étaient une des formes éminentes de l'activité littéraire et intellectuelle. Écrites avec soin, destinées à être montrées et transmises, à être copiées, elles faisaient un peu l'office de nos revues. Cela donnait lieu à des vocations, à des professions singulières : certains personnages devenaient le centre de toute une activité épistolaire. Au premier rang, le Père Mersenne, qui, jusqu'à sa mort, en 1648, servit de correspondant général à l'univers savant et additionna en sa personne les rôles qui sont aujourd'hui répartis entre l'Académie des Sciences, l'Académie des Sciences morales et politiques, et plusieurs revues scientifiques ou philosophiques.

Le Père Mersenne, qu'on appelait le résident de M. Descartes à Paris, eut pour principal correspondant notre philosophe. Pendant près de vingt ans il lui transmit questions et objections, reçut ses réponses. Ce commerce épistolaire, qui forme l'élément le plus important et le plus représentatif de la correspondance cartésienne, est un peu étourdissant par la variété des sujets abordés. Ainsi que Descartes s'en plaint, on l'interroge comme s'il devait tout savoir : sur Dieu, sur la lumière, sur la trajectoire des balles de mousquet, sur le tirage des cheminées, sur la manière dont le poisson cuit. Quand on pense à cette confusion, à ce mélange de préceptes aristotéliciens et de recettes de bonne femme qui constituait la science d'alors, on sent croître son estime pour le génie de l'homme qui a su dégager de tout ce fatras des principes de connaissance certaine et donner à la science moderne ses instruments de progrès.

Les lettres des grands écrivains sont toujours les plus précieux commentaires de leurs livres. Souvent même elles valent mieux que les livres. L'homme qui écrit une lettre n'est pas comme pour un livre tourmenté par l'appréhension de la chose imprimée, par le souci de défendre une façade devant un public, par la crainte de la critique; il se sent plus libre, d'où ces audaces et ces mouvements de bonheur dans lesquels il donne souvent le meilleur de lui-même. Cela est vrai des philosophes contemporains, de Lachelier ou de Bergson par exemple, à plus forte raison de Descartes, qui, de tous nos auteurs, fut sans doute le plus secret. Cet ancien homme de guerre, cet habile escrimeur était toujours en garde. Qu'il s'agît de science ou de philosophie, il se méfiait de tout le monde : des disciples par lesquels il risquait d'être plagié ou déformé, comme il le fut par Régius, des aristotéliciens qui regardaient ses œuvres de travers et cherchaient les moyens de lui nuire, surtout des théologiens qui pouvaient le faire noter par l'Église et interdire ainsi à sa doctrine et à sa physique l'accès des écoles. Cela fait comprendre les précautions constantes, allant parfois, comme disait Bossuet, jusqu'à l'excès, dont il a entouré l'expression de ses idées et qui, bien souvent, nous les voilent.

Dans les lettres, tout en restant circonspect, Descartes se livre un peu plus ; le lecteur pourra se convaincre qu'on y trouve, notamment dans les lettres contemporaines du *Discours* et des *Méditations,* de précieuses lumières sur les articulations principales de la doctrine. D'autre part, ce qui vaut mieux encore sans doute que le philosophe, c'est l'homme qui s'y révèle parfois, avec son cœur, sa chair et son sang. A cet égard, la correspondance nous offre un document d'une valeur inestimable : l'ensemble des lettres adressées pendant les dernières années à la princesse Élisabeth et à la reine Christine ; lettres qui méritent d'être rangées non seulement parmi les œuvres les plus importantes de Descartes, mais parmi les plus beaux textes de la philosophie humaine.

L'intérêt qui s'attache à ces lettres tient d'abord à ce qu'elles constituent un texte essentiel pour l'intelligence de la morale cartésienne, pièce capitale. Descartes, qui peut paraître, à première vue, un pur théoricien des idées, n'a jamais séparé, dans son esprit, les préoccupations pratiques de la recherche spéculative. Comme il le dit en maints endroits des *Règles,* du *Discours* et des *Principes,* son principal dessein était de rendre les hommes meilleurs et plus heureux. Mais, toujours prudent, et soucieux de ne rien publier qui ne fût au point, il eût sans doute emporté dans la tombe le secret de sa morale sans l'occasion de cette correspondance avec la princesse Élisabeth de Bohême et la reine Christine de Suède, qui, par leur fortune et par leur esprit, comptent parmi les figures les plus intéressantes du XVIIe siècle.

Le temps, qui dégrade si vite les œuvres et les systèmes, n'a pas eu de prise sur ces lettres ; le lecteur pourra remarquer qu'elles demeurent, après trois siècles, aussi actuelles qu'à leur premier jour. C'est qu'on y trouve la philosophie ramenée à son véritable objet qui est de nous aider à vivre par une juste appréciation des biens et des maux et par un accroissement des forces de notre âme. Les progrès des sciences, les transformations matérielles et sociales nous font trop perdre de vue que le problème posé à notre chétive nature n'a pas été modifié dans ses grandes lignes. Il s'agit toujours de savoir vivre, de savoir souffrir, de savoir mourir. La philosophie est quelque chose parce qu'elle peut nous aider en cela. C'est aussi pour cette raison qu'il y a quelque chose d'éternellement actuel dans les écrits des grands philosophes, dans ces lettres, en particulier.

Il s'agissait précisément, pour Descartes, d'aider à vivre une princesse et une reine, dans des sorts bien différents. Fille d'un roi de Bohême, qui perdit sa couronne dans une des plus fameuses débâcles de l'histoire, soumise à l'existence misérable et humiliée des princes en exil, rongée par la neurasthénie, Élisabeth avait grand besoin des conseils du philosophe pour supporter son destin. Fille de Gustave-Adophe, reine de Suède, admirée de toute l'Europe, Christine put trouver dans ces mêmes conseils les forces nécessaires pour être supérieure à sa fortune triomphante et pour renoncer à son trône.

Mais ce qui donne sans doute à ses lettres leur plus haut prix, c'est, comme nous l'avons dit plus haut, la lumière qu'elles portent sur Descartes -même. Cet homme si fermé retire le masque de froideur et d'impassible raison dont il s'était revêtu en un temps où la prudence était de rigueur, où d'autre part les sciences et la philosophie elle-même avaient un peu des allures de bottes secrètes. Avec Élisabeth surtout il est en confiance; il lui livre, il nous livre ce qu'il avait de plus précieux, depuis les clefs de son algèbre, jusqu'aux règles intimes de son hygiène, de son intelligence et de sa conduite.

Ces remarques annoncent notre choix. Nous avons donné les lettres qui nous éclairent sur les points essentiels de la doctrine et sur les circonstances dans lesquelles ont été publiées les œuvres principales; et aussi celles qui nous renseignent sur Descartes lui-même, sur son humeur, sa biographie, son mode d'existence, ses amitiés. Nous avons donné presque toutes les lettres à Élisabeth et à Christine.

Note pour la 2e Édition. — Nous avons profité des facilités plus grandes données par cette nouvelle édition pour ajouter quelques lettres importantes : 1° la lettre à Huygens, 5 octobre 1637, qui contient le curieux traité des engins; 2° la lettre à Hyperaspistes, août 1641; 3° trois lettres à Mesland, deux du 9 février 1645, une autre de mai 1645; 4° deux lettres à Arnauld, 4 juin 1648, 29 juillet 1648; 5° deux lettres à Morus, 5 février 1649, 15 avril 1649.

LETTRES CHOISIES

A FERRIER[1]

[Franeker], 18 juin 1629.

MONSIEUR,

DEPUIS que je vous ai quitté, j'ai beaucoup appris touchant nos verres, en sorte qu'il y a moyen de faire quelque chose qui passe ce qui a jamais été vu; et le tout semble si facile à exécuter, et est si certain, que je ne doute quasi plus de ce qui dépend de la main, comme je faisais auparavant. Mais c'est une chose que je ne saurais écrire; car il arrive mille rencontres en travaillant qui ne se peuvent prévoir sur le papier, et qui se corrigent souvent d'une parole lorsqu'on est présent; c'est pourquoi il serait nécessaire que nous fussions ensemble. Je n'ose pourtant vous prier de venir ici; mais je vous dirai bien que si j'eusse pensé à cela, lorsque j'étais à Paris, j'aurais tâché de vous amener; et si vous étiez assez brave homme pour faire le voyage, et venir passer quelque temps avec moi dans le désert, vous auriez tout loisir de vous exercer, personne ne vous divertirait, vous seriez éloigné des objets qui vous peuvent donner de l'inquiétude; bref vous ne seriez en rien plus mal que moi, et nous vivrions comme frères; car je m'oblige de vous défrayer de tout aussi longtemps qu'il vous plaira de demeurer avec moi, et de vous remettre dans Paris lorsque vous aurez envie d'y retourner. Si vous avez maintenant quelque bonne fortune, je serai marri de vous débaucher; mais si vous n'êtes pas mieux que lorsque je vous ai quitté, je vous dirai franchement que je vous conseille de venir. Le voyage n'est pas de la moitié si long que pour aller en votre pays; nous sommes

1. Ferrier était un excellent ouvrier opticien, très estimé alors par Descartes. « Je suis assuré de l'exécution de ses œuvres, s'il y travaille seul et étant en repos. » Le polissage des lentilles, selon des formes géométriques (cercle, parabole, hyperbole) était une opération très difficile alors, et très importante pour Descartes qui travaillait à sa *Dioptrique*. Les relations de Descartes avec Ferrier devinrent, comme on verra, moins bonnes par la suite.

en été, et la mer est maintenant fort assurée. Il faudrait apporter les outils dont vous pourriez avoir besoin, ils ne coûteraient à apporter que jusqu'à Calais; car c'est le chemin qu'il vous faudrait prendre. De Calais vous pourriez passer par mer en un jour ou deux, jusqu'à Dort, ou Roterdan, c'est-à-dire ici; car de là on peut venir plus sûrement jusques ici, qu'on ne fait à Paris depuis le logis jusqu'à l'église. Et même étant à Dort, vous pourriez voir M. Beeckman[1] qui est Recteur du Collège, et lui montrer ma lettre, il vous enseignera le chemin pour venir ici; et si vous aviez besoin d'argent, ou de quoi que ce soit, il vous en fournirait, en sorte que vous ne devez compter pour la difficulté du voyage que jusqu'à Calais. Si vous avez aussi quelques meubles qu'il vous fallût laisser à Paris, il vaudrait mieux les apporter, au moins les plus utiles; car si vous venez, je prendrai un logis entier pour vous et pour moi, où nous pourrons vivre à notre mode et à notre aise. N'était que je ne vous saurais faire donner d'argent à Paris, sans mander où je suis (ce que je ne désire pas), je vous prierais aussi de m'apporter un petit lit de camp; car les lits d'ici sont fort incommodes, et il n'y a point de matelas. Mais si vous êtes en doute de venir, venez plutôt tout nu que d'y manquer. Je serais pourtant bien aise d'apprendre que ce fût l'abondance et la commodité qui vous en empêchât; mais si c'était la nécessité, je croirais que vous auriez manqué de courage, car il n'y a rien qui vous y doive si tôt faire résoudre; et même une médiocre fortune, ou bien de légères espérances ne vous doivent pas retarder, si vous avez l'ambition de faire quelque chose qui passe le commun : car toutes mes règles sont fausses, ou bien, si vous venez, je vous donnerai moyen d'exécuter de plus grandes choses que vous n'espérez. En tout cas, je vous prie de m'écrire sitôt que vous aurez reçu celle-ci. Au reste je vous prie que personne ne sache que je vous ai écrit, non pas même M. Mydorge[2], encore que je sois bien fort son serviteur; mais

1. Beeckman, recteur du collège de Dort ou Dordrecht, un des plus vieux et un des meilleurs amis de Descartes.

2. Mydorge, Claude [1585-1647]. Géomètre et physicien, ami de Descartes. Passionné pour la fabrication des lentilles, il y dépensa, dit-on, cent mille écus.

je suis en lieu où je ne lui saurais rendre aucun service. Et même si vous venez, vous devez souhaiter que personne n'en sache rien; car si vous faites quelque chose de bon, il en sera meilleur lorsqu'on ne l'aura point attendu et le retardement ne dégoûtera personne. Pour moi je me trouve si bien ici, que je ne pense pas en partir de longtemps. Je vous prie de m'aimer, comme je crois que vous faites, et de me croire comme je suis...

A MERSENNE[1]

Amsterdam, 20 novembre 1629.

MON RÉVÉREND PÈRE,

CETTE proposition d'une nouvelle langue semble plus admirable à l'abord, que je ne la trouve en y regardant de près; car il n'y a que deux choses à apprendre en toutes les langues, à savoir la signification des mots, et la grammaire. Pour la signification des mots, il n'y promet rien de particulier; car il dit en la quatrième proposition : *linguam illam interpretari ex dictionario*[2], qui est ce qu'un homme un peu versé aux langues peut faire sans lui en toutes les langues communes. Et je m'assure, que vous donniez à M. Hardy un bon dictionnaire en chinois, ou en quelque autre langue que ce soit, et un livre écrit en la même langue, qu'il entreprendra d'en tirer le sens. Ce qui empêche que tout le monde ne le pourrait pas faire, c'est la difficulté de la grammaire; et je devine que c'est tout le secret de votre homme. Mais ce n'est rien qui ne soit très aisé; car faisant une langue,

1. Mersenne, Marin [1588-1648]. Religieux français de l'ordre des Minimes; grand ami de Descartes dont il avait été le condisciple au collège de La Flèche. Le Père Mersenne servait d'intermédiaire entre les savants et entretenait une correspondance immense avec tous les pays. Il joua ainsi un très grand rôle dans la première moitié du XVIIe siècle. On l'appelait le « résident de M. Descartes à Paris ».

2. Comprendre cette langue à l'aide du dictionnaire.

où il n'y ait qu'une façon de conjuguer, de décliner, et de construire les mots, qu'il n'y en ait point de défectifs ni d'irréguliers, qui sont toutes choses venues de la corruption de l'usage, et même que l'inflexion des noms ou des verbes et la construction se fassent par affixes, ou devant ou après les mots primitifs, lesquelles affixes soient toutes spécifiées dans le dictionnaire, ce ne sera pas merveille que les esprits vulgaires apprennent en moins de six heures à composer en cette langue avec l'aide du dictionnaire, qui est le sujet de la première proposition.

Pour la seconde, à savoir : *cognita hac lingua cœteras omnes, ut eius dialectos, cognoscere*[1], ce n'est que pour faire valoir la drogue; car il ne met point en combien de temps on les pourrait connaître, mais seulement qu'on les considérerait comme des dialectes de celle-ci; c'est-à-dire que n'y ayant point en celle-ci d'irrégularités de grammaire comme aux autres, il la prend pour leur primitive. Et de plus il est à noter qu'il peut en son dictionnaire, pour les mots primitifs, se servir de ceux qui sont en usage en toutes les langues, comme de synonymes. Comme par exemple, pour signifier *l'amour,* il prendra *aimer, amare, φιλεῖν,* etc. Et un Français en ajoutant l'affixe, qui marque le nom substantif, à *aimer,* fera l'*amour ;* un Grec ajoutera le même à *φιλεῖν,* et ainsi des autres.

En suite de quoi la sixième proposition est fort aisée à entendre : *scripturam invenire*[2], *etc.*; car mettant en son dictionnaire un seul chiffre, qui se rapporte à *aimer, amare, φιλεῖν,* et tous les synonymes, le livre qui sera écrit avec ces caractères pourra être interprété par tous ceux qui auront ce dictionnaire.

La cinquième proposition n'est aussi, ce semble, que pour louer sa marchandise, et sitôt que je vois seulement le mot d'*arcanum*[3] en quelque proposition, je commence à en avoir mauvaise opinion; mais je crois qu'il ne veut dire autre chose, sinon que parce qu'il a fort philosophé

1. Connaissant cette langue, connaître toutes les autres comme des dialectes de la première.
2. Trouver l'écriture.
3. Secret.

sur les grammaires de toutes ces langues qu'il nomme, pour abréger la sienne, il pourrait plus facilement les enseigner que les maîtres ordinaires.

Il reste la troisième proposition, qui m'est tout à fait un *arcanum ;* car de dire qu'il expliquera les pensées des anciens par les mots desquels ils se sont servis, en prenant chaque mot pour la vraie définition de la chose, c'est proprement dire qu'il expliquera les pensées des anciens en prenant leurs paroles en autre sens qu'ils ne les ont jamais prises, ce qui répugne; mais il l'entend peut-être autrement.

Or cette pensée de réformer la grammaire, ou plutôt d'en faire une nouvelle qui se puisse apprendre en cinq ou six heures, et laquelle on puisse rendre commune pour toutes les langues, ne laisserait pas d'être une invention utile au public, si tous les hommes se voulaient accorder à la mettre en usage, sans deux inconvénients que je prévois. Le premier est pour la mauvaise rencontre des lettres, qui feraient souvent des sons désagréables et insupportables à l'ouïe : car toute la différence des inflexions des mots ne s'est faite par l'usage que pour éviter ce défaut, et il est impossible que votre auteur ait pu remédier à cet inconvénient, faisant sa grammaire universelle pour toutes sortes de nations; car ce qui est facile et agréable à notre langue, est rude et insupportable aux Allemands, et ainsi des autres. Si bien que tout ce qui se peut, c'est d'avoir évité cette mauvaise rencontre des syllabes en une ou deux langues; et ainsi sa langue universelle ne serait que pour un pays. Mais nous n'avons que faire d'apprendre une nouvelle langue, pour parler seulement avec les Français. Le second inconvénient est pour la difficulté d'apprendre les mots de cette langue. Car si pour les mots primitifs chacun se sert de ceux de sa langue, il est vrai qu'il n'aura pas tant de peine, mais il ne sera aussi entendu que par ceux de son pays, sinon par écrit, lorsque celui qui le voudra entendre prendra la peine de chercher tous les mots dans le dictionnaire, ce qui est trop ennuyeux pour espérer qu'il passe en usage. Que s'il veut qu'on apprenne des mots primitifs, communs pour toutes les langues, il ne trouvera jamais personne qui veuille prendre cette peine; et il serait plus aisé de faire que tous les hommes s'accordassent à apprendre la latine ou quelque autre de celles qui sont en usage, que non pas celle-ci, en laquelle il n'y a point encore de livres écrits, par le moyen desquels on se puisse exercer, ni d'hommes qui la sachent, avec qui l'on puisse acquérir l'usage de la parler. Toute l'utilité donc que je vois qui peut réussir de cette invention, c'est pour l'écriture : à savoir, qu'il fît imprimer un gros dictionnaire en toutes les langues auxquelles il voudrait être entendu, et mît des caractères communs pour chaque mot primitif, qui répondissent au sens, et non pas aux syllabes, comme un même caractère pour *aimer, amare,* et *φιλεῖν*; et ceux qui auraient ce dictionnaire, et sauraient sa grammaire, pourraient en cherchant tous ces caractères l'un après l'autre interpréter en leur langue ce qui serait écrit. Mais cela ne serait bon que pour lire des mystères et des révélations; car pour d'autres choses, il faudrait n'avoir guère à faire, pour prendre la peine de chercher tous les mots dans un dictionnaire, et ainsi je ne vois pas ceci de grand usage. Mais peut-être que je me trompe; seulement vous ai-je voulu écrire tout ce que je pouvais conjecturer sur ces six propositions que vous m'avez envoyées, afin que lorsque vous aurez vu l'invention, vous puissiez dire si je l'aurai bien déchiffrée.

Au reste, je trouve qu'on pourrait ajouter à ceci une invention, tant pour composer les mots primitifs de cette langue, que pour leurs caractères; en sorte qu'elle pourrait être enseignée en fort peu de temps, et ce par le moyen de l'ordre, c'est-à-dire, établissant un ordre entre toutes les pensées qui peuvent entrer en l'esprit humain, de même qu'il y en a un naturellement établi entre les nombres; et comme on peut apprendre en un jour à nommer tous les nombres jusques à l'infini, et à les écrire en une langue inconnue, qui sont toutefois une infinité de mots différents, qu'on pût faire le même de tous les autres mots nécessaires pour exprimer toutes les autres choses qui tombent en l'esprit des hommes. Si cela était trouvé, je ne doute point que cette langue n'eût bientôt cours parmi le monde; car il y a force gens qui emploieraient volontiers cinq ou six jours de temps pour se pouvoir faire entendre par tous les hommes. Mais je ne crois pas que votre auteur ait pensé à cela, tant parce qu'il n'y a rien en toutes ses propositions qui le témoigne, que parce que l'invention de cette langue dépend de la vraie philosophie; car il est impossible autrement de dénombrer toutes les pensées des hommes, et de les mettre par ordre, ni seulement de les distinguer en sorte qu'elles soient claires et simples, qui est à mon avis le plus grand secret qu'on puisse avoir pour acquérir la bonne science. Et si quelqu'un avait bien expliqué quelles sont les idées simples qui sont en l'imagination des hommes, desquelles se compose tout ce qu'ils pensent, et que cela fût reçu par tout le monde, j'oserais espérer ensuite une langue universelle fort aisée à apprendre, à prononcer et à écrire, et ce qui est le principal, qui aiderait au jugement, lui représentant si distinctement toutes choses, qu'il lui serait presque impossible de se tromper; au lieu que tout au rebours, les mots que nous avons n'ont quasi que des significations confuses, auxquelles l'esprit des hommes s'étant accoutumé de longue main, cela est cause qu'il n'entend presque rien parfaitement. Or je tiens que cette langue est possible, et qu'on peut trouver la science de qui elle dépend, par le moyen de laquelle les paysans pourraient mieux juger de la vérité des choses, que ne font maintenant les philosophes. Mais n'espérez pas de la voir jamais en usage; cela présuppose de grands changements en l'ordre des choses, et il faudrait que tout le monde ne fût qu'un paradis terrestre, ce qui n'est bon à proposer que dans le pays des romans.

A MERSENNE

Amsterdam, janvier 1630.

Je suis marri de votre érésipèle, et du mal de M. Montais; je vous prie de vous conserver, au moins jusqu'à ce que je sache s'il y a moyen de trouver une médecine qui soit fondée en démonstrations infaillibles, qui est ce que je cherche maintenant.

Pour ce qui se voit ordinairement autour de la chandelle[1], cela n'a rien de commun avec les couronnes qui

1. Cet exemple, comme la plupart des suivants, ont déjà fait l'objet de discussions dans des lettres précédentes.

paraissent autour des astres; car il n'y a point de séparation entre cela et la chandelle, et ce n'est autre chose que *lumen secundarium quod emergit ex radiis directis per foramen uvæ transmissis*[1], de même que le rayon du soleil entrant par un petit trou dans une chambre en illumine aussi les côtés. Mais pour voir des couleurs plus apparentes, prenez la peine de regarder de sept ou huit pas une chandelle au travers de l'aile d'une plume à écrire, ou bien seulement au travers d'un seul cheveu, qui descende de haut en bas par le milieu de votre œil, et mettez ce cheveu tout contre l'œil, et alors vous apercevrez une grande variété de belles couleurs. Je poursuis après cela votre lettre de point en point.

Premièrement, en disant que le son grave est plus légitimement dit fondement de la musique que l'aigu, je ne nie pas pour cela qu'en quelque autre sens l'aigu ne soit plus véritablement son que le grave; et si je ne me trompe, j'ai dit expressément que selon diverses considérations, l'un pouvait être estimé plus ou moins son que l'autre, c'est-à-dire le grave plus pour une considération, et moins pour une autre. Pour ce que j'ai dit aussi que le grave se pouvait entendre de plus loin, ce n'est que *cœteris paribus*[2], et en suite de ce qu'il consiste en un plus grand corps, toutes choses étant égales. Car il est certain qu'une même corde plus elle sera tendue, plus elle aura le son aigu, et toutefois, sera entendue de plus loin. Mais pour faire tout égal, prenez deux cloches de même figure et métal, la plus grande aura le son plus grave, et s'entendra de plus loin. Pour déterminer à quelle distance chaque son se peut entendre, il est impossible; car l'un a meilleure oreille que l'autre, et le moindre mouvement de l'air change tout. Ce que vous dites que le son aigu s'étend plus vite que le grave, est vrai en tout sens; car il est plus vite porté par l'air, à cause que son mouvement est plus prompt; et il est plus vite discerné par l'oreille, parce que ses retours se font aussi plus vite. Car il faut remarquer que si le son ne frappe l'oreille qu'une seule fois, il est bien entendu

---

1. La lumière en tant qu'elle émane des rayons rectilignes transmis par la pupille.
2. Toutes choses égales.

comme bruit, mais non pas distingué comme son qui soit grave ou aigu; il faut pour cela qu'il frappe l'oreille au moins deux ou trois fois, afin que par l'intervalle qui est entre les deux battements, on estime combien il est grave ou aigu; ce qui paraît en ce que si vous mettez le doigt sur une corde, sitôt après que vous l'avez touchée, avant qu'elle ait le temps de faire plusieurs retours, on entendra bien quelque bruit, mais on ne pourra juger s'il est grave ou aigu.

En second lieu, pour le rejaillissement des ballons, il est vrai qu'il est excité en partie parce que l'air, non pas celui de dehors, mais celui qui est enfermé dedans, rejaillit comme un ressort, et les repousse en haut; mais il y a encore une autre cause, qui est la continuation du mouvement.

Troisièmement, si vous prenez garde au calcul que je faisais des retours des sons pour faire des consonances, vous trouverez que les sons qui font la quarte, recommencent ensemble, non pas *duodecimo quoque ictu*[1], comme vous écrivez, mais *quarto quoque ictu* du son plus aigu, et *tertio quoque ictu* du plus grave. De même que pour la quinte ils reviennent ensemble, *tertio quoque ictu* du plus aigu, et *secundo quoque ictu* du plus grave; au lieu que pour la douzième, ils reviennent aussi *tertio quoque ictu* du plus aigu, mais *singulis ictibus*[2] du plus grave, ce qui fait que la douzième est plus simple que la quinte. Je dis plus simple, non pas plus agréable; car il faut remarquer que tout ce calcul sert seulement pour montrer quelles consonances sont les plus simples, ou si vous voulez, les plus douces et parfaites, mais non pas pour cela les plus agréables; et si vous lisez bien ma lettre, vous ne trouverez point que j'aie dit que cela fît une consonance plus agréable que l'autre, car à ce compte l'unisson serait le plus agréable de tous. Mais pour déterminer ce qui est plus agréable, il faut supposer la capacité de l'auditeur, laquelle change comme le goût, selon les personnes; ainsi les uns aimeront mieux entendre une seule voix, les autres un concert, etc.; de même que l'un aime mieux ce qui est doux, et l'autre ce qui est un peu aigre ou amer, etc.

1. Tous les douze coups (dans le sens de percussion).
2. A chaque coup.

Pour ce que vous demandez pourquoi l'intervalle de 1 à 7 n'est pas reçu en la musique, la raison en est claire; parce qu'en suite de celui-là, il en faudrait recevoir une infinité d'autres, qui surpassent la capacité de nos oreilles. Ne pensez pas pouvoir entendre la quinte, sans que la corde aiguë ait au moins frappé trois fois votre oreille; ni la quarte, qu'elle ne l'ait frappée quatre fois, et ainsi des autres; ni seulement juger qu'un seul son soit grave ou aigu, s'il n'a au moins frappé deux fois votre oreille, comme j'ai dit ci-dessus.

4. De dire que la même partie d'air *in individuo*[1] qui sort de la bouche de celui qui parle, va frapper toutes les oreilles, cela est ridicule.

5. La plupart des petits corps regardés avec des lunettes paraissent transparents, parce qu'ils le sont en effet; mais plusieurs de ces petits corps mis ensemble ne sont plus transparents, parce qu'ils ne sont pas joints ensemble également, et le seul arrangement des parties, étant inégal, suffit pour rendre opaque ce qui était transparent, comme vous voyez que du verre ou du sucre candi, étant pilés, ne sont plus transparents, encore que chaque partie d'iceux ne laisse pas de l'être.

6. Je vous remercie des qualités que vous avez tirées d'Aristote; j'en avais déjà fait une autre plus grande liste, partie tirée de Verulamius[2], partie de ma tête, et c'est une des premières choses que je tâcherai d'expliquer, et cela ne sera pas si difficile qu'on pourrait croire; car les fondements étant posés, elles suivent d'elles-mêmes.

7. Il est impossible de faire un miroir qui brûle à une lieue loin, quoi qu'on ait écrit d'Archimède, s'il n'est d'une grandeur excessive; la raison est que les rayons du soleil ne sont pas tous parallèles, comme on les imagine. Et quand un ange aurait fait un miroir pour brûler, s'il n'avait plus de six toises de diamètre, je ne crois pas qu'il pût avoir assez de force pour brûler à une lieue de distance, quelque figure qu'il lui donnât.

8. On ne peut donner d'autre raison, pourquoi la musique ne s'étend qu'aux consonances qui naissent

1. Considérée individuellement.
2. François Bacon.

de la première et seconde division de l'octave, sinon parce que l'oreille n'est pas assez subtile pour distinguer les proportions qui seraient entre les termes qui viendraient de la troisième division, à savoir ces tons-ci, les septième, neuvième, sextes et tierces imparfaites, dièses, comma, etc. Car admettant un seul de tout cela, il faut admettre le reste par nécessité.

9. Pour ce que vous demandez, comment les vertus chrétiennes s'accordent avec les naturelles, je ne saurais dire autre chose, sinon que de même que pour rendre droit un bâton qui est courbé, on ne le dresse pas seulement, mais on le plie de l'autre côté; de même, parce que notre nature est trop portée à la vengeance, Dieu ne nous commande pas seulement de pardonner à nos ennemis, mais encore de leur faire du bien, et ainsi des autres.

10. Pour le latin que vous me demandez en votre seconde lettre, s'il vient de moi, il n'est assurément point de mon style, et même je ne l'entends pas[1]. Pour du reste je m'en tais, car j'ai honte de parler de moi-même. Mais je vous jure que du temps que ce personnage se vante d'avoir écrit de si belles choses sur la musique, il n'en savait que ce qu'il avait appris dans Faber Stapulensis, et tenait pour un grand secret de savoir que la quinte était comme de 2 à 3, et la quarte de 4 à 5, et n'avait jamais passé plus outre, et trouvait cela si beau, qu'encore qu'il fût tout à fait hors de propos, il l'avait inséré en des thèses de médecine qu'il avait soutenues peu de temps auparavant. Ce que je n'aurais daigné écrire, sinon afin que vous sachiez que ce n'est pas sans raison, que je blâme son peu de reconnaissance, laquelle j'ai découvert en beaucoup d'autres choses qu'en ce que vous m'avez mandé; aussi n'ai-je plus de commerce avec lui.

11. Je n'entends point *quid sit ista protuberantia in campanis*[2]; car il est bien vrai que toute la cloche tremble

1. Ce latin dont Descartes rejette la paternité, et dont nous verrons plus loin des échantillons, vient probablement d'une lettre de Beeckman consacrée à la musique.

2. Ce que peut être cette protubérance dans les cloches. L'auteur ici critiqué pensait que lorsqu'on frappe une cloche, il s'y forme une protubérance d'où émane le son.

étant frappée, mais c'eſt un mouvement qui eſt égal par toute la cloche, au moins en tant qu'il engendre un seul son. Car s'il s'y trouve de l'inégalité, cela divise le son en plusieurs différents, et l'empêche plutôt que de l'engendrer, comme on voit aux cloches qui sont fêlées. Vous demandez si une grosse cloche, frappée seulement avec une épingle, branlera toute ; je réponds que oui, si elle rend un son de même nature que celui qu'elle rend ordinairement ; mais si elle ne branle pas toute, elle rendra seulement un petit son sourd, qui serait semblable, en un morceau de la cloche étant cassée, qu'il eſt la cloche étant entière. De savoir quelle doit être la figure d'une cloche, pour être la plus parfaite, c'eſt à quoi je n'ai encore jamais pensé.

12. Je n'entends point aussi ce latin : *Pori prope extrema sunt duplices ad poros in medio chordæ*[1], et il ne peut signifier qu'une fausse imagination. Car il eſt certain qu'une corde bandée sur un monocorde, eſt également bandée en toutes ses parties ; et si vous tournez la cheville fort lentement pour monter la corde, je crois qu'elle se rompra aussitôt au milieu qu'aux extrémités. Mais si vous la tournez un peu vite, elle se rompra plutôt aux extrémités qu'au milieu, parce que le mouvement commençant par les bouts, elle n'y a pas tant de loisir pour s'étendre, qu'elle a au milieu, et ainsi elle s'y rompt plutôt. Car il faut remarquer que *non extenditur in inſtanti*[2] ; et vous ferez aller une corde beaucoup plus haut sans la rompre, si vous la montez peu à peu, que si vous la montiez tout d'un coup.

Pour l'homme des langues, ne trouvez pas étrange s'il explique du persan ou d'autres semblables langues, principalement puisqu'il n'entreprend pas cela sur-le-champ, mais en deux ou trois jours de temps. Car en ayant appris plusieurs, il peut bien déchiffrer quelque chose de toutes les autres qui sont en usage, au moins s'il a de l'esprit. Mais il eſt ridicule de dire que les Romains ont tiré le nom de Dieu d'un mot hébreu et les Allemands d'un arabe : comme si le peuple qui a com-

---

1. Les pores qui touchent aux extrémités sont doubles en proportion de ceux qui se trouvent au milieu de la corde.
2. Elle ne s'étend pas dans l'inſtant.

posé les langues s'était voulu assujettir à suivre ses rêveries; cela eﬅ si puéril, que je m'étonne de ce qu'on prend seulement la peine de l'écouter.

Je vous remercie de ce que vous m'offrez de m'envoyer les observations de M. Gassendi; je ne voudrais pas vous donner tant de peine, puisqu'elles ne sont point imprimées. Je serais seulement bien aise de savoir généralement s'il a pu voir plusieurs taches au soleil, et combien il en a vu en même temps; si elles vont toutes de même vitesse, et si leur figure paraît toujours ronde. Je voudrais bien aussi savoir s'il a observé certainement que la réfraction de l'air fît paraître les aﬅres plus haut élevés lorsqu'ils sont près de l'horizon, qu'ils ne sont en effet; et supposé qu'il l'ait observé, savoir si cette réfraction a lieu aussi en la lune; comme aussi si cette réfraction eﬅ plus grande ou plus petite aux aﬅres qui sont proches de l'horizon vers le septentrion, qu'en ceux qui sont vers le midi. Mais ces choses-là requièrent des inﬅruments si juﬅes, et des supputations si exactes, que je n'ose espérer que personne du monde ait encore pu déterminer cela assurément; et s'il y a quelqu'un qui le puisse, je n'en connais point en qui j'aie tant d'espérance qu'en lui.

Il me semble vous avoir ouï dire autrefois que vous aviez examiné juﬅement la pesanteur de tous les métaux et que vous en aviez fait une table; si cela eﬅ, et que ce ne vous soit point trop de peine de me l'envoyer, vous m'obligerez extrêmement.

Je voudrais bien aussi savoir si vous n'avez point expérimenté, si une pierre jetée avec une fronde, ou la balle d'un mousquet, ou un trait d'arbalète, vont plus vite, et ont plus de force au milieu de leur mouvement, qu'ils n'ont dès le commencement, et s'ils font plus d'effet. Car c'eﬅ la créance vulgaire, avec laquelle toutefois mes raisons ne s'accordent pas; et je trouve que les choses qui sont poussées, et qui ne se meuvent pas d'elles-mêmes, doivent avoir plus de force au commencement, qu'elles n'ont incontinent après. Je suis,

Mon R. P.,

Votre très humble et très obéissant serviteur

DESCARTES.

A MERSENNE

[18 mars 1630.]

J'ai répondu à vos précédentes dès le jour même que je les ai reçues; mais vous ne pouviez pas encore avoir ma lettre, lorsque vous avez écrit vos dernières; car il faut toujours du moins trois semaines pour avoir réponse, et le messager n'arrive ici que le samedi au soir, ou le dimanche selon le vent, et s'en retourne le lundi au soir, et quelquefois aux voyages que je n'attends point de vos lettres, il eſt prêt de s'en retourner avant qu'on me les apporte.

Au reſte vous ne m'étonnez pas moins de me mander que le bon M. Ferrier se dispose maintenant pour venir ici, que de ce qu'il a quitté l'inſtrument de M. Morin sans l'achever; car il ne m'en a rien mandé, et il y a cinq ou six mois que je n'ai reçu de ses nouvelles. Et même après lui avoir écrit deux grandes lettres qui semblaient plutôt à des volumes, où j'avais tâché de lui expliquer la plus grande partie de ce que j'ai pensé touchant la conſtruction des lunettes, il ne m'a pas fait de réponse, et je n'aurais point su qu'il les eût reçues, sinon qu'il y en avait pour vous au même paquet qui vous ont été rendues. Ce qui me faisait plutôt juger qu'il était occupé à d'autres choses, que non pas qu'il pensât à venir ici; vu principalement que l'année passée, lorsque je l'y avais convié, il m'en avait ôté toute espérance. Alors j'étais à Franeker, logé dans un petit château, qui eſt séparé avec un fossé du reſte de la ville, où l'on disait la messe en sûreté; et s'il fût venu, je voulais acheter des meubles, et prendre une partie du logis, pour faire notre ménage à part. J'avais déjà fait provision d'un garçon qui sût faire la cuisine à la mode de France, et me résolvais de n'en changer de trois ans, et pendant ce temps-là, qu'il aurait tout loisir d'exécuter le dessin des verres, et de s'y ſtyler, en sorte qu'il en pourrait par après tirer de l'honneur et du profit. Mais sitôt que je sus qu'il ne venait point, je disposai mes affaires en autre sorte; et maintenant je me prépare pour passer en Angleterre dans cinq ou six semaines, comme je pensais déjà vous avoir écrit[1]. Au reste, quand bien même je demeurerais ici, je ne le pourrais pas avoir sans incommodité. Et, entre nous, quand bien même je pourrais, ce que vous me mandez, qu'il n'a point achevé l'instrument de M. Morin m'en ôterait l'envie : car il me mandait l'année passée, que Monsieur, Frère du Roi, lui avait commandé de l'achever, et qu'on lui avait fait venir exprès des étoffes d'Allemagne. Après cela, je ne vois pas quelle excuse il peut avoir, et si en trois ans tantôt qu'il est après, il n'en a su venir à bout, je ne dois pas espérer qu'il exécute les verres, pour lesquels il lui faudrait préparer des machines, que je tiens plus difficiles que cet instrument. Et j'aurais grande honte, si après l'avoir gardé deux ou trois ans, il ne venait à bout de rien qui surpassât le commun; on m'en pourrait imputer la faute, ou pour le moins celle de l'avoir fait venir ici pour néant. Il n'est point de besoin, s'il vous plaît, de lui parler de ceci, ni même que je ne suis plus en dessein de le recevoir, sinon que vous vissiez tout à bon qu'il s'y préparât, auquel cas vous lui direz, s'il vous plaît, que je vous ai mandé que je m'en allais hors de ce pays, et que peut-être il ne m'y trouverait plus. Que s'il pensait venir, encore que je n'y fusse pas, pensant y être mieux qu'à Paris (car ceux qui n'ont pas voyagé ont quelquefois de telles imaginations), vous le pourrez assurer qu'il y fait plus cher vivre qu'à Paris, et qu'il trouverait ici moins de personnes curieuses des choses qu'il peut faire, qu'il n'y en a en la plus petite ville de France. Ce qui fait que je vous prie de ne lui point dire mon intention là-dessus, si cela ne lui est nécessaire, c'est que je ne crois pas, vu ce qu'il m'avait mandé auparavant touchant l'état de ses affaires, qu'il pût venir, encore même que je l'en priasse; et crois assurément que ce qu'il en dit, n'est que par je ne sais quelle humeur, pour s'excuser soi-même de ce qu'il ne fait pas autre chose. Mais s'il savait que je ne fusse plus en volonté de l'avoir avec moi, peut-être que ce serait alors qu'il le désirerait le plus, et qu'il dirait qu'il s'y serait attendu, et que je lui aurais

1. Ce projet de voyage en Angleterre ne fut jamais mis à exécution.

fait perdre beaucoup d'autres bonnes occasions. Car il y en a qui sont de telle humeur, qu'ils ne désirent les choses que lorsque le temps en est passé, et qui inventent des sujets pour se plaindre de leurs amis, pensant ainsi excuser leur mauvaise fortune. Ce n'est pas que je ne l'aime, et que je ne le tienne pour un homme tout plein d'honneur et de bonté; mais parce que je ne connais que deux personnes, avec qui il ait jamais eu quelque chose à démêler, qui sont M. Mydorge et M. Morin, et qu'il se plaint de tous les deux, je ne saurais que je ne juge qu'il tient quelque chose de cette humeur, ou il faut dire qu'il est bien malheureux. Enfin, s'il est vrai qu'il ait fait son compte de venir ici, je dois juger par là qu'il met fort mauvais ordre à ses affaires, vu qu'il ne m'en a rien mandé du tout, et qu'il a été si longtemps sans m'écrire, encore qu'il eût reçu des lettres, auxquelles tout autre que moi aurait trouvé mauvais de ce qu'il n'a point fait de réponse : car outre que je lui expliquais beaucoup de choses qu'il avait désirées, je le priais de m'écrire tout plein de petites particularités, à quoi, ce me semble, au moins il devait répondre. Je me souviens seulement de deux, qui sont de me mander si M. de Balzac ou M. Silhon seraient cet hiver à Paris. J'ai cru cela trop peu de chose pour vous donner la peine de me l'écrire; mais si vous le savez, je serai bien aise de l'apprendre. Après tout, je plains fort M. Ferrier et voudrais bien pouvoir, sans trop d'incommodité, soulager sa mauvaise fortune; car il la mérite meilleure, et je ne connais en lui de défaut, sinon qu'il ne fait jamais son compte sur le pied des choses présentes, mais seulement de celles qu'il espère ou qui sont passées, et qu'il a une certaine irrésolution qui l'empêche d'exécuter ce qu'il entreprend. Je lui ai rebattu presque la même chose en toutes les lettres que je lui ai écrites; mais vous avez plus de prudence que moi, pour savoir ce qu'il faut dire et conseiller.

Pour votre question, savoir si on peut établir la raison du *beau,* c'est tout de même que ce que vous demandiez auparavant, pourquoi un son est plus agréable que l'autre, sinon que le mot de *beau* semble plus particulièrement se rapporter au sens de la vue. Mais généralement ni le beau, ni l'agréable, ne signifient rien qu'un rapport de notre jugement à l'objet; et parce que les jugements des hommes sont si différents, on ne peut dire que le beau, ni l'agréable, aient aucune mesure déterminée. Et je ne le saurais mieux expliquer, que j'ai fait autrefois en ma musique[1]; je mettrai ici les mêmes mots, parce que j'ai le livre entre mes mains : *Inter objecta sensus, illud non animo gratissimum est, quod facillime sensu percipitur, neque etiam quod difficillime ; sed quod non tam facile ut naturale desiderium, quo sensus feruntur in objecta, plane impleat, neque etiam tam difficulter, ut sensum fatiget*[2]. J'expliquais, *id quod facile, vel difficulter sensu percipitur*[3], comme par exemple, les compartiments d'un parterre, qui ne consisteront qu'en une ou deux sortes de figures, arrangées toujours de même façon, se comprendront bien plus aisément que s'il y en avait dix ou douze, et arrangées diversement; mais ce n'est pas à dire qu'on puisse nommer absolument l'un plus beau que l'autre, mais selon la fantaisie des uns, celui de trois sortes de figures sera le plus beau, selon celle des autres celui de quatre, ou de cinq, etc. Mais ce qui plaira à plus de gens, pourra être nommé simplement le plus *beau,* ce qui ne saurait être déterminé.

Secondement, la même chose qui fait envie de danser à quelques-uns, peut donner envie de pleurer aux autres. Car cela ne vient, que de ce que les idées qui sont en notre mémoire sont excitées : comme, ceux qui ont pris autrefois plaisir à danser lorsqu'on jouait un certain air, sitôt qu'ils en entendent de semblable, l'envie de danser leur revient; au contraire, si quelqu'un n'avait jamais ouï jouer des gaillardes, qu'au même temps il ne lui fût arrivé quelque affliction, il s'attristerait infailliblement, lorsqu'il en ouïrait une autre fois. Ce qui est si certain, que je juge que si on avait bien fouetté un chien cinq ou six fois, au son du violon, sitôt

1. *L'Abrégé de la Musique.*

2. Parmi les objets des sens, le plus agréable à l'esprit n'est pas celui qui est perçu le plus facilement, ni celui qui est perçu le plus difficilement, mais celui qui n'est pas perçu avec une facilité telle qu'il contente pleinement l'appétit naturel qui porte les sens vers leurs objets et qui n'est pas cependant perçu avec une difficulté telle qu'il fatigue les sens.

3. Ce qui est facilement, ou difficilement perçu par le sens.

qu'il ouïrait une autre fois cette musique, il commencerait à crier et à s'enfuir[1].

Le son des flûtes s'engendre et se modifie en telle sorte. Soit la flûte A B C D; le souffle qui eſt passé par A, étant arrivé à B, se divise, et une partie sort par le trou B, l'autre passe tout le long de la flûte jusqu'à D.

Or il faut remarquer que le vent qui sort par B, se dissipe aisément en l'air libre, mais celui qui veut passer par le long du tuyau, lorsqu'il eſt encore en B, ne saurait aller plus outre, qu'il ne chasse l'air qui lui eſt tout proche, et que celui-ci ne pousse au même inſtant le suivant, et ainsi jusqu'à D; et c'eſt ce qui fait que le son se forme en même temps en toute la concavité de la flûte; comme je tâcherai d'expliquer plus diſtinctement en mon traité. C'eſt aussi cela même qui le modifie; car plus la flûte eſt longue, et plus l'air qui eſt compris en icelle, résiſte au vent qui sort de la bouche, et par conséquent eſt chassé plus lentement : d'où vient que le son eſt plus grave. Or ceci se fait à petites secousses, lesquelles correspondent aux tours et retours des cordes.

Je n'ai plus rien à dire, sinon que si par hasard vous rencontrez quelqu'un qui parle de moi, et qui se souvienne encore que je suis au monde, je serai bien aise de savoir ce qu'on en dit, et ce qu'on pense que je fasse, et où je suis,

Mon R. P.,

Votre très humble et très obéissant serviteur,

DESCARTES.

1. Noter ce pressentiment du réflexe conditionnel.

A MERSENNE

Amsterdam, 15 avril 1630.

Monsieur et Révérend Père,

Votre lettre datée du 14 mars, qui est celle, je crois, dont vous êtes en peine, me fut rendue dix ou douze jours après; mais parce que vous m'en faisiez espérer d'autres au voyage suivant, et qu'il n'y avait que huit jours que je vous avais écrit, j'ai différé à vous faire réponse, jusques à maintenant que j'ai reçu vos dernières datées du 4 avril. Je vous supplie de croire que je me ressens infiniment obligé de tous les bons offices que vous me faites, lesquels sont en trop grand nombre pour que je vous puisse remercier de chacun en particulier, mais je vous assure que je satisferai en revanche à tout ce que vous désirerez de moi, autant qu'il sera en mon pouvoir; et je ne manquerai de vous faire toujours savoir les lieux où je serai, pourvu, s'il vous plaît, que vous n'en parliez point, et même je vous prie d'ôter plutôt l'opinion à ceux qui la pourraient avoir, que j'aie dessein d'écrire, que de l'augmenter; car je vous jure que si je n'avais pas ci-devant témoigné avoir ce dessein, et qu'on pourrait dire que je n'en ai su venir à bout, je ne m'y résoudrais jamais. Je ne suis pas si sauvage que je ne sois bien aise, si on pense à moi, qu'on en ait bonne opinion; mais j'aimerais bien mieux qu'on n'y pensât point du tout. Je crains plus la réputation que je ne la désire, estimant qu'elle diminue toujours en quelque façon la liberté et le loisir de ceux qui l'acquièrent, lesquelles deux choses je possède si parfaitement, et les estime de telle sorte, qu'il n'y a point de monarque au monde qui fût assez riche pour les acheter de moi. Cela ne m'empêchera pas d'achever le petit traité que j'ai commencé; mais je ne désire pas qu'on le sache, afin d'avoir toujours la liberté de le désavouer; et j'y travaille fort lentement, parce que je prends beaucoup plus de plaisir à m'instruire moi-même, que non pas à mettre par écrit le peu que je sais. J'étudie maintenant en chimie et en anatomie tout ensemble, et apprends tous les jours quelque chose que je ne trouve pas dedans les livres. Je voudrais bien être déjà parvenu jusqu'à la recherche des maladies et des remèdes, afin d'en trouver quelqu'un pour votre érésipèle, duquel je suis marri que vous êtes si longtemps affligé. Au reste je passe si doucement le temps en m'instruisant moi-même, que je ne me mets jamais à écrire en mon traité que par contrainte, et pour m'acquitter de la résolution que j'ai prise qui est, si je ne meurs, de le mettre en état de vous l'envoyer au commencement de l'année 1633. Je vous détermine le temps pour m'y obliger davantage, et afin que vous m'en puissiez faire reproche si j'y manque. Au reste vous vous étonnerez que je prenne un si long terme pour écrire un discours qui sera si court, que je m'imagine qu'on le pourra lire en une après-dîner; mais c'est que j'ai plus de soin et crois qu'il est plus important que j'apprenne ce qui m'est nécessaire pour la conduite de ma vie, que non pas que je m'amuse à publier le peu que j'ai appris. Que si vous trouvez étrange de ce que j'avais commencé quelques autres traités étant à Paris, lesquels je n'ai pas continués, je vous en dirai la raison : c'est que pendant que j'y travaillais, j'acquérais un peu plus de connaissance que je n'en avais eu en commençant, selon laquelle me voulant accommoder, j'étais contraint de faire un nouveau projet, un peu plus grand que le premier, ainsi que si quelqu'un ayant commencé un bâtiment pour sa demeure, acquérait cependant des richesses qu'il n'aurait pas espérées et changeait de condition, en sorte que son bâtiment commencé fût trop petit pour lui, on ne le blâmerait pas si on lui en voyait recommencer un autre plus convenable à sa fortune. Mais ce qui m'assure que je ne changerai plus de dessein, c'est que celui que j'ai maintenant est tel que, quoi que j'apprenne de nouveau, il m'y pourra servir, et encore que je n'apprenne rien plus, je ne laisserai pas d'en venir à bout.

Je m'étonne de ce que vous me mandez de Ferrier, qu'il fonde ses espérances sur l'invention des verres, vu qu'il néglige de m'écrire : car je ne pense pas, encore que je lui aie décrit fort particulièrement les machines nécessaires pour la construction d'iceux, qu'il se puisse encore passer de moi, et qu'il n'y trouve quelque difficulté qui l'arrêtera ou le trompera. Mais il y a des gens qui pensent savoir parfaitement une chose, sitôt qu'ils y voient la moindre lumière. Je vous supplie, et pour cause, de me mander s'il ne vous a point dit ce que contenaient les dernières lettres que je lui ai écrites; et s'il ne vous en a point parlé, je vous prie de lui demander expressément. Vous en pourrez prendre occasion en lui disant que je vous ai mandé que je trouvais étrange qu'il ne m'avait point fait réponse à mes dernières lettres, vu que je pensais qu'elles en valussent bien la peine, et lui demander là-dessus de quoi parlaient donc ces lettres-là.

Pour des problèmes, je vous en enverrai un million pour proposer aux autres, si vous le désirez; mais je suis si las des mathématiques, et en fais maintenant si peu d'état, que je ne saurais plus prendre la peine de les résoudre moi-même. J'en mettrai ici trois que j'ai autrefois trouvés sans aide que de la géométrie simple, c'est-à-dire avec la règle et le compas.

Invenire diametrum sphœræ tangentis alias quatuor magnitudine et positione datas.

Invenire axem parabolæ tangentis tres lineas rectas positione datas et indefinitas, cujus etiam axis secet ad angulos rectos aliam rectam etiam positione datam et indefinitam.

Invenire stilum horologii in data mundi parte describendi, ita ut umbræ extremitas, data die anni, transeat per tria data puncta, saltem quando istud fieri potest[1].

J'en trouverais bien de plus difficiles si j'y voulais penser, mais je ne crois pas qu'il en soit de besoin.

Pour vos questions : 1. Ces petits corps qui entrent lorsqu'une chose se raréfie, et qui sortent lorsqu'elle se condense, et qui passent au travers les choses les plus

1. Trouver le diamètre d'une sphère touchant quatre autres sphères de grandeur et de position connues.

Trouver l'axe d'une parabole touchant trois lignes droites de position connue et indéfinie, et dont l'axe coupe à angle droit une autre droite de position connue et indéfinie.

Trouver le style d'un cadran solaire, connaissant la partie du monde où il se trouve, pour que l'extrémité de l'ombre, le jour de l'année étant connu, passe par trois points donnés, du moins quand cela est possible.

dures, sont de même substance que ceux qui se voient et qui se touchent; mais il ne les faut pas imaginer comme des atomes, ni comme s'ils avaient quelque dureté, mais comme une substance extrêmement fluide et subtile, qui remplit les pores des autres corps. Car vous ne me nierez pas que dans l'or et dans les diamants il n'y ait certains pores, encore qu'ils soient extrêmement petits; que si vous m'avouez avec cela qu'il n'y a point de vide, comme je crois pouvoir démontrer, vous serez contraint d'avouer que ces pores sont pleins de quelque matière qui pénètre facilement partout. Or la chaleur et la raréfaction ne sont autre chose que le mélange de cette matière. Mais pour persuader ceci, il faudrait faire un plus long discours que ne permet l'étendue d'une lettre. Je vous ai déjà dit le semblable de beaucoup d'autres choses que vous m'avez proposées; mais je vous supplie de croire que ce n'a jamais été pour me servir d'excuse, et ne pas découvrir ce que je me propose d'écrire en ma physique : car je vous assure que je ne sais rien que je tienne secret pour qui que ce soit : à plus forte raison pour vous que j'honore et estime, et à qui j'ai une infinité d'obligations. Mais toutes les difficultés de physique touchant lesquelles je vous ai mandé que j'avais pris parti, sont tellement enchaînées, et dépendent si fort les unes des autres, qu'il me serait impossible d'en démontrer une, sans les démontrer toutes ensemble; ce que je ne saurais faire plus tôt ni plus succinctement que dans le traité que je prépare.

2. Pour les métaux, j'en ai fait moi-même des expériences assez exactes, et je vous en remercie.

3. Pour déterminer de combien un son peut être entendu plus loin que l'autre, cela ne suit pas à proportion de ce qu'il est grave ou aigu simplement; mais il faut savoir quelle est la densité de l'air, quel est le moindre mouvement qui peut suffire pour être nommé *son;* comment l'air étant mû en un endroit, comme en A, ce mouvement se communique aux lieux proches comme en B, C, D, et à quelle proportion il diminue en s'éloignant : or cette proportion varie selon que le corps qui fait ce mouvement est grand ou petit, selon la figure qu'il a, selon qu'il est dur ou mol, et qu'il se remue vite ou lentement. Toutes ces choses doivent

être déterminées avant qu'on puisse résoudre votre question.

Le sifflement d'un boulet de canon n'est pas, au moins à mon avis, plus grave ou aigu, simplement à cause de la grosseur ou vitesse du boulet; mais il faut savoir de plus quel rapport a cette vitesse avec certaine qualité qui est en l'air, qui peut être nommée *viscositas* ou *glutinositas,* et c'est ce que je ne saurais déterminer.

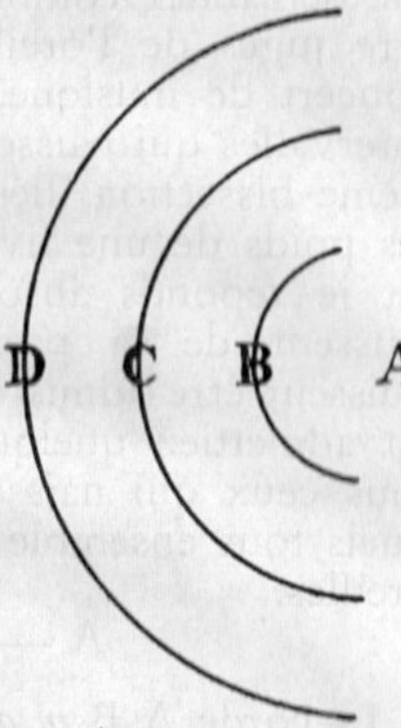

Pour expliquer pourquoi l'oreille ne se plaît pas à toutes sortes d'intervalles, il faut que je me serve d'une comparaison. Je crois que vous m'avouerez bien qu'il y a un peu plus de peine à connaître la proportion qui fait la quinte qu'à connaître celle qui fait l'unisson, et un peu plus à connaître celle qui fait la tierce que la quinte; de même qu'il y a un peu plus de peine à lever un poids de deux livres, qu'à en lever un d'une livre, et plus à un de trois, etc. Or si vous me demandiez combien de livres pesant un homme seul peut élever de terre, je vous dirais que cela ne se peut déterminer, et qu'il varie selon que les hommes sont plus ou moins forts. Mais si vous me proposiez seulement trois corps, l'un d'une livre pesant, l'autre de cinquante livres, l'autre de mille, et que vous me demandassiez combien un homme peut lever de ces trois corps, je vous dirais absolument qu'il n'en saurait lever que les deux qui font cinquante et une livres pesant. Que si vous me demandez si c'est que la nature ait borné les forces de l'homme à cinquante et une livres, je vous dirais que non, mais que c'est à cause qu'il ne saurait lever plus de cinquante et une livres, s'il ne levait encore le poids de mille livres tout entier, ce qui passe la force ordinaire des hommes. De même, si vous demandiez simplement combien il y a d'intervalles en la musique desquels l'oreille puisse juger, je vous dirais que cela varie selon que l'un a l'ouïe plus subtile que l'autre; comme de fait je ne saurais distinguer la quinte de l'octave, et il y en a qui distinguent le demi-ton majeur du mineur; et y en pourrait avoir qui seraient capables de connaître les intervalles de 6 à 7 et 10 à 11, etc. Mais quand vous me demandez combien il y a d'intervalles qui puissent être jugés de l'oreille, lorsqu'ils sont mis dedans un concert de musique, vous me proposez alors tous les intervalles qui naissent de la première, seconde, et troisième bissection, liés en trois corps seulement, comme les poids de une livre, cinquante livres et mille livres. Et je réponds absolument qu'il n'y a que ceux qui naissent de la première et seconde bissection, qui puissent être admis en un concert; parce que si vous y en admettiez quelqu'un de plus, il faudrait admettre tous ceux qui naissent de la troisième bissection, lesquels tous ensemble excèdent la capacité des meilleures oreilles.

A ———————— B

La corde A B *in quiete*[1] est également tendue partout; mais *in motu, quia extensio non fit in instanti, si quidem extremitates chordæ trahantur, ut fieri solet, tunc ille impetus prius sentitur in ipsis extremis quam in medio, et idcirco ibi frangitur*[2]. Que si l'extension se faisait sans mouvement local de quelqu'une des extrémités, comme lorsque les cordes d'un luth s'enflent par l'humidité de l'air, et se cassent d'elles-mêmes, je m'assure qu'elles se rompraient plutôt au milieu qu'ailleurs; vous en pourrez faire expérience, et me le mander, car je ne l'ai jamais faite.

Pour votre question de théologie, encore qu'elle passe la capacité de mon esprit, elle ne me semble pas toutefois hors de ma profession, parce qu'elle ne touche point à ce qui dépend de la révélation, ce que je nomme proprement théologie; mais elle est plutôt métaphysique et se doit examiner par la raison humaine. Or j'estime que tous ceux à qui Dieu a donné l'usage de cette raison, sont obligés de l'employer principalement pour tâcher à le connaître, et à se connaître eux-mêmes. C'est par là

1. En repos.

2. Mais en mouvement, parce que l'extension ne se fait pas instantanément, si l'on tire les extrémités de la corde, comme cela se fait d'habitude, l'effort se fait alors sentir à ces extrémités plutôt qu'au milieu, et c'est pourquoi elle casse à cet endroit.

que j'ai tâché de commencer mes études; et je vous dirai que je n'eusse jamais su trouver les fondements de la physique, si je ne les eusse cherchés par cette voie. Mais c'est la matière que j'ai le plus étudiée de toutes, et en laquelle, grâce à Dieu, je me suis aucunement satisfait; au moins, pensé-je avoir trouvé comment on peut démontrer les vérités métaphysiques, d'une façon qui est plus évidente que les démonstrations de géométrie; je dis ceci selon mon jugement, car je ne sais pas si je le pourrai persuader aux autres. Les neuf premiers mois que j'ai été en ce pays, je n'ai travaillé à autre chose, et je crois que vous m'aviez déjà ouï parler auparavant que j'avais fait dessein d'en mettre quelque chose par écrit; mais je ne juge pas à propos de le faire, que je n'aie vu premièrement comment la physique sera reçue. Si toutefois le livre dont vous parlez[1] était quelque chose de fort bien fait, et qu'il tombât entre mes mains, il traite des matières si dangereuses et que j'estime si fausses, si le rapport qu'on vous en a fait est véritable, que je me sentirais peut-être obligé d'y répondre sur-le-champ. Mais je ne laisserai pas de toucher en ma physique plusieurs questions métaphysiques, et particulièrement celle-ci : Que les vérités mathématiques, lesquelles vous nommez éternelles, ont été établies de Dieu et en dépendent entièrement, aussi bien que tout le reste des créatures. C'est en effet parler de Dieu comme d'un Jupiter ou Saturne, et l'assujettir au Styx et aux destinées, que de dire que ces vérités sont indépendantes de lui. Ne craignez point, je vous prie, d'assurer et de publier partout, que c'est Dieu qui a établi ces lois en la nature, ainsi qu'un roi établit des lois en son royaume. Or il n'y en a aucune en particulier que nous ne puissions comprendre si notre esprit se porte à la considérer, et elles sont toutes *mentibus nostris ingenitæ*[2], ainsi qu'un roi imprimerait ses lois dans le cœur de tous ses sujets, s'il en avait aussi bien le pouvoir. Au contraire nous ne pouvons comprendre la grandeur de Dieu, encore que nous la connaissions. Mais cela même que nous la jugeons incompréhensible nous la fait estimer davantage; ainsi

1. Il s'agit d'un ouvrage inconnu.
2. Innées dans nos esprits.

qu'un roi a plus de majesté lorsqu'il est moins familièrement connu de ses sujets, pourvu toutefois qu'ils ne pensent pas pour cela être sans roi, et qu'ils le connaissent assez pour n'en point douter. On vous dira que si Dieu avait établi ces vérités, il les pourrait changer comme un roi fait ses lois; à quoi il faut répondre que oui, si sa volonté peut changer. — Mais je les comprends comme éternelles et immuables. — Et moi je juge le même de Dieu. — Mais sa volonté est libre. — Oui, mais sa puissance est incompréhensible; et généralement nous pouvons bien assurer que Dieu peut faire tout ce que nous pouvons comprendre, mais non pas qu'il ne peut faire ce que nous ne pouvons pas comprendre; car ce serait témérité de penser que notre imagination a autant d'étendue que sa puissance. J'espère écrire ceci, même avant qu'il soit quinze jours, dans ma physique; mais je ne vous prie point pour cela de le tenir secret; au contraire, je vous convie de le dire aussi souvent que l'occasion s'en présentera, pourvu que ce soit sans me nommer; car je serai bien aise de savoir les objections qu'on pourra faire contre, et aussi que le monde s'accoutume à entendre parler de Dieu plus dignement, ce me semble, que n'en parle le vulgaire, qui l'imagine presque toujours ainsi qu'une chose finie.

Mais à propos de l'infini, vous m'en proposiez une question en votre lettre du 14 mars, qui est tout ce que j'y trouve de plus qu'en la dernière. Vous disiez que s'il y avait une ligne infinie, elle aurait un nombre infini de pieds et de toises, et par conséquent que le nombre infini des pieds serait six fois plus grand que le nombre des toises. — *Concedo totum*[1]. — Donc ce dernier n'est pas infini. — *Nego consequentiam*[2]. — Mais un infini ne peut être plus grand que l'autre. — Pourquoi non? *Quid absurdi*[3]*?* principalement s'il est seulement plus grand *in ratione finita, ut hic ubi multiplicatio per 6 est ratio finita, quæ nihil attinet ad infinitum*[4]. Et de plus, quelle raison avons-nous de juger si un infini peut être

1. J'accorde tout cela.
2. Je nie la conséquence.
3. Qu'y a-t-il d'absurde?
4. Dans un rapport fini, comme dans le cas présent, où la multiplication par 6 est un rapport fini qui ne touche en rien à l'infini.

plus grand que l'autre, ou non? vu qu'il cesserait d'être infini, si nous le pouvions comprendre. Conservez-moi l'honneur de vos bonnes grâces. Je suis

Votre très humble et très affectionné serviteur

DESCARTES.

D'Amsterdam, ce 15 avril 1630.

Je ne partirai pas encore d'ici de plus d'un mois.

A MERSENNE

[Amsterdam, 6 mai 1630.]

MON RÉVÉREND PÈRE,

JE vous remercie de l'observation de la couronne qui a été faite par M. Gassendi[1]. Pour le méchant livre[2], je ne vous prie plus de me l'envoyer; car je me suis maintenant proposé d'autres occupations; et je crois qu'il serait trop tard pour exécuter le dessein qui m'avait obligé de vous mander à l'autre voyage, que si c'était un livre bien fait, et qu'il tombât entre mes mains, je tâcherais d'y faire sur-le-champ quelque réponse. C'est que je pensais qu'encore qu'il n'y eût que trente-cinq exemplaires de ce livre, toutefois s'il était bien fait, qu'on en ferait une seconde impression, et qu'il aurait grand cours entre les curieux, quelques défenses qui en pussent être faites. Or je m'étais imaginé un remède pour empêcher cela, qui me semblait plus fort que toutes les défenses de la justice; qui était, avant qu'il se fît une autre impression de ce livre en cachette, d'en faire faire une avec permission, et ajouter, après chaque période, ou chaque chapitre, des raisons qui prouvassent tout le contraire des siennes, et qui en découvrissent les fausse-

1. Il s'agit de couronnes autour du soleil.
2. Livre inconnu mentionné plus haut.

tés. Car je pensais que s'il se vendait ainsi tout entier publiquement avec sa réponse, on ne daignerait pas le vendre en cachette sans réponse, et ainsi que personne n'en apprendrait la fausse doctrine, qui n'en fût désabusé au même temps; au lieu que les réponses séparées qu'on fait à semblables livres sont d'ordinaire de peu de fruit, parce que chacun ne lisant que les livres qui plaisent à son humeur, ce ne sont pas les mêmes qui ont lu les mauvais livres, qui s'amusent à examiner les réponses. Vous me direz, je m'assure, que c'est à savoir si j'eusse pu répondre aux raisons de cet auteur. A quoi je n'ai rien à dire, sinon que j'y eusse au moins fait tout mon possible, et qu'ayant plusieurs raisons qui me persuadent et qui m'assurent le contraire de ce que vous m'avez mandé être en ce livre, j'osais espérer qu'elles le pourraient aussi persuader à quelques autres, et que la vérité, expliquée par un esprit médiocre, devait être plus forte que le mensonge, fût-il maintenu par les plus habiles gens qui fussent au monde.

Pour les vérités éternelles, je dis derechef que *sunt tantum veræ aut possibiles, quia Deus illas veras aut possibiles cognoscit, non autem contra veras a Deo cognosci quasi independenter ab illo sint veræ*[1]. Et si les hommes entendaient bien le sens de leurs paroles, ils ne pourraient jamais dire sans blasphème, que la vérité de quelque chose précède la connaissance que Dieu en a, car en Dieu ce n'est qu'un de vouloir et de connaître; de sorte que *ex hoc ipso quod aliquid velit, ideo cognoscit, et ideo tantum talis res est vera*[2]. Il ne faut donc pas dire que *si Deus non esset, nihilominus istæ veritates essent veræ*[3]; car l'existence de Dieu est la première et la plus éternelle de toutes les vérités qui peuvent être, et la seule d'où procèdent toutes les autres. Mais ce qui fait qu'il est aisé en ceci de se méprendre, c'est que la plupart des hommes ne considèrent pas Dieu comme un être infini et incompréhensible, et qui

1. Qu'elles sont seulement vraies ou possibles, parce que Dieu les connaît comme vraies ou comme possibles, et qu'elles ne sont pas au contraire connues comme vraies par Dieu comme si elles étaient vraies indépendamment de lui.

2. Par cela même qu'il veut une chose il la connaît, et par cela même seulement cette chose est vraie.

3. Si Dieu n'était pas, néanmoins ces vérités seraient vraies.

eſt le seul auteur duquel toutes choses dépendent; mais ils s'arrêtent aux syllabes de son nom, et pensent que c'eſt assez le connaître, si on sait que *Dieu* veut dire le même que ce qui s'appelle *Deus* en latin, et qui eſt adoré par les hommes. Ceux qui n'ont point de plus hautes pensées que cela, peuvent aisément devenir athées; et parce qu'ils comprennent parfaitement les vérités mathématiques, et non pas celle de l'exiſtence de Dieu, ce n'eſt pas merveille s'ils ne croient pas qu'elles en dépendent. Mais ils devraient juger au contraire, que puisque Dieu eſt une cause dont la puissance surpasse les bornes de l'entendement humain, et que la nécessité de ces vérités n'excède point notre connaissance, qu'elles sont quelque chose de moindre, et de sujet à cette puissance incompréhensible. Ce que vous dites de la production du *Verbe* ne répugne point, ce me semble, à ce que je dis; mais je ne veux pas me mêler de la théologie, j'ai peur même que vous ne jugiez que ma philosophie s'émancipe trop, d'oser dire son avis touchant des matières si relevées.

A MERSENNE

[Amſterdam, 27 mai 1630.]

Vous me demandez *in quo genere causæ Deus disposuit æternas veritates*[1]. Je vous réponds que c'eſt *in eodem genere causæ*[2] qu'il a créé toutes choses, c'eſt-à-dire *ut efficiens et totalis causa*[3]. Car il eſt certain qu'il eſt aussi bien auteur de l'essence comme de l'exiſtence des créatures : or cette essence n'eſt autre chose que ces vérités éternelles, lesquelles je ne conçois point émaner de Dieu, comme les rayons du soleil; mais je sais que Dieu eſt auteur de toutes choses, et que ces vérités sont quelque chose, et par conséquent qu'il en eſt auteur. Je dis que

1. Par quel genre de causalité Dieu a formé les vérités éternelles.
2. Par le même genre de causalité.
3. Comme cause efficiente et totale.

je le sais, et non pas que je le conçois ni que je le comprends; car on ne peut savoir que Dieu eſt infini et tout-puissant, encore que notre âme étant finie ne le puisse comprendre ni concevoir; de même que nous pouvons bien toucher avec les mains une montagne, mais non pas l'embrasser comme nous ferions un arbre, ou quelque autre chose que ce soit, qui n'excédât point la grandeur de nos bras : car comprendre, c'eſt embrasser de la pensée; mais pour savoir une chose, il suffit de la toucher de la pensée. Vous demandez aussi qui a nécessité Dieu à créer ces vérités; et je dis qu'il a été aussi libre de faire qu'il ne fût pas vrai que toutes les lignes tirées du centre à la circonférence fussent égales, comme de ne pas créer le monde. Et il eſt certain que ces vérités ne sont pas plus nécessairement conjointes à son essence que les autres créatures. Vous demandez ce que Dieu a fait pour les produire. Je dis que *ex hoc ipso quod illas ab æterno esse voluerit et intellexerit, illas creavit*[1], ou bien (si vous n'attribuez le mot de *creavit* qu'à l'exiſtence des choses) *illas disposuit et fecit*[2]. Car c'eſt en Dieu une même chose de vouloir, d'entendre, et de créer, sans que l'un précède l'autre, *ne quidem ratione*[3].

2. Pour la queſtion *an Dei bonitati sit conveniens homines in æternum damnare*[4], cela eſt de théologie : c'eſt pourquoi absolument vous me permettrez, s'il vous plaît, de n'en rien dire; non pas que les raisons des libertins en ceci aient quelque force, car elles me semblent frivoles et ridicules; mais parce que je tiens que c'eſt faire tort aux vérités qui dépendent de la foi, et qui ne peuvent être prouvées par démonſtration naturelle, que de les vouloir affermir par des raisons humaines, et probables seulement.

3. Pour ce qui touche la liberté de Dieu, je suis tout à fait de l'opinion que vous me mandez avoir été expliquée par le P. Gibbieu. Je n'avais point su qu'il eût fait imprimer quelque chose, mais je tâcherai de faire

1. Par le fait même qu'il les a de toute éternité voulues et comprises, il les a créées.

2. Il les a formées et faites.

3. Pas même dans l'ordre théorique.

4. S'il convient à la bonté de Dieu de damner les hommes pour l'éternité.

venir son traité de Paris à la première commodité, afin de le voir, et je suis grandement aise que mes opinions suivent les siennes; car cela m'assure au moins qu'elles ne sont pas si extravagantes, qu'il n'y ait de très habiles hommes qui les soutiennent.

Les 4. 5. 6. 8. 9. derniers points de votre lettre sont tous de théologie, c'est pourquoi je m'en tairai, s'il vous plaît.

Pour le septième point, touchant les marques qui s'impriment aux enfants par l'imagination de la mère, etc., j'avoue bien que c'est une chose digne d'être examinée, mais je ne m'y suis pas encore satisfait.

Pour le dixième point, où ayant supposé que Dieu mène tout à sa perfection, et que rien ne s'anéantit, vous demandez ensuite, quelle est donc la perfection des bêtes brutes, et que deviennent leurs âmes après la mort, il n'est pas hors de mon sujet, et j'y réponds que Dieu mène tout à la perfection, c'est-à-dire : tout *collective,* non pas chaque chose en particulier; car cela même, que les choses particulières périssent, et que d'autres renaissent en leur place, c'est une des principales perfections de l'univers. Pour leurs âmes, et les autres formes et qualités, ne vous mettez pas en peine de ce qu'elles deviendront, je suis après à l'expliquer en mon traité, et j'espère de le faire entendre si clairement, que personne n'en pourra douter.

A BALZAC

[Amsterdam, 15 avril 1631.]

Monsieur,

Encore que pendant que vous avez été à Balzac, je susse bien que tout autre entretien que celui de vous-même vous devait être importun, si est-ce que je n'eusse pu m'empêcher de vous y envoyer parfois quelque mauvais compliment, si j'eusse cru que vous y eussiez dû demeurer si longtemps, comme vous avez fait. Mais ayant eu l'honneur de recevoir une de vos lettres par laquelle vous me faisiez espérer que vous seriez bientôt à la Cour, je fis un peu de scrupule d'aller troubler votre repos jusque dans le désert, et crus qu'il valait mieux que j'attendisse à vous écrire, que vous en fussiez sorti; c'est ce qui m'a fait différer d'un voyage à l'autre, l'espace de dix-huit mois, ce que je n'ai jamais eu intention de différer plus de huit jours; et ainsi sans que vous m'en ayez obligation, je vous ai exempté tout ce temps-là de l'importunité de mes lettres. Mais puisque vous êtes maintenant à Paris, il faut que je vous demande ma part du temps que vous avez résolu d'y perdre à l'entretien de ceux qui vous iront visiter, et que je vous dise que depuis deux ans que je suis dehors, je n'ai pas été une seule fois tenté d'y retourner, sinon depuis qu'on m'a mandé que vous y étiez. Mais cette nouvelle m'a fait connaître que je pourrais être maintenant quelque autre part plus heureux que je ne suis ici, et si l'occupation qui m'y retient n'était, selon mon petit jugement, la plus importante en laquelle je puisse jamais être employé, la seule espérance d'avoir l'honneur de votre conversation, et de voir naître naturellement devant moi ces fortes pensées que nous admirons dans vos ouvrages, serait suffisante pour m'en faire sortir. Ne me demandez point, s'il vous plaît, quelle peut être cette occupation que j'estime si importante, car j'aurais honte de vous la dire; je suis devenu si philosophe, que je méprise la plupart des choses qui sont ordinairement estimées, et en estime quelques autres dont on n'a point accoutumé de faire cas. Toutefois, parce que vos sentiments sont fort éloignés de ceux du peuple, et que vous m'avez souvent témoigné que vous jugiez plus favorablement de moi que je ne méritais, je ne laisserai pas de vous en entretenir plus ouvertement quelque jour, si vous ne l'avez point désagréable. Pour cette heure, je me contenterai de vous dire que je ne suis plus en humeur de rien mettre par écrit, ainsi que vous m'y avez autrefois vu disposé. Ce n'est pas que je ne fasse grand état de la réputation, lorsqu'on est certain de l'acquérir bonne et grande, comme vous avez fait; mais pour une médiocre et incertaine, telle que je la pourrais espérer, je l'estime beaucoup moins que le repos et la tranquillité d'esprit que je possède. Je dors ici dix heures toutes les nuits, et sans que jamais aucun soin me réveille, après que le sommeil a longtemps promené mon esprit dans des bois, des jardins, et des palais enchantés, où j'éprouve tous les plaisirs qui sont imaginés dans les fables, je mêle insensiblement mes rêveries du jour avec celles de la nuit; et quand je m'aperçois d'être éveillé, c'est seulement afin que mon contentement soit plus parfait, et que mes sens y participent; car je ne suis pas si sévère, que de leur refuser aucune chose qu'un philosophe leur puisse permettre, sans offenser sa conscience. Enfin il ne manque rien ici que la douceur de votre conversation, mais elle m'est si nécessaire pour être heureux, que peu s'en faut que je ne rompe tous mes desseins, afin de vous aller dire de bouche que je suis de tout mon cœur,

Monsieur,

Votre très humble et très obéissant serviteur,

DESCARTES.

A BALZAC

[Amsterdam, 5 mai 1631.]

MONSIEUR,

J'AI porté ma main contre mes yeux pour voir si je ne dormais point, lorsque j'ai lu dans votre lettre que vous aviez dessein de venir ici; et maintenant encore je n'ose me réjouir autrement de cette nouvelle, que comme si je l'avais seulement songée. Toutefois je ne trouve pas fort étrange qu'un esprit, grand et généreux comme le vôtre, ne se puisse accommoder à ces contraintes serviles, auxquelles on est obligé dans la Cour; et puisque vous m'assurez tout de bon, que Dieu vous a inspiré de quitter le monde, je croirais pécher contre le Saint-Esprit, si je tâchais à vous détourner d'une si sainte résolution. Même vous devez pardonner à mon zèle, si je vous convie de choisir Amsterdam pour votre retraite et de la préférer, je ne vous dirai pas seulement à tous les couvents des Capucins et des Chartreux, où force honnêtes gens se retirent, mais aussi à toutes les plus belles demeures de France et d'Italie, même à ce célèbre Ermitage dans lequel vous étiez l'année passée. Quelque accomplie que puisse être une maison des champs, il y manque toujours une infinité de commodités, qui ne se trouvent que dans les villes; et la solitude même qu'on y espère, ne s'y rencontre jamais toute parfaite. Je veux bien que vous y trouviez un canal, qui fasse rêver les plus grands parleurs, et une vallée si solitaire, qu'elle puisse leur inspirer du transport et de la joie; mais malaisément se peut-il faire, que vous n'ayez aussi quantité de petits voisins, qui vous vont quelquefois importuner, et de qui les visites sont encore plus incommodes que celles que vous recevez à Paris; au lieu qu'en cette grande ville où je suis, n'y ayant aucun homme, excepté moi, qui n'exerce la marchandise, chacun y est tellement attentif à son profit, que j'y pourrais demeurer toute ma vie sans être jamais vu de personne. Je me vais promener tous les jours parmi la confusion d'un grand peuple, avec autant de liberté et de repos que vous sauriez faire dans vos allées, et je n'y considère pas autrement les hommes que j'y vois, que je ferais les arbres qui se rencontrent en vos forêts, ou les animaux qui y paissent. Le bruit même de leur tracas n'interrompt pas plus mes rêveries, que ferait celui de quelque ruisseau. Que si je fais quelquefois réflexion sur leurs actions, j'en reçois le même plaisir, que vous feriez de voir les paysans qui cultivent vos campagnes; car je vois que tout leur travail sert à embellir le lieu de ma demeure, et à faire que je n'y aie manque d'aucune chose. Que s'il y a du plaisir à voir croître les fruits en vos vergers, et à y être dans l'abondance jusques aux yeux, pensez-vous qu'il n'y en ait pas bien autant, à voir venir ici des vaisseaux, qui nous apportent abondamment tout ce que produisent les Indes, et tout ce qu'il y a de rare en l'Europe. Quel autre lieu pourrait-on choisir au reste du monde, où toutes les commodités de la vie, et toutes les curiosités qui peuvent être souhaitées, soient si faciles à trouver qu'en celui-ci? Quel autre pays où l'on puisse jouir d'une liberté si entière, où l'on puisse dormir avec moins d'inquiétude, où il y ait toujours des armées sur pied exprès pour nous garder, où les empoisonnements, les trahisons, les calomnies soient moins connus, et où il soit demeuré plus de reste de l'innocence de nos aïeux? Je ne sais comment vous pouvez tant aimer l'air d'Italie, avec lequel on respire si souvent la peste, et où toujours la chaleur du jour est insupportable, la fraîcheur du soir malsaine, et où l'obscurité de la nuit couvre des larcins et des meurtres. Que si vous craignez les hivers du septentrion, dites-moi quelles ombres, quel éventail, quelles fontaines vous pourraient si bien préserver à Rome des incommodités de la chaleur, comme un poêle et un grand feu vous exempteront ici d'avoir froid. Au reste, je vous dirai que je vous attends avec un petit recueil de rêveries, qui ne vous seront peut-être pas désagréables, et soit que vous veniez, ou que vous ne veniez pas, je serai toujours passionnément, etc.

A VILLEBRESSIEU[1]

Amsterdam [été] 1631.

. . . .

Vous avez vu ces deux fruits de ma belle règle ou Méthode naturelle au sujet de ce que je fus obligé de faire dans l'entretien que j'eus avec le Nonce du Pape, le Cardinal de Bérulle, le Père Mersenne, et toute cette grande et savante compagnie qui s'était assemblée chez ledit Nonce pour entendre le discours de M. de Chandoux touchant sa nouvelle philosophie. Ce fut là que je fis confesser à toute la troupe ce que l'art de bien raisonner peut sur l'esprit de ceux qui sont médiocrement savants, et combien mes principes sont mieux établis, plus véritables, et plus naturels, qu'aucun des autres qui sont déjà reçus parmi les gens d'étude. Vous en restâtes convaincu comme tous ceux qui prirent la peine de me conjurer de les écrire et de les enseigner au public. . . .

1. Villebressieu, ingénieur, ami de Descartes. Très fécond en projets d'inventions, il s'y ruina. Certains de ses projets, comme la chaise roulante pour mutilés, plaisaient beaucoup à Descartes, toujours préoccupé de soulager la peine des hommes.

. . . J'ai parcouru et examiné la plupart des choses qui sont contenues dans votre mémoire pendant le cours du voyage que j'ai fait ces jours passés à Dort, d'où je suis revenu pour vous attendre à Amsterdam, où je suis arrivé en bonne santé. Vous me trouverez dans notre logis du vieux Prince; et là je vous dirai mon sentiment sur toutes ces choses. Je vous conseillerai de les mettre la plupart en forme de proposition, de problème, et de théorème, et de leur laisser voir le jour, pour obliger quelque autre à les augmenter de ses recherches et de ses observations. C'est ce que je souhaiterais que tout le monde voulût faire, pour être aidé par l'expérience de plusieurs à découvrir les plus belles choses de la nature, et bâtir une physique claire, certaine, démontrée, et plus utile que celle qui s'enseigne d'ordinaire. Vous pourriez beaucoup servir de votre côté à désabuser les pauvres malades d'esprit touchant les *sophistications* des métaux, sur lesquels vous avez tant travaillé et si inutilement, sans que vous ayez vu rien de vrai en douze années d'un travail assidu et d'un grand nombre d'expériences qui serviraient fort utilement à tout le monde en avertissant les particuliers de leurs erreurs. Il me semble même que vous avez déjà découvert des *généralités* de la nature : comme, qu'il n'y a qu'une substance matérielle, qui reçoit d'un agent externe l'action ou le moyen de se mouvoir localement, d'où elle tire diverses figures ou modes, qui la rendent telle que nous la voyons dans ces premiers composés que l'on appelle les éléments. De plus vous avez remarqué que la nature de ces éléments ou premiers composés appelés Terre, Eau, Air et Feu, ne consiste que dans la différence des fragments ou petites et grosses parties de cette matière, qui change journellement de l'un en l'autre par le chaud et le mouvement des grossières en subtiles; ou en *innobles,* c'est-à-dire, de subtiles en grossières, lorsque l'action du chaud et du mouvement vient à manquer. Que de la première mixtion de ces quatre premiers il résulte un mélange qui pourrait être appelé le cinquième élément, ce que vous appelez principes, ou la plus noble préparation des éléments; puisqu'elle est, dites-vous, une semence productive ou une vie matérielle qui se spécifie en toutes sortes de ces nobles individus particuliers qui sont sans contredit l'objet de notre admiration. Je suis au reste fort satisfait de votre sentiment, lorsque vous me dites que les quatre éléments qui ont fourni la matière, et le cinquième qui en résulte, se sont tellement changés tous cinq dans ce sujet, qu'aucun d'eux n'est plus ce qu'il était, mais que tous ensemble sont ou l'animal, ou la plante, ou le minéral. Ce qui cadre beaucoup avec ma manière de philosopher, et qui revient merveilleusement à toutes les expériences mécaniques que j'ai faites de la nature sur ce sujet.

A MERSENNE

[Amsterdam, 10 mai 1632.]

MON RÉVÉREND PÈRE,

Il y a huit jours que je vous donnais la peine de faire tenir une lettre pour moi en Poitou; mais comme je me hâtais en l'écrivant, suivant ma négligence ordinaire, qui me fait toujours différer jusqu'à l'heure que le messager est prêt de partir, je m'oubliais d'y mettre l'adresse par où on me pourrait faire réponse, ce qui me contraint de vous importuner derechef d'y en faire tenir une.

Si l'observation du phénomène de Rome[1] que vous me mandez avoir, et qui est écrite de la main de Scheiner, est plus ample que ce que vous m'en avez autrefois envoyé, vous m'obligerez si vous prenez la peine de m'en envoyer une copie.

Si vous savez quelque auteur qui ait particulièrement recueilli les diverses observations qui ont été faites des comètes, vous m'obligerez aussi de m'en avertir; car depuis deux ou trois mois, je me suis engagé fort avant dans le ciel; et après m'être satisfait touchant sa nature et celle des astres que nous y voyons, et plusieurs autres choses que je n'eusse pas seulement osé espérer il y a quelques années, je suis devenu si hardi, que j'ose maintenant chercher la cause de la situation de chaque étoile fixe. Car encore qu'elles paraissent fort irrégulièrement éparses çà et là dans le ciel, je ne doute point toutefois

1. Il s'agit du phénomène des parhélies, observé à Rome.

qu'il n'y ait un ordre naturel entre elles, lequel est régulier et déterminé; et la connaissance de cet ordre est la clef et le fondement de la plus haute et plus parfaite science, que les hommes puissent avoir, touchant les choses matérielles; d'autant que par son moyen on pourrait connaître *a priori* toutes les diverses formes et essences des corps terrestres, au lieu que, sans elle, il nous faut contenter de les deviner *a posteriori,* et par leurs effets. Or je ne trouve rien qui me pût tant aider pour parvenir à la connaissance de cet ordre, que l'observation de plusieurs comètes; et comme vous savez que je n'ai point de livres, et encore que j'en eusse, que je plaindrais fort le temps que j'emploierais à les lire, je serais bien aise d'en trouver quelqu'un qui eût recueilli, tout ensemble, ce que je ne saurais sans beaucoup de peine tirer des auteurs particuliers, dont chacun n'a écrit que d'une comète ou deux seulement.

Vous m'avez autrefois mandé que vous connaissiez des gens qui se plaisaient à travailler pour l'avancement des sciences, jusques à vouloir même faire toutes sortes d'expériences à leurs dépens. Si quelqu'un de cette humeur voulait entreprendre d'écrire l'histoire des apparences célestes, selon la méthode de Verulamius, et que, sans y mettre aucunes raisons ni hypothèses, il nous décrivît exactement le ciel, tel qu'il paraît maintenant, quelle situation a chaque étoile fixe au respect de ses voisines, quelle différence, ou de grosseur, ou de couleur ou de clarté, ou d'être plus ou moins étincelantes, etc.; item, si cela répond à ce que les anciens astronomes en ont écrit, et quelle différence il s'y trouve (car je ne doute point que les étoiles ne changent toujours quelque peu entre elles de situation, quoiqu'on les estime fixes); après cela qu'il y ajoutât les observations des comètes, mettant une petite table du cours de chacune, ainsi que Tycho a fait de trois ou quatre qu'il a observées; et enfin les variations de l'écliptique et des apogées des planètes : ce serait un ouvrage qui serait plus utile au public qu'il ne semble peut-être d'abord, et qui me soulagerait de beaucoup de peine. Mais je n'espère pas qu'on le fasse, non plus que je n'espère pas aussi de trouver ce que je cherche à présent touchant les astres. Je crois que c'est une science qui passe la portée de l'esprit humain; et toutefois je suis si peu sage, que je ne saurais m'empêcher d'y rêver, encore que je juge que cela ne servira qu'à me faire perdre du temps, ainsi qu'il a déjà fait depuis deux mois, que je n'ai rien du tout avancé en mon traité; mais je ne laisserai pas de l'achever avant le terme que je vous ai mandé.

Je me suis amusé à vous écrire tout ceci sans besoin, et seulement afin de remplir ma lettre, et ne vous point envoyer de papier vide. Mandez-moi si M. de Beaune fait imprimer quelque chose. J'eusse été bien aise de voir la duplication du cube de MM. Mydorge et Hardy avec les livres que vous m'avez envoyés, et il me semble que vous m'aviez mandé qu'elle y serait; mais je ne l'y ai point trouvée. Je suis,

Mon R. P.

A MERSENNE

[Deventer, fin novembre 1633.]

... J'EN étais à ce point, lorsque j'ai reçu votre dernière de l'onzième de ce mois, et je voulais faire comme les mauvais payeurs, qui vont prier leurs créanciers de leur donner un peu de délai, lorsqu'ils sentent approcher le temps de leur dette. En effet je m'étais proposé de vous envoyer mon *Monde* pour ces étrennes, et il n'y a pas plus de quinze jours que j'étais encore tout résolu de vous en envoyer au moins une partie, si le tout ne pouvait être transcrit en ce temps-là; mais je vous dirai, que m'étant fait enquérir ces jours à Leyde et à Amsterdam, si le *Système du Monde* de Galilée n'y était point, à cause qu'il me semblait avoir appris qu'il avait été imprimé en Italie l'année passée, on m'a mandé qu'il était vrai qu'il avait été imprimé, mais que tous les exemplaires en avaient été brûlés à Rome au même temps, et lui condamné à quelque amende : ce qui m'a si fort étonné, que je me suis quasi résolu de brûler tous mes papiers, ou du moins de ne les laisser voir à personne. Car je ne me suis pu imaginer, que lui qui est Italien, et même bien voulu du Pape, ainsi que j'entends, ait pu être criminalisé pour autre chose, sinon qu'il aura sans doute voulu établir le mouvement de la terre, lequel je sais bien avoir été autrefois censuré par quelques cardinaux; mais je pensais avoir ouï dire, que depuis on ne laissait pas de l'enseigner publiquement, même dans Rome; et je confesse que s'il eſt faux, tous les fondements de ma philosophie le sont aussi, car il se démontre par eux évidemment. Et il eſt tellement lié avec toutes les parties de mon traité, que je ne l'en saurais détacher, sans rendre le reſte tout défectueux. Mais comme je ne voudrais pour rien du monde qu'il sortît de moi un discours, où il se trouvât le moindre mot qui fût désapprouvé de l'Église, aussi aimé-je mieux le supprimer, que de le faire paraître eſtropié. Je n'ai jamais eu l'humeur portée à faire des livres, et si je ne m'étais engagé de promesse envers vous, et quelques autres de mes amis, afin que le désir de vous tenir parole m'obligeât d'autant plus à étudier, je n'en fusse jamais venu à bout. Mais, après tout, je suis assuré que vous ne m'enverrez point de sergent pour me contraindre à m'acquitter de ma dette, et vous serez peut-être bien aise d'être exempt de la peine de lire de mauvaises choses. Il y a déjà tant d'opinions en philosophie qui ont de l'apparence, et qui peuvent être soutenues en dispute, que si les miennes n'ont rien de plus certain, et ne peuvent être approuvées sans controverse, je ne les veux jamais publier. Toutefois, parce que j'aurais mauvaise grâce, si après vous avoir tout promis, et si longtemps, je pensais vous payer ainsi d'une boutade, je ne laisserai pas de vous faire voir ce que j'ai fait, le plus tôt que je pourrai; mais je vous demande encore, s'il vous plaît, un an de délai pour le revoir et le polir. Vous m'avez averti du mot d'Horace : *nonumque prematur in annum,* et il n'y en a encore que trois que j'ai commencé le traité que je pense vous envoyer; je vous prie aussi de me mander ce que vous savez de l'affaire de Galilée . . . .

A MERSENNE

[Amsterdam, février 1634.]

MON RÉVÉREND PÈRE,

ENCORE que je n'aie aucune chose particulière à vous mander, toutefois à cause qu'il y a déjà plus de deux mois que je n'ai reçu de vos nouvelles, j'ai cru ne devoir attendre plus longtemps à vous écrire; car si je n'avais eu de trop longues preuves de la bonne volonté que vous me faites la faveur de me porter, pour avoir aucune occasion d'en douter, j'aurais quasi peur qu'elle ne fût un peu refroidie, depuis que j'ai manqué à la promesse que je vous avais faite, de vous envoyer quelque chose de ma philosophie. Mais d'ailleurs la connaissance que j'ai de votre vertu, me fait espérer que vous n'aurez que meilleure opinion de moi, de voir que j'ai voulu entièrement supprimer le traité que j'en avais fait, et perdre presque tout mon travail de quatre ans, pour rendre une entière obéissance à l'Église, en ce qu'elle a défendu l'opinion du mouvement de la terre. Et toutefois, parce que je n'ai point encore vu que ni le Pape ni le Concile aient ratifié cette défense, faite seulement par la Congrégation des Cardinaux établis pour la censure des livres, je serais bien aise d'apprendre ce qu'on en tient maintenant en France, et si leur autorité a été suffisante pour en faire un article de foi. Je me suis laissé dire, que les Jésuites avaient aidé à la condamnation de Galilée; et tout le livre du P. Scheiner[1] montre assez qu'ils ne sont pas de ses amis. Mais d'ailleurs les observations qui sont dans ce livre, fournissent tant de preuves, pour ôter au soleil les mouvements qu'on lui attribue, que je ne saurais croire que le P. Scheiner même en son âme ne croie l'opinion de Copernic; ce qui m'étonne de telle sorte que je n'en ose écrire mon sentiment. Pour moi je ne cherche que le

1. La *Rosa Ursina,* où le P. Scheiner démontrait le mouvement du soleil.

repos et la tranquillité d'esprit, qui sont des biens qui ne peuvent être possédés par ceux qui ont de l'animosité ou de l'ambition; et je ne demeure pas cependant sans rien faire, mais je ne pense pour maintenant qu'à m'instruire moi-même, et me juge fort peu capable de servir à instruire les autres, principalement ceux qui, ayant déjà acquis quelque crédit par de fausses opinions, auraient peut-être peur de le perdre, si la vérité se découvrait.

A MERSENNE

[Amsterdam, avril 1634.]

Mon Révérend Père,

J'apprends par les vôtres que les dernières que je vous avais écrites ont été perdues, bien que je les pensais avoir adressées fort sûrement. Je vous y mandais tout au long la raison qui m'empêchait de vous envoyer mon traité, laquelle je ne doute point que vous ne trouviez si légitime, que tant s'en faut que vous me blâmiez de ce que je me résous à ne le faire jamais voir à personne, qu'au contraire vous seriez le premier à m'y exhorter, si je n'y étais pas déjà tout résolu. Vous savez sans doute que Galilée a été repris depuis peu par les Inquisiteurs de la Foi, et que son opinion touchant le mouvement de la terre a été condamnée comme hérétique. Or je vous dirai que toutes les choses que j'expliquais en mon traité, entre lesquelles était aussi cette opinion du mouvement de la terre, dépendaient tellement les unes des autres, que c'est assez de savoir qu'il y en ait une qui soit fausse, pour connaître que toutes les raisons dont je me servais n'ont point de force; et quoique je pensasse qu'elles fussent appuyées sur des démonstrations très certaines, et très évidentes, je ne voudrais toutefois pour rien du monde les soutenir contre l'autorité de l'Église. Je sais bien qu'on pourrait dire que tout ce que les Inquisiteurs de Rome ont décidé, n'est pas incontinent article de foi pour cela, et qu'il faut premièrement que le Concile y ait passé. Mais je ne suis point si amoureux de mes pensées, que de me vouloir servir de telles exceptions, pour avoir moyen de les maintenir; et le désir que j'ai de vivre en repos et de continuer la vie que j'ai commencée en prenant pour ma devise : *bene vixit, bene qui latuit*[1], fait que je suis plus aise d'être délivré de la crainte que j'avais d'acquérir plus de connaissances que je ne désire, par le moyen de mon écrit, que je ne suis fâché d'avoir perdu le temps et la peine que j'ai employée à le composer.

Pour les raisons que disent vos musiciens, qui nient les proportions des consonances, je les trouve si absurdes, que je ne saurais quasi plus y répondre. Car de dire qu'on ne saurait distinguer de l'oreille la différence qui est entre une octave et trois ditons, c'est tout de même que qui dirait que toutes les proportions que les architectes prescrivent touchant leurs colonnes, sont inutiles, à cause qu'elles ne laissent pas de paraître à l'œil tout aussi belles, encore qu'il manque quelque millième partie de leur justesse. Et même si M. M. vivait encore, il pourrait bien témoigner que la différence qui est entre les demi-tons majeur et mineur, est fort sensible; car après que je lui eus une fois fait remarquer, il disait ne pouvoir plus souffrir les accords où elle n'était pas observée. Je serais bien aise de voir la musique de cet auteur, où vous dites qu'il pratique les dissonances en tant de nouvelles façons, et je vous prie de m'en écrire le nom, afin que je puisse faire venir son livre par nos libraires.

Pour la cause qui fait cesser le mouvement d'une pierre qu'on a jetée, elle est manifeste; car c'est la résistance du corps de l'air, laquelle est fort sensible. Mais la raison de ce qu'un arc retourne étant courbé est plus difficile, et je ne la puis expliquer sans les principes de ma philosophie, desquels je pense être obligé dorénavant de me taire.

Il a couru ici quelque bruit qu'il avait depuis peu paru une comète; je vous prie, si vous en avez ouï quelque chose, de me le mander. Et parce que vous m'avez autrefois écrit que vous connaissiez des personnes qui me pourraient aider à faire les expériences

---

1. Celui-là a bien vécu, qui s'est bien caché.

que je désirerais, je vous dirai que j'en lisais entièrement une dans les *Récréations mathématiques*[1], que je voudrais bien que quelques curieux, qui en pourraient avoir la commodité, entreprissent de faire exactement, avec une grosse pièce de canon pointée tout droit vers le zénith, au milieu de quelque plaine. Car l'auteur dit que cela a déjà été expérimenté plusieurs fois, sans que la balle soit retombée en terre; ce qui peut sembler fort incroyable à plusieurs, mais je ne le juge pas impossible, et je crois que c'est une chose très digne d'être examinée.

Pour les expériences que vous me mandez de Galilée, je les nie toutes, et je ne juge pas pour cela que le mouvement de la terre en soit moins probable. Ce n'est pas que je n'avoue que l'agitation d'un chariot, d'un bateau ou d'un cheval, ne demeure encore en quelque façon en la pierre, après qu'on l'a jetée étant dessus; mais il y a d'autres raisons qui empêchent qu'elle n'y demeure si grande. Et pour le boulet de canon tiré du haut d'une tour, il doit être beaucoup plus longtemps à descendre que si on le laissait tomber de haut en bas; car il rencontre plus d'air en son chemin, lequel ne l'empêche pas seulement d'aller parallèlement à l'horizon, mais aussi de descendre.

Pour le mouvement de la terre, je m'étonne qu'un homme d'église en ose écrire, en quelque façon qu'il s'excuse; car j'ai vu une patente sur la condamnation de Galilée, imprimée à Liége le 20 septembre 1633, où sont ces mots : *quamvis hypothetice a se illam proponi simularet*[2], en sorte qu'ils semblent même défendre qu'on se serve de cette hypothèse en l'astronomie; ce qui me retient que je n'ose lui mander aucune de mes pensées sur ce sujet; aussi que ne voyant point encore que cette censure ait été autorisée par le Pape, ni par le Concile, mais seulement par une congrégation particulière des Cardinaux Inquisiteurs, je ne perds pas tout à fait espérance qu'il n'en arrive ainsi que des antipodes, qui avaient été quasi en même sorte condamnés autrefois, et ainsi que mon *Monde* ne puisse voir le jour avec le

1. Les *Récréations mathématiques* sont un ouvrage du Jésuite Jean Leurechon, paru en 1624.

2. Bien qu'il ait feint de proposer ce mouvement à titre d'hypothèse.

temps; auquel cas j'aurai besoin moi-même de me servir de mes raisons.

Pour vos musiciens, tant habiles que vous les fassiez, j'ai à vous dire derechef, qu'il eſt certain ou qu'ils se moquent, ou bien qu'ils n'ont jamais rien compris en la théorie de la musique. Pour le candidatus de la chaire de Ramus, je voudrais bien qu'on lui eût proposé quelque queſtion un peu plus difficile, pour voir s'il en aurait pu venir à bout : comme par exemple celle de Pappus, qui me fut proposée il y a près de trois ans par M. Golius, ou quelque autre semblable. J'apprendrai volontiers l'hiſtoire des longitudes de M. Morin, et s'il eſt capable de mettre l'aſtrologie en quelque eſtime parmi les gens de Cour. Je vous prie de me tenir en vos bonnes grâces, et de me croire,

[A MERSENNE]

[Utrecht, automne 1635.]

MONSIEUR,

JE vous remercie des lettres que vous m'avez fait la faveur de m'envoyer, et je suis bien aise d'apprendre que M. de Balzac se souvient encore de moi. J'étais quasi en dessein de lui écrire à ce voyage, mais j'aime mieux attendre encore quelque temps, et cependant si par occasion vous le voyez, vous m'obligerez de l'assurer de mon service. Je vous prie aussi de faire mes baisemains à M. Sarrazin, et lui dire que je le remercie très humblement du livre qu'il a eu autrefois intention de m'envoyer, et que je n'eusse pas manqué de lui écrire pour l'en remercier, si celui auquel il l'avait baillé eût eu soin de me le faire tenir.

Pour les lunettes, je vous dirai que depuis la condamnation de Galilée, j'ai revu et entièrement achevé le traité que j'en avais autrefois commencé; et l'ayant entièrement séparé de mon *Monde*, je me propose de le faire imprimer seul dans peu de temps. Toutefois parce qu'il s'écoulera peut-être encore plus d'un an, avant qu'on le puisse voir imprimé, si M. N. y désirait travailler avant ce temps-là, je le tiendrais à faveur, et je m'offre de faire transcrire tout ce que j'ai mis touchant la pratique, et de lui envoyer quand il lui plaira.

Premièrement, je ne m'étonne pas que la moelle de sureau pèse quatre ou cinq fois moins que l'or; mais je ne laisse pas de vous remercier de la communication de votre expérience, et serai toujours bien aise de savoir celles que vous aurez faites.

Secondement, je ne sais point si le sureau ou le sapin rendent un son plus aigu que le cuivre; mais je crois généralement que selon que les corps sont plus secs et plus raides, c'est-à-dire plus disposés à recevoir en eux un tremblement plus prompt, ils ont le son le plus aigu.

3. Et ce son ne se fait point par la division des parties de l'air, mais par son agitation seulement, laquelle accompagne celle du corps résonnant.

4. C'est autre chose des tours et retours d'une corde attachée par les deux bouts, et autre chose de ceux d'une corde attachée seulement par un bout, et qui a un poids à l'autre bout : car celle-ci se meut de bas en haut par l'impétuosité ou l'agitation qui est en elle, et ne commence point de retourner de haut en bas, que cette agitation n'ait été entièrement surmontée par la pesanteur qui l'a fait descendre; ce qui est cause qu'elle va fort lentement lorsqu'elle achève de monter; et toutefois je ne crois point pour cela qu'elle s'arrête aucun moment avant que de redescendre.

5. Je ne crois point aussi que le mouvement de la corde attachée par les deux bouts, décrive toujours des cercles parfaits, ou des ellipses parfaites; mais que toutes les inégalités de ces cordes, et les diverses façons dont elles peuvent être touchées, apportent de la variété en la figure de leur mouvement.

6. Pour la chaleur, je ne crois point qu'elle soit la même chose que la lumière, ni aussi que la raréfaction de l'air; mais je la conçois comme une chose toute différente, qui peut souvent procéder de la lumière, et de qui la raréfaction peut procéder. Je ne crois point non plus que les corps pesants descendent par quelque *qualité réelle,* nommée *pesanteur,* telle que les philosophes l'imaginent, ni aussi par quelque attraction de la terre;

mais je ne saurais expliquer mon opinion sur toutes ces choses, qu'en faisant voir mon *Monde* avec le mouvement défendu, ce que je juge maintenant hors de saison; et je m'étonne de ce que vous proposez de réfuter le livre *Contra Motum Terræ,* mais je m'en remets à votre prudence.

A HUYGENS[1]

Utrecht, 1er novembre 1635.

MONSIEUR,

Vous m'obligez au-delà de tout ce que je saurais exprimer, et j'admire que parmi tant d'occupations importantes, vous daigniez étendre vos soins jusques aux plus particulières circonstances qui concernent l'impression de la *Dioptrique*. C'est un excès de courtoisie et une franchise qui vous causera peut-être plus d'importunité que vous ne craignez. Car pour paiement de ce que je tâcherai de suivre de point en point les instructions que vous m'avez fait la faveur de me donner touchant ces choses extérieures, j'aurai l'effronterie de vous demander aussi vos corrections touchant le dedans de mes écrits avant que je les abandonne à un imprimeur, au moins si je vous puis trouver cet hiver en quelque séjour plus accessible que celui où vous êtes, et où j'aie moyen d'avoir audience. Trois matinées que j'ai eu l'honneur de converser avec vous m'ont laissé telle impression de l'excellence de votre esprit et de la solidité de vos jugements, que sans rien déguiser de la vérité, je ne sache personne au reste du monde à qui je me fie tant qu'à vous, pour bien découvrir toutes mes fautes; et votre bienveillance et la docilité que vous éprouverez en moi me font espérer que vous aimerez

1. Huygens (Constantin), 1596-1687, seigneur de Zuylichem, homme d'État et poète hollandais. Il devint secrétaire des stathouders Frédéric-Henri, Guillaume II et Guillaume III. Il eut pour fils Christian Huygens ou Huyghens, le grand Huyghens.

mieux que je les sache et que je les ôte, que non pas qu'elles soient vues par le public.

J'ai dessein d'ajouter *les Météores* à *la Dioptrique,* et j'y ai travaillé assez diligemment les deux ou trois premiers mois de cet été, à cause que j'y trouvais plusieurs difficultés que je n'avais encore jamais examinées, et que je démêlais avec plaisir. Mais il faut que je vous fasse des plaintes de mon humeur : sitôt que je n'ai plus espéré d'y rien apprendre, ne restant plus qu'à les mettre au net, il m'a été impossible d'en prendre la peine, non plus que de faire une préface que j'y veux joindre; ce qui sera cause que j'attendrai encore deux ou trois mois avant que de parler au libraire.

Il n'appartient qu'à vous d'avoir ensemble de la promptitude et de la patience, et de savoir joindre l'adresse de la main à celle de l'esprit. La distance de quatorze pouces pour l'hyperbole que vous avez pris la peine de tracer est extrêmement bien choisie; car c'est l'une des plus grandes qui se puisse commodément décrire sans machine, et l'une des moindres qui puisse servir pour une lunette un peu meilleure que les communes. Mais je me défie de l'industrie du tourneur; et pour les cercles de fautes[1] que j'appréhende, j'en ai vu autrefois l'expérience en un verre taillé de cette sorte, qui ne laissait pas de brûler avec beaucoup de force. Que si le vôtre réussit, je crois qu'on en pourra faire une lunette, en y ajoutant environ à la distance d'un pied un verre concave taillé à la façon ordinaire; car vous savez que plus les verres s'appliquent proche de l'œil, moins il est nécessaire que leur figure soit exacte. Mais l'effet de cette lunette ne sera pas de faire lire une lettre d'une lieue; tout son mieux sera de faire paraître les objets 15 ou 20 fois plus proches qu'ils ne seront, c'est-à-dire d'autant que sa longueur surpasse le diamètre de notre œil.

Au reste votre travail d'avoir tracé vous-même une hyperbole est bien inutile, puisque la figure circulaire est la meilleure, et il y a bien plus de raison de croire en ceci l'autorité d'un professeur appuyée de toutes les expériences des artisans, que les imaginations d'un ermite, qui confesse ingénument qu'il n'a jamais fait

1. Cercles causés sur le verre par les défauts du moule.

aucune épreuve de ce qu'il dit, outre que la théorie de Galilée et de Scheiner, qui après Kepler sont les plus célèbres en cette matière, ne va point au-delà des sections de cercles. Et certes je m'en étonnerais, si je n'avais vu tout de même de bons musiciens qui ne veulent pas encore croire que les consonances se doivent expliquer par des nombres rationaux, ce qui a été, si je m'en souviens, l'erreur de Stevin, qui ne laissait pas d'être habile en autre chose. Ainsi on voit bien plus de gens capables d'introduire dans les mathématiques les conjectures des philosophes, que de ceux qui peuvent introduire la certitude et l'évidence des démonstrations mathématiques dans des matières de philosophie, telles que sont les sons et la lumière.

Je suis, Monsieur,

Votre très obéissant et très obligé serviteur,

DESCARTES.

D'Utrecht, ce 1er novembre 1635.

A MERSENNE

[Leyde, mars 1636.]

MON RÉVÉREND PÈRE,

IL y a environ cinq semaines que j'ai reçu vos dernières du dix-huit janvier, et je n'avais reçu les précédentes que quatre ou cinq jours auparavant. Ce qui m'a fait différer de vous faire réponse, a été que j'espérais de vous mander bientôt que j'étais occupé à faire imprimer. Car je suis venu à ce dessein en cette ville; mais les Elzevier qui témoignaient auparavant avoir fort envie d'être mes libraires, s'imaginant, je crois, que je ne leur échapperais pas lorsqu'ils m'ont vu ici, ont eu envie de se faire prier, ce qui est cause que j'ai résolu de me passer d'eux; et quoique je puisse trouver ici d'autres libraires, toutefois je ne résoudrai rien avec aucun, que je n'aie reçu de vos nouvelles, pourvu que je ne tarde point trop à en recevoir. Et si vous jugez que mes écrits puissent être imprimés à Paris plus commodément qu'ici, et qu'il vous plût d'en prendre le soin, comme vous m'avez obligé autrefois de m'offrir, je vous les pourrais envoyer incontinent après la vôtre reçue. Seulement y a-t-il en cela de la difficulté, que ma copie n'est mieux écrite que cette lettre, que l'orthographe ni les virgules n'y sont pas mieux observées, et que les figures n'y sont tracées que de ma main, c'est-à-dire très mal; en sorte que si vous n'en tirez l'intelligence du texte pour les interpréter après au graveur, il lui serait impossible de les comprendre. Outre cela, je serais bien aise que le tout fût imprimé en fort beau caractère, et de fort beau papier, et que le libraire me donnât du moins deux cents exemplaires, à cause que j'ai envie d'en distribuer à quantité de personnes. Et afin que vous sachiez ce que j'ai envie de faire imprimer, il y aura quatre traités tous français, et le titre en général sera : *Le projet d'une Science universelle qui puisse élever notre nature à son plus haut degré de perfection. Plus* la Dioptrique, les Météores *et* la Géométrie; *ou les plus curieuses Matières que l'auteur ait pu choisir pour rendre preuve de la Science universelle qu'il propose, sont expliquées en telle sorte, que ceux mêmes qui n'ont point étudié les peuvent entendre*. En ce *projet* je découvre une partie de ma Méthode, je tâche à démontrer l'existence de Dieu et de l'âme séparée du corps, et j'y ajoute plusieurs autres choses qui ne seront pas, je crois, désagréables au lecteur. En *la Dioptrique,* outre la matière des réfractions et l'invention des lunettes, j'y parle aussi fort particulièrement de l'œil, de la lumière, de la vision, et de tout ce qui appartient à la catoptrique et à l'optique. Aux *Météores,* je m'arrête principalement sur la nature du sel, les causes des vents et du tonnerre, les figures de la neige, les couleurs de l'arc-en-ciel, où je tâche aussi à démontrer généralement quelle est la nature de chaque couleur, et les couronnes, ou *Halones,* et les soleils, ou *Parhelia,* semblables à ceux qui parurent à Rome il y a six ou sept ans. Enfin, en *la Géométrie,* je tâche à donner une façon générale pour soudre tous les problèmes qui ne l'ont encore jamais été. Et tout ceci ne fera pas, je crois, un volume plus grand que de cinquante ou soixante feuilles. Au reste, je n'y veux point mettre mon nom, suivant mon ancienne résolution, et je vous prie de n'en rien dire à personne, si ce n'est que vous jugiez à propos d'en parler à quelque libraire, afin de savoir s'il aura envie de me servir, sans toutefois achever, s'il vous plaît, de conclure avec lui, qu'après ma réponse; et sur ce que vous me ferez la faveur de me mander, je me résoudrai. Je serai bien aise aussi d'employer tout autre, plutôt que ceux qui ont correspondance avec Elzevier, qui sans doute les en aura avertis, car il sait que je vous en écris.

Mais j'ai employé à ceci tout mon papier, il ne m'en reste plus que pour vous dire, que pour examiner les choses que Galilée dit *de Motu,* il faudrait plus de temps que je n'y en puis mettre à présent.

Je juge l'expérience des sons qui ne vont pas plus vite selon le vent que contre le vent, être véritable, au moins *ad sensum;* car le mouvement du son est tout autre que celui du vent. Je vous remercie aussi de celle de la balle tirée vers le zénith, qui ne retombe point, ce qui est fort admirable. Je ne suppose point la matière subtile, dont je vous ai parlé plusieurs fois, d'autre matière que les corps terrestres; mais comme l'air est plus liquide que l'eau, ainsi je la suppose encore beaucoup plus liquide, ou fluide, et pénétrante que l'air. Pour la réflexion de l'arc, elle vient de ce que la figure de ses pores étant corrompue, la matière subtile qui passe au travers, tend à les rétablir, sans qu'il importe de quel côté elle y entre. Je suis,

A MERSENNE

[Leyde, mars 1637.]

Je trouve que vous avez bien mauvaise opinion de moi, et que vous me jugez bien peu ferme et peu résolu en mes actions, de penser que je doive délibérer sur ce que vous me mandez de changer mon dessein, et de joindre mon premier discours à ma physique, comme si je la devais donner au libraire dès aujourd'hui à lettre vue. Et je n'ai su m'empêcher de rire en lisant l'endroit où vous dites que j'oblige le monde à me tuer, afin qu'on puisse voir plus tôt mes écrits; à quoi je n'ai autre chose à répondre, sinon qu'ils sont déjà en lieu et en état que ceux qui m'auraient tué, ne les pourraient jamais avoir, et que si je ne meurs fort à loisir, et fort satisfait des hommes qui vivent, ils ne se verront assurément de plus de cent ans après ma mort.

Je vous ai beaucoup d'obligation des objections que vous m'écrivez, et je vous supplie de continuer à me mander toutes celles que vous entendrez, et ce en la façon la plus désavantageuse pour moi qu'il se pourra; ce sera le plus grand plaisir que vous me puissiez faire; car je n'ai point coutume de me plaindre pendant qu'on panse mes blessures, et ceux qui me feront la faveur de m'instruire, et qui m'enseigneront quelque chose, me trouveront toujours fort docile. Mais je n'ai su bien entendre ce que vous objectez touchant le titre; car je ne mets pas *Traité de la Méthode,* mais *Discours de la Méthode,* ce qui est le même que *Préface ou Avis touchant la Méthode,* pour montrer que je n'ai pas dessein de l'enseigner, mais seulement d'en parler. Car comme on peut voir de ce que j'en dis, elle consiste plus en pratique qu'en théorie, et je nomme les traités suivants des *Essais de cette Méthode,* parce que je prétends que les choses qu'ils contiennent n'ont pu être trouvées sans elle, et qu'on peut connaître par eux ce qu'elle vaut : comme aussi j'ai inséré quelque chose de métaphysique, de physique et de médecine dans le premier discours, pour montrer qu'elle s'étend à toutes sortes de matières.

Pour votre seconde objection, à savoir que je n'ai pas expliqué assez au long, d'où je connais que l'âme est une substance distincte du corps, et dont la nature n'est que de penser, qui est la seule chose qui rend obscure la démonstration touchant l'existence de Dieu, j'avoue que ce que vous en écrivez est très vrai, et aussi que cela rend ma démonstration touchant l'existence de Dieu malaisée à entendre. Mais je ne pouvais mieux traiter cette matière, qu'en expliquant amplement la fausseté ou l'incertitude qui se trouve en tous les jugements qui dépendent du sens ou de l'imagination, afin de montrer ensuite quels sont ceux qui ne dépendent que de l'entendement pur, et combien ils sont évidents et certains. Ce que j'ai omis tout à dessein, et par considération, et principalement à cause que j'ai écrit en langue vulgaire, de peur que les esprits faibles venant à embrasser d'abord avidement les doutes et scrupules qu'il m'eût fallu proposer, ne pussent après comprendre en même façon les raisons par lesquelles j'eusse tâché de les ôter, et ainsi que je les eusse engagés dans un mauvais pas, sans peut-être les en tirer. Mais il y a environ huit ans que j'ai écrit en latin un commencement de *Métaphysique,* où cela est déduit assez au long, et si l'on fait une version latine de ce livre, comme on s'y prépare, je l'y pourrai faire mettre. Cependant je me persuade que ceux qui prendront bien garde à mes raisons touchant l'existence de Dieu, les trouveront d'autant plus démonstratives, qu'ils mettront plus de peine à en chercher les défauts, et je les prétends plus claires en elles-mêmes qu'aucune des démonstrations des géomètres; en sorte qu'elles ne me semblent obscures qu'au regard de ceux qui ne savent pas *abducere mentem a sensibus*[1], suivant ce que j'ai écrit en la page 38.

Je vous ai une infinité d'obligations de la peine que vous vous offrez de prendre pour l'impression de mes écrits; mais s'il y fallait faire quelque dépense, je n'aurais garde de souffrir que d'autres que moi la fissent, et ne manquerais pas de vous envoyer tout ce qu'il faudrait. Il est vrai que je ne crois pas qu'il en fût grand besoin; au moins y a-t-il eu des libraires qui m'ont fait offrir un présent, pour leur mettre ce que je ferais entre les mains, et cela dès auparavant même que je sortisse de Paris, ni que j'eusse commencé à rien écrire. De sorte que je juge qu'il y en pourra encore avoir d'assez fous pour les imprimer à leurs dépens, et qu'il se trouvera aussi des lecteurs assez faciles pour en acheter les exemplaires, et les relever de leur folie. Car, quoi que je fasse, je ne m'en cacherai point comme d'un crime, mais seulement pour éviter le bruit, et me retenir la même liberté que j'ai eue jusques ici; de sorte que je ne craindrai pas tant si quelques-uns savent mon nom; mais maintenant je suis bien aise qu'on n'en parle point du tout, afin que le monde n'attende rien, et que ce que je ferai, ne soit pas moindre que ce qu'on aurait attendu.

Je me moque avec vous des imaginations de ce chimiste dont vous m'écrivez, et crois que semblables chimères ne méritent pas d'occuper un seul moment les pensées d'un honnête homme. Je suis, etc.

1. Détacher l'esprit des sens.

[A SILHON[1]?]

[Leyde, mars 1637.]

MONSIEUR,

J'AVOUE qu'il y a un grand défaut dans l'écrit que vous avez vu, ainsi que vous le remarquez, et que je n'y ai pas assez étendu les raisons par lesquelles je pense prouver qu'il n'y a rien au monde qui soit de soi plus évident et plus certain que l'existence de Dieu et de l'âme humaine, pour les rendre faciles à tout le monde. Mais je n'ai osé tâcher de le faire, d'autant qu'il m'eût fallu expliquer bien au long les plus fortes raisons des sceptiques, pour faire voir qu'il n'y a aucune chose matérielle de l'existence de laquelle on soit assuré, et par même moyen accoutumer le lecteur à détacher sa pensée des choses sensibles; puis montrer que celui qui doute ainsi de tout ce qui est matériel, ne peut aucunement pour cela douter de sa propre existence; d'où il suit que celui-là, c'est-à-dire l'âme, est un être, ou une substance qui n'est point du tout corporelle, et que sa nature n'est que de penser, et aussi qu'elle est la première chose qu'on puisse connaître certainement. Même en s'arrêtant assez longtemps sur cette méditation, on acquiert peu à peu une connaissance très claire, et si j'ose ainsi parler intuitive, de la nature intellectuelle en général, l'idée de laquelle, étant considérée sans limitation, est celle qui nous représente Dieu, et limitée, est celle d'un ange ou d'une âme humaine. Or il n'est pas possible de bien entendre ce que j'ai dit après de l'existence de Dieu, si ce n'est qu'on commence par là, ainsi que j'ai assez donné à entendre en la page 38. Mais j'ai eu peur que cette entrée, qui eût semblé d'abord vouloir introduire l'opinion des sceptiques, ne troublât les plus faibles esprits, principalement à cause que j'écrivais en

1. Silhon (Jean de), secrétaire du cardinal Mazarin et auteur philosophique; avait publié en 1626 *Les deux vérités, l'une de Dieu et de sa providence, l'autre de l'immortalité de l'âme.*

langue vulgaire; de façon que je n'en ai même osé mettre le peu qui est en la page 32, qu'après avoir usé de préface. Et pour vous, Monsieur, et vos semblables, qui sont des plus intelligents, j'ai espéré que s'ils prennent la peine, non pas seulement de lire, mais aussi de méditer par ordre les mêmes choses que j'ai dit avoir méditées, en s'arrêtant assez longtemps sur chaque point, pour voir si j'ai failli ou non, ils en tireront les mêmes conclusions que j'ai fait. Je serai bien aise, au premier loisir que j'aurai, de faire un effort pour tâcher d'éclaircir davantage cette matière, et d'avoir eu en cela quelque occasion de vous témoigner que je suis, etc.

A MERSENNE

[Leyde? 27 avril 1637?]

Pour ce que vous inférez que, si la nature de l'homme n'est que de penser, il n'a donc point de volonté, je n'en vois pas la conséquence; car vouloir, entendre, imaginer, sentir, etc., ne sont que des diverses façons de penser, qui appartiennent toutes à l'âme. Vous rejetez ce que j'ai dit, *qu'il suffit de bien juger pour bien faire;* et toutefois, il me semble que la doctrine ordinaire de l'École est que *voluntas non fertur in malum, nisi quatenus ei sub aliqua ratione boni repræsentatur ab intellectu*[1], d'où vient ce mot : *omnis peccans est ignorans;* en sorte que si jamais l'entendement ne représentait rien à la volonté comme bien, qui ne le fût, elle ne pourrait manquer en son élection. Mais il lui représente souvent diverses choses en même temps; d'où vient le mot *video meliora proboque*[2], qui n'est que pour les esprits faibles, dont j'ai parlé en la page 26. Et le bien faire dont je parle ne se peut entendre en termes de théologie, où il est parlé de la grâce, mais seulement de philosophie morale et

1. La volonté n'est pas portée au mal, si ce n'est dans la mesure où ce mal est représenté par l'entendement sous quelque apparence de bien.

2. Je vois le meilleur et je l'approuve.

naturelle, où cette grâce n'est point considérée; en sorte qu'on ne me peut accuser pour cela de l'erreur des pélagiens; non plus que si je disais qu'il ne faut qu'avoir un bon sens pour être honnête homme, on ne m'objecterait pas qu'il faut aussi avoir le sexe qui nous distingue des femmes, parce que cela ne vient point alors à propos. Tout de même en disant qu'il est vraisemblable (à savoir, selon la raison humaine) que le monde a été créé tel qu'il devait être, je ne nie point pour cela qu'il ne soit certain par la foi qu'il est parfait. Enfin pour ceux qui vous ont demandé de quelle religion j'étais, s'ils avaient pris garde que j'ai écrit en la page 29, que je n'eusse pas cru me devoir contenter des opinions d'autrui un seul moment, si je ne me fusse proposé d'employer mon propre jugement à les examiner lorsqu'il serait temps, ils verraient qu'on ne peut inférer de mon discours, que les infidèles doivent demeurer en la religion de leurs parents.

Je ne trouve plus rien en vos deux lettres qui ait besoin de réponse, sinon qu'il semble que vous craigniez que la publication de mon premier discours ne m'engage de parole à ne point faire voir ci-après ma *Physique,* de quoi toutefois il ne faut point avoir peur; car je n'y promets en aucun lieu de ne la point publier pendant ma vie; mais je dis que j'ai eu ci-devant dessein de la publier, que depuis, pour les raisons que j'allègue, je me suis proposé de ne le point faire pendant ma vie, et que maintenant je prends résolution de publier les traités contenus en ce volume; d'où tout de même l'on peut inférer que, si les raisons qui m'empêchent de la publier étaient changées, je pourrais prendre une autre résolution, sans pour cela être changeant; car *sublata causa tollitur effectus*[1]. Vous dites aussi qu'on peut attribuer à vanterie ce que je dis de ma *Physique,* puisque je ne la donne pas; ce qui peut avoir lieu pour ceux qui ne me connaissent point, et qui n'auront vu que mon premier discours; mais pour ceux qui verront tout le livre, ou qui me connaissent, je ne crains pas qu'ils m'accusent de ce vice; non plus que de celui que vous me reprochez, de mépriser les hommes, à cause que je ne leur donne pas étourdiment ce que je ne sais

1. La cause étant supprimée, l'effet est supprimé.

pas encore s'ils veulent avoir : car enfin je n'ai parlé comme j'ai fait de ma *Physique,* qu'afin de convier ceux qui la désireront, à faire changer les causes qui m'empêchent de la publier.

Derechef je vous prie de nous envoyer ou le privilège ou son refus, le plus promptement qu'il sera possible, et plutôt en la façon la plus simple un jour devant, qu'en la meilleure le jour d'après. Je suis, etc.

A ***

[Leyde, 27 avril 1637?]

MONSIEUR,

ENCORE que le P. Mersenne ait fait directement contre mes prières, en disant mon nom, je ne saurais toutefois lui vouloir mal, de ce que par son moyen j'ai l'honneur d'être connu d'une personne de votre mérite. Mais j'ai bien sujet de m'inscrire en faux contre un projet du privilège qu'il me mande vouloir tâcher d'impétrer pour moi; car il m'y introduit me louant moi-même, et me qualifiant inventeur de plusieurs belles choses, et me fait dire que j'offre de donner au public d'autres traités que ceux qui sont déjà imprimés; ce qui est contraire à ce que j'ai écrit tant au commencement de la 77e page du discours qui sert de préface, qu'ailleurs. Mais je m'assure qu'il vous fera voir ce que je lui mande, puisque j'apprends par celle que vous m'avez fait l'honneur de m'écrire, que c'est vous qui m'avez obligé de lui suggérer quelques-unes des objections auxquelles je lui fais réponse. Pour le traité de physique dont vous me faites la faveur de me demander la publication, je n'aurais pas été si imprudent que d'en parler en la façon que j'ai fait, si je n'avais envie de le mettre au jour, en cas que le monde le désire, et que j'y trouve mon compte et mes sûretés. Mais je veux bien vous dire, que tout le dessein de ce que je fais imprimer à cette fois, n'est que de lui préparer le chemin, et sonder le gué. Je propose à cet effet une méthode générale, laquelle véritablement je n'enseigne pas, mais je tâche d'en donner des preuves par les trois traités suivants, que je joins au discours où j'en parle, ayant pour le premier un sujet mêlé de philosophie et de mathématique; pour le second, un tout pur de philosophie; et pour le troisième, un tout pur de mathématique, dans lesquels je puis dire que je ne me suis abstenu de parler d'aucune chose (au moins de celles qui peuvent être connues par la force du raisonnement), parce que j'ai cru ne la pas savoir; en sorte qu'il me semble par là donner occasion de juger que j'use d'une méthode par laquelle je pourrais expliquer aussi bien toute autre matière, en cas que j'eusse les expériences qui y seraient nécessaires, et le temps pour les considérer. Outre que pour montrer que cette méthode s'étend à tout, j'ai inséré brièvement quelque chose de métaphysique, de physique et de médecine dans le premier discours. Que si je puis faire avoir au monde cette opinion de ma Méthode, je croirai alors n'avoir plus tant de sujet de craindre que les principes de ma *Physique* soient mal reçus; et si je ne rencontrais que des juges aussi favorables que vous, je ne le craindrais pas dès maintenant.

A HUYGENS

[Mai 1637.]

MONSIEUR,

ENCORE que je me sois retiré assez loin hors du monde, la triste nouvelle de votre affliction n'a pas laissé de parvenir jusques à moi. Si je vous mesurais au pied des âmes vulgaires, la tristesse que vous avez témoignée dès le commencement de la maladie de feu Mme de Zuylichem me ferait craindre que son décès ne vous fût du tout insupportable; mais ne doutant point que vous ne vous gouverniez entièrement selon la raison, je me persuade qu'il vous est beaucoup plus aisé de vous consoler, et de reprendre votre tranquillité d'esprit accoutumée, maintenant qu'il n'y a plus du tout de remède, que lorsque vous aviez encore occasion de craindre et d'espérer. Car il est certain que l'espérance étant du tout ôtée, le désir cesse, ou du moins se relâche et perd sa force, et quand on n'a que peu ou point de désir de ravoir ce qu'on a perdu, le regret n'en peut être fort sensible. Il est vrai que les esprits faibles ne goûtent point du tout cette raison, et que sans savoir eux-mêmes ce qu'ils s'imaginent, ils s'imaginent que tout ce qui a autrefois été, peut encore être, et que Dieu est comme obligé de faire pour l'amour d'eux tout ce qu'ils veulent. Mais une âme forte et généreuse comme la vôtre, sachant la condition de notre nature, se soumet toujours à la nécessité de sa loi; et bien que ce ne soit pas sans quelque peine, j'estime si fort l'amitié, que je crois que tout ce que l'on souffre à son occasion est agréable, en sorte que ceux même qui vont à la mort pour le bien des personnes qu'ils affectionnent, me semblent heureux jusques au dernier moment de leur vie. Et quoique j'appréhendasse pour votre santé, pendant que vous perdiez le manger et le repos pour servir vous-même votre malade, j'eusse pensé commettre un sacrilège, si j'eusse tâché à vous divertir d'un office si pieux et si doux. Mais, maintenant que votre deuil ne lui pouvant plus être utile, ne saurait aussi être si juste qu'auparavant, ni par conséquent accompagné de cette joie et satisfaction intérieure qui suit les actions vertueuses, et fait que les sages se trouvent heureux en toutes les rencontres de la fortune, si je pensais que votre raison ne le pût vaincre, j'irais importunément vous trouver, et tâcherais par tous moyens à vous divertir, à cause que je ne sache point d'autre remède pour un tel mal. Je ne mets pas ici en ligne de compte la perte que vous avez faite, en tant qu'elle vous regarde et que vous êtes privé d'une compagnie que vous chérissiez extrêmement; car il me semble que les maux qui nous touchent nous-mêmes ne sont point comparables à ceux qui touchent nos amis, et qu'au lieu que c'est une vertu d'avoir pitié des moindres afflictions qu'ont les autres, c'est une espèce de lâcheté de s'affliger pour aucune des disgrâces que la fortune nous peut envoyer; outre que vous avez tant de proches qui vous chérissent, que vous ne sauriez pour cela rien trouver à dire en votre famille; et que quand vous n'auriez que Mme de V(ilhem) pour sœur, je crois qu'elle seule est suffisante pour vous délivrer de la solitude, et des soins d'un ménage, qu'un autre que vous pourrait craindre, après avoir perdu sa compagnie. Je vous supplie d'excuser la liberté que je prends de mettre ici mes sentiments en philosophe, au même moment que je viens de recevoir un paquet de votre part, par M. Golius, où je ne comprends point le procédé du P. Mersenne; car il ne m'envoie encore aucun privilège, et semble vouloir m'obliger, en faisant tout le contraire de ce dont je le prie. Je suis, etc.

[A HUYGENS]

[Leyde, 14 juin 1637.]

Monsieur,

Ayant eu dernièrement l'honneur d'aller en votre compagnie au logis de M. de Charnacé[1] pour lui faire offre de mon service, j'ai pensé que vous n'auriez pas désagréable que je vous priasse de lui présenter l'un des exemplaires que je vous envoie, et ensemble de lui en offrir encore deux autres, l'un pour le Roi, et l'autre pour M. le Cardinal de Richelieu, s'il lui plaît de me tant obliger, que de trouver bon que ce soit par son entremise que je les leur présente, afin de leur témoigner, en tout le peu que je suis, ma très humble dévotion à leur service. Il est vrai que n'ayant pas voulu mettre mon nom en ces écrits, je n'avais aucunement espéré qu'ils me dussent donner occasion de le faire dire à des personnes si hautes et si éminentes; mais ayant reçu ces jours derniers un privilège du Roi, dans lequel il a été mis, quelque soin que j'aie eu de le celer, je crois devoir faire maintenant quasi le même que si j'avais eu dessein de le publier, et ne pouvoir plus supposer qu'il soit inconnu. Et parce qu'on a ajouté quelques clauses en ce privilège, que je n'ai jamais vues en d'autres livres, et qui sont beaucoup plus avantageuses pour moi que je ne mérite, bien que je ne les aie point désirées, et

1. Ambassadeur de France en Hollande.

que je n'aie demandé qu'à être reçu au nombre des écrivains les plus vulgaires, je leur en suis tellement obligé, que je ne sais quels moyens je dois chercher pour leur faire paraître ma reconnaissance. Car je ne crois pas que nous soyons seulement redevables aux grands des faveurs que nous recevons immédiatement de leurs mains, mais aussi de toutes celles qui nous viennent de leurs ministres, tant à cause que ce sont eux qui leur en donnent le pouvoir, que principalement aussi à cause qu'ayant fait choix de telles personnes plutôt que d'autres, nous devons croire que les inclinations à nous obliger sont les mêmes que nous remarquons en ceux auxquels ils donnent le pouvoir de nous bien faire. Et ainsi encore que je ne sois pas si vain, que de m'imaginer que les pensées du Roi, ou de Monsieur le Cardinal, se soient abaissées jusques à moi, ni qu'ils sachent rien du privilège que Monsieur le Chancelier m'a obligé de celer, je ne laisse pas de leur en avoir la première et la principale obligation. Et je reconnais en cela que la France est bien autrement et bien mieux gouvernée que n'était autrefois la ville d'Éphèse, en laquelle il était défendu d'exceller; vu qu'au contraire on y gratifie non seulement ceux qui excellent, au rang desquels je n'ose aspirer, mais même ceux qui font quelque effort pour bien faire, encore que ce soit par des voies extraordinaires, qui est une chose de laquelle je confesse qu'on aurait eu droit de m'accuser, si j'eusse vécu parmi les Éphésiens. Au reste je ne m'excuse point envers Monsieur de Charnacé de la liberté que je prends de l'employer en cette occasion : car la charge d'ambassadeur qu'il a ici, le bon accueil dont il m'a obligé, lorsque j'ai eu l'honneur de le voir et la connaissance très particulière qu'il a des sciences dont j'ai traité en ces écrits, me font plutôt croire qu'il trouverait mauvais que je m'adressasse à un autre. Et je ne doute point que ma prière ne lui soit plus agréable, en lui étant adressée par une personne de votre mérite, que par mes lettres ou par moi. C'est pourquoi je vous donnerai, s'il vous plaît, cette peine, et serai toute ma vie, etc.

A ***

30 août 1637.

Monsieur,

Toutes choses vont ici le mieux que nous saurions souhaiter. Je parlai hier à mon hôtesse pour savoir si elle voulait avoir ici ma nièce[1], et combien elle désirait que je lui donnasse pour cela; elle, sans délibérer, me dit que je la fisse venir quand je voudrais, et que nous nous accorderions aisément du prix, parce qu'il lui était indifférent si elle avait un enfant de plus ou de moins à gouverner. Pour la servante, elle s'attend que vous lui en fournirez une, et il lui tarde extrêmement qu'elle ne l'a déjà; c'est pourquoi, afin qu'il ne lui ennuie trop, je vous prie de mander ici au plus tôt à M. Godfroy, que vous pensez à nous en faire trouver une et qu'on vous a déjà parlé de deux ou trois, mais que vous n'avez encore rien arrêté, afin de vous pouvoir mieux informer de la meilleure, et que pour nous nous n'avons point besoin de nous en mettre en peine, parce que nous aurons infailliblement l'une ou l'autre. En effet il faut faire qu'Hélène[2] vienne ici le plus tôt qu'il se pourra; et même s'il se pouvait honnêtement avant la Saint-Victor, et qu'elle en mît quelque autre en sa place, ce serait le meilleur. Car je crains que notre hôtesse ne s'ennuie d'attendre trop longtemps sans en avoir une, et je vous prie de me mander ce que Hél. vous aura dit là-dessus. J'ai reçu vos livres sans qu'ils aient aucunement été mouillés ni corrompus, encore qu'ils aient été deux nuits sur l'eau, et je commence déjà tout de bon à étudier en médecine. Je suis,

Monsieur,

Votre très humble et très affectionné serviteur,

Descartes.

Du 30 août 1637.

---

1. C'est sa fille Francine.
2. La mère de Francine.

La lettre que j'écris à Hél. n'est point pressée, et j'aime mieux que vous la gardiez jusques à ce qu'Hél. vous aille trouver, ce qu'elle fera, je crois, vers la fin de cette semaine, pour vous donner les lettres qu'elle m'écrira, que de lui faire porter par votre servante.

[A HUYGENS]

[5 octobre 1637.]

Monsieur,

En quelque occupation que vos lettres me rencontrent, elles me sont toujours très chères et très agréables, principalement puisqu'elles m'apprennent que vous me faites la faveur de penser en moi, et que vous avez dessein d'employer encore votre tourneur pour vos lunettes. Mais puisqu'il vous plaît en savoir mon opinion, je vous dirai franchement que tant s'en faut que j'espère qu'il en vienne à bout, avec des machines qui aient moins de façon que la mienne, qu'au contraire je me persuade qu'on y doit encore ajouter diverses choses, que j'ai omises, mais que je crois n'être point si difficiles à inventer que l'usage ne les enseigne. Comme, premièrement, le choix du verre n'est pas aisé; car souvent au-dedans de celui qui semble le plus net et le plus clair, il se rencontre certaines ondes qui le rendent entièrement inutile, et qui n'y peuvent être aperçues que par ceux qui le regardent contre le jour et qui s'y sont exercés. Le poli aussi est difficile; car encore qu'on donne à peu près la vraie figure à un verre, il ne pourra toutefois rien valoir, si en le polissant on ne lui donne une courbure fort uniforme, et c'est ce qui manquait au dernier verre que j'ai vu de la façon de votre tourneur. Outre cela, ce n'est pas assez de tailler un verre dont le diamètre soit de 2 ou 3 pouces, pour faire quelque chose d'extraordinaire; car il s'en trouve déjà quelques-uns de cette grandeur, qui représentent assez distinctement les objets sans qu'il soit besoin de couvrir leurs bords; et quand cela arrive, quelque figure qu'ils aient, on doit penser qu'ils ont la bonne.

Mais l'importance eſt d'en faire de plus grands qui soient bons, à quoi les artisans qui tâchent à les rendre sphériques ne sauraient jamais parvenir. Et pour faire quelque chose de plus que le commun, je voudrais que l'hyperbole que vous ferez tailler eût au moins 4 pieds de diſtance entre ses 2 points brûlants, et le verre, 4 ou 5 pouces de diamètre. Au reſte la machine que j'ai décrite me semble assez simple, principalement si on considère qu'elle ne consiſte qu'en la partie qui eſt seule en la page 145, et que le rouleau et les planches se peuvent faire fort petites à comparaison de la pièce BK et des piliers qui la soutiennent, car je les ai fait peindre dix fois plus courts, à comparaison du reſte, qu'il ne fallait, afin que la figure pût être mieux représentée en mon papier.

Pour ce que vous désirez des mécaniques, il eſt vrai que je ne fus jamais moins en humeur d'écrire que maintenant; et non seulement je n'ai plus ce grand loisir que j'avais autrefois étant à Bréda, mais même je regrette tous les jours le temps que ce que le maire a imprimé pour moi m'a fait perdre. Les poils blancs qui se hâtent de me venir m'avertissent que je ne dois plus étudier à autre chose qu'aux moyens de les retarder. C'eſt maintenant à quoi je m'occupe, et je tâche à suppléer par industrie le défaut des expériences qui me manquent, à quoi j'ai tant de besoin de tout mon temps que j'ai pris résolution de l'y employer tout, et que j'ai même relégué mon Monde bien loin d'ici, afin de n'être point tenté d'achever à le mettre au net. Mais je ne veux pas laisser pour cela de vous envoyer l'écrit que vous demandez, vu principalement que vous ne le demandez que de trois feuillets, car je suis bien aise de vous témoigner que vous pouvez sur moi quelque chose de plus que mes propres résolutions, et que je suis,

Monsieur,

Votre très obéissant et très affectionné serviteur.

EXPLICATION

DES ENGINS PAR L'AIDE DESQUELS ON PEUT AVEC UNE PETITE FORCE LEVER UN FARDEAU FORT PESANT

L'invention de tous ces engins n'eſt fondée que sur un seul principe, qui eſt que la même force qui peut lever un poids, par exemple, de cent livres à la hauteur de deux pieds, en peut aussi lever un de 200 livres, à la hauteur d'un pied, ou un de 400 à la hauteur d'un demi-pied, et ainsi des autres, si tant eſt qu'elle lui soit appliquée.

Et ce principe ne peut manquer d'être reçu, si on considère que l'effet doit être toujours proportionné à l'action qui eſt nécessaire pour le produire : de façon que s'il eſt nécessaire d'employer l'action par laquelle on peut lever un poids de 100 livres à la hauteur de deux pieds, pour en lever un à la hauteur d'un pied seulement, celui-ci doit peser 200 livres. Car c'eſt le même de lever 100 livres à la hauteur d'un pied, et derechef encore cent à la hauteur d'un pied, que d'en lever deux cents à la hauteur d'un pied, et le même aussi que d'en lever cent à la hauteur de deux pieds.

Or les engins qui servent à faire cette application d'une force qui agit par un grand espace à un poids qu'elle fait lever par un moindre, sont la poulie, le plan incliné, le coin, le tour ou la roue, la vis, le levier; et quelques autres. Car si on ne veut point les rapporter les uns aux autres, on en peut nombrer davantage; et si on les y veut rapporter, on n'a pas besoin d'en mettre tant.

LA POULIE

Soit ABC une corde passée autour de la poulie D, à laquelle poulie soit attaché le poids E. Et premièrement supposant que deux hommes soutiennent ou haussent également chacun un des bouts de cette corde, il eſt évident que si ce poids pèse 200 livres, chacun de ces hommes n'emploiera, pour le soutenir ou soulever, que la force qu'il faut pour soutenir ou soulever 100 livres; car chacun n'en porte que la moitié. Faisons après cela qu'A, l'un des bouts de cette corde, étant attaché ferme à quelque clou, l'autre C soit derechef soutenu par un homme; et il eſt évident que cet homme, en C, n'aura besoin, non plus que devant, pour soutenir le poids E, que de la force qu'il faut pour soutenir cent livres : à cause que le clou qui eſt vers A y fait le même office que l'homme que nous y supposions auparavant.

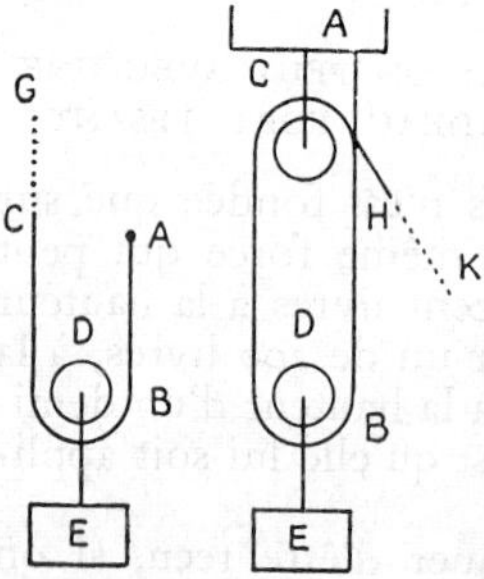

Enfin, posons que cet homme qui eſt vers C tire la corde pour faire hausser le poids E; et il eſt évident que, s'il y emploie la force qu'il faut pour lever 100 livres à la hauteur de deux pieds; il fera hausser ce poids E, qui en pèse 200, de la hauteur d'un pied : car la corde ABC étant doublée comme elle eſt, on la doit tirer de deux pieds par le bout C, pour faire autant hausser le poids E que si deux hommes la tiraient, l'un par le bout A et l'autre par le bout C, chacun de la longueur d'un pied seulement.

Il y a toutefois une chose qui empêche que ce calcul ne soit exact, à savoir la pesanteur de la poulie, et la difficulté qu'on peut avoir à faire couler la corde et à la porter. Mais cela eſt fort peu à comparaison de ce qu'on lève, et ne peut être eſtimé qu'à peu près.

Au reſte il faut remarquer que ce n'eſt point la poulie qui cause cette force, mais seulement le redoublement de la corde : car si on attache encore une poulie vers A, par laquelle on passe la corde ABCH, il ne faudra pas moins de force pour tirer H vers K, et ainsi lever le poids E, qu'il en fallait auparavant pour tirer C vers G. Mais si à ces deux poulies on en ajoute encore une autre vers D, à laquelle on attache le poids et dans laquelle on passe la corde, tout de même qu'en la première, alors on n'aura pas besoin de plus de force pour lever ce poids de 200 livres, que pour en lever un de 50 sans poulie; à cause qu'en tirant 4 pieds de la corde on ne l'élèvera que d'un pied. Et ainsi en multipliant les poulies, on peut élever les plus grands fardeaux avec les plus petites forces.

On doit aussi remarquer qu'il faut toujours un peu plus de force pour lever un poids, que pour le soutenir; ce qui est cause que j'ai parlé ici séparément de l'un et de l'autre.

LE PLAN INCLINÉ

Si, n'ayant qu'assez de force pour lever 100 livres, on veut néanmoins lever le corps F, qui en pèse 200, à la hauteur de la ligne BA, il ne faut que le tirer ou rouler le long du plan incliné CA, que je suppose deux fois aussi long que la ligne AB; car, par ce moyen, pour le faire parvenir au point A, on y emploiera la force qui est requise pour faire monter 100 livres deux fois aussi haut. Et d'autant qu'on aura fait ce plan CA plus incliné, d'autant aura-t-on besoin de moins de force pour lever le poids F par son moyen.

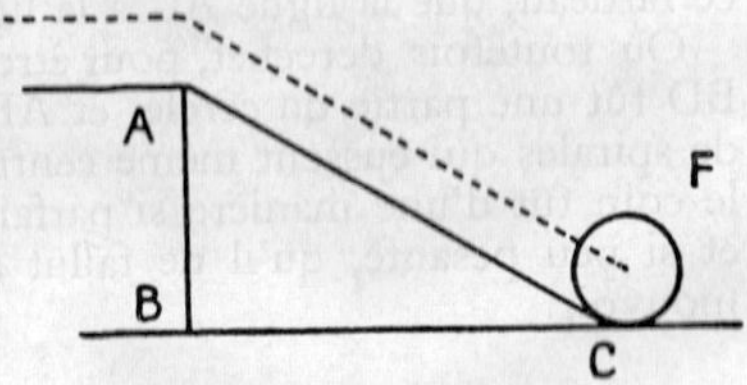

Mais il y a encore à rabattre de ce calcul la difficulté qu'il y aurait à mouvoir le corps F le long du plan AC, si ce plan était couché sur la ligne BC dont je suppose toutes les parties également distantes du centre de la terre. Il est vrai que, cet empêchement étant d'autant moindre que le plan est plus dur, plus égal et plus poli, il ne peut derechef être estimé qu'à peu près et n'est pas fort considérable. On n'a pas besoin non plus de considérer que, la ligne BC étant une partie de cercle qui a même centre que la terre, le plan AC doit être tant soit peu voûté et avoir la figure d'une partie de la spirale décrite entre deux cercles qui aient aussi pour centre celui de la terre, car cela n'est nullement sensible.

LE COIN

La puissance du coin ABCD s'entend aisément ensuite de ce qui vient d'être dit du plan incliné : car la force dont on frappe dessus agit comme pour le faire mouvoir suivant la ligne BD, et le bois ou autre corps qu'il fend ne s'entrouvre, ou bien le fardeau qu'il soulève ne se hausse, que selon la ligne AC. De façon que la force dont on pousse ou frappe ce coin doit avoir même proportion à la résistance de ce bois, ou de ce fardeau, que la ligne AC à la ligne BD.

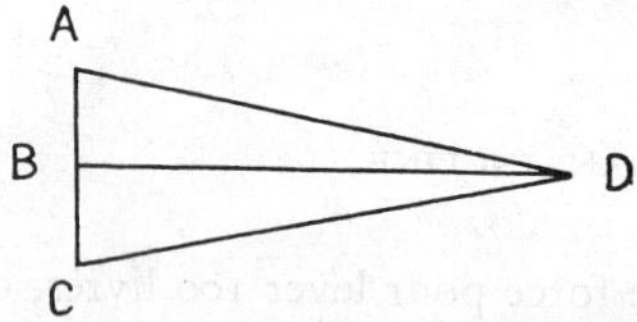

Ou toutefois derechef, pour être exact, il faudrait que BD fût une partie de cercle, et AD, CD, deux portions de spirales qui eussent même centre que la terre, et que le coin fût d'une manière si parfaitement dure et polie, et si peu pesante, qu'il ne fallût aucune force pour le mouvoir.

LA ROUE OU LE TOUR

On voit aussi fort aisément que la force dont on tourne la roue A, ou les chevilles B qui font mouvoir le tour ou cylindre C, sur lequel se roule une corde à laquelle le poids D qu'on veut lever est attaché, doit avoir même proportion avec ce poids, que la circonférence de ce cylindre avec la circonférence du cercle que décrit cette force, ou ce qui est le même, que le diamètre de l'un avec le diamètre de

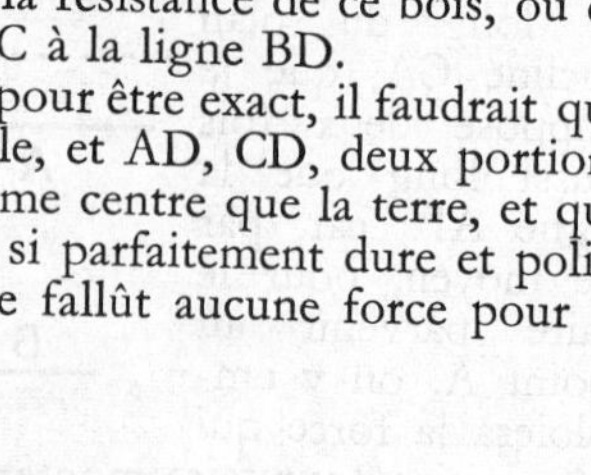

l'autre, à cause que les circonférences ont même raison entre elles que les diamètres. De façon que, le cylindre C n'ayant qu'un pied de diamètre, si la roue AB en a six, et que le poids D pèse 600 livres, il suffira que la force en B soit capable de lever 100 livres. Et ainsi des autres.

On peut aussi, au lieu de la corde qui se roule autour du cylindre CC, y mettre une petite roue avec des dents qui fassent tourner une autre plus grande roue, et ainsi multiplier le pouvoir de la force autant qu'on voudra. Sans qu'il y ait rien à rabattre de ceci que la difficulté de mouvoir la machine, ainsi qu'aux autres.

LA VIS

Lorsqu'on sait la puissance du tour et du plan incliné, celle de la vis eſt aisée à connaître et à calculer; car elle n'eſt composée que d'un plan fort incliné qui tournoie sur un cylindre. Et si ce plan eſt tellement incliné que le cylindre doive faire, par exemple, dix tours pour s'avancer de la longueur d'un pied dans l'écrou, et que la grandeur de la circonférence du cercle que décrit la force qui le tourne soit de dix pieds, à cause que dix fois dix font cent, un homme seul pourra presser aussi fort avec cette vis, que cent pourraient faire sans elle, pourvu seulement qu'on en rabatte la force qu'il faut à la tourner.

Or j'ai parlé ici de presser, plutôt que de hausser ou remuer, à cause que c'eſt à cela qu'on emploie le plus ordinairement cette vis. Mais lorsqu'on s'en veut servir à lever des fardeaux, au lieu de la faire avancer dans un écrou, on joint à elle une roue à plusieurs dents tellement faites, que si cette roue a par exemple 30 dents, pendant que la vis fait un tour entier, elle ne lui fait faire que la trentième partie d'un tour; et si le poids eſt attaché à une corde qui, se roulant autour de l'essieu de cette roue, ne l'élève que d'un pied de haut pendant que la roue fait un tour entier, et que la grandeur de la circonférence du cercle que décrit la force qui tourne la vis soit derechef de dix pieds, à cause que dix fois trente font trois cents, un homme seul pourra lever un aussi grand poids avec cet inſtrument, lequel s'appelle la vis sans fin, que trois cents hommes sans lui. Pourvu derechef qu'on en rabatte la difficulté qu'on peut avoir à le tourner, qui n'eſt pas proprement causée par la pesanteur du fardeau, mais par la forme ou la matière de l'inſtrument. Et cette difficulté eſt en lui plus sensible qu'aux précédents, d'autant qu'il a plus de force.

LE LEVIER

J'ai différé à parler du levier jusques à la fin, à cause que c'eſt l'engin pour lever des fardeaux le plus difficile de tous à expliquer.

Supposons que CH eſt un levier tellement arrêté au

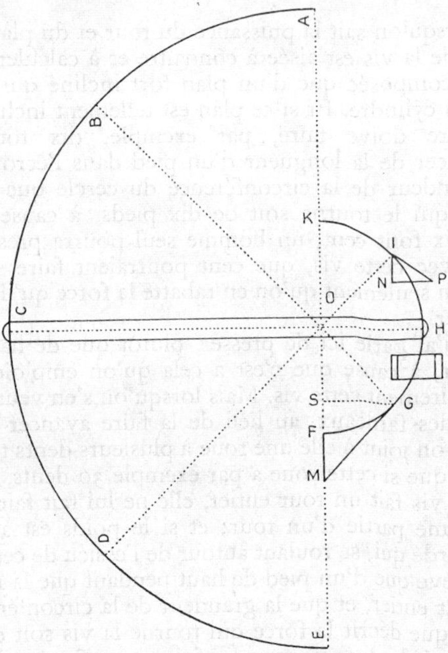

point O, par le moyen d'une cheville de fer qui passe au travers ou autrement, qu'il puisse tourner autour de ce point O, sa partie C décrivant le demi-cercle ABCDE, et sa partie H le demi-cercle FGHIK, et que le poids qu'on veut lever par son moyen soit en H, et la force en C, la ligne CO étant posée triple de OH. Puis considérons que pendant que la force qui meut ce levier décrit tout le demi-cercle ABCDE, et agit suivant cette ligne ABCDE, bien que le poids décrive aussi le demi-cercle FGHIK, il ne se hausse pas toutefois de la longueur de cette ligne courbe FGHIK, mais seulement de la longueur de la ligne droite FOK. De façon que la proportion que doit avoir la force qui meut ce poids à sa pesanteur, ne doit pas être mesurée par celle qui eſt entre les deux diamètres de ces cercles, ou entre leurs deux circonférences, ainsi qu'il a été dit du tour ci-dessus, mais plutôt par celle qui eſt entre la circonférence du plus grand et le diamètre du plus petit. Considérons outre cela qu'il s'en faut beaucoup que cette force n'ait besoin d'être si grande, pour tourner ce levier lorsqu'il eſt vers A ou vers E, que lorsqu'il eſt vers B ou vers D, ni si grande lorsqu'il eſt vers B ou vers D que lorsqu'il eſt vers C : dont la raison eſt que le poids y monte moins, ainsi qu'il eſt aisé à voir si, ayant supposé que la ligne COH eſt parallèle à l'horizon et qu'AOF la coupe à angles droits, on prend le point G également diſtant des points F et H, et le point B également diſtant des points A et C, et qu'ayant tiré GS perpendiculaire sur FO, on regarde que la ligne FS, qui marque combien monte ce poids pendant que la force agit le long de la ligne AB, eſt beaucoup moindre que la ligne SO qui marque combien il monte pendant que la force agit le long de la ligne BC.

Et pour mesurer exactement quelle doit être cette force en chaque point de la ligne courbe ABCDE, il faut savoir qu'elle y agit tout de même que si elle traînait le poids sur un plan circulairement incliné, et que l'inclination de chacun des points de ce plan circulaire se doit mesurer par celle de la ligne droite qui touche le cercle en ce point. Comme par exemple quand la force eſt au point B, pour trouver la proportion qu'elle doit avoir avec la pesanteur du poids qui eſt alors au point G, il faut tirer la contingente GM, et penser que la pesanteur de ce poids eſt à la force qui eſt requise pour le traîner sur ce plan, et par conséquent aussi pour le hausser suivant le cercle FGH, comme la ligne GM eſt à SM.

Puis à cause que BO eſt triple de OG, la force en B n'a besoin d'être à ce poids en G, que comme le tiers de la ligne SM eſt à la toute GM. Tout de même quand la force eſt au point D, pour savoir combien pèse le poids qui eſt alors au point I, il faut tirer la contingente IP et la droite IN perpendiculaire sur l'horizon, et du point P, pris à discrétion en cette ligne IP, pourvu que ce soit au-dessous du point I, il faut tirer PN parallèle au même horizon, afin d'avoir la proportion qui eſt entre la ligne IP et le tiers de la ligne IN, pour celle qui eſt entre la pesanteur du poids et la force qui doit être au point D pour le mouvoir. Et ainsi des autres. Ou toutefois il faut excepter le point H, auquel la contingente étant perpendiculaire sur l'horizon, le poids ne peut être que triple de la force qui doit être en C pour le mouvoir; et les points F et K, auxquels la contingente étant parallèle au même horizon, la moindre force qu'on puisse déterminer eſt suffisante pour mouvoir ce poids.

De plus afin d'être entièrement exact, il faut remarquer que les lignes SG et PN doivent être des parties de cercle qui aient pour centre celui de la terre; et GM, IP, des parties de spirales tirées entre deux tels cercles; et enfin que les lignes droites SM et IN, tendant toutes deux vers le centre de la terre, ne sont pas exactement parallèles; et outre cela que le point H, où je suppose que la contingente eſt perpendiculaire sur l'horizon, doit être tant soit peu plus proche du point F que du point K, auxquels points F et K les contingentes sont parallèles au même horizon. En suite de quoi on peut résoudre facilement toutes les difficultés de la balance : et montrer que lorsqu'elle eſt supposée très exacte, et même qu'on imagine son centre en O, par lequel elle eſt soutenue, n'être qu'un point indivisible, ainsi que je l'ai ici supposé pour le levier, si ses bras sont penchés de part ou d'autre, celui qui sera le plus bas se doit toujours trouver le plus pesant. En sorte que le centre de gravité n'eſt pas fixe et immobile en chaque corps, ainsi que l'avaient supposé les anciens. Ce que personne encore que je sache n'a remarqué.

Mais ces dernières considérations ne servent de rien pour l'usage. Et il serait utile pour ceux qui se mêlent d'inventer de nouvelles machines, qu'ils ne sussent rien de plus de cette matière que ce peu que je viens d'en écrire; car ils ne seraient pas en danger de se tromper en leur conte, comme ils font souvent en supposant d'autres principes.

Au reste on peut appliquer les engins que j'ai expliqués, en une infinité de diverses façons; et il y a une infinité d'autres choses à considérer dans les mécaniques, dont je ne dis rien, à cause que mes trois feuillets sont remplis, et que vous n'en avez pas demandé davantage.

[AU P. NOËL[1]]

[Octobre 1637.]

Mon Révérend Père,

Je suis extrêmement aise d'apprendre par la lettre qu'il vous a plu m'écrire, que je suis encore si heureux d'avoir part en votre souvenir et en votre affection. Je vous remercie aussi de ce que vous me promettez de faire examiner le livre que je vous ai envoyé, par ceux des vôtres qui se plaisent le plus en telles matières, et de m'obliger tant que de m'envoyer leurs censures. Je souhaiterais seulement, outre cela, que vous voulussiez prendre la peine d'y joindre les vôtres; car je vous assure qu'il n'y en aura point dont l'autorité puisse plus en mon endroit, ni auxquelles je défère plus volontiers. Il est vrai que ceux de mes amis qui ont déjà vu ce livre, m'ont appris qu'il fallait du temps et de l'étude pour en pouvoir bien juger, à cause que les commencements (au moins ceux de *la Dioptrique* et des *Météores*) ne peuvent être bien persuadés que par la connaissance de toutes les choses qui suivent après; et que ces choses qui suivent, ne peuvent être bien entendues, si on ne se souvient de toutes celles qui les précèdent : c'est pourquoi je vous aurai une très particulière obligation, s'il vous plaît d'en prendre la peine, ou de faire aussi que

1. Le P. Étienne Noël avait été répétiteur de Descartes, au collège de La Flèche. C'est lui qui eut avec Pascal une célèbre controverse au sujet du vide.

d'autres la prennent. Car en effet, je n'ai autre dessein que celui de m'instruire; et ceux qui me reprendront de quelque faute, me feront toujours plus de plaisir, que ceux qui me donnent des louanges. Au reste, il n'y a personne qui me semble avoir plus d'intérêt à examiner ce livre, que ceux de votre Compagnie : car je vois déjà que tant de personnes se portent à croire ce qu'il contient, que (particulièrement pour *les Météores*) je ne sais pas de quelle façon ils pourront dorénavant les enseigner, comme ils font tous les ans en la plupart de vos collèges, s'ils ne réfutent ce que j'en ai écrit, ou s'ils ne le suivent. Et parce que je sais que la principale raison qui fait que les vôtres rejettent fort soigneusement toutes sortes de nouveautés en matière de philosophie, est la crainte qu'ils ont qu'elles ne causent aussi quelque changement en la théologie, je veux ici particulièrement vous avertir, qu'il n'y a rien du tout à craindre de ce côté-là pour les miens, et que j'ai sujet de rendre grâces à Dieu, de ce que les opinions qui m'ont semblé les plus vraies en la physique, par la considération des causes naturelles, ont toujours été celles qui s'accordent le mieux de toutes avec les mystères de la religion; comme j'espère faire voir clairement aux occasions. Et cependant je vous supplie de me continuer la faveur de votre affection, et de croire que je serai toute ma vie...

A MERSENNE

[Fin décembre 1637?]

Le jugement que l'auteur de la *Géostatique*[1] fait de mes écrits me touche fort peu. Et je ne suis pas bien aise d'être obligé de parler avantageusement de moi-même; mais parce qu'il y a peu de gens qui puissent entendre ma géométrie, et que vous désirez que je vous mande quelle est l'opinion que j'en ai, je crois qu'il est à propos que je vous dise qu'elle est telle, que je n'y sou-

1. Jean de Beaugrand, auteur d'une dissertation sur la pesanteur.

haite rien davantage; et que j'ai seulement tâché par *la Dioptrique* et par *les Météores* de persuader que ma méthode est meilleure que l'ordinaire, mais je prétends l'avoir démontré par ma géométrie. Car dès le commencement j'y résous une question, qui par le témoignage de Pappus n'a pu être trouvée par aucun des anciens; et l'on peut dire qu'elle ne l'a pu être non plus par aucun des modernes, puisque aucun n'en a écrit, et que néanmoins les plus habiles ont tâché de trouver les autres choses que Pappus dit au même endroit avoir été cherchées par les anciens, comme l'*Apollonius Redivivus*[1], l'*Apollonius Batavus*[2], et autres, du nombre desquels il faut mettre aussi M. votre Conseiller *De maximis et minimis;* mais aucun de ceux-là n'a rien su faire que les anciens aient ignoré. Après cela, ce que je donne au second livre, touchant la nature et les propriétés des lignes courbes et la façon de les examiner, est, ce me semble, autant au-delà de la géométrie ordinaire, que la rhétorique de Cicéron est au-delà de l'*a, b, c* des enfants. Et je crois si peu ce que promet votre géostaticien, qu'il ne me semble pas moins ridicule de dire qu'il donnera dans une préface des moyens pour trouver les tangentes de toutes les lignes courbes qui seront meilleurs que le mien, que le sont les capitans des Comédies italiennes. Et tant s'en faut que les choses que j'ai écrites puissent être aisément tirées de Viete, qu'au contraire, ce qui est cause que mon traité est difficile à entendre, c'est que j'ai tâché à n'y rien mettre que ce que j'ai cru n'avoir point été su ni par lui, ni par aucun autre. Comme on peut voir, si on confère ce que j'ai écrit du nombre des racines qui sont en chaque équation dans la page 372, qui est l'endroit où je commence à donner les règles de mon algèbre, avec ce que Viete en a écrit tout à la fin de son livre *De emendatione æquationum*[3]; car on verra que je le détermine généralement en toutes équations, au lieu que lui n'en ayant donné que quelques exemples particuliers, dont il fait toute-

1. Marini Ghetaldi, *Apollonius redivivus* (Apollonius ressuscité) (Venise, 1607).
2. Wilebrordi Snelli, *Apollonius Batavus* (Apollonius hollandais) (Leyde, 1608).
3. De la réforme des équations.

fois si grand état qu'il a voulu conclure son livre par là, il a montré qu'il ne le pouvait déterminer en général. Et ainsi j'ai commencé où il avait achevé; ce que j'ai fait toutefois sans y penser, car j'ai plus feuilleté Viete depuis que j'ai reçu votre dernière, que je n'avais jamais fait auparavant, l'ayant trouvé ici par hasard entre les mains d'un de mes amis; et entre nous je ne trouve pas qu'il en ait tant su que je pensais, nonobstant qu'il fût fort habile.

Au reste, ayant déterminé comme j'ai fait en chaque genre de questions tout ce qui s'y peut faire, et montré les moyens de le faire, je prétends qu'on ne doit pas seulement croire que j'ai fait quelque chose de plus que ceux qui m'ont précédé, mais aussi qu'on se doit persuader que nos neveux ne trouveront jamais rien en cette matière que je ne pusse avoir trouvé aussi bien qu'eux, si j'eusse voulu prendre la peine de le chercher. Je vous prie que tout ceci demeure entre nous; car j'aurais grande confusion que d'autres sussent que je vous en ai tant écrit sur ce sujet.

Je n'ai pas tant de désir de voir la démonstration de Monsieur de Fermat contre ce que j'ai écrit de la réfraction, que je vous veuille prier de me l'envoyer par la poste; mais lorsqu'il se présentera commodité de me l'adresser par mer, avec quelques balles de marchandise, je ne serai pas marri de la voir, avec la *Géostatique* et le *Livre de la Lumière* de Monsieur de la Chambre[1], et tout ce qui sera de pareille étoffe, non que je ne fusse bien aise de voir promptement ce qu'écrivent les autres pour ou contre mes opinions, ou de leur invention; mais les ports de lettres sont excessifs. Je suis,

Mon R. P.

Votre très humble et fidèle serviteur,

DESCARTES.

1. *Nouvelles pensées sur les causes de la lumière, du débordement du Nil et de l'amour d'inclination.*

A MERSENNE

[Janvier 1638?]

Mon Révérend Père,

J'ai reçu l'écrit de Monsieur de Fermat, avec un billet que vous aviez mis dans le paquet du Maire, et depuis j'ai attendu huit jours sans y répondre, pour voir si je ne recevrais point cependant le paquet que vous me mandez par ce billet m'avoir adressé au même temps; mais je ne l'ai point reçu, et ainsi je crains qu'il n'ait été perdu, au moins si vous ne l'avez envoyé par une autre voie que par la poste. Je vous renvoie l'original de sa démonstration prétendue contre ma *Dioptrique,* parce que vous me mandiez que c'était sans le su de l'auteur que vous me l'aviez envoyé. Mais pour son écrit *De maximis et minimis,* puisque c'est un conseiller de ses amis[1] qui vous l'a donné pour me l'envoyer, j'ai cru que j'en devais retenir l'original, et me contenter de vous en envoyer une copie, vu principalement qu'il contient des fautes qui sont si apparentes, qu'il m'accuserait peut-être de les avoir supposées, si je ne retenais sa main pour m'en défendre. En effet, selon que j'ai pu juger par ce que j'ai vu de lui, c'est un esprit vif, plein d'invention et de hardiesse, qui s'est à mon avis précipité un peu trop, et qui ayant acquis tout d'un coup la réputation de savoir beaucoup en algèbre, pour en avoir peut-être été loué par des personnes qui ne prenaient pas la peine ou qui n'étaient pas capables d'en juger, est devenu si hardi, qu'il n'apporte pas, ce me semble, toute l'attention qu'il faut à ce qu'il fait. Je serai bien aise de savoir ce qu'il dira, tant de la lettre jointe à celle-ci, par laquelle je réponds à son écrit *De maximis et minimis,* que de la précédente, où je répondais à sa démonstration contre ma *Dioptrique;* car j'ai écrit l'une et l'autre, afin qu'il les voie, s'il vous plaît; même je n'ai point voulu le nommer, afin qu'il ait moins de honte des fautes que j'y remarque, et

1. Carcavi.

parce que mon dessein n'est point de fâcher personne, mais seulement de me défendre. Et parce que je juge qu'il n'aura pas manqué de se vanter à mon préjudice en plusieurs de ses écrits, je crois qu'il est à propos que plusieurs voient aussi mes défenses; c'est pourquoi je vous prie de ne les lui point envoyer sans en retenir copie. Et s'il vous parle de vous renvoyer encore ci-après d'autres écrits, je vous supplie de le prier de les mieux digérer que les précédents; autrement je vous prie de ne prendre point la commission de me les adresser. Car entre nous, si lorsqu'il me voudra faire l'honneur de me proposer des objections, il ne veut pas se donner plus de peine qu'il a pris la première fois, j'aurais honte qu'il me fallût prendre la peine de répondre à si peu de chose, et je ne m'en pourrais honnêtement dispenser, lorsqu'on saurait que vous me les auriez envoyées. Je serai bien aise que ceux qui me voudront faire des objections ne se hâtent point, et qu'ils tâchent d'entendre tout ce que j'ai écrit, avant que de juger d'une partie; car le tout se tient, et la fin sert à prouver le commencement. Mais je me promets que vous me continuerez toujours à me mander franchement ce qui se dira de moi, soit en bien, soit en mal, et vous en aurez dorénavant plus d'occasion que jamais, puisque mon livre est enfin arrivé à Paris. Au reste, chacun sachant que vous me faites la faveur de m'aimer comme vous faites, on ne dit rien de moi en votre présence, qu'on ne présuppose que vous m'en avertissez, et ainsi vous ne pouvez plus vous en abstenir sans me faire tort.

Vous me demandez si je crois que l'eau soit en son état naturel étant liquide, ou étant glacée, à quoi je réponds que je ne connais rien de violent dans la nature, sinon au respect de l'entendement humain, qui nomme violent ce qui n'est pas selon sa volonté, ou selon ce qu'il juge devoir être; et que c'est aussi bien le naturel de l'eau d'être glacée, lorsqu'elle est fort froide, que d'être liquide, lorsqu'elle l'est moins, parce que ce sont les causes naturelles qui font l'un et l'autre. Je suis,

Mon R. P.

Votre très humble et très obéissant serviteur,

DESCARTES.

A MERSENNE

[25 janvier 1638 ?]

MON RÉVÉREND PÈRE,

JE vous remercie très humblement des soins que vous avez pris pour la distribution de nos livres. Pour la lettre de mon frère, et celle que vous me mandez m'avoir ci-devant écrite, dans laquelle vous l'aviez mise, je ne les ai point reçues, de quoi je suis un peu en peine, et je vous prie de me mander si vous les aviez envoyées par le même messager que celle que vous écriviez au maire, dans laquelle était enfermé l'écrit *De maximis et minimis,* ou par quelque autre, afin que je tâche à les recouvrer, ou à découvrir par quelle faute elles ont été perdues. Je ne doute point que vous n'entendiez plusieurs jugements de mes écrits, et plus à mon désavantage que d'autres : car les esprits qui sont d'inclination à en médire, le pourront aisément faire d'abord, et en auront d'autant plus d'occasion, qu'ils auront été moins connus par les autres; au lieu que pour en juger équitablement, il est nécessaire d'avoir eu auparavant beaucoup de loisir, pour les lire et pour les examiner.

Je suis extrêmement obligé à M. des Argues de l'envie qu'il témoigne que M. le Cardinal fasse réussir l'invention des lunettes. Et pour les objections de l'artisan dont vous m'écrivez, elles sont ridicules, et témoignent une ignorance très grande, en ce qu'il suppose que le diamètre des verres, pour les plus longues lunettes, n'a pas besoin d'être plus grand que de deux ou trois doigts; au lieu qu'elles seront d'autant meilleures, qu'on les pourra faire plus grands. Mais je ne sais si je dois désirer que M. le Cardinal y fasse travailler suivant mon dessein : car qui que ce soit qui y travaille sans ma direction, j'appréhende qu'il n'y réussisse pas du premier coup, et peut-être que pour s'excuser il m'en attribuera la faute. J'avais donné un livre à M. de Charnacé pour M. le Cardinal; mais sa mort étant depuis intervenue, je ne sais s'il l'a envoyé ou non[1].

1. Le baron de Charnacé, ambassadeur de France, fut tué au siège de Bréda, le 1er septembre 1637.

Je ne trouve pas étrange que M. Mydorge ne soit pas d'accord avec moi en plusieurs choses de ce que j'écris de la vision, car c'est une matière qu'il a ci-devant beaucoup étudiée, et n'ayant pas suivi les mêmes principes que moi, il doit avoir pris d'autres opinions; mais j'espère que plus il examinera mes raisons, plus elles le satisferont; et il a l'esprit trop bon, pour ne se rendre pas du côté de la vérité. Je ne ferais nulle difficulté de lui envoyer ma vieille *Algèbre,* sinon que c'est un écrit qui ne me semble pas mériter d'être vu; et parce qu'il n'y a personne que je sache qui en ait de copie, je serai bien aise qu'il ne sorte plus d'entre mes mains; mais s'il veut prendre la peine d'examiner le troisième livre de ma *Géométrie,* j'espère qu'il le trouvera assez aisé, et qu'il viendra bien après à bout du second.

Au reste, je crains bien qu'il n'y ait encore guère personne qui ait entièrement pris le sens des choses que j'ai écrites, ce que je ne juge pas néanmoins être arrivé à cause de l'obscurité de mes paroles, mais plutôt à cause que paraissant assez faciles, on ne s'arrête pas à considérer tout ce qu'elles contiennent. Et je vois que vous-même n'avez pas bien pris les raisons que je donne pour les couronnes de la chandelle : car je n'y parle d'aucune pression, ou dislocation de l'œil, ainsi que vous me mandez, mais de plusieurs diverses dispositions, qui peuvent toutes causer le même effet, et entre lesquelles celle que vous dites avoir éprouvée est comprise; en sorte que votre expérience fait entièrement pour moi. Voyez en la page 279, ligne 5. Je vous dirai néanmoins que ce que vous attribuez à l'humidité qui couvre votre œil, me semble procéder plutôt de ce qu'il n'est pas assez rempli d'humeurs ou d'esprits; en sorte que ses superficies sont un peu ridées, suivant ce que j'écris en la même page, ligne 8; car ces humeurs se diminuent pendant le sommeil, et reviennent facilement un peu après qu'on est éveillé. Mais vous pouvez voir fort aisément ce qui en est par expérience : car si c'est l'humidité qui couvre votre œil, au même instant que vous l'avez essuyé avec un mouchoir, ce phénomène cessera; mais si c'est autre chose, il ne cessera pas du tout si tôt.

Je ne vous renvoie point encore les écrits de Monsieur Fermat *De locis planis et solidis,* car je ne les ai point encore lus; et pour vous en parler franchement, je ne suis pas résolu de les regarder, que je n'aie vu premièrement ce qu'il aura répondu aux deux lettres que je vous ai envoyées pour lui faire voir. Vous ne devez pas craindre que les avis que vous m'obligerez de me donner, touchant ce qui se dira contre moi, tournent jamais à votre préjudice; car il n'y a rien que je ne souffrisse plutôt que de vous intéresser en mes querelles. Mais je m'assure aussi que vous ne voudriez pas me tenir les mains, pendant qu'on me bat, pour m'empêcher de me défendre; et ceux qui vous donnent des objections contre moi, ne peuvent aucunement s'en prendre à vous des réponses que j'y ferai, ni se fâcher que vous me les envoyiez : car sachant l'affection que vous me portez, ils ne vous les peuvent donner à autre fin, que pour me les faire voir; et toute la civilité dont j'ai cru pouvoir user envers Monsieur Fermat a été que j'ai feint d'ignorer son nom, afin qu'il sache que je ne réponds qu'à son Écrit, et que vous ne m'avez envoyé que ses objections, sans y engager sa réputation.

L'objection que l'on vous a faite contre vos expériences de l'écho, ne me semble d'aucune importance : car bien qu'il soit vrai que le son s'étend en cercles de tous côtés, ainsi que le mouvement qui se fait dans l'eau quand on y jette une pierre, il faut toutefois remarquer que ces cercles s'étendent beaucoup plus loin du côté vers lequel on jette la pierre, ou vers lequel on s'est tourné en parlant, que vers son contraire; d'où vient que l'écho, qui ne se fait que par la réflexion de la partie de ces cercles qui va le plus loin, ne s'étend que vers le lieu vers lequel elle se réfléchit. Je suis,

[AU P. VATIER[1]]

[22 février 1638.]

Mon Révérend Père,

Je suis ravi de la faveur que vous m'avez faite, de voir si soigneusement le livre de mes Essais, et de m'en mander vos sentiments avec tant de témoignages de bienveillance. Je l'eusse accompagné d'une lettre en vous l'envoyant, et eusse pris cette occasion de vous assurer de mon très humble service, n'eût été que j'espérais le faire passer par le monde sans que le nom de son auteur fût connu; mais puisque ce dessein n'a pu réussir, je dois croire que c'est plutôt l'affection que vous avez eue pour le père, que le mérite de l'enfant, qui est cause du favorable accueil qu'il a reçu chez vous, et je suis très particulièrement obligé de vous en remercier. Je ne sais si c'est que je me flatte de plusieurs choses extrêmement à mon avantage, qui sont dans les deux lettres que j'ai reçues de votre part, mais je vous dirai franchement, que de tous ceux qui m'ont obligé de m'apprendre le jugement qu'ils faisaient de mes écrits, il n'y en a aucun, ce me semble, qui m'ait rendu si bonne justice que vous, je veux dire si favorable, sans corruption, et avec plus de connaissance de cause. En quoi j'admire que vos deux lettres aient pu s'entre-suivre de si près; car je les ai presque reçues en même temps; et voyant la première je me persuadais ne devoir attendre la seconde, qu'après vos vacances de la S. Luc.

Mais afin que j'y réponde ponctuellement, je vous dirai premièrement, que mon dessein n'a point été d'enseigner toute ma Méthode dans le discours où je la propose, mais seulement d'en dire assez pour faire juger que les nouvelles opinions, qui se verraient dans *la Dioptrique* et dans *les Météores,* n'étaient point conçues à la légère, et qu'elles valaient peut-être la peine d'être examinées. Je n'ai pu aussi montrer l'usage de cette

1. Le R. P. Vatier, professeur au collège de La Flèche.

méthode dans les trois traités que j'ai donnés, à cause qu'elle prescrit un ordre pour chercher les choses qui est assez différent de celui dont j'ai cru devoir user pour les expliquer. J'en ai toutefois montré quelque échantillon en décrivant l'arc-en-ciel, et si vous prenez la peine de le relire, j'espère qu'il vous contentera plus, qu'il n'aura pu faire la première fois; car la matière est de soi assez difficile. Or ce qui m'a fait joindre ces trois traités au discours qui les précède, est que je me suis persuadé qu'ils pourraient suffire, pour faire que ceux qui les auront soigneusement examinés, et conférés avec ce qui a été ci-devant écrit des mêmes matières, jugent que je me sers de quelque autre méthode que le commun, et qu'elle n'est peut-être pas des plus mauvaises.

Il est vrai que j'ai été trop obscur en ce que j'ai écrit de l'existence de Dieu dans ce traité de la Méthode, et bien que ce soit la pièce la plus importante, j'avoue que c'est la moins élaborée de tout l'ouvrage; ce qui vient en partie de ce que je ne me suis résolu de l'y joindre que sur la fin, et lorsque le libraire me pressait. Mais la principale cause de son obscurité vient de ce que je n'ai osé m'étendre sur les raisons des sceptiques, ni dire toutes les choses qui sont nécessaires *ad abducendam mentem a sensibus*[1] : car il n'est pas possible de bien connaître la certitude et l'évidence des raisons qui prouvent l'existence de Dieu selon ma façon qu'en se souvenant distinctement de celles qui nous font remarquer de l'incertitude en toutes les connaissances que nous avons des choses matérielles; et ces pensées ne m'ont pas semblé être propres à mettre dans un livre, où j'ai voulu que les femmes mêmes pussent entendre quelque chose, et cependant que les plus subtils trouvassent aussi assez de matière pour occuper leur attention. J'avoue aussi que cette obscurité vient en partie, comme vous avez fort bien remarqué, de ce que j'ai supposé que certaines notions, que l'habitude de penser m'a rendu familières et évidentes, le devaient être aussi à un chacun; comme par exemple, que nos idées ne pouvant recevoir leurs formes ni leur être que de quelques objets extérieurs, ou

1. Pour détacher l'esprit des sens.

de nous-mêmes, ne peuvent représenter aucune réalité ou perfection, qui ne soit en ces objets, ou bien en nous, et semblables; sur quoi je me suis proposé de donner quelque éclaircissement dans une seconde impression.

J'ai bien pensé que ce que j'ai dit avoir mis en mon *Traité de la Lumière,* touchant la création de l'Univers, serait incroyable; car il n'y a que dix ans, que je n'eusse pas moi-même voulu croire que l'esprit humain eût pu atteindre jusqu'à de telles connaissances, si quelque autre l'eût écrit. Mais ma conscience, et la force de la vérité m'a empêché de craindre d'avancer une chose, que j'ai cru ne pouvoir omettre sans trahir mon propre parti, et de laquelle j'ai déjà ici assez de témoins. Outre que si la partie de ma *Physique* qui est achevée et mise au net il y a déjà quelque temps, voit jamais le jour, j'espère que nos neveux n'en pourront douter.

Je vous ai obligation du soin que vous avez pris d'examiner mon opinion touchant le mouvement du cœur; si votre médecin a quelques objections à y faire, je serai très aise de les recevoir, et ne manquerai pas d'y répondre. Il n'y a que huit jours que j'en ai reçu sept ou huit sur la même matière d'un professeur en médecine de Louvain, qui est de mes amis, auquel j'ai renvoyé deux feuilles de réponse, et je souhaiterais que j'en puisse recevoir de même façon, touchant toutes les difficultés qui se rencontrent en ce que j'ai tâché d'expliquer; je ne manquerais pas d'y répondre soigneusement, et je m'assure que ce serait sans désobliger aucun de ceux qui me les auraient proposées. C'est une chose que plusieurs ensemble pourraient plus commodément faire qu'un seul, et il n'y en a point qui le pussent mieux, que ceux de votre Compagnie. Je tiendrais à très grand honneur et faveur, qu'ils voulussent en prendre la peine; ce serait sans doute le plus court moyen pour découvrir toutes les erreurs, ou les vérités de mes écrits.

Pour ce qui est de la lumière, si vous prenez garde à la troisième page de *la Dioptrique,* vous verrez que j'ai mis là expressément que je n'en parlerai que par hypothèse; et en effet, à cause que le traité qui contient tout le corps de ma physique porte le nom *De la Lumière,* et qu'elle est la chose que j'y explique le plus amplement et le plus curieusement de toutes, je n'ai point voulu mettre ailleurs les mêmes choses que là, mais seulement en représenter quelque idée par des comparaisons et des ombrages, autant qu'il m'a semblé nécessaire pour le sujet de *la Dioptrique*.

Je vous suis obligé de ce que vous témoignez être bien aise, que je ne me sois pas laissé devancer par d'autres en la publication de mes pensées; mais c'est de quoi je n'ai jamais eu aucune peur, car outre qu'il m'importe fort peu, si je suis le premier ou le dernier à écrire les choses que j'écris, pourvu seulement qu'elles soient vraies, toutes mes opinions sont si jointes ensemble, et dépendent si fort les unes des autres, qu'on ne s'en saurait approprier aucune sans les savoir toutes. Je vous prie de ne point différer de m'apprendre les difficultés que vous trouvez en ce que j'ai écrit de la réfraction, ou d'autre chose; car d'attendre que mes sentiments plus particuliers touchant la lumière soient publiés, ce serait peut-être attendre longtemps. Quant à ce que j'ai supposé au commencement des *Météores,* je ne le saurais démontrer *a priori,* sinon en donnant toute ma physique; mais les expériences que j'en ai déduites nécessairement, et qui ne peuvent être déduites en même façon d'aucuns autres principes, me semblent le démontrer assez *a posteriori*. J'avais bien prévu que cette façon d'écrire choquerait d'abord les lecteurs, et je crois que j'eusse pu aisément y remédier, en ôtant seulement le nom de suppositions aux premières choses dont je parle, et ne les déclarant qu'à mesure que je donnerais quelques raisons pour les prouver; mais je vous dirai franchement que j'ai choisi cette façon de proposer mes pensées, tant parce que croyant les pouvoir déduire par ordre des premiers principes de ma Métaphysique, j'ai voulu négliger toutes autres sortes de preuves; que parce que j'ai désiré essayer si la seule exposition de la vérité serait suffisante pour la persuader, sans y mêler aucunes disputes ni réfutations des opinions contraires. En quoi ceux de mes amis qui ont lu le plus soigneusement mes traités de *Dioptrique* et des *Météores,* m'assurent que j'ai réussi : car bien que d'abord ils n'y trouvassent pas moins de difficulté que les autres, toutefois après les avoir lus et relus trois ou quatre fois, ils disent n'y trouver plus aucune chose qui leur semble pouvoir être révoquée en doute. Comme en effet il n'est pas toujours nécessaire d'avoir des raisons *a priori* pour persuader une vérité; et Thalès, ou qui que ce soit, qui a dit le premier que la lune reçoit sa lumière du soleil, n'en a donné sans doute aucune autre preuve, sinon qu'en supposant cela, on explique fort aisément toutes les diverses faces de la lumière : ce qui a été suffisant pour faire que, depuis, cette opinion ait passé par le monde sans contredit. Et la liaison de mes pensées est telle, que j'ose espérer qu'on trouvera mes principes aussi bien prouvés par les conséquences que j'en tire, lorsqu'on les aura assez remarquées pour se les rendre familières, et les considérer toutes ensemble, que l'emprunt que la lune fait de sa lumière est prouvé par ses croissances et décroissances.

Je n'ai plus à vous répondre que touchant la publication de ma Physique et Métaphysique, sur quoi je vous puis dire en un mot, que je la désire autant ou plus que personne, mais néanmoins avec les conditions sans lesquelles je serais imprudent de la désirer. Et je vous dirai aussi que je ne crains nullement au fond qu'il s'y trouve rien contre la foi; car au contraire j'ose me vanter que jamais elle n'a été si fort appuyée par les raisons humaines, qu'elle peut être si l'on suit mes principes; et particulièrement la transsubstantiation, que les calvinistes reprennent comme impossible à expliquer par la philosophie ordinaire, est très facile par la mienne. Mais je ne vois aucune apparence que les conditions qui peuvent m'y obliger s'accomplissent, au moins de longtemps; et me contentant de faire de mon côté tout ce que je crois être de mon devoir, je me remets du reste à la Providence qui régit le monde; car sachant que c'est elle qui m'a donné les petits commencements dont vous avez vu des essais, j'espère qu'elle me fera la grâce d'achever, s'il est utile pour sa gloire, et s'il ne l'est pas, je me veux abstenir de le désirer. Au reste je vous assure que le plus doux fruit que j'aie recueilli jusqu'à présent de ce que j'ai fait imprimer, est l'approbation que vous m'obligez de me donner par votre lettre; car elle m'est particulièrement chère et agréable, parce qu'elle vient d'une personne de votre mérite et de votre robe, et du lieu même où j'ai eu le bonheur de recevoir toutes les instructions de ma jeunesse, et qui est le séjour de mes maîtres, envers lesquels je ne manquerai jamais de reconnaissance. Et je suis etc.

A MERSENNE

[1er mars 1638.]

MON RÉVÉREND PÈRE,

JE dois réponse à trois de vos lettres, à savoir du huitième janvier, du huitième et du douzième février, dont je n'ai reçu la dernière qu'aujourd'hui, et il n'y a pas plus de huit jours que j'ai reçu la première. Je répondrai par ordre à tout ce qui y est qui a besoin de réponse, après vous avoir très affectueusement remercié en général de la fidélité avec laquelle vous m'avertissez d'une infinité de choses qu'il m'importe de savoir, et vous avoir assuré que tant s'en faut que je me fâche des médisances qu'on avance contre moi, qu'au contraire je m'en réjouis, estimant qu'elles me sont d'autant plus avantageuses, et pour cela même plus agréables, qu'elles sont plus énormes et extravagantes; car elles me touchent d'autant moins, et je sais que les malveillants n'auraient pas tant de soin d'en médire, s'il n'y avait aussi d'autres personnes qui en disent du bien; outre que la vérité a besoin quelquefois de contradiction pour être mieux reconnue. Mais il faut se moquer de ceux qui parlent sans raison ni fondement; et particulièrement pour le Sr Beaugrand, je m'étonne de ce que vous daignez encore parler à lui, après le trait qu'il vous a joué. Je serais bien aise d'en apprendre encore une fois l'histoire au vrai, car vous me l'avez mandée à diverses reprises, et diversement, en sorte que je ne sais ce que j'en pourrais dire ou écrire assurément, en cas qu'il se présentât occasion de l'en remercier selon son mérite. Pour ses discours et ceux de ses semblables, je vous prie de les mépriser, et de leur témoigner que je les méprise entièrement. Je vous supplie aussi très expressément de ne recevoir aucun écrit, ni de lui, ni de personne, pour me l'envoyer, si ceux qui vous en présenteront n'écrivent au bas qu'ils consentent que je le fasse imprimer avec ma réponse; à quoi s'ils font de la difficulté, vous leur direz, s'il vous plaît, qu'ils peuvent donc, si bon leur semble, adresser leur écrit à mon libraire, comme j'ai mis au Discours de ma Méthode, page 75, mais qu'après avoir vu la dernière lettre de M. de Fermat[1], où il dit qu'il ne désire pas qu'elle soit imprimée, je vous ai prié très expressément de ne m'en plus envoyer de telle sorte. Ce n'eſt pas à dire pour cela que si les PP. Jésuites, ou ceux de l'Oratoire, ou autres personnes qui fussent sans contredit honnêtes gens et non passionnés, me voulaient proposer quelque chose, il fût besoin d'user d'une telle précaution; car je m'accommoderai entièrement à leur volonté, mais non point à celle des esprits malicieux, qui ne cherchent rien moins que la vérité. Pour celui que vous dites qui m'accuse de n'avoir pas nommé Galilée, il montre avoir envie de reprendre et n'en avoir pas de sujet; car Galilée même ne s'attribue pas l'invention des lunettes, et je n'ai dû parler que de l'inventeur. Je n'ai point dû non plus nommer ceux qui ont écrit avant moi de l'optique; car mon dessein n'a pas été d'écrire une hiſtoire, et je me suis contenté de dire, en général, qu'il y en avait eu qui y avaient déjà trouvé plusieurs choses, afin qu'on ne pût s'imaginer que je me voulusse attribuer les inventions d'autrui; en quoi je me suis fait beaucoup plus de tort, qu'à ceux que j'ai omis de nommer : car on peut penser qu'ils ont beaucoup plus fait que peut-être on ne trouverait en les lisant, si j'avais dit quels ils sont. Voilà pour votre première lettre.

Je viens à la seconde, où vous me mandez avoir différé d'envoyer ma réponse *De maximis et minimis* à M. de Fermat, sur ce que deux de ses amis vous ont dit que je m'étais mépris. En quoi j'admire votre bonté, et pardonnez-moi si j'ajoute votre crédulité, de vous être si facilement laissé persuader contre moi par les amis de ma partie, lesquels ne vous ont dit cela que pour gagner du temps, et vous empêcher de la laisser voir à d'autres, donnant cependant tout loisir à leur ami pour penser à me répondre. Car ne doutez point qu'ils ne lui en aient mandé le contenu; et si vous l'avez laissée entre leurs mains, je vous prie de voir s'ils n'en auraient point effacé ces mots : *E jusques à,* et mis en leur place : *B pris en.* Car ils me citent ainsi en leur Écrit, pour cor-

1. Fermat, 1595-1665, conseiller au Parlement de Toulouse et grand géomètre.

rompre le sens de ce que j'ai dit, et trouver là-dessus quelque chose à dire; mais s'ils avaient changé quelque chose dans le mien (de quoi je ne veux pas les accuser), ils seraient faussaires, et dignes d'infamie et de risée. J'envoie ma réponse à M. Mydorge, et je l'ai enfermée avec la lettre que je lui écris, afin que, si vous craignez qu'ils trouvassent mauvais que vous lui eussiez fait voir plutôt qu'à eux, vous puissiez par ce moyen vous en excuser. Mais je vous prie, en donnant le paquet à M. Mydorge, de lui communiquer aussi : 1. La première lettre que M. de Fermat vous a écrite contre ma *Dioptrique*. 2. La copie de son écrit *De maximis et minimis*. 3. Ma réponse à cet écrit. 4. La copie de la réplique de M. de Roberval. 5. Et celle de la réplique de M. de Fermat contre ma *Dioptrique*. Car ces cinq pièces lui sont nécessaires pour bien examiner ma cause; et ce serait me faire grande injustice de ne montrer leurs objections et mes réponses qu'aux amis de M. de Fermat, afin qu'ils fussent ensemble juges et parties. Au reste, je vous supplie et vous conjure de vouloir retenir des copies de tout, et de les faire voir à tous ceux qui en auront la curiosité; comme, entre autres, je serais bien aise que M. Desargues les vît, s'il lui plaît d'en prendre la peine; mais il ne faut point faire voir un papier sans l'autre, et pour cela je voudrais qu'ils fussent tous écrits de suite en un même cahier. Gardez-vous aussi de mettre les originaux entre les mains des amis de M. de Fermat, sans en avoir des copies, de peur qu'ils ne vous les rendent plus; et vous lui enverrez, s'il vous plaît, mes réponses, sitôt que vous les aurez fait copier. Tout conseillers, et présidents et grands géomètres que soient ces messieurs-là, leurs objections et leurs défenses ne sont pas soutenables, et leurs fautes sont aussi claires qu'il est clair que deux et deux font quatre. La copie de l'écrit *De locis planis et solidis*[1], que je vous renvoie, grossira extrêmement ce paquet, mais c'est à ceux qui le redemandent à en payer le port. Une autre fois je vous prie de retenir des copies de tout ce que vous m'envoyerez et désirerez ravoir; mais je vous prie aussi de ne m'envoyer plus de tels écrits; car je ne perds pas

1. Écrit de Fermat.

volontiers le temps à les lire, et je n'ai encore su jeter les yeux sur celui-ci.

Pour mes raisons de l'existence de Dieu, j'espère qu'elles seront à la fin autant ou plus estimées qu'aucune autre partie du livre; le Père Vatier montre en faire état, et me témoigne autant d'approbation par ses dernières touchant tout ce que j'ai écrit, que j'en saurais désirer de personne; de façon que ce qu'on vous avait dit de lui n'est pas vraisemblable.

J'admire derechef que vous me mandiez que ma réputation est engagée dans ma réponse à M. de Fermat, en laquelle je vous assure qu'il n'y a pas un seul mot que je voulusse être changé, si ce n'est qu'on eût falsifié ceux dont je vous ai averti, ou d'autres, ce qui se connaîtrait aux ratures, car je crois n'y en avoir fait aucune. J'admire aussi que vous parliez de marquer ce que vous trouverez de faux contre l'expérience en mon livre; car j'ose assurer qu'il n'y en a aucune de fausse, parce que je les ai faites moi-même, et nommément celle que vous remarquez de l'eau *chaude* qui gèle plus tôt que la *froide ;* où j'ai dit non pas *chaude* et *froide,* mais que *l'eau qu'on a tenue longtemps sur le feu se gèle plus tôt que l'autre ;* car pour bien faire cette expérience, il faut, ayant fait bouillir l'eau, la laisser refroidir, jusqu'à ce qu'elle ait acquis le même degré de froideur que celle d'une fontaine, en l'éprouvant avec un verre de tempérament, puis tirer de l'eau de cette fontaine, et mettre ces deux eaux en pareille quantité et dans pareils vases. Mais il y a peu de gens qui soient capables de bien faire des expériences, et souvent, en les faisant mal, on y trouve tout le contraire de ce qu'on y doit trouver. Je vous ai répondu ci-devant touchant les couronnes de la chandelle, et vous aurez maintenant reçu ma lettre.

Je viens à votre dernière que je n'ai reçue qu'aujourd'hui, et il est minuit, car depuis l'avoir reçue j'ai écrit à M. Mydorge, à M. Hardy, et la réponse à la dernière de M. de Fermat. J'admire votre crédulité de vous être laissé abuser par ses amis; pardonnez-moi si je vous le dis, je m'assure qu'ils s'en moquent entre eux. Je m'attends fort à M. Bachet pour juger de ma *Géométrie*. J'ai regret que Galilée ait perdu la vue; encore que je ne le nomme point, je me persuade qu'il n'aurait pas méprisé ma *Dioptrique*.

Je n'ai aucune mémoire d'avoir jamais vu le sieur Petit que vous me nommez; mais, qui que ce soit, laissez-le faire, et ne le découragez point d'écrire contre moi. Seulement serais-je bien aise de savoir ce que vous me mandez qu'il avait mis dans son écrit, que vous n'avez pas voulu que je visse; car ce ne peut être rien de si mauvais, que je ne puisse entendre sans m'émouvoir; c'est pourquoi je vous prie de me le mander tout franchement.

Vos analystes n'entendent rien en ma géométrie, et je me moque de tout ce qu'ils disent. Les constructions et les démonstrations de toutes les choses les plus difficiles y sont; mais j'ai omis les plus faciles, afin que leurs semblables n'y pussent mordre. Il y en a ici qui l'entendent parfaitement, entre lesquels deux font profession d'enseigner les mathématiques aux gens de guerre. Pour les professeurs de l'École, pas un ne l'entend, je dis ni Golius, ni encore moins Hortensius, qui n'en sait pas assez pour cela. Il n'est pas besoin que vous demandiez aucunes questions à vos géomètres pour m'envoyer; mais s'ils vous donnent des objections, recevez-les aux conditions mises ci-dessus; et du reste témoignez-leur franchement qu'après avoir vu leurs écrits, je leur ai rendu dans mon estime toute la justice qu'ils méritent.

Je vous prie de me mander particulièrement quelle est la condition et quelles sont les qualités de M. Desargues; car je vois qu'il m'a déjà obligé en plusieurs choses, et j'aurai peut-être ci-après occasion de lui écrire. Mais je ne souhaite nullement qu'on travaille à l'invention des lunettes par le commandement de M. le Cardinal, pour les raisons que je vous ai déjà écrites. Sachez que j'ai démontré les réfractions géométriquement et *a priori* en ma *Dioptrique*, et je m'étonne que vous en doutiez encore; mais vous êtes environné de gens qui parlent le plus qu'ils peuvent à mon désavantage. Je sais que ceux qui ne m'aiment pas vous vont voir exprès pour ce sujet, et pour apprendre de mes nouvelles; c'est pourquoi je dois plutôt m'étonner de ce que, nonobstant toutes leurs menées, vous ne continuez pas moins de m'aimer et de tenir mon parti, de quoi je vous suis très particulièrement obligé. Je m'assure que vos géomètres, qui examinent en leur Académie tout ce qui paraît de nouveau, n'y examineront guère ma géométrie, faute de la pouvoir entendre; mais cette faute viendra plutôt d'eux que de mon écrit; car il y en a ici qui l'entendent, et qui la trouvent autant ou même, quelques-uns, plus claire que *la Dioptrique* et *les Météores*. Pour les réfractions, sachez qu'elles ne suivent nullement la proportion de la pesanteur des liqueurs : car l'huile de térébenthine, qui est plus légère que l'eau, l'a beaucoup plus grande; et l'esprit de l'huile de sel, qui est plus pesante, l'a aussi un peu plus grande.

Je vous remercie de l'avis que vous me donnez du sieur Rivet; je connais son cœur, il y a longtemps, et de tous les ministres de ce pays, pas un desquels ne m'est ami; mais néanmoins ils se taisent, et sont muets comme des poissons. Je vous remercie aussi de *L'Intus et Foris*[1], car d'autant que vous m'écrivez plus de choses, d'autant me faites-vous plus de plaisir, et je suis de tout mon cœur,

Mon R. P.

Votre très humble et très obéissant serviteur,

DESCARTES.

A ***

[Mars 1638.]

MONSIEUR,

IL n'était pas besoin de la cérémonie dont votre ami a voulu user; ceux de son mérite et de son esprit n'ont que faire de médiateurs, et je tiendrai toujours à faveur, quand des personnes comme lui me voudront faire l'honneur de me consulter sur mes écrits. Je vous prie de lui ôter ce scrupule; mais pour cette fois, puisqu'il l'a voulu, je vous donnerai la peine de lui adresser mes réponses.

Premièrement, il est vrai que, si j'avais dit absolument qu'il faut se tenir aux opinions qu'on a une fois déterminé de suivre, encore qu'elles fussent douteuses,

1. Dedans et dehors.

je ne serais pas moins répréhensible que si j'avais dit qu'il faut être opiniâtre et obstiné; à cause que se tenir à une opinion, c'est le même que de persévérer dans le jugement qu'on en a fait. Mais j'ai dit tout autre chose, à savoir, qu'il faut être résolu en ses actions, lors même qu'on demeure irrésolu en ses jugements, et ne suivre pas moins constamment les opinions les plus douteuses, c'est-à-dire n'agir pas moins constamment suivant les opinions qu'on juge douteuses, lorsqu'on s'y est une fois déterminé, c'est-à-dire lorsqu'on a considéré qu'il n'y en a point d'autres qu'on juge meilleures ou plus certaines, que si on connaissait que celles-là fussent les meilleures; comme en effet elles le sont sous cette condition. Et il n'est pas à craindre que cette fermeté en l'action nous engage de plus en plus dans l'erreur ou dans le vice, d'autant que l'erreur ne peut être que dans l'entendement, lequel je suppose, nonobstant cela, demeurer libre et considérer comme douteux ce qui est douteux. Outre que je rapporte principalement cette règle aux actions de la vie qui ne souffrent aucun délai, et que je ne m'en sers que par provision, avec dessein de changer mes opinions, sitôt que j'en pourrai trouver de meilleures, et de ne perdre aucune occasion d'en chercher. Au reste j'ai été obligé de parler de cette résolution et fermeté touchant les actions, tant à cause qu'elle est nécessaire pour le repos de la conscience, que pour empêcher qu'on ne me blâmât de ce que j'avais écrit que, pour éviter la prévention, il faut une fois en sa vie se défaire de toutes les opinions qu'on a reçues auparavant en sa créance : car apparemment on m'eût objecté que ce doute si universel peut produire une grande irrésolution et un grand dérèglement dans les mœurs. De façon qu'il ne me semble pas avoir pu user de plus de circonspection que j'ai fait, pour placer la résolution, en tant qu'elle est une vertu, entre les deux vices qui lui sont contraires, à savoir, l'indétermination et l'obstination.

2. Il ne me semble point que ce soit une fiction, mais une vérité, qui ne doit point être niée de personne, qu'il n'y a rien qui soit entièrement en notre pouvoir que nos pensées; au moins en prenant le mot de pensée comme je fais, pour toutes les opérations de l'âme, en sorte que non seulement les méditations et les vo-

lontés, mais même les fonctions de voir, d'ouïr, de se déterminer à un mouvement plutôt qu'à un autre, etc., et tant qu'elles dépendent d'elle, sont des pensées. Et il n'y a rien du tout que les choses qui sont comprises sous ce mot, qu'on attribue proprement à l'homme en langue de philosophe : car pour les fonctions qui appartiennent au corps seul, on dit qu'elles se font dans l'homme, et non par l'homme. Outre que par le mot *entièrement,* et par ce qui suit, à savoir que, lorsque nous avons fait notre mieux touchant les choses extérieures, tout ce qui manque de nous réussir est au regard de nous *absolument* impossible; je témoigne assez que je n'ai point voulu dire, pour cela, que les choses extérieures ne fussent point du tout en notre pouvoir, mais seulement qu'elles n'y sont qu'en tant qu'elles peuvent suivre de nos pensées, et non pas *absolument* ni *entièrement,* à cause qu'il y a d'autres puissances hors de nous, qui peuvent empêcher les effets de nos desseins. Même pour m'exprimer mieux, j'ai joint ensemble ces deux mots : *au regard de nous* et *absolument,* que les critiques pourraient reprendre comme se contredisant l'un à l'autre, n'était que l'intelligence du sens les accorde. Or nonobstant qu'il soit très vrai qu'aucune chose extérieure n'est en notre pouvoir, qu'en tant qu'elle dépend de la direction de notre âme, et que rien n'y est absolument que nos pensées; et qu'il n'y ait, ce me semble, personne qui puisse faire difficulté de l'accorder, lorsqu'il y pensera expressément; j'ai dit néanmoins qu'il faut s'accoutumer à le croire, et même qu'il est besoin à cet effet d'un long exercice, et d'une méditation souvent réitérée; dont la raison est que nos appétits et nos passions nous dictent continuellement le contraire; et que nous avons tant de fois éprouvé dès notre enfance, qu'en pleurant, ou commandant, etc., nous nous sommes fait obéir par nos nourrices, et avons obtenu les choses que nous désirions, que nous nous sommes insensiblement persuadés que le monde n'était fait que pour nous, et que toutes choses nous étaient dues. En quoi ceux qui sont nés grands et heureux, ont le plus d'occasion de se tromper; et l'on voit aussi que ce sont ordinairement eux qui supportent le plus impatiemment les disgrâces de la fortune. Mais il n'y a point, ce me semble, de plus digne occupation pour un philosophe, que de s'accoutumer à croire ce que lui dicte la vraie raison, et à se garder des fausses opinions que ses appétits naturels lui persuadent.

3. Lorsqu'on dit : *Je respire, donc je suis,* si l'on veut conclure son existence de ce que la respiration ne peut être sans elle, on ne conclut rien, à cause qu'il faudrait auparavant avoir prouvé qu'il est vrai qu'on respire, et cela est impossible, si ce n'est qu'on ait aussi prouvé qu'on existe. Mais si l'on veut conclure son existence du sentiment ou de l'opinion qu'on a qu'on respire, en sorte qu'encore même que cette opinion ne fût pas vraie, on juge toutefois qu'il est impossible qu'on l'eût, si on n'existait, on conclut fort bien; à cause que cette pensée de respirer se présente alors à notre esprit avant celle de notre existence, et que nous ne pouvons douter que nous ne l'ayons pendant que nous l'avons. Et ce n'est autre chose à dire en ce sens-là : *Je respire, donc je suis,* sinon *Je pense, donc je suis.* Et si l'on y prend garde, on trouvera que toutes les autres propositions desquelles nous pouvons ainsi conclure notre existence, reviennent à cela même; en sorte que, par elles, on ne prouve point l'existence du corps, c'est-à-dire celle d'une nature qui occupe de l'espace, etc., mais seulement celle de l'âme, c'est-à-dire d'une nature qui pense; et bien qu'on puisse douter si ce n'est point une même nature qui pense et qui occupe de l'espace, c'est-à-dire qui est ensemble intellectuelle et corporelle, toutefois on ne la connaît, par le chemin que j'ai proposé, que comme intellectuelle.

4. De cela seul qu'on conçoit clairement et distinctement les deux natures de l'âme et du corps comme diverses, on connaît que véritablement elles sont diverses, et par conséquent que l'âme peut penser sans le corps, nonobstant que, lorsqu'elle lui est jointe, elle puisse être troublée en ses opérations par la mauvaise disposition des organes.

5. Bien que les Pyrrhoniens n'aient rien conclu de certain en suite de leurs doutes, ce n'est pas à dire qu'on ne le puisse. Et je tâcherai ici de faire voir comment on s'en peut servir pour prouver l'existence de Dieu, en éclaircissant les difficultés que j'ai laissées en ce que j'en ai écrit; mais on m'a promis de m'envoyer bientôt un recueil de tout ce qui peut être mis en doute sur ce

sujet, ce qui me donnera peut-être occasion de le mieux faire : c'est pourquoi je supplie celui qui a fait ces remarques, de me permettre que je diffère jusqu'à ce que je l'aie reçu.

6. Il est certain que la ressemblance qui est entre la plupart des actions des bêtes et les nôtres, nous a donné, dès le commencement de notre vie, tant d'occasions de juger qu'elles agissent par un principe intérieur semblable à celui qui est en nous, c'est-à-dire par le moyen d'une âme qui a des sentiments et des passions comme les nôtres, que nous sommes tous naturellement préoccupés de cette opinion. Et, quelques raisons qu'on puisse avoir pour la nier, on se saurait quasi dire ouvertement ce qui en est, qu'on ne s'exposât à la risée des enfants et des esprits faibles. Mais pour ceux qui veulent connaître la vérité, ils doivent surtout se défier des opinions dont ils ont été ainsi prévenus dès leur enfance. Et pour savoir ce que l'on doit croire de celle-ci, on doit, ce me semble, considérer quel jugement en ferait un homme, qui aurait été nourri toute sa vie en quelque lieu où il n'aurait jamais vu aucuns autres animaux que des hommes, et où, s'étant fort adonné à l'étude des mécaniques, il aurait fabriqué ou aidé à fabriquer plusieurs automates, dont les uns auraient la figure d'un homme, les autres d'un cheval, les autres d'un chien, les autres d'un oiseau, etc., et qui marchaient, qui mangeaient et qui respiraient, bref qui imitaient, autant qu'il était possible, toutes les autres actions des animaux dont ils avaient la ressemblance, sans omettre même les signes dont nous usons pour témoigner nos passions, comme de crier lorsqu'on les frappait, de fuir lorsqu'on faisait quelque grand bruit autour d'eux, etc., en sorte que souvent il se serait trouvé empêché à discerner, entre des vrais hommes, ceux qui n'en avaient que la figure; et à qui l'expérience aurait appris qu'il n'y a, pour les reconnaître, que les deux moyens que j'ai expliqués en la page 57 de ma *Méthode :* dont l'un est que jamais, si ce n'est par hasard, ces automates ne répondent, ni de paroles, ni même par signes, à propos de ce dont on les interroge; et l'autre que, bien que souvent les mouvements qu'ils font, soient plus réguliers et plus certains que ceux des hommes les plus sages, ils manquent néanmoins en plusieurs choses,

qu'ils devraient faire pour nous imiter, plus que ne feraient les plus insensés. Il faut, dis-je, considérer quel jugement cet homme ferait des animaux qui sont parmi nous, lorsqu'il les verrait; principalement s'il était imbu de la connaissance de Dieu, ou du moins qu'il eût remarqué de combien toute l'industrie dont usent les hommes en leurs ouvrages, est inférieure à celle que la nature fait paraître en la composition des plantes; et en ce qu'elle les remplit d'une infinité de petits conduits imperceptibles à la vue, par lesquels elle fait monter peu à peu certaines liqueurs, qui, étant parvenues au haut de leurs branches, s'y mêlent, s'y agencent, et s'y dessèchent en telle façon, qu'elles y forment des feuilles, des fleurs et des fruits; en sorte qu'il crût fermement que, si Dieu ou la nature avait formé quelques automates qui imitassent nos actions, ils les imiteraient plus parfaitement, et seraient sans comparaison plus industrieusement faits, qu'aucun de ceux qui peuvent être inventés par les hommes. Or il n'y a point de doute que cet homme, voyant les animaux qui sont parmi nous, et remarquant en leurs actions les deux mêmes choses qui les rendent différentes des nôtres, qu'il aurait accoutumé de remarquer dans ses automates, ne jugerait pas qu'il y eût en eux aucun vrai sentiment, ni aucune vraie passion, comme en nous, mais seulement que ce seraient des automates, qui, étant composés par la nature, seraient incomparablement plus accomplis qu'aucun de ceux qu'il aurait faits lui-même auparavant. Si bien qu'il ne reste plus ici qu'à considérer si le jugement, qu'il ferait ainsi avec connaissance de cause, et sans avoir été prévenu d'aucune fausse opinion, est moins croyable que celui que nous avons fait dès lors que nous étions enfants, et que nous n'avons retenu depuis que par coutume, le fondant seulement sur la ressemblance qui est entre quelques actions extérieures des animaux et les nôtres, laquelle n'est nullement suffisante pour prouver qu'il y en ait aussi entre les intérieures.

7. J'ai tâché de faire connaître que l'âme était une substance réellement distincte du corps, ce qui suffit, ce me semble, en parlant à ceux qui avouent que Dieu est créateur de toutes choses, pour leur faire aussi avouer que nos âmes doivent nécessairement être créées

par lui. Et ceux qui se sont assurés de son existence par le chemin que j'ai montré, ne pourront manquer de le reconnaître pour tel.

8. Je n'ai pas dit que la lumière fût étendue comme un bâton, mais comme les actions ou mouvements qui sont transmis par un bâton. Et bien que le mouvement ne se fasse pas en un instant, toutefois chacune de ses parties se peut sentir en l'un des bouts d'un bâton au même instant (c'est-à-dire exactement au même temps) qu'elle est produite en l'autre bout. Je n'ai pas dit aussi que la lumière fût comme le moût de la cuve, mais comme l'action dont les plus hautes parties de ce moût tendent en bas; et elles y tendent exactement en ligne droite, nonobstant qu'elles ne se puissent mouvoir si exactement en ligne droite.

9. Puisque j'ai fait profession de ne point vouloir expliquer les fondements de la physique, je n'ai pas cru devoir expliquer la matière subtile dont j'ai parlé, plus distinctement que je n'ai fait.

10. Encore que l'eau ne demeure liquide, qu'à cause que ses parties sont entretenues en leur agitation par la matière subtile qui les environne, cela n'empêche pas qu'elle ne doive le devenir, lorsqu'elles seront agitées par quelque autre cause. Et pourvu qu'on sache que le feu ayant la force de mouvoir les parties des corps terrestres dont il approche, comme on voit à l'œil en plusieurs, doit à plus forte raison mouvoir celles de la matière subtile, à cause qu'elles sont plus petites et moins jointes ensemble, qui sont les deux qualités pour lesquelles un corps peut être nommé plus subtil que les autres, on ne trouvera aucune difficulté en cet article.

11. On sait bien que je ne prétends pas persuader que les parties de l'eau aient la figure de quelques animaux; mais seulement qu'elles sont longues, unies et pliantes. Or si l'on peut trouver quelque autre figure par laquelle on explique toutes leurs propriétés, ainsi qu'on fait par celle-ci, je veux bien qu'on leur attribue; mais si on ne le peut, je ne vois pas quelle difficulté on fait de les imaginer de celle-ci, aussitôt que de quelque autre, vu qu'elles doivent nécessairement en avoir quelqu'une, et que celle-ci est des plus simples. Pour ce qui est de l'air, bien que je ne nie pas qu'il ne puisse y avoir quelques-unes de ses parties qui aient aussi cette figure,

toutefois il y a plusieurs choses qui montrent assez qu'elles ne la peuvent avoir toutes : comme entre autres il ne serait pas si léger qu'il est, à cause que ces sortes de parties s'arrangent facilement les unes auprès des autres, sans laisser beaucoup d'espace autour d'elles, et ainsi doivent composer un corps assez massif et pesant, tel qu'est l'eau ou bien il serait beaucoup plus pénétrant qu'il n'est, car on voit qu'il ne l'est guère davantage que l'eau, ou même en plusieurs cas qu'il l'est moins; il ne pourrait aussi se dilater ou condenser par degrés, si aisément qu'il fait, etc.

12. Il me semble que ce que contient cet article, est le même que si, à cause que j'aurais dit que la douleur qu'on sent, en recevant un coup d'épée, n'est point dans l'épée comme dans le sens, mais qu'elle est seulement causée par la figure de son tranchant ou de sa pointe, par la dureté de sa matière et par la force dont elle l'est mue, on m'objectait que les autres corps qui auront un tranchant de même façon, pourront aussi causer de la douleur; et que ceux qui auront d'autres figures ne pourront être sentis, principalement ceux qui seront mous, et non pas durs comme une épée; et enfin que la douleur n'est autre chose en cette épée que sa figure externe, et non une qualité interne; et que la force qu'elle a d'empêcher que son fourreau ne se rompe, quand elle est dedans, ne consiste qu'en l'action dont elle blesse, et en sa figure. En suite de quoi l'on voit aisément ce que j'ai à répondre, à savoir, que les corps dont les parties auront la même grosseur, figure, dureté, etc., que celles du sel, auront le même effet, en ce qui concerne le goût; mais que cela étant, on ne pourra pas supposer que ces corps soient insipides : car être insipide, ce n'est pas n'avoir point en soi le sentiment du goût, mais n'être point propre à le causer. Et les liqueurs dont les parties ont d'autres figures ou grosseurs, etc., n'ont pas la saveur du sel, mais elles en peuvent avoir d'autres, bien que non pas de si fortes et piquantes, si leurs parties sont plus molles, ainsi que la douleur d'une contusion n'est pas la même que celle d'une coupure; et on ne peut en causer tant avec une plume qu'avec une épée, à cause qu'elle est d'une matière plus molle. Enfin je ne vois pas pourquoi on veut que le goût soit une qualité plus interne dans le sel que la douleur dans

une épée. Et pour la force qu'a le sel de garder les choses de se corrompre, elle ne consiste ni en sa piqûre, ni en la figure de ses parties, mais en leur dureté ou raideur, ainsi que c'est la raideur de l'épée qui empêche le fourreau de se rompre, et leur figure n'y contribue qu'en tant qu'elle les rend propres à entrer dans les pores des autres corps; comme c'est aussi celle de l'épée, qui la rend propre à entrer dans son fourreau.

13. Il ne suffit pas qu'un corps soit également gros par les deux bouts, pour ne se point enfoncer dans l'eau; mais il faut outre cela qu'il ne soit pas extraordinairement gros, et qu'il soit couché de plat sur la superficie; comme on voit qu'une petite aiguille d'acier couchée sur l'eau y peut nager, ce que ne fera pas une fort grosse, ni la même étant posée autrement, ni un morceau d'acier de même pesanteur, mais d'autre figure, et dont l'un des bouts soit beaucoup plus gros que l'autre.

14. J'accorde ce dernier article, et l'on en voit l'expérience en ce que l'eau de la mer se dessale, lorsqu'elle passe au travers de beaucoup de sable. Mais il est à remarquer qu'il ne suffit pas pour la dessaler de tâcher à la faire passer par un corps dont les pores soient fort étroits, à cause que leurs entrées étant incontinent bouchées par les premières parties du sel qui s'y présenteraient, celles de l'eau douce n'y pourraient trouver de passage : c'est pourquoi on doit plutôt la faire couler par quelque corps, qui ait des pores assez larges dans lesquels il y ait des angles ou des recoins, qui puissent retenir les parties du sel; et ce corps doit être fort grand et fort épais, afin que l'eau n'y pouvant laisser ses parties salées, que tantôt une et tantôt une autre, selon qu'elles entrent en quelques recoins où elles s'arrêtent, ait le loisir de les laisser toutes avant que de l'avoir traversé.

15. Il est vrai que pour l'orthographe c'est à l'imprimeur à la défendre; car je n'ai en cela désiré de lui autre chose, sinon qu'il suivît l'usage : et comme je ne lui ai point fait ôter le *p* de *corps,* ou le *t* d'*esprits,* lorsqu'il les y a mis, aussi n'ai-je pas eu soin de les lui faire ajouter, lorsqu'il les a laissés, à cause que je n'ai point remarqué qu'il l'ait fait en aucun passage, où cela pût causer de l'ambiguïté. Au reste je n'ai point dessein

de réformer l'orthographe française, et ne voudrais conseiller à personne de l'apprendre dans un livre imprimé à Leyde; mais s'il faut ici que j'en dise mon opinion, je crois que si on suivait exactement la prononciation, cela apporterait beaucoup plus de commodité aux étrangers pour apprendre notre langue, que l'ambiguïté de quelques équivoques ne donnerait d'incommodité à eux ou à nous : car c'est en parlant qu'on compose les langues plutôt qu'en écrivant; et s'il se rencontrait en la prononciation des équivoques qui causassent souvent de l'ambiguïté, l'usage y changerait incontinent quelque chose pour l'éviter. Je vous prie aussi de faire agréer mes réponses à votre ami, je veux dire d'en vouloir être vous-même le défenseur, et de suppléer pour moi à mes manquements; cela m'obligera à demeurer,

Monsieur,

Votre très humble et très acquis serviteur,

DESCARTES.

A HUYGENS

[Mars 1638.]

MONSIEUR,

Vous avez sujet de trouver étrange que votre Campanella[1] ait tant tardé à retourner vers vous, mais il est déjà vieux, et ne peut plus aller fort vite. En effet, bien que je ne sois pas éloigné de La Haye de cent lieues, il a néanmoins été plus de trois semaines à venir jusques ici, où m'ayant trouvé occupé à répondre à quelques objections qui m'étaient venues de diverses

1. Campanella (Thomas), 1568-1639. D'origine italienne, philosophe sensualiste et mystique à la fois, poète, réformateur et utopiste; auteur d'un roman social *la Cité du Soleil,* qui est déjà comme un prélude du saint-simonisme. Campanella fut persécuté par les Espagnols qui le mirent à la question et le gardèrent vingt-sept ans en prison. Grâce à la protection de Richelieu il obtint une pension de Louis XIII et finit ses jours en France.

parts, j'avoue que son langage, et celui de l'Allemand qui a fait sa longue préface, m'a empêché d'oser converser avec eux avant que j'eusse achevé les dépêches que j'avais à faire, crainte de prendre quelque chose de leur style. Pour la doctrine, il y a quinze ans que j'ai vu le livre *De sensu rerum*[1] du même auteur, avec quelques autres traités, et peut-être que celui-ci en était du nombre; mais j'avais trouvé dès lors si peu de solidité en ses écrits, que je n'en avais rien du tout gardé en ma mémoire; et maintenant je ne saurais en dire autre chose, sinon que ceux qui s'égarent en affectant de suivre des chemins extraordinaires, me semblent bien moins excusables que ceux qui ne faillent qu'en compagnie, et en suivant les traces de beaucoup d'autres.

Pour mon livre, je ne sais quelle opinion auront de lui les gens du monde; mais pour ceux de l'École, j'entends qu'ils se taisent, et que fâchés de n'y trouver pas assez de prise pour exercer leurs arguments, ils se contentent de dire que, si ce qu'il contient était vrai, il faudrait que toute leur philosophie fût fausse.

Pour M. Fromondus, le petit différend qui a été entre lui et moi ne méritait pas que vous en eussiez connaissance, et il ne peut y avoir eu si peu de fautes dans la copie que vous en avez vue, que ce n'ait été assez pour défigurer entièrement ce que vous y eussiez pu trouver de moins désagréable. Au reste, cette dispute s'est passée entre lui et moi comme un jeu d'échecs; nous sommes demeurés bons amis après la partie achevée, et ne nous renvoyons plus l'un à l'autre que des compliments. Le docteur Plempius, professeur en médecine à Louvain, m'a fait aussi quelques objections contre le mouvement du cœur, mais comme ami, afin de mieux découvrir la vérité, et je tâche à répondre à un chacun du même style qu'il m'écrit. Il y a un conseiller de Toulouse[2] qui a un peu disputé contre ma *Dioptrique* et ma *Géométrie;* puis quelques géomètres de Paris lui ont voulu servir de seconds; mais je me trompe fort, ou ni lui

1. Ouvrage de Campanella (Francfort, 1620) réédité à Paris en 1636. Pour Campanella l'origine de la connaissance est dans la faculté de sentir. Son axiome favori est : Savoir c'est sentir.

2. Fermat.

ni eux ne sauraient se dégager de ce combat, qu'en confessant que tout ce qu'ils ont dit contre moi sont des paralogismes. Je n'oserais vous rien envoyer de ces écrits : car bien qu'ils me semblent valoir bien la peine que vous les lisiez, il en faudrait néanmoins trop prendre pour les copier, et peut-être qu'ils seront tous imprimés dans peu de temps. En effet je souhaite que plusieurs m'attaquent de cette façon, et je ne plaindrai pas le temps que j'emploierai à leur répondre, jusques à ce que j'aie de quoi en remplir un volume entier; car je me persuade que c'est un assez bon moyen pour faire voir si les choses que j'ai écrites peuvent être réfutées, ou non. J'eusse surtout désiré que les RR. PP. Jésuites eussent voulu être du nombre des opposants, et ils me l'avaient fait espérer par lettres de La Flèche, de Louvain et de l'Isle; mais j'ai reçu depuis peu une lettre d'un de ceux de La Flèche, où je trouve autant d'approbation que j'en saurais désirer de personne; jusque-là qu'il dit ne rien désirer en ce que j'ai voulu expliquer, mais seulement en ce que je n'ai pas voulu écrire; d'où il prend occasion de me demander ma *Physique* et ma *Métaphysique* avec grande instance. Et parce que je sais la correspondance et l'union qui est entre ceux de cet Ordre, le témoignage d'un seul est suffisant pour me faire espérer que je les aurai tous de mon côté; mais pour cela, je ne vois encore aucune apparence que je puisse donner au moins de longtemps mon *Monde* au monde; et sans cela, je ne saurais aussi achever les mécaniques dont vous m'écrivez, car elles en dépendent entièrement, principalement en ce qui concerne la vitesse des mouvements. Et il faut avoir expliqué quelles sont les lois de la nature, et comment elle agit à son ordinaire, avant qu'on puisse bien enseigner comment elle peut être appliquée à des effets auxquels elle n'est pas accoutumée.

Je n'ai rien à répondre touchant le désir qu'a M. de Pollot de voir les trois feuillets qu'il vous a demandés, et comme c'est en vous un excès de courtoisie, de me vouloir laisser quelque droit sur une chose qui vous appartient, c'est en lui un témoignage qu'il fait plus d'état de moi que de ce que j'ai écrit, que d'avoir envie de le voir. Mais c'est sans doute le favorable jugement qu'il vous en aura vu faire, qui lui aura donné cette envie.

Je vous remercie très affectueusement des nouvelles et du livre[1] dont il vous a plu me faire part; j'en suis aussi très obligé à M. de Saumaise, puisque c'est de lui qu'elles me viennent, et je l'estime à tel point, que je tiens à beaucoup de bonheur, si j'ai quelque part en ses bonnes grâces. Pour ce que l'auteur de ce livre dit de ma philosophie, qu'elle suit celle de Démocrite, je ne saurais dire s'il a raison ou non : car je ne crois pas que ce qu'on nous rapporte de cet ancien, qui vraisemblablement a été un homme de très bon esprit, soit véritable, ni qu'il ait eu des opinions si peu raisonnables qu'on lui fait accroire; mais je vous avoue que j'ai participé en quelque façon à son humeur, lorsque j'ai jeté les yeux sur le livre que vous m'avez envoyé : car tombant par hasard sur l'endroit où il dit que *Lux est medium proportionale inter substantiam et accidens*[2], je me suis quasi mis à rire, et n'en aurais pas lu davantage, n'était l'estime que je fais de son auteur, et de tous ceux qui comme lui travaillent, autant qu'ils peuvent, à la recherche des choses naturelles, et qui, tentant des routes nouvelles, s'écartent pour le moins du grand chemin, qui ne conduit nulle part et qui ne sert qu'à fatiguer et égarer ceux qui le suivent. Je suis...

A MORIN[3]

[13 juillet 1638.]

Monsieur,

Les objections que vous avez pris la peine de m'envoyer, sont telles que je les aurais reçues en bonne part de qui que ce fût; mais le rang que vous tenez entre

1. Il s'agit d'un ouvrage de Bouillau *Sur la nature de la lumière* (Paris, 1638).

2. La lumière est une moyenne proportionnelle entre la substance et l'accident.

3. Morin (Jean-Baptiste), mort en 1656. Mathématicien et astronome français. Contradicteur acharné du système de Copernic, Professeur au Collège de France en 1630.

les doctes, et la réputation que vos écrits vous ont acquise, me les rend beaucoup plus agréables de vous que d'un autre. Ce que je crois ne pouvoir mieux vous témoigner que par le soin que j'aurai ici d'y répondre exactement.

Vous commencez par mes suppositions, et vous dites *que l'apparence des mouvements célestes se tire aussi certainement de la supposition de la stabilité de la terre, que de celle de sa mobilité,* ce que j'accorde très volontiers; et j'ai désiré qu'on reçût de même façon ce que j'ai écrit en *la Dioptrique* de la nature de la lumière, afin que la force des démonstrations mathématiques, que j'ai tâché d'y mettre, ne dépendît d'aucune opinion physique, comme j'ai assez déclaré en la page 3. Et si l'on peut imaginer la lumière de quelque autre façon, par laquelle on explique toutes celles de ses propriétés que l'expérience fait connaître, on verra que tout ce que j'ai démontré des réfractions, de la vision et du reste, en pourra être tiré tout de même que de celle que j'ai proposée.

Vous dites aussi que *prouver des effets par une cause, puis prouver cette cause par les mêmes effets, est un cercle logique,* ce que j'avoue; mais je n'avoue pas pour cela que c'en soit un, d'expliquer des effets par une cause, puis de la prouver par eux : car il y a grande différence entre *prouver* et *expliquer.* A quoi j'ajoute qu'on peut user du mot *démontrer* pour signifier l'un et l'autre, au moins si on le prend selon l'usage commun, et non en la signification particulière que les philosophes lui donnent. J'ajoute aussi que ce n'est pas un cercle de prouver une cause par plusieurs effets qui sont connus d'ailleurs, puis réciproquement de prouver quelques autres effets par cette cause. Et j'ai compris ces deux sens ensemble en la page 76 par ces mots : *Comme les dernières raisons sont démontrées par les premières qui sont leurs causes, ces premières le sont réciproquement par les dernières qui sont leurs effets.* Où je ne dois pas, pour cela, être accusé d'avoir parlé ambigument, à cause que je me suis expliqué incontinent après, en disant *que, l'expérience rendant la plupart de ces effets très certains, les causes dont je les déduis ne servent pas tant à les prouver qu'à les expliquer, mais que ce sont elles qui sont prouvées par eux.* Et je mets *qu'elles ne servent pas tant à les prouver,* au lieu de mettre *qu'elles n'y servent point du tout,* afin qu'on sache que chacun de ces effets peut aussi être prouvé par cette cause, en cas qu'il soit mis en doute, et qu'elle ait déjà été prouvée par d'autres effets. En quoi je ne vois pas que j'eusse pu user d'autres termes que je n'ai fait, pour m'expliquer mieux.

Vous dites aussi que *les astronomes font souvent des suppositions qui sont cause qu'ils tombent dans de grandes fautes ; comme lorsqu'ils supposent mal la parallaxe, l'obliquité de l'Écliptique, etc.* A quoi je réponds que ces choses-là ne se comprennent jamais entre cette sorte de suppositions ou hypothèses dont j'ai parlé; et que je les ai clairement désignées, en disant qu'*on en peut tirer des conséquences très vraies et très assurées, encore qu'elles soient fausses ou incertaines.* Car la *parallaxe,* ou *l'obliquité de l'Écliptique, etc.* ne peuvent être supposées comme fausses ou incertaines, mais seulement comme vraies; au lieu que l'Équateur, le Zodiaque, les Épicycles et autres tels cercles, sont ordinairement supposés comme faux, et la mobilité de la terre comme incertaine, et on ne laisse pas pour cela d'en déduire des choses très vraies.

Enfin vous dites qu'*il n'y a rien de si aisé que d'ajuster quelque cause à un effet.* Mais encore qu'il y ait véritablement plusieurs effets auxquels il est aisé d'ajuster diverses causes, une à chacun, il n'est pas toutefois si aisé d'en ajuster une même à plusieurs différents, si elle n'est la vraie dont ils procèdent; même il y en a souvent qui sont tels, que c'est assez prouver quelle est leur vraie cause, que d'en donner une dont ils puissent clairement être déduits; et je prétends que tous ceux dont j'ai parlé sont de ce nombre. Car si l'on considère qu'en tout ce qu'on a fait jusqu'à présent en la physique, on a seulement tâché d'imaginer quelques causes par lesquelles on pût expliquer les phénomènes de la nature, sans toutefois qu'on ait guère pu y réussir; puis si on compare les suppositions des autres avec les miennes, c'est-à-dire toutes leurs *qualités réelles,* leurs *formes substantielles,* leurs *éléments* et choses semblables, dont le nombre est presque infini, avec cela seul, que tous les corps sont composés de quelques parties, qui est une chose qu'on voit à l'œil en plusieurs, et qu'on peut prouver par une infinité de raisons dans les autres (car pour ce que je mets de plus, à savoir que les parties de tel ou tel corps sont de telle figure, plutôt que d'une autre, il est aisé de le démontrer à ceux qui avouent qu'ils sont composés de parties); et enfin si on compare ce que j'ai déduit de mes suppositions, touchant la vision, le sel, les vents, les nues, la neige, le tonnerre, l'arc-en-ciel, et choses semblables, avec ce que les autres ont tiré, des leurs, touchant les mêmes matières, j'espère que cela suffira pour persuader à ceux qui ne sont point trop préoccupés, que les effets que j'explique n'ont point d'autres causes que celles dont je les déduis; bien que je me refuse à le démontrer en un autre endroit.

Au reste, je suis marri de ce que vous n'avez choisi, pour former des objections, que le sujet de la lumière; car je me suis expressément abstenu d'en dire mon opinion; et parce que je ne veux point ici contrevenir à la résolution que j'ai prise de ne mêler, parmi mes réponses, aucune explication des matières dont je n'ai pas eu dessein de traiter, je ne pourrai si parfaitement vous satisfaire que j'eusse désiré. Toutefois je vous prie de croire que je n'ai point tâché de me renfermer et barricader dans des termes obscurs, de crainte d'être surpris, comme il semble que vous avez cru, et que si j'ai quelque habitude aux démonstrations des mathématiques, comme vous me faites l'honneur de m'écrire, il est plus probable qu'elles doivent m'avoir appris à découvrir la vérité, qu'à la déguiser. Mais ce qui m'a empêché de parler de la lumière aussi ouvertement que du reste, c'est que je me suis étudié à ne pas mettre, dans ces essais, ce que j'avais déjà mis en un autre traité, où j'ai tâché très particulièrement de l'expliquer, comme j'ai écrit en la page 42 du *Discours de la Méthode*. Il est vrai qu'on n'est pas obligé de rien croire de ce que j'ai écrit en cet endroit-là; mais comme, lorsqu'on voit des fruits en un pays, où ils n'ont point été envoyés d'ailleurs, on juge plutôt qu'il y a des plantes qui les y produisent, que non pas qu'ils y croissent d'eux-mêmes, je crois que les vérités particulières, que j'ai traitées en mes essais (au moins si ce sont des vérités), donnent plus d'occasion de juger que je dois avoir quelque connaissance des causes générales dont elles dépendent, que non pas que j'aie pu sans cela les découvrir. Et parce qu'il n'y a que les causes générales qui soient le sujet de cet autre traité, je ne pense pas avoir rien avancé de fort incroyable, lorsque j'ai écrit que je l'avais fait.

Quant au mépris qu'on vous a dit que je faisais de l'École, il ne peut avoir été imaginé que par des personnes qui ne connaissent, ni mes mœurs, ni mon humeur. Et bien que je ne me sois guère servi en mes essais des termes qui ne sont connus que par les doctes, ce n'est pas à dire que je les désapprouve, mais seulement que j'ai désiré de me faire entendre aussi par les autres. Puis au bout du compte, ce n'est point à moi à choisir les armes avec lesquelles on doit m'attaquer, mais seulement à tâcher de me défendre. Et, pour ce faire, je répondrai ici à chacun de vos articles séparément. . . . .

A FERMAT

[27 juillet 1638.]

Monsieur,

Je n'ai pas eu moins de joie de recevoir la lettre par laquelle vous me faites la faveur de me promettre votre amitié, que si elle me venait de la part d'une maîtresse, dont j'aurais passionnément désiré les bonnes grâces. Et vos autres écrits qui ont précédé me font souvenir de la Bradamante de nos poètes, laquelle ne voulait recevoir personne pour serviteur, qui ne se fût auparavant éprouvé contre elle au combat. Ce n'est pas toutefois que je prétende me comparer à ce Roger, qui était seul au monde capable de lui résister; mais tel que je suis, je vous assure que j'honore extrêmement votre mérite. Et voyant la dernière façon dont vous usez pour trouver les tangentes des lignes courbes, je n'ai autre chose à y répondre, sinon qu'elle est très bonne, et que si vous l'eussiez expliquée au commencement en cette façon, je n'y eusse point du tout contredit. Ce n'est pas qu'on ne pût proposer divers cas, qui obligeraient à chercher derechef d'autres biais pour les démêler, mais je ne doute point que vous ne les trouvassiez aussi bien.

que celui-là. Il est vrai que je ne vois encore pour quelle raison vous voulez que votre première règle, pour chercher les plus grandes et les moindres, se puisse appliquer à l'invention de la tangente, en considérant la ligne qui la coupe à angles droits comme la plus courte, plutôt qu'en considérant cette tangente comme la plus grande, sous les conditions qui la rendent telle. Car pendant qu'on ne dit point la cause pourquoi elle réussit en l'une de ces façons plutôt qu'en l'autre, il ne sert de rien de dire que cela arrive, sinon pour faire inférer de là que, même lorsqu'elle réussit, elle est incertaine. Et en effet, il est impossible de comprendre tous les cas qui peuvent être proposés dans les termes d'une seule règle, si on ne se réserve la liberté d'y changer quelque chose aux occasions, ainsi que j'ai fait en ce que j'en ai écrit, où je ne me suis assujetti aux termes d'aucune règle; mais j'ai seulement expliqué le fondement de mon procédé, et en ai donné quelques exemples, afin que chacun l'appliquât après selon son adresse aux divers cas qui se présenteraient. Cependant je m'écarte ici, sans y penser, du dessein de cette lettre, lequel n'est autre que de vous rendre grâces très humbles de l'offre qu'il vous a plu me faire de votre amitié, laquelle je tâcherai de mériter, en recherchant les occasions de vous témoigner que je suis passionnément, etc.

A ***

[Août 1638?]

Monsieur,

J'ai lu soigneusement le livre que vous avez pris la peine de m'envoyer, et je vous en remercie. L'auteur témoigne être homme de bon esprit et de grande doctrine, et avoir outre cela beaucoup de probité et de zèle pour le bien public. Tout ce qu'il dit contre les sciences qui sont en usage, et la façon qu'on tient pour les enseigner, n'est que trop vrai, et ses plaintes ne sont que trop justes.

Le dessein qu'il propose de ramasser dans un seul

livre tout ce qu'il y a d'utile en tous les autres, serait aussi fort bon, s'il était praticable; mais j'appréhende qu'il ne le soit pas. Car outre qu'il est souvent très malaisé de bien juger de ce que les autres ont écrit, et d'en tirer le meilleur, sans rien prendre avec cela de mauvais, les vérités particulières, qui sont par-ci par-là dans les livres, sont si détachées et si indépendantes les unes des autres, que je crois qu'il serait besoin de plus d'esprit et d'industrie pour les assembler en un corps bien proportionné et bien en ordre, suivant le désir de l'auteur, que pour composer un tel corps de ses propres inventions. Ce n'est pas qu'on doive pour cela négliger celles d'autrui, lorsqu'on en rencontre d'utiles; mais je ne crois pas qu'on doive employer son principal temps à les recueillir. Enfin, si quelques-uns étaient capables de trouver le fond des sciences, ils auraient tort d'user leur vie à en chercher de petites parcelles qui sont cachées par-ci par-là dans les recoins des bibliothèques; et ceux qui ne seront propres qu'à ce travail, ne seront pas capables de bien choisir et de bien mettre en ordre ce qu'ils trouveront. Il est vrai que l'auteur assure avoir déjà fait ou commencé un tel livre, et je veux bien croire qu'il s'en peut acquitter mieux que personne, mais les échantillons qu'il en fait voir ici ne suffisent pas pour en donner grande espérance. Car pour les aphorismes, page 31, etc., ils ne contiennent que des pensées si générales, qu'il semble avoir beaucoup de chemin à faire, avant que de parvenir aux vérités particulières, qui sont seules requises pour l'usage. Et outre cela, je trouve deux choses en ses prétentions que je ne saurais entièrement approuver. La première est qu'il semble vouloir trop joindre la religion et les vérités révélées, avec les sciences qui s'acquièrent par le raisonnement naturel. Et l'autre, qu'il imagine une science universelle, dont les jeunes écoliers soient capables, et qu'ils puissent avoir apprise avant l'âge de vingt-quatre ans. En quoi il me semble ne pas remarquer qu'il y a grande différence entre les vérités acquises et les révélées, en ce que, la connaissance de celles-ci ne dépendant que de la grâce (laquelle Dieu ne dénie à personne, encore qu'elle ne soit pas efficace en tous), les plus idiots et les plus simples y peuvent aussi bien réussir que les plus subtils; au lieu que, sans avoir plus d'esprit que le commun, on ne doit pas espérer de rien faire d'extraordinaire touchant les sciences humaines. Et enfin, bien que nous soyons obligés à prendre garde que nos raisonnements ne nous persuadent aucune chose qui soit contraire à ce que Dieu a voulu que nous crussions, je crois néanmoins que c'est appliquer l'Écriture sainte à une fin pour laquelle Dieu ne l'a point donnée, et par conséquent en abuser, que d'en vouloir tirer la connaissance des vérités qui n'appartiennent qu'aux sciences humaines, et qui ne servent point à notre salut. Mais peut-être aussi que cet auteur n'entend point user de la Bible en ce sens-là, ni mêler les choses saintes aux profanes; et en tout le reste ses intentions paraissent si bonnes, qu'encore même qu'il manquât en quelque chose, il ne laisse pas d'être grandement à estimer. Je vous remercie de l'avis que vous me donnez des médisances de N.; elles sont si faibles et si mal trouvées, que je crois qu'elles lui font plus de tort, en ce qu'elles découvrent la maladie de son esprit, qu'elles n'en sauraient faire à aucun autre. Je suis,

A HUYGENS

[Août 1638.]

Monsieur,

Je n'ai jamais l'honneur de recevoir de vos lettres, que je ne trouve occasion de commencer ma réponse par des remerciements; mais j'ai peur de vous ennuyer de ce style; et parce que toutes les muses de France auront part à la faveur que vous m'avez faite, d'intercéder pour elles envers celles de Leyde, touchant les livres arabes que M. Hardy désire voir, je leur veux laisser le soin des paroles pour vous en rendre grâces, et me contenter de ressentir en effet que c'est moi qui vous en ai l'obligation.

Je trouverais étrange que M. de Balzac ne vous eût point écrit sur la perte qui vous arriva l'année passée[1],

1. Huygens avait perdu sa femme le 10 mai 1637.

s'il avait su qu'elle vous touchât au point qu'elle faisait; mais étant, comme il est, si amateur de la liberté que même ses jarretières et ses aiguillettes lui pèsent[1], il n'aura pu sans doute se persuader qu'il y ait des liens au monde qui soient si doux, qu'on ne saurait en être délivré sans les regretter. Et je puis d'ailleurs répondre qu'il est des plus constants en ses amitiés, bien qu'il ne soit pas toujours des plus diligents à le témoigner par ses lettres.

Je ne saurais vous répondre de ce que j'ai fait tout cet été, à cause que je n'ai presque rien fait qui mérite d'être mis en compte. Il y a eu certaines gens qui se piquent extrêmement de géométrie, lesquels ne pouvant entendre la mienne, et ayant, je crois, peur que ceux qui l'entendront ne leur ôtent l'avantage que ce qu'ils savent de l'analyse de Viete leur donne sur le commun, ont cherché toutes sortes de moyens pour la discréditer *per fas et nefas*[2]; en sorte qu'on m'a rendu le moins de justice, en ce où je pensais qu'il fût le moins possible de me la nier. Mais parce qu'ils n'ont rien su trouver en particulier à y reprendre, et que sitôt qu'ils l'ont entrepris, j'ai pu par un mot de réponse faire voir qu'ils n'entendaient rien en ce qu'ils disaient, ils ont trouvé une autre invention pour m'attaquer, à savoir, en me proposant des questions touchant les matières où ils ont cru que je me serais le moins exercé, et bien qu'ils n'aient pas eu de quoi me faire travailler, cela n'a pas laissé de me divertir, en même façon que deux ou trois mouches qui volent autour du visage d'un homme qui s'est couché à l'ombre dans un bois pour s'y reposer, sont quelquefois capables de l'en empêcher. Mais j'espère qu'ils y mettront bientôt fin, ou s'ils y manquent, je l'y mettrai; car je crois les avoir déjà tant de fois désarmés, que je ne serai pas mal fondé à leur refuser le combat.

Pour la philosophie de M. Van der Scotten, je la trouve fort rare, et ne la juge pas néanmoins impossible. Les eaux-fortes communes dissolvent les métaux, bien que la cire leur résiste. Même elles dissolvent plus aisé-

1. Balzac était célèbre par l'étrangeté de son vêtement.
2. Aussi bien justement qu'injustement.

ment le fer ou l'acier que le plomb; et le vif-argent résout l'or, l'étain et le plomb, bien qu'il ne se puisse presque pas attacher aux autres métaux, et encore moins aux corps qui ne sont point métalliques. De quoi les raisons sont assez faciles à imaginer, pour ceux qui savent que tous les corps sont composés de petites parties diversement jointes, et de diverses grosseurs et figures. Car tout de même que, frappant à coups de bâton sur un tas de verres ou de pots de terre, on les peut briser en mille pièces, au lieu que, frappant du même bâton sur un tas de foin ou de laine, on n'y fera aucun changement; et au contraire, avec des ciseaux ou des couteaux, qui ne sauraient mordre sur le verre ni sur cette terre, on peut aisément couper cette laine; il n'est pas difficile d'imaginer quelque corps, dont les parties soient telles, et tellement mues, qu'elles puissent agir contre celles de l'or, plutôt que contre celles des autres corps. Mais je trouve étrange qu'une même matière serve à dissoudre de l'or et des diamants; et puisqu'il vous en offre l'épreuve, je crois que, sans faire la dépense d'un fin diamant, s'il peut seulement dissoudre une pièce de gros verre de vitre, ce sera beaucoup. Je dis de gros verre, à cause qu'il y a quelquefois tant de salicos[1] dans le cristallin, que la seule humidité de l'air le peut fondre. Et quoique c'en soit, s'il est vrai, comme je n'en doute point, puisque vous l'assurez, qu'il a coupé en un quart d'heure une barre de fin acier assez grosse, le secret qu'il a pour cela est fort rare, et vaut bien la peine que vous tâchiez d'en avoir la communication. Je suis,

A FERRIER

[Septembre 1638?]

MONSIEUR,

PUISQUE vous me faites la faveur de m'avertir de ce que vous avez fait touchant la taille des verres hyper-

1. De soude?

boliques, je suis obligé de vous mander aussi ce qu'un de mes amis a fait faire par un tourneur d'Amsterdam qu'il a employé. La machine fut fort bien faite dès l'année passée, et les lames ou ciseaux d'acier dont il a taillé la roue; mais il n'a jamais su faire cette roue si exacte, qu'il ait pu tailler un verre par son moyen dont la figure fût uniforme. Plusieurs se trouvent visiblement plus épais d'un côté que d'autre, et en la plupart on y voit deux centres; ce qui vient, comme je crois, de ce qu'il tourne la roue tantôt d'un côté et tantôt d'un autre, quoique je l'aie averti plusieurs fois de ne le pas faire. Et pour ce sujet, au lieu du tour qui est décrit dans ma *Dioptrique,* avec un arc qui va et revient, j'ai fait qu'il se sert d'une grande roue, qui tourne toujours d'un même sens. Mais il dit qu'il se fait tant de cercles dans le verre, quand il ne tourne sa roue que d'un côté, que je n'ai su obtenir de lui qu'il en achevât aucun en cette façon; et ayant été voir sa roue, j'ai trouvé qu'elle était fort inégale, et qu'elle n'appuyait pas toujours de même force contre le verre. Je l'ai convié à la mieux polir; mais il dit qu'après l'avoir rendue la plus juste et exacte qu'il est possible, ces défauts s'y trouvent le lendemain; ce qu'il croit venir de ce que le dedans de cette roue est de bois, qui fait hausser ou baisser selon le temps le cuivre dont elle est faite en sa circonférence; et la poudre dont il se sert pour tailler le verre, entrant dans ce cuivre, l'a rendu si dur, qu'il lui est presque impossible d'en ôter les défauts qu'il y voit. Nonobstant cela, il m'apporta ici dès l'année passée deux ou trois verres qui me donnaient bonne espérance. Car encore qu'ils fussent si troubles et mal polis que, lorsqu'on n'en laissait qu'une partie découverte, de la grandeur des verres des lunettes ordinaires, on ne voyait rien que de fort obscur, néanmoins, quand ils étaient tout découverts, ils avaient autant d'effet que les ordinaires; ce qui montrait que, s'ils eussent été aussi polis, ils eussent eu d'autant plus d'effet qu'ils étaient plus grands, qui est tout ce qu'on peut espérer. Et leur diamètre était d'environ trois pouces, pour servir dans un tuyau d'environ deux pieds. Depuis il n'a rien fait; car l'hiver il y a fort peu travaillé, et celui qui l'employait a quitté la demeure d'Amsterdam au commencement de cet été. Ce que vous m'avez fait espérer est cause que je n'ai point voulu leur conseiller de poursuivre; car s'il y a quelqu'un au monde qui en puisse venir à bout, je ne doute point que ce ne soit vous. Je suis,

A ***

[12 septembre 1638.]

Monsieur,

Je vous suis très obligé du souvenir qu'il vous plaît avoir de moi, et je tiens à honneur que vous veuilliez savoir mon opinion touchant l'éducation de M. votre fils. Le désir que j'aurais, de vous pouvoir rendre quelque service en sa personne, m'empêcherait de vous dissuader de l'envoyer en ces quartiers, si je pensais que le dessein que vous avez touchant ses études s'y pût accomplir; mais la philosophie ne s'enseigne ici que très mal : les professeurs n'y font que discourir une heure le jour, environ la moitié de l'année, sans dicter jamais aucuns écrits, ni achever le cours en aucun temps déterminé; en sorte que ceux qui en veulent tant soit peu savoir, sont contraints de se faire instruire en particulier par quelque maître, ainsi qu'on fait en France pour le Droit, lorsqu'on veut entrer en office. Or encore que mon opinion ne soit pas que toutes les choses qu'on enseigne en philosophie soient aussi vraies que l'Évangile, toutefois, à cause qu'elle est la clef des autres sciences, je crois qu'il est très utile d'en avoir étudié le cours entier, en la façon qu'il s'enseigne dans les écoles des Jésuites, avant qu'on entreprenne d'élever son esprit au-dessus de la pédanterie, pour se faire savant de la bonne sorte. Et je dois rendre cet honneur à mes maîtres, que de dire qu'il n'y a lieu au monde, où je juge qu'elle s'enseigne mieux qu'à La Flèche. Outre que c'est, ce me semble, un grand changement, pour la première sortie de la maison, que de passer tout d'un coup en un pays différent de langue, de façons de vivre et de religion, au lieu que l'air de La Flèche est voisin du vôtre; et à cause qu'il y va quantité de jeunes gens de tous les quartiers de la France, ils y font un certain mélange d'humeurs, par la conversation les uns des autres, qui leur apprend quasi la même chose que s'ils voyageaient. Et enfin l'égalité que les Jésuites mettent entre eux, en ne traitant guère d'autre façon les plus relevés que les moindres, est une invention extrêmement bonne, pour leur ôter la tendresse et les autres défauts qu'ils peuvent avoir acquis par la coutume d'être chéris dans les maisons de leurs parents. Mais, Monsieur, j'appréhende que la trop bonne opinion que vous m'avez fait avoir de moi-même, en prenant la peine de me demander mon avis, ne m'ait donné occasion de vous l'écrire plus librement que je ne devais. C'est pourquoi je n'y ose rien ajouter, sinon que, si M. votre fils vient en ces quartiers, je le servirai en tout ce qui me sera possible. J'ai logé à Leyde en une maison où il pourrait être assez bien pour la nourriture; mais pour les études, je crois qu'il serait beaucoup mieux à Utrecht; car c'est une université qui, n'étant érigée que depuis quatre ou cinq ans, n'a pas encore eu le temps de se corrompre, et il y a un professeur, appelé M. Le Roy, qui m'est intime ami, et qui, selon mon jugement, vaut plus que tous ceux de Leyde. Je suis,

Monsieur...

A MERSENNE

[11 octobre 1638.]

Mon Révérend Père,

Je commencerai cette lettre par mes observations sur le livre de Galilée[1]. Je trouve en général qu'il philosophe beaucoup mieux que le vulgaire, en ce qu'il quitte le plus qu'il peut les erreurs de l'École, et tâche à examiner les matières physiques par des raisons mathématiques. En cela je m'accorde entièrement avec lui et je tiens qu'il n'y a point d'autre moyen pour trouver la vérité. Mais il me semble qu'il manque beaucoup en ce qu'il fait continuellement des digressions et ne s'ar-

1. *Discours et démonstrations de mathématiques* (Leyde, 1638).

rête point à expliquer tout à fait une matière; ce qui montre qu'il ne les a point examinées par ordre, et que, sans avoir considéré les premières causes de la nature, il a seulement cherché les raisons de quelques effets particuliers, et ainsi qu'il a bâti sans fondement. Or d'autant que sa façon de philosopher eſt plus proche de la vraie, d'autant peut-on plus aisément connaître ses fautes, ainsi qu'on peut mieux dire quand s'égarent ceux qui suivent quelquefois le droit chemin, que quand s'égarent ceux qui n'y entrent jamais.

Page 2. Il propose ce qu'il veut traiter, à savoir pourquoi les grandes machines, étant en tout de même figure et de même matière que les moindres, sont plus faibles qu'elles; et pourquoi un enfant se fait moins de mal en tombant qu'un grand homme, ou un chat qu'un cheval, etc. En quoi il n'y a, ce me semble, aucune difficulté ni aucun sujet d'en faire une nouvelle science; car il eſt évident qu'afin que la force ou la résiſtance d'une grande machine soit en tout proportionnée à celle d'une petite de même figure, elles ne doivent pas être de même matière, mais que la grande doit être d'une matière d'autant plus dure, et plus malaisée à rompre, que sa figure et sa pesanteur sont plus grandes. Et il y a autant de différence entre une grande et une petite de même matière, qu'entre deux également grandes, dont l'une eſt d'une matière beaucoup moins pesante, et avec cela plus dure que l'autre.

Page 8. Il a raison de dire que les filets d'une corde s'entretiennent, à cause qu'ils se pressent l'un l'autre; mais il n'ajoute pas pourquoi cette pression eſt cause qu'ils s'entretiennent, qui eſt qu'il y a de petites inégalités en leur figure, qui empêchent que chacun d'eux ne puisse couler entre ceux qui le pressent.

L'invention pour se descendre[1] (p. 11), revient à même chose, et il n'y a rien en tout cela qui ne soit vulgaire. Mais sa façon d'écrire par dialogues, où il introduit trois personnes qui ne font autre chose que louer et exalter ses inventions chacun à son tour, aide fort à faire valoir sa marchandise.

1. Il s'agissait de descendre à l'aide d'un cylindre creusé en pas de vis, le long d'une corde engagée dans les spires.

Page 12. Il donne deux causes de ce que les parties d'un corps continu s'entretiennent : l'une eſt la crainte du vide, l'autre certaine colle ou liaison qui les tient, ce qu'il explique encore après par le vide; et je les crois toutes deux très fausses. Ce qu'il attribue au vide (p. 13), ne se doit attribuer qu'à la pesanteur de l'air; et il eſt certain que, si c'était la crainte du vide qui empêchât que deux corps ne se séparassent, il n'y aurait aucune force qui fût capable de les séparer.

La façon qu'il donne pour diſtinguer les effets de ces deux causes (p. 15) ne vaut rien, et ce qu'il fait dire à Simplicio[1] (p. 16) eſt plus vrai, et (p. 17) l'observation que les pompes ne tirent point l'eau à plus de dix-huit brasses de hauteur ne se doit point rapporter au vide, mais ou à la matière des pompes ou à celle de l'eau même, qui s'écoule entre la pompe et le tuyau, plutôt que s'élever plus haut.

Page 19. Il examine la colle qu'il ajoute avec le vide pour la liaison des parties des corps, et il l'attribue à d'autres petits vides qui ne sont nullement imaginables[2]. Et ce qu'il dit (p. 22), pour prouver ces petits vides, eſt un sophisme; car l'hexagone qu'il propose ne laisse rien de vide en l'espace par où il passe, mais chacune de ses parties se meut d'un mouvement continu, lequel décrivant des lignes courbes qui remplissent tout un espace, on ne doit pas les considérer, comme il fait, en une seule ligne droite. Et il n'importe qu'en sa figure les parties de la ligne droite, IO, PY, etc., ne soient point touchées par la circonférence H I K L, car elles le sont en récompense par d'autres parties de la superficie A B C, et ainsi ne sont non plus vides que les parties OP, YZ, etc.

Page 28. C'eſt aussi un sophisme que son argument, pour prouver qu'un point eſt égal à une ligne ou à une

1. Un des personnages du dialogue.

2. Le raisonnement de Galilée visé par ce passage a pour objet de nous faire concevoir, dans une étendue finie, des vides infiniment petits. Galilée considère à cet effet des polygones concentriques roulant sur une droite, dont il multiplie ensuite indéfiniment les côtés. Ce procédé de raisonnement, comme celui qui eſt visé par le paragraphe suivant, annonce les procédés du calcul infinitésimal.

superficie. Car *in forma* on ne peut conclure, sinon que la ligne ou superficie n'est pas un plus grand corps solide que le point, et non qu'elle n'est pas plus grande absolument.

Page 31. Il manque en tout ce qu'il dit de l'infini, en ce que, nonobstant qu'il confesse que l'esprit humain, étant fini, n'est pas capable de le comprendre, il ne laisse pas d'en discourir tout de même que s'il le comprenait.

Page 40. Il dit que les corps durs, devenant liquides, sont divisés en une infinité de points : ce qui n'est qu'une imagination fort aisée à réfuter, et dont il ne donne aucune preuve.

Page 42. Il montre n'être pas savant en la catoptrique, de croire ce qui se dit des miroirs ardents d'Archimède, lesquels j'ai démontré être impossibles en ma *Dioptrique,* page 119.

Page 43. Son expérience, pour savoir si la lumière se transmet en un instant, est inutile : car les éclipses de la lune, se rapportant assez exactement au calcul qu'on en fait, le prouvent incomparablement mieux que tout ce qu'on saurait éprouver sur terre.

Page 48. Il fait considérer une ligne droite, décrite par le mouvement d'un cercle, pour prouver qu'elle est composée d'une infinité de points *actu,* ce qui n'est qu'une imagination toute pure.

Page 50. Tout ce qu'il dit de la raréfaction et condensation n'est qu'un sophisme; car le cercle ne laisse point de parties vides entre ses points, mais il se meut seulement plus lentement. Et pour moi, je ne conçois autre chose touchant cela, sinon que, lorsqu'un corps se condense, c'est que ses pores s'étrécissent, et qu'il en sort une partie de la matière subtile qui les remplissait, ainsi qu'il sort de l'eau d'une éponge quand on la presse. Et au contraire, quand un corps se dilate, c'est que ses pores s'élargissent, et qu'il y entre davantage de matière subtile, ainsi que j'ai expliqué en plusieurs endroits de mes *Météores*.

Page 54. Ce qu'il dit de l'or trait[1] n'est nullement à propos pour expliquer la raréfaction; car cet or ne se raréfie point, mais change seulement de figure.

1. Or passé à la filière.

Page 62. Il eſt éloquent à réfuter Ariſtote, mais ce n'eſt pas chose fort malaisée.

Page 69. Il dit bien que les corps descendent plus inégalement vite dans l'eau que dans l'air; mais il n'en dit point la cause, et il se trompe (p. 70), disant que l'eau ne résiſte aucunement à être divisée.

Page 71. Il dit ignorer la cause qui soutient les gouttes d'eau sur les choux, laquelle j'ai assez expliquée en mes *Météores*.

Page 72. Tout ce qu'il dit de la vitesse des corps qui descendent dans le vide, etc., eſt bâti sans fondement; car il aurait dû auparavant déterminer ce que c'eſt que la pesanteur; et s'il en savait la vérité, il saurait qu'elle eſt nulle dans le vide.

Page 79. Sa façon de peser l'air n'eſt pas mauvaise, si tant eſt que la pesanteur en soit si notable qu'on la puisse apercevoir par ce moyen; mais j'en doute.

Page 83. Tout ce qu'il dit ici ne peut être déterminé sans savoir ce que c'eſt que la pesanteur. Et tout ce qu'il met jusques à la fin de ce dialogue, touchant la musique, eſt vulgaire pour vous et pour moi.

Page 103. Il dit que le son des cordes d'or eſt plus bas que celui des cordes de cuivre, à cause que l'or eſt plus pesant; mais c'eſt plutôt à cause qu'il eſt plus mol. Et il se trompe, de dire que la pesanteur d'un corps résiſte davantage à la vitesse de son mouvement que sa grosseur.

Page 114. Il compare la force qu'il faut pour rompre un bâton de travers, avec celle qu'il faut pour le rompre en le tirant de haut en bas, et dit que, de travers, c'eſt comme un levier dont le soutien eſt au milieu de son épaisseur; ce qui n'eſt nullement vrai, et il n'en donne aucune preuve.

Page 129. Sa considération pourquoi les poissons peuvent être plus grands que les animaux terreſtres n'eſt pas mauvaise.

Page 140. Ce qu'il dit des bois qui doivent être coupés en demi-parabole, pour résiſter partout également, eſt vrai à peu près; mais tout le reſte eſt vulgaire.

Page 146. Ses deux façons pour décrire la parabole sont du tout mécaniques, et en bonne géométrie sont fausses[1].

---

1. La première consiſtait à faire rouler une balle obliquement sur un plan incliné, la seconde à tendre une chaînette entre deux clous.

Page 157. Il suppose que la vitesse des poids qui descendent, s'augmente toujours également, ce que j'ai autrefois cru comme lui; mais je crois maintenant savoir par démonstration qu'il n'est pas vrai.

Page 166. Il suppose aussi que les degrés de vitesse d'un même corps sur divers plans sont égaux, lorsque les élévations de ces plans sont égales, ce qu'il ne prouve point, et n'est pas exactement vrai; et parce que tout ce qui suit ne dépend que de ces deux suppositions, on peut dire qu'il a entièrement bâti en l'air. Au reste, il semble n'avoir écrit tout son troisième dialogue que pour donner raison de ce que les tours et retours d'une même corde sont égaux entre eux, et toutefois il ne la donne point; mais il conclut seulement que les poids descendent plus vite, suivant l'arc d'un cercle, que suivant la corde du même arc, et encore n'a-t-il su déduire cela exactement de ses suppositions.

Page 236. Il ajoute une autre supposition aux précédentes, laquelle n'est pas plus vraie, à savoir, que les corps jetés en l'air vont également vite suivant l'horizon; mais qu'en descendant leur vitesse s'augmente en proportion double de l'espace. Or cela posé, il est très aisé de conclure que le mouvement des corps jetés devrait suivre une ligne parabolique; mais ses positions étant fausses, sa conclusion peut bien aussi être fort éloignée de la vérité.

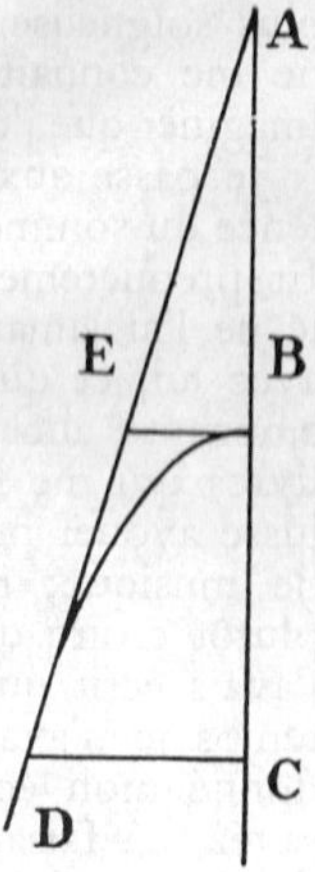

Page 269. Il est à remarquer qu'il prend la converse de sa proposition, sans la prouver ni l'expliquer; à savoir, que, si le coup tiré horizontalement de B vers E suit la parabole BD, le coup tiré obliquement suivant la ligne DE doit suivre la même parabole D B; ce qui suit bien de ses suppositions. Mais il semble n'avoir osé l'expliquer, de peur que leur fausseté parût trop évidemment. Et toutefois il ne se sert que de cette converse en tout le reste de son quatrième discours, lequel il semble n'avoir écrit que pour expliquer la force des coups de canon tirés selon diverses élévations. De

plus il est à remarquer qu'en proposant ses suppositions, il en a excepté l'artillerie, afin de les faire plus aisément recevoir; et que toutefois, vers la fin, c'est à l'artillerie principalement qu'il applique ses conclusions. C'est-à-dire, en un mot, qu'il a tout bâti en l'air.

Je ne dis rien des démonstrations de géométrie dont la plupart de son livre est rempli, car je n'ai su avoir la patience de les lire, et je veux croire qu'elles sont toutes vraies. J'ai seulement remarqué, en voyant les propositions, qu'il n'était pas besoin d'être fort grand géomètre pour les trouver; et jetant les yeux sur quelques-unes, j'ai aperçu qu'il s'en faut beaucoup qu'il n'y suive les plus courts chemins.

Au reste ceci ne sera vu, s'il vous plaît, que de vous seul, qui avez désiré que je vous l'écrivisse, et à qui j'ai tant d'obligations que je crois ne vous devoir rien refuser qui soit en mon pouvoir. Sans cela je ne me serais pas amusé à reprendre les fautes d'un autre, car il n'y a rien de plus contraire à mon humeur. Et du moins, si je l'avais fait, j'y aurais ajouté les raisons de mon dire plus soigneusement que je n'ai fait, afin que ceux qui ne me connaîtraient pas comme vous, ne se pussent imaginer que j'eusse jugé sans raison.

Je passe aux articles de vos lettres, auxquels la violence du sommeil m'empêcha dernièrement de répondre. Et premièrement, touchant Galilée, je vous dirai que je ne l'ai jamais vu, ni n'ai eu aucune communication avec lui, et que par conséquent je ne saurais en avoir emprunté aucune chose. Aussi ne vois-je rien en ses livres qui me fasse envie, ni presque rien que je voulusse avouer pour mien. Tout le meilleur est ce qu'il a de musique; mais ceux qui me connaissent peuvent plutôt croire qu'il l'a eu de moi, que moi de lui : car j'avais écrit quasi le même il y a dix-neuf ans, auquel temps je n'avais encore jamais été en Italie, et j'avais donné mon écrit au Sr Beeckman, qui, comme vous savez, en faisait parade et en écrivait çà et là, comme de chose qui était sienne.

Pour des lunettes, je ne voudrais pas conseiller à des particuliers d'y faire aucune dépense, sinon pour en acheter lorsqu'elles seront faites; et pour moi, je ne crois pas qu'il fût de bonne grâce que je me mêlasse de leur en vendre : c'est pourquoi je n'ai rien à faire en cela, sinon que j'aiderai et donnerai courage, autant que je pourrai, à ceux qui voudront y travailler.

Pour la nature des huiles, encore que je n'aie pas employé vingt ans à en faire des expériences, ainsi que vous mandez de M. de la Brosse, je crois pourtant en avoir assez fait pour ne devoir pas craindre de m'être mépris; et bien que je n'aie parlé de plusieurs choses qu'en passant, et sans en faire aucun état, on ne doit pas juger pour cela que je les aie peu examinées, mais seulement que ce n'est pas mon humeur de faire grand bruit de peu de chose.

La corde I F K, dont je parle à la fin de mon écrit de statique[1], ne se doit point replier au milieu, comme vous mandez que tient M. Hardy, si ce n'est lorsque ses deux bouts s'entretouchent. Et il est certain que la spirale qui représente un plan également incliné, doit parvenir jusques au centre de la terre.

J'ai ri de ce que vous a écrit M. Fermat touchant les centres de gravité, à savoir, que ce qui est le plus merveilleux, c'est qu'on les trouve par sa méthode : quand cela serait, voilà grande merveille; et que cette méthode est plus à lui qu'aux autres. Mais je vous assure qu'on les peut trouver tous sans aucune analyse, et même quasi sans mettre la main à la plume, en tirant seulement quelques conséquences de ce qui est dans Archimède, ainsi que je vous ai mandé dès la première fois qu'il en écrivit.

Je viens de lire le *Traité de mécanique* du sieur Roberval, où j'apprends qu'il est professeur, ce que j'avais ignoré, et je pensais que vous m'eussiez autrefois mandé qu'il était président en quelque province, et je ne m'étonne plus tant de son style. Pour son traité, j'y pourrais trouver quantité de fautes, si je le voulais examiner à la rigueur; mais je vous dirai, en gros, qu'il a pris beaucoup de peine à expliquer une chose qui est bien aisée, et qu'il l'a rendue plus difficile par son explication, qu'elle n'est de sa nature; outre que Stevin a démontré avant lui les mêmes choses, d'une façon beaucoup plus facile et plus générale. Il est vrai que je ne sais pas, ni de l'un ni de l'autre, s'ils ont été exacts en leurs

1. Lettre du 13 juillet 1638.

démonstrations; car je ne saurais avoir la patience de lire tout du long de tels livres. En ce qu'il dit avoir mis, dans un corollaire, le même que moi dans mon écrit de Statique, *aberrat toto cœlo*[1]. Car il fait une conclusion de ce dont je fais un principe, et il parle du temps, ou de la vitesse, au lieu que je parle de l'espace; ce qui est une très grande erreur, ainsi que j'ai expliqué en mes précédentes.

Pour le sieur Petit, de qui vous me mandez que je vous écrive quelque chose que vous lui puissiez montrer, afin qu'il ne se fâche point, je vous dirai que je n'ai nullement coutume de flatter mes ennemis, et que, s'il se fâche de mon silence, il se fût bien encore plus fâché de ma réponse; car je ne l'aurais point épargné, et j'en aurais eu très ample matière. Les raisons qu'il donne pour prouver l'existence de Dieu, sont si badines qu'il semble s'être voulu moquer de Dieu en les écrivant; et bien qu'il en ait une qu'il a empruntée de moi, il lui a toutefois ôté toute sa force en la mettant comme il l'a mise. Mais vous lui pourrez dire, s'il vous plaît, que j'attends ses objections contre ma *Dioptrique,* afin que, si elles en valent la peine, je puisse répondre à l'un et à l'autre ensemble; et que, pour ce qu'il a écrit de Dieu, je craindrais qu'on se moquât de nous en voir disputer l'un contre l'autre, vu que nous ne sommes point théologiens de profession.

Pour mon Examen de la question géostatique, il ne sera point imprimé, s'il vous plaît : car je ne l'ai pas écrit à ce dessein, et il n'est pas assez achevé ni assez complet pour aller seul. Et de le joindre aussi avec mon sentiment du livre de M. Beaugrand, ce serait lui donner une très mauvaise compagnie : car j'aurais honte qu'on eût occasion de penser que je me serais arrêté sérieusement à dire mon opinion de ce livre; outre qu'étant joints ensemble, ils ne feraient qu'un livre digne d'être couvert de papier bleu. Et si mon écrit contient quelque chose qui vaille la peine qu'on le voie, je crois qu'il pourra mieux être inséré dans le Recueil des Objections qu'on m'a faites, ou qu'on me fera ciaprês; car aussi bien ne sera-ce qu'un ramas de toutes

1. Il se trompe du tout au tout.

sortes de matières. S'il y a de la faute aux lettres de la dernière figure, vous les pourrez aisément corriger par le moyen du sens; car il est, ce me semble, assez clair, et je n'y trouve rien de manque en ma copie.

Pour l'Introduction en ma *Géométrie,* j'en ai parlé à celui qui l'a composée, qui est un gentilhomme de ce pays, de très bon lieu; mais il ne désire point aussi qu'elle soit imprimée, si ce n'est qu'on en voulût seulement faire tirer une douzaine ou deux d'exemplaires, pour ceux à qui vous en voulez donner des copies, ce qui serait peut-être plus commode que de la faire transcrire. Et pour les caractères, vos libraires les auront tous, ou s'il en manque quelques-uns, ils les peuvent faire fondre à fort peu de frais. Mais pour en faire une impression publique, il dit qu'il aimerait mieux la faire faire lui-même en ce pays, et qu'en ce cas, il y voudrait encore ajouter beaucoup de choses; ce qu'il offre de faire avec le temps.

Pour la force de la percussion, elle n'est point si malaisée à expliquer, par mes principes, que Galilée la représente sur la fin de son livre; mais je n'en saurais rien dire sans expliquer mes principes, c'est-à-dire mon *Monde*.

Pour la question des quatre globes[1], je crois bien que M. Fermat peut voir de loin le moyen d'y parvenir, mais la difficulté est à en démêler le calcul, ce que j'ai peine à croire qu'il puisse faire par l'analyse de Viete; et pour preuve de cela, vous pouvez le convier à vous en envoyer le fait; à savoir, posant les quatre rayons des sphères données être, par exemple, *a, b, c, d,* lui demander quel est le rayon de la plus petite sphère concave dans laquelle elles puissent être enfermées; car vous verrez bien s'il s'accorde avec le fait que vous avez.

Je passe à votre lettre du onzième septembre, laquelle j'ai reçue depuis que mes précédentes ont été écrites. M. Fermat a fort bien trouvé la tangente de la roulette, et elle se rapporte à la mienne; mais s'il en envoie la démonstration *analytice* et *synthetice,* comme il offre, je serai bien aise de la voir, pour connaître par là de quel

1. Ayant quatre globes donnés, trouver un cinquième qui les touche.

biais il s'y eſt pris en effet. Je m'étonne de ce qu'il en sait beaucoup plus en géométrie que M. Roberval, lequel ne voit pas qu'il s'expose en quelque façon à la risée du monde, d'avoir voulu faire croire qu'il avait trouvé la tangente de la roulette, juſtement le lendemain après avoir su que je vous l'avais envoyée. Mais ce qu'il ajoute que celle de M. Fermat n'eſt pas vraie, lorsque la base de la roulette eſt plus grande que la circonférence du cercle, fait voir très clairement qu'il s'eſt trompé, si tant eſt qu'il ait cru l'avoir trouvée. Et s'il a seulement voulu que les autres le crussent, il a fort mal pris son temps, de le dire après que les autres l'avaient trouvée, à cause qu'on peut juger qu'il l'a feint, afin de montrer qu'il ne cède à personne.

Il dit qu'il s'étonne de ce que le quadrilatère qu'il proposait monte si haut qu'au carré du cube[1]; mais je m'assure qu'en soi-même il s'étonne de ce que je l'ai pu faire descendre si bas : car en le cherchant par les biais ordinaires, on s'embarrasse en des calculs qui sont infinis; et ce qu'il en dit n'eſt que pour en faire d'autant moins eſtimer l'invention, à cause qu'elle eſt mienne, au lieu qu'il exalte si haut des choses qui viennent de lui, qui sont si faciles qu'elles ne valent pas seulement le parler; ce qui fait qu'il se rendrait méprisable à ceux qui en connaissent le peu de valeur, si d'ailleurs on ne connaissait son mérite. Comme touchant ce qu'il dit de la façon dont il a trouvé sa roulette, etc. Et en ce qu'il dit que je n'aurais pas trouvé l'espace de sa roulette, si vous ne m'eussiez mandé qu'il était triple du cercle, il eſt peu judicieux. Car : 1. il n'eſt triple qu'en un seul cas, et la façon dont je l'ai trouvé s'étend à tous les autres, même lorsque la roulette eſt une ellipse, ou deux hyperboles, etc.; 2. je n'ai point si bonne opinion de lui que de m'être arrêté à ce qu'il disait. Et enfin l'exemple de M. Fermat, qui, après l'avoir su, comme moi, du cercle, a nié au commencement qu'il fût vrai, montre assez que cela n'aide guère à en trouver la démonſtration; comme en effet, à cause qu'il n'eſt vrai que d'un seul cas, il y peut plutôt nuire qu'y servir,

1. Il s'agit ici d'un problème traité par Descartes dans une lettre à Mersenne du 23 août 1638.

lorsqu'on veut chercher généralement ce qui en eſt.

Le solide de la roulette eſt beaucoup plus grand que vous ne mandez, et je crois qu'on en peut trouver la juſte grandeur; mais je ne veux point m'arrêter à la chercher, car, en effet, je renonce à la géométrie.

Les objeċtions de M. Beaugrand étaient semblables à son livre, et j'en eusse bien mieux montré les défauts que je n'ai fait, si j'eusse été assuré qu'elles venaient de lui. Mais, je vous prie, ne le pressez point de m'en envoyer d'autres; ou plutôt je vous prie, s'il vous en donne, de ne me les point envoyer, car je n'ai que faire de ses rêveries, et il ne me peut être que désavantageux d'avoir affaire à un tel homme.

Pour M. Bouillau, je vous dirai qu'on m'envoya son livre *De Nature lucis*[1], il y a cinq ou six mois, avec le jugement qu'il faisait de moi, à savoir, que je suivais la philosophie d'Épicure, et ouvrant son livre, je tombai par hasard sur l'endroit où il dit que *lux eſt medium proportionale inter subſtantiam et accidens*[2], en quoi je ne trouvai pas beaucoup de solidité; et parce que je me trouvai avoir lors quelque dessein à achever, je ne pus le lire tout entier, et le renvoyai peu de temps après, en témoignant que je ne voulais point m'arrêter ni à son jugement ni à son livre; mais je ne savais point que ce fût le même qui a écrit du mouvement de la terre.

Pour l'écho, j'admire que vous m'eſtimiez si simple, que de penser que quelque Jean des Vignes[3] m'ait abusé : car je vous assure que je l'ai observé aux champs, en mon propre jardin, où il n'y a personne aux environs qui puisse y faire aucune fourbe, ni en donner le moindre soupçon qu'on puisse imaginer. Et encore maintenant, il y a une planche de chicorée sauvage, dans laquelle il répond un peu quand on frappe des mains; mais les grandes herbes où il répondait le plus diſtinċtement ont été coupées. Au reſte, la raison de cet écho me semble si claire, que je ne doute point qu'on ne le puisse ren-

1. Sur la nature de la lumière.

2. La lumière eſt une moyenne proportionnelle entre la subſtance et l'accident.

3. Personnage d'un recueil de quolibets.

contrer en plusieurs autres lieux, comme, par exemple, dans les blés quand ils sont fort hauts et prêts à couper.

Pour les divers tons d'une même cloche, ce sont, je crois, la quinte, l'octave, la 12, la 15, la 19, et peut-être aussi la 17 majeure.

J'ai lu enfin l'écrit du cousin de M. N.[1], parce que vous l'avez voulu, et je l'ai trouvé moins médisant, mais encore plus impertinent que je ne pensais en effet. Le docteur d'une comédie italienne, en jouant le personnage d'un pédant, ne saurait dire de plus grandes sottises que fait cet homme en parlant sérieusement. Et si M. de Sainte-Croix a jugé qu'il eût quelque objection qui fût forte contre moi, c'est sans doute que, n'ayant pas vu ou bien ne se souvenant plus de ce que j'ai écrit, il a supposé que j'avais écrit les choses que réfute cet homme, lesquelles sont souvent fort mauvaises, mais elles ne viennent que de son esprit, qui a pris tout ce que je disais à contresens, à cause qu'il n'était pas capable de l'entendre. Et le sieur N.[2] a fait le semblable, sinon qu'il est encore plus médisant, et plus digne de ce à quoi M. d'Igby condamnait l'autre : car pour celui-ci, je crois que c'est justement la passion qu'il a pour Aristote qui l'a ému; et je m'étonne de ce qu'il n'est péripatéticien plutôt que huguenot, vu qu'il estime si fort les anciennes opinions, et les nouvelles si peu. Je suis très humble serviteur de M. de Sainte-Croix, et je vous prie de m'entretenir toujours en ses bonnes grâces.

Vous me mandez que le sieur N.[3] n'est point fourbe, et je le veux croire, mais je vous dirai pourtant que je n'ai trouvé aucune franchise en ses procédés; et je ne m'étonne pas de ce qu'il se dédit quelquefois, car il fait souvent des jugements si prompts et si étourdis, qu'il y est contraint.

Je ne sais ce qu'il vous plaît que je fasse de la promesse du sieur Petit, car outre que je n'ai point de lunettes à lui vendre, et que cela n'est pas de mon métier, elle contient une condition que j'ai démontré

1. Probablement M. du Maurier.
2. Sans doute Petit.
3. Sans doute Fermat.

être impossible, à savoir qu'on fasse voir beaucoup d'objets, et ensemble qu'ils paraissent fort gros. Mais ce qu'il eût dû demander, est qu'ils parussent ensemble fort gros et fort clairs, mais non pas en grande quantité, ou en un grand espace. Et il montre en cela, ou bien qu'il ne sait pas en quoi peut consister la bonté d'une lunette, ou bien qu'il a voulu se réserver une excuse pour ne point payer; c'est pourquoi j'ai jugé que je devais vous la renvoyer.

Ce que dit Galilée, que les corps qui descendent passent par tous les degrés de vitesse, je ne crois point qu'il arrive ainsi ordinairement, mais bien qu'il n'est pas impossible qu'il arrive quelquefois. Et il y a du mécompte en l'argument dont se sert M. F.[1] pour le réfuter, en ce qu'il dit que *acquiritur celeritas, vel in primo instanti, vel in tempore aliquo determinato*[2]; car ni l'un ni l'autre n'est vrai, et en termes d'école on peut dire que *acquiritur in tempore inadæquate sumpto*[3]. Enfin tout ce qu'il dit des degrés de vitesse du mouvement, se peut dire en même façon des degrés de largeur du triangle A B C, et toutefois je ne crois pas qu'il veuille nier qu'entre le point A et la ligne BC, toutes les largeurs qui sont moindres que B C ne s'y rencontrent.

Vous remarquez fort bien en votre lettre quelques-uns des paralogismes de Galilée; mais j'ai dit, au commencement de celle-ci, ce que je pensais de tout son livre.

Je vous remercie de votre expérience du cylindre de chêne. Je n'attribue rien du tout au vide, ni à la crainte du vide; et toutefois je vous dirai que l'explication de toutes les choses dont traite Galilée, est fort facile selon mes principes.

Je n'ai encore su voir M. Bannius, pour lui demander s'il n'a point la pièce de musique que vous avez égarée; ce sera pour cette semaine.

Je viens encore de recevoir une de vos lettres du dix-huitième septembre, à la plupart des articles de la-

1. Sans doute Frenicle.
2. La vitesse est acquise, soit dans le premier instant, soit dans un certain temps déterminé.
3. Elle est acquise dans un temps pris inadéquatement.

quelle j'ai déjà répondu ci-dessus, et j'ai seulement à ajouter que je vous remercie très humblement de la peine que vous avez prise d'écrire à La Flèche et à Rome pour mon sujet, et je vous en suis très obligé. Je suis aussi obligé à M. des Argues, de ce qu'il témoigne être bien aise que j'aie satisfait aux questions de M. de Roberval. Je vous prie de m'entretenir en ses bonnes grâces.

Je n'ai nullement changé de *medium* en ma démonstration de la roulette, car il consiste en l'égalité des triangles inscrits, ce que j'ai toujours retenu; mais je l'avais trouvé la première fois *analytice ;* et depuis, parce que j'ai vu qu'il n'en avait su faire le calcul, je l'ai expliqué après *synthetice*. Il devrait avoir honte d'avoir nié ma première démonstration, c'est-à-dire de n'avoir su calculer les triangles inscrits dans cette roulette et dans le cercle. Il devrait aussi avoir honte de se vanter qu'il a un *medium* pour trouver les tangentes de la roulette, qui s'applique à tous les cas; car celui que je lui ai envoyé est si général qu'il ne sert pas seulement pour tous ceux de la roulette circulaire, mais aussi pour les lignes décrites par tels autres corps que ce puisse être, qu'on fasse rouler sur un plan, soit curviligne ou rectiligne, etc.

Au reste, je vous supplie de retenir entre vos mains tous les papiers que je vous ai envoyés qui contiennent des solutions de géométrie, sans leur en donner que des copies, s'ils en veulent; et si vous leur en aviez prêté quelques-uns, qu'ils eussent refusé de vous rendre, je vous supplie de me le mander.

Pour la question de M. N.[1] touchant un cylindre égal à un anneau, elle est trop facile, et je vous prie de lui dire que je n'ai pas voulu vous répondre autre chose là-dessus, sinon que je vois bien qu'il a déjà usé toute sa meilleure poudre contre moi, et que celle dont il tire maintenant a fort peu de force : car en effet je ne veux plus du tout leur rien répondre, et je suis las de leur géométrie; mais je vous jure que, sans plume ni calcul, avec un seul moment d'attention, je vois qu'il est égal au cylindre dont la base est un petit cercle égal à la grosseur de cet anneau, et dont la hauteur est égale à la circonférence du cercle qui passe par le centre de cette

1. Sans doute Roberval.

grosseur; et de plus la surface de cet anneau eſt égale à celle de ce même cylindre, sans ses bases; et voilà tout ce qu'il peut avoir trouvé sur ce sujet. Mais sachez que ce n'eſt rien qui vaille le parler; car d'autant qu'on ne saurait égaler une ligne droite à une circulaire, on ne saurait pour cela donner la hauteur de ce cylindre, et ainsi il se vante d'avoir trouvé ce qui ne peut être trouvé. Et je vous dirai que je n'ai point voulu répondre touchant la surface d'un cône scalène, à cause que je crois qu'ils ne la savent point, ni même si elle eſt possible ou non, et qu'ils le veulent apprendre de moi, sans m'en savoir gré. Car je pense savoir fort bien maintenant jusques où va la portée de leur esprit, et s'il a été un an à chercher quel eſt le cône qui a la plus grande solidité avec la moindre surface, qui eſt une chose que je viens de trouver en un trait de plume, je vous assure qu'il lui faudra plus d'un siècle à bien entendre ma géométrie. Et pour la réfutation de l'opinion de Galilée touchant le mouvement sur les plans inclinés, M. Fermat se mécompte, en ce qu'il fonde son argument, sur ce que les poids tendent vers le centre de la terre, qu'il imagine comme un point, et Galilée suppose qu'ils descendent par des lignes parallèles. Je suis,

A FERMAT

[11 octobre 1638.]

Monsieur,

Je sais bien que mon approbation n'eſt point nécessaire pour vous faire juger quelle opinion vous devez avoir de vous-même; mais si elle y peut contribuer quelque chose, ainsi que vous me faites l'honneur de m'écrire, je pense être obligé de vous avouer ici franchement, que je n'ai jamais connu personne qui m'ait fait paraître qu'il sût tant que vous en géométrie. La tangente de la ligne courbe que décrit le mouvement d'une roulette, qui eſt la dernière chose que le Révérend Père Mersenne a pris la peine de me communiquer de votre part, en eſt une preuve très assurée. Car d'autant qu'elle semble dépendre du rapport qui eﬆ entre une ligne droite et une circulaire, il n'eﬆ pas aisé d'y appliquer les règles qui servent aux autres; et M. de Roberval qui l'avait proposée, qui eﬆ sans doute aussi l'un des premiers géomètres de notre siècle, confessait ne la savoir pas, et même ne connaître aucun moyen pour y parvenir. Il eﬆ vrai que, depuis, il a dit aussi qu'il l'avait trouvée, mais ç'a été juﬆement le lendemain après avoir su que vous et moi lui envoyions; et une marque certaine qu'il se mécomptait, eﬆ qu'il disait avoir trouvé en même temps que votre conﬆruction était fausse, lorsque la base de la courbe était plus ou moins grande que la circonférence du cercle; ce qu'il eût pu dire tout de même de la mienne, sinon qu'il ne l'avait pas encore vue, car elle s'accorde entièrement avec la vôtre. Au reﬆe, Monsieur, je vous prie de croire que, si j'ai témoigné ci-devant n'approuver pas tout à fait certaines choses particulières qui venaient de vous, cela n'empêche point que la déclaration que je viens de faire ne soit très vraie. Mais, comme on remarque plus soigneusement les petites pailles des diamants que les plus grandes taches des pierres communes, ainsi j'ai cru devoir regarder de plus près à ce qui venait de votre part, que s'il fût venu d'une personne moins eﬆimée. Et je ne craindrai pas de vous dire que cette même raison me console, lorsque je vois que de bons esprits s'étudient à reprendre les choses que j'ai écrites, en sorte qu'au lieu de leur en savoir mauvais gré, je pense être obligé de les en remercier. Ce qui peut, ce me semble, servir à vous assurer que c'eﬆ véritablement, et sans fiction, que je suis, etc.

A MERSENNE

9 janvier 1639.

Mon Révérend Père,

1. Il faudrait que je fusse fort las de vivre si je négligeais de me conserver après avoir lu vos dernières, où vous me mandez que vous, et quelques autres per-

sonnes de très grand mérite, avez tel soin de moi que vous craignez que je ne sois malade, lorsque vous êtes plus de quinze jours sans recevoir de mes lettres. Mais il y a trente ans que je n'ai eu, grâces à Dieu, aucun mal qui méritât d'être appelé mal. Et parce que l'âge m'a ôté cette chaleur de foie qui me faisait autrefois aimer les armes, et que je ne fais plus profession que de poltronnerie, et aussi que j'ai acquis quelque peu de connaissance de la médecine, et que je me sens vivre, et me tâte avec autant de soin qu'un riche goutteux, il me semble quasi que je suis maintenant plus loin de la mort que je n'étais en ma jeunesse. Et si Dieu ne me donne assez de science pour éviter les incommodités que l'âge apporte, j'espère qu'il me laissera au moins assez longtemps en cette vie pour me donner le loisir de les souffrir. Toutefois, le tout dépend de sa providence, à laquelle, raillerie à part, je me soumets d'aussi bon cœur que puisse avoir fait le Père Joseph; et l'un des points de ma morale est d'aimer la vie sans craindre la mort.

2. Je vous suis extrêmement obligé de la peine que vous prenez de corriger les fautes d'impression de mes Essais, mais j'ai quasi-peur qu'elle soit superflue : car vu le peu d'exemplaires que le libraire dit en avoir vendu, je ne vois pas grande apparence qu'il les doive imprimer une seconde fois. Vous avez raison qu'en la page 66, l. 4, il faut lire *œil* pour *objet ;* mais en la page 125, l. 1, j'ai mis *mesure,* c'est-à-dire *temps* ou *cadence,* au sens qu'on le prend en la musique.

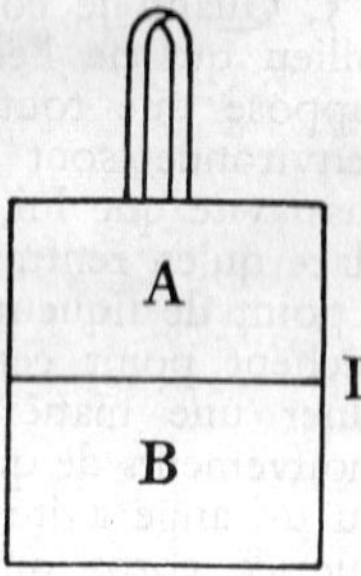

3. J'approuve bien la façon que vous proposez pour peser la sphère de l'air, pourvu qu'elle soit praticable; mais il ne me semble pas qu'on puisse avoir deux corps plats d'aucune matière, qui soient si durs, si polis, et se rapportent si exactement l'un à l'autre, qu'il ne demeure aucun air entre deux. Et je ne vois point du tout de difficulté en votre objection : car si A est parfaitement joint à B, on ne l'en peut séparer, en le tirant en haut perpendiculairement, qu'on ne fasse éloigner en un même instant toutes les parties de sa superficie infé-

rieure de celles de la superficie supérieure du corps B; et parce que l'air ne peut entrer en un instant en l'espace qu'elles laissent entre elles, il en est nécessairement vide en cet instant-là, et seulement rempli de matière subtile, ce qui est cause qu'on doit alors sentir la pesanteur de toute la colonne d'air, qui est au-dessus. Mais il n'arrive rien de semblable, lorsqu'on tire de biais A vers D, car la séparation de ces deux corps se faisant alors successivement, l'air entre sans difficulté en la place qu'ils laissent.

4. Si vous voulez concevoir que Dieu ôte tout l'air qui est dans une chambre, sans remettre aucun autre corps en sa place, il faut par même moyen que vous conceviez que les murailles de cette chambre se viennent joindre, ou bien il y aura de la contradiction en votre pensée. Car, tout de même qu'on ne saurait imaginer qu'il aplanisse toutes les montagnes de la terre, et que, nonobstant cela, il y laisse toutes les vallées, ainsi ne peut-on penser qu'il ôte toute sorte de corps, et que, nonobstant, il laisse de l'espace, à cause que l'idée que nous avons du corps, ou de la matière en général, est comprise en celle que nous avons de l'espace, à savoir que c'est une chose qui est longue, large et profonde, ainsi que l'idée d'une montagne est comprise en celle d'une vallée.

5. Quand je conçois qu'un corps se meut dans un milieu qui ne l'empêche point du tout, c'est que je suppose que toutes les parties du corps liquide qui l'environne sont disposées à se mouvoir justement aussi vite que lui, et non plus, tant en lui cédant leur place qu'en rentrant en celle qu'il quitte; et ainsi il n'y a point de liqueurs qui ne soient telles, qu'elles n'empêchent point certains mouvements. Mais pour imaginer une matière qui n'empêche aucun des divers mouvements de quelques corps, il faut feindre que Dieu ou un ange agite plus ou moins ses parties, à mesure que ce corps qu'elles environnent se meut plus ou moins vite.

J'ai omis ci-devant à vous mander ce que je crois qui empêche le vide entre les parties de la matière subtile, à cause que je ne le pouvais expliquer qu'en parlant d'une autre matière très subtile, dont je n'ai voulu faire aucune mention en mes Essais, afin de la réserver toute pour mon *Monde*. Mais je vous suis trop obligé pour oser vous taire quelque chose. Je vous dirai donc que j'imagine, ou plutôt que je trouve par démonstration, qu'outre la matière qui compose les corps terrestres, il y en a deux autres sortes : l'une fort subtile, dont les parties sont rondes, ou presque rondes, ainsi que des grains de sable; et celle-ci non seulement occupe tous les pores des corps terrestres, mais aussi compose tous les cieux; l'autre, incomparablement plus subtile que celle-là, et dont les parties sont si petites, et se meuvent si vite, qu'elles n'ont aucune figure arrêtée, mais prennent sans difficulté à chaque moment celle qui est requise pour remplir tous les petits intervalles que les autres corps n'occupent point. Pour entendre ceci, il faut considérer premièrement que, plus un corps est petit (*cæteris paribus*[1]), moins il faut de force pour lui changer sa figure : comme, par exemple, ayant deux balles de plomb d'inégale grosseur, il faut moins de force, pour rendre plate la plus petite, que pour rendre plate la plus grosse; et si elles heurtent l'une contre l'autre, la figure de cette plus petite changera le plus. Secondement, il est à remarquer que, lorsque plusieurs divers corps sont agités tous ensemble (derechef *cæteris paribus*), les plus petits reçoivent plus de cette agitation, c'est-à-dire se meuvent plus vite que les plus gros. D'où il suit *demonstrative* que, puisqu'il y a des corps qui se meuvent en l'univers, et qu'il n'y a point de vide, il faut nécessairement qu'il s'y trouve une telle matière dont les parties soient si petites, et se meuvent si extrêmement vite, que la force dont elles rencontrent les autres corps, soit suffisante pour faire qu'elles changent de figure et s'accommodent à celle des lieux où elles se trouvent. Mais en voilà trop pour un sujet dont j'avais eu dessein de ne rien dire.

6. Il n'y a point d'expériences qui ne se trouvassent utiles à quelque chose, si on pouvait examiner toute la nature; mais il n'y en a point qui me semblent moins utiles que d'examiner les diverses forces qui peuvent rompre divers cylindres, de quelque matière qu'on les fasse : car ne doutez pas que les divers métaux n'aient

1. Toutes choses égales d'ailleurs.

aussi diverses parties, qui font que les uns se rompent mieux en tirant que les autres, bien que cela n'y soit pas si visible que dans le bois.

7. Je n'imagine aucuns mouvements dans la matière subtile que comme dans tous les corps que nous voyons; mais ainsi que l'eau d'une rivière se meut en quelques endroits beaucoup plus vite qu'aux autres, et qu'en un lieu elle coule en droite ligne, en un autre elle tournoie, etc., nonobstant qu'elle soit toute poussée par même force et se meuve comme de même branle, il faut penser le semblable de la matière subtile.

Pour la chaleur, bien qu'elle puisse être causée par l'agitation des parties de cette matière subtile, toutefois elle ne consiste proprement qu'en l'agitation des parties terrestres, à cause que celles-ci ont le plus de force pour mouvoir les parties des autres corps et ainsi les brûler. Et d'autant qu'il y a plus de ces parties terrestres dans un corps, d'autant peut-il avoir plus de chaleur, comme le fer en peut avoir plus que le bois. Et elles peuvent bien être fort agitées et ainsi rendre le corps qu'elles composent fort chaud, sans pour cela que la matière subtile qui est dans les pores de ce corps, y soit poussée de la façon qu'elle doit être pour faire sentir de la lumière. Et c'est ainsi que le fer peut être fort chaud sans être rouge.

Je ne mets point d'autre différence entre les parties des corps terrestres et celles de la matière subtile, que comme entre des pierres et la poussière qui sort de ces pierres lorsqu'on les frotte l'une contre l'autre; et je crois qu'il y a continuellement quelques parties terrestres qui en se froissant prennent la forme de la matière subtile, et quelques parties de cette matière subtile qui se joignent aux corps terrestres, en sorte qu'il n'y a point de matière en tout l'univers qui ne puisse recevoir successivement toutes les formes.

8. Pour entendre d'où vient que le fer trempé est plus dur et plus cassant que non trempé, il faut penser qu'étant rouge de feu, tous ses pores sont fort ouverts et remplis non seulement de matière subtile, mais aussi des plus petites parties terrestres, telles qu'il s'en trouve toujours grand nombre dans le feu et dans l'air; et qu'y étant fort agitées, elles en sortent sans cesse fort promptement (car tout corps qui se meut, tend tou-

jours à continuer son mouvement en ligne droite; et ainsi il demeure fort peu au lieu où il eſt, s'il en peut sortir). Et pendant que ce fer eſt dans le feu, il y en rentre continuellement d'autres semblables, d'où vient qu'il demeure rouge. Tout de même, lorsqu'on le laisse froidir dans l'air, il y rentre des parties de cet air, qui, n'étant pas fort différentes de celles qui en sortent, font que ses pores ne se rétrécissent que peu à peu, et que ses parties retiennent cependant la liaison ou entrelacement qu'elles ont entre elles : mais si on le jette dans l'eau, lorsqu'il eſt rouge, elle n'empêche point que la matière subtile fort agitée, qui eſt dans ses pores, n'en sorte fort promptement, comme il paraît par le bouillonnement de cette eau qu'elle cause, et parce qu'il ne peut rentrer autre chose en sa place, que la matière subtile qui se trouve dans les pores de l'eau, et dont les parties sont trop petites pour retenir ses pores si ouverts qu'ils ont été; de là vient qu'ils s'étrécissent tous fort à coup, et par même moyen toutes ses parties se resserrent, ce qui le rend dur; mais en se resserrant et changeant fort vite de situation, elles perdent leur liaison, et se détachent les unes des autres, ce qui le rend cassant.

Je n'ajoute point ici ce que deviendrait un grain de sable, si un ange le froissait ou divisait en autant de parties qu'il serait possible, bien que je suive par ordre tous les points de votre lettre : car vous pouvez assez entendre, de ce que j'ai dit ci-dessus, que cela lui donnerait la forme de cette matière très subtile, dont j'ai parlé.

9. Je trouve deux raisons qui peuvent faire paraître, la nuit et de loin, la flamme d'une chandelle beaucoup plus grande qu'elle n'eſt. La première eſt que, n'en voyant point le vrai éloignement, on l'imagine aussi éloignée que les étoiles; et parce que son image, qui se peint au fond de l'œil, eſt beaucoup plus grande que celle d'une étoile, on juge aussi cette flamme plus grande. L'autre eſt qu'on ne voit pas seulement la lumière qui vient directement de la chandelle, mais aussi celle qui vient de l'air épais ou des autres corps voisins qui sont illuminés par elle, et ces deux lumières se diſtinguent fort bien de près, mais de loin on les attribue toutes deux à la chandelle, d'où vient que sa flamme

semble plus grande. Comme, si *a* eſt la chandelle, sa lumière donnant contre les parties de l'air qui sont vers *b,* se réfléchit de là vers l'œil *c.* Elle donne bien aussi contre les parties de l'air qui sont vers *d* ou vers *e,* mais parce qu'elle ne se réfléchit pas de là si directement vers l'œil, elle n'y eſt pas si sensible, non plus que celle qui se réfléchit de plus loin, vers *f.* Il y a bien encore peut-être quelque autre cause de cette augmentation, mais il faudrait voir la chose pour en bien juger, et je m'assure qu'il n'y en a aucune que je n'aie touché en quelque lieu de ma *Dioptrique*.

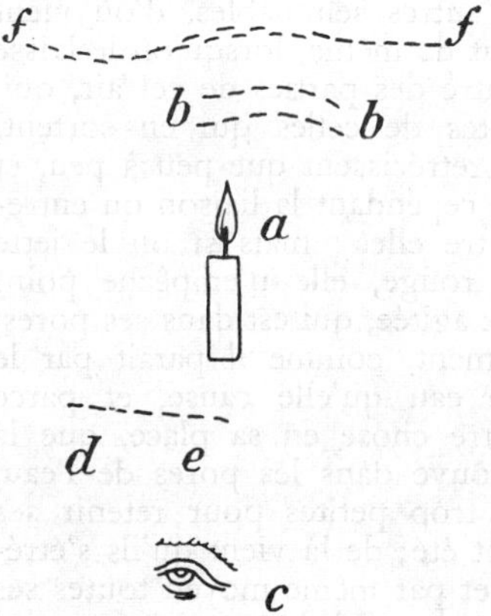

10. Pour les miroirs ardents, je pensais vous avoir déjà mandé que ce ne sont point les rayons qui s'assemblent en un seul point mathématique, qui brûlent, mais ceux qui s'assemblent en quelque espace physique, et qu'il n'y a que ceux qui tendent à s'assembler en quelque point mathématique, qui peuvent être rendus parallèles à l'infini. De façon qu'encore que le verre C D fût aussi grand que le soleil A B, et qu'il fît que tous ses rayons parallèles s'assemblassent en un point mathématique vers E, toutefois, si ces rayons n'étaient point aidés par ceux qui ne sont pas parallèles, ils ne seraient nullement capables de brûler : car il n'y aurait pas plus de proportion entre leur force et celle des rayons qui s'assemblent en un point physique, qu'il y en a entre

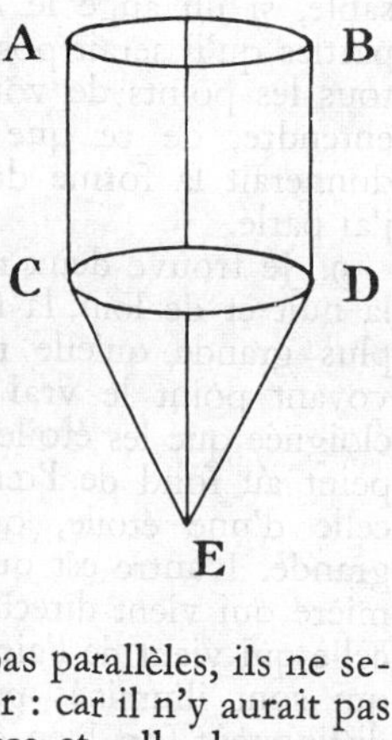

une ligne et une superficie, c'est-à-dire qu'il n'y en aurait point du tout.

11. Pour vos expériences du tuyau, je suis marri de vous avoir donné la peine d'en faire quelques-unes à mon occasion : car je trouve qu'il est presque impossible de bien raisonner sur des expériences qui ont été faites par d'autres, à cause que chacun regarde les choses d'un biais qui lui est particulier. Et au bout du compte, encore qu'on sût exactement quelles lignes décrivent les jets de l'eau, ou les balles des canons, etc., je ne vois pas qu'on en pût tirer grande utilité.

12. L'expérience que vous me mandez vouloir faire, touchant la descente d'un corps qui est retardé par un autre, me semble encore moins utile : car assurément toute la différence qui se trouvera entre le mouvement de ce corps, lorsqu'il descend en cette sorte, et celui du même corps, s'il descendait en l'air libre, après qu'on en aurait ôté autant pesant qu'est le contrepoids qui le retarde (*cæteris non mutatis*[1]), ne vient que des empêchements de la matière, à savoir, de ce que la corde ne coule pas sans quelque difficulté dans la poulie, etc.

13. Je n'ai point répondu au papier de M. des Argues dans la lettre que je lui ai écrite, à cause qu'il n'en parlait point dans la sienne. Et aussi je vous dirai qu'il n'a point assez expliqué sa conception, pour me la faire comprendre. La façon dont il commence son raisonnement, en l'appliquant tout ensemble aux lignes droites et aux courbes, est d'autant plus belle qu'elle est plus générale, et semble être prise de ce que j'ai coutume de nommer la métaphysique de la géométrie, qui est une science dont je n'ai point remarqué qu'aucun autre se soit jamais servi, sinon Archimède. Pour moi, je m'en sers toujours pour juger en général des choses qui sont trouvables, et en quels lieux je les dois chercher; mais je ne m'y fie point tant, que d'assurer aucune chose de ce que j'ai trouvé par son moyen, avant que je l'aie aussi examiné par le calcul, ou que j'en aie fait une démonstration géométrique. Car on s'y peut tromper fort aisément et mêler quelque différence spécifique avec les génériques, au moyen de quoi le tout ne vaut rien.

1. Sans modifier les autres éléments.

Comme, en ce qu'il dit énoncer un même raisonnement de la ligne droite et de la courbe, il faut prendre garde qu'il n'y comprenne rien de ce qui appartient à leur différence spécifique. Car s'il y a quelque chose de tel, il ne s'énonce de l'une et de l'autre que par équivoque. Pour ce qu'il conclut ensuite, touchant le centre de gravité d'une sphère, outre qu'il ne dit pas d'où il le conclut, je vous ai assez mandé ci-devant que j'en ai une opinion très différente de la sienne. A quoi j'ajoute que toute la considération du centre de gravité d'une sphère me semble si peu réelle, que j'ai quasi-honte d'en avoir fait mention le premier : car après avoir démontré (comme je pense avoir fait) qu'il n'y a point de centre de gravité dans les corps selon la définition des anciens, je le devais définir d'une autre façon, auparavant que de dire qu'il eſt en une sphère. Et je pourrais le définir en telle sorte qu'il se trouverait plus éloigné du centre de la terre que n'en eſt le centre de la figure; mais je ne lui saurais donner aucune définition suivant laquelle on puisse dire qu'il en soit si proche que le met M. des Argues.

J'avais négligé ci-devant de répondre à ce que vous m'aviez mandé, qu'on reprenait ce que j'avais dit de la ligne droite en ma réponse à M. de Beaune; car je voyais assez que cela ne pouvait venir que de quelque esprit de fort bas aloi, et M. de Beaune y a juſtement répondu comme il fallait.

Au reſte, mon Révérend Père, j'ai à vous dire que je me suis proposé une étude pour le reſte de cet hiver, qui ne souffre aucune diſtraction; c'eſt pourquoi je vous supplie très humblement de me permettre de ne plus écrire jusques à Pâques; cela s'entend s'il n'intervient aucune chose qui soit pressée, et je vous prie aussi de ne laisser pas cependant de m'envoyer les lettres qui me seront adressées; et celles qu'il vous plaira de m'écrire seront toujours les très bien venues. Et afin que je ne semble pas ici négliger la charité dont vous m'obligez, en ce que vous craignez que je ne sois malade, lorsque vous êtes longtemps sans recevoir de mes lettres, je vous promets que, s'il m'arrive en cela quelque chose d'humain, j'aurai soin que vous en soyez incontinent averti, ou par moi ou par d'autres. Et ainsi, pendant que vous n'aurez point de mes nouvelles, vous croirez toujours, s'il vous plaît, que je vis, que je suis sain, que je philosophe, et que je suis passionnément,

Mon Révérend Père,

Votre très humble et très affectionné serviteur,

DESCARTES.

Du 9 janvier 1639.

A MERSENNE

[20 février 1639.]

MON RÉVÉREND PÈRE,

Je n'ai guère de matière pour vous écrire à ce voyage; mais je n'ai pas voulu différer de répondre à M. de Beaune[1], tant pour le remercier de ses notes sur ma *Géométrie,* que pour lui mander ce que j'ai trouvé touchant ses lignes courbes; car je croirais qu'il irait du mien, si quelque autre lui pouvait en cela satisfaire, ou mieux, ou plus tôt que moi. Il n'est pas un seul mot en ses notes qui ne soit entièrement selon mon intention, et il a fort bien vu en ma *Géométrie* les constructions et les démonstrations de tous les lieux plans et solides, dont les autres disaient que je n'avais mis qu'une simple analyse.

Je n'ai aucune connaissance de ce géomètre dont vous m'écrivez, et je m'étonne de ce qu'il dit, que nous avons étudié ensemble Viete à Paris; car c'est un livre dont je ne me souviens pas avoir seulement jamais vu la couverture, pendant que j'ai été en France.

Pour l'expérience des œufs, des verres, ou des noix, etc., qui, étant entassés, ne cassent point ceux de dessous par leur pesanteur, elle ne contient rien d'admirable, que pour ceux qui la supposent autre qu'elle n'est. Car il est certain qu'on peut mettre tant d'œufs l'un sur l'autre, que ceux de dessous seront cassés par la pesanteur de ceux de dessus; mais, pour bien faire son

1. De Beaune (Florimond), 1601-1652. Conseiller au présidial de Blois et mathématicien.

compte, il faut considérer que, si on met, par exemple, 50.000 œufs dans un tonneau, qui soit si large qu'il y en ait 1.000 qui touchent le fond, chacun de ces mille n'a que la charge de 49 à soutenir, lesquels ne pèsent, comme je crois, que 3 ou 4 livres tout au plus. De façon que si chacun de ces œufs peut soutenir un poids de 3 ou 4 livres sans se rompre, ils ne se doivent nullement casser, étant au fond de ce tonneau; et s'ils ne le peuvent soutenir, ils s'y casseront certainement, quelque expérience qu'on dise avoir faite. Et pour des noix, elles sont si dures, que je crois que chacune en pourrait soutenir plus de 10.000, et ainsi qu'on en pourrait remplir la plus haute tour qui soit au monde, sans que pour cela elles se cassassent.

La multitude et l'ordre des nerfs, des veines, des os et des autres parties d'un animal, ne montre point que la nature n'est pas suffisante pour les former, pourvu qu'on suppose que cette nature agit en tout suivant les lois exactes des mécaniques, et que c'est Dieu qui lui a imposé ces lois. En effet, j'ai considéré non seulement ce que Vezalius et les autres écrivent de l'anatomie, mais aussi plusieurs choses plus particulières que celles qu'ils écrivent, lesquelles j'ai remarquées en faisant moi-même la dissection de divers animaux. C'est un exercice où je me suis souvent occupé depuis onze ans, et je crois qu'il n'y a guère de médecin qui y ait regardé de si près que moi. Mais je n'y ai trouvé aucune chose dont je ne pense pouvoir expliquer en particulier la formation par les causes naturelles, tout de même que j'ai expliqué, en mes *Météores,* celle d'un grain de sel, ou d'une petite étoile de neige. Et si j'étais à recommencer mon *Monde,* où j'ai supposé le corps d'un animal tout formé, et me suis contenté d'en montrer les fonctions, j'entreprendrais d'y mettre aussi les causes de sa formation et de sa naissance. Mais je n'en sais pas encore tant pour cela, que je pusse seulement guérir une fièvre. Car je pense connaître l'animal en général, lequel n'y est nullement sujet, et non pas encore l'homme en particulier, lequel y est sujet.

M. de Beaune me mande qu'il désire voir ces petites observations sur le livre de Galilée que je vous ai envoyées; et puisque vous lui avez fait voir toute notre dispute de M. Fermat et de moi, touchant sa règle pour les tangentes, je serais bien aise qu'il vît aussi ce que j'en ai une fois écrit à M. Hardy, où j'ai mis la démonstration de cette règle, laquelle M. Fermat n'a jamais donnée, quoiqu'il l'eût promise, et que nous l'en ayons assez pressé, vous et moi. Vous en aurez aisément une copie de M. Hardy, et je serai bien aise que M. de Beaune juge par là, qui c'est qui a le plus contribué à l'invention de cette règle.

J'écrirai à Leyde aujourd'hui ou demain, pour faire que le maire vous envoie les livres que vous demandez. Je suis,

A M. DE BEAUNE

[30 avril 1639.]

Monsieur,

Je crois le temps que j'ai mis à considérer vos lignes courbes très bien employé, non seulement à cause que j'y ai beaucoup appris, mais particulièrement aussi à cause que vous témoignez en avoir quelque satisfaction. Je vous remercie de votre exacte mesure des réfractions; la précédente en était si peu éloignée, qu'il n'y a personne que vous qui eût pu y trouver à redire. Pour l'écrit du sieur Petit que vous avez vu, j'en ai fait tant d'estime, qu'il se peut vanter d'être le seul de tous ceux qui m'ont envoyé quelque chose, auquel je n'ai point fait de réponse. Car, en effet, je croirais avoir mauvaise grâce de m'arrêter à poursuivre un petit chien, qui ne fait qu'aboyer contre moi, et n'a pas la force de mordre. Je craindrais que votre indisposition ne vous détournât du travail des lunettes, si elle était autre que la goutte; mais ce mal me semble ne pouvoir être mieux surmonté que par exercice.

Je voudrais être capable de répondre à ce que vous désirez touchant vos mécaniques; mais encore que toute ma physique ne soit autre chose que mécanique, toutefois je n'ai jamais examiné particulièrement les questions qui dépendent des mesures de la vitesse. Votre façon de distinguer diverses dimensions dans les mouvements, et de les représenter par des lignes, est sans doute la meilleure qui puisse être; et on peut attribuer autant de diverses dimensions à chaque chose, qu'on y trouve de diverses quantités à mesurer. Votre distinction des trois lignes de direction, qui sont parallèles, ou qui tendent à un centre ou à plusieurs, est fort méthodique et utile. L'invention de vos lignes courbes est très belle; et la raison que vous donnez pour la tension quadruple d'une corde qui fait l'octave, est très ingénieuse et très vraie. Il ne me reste plus à vous dire que ce qui me donne de la difficulté touchant la vitesse, et ensemble ce que je juge de la nature de la pesanteur, et de ce que vous nommez inertie naturelle.

Premièrement, je tiens qu'il y a une certaine quantité de mouvement en toute la matière créée, qui n'augmente, ni ne diminue jamais; et ainsi, que, lorsqu'un corps en fait mouvoir un autre, il perd autant de son mouvement qu'il lui en donne : comme, lorsqu'une pierre tombe d'un lieu haut contre terre, si elle ne retourne point, et qu'elle s'arrête, je conçois que cela vient de ce qu'elle ébranle cette terre, et ainsi lui transfère son mouvement; mais si ce qu'elle meut de terre contient mille fois plus de matière qu'elle, en lui transférant tout son mouvement, elle ne lui donne que la millième partie de sa vitesse. Et parce que, si deux corps inégaux reçoivent autant de mouvement l'un que l'autre, cette pareille quantité de mouvement ne donne pas tant de vitesse au plus grand qu'au plus petit, on peut dire, en ce sens, que plus un corps contient de matière, plus il a d'*inertie naturelle;* à quoi on peut ajouter qu'un corps, qui est grand, peut mieux transférer son mouvement aux autres corps, qu'un petit, et qu'il peut moins être mû par eux. De façon qu'il y a une sorte d'*inertie,* qui dépend de la quantité de la matière, et une autre qui dépend de l'étendue de ses superficies.

Pour la pesanteur, je n'imagine autre chose, sinon que toute la matière subtile qui est depuis ici jusques à la lune, tournant très promptement autour de la terre, chasse vers elle tous les corps qui ne se peuvent mouvoir si vite. Or elle les chasse avec plus de force, lorsqu'ils n'ont point encore commencé à descendre, que lorsqu'ils descendent déjà; car enfin, s'il arrive qu'ils descendent aussi vite qu'elle se meut, elle ne les poussera plus du tout, et s'ils descendent plus vite, elle leur résistera. D'où vous pouvez voir qu'il y a beaucoup de choses à considérer, avant qu'on puisse rien déterminer touchant la vitesse, et c'est ce qui m'en a toujours détourné; mais on peut aussi rendre raison de beaucoup de choses par le moyen de ces principes, auxquelles on n'a pu ci-devant atteindre. Au reste, je ne vous écrirais pas si librement de ces choses, que je n'ai point voulu dire ailleurs, à cause que la preuve en dépend de mon *Monde,* si je n'espérais que vous les interpréterez favorablement, et si je ne désirais passionnément vous témoigner que je suis, etc.

[A HUYGENS]

[Juin 1639.]

MONSIEUR,

Vous avez un extrême pouvoir sur moi, et j'ai grande honte de ne pas faire ce que vous témoignez désirer. Mais il faut, s'il vous plaît, que vous excusiez ma désobéissance, puisque c'est l'estime que je fais de vous qui la cause; et que vous me permettiez de vous dire que, bien que les raisons pour lesquelles vous me mandez que je dois publier mes rêveries soient très fortes pour l'intérêt de mes rêveries mêmes, c'est-à-dire pour faire qu'elles soient plus aisément reçues et mieux entendues, je n'examinerai point celles que vous apportez, car votre autorité est suffisante pour me les faire croire très fortes; mais je dirai seulement que, les raisons qui m'ont ci-devant empêché de faire ce que vous me voulez persuader, n'étant point changées, je ne saurais aussi changer de résolution, sans témoigner une inconstance qui ne doit pas entrer en l'âme d'un philosophe. Et cependant je n'ai pas juré de ne permettre point que mon *Monde* voie le jour pendant ma vie; comme je n'ai point aussi juré de faire qu'il le voie après ma mort; mais que j'ai dessein, tant en cela qu'en toute autre chose, de me régler selon les occurrences, et de suivre, autant que je pourrai, les conseils les plus sûrs et les plus tranquilles. Et pour la mort, dont vous m'avertissez, quoique je sache assez qu'elle peut à chaque moment me surprendre, je me sens toutefois encore, grâces à Dieu, les dents si bonnes et si fortes, que je ne pense pas la devoir craindre de plus de trente ans, si ce n'est qu'elle me surprenne. Et comme on laisse les fruits sur les arbres aussi longtemps qu'ils y peuvent devenir meilleurs, nonobstant qu'on sache bien que les vents et la grêle, et plusieurs autres hasards, les peuvent perdre à chaque moment qu'ils y demeurent, ainsi je crois que mon *Monde* est de ces fruits qu'on doit laisser mûrir sur l'arbre, et qui ne peuvent trop tard être cueillis. Après tout, je m'assure que c'est plutôt pour me gratifier, que vous m'invitez à le publier, que pour aucune autre occasion : car vous jugez bien que je n'aurais pas pris la peine de l'écrire, si ce n'était à dessein de le faire voir, et que par conséquent je n'y manquerai pas, si jamais j'y trouve mon compte, et que je le puisse faire sans mettre au hasard la tranquillité dont je jouis. C'est pourquoi, encore que cela n'arrive pas si tôt, vous ne laisserez pas, s'il vous plaît, de me croire, etc.

A MERSENNE

27 août 1639.

Mon Révérend Père,

J'ai été bien aise d'apprendre votre retour, et je commençais d'être en peine pour votre santé, à cause que je ne recevais point de vos nouvelles. Il est mort ici depuis peu deux hommes que vous connaissiez, Heylichman[1] et Hortensius[2], sans compter mon bon ami M. Renery, qui mourut ce carême; ainsi on n'a que faire d'aller à la guerre pour trouver la mort.

1. Médecin silésien que Descartes avait connu lors de son premier séjour à Amsterdam.

2. Savant hollandais, membre d'une commission nommée par les États Généraux pour examiner les découvertes de Galilée relatives à la détermination des longitudes.

J'ai enfin reçu les deux exemplaires du livre *De veritate*[1], que vous m'avez fait la faveur de m'envoyer, l'un desquels je donnerai à M. Bannius en votre nom à la première commodité, parce que ç'a été, ce me semble, votre intention. Je n'ai maintenant aucun loisir de le lire : c'est pourquoi je ne vous en puis dire autre chose, sinon que, lorsque je l'ai lu ci-devant en latin, j'y ai trouvé au commencement plusieurs choses qui m'ont semblé fort bonnes, et où il témoigne être plus savant que le commun en métaphysique, qui est une science que presque personne n'entend; mais parce qu'il me semblait ensuite qu'il mêlait la religion avec la philosophie, et que cela est entièrement contre mon sens, je ne le lus pas jusques à la fin, ce que j'espère faire sitôt que j'aurai le loisir de lire quelque livre, et je verrai aussi alors le *Philolaus*[2], mais pour maintenant j'étudie sans aucun livre.

L'étincellement des étoiles se peut fort bien rapporter à la vivacité de leur lumière qui les fait aussi paraître plus grandes qu'elles ne sont; mais j'en ai encore quelques autres raisons dans mon *Monde*.

Je tiens votre expérience, que l'eau qui sort d'un tuyau de neuf pieds de hauteur, doit sortir *presque* trois fois plus vite que celle qui sort d'un tuyau d'un pied, très véritable, en y ajoutant toutefois *presque* à cause de l'air, et de l'opinion que j'ai de la nature de la pesanteur, suivant laquelle, lorsque le mouvement d'un corps qui descend à cause de sa pesanteur, est parvenu à certain degré de vitesse, il ne s'augmente plus du tout. Mais j'ai envie d'examiner plus particulièrement à quelque heure tout ce qui appartient à cette matière des mouvements de l'eau; c'est pourquoi je n'en dirai pas ici davantage.

La façon dont je conçois que la flamme d'une chandelle, ou la lumière d'un ver luisant, etc., presse la matière subtile en ligne droite vers nos yeux, est la

---

1. *De la vérité, en tant qu'elle est distincte de la révélation, du vraisemblable, du possible et du faux,* par Édouard Herbert, baron de Cherbury.

2. *Philolaus ou dissertation sur le vrai système du monde, par* Bouillau (1639).

même dont je conçois qu'une pierre qui est tournée en rond dans une fronde, presse le milieu de cette fronde, et tire la corde en ligne droite par la seule force de son mouvement circulaire. Car la matière subtile qui est autour d'une chandelle ou d'un ver luisant, se meut aussi en rond, et tend à s'éloigner de là et y laisser un espace vide, c'est-à-dire un espace qui ne soit rempli que de ce qui pourra y venir d'ailleurs. On peut concevoir en même façon comment la matière subtile presse les corps pesants vers le centre de la terre, par cela seul qu'elle se meut circulairement autour de cette terre, laquelle n'a pas besoin d'être au milieu du monde pour ce sujet, et il suffit qu'elle soit le centre du mouvement circulaire de toute la matière subtile qui est depuis la lune jusques à nous, pour faire que tous les corps moins subtils qui sont en cet espace tendent vers la terre.

Je veux bien croire qu'on fera monter l'eau de 18 toises, ou plus, et on a déjà plusieurs inventions pour cet effet; mais ce ne sont pas de simples pompes. C'est bien sans doute que les mouvements perpétuels, dont vous m'écrivez, sont impossibles; ainsi que la proposition de ce faiseur d'écrevisses, qui veut démontrer les mystères de la religion par la chimie, est ridicule. Je suis,

Mon Révérend Père,

Votre très humble et très affectionné serviteur,

DESCARTES.

Du 27 août 1639.

[A HUYGENS]

[Octobre 1639.]

MONSIEUR,

Si vous n'aviez jamais dit aucun bien de moi, je n'aurais peut-être jamais eu de familiarité avec aucun prêtre de ces quartiers; car je n'en ai qu'avec deux, dont l'un est M. Bannius, de qui j'ai acquis la connaissance par l'estime qu'il avait ouï que vous faisiez du petit traité de Musique qui eſt autrefois échappé de mes mains; et l'autre eſt son intime ami, M. Bloemert, que j'ai aussi connu par même occasion. Ce que je n'écris pas à dessein de vous en faire des reproches : car, au contraire, je les ai trouvés si braves gens, si vertueux, et si exempts des qualités pour lesquelles j'ai coutume en ce pays d'éviter la fréquentation de ceux de leur robe, que je compte leur connaissance entre les obligations que je vous ai. Mais je suis bien aise d'avoir ce prétexte, pour excuser un peu l'importunité de la prière que j'ai ici à vous faire en leur faveur.

Ils désirent une grâce de Son Altesse, et pensent la pouvoir obtenir de sa clémence par votre intercession. Je ne sais point le particulier de leur affaire; mais si vous permettez à M. Bloemert de vous en entretenir, je m'assure qu'il vous l'exposera en telle sorte, que vous ne trouverez rien d'incivil en sa requête, ni moins de prudence et de raison en ses discours, qu'il y a d'art et de beauté dans les airs que compose son ami. Et je dirai seulement ici, que je crois les avoir assez fréquentés, pour connaître qu'ils ne sont pas de ces simples qui se persuadent qu'on ne peut être bon catholique qu'en favorisant le parti du roi qu'on nomme catholique, ni de ces séditieux qui le persuadent aux simples; et qu'ils sont trop dans le bon sens et dans les maximes de la bonne morale. A quoi j'ajoute qu'ils sont ici trop accommodés et trop à leur aise, dans la médiocrité de leur condition eccléſiaſtique, et qu'ils chérissent trop leur liberté, pour n'être pas bien affeċtionnés à l'État dans lequel ils vivent. Que si on leur impute à crime d'être papiſtes, je veux dire de recevoir leur mission du Pape, et de le reconnaître en même façon que font les catholiques de France et de tous les autres pays où il y en a, sans que cela donne de jalousie aux souverains qui y commandent, c'eſt un crime si commun, et si essentiel à ceux de leur profession, que je ne me saurais persuader qu'on le veuille punir à la rigueur en tous ceux qui en sont coupables; et si quelques-uns en peuvent être exceptés, je m'assure qu'il n'y en a point qui le méritent mieux que ceux-ci, ni pour qui vous puissiez plus utilement vous employer envers Son Altesse; et j'ose dire que ce serait un grand bien pour le pays, que tous ceux de leur profession leur ressemblassent.

Vous trouverez peut-être étrange que je vous écrive de la sorte de cette affaire, principalement si vous savez que je le fais de mon mouvement, sans qu'ils m'en aient requis, et nonobstant que je juge qu'ils ont plusieurs autres amis, dont ils peuvent penser que les prières auraient plus de force envers vous que les miennes, et même que je sais que l'un d'eux vous est très connu; mais je vous dirai, qu'outre l'estime très particulière que je fais d'eux, et le désir que j'ai de les servir, je considère aussi en ceci mon propre intérêt : car il y en a en France, entre mes faiseurs d'objections, qui me reprochent la demeure de ce pays, à cause que l'exercice de ma religion n'y est pas libre; même ils disent que je ne suis pas, en cela, si excusable que ceux qui portent les armes pour la défense de cet État, parce que les intérêts en sont joints à ceux de la France, et que je pourrais faire partout ailleurs le même que je fais ici. A quoi je n'ai rien de meilleur à répondre, sinon qu'ayant ici la libre fréquentation et l'amitié de quelques ecclésiastiques, je ne sens point que ma conscience y soit contrainte. Mais si ces ecclésiastiques étaient estimés coupables, je n'espère pas en trouver d'autres plus innocents en ce pays, ni dont la fréquentation soit plus permise à un homme qui aime si passionnément le repos, qu'il veut éviter même les ombres de tout ce qui pourrait le troubler, mais qui n'est pas pour cela moins passionné pour le service de tous ceux qui lui témoignent de l'affection, et vous m'en avez déjà témoigné en tant d'occasions, qu'encore que je ne pourrais rien obtenir de vous en celle-ci, je ne laisserais pas d'être toute ma vie, etc.

A MERSENNE

16 octobre 1639.

. . . .

DEPUIS mes dernières, j'ai pris le temps de lire le livre que vous m'avez fait la faveur de m'envoyer[1],

1. Le livre *De la Vérité,* de Herbert de Cherbury.

et parce que vous m'en avez demandé mon sentiment et qu'il traite d'un sujet auquel j'ai travaillé toute ma vie, je pense vous en devoir ici écrire. J'y trouve plusieurs choses fort bonnes, *sed non publici sporis*[1], car il y a peu de personnes qui soient capables d'entendre la métaphysique. Et pour le général du livre, il tient un chemin fort différent de celui que j'ai suivi. Il examine ce que c'est que la vérité; et pour moi, je n'en ai jamais douté, me semblant que c'est une notion si transcendentalement claire, qu'il est impossible de l'ignorer : en effet, on a bien des moyens pour examiner une balance avant que de s'en servir, mais on n'en aurait point pour apprendre ce que c'est que la vérité, si on ne la connaissait de nature. Car quelle raison aurions-nous de consentir à ce qui nous l'apprendrait, si nous ne savions qu'il fût vrai, c'est-à-dire, si nous ne connaissions la vérité? Ainsi on peut bien expliquer *quid nominis*[2] à ceux qui n'entendent pas la langue, et leur dire que ce mot *vérité,* en sa propre signification, dénote la conformité de la pensée avec l'objet, mais que, lorsqu'on l'attribue aux choses qui sont hors de la pensée, il signifie seulement que ces choses peuvent servir d'objets à des pensées véritables, soit aux nôtres, soit à celles de Dieu; mais on ne peut donner aucune définition de logique qui aide à connaître sa nature. Et je crois le même de plusieurs autres choses, qui sont fort simples et se connaissent naturellement, comme sont la figure, la grandeur, le mouvement, le lieu, le temps, etc., en sorte que, lorsqu'on veut définir ces choses, on les obscurcit et on s'embarrasse. Car, par exemple, celui qui se promène dans une salle, fait bien mieux entendre ce que c'est que le mouvement, que ne fait celui qui dit : *est actus entis in potentia prout in potentia*[3], et ainsi des autres.

L'auteur prend pour règle de ses vérités le consentement universel; pour moi, je n'ai pour règle des miennes que la lumière naturelle, ce qui convient bien en quelque chose : car tous les hommes ayant une même lumière naturelle, ils semblent devoir tous avoir les mêmes no-

1. Point au goût de tout le monde.
2. Donner une explication verbale.
3. C'est l'acte de l'être en puissance, autant qu'il est en puissance.

tions; mais il est très différent, en ce qu'il n'y a presque personne qui se serve bien de cette lumière, d'où vient que plusieurs (par exemple tous ceux que nous connaissons) peuvent consentir à une même erreur, et il y a quantité de choses qui peuvent être connues par la lumière naturelle, auxquelles jamais personne n'a encore fait de réflexion.

Il veut qu'il y ait en nous autant de facultés qu'il y a de diversités à connaître, ce que je ne puis entendre autrement que comme si, à cause que la cire peut recevoir une infinité de figures, on disait qu'elle a en soi une infinité de facultés pour les recevoir. Ce qui est vrai en ce sens-là; mais je ne vois point qu'on puisse tirer aucune utilité de cette façon de parler, et il me semble plutôt qu'elle peut nuire en donnant sujet aux ignorants d'imaginer autant de diverses petites entités en notre âme. C'est pourquoi j'aime mieux concevoir que la cire, par sa seule flexibilité, reçoit toutes sortes de figures, et que l'âme acquiert toutes ses connaissances par la réflexion qu'elle fait, ou sur soi-même pour les choses intellectuelles, ou sur les diverses dispositions du cerveau auquel elle est jointe, pour les corporelles, soit que ces dispositions dépendent des sens ou d'autres causes. Mais il est très utile de ne rien recevoir en sa créance, sans considérer à quel titre ou pour quelle cause on l'y reçoit, ce qui revient à ce qu'il dit, qu'on doit toujours considérer de quelle faculté on se sert, etc.

Il n'y a point de doute qu'il faut aussi, comme il dit, prendre garde que rien ne manque de la part de l'objet, ni du milieu, ni de l'organe, etc., afin de n'être pas trompé par les sens.

Il veut qu'on suive surtout l'instinct naturel, duquel il tire toutes ses notions communes; pour moi, je distingue deux sortes d'instincts : l'un est en nous en tant qu'hommes et est purement intellectuel; c'est la lumière naturelle ou *intuitus mentis*[1], auquel seul je tiens qu'on se doit fier; l'autre est en nous en tant qu'animaux, et est une certaine impulsion de la nature à la conservation de notre corps, à la jouissance des voluptés corporelles, etc., lequel ne doit pas toujours être suivi.

1. Intuition de l'esprit

Ses zététiques sont fort bons pour aider à faire les dénombrements dont je parle en la page 20; car, lorsqu'on aura dûment examiné tout ce qu'ils contiennent, on pourra s'assurer de n'avoir rien omis.

Pour ce qui eſt de la religion, j'en laisse l'examen à Messieurs de la Sorbonne, et je puis seulement dire que j'y ai trouvé beaucoup moins de difficulté en le lisant en français, que je n'avais fait ci-devant en le parcourant en latin; et qu'il a plusieurs maximes qui me semblent si pieuses et si conformes au sens commun, que je souhaite qu'elles puissent être approuvées par la théologie orthodoxe. Enfin, pour conclusion, encore que je ne puisse m'accorder en tout aux sentiments de cet auteur, je ne laisse pas de l'eſtimer beaucoup au-dessus des esprits ordinaires. Je suis,

Mon Révérend Père,

Votre très humble et très affectionné serviteur,

DESCARTES.

Du 16 octobre 1639.

A MERSENNE

[13 novembre 1639.]

MON RÉVÉREND PÈRE,

L'INVENTION de la pompe, dont vous m'écrivez, ne m'a point trompé; car elle sera sans doute moins durable et moins utile pour l'usage, que si on faisait monter l'eau à vingt toises par interruption, c'eſt-à-dire qu'on employât une pompe ou autre machine pour les deux ou trois premières toises, puis une autre pour les deux ou trois suivantes, etc. Et la force qui ferait mouvoir toutes ces machines, pourrait être au haut. La raison pourquoi l'interruption vaudrait mieux, eſt que le cuir qui eſt au-dessous doit porter toute une colonne d'eau de la hauteur de vingt toises; ce qui eſt un si grand poids, qu'il ne peut durer longtemps sans se crever.

Pour les corps noirs, vous savez que je ne conçois autre chose, par la lumière qui donne contre ces corps, que l'action, ou l'inclination à se mouvoir vers eux, qu'ont les parties de la matière subtile qui sont poussées, par les corps qu'on nomme lumineux, vers ces corps qu'on nomme noirs. Or cette action peut être amortie par les parties de ces corps noirs, à cause qu'elles la reçoivent en elles-mêmes et ne la renvoient point, au lieu que les parties des corps blancs ne la reçoivent point en elles, mais la renvoient : ainsi qu'une tapisserie reçoit en soi le mouvement de la balle qu'on pousse contre elle, et pour ce sujet ne la renvoie point; mais une muraille dure, qui n'est aucunement ébranlée par cette balle, ne la reçoit point; c'est pourquoi elle la fait réfléchir.

Vous avez très bonne raison de maintenir que, dans le vide même, s'il est possible, une pierre irait plus lentement ou plus vite, selon qu'elle aurait été mue lentement ou vite. Et il n'y a nulle apparence de dire que son mouvement ne peut être déterminé à être plus lent ou plus vite, que par les divers empêchements du milieu; car si cela était, la même pierre irait toujours d'une même vitesse dans le même air, à cause qu'elle y trouve toujours les mêmes empêchements; mais cela est contre l'expérience, etc.

Pour les pierres qui semblent du bois brun, ce n'est rien d'extraordinaire, et il y a des endroits en Bretagne, où j'en ai vu quantité de cette sorte.

Je vous remercie de votre offre pour la graine de l'herbe sensitive. Ils ont eu de cette herbe au Jardin de Leyde; mais la graine n'y a pu mûrir, et on dit qu'il serait maintenant temps de la semer. Je ne serais pas marri aussi d'avoir un catalogue des plantes rares qui sont dans le Jardin Royal, s'il se pouvait avoir facilement; et si on en veut un, en revanche, de celles qui sont au Jardin de Leyde, on m'a offert de me le donner.

Pour les bluettes d'air ou de feu, vous en pouvez mieux juger que moi, à cause que vous les avez vues; mais il faut remarquer que la réfracttion ou réflexion, qui arrive en quelques nues fort hautes, peut faire que les rayons du soleil parviennent à l'œil plus d'une heure ou deux après qu'il est couché.

Pour celui qui dit que je vais au prêche des Calvinistes, c'est bien une calomnie très pure; et en examinant ma conscience, pour savoir sur quel prétexte on l'a pu fonder, je n'en trouve aucun autre, sinon que j'ai été une fois avec M. de N. et M. Hesdin à une lieue de Leyde, pour voir par curiosité l'assemblée d'une certaine secte de gens, qui se nomment prophètes, et entre lesquels il n'y a point de ministre, mais chacun prêche qui veut, soit homme ou femme, selon qu'il s'imagine être inspiré; en sorte qu'en une heure de temps nous ouïmes les sermons de cinq ou six paysans ou gens de métier. Et une autre fois nous fûmes entendre le prêche d'un ministre Anabaptiste, qui disait des choses si impertinentes, et parlait un français si extravagant, que nous ne pouvions nous empêcher d'éclater de rire; et je pensais être plutôt à une farce qu'à un prêche. Mais pour ceux des Calvinistes, je n'y ai jamais été de ma vie que depuis votre lettre écrite, que me trouvant à La Haye le neuvième de ce mois, qui est le jour qu'on remercie Dieu et qu'on fait des feux de joie pour la défaite de la flotte espagnole, je fus entendre un ministre français dont on fait état; mais ce fut en telle sorte, qu'il n'y avait là personne qui m'aperçût, qui ne connût bien que je n'y allais pas pour y croire; car je n'y entrai qu'au moment que le prêche commençait; j'y demeurai contre la porte, et en sortis au moment qu'il fut achevé, sans vouloir assister à aucune de leurs cérémonies. Que si j'eusse reçu votre lettre auparavant, je n'y aurais pas été du tout : mais il est impossible d'éviter les discours de ceux qui veulent parler sans raison.

Et celui dont vous m'écrivez doit avoir l'esprit bien faible, de m'accuser d'aller par les villages, pour voir tuer des pourceaux; car il s'en tue bien plus dans les villes que dans les villages, où je n'ai jamais été pour ce sujet. Mais, comme vous m'écrivez, ce n'est pas un crime d'être curieux de l'anatomie; et j'ai été un hiver à Amsterdam, que j'allais quasi tous les jours en la maison d'un boucher, pour lui voir tuer des bêtes, et faisais apporter de là en mon logis les parties que je voulais anatomiser plus à loisir; ce que j'ai encore fait plusieurs fois en tous les lieux où j'ai été, et je ne crois pas qu'aucun homme d'esprit m'en puisse blâmer.

Votre raison pourquoi un tableau semble regarder de tous côtés est subtile, mais elle ne me semble pas suffisante; car encore que la prunelle soit ronde en un tableau, elle n'y paraît pas ronde pour cela, lorsqu'elle est regardée de côté. Il est vrai qu'elle n'y peut paraître si fort en ovale que celle d'un homme vivant : c'est pourquoi cela y fait quelque chose. Mais je crois qu'on y peut ajouter que, de quelque côté qu'on regarde un tableau, on y voit toujours toutes les mêmes parties de l'œil qui y est peint, et que ces parties sont celles qu'on voit aussi dans l'œil d'un homme vivant, lorsqu'il regarde vers nous, et qu'on n'y voit pas si bien que dans un tableau, lorsqu'il regarde d'un autre côté; à cause qu'étant relevé en bosse, ses parties se couvrent ou se découvrent beaucoup davantage, que celles d'une plate peinture.

J'ai reçu le *Philolaus ;* mais je ne me suis pas encore donné le temps de le lire, ni je ne crois pas le faire de plus de six mois, à cause que je m'occupe à d'autres études.

Les opinions de vos Analystes[1], touchant l'existence de Dieu et l'honneur qu'on lui doit rendre, sont, comme vous écrivez, très difficiles à guérir; non pas qu'il n'y ait moyen de donner des raisons assez fortes pour les convaincre, mais parce que ces gens-là, pensant avoir bon esprit, sont souvent moins capables de raison que les autres. Car la partie de l'esprit qui aide le plus aux mathématiques, à savoir, l'imagination, nuit plus qu'elle ne sert pour les spéculations métaphysiques. J'ai maintenant entre les mains un Discours, où je tâche d'éclaircir ce que j'ai écrit ci-devant sur ce sujet; il ne sera que de cinq ou six feuilles d'impression; mais j'espère qu'il contiendra une bonne partie de la métaphysique. Et afin de le mieux faire, mon dessein est de n'en faire imprimer que vingt ou trente exemplaires, pour les envoyer aux vingt ou trente plus savants théologiens dont je pourrai avoir connaissance, afin d'en avoir leur jugement, et apprendre d'eux ce qui sera bon d'y changer, corriger ou ajouter, avant que de le rendre public.

Je crois bien que dans le vide, s'il était possible, la moindre force pourrait mouvoir les plus grands corps, aussi bien que les plus petits, mais non de même vi-

1. Il s'agit des géomètres de Paris.

tesse. Car la même force ferait mouvoir une pierre double en grosseur, de la moitié moins vite que la simple.

Ce n'eſt pas merveille que nous puissions jeter une pierre fort haut, sans que le torrent de la matière subtile qui eſt dans l'air nous en empêche; car la force de notre bras dépend d'un autre torrent de matière subtile, qui eſt encore beaucoup plus rapide, à savoir, celui qui agite nos esprits animaux, et qui diffère de l'autre en force et activité, autant que le feu diffère de l'air.

Votre expérience que le trou d'une demi-ligne donne quatre fois moins d'eau que celui d'une ligne, mais que celui-ci n'en donne que deux fois moins que celui de deux lignes, me semble du tout incroyable, *cæteris paribus*[1], c'est-à-dire faisant que le tuyau demeure toujours plein jusques au haut. Car, si on ne le remplit point à mesure que l'eau s'écoule, il eſt évident que, d'autant plus que le trou sera grand, d'autant plus tôt elle s'abaissera dans le tuyau; et vous savez qu'elle coule d'autant moins vite qu'elle eſt plus basse.

Votre voyage d'Italie me donne de l'inquiétude, car c'eſt un pays fort malsain pour les Français; surtout il y faut manger peu, car les viandes de là nourrissent trop; il eſt vrai que cela n'eſt pas tant considérable pour ceux de votre profession. Je prie Dieu que vous en puissiez retourner heureusement. Pour moi, sans la crainte des maladies que cause la chaleur de l'air, j'aurais passé en Italie tout le temps que j'ai passé en ces quartiers, et ainsi je n'aurais pas été sujet à la calomnie de ceux qui disent que je vais au prêche; mais je n'aurais peut-être pas vécu si sain que j'ai fait. Je suis,

M. R. P., etc.

1. Toutes choses égales d'ailleurs.

A MEYSSONNIER[1]

[29 janvier 1640.]

Monsieur,

J'eusse été le premier à vous écrire, si j'eusse eu le bien de vous connaître pour tel que vous vous décrivez en la lettre que vous m'avez fait la faveur de m'envoyer; car la recherche de la vérité est si nécessaire et si ample, que le travail de plusieurs milliers d'hommes y devrait concourir : et il y a si peu de personnes au monde qui l'entreprennent à bon escient, que ceux qui le font se doivent d'autant plus chérir les uns les autres, et tâcher à s'entr'aider en se communiquant leurs observations et leurs pensées, ce que je vous offre de ma part avec toute sorte d'affection. Et afin de commencer, je répondrai ici à ce qu'il vous a plu me demander, touchant l'usage de la petite glande nommée *conarium*[2]. A savoir, mon opinion est que cette glande est le principal siège de l'âme, et le lieu où se font toutes nos pensées. La raison qui me donne cette créance est que je ne trouve aucune partie en tout le cerveau, excepté celle-là seule, qui ne soit double; or est-il que, puisque nous ne voyons qu'une même chose des deux yeux, ni n'oyons qu'une même voix des deux oreilles, et enfin que nous n'avons jamais qu'une pensée en même temps, il faut de nécessité que les espèces qui entrent par les deux yeux, ou par les deux oreilles, etc., s'aillent unir en quelque partie du corps pour y être considérées par l'âme; or il est impossible d'en trouver aucun autre, en toute la tête, que cette glande; outre qu'elle est située le plus à propos qu'il est possible pour ce sujet, à savoir, au milieu, entre toutes les concavités; et elle est soutenue et environnée de petites branches des artères carotides, qui apportent les esprits dans le cerveau. Mais pour les espèces qui se

1. Meyssonnier, Lazare (1602-1672). Médecin français, professeur de chirurgie à Lyon où il acquit une réputation considérable. Devint médecin du roi en 1642.

2. *Conarium,* ancien nom de la glande pinéale, petit corps oblong situé en avant du cervelet.

conservent dans la mémoire, je n'imagine point qu'elles soient autre chose que comme les plis qui se conservent en ce papier, après qu'il a été une fois plié; et ainsi je crois qu'elles sont principalement reçues en toute la substance du cerveau, bien que je ne nie pas qu'elles ne puissent être aussi en quelque façon en cette glande, surtout en ceux qui ont l'esprit plus hébété : car pour les esprits fort bons et fort subtils, je crois qu'ils la doivent avoir toute libre à eux et fort mobile; comme nous voyons aussi que dans les hommes elle est plus petite que dans les bêtes, tout au rebours des autres parties du cerveau. Je crois aussi que quelques-unes des espèces qui servent à la mémoire peuvent être en diverses autres parties du corps, comme l'habitude d'un joueur de luth n'est pas seulement dans sa tête, mais aussi en partie dans les muscles de ses mains, etc. Mais pour les effigies des petits chiens, qu'on dit paraître dans l'urine de ceux qui ont été mordus par des chiens enragés, je vous avoue que j'ai toujours cru que c'était une fable, et si vous ne m'assurez de les avoir vues bien distinctes et bien formées, j'aurai encore maintenant de la peine à les croire, bien que, s'il est vrai qu'elles se voient, la cause en puisse en quelque façon être rendue, ainsi que celles des marques, que les enfants reçoivent des envies de leurs mères. Je suis,

Monsieur,

Votre très humble et très acquis serviteur,

DESCARTES.

A HUYGENS

Santport, 12 mars 1640.

MONSIEUR,

Il faut que je vous avoue que les prières à contretemps et hors de saison, que je me trouvai dernièrement engagé à vous faire, m'avaient laissé je ne sais quelle honte sur le visage, qu'il me semblait ne pouvoir chasser qu'en vous écrivant de quelque autre matière, de quoi je souhaitais tous les jours l'occasion, et je veux du bien au Père Mersenne de ce qu'il me l'a maintenant donnée. La fille dont il vous a écrit n'eſt autre chose qu'une imitatrice de celle de Meurs, qui feignait de ne manger point, et d'une autre des quartiers de Cologne qui portait sur son corps les marques de toutes les plaies de Jésus-Chriſt; car on dit que celle-ci, qui eſt de Saint-Pol-de-Léon en basse Bretagne, n'a point mangé depuis cinq ans et qu'elle ressent tous les jours les douleurs des martyrs dont on célèbre les fêtes, de quoi on voit les marques sur elle, en sorte qu'au jour de saint Étienne sa chair paraît toute meurtrie de coups de pierre, au jour de saint Laurent elle semble être grillée, au jour de saint Denis on voit un cercle rouge autour de son col comme si sa tête avait été coupée, et ainsi du reſte. On en dit encore plusieurs autres extravagances, mais je crois que celles-ci suffisent pour vous obliger à n'en rien croire. Outre que je connais celui que le Père Mersenne allègue pour son auteur[1], et je le juge si digne de foi que s'il m'avait dit que ceux de la Chine ont communément deux yeux comme nous, je croirais que la Chine eſt un pays où il n'y a que des borgnes ou des Cyclopes. Mais le bon Père Mersenne eſt si curieux et si aise d'entendre quelque merveille qu'il écoute favorablement tous ceux qui lui en content. Au reſte il m'a mandé que le conseiller de Blois[2] qui avait entrepris les lunettes et qui eſt sans doute le plus capable de tous ceux qui s'en sont mêlés, s'eſt fort blessé à une main en y travaillant, en sorte qu'il ne pourra continuer de longtemps, ce qui signifie, en langue française, qu'il n'en a pu venir à bout. Vous pensez peut-être que j'en sois triſte? et je vous jure que tout au contraire je veux tirer de la vanité de ce que la main des meilleurs ouvriers ne peut atteindre où mon raisonnement eſt parvenu. Je ne vous mande plus rien de Stampion[3], car c'eſt un sujet trop indigne, et les vanteries et menteries

---

1. Pierre Petit (1598-1677), ingénieur militaire et intendant des fortifications.

2. Florimond de Beaune.

3. Stampion, né en 1610, précepteur du jeune prince d'Orange et de la princesse Élisabeth, mathématicien, rival de Descartes.

dont il continue à tâcher d'abuser le monde sont si grossières et si impertinentes que j'ai honte d'avoir aidé à les découvrir, et crois qu'on lui a fait trop d'honneur de l'appeler fourbe à cause que c'est un nom qui témoigne de quelque esprit au lieu qu'il n'a rien que de l'impudence pour soutenir ses faussetés. J'ai appris que vous étiez dernièrement à Harlem où j'eusse volé si je l'eusse pu savoir assez à temps afin d'apprendre de vous si M. Bannius se flatte ou bien s'il y a quelque chose d'extraordinaire en son épinette et afin de vous pouvoir dire de vive voix que je suis avec passion,

Monsieur,

Votre très humble et très obéissant serviteur,

DESCARTES.

A MERSENNE

[1er avril 1640.]

MON RÉVÉREND PÈRE,

QUOIQUE j'aie reçu trois de vos lettres depuis ma dernière, je n'y trouve pas toutefois assez de matière pour remplir cette feuille. Car la première, du quatrième mars, ne contient que l'observation des déclinaisons de l'aimant, qui varient en Angleterre, avec un raisonnement qu'un mathématicien[1], que vous ne nommez point, a fait sur ce sujet; lequel raisonnement est fort bon pour en découvrir la cause à l'avenir. Mais si vous attendez que je vous die par provision ma conjecture, comme je ne crois pas que les déclinaisons de l'aimant viennent d'ailleurs que des inégalités de la terre, aussi ne crois-je point que la variation de ces déclinaisons ait une autre cause que les altérations qui se font en la masse de la terre : soit que la mer gagne d'un côté et perde de l'autre, ainsi qu'on voit à l'œil qu'elle fait en ce pays; soit qu'il s'engendre d'un côté des mines de fer ou qu'on en épuise de l'autre; ou soit seulement qu'on

1. John Pell.

ait transporté quelque quantité de fer, ou de brique, ou d'argile, d'un côté de la ville de Londres vers l'autre. Car je me souviens que, voulant voir l'heure à un cadran, où il y avait une aiguille frottée d'aimant, étant aux champs proches d'un logis qui avait de grandes grilles de fer aux fenêtres, j'ai trouvé beaucoup de variation en l'aiguille, en m'éloignant même à plus de cent pas de ce logis, et passant de sa partie orientale vers l'occidentale, pour en mieux remarquer la différence. Pour le ciel, il n'est pas croyable qu'il y soit arrivé assez de changement en si peu d'années, pour causer cette variation; car les astronomes l'auraient aisément remarquée.

Je vous remercie pour la seconde fois de la graine de l'herbe sensitive, que j'ai trouvée en cette lettre, après en avoir reçu huit jours devant dans une autre.

J'ai reçu aussi l'Essai touchant les coniques, du fils de M. Pascal[1], et avant que d'en avoir lu la moitié, j'ai jugé qu'il avait appris de Monsieur des Argues; ce qui m'a été confirmé, incontinent après, par la confession qu'il en fit lui-même.

Votre seconde lettre, du dixième mars, en contenait une autre de Monsieur Meyssonnier, auquel je ferais réponse, si je pensais que celle-ci vous dût encore trouver à Paris; mais si elle vous doit être envoyée plus loin, il n'y a pas d'apparence de la charger tant, et je puis mettre ici, en peu de paroles, tout ce que j'ai à lui faire savoir, ce qui sera, s'il vous plaît, pour lorsque vous lui écrirez. Qui est (après mes remerciements pour la bienveillance qu'il me témoigne) que, pour les espèces qui servent à la mémoire, je ne nie pas absolument qu'elles ne puissent être en partie dans la glande nommée *conarium,* principalement dans les bêtes brutes, et en ceux qui ont l'esprit grossier; car, pour les autres, ils n'auraient pas, ce me semble, tant de facilité qu'ils ont à imaginer une infinité de choses qu'ils n'ont jamais vues, si leur âme n'était jointe à quelque partie du cerveau, qui fût fort propre à recevoir toutes sortes de nouvelles impressions, et par conséquent fort malpropre à les conserver. Or est-il qu'il n'y a que cette glande seule, à laquelle l'âme

1. Blaise Pascal.

puisse être ainsi jointe; car il n'y a qu'elle seule, en toute la tête, qui ne soit point double. Mais je crois que c'est tout le reste du cerveau qui sert le plus à la mémoire, principalement ses parties intérieures, et même aussi que tous les nerfs et les muscles y peuvent servir; en sorte que, par exemple, un joueur de luth a une partie de sa mémoire en ses mains; car la facilité de plier et de disposer ses doigts en diverses façons, qu'il a acquise par habitude, aide à le faire souvenir des passages pour l'exécution desquels il les doit ainsi disposer. Ce que vous croirez aisément, s'il vous plaît de considérer que tout ce qu'on nomme mémoire locale est hors de nous; en sorte que, lorsque nous avons lu quelque livre, toutes les espèces qui peuvent servir à nous faire souvenir de ce qui est dedans, ne sont pas en notre cerveau, mais il y en a aussi plusieurs dans le papier de l'exemplaire que nous avons lu. Et il n'importe pas que ces espèces n'aient point de ressemblance avec les choses dont elles nous font souvenir; car souvent celles qui sont dans le cerveau n'en ont pas davantage, comme j'ai dit au quatrième Discours de ma *Dioptrique*. Mais, outre cette mémoire, qui dépend du corps, j'en reconnais encore une autre, du tout intellectuelle, qui ne dépend que de l'âme seule.

Je ne trouverais pas étrange que la glande *conarium* se trouvât corrompue en la dissection des léthargiques, car elle se corrompt aussi fort promptement en tous les autres; et la voulant voir à Leyde, il y a trois ans, en une femme qu'on anatomisait, quoique je la cherchasse fort curieusement, et susse fort bien où elle devait être, comme ayant accoutumé de la trouver, dans les animaux tout fraîchement tués, sans aucune difficulté, il me fut toutefois impossible de la reconnaître. Et un vieux professeur qui faisait cette anatomie, nommé Valcher, me confessa qu'il ne l'avait jamais pu voir en aucun corps humain; ce que je crois venir de ce qu'ils emploient ordinairement quelques jours à voir les intestins et autres parties, avant que d'ouvrir la tête.

Pour la mobilité de cette glande, je n'en veux point d'autre preuve que sa situation : car n'étant soutenue que par de petites artères qui l'environnent, il est certain qu'il faut très peu de chose pour la mouvoir; mais je ne crois pas pour cela qu'elle se puisse beaucoup écarter, ni çà, ni là.

Pour les marques d'envie, ce qui vous fait croire qu'elles ressemblent fort parfaitement aux objets, ne vient que de ce que vous trouvez étrange qu'elles puissent tant ressembler qu'elles font; mais si vous les comparez avec les portraits des plus mauvais peintres, vous les trouverez encore beaucoup plus défectueuses. Mais pour l'urine des enragés, c'est une question de fait, en laquelle je ne vois rien d'impossible; non plus qu'en ce que vous m'écrivez de la fécondité d'un grain de blé, après avoir été trempé dans du sang, ou du suc de fumier. Et pour ce que le Sieur N. vous a dit de la pierre d'aimant, il suffit que vous m'ayez nommé votre auteur, pour m'empêcher d'y ajouter foi.

Je viens à votre dernière, du vingtième mars, où vous mandez me renvoyer le petit Catalogue des Plantes que je vous avais envoyé, que je ne trouve pas toutefois avec votre lettre; mais aussi n'en ai-je nullement affaire, non plus que celui des Plantes du Jardin Royal, que vous avez pris la peine de m'envoyer, sans que je l'aie encore reçu, mais j'apprends qu'ils l'ont à Leyde.

Je n'ai point du tout ouï parler de ce que vous me mandez qu'on vous a écrit d'Angleterre, qu'on était sur le point de m'y faire aller; mais je vous dirai, entre nous, que c'est un pays dont je préférerais la demeure à beaucoup d'autres; et pour la religion, on dit que le roi même est catholique de volonté : c'est pourquoi je vous prie de ne point détourner leurs bonnes intentions.

Je ne me saurais maintenant remettre aux mathématiques pour chercher le solide de la roulette; mais je ne le crois point impossible.

Je vous ai mandé en ma précédente l'unique raison que je sache, qui puisse empêcher qu'un mousquet ne fasse tant fort proche qu'un peu loin, et il n'y a aucune apparence de vérité en celle que vous me mandez de M. Mydorge. Je suis, etc.

[A HUYGENS]

[Leyde, juillet 1640.]

MONSIEUR,

JE tiens à une extrême faveur, que parmi tant de diverses occupations et tant d'importantes affaires qui doivent passer par votre esprit, vous daigniez encore vous souvenir d'une personne si inutile comme je suis. Et je ne doute point que les lettres que vous avez pris la peine de procurer pour le Tourneur n'aient porté coup; mais il n'en a pas encore senti les effets, sinon en tant que Messieurs de cette ville n'ont jusqu'ici donné à personne la place qu'il désire, et que le visage de ceux auxquels il a parlé ne lui en a point ôté l'espérance.

Je m'étonne qu'on vous ait dit que je faisais imprimer quelque chose de métaphysique, parce que je n'en ai encore rien mis entre les mains de mon libraire, ni n'ai même rien préparé, qui ne soit si peu qu'il ne vaut pas le parler; et enfin on ne peut vous en avoir rien rapporté qui soit vrai, si ce n'est ce que je me souviens vous avoir dit dès l'hiver passé, à savoir, que je me proposais d'éclaircir ce que j'ai écrit dans la quatrième partie de la *Méthode,* et de ne le point publier, mais d'en faire seulement imprimer douze ou quinze exemplaires, pour les envoyer à douze ou quinze des principaux de nos théologiens, et d'en attendre leur jugement. Car je compare ce que j'ai fait en cette matière aux démonstrations d'Apollonius, dans lesquelles il n'y a véritablement rien qui ne soit très clair et très certain, lorsqu'on considère chaque point à part; mais à cause qu'elles sont un peu longues, et qu'on ne peut y voir la nécessité de la conclusion, si l'on ne se souvient exactement de tout ce qui la précède, on trouve à peine un homme en tout un pays qui soit capable de les entendre. Et toutefois, à cause que ce peu qui les entendent assurent qu'elles sont vraies, il n'y a personne qui ne les croie. Ainsi je pense avoir entièrement démontré l'existence de Dieu et l'immatérialité de l'âme humaine; mais, parce que cela dépend de plusieurs raisonnements qui s'entresuivent, et que, si on en oublie la moindre circonstance, on ne peut bien entendre la conclusion, si je ne rencontre des personnes bien capables et de grande réputation pour la métaphysique, qui prennent la peine d'examiner curieusement mes raisons, et qui, disant franchement ce qu'ils en pensent, donnent par ce moyen le branle aux autres pour en juger comme eux, ou du moins pour avoir honte de leur contredire sans raison, je prévois qu'elles feront fort peu de fruit. Et il me semble que je suis obligé d'avoir plus de soin de donner quelque crédit à ce traité, qui regarde la gloire de Dieu, que mon humeur ne me permettrait d'en avoir, s'il s'agissait d'une autre matière.

Au reste, je crois que je m'en vais entrer en guerre avec les Jésuites; car leur mathématicien de Paris[1] a réfuté publiquement ma *Dioptrique* en ses thèses; sur quoi j'ai écrit à son Supérieur, afin d'engager tout leur Corps en cette querelle. Car, bien que je sache assez, il y a longtemps, qu'il ne fait pas bon s'attirer des adversaires, je crois pourtant que, puisqu'ils s'irritent d'eux-mêmes et que je ne le puis éviter, il vaut mieux une bonne fois que je les rencontre tous ensemble, que de les attendre l'un après l'autre, en quoi je n'aurais jamais de fin.

Cependant mes affaires domestiques m'appellent en France, et si je puis trouver commodité pour y aller dans cinq ou six semaines, je me propose de faire le voyage. Mais Vassanaer ne désire pas que je parte avant l'impression de ce que l'opiniâtreté de son adversaire l'a contraint d'écrire; et quoique ce soit une drogue dont je suis fort las, l'honneur toutefois ne me permet pas de m'exempter d'en voir la fin, ni le service que je dois à ce pays d'en dissimuler la vérité. Vous la trouverez ici dans sa préface, dont je lui ferai encore différer l'impression quinze jours, ou plus, s'il est besoin, afin d'en attendre votre jugement, s'il vous plaît me faire la faveur de me l'écrire, et il nous servira de loi inviolable. Cependant je vous prie de croire très assurément que son adversaire a très bien su que tout son livre ne valait rien, avant même que de le publier, comme les subter-

1. Le P. Bourdin.

fuges de sa gageure l'ont assez montré, et qu'il a eu la science de Socrate, en ce qu'il a su qu'il ne savait rien; mais il a avec cela une impudence incroyable à calomnier, et à se vanter de savoir des choses impossibles et extravagantes, qui est, à mon jugement, la qualité la plus dangereuse et la plus nuisible qu'un homme de sa condition saurait avoir; et je pense être obligé de vous mander en cela mon jugement; car je suis, etc.

A MERSENNE

[Leyde], 30 juillet 1640.

Mon Révérend Père,

Je commencerai ma réponse par la lettre de M. Meyssonnier, parce que c'est la plus vieille en date que vous m'avez envoyée. Je suis fort son serviteur, c'est tout ce que je puis rendre à ses compliments. Pour les discours qu'il fait du sel aérien, et de la différence qu'il met entre les esprits vitaux et animaux, les comparant au feu élémentaire et au mercure aérien, ce sont des choses qui surpassent ma capacité, c'est-à-dire, entre nous, qui me semblent ne signifier rien d'intelligible, et n'être bonnes que pour se faire admirer par les ignorants.

Pour les marques d'envie, puisqu'elles ne s'impriment point sur l'enfant, lorsque la mère mange du fruit, dont elle a envie, il est bien vraisemblable qu'elles peuvent aussi quelquefois être guéries, lorsque l'enfant mange de ce fruit, à cause que la même disposition qui était dans le cerveau de la mère et causait son envie, se trouve aussi dans le sien, et qu'elle correspond à l'endroit qui est marqué, ainsi que la mère, en se frottant à pareil endroit, au temps de son envie, y a rapporté l'effet de son imagination. Car généralement chaque membre de l'enfant correspond à chacun de ceux de la mère, comme on peut prouver par raison mécanique; et plusieurs expériences le témoignent, dont j'en ai lu autrefois une fort remarquable dans Forestus, d'une dame qui, s'étant rompu le bras, lorsqu'elle était enceinte, accoucha d'un fils qui avait le bras rompu comme elle, et appliquant à ce bras de l'enfant les mêmes remèdes qu'à celui de la mère, il les guérit tous deux séparément.

Pour les bêtes brutes, nous sommes si accoutumés à nous persuader qu'elles sentent ainsi que nous, qu'il est malaisé de nous défaire de cette opinion. Mais si nous étions aussi accoutumés à voir des automates, qui imitassent parfaitement toutes celles de nos actions qu'ils peuvent imiter, et à ne les prendre que pour des automates, nous ne douterions aucunement que tous les animaux sans raison ne fussent aussi des automates, à cause que nous trouverions qu'ils diffèrent de nous en toutes les mêmes choses, comme j'ai écrit page 56 de la *Méthode*. Et j'ai déduit très particulièrement en mon *Monde,* comment tous les organes qui sont requis à un automate, pour imiter toutes celles de nos actions qui nous sont communes avec les bêtes, se trouvent dans le corps des animaux.

Je viens à l'autre paquet, où était la thèse des Jésuites, avec la lettre du médecin de Sens[1], laquelle j'ai cru vous devoir renvoyer, parce qu'elle semble n'être qu'une partie d'un plus long discours. Je crois que M. de Martigny vous aura fait voir ce que j'écris au Recteur des Jésuites à l'occasion de ces thèses; car vous ne m'en aviez point nommé l'auteur, et j'ai été bien aise de l'ignorer pour avoir plus d'occasion de m'adresser au Corps.

Les histoires de la soie qui croît au front d'une fille, et de l'épine qui fleurit sur le corps d'un Espagnol, méritent bien qu'on s'en enquière fort particulièrement. Et pour la soie, je ne puis croire que ce soit de la vraie soie qui croisse, mais une excroissance de chair qui, sortant par le trou de la cicatrice que la soie a laissé, en représente aucunement la figure, ou peut-être du poil qui sort de ce trou, ce qu'on peut aisément juger à l'œil. Mais parce que vous dites qu'on ne saurait expliquer ce phénomène, en ne mettant point d'autre principe de vie dans les animaux que la chaleur, il me semble, au contraire, qu'on le peut bien mieux expliquer qu'autrement; car la chaleur étant un principe commun pour les animaux, les plantes, et les autres corps, ce n'est pas merveille que la même serve à faire vivre un homme et une

1. Villiers.

plante; au lieu que, s'il fallait quelque principe de vie dans les plantes, qui ne fût pas de même espèce que celui qui eſt dans les animaux, ces principes ne pourraient pas si bien compatir ensemble.

Pour la lettre de ce docte médecin de Sens, elle ne contient aucune raison pour impugner ce que j'ai écrit de la glande nommée *conarium*, sinon qu'il dit qu'elle peut être altérée comme tout le cerveau. Ce qui n'empêche point qu'elle ne puisse être le principal siège de l'âme : car il eſt certain que l'âme doit être jointe à quelque partie du corps; et il n'y en a point qui ne soit autant ou plus sujette à altération que cette glande, qui, bien que fort petite et fort molle, toutefois, à cause de sa situation eſt si bien gardée au lieu où elle eſt, qu'elle n'y peut quasi être sujette à aucune maladie, non plus que l'humeur vitrée ou criſtalline de l'œil. Et il arrive bien plus souvent que des personnes deviennent troublées d'esprit, sans qu'on en sache la cause, auquel cas on la peut attribuer à quelque maladie de cette glande, qu'il n'arrive que la vue manque par quelque maladie de l'humeur criſtalline; outre que toutes les altérations qui arrivent à l'esprit, lorsqu'on dort après qu'on a bu, etc., peuvent être attribuées à quelques altérations qui arrivent à cette glande.

Pour ce qu'il dit que l'âme peut bien se servir des parties doubles, je lui accorde, et qu'elle se sert aussi des esprits, qui ne peuvent pas résider tous en cette glande; car je n'imagine point que l'âme soit tellement comprise par elle, qu'elle n'étende bien ailleurs ses actions. Mais c'eſt autre chose se servir, et être immédiatement jointe ou unie; et notre âme n'étant point double, mais une et indivisible, il me semble que la partie du corps à qui elle eſt le plus immédiatement unie, doit aussi être une et non divisée en deux semblables, et je n'en trouve point de telle en tout le cerveau que cette glande. Car pour le *cerebellum*[1], il n'eſt un que *superficie et nomine tenus*[2]; et il eſt certain que même son *processus vermiformis*[3], qui semble le mieux n'être qu'un corps, eſt

1. Cervelet.
2. D'apparence et de nom.
3. Prolongement vermiforme du cervelet.

divisible en deux moitiés, et que la moelle de l'épine du dos est composée de quatre parties, dont les deux viennent des deux moitiés du cerveau, et les deux autres des deux moitiés du *cerebellum;* et le *septum lucidum*[1] aussi, qui sépare les deux ventricules antérieurs, est double.

Pour l'esprit fixe qu'il veut introduire, c'est une chose qui ne me semble pas plus intelligible que s'il parlait d'une lumière ténébreuse, ou d'une liqueur dure. Et j'admire que des personnes de bon esprit, en cherchant quelque chose de probable, préfèrent des imaginations confuses et impossibles à des pensées plus intelligibles et, sinon vraies, au moins possibles et probables; mais c'est l'usage des opinions de l'École qui leur ensorcelle les yeux.

Je ne trouve rien en sa lettre touchant les cercles de l'eau, dont vous m'écrivez; mais il est certain que ces cercles se font beaucoup plus facilement, plus sensiblement et autrement, en la superficie de l'eau, qu'ils ne se font au-dedans. Car en la superficie, ils se font à cause que, la pierre entrant dans l'eau, cette eau se hausse un peu autour d'elle; puis, à cause qu'elle est plus pesante que l'air qui la touche, elle redescend, partie dans le trou qu'a fait la pierre, et partie de l'autre côté tout autour. Or celle-ci poussant l'autre eau qui est un peu plus loin, la fait hausser en un plus grand cercle, et l'eau de ce cercle se rabaissant en cause un autre plus grand, et ainsi de suite ce cercle s'accroît successivement. De plus, l'eau qui rentre tout à coup dans le trou qu'a fait la pierre, s'y hausse derechef un peu plus que le niveau de l'eau, puis en redescendant commence un second cercle, et ainsi il s'en fait plusieurs qui s'entresuivent. Ce qui n'arrive point dans le fond de l'eau, ni dans le milieu de l'air; mais il s'y fait d'autres cercles, principalement dans l'air, qui sont causés par la condensation et raréfaction, et ce sont ces cercles qui causent le son. Car lorsqu'un corps se meut un peu vite dans l'eau ou l'air, la partie de cet air dont il prend la place, ne peut lui céder si promptement qu'elle ne se condense quelque peu, et aussitôt après elle se dilate pour se remettre en son

1. Cloison séparant les deux ventricules du cerveau.

naturel, au moyen de quoi elle presse un peu tout l'autre air qui l'environne, et se condense en forme de sphère ou sphéroïde, laquelle se dilatant aussitôt après en presse d'autre un peu plus loin, et ainsi de suite. Et un corps n'a pas besoin de se mouvoir guère loin, mais seulement de mouvoir fort vite tant soit peu d'air pour causer de tels cercles. D'où il est aisé à entendre pourquoi le son ne fait point sensiblement mouvoir la flamme d'une chandelle, et pourquoi plusieurs mouvements de grands corps, mais qui ne pressent pas l'air, ni ne sont fort vites, ne causent point de son. Et plusieurs sons ou cercles peuvent être ensemble, à cause qu'un même corps est capable de plusieurs mouvements en même temps; mais néanmoins ils ne sont pas si distincts, comme aussi l'expérience le montre.

Je n'ai pas encore fait imprimer mes cinq ou six feuilles de métaphysique, quoiqu'elles soient prêtes il y a longtemps. Et ce qui m'en a empêché est que je ne désire point qu'elles tombent entre les mains des faux théologiens, ni dorénavant en celles des Jésuites (avec lesquels je prévois que je vais entrer en guerre), que premièrement je les aie fait voir et approuver par divers docteurs, et si je puis, par le corps de la Sorbonne. Et parce que j'ai eu dessein de faire un tour cet été en France, je me proposais d'en être moi-même le porteur, et ne les ai voulu faire imprimer que lorsque je me verrais sur le point de partir, de peur que le libraire en dérobât quelque exemplaire qu'il débitât sans mon su, *ut fit*[1]. Mais l'été est déjà si avancé, que j'ai peur de ne pouvoir faire ce voyage, et en ce cas, je vous en enverrai dix ou douze exemplaires, ou plus, si vous jugez qu'il en soit besoin; car je n'en ferai imprimer que justement autant qu'il en faudra pour cet effet, et je vous prierai d'en être le distributeur et protecteur, et de ne les mettre qu'entre les mains des théologiens que vous jugerez les plus capables, les moins préoccupés des erreurs de l'École, les moins intéressés à les maintenir, et enfin les plus gens de bien, et sur qui la vérité et la gloire de Dieu ait plus de force que l'envie et la jalousie.

Je viens à votre troisième paquet où était la lettre

1. Comme cela se fait d'habitude.

pour M. Schuerman, que j'ai adressée. Il demeure sur le cimetière du Dom, à Utrecht, et M. Bannius demeure en la rue de Saint-Jean, vis-à-vis de la Commanderie, à Harlem.

Je suis fort scandalisé de la *Velitation* du P. Bourdin; car il n'objecte pas un seul mot contre ce que j'ai écrit, mais il me fait dire des sottises auxquelles je n'ai jamais pensé, afin par après de les réfuter, qui est user de mauvaise foi d'une façon très honteuse pour un particulier, et bien plus pour un religieux. Je vous prie de me mander si c'est lui qui vous a donné cet écrit pour me l'envoyer, ou comment vous l'avez eu, et si ce n'est point la préface qu'a récitée le répondant au commencement de la dispute. En effet, cette façon de me réfuter en son école est bonne pour me décrier à ses disciples, pendant qu'ils le croiront. Mais si je ne meurs dans peu de temps, je vous assure que j'aurai soin de publier la vérité de son mauvais procédé; et par provision je serai bien aise qu'il soit su de tous ceux auxquels il vous plaira montrer ma réponse. . . . .

A MERSENNE

[Leyde, 30 juillet 1640.]

Pour répondre au billet que vous m'avez envoyé de la part de quelques-uns de vos médecins, je vous dirai ici en peu de mots, que la raison qui m'a fait juger que quelques-unes des plus pénétrantes parties du sang sont portées dans l'estomac et les intestins par les artères, pour aider à la dissolution des viandes, est que j'ai remarqué que la salive, qui vient en grande abondance dans la bouche, quand on mange ou seulement quand on en a le désir et l'imagination fort présente, n'y vient pas seulement des amandes qui sont à l'entrée de la gorge (d'où peut-être elle ne va que vers le gosier, si ce n'est qu'on l'attire dans la bouche avec les muscles de la langue), mais des artères qui descendent aux gencives; car j'en ai fait l'expérience très claire. Et je n'ai pu douter que ce ne fût le même des artères qui se rendent aux intestins et au ventricule, vu qu'on voit que les purgatifs font descendre quantité d'humeurs de tout le corps par les intestins, et qu'il n'y a point d'autres voies que je sache, pour ces humeurs, que les artères. Car pour les veines, elles ont mille valvules qui en empêchent, comme on peut éprouver, en liant les unes et les autres dans le mésentère d'un chien vivant; car on verra que les artères se désenfleront entre les intestins et le lien, et non au-delà, et que les veines, lactées et autres, feront le contraire. Or ces parties du sang qui entrent ainsi dans l'estomac, n'en doivent point retenir la couleur rouge, non plus que la salive (qui aide aussi dans la bouche à la dissolution des viandes qu'on mâche), ni les larmes, ni la sueur, etc., qui se séparent du sang en même façon, en passant par les extrémités des artères, à cause que cette rougeur dépend des plus gluantes de ses parties, lesquelles je crois avoir des figures fort irrégulières et être comme des branches qui, s'entrelaçant les unes dans les autres, ne peuvent passer par des trous si étroits, mais bien les plus pénétrantes, que je conçois comme de petites anguilles qui se glissent par les plus petits trous. Et l'expérience montre assez la facilité de leur séparation dans le sang tiré des veines; car on voit que la sérosité s'en sépare d'elle-même et demeure toute claire, pendant que le reste, qui est rouge ou noir, se congèle.

Pour la cause qui fait entrer le chyle dans les veines, je ne crois point qu'elle soit autre que la même qui fait sortir les boyaux du ventre, quand il est percé d'un coup d'épée, c'est à-dire, que la pression des peaux ou autres parties qui les contiennent. Outre que les plus coulantes parties de ce chyle y peuvent passer sans cette pression, par leur seule pesanteur, ainsi que l'eau sort du lait caillé par les trous d'une vaisselle, et aussi par leur agitation naturelle; car je conçois que chaque petite partie des liqueurs est en continuel mouvement. Et enfin l'action des muscles y aide beaucoup, en ce qu'elle fait que les parties du chyle viennent vis-à-vis des trous par où elles peuvent entrer dans les veines, tant les lactées que les autres; car je ne mets point de différence entre elles, sinon que le suc est blanc dans les lactées, à cause qu'elles n'ont point d'artères qui les accompagnent, et rouge dans les autres, à cause qu'il s'y mêle avec le sang qui vient des artères. Or je compte ici entre les muscles, non seulement tous ceux du ventre et de la poitrine, et le diaphragme, mais aussi presque tout le corps des intestins et du ventricule; et j'ai remarqué, dans les chiens ouverts tout vifs, que leurs boyaux ont un mouvement réglé quasi comme celui de la respiration.

Au reste, ce mouvement des muscles n'est point ici entièrement nécessaire, comme il est nécessaire de mouvoir un crible pour en faire sortir la poudre, à cause que les parties du chyle se meuvent déjà d'elles-mêmes, ce que ne font pas les parties de la poudre. Mais la comparaison de ce crible me semble fort propre pour faire entendre les diverses séparations du sang qui se font dans le réservoir de la bile, dans les reins et autres endroits (d'où j'excepte la rate, à cause que je ne crois pas que l'humeur mélancolique y vienne par séparation, mais plutôt que le sang y prend cette qualité); car on fait des cribles par où il ne passe que la poussière et les grains ronds, d'autres par où l'avoine peut passer et non le seigle, d'autres, au contraire, par où le seigle passe et non l'avoine, etc., selon la grandeur ou figure de leurs trous. A l'exemple de quoi, je m'imagine que les petits passages, par où la bile entre en son réservoir, sont faits d'autre figure que ceux par où passe la sérosité dans les reins, etc.

Et pour le pus, quand il s'en remarque dans l'urine, il ne vient ordinairement que des reins ou de plus bas; et s'il vient jamais de plus haut, on peut connaître de cela même, qu'il est composé de parties plus pénétrantes que celles qui rendent le sang rouge, vu qu'elles passent par un lieu par où celles-ci ne peuvent passer. Car quelle faculté saurait-on imaginer, qui eût la force d'empêcher le sang de couler par des ouvertures qui seraient assez grandes pour le recevoir?

A MERSENNE

Leyde, 6 août 1640.

Mon Révérend Père,

Je pris mon temps si court pour vous écrire, il y a 8 jours, que je n'eus pas loisir de répondre à tous les points de votre dernière, et j'en demeurai au neuvième, qui est touchant les plis de la mémoire, lesquels je ne crois point devoir être en fort grand nombre pour servir à toutes nos souvenances, à cause qu'un même pli se rapporte à toutes les choses qui se ressemblent, et qu'outre la mémoire corporelle, dont les impressions peuvent être expliquées par ces plis du cerveau, je juge qu'il y a encore en notre entendement une autre sorte de mémoire, qui ne dépend point des organes du corps et qui eſt tout à fait spirituelle, et ne se trouve point dans les bêtes; et que c'eſt d'elle principalement que nous nous servons.

Au reſte, c'eſt un abus de croire que nous nous souvenons le mieux de ce que nous avons fait en jeunesse, car nous avons fait alors une infinité de choses dont nous ne nous souvenons plus du tout; et pour celles dont nous nous souvenons, ce n'eſt pas seulement à cause des impressions que nous en avons reçues en jeunesse, mais principalement à cause que nous les avons répétées depuis et en avons renouvelé les impressions, en nous en ressouvenant à divers temps.

. . . .

A MERSENNE

Leyde, 28 oƈtobre 1640.

MON RÉVÉREND PÈRE,

JE ne saurais assez vous exprimer combien vous m'avez obligé, lorsque vous demandâtes publiquement au Père Bourdin, dans sa classe, que s'il avait quelque chose de bon à m'objeƈter, il me le devait envoyer; ç'a été le plus insigne trait d'ami que vous pouviez jamais faire, et je m'assure qu'il se fût bien gardé de m'envoyer sa *Velitation* sans cela; mais c'eſt une pièce que je garderai, pour m'en servir à bonne bouche. Car, enfin, s'ils s'abſtiennent dorénavant, lui et les siens, de médire de moi, je serais fort aise d'oublier le passé, et de ne point publier son infamie. Mais si j'apprends qu'il y en ait aucun qui blâme mes opinions, sans m'envoyer auparavant les raisons pour lesquelles il les blâme, je croirai avoir droit de publier ce qui s'est passé entre eux et moi. Et afin d'avoir toutes les pièces en bonne forme, je vous écris encore ici une lettre latine, pour servir de réponse à celles que vous m'avez envoyées de leur part; vous leur ferez voir, s'il vous plaît, et même, s'ils en désirent copie, je serai bien aise qu'ils l'aient, aussi bien que des précédentes, afin qu'ils aient plus de temps à les voir, et qu'ils prennent mieux mon intention; car je n'ai point envie de les surprendre. Et s'ils n'y font réponse que de bouche, je serais bien aise, si cela ne vous importune, que vous voulussiez prendre la peine de mettre en latin, en cinq ou six lignes, ce que vous aurez à m'écrire sur ce sujet; et même vous leur pourriez faire voir, avant que de me l'envoyer, et y faire mention, en passant, que vous leur avez fait voir, ou donné copie de ce que je vous ai envoyé pour eux. Je vous prie aussi, en cas que le Père Bourdin voulût en son particulier vous envoyer quelques objections pour moi, de ne me les envoyer qu'après en avoir averti ses supérieurs, ce que vous aurez raison de faire pour l'amour d'eux-mêmes, à cause que je vous ai ci-devant mandé que je prendrai dorénavant tout ce qui viendra de quelques-uns des leurs, comme s'il venait de tout leur Corps. Ce qui me fait pourvoir à ceci, est qu'il pourrait arriver que le Père Bourdin, pour n'avoir pas la honte de se dédire, et de souffrir que le démenti lui demeure, serait bien aise de m'envoyer quelques objections, tant mauvaises qu'elles puissent être, pour gagner cependant le temps, et m'en faire perdre. Mais quand ils verront qu'il y va de l'honneur de toute la Société, je crois qu'ils aimeront mieux le faire taire; car je sais bien qu'il n'a rien de bon à dire.

Monsieur de Zuylichem m'a envoyé quatre Traités, que vous lui avez fait copier. L'un, des cercles qui se font dans l'eau, où je vois que l'auteur a fort bon style, et qu'il tâche de philosopher à la bonne mode; mais les fondements lui manquent, et il emploie beaucoup de paroles, pour une chose dont la vérité se pourrait expliquer en peu de mots. Le second est la lettre du géostaticien contre M. des Argues, auquel je ne vois pas qu'il fasse grand mal. Le 3e est de M. Fermat pour les tangentes, où le premier point n'a rien de nouveau, et le suivant, qu'il dit que j'ai jugé difficile, n'est aucunement résolu. Et bien qu'en l'exemple qu'il donne de la roulette, le *facit* vienne bien, ce n'est pas toutefois par la force de sa règle; mais plutôt il paraît qu'il a accommodé sa règle à cet exemple. Le 4e est pour le mouvement journalier de la terre, où je ne vois guère rien qui ne soit ailleurs. Pour les *Caractères des Passions* il ne me les a point encore envoyés, non plus que l'*Instruction du Dauphin*[1].

Vous demandez d'où je sais que la balle venant de D vers B retourne vers E, plutôt que de s'opiniâtrer à demeurer vers B; ce que j'apprends par la connaissance

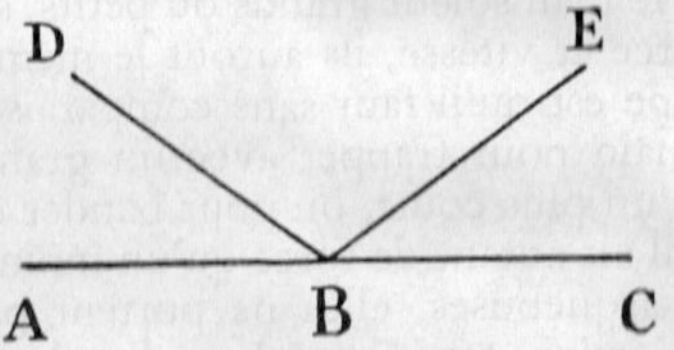

des lois de la nature, dont l'une est que *quidquid est, manet in eodem statu in quo est, nisi a causa aliqua externa mutetur*[2]. Ainsi, *quod est quadratum manet quadratum, etc.*; et *quod est semel in motu semper movetur, donec aliquid impediat*[3]. Et la seconde est qu'*unum corpus non potest alterius motum tollere, nisi illum in se sumat*[4]. D'où vient que, si la superficie ABC est fort dure et immobile, elle ne peut empêcher que la balle qui vient vers B ne continue de là vers E, à cause qu'elle ne peut recevoir son mouvement; mais si cette superficie est molle, elle l'arrête et le reçoit; et c'est pour cela que j'ai supposé, en ma *Dioptrique*, que la superficie et la balle sont parfaitement dures, et que la balle n'a ni pesanteur ni grosseur, etc., pour rendre ma démonstration mathématique. Car je sais

1. *De l'Instruction de Monseigneur le Dauphin,* par de la Motte le Vayer, (Paris, 1640).

2. Tout ce qui est reste dans l'état où il est, s'il n'est pas changé par une cause externe.

3. Ce qui est carré reste carré, etc., et ce qui est une fois en mouvement reste toujours en mouvement jusqu'à ce que quelque chose l'empêche.

4. Un corps ne peut enlever le mouvement d'un autre s'il ne le rend en lui.

bien que la réflexion d'une balle commune ne se fait jamais exactement à angles égaux, ni peut-être celle d'aucun rayon de lumière; mais toutefois, pour les rayons, d'autant qu'ils peuvent venir du soleil à nous sans perdre leur force, tout ce qu'ils en peuvent perdre en donnant contre un corps poli, n'est aucunement considérable.

Les expériences de frapper des boules également fort, avec un grand et un petit mail, ou tirer des flèches avec un grand ou un petit arc, sont presque impossibles; mais la raison est très évidente et très certaine. Car, soit que l'arc ou le mail soient grands ou petits, s'ils touchent de même force et vitesse, ils auront le même effet; mais ce qui trompe est qu'il faut sans comparaison moins de force à la main pour frapper avec un grand mail aussi fort qu'avec un plus court, ou pour bander un grand arc en sorte qu'il ait autant de force qu'un moindre. Et pour les longues arquebuses, elles ne portent plus loin que les courtes, qu'en tant que, la balle demeurant plus longtemps dans le canon, elle est plus longtemps poussée par la poudre, et par conséquent aussi plus vite. De dire qu'un boulet tiré d'un canon ait plus de force, après ses derniers bonds, que s'il était poussé de la main, en sorte qu'il se mût de même vitesse, je crois que ce n'est qu'une imagination, et j'en ai vu l'expérience en une cuirasse faussée par le bond d'un boulet, sans que celui qui la portait fût tué; car sans doute que, si ce boulet eût été poussé par une moindre force, mais qui eût été capable de lui faire faire un bond de quatre ou cinq pieds de haut, comme il avait fait en venant contre cette cuirasse, il n'aurait pas moins fait que la fausser. Il est vrai que la blessure d'un boulet tiré d'un canon est plus dangereuse que s'il n'était que poussé de la main; mais c'est pour d'autres raisons, à savoir, qu'il est plus échauffé, et souvent tournoie autour de son centre, et qu'il retient encore autour de soi le vent de la poudre, qui peut aisément causer une gangrène.

La difficulté que les parties des métaux flottent dans l'eau-forte, se peut résoudre par ce que j'ai dit, en mes *Météores,* de celles du sel, qui flottent dans l'eau : à savoir, que leurs parties se mêlent et s'engagent en telle façon dans celles de l'eau-forte, que celles-ci en sont aidées en leur mouvement, et non empêchées, et la poussière qui ne flotte pas ainsi en l'eau ne fait pas le même. Et il n'y a point de doute que la matière subtile ne soit dans l'eau et dans tous les corps terrestres en grande abondance.

Quand j'ai dit qu'une boule, qui en rencontre une autre double en grosseur, lui doit donner les deux tiers de son mouvement, j'ai entendu que cette boule, se joignant à l'autre, l'a poussée devant soi en sorte qu'elles se mouvaient ensemble après cela, et qu'elles étaient parfaitement dures et rondes, et sur un plan parfaitement poli, en suite de quoi le calcul est aisé à faire, par la loi de la nature que j'ai tantôt touchée, à savoir que, si un corps en meut un autre, il doit perdre autant de son mouvement qu'il lui en donne : car si A et B se meuvent ensemble, chaque moitié de B a autant de mouvement qu'A, et ainsi B a deux tiers, et A un tiers de tout le mouvement qui était auparavant dans le seul A.

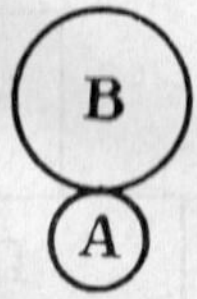

Pour le flux et reflux, il n'y a aucune apparence que les étangs ou lacs en puissent avoir, par la raison que j'en donne, si ce n'est qu'ils communiquent avec l'Océan par plusieurs conduits souterrains, ainsi que font aussi quelques puits, qui ont flux et reflux. Car il n'y a que cette grande masse d'eau qui environne la terre, qui puisse être pressée en même temps en toutes ses parties, de deux côtés opposés, et avoir des deux autres plus de liberté que devant pour se hausser.

Je passe à la lettre du médecin de Sens, où je trouve qu'en tout le raisonnement qu'il fait du sel, il prouve seulement que les corps terrestres se font les uns des autres, mais non point que l'air ou la terre se fassent du sel, plutôt que le sel de l'air ou de la terre; et ainsi il devait seulement conclure que tant le sel, que tous les autres corps, ne sont que d'une même matière; ce qui s'accorde avec la philosophie de l'École, et avec la mienne, sinon qu'en l'École on n'explique pas bien cette matière, en ce qu'on la fait *puram potentiam*[1], et qu'on lui ajoute *des formes substantielles, et des qualités réelles,* qui ne sont que des chimères.

1. Une pure puissance.

Pour la force de la percussion, il eſt certain qu'elle peut être égalée par la pesanteur; et ce qu'il dit que *le poids F, dessus D, eſt en son repos, etc.*, n'eſt nullement recevable; car il eſt certain qu'un corps, ainsi appuyé sur un autre, ne pèse pas moins, pour être appuyé sur lui. Et l'exemple que vous donnez, de la presse dont on marque les piſtoles, eſt fort à propos : car on peut aisément calculer par son moyen, de combien de livres pesant devrait être le poids qui, étant appuyé sur une piſtole sans percussion, serait suffisant pour la marquer, et ainsi égaler la force du coup de marteau qui la peut aussi marquer.

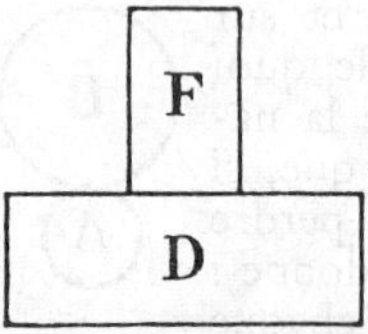

Je viens à l'autre lettre d'un de vos religieux de Blaye[1]. Et parce que je ne sais point quels sont les deux points dont vous vouliez avoir mon sentiment, je m'en vais les parcourir tous.

1. Je crois bien qu'on peut expliquer un même effet particulier en diverses façons qui soient possibles; mais je crois qu'on ne peut expliquer la possibilité des choses en général, que d'une seule façon, qui eſt la vraie.

2. Il a raison de dire qu'on a eu grand tort d'admettre pour principe, que nul corps ne se meut de soi-même. Car il eſt certain que, de cela seul qu'un corps a commencé à se mouvoir, il a en soi la force de continuer à se mouvoir; ainsi que, de cela seul qu'il eſt arrêté en quelque lieu, il a la force de continuer à y demeurer. Mais pour le principe de mouvement qu'il imagine différent en chaque corps, il eſt du tout imaginaire.

3. Je n'approuve point non plus ses indivisibles, ni les naturelles inclinations qu'il leur donne. Car je ne puis concevoir de telles inclinations que dans une chose qui ait de l'entendement, et je n'en attribue pas même aux animaux sans raison; mais j'explique tout ce que nous appelons en eux appétits naturels ou inclinations, par les seules règles des mécaniques. Je n'approuve point non plus tous ces éléments, qui sont des choses

1. Le P. Lecombe.

moins ou aussi peu intelligibles que celles qu'il veut faire entendre par leur moyen.

4. Deux indivisibles ne pourraient faire, à tout rompre, qu'une chose divisible en deux parties; mais avant de dire qu'ils puissent faire un corps, il faut savoir ce qu'on entend par le nom de corps, à savoir, une chose longue, large et étendue; ce qui ne peut être composé d'indivisibles, à cause qu'un indivisible ne peut avoir aucune longueur, largeur, ni profondeur; ou bien, s'il en avait, nous le pourrions diviser du moins par notre imagination, ce qui suffirait pour assurer qu'il n'eſt pas indivisible; car si nous le pouvions ainsi diviser, un ange le pourrait diviser réellement. Parce qu'il croit que ce n'eſt pas assez d'admettre le mouvement et la figure pour principes, à cause qu'il craint qu'on ne puisse expliquer par leur moyen toutes les diverses qualités qui sont dans le vin, par exemple, vous pourrez lui ôter cette difficulté, en l'assurant qu'on les a déjà toutes expliquées, et avec cela toutes les autres qui se peuvent présenter à nos sens. Mais pour les miracles, on n'y touche point.

5. Je n'entends pas le sujet de cet article, faute d'avoir vu la lettre à laquelle il répond; mais il eſt certain que la plus grande vitesse de la corde[1], n'eſt pas, ni au commencement, ni à la fin, mais environ le milieu de chacun de ses tours ou retours.

6. Je ne dis rien de tout cet article qui regarde la lumière, à cause qu'il n'y a rien que vous ne puissiez résoudre sans doute fort aisément, et ce n'eſt pas merveille, que ceux qui n'ont ouï que quelques mots de mes pensées touchant cela, les interprètent mal, et y trouvent plusieurs choses incompréhensibles.

7. Puisqu'il dit ici que ce qui lui fait admettre tous ses éléments, eſt qu'il ne voit pas qu'on puisse expliquer les phénomènes de la nature avec moins de suppositions, je m'assure que, si on les lui explique tous par les seules figures et mouvements, on pourra aisément le convertir. Car aussi bien ne peut-il pas entendre tous ces éléments qu'il suppose, et ainsi il ne fait que tâcher d'expliquer *obscurum per obscurius aut saltem æque obscurum*[2].

1. Il s'agit de la vitesse d'une corde d'arc qui se débande.

2. Quelque chose d'obscur par plus obscur ou tout au moins par aussi obscur.

8. Je ne vois pas pourquoi il confond la doctrine des athées avec ceux qui expliquent la nature par les figures et les mouvements, comme s'il y avait quelque affinité entre l'un et l'autre. En ce qu'il dit que *l'Idée d'un Être simple, que nous concevons contenir tout Être, ne pourrait être conçue, si elle n'avait un exemplaire véritable, et que nous ne pouvons concevoir* (supple[1] *distinctement*) *que les choses possibles et véritables,* il semble avoir lu mes écrits, car ils contiennent cela même; mais il met ensuite beaucoup de choses que je ne puis approuver, comme que cet être ait des dimensions, et qu'on puisse concevoir des dimensions sans composition de parties, c'est-à-dire sans que ce qui a des dimensions soit divisible, etc. Il a raison aussi de dire que tout ce que nous ne concevons pas distinctement n'est pas faux pour cela, et il l'applique bien au Mystère de la Trinité, qui est de la foi, et ne peut être connu par la seule raison naturelle. Je ne trouve rien aux autres articles à remarquer, et mon papier manque.

J'espère vous envoyer ma *Métaphysique* dans huit ou quinze jours pour le plus tard, puisqu'il vous plaît de la prendre en votre protection. Je l'enverrais dès à présent, sinon que j'en veux faire faire auparavant une copie. Je l'enverrai peut-être par M. de Zuylichem. Je suis,

M. R. P.,
Votre très humble et très obéissant serviteur,

DESCARTES.

A MERSENNE

Leyde, 11 novembre 1640.

MON RÉVÉREND PÈRE,

JE vous remercie des nouvelles du sieur Voëtius; je n'y trouve rien d'étrange, sinon qu'il ait ignoré ce que je vous suis; car il n'y a personne ici, qui me connaisse tant soit peu, qui ne le sache. C'est le plus

1. Ajoutez.

franc pédant de la terre, et il crève de dépit, de ce qu'il y a un professeur en médecine[1] en leur Académie d'Utrecht, qui fait profession ouverte de ma philosophie, et fait même des leçons particulières de physique, et en peu de mois rend ses disciples capables de se moquer entièrement de la vieille philosophie. Voëtius et les autres professeurs ont fait tout leur possible pour lui faire défendre par le Magistrat de l'enseigner; mais, tout au contraire, le Magistrat lui a permis malgré eux. Ce Voëtius a gâté aussi la Damoiselle de Schurmans; car au lieu qu'elle avait l'esprit excellent pour la poésie, la peinture et autres telles gentillesses, il y a déjà cinq ou six ans qu'il la possède si entièrement, qu'elle ne s'occupe plus qu'aux controverses de la théologie, ce qui lui fait perdre la conversation de tous les honnêtes gens; et pour son frère, il n'a jamais été connu que pour un homme de petit esprit. J'ai fait rendre une lettre pour Voëtius au messager, afin qu'il en paye le port, comme si elle n'était point venue sous couvert, et que vous soyez par là un peu vengé des six livres qu'il vous a fait payer pour ses thèses.

Pour la philosophie de l'École, je ne la tiens nullement difficile à réfuter, à cause des diversités de leurs opinions; car on peut aisément renverser tous les fondements desquels ils sont d'accord entre eux; et cela fait, toutes leurs disputes particulières paraissent ineptes. J'ai acheté la *Philosophie* du Frère Eustache de Saint-Paul, qui me semble le meilleur livre qui ait jamais été fait en cette matière; je serai bien aise de savoir si l'auteur vit encore.

Votre supputation de la force de la presse, comparée avec la pesanteur, est fort bonne, et je n'y saurais rien ajouter. Pour la vis d'Archimède, elle n'a point d'autre raison, sinon que le creux, ou la concavité qui contient l'eau, monte toujours, à mesure que la vis tourne. Car, par exemple, le creux A, dans lequel est l'eau, sera monté à B, lorsque la vis aura fait un tour; et cette eau ne peut sortir de ce creux, pendant que la vis tourne, ou bien il faudrait qu'elle montât; car A est plus bas que C et D, et B est aussi plus bas que C et E.

1. Regius.

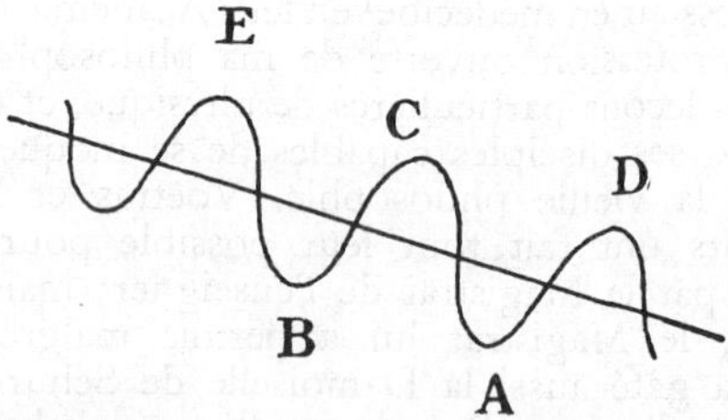

Je répondrais très volontiers à ce que vous demandez touchant la flamme d'une chandelle, et choses semblables; mais je vois bien que je ne vous pourrai jamais bien satisfaire touchant cela, jusques à ce que vous ayez vu tous les principes de ma Philosophie, et je vous dirai que je me suis résolu de les écrire avant que de partir de ce pays, et de les publier peut-être avant qu'il soit un an. Et mon dessein est d'écrire par ordre tout un cours de ma Philosophie en forme de thèses, où, sans aucune superfluité de discours, je mettrai seulement toutes mes conclusions, avec les vraies raisons d'où je les tire, ce que je crois pouvoir faire en fort peu de mots; et au même livre, de faire imprimer un cours de la Philosophie ordinaire, tel que peut être celui du frère Eustache, avec mes notes à la fin de chaque question, où j'ajouterai les diverses opinions des autres, et ce qu'on doit croire de toutes, et peut-être à la fin je ferai une comparaison de ces deux philosophies. Mais je vous supplie de ne rien encore dire à personne de ce dessein, surtout avant que ma *Métaphysique* soit imprimée; car peut-être que, si les Régents le savaient, ils feraient leur possible pour me donner d'autres occupations, au lieu que, quand la chose sera faite, j'espère qu'ils en seront tous bien aises. Cela pourrait aussi peut-être empêcher l'approbation de la Sorbonne, que je désire, et qui me semble pouvoir extrêmement servir à mes desseins : car je vous dirai que ce peu de métaphysique que je vous envoie, contient tous les principes de ma physique.

La raison pour la Divinité, du livre dont vous m'écrivez, que, si le soleil a lui éternellement, il n'a pu illuminer un hémisphère avant l'autre, etc., ne prouve rien, sinon que notre âme, étant finie, ne peut comprendre l'infini.

Je vous ai déjà écrit que j'ai vu quatre des discours que vous avez fait écrire pour M. Huygens; j'aurai soin de lui demander encore celui du flux et reflux, et celui de la réflexion.

Je verrai aussi le cours de philosophie de M. Draconis[1], qui, je crois, se trouvera ici : car s'il était plus court que l'autre, et autant reçu, je l'aimerais mieux. Mais je ne veux rien faire en cela sur les écrits d'un homme vivant, si ce n'est avec sa permission, laquelle il me semble que je devrais aisément obtenir, lorsqu'on saura mon intention, qui sera de considérer celui que je choisirai, comme le meilleur de tous ceux qui ont écrit de la philosophie, et de ne le reprendre point plus que tous les autres. Mais il n'est point temps de parler de ceci, que ma *Métaphysique* n'ait passé.

Pour la vitesse des balles qui sortent d'un mousquet, je crois qu'elle est plus grande en sortant de la bouche du canon qu'en aucun autre lieu. Et la raison que vous m'écrivez est du tout nulle; car l'impétuosité qui est dans la balle ne sert qu'à lui faire conserver son mouvement, et non point à l'augmenter, au lieu que la pesanteur produit à chaque moment une nouvelle impétuosité, et ainsi augmente la vitesse.

Je suis bien aise de ce que M. le Cardinal de Bagné se souvient encore de moi; il lui faudra envoyer ma *Métaphysique*, lorsqu'elle sera imprimée. Il n'est point besoin que vous m'adressiez rien pour M. de Zuylichem; mais plutôt, lorsque vous m'enverrez quelque paquet un peu gros, vous lui pourrez adresser, pendant qu'il n'est point à l'armée; car j'ai pris garde qu'on me rend ici souvent de vos lettres qui ont été ouvertes, ce que j'attribue à l'infidélité du messager, qui s'accorde avec quelqu'un qui est curieux de savoir ce que vous m'écrivez. Le bon est qu'il n'y a jamais rien qui ne puisse bien être vu.

J'ai envoyé dès hier ma *Métaphysique* à M. de Zuylichem pour vous l'adresser; mais il ne l'enverra que dans huit jours, car je lui ai donné ce temps pour la voir.

1. De Raconis, auteur d'un traité de « *Toute la Philosophie* ».

Je n'y ai point mis de titre, mais il me semble que le plus propre sera de mettre *Renati Descartes Meditationes de prima Philosophia ;* car je ne traite point en particulier de Dieu et de l'âme, mais en général de toutes les premières choses qu'on peut connaître en philosophant. Vous verrez assez, par les lettres que j'y ai jointes, quel est mon dessein; et je n'en dirai ici autre chose, sinon que je crois qu'il n'y aura pas de mal, avant que de la faire imprimer, de stipuler avec le libraire qu'il nous en donne autant d'exemplaires que nous en aurons de besoin, et même qu'il les donne tout reliés; car il n'y a pas plaisir d'acheter ses propres écrits, et je m'assure que le libraire pourra bien faire cela sans y perdre. Je n'aurai besoin ici que d'environ trente exemplaires; pour Paris, c'est à vous de juger combien il nous en faudra. Je suis,

M. R. P., etc.

De Leyde, le 11 novembre 1640.

[AU P. GIBIEUF[1]]

[Leyde, 11 novembre 1640.]

Monsieur et Révérend Père,

L'honneur que vous m'avez fait, il y a plusieurs années, de me témoigner que mes sentiments touchant la philosophie ne vous semblaient pas incroyables, et la connaissance que j'ai de votre singulière doctrine, me fait extrêmement désirer qu'il vous plaise prendre la peine de voir l'écrit de métaphysique, que j'ai prié le Révérend Père Mersenne de vous communiquer. Mon opinion est que le chemin que j'y prends, pour faire connaître la nature de l'âme humaine, et pour démontrer l'existence de Dieu, est l'unique par lequel on en puisse

1. Gibieuf, Guillaume (1591-1650). Théologien français. Élevé par Pierre de Bérulle, le R. P. Gibieuf fut un des premiers membres de la congrégation de l'Oratoire. Il avait été reçu docteur en Sorbonne en 1611. Ses principaux ouvrages sont : *De la liberté de Dieu et de la Créature* (1630); *La vie et les grandeurs de la Très Sainte Vierge* (1637).

bien venir à bout. Je juge bien qu'il aurait pu être beaucoup mieux suivi par un autre, et que j'aurai omis plusieurs choses qui avaient besoin d'être expliquées; mais je me fais fort de pouvoir remédier à tout ce qui manque, en cas que j'en sois averti, et de rendre les preuves dont je me sers si évidentes et si certaines, qu'elles pourront être prises pour des démonstrations. Il y manque toutefois encore un point, qui est que je ne puis faire que toutes sortes d'esprits soient capables de les entendre, ni même qu'ils prennent la peine de les lire avec attention, si elles ne leur sont recommandées par d'autres que par moi. Et d'autant que je ne sache personne au monde qui puisse plus en cela que Messieurs de Sorbonne, ni de qui j'espère des jugements plus sincères, je me suis proposé de chercher particulièrement leur protection; et parce que vous êtes l'un des principaux de leur corps, et que vous m'avez toujours fait l'honneur de me témoigner de l'affection; et surtout à cause que c'est la cause de Dieu que j'ai entrepris de défendre, j'espère beaucoup d'assistance de vous en ceci, tant par votre conseil, en avertissant le Père Mersenne de la façon qu'il doit ménager cette affaire, que par votre faveur, en me procurant des juges favorables, et en vous mettant de leur nombre. En quoi vous m'obligerez à être passionnément toute ma vie,

Monsieur et R. P.,
Votre très humble et très obéissant serviteur,

DESCARTES.

A MERSENNE

[Leyde], 11 novembre 1640.

MON RÉVÉREND PÈRE,

JE vous envoie enfin mon écrit de Métaphysique, auquel je n'ai point mis de titre, afin de vous en faire le parrain, et vous laisser la puissance de le baptiser. Je crois qu'on le pourra nommer, ainsi que je vous ai écrit par ma précédente, *Meditationes de prima Philosophia;* car je n'y traite pas seulement de Dieu et de l'âme, mais en général de toutes les premières choses qu'on peut connaître en philosophant par ordre. Et mon nom est connu de tant de gens que, si je ne le voulais pas mettre ici, on croirait que j'y entendrais quelque finesse, et que je le ferais plutôt par vanité que par modestie.

Pour la lettre à Messieurs de Sorbonne, si j'ai manqué au titre, ou qu'il y faille quelque souscription, ou autre cérémonie, je vous prie d'y vouloir suppléer, et je crois qu'elle sera aussi bonne, étant écrite de la main d'un autre, que de la mienne. Je vous l'envoie séparée du traité, à cause que, si toutes choses vont comme elles doivent, il me semble que le meilleur serait, après que le tout aura été vu par le P. Gibieuf, et, s'il vous plaît, par un ou deux autres de vos amis, qu'on imprimât le traité sans la lettre, à cause que la copie en est trop mal écrite pour être lue de plusieurs, et qu'on le présentât ainsi imprimé au corps de la Sorbonne, avec la lettre écrite à la main; en suite de quoi il me semble que le droit du jeu sera qu'ils commettent quelques-uns d'entre eux pour l'examiner; et il leur faudra donner autant d'exemplaires pour cela qu'ils en auront besoin, ou plutôt autant qu'ils sont de docteurs, et s'ils trouvent quelque chose à objecter, qu'ils me l'envoient, afin que j'y réponde; ce qu'on pourra faire imprimer à la fin du livre. Et après cela il me semble qu'ils ne pourront refuser de donner leur jugement, lequel pourra être imprimé au commencement du livre, avec la lettre que je leur écris. Mais les choses iront peut-être tout autrement que je ne pense; c'est pourquoi je m'en remets entièrement à vous et au P. Gibieuf, que je prie par ma lettre de vous vouloir aider à ménager cette affaire : car la *Velitation* que vous savez m'a fait connaître que, quelque bon droit qu'on puisse avoir, on ne laisse pas d'avoir toujours besoin d'amis pour le défendre. L'importance est en ceci que, puisque je soutiens la cause de Dieu, on ne saurait rejeter mes raisons, si ce n'est qu'on y montre du paralogisme, ce que je crois être impossible, ni les mépriser, si ce n'est qu'on en donne de meilleures, à quoi je pense qu'on aura assez de peine. Je suis,

M. R. P.,
Votre très humble et très acquis serviteur,

DESCARTES.

Ce 11 novembre 1640.

A ***

[Leyde, novembre 1640.]

Vous m'avez obligé de m'avertir du passage de saint Augustin, auquel mon *Je pense, donc je suis* a quelque rapport; je l'ai été lire aujourd'hui en la bibliothèque de cette ville, et je trouve véritablement qu'il s'en sert pour prouver la certitude de notre être, et ensuite pour faire voir qu'il y a en nous quelque image de la Trinité, en ce que nous sommes, nous savons que nous sommes, et nous aimons cet être et cette science qui est en nous; au lieu que je m'en sers pour faire connaître que ce *moi,* qui pense, est une *substance immatérielle,* et qui n'a rien de corporel; qui sont deux choses fort différentes. Et c'est une chose qui de soi est si simple et si naturelle à inférer, qu'on est, de ce qu'on doute, qu'elle aurait pu tomber sous la plume de qui que ce soit; mais je ne laisse pas d'être bien aise d'avoir rencontré avec saint Augustin, quand ce ne serait que pour fermer la bouche aux petits esprits qui ont tâché de regabeler sur ce principe. Le peu que j'ai écrit de métaphysique est déjà en chemin pour aller à Paris, où je crois qu'on le fera imprimer, et il ne m'en est resté ici qu'un brouillon si plein de ratures, que j'aurais moi-même de la peine à le lire, ce qui est cause que je ne puis vous l'offrir; mais sitôt qu'il sera imprimé, j'aurai soin de vous en envoyer des premiers, puisqu'il vous plaît me faire la faveur de le vouloir lire, et je serai fort aise d'en apprendre votre jugement.

A MERSENNE

[Leyde, décembre 1640.]

Mon Révérend Père,

Je ne puis manquer de vous renvoyer la lettre française du P. Bourdin[1], puisque vous la demandez; mais je ne sais comment vous la lui pourrez rendre,

1. Cette lettre est perdue.

à cause que vous avez écrit dessus, et qu'il y a aussi à la marge une apostille de ma main, que j'y ai mis ci-devant, en l'envoyant à un de mes amis pour la lui faire voir. Car je ne vous puis celer que je l'ai montrée à plusieurs : et comme les Jésuites ont partout des intelligences, et même qu'il y en a un en cette ville fort familier à un de mes amis (duquel pourtant il n'a rien appris que l'autre ait cru être à mon préjudice, car c'est un ami qui m'est très fidèle), peut-être qu'ils savent déjà que vous m'avez envoyé cette lettre; c'est pourquoi, sauf meilleur avis, il serait, ce me semble, aussi bon de lui dire franchement que vous me l'aviez envoyée, pensant lui faire plaisir en cela. Car, en effet, il ne peut y avoir aucune raison, au moins qui lui soit honnête à confesser, pour laquelle il puisse dire vous l'avoir envoyée, que pour la même il n'ait dû aussi trouver bon que je la visse; et il ne le peut trouver mauvais, qu'il ne témoigne par là que le sujet qui lui a fait écrire, a été pour vous faire croire qu'il voulait maintenir des choses contre moi, qu'il n'ose pourtant ni ne peut maintenir devant moi. Et cependant il en a composé de gros traités pour les débiter à ses disciples; car un Danois m'a dit ici en avoir vu un entre les mains d'un des soutenants, nommé Potier, duquel il s'était promis d'avoir copie, mais il n'a pu; peut-être que le Père Bourdin l'a empêché.

Mais je vous envoie derechef la réponse que j'avais faite à leur lettre latine, afin que vous leur puissiez faire voir toute seule, s'il vous plaît. Car il me semble nécessaire qu'ils sachent en quel sens j'ai pris leurs paroles, et si vous trouvez bon d'avouer au Père Bourdin que vous m'aviez envoyé sa lettre, vous pourrez aussi lui faire voir en confidence la réponse que j'y avais faite, et lui dire que vous n'avez pas voulu lui montrer auparavant, à cause que vous la jugiez trop rude, et craigniez que cela n'empêchât que nous ne puissions devenir amis. Et enfin, en confessant toute la pure vérité, je crois que vous ferez plaisir à l'un et à l'autre; car j'espère que, voyant que j'ai bec et ongles pour me défendre, il sera d'autant plus retenu, quand il voudra parler de moi à l'avenir. Et bien qu'il me serait peut-être plus avantageux d'être en guerre ouverte contre eux, et que j'y sois entièrement résolu, s'ils m'en donnent juste sujet, j'aime toutefois beaucoup mieux la paix, pourvu qu'ils s'abstiennent de parler.

Au reste, je suis extrêmement obligé à M. des Argues de ce qu'il veut prendre la peine de catéchiser le Père Bourdin; c'est la meilleure invention qu'il est possible, pour faire qu'il chante la palinodie de bonne grâce, au moins s'il se veut laisser convertir. S'il le fait, je serai très aise de dissimuler le passé, et même d'être particulièrement son serviteur; et j'en aurai beaucoup meilleure opinion de lui et des siens.

Pour la musique de M. Ban., je crois qu'elle diffère de l'Air de Bosset, comme la creye d'un écolier qui a voulu pratiquer toutes les règles de sa rhétorique, diffère d'une Oraison de Cicéron, où il est malaisé de les reconnaître. Je lui en ai dit la même chose, et je crois qu'il l'avoue à présent; mais cela n'empêche pas qu'il ne soit très bon musicien, et d'ailleurs fort honnête homme, et mon bon ami, ni aussi que les règles ne soient bonnes, aussi bien en musique qu'en rhétorique.

Je vous remercie de la lettre qu'il vous a plu faire transcrire pour moi; mais je n'y trouve rien qui me serve, ni qui ne me semble aussi peu probable que la philosophie de l'École. Pour votre difficulté, à savoir pourquoi les parties très subtiles s'aplatissent plutôt, pour remplir les angles des corps, que ne font celles qui sont plus grosses, nonobstant que la matière des unes et des autres ne diffère rien du tout, elle est aisée à soudre, par cette seule considération, que, plus un corps est petit, plus il a de superficie à raison de la quantité intérieure de sa matière : comme, par exemple, un cube qui n'aura que la huitième partie d'autant de matière qu'un autre n'aura pas seulement un huitième de sa superficie, mais deux huitièmes, ou un quart, et ainsi des autres figures. Car c'est de la quantité intérieure que dépend la dureté, ou résistance à la division; et c'est, au contraire, la grandeur de sa superficie qui la facilite, et avec cela l'extrême vitesse de cette matière très subtile.

Je ne connais pas assez la nature de l'or, pour déterminer comment se meuvent ses parties dans l'eau-forte, autrement que par l'exemple de celles du sel, que j'ai décrites en mes *Météores*. Mais il y a un million d'expériences qui peuvent prouver le mouvement des parties de l'eau, qu'on ne voit point à l'œil : comme, quand on a dissous dedans du salpêtre, comment est-ce que toutes les parties de ce sel se vont attacher en formes de bâtons au fond et aux côtés du vaisseau, si elles ne se remuent en y allant ? Enfin, jetez une goutte de vin rouge dans de l'eau, et vous verrez à l'œil comme il coule partout pour se mêler avec elle. Je crois bien que les parties de l'or, et des autres corps durs, ont quelque mouvement, à cause de la matière subtile qui passe par leurs pores, mais non pas qui les sépare, comme les feuilles et branches des arbres sont ébranlées par le vent, sans en être détachées.

Pour la pression de la lune, elle ne peut être sensible sur les lacs, à cause qu'ils n'ont aucune proportion avec toute la masse de la terre, à laquelle cette pression se rapporte.

Le sieur Saumaise a grand tort, s'il me prend pour ami de Heinsius, auquel je n'ai encore jamais parlé, et que j'ai su avoir aversion de moi, il y a longtemps, à cause que j'étais ami de Balzac et qu'il est pédant. Mais M. Saumaise est ingénieux à se forger des adversaires. Heinsius a fait imprimer un vers à la fin de son livre sur le Nouveau Testament, composé en sa faveur par M. de Zuylichem. Il a déclamé contre ce vers, en la préface de son second tome *De Usuris,* que ceux qui flattent ainsi les auteurs des livres qu'ils n'ont point vus, *utrem inflare pergunt*[1], etc. M. de Zuylichem s'en plaignit à M. Rivet, auquel Monsieur Saumaise écrivit une lettre, non tant pour s'en excuser, que pour se défendre; et M. de Zuylichem a fait quelques remarques sur cette lettre, lesquelles il m'envoya pour me les faire voir, et je lui en mandais mon sentiment, en telle sorte que je suis assuré, bien que je ne me souvienne plus de ce qui était en ma lettre, qui était si peu étudiée que je n'en avais pas fait de brouillon, de n'y avoir rien mis au désavantage de M. de Saumaise, sinon peut-être qu'il était un peu trop aisé à offenser. Ce qu'il vérifie en s'offensant de moi pour cette lettre; car c'est celle qu'il dit avoir vue, et je n'ai d'ailleurs jamais eu grande familiarité avec lui.

Je ne suis pas marri que les ministres fulminent

1. Ils continuent à gonfler l'outre.

contre le mouvement de la terre; cela conviera peut-être nos prédicateurs à l'approuver. Et à propos de ceci, si vous écrivez à ce médecin[1] du Cardinal de Bagné, je serais bien aise que vous l'avertissiez que rien ne m'a empêché jusqu'ici de publier ma philosophie, que la défense du mouvement de la terre, lequel je n'en saurais séparer, à cause que toute ma physique en dépend; mais que je serai peut-être bientôt contraint de la publier, à cause des calomnies de plusieurs, qui, faute d'entendre mes principes, veulent persuader au monde que j'ai des sentiments fort éloignés de la vérité; et que vous le priiez de sonder son Cardinal sur ce sujet, à cause qu'étant extrêmement son serviteur, je serais très marri de lui déplaire, et qu'étant très zélé à la religion catholique, j'en révère généralement tous les chefs. Je n'ajoute point que je ne me veux pas mettre au hasard de leur censure; car, croyant très fermement l'infaillibilité de l'Église, et ne doutant point aussi de mes raisons, je ne puis craindre qu'une vérité soit contraire à l'autre.

Vous avez raison de dire que nous sommes aussi assurés de notre libre arbitre que d'aucune autre notion première; car c'en est véritablement une.

Quand une chandelle s'allume à une autre, ce n'est qu'un même feu qui s'étend d'une mèche à l'autre, parce que les parties de la flamme, agitées par la matière très subtile, ont la force d'agiter et de séparer celles de cette autre mèche; et ainsi ce feu s'augmente, puis il est divisé en deux feux, quand on sépare ces deux mèches.

Mais je ne puis bien expliquer le feu qu'en donnant toute ma philosophie, et je vous dirai, entre nous, que je commence à en faire un abrégé, où je mettrai tout le cours par ordre, pour le faire imprimer avec un abrégé de la philosophie de l'École, tel que celui du F. Eustache, sur lequel j'ajouterai mes notes à la fin de chaque question, qui contiendront les diverses opinions des auteurs, ce qu'on en doit croire de toutes, et leur utilité; ce que je crois pouvoir faire en telle sorte, qu'on verra facilement la comparaison de l'une avec l'autre, et que ceux qui n'ont point encore appris la philosophie de

1. Naudé.

l'École, l'apprendront beaucoup plus aisément de ce livre que de leurs maîtres, à cause qu'ils apprendront par même moyen à la mépriser, et tous les moindres maîtres seront capables d'enseigner la mienne par ce seul livre. Si le Père Eustache de Saint-Paul vit encore, je ne me servirai pas de son livre sans sa permission; mais il n'est pas encore temps de la demander, ni même d'en parler, à cause qu'il faut voir auparavant comment mes *Méditations* de métaphysique seront reçues.

Tout ce que vous m'écrivez touchant la réflexion et la réfraction est entièrement selon mes pensées, et je suis bien aise que ce qu'a écrit le P. Bourdin vous ait convié à les mieux examiner; et ce que vous dites des deux diverses déterminations, l'une d'A vers D, qui demeure toujours la même, et l'autre d'A vers B, qui, changeant tant qu'on voudra, n'empêche pas que le mobile n'arrive toujours en temps égal à quelque point de la ligne D C, est une chose si claire, et une si belle façon pour expliquer ma démonstration, que le Père Bourdin, ne l'ayant pas voulu entendre, a montré par là qu'il aime mieux que ce soit M. des Argues que vous, qui ait l'honneur de sa conversion.

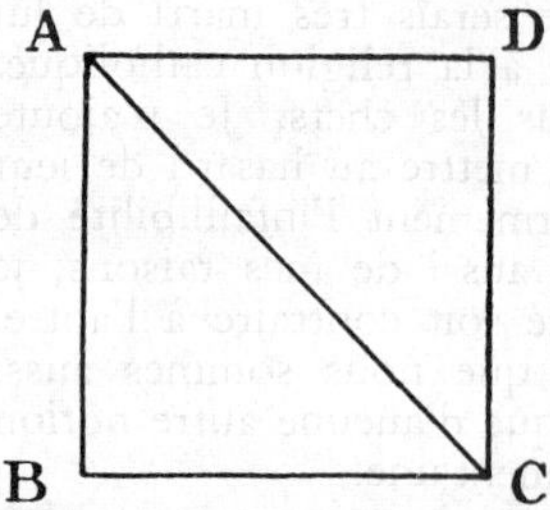

Je crois que ce que je vous écris pour eux en latin est suffisant pour l'obliger à m'envoyer ses objections, s'il en a envie, sans qu'il soit besoin que je lui en écrive plus particulièrement; car je mande que, puisqu'il n'y a rien eu qui l'ait empêché de me les envoyer, sinon qu'il n'avait pas lu la page 75 de ma préface ou de ma *Méthode,* je me promets qu'il n'y manquera pas dorénavant, puisqu'il sait ce qu'elle contient.

Je verrai St. Anselme à la première occasion. Vous m'aviez ci-devant averti d'un passage de St. Augustin, touchant mon *Je pense, donc je suis,* que vous m'avez, ce me semble, redemandé depuis; il est au livre onzième *De Civitate Dei,* chap. 26. Je suis,

M. R. P., etc.

A MERSENNE

[Leyde, 24 décembre 1640?]

Mon Révérend Père,

Je ne viens que de recevoir vos lettres une heure ou deux avant que le messager doive retourner; ce qui sera cause que je ne pourrai pour cette fois répondre à tout ponctuellement. Mais parce que la difficulté que vous proposez pour le *conarium*[1], semble être ce qui presse le plus, et que l'honneur que me fait celui qui veut défendre publiquement ce que j'en ai touché en ma *Dioptrique* m'oblige à tâcher de lui satisfaire, je ne veux pas attendre à l'autre voyage à vous dire que *glandula pituitaria*[2] a bien quelque rapport *cum glandula pineali,* en ce qu'elle est située, comme elle, entre les carotides et en la ligne droite par où les esprits viennent du cœur vers le cerveau, mais qu'on ne saurait soupçonner pour cela qu'elle ait même usage, à cause qu'elle n'est pas, comme l'autre, dans le cerveau, mais au-dessous, et entièrement séparée de sa masse dans une concavité de l'os sphénoïde, qui est faite exprès pour la recevoir, *etiam infra duram meningem*[3], si j'ai bonne mémoire; outre qu'elle est entièrement immobile, et nous éprouvons, en imaginant, que le siège du sens commun, c'est-à-dire la partie du cerveau en laquelle l'âme exerce toutes ses principales opérations, doit être mobile. Or ce n'est pas merveille que cette *glandula pituitaria* se rencontre où elle est, entre le cœur et le *conarium,* à cause qu'il s'y rencontre aussi quantité de petites artères, qui composent le *plexus mirabilis,* et qui ne vont point du tout jusques au cerveau; car c'est quasi une règle générale par tout le corps, qu'il y a des glandes, où plusieurs branches de

1. Cf. note 2 de la page 1066.
2. La glande ou corps pituitaire, occupe la selle turcique sur laquelle elle est fixée par un repli de la dure-mère.
3. Même sous la dure-mère.

veines ou d'artères se rencontrent. Et ce n'est pas merveille aussi que les carotides envoient en ce lieu-là plusieurs branches; car il y en faut pour nourrir les os et les autres parties, et aussi pour séparer les plus grossières parties du sang des plus subtiles, qui montent seules, par les branches les plus droites de ces carotides, jusques au-dedans du cerveau, où est le *conarium*. Et il ne faut point concevoir que cette séparation se fasse autrement que *mechanice*, de même que, s'il flotte des joncs et de l'écume sur un torrent, lequel se divise quelque part en deux branches, on verra que tous ces joncs et cette écume iront se rendre en celle où l'eau coulera le moins en ligne droite. Or c'est avec grande raison que le *conarium* est semblable à une glande, à cause que le principal office de toutes les glandes est de recevoir les plus subtiles parties du sang qui exhalent des vaisseaux qui les environnent, et le sien est de recevoir en même façon les esprits animaux. Et d'autant qu'il n'y a que lui de partie solide en tout le cerveau, qui soit unique, il faut de nécessité qu'il soit le siège du sens commun, c'est-à-dire de la pensée, et par conséquent de l'âme; car l'un ne peut être séparé de l'autre. Ou bien il faut avouer que l'âme n'est point immédiatement unie à aucune partie solide du corps, mais seulement aux esprits animaux qui sont dans ses concavités, et qui y entrent et sortent continuellement ainsi que l'eau d'une rivière, ce qui serait estimé trop absurde. Outre que la situation du *conarium* est telle, qu'on peut fort bien entendre comment les images qui viennent des deux yeux, ou les sons qui entrent par les deux oreilles, etc., se doivent unir au lieu où il est : ce qu'elles ne sauraient faire dans les concavités, si ce n'était en celle du milieu, ou dans le conduit au-dessus duquel est le *conarium*, ce qui ne pourrait suffire, à cause que ces concavités ne sont point distinctes des autres où les images sont nécessairement doubles. Si je puis quelqueautre chose pour celui qui vous avait proposé ceci, je vous prie de l'assurer que je ferai très volontiers tout mon possible pour le satisfaire.

Pour ma *Métaphysique*, vous m'obligez extrêmement des soins que vous en prenez, et je me remets entièrement à vous pour y corriger ou changer tout ce que vous jugerez à propos. Mais je m'étonne que vous me promettiez des objections de divers théologiens dans huit jours, à cause que je me suis persuadé qu'il fallait plus de temps pour y remarquer tout ce qui y eſt; et celui qui a fait les objeċtions qui sont à la fin, l'a jugé de même. C'eſt un prêtre d'Alcmaer, qui ne veut point être nommé[1]; c'eſt pourquoi, si son nom se trouve en quelque lieu, je vous prie de l'effacer. Il faudra aussi, s'il vous plaît, avertir l'imprimeur de changer les chiffres de ses objeċtions, où les pages des *Méditations* sont citées, pour les faire accorder avec les pages imprimées.

Pour ce que vous dites, que je n'ai pas mis un mot de l'immortalité de l'âme, vous ne vous en devez pas étonner; car je ne saurais pas démontrer que Dieu ne la puisse annihiler, mais seulement qu'elle eſt d'une nature entièrement diſtinċte de celle du corps, et par conséquent qu'elle n'eſt point naturellement sujette à mourir avec lui, qui eſt tout ce qui eſt requis pour établir la religion; et c'eſt aussi tout ce que je me suis proposé de prouver.

Vous ne devez pas aussi trouver étrange que je ne prouve point, en ma seconde *Méditation,* que l'âme soit réellement diſtinċte du corps, et que je me contente de la faire concevoir sans le corps, à cause que je n'ai pas encore en ce lieu-là les prémisses dont on peut tirer cette conclusion; mais on la trouve après, en la sixième *Méditation.*

Et il eſt à remarquer, en tout ce que j'écris, que je ne suis pas l'ordre des matières, mais seulement celui des raisons : c'eſt-à-dire que je n'entreprends point de dire en un même lieu tout ce qui appartient à une matière, à cause qu'il me serait impossible de le bien prouver, y ayant des raisons qui doivent être tirées de bien plus loin les unes que les autres; mais en raisonnant par ordre *a facilioribus ad difficiliora*[2], j'en déduis ce que je puis, tantôt pour une matière, tantôt pour une autre; ce qui eſt, à mon avis, le vrai chemin pour bien trouver et expliquer la vérité. Et pour l'ordre des matières, il n'eſt bon que pour ceux dont toutes les raisons sont détachées, et qui peuvent dire autant d'une difficulté que d'une autre. Ainsi je ne juge pas qu'il soit aucunement à propos,

1. Caterus.
2. Des plus faciles aux plus difficiles.

ni même possible, d'insérer dans mes *Méditations* la réponse aux objections qu'on y peut faire; car cela en interromprait toute la suite, et même ôterait la force de mes raisons, qui dépend principalement de ce qu'on se doit détourner la pensée des choses sensibles, desquelles la plupart des objections seraient tirées. Mais j'ai mis celles de Caterus à la fin, pour montrer le lieu où pourront aussi être les autres, s'il en vient.

Mais je serai bien aise qu'on prenne du temps pour les faire; car il importe peu que ce traité soit encore deux ou trois ans sans être divulgué. Et parce que la copie en est fort mal écrite, et qu'elle ne pourrait être vue que par un à la fois, il me semble qu'il ne serait pas mauvais qu'on en fît imprimer par avance vingt ou trente exemplaires, et je serai fort aise de payer ce que cela coûtera; car je l'aurais fait faire dès ici, sinon que je ne me suis pu fier à aucun libraire, et que je ne voulais pas que les ministres de ce pays le vissent avant nos théologiens.

Pour le style, je serais fort aise qu'il fût meilleur qu'il n'est; mais, réservé les fautes de grammaire, s'il y en a, ou ce qui peut sentir la phrase française, comme *in dubium ponere* pour *revocare*[1], je crains qu'il ne s'y puisse rien changer sans préjudice du sens; comme, en ces mots : *nempe quicquid hactenus ut maxime verum admisi, vel a sensibus vel per sensus accepi*[2], qui ajouterait *falsum esse*[3], comme vous me mandez, en changerait entièrement le sens, qui est que j'ai reçu des sens, ou par les sens, tout ce que j'ai cru jusques ici être le plus vrai. De mettre *erutis fundamentis,* au lieu de *suffossis*[4], il n'y a pas si grand mal, à cause que l'un et l'autre est latin et signifie quasi le même; mais il me semble encore que le dernier, n'ayant que la seule signification en laquelle je le prends, est bien aussi propre que l'autre, qui en a plusieurs.

Je vous enverrai peut-être dans huit jours un abrégé

1. Mettre en doute, pour révoquer (en doute).

2. Tout ce que jusqu'à ce jour j'ai cru vrai au plus haut point, je l'ai reçu des sens ou par l'intermédaire des sens.

3. Être faux.

4. *Erutis* ou *suffosis fundamentis :* fondements qu'on a renversés (*erutis*) ou qu'on a fait crouler en creusant dessous (*suffossis*).

des principaux points qui touchent Dieu et l'âme, lequel pourra être imprimé avant les *Méditations,* afin qu'on voie où ils se trouvent; car autrement je vois bien que plusieurs seront dégoûtés de ne pas trouver en un même lieu tout ce qu'ils cherchent. Je serai bien aise que Monsieur des Argues soit aussi un de mes juges, s'il lui plaît d'en prendre la peine, et je me fie plus en lui seul qu'en trois théologiens. On ne me fera point aussi de déplaisir de me faire plusieurs objections, car je me promets qu'elles serviront à faire mieux connaître la vérité, et grâces à Dieu, je n'ai pas peur de n'y pouvoir satisfaire; l'heure me contraint de finir. Je suis,

M. R. P.,

Votre très humble et très acquis serviteur,

DESCARTES.

[AU P. CHARLET[1] ?]

[Décembre 1640 ?]

MON RÉVÉREND PÈRE,

Je sais que vous avez tant d'occupations, qui valent mieux que de lire les lettres d'une personne qui n'est point capable de vous rendre aucun service, que je fais scrupule de vous importuner des miennes, lorsque je n'ai point d'autre sujet de vous écrire, que pour vous assurer du zèle que j'ai à vous honorer. Mais parce qu'il y a ici quelques personnes, qui me veulent persuader que plusieurs des Pères de votre Compagnie parlent désavantageusement de mes écrits, et que cela incite un de mes amis[2] à écrire un traité dans lequel il veut faire une ample comparaison de la philosophie qui s'enseigne en vos écoles avec celle que j'ai publiée, afin qu'en mon-

1. Étienne Charlet (1570-1652). Le R. P. Charlet fut recteur du collège de La Flèche en 1607. Il devint en 1627 assistant du Général des Jésuites à Rome. Il devait être aussi à deux reprises provincial. Descartes l'appelait « son second père ».

2. C'est-à-dire Descartes lui-même.

trant ce qu'il pense être mauvais en l'une, il fasse d'autant mieux voir ce qu'il juge meilleur en l'autre; j'ai cru ne devoir pas consentir à ce dessein, que je ne vous en eusse auparavant averti, et supplié de me prescrire ce que vous jugez que je dois faire. L'obligation que j'ai à vos Pères de toute l'institution de ma jeunesse, l'inclination très particulière que j'ai toujours eue à les honorer, et celle que j'ai aussi à préférer les voix douces et aimables à celles qui peuvent déplaire, seraient des raisons assez fortes pour m'obliger à prier cet ami de vouloir exercer sa plume sur quelque autre sujet, où je ne fusse point mêlé, si je n'étais comme forcé de pencher de l'autre côté, par le tort qu'on dit que cela me fait, et par la règle de prudence qui m'apprend qu'il vaut beaucoup mieux avoir des ennemis déclarés que couverts; principalement en telle occasion, où n'étant question que d'honneur, d'autant que la querelle éclatera plus, d'autant sera-t-elle plus avantageuse à celui qui aura juste cause. Mais le respect que je vous dois, et l'affection que vous m'avez toujours fait la faveur de me témoigner, a plus de force sur moi qu'aucune autre chose et fait que je désire attendre vos commandements sur ce sujet; et je ne souhaite rien que de vous pouvoir montrer, par effet, que je suis, etc.

[A POLLOT[1]]

Leyde, mi-janvier 1641.

Monsieur,

Je viens d'apprendre la triste nouvelle de votre affliction[2], et bien que je ne me promette pas de rien mettre, en cette lettre, qui ait grande force pour

1. Pollot (Alphonse de) (1604-1682). Gentilhomme d'origine piémontaise qui fit une belle fortune à l'armée et à la Cour de Hollande. Il devint notamment gentilhomme de la Chambre du prince d'Orange.

2. Pollot venait de perdre son frère.

adoucir votre douleur, je ne puis toutefois m'abstenir d'y tâcher, pour vous témoigner au moins que j'y participe. Je ne suis pas de ceux qui estiment que les larmes et la tristesse n'appartiennent qu'aux femmes, et que, pour paraître homme de cœur, on se doive contraindre à montrer toujours un visage tranquille. J'ai senti depuis peu la perte de deux personnes qui m'étaient très proches[1], et j'ai éprouvé que ceux qui me voulaient défendre la tristesse, l'irritaient, au lieu que j'étais soulagé par la complaisance de ceux que je voyais touchés de mon déplaisir. Ainsi je m'assure que vous me souffrirez mieux, si je ne m'oppose point à vos larmes, que si j'entreprenais de vous détourner d'un ressentiment que je crois juste. Mais il doit néanmoins y avoir quelque mesure; et comme ce serait être barbare que de ne se point affliger du tout, lorsqu'on en a du sujet, aussi serait-ce être trop lâche de s'abandonner entièrement au déplaisir; et ce serait faire fort mal son compte, que de ne tâcher pas, de tout son pouvoir, à se délivrer d'une passion si incommode. La profession des armes, en laquelle vous êtes nourri, accoutume les hommes à voir mourir inopinément leurs meilleurs amis; et il n'y a rien au monde de si fâcheux, que l'accoutumance ne le rende supportable. Il y a, ce me semble, beaucoup de rapport entre la perte d'une main et d'un frère; vous avez ci-devant souffert la première[2], sans que j'aie jamais remarqué que vous en fussiez affligé; pourquoi le seriez-vous davantage de la seconde? Si c'est pour votre propre intérêt, il est certain que vous la pouvez mieux réparer que l'autre, en ce que l'acquisition d'un fidèle ami peut autant valoir que l'amitié d'un bon frère. Et si c'est pour l'intérêt de celui que vous regrettez, comme sans doute votre générosité ne vous permet pas d'être touché d'autre chose, vous savez qu'il n'y a aucune raison ni religion, qui fasse craindre du mal, après cette vie, à ceux qui ont vécu en gens d'honneur, mais qu'au contraire, l'une et l'autre leur promet des joies et des récompenses. Enfin, Monsieur, toutes nos afflictions, quelles qu'elles soient,

1. Descartes avait perdu l'année précédente sa fille Francine, fille d'Hélène, et son père.
2. Pollot avait perdu un bras à la guerre.

ne dépendent que fort peu des raisons auxquelles nous les attribuons, mais seulement de l'émotion et du trouble intérieur que la nature excite en nous-mêmes; car, lorsque cette émotion est apaisée, encore que toutes les raisons que nous avions auparavant demeurent les mêmes, nous ne nous sentons plus affligés. Or je ne veux point vous conseiller d'employer toutes les forces de votre résolution et constance, pour arrêter tout d'un coup l'agitation intérieure que vous sentez : ce serait peut-être un remède plus fâcheux que la maladie; mais je ne vous conseille pas aussi d'attendre que le temps seul vous guérisse, et beaucoup moins d'entretenir et prolonger votre mal par vos pensées. Je vous prie seulement de tâcher peu à peu de l'adoucir, en ne regardant ce qui vous est arrivé que du biais qui vous le peut faire paraître le plus supportable, et en vous divertissant le plus que vous pourrez par d'autres occupations. Je sais bien que je ne vous apprends ici rien de nouveau; mais on ne doit pas mépriser les bons remèdes pour être vulgaires, et m'étant servi de celui-ci avec fruit, j'ai cru être obligé de vous l'écrire : car je suis, etc.

A MERSENNE

[Leyde, 28 janvier 1641.]

MON RÉVÉREND PÈRE,

CE mot n'est que pour vous dire que je n'ai pu encore pour ce voyage vous envoyer ma réponse aux objections, partie à cause que j'ai eu d'autres occupations, qui ne m'ont quasi pas laissé un jour libre, et partie aussi que ceux qui les ont faites semblent n'avoir rien du tout compris de ce que j'ai écrit, et ne l'avoir lu qu'en courant la poste, en sorte qu'ils ne me donnent occasion que de répéter ce que j'y ai déjà mis; et cela me fait plus de peine que s'ils m'avaient proposé des difficultés qui donnassent plus d'exercice à mon esprit. Ce qui soit toutefois dit entre nous, à cause que je serais très marri de les désobliger; et vous verrez, par le soin que je prends à leur répondre, que je me tiens leur redevable, tant aux premiers[1] qu'à celui aussi qui a fait les dernières[2], que je n'ai reçues que mardi dernier, ce qui fut cause que je n'en parlai point en ma dernière, car notre messager part le lundi.

J'ai parcouru le livret de M. Morin, dont le principal défaut eśt qu'il traite partout de l'infini, comme si son esprit était au-dessus, et qu'il en pût comprendre les propriétés, qui eśt une faute commune quasi à tous; laquelle j'ai tâché d'éviter avec soin, car je n'ai jamais traité de l'infini que pour me soumettre à lui, et non point pour déterminer ce qu'il eśt, ou ce qu'il n'eśt pas. Puis, avant que de rien expliquer qui soit en controverse, dans son seizième théorème, où il commence à vouloir prouver que Dieu eśt, il appuie son raisonnement sur ce qu'il prétend avoir réfuté le mouvement de la terre, et sur ce que tout le ciel tourne autour d'elle, ce qu'il n'a nullement prouvé. Et il suppose aussi qu'il ne peut y avoir de nombre infini, etc., ce qu'il ne saurait prouver non plus; et ainsi tout ce qu'il met jusques à la fin, eśt fort éloigné de l'évidence et de la certitude géométrique, qu'il semblait promettre au commencement. Ce qui soit dit aussi, s'il vous plaît, entre nous, à cause que je ne désire nullement lui déplaire.

Je viens de recevoir votre dernière, du dix-neuvième janvier, avec le papier de M. des Argues, que je viens de lire tout promptement. L'invention[3] en eśt fort belle, et d'autant plus ingénieuse qu'elle eśt plus simple. Car il n'y a pas grande difficulté à reconnaître qu'elle eśt conforme à la théorie, en considérant seulement que ces trois premières verges représentent trois lignes droites en la superficie du cône que décrit l'ombre du soleil ce jour-là, et que leur rencontre eśt le sommet de ce cône; que le triangle eśt imaginé inscrit dans le cercle de l'Équateur, duquel il trouve le centre par la rencontre des deux perpendiculaires sur les deux côtés de ce triangle; et que la ligne tirée de la rencontre de

1. Les auteurs des deuxièmes objections, réunies par Mersenne.
2. Hobbes.
3. Il s'agit d'une nouvelle méthode de conśtruire les cadrans solaires.

ces perpendiculaires à l'un des angles, est le rayon de ce cercle : d'où le reste est évident.

Mais il me semble que, pour la pratique, l'usage de ces deux fils de métal n'est pas si exact que s'il faisait faire un triangle de carton, ou autre matière, dont on appliquerait les trois angles aux trois divisions marquées sur les verges, après y avoir fait un trou rond de la grosseur du style, dont le centre serait en la rencontre des perpendiculaires. Car, en passant le style par ce trou, et le haussant jusques à la rencontre des trois verges, on le poserait en sa juste situation.

Je vous prie de l'assurer que je suis fort son serviteur, et le remercie de ce qu'il a souvenance de moi, pour m'envoyer de ses écrits. Je n'ai pu encore étudier son traité pour la coupe des pierres, à cause que je n'en ai pas reçu les figures. Si vous m'apprenez quelque chose de ce qu'il dit avoir trouvé touchant l'algèbre, je pourrai peut-être juger ce que c'est en peu de mots; mais pour ce qui est de se servir en même façon du *plus* et du *minus*, c'est chose que nous avons toujours pratiquée.

Je vous suis extrêmement obligé de tous les bons avis que vous me donnez touchant ma *Métaphysique*, et autres choses.

Je prétends que nous avons des idées non seulement de tout ce qui est en notre intellect, mais même de tout ce qui est en la volonté. Car nous ne saurions rien vouloir, sans savoir que nous le voulons, ni le savoir que par une idée; mais je ne mets point que cette idée soit différente de l'action même.

Il n'y aura, ce me semble, aucune difficulté d'accommoder la théologie à ma façon de philosopher; car je n'y vois rien à changer que pour la transsubstantiation, qui est extrêmement claire et aisée par mes principes. Et je serai obligé de l'expliquer en ma physique, avec le premier chapitre de la Genèse, ce que je me propose d'envoyer aussi à la Sorbonne, pour être examiné avant qu'on l'imprime. Que si vous trouvez qu'il y ait d'autres choses qui méritent qu'on écrive un cours entier de théologie, et que vous le vouliez entreprendre, je le tiendrai à faveur, et vous y servirai en tout ce que je pourrai.

J'ai connu autrefois un M. Chauveau à La Flèche, qui était de Melun; je serai bien aise de savoir si ce ne serait point celui-là qui enseigne les mathématiques à Paris; mais je crois qu'il s'alla rendre Jésuite, et nous étions, lui et moi, fort grands amis.

J'ai reçu, il y a déjà quelques semaines, le livre de M. de la N.[1], et un autre du dixième livre d'Euclide mis en français. Mais pour vous avouer la vérité, sur ce que M. de Zuylichem m'avait dit, avant que de me les envoyer, qu'ils ne contenaient rien de fort exquis, et que j'avais d'autres occupations, je les ai laissé reposer, après avoir lu deux ou trois heures dans le premier, sans y rien trouver que des paroles.

Je ne crois point qu'il faille rien changer de ce que j'ai mis au commencement de ma *Méthaphysique,* à l'occasion du sieur N.[2]; car c'est le moins que j'ai pu, et que j'ai cru avoir dû dire sur ce sujet. Car je me serais fait tort de n'en avoir point du tout parlé, vu que son écrit a été vu de plusieurs, et je vous assure que je me soucie aussi peu qu'il le fasse imprimer, que j'ai fait du *Pentalogos*[3] que vous avez vu. Je crois donc qu'en faisant imprimer ma *Métaphysique,* il sera bon d'y mettre ce commencement, afin qu'on voie que ce que j'avais écrit dans le *Discours de la Méthode,* n'est que la même chose que j'explique plus au long. Mais il est vrai que, pour faire écrire des copies, ce sera assez de commencer par l'abrégé que je vous ai envoyé.

Je serai bien aise qu'on me fasse le plus d'objections et les plus fortes qu'on pourra, car j'espère que la vérité en paraîtra d'autant mieux; mais je vous prie de faire voir ma réponse et les objections que vous m'avez déjà envoyées, à ceux qui m'en voudront faire de nouvelles, afin qu'ils ne me proposent point ce à quoi j'aurai déjà répondu.

J'ai prouvé bien expressément que Dieu était créateur de toutes choses, et ensemble tous ses autres attributs : car j'ai démontré son existence par l'idée que nous avons de lui; et même parce qu'ayant en nous cette

---

1. Probablement le livre de La Chambre : *Les caractères des passions.*

2. Probablement Petit.

3. Ouvrage d'un chimiste bohémien, demeurant à La Haye, que Descartes jugeait digne des petites maisons.

idée, nous devons avoir été créés par lui. Mais je vois qu'on prend plus garde aux titres qui sont dans les livres, qu'à tout le reste. Ce qui me fait penser qu'au titre de la seconde *Méditation, de Mente humana,* on peut ajouter, *quod ipsa sit notior quam corpus*[1], afin qu'on ne croie pas que j'aie voulu y prouver son immortalité. Et après, en la troisième, *de Deo, — quod existat*[2]. En la cinquième, *de Essentia rerum materialium, — et iterum de Deo, quod existat*[3]. En la sixième, *de Existentia rerum materialium, — et reali mentis a corpore distinctione*[4]. Car ce sont là les choses à quoi je désire qu'on prenne le plus garde. Mais je pense y avoir mis beaucoup d'autres choses; et je vous dirai, entre nous, que ces six *Méditations* contiennent tous les fondements de ma physique. Mais il ne le faut pas dire, s'il vous plaît; car ceux qui favorisent Aristote feraient peut-être plus de difficulté de les approuver; et j'espère que ceux qui les liront, s'accoutumeront insensiblement à mes principes, et en reconnaîtront la vérité avant que de s'apercevoir qu'ils détruisent ceux d'Aristote.

A MERSENNE

[Endegeest, 21 avril 1641.]

Mon Révérend Père,

J'ai été deux ou trois voyages sans vous écrire, partie à cause que j'ai eu peu de choses à vous mander, et partie aussi que le séjour de la campagne m'a rendu un peu plus négligent que je n'étais auparavant. Je n'ai pas laissé toutefois de chercher la question de M. des Argues, car la façon dont vous me l'aviez proposée

1. De l'esprit humain... qu'il est plus aisé à connaître que le corps.
2. De Dieu... qu'il existe.
3. De l'essence des choses matérielles, et derechef de Dieu, qu'il existe.
4. De l'existence des choses matérielles, et de la réelle distinction entre l'âme et le corps.

était telle, qu'il n'eût pas été honnête que je m'en fusse excusé; mais parce que je n'avais pas encore achevé, il y a huit jours, que j'appris par votre lettre que M. de Roberval l'avait trouvée, il me sembla que je ne m'y devais pas arrêter davantage; car le calcul en est fort long et difficile, et en effet je n'y ai pas pensé depuis . . .

Je me remets entièrement à vous de ce qui concerne l'approbation et l'impression de ma *Métaphysique ;* car je sais que vous en avez plus de soin que je n'en pourrais avoir moi-même, et vous pouvez mieux juger ce qui est expédient, étant sur les lieux, que je ne puis faire d'ici.

J'admire les objections de vos docteurs, à savoir que nous n'avons point de certitude, suivant ma philosophie, que le prêtre tient l'Hostie à l'autel, ou qu'il ait de l'eau pour baptiser, etc. Car qui a jamais dit, même entre les philosophes de l'École, qu'il y eût autre certitude que morale de telles choses? et bien que les théologiens disent qu'il est de la foi de croire que le corps de Jésus-Christ est en l'Eucharistie, ils ne disent pas toutefois qu'il soit de la foi de croire qu'il est en cette Hostie particulière, sinon en tant qu'on suppose, *ex fide humana, quos sacerdos habuerit voluntatem consecrandi, et quod verba pronunciarit, et sit rite ordinatus, et talia quæ nullo modo sunt de fide*[1].

Pour ceux qui disent que Dieu trompe continuellement les damnés, et qu'il nous peut aussi continuellement tromper, ils contredisent au fondement de la foi et de toute notre créance, qui est que *Deus mentïri non potest*[2]; ce qui est répété en tant de lieux dans St. Augustin, St. Thomas et autres, que je m'étonne que quelque théologien y contredise, et ils doivent renoncer à toute certitude, s'ils n'admettent cela pour axiome que *Deus nos fallere non potest*[3].

Parce que j'ai écrit, que l'indifférence est plutôt un défaut qu'une perfection de la liberté en nous, il ne s'ensuit pas de là que ce soit le même en Dieu; et toute-

---

1. Sinon en tant que l'on suppose par la foi humaine, que le prêtre a eu la volonté de consacrer, qu'il a prononcé les paroles, et qu'il est ordonné régulièrement, et telles choses semblables qui ne sont aucunement articles de foi.

2. Dieu ne peut mentir.

3. Dieu ne peut nous tromper.

fois je ne sache point qu'il soit *de fide* de croire qu'il est indifférent, et je me promets que le Père Gibieuf défendra bien ma cause en ce point-là; car je n'ai rien écrit qui ne s'accorde avec ce qu'il a mis dans son livre *De Libertate*.

Je n'ai point dit, en aucun lieu, que Dieu ne concourt pas immédiatement à toutes choses, et j'ai assuré expressément le contraire en ma réponse au théologien.

Je n'ai pas cru me devoir étendre plus que j'ai fait en mes réponses à l'Anglais, à cause que ses objections m'ont semblé si peu vraisemblables, que c'eût été les faire trop valoir, que d'y répondre plus au long.

Pour le docteur qui dit que nous pouvons douter si nous pensons ou non, aussi bien que de toute autre chose, il choque si fort la lumière naturelle, que je m'assure que personne, qui pensera à ce qu'il dit, ne sera de son opinion.

Vous m'aviez mandé ci-devant qu'en ma réponse à l'Anglais, j'ai mis le mot *ideam* deux ou trois fois fort proche l'un de l'autre; mais il ne me semble pas superflu, à cause qu'il se rapporte à des idées différentes; et comme les répétitions sont rudes en quelques endroits, elles ont aussi de la grâce en quelque autres.

C'est en un autre sens que j'enferme les imaginations en la définition de *cogitatio* ou de la pensée, et en un autre que je les en exclus, à savoir : *Formæ sive species corporeæ, quæ esse debent in cerebro ut quid imaginemur, non sunt cogitationes; sed operatio mentis imaginantis, sive ad istas species se convertentis, est cogitatio*[1].

La lettre où vous m'écrivez ci-devant les objections du *conarium,* doit avoir été perdue, si ce n'est que vous ayez oublié de les écrire; car je ne les ai point, sinon ce que vous m'en avez écrit depuis, à savoir, que nul nerf ne va au *conarium,* et qu'il est trop mobile pour être le siège du sens commun. Mais ces deux choses sont entièrement pour moi : car si, chaque nerf étant destiné à quelque sens ou mouvement particulier, les uns aux

1. Les formes ou espèces corporelles qui doivent être dans le cerveau pour que nous imaginions quelque chose, ne sont pas des pensées, mais l'opération de l'esprit qui imagine, c'est-à-dire qui se tourne vers ces espèces, est une pensée.

yeux, les autres aux oreilles, aux bras, etc., si quelqu'un d'eux se rendait au *conarium* plutôt que les autres, on pourrait inférer de là qu'il ne serait pas le siège du sens commun, auquel ils se doivent tous rapporter en même façon; et il eſt impossible qu'ils s'y rapportent tous autrement que par l'entremise des esprits, comme ils font dans le *conarium*. Il eſt certain aussi que le siège du sens commun doit être fort mobile, pour recevoir toutes les impressions qui viennent des sens; mais il doit être tel qu'il ne puisse être mû que par les esprits, qui transmettent ces impressions, et le *conarium* seul eſt de cette sorte.

Anima en bon latin signifie *aerem, sive oris halitum*[1]; d'où je crois qu'il a été transféré *ad significandam mentem*[2], et c'eſt pour cela que j'ai dit que *sæpe sumitur pro re corporea*[3].

L'axiome que *Quod poteſt facere maius, poteſt etiam minus,* s'entend *in eadem ratione operandi, vel in iis quæ requirunt eamdem potentiam*[4]. Car *inter homines,* qui doute que tel pourra faire un bon discours, qui ne saurait pour cela faire une lanterne?

Le mathématicien de Tubinge eſt Schickardus, auquel j'ai cru faire plus d'honneur, en le nommant par le nom de sa ville, que par le sien, à cause qu'il eſt trop rude et peu connu. Mais pour ceux qui disent que j'ai pris quelque autre chose de lui que la simple observation que je cite, ils ne disent pas la vérité : car je vous assure qu'il n'y a pas un seul mot de raisonnement en son livret allemand, que j'ai ici, qui fût à mon usage, non plus que dans la lettre latine que Monsieur Gassendi a écrite à Monsieur Reneri sur ce même phénomène; car je juge que c'eſt lui qui vous a fait ce discours. Mais il a tort, s'il s'offense de ce que j'ai tâché d'écrire la vérité d'une chose dont il avait auparavant écrit des chimères; ou s'il a cru que je le devais citer en ce lieu-là, où je n'ai

1. Air, ou souffle de la bouche.
2. Pour signifier l'esprit.
3. Elle eſt souvent prise pour une chose corporelle.
4. L'axiome que ce qui peut faire le plus peut aussi faire le moins, s'entend dans le même ordre d'opérations ou dans les choses qui requièrent la même puissance.

pas eu de lui une seule chose, sinon que c'est de ses mains que l'observation du phénomène de Rome, qui est à la fin de mes *Météores,* est venue à Monsieur Reneri et de là à moi, comme par les mains des messagers, et sans qu'il y ait rien contribué. Et j'aurais cru lui faire plus de tort, si j'avais averti les lecteurs qu'il a écrit de ce phénomène que je n'ai fait de m'en taire.

Pour les objections qui pourront encore venir contre ma *Métaphysique,* je tâcherai d'y répondre ainsi qu'aux précédentes, et je crois que le meilleur sera de les faire imprimer telles qu'elles seront, et au même ordre qu'elles auront été faites, pour conserver la vérité de l'histoire, laquelle agréera plus au lecteur que ne ferait un discours continu, où je dirais toutes les mêmes choses. Je crois avoir ici répondu à tout ce qui a été dans vos lettres.

A MERSENNE

[Endegeest, 16 juin 1641.]

Je ne fais point encore réponse aux deux petits feuillets d'objections que vous m'avez envoyées, à cause que vous me mandez que je les pourrai joindre avec celles que je n'ai pas encore reçues, bien que vous me les ayez envoyées il y a huit jours. Mais à cause que celui qui demande ce que j'entends par le mot *idea,* semble promettre davantage d'objections, et que la façon dont il commence me fait espérer que celles qui viendront de lui seront des meilleures et des plus fortes qui se puissent faire, si par hasard il attendait ma réponse à ceci, avant que d'en vouloir envoyer d'autres, vous lui en pourrez faire savoir la substance, qui est que, par le mot *idea,* j'entends tout ce qui peut être en notre pensée, et que j'en ai distingué de trois sortes : à savoir *quædam sunt adventitiæ*[1], comme l'idée qu'on a vulgairement du soleil; *aliæ factæ vel factitiæ*[2], au rang desquelles on peut mettre celle que les astronomes font du soleil par leur raisonnement; et *aliæ innatæ, ut Idea Dei, Mentis, Corporis, Trianguli, et generaliter omnes quæ aliquas*

1. Certaines son adventices.
2. D'autres sont faites ou factices.

Essentias Veras, Immutabiles et Æternas representant. Jam vero, si ex Idea facta concluderem id quod ipsam faciendo explicite posui, esset manifesta petitio principii; sed quod ex Idea Innata aliquid eruam, quod quidem in ea implicite continebatur, sed tamen prius in ipsa non advertebam, ut ex Idea Trianguli, quod ejus tres anguli sint æquales duobus rectis, aut ex Idea Dei, quod existat, etc., tantum abest ut sit petitio principii, quin potius est, etiam secundum Aristotelem, modus demonstrandi omnium perfectissimus, nempe in quo vera rei definitio habetur pro medio[1].

A MERSENNE

[Endegeest], 23 juin 1641.

MON RÉVÉREND PÈRE,

JE vous envoie le reste des objections de M. Gassendi, avec ma réponse. Touchant quoi, je vous prie de faire imprimer, s'il est possible, lesdites objections, avant que l'auteur voie la réponse que j'y ai faite; car, entre nous, je trouve qu'elles contiennent si peu de raison, que j'appréhende qu'il ne veuille pas permettre qu'elles soient imprimées, lorsqu'il aura vu ma réponse; et moi, je le désire entièrement, car, outre que je serais marri que le temps que j'ai pris à les faire fût perdu, je ne doute point que ceux qui ont cru que je n'y pourrais

1. Et d'autres innées, comme l'idée de Dieu, de l'âme, du corps, du triangle, et, en général, toutes celles qui représentent des essences vraies, immuables et éternelles. Or, si d'une idée factice je concluais ce que j'ai supposé explicitement pour la faire, ce serait une pétition de principe manifeste; mais, le fait que d'une idée innée je tire une conséquence, qui, à la vérité, s'y trouvait implicitement contenue, mais que cependant je n'y aurais pas remarquée, par exemple, de l'idée du triangle que ses trois angles sont égaux à deux droits, ou de l'idée de Dieu qu'il existe, etc., ce fait, dis-je, est si loin d'être une pétition de principe, qu'il est bien plutôt, même selon Aristote, le plus parfait de tous les modes de démonstration, c'est-à-dire celui dans lequel la vraie définition de la chose est prise pour intermédiaire.

répondre, ne pensassent que ce serait moi qui n'aurais pas voulu qu'elles fussent imprimées, à cause que je n'aurais pu y satisfaire. Je serai bien aise aussi que son nom y soit en tête, ainsi qu'il l'a mis. Il est vrai que, pour ce dernier, s'il ne le veut pas permettre, il a droit de l'empêcher, à cause que les autres n'ont point mis leurs noms; mais il ne peut pas empêcher qu'elles ne soient imprimées. Et je vous prie aussi de donner au libraire la même copie que j'ai vue, pour être imprimée, afin qu'il n'y ait rien de changé.

Au reste, quelque soin que j'aie eu de m'enquérir du messager où était demeuré le paquet que je devais recevoir, il y a 15 jours, dans lequel étaient les deux feuilles G et H, avec certaines objections auxquelles vous me mandâtes, il y a 8 jours, qu'il fallait ajouter deux articles, dont l'un commence *Quod enim,* etc., et l'autre *Quod autem sapiens,* etc., je n'en ai su apprendre aucune nouvelle. C'est pourquoi je vous prie de m'envoyer derechef au plus tôt tant ces 2 feuilles G et H que ces objections, afin que j'y réponde, si ce n'est que vous appreniez à Paris ce qui a retardé ce paquet, et que je le reçoive encore ci-après; car il m'est arrivé assez souvent que j'ai reçu vos lettres 2 ou 3 semaines plus tard qu'il ne fallait.

1. Je viens de recevoir votre dernier paquet avec les feuilles O, P, Q, et la lettre de M. l'Abbé de Launay[1], à laquelle je ne ferai point réponse pour ce voyage, à cause que je suis trop las d'avoir transcrit toute ma réponse à M. Gassendi. Et pour les objections du R. P. de la Barde, je les joindrai avec les précédentes, puisque vous le jugez à propos; mais cela sera cause que je ne vous en pourrai envoyer la réponse, que lorsque j'aurai reçu derechef celles qui ont été perdues par les chemins.

2. Je serai bien aise d'avoir quelques exemplaires à grande marge, puisque Soli[2] en a fait imprimer; et

1. De Launay, Jean (1603-1678), docteur de Sorbonne, auteur d'un grand nombre d'ouvrages (en particulier : *De varia Aristotelis in Academia Parisiana fortuna*). Il tenait chez lui, tous les lundis, des conférences où s'assemblaient de nombreux savants.

2. L'éditeur des *Méditations*.

afin qu'il ne perde rien à cela, je le quitterai de la reliure de ceux qui seront à grande marge.

3. Pour ce que j'ai écrit de la liberté, il est conforme à ce qu'en a aussi écrit avant moi le R. Père Gibieuf, et je ne crains pas qu'on m'y puisse rien objecter.

4. Pour les *a capite*[1] dans l'impression, je trouve qu'on en a mis plusieurs où ils ne sont pas nécessaires, et qu'on en a omis où il eût été meilleur d'en mettre : comme au commencement de la 209e page, il n'en fallait point; mais il en fallait un 3 lignes après, au mot *Superest*. Et enfin, je crois avoir observé tous ceux qui y devaient être, en ma copie; c'est pourquoi je voudrais que vous l'eussiez donnée à l'imprimeur pour être suivie, et je vous prie de le faire pour ce qui reste, excepté que je puis avoir omis plusieurs points et virgules, que je serai bien aise qu'on y ajoute; mais les imprimeurs ont des gens qui sont accoutumés à les mettre, sans qu'il soit besoin que vous en preniez la peine, et je ne vous donne que trop de peine en autres choses.

Je vous prie aussi de faire ajouter les chiffres que j'ai mis dans les objections de M. Gassendi, pour servir de distinction, afin qu'on puisse voir à quel endroit de son écrit se rapporte chaque endroit de ma réponse. Et il n'y faut point d'autres *a capite* que ceux qui sont marqués par ces chiffres 1, 2, 3.

5. Je n'ai point vu *Antoniana Margarita*[2], ni ne crois pas avoir grand besoin de le voir, non plus que les thèses de Louvain, ni le livre de Jansenius[3]; mais je serai bien aise de savoir où il a été imprimé, afin que, si j'en avais besoin, je le pusse trouver.

6. Pour les 2 endroits de ma lettre à MM. de la Sorbonne que vous jugez à propos de changer, j'y acquiesce fort volontiers et remercie M. de Ste-Croix du soin qu'il a en cela de mon bien. Vous ôterez donc, s'il vous plaît, le *forte*, bien que je ne l'eusse pas mis comme doutant de la chose, mais afin de ne point entrer en dispute contre ceux qui en pourraient douter. Et pour l'autre passage,

1. Alinéa.
2. Livre d'un médecin espagnol, Gomez Pereira.
3. Le fameux *Augustinus* Louvain, (1640).

il me semble qu'on le pourra ainsi changer : *hoc a me summopere flagitarunt : ideoque officii mei esse putavi, nonnihil hac in re conari. Quicquid autem,* etc.[1].

7. Pour la superficie que j'ai dit ne faire point partie du pain ni de l'air qui est autour, elle ne diffère en rien du *locus Aristotelicus* des écoles, ni de toutes les superficies que considèrent les géomètres, excepté en l'imagination de ceux qui ne les conçoivent pas comme ils doivent, et qui supposent que *superficies corporis ambientis* soit une partie du corps circonjacent. En quoi ils se méprennent. Et pour cette cause, en *la Dioptrique,* je n'ai pas parlé de la superficie du verre, ni de l'air, mais de celle qui sépare l'air du verre.

8. Je suis grandement aise de ce que le Père Gibieuf entreprend mon parti et tâche de me faire avoir approbation des docteurs : je ne manquerai de l'en remercier quand il sera temps, et si je la reçois par l'entremise de Mme d'Aiguillon[2], j'en serai encore plus aise, à cause que, par ce moyen, j'aurai en quelque façon la faveur pour moi.

9. Pour les fautes de l'impression, elles importent peu, et j'en trouve beaucoup moins aux dernières feuilles qu'aux premières; mais pour les 7 ou 8 principales, qui changent le sens des *Méditations,* il me semble qu'on les pourrait faire corriger à la main en toutes les feuilles, avant qu'elles soient assemblées, et j'aimerais mieux en payer les frais. Et je serai bien aise de savoir combien on en tire d'exemplaires; car si on en tire peu, et qu'il se fît ci-après une deuxième impression, il serait aisé de la rendre beaucoup plus correcte.

10. M. Picot[3] est ici à Leyde et semble avoir envie de s'y arrêter; nous sommes assez souvent ensemble. Pour ses deux camarades, ils vont et viennent, et je crois que dans peu de temps ils retourneront en France.

11. Vous verrez que j'ai fait tout ce que j'ai pu pour traiter M. Gassendi honorablement et doucement; mais il m'a donné tant d'occasions de le mépriser et de faire

---

1. Ils me l'ont demandé instamment j'ai donc cru de mon devoir de m'y efforcer...
2. Le duchesse d'Aiguillon, nièce de Richelieu.
3. L'abbé Picot, futur traducteur des *Principes.*

voir qu'il n'a pas le sens commun et ne sait en aucune façon raisonner, que j'eusse trop laissé aller de mon droit, si j'en eusse moins dit que je n'ai fait; et je vous assure que j'en aurais pu dire beaucoup davantage. Je suis,

Mon Révérend Père,

Votre très passionné et très obligé serviteur,

DESCARTES.

Du 23 juin 1641.

A MERSENNE

[Endegeest, juillet 1641.]

Mon RÉVÉREND PÈRE,

Si je ne me trompe, celui[1] dont vous m'avez fait voir la lettre latine qu'il vous a écrite, n'est pas encore à prendre parti dans le jugement que nous devons faire des choses. Il s'exprime trop bien, quand il explique ses propres pensées, pour croire qu'il n'ait pas entendu celles des autres; je me persuade bien plutôt qu'étant prévenu de ses opinions, il a de la peine à goûter ce qui s'oppose à ses jugements. Ainsi je prévois que ce ne sera pas là le dernier différend que nous aurons ensemble; au contraire, je m'imagine que cette première lettre est comme un cartel de défi qu'il me présente, pour voir de quelle façon je le recevrai, et si, après avoir moi-même ouvert le champ de bataille à tout venant, je ne feindrai point de mesurer mes armes avec les siennes, et d'éprouver mes forces contre lui. Je vous avoue que je prendrais un singulier plaisir d'avoir à faire avec des personnes d'esprit comme lui, si, par ce qu'il m'en a fait paraître, il ne me semblait déjà trop engagé; mais je crains fort qu'à son égard tout mon travail ne soit inutile, et que, quelque soin que je prenne pour le satisfaire, et pour tâcher de le retirer du malheureux engagement où je le

1. Descartes répond ici à la lettre d'un inconnu adressée à Mersenne le 19 mai 1641.

vois, il ne s'y replonge plus avant de lui-même, en cherchant les moyens de me contredire.

Est-il croyable qu'il n'ait pu comprendre, comme il dit, ce que j'entends par l'idée de Dieu, par l'idée de l'âme, et par les idées des choses insensibles, puisque je n'entends rien autre chose, par elles, que ce qu'il a dû nécessairement comprendre lui-même, quand il vous a écrit qu'il ne l'entendait point? Car il ne dit pas qu'il n'ait rien conçu par le nom de Dieu, par celui de l'âme, et par celui des choses insensibles; il dit seulement qu'il ne sait pas ce qu'il faut entendre par leurs idées. Mais s'il a conçu quelque chose par ces noms, comme il n'en faut point douter, il a su en même temps ce qu'il fallait entendre par leurs idées, puisqu'il ne faut entendre autre chose que cela même qu'il a conçu. Car je n'appelle pas simplement du nom d'idée les images qui sont dépeintes en la fantaisie; au contraire, je ne les appelle point de ce nom, en tant qu'elles sont dans la fantaisie corporelle; mais j'appelle généralement du nom d'idée tout ce qui est dans notre esprit, lorsque nous concevons une chose, de quelque manière que nous la concevions.

Mais j'appréhende qu'il ne soit de ceux qui croient ne pouvoir concevoir une chose, quand ils ne se la peuvent imaginer, comme s'il n'y avait en nous que cette seule manière de penser et de concevoir. Il a bien reconnu que je n'étais pas de ce sentiment; et il a aussi assez montré qu'il n'en était pas non plus, puisqu'il dit lui-même que Dieu ne peut être conçu par l'imagination. Mais si ce n'est pas par l'imagination qu'il est conçu, ou l'on ne conçoit rien quand on parle de Dieu (ce qui marquerait un épouvantable aveuglement), ou on le conçoit d'une autre manière; mais de quelque manière qu'on le conçoive, on en a l'idée, puisque nous ne saurions rien exprimer par nos paroles, lorsque nous entendons ce que nous disons, que de cela même il ne soit certain que nous avons en nous l'idée de la chose qui est signifiée par nos paroles.

Si donc il veut prendre le mot d'idée en la façon que j'ai dit très expressément que je le prenais, sans s'arrêter à l'équivoque de ceux qui le restreignent aux seules images des choses matérielles qui se forment dans l'imagination, il lui sera facile de reconnaître que, par l'idée de Dieu, je n'entends autre chose que ce que tous les hommes ont coutume d'entendre lorsqu'ils en parlent, et que ce qu'il faut aussi de nécessité qu'il ait entendu lui-même; autrement, comment aurait-il pu dire que Dieu est infini et incompréhensible, et qu'il ne peut pas être représenté par notre imagination? et comment pourrait-il assurer que ces attributs, et une infinité d'autres qui nous expriment sa grandeur, lui conviennent, s'il n'en avait l'idée? Il faut donc demeurer d'accord qu'on a l'idée de Dieu, et qu'on ne peut pas ignorer quelle est cette idée, ni ce que l'on doit entendre par elle; car sans cela nous ne pourrions du tout rien connaître de Dieu. Et l'on aurait beau dire, par exemple, qu'on croit que *Dieu est*, et que quelque attribut ou perfection lui appartient, ce ne serait rien dire, puisque cela ne porterait aucune signification à notre esprit; ce qui serait la chose la plus impie et la plus impertinente du monde.

Pour ce qui est de l'âme, c'est encore une chose plus claire. Car, n'étant, comme j'ai démontré, qu'une chose qui pense, il est impossible que nous puissions jamais penser à aucune chose, que nous n'ayons en même temps l'idée de notre âme, comme d'une chose capable de penser à tout ce que nous pensons. Il est vrai qu'une chose de cette nature ne se saurait imaginer, c'est-à-dire, ne se saurait représenter par une image corporelle. Mais il ne s'en faut pas étonner; car notre imagination n'est propre qu'à se représenter des choses qui tombent sous les sens; et parce que notre âme n'a ni couleur, ni odeur, ni saveur, ni rien de tout ce qui appartient au corps, il n'est pas possible de se l'imaginer, ou d'en former l'image. Mais elle n'est pas pour cela moins concevable; au contraire, comme c'est par elle que nous concevons toutes choses, elle est aussi elle seule plus concevable que toutes les autres choses ensemble.

Après cela, je suis obligé de vous dire que votre ami n'a nullement pris mon sens, lorsque, pour marquer la distinction qui est entre les idées qui sont dans la fantaisie, et celles qui sont dans l'esprit, il dit que celles-là s'expriment par des noms, et celles-ci par des propositions. Car, qu'elles s'expriment par des noms ou par des propositions, ce n'est pas cela qui fait qu'elles appartiennent à l'esprit ou à l'imagination; les unes et les autres se peuvent exprimer de ces deux manières, mais c'est la manière de les concevoir qui en fait la différence; en sorte que tout ce que nous concevons sans image est une idée du pur esprit, et que tout ce que nous concevons avec image en est une de l'imagination. Et comme les bornes de notre imagination sont fort courtes et fort étroites, au lieu que notre esprit n'en a presque point, il y a peu de choses, même corporelles, que nous puissions imaginer, bien que nous soyons capables de les concevoir. Et même toute cette science que l'on pourrait peut-être croire la plus soumise à notre imagination, parce qu'elle ne considère que les grandeurs, les figures et les mouvements, n'est nullement fondée sur ses fantômes, mais seulement sur les notions claires et distinctes de notre esprit; ce que savent assez ceux qui l'ont tant soit peu approfondie.

Mais par quelle induction a-t-il pu tirer de mes écrits, que l'idée de Dieu se doit exprimer par cette proposition : *Dieu existe,* pour conclure, comme il a fait, que la principale raison dont je me sers pour prouver son existence, n'est rien autre chose qu'une pétition de principe? Il faut qu'il ait vu bien clair, pour y voir ce que je n'ai jamais eu l'intention d'y mettre, et ce qui ne m'était jamais venu en pensée, devant que j'eusse vu sa lettre. J'ai tiré la preuve de l'existence de Dieu de l'idée que je trouve en moi d'un être souverainement parfait, qui est la notion ordinaire que l'on en a. Et il est vrai que la simple considération d'un tel être nous conduit si aisément à la connaissance de son existence, que c'est presque la même chose de concevoir Dieu, et de concevoir qu'il existe; mais cela n'empêche pas que l'idée que nous avons de Dieu, ou d'un être souverainement parfait, ne soit fort différente de cette proposition : *Dieu existe,* et que l'un ne puisse servir de moyen ou d'antécédent pour prouver l'autre.

De même, il est certain qu'après être venu à connaissance de la nature de notre âme, par les degrés que j'y suis venu, et avoir par ce moyen connu qu'elle est une substance spirituelle, parce que je vois que tous les attributs qui appartiennent aux substances spirituelles lui conviennent, il n'a pas fallu être grand philosophe pour conclure, comme j'ai fait, qu'elle n'est donc pas corporelle; mais sans doute qu'il faut avoir l'intelligence bien ouverte, et faite autrement que le commun des hommes, pour voir que l'un ne suit pas bien l'autre, et trouver du vice dans ce raisonnement. C'est ce que je le prie de me faire voir, et ce que j'attends d'apprendre de lui, quand il voudra bien prendre la peine de m'instruire. Quant à moi, je ne lui refuserai pas mes petits éclaircissements, s'il en a besoin, et s'il veut agir avec moi de bonne foi. Je suis, etc.

[A L'ABBÉ DE LAUNAY]

[Endegeest, 22 juillet 1641 ?]

Monsieur,

Je tiens à très grande faveur d'être en la souvenance d'une personne de votre mérite, et je suis très obligé au R. Père Gibieuf des soins qu'il daigne prendre pour moi; ce n'est pas d'aujourd'hui qu'il a commencé à me témoigner de la bienveillance, comme aussi l'éminence de sa vertu et de son savoir m'a donné, il y a longtemps, une très particulière inclination à l'honorer.

La réputation du R. Père de la Barde a passé aussi jusques à moi dans le désert, et je serais bien aise de pouvoir entièrement satisfaire aux trois points, où vous avez pris la peine de m'avertir qu'il trouve principalement de la difficulté, dans ces petits commencements de Métaphysique que j'ai ébauchés. Mais, parce que vous ne les avez touchés qu'en trois mots, j'ai peur de n'avoir pu deviner la source des difficultés qu'il y trouve; ce qui est cause que j'ai seulement parlé, à la fin des dernières objections que j'envoie au R. Père Mersenne, de la plus générale occasion pour laquelle il me semble que la plupart ont de la peine à remarquer la distinction qui est entre l'âme et le corps : c'est à savoir, que les premiers jugements que nous avons faits dès notre enfance, et depuis aussi la philosophie vulgaire, nous ont accoutumés à attribuer au corps plusieurs choses qui n'appartiennent qu'à l'âme, et d'attribuer à l'âme plusieurs choses qui n'appartiennent qu'au corps; et qu'ils mêlent ordinairement ces deux idées du corps et de l'âme, en la composition des idées, qu'ils forment des qualités réelles et des formes substantielles, que je crois devoir être entièrement rejetées. Au lieu qu'en bien examinant la physique, on y peut réduire toutes les choses qui tombent sous la connaissance de l'entendement, à si peu de genres, et desquels nous avons des notions si claires et si distinctes les unes des autres, qu'après les avoir considérées, il ne me semble pas qu'on puisse manquer à reconnaître si, lorsque nous concevons une chose sans une autre, cela se fait seulement par une abstraction de notre esprit, ou bien à cause que ces choses sont véritablement diverses. Car en tout ce qui n'est séparé que par abstraction d'esprit, on y remarque nécessairement de la conjonction et de l'union, lorsqu'on les considère l'un avec l'autre; et on n'en saurait remarquer aucune entre l'âme et le corps, pourvu qu'on ne les conçoive que comme il les faut concevoir, à savoir, l'un comme ce qui remplit l'espace, et l'autre comme ce qui pense; en sorte qu'après l'idée que nous avons de Dieu, qui est extrêmement diverse de toutes celles que nous avons des choses créées, je n'en sache point deux en toute la nature, qui soient si diverses que ces deux-là. Mais je ne propose en ceci que mon opinion, et je ne l'estime point tant, que je ne fusse prêt de la changer, si je pouvais apprendre mieux de ceux qui ont plus de lumière. Et je suis, Monsieur, etc.

[A HYPERASPISTES[1]]

[Août 1641.]

En confiant à la presse les précédentes objections, j'avais décidé de réserver pour un autre volume celles qui pourraient survenir. Cependant, puisque celles-ci sont données comme les dernières de toutes, je me hâterai très volontiers d'y répondre, pour qu'elles puissent être imprimées avec les autres.

1. Traduction. Cette lettre répond point par point à une lettre de juillet 1641 qui contient quatorze remarques sur les réponses faites par Descartes aux objections de Gassendi. L'auteur de cette lettre, un ami de Gassendi, sans doute, prend le nom d'Hyperaspistes.

1. Assurément, on pourrait souhaiter dans les choses qui touchent à la conduite de la vie une certitude aussi grande que celle qui est requise dans l'acquisition de la science; mais, qu'une telle certitude ne soit ici ni à rechercher, ni à espérer, on le démontre très facilement. D'abord, *a priori*, du fait que le composé humain est par nature corruptible, l'esprit, au contraire, incorruptible et immortel; mais aussi, et plus facilement, *a posteriori*, par les conséquences : par exemple, si un homme voulait s'abstenir d'aliments, jusqu'à mourir de faim, sous le prétexte qu'il n'est pas certain qu'aucun poison ne s'y trouve mêlé et qu'il estime n'être pas tenu de manger parce qu'il ne voit pas de façon claire et évidente qu'il est en présence d'aliments propres à soutenir sa vie, qu'il vaut donc mieux attendre la mort dans l'abstinence que de se tuer en mangeant, on devrait assurément l'accuser d'avoir l'esprit malsain et d'être son propre meurtrier. Si nous supposons même que cet homme ne peut se procurer que des mets empoisonnés, qui cependant ne lui paraissent pas tels, mais tout à fait sains; si nous supposons aussi qu'il a été ainsi fait par la nature que l'abstinence soit favorable à sa santé, bien qu'elle ne lui semble pas moins nuisible qu'aux autres hommes, il sera tenu néanmoins d'user de ces mets et de prendre ainsi ce qui paraît utile plutôt que ce qui l'est en effet. D'ailleurs, cela est de soi si évident pour tous les hommes que je m'étonne qu'on puisse avoir une autre opinion.

2. Je n'ai dit nulle part : *du fait que l'esprit agit plus imparfaitement chez l'enfant que chez l'adulte, il suit qu'il n'est pas plus imparfait*; je ne suis donc pas critiquable sur ce point; mais, parce qu'il ne suit pas non plus qu'il est plus imparfait, celui qui a émis cette opinion a été critiqué par moi à juste titre. Je n'ai d'ailleurs pas affirmé sans raison que l'âme humaine, où qu'elle soit, même dans le ventre de la mère, pense toujours : en effet, peut-on souhaiter un argument plus certain et plus évident que la preuve par laquelle j'ai montré que la nature ou l'essence de l'âme consiste en ceci qu'elle pense, de même que l'essence du corps consiste en ceci qu'il est étendu. Aucune chose, en effet, ne peut jamais être privée de sa propre essence, et, pour cette raison, j'estime qu'il ne faut pas croire celui qui nie que son âme a pensé pendant le temps où il ne se souvient pas avoir eu conscience qu'elle

pensait, plus que s'il niait que son corps était étendu pendant qu'il n'a pas eu conscience que ce corps avait de l'extension. Toutefois, je ne me persuade pas pour autant que l'esprit de l'enfant médite sur les choses métaphysiques dans le ventre de la mère; au contraire, s'il est permis de conjecturer d'une chose que nous ne voyons pas, l'expérience nous montrant que nos esprits sont tellement joints à des corps qu'ils sont presque toujours affectés par eux et que, bien qu'en un corps adulte et sain, une âme vigilante jouisse de quelque liberté pour penser à d'autres objets que ceux qui lui sont présentés par les sens, pareille liberté ne se trouve ni chez les malades, ni chez ceux qui dorment, ni chez les enfants, et qu'elle est d'ordinaire d'autant moindre que l'âge est plus tendre, rien n'est donc plus conforme à la raison que de penser qu'un esprit, récemment uni au corps d'un enfant, n'est occupé qu'à percevoir ou à sentir confusément les seules idées de douleur, de plaisir, de chaleur, de froid, et autres semblables, qui naissent de cette union, pour ainsi dire, de ce mélange. Pourtant, cet esprit n'a pas moins en lui les idées de Dieu, de lui-même, et de toutes les vérités connues de soi, que ne les ont les hommes adultes quand ils n'y font pas attention; car il ne les acquiert pas par après avec l'âge; et je ne doute pas que s'il était dégagé des liens du corps, il les trouverait en lui... Cette opinion ne nous jette pas en terrain difficile. En effet, que l'esprit, réellement distinct du corps, lui soit cependant conjoint, soit affecté par les traces qui y sont imprimées, et y en imprime même de nouvelles, cela peut se concevoir aussi aisément qu'on conçoit d'ordinaire que des accidents réels (tout au moins quand on les admet) agissent sur la substance corporelle, bien qu'ils en diffèrent totalement. Et rien ne sert de dire que ces accidents sont corporels; si, en effet, par corporel on entend tout ce qui peut en quelque manière affecter le corps, l'esprit lui-même, en ce sens devra être dit corporel; mais si, par corporel on entend ce qui est composé de cette substance qu'on appelle corps, ni l'esprit, ni même les accidents qu'on suppose être réellement distincts du corps, ne doivent être dits corporels; et c'est seulement en ce sens qu'on a coutume de nier que l'esprit soit corporel. Ainsi donc, lorsque l'esprit, uni au corps, pense à une chose corporelle, certaines particules du cerveau changent de lieu, tantôt par l'effet des objets extérieurs agissant sur les organes des sens, tantôt par l'effet des esprits animaux qui montent du cœur au cerveau, mais tantôt aussi par l'effet de l'esprit lui-même quand il est porté vers une pensée uniquement par sa propre liberté. Et c'est le mouvement de ces particules cérébrales qui produit une trace dont dépend le souvenir. Des choses purement intellectuelles, il n'y a pas de souvenir à proprement parler; mais la première fois qu'elles se présentent à l'esprit, elles sont pensées aussi bien que la seconde; si ce n'est qu'elles sont liées à certains noms qui, étant corporels, nous font ressouvenir des choses elles-mêmes. Mais il y a beaucoup de choses à dire sur ce point, et ce n'est pas le lieu d'en traiter plus attentivement.

3. De ce que j'ai distingué entre ce qui me concerne ou concerne ma nature, et ce qui concerne seulement ma connaissance, on ne peut inférer à bon droit *que ma métaphysique n'établit absolument rien en dehors de ce qui concerne cette connaissance,* ni les autres objections qui sont faites ici. En effet, le lecteur peut facilement reconnaître quand j'ai traité seulement de cette connaissance et quand j'ai traité de la vérité même des choses. Et je ne me suis jamais servi du mot *croire* quand il fallait parler de la *science ;* bien mieux, dans le lieu cité, le mot *croire* ne se trouve pas. Dans la réponse aux deuxièmes objections, j'ai dit qu'*étant éclairés par Dieu d'une manière surnaturelle, nous avons confiance que ce qu'il nous est proposé de croire a été révélé par Dieu lui-même ;* parce qu'il était alors question non de science humaine, mais de foi. Et je n'ai pas affirmé que par la lumière de la grâce *nous connaissons clairement les mystères mêmes de la foi* (bien que je ne nie pas que cela puisse se faire), mais seulement *que nous avons confiance qu'il faut y croire.* Maintenant, qu'il soit très évident que les choses révélées par Dieu doivent être crues et que la lumière de la grâce soit préférable à la lumière de la nature, nul homme ayant vraiment la foi catholique ne peut le trouver douteux ou surprenant. Ce qu'on me demande ensuite ne me concerne pas, car je n'ai donné aucune occasion dans mes écrits de faire des recherches sur ce point. Et puisque j'ai déjà dit dans la réponse aux sixièmes objections que je ne répondrais pas à de telles questions, je n'ajoute rien.

4. Il n'y a chez moi aucun endroit sur lequel puisse porter cette quatrième objection, *que le plus haut point de ma certitude est quand nous croyons voir une chose si clairement que nous estimons qu'elle est d'autant plus vraie que nous y pensons davantage ;* en conséquence, il ne m'appartient pas de répondre aux choses qui suivent, ce qui serait pourtant très facile pour celui qui distingue la lumière de la foi et la lumière naturelle et qui préfère celle-là à celle-ci.

5. Aucun endroit non plus sur lequel porte la cinquième objection; de plus je nie que nous ignorions ce qu'est *chose* et ce qu'est *pensée,* ou qu'il soit nécessaire de l'enseigner aux autres, parce que c'est tellement connu de soi qu'on ne saurait rien trouver pour l'expliquer plus clairement. Je nie *enfin que nous ne pensions rien en dehors des choses corporelles.*

6. Il est très vrai *que nous ne concevons pas l'infini par la négation de la limitation,* et de ce que *la limitation contient la négation de l'infini* on infère à tort que *la négation de la limitation contient la connaissance de l'infini ;* parce que, ce par quoi l'infini diffère du fini est réel et positif; au contraire la limitation, par quoi le fini diffère de l'infini est non-être, ou négation de l'être; or, ce qui n'est pas ne peut nous conduire à la connaissance de ce qui est; c'est au contraire à partir de la connaissance de la chose que doit être perçue sa négation. Et lorsque j'ai dit qu'il nous suffit de concevoir une chose sans aucune limite pour concevoir l'infini, j'ai suivi le mode de parler le plus usité; de même, lorsque j'ai retenu le nom d'*infini,* qu'on pourrait appeler plus justement l'*être le plus ample,* si nous voulions que tous les noms fussent conformes aux natures des choses; mais l'usage a voulu qu'on l'exprimât par la négation de la négation, comme si, pour désigner la plus grande des choses, je disais qu'elle n'est pas petite, ou qu'elle n'a rien du tout de la petitesse; mais je n'ai pas signifié par là que la nature de l'infini était connue par la négation, par suite, je ne me suis contredit en aucune façon.

Maintenant, qu'il y ait dans l'esprit une faculté d'amplifier les idées des choses, je ne l'ai pas nié; mais j'ai souvent montré que les idées amplifiées de la sorte ne pourraient être dans l'esprit, pas plus que la faculté d'ainsi les amplifier, si l'esprit lui-même ne venait de

Dieu, en qui toutes les perfections qui peuvent être atteintes par cette amplification existent véritablement; et je l'ai prouvé par ceci que rien ne peut être dans l'effet qui n'ait préexisté dans la cause. Quant à tous ceux qui pensent que les atomes existent par eux-mêmes, on ne saurait pour autant les considérer comme des philosophes très subtils, parce qu'il est manifeste par la lumière naturelle que seul l'être suprême peut être indépendant de tout autre... Et quand on dit qu'un sabot n'agit pas sur lui-même lorsqu'il tourne, mais qu'il subit seulement l'action du fouet, voire en son absence, je voudrais savoir comment un corps peut subir l'action d'un autre corps absent, et comment l'action et la passion se distinguent l'une de l'autre. J'avoue en effet que je ne suis pas assez subtil pour pouvoir comprendre comment une chose subirait l'action d'une autre qui n'est pas présente (qu'on peut même supposer ne plus exister, si par exemple, aussitôt après avoir cinglé le sabot, le fouet cesse d'être) et je ne vois pas pourquoi on ne pourrait pas dire aussi légitimement qu'il n'y a plus d'actions dans le monde, mais que toutes les choses qui s'y passent sont les passions des actions qui ont eu lieu à l'origine du monde. Pour moi, j'ai toujours estimé que c'est une seule et même chose qu'on appelle action quand elle est rapportée à son point de départ et passion quand elle est rapportée au point vers lequel elle tend ou auquel elle est reçue; si bien qu'on ne saurait admettre, même pendant l'instant le plus court, une passion sans action. Enfin, bien que je concède que les idées des choses corporelles, que même, non pas certes tout ce monde visible, comme on objecte, mais l'idée d'autant de choses qu'il y en a dans le monde visible, peuvent être produites par l'esprit humain, il n'est pas légitime d'en conclure que nous ne pouvons pas savoir s'il y a quelque chose de corporel dans la nature; mes opinions ne conduisent à aucunes traverses, mais seulement les conclusions qu'on en tire à tort; en effet, je n'ai pas prouvé l'existence des choses matérielles par le fait que leurs idées sont en nous, mais par le fait que ces idées se présentent en nous de telle manière que nous avons conscience qu'elles ne sont pas produites par nous, mais qu'elles viennent d'ailleurs.

7. Je dis ici, en premier lieu, que la lumière du soleil n'est pas conservée dans cette pierre de Boulogne, mais

que les rayons du soleil y allument une nouvelle lumière qu'on voit ensuite dans l'ombre, et en second lieu qu'on conclut à tort de là que toute chose peut se conserver sans l'action de Dieu, parce qu'il est souvent permis d'éclairer des choses vraies par des exemples faux, et il est bien plus certain qu'aucune chose ne peut exister sans le concours de Dieu, qu'il n'est certain qu'aucune lumière du soleil ne peut exister sans le soleil. Et il n'est pas douteux que si Dieu arrêtait son concours, aussitôt toutes les choses qu'il a créées retourneraient au néant, parce que, avant qu'elles ne fussent créées et qu'il ne leur prêtât son concours, elles n'étaient rien. Elles n'en doivent pas moins être appelées des substances, parce que, lorsque nous disons de la substance créée qu'elle subsiste par elle-même, nous n'excluons pas pour autant le concours divin dont elle a besoin pour subsister; mais nous signifions seulement qu'elle est chose de nature à pouvoir être sans le secours d'aucune chose créée, ce qui ne peut être dit des modes des choses, comme de la figure et du nombre. Et Dieu ne montrerait pas que son pouvoir est immense s'il produisait des choses telles qu'elles puissent ensuite être sans lui; il montrerait au contraire en cela que son pouvoir est fini, parce que les choses, une fois créées, ne dépendraient pas de lui. Et je ne tombe pas dans le piège que j'ai disposé moi-même en disant qu'il ne peut se faire que Dieu détruise quoi que ce soit d'une autre façon qu'en arrêtant son concours, parce que, autrement, par une action positive, il irait au non-être. En effet, il y a une grande différence entre les choses qui se font par l'action positive de Dieu et qui ne peuvent être que tout à fait bonnes et celles qui arrivent par la cessation de cette action positive, comme tous les maux, tous les péchés, et la destruction d'un être quelconque, si jamais quelque chose d'existant est détruit.

Ce qui suit, sur la nature du triangle, est sans force; en effet, comme je l'ai dit en plusieurs endroits, quand il s'agit de Dieu ou de l'infini, il faut considérer, non pas ce que nous pourrions comprendre, puisque nous savons que les choses en question ne doivent pas pouvoir être comprises par nous, mais seulement ce que nous pourrions atteindre par quelque raison certaine. Maintenant, pour connaître en quel genre de causalité ces vérités dépendent de Dieu, il faut voir les réponses aux sixièmes objections, art. 8.

8. Je ne me rappelle pas avoir jamais écrit, ni pensé, ce qui m'est attribué ici[1].

9. Je ne me rappelle pas non plus m'être jamais étonné de ce que *tous ne sentent pas en eux l'idée de Dieu ;* en effet, j'ai très fréquemment remarqué que les jugements des hommes diffèrent de ce qu'ils conçoivent, et, bien que je ne doute pas que tous n'aient en eux l'idée de Dieu, au moins implicite, c'est-à-dire l'aptitude à la percevoir explicitement, je ne m'étonnerai pas cependant s'ils ne sentent pas qu'ils l'ont, ou ne la reconnaissent pas, et même s'ils ne devaient pas la reconnaître après avoir lu mille fois mes méditations. Ainsi, quand ils jugent que l'espace, qu'ils appellent vide, n'est rien, ils le conçoivent néanmoins comme une chose positive. Ainsi, lorsqu'ils pensent que les accidents sont réels, ils se les représentent comme des substances, même s'ils ne jugent pas que ce soient des substances; souvent ainsi, dans bien d'autres cas, les jugements des hommes diffèrent de leurs perceptions. Mais ceux qui ne portent jamais de jugement que sur les choses qu'ils perçoivent clairement et distinctement (ce que j'observe toujours, autant qu'il est en moi) ne peuvent juger d'une même chose autrement en un temps qu'en un autre. Pourtant, je ne me rappelle pas avoir jamais proposé pour marque de certitude claire et indubitable, que *les choses claires et indubitables nous apparaissent d'autant plus certaines que nous les considérons plus souvent et plus attentivement.* Et je ne sais pas où se trouve ce *toujours* dont il est fait ici mention; mais je sais que, lorsque nous disons que nous faisons toujours quelque chose, par ce *toujours,* nous n'avons pas l'habitude de désigner l'éternité, mais seulement toutes les circonstances où l'occasion se présente de le faire.

10. Que les fins de Dieu ne puissent être connues par nous, si Dieu ne nous les révèle, c'est de soi manifeste. Et bien qu'il soit vrai par rapport à nous autres hommes, comme c'est le point de vue en morale, que toutes choses aient été faites pour la gloire de Dieu, puisque Dieu doit être loué par nous pour toutes ses œuvres, et que le

1. On reprochait à Descartes de nier le progrès à l'infini, dans les causes subordonnées.

soleil ait été fait pour nous éclairer puisque nous éprouvons qu'il nous éclaire : il serait pourtant puéril et absurde d'affirmer en métaphysique que Dieu, tout comme un homme très orgueilleux, n'a pas eu d'autre fin en créant l'univers que d'être loué par les hommes; et que le soleil, bien des fois plus gros que la terre, n'a pas été créé pour une autre fin que de donner de la lumière à l'homme qui occupe une toute petite partie de cette terre.

11. On confond ici les fonctions de la volonté et celles de l'entendement : en effet, il n'appartient pas à la volonté de concevoir, mais seulement de vouloir; et, bien que nous ne puissions jamais rien vouloir sans en avoir quelque conception, comme je l'ai déjà reconnu, l'expérience montre assez que nous pouvons vouloir plus de choses pour un même objet que nous n'en pouvons connaître. D'autre part, le faux n'est pas saisi sous l'apparence du vrai; et ceux qui nient que l'idée de Dieu soit en nous, ne saisissent pas cela, bien que peut-être ils l'affirment, le croient, ou le soutiennent; car, comme je viens de l'indiquer au point 9, les jugements des hommes diffèrent très souvent de leur perception et de leur appréhension.

12. Puisqu'on ne m'oppose rien ici en dehors de l'autorité d'Aristote et de ses sectateurs, et puisque je ne cache pas que je crois moins en lui qu'en la raison, ce n'est pas la peine de me donner beaucoup de mal pour répondre.

Peu importe qu'un aveugle de naissance ait ou non des idées des couleurs; et c'est en vain qu'on apporte sur ce point le témoignage d'un philosophe aveugle; car bien que nous supposions qu'il a des idées tout à fait semblables à celles que nous avons des couleurs, il ne peut cependant savoir ni que ces idées sont semblables aux nôtres, ni par suite qu'elles s'appellent des idées de couleurs, parce qu'il ignore quelles sont les nôtres. Et je ne vois pas à quel titre je serais ici inférieur, puisque, même si l'esprit est indivisible, il n'est pas moins capable d'acquérir des propriétés variées. Et il n'est pas étonnant que l'esprit ne fasse pas pendant le sommeil des démonstrations dignes d'Archimède; il reste en effet uni au corps même pendant le sommeil, et il n'est en aucune manière plus libre que dans la veille. Le cerveau n'est pas mieux disposé par une longue veille à retenir les traces qui s'y trouvent imprimées; mais, dans le sommeil et dans la veille, mieux les traces sont imprimées, mieux elles sont retenues; c'est ainsi qu'il nous souvient parfois même de nos songes, mais mieux encore de ce que nous avons pensé durant la veille; les raisons en seront manifestes dans la Physique.

13. Lorsque j'ai dit que Dieu est *son être,* je me suis servi d'une manière de parler très usitée chez les théologiens, par laquelle on conçoit qu'il convient à l'essence de Dieu d'exister; ce qui ne peut se dire du triangle, parce que toute son essence est correctement conçue même si l'on suppose qu'il n'y en a aucun dans la nature.

J'ai dit que les Sceptiques n'auraient pas douté des vérités géométriques s'ils avaient connu Dieu comme il faut, parce que, les vérités géométriques étant tout à fait claires, ils n'auraient eu aucune occasion d'en douter s'ils avaient su que toutes les choses qui sont conçues clairement sont vraies; or cela est contenu dans une connaissance suffisante de Dieu, et c'est justement le moyen qu'ils n'ont pas à leur disposition.

Enfin, la question de savoir si une ligne se compose de points ou de parties n'a rien à faire ici et ce n'est pas le lieu d'y répondre; mais j'avertis seulement que, dans l'endroit cité, je n'ai pas parlé de tout ce qui se rapporte à la géométrie, mais seulement de celles de ses démonstrations dont doutaient les Sceptiques, même en les comprenant très clairement. Et c'est à tort qu'on introduit ici un Sceptique disant : *qu'il me trompe tant qu'il peut, ce malin génie.* Qui dira cela, en effet, de ce fait même ne sera pas Sceptique parce qu'il ne doutera pas de tout. Et certes, je n'ai jamais nié que les Sceptiques eux-mêmes, aussi longtemps qu'ils perçoivent clairement une vérité, ne lui donnent spontanément leur assentiment et qu'ils ne persistent pas dans leur hérésie de douter de tout, si ce n'est en paroles, peut-être aussi par volonté et par habitude. Mais j'ai parlé seulement des choses que nous nous rappelons avoir clairement perçues autrefois, non de celles que nous percevons clairement dans le présent.

14. De quelle manière l'esprit peut être coextensif à un corps étendu, bien qu'il n'ait aucune étendue proprement dite, c'est-à-dire par laquelle il occupe un lieu et en

chasse une autre chose, je l'ai déjà expliqué par l'exemple de la pesanteur prise pour une qualité réelle.

Quant à l'Ecclésiaste, quand il dit *que l'homme n'a rien de plus qu'une bête de somme,* j'ai montré qu'il parle seulement du corps, parce que, aussitôt après, il parle séparément de l'âme, en ces mots : *qui sait si l'esprit des fils d'Adam.*

Enfin, pour reconnaître quel est, des deux, le mode de conception le plus imparfait, et qui atteste le mieux la faiblesse de notre esprit : celui par lequel *nous ne pouvons concevoir une chose sans l'autre, par exemple, l'âme sans le corps,* ou celui par lequel *nous concevons complètement une chose sans l'autre ;* il faut considérer lequel des deux procède d'une faculté positive, dont la privation serait la cause de l'autre. En effet, on comprendra facilement que c'est une faculté réelle de l'esprit qui lui permet de percevoir complètement deux choses, l'une à part de l'autre, et que c'est par la privation de cette faculté qu'il voit ces choses d'une manière seulement confuse, comme une seule. De même que dans la vision c'est une plus grande perfection de distinguer avec soin, une par une, les parties d'un objet que de les voir toutes ensemble, comme une seule. Si, maintenant, un homme, quand les yeux lui chancellent, prend une chose pour deux, comme il arrive souvent à ceux qui sont ivres; et si parfois les philosophes distinguent, je ne dis pas l'essence de l'existence, parce qu'ils n'ont pas coutume de supposer entre elles d'autre distinction que celle qui existe véritablement, mais s'ils distinguent dans un même corps la matière, la forme et des accidents variés comme autant de choses différentes les unes des autres, ils reconnaîtront alors facilement, par l'obscurité et la confusion de leur perception, que cela vient non seulement d'une faculté positive, mais du défaut de quelque faculté, pourvu qu'ils remarquent, en faisant mieux attention, qu'ils n'ont pas des idées entièrement différentes de ces choses qu'ils supposent ainsi différentes.

Au reste, si tous les points que je n'ai pas suffisamment expliqués dans mes précédentes réponses ont été indiqués dans ces objections, je suis très redevable à l'auteur parce que, grâce à lui, j'ai légitimement sujet de n'en plus attendre d'autres.

[AU P. GIBIEUF]

[Endegeest, 19 janvier 1642.]

Monsieur et Révérend Père,

J'ai toujours assez éprouvé combien vous favorisiez le désir que j'ai de faire quelque progrès en la recherche de la vérité, et le témoignage que vous m'en rendez encore par lettres m'oblige extrêmement. Je suis aussi très obligé au Révérend Père de la Barde, pour avoir pris la peine d'examiner mes pensées de métaphysique, et m'avoir fait la faveur de les défendre contre ceux qui m'accusaient de mettre tout en doute. Il a très parfaitement pris mon intention, et si j'avais plusieurs protecteurs tels que vous et lui, je ne douterais point que mon parti ne se rendît bientôt le plus fort; mais quoique je n'en aie que fort peu, je ne laisse pas d'avoir beaucoup de satisfaction de ce que ce sont les plus grands hommes et les meilleurs esprits qui goûtent et favorisent le plus mes opérations. Je me laisse aisément persuader que, si le Révérend Père de Gondran[1] eût vécu, il en aurait été des principaux; et bien qu'il n'y ait pas longtemps que Monsieur Arnauld est docteur[2], je ne laisse pas d'estimer plus son jugement que celui d'une moitié des anciens. Mon espérance n'a point été d'obtenir leur approbation en corps : j'ai trop bien su et prédit, il y a longtemps, que mes pensées ne seraient pas au goût de la multitude, et qu'où la pluralité des voix aurait lieu, elles seraient aisément condamnées. Je n'ai pas aussi désiré celle des particuliers, à cause que je serais marri qu'ils fissent rien à mon sujet, qui pût être désagréable aux yeux de leurs confrères, et aussi qu'on a coutume de l'obtenir si facilement pour tous les livres qui ne sont point plus hérétiques que le mien, que j'ai cru que la cause pour laquelle on pourrait juger que je ne l'ai pas, ne me serait point désavantageuse. Mais cela ne m'a pas empêché d'offrir mes *Méditations* à votre Faculté,

1. Général de l'Oratoire, mort le 7 janvier 1642.
2. Antoine Arnauld avait été reçu docteur le 19 décembre 1641.

afin de les faire d'autant mieux examiner, et que, si ceux d'un Corps si célèbre ne trouvaient point de justes raisons pour les reprendre, cela me pût assurer des vérités qu'elles contiennent.

Pour ce qui est du principe par lequel il me semble connaître que l'idée que j'ai de quelque chose, *non redditur a me inadæquata per abstractionem intellectus*[1], je ne le tire que de ma propre pensée ou conscience. Car, étant assuré que je ne puis avoir aucune connaissance de ce qui est hors de moi, que par l'entremise des idées que j'en ai eu en moi, je me garde bien de rapporter mes jugements immédiatement aux choses et de leur rien attribuer de positif, que je ne l'aperçoive auparavant en leurs idées; mais je crois aussi que tout ce qui se trouve en ces idées, est nécessairement dans les choses. Ainsi, pour savoir si mon idée n'est point rendue non complète, ou *inadæquata,* par quelque abstraction de mon esprit, j'examine seulement si je ne l'ai point tirée, non de quelque chose hors de moi qui soit plus complète, mais de quelque autre idée plus ample ou plus complète que j'aie en moi, et ce *per abstractionem intellectus,* c'est-à-dire, en détournant ma pensée d'une partie de ce qui est compris en cette idée plus ample, pour l'appliquer d'autant mieux et me rendre d'autant plus attentif à l'autre partie. Ainsi, lorsque je considère une figure, sans penser à la substance ni à l'extension dont elle est figure, je fais une abstraction d'esprit que je puis aisément reconnaître par après, en examinant si je n'ai point tiré cette idée que j'ai, de la figure seule, hors de quelque autre idée plus ample que j'aie aussi en moi, à qui elle soit tellement jointe que, bien qu'on puisse penser à l'une, sans avoir aucune attention à l'autre, on ne puisse toutefois la nier de cette autre, lorsqu'on pense à toutes les deux. Car je vois clairement que l'idée de la figure est ainsi jointe à l'idée de l'extension et de la substance, vu qu'il est impossible que je conçoive une figure, en niant qu'elle ait une extension, ni une extension, en niant qu'elle soit l'extension d'une substance. Mais l'idée d'une substance étendue et figurée est com-

1. Je ne la rends pas inadéquate par l'abstraction de l'entendement.

plète, à cause que je la puis concevoir toute seule, et nier d'elle toutes les autres choses dont j'ai des idées. Or il est, ce me semble, fort clair que l'idée que j'ai d'une substance qui pense, est complète en cette façon, et que je n'ai aucune autre idée qui la précède en mon esprit, et qui lui soit tellement jointe, que je ne les puisse bien concevoir en les niant l'une de l'autre; car s'il y en avait quelqu'une en moi qui fût telle, je devrais nécessairement la connaître. On dira peut-être que la difficulté demeure encore, à cause que, bien que je conçoive l'âme et le corps comme deux substances que je puis concevoir l'une sans l'autre, et même en niant l'une de l'autre, je ne suis pas toutefois assuré qu'elles sont telles que je les conçois. Mais il en faut revenir à la règle ci-devant posée, à savoir, que nous ne pouvons avoir aucune connaissance des choses, que par les idées que nous en concevons; et que, par conséquent, nous n'en devons juger que suivant ces idées, et même nous devons penser que tout ce qui répugne à ces idées est absolument impossible, et implique contradiction. Ainsi nous n'avons aucune raison pour assurer qu'il n'y a point de montagne sans vallée, sinon que nous voyons que leurs idées ne peuvent être complètes, quand nous les considérons l'une sans l'autre, bien que nous puissions, par abstraction, avoir l'idée d'une montagne, ou d'un lieu qui va en montant de bas en haut, sans considérer qu'on peut aussi descendre par le même de haut en bas. Ainsi, nous pouvons dire qu'il implique contradiction, qu'il y ait des atomes, ou des parties de matière qui aient de l'extension et toutefois qui soient indivisibles, à cause qu'on ne peut avoir l'idée d'une chose étendue, qu'on ne puisse avoir aussi celle de sa moitié, ou de son tiers, ni, par conséquent, sans qu'on la conçoive divisible en 2 ou en 3. Car, de cela seul que je considère les deux moitiés d'une partie de matière, tant petite qu'elle puisse être, comme deux substances complètes, et *quarum ideæ non redduntur a me inadequatæ per abstractionem intellectus,* je conclus certainement qu'elles sont réellement divisibles. Et si on me disait que, nonobstant que je les puisse concevoir, je ne sais pas, pour cela, si Dieu ne les a point unies ou jointes ensemble d'un lien si étroit, qu'elles soient entièrement inséparables, et ainsi que je n'ai pas raison de le nier; je répondrais que, de quelque lien qu'il puisse les avoir jointes, je suis assuré qu'il peut aussi les déjoindre de façon qu'absolument parlant, j'ai raison de les nommer divisibles, puisqu'il m'a donné la faculté de les concevoir comme telles. Et je dis tout le même de l'âme et du corps, et généralement de toutes les choses dont nous avons des idées diverses et complètes, à savoir, qu'il implique contradiction qu'elles soient inséparables. Mais je ne nie pas pour cela qu'il ne puisse y avoir dans l'âme ou dans le corps plusieurs propriétés dont je n'ai aucunes idées; je nie seulement qu'il y en ait aucune qui répugne aux idées que j'en ai et, entre autres, à celle que j'ai de leur distinction; car autrement Dieu serait trompeur, et nous n'aurions aucune règle pour nous assurer de la vérité.

La raison pour laquelle je crois que l'âme pense toujours, est la même qui me fait croire que la lumière luit toujours, bien qu'il n'y ait point d'yeux qui la regardent; que la chaleur est toujours chaude, bien qu'on ne s'y chauffe point; que le corps, ou la substance étendue, a toujours de l'extension; et généralement, que ce qui constitue la nature d'une chose est toujours en elle, pendant qu'elle existe; en sorte qu'il me serait plus aisé de croire que l'âme cesserait d'exister, quand on dit qu'elle cesse de penser, que non pas de concevoir, qu'elle fût sans pensée. Et je ne vois ici aucune difficulté, sinon qu'on juge superflu de croire qu'elle pense, lorsqu'il ne nous en demeure aucun souvenir par après. Mais si on considère que nous avons toutes les nuits mille pensées, et même en veillant que nous en avons eu mille depuis une heure, dont il ne nous reste plus aucune trace en la mémoire, et dont nous ne voyons pas mieux l'utilité, que de celles que nous pouvons avoir eues avant que de naître, on aura bien moins de peine à se le persuader qu'à juger qu'une substance dont la nature est de penser, puisse exister, et toutefois ne penser point.

Je ne vois aussi aucune difficulté à entendre que les facultés d'imaginer et de sentir appartiennent à l'âme, à cause que ce sont des espèces de pensées; et néanmoins n'appartiennent qu'à l'âme en tant qu'elle est jointe au corps, à cause que ce sont des sortes de pensées, sans lesquelles on peut concevoir l'âme toute pure.

Pour ce qui est des animaux, nous remarquons bien

en eux des mouvements semblables à ceux qui suivent de nos imaginations ou sentiments, mais non pas pour cela des imaginations ou sentiments. Et au contraire, ces mêmes mouvements se pouvant aussi faire sans imagination, nous avons des raisons qui prouvent qu'ils se font ainsi en eux, comme j'espère faire voir clairement, en décrivant par le menu toute l'architecture de leurs membres, et les causes de leurs mouvements.

Mais je crains que je ne vous aie déjà ennuyé par la longueur de cette lettre; je me tiendrai très heureux si vous me continuez l'honneur de votre bienveillance et la faveur de votre protection, comme à celui qui est, etc.

A MERSENNE

[Endegeest, mars 1642.]

Mon Révérend Père,

Je suis extrêmement obligé à Monsieur de Sainte-Croix de la bonne volonté que vous me mandez qu'il me témoigne. J'estime beaucoup les conseils qu'il me fait la faveur de me donner, et je ne manquerai de les suivre, autant qu'il sera en mon pouvoir; et même je ne plaindrais pas d'aller faire un voyage en France tout exprès pour les pouvoir apprendre de sa bouche; mais la mer et les Dunkerquois rendent maintenant le passage trop difficile et trop périlleux.

Pour ce qui est de témoigner publiquement que je suis catholique romain, c'est ce qu'il me semble avoir déjà fait très expressément par plusieurs fois : comme, en dédiant mes *Méditations* à Messieurs de la Sorbonne, en expliquant comment les espèces demeurent sans la substance du pain en l'Eucharistie, et ailleurs. Et j'espère que dorénavant ma demeure en ce pays ne donnera sujet à personne d'avoir mauvaise opinion de ma religion, vu qu'il est le refuge des catholiques, témoin la Reine[1] qui y est arrivée depuis peu, et la Reine[2] qu'on dit y devoir bientôt retourner.

1. La reine d'Angleterre.
2. La reine-mère de France.

Je vous envoie les trois premières feuilles des objections du Père Bourdin; c'est la négligence du libraire qui est cause que je ne vous puis encore envoyer le tout. Je vous prie de garder la copie écrite à la main que vous en avez, afin qu'il ne puisse dire que j'ai fait changer quelque chose en sa copie, laquelle j'ai été soigneux de faire imprimer le plus correctement qu'il m'a été possible, et sans y changer une seule lettre. Vous vous étonnerez peut-être de ce que je l'accuse tant de fausseté; mais vous verrez bien encore pis au reste, et toutefois je l'ai traité le plus courtoisement qu'il m'a été possible; mais je n'ai jamais vu d'écrit si rempli de fautes. J'espère toutefois séparer tellement sa cause de celle de ses confrères, qu'ils ne m'en pourront vouloir mal, si ce n'est qu'ils veuillent ouvertement se déclarer ennemis de la vérité et fauteurs de la calomnie.

J'ai cherché dans saint Augustin les passages que vous m'aviez mandé sur le psaume quatorze; mais je ne les ai su trouver, ni rien de lui sur ce psaume. J'y ai aussi cherché les erreurs de Pelagius, pour savoir sur quoi se peuvent fonder ceux qui disent que je suis de son opinion, laquelle j'avais ignorée jusqu'à présent. Mais j'admire que ceux qui ont envie de médire, s'avisent d'en chercher des prétextes si peu véritables et si tirés par les cheveux. Pelagius a dit qu'on pouvait faire de bonnes œuvres et mériter la vie éternelle sans la Grâce, ce qui a été condamné de l'Église; et moi, je dis qu'on peut connaître par la raison naturelle que Dieu existe, mais je ne dis pas pour cela que cette connaissance naturelle mérite de soi, et sans la Grâce, la gloire surnaturelle que nous attendons dans le ciel. Car, au contraire, il est évident que, cette gloire étant surnaturelle, il faut des forces plus que naturelles pour la mériter. Et je n'ai rien dit touchant la connaissance de Dieu, que tous les théologiens ne disent aussi. Mais il faut remarquer que ce qui se connaît par raison naturelle, comme qu'il est tout bon, tout-puissant, tout véritable, etc., peut bien servir à préparer les infidèles à recevoir la foi, mais non pas suffire pour leur faire gagner le ciel; car, pour cela, il faut croire en Jésus-Christ et aux autres choses révélées, ce qui dépend de la Grâce.

Je vois qu'on se méprend fort aisément touchant les choses que j'ai écrites; car, la vérité étant indivisible, la moindre chose qu'on en ôte, ou qu'on y ajoute, la falsifie. Comme, par exemple, vous me mandez comme un axiome qui vienne de moi : *que tout ce que nous concevons clairement eſt ou exiſte ;* ce qui n'eſt nullement de moi, mais seulement que tout ce que nous apercevons clairement eſt vrai, et ainsi qu'il exiſte, si nous apercevons qu'il ne puisse ne pas exiſter; ou bien qu'il peut exiſter, si nous apercevons que son exiſtence soit possible. Car bien que l'être objectif de l'idée doive avoir une cause réelle, il n'eſt pas toujours besoin que cette cause la contienne *formaliter,* mais seulement *eminenter*[1].

Je vous remercie de ce que vous me mandez du Concile de Conſtance sur la condamnation de Wiclef[2]; mais je ne vois point que cela fasse rien du tout contre moi. Car il aurait dû être condamné en même façon, si tous ceux du Concile eussent suivi mon opinion; et en niant que la subſtance du pain et du vin demeure pour être le sujet des accidents, ils n'ont point, pour cela, déterminé que ces accidents fussent réels, qui eſt tout ce que j'ai écrit n'avoir point lu dans les Conciles. Cependant je vous suis extrêmement obligé de tant de soin que vous prenez pour tout ce qui me regarde.

Je suis bien aise que M. de Zuylichem vous ait fait voir l'imprudence de Voëtius, qui vous cite contre moi; j'avais eu envie de vous le mander, mais j'en avais fait si peu de cas, que je l'avais toujours oublié. Sa grande animosité contre moi vient de ce qu'il y a un professeur à Utrecht, qui enseigne ma philosophie, et ses disciples, ayant goûté ma façon de raisonner, méprisent si fort la vulgaire, qu'ils s'en moquent ouvertement. Ce qui a excité une extrême jalousie contre lui de tous les autres professeurs, dont Voëtius eſt le chef; et ils importunent tous les jours le Magiſtrat, pour lui faire défendre cette

---

1. Les mêmes choses sont dites être *formellement* dans les objets des idées quand elles sont en eux telles que nous les concevons; et elles sont dites y être *éminemment* quand elles n'y sont pas à la vérité telles, mais qu'elles sont si grandes qu'elles peuvent suppléer à ce défaut par leur excellence. — Descartes, *Réponses aux deuxièmes Objections. Définitions.*

2. Wiclef (1324-1384). Religieux anglais célèbre par ses attaques contre le pouvoir temporel de l'Église et contre le dogme de la transsubſtantiation.

façon d'enseigner. Il faut que vous voyiez la réponse que j'ai faite à Voëtius[1] à quelques-unes de ses thèses, où il a compris tout ce qu'il a pu de ma philosophie. Je les enverrai à Monsieur de Zuylichem pour vous les adresser, car autrement le port en coûterait trop.

Au reste, j'ai lu le favorable jugement que Monsieur Chanut a fait de moi, m'estimant capable de répondre aux objections du Père P. Je tâcherai de faire voir qu'il est en cela aussi véritable que l'autre ne l'est pas, et je serai bien aise qu'il sache que je suis,

M. R. P.

A POLLOT

Endegeest, 6 octobre 1642.

Monsieur,

J'avais déjà ci-devant ouï dire tant de merveilles de l'excellent esprit de Madame la Princesse de Bohême[2], que je ne suis pas si étonné d'apprendre qu'elle lit des écrits de métaphysique, comme je m'estime heureux de ce qu'ayant daigné lire les miens, elle témoigne ne les pas désapprouver; et je fais bien plus d'état de son jugement que celui de ces MM. les docteurs, qui prennent pour règle de la vérité les opinions d'Aristote plutôt que l'évidence de la raison. Je ne manquerai pas de me rendre à La Haye, sitôt que je saurai que vous y serez, afin que, par votre entremise, je puisse avoir l'honneur de lui faire la révérence et recevoir ses commandements. Et parce que j'espère que ce sera bientôt, je me réserve à ce temps-là, pour vous entretenir plus au long et vous remercier des obligations que je vous ai. Je suis, etc.

Descartes.

D'Endegeest, le 6e d'octobre 1642.

1. Lettre de janvier 1642.
2. La princesse Élisabeth.

A HUYGENS

[Endegeest], 13 octobre 1642.

J'AI employé la journée d'hier à lire les Dialogues *De Mundo*[1] que vous m'avez fait la faveur de m'envoyer, mais je n'y ai remarqué aucun lieu où je pusse apercevoir que l'auteur eût envie de me contredire, car pour celui où il dit qu'on ne saurait faire de lunettes d'approche plus parfaites que celles qu'on a déjà, il y parle si avantageusement de moi que je serais de mauvaise humeur si je le prenais en mauvaise part. Il est vrai qu'en plusieurs autres endroits il a des opinions fort différentes des miennes, mais il ne témoigne pas qu'il pense à moi, non plus qu'en quelques autres où il en a aussi qui s'accordent avec ce que j'ai écrit, et je laisse fort volontiers à un chacun la liberté que je désire pour moi, qui est qu'on puisse écrire ingénument ce qu'on croit être le plus vrai, sans se soucier s'il est conforme ou différent des sentiments d'un autre.

Je trouve plusieurs choses fort bonnes en son troisième dialogue, mais pour le second, où il a voulu imiter Galilée, je juge que tout ce qu'il contient est trop subtil pour être vrai, car la nature ne se sert que de moyens qui sont fort simples. Je voudrais qu'il se fît quantité d'ouvrages de cette sorte, car je crois qu'ils pourraient préparer les esprits à recevoir d'autres opinions que celles de l'École et je ne crois pas qu'ils puissent nuire aux miennes.

Au reste, Monsieur, je vous suis doublement obligé de ce que ni votre affliction[2], ni la multitude des occupations, qui comme je crois, l'accompagnent, ne vous ont point empêché de penser à moi, et prendre la peine de m'envoyer ce livre, car je sais que vous avez beaucoup d'affection pour vos proches, et que leur perte ne peut manquer de vous être extrêmement sensible. Je sais bien

1. Trois dialogues sur le monde, de Thomas White. Huygens en avait envoyé un exemplaire à Descartes.
2. Huygens venait de perdre un frère.

aussi que vous avez l'esprit très fort, et que vous n'ignorez aucun des remèdes qui peuvent servir pour adoucir votre douleur, mais je ne saurais néanmoins m'abstenir de vous en dire un que j'ai trouvé très puissant, non seulement pour me faire supporter patiemment la mort de ceux que j'aimais, mais aussi pour m'empêcher de craindre la mienne, nonobstant que je sois du nombre de ceux qui aiment le plus la vie. Il consiste en la considération de la nature de nos âmes, que je pense connaître si clairement devoir durer plus que le corps, et être nées pour des plaisirs et des félicités beaucoup plus grandes que celles dont nous jouissons en ce monde, que je ne puis concevoir autre chose de ceux qui meurent, sinon qu'ils passent à une vie plus douce et plus tranquille que la nôtre, et que nous les irons trouver quelque jour, même avec la souvenance du passé; car je reconnais en nous une mémoire intellectuelle, qui est assurément indépendante du corps. Et quoique la religion nous enseigne beaucoup de choses sur ce sujet, j'avoue néanmoins en moi une infirmité qui est, ce me semble, commune à la plupart des hommes, à savoir que, quoique nous veuillions croire et même que nous pensions croire fort fermement tout ce que la religion nous apprend, nous n'avons pas toutefois coutume d'en être si touchés que de ce qui nous est persuadé par des raisons naturelles fort évidentes. Je suis,

Monsieur,

Votre très humble et très obéissant serviteur,

DESCARTES.

A MERSENNE

Endegeest, 20 octobre 1642.

MON RÉVÉREND PÈRE,

On a divers moyens pour empêcher les cheminées de fumer, selon les diverses causes de la fumée; et la cause la plus commune est que souvent il ne vient pas assez d'air de dehors en la chambre, pour y remplir la place de la fumée qui en doit sortir. Car il faut remarquer que la force du feu chasse une grande quantité d'air avec les petites parties du bois, lesquelles, mêlées avec cet air, composent la fumée, comme les plus grosses parties de ce bois composent les cendres; et que, n'y ayant point de vide en l'univers, il est nécessaire qu'il rentre toujours autant de nouvel air dans la chambre, comme il en sort de fumée; comme on voit manifestement en certains fourneaux d'alchimistes, au bas desquels il y a un trou par lequel il entre continuellement un grand vent qui souffle vers le feu; car ce vent n'est autre chose que l'air chassé de la place où entre la fumée qui sort du feu. De façon que, lorsqu'une chambre est bien fermée, il faut nécessairement qu'il y fume, c'est-à-dire que la fumée qui sort du feu entre dans la chambre, à cause qu'il n'y a que l'air de la chambre, qui puisse retourner vers le feu. A quoi on a coutume de remédier en ouvrant quelque porte ou quelque fenêtre. Mais parce que cela donne de l'incommodité, on peut l'éviter en faisant des ouvertures au derrière de la cheminée, qui ne regardent que vers le feu; et même on peut cacher ces ouvertures sous les pieds de ces gros chenets de cuivre dont on se sert d'ordinaire. Comme : si A est la cheminée, B l'un des chenets, D le feu, CC le trou qui vient de derrière la muraille, et conduit l'air vers le feu D à mesure que ce feu chasse la fumée par A vers E.

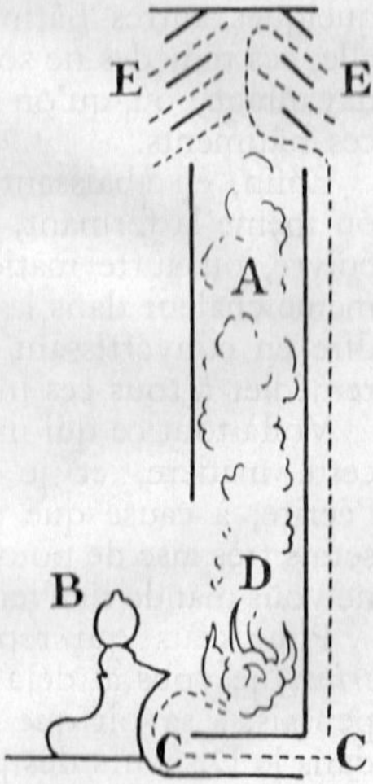

Une autre cause de la fumée, qui est aussi fort ordinaire, est que le vent ou le soleil qui donne dessus la cheminée l'empêche d'en pouvoir sortir, et principalement les vents de pluie qui soufflent de haut en bas, ainsi que j'ai remarqué en mes *Météores*. A quoi on peut remédier en couvrant tout le haut de la cheminée et n'y laissant d'ouverture que par les côtés entre des planches mises de biais, ainsi que vous voyez vers E, ou bien avec un tourniquet, dont l'usage eſt, ce me semble, commun à Paris.

Mais si le haut de la cheminée eſt plus bas que quelques autres bâtiments qui repoussent le vent vers elle, ces remèdes ne sont pas suffisants, si on ne la hausse davantage, ou qu'on la ferme entièrement du côté de ces bâtiments.

Enfin, en abaissant fort le manteau de la cheminée, ou même la fermant, quasi jusques au bas, de lames de cuivre, ou autre matière, qui, étant échauffées, rendent même chaleur dans la chambre que ferait le feu, c'eſt-à-dire en convertissant les cheminées en poêles, on peut remédier à tous ces inconvénients.

Voilà tout ce qui m'eſt tombé sous la plume touchant cette matière, et je n'ai pas voulu différer de vous l'écrire, à cause que c'eſt pour M. des Argues, que je serais très aise de pouvoir servir; mais je m'assure que je ne vous mande rien ici qu'il ne sache déjà mieux que moi.

Pour ceux qui reprennent les figures de ma *Dioptrique,* je vous ai déjà mandé, il y a 8 jours, ce que j'en pensais, à savoir que j'ai parlé de la proportion double, dans le Discours des pages 17 et 18, pour le rendre plus intelligible, à cause qu'elle eſt la plus simple, mais que j'en ai fait exprimer une moindre dans la figure, pour montrer que le même Discours se doit entendre de toutes sortes de proportions, et aussi afin qu'elle ne parût pas si éloignée de l'expérience. C'eſt montrer puérilement qu'on a envie de reprendre, et qu'on n'en a aucune matière, que de s'arrêter à reprendre de telles choses.

Pour ce que vous me demandez du jet des eaux, je ne vous en puis rien déterminer; car cela dépend de quelques expériences que je n'ai jamais faites, et il me faudrait avoir plus de revenu que le roi de la Chine, si je voulais entreprendre de faire toutes celles qui me pourraient être utiles à la connaissance de la vérité; il faut que je me contente de faire les plus nécessaires, et que je me mesure selon mon pouvoir.

Vous ne m'avez encore rien mandé du Père Bourdin, ni de ce qui se dit à Paris de mes septièmes objeɛtions depuis qu'elles y sont arrivées.

Je viens de recevoir une lettre de M. de Candissch; mais il n'y met rien des lunettes; ce n'est qu'un compliment pour me convier de publier ma *Physique*. On m'a dit aussi que M. Digby était remis en liberté, dont je suis fort aise. Je suis,

Mon Révérend Père,

Votre très humble et très affectionné serviteur,

DESCARTES.

D'Endegeest, ce 20 octobre 1642.

A ÉLISABETH[1]

[Egmond-du-Hoef, 21 mai 1643.]

MADAME,

LA faveur dont Votre Altesse m'a honoré, en me faisant recevoir ses commandements par écrit, est plus grande que je n'eusse jamais osé espérer; et elle soulage mieux mes défauts que celle que j'avais souhaitée avec passion, qui était de les recevoir de bouche, si j'eusse pu être admis à l'honneur de vous faire la révérence, et de vous offrir mes très humbles services, lorsque j'étais dernièrement à La Haye. Car j'aurais eu trop de merveilles à admirer en même temps; et voyant sortir des discours plus qu'humains d'un corps si semblable à ceux que les peintres donnent aux anges, j'eusse été ravi de même façon que me semblent le devoir être ceux qui, venant de la terre, entrent nouvellement dans le ciel. Ce qui m'eût rendu moins capable de répondre à Votre Altesse, qui sans doute a déjà remarqué en moi ce défaut, lorsque j'ai eu ci-devant l'honneur de lui parler; et votre clémence l'a voulu soulager, en me laissant les

1. Élisabeth, princesse de Bohême (1618-1680). Fille de Frédéric V, roi de Bohême et électeur palatin, qui perdit son trône en 1620. Remarquablement intelligente et passionnée dès son enfance pour la philosophie, elle se lia d'une amitié très vive avec Descartes, et tint une grande place dans l'esprit et dans le cœur du philosophe.

traces de vos pensées sur un papier, où, les relisant plusieurs fois, et m'accoutumant à les considérer, j'en suis véritablement moins ébloui, mais je n'en ai que d'autant plus d'admiration, remarquant qu'elles ne paraissent pas seulement ingénieuses à l'abord, mais d'autant plus judicieuses et solides que plus on les examine.

Et je puis dire, avec vérité, que la question que Votre Altesse propose[1], me semble être celle qu'on me peut demander avec le plus de raison, en suite des écrits que j'ai publiés. Car, y ayant deux choses en l'âme humaine, desquelles dépend toute la connaissance que nous pouvons avoir de sa nature, l'une desquelles est qu'elle pense, l'autre, qu'étant unie au corps, elle peut agir et pâtir avec lui; je n'ai quasi rien dit de cette dernière, et me suis seulement étudié à faire bien entendre la première, à cause que mon principal dessein était de prouver la distinction qui est entre l'âme et le corps; à quoi celle-ci seulement a pu servir, et l'autre y aurait été nuisible. Mais, parce que Votre Altesse voit si clair, qu'on ne lui peut dissimuler aucune chose, je tâcherai ici d'expliquer la façon dont je conçois l'union de l'âme avec le corps, et comment elle a la force de le mouvoir.

Premièrement, je considère qu'il y a en nous certaines notions primitives, qui sont comme des originaux, sur le patron desquels nous formons toutes nos autres connaissances. Et il n'y a que fort peu de telles notions; car, après les plus générales, de l'être, du nombre, de la durée, etc., qui conviennent à tout ce que nous pouvons concevoir, nous n'avons, pour le corps en particulier, que la notion de l'extension, de laquelle suivent celles de la figure et du mouvement; et pour l'âme seule, nous n'avons que celle de la pensée, en laquelle sont comprises les perceptions de l'entendement et les inclinations de la volonté; enfin, pour l'âme et le corps ensemble, nous n'avons que celle de leur union, de laquelle dépend celle de la force qu'a l'âme de mouvoir le corps, et le corps d'agir sur l'âme, en causant ses sentiments et ses passions.

---

1. Dans une lettre précédente, Élisabeth demandait à Descartes comment l'âme, qui est une substance pensante, peut mouvoir le corps.

Je considère aussi que toute la science des hommes ne consiste qu'à bien distinguer ces notions, et à n'attribuer chacune d'elles qu'aux choses auxquelles elles appartiennent. Car, lorsque nous voulons expliquer quelque difficulté par le moyen d'une notion qui ne lui appartient pas, nous ne pouvons manquer de nous méprendre; comme aussi lorsque nous voulons expliquer une de ces notions par une autre; car, étant primitives, chacune d'elles ne peut être entendue que par elle-même. Et d'autant que l'usage des sens nous a rendu les notions de l'extension, des figures et des mouvements, beaucoup plus familières que les autres, la principale cause de nos erreurs est en ce que nous voulons ordinairement nous servir de ces notions, pour expliquer les choses à qui elles n'appartiennent pas, comme lorsqu'on se veut servir de l'imagination pour concevoir la nature de l'âme, ou bien lorsqu'on veut concevoir la façon dont l'âme meut le corps, par celle dont un corps est mû par un autre corps.

C'est pourquoi, puisque, dans les *Méditations* que Votre Altesse a daigné lire, j'ai tâché de faire concevoir les notions qui appartiennent à l'âme seule, les distinguant de celles qui appartiennent au corps seul, la première chose que je dois expliquer ensuite, est la façon de concevoir celles qui appartiennent à l'union de l'âme avec le corps, sans celles qui appartiennent au corps seul, ou à l'âme seule. A quoi il me semble que peut servir ce que j'ai écrit à la fin de ma Réponse aux sixièmes Objections; car nous ne pouvons chercher ces notions simples ailleurs qu'en notre âme qui les a toutes en soi par sa nature, mais qui ne les distingue pas toujours assez les unes des autres, ou bien ne les attribue pas aux objets auxquels on les doit attribuer.

Ainsi je crois que nous avons ci-devant confondu la notion de la force dont l'âme agit dans le corps, avec celle dont un corps agit dans un autre; et que nous avons attribué l'une et l'autre, non pas à l'âme, car nous ne la connaissions pas encore, mais aux diverses qualités des corps, comme à la pesanteur, à la chaleur, et aux autres, que nous avons imaginé être réelles, c'est-à-dire avoir une existence distincte de celle du corps, et par conséquent être des substances, bien que nous les ayons nommées des qualités. Et nous nous sommes servis, pour les concevoir, tantôt des notions qui sont en nous pour connaître le corps, et tantôt de celles qui y sont pour connaître l'âme, selon que ce que nous leur avons attribué, a été matériel ou immatériel. Par exemple, en supposant que la pesanteur est une qualité réelle, dont nous n'avons point d'autre connaissance, sinon qu'elle a la force de mouvoir le corps, dans lequel elle est, vers le centre de la terre, nous n'avons pas de peine à concevoir comment elle meut ce corps, ni comment elle lui est jointe; et nous ne pensons point que cela se fasse par un attouchement réel d'une superficie contre une autre, car nous expérimentons, en nous-mêmes, que nous avons une notion particulière pour concevoir cela; et je crois que nous usons mal de cette notion, en l'appliquant à la pesanteur, qui n'est rien de réellement distingué du corps, comme j'espère montrer en la *Physique*, mais qu'elle nous a été donnée pour concevoir la façon dont l'âme meut le corps.

Je témoignerais ne pas assez connaître l'incomparable esprit de Votre Altesse, si j'employais davantage de paroles à m'expliquer, et je serais trop présomptueux, si j'osais penser que ma réponse la doive entièrement satisfaire; mais je tâcherai d'éviter l'une et l'autre, en n'ajoutant rien ici de plus, sinon que, si je suis capable d'écrire ou de dire quelque chose qui lui puisse agréer, je tiendrai toujours à très grande faveur de prendre la plume, ou d'aller à La Haye, pour ce sujet, et qu'il n'y a rien au monde qui me soit si cher que de pouvoir obéir à ses commandements. Mais je ne puis ici trouver place à l'observation du serment d'Hippocrate qu'elle m'enjoint, puisqu'elle ne m'a rien communiqué, qui ne mérite d'être vu et admiré de tous les hommes. Seulement puis-je dire, sur ce sujet, qu'estimant infiniment la vôtre que j'ai reçue, j'en userai comme les avares font de leurs trésors, lesquels ils cachent d'autant plus qu'ils les estiment, et en enviant la vue au reste du monde, ils mettent leur souverain contentement à les regarder. Ainsi je serai bien aise de jouir seul du bien de la voir; et ma plus grande ambition est de me pouvoir dire, et d'être véritablement, etc.

A HUYGENS

Egmond-du-Hoef, 26 juin 1643.

Monsieur,

Vous me mandiez dernièrement que j'avais rendu bonne justice à Voëtius, mais vous verrez ici, par la copie d'un imprimé que MM. d'Utrecht ont fait afficher ces jours en leur ville, quelle ils me rendent. Si j'avais commis quelque grand crime et que je fusse un fugitif et un vagabond, ils n'auraient su procéder contre moi d'une façon plus extraordinaire. Car, feignant ignorer le lieu de ma demeure, ils m'ajournent à comparaître devant eux pour vérifier ce que j'ai écrit contre un ministre de leur ville, en laquelle ils ont fait publier cet ajournement au son de la cloche et afficher aux carrefours. En quoi je remarque premièrement qu'ils n'ont pu ignorer ma demeure, sinon volontairement, à cause que mon livre a été présenté en mon nom aux deux bourgmestres par deux personnes de condition, de qui ils l'eussent pu apprendre s'ils l'eussent voulu. Puis je remarque aussi qu'ils ne disent point m'ajourner à la requête de Voëtius, mais que c'est de leur propre mouvement, de façon qu'ils se déclarent mes parties ou mes adversaires, et par conséquent ne doivent pas être mes juges. Ce qui me donne, ce me semble, occasion de me pouvoir adresser à MM. des États Généraux pour me plaindre de cette procédure extraordinaire, et ensemble du livre de Schoock imprimé à Utrecht par le soin de Voëtius où je suis accusé d'enseigner l'athéisme, et aussi du jugement publié au nom de l'Académie d'Utrecht lorsque Voëtius en était recteur, où mes opinions furent condamnées comme nuisibles à la religion sans que toutefois on en ait pu donner aucune preuve. Si je m'adressais à MM. des États de cette province, ce ne pourrait être que pour me défendre, à cause qu'ils n'ont pas de juridiction sur mes parties, et ainsi je ne pourrais avoir aucune raison des injures reçues. En examinant le procédé de MM. d'Utrecht, il me semble bien qu'ils prennent le vrai chemin pour se défaire de Voëtius : car ils ont porté l'affaire à un point où il faut nécessairement que Voëtius ou moi soyons condamnés, et sachant bien que je n'ai rien écrit qui ne soit très vrai, et même qui ne soit déjà su et approuvé de tous les honnêtes gens de leur ville, je ne crois pas qu'ils osassent me condamner encore même que je serais si négligent que de manquer à me défendre; car toute l'affaire ne consistant qu'en des écrits imprimés, ils ne seront pas seuls qui en jugeront. Mais ils eussent bien pu se passer de faire afficher et publier mon nom dans leur ville comme si j'étais fort criminel, de quoi Voëtius se vante sans doute maintenant et l'écrit en France. Cela m'apprend que je ne dois en aucune façon me mettre en leur pouvoir, crainte qu'ils ne voulussent satisfaire à la dévotion de leur peuple à mes dépens. Au reste, Monsieur, vous savez combien vous avez été importuné par moi pour ma brouillerie avec Stampion[1], et la patience avec laquelle vous l'avez souffert m'a rendu assez impudent pour vous oser dire que vous le serez encore plus à cette fois, si ce n'est qu'il vous plaise y mettre ordre de bonne heure, en me donnant tel conseil et secours que l'affaire se termine comme elle doit et promptement. Mon dessein est de ne rien commencer et même de ne point partir d'ici de sept à huit jours, après lesquels je me propose d'aller voir à La Haye chez M. de Wilhelm s'il n'aura point de vos nouvelles pour moi. Si je suis si heureux que d'en trouver, je me réglerai entièrement suivant vos ordres; et si j'y trouve aussi quelques lettres de faveur pour ceux à qui vous jugerez à propos que je m'adresse, je vous en aurai une très grande obligation. Je n'oserais vous supplier d'en vouloir parler à Son Altesse, car le désir que j'ai toujours eu de lui rendre service n'ayant jamais été suivi d'aucun effet, je sais bien ne point mériter que sa faveur s'emploie pour moi. Mais d'autant que ma cause est aucunement jointe à celle de M. de Brederode[2], laquelle aurait été mal défendue par moi si mon livre était déclaré menteur, vous jugerez

1. Stampion, né en 1610, précepteur du jeune prince d'Orange et de la princesse Élisabeth, mathématicien, rival de Descartes.

2. De Brederode, gouverneur de Bois-le-Duc, parent de Huygens.

peut-être à propos de l'en avertir, et sans qu'il use de son pouvoir il me peut assez maintenir *nutu quo cælum tempestatesque serenat*[1]. S'il est besoin d'attendre *molles aditus*[2] pour ce sujet, quoique je n'écrive point à M. de Pollot, je m'assure tant sur son amitié que je ne doute point qu'il ne m'oblige en cela de tout son pouvoir. Je n'ai point encore appris qu'aucun ministre ait blâmé ce que j'ai écrit contre Voëtius et au contraire on m'a assuré que ceux d'Utrecht en sont bien aises. Je n'ai encore su voir l'expérience du poids pendu à un filet qui se meut de six en six heures. Je n'ai su aussi m'assurer de celle de l'aiguille aimantée qui ne décline point, mais il me semble avoir vu que ce n'est qu'une fausse opinion du Jésuite qui l'a imaginée sans en avoir fait épreuve. J'attendrai à vous faire souvenir de la copie de votre écrit touchant M. de Saumaise jusqu'à ce que vous soyez de retour, mais je serais marri que cette pièce manquât à ma bibliothèque et je tiens à honneur qu'il vous plaise garder celle que j'ai écrite en la vôtre. Je suis toujours votre redevable, et Monsieur,

Votre très humble et très obéissant serviteur,

DESCARTES.

A ÉLISABETH

Egmond-du-Hoef, 28 juin 1643.

MADAME,

J'AI très grande obligation à Votre Altesse de ce que, après avoir éprouvé que je me suis mal expliqué en mes précédentes, touchant la question qu'il lui a plu me proposer, elle daigne encore avoir la patience de m'entendre sur le même sujet, et me donner occasion de remarquer les choses que j'avais omises. Dont les principales me semblent être, qu'après avoir distingué

1. En faisant le signe par lequel il calme le ciel et les tempêtes (Virg. *Énéide,* I, 255.)

2. Accueil favorable.

trois genres d'idées ou de notions primitives qui se connaissent chacune d'une façon particulière et non par la comparaison de l'une à l'autre, à savoir, la notion que nous avons de l'âme, celle du corps, et celle de l'union qui est entre l'âme et le corps, je devais expliquer la différence qui est entre ces trois sortes de notions, et entre les opérations de l'âme par lesquelles nous les avons, et dire les moyens de nous rendre chacune d'elles familière et facile; puis ensuite, ayant dit pourquoi je m'étais servi de la comparaison de la pesanteur, faire voir que, bien qu'on veuille concevoir l'âme comme matérielle (ce qui est proprement concevoir son union avec le corps), on ne laisse pas de connaître, par après, qu'elle en est séparable. Ce qui est, comme je crois, toute la matière que Votre Altesse m'a ici prescrite.

Premièrement, donc, je remarque une grande différence entre ces trois sortes de notions, en ce que l'âme ne se conçoit que par l'entendement pur; le corps, c'est-à-dire l'extension, les figures et les mouvements, se peuvent aussi connaître par l'entendement seul, mais beaucoup mieux par l'entendement aidé de l'imagination; et enfin, les choses qui appartiennent à l'union de l'âme et du corps, ne se connaissent qu'obscurément par l'entendement seul, ni même par l'entendement aidé de l'imagination; mais elles se connaissent très clairement par les sens. D'où vient que ceux qui ne philosophent jamais, et qui ne se servent que de leurs sens, ne doutent point que l'âme ne meuve le corps, et que le corps n'agisse sur l'âme; mais ils considèrent l'un et l'autre comme une seule chose, c'est-à-dire, ils conçoivent leur union; car concevoir l'union qui est entre deux choses, c'est les concevoir comme une seule. Et les pensées métaphysiques, qui exercent l'entendement pur, servent à nous rendre la notion de l'âme familière; et l'étude des mathématiques, qui exerce principalement l'imagination en la considération des figures et des mouvements, nous accoutume à former des notions du corps bien distinctes; et enfin, c'est en usant seulement de la vie et des conversations ordinaires, et en s'abstenant de méditer et d'étudier aux choses qui exercent l'imagination, qu'on apprend à concevoir l'union de l'âme et du corps.

J'ai quasi peur que Votre Altesse ne pense que je ne parle pas ici sérieusement; mais cela serait contraire au respect que je lui dois, et que je ne manquerai jamais de lui rendre. Et je puis dire, avec vérité, que la principale règle que j'ai toujours observée en mes études, et celle que je crois m'avoir le plus servi pour acquérir quelque connaissance, a été que je n'ai jamais employé que fort peu d'heures, par jour, aux pensées qui occupent l'imagination, et fort peu d'heures, par an, à celles qui occupent l'entendement seul, et que j'ai donné tout le reste de mon temps au relâche des sens et au repos de l'esprit; même je compte, entre les exercices de l'imagination, toutes les conversations sérieuses, et tout ce à quoi il faut avoir de l'attention. C'est ce qui m'a fait retirer aux champs; car encore que, dans la ville la plus occupée du monde, je pourrais avoir autant d'heures à moi, que j'en emploie maintenant à l'étude, je ne pourrais pas toutefois les y employer si utilement, lorsque mon esprit serait lassé par l'attention que requiert le tracas de la vie. Ce que je prends la liberté d'écrire ici à Votre Altesse, pour lui témoigner que j'admire véritablement que, parmi les affaires et les soins qui ne manquent jamais aux personnes qui sont ensemble de grand esprit et de grande naissance, elle ait pu vaquer aux méditations qui sont requises pour bien connaître la distinction qui est entre l'âme et le corps.

Mais j'ai jugé que c'était ces méditations, plutôt que les pensées qui requièrent moins d'attention, qui lui ont fait trouver de l'obscurité en la notion que nous avons de leur union; ne me semblant pas que l'esprit humain soit capable de concevoir bien distinctement, et en même temps, la distinction d'entre l'âme et le corps, et leur union; à cause qu'il faut, pour cela, les concevoir comme une seule chose, et ensemble les concevoir comme deux, ce qui se contrarie. Et pour ce sujet, (supposant que Votre Altesse avait encore les raisons qui prouvent la distinction de l'âme et du corps fort présentes à son esprit, et ne voulant point la supplier de s'en défaire, pour se représenter la notion de l'union que chacun éprouve toujours en soi-même sans philosopher; à savoir, qu'il est une seule personne, qui a ensemble un corps et une pensée, lesquels sont de telle nature que cette pensée peut mouvoir le corps, et sentir les accidents qui lui arrivent), je me suis servi ci-devant de la comparaison de la pesanteur et des autres qualités que nous imaginons communément être unies à quelques corps, ainsi que la pensée est unie au nôtre; et je ne me suis pas soucié que cette comparaison clochât en cela que ces qualités ne sont pas réelles, ainsi qu'on les imagine, à cause que j'ai cru que Votre Altesse était déjà entièrement persuadée que l'âme est une substance distincte du corps.

Mais, puisque Votre Altesse remarque qu'il est plus facile d'attribuer de la matière et de l'extension à l'âme, que de lui attribuer la capacité de mouvoir un corps et d'en être mue, sans avoir de matière, je la supplie de vouloir librement attribuer cette matière et cette extension à l'âme; car cela n'est autre chose que la concevoir unie au corps. Et après avoir bien conçu cela, et l'avoir éprouvé en soi-même, il lui sera aisé de considérer que la matière qu'elle aura attribuée à cette pensée n'est pas la pensée même; et que l'extension de cette matière est d'autre nature que l'extension de cette pensée, en ce que la première est déterminée à certain lieu, duquel elle exclut toute autre extension de corps, ce que ne fait pas la deuxième. Et ainsi Votre Altesse ne laissera pas de revenir aisément à la connaissance de la distinction de l'âme et du corps, nonobstant qu'elle ait conçu leur union.

Enfin, comme je crois qu'il est très nécessaire d'avoir bien compris, une fois en sa vie, les principes de la métaphysique, à cause que ce sont eux qui nous donnent la connaissance de Dieu et de notre âme, je crois aussi qu'il serait très nuisible d'occuper souvent son entendement à les méditer, à cause qu'il ne pourrait si bien vaquer aux fonctions de l'imagination et des sens; mais que le meilleur est de se contenter de retenir en sa mémoire et en sa créance les conclusions qu'on a une fois tirées, puis employer le reste du temps qu'on a pour l'étude, aux pensées où l'entendement agit avec l'imagination et les sens.

L'extrême dévotion que j'ai au service de Votre Altesse, me fait espérer que ma franchise ne lui sera pas désagréable, et elle m'aurait engagé ici en un plus long discours, où j'eusse tâché d'éclaircir à cette fois toutes les difficultés de la question proposée; mais une fâcheuse nouvelle que je viens d'apprendre d'Utrecht, où le Magistrat me cite[1], pour vérifier ce que j'ai écrit d'un de leurs ministres, combien que ce soit un homme qui m'a calomnié très indignement, et que ce que j'ai écrit de lui, pour ma juste défense, ne soit que trop notoire à tout le monde, me contraint de finir ici, pour aller consulter les moyens de me tirer, le plus tôt que je pourrai, de ces chicaneries. Je suis, etc.

A HUYGENS

Egmond-du-Hoef, 2 novembre 1643.

J'ai appris, de M. de Pollot, que vous et lui m'avez fait la faveur d'avoir soin que je ne puisse être surpris par des lettres d'attache, de quoi je vous ai très grande obligation, et je vous supplie très humblement de vouloir continuer en ce soin, car j'en ai plus besoin que jamais; mes ennemis ne dorment pas, ils sont plus violents et plus artificieux qu'on ne saurait imaginer; et maintenant que j'entends parler de prise de corps, je ne me tiendrais plus ici en sûreté, si je ne m'assure entièrement sur votre amitié. Mais cependant afin que vous sachiez que *mihi etiam vacat in vicinia mortis carmen facere*[2], et que ces brouilleries n'empêchent pas mes divertissements ordinaires, je vous dirai que je suis maintenant à l'explication de la pesanteur, et parce que je trouve diverses raisons pour lesquelles il me semble que les corps pesants ne doivent pas toujours tendre vers un même point, si vous pouviez rencontrer sans peine entre vos papiers un imprimé de M. Gassendi touchant l'observation d'un poids pendu à un filet, que le Père Mersenne m'a mandé vous avoir envoyé il y a trois ou quatre mois, vous m'obligeriez, car je n'ai su cette observation qu'à demi, et je voudrais voir si elle s'accorde avec mes spéculations . . . .

Monsieur,

Votre très humble et très obéissant serviteur,

DESCARTES.

---

1. Suite de la lettre à Voëtius, de mai 1643.
2. Que je puis faire des vers à l'approche de la mort.

[AU P. MESLAND[1]]

[Leyde, 2 mai 1644?]

MON RÉVÉREND PÈRE,

JE sais qu'il est très malaisé d'entrer dans les pensées d'autrui, et l'expérience m'a fait connaître combien les miennes semblent difficiles à plusieurs; ce qui fait que je vous ai grande obligation de la peine que vous avez prise à les examiner; et je ne puis avoir que très grande opinion de vous, en voyant que vous les possédez de telle sorte, qu'elles sont maintenant plus vôtres que miennes. Et les difficultés qu'il vous a plu me proposer, sont plutôt dans la matière, et dans le défaut de mon expression, que dans aucun défaut de votre intelligence; car vous avez joint la solution des principales. Mais je ne laisserai pas de dire ici mes sentiments de toutes.

J'avoue bien que, dans les causes physiques et morales, qui sont particulières et limitées, on éprouve souvent que celles qui produisent quelque effet, ne sont pas capables d'en produire plusieurs autres qui nous paraissent moindres. Ainsi un homme, qui peut produire un autre homme, ne peut produire une fourmi; et un roi, qui se fait obéir par tout un peuple, ne se peut quelquefois faire obéir par un cheval. Mais, quand il est question d'une cause universelle et indéterminée, il me semble que c'est une notion commune très évidente que, *quod potest plus, potest etiam minus,* aussi bien que *totum est majus sua parte*[2]. Et même cette notion entendue s'étend aussi à toutes les causes particulières, tant morales que physiques; car ce serait plus à un homme de pouvoir produire des hommes et des fourmis, que de ne pouvoir produire que des hommes; et ce serait une plus grande puissance à un roi de commander même aux chevaux,

1. R. P. Jésuite, très dévoué à Descartes, ce qui lui valut d'être « relégué au Canada ».

2. Qui peut le plus peut aussi le moins, (aussi bien que) le tout est plus grand que sa partie.

que de ne commander qu'à son peuple; comme on feint que la musique d'Orphée pouvait émouvoir même les bêtes, pour lui attribuer d'autant plus de force.

Il importe peu que ma seconde démonstration, fondée sur notre propre existence, soit considérée comme différente de la première, ou seulement comme une explication de cette première. Mais, ainsi que c'est un effet de Dieu de m'avoir créé, aussi en est-ce un d'avoir mis en moi son idée; et il n'y a aucun effet venant de lui, par lequel on ne puisse démontrer son existence. Toutefois, il me semble que toutes ces démonstrations, prises des effets, reviennent à une; et même qu'elles ne sont pas accomplies, si ces effets ne nous sont évidents (c'est pourquoi j'ai plutôt considéré ma propre existence, que celle du ciel et de la terre, de laquelle je ne suis pas si certain), et si nous n'y joignons l'idée que nous avons de Dieu. Car mon âme étant finie, je ne puis connaître que l'ordre des causes n'est pas infini, sinon en tant que j'ai en moi cette idée de la première cause; et encore qu'on admette une première cause, qui me conserve, je ne puis dire qu'elle soit Dieu, si je n'ai véritablement l'idée de Dieu. Ce que j'ai insinué, en ma réponse aux premières objections, mais en peu de mots, afin de ne point mépriser les raisons des autres, qui admettent communément que *non datur progressus in infinitum*[1]. Et moi, je ne l'admets pas; au contraire, je crois que *datur reveratalisa progressus in divisione partium materiæ*[2], comme on verra dans mon traité de philosophie, qui s'achève d'imprimer.

Je ne sache point avoir déterminé que Dieu fait toujours ce qu'il connaît être le plus parfait, et il ne me semble pas qu'un esprit fini puisse juger de cela. Mais j'ai tâché d'éclaircir la difficulté proposée, touchant la cause des erreurs, en supposant que Dieu ait créé le monde très parfait; parce que, supposant le contraire, cette difficulté cesse entièrement.

Je vous suis bien obligé de ce que vous m'apprenez les endroits de saint Augustin, qui peuvent servir pour autoriser mes opinions; quelques autres de mes amis

1. Il n'y a pas de progrès à l'infini.
2. Il y a certainement un progrès de ce genre dans la division des parties de la matière.

avaient déjà fait le semblable; et j'ai très grande satisfaction de ce que mes pensées s'accordent avec celles d'un si saint et si excellent personnage. Car je ne suis nullement de l'humeur de ceux qui désirent que leurs opinions paraissent nouvelles; au contraire, j'accommode les miennes à celles des autres, autant que la vérité me le permet.

Je ne mets autre différence entre l'âme et ses idées, que comme entre un morceau de cire et les diverses figures qu'il peut recevoir. Et comme ce n'est pas proprement une action, mais une passion en la cire, de recevoir diverses figures, il me semble que c'est aussi une passion en l'âme de recevoir telle ou telle idée, et qu'il n'y a que ses volontés qui soient des actions; et que ses idées sont mises en elle, partie par les objets qui touchent les sens, partie par les impressions qui sont dans le cerveau, et partie aussi par les dispositions qui ont précédé en l'âme même, et par les mouvements de sa volonté; ainsi que la cire reçoit ses figures, partie des autres corps qui la pressent, partie des figures ou autres qualités qui sont déjà en elle, comme de ce qu'elle est plus ou moins pesante ou molle, etc. et partie aussi de son mouvement, lorsqu'ayant été agitée, elle a en soi la force de continuer à se mouvoir.

Pour la difficulté d'apprendre les sciences, qui est en nous, et celle de nous représenter clairement les idées qui nous sont naturellement connues, elle vient des faux préjugés de notre enfance, et des autres causes de nos erreurs, que j'ai tâché d'expliquer assez au long en l'écrit que j'ai sous la presse[1].

Pour la mémoire, je crois que celle des choses matérielles dépend des vestiges qui demeurent dans le cerveau, après que quelque image y a été imprimée; et que celle des choses intellectuelles dépend de quelques autres vestiges, qui demeurent en la pensée même. Mais ceux-ci sont tout d'un autre genre que ceux-là, et je ne les saurais expliquer par aucun exemple tiré des choses corporelles, qui n'en soit fort différent; au lieu que les vestiges du cerveau le rendent propre à mouvoir l'âme, en la même façon qu'il l'avait mue auparavant, et ainsi à

1. *Les Principes de la Philosophie.*

la faire souvenir de quelque chose; tout de même que les plis qui sont dans un morceau de papier, ou dans un linge, font qu'il eśt plus propre à être plié derechef, comme il a été auparavant, que s'il n'avait jamais été ainsi plié.

L'erreur morale qui arrive, quand on croit avec raison une chose fausse, parce qu'un homme de bien nous l'a dite, etc., ne contient aucune privation, lorsque nous ne l'assurons que pour régler les aćtions de notre vie, en chose que nous pouvons moralement savoir mieux; et ainsi ce n'eśt point proprement une erreur. Mais c'en serait une, si nous l'assurions comme une vérité de physique, parce que le témoignage d'un homme de bien ne suffit pas pour cela.

Pour le libre arbitre, je n'ai point vu ce que le R. P. Petau[1] en a écrit; mais de la façon que vous expliquez votre opinion sur ce sujet, il ne me semble pas que la mienne en soit fort éloignée. Car, premièrement, je vous supplie de remarquer, que je n'ai point dit que l'homme ne fût indifférent que là où il manque de connaissance; mais bien, qu'il eśt d'autant plus indifférent, qu'il connaît moins de raisons qui le poussent à choisir un parti plutôt que l'autre; ce qui ne peut, ce me semble, être nié de personne. Et je suis d'accord avec vous, en ce que vous dites qu'on peut suspendre son jugement; mais j'ai tâché d'expliquer le moyen par lequel on le peut suspendre. Car il eśt, ce me semble, certain que, *ex magna luce in intelleću sequitur magna propensio in voluntate*[2]; en sorte que, voyant très clairement qu'une chose nous eśt propre, il eśt très mal aisé, et même, comme je crois, impossible, pendant qu'on demeure en cette pensée, d'arrêter le cours de notre désir. Mais, parce que la nature de l'âme eśt de n'être quasi qu'un moment attentive à une même chose, sitôt que notre attention se détourne des raisons qui nous font connaître que cette chose nous eśt propre, et que nous retenons seulement en notre mémoire qu'elle nous a paru désirable, nous pouvons représenter à notre esprit quelque autre raison qui nous en

1. Auteur d'un traité en trois livres sur le libre arbitre.
2. D'une grande lumière dans l'entendement suit une grande inclination dans la volonté.

fasse douter, et ainsi suspendre notre jugement, et même aussi peut-être en former un contraire. Ainsi, puisque vous ne mettez pas la liberté dans l'indifférence précisément, mais dans une puissance réelle et positive de se déterminer, il n'y a de différence entre nos opinions que pour le nom; car j'avoue que cette puissance est en la volonté. Mais, parce que je ne vois point qu'elle soit autre, quand elle est accompagnée de l'indifférence, laquelle vous avouez être une imperfection, que quand elle n'en est point accompagnée, et qu'il n'y a rien dans l'entendement que de la lumière, comme dans celui des bienheureux qui sont confirmés en grâce, je nomme généralement libre, tout ce qui est volontaire, et vous voulez restreindre ce nom à la puissance de se déterminer, qui est accompagnée de l'indifférence. Mais je ne désire rien tant, touchant les noms, que de suivre l'usage et l'exemple.

Pour les animaux sans raison, il est évident qu'ils ne sont pas libres, à cause qu'ils n'ont pas cette puissance positive de se déterminer; mais c'est en eux une pure négation, de n'être pas forcés ni contraints.

Rien ne m'a empêché de parler de la liberté que nous avons à suivre le bien ou le mal, sinon que j'ai voulu éviter, autant que j'ai pu, les controverses de la théologie, et me tenir dans les bornes de la philosophie naturelle. Mais je vous avoue qu'en tout ce où il y a occasion de pécher, il y a de l'indifférence; et je ne crois point que, pour mal faire, il soit besoin de voir clairement que ce que nous faisons est mauvais; il suffit de le voir confusément, ou seulement de se souvenir qu'on a jugé autrefois que cela l'était, sans le voir en aucune façon, c'est-à-dire, sans avoir attention aux raisons qui le prouvent; car, si nous le voyions clairement, il nous serait impossible de pécher, pendant le temps que nous le verrions en cette sorte; c'est pourquoi on dit que *omnis peccans est ignorans*[1]. Et on ne laisse pas de mériter, bien que, voyant très clairement ce qu'il faut faire, on le fasse infailliblement, et sans aucune indifférence, comme a fait Jésus-Christ en cette vie. Car l'homme pouvant n'avoir pas toujours une parfaite attention aux choses qu'il doit faire, c'est une

1. Tout pécheur l'est par ignorance.

bonne action que de l'avoir, et de faire, par son moyen, que notre volonté suive si fort la lumière de notre entendement, qu'elle ne soit point du tout indifférente. Au reste, je n'ai point écrit que la Grâce empêchât entièrement l'indifférence; mais seulement qu'elle nous fait pencher davantage vers un côté que vers l'autre, et ainsi qu'elle la diminue, bien qu'elle ne diminue pas la liberté; d'où il suit, ce me semble, que cette liberté ne consiste point en l'indifférence.

Pour la difficulté de concevoir, comment il a été libre et indifférent à Dieu de faire qu'il ne fût pas vrai, que les trois angles d'un triangle fussent égaux à deux droits, ou généralement que les contradictoires ne peuvent être ensemble, on la peut aisément ôter, en considérant que la puissance de Dieu ne peut avoir aucunes bornes; puis aussi, en considérant que notre esprit est fini, et créé de telle nature, qu'il peut concevoir comme possibles les choses que Dieu a voulu être véritablement possibles, mais non pas de telle, qu'il puisse aussi concevoir comme possibles celles que Dieu aurait pu rendre possibles, mais qu'il a toutefois voulu rendre impossibles. Car la première considération nous fait connaître que Dieu ne peut avoir été déterminé à faire qu'il fût vrai, que les contradictoires ne peuvent être ensemble, et que, par conséquent, il a pu faire le contraire; puis l'autre nous assure que, bien que cela soit vrai, nous ne devons point tâcher de le comprendre, parce que notre nature n'en est pas capable. Et encore que Dieu ait voulu que quelques vérités fussent nécessaires, ce n'est pas à dire qu'il les ait nécessairement voulues; car c'est tout autre chose de vouloir qu'elles fussent nécessaires, et de le vouloir nécessairement, ou d'être nécessité à le vouloir. J'avoue bien qu'il y a des contradictions qui sont si évidentes, que nous ne les pouvons représenter à notre esprit, sans que nous les jugions entièrement impossibles, comme celle que vous proposez : *Que Dieu aurait pu faire que les créatures ne fussent point dépendantes de lui*. Mais nous ne nous les devons point représenter, pour connaître l'immensité de sa puissance, ni concevoir aucune préférence ou priorité entre son entendement et sa volonté; car l'idée que nous avons de Dieu nous apprend qu'il n'y a en lui qu'une seule action, toute simple et toute pure; ce que ces mots de St. Augustin expriment fort bien : *Quia vides ea, sunt,* etc.[1], parce qu'en Dieu *videre* et *velle*[2] ne sont qu'une même chose.

Je distingue les lignes des superficies, et les points des lignes, comme un mode d'un autre mode; mais je distingue le corps des superficies, des lignes, et des points qui le modifient, comme une substance de ses modes. Et il n'y a point de doute que quelque mode, qui appartenait au pain, demeure au Saint Sacrement, vu que sa figure extérieure, qui est un mode, y demeure. Pour l'extension de Jésus-Christ en ce St. Sacrement, je ne l'ai point expliquée, parce que je n'y ai pas été obligé, et que je m'abstiens, le plus qu'il m'est possible, des questions de théologie, et même que le Concile de Trente a dit qu'il y est, *ea existendi ratione quam verbis exprimere vix possumus*[3]. Lesquels mots j'ai insérés à dessein, à la fin de ma réponse aux quatrièmes objections, pour m'exempter de l'expliquer. Mais j'ose dire que, si les hommes étaient un peu plus accoutumés qu'ils ne sont à ma façon de philosopher, on pourrait leur faire entendre un moyen d'expliquer ce mystère, qui fermerait la bouche aux ennemis de notre religion, et auquel ils ne pourraient contredire.

Il y a grande différence entre *l'abstraction* et *l'exclusion.* Si je disais seulement que l'idée que j'ai de mon âme ne me la représente pas dépendante du corps, et identifiée avec lui, ce ne serait qu'une abstraction, de laquelle je ne pourrais former qu'un argument négatif, qui conclurait mal. Mais je dis que cette idée me la représente comme une substance qui peut exister, encore que tout ce qui appartient au corps en soit exclu; d'où je forme un argument positif, et conclus qu'elle peut exister sans le corps. Et cette exclusion de l'extension se voit fort clairement, en la nature de l'âme, de ce qu'on ne peut concevoir de moitié d'une chose qui pense, ainsi que vous avez très bien remarqué.

Je ne voudrais pas vous donner la peine de m'envoyer ce qu'il vous a plu écrire sur le sujet de mes *Méditations,* parce que j'espère aller en France bientôt, où j'aurai, si

1. Puisque tu vois ces choses, elles sont (*Confessions,* XIII, 38).
2. Voir et vouloir.
3. Par ce mode d'existence que nous pouvons à peine exprimer par des mots.

je puis, l'honneur de vous voir. Et cependant, je vous supplie de me croire, etc.

[AU P. CHARLET]

[Paris, octobre 1644.]

Mon Révérend Père,

Ayant enfin publié les principes de cette philosophie, qui a donné de l'ombrage à quelques-uns, vous êtes un de ceux à qui je désire le plus de l'offrir, tant à cause que je vous suis obligé de tous les fruits que je puis tirer de mes études, vu les soins que vous avez pris de mon institution en ma jeunesse, comme aussi à cause que je sais combien vous pouvez, pour empêcher que mes bonnes intentions ne soient mal interprétées par ceux de votre Compagnie qui ne me connaissent pas. Je ne crains point que mes écrits soient blâmés ou méprisés par ceux qui les examineront; car je serai toujours bien aise de reconnaître mes fautes, et de les corriger, lorsqu'on me fera la faveur de me les apprendre; mais je désire éviter, autant que je pourrai, les faux préjugés de ceux à qui c'est assez de savoir que j'ai écrit quelque chose, touchant la philosophie (en quoi je n'ai pas entièrement suivi le style commun), pour en concevoir une mauvaise opinion. Et parce que je vois déjà, par expérience, que les choses que j'ai écrites, ont eu le bonheur d'être reçues et approuvées d'un assez grand nombre de personnes, je n'ai pas beaucoup à craindre qu'on réfute mes opinions. Je vois même que ceux qui ont le sens commun assez bon, et qui ne sont point encore imbus d'opinions contraires, sont tellement portés à les embrasser, qu'il y a apparence qu'elles ne pourront manquer, avec le temps, d'être reçues de la plupart des hommes, et j'ose même dire des mieux sensés. Je sais qu'on a cru que mes opinions étaient nouvelles; et toutefois on verra ici que je ne me sers d'aucun principe, qui n'ait été reçu par Aristote, et par tous ceux qui se sont jamais mêlés de philosopher. On s'est aussi imaginé que mon dessein était de réfuter des opinions reçues dans les écoles, et de tâcher à les rendre ridicules; mais on verra que je n'en parle non plus que si je ne les avais jamais apprises. Enfin, on a espéré que, lorsque ma philosophie paraîtrait au jour, on y trouverait quantité de fautes, qui la rendraient facile à réfuter; et moi, au contraire, je me promets que tous les meilleurs esprits la jugeront si raisonnable, que ceux qui entreprendront de l'impugner, n'en recevront que de la honte, et que les plus prudents feront gloire d'être des premiers à en porter un favorable jugement, qui sera suivi, par après, de la postérité, s'il se trouve véritable. A quoi si vous contribuez quelque chose, par votre autorité et votre conduite, comme je sais que vous y pouvez beaucoup, ce sera un surcroît aux grandes obligations que je vous ai déjà, et qui me rendent, etc.

AU P. CHARLET

[Egmond, 9 février 1645.]

Mon Révérend Père,

J'ai une très grande obligation au Révérend Père Bourdin, de ce qu'il m'a procuré le bonheur de recevoir de vos lettres, lesquelles m'ont ravi de joie, en m apprenant que vous prenez part en mes intérêts, et que mes occupations ne vous sont pas désagréables. J'ai eu aussi une très grande satisfaction de voir que ledit Père était disposé à me donner part en ses bonnes grâces, lesquelles je tâcherai de mériter par toutes sortes de services. Car, ayant de très grandes obligations à ceux de votre Compagnie, et particulièrement à vous, qui m'avez tenu lieu de père pendant tout le temps de ma jeunesse, je serais extrêmement marri d'être mal avec aucun des membres dont vous êtes le chef au regard de la France. Ma propre inclination, et la considération de mon devoir, me porte à désirer passionnément leur amitié; et, outre cela, le chemin que j'ai pris, en publiant une nouvelle philosophie, fait que je puis recevoir tant d'avantage de leur bienveillance, et, au contraire, tant de désavantage de leur froideur, que je crois qu'il suffit de connaître que je ne suis pas tout à fait hors de sens, pour assurer que je ferai toujours tout mon possible, pour me rendre digne de leur faveur. Car, bien que cette philosophie soit tellement fondée en démonstrations, que je ne puisse douter qu'avec le temps elle ne soit généralement reçue et approuvée, toutefois, à cause qu'ils font la plus grande partie de ceux qui en peuvent juger, si leur froideur les empêchait de la vouloir lire, je ne pourrais espérer de vivre assez pour voir ce temps-là; au lieu que, si leur bienveillance les convie à l'examiner, j'ose me promettre qu'ils y trouveront tant de choses qui leur sembleront vraies, et qui peuvent aisément être substituées au lieu des opinions communes, et servir avec avantage à expliquer les vérités de la Foi, et même sans contredire au texte d'Aristote, qu'ils ne manqueront pas de les recevoir, et ainsi que, dans peu d'années, cette philosophie acquerra tout le crédit qu'elle ne pourrait acquérir sans cela qu'après un siècle. C'est en quoi j'avoue avoir quelque intérêt; car, étant homme comme les autres, je ne suis pas de ces insensibles qui ne se laissent point toucher par le succès; et c'est aussi en quoi vous me pouvez beaucoup obliger. Mais j'ose croire aussi que le public y a intérêt, et particulièrement votre Compagnie; car elle ne doit pas souffrir que des vérités, qui sont de quelque importance, soient plutôt reçues par d'autres que par elle. Je vous supplie de me pardonner la liberté avec laquelle je vous ouvre mes sentiments; ce n'est pas que j'ignore le respect que je vous dois, mais c'est que, vous considérant comme mon père, je crois que vous n'avez pas désagréable que je traite avec vous de la même sorte que je ferais avec lui, s'il était encore vivant. Et je suis avec passion, etc.

[AU P. MESLAND]

[Egmond, 9 février 1645.]

MON RÉVÉREND PÈRE,

VOTRE lettre du 22 octobre ne m'a été rendue que depuis 8 jours, ce qui a été cause que je n'ai su vous témoigner plus tôt combien je me ressens votre obligé, non pas de ce que vous avez pris la peine de lire et d'examiner mes Méditations, car n'ayant point été connu auparavant de vous, je veux croire que ç'aura été la matière seule qui vous y aura incité; ni aussi de ce que vous l'avez digérée en la façon que vous avez fait, car je ne suis pas si vain que de penser que vous l'ayez fait à mon sujet, et j'ai assez bonne opinion de mes raisonnements pour me persuader que vous avez jugé qu'ils valaient la peine d'être rendus intelligibles à plusieurs, à quoi la nouvelle forme que vous leur avez donnée peut beaucoup servir; mais de ce qu'en les expliquant, vous avez eu soin de les faire paraître avec toute leur force, et d'interpréter à mon avantage plusieurs choses qui auraient pu être perverties ou dissimulées par d'autres. C'est en quoi je reconnais particulièrement votre franchise, et vois que vous m'avez voulu favoriser. Je n'ai trouvé pas un mot, dans l'écrit qu'il vous a plu me communiquer, auquel je ne souscrive entièrement; et bien qu'il y ait plusieurs pensées, qui ne sont point dans mes *Méditations,* ou du moins qui n'y sont pas déduites en la même façon, toutefois il n'y en a aucune que je ne voulusse bien avouer pour mienne. Aussi n'a-ce pas été de ceux, qui ont examiné mes écrits comme vous, que j'ai parlé dans le *Discours de la Méthode,* quand j'ai dit que je ne reconnaissais pas les pensées qu'ils m'attribuaient, mais seulement de ceux qui les auraient voulu recueillir de mes discours, étant en conversation familière.

Quand, à l'occasion du St. Sacrement, je parle de la superficie qui est moyenne entre deux corps, à savoir entre le pain (ou bien le corps de Jésus-Christ après la Consécration) et l'air qui l'environne, par ce mot de superficie, je n'entends point quelque substance, ou nature réelle, qui puisse être détruite par la toute-puissance de Dieu, mais seulement un mode ou une façon d'être, qui ne peut être changée sans changement de ce en quoi ou par quoi elle existe; comme il implique contradiction, que la figure carrée d'un morceau de cire lui soit ôtée, et que néanmoins aucune des parties de cette cire ne change de place. Or cette superficie moyenne entre l'air et le pain ne diffère pas réellement de la superficie du pain, ni aussi de celle de l'air qui touche le pain; mais ces trois superficies sont, en effet, une même chose, et diffèrent seulement au regard de notre pensée. A savoir, quand nous la nommons la superficie du pain, nous entendons que, bien que l'air qui environne ce pain soit changé, elle demeure toujours *eadem numero,* pendant que le pain ne change point; mais que s'il change, elle change aussi. Et quand nous la nommons la superficie de l'air qui environne le pain, nous entendons qu'elle change avec l'air, et non pas avec le pain. Enfin, quand nous la nommons la superficie moyenne entre l'air et le pain, nous entendons qu'elle ne change, ni avec l'un, ni avec l'autre, mais seulement avec la figure des dimensions qui séparent l'un de l'autre; si bien qu'en ce sens-là, c'est par cette seule figure qu'elle existe, et c'est aussi par elle seule qu'elle peut changer. Car le corps de Jésus-Christ étant mis en la place du pain, et venant d'autre air en la place de celui qui environnait le pain, la superficie, qui est entre cet air et le corps de Jésus-Christ, demeure *eadem numero* qui était auparavant entre d'autre air et le pain, parce qu'elle ne prend pas son identité numérique de l'identité des corps dans lesquels elle existe, mais seulement de l'identité ou ressemblance des dimensions : comme nous pouvons dire que la Loire est la même rivière qui était il y a dix ans, bien que ce ne soit plus la même eau, et que peut-être aussi il n'y ait plus aucune partie de la même terre qui environnait cette eau.

Pour la façon dont on peut concevoir que le corps de Jésus-Christ est au St. Sacrement, je crois que ce n'est pas à moi à l'expliquer, après avoir appris du Concile de Trente qu'il y est, *ea existendi ratione quam verbis exprimere vix possumus.* Lesquels mots j'ai cités à dessein à la fin de ma réponse aux quatrièmes objections, afin d'être exempt d'en dire davantage : joint aussi que, n'étant point théologien de profession, j'aurais peur que les choses que je pourrais écrire, fussent moins bien reçues de moi que d'un autre. Toutefois, à cause que le Concile ne détermine pas que *verbis exprimere non possumus,* mais seulement que *vix possumus,* je me hasarderai de vous dire ici, en confidence, une façon qui me semble assez commode, et très utile pour éviter la calomnie des hérétiques, qui nous objectent que nous croyons en cela une chose qui est entièrement incompréhensible, et qui implique contradiction. Mais c'est, s'il vous plaît, à condition que, si vous la communiquez à d'autres, ce sera sans m'en attribuer l'invention : et même vous ne la communiquerez à personne, si vous jugez qu'elle ne soit pas entièrement conforme à ce qui a été déterminé par l'Église.

Premièrement, je considère ce que c'est que le corps d'un homme, et je trouve que ce mot de corps est fort équivoque; car, quand nous parlons d'un corps en général, nous entendons une partie déterminée de la matière, et ensemble de la quantité dont l'univers est composé, en sorte qu'on ne saurait ôter tant soit peu de cette quantité, que nous ne jugions incontinent que le corps est moindre et qu'il n'est plus entier; ni changer aucune particule de cette matière, que nous ne pensions pas après que le corps n'est plus totalement le même, ou *idem numero*. Mais, quand nous parlons du corps d'un homme, nous n'entendons pas une partie déterminée de matière, ni qui ait une grandeur déterminée, mais seulement nous entendons toute la matière qui est ensemble unie avec l'âme de cet homme; en sorte que, bien que cette matière change, et que sa quantité augmente ou diminue, nous croyons toujours que c'est le même corps, *idem numero,* pendant qu'il demeure joint et uni substantiellement à la même âme; et nous croyons que ce corps est tout entier, pendant qu'il a en soi toutes les dispositions requises pour conserver cette union. Car il n'y a personne qui ne croie que nous avons les mêmes corps que nous avons eus dès notre enfance, bien que leur quantité soit de beaucoup augmentée, et que, selon l'opinion commune des médecins, et sans doute selon la vérité, il n'y ait plus en eux aucune partie de la matière qui y était alors, et même qu'ils n'aient plus la même figure; en sorte qu'ils ne sont *eadem numero,* qu'à cause qu'ils sont informés de la même âme. Pour moi, qui ai examiné la circulation du sang, et qui crois que la nutrition ne se fait que par une continuelle expulsion des parties de notre corps, qui sont chassées de leur place par d'autres qui y entrent, je ne pense pas qu'il y ait aucune particule de nos membres qui demeure la même *numero* un seul moment, encore que notre corps, en tant que corps humain, demeure toujours le même *numero* pendant qu'il est uni avec la même âme. Et même, en ce sens-là, il est indivisible : car, si on coupe un bras ou une jambe à un homme, nous pensons bien que son corps est divisé, en prenant le nom de corps en la 1re signification, mais non pas en le prenant en la 2e; et nous ne pensons pas que celui qui a un bras ou une jambe coupée, soit moins homme qu'un autre. Enfin, quelque matière que ce soit, et de quelque quantité ou figure qu'elle puisse être, pourvu qu'elle soit unie à la même âme raisonnable, nous la prenons toujours pour le corps du même homme, et pour le corps tout entier, si elle n'a pas besoin d'être accompagnée d'autre matière pour demeurer jointe à cette âme.

De plus, je considère que, lorsque nous mangeons du pain et buvons du vin, les petites parties de ce pain et de ce vin, se dissolvant en notre estomac, coulent incontinent de là dans nos veines, et par cela seul qu'elles se mêlent avec le sang, elles se transsubstantient naturellement, et deviennent parties de notre corps; bien que, si nous avions la vue assez subtile pour les distinguer d'avec les autres particules du sang, nous verrions qu'elles sont encore les mêmes *numero,* qui composaient auparavant le pain et le vin; en sorte que, si nous n'avions point d'égard à l'union qu'elles ont avec l'âme, nous les pourrions nommer pain et vin comme devant.

Or cette transsubstantiation se fait sans miracle. Mais, à son exemple, je ne vois pas de difficulté à penser que tout le miracle de la transsubstantiation, qui se fait au St. Sacrement, consiste en ce qu'au lieu que les particules de ce pain et de ce vin auraient dû se mêler avec le sang de Jésus-Christ et s'y disposer en certaines façons particulières, afin que son âme les informât naturellement, elle les informe, sans cela, par la force des paroles de la Consécration; et au lieu que cette âme de Jésus-Christ ne pourrait demeurer naturellement jointe avec chacune de ces particules de pain et de vin, si ce n'est qu'elles fussent assemblées avec plusieurs autres qui composassent tous les organes du corps humain nécessaires à la vie, elle demeure jointe surnaturellement à chacune d'elles, encore qu'on les sépare. De cette façon, il eſt aisé à entendre comment le corps de Jésus-Chriſt n'eſt qu'une fois en toute l'hoſtie, quand elle n'eſt point divisée, et néanmoins qu'il eſt tout entier en chacune de ses parties, quand elle l'eſt; parce que toute la matière, tant grande ou petite qu'elle soit, qui eſt ensemble informée de la même âme humaine, eſt prise pour un corps humain tout entier.

Cette explication choquera sans doute d'abord ceux qui sont accoutumés à croire, qu'afin que le corps de Jésus-Chriſt soit en l'Euchariſtie, il faut que tous ses membres y soient avec leur même quantité et figure, et la même matière *numero,* dont ils étaient composés quand il eſt monté au Ciel. Mais ils se délivreront aisément de ces difficultés, s'ils considèrent qu'il n'y a rien de cela qui soit déterminé par l'Église; et que tous les membres extérieurs, et leur quantité et matière, ne sont point nécessaires à l'intégrité du corps humain, et ne sont en rien utiles ni convenables à ce sacrement, où l'âme de Jésus-Chriſt informe la matière de l'hoſtie, afin d'être reçu par les hommes, et de s'unir plus étroitement à eux; et même cela ne diminue en rien la vénération de ce sacrement. Et enfin l'on doit considérer qu'il eſt impossible, et qu'il semble manifeſtement impliquer contradiction, que ces membres y soient; car ce que nous nommons, par exemple, le bras ou la main d'un homme, eſt ce qui en a la figure extérieure, et la grandeur et l'usage; en sorte que, quoi que ce soit qu'on puisse imaginer en l'hoſtie pour la main ou le bras de Jésus-Chriſt, c'eſt faire outrage à tous les dictionnaires et charger entièrement l'usage des mots, que de le nommer bras ou main, puisqu'il n'en a pas l'extension, ni la figure extérieure, ni l'usage.

[AU P. MESLAND]

[Egmond, 9 février 1645.][1]

Pour ce qui eſt du libre arbitre, je suis complètement d'accord avec ce qu'en a écrit le Révérend Père. Et, pour exposer plus complètement mon opinion, je voudrais noter à ce sujet que l'indifférence me semble signifier proprement l'état dans lequel eſt la volonté lorsqu'elle n'eſt pas poussée d'un côté plutôt que de l'autre par la perception du vrai ou du bien; et c'eſt en ce sens que je l'ai prise lorsque j'ai écrit que le plus bas degré de la liberté eſt celui où nous nous déterminons aux choses pour lesquelles nous sommes indifférents. Mais peut-être que d'autres entendent par indifférence une faculté positive de se déterminer pour l'un ou l'autre de deux contraires, c'eſt-à-dire pour poursuivre ou pour fuir, pour affirmer ou pour nier. Cette faculté positive, je n'ai pas nié qu'elle fût dans la volonté. Bien plus, j'eſtime qu'elle y eſt, non seulement dans ces actes où elle n'eſt pas poussée par des raisons évidentes d'un côté plutôt que de l'autre, mais aussi dans tous les autres; à ce point que, lorsqu'une raison très évidente nous porte d'un côté, bien que, moralement parlant, nous ne puissions guère aller à l'opposé, absolument parlant, néanmoins, nous le pourrions. En effet, il nous eſt toujours possible de nous retenir de poursuivre un bien clairement connu ou d'admettre une vérité évidente, pourvu que nous pensions que c'eſt un bien d'affirmer par là notre libre arbitre.

De plus, il faut remarquer que la liberté peut être considérée dans les actions de la volonté avant l'accomplissement ou pendant l'accomplissement.

Considérée dans ces actions avant l'accomplissement,

1. Traduction. — Cette lettre eſt connue sous trois formes. 1° Le texte latin dont voici la traduction. 2° Une traduction française que nous avions donnée antérieurement, à l'adresse de Mersenne, et à la date du 27 mai 1641. 3° Une traduction latine de cette traduction.

elle implique l'indifférence prise au second sens, et non au premier. Et bien que nous puissions dire, quand nous opposons notre propre jugement aux commandements des autres, que nous sommes plus libres de faire les choses pour lesquelles rien ne nous a été prescrit par les autres et dans lesquelles il nous est permis de suivre notre propre jugement que de faire celles qui nous sont interdites, nous ne pouvons pas dire de la même façon, quand nous opposons les uns aux autres nos jugements ou nos connaissances, que nous sommes plus libres de faire les choses qui ne nous semblent ni bonnes ni mauvaises, ou dans lesquelles nous voyons autant de bien que de mal que de faire celles où nous voyons beaucoup plus de bien que de mal. Une plus grande liberté consiste en effet ou bien dans une plus grande facilité de se déterminer, ou bien dans un plus grand usage de cette puissance positive que nous avons de suivre le pire, tout en voyant le meilleur. Si nous prenons le parti où nous voyons le plus de bien, nous nous déterminons plus facilement; si nous suivons le parti contraire, nous usons davantage de cette puissance positive; ainsi, nous pouvons toujours agir plus librement dans les choses où nous voyons plus de bien que de mal, que dans les choses appelées par nous indifférentes. En ce sens on peut même dire que les choses qui nous sont commandées par les autres et que sans cela nous ne ferions point de nous-mêmes, nous les faisons moins librement que celles qui ne nous sont pas commandées; parce que le jugement qu'elles sont difficiles à faire est opposé au jugement qu'il est bon de faire ce qui est commandé, et, ces deux jugements, plus ils nous meuvent également, plus ils mettent en nous d'indifférence prise au premier sens.

Considérée maintenant dans les actions de la volonté, pendant qu'elles s'accomplissent, la liberté n'implique aucune indifférence, qu'on la prenne au premier ou au deuxième sens; parce que ce qui est fait ne peut pas demeurer non fait, étant donné qu'on le fait. Mais elle consiste dans la seule facilité d'exécution, et alors, libre, spontané et volontaire ne sont qu'une même chose. C'est en ce sens que j'ai écrit que je suis porté d'autant plus librement vers quelque chose que je suis poussé par plus de raisons, car il est certain que notre volonté se meut alors avec plus de facilité et plus d'élan.

[AU MARQUIS DE NEWCASTLE[1]]

[Avril 1645 ?]

MONSIEUR,

Si j'avais autant d'esprit et de savoir, que j'ai de zèle pour le service de Votre Excellence, je ne manquerais pas de répondre exactement aux questions que vous m'avez fait l'honneur de me proposer. Et même, encore que je craigne de n'avoir point assez d'esprit ni de connaissance pour cet effet, l'abondance du zèle ne laisse pas de m'obliger à l'entreprendre. Mais, avec votre permission, je commencerai par la seconde difficulté, touchant la cause du chaud et du froid dans les animaux; parce qu'après l'avoir examinée, et ensuite la troisième et la quatrième, je pourrai plus commodément parler de la première.

Il me semble que toute la chaleur des animaux consiste en ce qu'ils ont dans le cœur une espèce de feu, qui est sans lumière, semblable à celui qui s'excite dans l'eau-forte, lorsqu'on met dedans assez grande quantité de poudre d'acier, et à celui de toutes les fermentations. Ce feu est entretenu par le sang, qui coule à tous moments dans le cœur, suivant la circulation qu'Hervæus[2], médecin anglais, a très heureusement découverte; et après que ce sang s'est échauffé et raréfié dans le cœur, il coule de là promptement, par les artères, en toutes les autres parties du corps, lesquelles il échauffe par ce moyen. Or on

1. William Cavendish (1592-1676), marquis, puis duc de Newcastle, représentant d'une vieille famille anglaise du comté de Norfolk. Fidèle aux Stuarts, il fut le gouverneur du Prince de Galles (le futur Charles II). Réfugié en Hollande vers 1644 il se lia avec Descartes. Sans être homme de lettres ni mathématicien, il avait, au dire de sa femme, l'esprit géométrique. « Mais, nous dit Baillet, ce qui le tenait particulièrement uni avec M. Descartes, était la curiosité qu'il avait de cultiver la philosophie naturelle par des observations et la philosophie morale par des méditations auxquelles ses propres adversités et celles de la maison royale d'Angleterre avaient fourni beaucoup de matière. »

2. Harvey.

peut dire, en quelque sens, que cette chaleur eſt plus grande l'été que l'hiver, parce que sa cause n'eſt pas moindre dans le cœur, et que le sang, qui s'y échauffe, n'eſt pas tant refroidi par l'air de dehors. Mais on peut dire aussi qu'elle eſt plus grande en hiver, ce qui fait qu'on a pour lors meilleur appétit, et qu'on digère mieux les viandes. Et la raison en eſt que les parties du sang qui ont le plus de chaleur, à savoir les plus subtiles et les plus agitées, ne s'évaporent pas si facilement en hiver, par les pores de la peau, qui sont alors resserrés par le froid, qu'elles font en été : c'eſt pourquoi elles sont en plus grande abondance dans l'eſtomac, où elles aident à la coction des viandes.

La troisième queſtion eſt touchant le froid de la fièvre, lequel je crois ne venir d'autre chose, sinon que la fièvre eſt causée de ce qu'il s'amasse une humeur corrompue dans le mésentère, ou en quelque autre partie du corps, laquelle humeur, au bout d'un, ou deux, ou trois jours (qui eſt un temps dont elle a besoin pour la mûrir et rendre fluide, à raison de quoi la fièvre eſt ou quotidienne, ou tierce, ou quarte), coule dans les veines, et ainsi se mêlant parmi le sang, et allant avec lui dans le cœur, elle empêche qu'il ne s'y puisse tant échauffer et dilater que de coutume, ni, par conséquent, porter tant de chaleur au reſte du corps; ce qui eſt cause du tremblement qu'on sent pour lors. Mais cela n'arrive qu'au commencement de l'accès : car, comme le bois vert, qui éteint le feu, lorsque d'abord il y eſt mis, rend une flamme plus ardente que l'autre bois, après qu'il eſt bien embrasé; ainsi, après que cette humeur corrompue a été mêlée quelque temps parmi le sang, elle s'échauffe et se dilate davantage que lui dans le cœur; ce qui fait la chaleur de l'accès, lequel dure jusqu'à ce que toute cette humeur corrompue soit évaporée, ou réduite à la constitution naturelle du sang. Or la fièvre cesserait toujours à la fin de l'accès, si on pouvait empêcher qu'il ne revînt d'autre humeur, en la place où s'eſt corrompue la première; et parce qu'il peut y avoir une infinité de divers moyens pour empêcher cela, mais qui ne réussissent pas toujours, cela fait que la fièvre peut être guérie par une infinité de divers remèdes, et que néanmoins tous les remèdes sont incertains.

La quatrième et dernière queſtion eſt touchant les esprits animaux et vitaux, et ce qui s'évapore par transpiration. A quoi il m'eſt aisé de répondre, en supposant que le sang se dilate dans le cœur, ainsi que je viens de dire, et que j'ai autrefois expliqué assez au long dans le *Discours de la Méthode*. Car ce que les médecins nomment les esprits vitaux, n'eſt autre chose que le sang contenu dans les artères, qui ne diffère point de celui des veines, sinon en ce qu'il eſt plus rare et plus chaud, à cause qu'il vient d'être échauffé et dilaté dans le cœur. Et ce qu'ils nomment les esprits animaux, n'eſt autre chose que les plus vives et plus subtiles parties de ce sang, qui se sont séparées des plus grossières, en se criblant dans les petites branches des artères carotides, et qui sont passées de là dans le cerveau, d'où elles se répandent par les nerfs en tous les muscles. Enfin tout ce qui sort du corps, par transpiration insensible, n'eſt aussi autre chose que des parties du sang, qui sont assez subtiles pour passer par les pores du corps en s'évaporant. Et le même sang eſt échauffé et raréfié tant de fois, en passant et repassant dans le cœur, suivant ce qu'enseigne la doctrine de la circulation, qu'il n'y a aucune de ses parties qui ne soit enfin rendue assez subtile pour s'évaporer en cette façon.

Je reviens à la première queſtion, qui eſt de la cause du sommeil. Laquelle je crois consiſter en ce que, tout de même que nous voyons, quelquefois, que les voiles des navires se rident, à cause que le vent n'a pas assez de force pour les remplir, ainsi les esprits animaux, qui viennent du cœur, ne sont pas toujours assez abondants pour remplir la moelle du cerveau, et tenir tous les pores ouverts; ce qui fait alors le sommeil. Car les pores du cerveau étant fermés, on n'a plus l'usage des sens, si ce n'eſt que quelque violente agitation excite les esprits à les ouvrir. Or l'opium, le pavot, et les autres drogues qui causent le sommeil, font que le cœur envoie moins d'esprits vers le cerveau. Et l'on peut facilement, en suite de ceci, rendre raison de toutes les autres causes qu'on trouve, par expérience, exciter ou empêcher le sommeil. Mais j'ai peur que la longueur de cette lettre ne l'excite : c'eſt pourquoi je n'y ajouterai autre chose, sinon que je ne serai jamais endormi, lorsque je croirai pouvoir faire ou écrire quelque chose qui soit agréable à Votre Excellence, de laquelle je suis, etc.

A ÉLISABETH

[Egmond, 18 mai 1645.]

MADAME,

J'AI été extrêmement surpris d'apprendre, par les lettres de Monsieur de Pollot, que V. A. a été longtemps malade, et je veux mal à ma solitude, parce qu'elle est cause que je ne l'ai point su plus tôt. Il est vrai que, bien que je sois tellement retiré du monde, que je n'apprenne rien du tout de ce qui s'y passe, toutefois le zèle que j'ai pour le service de Votre Altesse ne m'eût pas permis d'être si longtemps sans savoir l'état de sa santé, quand j'aurais dû aller à La Haye tout exprès pour m'en enquérir, sinon que Monsieur de Pollot, m'ayant écrit fort à la hâte, il y a environ deux mois, m'avait promis de m'écrire derechef par le prochain ordinaire; et parce qu'il ne manque jamais de me mander comment se porte Votre Altesse, pendant que je n'ai point reçu de ses lettres, j'ai supposé que vous étiez toujours en même état. Mais j'ai appris, par ses dernières, que Votre Altesse a eu, trois ou quatre semaines durant, une fièvre lente, accompagnée d'une toux sèche, et qu'après en avoir été délivrée pour cinq ou six jours, le mal est retourné, et que toutefois, au temps qu'il m'a envoyé sa lettre (laquelle a été près de quinze jours par les chemins), Votre Altesse commençait derechef à se porter mieux. En quoi je remarque les signes d'un mal si considérable, et néanmoins auquel il me semble que Votre Altesse peut si certainement remédier, que je puis m'abstenir de lui en écrire mon sentiment. Car, bien que je ne sois pas médecin, l'honneur que Votre Altesse me fit, l'été passé, de vouloir savoir mon opinion, touchant une autre indisposition qu'elle avait pour lors, me fait espérer que ma liberté ne lui sera pas désagréable.

La cause la plus ordinaire de la fièvre lente est la tristesse; et l'opiniâtreté de la fortune à persécuter votre maison[1], vous donne continuellement des sujets de fâ-

1. Le roi de Bohême, père d'Élisabeth, avait perdu son trône en 1620. Depuis lors, la famille vivait en exil.

cherie, qui sont si publics et si éclatants, qu'il n'est pas besoin d'user beaucoup de conjectures, ni être fort dans les affaires, pour juger que c'est en cela que consiste la principale cause de votre indisposition. Et il est à craindre que vous n'en puissiez être du tout délivrée, si ce n'est que, par la force de votre vertu, vous rendiez votre âme contente, malgré les disgrâces de la fortune. Je sais bien que ce serait être imprudent de vouloir persuader la joie à une personne, à qui la fortune envoie tous les jours de nouveaux sujets de déplaisir, et je ne suis point de ces philosophes cruels, qui veulent que leur sage soit insensible. Je sais aussi que Votre Altesse n'est point tant touchée de ce qui la regarde en son particulier, que de ce qui regarde les intérêts de la maison et des personnes qu'elle affectionne; ce que j'estime comme une vertu la plus aimable de toutes. Mais il me semble que la différence qui est entre les plus grandes âmes et celles qui sont basses et vulgaires, consiste, principalement, en ce que les âmes vulgaires se laissent aller à leurs passions, et ne sont heureuses ou malheureuses, que selon que les choses qui leur surviennent sont agréables ou déplaisantes; au lieu que les autres ont des raisonnements si forts et si puissants que, bien qu'elles aient aussi des passions, et même souvent de plus violentes que celles du commun, leur raison demeure néanmoins toujours la maîtresse, et fait que les afflictions même leur servent, et contribuent à la parfaite félicité dont elles jouissent dès cette vie. Car, d'une part, se considérant comme immortelles et capables de recevoir de très grands contentements, puis, d'autre part, considérant qu'elles sont jointes à des corps mortels et fragiles, qui sont sujets à beaucoup d'infirmités, et qui ne peuvent manquer de périr dans peu d'années, elles font bien tout ce qui est en leur pouvoir pour se rendre la fortune favorable en cette vie, mais néanmoins elles l'estiment si peu, au regard de l'éternité, qu'elles n'en considèrent quasi les événements que comme nous faisons ceux des comédies. Et comme les histoires tristes et lamentables, que nous voyons représenter sur un théâtre, nous donnent souvent autant de récréation que les gaies, bien qu'elles tirent des larmes de nos yeux; ainsi ces plus grandes âmes, dont je parle, ont de la satisfaction, en elles-mêmes, de toutes les choses qui leur arrivent, même des plus fâcheuses et insupportables. Ainsi, ressentant de la douleur en leurs corps, elles s'exercent à la supporter patiemment, et cette épreuve qu'elles font de leur force, leur eſt agréable; ainsi, voyant leurs amis en quelque grande affliction, elles compatissent à leur mal, et font tout leur possible pour les en délivrer, et ne craignent pas même de s'exposer à la mort pour ce sujet, s'il en eſt besoin. Mais, cependant, le témoignage que leur donne leur conscience, de ce qu'elles s'acquittent en cela de leur devoir, et font une action louable et vertueuse, les rend plus heureuses, que toute la triſtesse, que leur donne la compassion, ne les afflige. Et enfin, comme les plus grandes prospérités de la fortune ne les enivrent jamais, et ne les rendent point plus insolentes, aussi les plus grandes adversités ne les peuvent abattre ni rendre si triſtes, que le corps, auquel elles sont jointes, en devienne malade.

Je craindrais que ce ſtyle ne fût ridicule, si je m'en servais en écrivant à quelque autre; mais, parce que je considère Votre Altesse comme ayant l'âme la plus noble et la plus relevée que je connaisse, je crois qu'elle doit aussi être la plus heureuse, et qu'elle le sera véritablement, pourvu qu'il lui plaise jeter les yeux sur ce qui eſt au-dessous d'elle, et comparer la valeur des biens qu'elle possède, et qui ne lui sauraient jamais être ôtés, avec ceux dont la fortune l'a dépouillée, et les disgrâces dont elle la persécute en la personne de ses proches; car alors elle verra le grand sujet qu'elle a d'être contente de ses propres biens. Le zèle extrême que j'ai pour elle eſt cause que je me suis laissé emporter à ce discours, que je la supplie très humblement d'excuser, comme venant d'une personne qui eſt, etc.

[AU P. MESLAND]

[Egmond, mai 1645.]

Mon Révérend Père,

La lettre que vous m'avez fait l'honneur de m'écrire en date du quatrième mars, ne m'a été envoyée, avec une autre du Révérend Père Charlet, en date du troisième avril, que depuis huit jours, en sorte qu'il semble que le courrier de Rome à Paris a moins tardé par les chemins que celui d'Orléans; mais cela importe peu.

Je vous ai obligation de la faveur que vous m'avez faite de me mander votre sentiment touchant mes Principes; mais j'eusse souhaité que vous m'eussiez spécifié vos difficultés, et je vous avoue que je n'en puis concevoir aucune touchant la raréfaction. Car il n'y a rien, ce me semble, de plus aisé à concevoir que la façon dont une éponge se dilate dans l'eau, et se resserre en se séchant.

Pour l'explication de la façon dont Jésus-Christ est au Saint Sacrement, il est certain qu'il n'est nullement besoin de suivre celle que je vous ai écrite, pour l'accorder avec mes principes. Aussi ne l'avais-je pas proposée à cette occasion, mais comme l'estimant assez commode pour éviter les objections des hérétiques qui disent qu'il y a de l'impossibilité et contradiction à ce que l'Église croit. Vous ferez de ma lettre ce qu'il vous plaira, et parce qu'elle ne vaut pas la peine d'être gardée, je vous prie seulement de la rompre sans prendre la peine de me la renvoyer.

Au reste, je souhaiterais que vous eussiez assez de loisir pour examiner plus particulièrement mes Principes. J'ose croire que vous y trouveriez au moins de la liaison et de la suite, en sorte qu'il faut nier tout ce qui est contenu dans les deux dernières parties, et ne le prendre que pour une pure hypothèse ou même pour une fable, ou bien l'approuver tout. Et encore qu'on ne le prît que pour une hypothèse, ainsi que je l'ai proposé, il me semble néanmoins que, jusqu'à ce qu'on en ait trouvé quelque autre meilleure pour expliquer tous les phénomènes de la nature, on ne la doit pas rejeter.

Mais je n'ai pas sujet de me plaindre jusqu'ici des lecteurs. Car, depuis que ce dernier traité est publié, je n'ai point appris que personne ait entrepris de le blâmer; et il semble que j'ai au moins gagné cela sur plusieurs, qu'ils doutent si ce que j'ai écrit ne pourrait point être vrai. Toutefois je ne sais pas ce qui se dit en mon absence, et je suis ici en un coin du monde, où je ne laisserais pas de vivre fort en repos et fort content, encore que les jugements de tous les doctes fussent contre moi. Je n'ai nulle passion au regard de ceux qui me haïssent; j'en ai seulement pour ceux qui me veulent du bien, lesquels je désire servir en toutes sortes d'occasions. Et comme je vous ai toujours reconnu être de ce nombre, aussi suis-je de tout mon cœur,

Mon R. P.

Votre très humble et très affectionné serviteur,

DESCARTES.

A ÉLISABETH

[Egmond, mai ou juin 1645.]

MADAME,

Je n'ai pu lire la lettre que Votre Altesse m'a fait l'honneur de m'écrire, sans avoir des ressentiments extrêmes, de voir qu'une vertu si rare et si accomplie ne soit pas accompagnée de la santé, ni des prospérités qu'elle mérite, et je conçois aisément la multitude des déplaisirs qui se présentent continuellement à elle, et qui sont d'autant plus difficiles à surmonter, que souvent ils sont de telle nature, que la vraie raison n'ordonne pas qu'on s'oppose directement à eux et qu'on tâche de les chasser. Ce sont des ennemis domestiques, avec lesquels étant contraint de converser, on est obligé de se tenir sans cesse sur ses gardes, afin d'empêcher qu'ils ne nuisent; et je ne trouve à cela qu'un seul remède, qui est d'en divertir son imagination et ses sens le plus qu'il est possible, et de n'employer que l'entendement seul à les considérer, lorsqu'on y est obligé par la prudence.

On peut, ce me semble, aisément remarquer ici la différence qui est entre l'entendement et l'imagination ou le sens; car elle est telle, que je crois qu'une personne, qui aurait d'ailleurs toute sorte de sujet d'être contente, mais qui verrait continuellement représenter devant soi des tragédies dont tous les actes fussent funestes, et qui ne s'occuperait qu'à considérer des objets de tristesse et de pitié, qu'elle sût être feints et fabuleux, en sorte qu'ils ne fissent que tirer des larmes de ses yeux, et émouvoir son imagination, sans toucher son entendement, je crois, dis-je, que cela seul suffirait pour accoutumer son cœur à se resserrer et à jeter des soupirs; en suite de quoi la circulation du sang étant retardée et alentie, les plus grossières parties de ce sang, s'attachant les unes aux autres, pourraient facilement lui opiler la rate, en s'embarrassant et s'arrêtant dans ses pores; et les plus subtiles, retenant leur agitation, lui pourraient altérer le poumon, et causer une toux, qui à la longue serait fort à craindre. Et, au contraire, une personne qui aurait une infinité de véritables sujets de déplaisir, mais qui s'étudierait avec tant de soin à en détourner son imagination, qu'elle ne pensât jamais à eux, que lorsque la nécessité des affaires l'y obligerait, et qu'elle employât tout le reste de son temps à ne considérer que des objets qui lui pussent apporter du contentement et de la joie, outre que cela lui serait grandement utile, pour juger plus sainement des choses qui lui importeraient, parce qu'elle les regarderait sans passion, je ne doute point que cela seul ne fût capable de la remettre en santé, bien que sa rate et ses poumons fussent déjà fort mal disposés par le mauvais tempérament du sang que cause la tristesse. Principalement, si elle se servait aussi des remèdes de la médecine, pour résoudre cette partie du sang qui cause des obstructions; à quoi je juge que les eaux de Spa sont très propres, surtout si Votre Altesse observe, en les prenant, ce que les médecins ont coutume de recommander, qui est qu'il se faut entièrement délivrer l'esprit de toutes sortes de pensées tristes, et même aussi de toutes sortes de méditations sérieuses touchant les sciences, et ne s'occuper qu'à imiter ceux qui, en regardant la verdeur d'un bois, les couleurs d'une fleur, le vol d'un oiseau, et telles choses qui ne requièrent aucune attention, se persuadent qu'ils ne pensent à rien. Ce qui n'est pas perdre le temps, mais le bien employer; car on peut, cependant, se satisfaire par l'espérance que, par ce moyen, on recouvrera une parfaite santé, laquelle est le fondement de tous les autres biens qu'on peut avoir en cette vie.

Je sais bien que je n'écris rien ici que Votre Altesse ne sache mieux que moi, et que ce n'est pas tant la théorie, que la pratique, qui est difficile en ceci; mais la faveur extrême qu'elle me fait de témoigner qu'elle n'a pas désagréable d'entendre mes sentiments, me fait prendre la liberté de les écrire tels qu'ils sont, et me donne encore celle d'ajouter ici, que j'ai expérimenté en moi-même, qu'un mal presque semblable, et même plus dangereux, s'est guéri par le remède que je viens de dire. Car, étant né d'une mère qui mourut, peu de jours après ma naissance[1], d'un mal de poumon, causé par quelques déplaisirs, j'avais hérité d'elle une toux sèche, et une couleur pâle, que j'ai gardée jusques à l'âge de plus de vingt ans, et qui faisait que tous les médecins qui m'ont vu avant ce temps-là, me condamnaient à mourir jeune. Mais je crois que l'inclination que j'ai toujours eue à regarder les choses qui se présentaient du biais qui me les pouvait rendre le plus agréables, et à faire que mon principal contentement ne dépendît que de moi seul, est cause que cette indisposition, qui m'était comme naturelle, s'est peu à peu entièrement passée.

J'ai beaucoup d'obligation à Votre Altesse, de ce qu'il lui a plu me mander son sentiment du livre de Monsieur le Chevalier d'Igby[2], lequel je ne serai point capable de lire, jusqu'à ce qu'on l'ait traduit en latin; ce que Monsieur Jouson[3], qui était hier ici, m'a dit que quelques-uns veulent faire. Il m'a dit aussi que je pouvais adresser mes lettres pour Votre Altesse par les messagers ordinaires, ce que je n'eusse osé faire sans lui, et j'avais différé d'écrire celle-ci, parce que j'attendais qu'un de mes amis allât à La Haye pour la lui donner. Je regrette infiniment l'absence de Monsieur de Pollot, parce que je pouvais apprendre par lui l'état de votre disposition; mais les lettres qu'on envoie pour moi au messager d'Alkmar ne manquent point de m'être rendues, et comme il n'y a rien au monde que je désire avec tant de passion que de pouvoir rendre service à Votre Altesse, il n'y a rien aussi qui me puisse rendre plus heureux, que d'avoir l'honneur de recevoir ses commandements. Je suis, etc.

1. La mère de Descartes ne mourut que le 13 mai 1597, c'est-à-dire treize mois et demi après la naissance du philosophe.

2. Le Chevalier d'Igby avait publié à Paris, en 1644, deux ouvrages de philosophie en anglais.

3. Jonsson, prédicateur de la reine de Bohême.

A ÉLISABETH

[Egmond, juin 1645.]

MADAME,

Je supplie très humblement Votre Altesse de me pardonner, si je ne puis plaindre son indisposition, lorsque j'ai l'honneur de recevoir de ses lettres. Car j'y remarque toujours des pensées si nettes et des raisonnements si fermes, qu'il ne m'est pas possible de me persuader qu'un esprit capable de les concevoir soit logé dans un corps faible et malade. Quoi qu'il en soit, la connaissance que Votre Altesse témoigne avoir du mal et des remèdes qui le peuvent surmonter, m'assure qu'elle ne manquera pas d'avoir aussi l'adresse qui est requise pour les employer.

Je sais bien qu'il est presque impossible de résister aux premiers troubles que les nouveaux malheurs excitent en nous, et même que ce sont ordinairement les meilleurs esprits dont les passions sont plus violentes et agissent plus fort sur leurs corps; mais il me semble que le lendemain, lorsque le sommeil a calmé l'émotion qui arrive dans le sang en telles rencontres, on peut commencer à se remettre l'esprit, et le rendre tranquille; ce qui se fait en s'étudiant à considérer tous les avantages qu'on peut tirer de la chose qu'on avait prise le jour précédent pour un grand malheur, et à détourner son attention des maux qu'on y avait imaginés. Car il n'y a point d'événements si funestes, ni si absolument mauvais au jugement du peuple, qu'une personne d'esprit ne les puisse regarder de quelque biais qui fera qu'ils lui paraîtront favorables. Et Votre Altesse peut tirer cette consolation générale des disgrâces de la fortune, qu'elles ont peut-être beaucoup contribué à lui faire cultiver son esprit au point qu'elle a fait; c'est un bien qu'elle doit estimer plus qu'un empire. Les grandes prospérités éblouissent et enivrent souvent de telle sorte, qu'elles possèdent plutôt ceux qui les ont, qu'elles ne sont possédées par eux; et bien que cela n'arrive pas aux esprits de la trempe du vôtre, elles leur fournissent toujours moins d'occasions de s'exercer, que ne font les adversités. Et je crois que, comme il n'y a aucun bien au monde, excepté le bon sens, qu'on puisse absolument nommer bien, il n'y a aussi aucun mal, dont on ne puisse tirer quelque avantage, ayant le bon sens.

J'ai tâché ci-devant de persuader la nonchalance à Votre Altesse, pensant que les occupations trop sérieuses affaiblissent le corps, en fatiguant l'esprit; mais je ne lui voudrais pas pour cela dissuader les soins qui sont nécessaires pour détourner sa pensée des objets qui la peuvent attrister; et je ne doute point que les divertissements d'étude, qui seraient fort pénibles à d'autres, ne lui puissent quelquefois servir de relâche. Je m'estimerais extrêmement heureux, si je pouvais contribuer à les lui rendre plus faciles; et j'ai bien plus de désir d'aller apprendre à La Haye quelles sont les vertus des eaux de Spa, que de connaître ici celles des plantes de mon jardin, et bien plus aussi que je n'ai soin de ce qui se passe à Groningue ou à Utrecht, à mon avantage ou désavantage. Cela m'obligera de suivre dans quatre ou cinq jours cette lettre, et je serai tous les jours de ma vie, etc.

A ÉLISABETH

Egmond, 21 juillet 1645.

MADAME,

L'AIR a toujours été si inconstant, depuis que je n'ai eu l'honneur de voir Votre Altesse, et il y a eu des journées si froides pour la saison, que j'ai eu souvent de l'inquiétude et de la crainte, que les eaux de Spa ne fussent pas si saines ni si utiles, qu'elles auraient été en un temps plus serein; et parce que vous m'avez fait l'honneur de témoigner que mes lettres vous pourraient servir de quelque divertissement, pendant que les médecins vous recommandent de n'occuper votre esprit à aucune chose qui le travaille, je serais mauvais ménager de la faveur qu'il vous a plu me faire en me permettant de vous écrire, si je manquais d'en prendre les premières occasions.

Je m'imagine que la plupart des lettres que vous recevez d'ailleurs, vous donnent de l'émotion, et qu'avant même que de les lire, vous appréhendez d'y trouver quelques nouvelles qui vous déplaisent, à cause que la malignité de la fortune vous a dès longtemps accoutumée à en recevoir souvent de telles; mais pour celles qui viennent d'ici, vous êtes au moins assurée que, si elles ne vous donnent aucun sujet de joie, elles ne vous en donneront point aussi de tristesse, et que vous les pourrez ouvrir à toutes heures, sans craindre qu'elles troublent la digestion des eaux que vous prenez. Car, n'apprenant, en ce désert, aucune chose de ce qui se fait au reste du monde, et n'ayant aucunes pensées plus fréquentes, que celles qui, me représentant les vertus de Votre Altesse, me font souhaiter de la voir aussi heureuse et aussi contente qu'elle mérite, je n'ai point d'autre sujet, pour vous entretenir, que de parler des moyens que la philosophie nous enseigne pour acquérir cette souveraine félicité, que les âmes vulgaires attendent en vain de la fortune, et que nous ne saurions avoir que de nous-mêmes.

L'un de ces moyens, qui me semble des plus utiles, est d'examiner ce que les anciens en ont écrit, et tâcher à renchérir par-dessus eux, en ajoutant quelque chose à leurs préceptes; car ainsi on peut rendre ces préceptes parfaitement siens, et se disposer à les mettre en pratique. C'est pourquoi, afin de suppléer au défaut de mon esprit, qui ne peut rien produire de soi-même, que je juge mériter d'être lu par Votre Altesse, et afin que mes lettres ne soient pas entièrement vides et inutiles, je me propose de les remplir dorénavant des considérations que je tirerai de la lecture de quelque livre, à savoir de celui que Sénèque a écrit *De vita beata*[1], si ce n'est que vous aimiez mieux en choisir un autre, ou bien que ce dessein vous soit désagréable. Mais si je vois que vous l'approuviez (ainsi que je l'espère), et principalement aussi, s'il vous plaît m'obliger tant que de me faire part de vos remarques touchant le même livre, outre qu'elles serviront de beaucoup à m'instruire, elles me donneront occasion de rendre les miennes plus exactes, et

1. De la vie heureuse.

je les cultiverai avec d'autant plus de soin, que je jugerai que cet entretien vous sera plus agréable. Car il n'y a rien au monde que je désire avec plus de zèle, que de témoigner, en tout ce qui est de mon pouvoir, que je suis,

Madame,
De Votre Altesse
le très humble et très obéissant serviteur,

DESCARTES.

D'Egmond, le 21 de juillet 1645.

A ÉLISABETH

Egmond, 4 août 1645.

MADAME,

LORSQUE j'ai choisi le livre de Sénèque, *De vita beata*, pour le proposer à Votre Altesse comme un entretien qui lui pourrait être agréable, j'ai eu seulement égard à la réputation de l'auteur et à la dignité de la matière, sans penser à la façon dont il la traite, laquelle ayant depuis considérée, je ne la trouve pas assez exacte pour mériter d'être suivie. Mais, afin que Votre Altesse en puisse juger plus aisément, je tâcherai ici d'expliquer en quelle sorte il me semble que cette matière eût dû être traitée par un philosophe tel que lui, qui, n'étant point éclairé de la foi, n'avait que la raison naturelle pour guide.

Il dit fort bien, au commencement, que *vivere omnes beate volunt, sed ad pervidendum quid sit quod beatam vitam efficiat, caligant*[1]. Mais il est besoin de savoir ce que c'est que *vivere beate ;* je dirais en français vivre heureusement, sinon qu'il y a de la différence entre l'heur et la béatitude, en ce que l'heur ne dépend que des choses qui sont hors de nous, d'où vient que ceux-là

1. Tous veulent vivre heureux, mais ils ne voient pas nettement ce qui fait le bonheur.

sont estimés plus heureux que sages, auxquels il est arrivé quelque bien qu'ils ne se sont point procuré, au lieu que la béatitude consiste, ce me semble, en un parfait contentement d'esprit et une satisfaction intérieure, que n'ont pas ordinairement ceux qui sont les plus favorisés de la fortune, et que les sages acquièrent sans elle. Ainsi *vivere beate,* vivre en béatitude, ce n'est autre chose qu'avoir l'esprit parfaitement content et satisfait.

Considérant, après cela, ce que c'est *quod beatam vitam efficiat,* c'est-à-dire quelles sont les choses qui nous peuvent donner ce souverain contentement, je remarque qu'il y en a de deux sortes : à savoir, de celles qui dépendent de nous, comme la vertu et la sagesse, et de celles qui n'en dépendent point, comme les honneurs, les richesses et la santé. Car il est certain qu'un homme bien né, qui n'est point malade, qui ne manque de rien, et qui avec cela, est aussi sage et aussi vertueux qu'un autre qui est pauvre, malsain et contrefait, peut jouir d'un plus parfait contentement que lui. Toutefois, comme un petit vaisseau peut être aussi plein qu'un plus grand, encore qu'il contienne moins de liqueur, ainsi, prenant le contentement d'un chacun pour la plénitude et l'accomplissement de ses désirs réglés selon la raison, je ne doute point que les plus pauvres et les plus disgraciés de la fortune ou de la nature ne puissent être entièrement contents et satisfaits, aussi bien que les autres, encore qu'ils ne jouissent pas de tant de biens. Et ce n'est que de cette sorte de contentement, de laquelle il est ici question; car puisque l'autre n'est aucunement en notre pouvoir, la recherche en serait superflue.

Or, il me semble qu'un chacun se peut rendre content de soi-même et sans rien attendre d'ailleurs, pourvu seulement qu'il observe trois choses, auxquelles se rapportent les trois règles de morale, que j'ai mises dans le *Discours de la Méthode*.

La première est, qu'il tâche toujours de se servir, le mieux qu'il lui est possible, de son esprit, pour connaître ce qu'il doit faire ou ne pas faire en toutes les occurrences de la vie.

La seconde, qu'il ait une ferme et constante résolution d'exécuter tout ce que la raison lui conseillera, sans que ses passions ou ses appétits l'en détournent;

et c'est la fermeté de cette résolution, que je crois devoir être prise pour la vertu, bien que je ne sache point que personne l'ait jamais ainsi expliquée; mais on l'a divisée en plusieurs espèces, auxquelles on a donné divers noms, à cause des divers objets auxquels elle s'étend.

La troisième, qu'il considère que, pendant qu'il se conduit ainsi, autant qu'il peut, selon la raison, tous les biens qu'il ne possède point sont aussi entièrement hors de son pouvoir les uns que les autres, et que, par ce moyen, il s'accoutume à ne les point désirer; car il n'y a rien que le désir, et le regret ou le repentir, qui nous puissent empêcher d'être contents : mais si nous faisons toujours tout ce que nous dicte notre raison, nous n'aurons jamais aucun sujet de nous repentir, encore que les événements nous fissent voir, par après, que nous nous sommes trompés, parce que ce n'est point par notre faute. Et ce qui fait que nous ne désirons point d'avoir, par exemple, plus de bras ou plus de langues que nous n'en avons, mais que nous désirons bien d'avoir plus de santé ou plus de richesses, c'est seulement que nous imaginons que ces choses ici pourraient être acquises par notre conduite, ou bien qu'elles sont dues à notre nature, et que ce n'est pas le même des autres : de laquelle opinion nous pourrons nous dépouiller, en considérant que, puisque nous avons toujours suivi le conseil de notre raison, nous n'avons rien omis de ce qui était en notre pouvoir, et que les maladies et les infortunes ne sont pas moins naturelles à l'homme, que les prospérités et la santé.

Au reste, toute sorte de désirs ne sont pas incompatibles avec la béatitude; il n'y a que ceux qui sont accompagnés d'impatience et de tristesse. Il n'est pas nécessaire aussi que notre raison ne se trompe point; il suffit que notre conscience nous témoigne que nous n'avons jamais manqué de résolution et de vertu, pour exécuter toutes les choses que nous avons jugé être les meilleures, et ainsi la vertu seule est suffisante pour nous rendre contents en cette vie. Mais néanmoins parce que, lorsqu'elle n'est pas éclairée par l'entendement, elle peut être fausse, c'est-à-dire que la volonté et résolution de bien faire nous peut porter à des choses mauvaises, quand nous les croyons bonnes, le contentement qui en revient n'est pas solide; et parce qu'on oppose ordinairement cette vertu aux plaisirs, aux appétits et aux passions, elle est très difficile à mettre en pratique, au lieu que le droit usage de la raison, donnant une vraie connaissance du bien, empêche que la vertu ne soit fausse, et même l'accordant avec les plaisirs licites, il en rend l'usage si aisé, et nous faisant connaître la condition de notre nature, il borne tellement nos désirs, qu'il faut avouer que la plus grande félicité de l'homme dépend de ce droit usage de la raison, et par conséquent que l'étude qui sert à l'acquérir, est la plus utile occupation qu'on puisse avoir, comme elle est aussi sans doute la plus agréable et la plus douce.

En suite de quoi, il me semble que Sénèque eût dû nous enseigner toutes les principales vérités, dont la connaissance est requise pour faciliter l'usage de la vertu, et régler nos désirs et nos passions, et ainsi jouir de la béatitude naturelle; ce qui aurait rendu son livre le meilleur et le plus utile qu'un philosophe païen eût su écrire. Toutefois ce n'est ici que mon opinion, laquelle je soumets au jugement de Votre Altesse; et si elle me fait tant de faveur que de m'avertir en quoi je manque, je lui en aurai très grande obligation et témoignerai, en me corrigeant, que je suis,

Madame,
de Votre Altesse
le très humble et très obéissant serviteur,

DESCARTES.

D'Egmond, le 4 d'août 1645.

A ÉLISABETH

Egmond, 18 août 1645.

MADAME,

ENCORE que je ne sache point si mes dernières ont été rendues à Votre Altesse, et que je ne puisse rien écrire, touchant le sujet que j'avais pris pour avoir l'honneur de vous entretenir, que je ne doive penser que vous savez mieux que moi, je ne laisse pas toutefois de continuer, sur la créance que j'ai que mes lettres ne vous seront pas plus importunes que les livres qui sont en votre bibliothèque; car d'autant qu'elles ne contiennent aucunes nouvelles que vous ayez intérêt de savoir promptement, rien ne vous conviera de les lire aux heures que vous aurez quelques affaires, et je tiendrai le temps que je mets à les écrire bien employé, si vous leur donnez seulement celui que vous aurez envie de perdre.

J'ai dit ci-devant ce qu'il me semblait que Sénèque eût dû traiter en son livre; j'examinerai maintenant ce qu'il y traite. Je n'y remarque en général que trois choses : la première est qu'il tâche d'expliquer ce que c'est que le souverain bien, et qu'il en donne diverses définitions; la seconde, qu'il dispute contre l'opinion d'Épicure; et la troisième, qu'il répond à ceux qui objectent aux philosophes qu'ils ne vivent pas selon les règles qu'ils prescrivent. Mais, afin de voir plus particulièrement en quelle façon il traite ces choses, je m'arrêterai un peu sur chaque chapitre.

Au premier, il reprend ceux qui suivent la coutume et l'exemple plutôt que la raison. *Nunquam de vita judicatur,* dit-il, *semper creditur*[1]. Il approuve bien pourtant qu'on prenne conseil de ceux qu'on croit être les plus sages; mais il veut qu'on use aussi de son propre jugement, pour examiner leurs opinions. En quoi je suis fort de son avis; car, encore que plusieurs ne soient pas capables de trouver d'eux-mêmes le droit chemin, il y en a peu toutefois qui ne le puissent assez reconnaître, lorsqu'il leur est clairement montré par quelque autre; et quoi qu'il en soit, on a sujet d'être satisfait en sa conscience, et de s'assurer que les opinions qu'on a, touchant la morale, sont les meilleures qu'on puisse avoir, lorsque au lieu de se laisser conduire aveuglément par l'exemple, on a eu soin de rechercher le conseil des plus habiles, et qu'on a employé toutes les forces de son esprit à examiner ce qu'on devait suivre. Mais, pendant que Sénèque s'étudie ici à orner son élocution, il n'est pas toujours assez exact en l'expression de sa pensée; comme, lors-

1. Au sujet de la vie, on ne juge jamais, on croit toujours.

qu'il dit : *Sanabimur, si modo separemur a cætu*[1], il semble enseigner qu'il suffit d'être extravagant pour être sage, ce qui n'est pas toutefois son intention.

Au second chapitre, il ne sait quasi que redire, en d'autres termes, ce qu'il dit au premier; et il ajoute seulement que ce qu'on estime communément être bien, ne l'est pas.

Puis au troisième, après avoir encore usé de beaucoup de mots superflus, il dit enfin son opinion touchant le souverain bien : à savoir, que *rerum naturæ assentitur*[2], et que *ad illius legem exemplumque formari sapientia est*[3], et que *beata vita est conveniens naturæ suæ*[4]. Toutes lesquelles explications me semblent fort obscures; car sans doute que, par la nature, il ne veut pas entendre nos inclinations naturelles, vu qu'elles nous portent ordinairement à suivre la volupté, contre laquelle il dispute; mais la suite de son discours fait juger que, par *rerum naturam,* il entend l'ordre établi de Dieu en toutes les choses qui sont au monde, et que, considérant cet ordre comme infaillible et indépendant de notre volonté, il dit que : *rerum naturæ assentiri et ad illius legem exemplumque formari, sapientia est,* c'est-à-dire que c'est sagesse d'acquiescer à l'ordre des choses, et de faire ce pourquoi nous croyons être nés; ou bien, pour parler en chrétien, que c'est sagesse de se soumettre à la volonté de Dieu, et de la suivre en toutes nos actions; et que *beata vita est conveniens naturæ suæ,* c'est-à-dire que la béatitude consiste à suivre ainsi l'ordre du monde, et prendre en bonne part toutes les choses qui nous arrivent. Ce qui n'explique presque rien, et on n'en voit pas assez la connexion avec ce qu'il ajoute incontinent après, que cette béatitude ne peut arriver, *nisi sana mens est,* etc.[5], si ce n'est qu'il entende aussi que *secundum naturam vivere,* c'est vivre suivant la vraie raison.

Au quatre et cinquième chapitre, il donne quelques

1. Nous deviendrons sages pourvu que nous sortions de la foule.

2. Il s'accorde avec la nature des choses.

3. Se conformer à la loi de la nature et à son exemple, c'est la sagesse.

4. La vie heureuse est en accord avec sa nature.

5. Si l'esprit n'est pas sain.

autres définitions du souverain bien, qui ont toutes quelque rapport avec le sens de la première, mais aucune desquelles ne l'explique suffisamment; et elles font paraître, par leur diversité, que Sénèque n'a pas clairement entendu ce qu'il voulait dire; car, d'autant qu'on conçoit mieux une chose, d'autant est-on plus déterminé à ne l'exprimer qu'en une seule façon. Celle où il me semble avoir le mieux rencontré, est au 5e chap., où il dit que *beatus est qui nec cupit nec timet beneficio rationis*[1], et que *beata vita est in recto certoque judicio stabilita*[2]. Mais pendant qu'il n'enseigne point les raisons pour lesquelles nous ne devons rien craindre ni désirer, tout cela nous aide fort peu.

Il commence, en ces mêmes chapitres, à disputer contre ceux qui mettent la béatitude en la volupté, et il continue dans les suivants. C'est pourquoi, avant que de les examiner, je dirai ici mon sentiment touchant cette question.

Je remarque, premièrement, qu'il y a de la différence entre la béatitude, le souverain bien et la dernière fin ou le but auquel doivent tendre nos actions : car la béatitude n'est pas le souverain bien; mais elle le présuppose, et elle est le contentement ou la satisfaction d'esprit qui vient de ce qu'on le possède. Mais, par la fin de nos actions, on peut entendre l'un et l'autre; car le souverain bien est sans doute la chose que nous nous devons proposer pour but en toutes nos actions, et le contentement d'esprit qui en revient, étant l'attrait qui fait que nous le recherchons, est aussi à bon droit nommé notre fin. Je remarque, outre cela, que le mot volupté a été pris en autre sens par Épicure que par ceux qui ont disputé contre lui. Car tous ses adversaires ont restreint la signification de ce mot aux plaisirs des sens; et lui, au contraire, l'a étendue à tous les contentements de l'esprit, comme on peut aisément juger de ce que Sénèque et quelques autres ont écrit de lui.

Or il y a eu trois principales opinions, entre les philosophes païens, touchant le souverain bien et la fin de nos actions, à savoir : celle d'Épicure, qui a dit que c'était la volupté; celle de Zénon, qui a voulu que ce fût

1. Est heureux celui qui ne désire ni ne craint, grâce à la raison.
2. La vie heureuse est affermie sur un jugement droit et sûr.

la vertu; et celle d'Aristote, qui l'a composé de toutes les perfections, tant du corps que de l'esprit. Lesquelles trois opinions peuvent, ce me semble, être reçues pour vraies et accordées entre elles, pourvu qu'on les interprète favorablement.

Car Aristote ayant considéré le souverain bien de toute la nature humaine en général, c'est-à-dire celui que peut avoir le plus accompli de tous les hommes, il a eu raison de le composer de toutes les perfections dont la nature humaine est capable; mais cela ne sert point à notre usage.

Zénon, au contraire, a considéré celui que chaque homme en son particulier peut posséder; c'est pourquoi il a eu aussi très bonne raison de dire qu'il ne consiste qu'en la vertu, parce qu'il n'y a qu'elle seule, entre les biens que nous pouvons avoir, qui dépende entièrement de notre libre arbitre. Mais il a représenté cette vertu si sévère et si ennemie de la volupté, en faisant tous les vices égaux, qu'il n'y a eu, ce me semble, que des mélancoliques, ou des esprits entièrement détachés du corps, qui aient pu être de ses sectateurs.

Enfin Épicure n'a pas eu tort, considérant en quoi consiste la béatitude, et quel est le motif, ou la fin à laquelle tendent nos actions, de dire que c'est la volupté en général, c'est-à-dire le contentement de l'esprit; car, encore que la seule connaissance de notre devoir nous pourrait obliger à faire de bonnes actions, cela ne nous ferait toutefois jouir d'aucune béatitude, s'il ne nous en revenait aucun plaisir. Mais parce qu'on attribue souvent le nom de volupté à de faux plaisirs, qui sont accompagnés ou suivis d'inquiétude, d'ennuis et de repentirs, plusieurs ont cru que cette opinion d'Épicure enseignait le vice; et, en effet, elle n'enseigne pas la vertu. Mais comme, lorsqu'il y a quelque part un prix pour tirer au blanc, on fait avoir envie d'y tirer à ceux à qui on montre ce prix, mais ils ne le peuvent gagner pour cela, s'ils ne voient le blanc, et ceux qui voient le blanc ne sont pas pour cela induits à tirer, s'ils ne savent qu'il y ait un prix à gagner : ainsi la vertu, qui est le blanc, ne se fait pas fort désirer, lorsqu'on la voit toute seule; et le contentement, qui est le prix, ne peut être acquis, si ce n'est qu'on la suive.

C'est pourquoi je crois pouvoir ici conclure que la béatitude ne consiste qu'au contentement de l'esprit, c'est-à-dire au contentement en général; car bien qu'il y ait des contentements qui dépendent du corps, et des autres qui n'en dépendent point, il n'y en a toutefois aucun que dans l'esprit : mais que, pour avoir un contentement qui soit solide, il est besoin de suivre la vertu, c'est-à-dire d'avoir une volonté ferme et constante d'exécuter tout ce que nous jugerons être le meilleur, et d'employer toute la force de notre entendement à en bien juger. Je réserve pour une autre fois à considérer ce que Sénèque a écrit de ceci; car ma lettre est déjà trop longue, et il ne m'y reste qu'autant de place qu'il faut pour écrire que je suis,

Madame,
de Votre Altesse
le très humble et très obéissant serviteur,

DESCARTES.

D'Egmont, le 18 d'août 1645.

A ÉLISABETH

Egmond, 1er septembre 1645.

MADAME,

ÉTANT dernièrement incertain si Votre Altesse était à La Haye ou à Rhenen, j'adressais ma lettre par Leyde, et celle que vous m'aviez fait l'honneur de m'écrire ne me fut rendue qu'après que le messager, qui l'avait portée à Alckmar, en fut parti. Ce qui m'a empêché de pouvoir témoigner plus tôt, combien je suis glorieux de ce que le jugement que j'ai fait du livre que vous avez pris la peine de lire, n'est pas différent du vôtre, et que ma façon de raisonner vous paraît assez naturelle. Je m'assure que, si vous aviez eu le loisir de penser, autant que j'ai fait, aux choses dont il traite, je n'en pourrais rien écrire, que vous n'eussiez mieux remarqué que moi; mais, parce que l'âge, la naissance et les occupations de V.A. ne l'ont pu permettre, peut-être que ce que j'écris pourra servir pour vous épargner un peu le temps, et que mes fautes mêmes vous fourniront des occasions pour remarquer la vérité.

Comme, lorsque j'ai parlé d'une béatitude qui dépend entièrement de notre libre arbitre et que tous les hommes peuvent acquérir sans aucune assistance d'ailleurs, vous remarquez fort bien qu'il y a des maladies qui, ôtant le pouvoir de raisonner, ôtent aussi celui de jouir d'une satisfaction d'esprit raisonnable; et cela m'apprend que ce que j'avais dit généralement de tous les hommes, ne doit être entendu que de ceux qui ont l'usage libre de leur raison, et avec cela qui savent le chemin qu'il faut tenir pour parvenir à cette béatitude. Car il n'y a personne qui ne désire se rendre heureux; mais plusieurs n'en savent pas le moyen; et souvent l'indisposition qui est dans le corps, empêche que la volonté ne soit libre. Comme il arrive aussi quand nous dormons; car le plus philosophe du monde ne saurait s'empêcher d'avoir de mauvais songes, lorsque son tempérament l'y dispose. Toutefois l'expérience fait voir que, si on a eu souvent quelque pensée, pendant qu'on a eu l'esprit en liberté, elle revient encore après, quelque indisposition qu'ait le corps; ainsi je puis dire que mes songes ne me représentent jamais rien de fâcheux, et sans doute qu'on a grand avantage de s'être dès longtemps accoutumé à n'avoir point de tristes pensées. Mais nous ne pouvons répondre absolument de nous-mêmes, que pendant que nous sommes à nous, et c'est moins de perdre la vie que de perdre l'usage de la raison; car, même sans les enseignements de la foi, la seule philosophie naturelle fait espérer à notre âme un état plus heureux, après la mort, que celui où elle est à présent; et elle ne lui fait rien craindre de plus fâcheux, que d'être attachée à un corps qui lui ôte entièrement sa liberté.

Pour les autres indispositions, qui ne troublent pas tout à fait le sens, mais altèrent seulement les humeurs, et font qu'on se trouve extraordinairement enclin à la tristesse, à la colère, ou à quelque autre passion, elles donnent sans doute de la peine, mais elles peuvent être surmontées, et même donnent matière à l'âme d'une satisfaction d'autant plus grande, qu'elles ont été plus difficiles à vaincre. Et je crois aussi le semblable de tous les empêchements de dehors, comme de l'éclat d'une grande naissance, des cajoleries de la cour, des adversités de la fortune, et aussi de ses grandes prospérités, lesquelles ordinairement empêchent plus qu'on ne puisse jouer le rôle de philosophe, que ne font ses disgrâces. Car lorsqu'on a toutes choses à souhait, on s'oublie de penser à soi, et quand, par après, la fortune change, on se trouve d'autant plus surpris, qu'on s'était plus fié en elle. Enfin, on peut dire généralement qu'il n'y a aucune chose qui nous puisse entièrement ôter le moyen de nous rendre heureux, pourvu qu'elle ne trouble point notre raison; et que ce ne sont pas toujours celles qui paraissent les plus fâcheuses, qui nuisent le plus.

Mais afin de savoir exactement combien chaque chose peut contribuer à notre contentement, il faut considérer quelles sont les causes qui le produisent, et c'est aussi l'une des principales connaissances qui peuvent servir à faciliter l'usage de la vertu; car toutes les actions de notre âme qui nous acquièrent quelque perfection, sont vertueuses, et tout notre contentement ne consiste qu'au témoignage intérieur que nous avons d'avoir quelque perfection. Ainsi nous ne saurions jamais pratiquer aucune vertu (c'est-à-dire faire ce que notre raison nous persuade que nous devons faire), que nous n'en recevions de la satisfaction et du plaisir. Mais il y a deux sortes de plaisirs : les uns qui appartiennent à l'esprit seul, et les autres qui appartiennent à l'homme, c'est-à-dire à l'esprit en tant qu'il est uni au corps; et ces derniers, se présentant confusément à l'imagination, paraissent souvent beaucoup plus grands qu'ils ne sont, principalement avant qu'on les possède, ce qui est la source de tous les maux et de toutes les erreurs de la vie. Car, selon la règle de la raison, chaque plaisir se devrait mesurer par la grandeur de la perfection qui le produit, et c'est ainsi que nous mesurons ceux dont les causes nous sont clairement connues. Mais souvent la passion nous fait croire certaines choses beaucoup meilleures et plus désirables qu'elles ne sont; puis, quand nous avons pris bien de la peine à les acquérir, et perdu cependant l'occasion de posséder d'autres biens plus véritables, la jouissance nous en fait connaître les défauts, et de là viennent les dédains, les regrets et les repentirs. C'est pourquoi le vrai office de la raison est d'examiner la juste valeur de tous les biens dont l'acquisition semble dépendre en quelque façon de notre conduite, afin que nous ne manquions jamais d'employer tous nos soins à tâcher de nous procurer ceux qui sont, en effet, les plus désirables; en quoi, si la fortune s'oppose à nos desseins et les empêche de réussir, nous aurons au moins la satisfaction de n'avoir rien perdu par notre faute, et ne laisserons pas de jouir de toute la béatitude naturelle dont l'acquisition aura été en notre pouvoir.

Ainsi, par exemple, la colère peut quelquefois exciter en nous des désirs de vengeance si violents qu'elle nous fera imaginer plus de plaisir à châtier notre ennemi, qu'à conserver notre honneur ou notre vie, et nous fera exposer imprudemment l'un et l'autre pour ce sujet. Au lieu que, si la raison examine quel est le bien ou la perfection sur laquelle est fondé ce plaisir, qu'on tire de la vengeance, elle n'en trouvera aucune autre (au moins quand cette vengeance ne sert point pour empêcher qu'on ne nous offense derechef), sinon que cela nous fait imaginer que nous avons quelque sorte de supériorité et quelque avantage au-dessus de celui dont nous nous vengeons. Ce qui n'est souvent qu'une vaine imagination, qui ne mérite point d'être estimée à comparaison de l'honneur ou de la vie, ni même à comparaison de la satisfaction qu'on aurait de se voir maître de sa colère, en s'abstenant de se venger.

Et le semblable arrive en toutes les autres passions; car il n'y en a aucune qui ne nous représente le bien auquel elle tend, avec plus d'éclat qu'il n'en mérite, et qui ne nous fasse imaginer des plaisirs beaucoup plus grands, avant que nous les possédions, que nous ne les trouvons par après, quand nous les avons. Ce qui fait qu'on blâme communément la volupté, parce qu'on ne se sert de ce mot que pour signifier des plaisirs qui nous trompent souvent par leur apparence, et nous en font négliger d'autres beaucoup plus solides, mais dont l'attente ne touche pas tant, tels que sont ordinairement ceux de l'esprit seul. Je dis ordinairement; car tous ceux de l'esprit ne sont pas louables, parce qu'ils peuvent être fondés sur quelque fausse opinion, comme le plaisir qu'on prend à médire, qui n'est fondé que sur ce qu'on pense devoir être d'autant plus estimé que les autres le seront moins; et ils nous peuvent aussi tromper par leur apparence, lorsque quelque forte passion les accompagne, comme on voit en celui que donne l'ambition.

Mais la principale différence qui est entre les plaisirs du corps et ceux de l'esprit, consiste en ce que, le corps étant sujet à un changement perpétuel, et même sa conservation et son bien-être dépendant de ce changement, tous les plaisirs qui le regardent ne durent guère; car ils ne procèdent que de l'acquisition de quelque chose qui est utile au corps, au moment qu'on les reçoit; et sitôt qu'elle cesse de lui être utile, ils cessent aussi, au lieu que ceux de l'âme peuvent être immortels comme elle, pourvu qu'ils aient un fondement si solide que ni la connaissance de la vérité ni aucune fausse persuasion ne le détruisent.

Au reste, le vrai usage de notre raison pour la conduite de la vie ne consiste qu'à examiner et considérer sans passion la valeur de toutes les perfections, tant du corps que de l'esprit, qui peuvent être acquises par notre conduite, afin qu'étant ordinairement obligés de nous priver de quelques-unes, pour avoir les autres, nous choisissions toujours les meilleures. Et parce que celles du corps sont les moindres, on peut dire généralement que, sans elles, il y a moyen de se rendre heureux. Toutefois, je ne suis point d'opinion qu'on les doive entièrement mépriser, ni même qu'on doive s'exempter d'avoir des passions; il suffit qu'on les rende sujettes à la raison, et lorsqu'on les a ainsi apprivoisées, elles sont quelquefois d'autant plus utiles qu'elles penchent plus vers l'excès. Je n'en aurai jamais de plus excessive, que celle qui me porte au respect et à la vénération que je vous dois, et me fait être,

Madame,
de Votre Altesse
le très humble et très obéissant serviteur,

DESCARTES.

D'Egmond, le premier de sept. 1645.

A ÉLISABETH

Egmond, 15 septembre 1645.

MADAME,

VOTRE ALTESSE a si exactement remarqué toutes les causes qui ont empêché Sénèque de nous exposer clairement son opinion touchant le souverain bien, et vous avez pris la peine de lire son livre avec tant de soin, que je craindrais de me rendre importun, si je continuais ici à examiner par ordre tous ses chapitres, et que cela me fît différer de répondre à la difficulté qu'il vous a plu me proposer, touchant les moyens de se fortifier l'entendement pour discerner ce qui est le meilleur en toutes les actions de la vie. C'est pourquoi, sans m'arrêter maintenant à suivre Sénèque, je tâcherai seulement d'expliquer mon opinion touchant cette matière.

Il ne peut, ce me semble, y avoir que deux choses qui soient requises pour être toujours disposé à bien juger : l'une est la connaissance de la vérité, et l'autre, l'habitude qui fait qu'on se souvient et qu'on acquiesce à cette connaissance, toutes les fois que l'occasion le requiert. Mais, parce qu'il n'y a que Dieu seul qui sache parfaitement toutes choses, il est besoin que nous nous contentions de savoir celles qui sont le plus à notre usage.

Entre lesquelles la première et la principale est qu'il y a un Dieu, de qui toutes choses dépendent, dont les perfections sont infinies, dont le pouvoir est immense, dont les décrets sont infaillibles : car cela nous apprend à recevoir en bonne part toutes les choses qui nous arrivent, comme nous étant expressément envoyées de Dieu; et parce que le vrai objet de l'amour est la perfection, lorsque nous élevons notre esprit à le considérer tel qu'il est, nous nous trouvons naturellement si enclins à l'aimer, que nous tirons même de la joie de nos afflictions, en pensant que sa volonté s'exécute en ce que nous les recevons.

La seconde chose, qu'il faut connaître, est la nature de notre âme, en tant qu'elle subsiste sans le corps, et est beaucoup plus noble que lui, et capable de jouir d'une infinité de contentements qui ne se trouvent point en cette vie : car cela nous empêche de craindre la mort, et détache tellement notre affection des choses du monde, que nous ne regardons qu'avec mépris tout ce qui est au pouvoir de la fortune.

À quoi peut aussi beaucoup servir qu'on juge dignement des œuvres de Dieu, et qu'on ait cette vaste idée de l'étendue de l'univers, que j'ai tâché de faire concevoir au 3e livre de mes *Principes :* car si on s'imagine qu'au-delà des cieux, il n'y a rien que des espaces imaginaires, et que tous ces cieux ne sont faits que pour le service de la terre, ni la terre que pour l'homme, cela fait qu'on est enclin à penser que cette terre est notre principale demeure, et cette vie notre meilleure; et qu'au lieu de connaître les perfections qui sont véritablement en nous, on attribue aux autres créatures des imperfections qu'elles n'ont pas, pour s'élever au-dessus d'elles, et entrant en une présomption impertinente, on veut être du conseil de Dieu, et prendre avec lui la charge de conduire le monde, ce qui cause une infinité de vaines inquiétudes et fâcheries.

Après qu'on a ainsi reconnu la bonté de Dieu, l'immortalité de nos âmes et la grandeur de l'univers, il y a encore une vérité dont la connaissance me semble fort utile : qui est que, bien que chacun de nous soit une personne séparée des autres, et dont, par conséquent, les intérêts sont en quelque façon distincts de ceux du reste du monde, on doit toutefois penser qu'on ne saurait subsister seul, et qu'on est, en effet, l'une des parties de l'univers, et plus particulièrement encore l'une des parties de cette terre, l'une des parties de cet État, de cette société, de cette famille, à laquelle on est joint par sa demeure, par son serment, par sa naissance. Et il faut toujours préférer les intérêts du tout, dont on est partie, à ceux de sa personne en particulier; toutefois avec mesure et discrétion, car on aurait tort de s'exposer à un grand mal, pour procurer seulement un petit bien à ses parents ou à son pays; et si un homme vaut plus, lui seul, que tout le reste de sa ville, il n'aurait pas raison de se vouloir perdre pour la sauver. Mais si on rapportait tout à soi-même, on ne craindrait pas de nuire beaucoup aux autres hommes, lorsqu'on croirait en retirer quelque petite commodité, et on n'aurait aucune vraie amitié, ni aucune fidélité, ni généralement aucune vertu; au lieu qu'en se considérant comme une partie du public, on prend plaisir à faire du bien à tout le monde, et même on ne craint pas d'exposer sa vie pour le service d'autrui, lorsque l'occasion s'en présente; voire on voudrait perdre son âme, s'il se pouvait, pour sauver les autres. En sorte que cette considération est la source et l'origine de toutes les plus héroïques actions que fassent les hommes; car, pour ceux qui s'exposent à la mort par vanité, parce qu'ils espèrent en être loués, ou par stupidité, parce qu'ils n'appréhendent pas le danger, je crois qu'ils sont plus à plaindre qu'à priser. Mais, lorsque quelqu'un s'y expose, parce qu'il croit que c'est de son devoir, ou bien lorsqu'il souffre quelque autre mal, afin qu'il en revienne du bien aux autres, encore qu'il ne considère peut-être pas avec réflexion qu'il fait cela parce qu'il doit plus au public, dont il est une partie, qu'à soi-même en son particulier, il le fait toutefois en vertu de cette considération, qui est confusément en sa pensée. Et on est naturellement porté à l'avoir, lorsqu'on connaît et qu'on aime Dieu comme il faut : car alors, s'abandonnant du tout à sa volonté, on se dépouille de ses propres intérêts, et on n'a point d'autre passion que de faire ce qu'on croit lui être agréable; en suite de quoi on a des satisfactions d'esprit et des contentements, qui valent incomparablement davantage que toutes les petites joies passagères qui dépendent des sens.

Outre ces vérités, qui regardent en général toutes nos actions, il en faut aussi savoir plusieurs autres, qui se rapportent plus particulièrement à chacune d'elles. Dont les principales me semblent être celles que j'ai remarquées en ma dernière lettre : à savoir que toutes nos passions nous représentent les biens, à la recherche desquels elles nous incitent, beaucoup plus grands qu'ils ne sont véritablement; et que les plaisirs du corps ne sont jamais si durables que ceux de l'âme, ni si grands, quand on les possède, qu'ils paraissent, quand on les espère. Ce que nous devons soigneusement remarquer, afin que, lorsque nous nous sentons émus de quelque passion, nous suspendions notre jugement, jusques à ce qu'elle soit apaisée; et que nous ne nous laissions pas aisément tromper par la fausse apparence des biens de ce monde.

A quoi je ne puis ajouter autre chose, sinon qu'il faut

aussi examiner en particulier toutes les mœurs des lieux où nous vivons, pour savoir jusques où elles doivent être suivies. Et bien que nous ne puissions avoir des démonstrations certaines de tout, nous devons néanmoins prendre parti, et embrasser les opinions qui nous paraissent les plus vraisemblables, touchant toutes les choses qui viennent en usage, afin que, lorsqu'il eſt queſtion d'agir, nous ne soyons jamais irrésolus. Car il n'y a que la seule irrésolution qui cause les regrets et les repentirs.

Au reſte, j'ai dit ci-dessus qu'outre la connaissance de la vérité, l'habitude eſt aussi requise, pour être toujours disposé à bien juger. Car, d'autant que nous ne pouvons être continuellement attentifs à même chose, quelque claires et évidentes qu'aient été les raisons qui nous ont persuadé ci-devant quelque vérité, nous pouvons, par après, être détournés de la croire par de fausses apparences, si ce n'eſt que, par une longue et fréquente méditation, nous l'ayons tellement imprimée en notre esprit, qu'elle soit tournée en habitude. Et en ce sens on a raison, dans l'École, de dire que les vertus sont des habitudes; car, en effet, on ne manque guère, faute d'avoir, en théorie, la connaissance de ce qu'on doit faire, mais seulement faute de l'avoir en pratique, c'eſt-à-dire faute d'avoir une ferme habitude de la croire. Et parce que, pendant que j'examine ici ces vérités, j'en augmente aussi en moi l'habitude, j'ai particulièrement obligation à Votre Altesse, de ce qu'elle permet que je l'en entretienne, et il n'y a rien en quoi j'eſtime mon loisir mieux employé, qu'en ce où je puis témoigner que je suis,

Madame,
de Votre Altesse
le très humble et très obéissant serviteur,

DESCARTES.

A ÉLISABETH

Egmond, 6 octobre 1645.

MADAME,

Je me suis quelquefois proposé un doute : savoir, s'il est mieux d'être gai et content, en imaginant les biens qu'on possède être plus grands et plus estimables qu'ils ne sont, et ignorant ou ne s'arrêtant pas à considérer ceux qui manquent, que d'avoir plus de considération et de savoir, pour connaître la juste valeur des uns et des autres, et qu'on devienne plus triste. Si je pensais que le souverain bien fût la joie, je ne douterais point qu'on ne dût tâcher de se rendre joyeux, à quelque prix que ce pût être, et j'approuverais la brutalité de ceux qui noient leurs déplaisirs dans le vin, ou les étourdissent avec du pétun. Mais je distingue entre le souverain bien, qui consiste en l'exercice de la vertu, ou, ce qui est le même, en la possession de tous les biens dont l'acquisition dépend de notre libre arbitre, et la satisfaction d'esprit qui suit de cette acquisition. C'est pourquoi, voyant que c'est une plus grande perfection de connaître la vérité, encore même qu'elle soit à notre désavantage, que l'ignorer, j'avoue qu'il vaut mieux être moins gai et avoir plus de connaissance. Aussi n'est-ce pas toujours, lorsqu'on a le plus de gaieté, qu'on a l'esprit plus satisfait; au contraire, les grandes joies sont ordinairement mornes et sérieuses, et il n'y a que les médiocres et passagères, qui soient accompagnées du ris. Ainsi je n'approuve point qu'on tâche à se tromper, en se repaissant de fausses imaginations; car tout le plaisir qui en revient, ne peut toucher que la superficie d'âme, laquelle sent cependant une amertume intérieure, en s'apercevant qu'ils sont faux. Et encore qu'il pourrait arriver qu'elle fût si continuellement divertie ailleurs, que jamais elle ne s'en aperçut, on ne jouirait pas pour cela de la béatitude dont il est question, parce qu'elle doit dépendre de notre conduite, et cela ne viendrait que de la fortune.

Mais lorsqu'on peut avoir diverses considérations également vraies, dont les unes nous portent à être contents, et les autres, au contraire, nous en empêchent, il me semble que la prudence veut que nous nous arrêtions principalement à celles qui nous donnent de la satisfaction; et même, à cause que presque toutes les choses du monde sont telles, qu'on les peut regarder de quelque côté qui les fait paraître bonnes, et de quelque autre qui fait qu'on y remarque des défauts, je crois que, si on doit user de son adresse en quelque chose, c'est principalement à les savoir regarder du biais qui les fait paraître le plus à notre avantage, pourvu que ce soit sans nous tromper.

Ainsi, lorsque Votre Altesse remarque les causes pour lesquelles elle peut avoir eu plus de loisir, pour cultiver sa raison, que beaucoup d'autres de son âge, s'il lui plaît aussi considérer combien elle a plus profité que ces autres, je m'assure qu'elle aura de quoi se contenter. Et je ne vois pas pourquoi elle aime mieux se comparer à elles, en ce dont elle prend sujet de se plaindre, qu'en ce qui lui pourrait donner de la satisfaction. Car la constitution de notre nature étant telle, que notre esprit a besoin de beaucoup de relâche, afin qu'il puisse employer utilement quelques moments en la recherche de la vérité, et qu'il s'assoupirait, au lieu de se polir, s'il s'appliquait trop à l'étude, nous ne devons pas mesurer le temps que nous avons pu employer à nous instruire, par le nombre des heures que nous avons eues à nous, mais plutôt, ce me semble, par l'exemple de ce que nous voyons communément arriver aux autres, comme étant une marque de la portée ordinaire de l'esprit humain.

Il me semble aussi qu'on n'a point sujet de se repentir, lorsqu'on a fait ce qu'on a jugé être meilleur au temps qu'on a dû se résoudre à l'exécution, encore que, par après, y repensant avec plus de loisir, on juge avoir failli. Mais on devrait plutôt se repentir, si on avait fait quelque chose contre sa conscience, encore qu'on reconnût, par après, avoir mieux fait qu'on n'avait pensé : car nous n'avons à répondre que de nos pensées; et la nature de l'homme n'est pas de tout savoir, ni de juger toujours si bien sur-le-champ, que lorsqu'on a beaucoup de temps à délibérer.

Au reste, encore que la vanité qui fait qu'on a meilleure opinion de soi qu'on ne doit, soit un vice qui n'appartient qu'aux âmes faibles et basses, ce n'est pas à dire que les plus fortes et généreuses se doivent mépriser; mais il se faut faire justice à soi-même, en reconnaissant ses perfections aussi bien que ses défauts; et si la bienséance empêche qu'on ne les publie, elle n'empêche pas pour cela qu'on ne les ressente.

Enfin, encore qu'on n'ait pas une science infinie, pour connaître parfaitement tous les biens dont il arrive qu'on doit faire choix dans les diverses rencontres de la vie, on doit, ce me semble, se contenter d'en avoir une médiocre des choses plus nécessaires, comme sont celles que j'ai dénombrées en ma dernière lettre.

En laquelle j'ai déjà déclaré mon opinion, touchant la difficulté que Votre Altesse propose : savoir, si ceux qui rapportent tout à eux-mêmes, ont plus de raison que ceux qui se tourmentent trop pour les autres. Car si nous ne pensions qu'à nous seuls, nous ne pourrions jouir que des biens qui nous sont particuliers; au lieu que, si nous nous considérons comme parties de quelque autre corps, nous participons aussi aux biens qui lui sont communs, sans être privés pour cela d'aucun de ceux qui nous sont propres. Et il n'en est pas de même des maux; car, selon la philosophie, le mal n'est rien de réel, mais seulement une privation; et lorsque nous nous attristons, à cause de quelque mal qui arrive à nos amis, nous ne participons point pour cela au défaut dans lequel consiste ce mal; et quelque tristesse ou quelque peine que nous ayons en telle occasion, elle ne saurait être si grande qu'est la satisfaction intérieure qui accompagne toujours les bonnes actions, et principalement celles qui procèdent d'une pure affection pour autrui qu'on ne rapporte point à soi-même, c'est-à-dire de la vertu chrétienne qu'on nomme charité. Ainsi on peut, même en pleurant et prenant beaucoup de peine, avoir plus de plaisir que lorsqu'on rit et se repose.

Et il est aisé à prouver que le plaisir de l'âme auquel consiste la béatitude, n'est pas inséparable de la gaieté et de l'aise du corps, tant par l'exemple des tragédies, qui nous plaisent d'autant plus qu'elles excitent en nous plus de tristesse, que par celui des exercices du corps, comme la chasse, le jeu de la paume et autres semblables, qui ne laissent pas d'être agréables, encore qu'ils soient fort pénibles; et même on voit que souvent c'est la fatigue et la peine qui en augmentent le plaisir. Et la cause du contentement que l'âme reçoit en ces exercices, consiste en ce qu'ils lui font remarquer la force, ou l'adresse, ou quelque autre perfection du corps auquel elle est jointe; mais le contentement qu'elle a de pleurer, en voyant représenter quelque action pitoyable et funeste sur un théâtre, vient principalement de ce qu'il lui semble qu'elle fait une action vertueuse, ayant compassion des affligés; et généralement elle se plaît à sentir émouvoir en soi des passions, de quelle nature qu'elles soient, pourvu qu'elle en demeure maîtresse.

Mais il faut que j'examine plus particulièrement ces passions, afin de les pouvoir définir; ce qui me sera ici plus aisé, que si j'écrivais à quelque autre; car Votre Altesse ayant pris la peine de lire le traité que j'ai autrefois ébauché, touchant la nature des animaux, vous savez déjà comment je conçois que se forment diverses impressions dans leur cerveau, les unes par les objets extérieurs qui meuvent les sens, les autres par les dispositions intérieures du corps, ou par les vestiges des impressions précédentes qui sont demeurées en la mémoire, ou par l'agitation des esprits qui viennent du cœur, ou aussi en l'homme par l'action de l'âme, laquelle a quelque force pour changer les impressions qui sont dans le cerveau, comme, réciproquement, ces impressions ont la force d'exciter en l'âme des pensées qui ne dépendent point de sa volonté. En suite de quoi, on peut généralement nommer passions toutes les pensées qui sont ainsi excitées en l'âme sans le concours de sa volonté, et par conséquent, sans aucune action qui vienne d'elle, par les seules impressions qui sont dans le cerveau, car tout ce qui n'est point action est passion. Mais on restreint ordinairement ce nom aux pensées qui sont causées par quelque particulière agitation des esprits. Car celles qui viennent des objets extérieurs, ou bien des dispositions intérieures du corps, comme la perception des couleurs, des sons, des odeurs, la faim, la soif, la douleur et semblables, se nomment des sentiments, les uns extérieurs, les autres intérieurs. Celles qui ne dépendent que de ce que les impressions précédentes ont laissé en la mémoire, et de l'agitation ordinaire des esprits, sont des rêveries, soit qu'elles viennent en songe, soit aussi lorsqu'on est éveillé, et que l'âme, ne se déterminant à rien de soi-même, suit nonchalamment les impressions qui se rencontrent dans le cerveau. Mais, lorsqu'elle use de sa volonté pour se déterminer à quelque pensée qui n'eſt pas seulement intelligible, mais imaginable, cette pensée fait une nouvelle impression dans le cerveau, cela n'eſt pas en elle une passion, mais une aɛtion, qui se nomme proprement imagination. Enfin, lorsque le cours ordinaire des esprits eſt tel qu'il excite communément des pensées triſtes ou gaies, ou autres semblables, on ne l'attribue pas à la passion, mais au naturel ou à l'humeur de celui en qui elles sont excitées, et cela fait qu'on dit que cet homme eſt d'un naturel triſte, cet autre d'une humeur gaie, etc. Ainsi il ne reſte que les pensées qui viennent de quelque particulière agitation des esprits, et dont on sent les effets comme en l'âme même, qui soient proprement nommées des passions.

Il eſt vrai que nous n'en avons quasi jamais aucunes qui ne dépendent de plusieurs des causes qui je viens de diſtinguer; mais on leur donne la dénomination de celle qui eſt la principale, ou à laquelle on a principalement égard : ce qui fait que plusieurs confondent le sentiment de la douleur avec la passion de la triſtesse, et celui du chatouillement avec la passion de la joie, laquelle ils nomment aussi volupté ou plaisir, et ceux de la soif ou de la faim avec les désirs de boire ou de manger, qui sont des passions : car ordinairement les causes qui font la douleur, agitent aussi les esprits, en la façon qui eſt requise pour exciter la triſtesse, et celles qui font sentir quelque chatouillement, les agitent en la façon qui eſt requise pour exciter la joie, et ainsi des autres.

On confond aussi quelquefois les inclinations ou habitudes qui disposent à quelque passion, avec la passion même, ce qui eſt néanmoins facile à diſtinguer. Car, par exemple, lorsqu'on dit, dans une ville, que les ennemis la viennent assiéger, le premier jugement, que font les habitants, du mal qui leur en peut arriver, eſt une aɛtion de leur âme, non une passion. Et bien que ce jugement se rencontre semblable en plusieurs, ils n'en sont pas toutefois également émus, mais les uns plus, les autres moins, selon qu'ils ont plus ou moins d'habitude ou d'inclination à la crainte. Et avant que leur âme reçoive l'émotion, en laquelle seule consiſte la passion, il faut qu'elle fasse ce jugement, ou bien, sans juger, qu'elle conçoive au moins le danger, et en imprime l'image dans le cerveau (ce qui se fait par une autre action qu'on nomme imaginer), et que, par même moyen, elle détermine les esprits, qui vont du cerveau par les nerfs dans les muscles, à entrer en ceux qui servent à resserrer les ouvertures du cœur, ce qui retarde la circulation du sang; en suite de quoi, tout le corps devient pâle, froid et tremblant, et les nouveaux esprits, qui viennent du cœur vers le cerveau, sont agités de telle façon qu'ils ne peuvent aider à y former d'autres images que celles qui excitent en l'âme la passion de la crainte : toutes lesquelles choses se suivent de si près l'une l'autre, qu'il semble que ce ne soit qu'une seule opération. Et ainsi en toutes les autres passions il arrive quelque particulière agitation dans les esprits qui viennent du cœur.

Voilà ce que je pensais écrire, il y a 8 jours, à Votre Altesse, et mon dessein était d'y ajouter une particulière explication de toutes les passions; mais ayant trouvé de la difficulté à les dénombrer, je fus contraint de laisser partir le messager sans ma lettre, et ayant reçu cependant celle que V. A. m'a fait l'honneur de m'écrire, j'ai une nouvelle occasion de répondre, qui m'oblige de remettre à une autre fois cet examen des passions, pour dire ici que toutes les raisons qui prouvent l'existence de Dieu, et qu'il est la cause première et immuable de tous les effets qui ne dépendent point du libre arbitre des hommes, prouvent, ce me semble, en même façon qu'il est aussi la cause de toutes les actions qui en dépendent. Car on ne saurait démontrer qu'il existe, qu'en le considérant comme un être souverainement parfait; et il ne serait pas souverainement parfait, s'il pouvait arriver quelque chose dans le monde, qui ne vînt pas entièrement de lui. Il est vrai qu'il n'y a que la foi seule, qui nous enseigne ce que c'est que la grâce, par laquelle Dieu nous élève à une béatitude surnaturelle; mais la seule philosophie suffit pour connaître qu'il ne saurait entrer la moindre pensée en l'esprit d'un homme, que Dieu ne veuille et ait voulu de toute éternité qu'elle y entrât. Et la distinction de l'École, entre les causes universelles et particulières, n'a point ici de lieu car ce qui fait que le soleil, par exemple, étant la cause universelle de toutes les fleurs, n'est pas cause pour cela que les tulipes diffèrent des roses, c'est que leur production dépend aussi de quelques autres causes particulières qui ne lui sont point subordonnées; mais Dieu est tellement la cause universelle de tout, qu'il en est en même façon la cause totale; et ainsi rien ne peut arriver sans sa volonté.

Il est vrai aussi que la connaissance de l'immortalité de l'âme et des félicités dont elle sera capable étant hors de cette vie, pourrait donner sujet d'en sortir à ceux qui s'y ennuient, s'ils étaient assurés qu'ils jouiraient, par après, de toutes ces félicités; mais aucune raison ne les en assure, et il n'y a que la fausse philosophie d'Hégésias[1], dont le livre fut défendu par Ptolémée, parce que plusieurs s'étaient tués après l'avoir lu, qui tâche à persuader que cette vie est mauvaise; la vraie enseigne, tout au contraire, que, même parmi les plus tristes accidents et les plus pressantes douleurs, on y peut toujours être content, pourvu qu'on sache user de la raison.

Pour ce qui est de l'étendue de l'univers, je ne vois pas comment, en la considérant, on est convié à séparer la providence particulière de l'idée que nous avons de Dieu: car c'est tout autre chose de Dieu que des puissances finies, lesquelles pouvant être épuisées, nous avons raison de juger, en voyant qu'elles sont employées à plusieurs grands effets, qu'il n'est pas vraisemblable qu'elles s'étendent aussi jusques aux moindres; mais d'autant que nous estimons les œuvres de Dieu être plus grands, d'autant mieux remarquons-nous l'infinité de sa puissance; et d'autant que cette infinité nous est mieux connue, d'autant sommes-nous plus assurés qu'elle s'étend jusques à toutes les plus particulières actions des hommes.

Je ne crois pas aussi que, par cette providence particulière de Dieu, que Votre Altesse a dit être le fondement de la théologie, vous entendiez quelque changement qui arrive en ses décrets à l'occasion des actions qui dépendent de notre libre arbitre. Car la théologie n'admet point ce changement; et lorsqu'elle nous oblige à prier Dieu, ce n'est pas afin que nous lui enseignions de quoi c'est que nous avons besoin, ni afin que nous tâchions d'impétrer de lui qu'il change quelque chose

1. Hégésias, philosophe grec de l'école cyrénaïque, vers 300 av. J.-C., surnommé l'*Orateur de la Mort*. Il soutenait que la mort est préférable à la vie, car elle supprime les maux. Il enseignait le suicide. Ptolémée fit fermer son école et l'exila.

en l'ordre établi de toute éternité par sa providence : l'un et l'autre serait blâmable; mais c'est seulement afin que nous obtenions ce qu'il a voulu de toute éternité être obtenu par nos prières. Et je crois que tous les théologiens sont d'accord en ceci, même les Arminiens, qui semblent être ceux qui défèrent le plus au libre arbitre.

J'avoue qu'il est difficile de mesurer exactement jusques où la raison ordonne que nous nous intéressions pour le public; mais aussi n'est-ce pas une chose en quoi il soit nécessaire d'être fort exact : il suffit de satisfaire à sa conscience, et on peut en cela donner beaucoup à son inclination. Car Dieu a tellement établi l'ordre des choses, et conjoint les hommes ensemble d'une si étroite société, qu'encore que chacun rapportât tout à soi-même, et n'eût aucune charité pour les autres, il ne laisserait pas de s'employer ordinairement pour eux en tout ce qui serait de son pouvoir, pourvu qu'il usât de prudence, principalement s'il vivait en un siècle où les mœurs ne fussent point corrompues. Et, outre cela, comme c'est une chose plus haute et plus glorieuse, de faire du bien aux autres hommes que de s'en procurer à soi-même, aussi sont-ce les plus grandes âmes qui y ont le plus d'inclination, et font le moins d'état des biens qu'elles possèdent. Il n'y a que les faibles et basses qui s'estiment plus qu'elles ne doivent, et sont comme les petits vaisseaux, que trois gouttes d'eau peuvent remplir. Je sais que V. A. n'est pas de ce nombre, et qu'au lieu qu'on ne peut inciter ces âmes basses à prendre de la peine pour autrui, qu'en leur faisant voir qu'ils en retireront quelque profit pour eux-mêmes, il faut, pour l'intérêt de V. A., lui représenter qu'elle ne pourrait être longuement utile à ceux qu'elle affectionne, si elle se négligeait soi-même, et la prier d'avoir soin de sa santé. C'est ce que fait,

Madame,
de Votre Altesse
le très humble et très obéissant serviteur,

DESCARTES.

D'Egmond, le 6 d'octobre 1645.

[AU MARQUIS DE NEWCASTLE]

[Egmond, octobre 1645.]

Monseigneur,

La lettre que V. E. m'a fait l'honneur de m'écrire le 19 de juin, a été quatre mois par les chemins, et le bonheur de la recevoir ne m'est arrivé qu'aujourd'hui; ce qui m'a empêché de pouvoir plus tôt prendre cette occasion, pour vous témoigner que j'ai tant de ressentiment des faveurs qu'il vous a plu me faire, sans que je les aie jamais pu mériter, et des preuves que j'ai eues de votre bienveillance par le rapport de Messieurs N. et M. et d'autres, que je n'aurai jamais rien de plus à cœur, que de tâcher à vous rendre service en tout ce dont je pourrai être capable. Et comme l'un des principaux fruits que j'ai reçus des écrits que j'ai publiés, est que j'ai eu l'honneur d'être connu de Votre Excellence à leur occasion, aussi n'y a-t-il rien qui me puisse obliger davantage à en publier d'autres, que de savoir que cela vous serait agréable. Mais, parce que le traité des animaux, auquel j'ai commencé à travailler il y a plus de quinze ans[1], présuppose plusieurs expériences, sans lesquelles il m'est impossible de l'achever, et que je n'ai point encore eu la commodité de les faire, ni ne sais point quand je l'aurai, je n'ose me promettre de lui faire voir le jour de longtemps. Cependant je ne manquerai de vous obéir en tout ce qu'il vous plaira me commander, et je tiens à très grande faveur, que vous ayez agréable de savoir mes opinions touchant quelques difficultés de philosophie.

Je me persuade que la faim et la soif se sentent de la même façon que les couleurs, les sons, les odeurs, et généralement tous les objets des sens extérieurs, à savoir par l'entremise des nerfs, qui sont étendus comme de petits filets depuis le cerveau jusques à toutes les autres

1. Descartes avait en projet un traité sur la *Nature des Animaux* qui ne fut jamais publié.

parties du corps; en sorte que, lorsque quelqu'une de ces parties eſt mue, l'endroit du cerveau duquel viennent ces nerfs se meut aussi, et son mouvement excite en l'âme le sentiment qu'on attribue à cette partie. Ce que j'ai tâché d'expliquer bien au long en *la Dioptrique,* et comme j'ai dit là que ce sont les divers mouvements du nerf optique, qui font sentir à l'âme toutes les diversités des couleurs et de la lumière, ainsi je crois que c'eſt un mouvement des nerfs qui vont vers le fond de l'estomac, qui cause le sentiment de la faim, et un autre des mêmes nerfs, et aussi de ceux qui vont vers le gosier, qui cause celui de la soif. Mais, pour savoir ce qui meut ainsi ces nerfs, je remarque que, tout de même qu'il vient de l'eau à la bouche, lorsqu'on a bon appétit, et qu'on voit les viandes sur table, il en vient aussi ordinairement grande quantité dans l'eſtomac, où elle eſt portée par les artères, parce que celles de leurs extrémités qui se vont rendre vers là, ont des ouvertures si étroites et de telle figure, qu'elles donnent bien passage à cette liqueur, mais non point aux autres parties du sang. Et elle eſt comme une espèce d'eau-forte, qui, se glissant entre les petites parties des viandes qu'on a mangées, sert à les dissoudre, et en compose le chyle, puis retourne avec elles dans le sang par les veines. Mais si cette liqueur, qui vient ainsi dans l'eſtomac, n'y trouve point de viandes à dissoudre, alors elle emploie sa force contre les peaux dont il eſt composé, et par ce moyen agite les nerfs dont les extrémités sont attachées à ces peaux, en la façon qui eſt requise pour faire avoir à l'âme le sentiment de la faim. Ainsi on ne peut manquer d'avoir ce sentiment, lorsqu'il n'y a aucunes viandes dans l'eſtomac, si ce n'eſt qu'il y ait des obſtructions qui empêchent cette liqueur d'y entrer, ou bien quelques humeurs froides et gluantes qui émoussent sa force, ou bien que, le tempérament du sang étant corrompu, la liqueur qu'il envoie en l'eſtomac soit d'autre nature qu'à l'ordinaire (et c'eſt toujours quelqu'une de ces causes qui ôte l'appétit aux malades); ou bien aussi, sans que le sang soit corrompu, il se peut faire qu'il ne contienne que peu ou point de telle liqueur, ce que je crois arriver à ceux qui ont été fort longtemps sans manger. Car on dit qu'ils cessent d'avoir faim après quelques jours; dont la raison eſt que toute cette liqueur peut être sortie hors du pur sang, et s'être exhalée en sueur, ou par transpiration insensible, ou en urine, pendant ce temps-là. Et cela confirme l'histoire d'un homme qu'on dit avoir conservé sa vie trois semaines sous terre sans rien manger, en buvant seulement son urine : car, étant ainsi enfermé sous terre, son sang ne se diminuait pas tant par la transpiration insensible, qu'il eût fait en l'air libre.

Je crois aussi que la soif est causée de ce que la sérosité du sang, qui a coutume de venir par les artères en forme d'eau vers l'estomac et vers le gosier, et ainsi de les humecter, y vient aussi quelquefois en forme de vapeur, laquelle le dessèche, et par même moyen agite ses nerfs, en la façon qui est requise pour exciter en l'âme le désir de boire. De façon qu'il n'y a pas plus de différence entre cette vapeur qui excite la soif, et la liqueur qui cause la faim, qu'il y a entre la sueur, et ce qui s'exhale de tout le corps par transpiration insensible.

Pour la cause générale de tous les mouvements qui sont dans le monde, je n'en conçois point d'autre que Dieu, lequel, dès le premier instant qu'il a créé la matière, a commencé à mouvoir diversement toutes ses parties, et maintenant, par la même action qu'il conserve cette matière, il conserve aussi en elle tout autant de mouvement qu'il y en a mis. Ce que j'ai tâché d'expliquer en la seconde partie de mes *Principes*. Et en la troisième, j'ai décrit si particulièrement de quelle matière je me persuade que le soleil est composé; puis, en la quatrième, de quelle nature est le feu, que je ne saurais rien ajouter ici, qui ne fût moins intelligible. J'y ai aussi dit expressément, au 18e article de la seconde partie, que je crois qu'il implique contradiction qu'il y ait du vide, à cause que nous avons la même idée de la matière que de l'espace; et parce que cette idée nous représente une chose réelle, nous nous contredirions nous-mêmes, et assurerions le contraire de ce que nous pensons, si nous disions que cet espace est vide, c'est-à-dire, que ce que nous concevons comme une chose réelle, n'est rien de réel.

La conservation de la santé a été de tout temps le principal but de mes études, et je ne doute point qu'il n'y ait moyen d'acquérir beaucoup de connaissances, touchant la médecine, qui ont été ignorées jusqu'à présent. Mais le traité des animaux que je médite, et que je n'ai encore su achever, n'étant qu'une entrée pour parvenir à ces connaissances, je n'ai garde de me vanter de les avoir; et tout ce que j'en puis dire à présent eſt que je suis de l'opinion de Tibère, qui voulait que ceux qui ont atteint l'âge de trente ans, eussent assez d'expériences des choses qui leur peuvent nuire ou profiter, pour être eux-mêmes leurs médecins. En effet, il me semble qu'il n'y a personne, qui ait un peu d'esprit, qui ne puisse mieux remarquer ce qui eſt utile à sa santé, pourvu qu'il y veuille un peu prendre garde, que les plus savants doĉteurs ne lui sauraient enseigner. Je prie Dieu de tout mon cœur pour la conservation de la vôtre, et de celle de M. votre frère, et suis, etc.

A ÉLISABETH

Egmond, 3 novembre 1645.

Madame,

Il m'arrive si peu souvent de rencontrer de bons raisonnements, non seulement dans les discours de ceux que je fréquente en ce désert, mais aussi dans les livres que je consulte, que je ne puis lire ceux qui sont dans les lettres de Votre Altesse, sans en avoir un ressentiment de joie extraordinaire; et je les trouve si forts, que j'aime mieux avouer d'en être vaincu, que d'entreprendre de leur résiſter. Car, encore que la comparaison que V. A. refuse de faire à son avantage, puisse assez être vérifiée par l'expérience, c'eſt toutefois une vertu si louable de juger favorablement des autres, et elle s'accorde si bien avec la générosité qui vous empêche de vouloir mesurer la portée de l'esprit humain par l'exemple du commun des hommes, que je ne puis manquer d'eſtimer extrêmement l'une et l'autre.

Je n'oserais aussi contredire à ce que V. A. écrit du repentir, vu que c'eſt une vertu chrétienne, laquelle sert pour faire qu'on se corrige, non seulement des fautes commises volontairement, mais aussi de celles qu'on a faites par ignorance, lorsque quelque passion a empêché qu'on ne connût la vérité.

Et j'avoue bien que la tristesse des tragédies ne plairait pas, comme elle fait, si nous pouvions craindre qu'elle devînt si excessive que nous en fussions incommodés. Mais, lorsque j'ai dit qu'il y a des passions qui sont d'autant plus utiles qu'elles penchent plus vers l'excès, j'ai seulement voulu parler de celles qui sont toutes bonnes; ce que j'ai témoigné, en ajoutant qu'elles doivent être sujettes à la raison. Car il y a deux sortes d'excès : l'un qui, changeant la nature de la chose, et de bonne la rendant mauvaise, empêche qu'elle ne demeure soumise à la raison; l'autre qui en augmente seulement la mesure, et ne fait que de bonne la rendre meilleure. Ainsi la hardiesse n'a pour excès la témérité, que lorsqu'elle va au-delà des limites de la raison; mais pendant qu'elle ne les passe point, elle peut encore avoir un autre excès, qui consiste à n'être accompagnée d'aucune irrésolution ni d'aucune crainte.

J'ai pensé ces jours au nombre et à l'ordre de toutes ces passions, afin de pouvoir plus particulièrement examiner leur nature; mais je n'ai pas encore assez digéré mes opinions, touchant ce sujet, pour les oser écrire à V. A. et je ne manquerai de m'en acquitter le plus tôt qu'il me sera possible.

Pour ce qui est du libre arbitre, je confesse qu'en ne pensant qu'à nous-mêmes, nous ne pouvons ne le pas estimer indépendant; mais lorsque nous pensons à la puissance infinie de Dieu, nous ne pouvons ne pas croire que toutes choses dépendent de lui, et, par conséquent, que notre libre arbitre n'en est pas exempt. Car il implique contradiction de dire que Dieu ait créé les hommes de telle nature, que les actions de leur volonté ne dépendent point de la sienne, parce que c'est le même que si on disait que sa puissance est tout ensemble finie et infinie : finie, puisqu'il y a quelque chose qui n'en dépend point; et infinie, puisqu'il a pu créer cette chose indépendante. Mais, comme la connaissance de l'existence de Dieu ne nous doit pas empêcher d'être assurés de notre libre arbitre, parce que nous l'expérimentons et le sentons en nous-mêmes, ainsi celle de notre libre arbitre ne nous doit point faire douter de l'existence de Dieu. Car l'indépendance que nous expérimentons et sentons en nous, et qui suffit pour rendre nos actions louables ou blâmables, n'est pas incompatible avec une dépendance qui est d'autre nature, selon laquelle toutes choses sont sujettes à Dieu.

Pour ce qui regarde l'état de l'âme après cette vie, j'en ai bien moins de connaissance que M. d'Igby; car, laissant à part ce que la foi nous en enseigne, je confesse que, par la seule raison naturelle, nous pouvons bien faire beaucoup de conjectures à notre avantage et avoir de belles espérances, mais non point aucune assurance. Et parce que la même raison naturelle nous apprend aussi que nous avons toujours plus de biens que de maux en cette vie, et que nous ne devons point laisser le certain pour l'incertain, elle me semble nous enseigner que nous ne devons pas véritablement craindre la mort, mais que nous ne devons aussi jamais la rechercher.

Je n'ai pas besoin de répondre à l'objection que peuvent faire les théologiens, touchant la vaste étendue que j'ai attribuée à l'univers, parce que V. A. y a déjà répondu pour moi. J'ajoute seulement que, si cette étendue pouvait rendre les mystères de notre religion moins croyables, celle que les astronomes ont attribuée de tout temps aux cieux, aurait pu faire le même, parce qu'ils les ont considérés si grands que la terre n'est, à leur comparaison, que comme un point; et toutefois cela ne leur est point objecté.

Au reste, si la prudence était maîtresse des événements, je ne doute point que V. A. ne vînt à bout de tout ce qu'elle voudrait entreprendre; mais il faudrait que tous les hommes fussent parfaitement sages, afin que sachant ce qu'ils doivent faire, on pût être assuré de ce qu'ils feront. Ou bien il faudrait connaître particulièrement l'humeur de tous ceux avec lesquels on a quelque chose à démêler; et encore ne serait-ce pas assez, à cause qu'ils ont, outre cela, leur libre arbitre, dont les mouvements ne sont connus que de Dieu seul. Et parce qu'on juge ordinairement de ce que les autres feront, par ce qu'on voudrait faire, si on était en leur place, il arrive souvent que les esprits ordinaires et médiocres, étant semblables à ceux avec lesquels ils ont à traiter, pénètrent mieux dans leurs conseils, et font plus aisément réussir ce qu'ils entreprennent, que ne font les plus relevés lesquels, ne traitant qu'avec ceux qui leur sont de beaucoup inférieurs en connaissance et en prudence, jugent tout autrement qu'eux des affaires. C'est ce qui doit consoler V. A. lorsque la fortune s'oppose à vos desseins. Je prie Dieu qu'il les favorise, et je suis,

Madame,
de Votre Altesse
le très humble et très obéissant serviteur,

DESCARTES.

D'Egmond, le 3 nov. 1645.

AU P. MESLAND

[Egmond, 1645 ou 1646.]

MON RÉVÉREND PÈRE,

J'AI lu avec beaucoup d'émotion l'adieu pour jamais[1] que j'ai trouvé dans la lettre que vous avez pris la peine de m'écrire; et il m'aurait touché encore davantage, si je n'étais ici dans un pays où je vois tous les jours plusieurs personnes qui sont revenues des antipodes. Ces exemples si ordinaires m'empêchent de perdre entièrement l'espérance de vous revoir quelque jour en Europe; et encore que votre dessein de convertir les sauvages soit fort généreux et très saint, toutefois, à cause que je m'imagine que c'est seulement de beaucoup de zèle et de patience, dont on a besoin pour l'exécuter, et non point de beaucoup d'esprit et de savoir, il me semble que les talents, que Dieu vous a donnés, pourraient être employés plus utilement à la conversion de nos athées, qui se piquent de bon esprit, et ne veulent se rendre qu'à l'évidence de la raison; ce qui me fait espérer qu'après que vous aurez fait une expédition aux lieux où vous allez, et conquis plusieurs milliers d'âmes à

1. Le P. Mesland venait d'être envoyé au Canada, sans doute en raison des relations trop étroites qu'il avait avec Descartes et du zèle trop grand qu'il mettait à répandre sa doctrine.

Dieu, le même esprit qui vous y conduit vous ramènera, et je le souhaite de tout mon cœur.

Vous trouverez ici de brèves réponses aux objections que vous m'avez fait la faveur de m'envoyer touchant mes *Principes*. Je les eusse faites plus amples, sinon que je crois assurément que la plupart des difficultés qui vous sont venues d'abord, en commençant la lecture du livre, s'évanouiront d'elles-mêmes, lorsque vous l'aurez achevée.

Celle que vous trouvez, en l'explication du St Sacrement, me semble aussi pouvoir être facilement ôtée; car, 1° comme il ne laisse pas d'être très vrai de dire que j'ai maintenant le même corps que j'avais il y a dix ans, bien que la matière dont il est composé soit changée, à cause que l'unité numérique du corps d'un homme ne dépend pas de sa matière, mais de sa forme, qui est l'âme; ainsi les paroles de Notre Seigneur n'ont pas laissé d'être très véritables : *Hoc est corpus meum, quod pro vobis tradetur*[1], et je ne vois pas en quelle autre sorte il eût pu parler, pour signifier la transsubstantiation au sens que je l'ai expliquée.

Puis, pour ce qui est de la façon dont le corps de J.-C. aurait été dans l'hostie qui aurait été consacrée durant le temps de sa mort, je ne sache point que l'Église en ait rien déterminé; et il faut, ce me semble, bien prendre garde à distinguer les opinions déterminées par l'Église, d'avec celles qui sont communément reçues par les docteurs fondés sur une physique mal assurée. Toutefois, encore que l'Église aurait déterminé que l'âme de J.-C. n'eût pas été unie à son corps en l'hostie qui aurait été consacrée au temps de sa mort, il suffit de dire que la matière de cette hostie aurait pour lors été autant disposée à être unie à l'âme de J.-C., que celle de son corps qui était dans le sépulcre, pour assurer qu'elle était véritablement son corps; puisque la matière, qui était dans le sépulcre, n'était alors nommée le corps de J.-C., qu'à cause des dispositions qu'elle avait à recevoir son âme. Et il suffit aussi de dire que la matière (de cette hostie ou) du pain aurait eu les dispositions du corps sans le sang, et celle du vin les dispositions du sang sans la chair, pour

1. Ceci est mon corps, qui sera livré pour vous.

assurer que le corps seul, sans le sang, eût été alors dans l'hostie, et le sang seul dans le calice. Comme aussi ce qu'on dit que c'est seulement par concomitance que le corps de J.-C. est dans le calice, se peut fort bien entendre, en pensant que, bien que l'âme de J.-C. soit unie à la matière contenue dans le calice, ainsi qu'à un corps humain tout entier, et par conséquent que cette matière soit véritablement tout le corps de J.-C., elle ne lui est toutefois unie qu'en vertu des dispositions qu'a le sang à être uni avec l'âme humaine, et non pas en vertu de celles qu'a la chair. Ainsi je ne vois aucune ombre de difficulté en tout cela. Mais néanmoins je me tiens très volontiers, avec vous, aux paroles du Concile, qu'il y est *ea existendi ratione quam verbis exprimere vix possumus*[1].

A ÉLISABETH

[Egmond, janvier 1646.]

MADAME,

Je ne puis nier que je n'aie été surpris d'apprendre que Votre Altesse ait eu de la fâcherie, jusqu'à en être incommodée en sa santé, pour une chose que la plus grande part du monde trouvera bonne[2], et que plusieurs fortes raisons peuvent rendre excusable envers les autres. Car tous ceux de la religion dont je suis (qui font, sans doute, le plus grand nombre dans l'Europe), sont obligés de l'approuver, encore même qu'ils y vissent des circonstances et des motifs apparents qui fussent blâmables; car nous croyons que Dieu se sert de divers moyens pour attirer les âmes à soi, et que tel est entré dans le cloître, avec une mauvaise intention, lequel y a mené, par après, une vie fort sainte. Pour ceux qui sont d'une autre créance, s'ils en parlent mal, on peut récuser

1. Par ce mode d'existence que nous pouvons à peine exprimer par des mots.

2. Le frère d'Élisabeth, le prince Palatin Édouard, s'était converti au catholicisme en novembre 1645.

leur jugement; car, comme en toutes les autres affaires, touchant lesquelles il y a divers partis, il eſt impossible de plaire aux uns, sans déplaire aux autres. S'ils considèrent qu'ils ne seraient pas de la religion dont ils sont, si eux, ou leurs pères, ou leurs aïeux n'avaient quitté la Romaine, ils n'auront pas sujet de se moquer, ni de nommer inconſtants ceux qui quittent la leur.

Pour ce qui regarde la prudence du siècle, il eſt vrai que ceux qui ont la fortune chez eux, ont raison de demeurer tous autour d'elle, et de joindre leurs forces ensemble pour empêcher qu'elle n'échappe; mais ceux de la maison desquels elle eſt fugitive, ne font, ce me semble, point mal de s'accorder à suivre divers chemins, afin que, s'ils ne la peuvent trouver tous, il y en ait au moins quelqu'un qui la rencontre. Et cependant, parce qu'on croit que chacun d'eux a plusieurs ressources, ayant des amis en divers partis, cela les rend plus considérables, que s'ils étaient tous engagés dans un seul. Ce qui m'empêche de pouvoir imaginer que ceux qui ont été auteurs de ce conseil, aient en cela voulu nuire à votre Maison. Mais je ne prétends point que mes raisons puissent empêcher le ressentiment de Votre Altesse. J'espère seulement que le temps l'aura diminué, avant que cette lettre vous soit présentée, et je craindrais de le rafraîchir, si je m'étendais davantage sur ce sujet.

C'eſt pourquoi je passe à la difficulté que Votre Altesse propose touchant le libre arbitre[1], duquel je tâcherai d'expliquer la dépendance et la liberté par une comparaison. Si un roi qui a défendu les duels, et qui sait très assurément que deux gentilshommes de son royaume, demeurant en diverses villes, sont en querelle, et tellement animés l'un contre l'autre, que rien ne les saurait empêcher de se battre s'ils se rencontrent; si, dis-je, ce roi donne à l'un d'eux quelque commission pour aller à certain jour vers la ville où eſt l'autre, et qu'il donne aussi commission à cet autre pour aller au même jour vers le lieu où eſt le premier, il sait bien assurément qu'ils ne manqueront pas de se rencontrer, et de se battre, et ainsi de contrevenir à sa défense, mais il ne les y

1. Il s'agit d'accorder le libre arbitre de l'homme avec l'omniscience de Dieu.

contraint point pour cela; et sa connaissance, et même la volonté qu'il a eue de les y déterminer en cette façon, n'empêche pas que ce ne soit aussi volontairement et aussi librement qu'ils se battent, lorsqu'ils viennent à se rencontrer, comme ils auraient fait s'il n'en avait rien su, et que ce fût par quelque autre occasion qu'ils se fussent rencontrés, et ils peuvent aussi justement être punis, parce qu'ils ont contrevenu à sa défense. Or ce qu'un roi peut faire en cela, touchant quelques actions libres de ses sujets, Dieu, qui a une prescience et une puissance infinie, le fait infailliblement touchant toutes celles des hommes. Et avant qu'il nous ait envoyés en ce monde, il a su exactement quelles seraient toutes les inclinations de notre volonté; c'est lui-même qui les a mises en nous, c'est lui aussi qui a disposé toutes les autres choses qui sont hors de nous, pour faire que tels et tels objets se présentassent à nos sens à tel et tel temps, à l'occasion desquels il a su que notre libre arbitre nous déterminerait à telle ou telle chose; et il l'a ainsi voulu, mais il n'a pas voulu pour cela l'y contraindre. Et comme on peut distinguer en ce roi deux différents degrés de volonté, l'un par lequel il a voulu que ces gentilshommes se battissent, puisqu'il a fait qu'ils se rencontrassent, et l'autre par lequel il ne l'a pas voulu, puisqu'il a défendu les duels; ainsi les théologiens distinguent en Dieu une volonté absolue et indépendante, par laquelle il veut que toutes choses se fassent ainsi qu'elles se font, et une autre qui est relative, et qui se rapporte au mérite ou démérite des hommes, par laquelle il veut qu'on obéisse à ses lois.

Il est besoin aussi que je distingue deux sortes de biens, pour accorder ce que j'ai ci-devant écrit (à savoir, qu'en cette vie nous avons toujours plus de biens que de maux) avec ce que V. Altesse m'objecte touchant toutes les incommodités de la vie. Quand on considère l'idée du bien pour servir de règle à nos actions, on le prend pour toute la perfection qui peut être en la chose qu'on nomme bonne, et on la compare à la ligne droite, qui est unique entre une infinité de courbes auxquelles on compare les maux. C'est en ce sens que les philosophes ont coutume de dire que *bonum est ex integra causa, malum ex quovis defectu*[1]. Mais quand on considère les

1. Le bien vient de la cause entière, le mal d'un certain défaut.

biens et les maux qui peuvent être en une même chose, pour savoir l'estime qu'on en doit faire, comme j'ai fait lorsque j'ai parlé de l'estime que nous devions faire de cette vie, on prend le bien pour tout ce qui s'y trouve dont on peut avoir quelque commodité, et on ne nomme mal que ce dont on peut recevoir de l'incommodité; car pour les autres défauts qui peuvent y être, on ne les compte point. Ainsi, lorsqu'on offre un emploi à quelqu'un, il considère d'un côté l'honneur et le profit qu'il en peut attendre, comme des biens, et de l'autre la peine, le péril, la perte du temps, et autres telles choses, comme des maux; et comparant ces maux avec ces biens, selon qu'il trouve ceux-ci plus ou moins grands que ceux-là, il l'accepte ou le refuse. Or ce qui m'a fait dire, en ce dernier sens, qu'il y a toujours plus de biens que de maux en cette vie, c'est le peu d'état que je crois que nous devons faire de toutes les choses qui sont hors de nous, et qui ne dépendent point de notre libre arbitre, à comparaison de celles qui en dépendent, lesquelles nous pouvons toujours rendre bonnes, lorsque nous en savons bien user; et nous pouvons empêcher, par leur moyen, que tous les maux qui viennent d'ailleurs, tant grands qu'ils puissent être, n'entrent plus avant en notre âme que la tristesse qu'y excitent les comédiens, quand ils représentent devant nous quelques actions fort funestes; mais j'avoue qu'il faut être fort philosophe, pour arriver jusqu'à ce point. Et toutefois je crois aussi que même ceux-là qui se laissent le plus emporter à leurs passions, jugent toujours, en leur intérieur, qu'il y a plus de biens que de maux en cette vie, encore qu'ils ne s'en aperçoivent pas eux-mêmes; car bien qu'ils appellent quelquefois la mort à leur secours, quand ils sentent de grandes douleurs, c'est seulement afin qu'elle leur aide à porter leur fardeau, ainsi qu'il y a dans la fable, et ils ne veulent point pour cela perdre la vie; ou bien, s'il y en a quelques-uns qui la veuillent perdre, et qui se tuent eux-mêmes, c'est par une erreur de leur entendement, et non point par un jugement bien raisonné, ni par une opinion que la nature ait imprimée en eux, comme est celle qui fait qu'on préfère les biens de cette vie à ses maux.

La raison qui me fait croire que ceux qui ne font rien que pour leur utilité particulière, doivent aussi bien que les autres travailler pour autrui, et tâcher de faire plaisir à un chacun, autant qu'il eſt en leur pouvoir, s'ils veulent user de prudence, eſt qu'on voit ordinairement arriver que ceux qui sont eſtimés officieux et prompts à faire plaisir, reçoivent aussi quantité de bons offices des autres, même de ceux qu'ils n'ont jamais obligés, lesquels ils ne recevraient pas, si on les croyait d'autre humeur, et que les peines qu'ils ont à faire plaisir, ne sont point si grandes que les commodités que leur donne l'amitié de ceux qui les connaissent. Car on n'attend de nous que les offices que nous pouvons rendre commodément, et nous n'en attendons pas davantage des autres; mais il arrive souvent que ce qui leur coûte peu, nous profite beaucoup, et même nous peut importer de la vie. Il eſt vrai qu'on perd quelquefois sa peine en bien faisant, et au contraire qu'on gagne à mal faire; mais cela ne peut changer la règle de la prudence, laquelle ne se rapporte qu'aux choses qui arrivent le plus souvent. Et pour moi, la maxime que j'ai le plus observée en toute la conduite de ma vie, a été de suivre seulement le grand chemin, et de croire que la principale finesse eſt de ne vouloir point du tout user de finesse. Les lois communes de la société, lesquelles tendent toutes à se faire du bien les uns aux autres, ou du moins à ne se point faire de mal, sont, ce me semble, si bien établies, que quiconque les suit franchement, sans aucune dissimulation ni artifice, mène une vie beaucoup plus heureuse et plus assurée, que ceux qui cherchent leur utilité par d'autres voies, lesquels, à la vérité, réussissent quelquefois par l'ignorance des autres hommes, et par la faveur de la fortune; mais il arrive bien plus souvent qu'ils y manquent, et que, pensant s'établir, ils se ruinent. C'eſt avec cette ingénuité et cette franchise, laquelle je fais profession d'observer en toutes mes aċtions, que je fais aussi particulièrement profession d'être, etc.

A ÉLISABETH

[Mai 1646.]

Madame,

Je reconnais, par expérience, que j'ai eu raison de mettre la gloire au nombre des passions; car je ne puis m'empêcher d'en être touché, en voyant le favorable jugement que fait Votre Altesse du petit traité que j'en ai écrit. Et je ne suis nullement surpris de ce qu'elle y remarque aussi des défauts, parce que je n'ai point douté qu'il n'y en eût en grand nombre, étant une matière que je n'avais jamais ci-devant étudiée, et dont je n'ai fait que tirer le premier crayon, sans y ajouter les couleurs et les ornements qui seraient requis pour la faire paraître à des yeux moins clairvoyants que ceux de Votre Altesse.

Je n'y ai pas mis aussi tous les principes de physique dont je me suis servi pour déchiffrer quels sont les mouvements du sang qui accompagnent chaque passion, parce que je ne les saurais bien déduire sans expliquer la formation de toutes les parties du corps humain; et c'est une chose si difficile que je ne l'oserais encore entreprendre, bien que je me sois à peu près satisfait moi-même touchant la vérité des principes que j'ai supposés en cet écrit. Dont les principaux sont : que l'office du foie et de la rate est de contenir toujours du sang de réserve, moins purifié que celui qui est dans les veines; et que le feu qui est dans le cœur a besoin d'être continuellement entretenu, ou bien par le suc des viandes, qui vient directement de l'estomac, ou bien, à son défaut, par ce sang qui est en réserve, à cause que l'autre sang, qui est dans les veines, se dilate trop aisément; et qu'il y a une telle liaison entre notre âme et notre corps, que les pensées qui ont accompagné quelques mouvements du corps, dès le commencement de notre vie, les accompagnent encore à présent, en sorte que, si les mêmes mouvements sont excités derechef dans le corps par quelque cause extérieure, ils excitent aussi en l'âme les mêmes pensées, et réciproquement, si nous avons les mêmes pensées, elles produisent les mêmes mouvements; et enfin, que la machine de notre corps est tellement faite, qu'une seule pensée de joie, ou d'amour, ou autre semblable, est suffisante pour envoyer les esprits animaux par les nerfs en tous les muscles qui sont requis pour causer les divers mouvements du sang que j'ai dit accompagner les passions. Il est vrai que j'ai eu de la difficulté à distinguer ceux qui appartiennent à chaque passion, à cause qu'elles ne sont jamais seules; mais néanmoins, parce que les mêmes ne sont pas toujours jointes ensemble, j'ai tâché de remarquer les changements qui arrivaient dans le corps, lorsqu'elles changeaient de compagnie. Ainsi, par exemple, si l'amour était toujours jointe à la joie, je ne saurais à laquelle des deux il faudrait attribuer la chaleur et la dilatation qu'elles font sentir autour du cœur; mais, parce qu'elle est aussi quelquefois jointe à la tristesse, et qu'alors on sent encore cette chaleur et non plus cette dilatation, j'ai jugé que la chaleur appartient à l'amour, et la dilatation à la joie. Et bien que le désir soit quasi toujours avec l'amour, ils ne sont pas néanmoins toujours ensemble au même degré : car, encore qu'on aime beaucoup, on désire peu, lorsqu'on ne conçoit aucune espérance; et parce qu'on n'a point alors la diligence et la promptitude qu'on aurait, si le désir était plus grand, on peut juger que c'est de lui qu'elle vient, et non de l'amour.

Je crois bien que la tristesse ôte l'appétit à plusieurs; mais, parce que j'ai toujours éprouvé en moi qu'elle l'augmente, je m'étais réglé là-dessus. Et j'estime que la différence qui arrive en cela, vient de ce que le premier sujet de tristesse que quelques-uns ont eu au commencement de leur vie, a été qu'ils ne recevaient pas assez de nourriture, et que celui des autres a été que celle qu'ils recevaient leur était nuisible. Et en ceux-ci le mouvement des esprits qui ôte l'appétit est toujours depuis demeuré joint avec la passion de la tristesse. Nous voyons aussi que les mouvements qui accompagnent les autres passions ne sont pas entièrement semblables en tous les hommes, ce qui peut être attribué à pareille cause.

Pour l'admiration, encore qu'elle ait son origine dans le cerveau, et ainsi que le seul tempérament du sang ne la puisse causer, comme il peut souvent causer la joie ou la tristesse, toutefois elle peut, par le moyen de l'impression qu'elle fait dans le cerveau, agir sur le corps autant qu'aucune des autres passions, ou même plus en quelque façon, à cause que la surprise qu'elle contient cause les mouvements les plus prompts de tous. Et comme on peut mouvoir la main ou le pied quasi au même instant qu'on pense à les mouvoir, parce que l'idée de ce mouvement, qui se forme dans le cerveau, envoie les esprits dans les muscles qui servent à cet effet; ainsi l'idée d'une chose plaisante qui surprend l'esprit, envoie aussitôt les esprits dans les nerfs qui ouvrent les orifices du cœur; et l'admiration ne fait en ceci autre chose, sinon que, par sa surprise, elle augmente la force du mouvement qui cause la joie, et fait que, les orifices du cœur étant dilatés tout à coup, le sang qui entre dedans par la veine cave, et qui en sort par la veine artérieuse, enfle subitement le poumon.

Les mêmes signes extérieurs, qui ont coutume d'accompagner les passions, peuvent bien aussi quelquefois être produits par d'autres causes. Ainsi la rougeur du visage ne vient pas toujours de la honte; mais elle peut aussi venir de la chaleur du feu, ou bien de ce qu'on fait de l'exercice. Et le ris qu'on nomme sardonien, n'est autre chose qu'une convulsion des nerfs du visage. Et ainsi on peut soupirer quelquefois par coutume, ou par maladie, mais cela n'empêche pas que les soupirs ne soient des signes extérieurs de la tristesse et du désir, lorsque ce sont des passions qui les causent. Je n'avais jamais ouï dire ni remarqué qu'ils fussent aussi quelquefois causés par la réplétion de l'estomac; mais, lorsque cela arrive, je crois que c'est un mouvement dont la nature se sert pour faire que le suc des viandes passe plus promptement par le cœur, et ainsi que l'estomac en soit plus tôt déchargé. Car les soupirs, agitant le poumon, font que le sang qu'il contient descend plus vite par l'artère veineuse dans le côté gauche du cœur, et ainsi que le nouveau sang, composé du suc des viandes, qui vient de l'estomac par le foie et par le cœur jusqu'au poumon y peut aisément être reçu.

Pour les remèdes contre les excès des passions, j'avoue bien qu'ils sont difficiles à pratiquer, et même qu'ils ne peuvent suffire pour empêcher les désordres qui arrivent dans le corps, mais seulement pour faire que l'âme ne soit point troublée, et qu'elle puisse retenir son jugement libre. A quoi je ne juge pas qu'il soit besoin d'avoir une connaissance exacte de la vérité de chaque chose, ni même d'avoir prévu en particulier tous les accidents qui peuvent survenir, ce qui serait sans doute impossible; mais c'est assez d'en avoir imaginé en général de plus fâcheux que ne sont ceux qui arrivent, et de s'être préparé à les souffrir. Je ne crois pas aussi qu'on pèche guère par excès en désirant les choses nécessaires à la vie; ce n'est que des mauvaises ou superflues que les désirs ont besoin d'être réglés. Car ceux qui ne tendent qu'au bien sont, ce me semble, d'autant meilleurs qu'ils sont plus grands; et quoique j'aie voulu flatter mon défaut, en mettant une je ne sais quelle langueur entre les passions excusables, j'estime néanmoins beaucoup plus la diligence de ceux qui se portent toujours avec ardeur à faire les choses qu'ils croient être en quelque façon de leur devoir, encore qu'ils n'en espèrent pas beaucoup de fruit.

Je mène une vie si retirée, et j'ai toujours été si éloigné du maniement des affaires, que je ne serais pas moins impertinent que ce philosophe qui voulait enseigner le devoir d'un capitaine en la présence d'Hannibal, si j'entreprenais d'écrire ici les maximes qu'on doit observer en la vie civile. Et je ne doute point que celle que propose Votre Altesse ne soit la meilleure de toutes, à savoir qu'il vaut mieux se régler en cela sur l'expérience que sur la raison, parce qu'on a rarement à traiter avec des personnes parfaitement raisonnables, ainsi que tous les hommes devraient être, afin qu'on pût juger ce qu'ils feront, par la seule considération de ce qu'ils devraient faire; et souvent les meilleurs conseils ne sont pas les plus heureux. C'est pourquoi on est contraint de hasarder, et de se mettre au pouvoir de la fortune, laquelle je souhaite aussi obéissante à vos désirs que je suis, etc.

A ÉLISABETH

[Egmond, mai 1646.]

MADAME,

L'OCCASION que j'ai de donner cette lettre à Monsieur de Beclin, qui m'est très intime ami, et à qui je me fie autant qu'à moi-même, eſt cause que je prends la liberté de m'y confesser d'une faute très signalée que j'ai commise dans le *Traité des Passions,* en ce que, pour flatter ma négligence, j'y ai mis, au nombre des émotions de l'âme qui sont excusables, une je ne sais quelle langueur qui nous empêche quelquefois de mettre en exécution les choses qui ont été approuvées par notre jugement. Et ce qui m'a donné le plus de scrupule en ceci, eſt que je me souviens que Votre Altesse a particulièrement remarqué cet endroit, comme témoignant n'en pas désapprouver la pratique en un sujet où je ne puis voir qu'elle soit utile. J'avoue bien qu'on a grande raison de prendre du temps pour délibérer, avant que d'entreprendre les choses qui sont d'importance; mais lorsqu'une affaire eſt commencée, et qu'on eſt d'accord du principal, je ne vois pas qu'on ait aucun profit de chercher des délais en disputant pour les conditions. Car si l'affaire, nonobſtant cela, réussit, tous les petits avantages qu'on aura peut-être acquis par ce moyen, ne servent pas tant que peut nuire le dégoût que causent ordinairement ces délais; et si elle ne réussit pas, tout cela ne sert qu'à faire savoir au monde qu'on a eu des desseins qui ont manqué. Outre qu'il arrive bien plus souvent, lorsque l'affaire qu'on entreprend eſt fort bonne, que, pendant qu'on en diffère l'exécution, elle s'échappe, que non pas lorsqu'elle eſt mauvaise. C'eſt pourquoi je me persuade que la résolution et la promptitude sont des vertus très nécessaires pour les affaires déjà commencées. Et l'on n'a pas sujet de craindre ce qu'on ignore; car souvent les choses qu'on a le plus appréhendées, avant que de les connaître, se trouvent meilleures que celles qu'on a désirées. Ainsi le meilleur eſt en cela de se fier à la providence divine, et de se laisser conduire par elle. Je m'assure que Votre Altesse entend fort bien ma pensée, encore que je l'explique fort mal, et qu'elle pardonne au zèle extrême qui m'oblige d'écrire ceci; car je suis, autant que je puis être, etc.

A CHANUT[1]

Egmond, 15 juin 1646.

MONSIEUR,

J'AI été bien aise d'apprendre, par les lettres que vous m'avez fait l'honneur de m'écrire, que la Suède n'est pas si éloignée d'ici qu'on n'en puisse avoir des nouvelles en peu de semaines, et ainsi que je pourrai avoir quelquefois le bonheur de vous entretenir par écrit, et de participer aux fruits de l'étude à laquelle je vous vois préparé. Car, puisqu'il vous plaît de prendre la peine de revoir mes *Principes* et de les examiner, je m'assure que vous y remarquerez beaucoup d'obscurités et beaucoup de fautes, qu'il m'importe fort de savoir, et dont je ne puis espérer d'être averti par aucun autre si bien que par vous. Je crains seulement que vous ne vous dégoûtiez bientôt de cette lecture, à cause que ce que j'ai écrit ne conduit que de fort loin à la morale, que vous avez choisie pour votre principale étude.

Ce n'est pas que je ne sois entièrement de votre avis, en ce que vous jugez que le moyen le plus assuré pour savoir comment nous devons vivre, est de connaître, auparavant, quels nous sommes, quel est le monde dans lequel nous vivons, et qui est le Créateur de ce monde, ou le Maître de la maison que nous habitons. Mais, outre que je ne prétends ni ne promets, en aucune façon, que tout ce que j'ai écrit soit vrai, il y a un fort grand intervalle entre la notion générale du ciel et de la terre, que j'ai tâché de donner en mes *Principes,* et la connaissance particulière de la nature de l'homme, de laquelle je n'ai point encore traité. Toutefois, afin qu'il ne sem-

1. Chanut (Hector-Pierre), 1601-1662. Ami de Descartes; résident puis ambassadeur de France à Stockholm. Par une habile négociation il décida Descartes à venir en Suède. Il lui donna l'hospitalité à l'ambassade, l'assista pendant sa maladie, recueillit ses papiers après sa mort. Chanut était le beau-frère de Clerselier, traducteur des *Objections et Reponses,* et dépositaire des papiers de Descartes.

ble pas que je veuille vous détourner de votre dessein, je vous dirai, en confidence, que la notion telle quelle de la physique, que j'ai tâché d'acquérir, m'a grandement servi pour établir des fondements certains en la morale; et que je me suis plus aisément satisfait en ce point qu'en plusieurs autres touchant la médecine, auxquels j'ai néanmoins employé beaucoup plus de temps. De façon qu'au lieu de trouver les moyens de conserver la vie, j'en ai trouvé un autre, bien plus aisé et plus sûr, qui est de ne pas craindre la mort; sans toutefois pour cela être chagrin, comme sont ordinairement ceux dont la sagesse est toute tirée des enseignements d'autrui, et appuyée sur des fondements qui ne dépendent que de la prudence et de l'autorité des hommes.

Je vous dirai de plus que, pendant que je laisse croître les plantes de mon jardin, dont j'attends quelques expériences pour tâcher de continuer ma *Physique,* je m'arrête aussi quelquefois à penser aux questions particulières de la morale. Ainsi j'ai tracé cet hiver un petit Traité de la Nature des Passions de l'Ame, sans avoir néanmoins dessein de le mettre au jour, et je serais maintenant d'humeur à écrire encore quelque autre chose, si le dégoût que j'ai de voir combien il y a peu de personnes au monde qui daignent lire mes écrits ne me faisait être négligent. Je ne le serai jamais en ce qui regardera votre service : car je suis de cœur et d'affection, etc.

A ÉLISABETH

[Egmond, septembre 1646.]

MADAME,

J'AI lu le livre[1] dont Votre Altesse m'a commandé de lui écrire mon opinion, et j'y trouve plusieurs préceptes qui me semblent fort bons; comme entre autres aux 19ᵉ et 20ᵉ chapitres : *Qu'un prince doit toujours éviter*

1. Élisabeth et Descartes étaient convenus de vive voix d'étudier *le Prince* de Machiavel, afin de donner à Descartes l'occasion d'exposer ses vues sur la politique.

la haine et le mépris de ses sujets, et que l'amour du peuple vaut mieux que les forteresses. Mais il y en a aussi plusieurs autres que je ne saurais approuver. Et je crois que ce en quoi l'auteur a le plus manqué, est qu'il n'a pas mis assez de distinction entre les princes qui ont acquis un État par des voies justes, et ceux qui l'ont usurpé par des moyens illégitimes; et qu'il a donné à tous, généralement, les préceptes qui ne sont propres qu'à ces derniers. Car comme, en bâtissant une maison dont les fondements sont si mauvais qu'ils ne sauraient soutenir des murailles hautes et épaisses, on est obligé de les faire faibles et basses, ainsi ceux qui ont commencé à s'établir par des crimes sont ordinairement contraints de continuer à commettre des crimes, et ne se pourraient maintenir s'ils voulaient être vertueux.

C'est au regard de tels princes qu'il a pu dire, au chapitre 3 : *Qu'ils ne sauraient manquer d'être haïs de plusieurs ; et qu'ils ont souvent plus d'avantage à faire beaucoup de mal qu'à en faire moins, parce que les légères offenses suffisent pour donner la volonté de se venger, et que les grandes en ôtent le pouvoir.* Puis, au chapitre 15 : *Que, s'ils voulaient être gens de bien, il serait impossible qu'ils ne se ruinassent parmi le grand nombre de méchants qu'on trouve partout.* Et au chapitre 19 : *Qu'on peut être haï pour de bonnes actions aussi bien que pour de mauvaises.*

Sur lesquels fondements il appuie des préceptes très tyranniques, comme de vouloir *qu'on ruine tout un pays, afin d'en demeurer le maître ; qu'on exerce de grandes cruautés, pourvu que ce soit promptement et tout à la fois ; qu'on tâche de paraître homme de bien, mais qu'on ne le soit pas véritablement ; qu'on ne tienne sa parole qu'aussi longtemps qu'elle sera utile ; qu'on dissimule, qu'on trahisse ; et enfin que, pour régner, on se dépouille de toute humanité, et qu'on devienne le plus farouche de tous les animaux.*

Mais c'est un très mauvais sujet pour faire des livres, que d'entreprendre d'y donner de tels préceptes, qui, au bout du compte, ne sauraient assurer ceux auxquels il les donne; car, comme il avoue lui-même, *ils ne se peuvent garder du premier qui voudra négliger sa vie pour se venger d'eux.* Au lieu que, pour instruire un bon prince, quoique nouvellement entré dans un État, il me semble qu'on lui doit proposer des maximes toutes contraires, et supposer que les moyens dont il s'est servi pour s'établir ont été justes; comme, en effet, je crois qu'ils le sont presque tous, lorsque les princes qui les pratiquent les estiment tels; car la justice entre les souverains a d'autres limites qu'entre les particuliers, et il semble qu'en ces rencontres Dieu donne le droit à ceux auxquels il donne la force. Mais les plus justes actions deviennent injustes, quand ceux qui les font les pensent telles.

On doit aussi distinguer entre les sujets, les amis ou alliés, et les ennemis. Car, au regard de ces derniers, on a quasi-permission de tout faire, pourvu qu'on en tire quelque avantage pour soi ou pour ses sujets; et je ne désapprouve pas, en cette occasion, qu'on accouple le renard avec le lion, et qu'on joigne l'artifice à la force. Même je comprends, sous le nom d'ennemis, tous ceux qui ne sont point amis ou alliés, parce qu'on a droit de leur faire la guerre, quand on y trouve son avantage, et que, commençant à devenir suspects et redoutables, on a lieu de s'en défier. Mais j'excepte une espèce de tromperie, qui est si directement contraire à la société, que je ne crois pas qu'il soit jamais permis de s'en servir, bien que notre auteur l'approuve en divers endroits, et qu'elle ne soit que trop en pratique : c'est de feindre d'être ami de ceux qu'on veut perdre, afin de les pouvoir mieux surprendre. L'amitié est une chose trop sainte pour en abuser de la sorte; et celui qui aura pu feindre d'aimer quelqu'un, pour le trahir, mérite que ceux qu'il voudra par après aimer véritablement, n'en croient rien et le haïssent.

Pour ce qui regarde les alliés, un prince leur doit tenir exactement sa parole, même lorsque cela lui est préjudiciable; car il ne le saurait être tant, que la réputation de ne manquer point à faire ce qu'il a promis, lui est utile, et il ne peut acquérir cette réputation que par de telles occasions, où il y va pour lui de quelque perte; mais en celles qui le ruineraient tout à fait, le droit des gens le dispense de sa promesse. Il doit aussi user de beaucoup de circonspection, avant que de promettre, afin de pouvoir toujours garder sa foi. Et bien qu'il soit bon d'avoir amitié avec la plupart de ses voisins, je crois néanmoins que le meilleur est de n'avoir point d'étroites alliances, qu'avec ceux qui sont moins puissants. Car, quelque fidélité qu'on se propose d'avoir, on ne doit pas attendre la pareille des autres, mais faire son compte qu'on en sera trompé, toutes les fois qu'ils y trouveront leur avantage; et ceux qui sont plus puissants l'y peuvent trouver, quand ils veulent, mais non pas ceux qui le sont moins.

Pour ce qui est des sujets, il y en a de deux sortes : à savoir, les grands et le peuple. Je comprends, sous le nom de grands, tous ceux qui peuvent former des partis contre le prince, de la fidélité desquels il doit être très assuré; ou, s'il ne l'est pas, tous les politiques sont d'accord qu'il doit employer tous ses soins à les abaisser, et qu'en tant qu'ils sont enclins à brouiller l'État, il ne les doit considérer que comme ennemis. Mais, pour ses autres sujets, il doit surtout éviter leur haine et leur mépris; ce que je crois qu'il peut toujours faire, pourvu qu'il observe exactement la justice à leur mode (c'est-à-dire suivant les lois auxquelles ils sont accoutumés), sans être trop rigoureux aux punitions, ni trop indulgent aux grâces, et qu'il ne se remette pas de tout à ses ministres, mais que, leur laissant seulement la charge des condamnations plus odieuses, il témoigne avoir lui-même le soin de tout le reste; puis aussi, qu'il retienne tellement sa dignité, qu'il ne quitte rien des honneurs et des déférences que le peuple croit lui être dues, mais qu'il n'en demande point davantage, et qu'il ne fasse paraître en public que ses plus sérieuses actions, ou celles qui peuvent être approuvées de tous, réservant à prendre ses plaisirs en particulier, sans que ce soit jamais aux dépens de personne; et enfin qu'il soit immuable et inflexible, non pas aux premiers desseins qu'il aura formés en soi-même, car d'autant qu'il ne peut avoir l'œil partout, il est nécessaire qu'il demande conseil, et entende les raisons de plusieurs, avant que de se résoudre; mais qu'il soit inflexible touchant les choses qu'il aura témoigné avoir résolues, encore même qu'elles lui fussent nuisibles; car malaisément le peuvent-elles être tant que serait la réputation d'être léger et variable.

Ainsi je désapprouve la maxime du chapitre 15 : *Que, le monde étant fort corrompu, il est impossible qu'on ne se ruine, si l'on veut être toujours homme de bien; et qu'un prince, pour se maintenir, doit apprendre à être méchant, lorsque l'occasion le requiert;* si ce n'est peut-être que, par un homme de bien, il entende un homme superstitieux et simple, qui n'ose donner bataille au jour du Sabath, et dont la conscience ne puisse être en repos, s'il ne change la religion de son peuple. Mais, pensant qu'un homme de bien eſt celui qui fait tout ce que lui dicte la vraie raison, il eſt certain que le meilleur eſt de tâcher à l'être toujours.

Je ne crois pas aussi ce qui eſt au chapitre 19 : *Qu'on peut autant être haï pour les bonnes actions, que pour les mauvaises,* sinon en tant que l'envie eſt une espèce de haine; mais cela n'eſt pas le sens de l'auteur. Et les princes n'ont pas coutume d'être enviés par le commun de leurs sujets; ils le sont seulement par les grands, ou par leurs voisins, auxquels les mêmes vertus qui leur donnent de l'envie, leur donnent aussi de la crainte; c'eſt pourquoi jamais on ne doit s'abſtenir de bien faire, pour éviter cette sorte de haine; et il n'y en a point qui leur puisse nuire, que celle qui vient de l'injuſtice ou de l'arrogance que le peuple juge être en eux. Car on voit même que ceux qui ont été condamnés à la mort, n'ont point coutume de haïr leurs juges, quand ils pensent l'avoir méritée; et on souffre aussi avec patience les maux qu'on n'a point mérités, quand on croit que le prince, de qui on les reçoit, eſt en quelque façon contraint de les faire, et qu'il en a du déplaisir; parce qu'on eſtime qu'il eſt juſte qu'il préfère l'utilité publique à celle des particuliers. Il y a seulement de la difficulté, lorsqu'on eſt obligé de satisfaire à deux partis qui jugent différemment de ce qui eſt juſte, comme lorsque les empereurs romains avaient à contenter les citoyens et les soldats; auquel cas il eſt raisonnable d'accorder quelque chose aux uns et aux autres, et on ne doit pas entreprendre de faire venir tout d'un coup à la raison ceux qui ne sont pas accoutumés de l'entendre; mais il faut tâcher peu à peu, soit par des écrits publics, soit par les voix des prédicateurs, soit par tels autres moyens, à la leur faire concevoir. Car enfin le peuple souffre tout ce qu'on lui peut persuader être juſte, et s'offense de tout ce qu'il imagine d'être injuſte; et l'arrogance des princes, c'eſt-à-dire l'usurpation de quelque autorité, de quelques droits, ou de quelques honneurs qu'il croit ne leur être point dus, ne lui eſt odieuse, que parce qu'il la considère comme une espèce d'injuſtice.

Au reſte, je ne suis pas aussi de l'opinion de cet auteur, en ce qu'il dit en sa préface : *Que, comme il faut être dans la plaine, pour mieux voir la figure des montagnes, lorsqu'on en veut tirer le crayon, ainsi on doit être de condition privée, pour bien connaître l'office d'un prince.* Car le crayon ne représente que les choses qui se voient de loin; mais les principaux motifs des actions des princes sont souvent des circonstances si particulières, que, si ce n'est qu'on soit prince soi-même, ou bien qu'on ait été fort longtemps participant de leurs secrets, on ne les saurait imaginer.

C'est pourquoi je mériterais d'être moqué, si je pensais pouvoir enseigner quelque chose à Votre Altesse en cette matière; aussi n'est-ce pas mon dessein, mais seulement de faire que mes lettres lui donnent quelque sorte de divertissement, qui soit différent de ceux que je m'imagine qu'elle a en son voyage, lequel je lui souhaite parfaitement heureux : comme sans doute il le sera, si Votre Altesse se résout de pratiquer ces maximes qui enseignent que la félicité d'un chacun dépend de lui-même et qu'il faut tellement se tenir hors de l'empire de la fortune, que, bien qu'on ne perde pas les occasions de retenir les avantages qu'elle peut donner, on ne pense pas toutefois être malheureux, lorsqu'elle les refuse; et parce qu'en toutes les affaires du monde il y a quantité de raisons pour et contre, qu'on s'arrête principalement à considérer celles qui servent à faire qu'on approuve les choses qu'on voit arriver. Tout ce que j'estime le plus inévitable sont les maladies du corps, desquelles je prie Dieu qu'il vous préserve; et je suis avec toute la dévotion que je puis avoir, etc.

A MERSENNE

Egmond, 12 octobre 1646.

MON RÉVÉREND PÈRE,

IL y a fort peu de temps que je me suis donné l'honneur de vous écrire; mais, parce que j'ai encore depuis reçu de vos lettres, où vous me menacez de m'envoyer des écrits de Roberval, j'ai pensé vous devoir encore écrire ce mot, pour vous dire que j'estime si peu tout ce qui saurait venir de lui, que je ne crois pas qu'il vaille le port, et que je vous supplie très humblement de ne m'envoyer jamais rien de sa part; je n'ai point tant de curiosité pour voir des sottises. Il a beau dire qu'il en sait mille fois plus que moi en géométrie; pendant qu'il n'en donnera point d'autres preuves qu'il a fait jusques à présent, je ne l'en estimerai pas davantage. Et pour ce qu'il m'a dit, étant à Paris, touchant la question de Pappus, sachez que ce n'était rien qui concernât la géométrie, mais seulement la grammaire, en ce qu'il faisait quelque équivoque, ou transposait quelque virgule, pour dire que je n'avais pas bien pris le sens de l'auteur; ce que je jugeai alors si ridicule et de si peu d'importance, que je ne le mis point en ma mémoire, et ne le puis pour tout retrouver. Mais pensez-vous que, s'il avait quelque chose à y reprendre, il fût besoin de l'en prier pour l'obliger à le faire? Je vous assure bien que, tout au contraire, il n'y aurait point de prières qui le pussent faire taire, et qu'il n'aurait pas marchandé deux ans à m'envoyer cette belle pièce. Quoi qu'il en soit, je vous supplie, encore un coup, de ne m'envoyer jamais rien de sa part, ni aussi de la part d'aucun autre de ses semblables, je veux dire de ceux qui ne cherchent pas ingénument la vérité, mais tâchent d'acquérir de la réputation en contredisant. Enfin je déclare, dès à présent, que je ne sais plus lire aucuns écrits, excepté les lettres de mes amis, qui m'apprendront de leurs nouvelles et en quoi j'aurai moyen de les servir; comme aussi je n'écrirai jamais plus rien que des lettres à mes amis, dont le sujet sera, *si vales, bene est*[1], etc. Je ne me mêle plus d'aucune science, que pour mon instruction particulière. Et tous ceux qui se vanteront d'avoir quelque chose à dire contre mes écrits, je vous prie de les convier, non point à me l'envoyer en particulier, mais à le faire imprimer. Et qu'ils fassent des livres contre moi, tant qu'ils voudront, si je n'apprends des plus intelligents qu'ils soient très bons, je ne les lirai seulement pas. Et je dois encore moins lire des choses écrites à la main, que je saurais venir d'un homme

1. Si tu es en bonne santé, c'est bien.

comme Roberval, de qui je n'ai jamais rien vu qui valût rien. Je suis néanmoins,

Mon Révérend Père,
Votre très humble,
très zélé et très obligé serviteur,

DESCARTES.

D'Egmond, le 12 oct. 1646.

A ÉLISABETH

[Novembre 1646.]

MADAME,

J'AI reçu une très grande faveur de Votre Altesse, en ce qu'elle a voulu que j'apprisse par ses lettres le succès de son voyage[1], et qu'elle est arrivée heureusement en un lieu où, étant grandement estimée et chérie de ses proches, il me semble qu'elle a autant de biens qu'on en peut souhaiter avec raison en cette vie. Car, sachant la condition des choses humaines, ce serait trop importuner la fortune, que d'attendre d'elle tant de grâces, qu'on ne pût pas, même en imaginant, trouver aucun sujet de fâcherie. Lorsqu'il n'y a point d'objets présents qui offensent les sens, ni aucune indisposition dans le corps qui l'incommode, un esprit qui suit la vraie raison peut facilement se contenter. Et il n'est pas besoin, pour cela, qu'il oublie ni qu'il néglige les choses éloignées; c'est assez qu'il tâche à n'avoir aucune passion pour celles qui lui peuvent déplaire : ce qui ne répugne point à la charité, parce qu'on peut souvent mieux trouver des remèdes aux maux qu'on examine sans passion, qu'à ceux pour lesquels on est affligé. Mais, comme la santé du corps et la présence des objets agréables aident beaucoup à l'esprit, pour chasser hors de soi toutes les passions qui participent de la tristesse, et donner entrée à celles qui participent de la joie, ainsi, réciproquement,

1. Élisabeth venait d'arriver à Berlin.

lorsque l'esprit est plein de joie, cela sert beaucoup à faire que le corps se porte mieux, et que les objets présents paraissent plus agréables.

Et même aussi j'ose croire que la joie intérieure a quelque secrète force pour se rendre la fortune plus favorable. Je ne voudrais pas écrire ceci à des personnes qui auraient l'esprit faible, de peur de les induire à quelque superstition; mais, au regard de Votre Altesse, j'ai seulement peur qu'elle se moque de me voir devenir trop crédule. Toutefois j'ai une infinité d'expériences, et avec cela l'autorité de Socrate, pour confirmer mon opinion. Les expériences sont que j'ai souvent remarqué que les choses que j'ai faites avec un cœur gai, et sans aucune répugnance intérieure, ont coutume de me succéder heureusement, jusque-là même que, dans les jeux de hasard, où il n'y a que la fortune seule qui règne, je l'ai toujours éprouvée plus favorable, ayant d'ailleurs des sujets de joie, que lorsque j'en avais de tristesse. Et ce qu'on nomme communément le génie de Socrate, n'a sans doute été autre chose, sinon qu'il avait accoutumé de suivre ses inclinations intérieures, et pensait que l'événement de ce qu'il entreprenait serait heureux, lorsqu'il avait quelque secret sentiment de gaieté, et, au contraire, qu'il serait malheureux, lorsqu'il était triste. Il est vrai pourtant que ce serait être superstitieux, de croire autant à cela, qu'on dit qu'il faisait; car Platon rapporte de lui que même il demeurait dans le logis, toutes les fois que son génie ne lui conseillait point d'en sortir. Mais, touchant les actions importantes de la vie, lorsqu'elles se rencontrent si douteuses, que la prudence ne peut enseigner ce qu'on doit faire, il me semble qu'on a grande raison de suivre le conseil de son génie, et qu'il est utile d'avoir une forte persuasion que les choses que nous entreprenons sans répugnance, et avec la liberté qui accompagne d'ordinaire la joie, ne manqueront pas de nous bien réussir.

Ainsi j'ose ici exhorter Votre Altesse, puisqu'elle se rencontre en un lieu où les objets présents ne lui donnent que de la satisfaction, qu'il lui plaise aussi contribuer du sien, pour tâcher à se rendre contente; ce qu'elle peut, ce me semble, aisément, en n'arrêtant son esprit qu'aux choses présentes, et ne pensant jamais aux affaires, qu'aux heures où le courrier est près de partir. Et j'estime que c'est un bonheur que les livres de Votre Altesse n'ont pu lui être apportés sitôt qu'elle les attendait; car leur lecture n'est pas si propre à entretenir la gaieté, qu'à faire venir la tristesse, principalement celle du livre de ce docteur des princes, qui, ne représentant que les difficultés qu'ils ont à se maintenir, et les cruautés ou perfidies qu'il leur conseille, fait que les particuliers qui le lisent, ont moins de sujet d'envier leur condition, que de la plaindre.

Votre Altesse a parfaitement bien remarqué ses fautes, et les miennes; car il est vrai que c'est le dessein qu'il a eu de louer César Borgia, qui lui a fait établir des maximes générales, pour justifier des actions particulières qui peuvent difficilement être exécutées; j'ai lu depuis ses discours sur Tite-Live, où je n'ai rien remarqué de mauvais. Et son principal précepte, qui est d'extirper entièrement ses ennemis, ou bien de se les rendre amis, sans suivre jamais la voie du milieu, est sans doute toujours le plus sûr; mais, lorsqu'on n'a aucun sujet de craindre, ce n'est pas le plus généreux.

Votre Altesse a aussi fort bien remarqué le secret de la fontaine miraculeuse, en ce qu'il y a plusieurs pauvres qui en publient les vertus, et qui sont peut-être gagés par ceux qui en espèrent du profit. Car il est certain qu'il n'y a point de remède qui puisse servir à tous les maux; mais, plusieurs ayant usé de celui-là, ceux qui s'en sont bien trouvés, en disent du bien, et on ne parle point des autres. Quoi qu'il en soit, la qualité de purger, qui est en l'une de ces fontaines, et la couleur blanche avec la douceur et la qualité rafraîchissante de l'autre, donnent occasion de juger qu'elles passent par des mines d'antimoine ou de mercure, qui sont deux mauvaises drogues, principalement le mercure. C'est pourquoi je ne voudrais pas conseiller à personne d'en boire. Le vitriol et le fer des eaux de Spa sont bien moins à craindre; et parce que l'un et l'autre diminue la rate et fait évacuer la mélancolie, je les estime.

Car Votre Altesse me permettra, s'il lui plaît, de finir cette lettre par où je l'ai commencée, et de lui souhaiter principalement de la satisfaction d'esprit et de la joie, comme étant non seulement le fruit qu'on attend de tous les autres biens, mais aussi souvent un moyen qui augmente les grâces qu'on a pour les acquérir; et bien que je ne sois pas capable de contribuer à aucune chose qui regarde votre service, sinon seulement par mes souhaits, j'ose pourtant assurer que je suis plus parfaitement qu'aucun autre qui soit au monde, etc.

A CHANUT

[Egmond, 1er novembre 1646.]

Monsieur,

Si je ne faisais une estime tout extraordinaire de votre savoir, et que je n'eusse point un extrême désir d'apprendre, je n'aurais pas usé de tant d'importunité que j'ai fait, à vous convier d'examiner mes écrits. Je n'ai guère accoutumé d'en prier personne, et même je les ai fait sortir en public sans être parés, ni avoir aucun des ornements qui peuvent attirer les yeux du peuple, afin que ceux qui ne s'arrêtent qu'à l'extérieur, ne les vissent pas, et qu'ils fussent seulement regardés par quelques personnes de bon esprit, qui prissent la peine de les examiner avec soin, afin que je puisse tirer d'eux quelque instruction. Mais, bien que vous ne m'ayez pas encore fait cette faveur, vous n'avez pas laissé de m'obliger beaucoup en d'autres choses, et particulièrement en ce que vous avez parlé avantageusement de moi à plusieurs, ainsi que j'ai appris de très bonne part; et même Monsieur Clerselier m'a écrit que vous attendez de lui mes *Méditations* françaises, pour les présenter à la Reine du pays où vous êtes[1]. Je n'ai jamais eu assez d'ambition pour désirer que les personnes de ce rang sussent mon nom, et même, si j'avais été seulement aussi sage qu'on dit que les sauvages se persuadent que sont les singes, je n'aurais jamais été connu de qui que ce soit, en qualité de faiseur de livres : car on dit qu'ils s'imaginent que les singes pourraient parler, s'ils voulaient, mais qu'ils s'en abstiennent, afin qu'on ne les contraigne point de

1. Chanut était résident de France près de la reine Christine à Stockholm. Il devait être nommé ambassadeur en 1649. Il succédait à Monsieur de la Thuillerie.

travailler; et parce que je n'ai pas eu la même prudence à m'abstenir d'écrire, je n'ai plus tant de loisir ni tant de repos que j'aurais, si j'eusse eu l'esprit de me taire. Mais, puisque la faute est déjà commise, et que je suis connu d'une infinité de gens d'école, qui regardent mes écrits de travers, et y cherchent de tous côtés les moyens de me nuire, j'ai grand sujet de souhaiter aussi de l'être des personnes de plus grand mérite, de qui le pouvoir et la vertu me puissent protéger.

Et j'ai ouï faire tant d'estime de cette Reine, qu'au lieu que je me suis souvent plaint de ceux qui m'ont voulu donner la connaissance de quelque grand, je ne puis m'abstenir de vous remercier de ce qu'il vous a plu lui parler de moi. J'ai vu ici Monsieur de la Thuillerie, depuis son retour de Suède, lequel m'a décrit ses qualités d'une façon si avantageuse, que celle d'être reine me semble l'une des moindres; et je n'en aurais osé croire la moitié, si je n'avais vu par expérience, en la Princesse à qui j'ai dédié mes *Principes de Philosophie*[1], que les personnes de grande naissance, de quelque sexe qu'elles soient, n'ont pas besoin d'avoir beaucoup d'âge pour pouvoir surpasser de beaucoup en érudition et en vertu les autres hommes. Mais j'ai bien peur que les écrits que j'ai publiés ne méritent pas qu'elle s'arrête à les lire, et ainsi qu'elle ne vous sache point de gré de les lui avoir recommandés.

Peut-être que, si j'y avais traité de la morale, j'aurais occasion d'espérer qu'ils lui pourraient être plus agréables; mais c'est de quoi je ne dois pas me mêler d'écrire. Messieurs les Régents sont si animés contre moi, à cause des innocents principes de physique qu'ils ont vus, et si en colère de ce qu'ils n'y trouvent aucun prétexte pour me calomnier, que, si je traitais après cela de la morale, ils ne me laisseraient aucun repos. Car puisqu'un Père Bourdin a cru avoir assez de sujet, pour m'accuser d'être sceptique, de ce que j'ai réfuté les sceptiques; et qu'un ministre[2] a entrepris de persuader que j'étais athée, sans en alléguer d'autre raison, sinon que j'ai tâché de prouver l'existence de Dieu; que ne diraient-ils point, si j'en-

1. Élisabeth.
2. Voëtius.

treprenais d'examiner quelle est la juste valeur de toutes les choses qu'on peut désirer ou craindre; quel sera l'état de l'âme après la mort; jusques où nous devons aimer la vie; et quels nous devons être, pour n'avoir aucun sujet d'en craindre la perte? J'aurais beau n'avoir que les opinions les plus conformes à la religion, et les plus utiles au bien de l'État, qui puissent être, ils ne laisseraient pas de me vouloir faire accroire que j'en aurais de contraires à l'un et à l'autre. Et ainsi je crois que le mieux que je puisse faire dorénavant, est de m'abstenir de faire des livres; et ayant pris pour ma devise :

Illi mors gravis incubat,
Qui, notus nimis omnibus,
Ignotus moritur sibi[1],

de n'étudier plus que pour m'instruire, et ne communiquer mes pensées qu'à ceux avec qui je pourrai converser privément, je vous assure que je m'estimerais extrêmement heureux, si ce pouvait être avec vous. Mais je ne crois pas que j'aille jamais aux lieux où vous êtes, ni que vous vous retiriez en celui-ci; tout ce que je puis espérer, est que peut-être, après quelques années, en repassant vers la France, vous me ferez la faveur de vous arrêter quelques jours en mon ermitage, et que j'aurai alors le moyen de vous entretenir à cœur ouvert. On peut dire beaucoup de choses en peu de temps, et je trouve que la longue fréquentation n'est pas nécessaire pour lier d'étroites amitiés, lorsqu'elles sont fondées sur la vertu. Dès la première heure que j'ai eu l'honneur de vous voir, j'ai été entièrement à vous, et comme j'ai osé dès lors m'assurer de votre bienveillance, aussi je vous supplie de croire que je ne vous pourrais être plus acquis que je suis, si j'avais passé avec vous toute ma vie.

Au reste, il semble que vous inférez, de ce que j'ai étudié les passions, que je n'en dois plus avoir aucune; mais je vous dirai que, tout au contraire, en les examinant, je les ai trouvées presque toutes bonnes, et tellement utiles à cette vie, que notre âme n'aurait pas sujet

1. Une mort funeste attend celui qui, trop connu de tous les autres, meurt inconnu de lui-même (Sénèque le Tragique, *Thyeste*, 400).

de vouloir demeurer jointe à son corps un seul moment, si elle ne les pouvait ressentir. Il est vrai que la colère est une de celles dont j'estime qu'il se faut garder, en tant qu'elle a pour objet une offense reçue; et pour cela nous devons tâcher d'élever si haut notre esprit, que les offenses que les autres nous peuvent faire, ne parviennent jamais jusques à nous. Mais je crois qu'au lieu de colère, il est juste d'avoir de l'indignation, et j'avoue que j'en ai souvent contre l'ignorance de ceux qui veulent être pris pour doctes, lorsque je la vois jointe à la malice. Mais je vous puis assurer qu'à votre égard les passions que j'ai, sont de l'admiration pour votre vertu et un zèle très particulier, qui fait que je suis, etc.

A MERSENNE

Egmond, 23 novembre 1646.

Mon Révérend Père,

Les nouvelles que vous m'avez écrites de l'indisposition de nos amis m'ont attristé, mais vous m'avez néanmoins beaucoup obligé de me les apprendre; car, encore que je ne sois point capable de leur apporter aucun soulagement, je crois que c'est un des devoirs de l'amitié de participer aux déplaisirs de ceux qu'on affectionne. M. Picot m'avait déjà mandé le mal de ses yeux; mais parce qu'il n'en faisait pas d'état, j'espérais qu'il serait maintenant passé. La maladie de M. de Clerselier m'a davantage surpris, et toutefois elle n'est pas sans exemple, et, selon ce que vous m'en écrivez, je ne la juge aucunement mortelle ni incurable. Je crains seulement que l'ignorance des médecins ne leur fasse faire des fautes qui lui nuisent. Ils ont eu raison de le saigner au commencement, et je m'assure que cela aura diminué la violence et la fréquence des accès de son mal; mais, parce qu'ils sont grands saigneurs à Paris, j'ai peur que, lorsqu'ils auront remarqué que la saignée lui aura profité, ils ne continuent toujours à le saigner, et cela lui affaiblirait grandement le cerveau, sans lui redonner la santé du corps. Mais, parce que vous me mandez que son mal

a commencé par une espèce de goutte au bout du pied, s'il n'eśt pas encore guéri, et qu'il continue d'avoir des accès d'épilepsie, je crois qu'il serait bon de faire une incision jusques à l'os, en l'endroit du pied par où son mal a commencé, principalement si on sait qu'il ait autrefois été blessé ou foulé en cet endroit-là; car il y peut être demeuré quelque corruption, qui eśt la cause de ce mal, en sorte qu'il ne peut être bien guéri, jusques à ce qu'elle soit ôtée. Mais j'aurais grande honte qu'on sût que je me mêle de faire des consultations en médecine, et sur un mal dont je ne suis que fort légèrement informé; c'eśt pourquoi, si vous jugez à propos d'en parler à quelqu'un de ceux qui le traitent, je vous prie que ce soit sans qu'ils sachent, en aucune façon, que cela vienne de moi.

Vous avez raison de juger que je ne suis pas de l'opinion de Régius[1], en ce qu'il dit que *mens eśt principium corporeum*[2], ni aussi en ce qu'il dit que *nihil scimus nisi secundum apparentiam*[3], car j'ai écrit directement le contraire. Et pour la façon dont il explique le mouvement des muscles, encore qu'elle vienne de moi, et qu'elle lui ait tellement plu qu'il la répète deux fois de mot à mot, elle ne vaut toutefois rien du tout, parce que, n'ayant pas entendu mon écrit, il en a oublié le principal, et n'ayant point vu ma figure, il a fait la sienne fort mal, et en sorte qu'elle répugne aux règles des mécaniques. Car il y a déjà 12 ou 13 ans que j'avais décrit toutes les fonctions du corps humain, ou de l'animal, mais le papier où je les ai mises eśt si brouillé que j'aurais moi-même beaucoup de peine à le lire; toutefois je ne pus m'empêcher, il y a 4 ou 5 ans, de le prêter à un intime ami, lequel en fit une copie, laquelle a encore été transcrite depuis par deux autres, avec ma permission, mais sans que je les aie relues ni corrigées. Et je les avais priés de ne le faire voir à personne, comme aussi je ne l'ai jamais voulu faire voir à Régius, parce que je savais son humeur, et que, pensant faire imprimer mes opinions

1. Descartes et Régius venaient de se brouiller à l'occasion d'un livre publié par ce dernier, où il plagiait et déformait à la fois les idées de Descartes.
2. L'esprit eśt un principe corporel.
3. Nous ne connaissons rien que d'après l'apparence.

touchant cette matière, je ne désirais pas qu'un autre leur ôtât la grâce de la nouveauté. Mais il a eu, malgré moi, une copie de cet écrit, sans que je puisse deviner en aucune façon par quel moyen il l'a eue, et il en a tiré cette belle pièce du mouvement des muscles. Il en eût pu tirer beaucoup d'autres choses, pour grossir son livre; mais on m'a dit qu'il ne l'a eue, que lorsqu'il était presque achevé d'imprimer.

Au reste, je vous assure que cela ne me fâche point; mais seulement j'en tire prétexte pour me dispenser de faire voir dorénavant mes écrits à qui que ce soit, avant qu'ils soient publiés. Je ne m'offense point aussi contre ceux qui me citent sans éloge; au contraire, ils m'obligent beaucoup, car on ne m'en saurait donner aucun, que je n'en aie honte.

Je viens de La Haye, où M. de Zuylichem m'a donné le *Sol flamma* du P. Noël[1], que vous lui aviez envoyé pour moi, lorsqu'il était à l'armée; je l'ai parcouru, et je suis bien aise de voir que les Jésuites commencent à oser suivre des opinions un peu nouvelles.

J'oubliais à vous dire que j'ai pris la charge de vous répondre, en la place de M. Hogheland, à la lettre que vous lui avez écrite touchant la musique de M. Bannius. J'en ai parlé à M. de Zuylichem et à M. Bloemert, qui m'ont tous deux assuré que Bannius n'a laissé aucune chose qui puisse voir le jour.

Vous aurez maintenant reçu la réponse que j'ai faite au Roberval. Excusez-moi de ce que je grossis encore ce paquet de deux lettres; c'est parce que j'espère que vous voudrez bien prendre la peine de les adresser, et qu'elles ne seront pas tant par les chemins qu'a été celle de M. le Marquis de Newcastle, à qui je fais réponse; car il y a plus de 10 mois qu'elle est écrite, et il n'y a que 8 jours que je l'ai reçue. Je suis,

Mon Révérend Père,

Votre très humble et très fidèle serviteur,

DESCARTES.

D'Egmond, le 23 nov. 1646.

---

1. *Traité du Soleil,* par le P. Étienne Noël.

[AU MARQUIS DE NEWCASTLE]

[Egmond, 23 novembre 1646.]

Monseigneur,

Les faveurs que je reçois par les lettres qu'il a plu à Votre Excellence de m'écrire, et les marques qu'elles contiennent d'un esprit qui donne plus de lustre à sa très haute naissance qu'il n'en reçoit d'elle, m'obligent de les estimer extrêmement; mais il semble, outre cela, que la fortune veuille montrer qu'elle les met au rang des plus grands biens que je puis posséder, parce qu'elle les arrête par les chemins, et ne permet pas que je les reçoive, qu'après avoir fait tous ses efforts pour l'empêcher. Ainsi j'eus l'honneur d'en recevoir une l'année passée, qui avait été quatre mois à venir de Paris ici, et celle que je reçois maintenant est du cinquième janvier; mais parce que Monsieur de B.[1] m'assure que vous avez déjà été averti de leur retardement, je ne m'excuse point de n'y avoir pas plus tôt fait réponse. Et d'autant que les choses dont il vous a plu m'écrire sont seulement des considérations touchant les sciences, qui ne dépendent point des changements du temps ni de la fortune, j'espère que ce que j'y pourrai maintenant répondre, ne vous sera pas moins agréable que si vous l'aviez reçu il y a dix mois.

Je souscris en tout au jugement que Votre Excellence fait des chimistes, et crois qu'ils ne font que dire des mots hors de l'usage commun, pour faire semblant de savoir ce qu'ils ignorent. Je crois aussi que ce qu'ils disent de la résurrection des fleurs par leur sel, n'est qu'une imagination sans fondement, et que leurs extraits ont d'autres vertus que celles des plantes dont ils sont tirés. Ce qu'on expérimente bien clairement, en ce que le vin, le vinaigre et l'eau-de-vie, qui sont trois divers extraits qu'on peut faire des mêmes raisins, ont des goûts et des vertus si diverses. Enfin, selon mon opinion, leur sel, leur soufre et leur mercure ne diffèrent pas plus entre eux que les quatre éléments des philosophes, ni guère

1. Sans doute Boswell, résident du roi d'Angleterre à La Haye.

plus que l'eau diffère de la glace, de l'écume et de la neige; car je pense que tous les corps sont faits d'une même matière, et qu'il n'y a rien qui fasse de la diversité entre eux, sinon que les petites parties de cette matière qui composent les uns, ont d'autres figures, ou sont autrement arrangées, que celles qui composent les autres. Ce que j'espère que Votre Excellence pourra voir bientôt expliqué assez au long en mes *Principes de Philosophie,* qu'on va imprimer en français.

Je ne sais rien de particulier touchant la génération des pierres, sinon que je les distingue des métaux, en ce que les petites parties qui composent les métaux sont notablement plus grosses que les leurs; et je les distingue des os, des bois durs, et autres parties des animaux ou végétaux, en ce qu'elles ne croissent pas, comme eux, par le moyen de quelque suc qui coule par de petits canaux en tous les endroits de leurs corps, mais seulement par l'addition de quelques parties, qui s'attachent à elles par-dehors, ou bien s'engagent au-dedans de leurs pores. Ainsi je ne m'étonne point de ce qu'il y a des fontaines où il s'engendre des cailloux : car je crois que l'eau de ces fontaines entraîne avec soi de petites parties des rochers par où elle passe, lesquelles sont de telles figures qu'elles s'attachent facilement les unes aux autres, lorsqu'elles viennent à se rencontrer, et que l'eau qui les amène, étant moins vive et moins agitée qu'elle n'a été dans les veines de ces rochers, les laisse tomber; et il en est quasi de même de celles qui s'engendrent dans le corps des hommes. Je ne m'étonne pas aussi de la façon dont la brique se fait; car je crois que sa dureté vient de ce que, l'action du feu faisant sortir d'entre ses parties, non seulement les parties de l'eau, que j'imagine longues et glissantes, ainsi que de petites anguilles, qui coulent dans les pores des autres corps sans s'y attacher, et auxquelles seules consiste l'humidité ou la moiteur de ces corps, comme j'ai dit dans *les Météores,* mais aussi toutes les autres parties de leur matière, qui ne sont pas bien dures et bien fermes, au moyen de quoi celles qui demeurent se joignent plus étroitement l'une à l'autre, et ainsi font que la brique est plus dure que l'argile, bien qu'elle ait des pores plus grands, dans lesquels il entre par après d'autres parties d'eau ou d'air, qui la peuvent rendre avec cela plus pesante.

Pour la nature de l'argent vif, je n'ai pas encore fait toutes les expériences dont j'ai besoin pour la connaître exactement; mais je crois néanmoins pouvoir assurer que ce qui le rend si fluide qu'il est, c'est que les petites parties dont il est composé, sont si unies et si glissantes, qu'elles ne se peuvent aucunement attacher l'une à l'autre, et qu'étant plus grosses que celles de l'eau, elles ne donnent guère de passage parmi elles à la matière subtile que j'ai nommée le second élément, mais seulement à celle qui est très subtile, et que j'ai nommée le premier élément. Ce qui me semble suffire pour pouvoir rendre raison de toutes celles de ses propriétés qui m'ont été connues jusques ici : car c'est l'absence de cette matière du second élément, qui l'empêche d'être transparent, et qui le rend fort froid; c'est l'activité du premier élément, avec la disproportion qui est entre ses parties et celles de l'air ou des autres corps, qui fait que ses petites gouttes se relèvent plus en rond sur une table, que celles de l'eau; et c'est aussi la même disproportion, qui est cause qu'il ne s'attache point à nos mains comme l'eau, qui a donné sujet de penser qu'il n'est pas humide comme elle; mais il s'attache bien au plomb et à l'or, c'est pourquoi on peut dire à leur égard qu'il est humide.

J'ai bien du regret de ne pouvoir lire le livre de Monsieur d'Igby, faute d'entendre l'anglais; je m'en suis fait interpréter quelque chose; et parce que je suis entièrement disposé à obéir à la raison, et que je sais que son esprit est excellent, j'oserais espérer, si j'avais l'honneur de conférer avec lui, que mes opinions s'accorderaient aisément avec les siennes.

Pour ce qui est de l'entendement ou de la pensée que Montagne et quelques autres attribuent aux bêtes, je ne puis être de leur avis. Ce n'est pas que je m'arrête à ce qu'on dit, que les hommes ont un empire absolu sur tous les autres animaux; car j'avoue qu'il y en a de plus forts que nous, et crois qu'il y en peut aussi avoir qui aient des ruses naturelles, capables de tromper les hommes les plus fins. Mais je considère qu'ils ne nous imitent ou surpassent, qu'en celles de nos actions qui ne sont point conduites par notre pensée; car il arrive souvent que nous marchons et que nous mangeons, sans penser en aucune façon à ce que nous faisons; et c'est tellement sans user de notre raison que nous repoussons les choses qui nous nuisent, et parons les coups que l'on nous porte, qu'encore que nous voulussions expressément ne point mettre nos mains devant notre tête, lorsqu'il arrive que nous tombons, nous ne pourrions nous en empêcher. Je crois aussi que nous mangerions, comme les bêtes, sans l'avoir appris, si nous n'avions aucune pensée; et l'on dit que ceux qui marchent en dormant, passent quelquefois des rivières à nage, où ils se noieraient étant éveillés. Pour les mouvements de nos passions, bien qu'ils soient accompagnés en nous de pensée, à cause que nous avons la faculté de penser, il est néanmoins très évident qu'ils ne dépendent pas d'elle, parce qu'ils se font souvent malgré nous, et que, par conséquent, ils peuvent être dans les bêtes, et même plus violents qu'ils ne sont dans les hommes, sans qu'on puisse, pour cela, conclure qu'elles aient des pensées.

Enfin il n'y a aucune de nos actions extérieures, qui puisse assurer ceux qui les examinent, que notre corps n'est pas seulement une machine qui se remue de soi-même, mais qu'il y a aussi en lui une âme qui a des pensées, excepté les paroles, ou autres signes faits à propos des sujets qui se présentent, sans se rapporter à aucune passion. Je dis les paroles ou autres signes, parce que les muets se servent de signes en même façon que nous de la voix; et que ces signes soient à propos, pour exclure le parler des perroquets, sans exclure celui des fous, qui ne laisse pas d'être à propos des sujets qui se présentent, bien qu'il ne suive pas la raison; et j'ajoute que ces paroles ou signes ne se doivent rapporter à aucune passion, pour exclure non seulement les cris de joie ou de tristesse, et semblables, mais aussi tout ce qui peut être enseigné par artifice aux animaux; car si on apprend à une pie à dire bonjour à sa maîtresse, lorsqu'elle la voit arriver, ce ne peut être qu'en faisant que la prolation de cette parole devienne le mouvement de quelqu'une de ses passions; à savoir, ce sera un mouvement de l'espérance qu'elle a de manger, si l'on a toujours accoutumé de lui donner quelque friandise, lorsqu'elle l'a dit; et ainsi toutes les choses qu'on fait faire aux chiens, aux chevaux et aux singes, ne sont que des mouvements de leur crainte, de leur espérance, ou de leur joie, en sorte qu'ils les peuvent faire sans aucune pensée. Or il est, ce me semble, fort remarquable que la parole, étant ainsi définie, ne convient qu'à l'homme seul. Car, bien que Montagne et Charon aient dit qu'il y a plus de différence d'homme à homme, que d'homme à bête, il ne s'est toutefois jamais trouvé aucune bête si parfaite, qu'elle ait usé de quelque signe, pour faire entendre à d'autres animaux quelque chose qui n'eût point de rapport à ses passions; et il n'y a point d'homme si imparfait, qu'il n'en use; en sorte que ceux qui sont sourds et muets, inventent des signes particuliers, par lesquels ils expriment leurs pensées. Ce qui me semble un très fort argument pour prouver que ce qui fait que les bêtes ne parlent point comme nous, est qu'elles n'ont aucune pensée, et non point que les organes leur manquent. Et on ne peut dire qu'elles parlent entre elles, mais que nous ne les entendons pas; car, comme les chiens et quelques autres animaux nous expriment leurs passions, ils nous exprimeraient aussi bien leurs pensées, s'ils en avaient.

Je sais bien que les bêtes font beaucoup de choses mieux que nous, mais je ne m'en étonne pas; car cela même sert à prouver qu'elles agissent naturellement et par ressorts, ainsi qu'une horloge, laquelle montre bien mieux l'heure qu'il est, que notre jugement ne nous l'enseigne. Et sans doute que, lorsque les hirondelles viennent au printemps, elles agissent en cela comme des horloges. Tout ce que font les mouches à miel est de même nature, et l'ordre que tiennent les grues en volant, et celui qu'observent les singes en se battant, s'il est vrai qu'ils en observent quelqu'un, et enfin l'instinct d'ensevelir leurs morts, n'est pas plus étrange que celui des chiens et des chats, qui grattent la terre pour ensevelir leurs excréments, bien qu'ils ne les ensevelissent presque jamais : ce qui montre qu'ils ne le font que par instinct, et sans y penser. On peut seulement dire que, bien que les bêtes ne fassent aucune action qui nous assure qu'elles pensent, toutefois, à cause que les organes de leurs corps ne sont pas fort différents des nôtres, on peut conjecturer qu'il y a quelque pensée jointe à ces organes, ainsi que nous expérimentons en nous, bien que la leur soit beaucoup moins parfaite. A quoi je n'ai rien à répondre, sinon que, si elles pensaient ainsi que nous, elles auraient une âme immortelle aussi bien que nous; ce qui n'est pas vraisemblable, à cause qu'il n'y a point de raison pour le croire de quelques animaux, sans le croire de tous, et qu'il y en a plusieurs trop imparfaits pour pouvoir croire cela d'eux, comme sont les huîtres, les éponges, etc. Mais je crains de vous importuner par ces discours, et tout le désir que j'ai eſt de vous témoigner que je suis, etc.

A CHANUT

[Egmond] 1er février 1647.

MONSIEUR,

L'AIMABLE lettre que je viens de recevoir de votre part, ne me permet pas que je repose jusques à ce que j'y aie fait réponse; et bien que vous y proposiez des questions que de plus savants que moi auraient bien de la peine à examiner en peu de temps, toutefois, à cause que je sais bien qu'encore que j'y en employasse beaucoup, je ne les pourrais entièrement résoudre, j'aime mieux mettre promptement sur le papier ce que le zèle qui m'incite me dictera, que d'y penser plus à loisir, et n'écrire par après rien de meilleur.

Vous voulez savoir mon opinion touchant trois choses : *1. Ce que c'eſt que l'amour. 2. Si la seule lumière naturelle nous enseigne à aimer Dieu. 3. Lequel des deux dérèglements et mauvais usages eſt le pire, de l'amour ou de la haine*[1]?

Pour répondre au premier point, je diſtingue entre l'amour qui eſt purement intellectuelle ou raisonnable, et celle qui eſt une passion. La première n'eſt, ce me semble, autre chose sinon que, lorsque notre âme aperçoit quelque bien, soit présent, soit absent, qu'elle juge lui être convenable, elle se joint à lui de volonté, c'eſt-à-dire, elle se considère soi-même avec ce bien-là comme un tout dont il eſt une partie et elle l'autre. Ensuite de quoi, s'il eſt présent, c'eſt-à-dire, si elle le possède, ou qu'elle en soit possédée, ou enfin qu'elle soit jointe à

1. Descartes répond ici à des queſtions qui lui avaient été posées par Chanut, à la suite d'une conversation avec la reine Chriſtine.

lui non seulement par sa volonté, mais aussi réellement et de fait, en la façon qu'il lui convient d'être jointe, le mouvement de sa volonté, qui accompagne la connaissance qu'elle a que ce lui eſt un bien, eſt sa joie; et s'il eſt absent, le mouvement de sa volonté qui accompagne la connaissance qu'elle a d'en être privée, eſt sa triſtesse; mais celui qui accompagne la connaissance qu'elle a qu'il lui serait bon de l'acquérir, eſt son désir. Et tous ces mouvements de la volonté auxquels consiſtent l'amour, la joie et la triſtesse, et le désir, en tant que ce sont des pensées raisonnables, et non point des passions, se pourraient trouver en notre âme, encore qu'elle n'eût point de corps. Car, par exemple, si elle s'apercevait qu'il y a beaucoup de choses à connaître en la nature, qui sont fort belles, sa volonté se porterait infailliblement à aimer la connaissance de ces choses, c'eſt-à-dire, à la considérer comme lui appartenant. Et si elle remarquait, avec cela, qu'elle eût cette connaissance, elle en aurait de la joie; si elle considérait qu'elle ne l'eût pas, elle en aurait de la triſtesse; si elle pensait qu'il lui serait bon de l'acquérir, elle en aurait du désir. Et il n'y a rien en tous ces mouvements de sa volonté qui lui fût obscur, ni dont elle n'eût une très parfaite connaissance, pourvu qu'elle fît réflexion sur ses pensées.

Mais pendant que notre âme eſt jointe au corps, cette amour raisonnable eſt ordinairement accompagnée de l'autre, qu'on peut nommer sensuelle ou sensitive, et qui, comme j'ai sommairement dit de toutes les passions, appétits et sentiments, en la page 461 de mes *Principes* français, n'eſt autre chose qu'une pensée confuse excitée en l'âme par quelque mouvement des nerfs, laquelle la dispose à cette autre pensée plus claire en qui consiſte l'amour raisonnable. Car, comme en la soif, le sentiment qu'on a de la sécheresse du gosier, eſt une pensée confuse qui dispose au désir de boire, mais qui n'eſt pas ce désir même; ainsi en l'amour on sent je ne sais quelle chaleur autour du cœur, et une grande abondance de sang dans le poumon, qui fait qu'on ouvre même les bras comme pour embrasser quelque chose, et cela rend l'âme encline à joindre à soi de volonté l'objet qui se présente. Mais la pensée par laquelle l'âme sent cette chaleur, eſt différente de celle qui la joint à cet objet; et même il arrive quelquefois que ce sentiment d'amour se trouve en nous, sans que notre volonté se porte à rien aimer, à cause que nous ne rencontrons point d'objet que nous pensions en être digne. Il peut arriver aussi, au contraire, que nous connaissions un bien qui mérite beaucoup, et que nous nous joignions à lui de volonté, sans avoir, pour cela, aucune passion, à cause que le corps n'y est pas disposé.

Mais, pour l'ordinaire, ces deux amours se trouvent ensemble : car il y a une telle liaison entre l'une et l'autre, que, lorsque l'âme juge qu'un objet est digne d'elle, cela dispose incontinent le cœur aux mouvements qui excitent la passion d'amour, et lorsque le cœur se trouve ainsi disposé par d'autres causes, cela fait que l'âme imagine des qualités aimables en des objets, où elle ne verrait que des défauts en un autre temps. Et ce n'est pas merveille que certains mouvements de cœur soient ainsi naturellement joints à certaines pensées, avec lesquelles ils n'ont aucune ressemblance; car, de ce que notre âme est de telle nature qu'elle a pu être unie à un corps, elle a aussi cette propriété que chacune de ses pensées se peut tellement associer avec quelques mouvements ou autres dispositions de ce corps, que, lorsque les mêmes dispositions se trouvent une autre fois en lui, elles induisent l'âme à la même pensée; et réciproquement, lorsque la même pensée revient, elle prépare le corps à recevoir la même disposition. Ainsi, lorsqu'on apprend une langue, on joint les lettres ou la prononciation de certains mots, qui sont des choses matérielles, avec leurs significations, qui sont des pensées; en sorte que, lorsqu'on ouït après derechef les mêmes mots, on conçoit les mêmes choses; et quand on conçoit les mêmes choses, on se ressouvient des mêmes mots.

Mais les premières dispositions du corps qui ont ainsi accompagné nos pensées, lorsque nous sommes entrés au monde, ont dû sans doute se joindre plus étroitement avec elles, que celles qui les accompagnent par après. Et pour examiner l'origine de la chaleur qu'on sent autour du cœur, et celle des autres dispositions du corps qui accompagnent l'amour, je considère que, dès le premier moment que notre âme a été jointe au corps, il est vraisemblable qu'elle a senti de la joie, et incontinent après de l'amour, puis peut-être aussi de la haine, et de la tristesse; et que les mêmes dispositions du corps, qui ont pour lors causé en elle ces passions, en ont naturellement par après accompagné les pensées. Je juge que sa première passion a été la joie, parce qu'il n'est pas croyable que l'âme ait été mise dans le corps, sinon lorsqu'il a été bien disposé, et que, lorsqu'il est ainsi bien disposé, cela nous donne naturellement de la joie. Je dis aussi que l'amour est venue après, à cause que, la matière de notre corps s'écoulant sans cesse, ainsi que l'eau d'une rivière, et étant besoin qu'il en revienne d'autre en sa place, il n'est guère vraisemblable que le corps ait été bien disposé, qu'il n'y ait eu aussi proche de lui quelque matière fort propre à lui servir d'aliment, et que l'âme, se joignant de volonté à cette nouvelle matière, a eu pour elle de l'amour; comme aussi, par après, s'il est arrivé que cet aliment ait manqué, l'âme en a eu de la tristesse. Et s'il en est venu d'autre en sa place, qui n'ait pas été propre à nourrir le corps, elle a eu pour lui de la haine.

Voilà les quatre passions que je crois avoir été en nous les premières, et les seules que nous avons eues avant notre naissance; et je crois aussi qu'elles n'ont été alors que des sentiments ou des pensées fort confuses; parce que l'âme était tellement attachée à la matière, qu'elle ne pouvait encore vaquer à autre chose qu'à en recevoir les diverses impressions; et bien que, quelques années après, elle ait commencé à avoir d'autres joies et d'autres amours, que celles qui ne dépendent que de la bonne constitution et convenable nourriture du corps, toutefois, ce qu'il y a eu d'intellectuel en ses joies ou amours, a toujours été accompagné des premiers sentiments qu'elle en avait eus, et même aussi des mouvements ou fonctions naturelles qui étaient alors dans le corps : en sorte que, d'autant que l'amour n'était causée, avant la naissance, que par un aliment convenable qui, entrant abondamment dans le foie, dans le cœur et dans le poumon, y excitait plus de chaleur que de coutume, de là vient que maintenant cette chaleur accompagne toujours l'amour, encore qu'elle vienne d'autres causes fort différentes. Et si je ne craignais d'être trop long, je pourrais faire voir, par le menu, que toutes les autres dispositions du corps, qui ont été au commencement de notre vie avec ces quatre passions, les accompagnent encore. Mais je dirai seulement que ce sont ces sentiments confus de notre enfance, qui, demeurant joints avec les pensées raisonnables par lesquelles nous aimons ce que nous en jugeons digne, sont cause que la nature de l'amour nous est difficile à connaître. A quoi j'ajoute que plusieurs autres passions, comme la joie, la tristesse, le désir, la crainte, l'espérance, etc., se mêlant diversement avec l'amour, empêchent qu'on ne reconnaisse en quoi c'est proprement qu'elle consiste. Ce qui est principalement remarquable touchant le désir; car on le prend si ordinairement pour l'amour, que cela est cause qu'on a distingué deux sortes d'amours : l'une qu'on nomme amour de bienveillance, en laquelle ce désir ne paraît pas tant, et l'autre qu'on nomme amour de concupiscence, laquelle n'est qu'un désir fort violent, fondé sur une amour qui souvent est faible.

Mais il faudrait écrire un gros volume pour traiter de toutes les choses qui appartiennent à cette passion; et bien que son naturel soit de faire qu'on se communique le plus que l'on peut, en sorte qu'elle m'incite à tâcher ici de vous dire plus de choses que je n'en sais, je me veux pourtant retenir, de peur que la longueur de cette lettre ne vous ennuie. Ainsi je passe à votre seconde question, savoir : *si la seule lumière naturelle nous enseigne à aimer Dieu, et si on le peut aimer par la force de cette lumière.* Je vois qu'il y a deux fortes raisons pour en douter; la première est que les attributs de Dieu qu'on considère le plus ordinairement, sont si relevés au-dessus de nous, que nous ne concevons en aucune façon qu'ils nous puissent être convenables, ce qui est cause que nous ne nous joignons point à eux de volonté; la seconde est qu'il n'y a rien en Dieu qui soit imaginable, ce qui fait qu'encore qu'on aurait pour lui quelque amour intellectuelle, il ne semble pas qu'on en puisse avoir aucune sensitive, à cause qu'elle devrait passer par l'imagination pour venir de l'entendement dans le sens. C'est pourquoi je ne m'étonne pas si quelques philosophes se persuadent qu'il n'y a que la religion chrétienne qui, nous enseignant le mystère de l'Incarnation, par lequel Dieu s'est abaissé jusqu'à se rendre semblable à nous, fait que nous sommes capables de l'aimer; et que ceux qui, sans la connaissance de ce mystère, ont semblé avoir de la passion pour quelque divinité, n'en ont point eu, pour cela, pour le vrai Dieu, mais seulement pour quelques idoles qu'ils ont appelées de son nom; tout de même qu'Ixion, au dire des poètes, embrassait une nue au lieu de la Reine des Dieux. Toutefois je ne fais aucun doute que nous ne puissions véritablement aimer Dieu par la seule force de notre nature. Je n'assure point que cette amour soit méritoire sans la grâce, je laisse démêler cela aux théologiens; mais j'ose dire qu'au regard de cette vie, c'est la plus ravissante et la plus utile passion que nous puissions avoir; et même qu'elle peut être la plus forte, bien qu'on ait besoin, pour cela, d'une méditation fort attentive, à cause que nous sommes continuellement divertis par la présence des autres objets.

Or le chemin que je juge qu'on doit suivre, pour parvenir à l'amour de Dieu, est qu'il faut considérer qu'il est un esprit, ou une chose qui pense, en quoi la nature de notre âme ayant quelque ressemblance avec la sienne, nous venons à nous persuader qu'elle est une émanation de sa souveraine intelligence, *et divinæ quasi particula auræ*[1]. Même, à cause que notre connaissance semble se pouvoir accroître par degrés jusques à l'infini, et que, celle de Dieu étant infinie, elle est au but où vise la nôtre, si nous ne considérons rien davantage, nous pouvons venir à l'extravagance de souhaiter d'être dieux, et ainsi, par une très grande erreur, aimer seulement la divinité au lieu d'aimer Dieu. Mais si, avec cela, nous prenons garde à l'infinité de sa puissance, par laquelle il a créé tant de choses, dont nous ne sommes que la moindre partie; à l'étendue de sa providence, qui fait qu'il voit d'une seule pensée tout ce qui a été, qui est, qui sera, et qui saurait être; à l'infaillibilité de ses décrets, qui, bien qu'ils ne troublent point notre libre arbitre, ne peuvent néanmoins en aucune façon être changés; et enfin, d'un côté, à notre petitesse, et de l'autre, à la grandeur de toutes les choses créées, en remarquant de quelle sorte elles dépendent de Dieu, et en les considérant d'une façon qui ait du rapport à sa toute-puissance, sans les enfermer en une boule, comme font ceux qui veulent que le monde soit fini : la méditation de toutes ces choses remplit un homme qui les entend bien d'une joie si extrême, que, tant s'en faut qu'il soit injurieux et ingrat envers Dieu jusqu'à souhaiter de tenir sa place, il pense

1. Comme une parcelle du souffle divin. Horace, *Sat.*, II, 2, 79.

déjà avoir assez vécu de ce que Dieu lui a fait la grâce de parvenir à de telles connaissances; et se joignant entièrement à lui de volonté, il l'aime si parfaitement, qu'il ne désire plus rien au monde, sinon que la volonté de Dieu soit faite. Ce qui est cause qu'il ne craint plus ni la mort, ni les douleurs, ni les disgrâces, parce qu'il sait que rien ne lui peut arriver, que ce que Dieu aura décrété; et il aime tellement ce divin décret, il l'estime si juste et si nécessaire, il sait qu'il en doit si entièrement dépendre, que, même lorsqu'il en attend la mort ou quelque autre mal, si par impossible il pouvait le changer, il n'en aurait pas la volonté. Mais, s'il ne refuse point les maux ou les afflictions, parce qu'elles lui viennent de la providence divine, il refuse encore moins tous les biens ou plaisirs licites dont il peut jouir en cette vie, parce qu'ils en viennent aussi; et les recevant avec joie, sans avoir aucune crainte des maux, son amour le rend parfaitement heureux.

Il est vrai qu'il faut que l'âme se détache fort du commerce des sens, pour se représenter les vérités qui excitent en elle cette amour; d'où vient qu'il ne semble pas qu'elle puisse la communiquer à la faculté imaginative pour en faire une passion. Mais néanmoins je ne doute point qu'elle ne lui communique. Car, encore que nous ne puissions rien imaginer de ce qui est en Dieu, lequel est l'objet de notre amour, nous pouvons imaginer notre amour même, qui consiste en ce que nous voulons nous unir à quelque objet, c'est-à-dire, au regard de Dieu, nous considérer comme une très petite partie de toute l'immensité des choses qu'il a créées; parce que, selon que les objets sont divers, on se peut unir avec eux, ou les joindre à soi en diverses façons; et la seule idée de cette union suffit pour exciter de la chaleur autour du cœur, et causer une très violente passion.

Il est vrai aussi que l'usage de notre langue et la civilité des compliments ne permet pas que nous disions à ceux qui sont d'une condition fort relevée au-dessus de la nôtre, que nous les aimons, mais seulement que nous les respectons, honorons, estimons, et que nous avons du zèle et de la dévotion pour leur service; dont il me semble que la raison est que l'amitié d'homme à homme rend égaux en quelque façon ceux en qui elle est réciproque; et ainsi que, pendant que l'on tâche à se faire aimer de quelque grand, si on lui disait qu'on l'aime, il pourrait penser qu'on le traite d'égal, et qu'on lui fait tort. Mais, parce que les philosophes n'ont pas coutume de donner divers noms aux choses qui conviennent en une même définition, et que je ne sais point d'autre définition de l'amour, sinon qu'elle est une passion qui nous fait joindre de volonté à quelque objet, sans distinguer si cet objet est égal, ou plus grand, ou moindre que nous, il me semble que, pour parler leur langue, je dois dire qu'on peut aimer Dieu.

Et si je vous demandais, en conscience, si vous n'aimez point cette grande Reine, auprès de laquelle vous êtes à présent, vous auriez beau dire que vous n'avez pour elle que du respect, de la vénération et de l'étonnement, je ne laisserais pas de juger que vous avez aussi une très ardente affection. Car votre style coule si bien, quand vous parlez d'elle, que, bien que je croie tout ce que vous en dites, parce que je sais que vous êtes très véritable et que j'en ai aussi ouï parler à d'autres, je ne crois pas néanmoins que vous la pussiez décrire comme vous faites, si vous n'aviez beaucoup de zèle, ni que vous pussiez être auprès d'une si grande lumière sans en recevoir de la chaleur.

Et tant s'en faut que l'amour que nous avons pour les objets qui sont au-dessus de nous, soit moindre que celle que nous avons pour les autres; je crois que, de sa nature, elle est plus parfaite, et qu'elle fait qu'on embrasse avec plus d'ardeur les intérêts de ce qu'on aime. Car la nature de l'amour est de faire qu'on se considère avec l'objet aimé comme un tout dont on n'est qu'une partie, et qu'on transfère tellement les soins qu'on a coutume d'avoir pour soi-même à la conservation de ce tout, qu'on n'en retienne pour soi en particulier qu'une partie aussi grande ou aussi petite qu'on croit être une grande ou petite partie du tout auquel on a donné son affection : en sorte que, si on s'est joint de volonté avec un objet qu'on estime moindre que soi, par exemple, si nous aimons une fleur, un oiseau, un bâtiment, ou chose semblable, la plus haute perfection où cette amour puisse atteindre, selon son vrai usage, ne peut faire que nous mettions notre vie en aucun hasard pour la conservation de ces choses, parce qu'elles ne sont pas des parties plus nobles du tout qu'elles composent avec nous, que nos ongles et nos cheveux sont de notre corps; et ce serait une extravagance de mettre tout le corps au hasard pour la conservation des cheveux. Mais quand deux hommes s'entr'aiment, la charité veut que chacun d'eux estime son ami plus que soi-même; c'est pourquoi leur amitié n'est point parfaite, s'ils ne sont prêts de dire, en faveur l'un de l'autre : *Me me adsum qui feci, in me convertite ferrum,* etc.[1]. Tout de même, quand un particulier se joint de volonté à son prince, ou à son pays, si son amour est parfaite, il ne se doit estimer que comme une fort petite partie du tout qu'il compose avec eux, et ainsi ne craindre pas plus d'aller à une mort assurée pour leur service, qu'on craint de tirer un peu de sang de son bras, pour faire que le reste du corps se porte mieux. Et on voit tous les jours des exemples de cette amour, même en des personnes de basse condition, qui donnent leur vie de bon cœur pour le bien de leur pays, ou pour la défense d'un grand qu'ils affectionnent. En suite de quoi il est évident que notre amour envers Dieu doit être sans comparaison la plus grande et la plus parfaite de toutes.

Je n'ai pas peur que ces pensées métaphysiques donnent trop de peine à votre esprit; car je sais qu'il est très capable de tout; mais j'avoue qu'elles lassent le mien, et que la présence des objets sensibles ne permet pas que je m'y arrête lontemps. C'est pourquoi je passe à la troisième question, savoir : *lequel des deux dérèglements est le pire, celui de l'amour, ou celui de la haine ?* Mais je me trouve plus empêché à y répondre qu'aux deux autres, à cause que vous y avez moins expliqué votre intention, et que cette difficulté se peut entendre en divers sens, qui me semblent devoir être examinés séparément. On peut dire qu'une passion est pire qu'une autre, à cause qu'elle nous rend moins vertueux; ou à cause qu'elle répugne davantage à notre contentement; ou enfin à cause qu'elle nous emporte à de plus grands excès, et nous dispose à faire plus de mal aux autres hommes.

Pour le premier point, je le trouve douteux. Car en considérant les définitions de ces deux passions, je juge

1. C'est moi qui ai fait cela, me voici, tournez votre fer contre moi. — Virgile, *Énéide,* IX, 427. Épisode de Nisus et Euryale.

que l'amour que nous avons pour un objet qui ne le mérite pas, nous peut rendre pires que ne fait la haine que nous avons pour un autre que nous devrions aimer; à cause qu'il y a plus de danger d'être joint à une chose qui est mauvaise, et d'être comme transformé en elle, qu'il n'y en a d'être séparé de volonté d'une qui est bonne. Mais quand je prends garde aux inclinations ou habitudes qui naissent de ces passions, je change d'avis : car, voyant que l'amour, quelque déréglée qu'elle soit, a toujours le bien pour objet, il ne me semble pas qu'elle puisse tant corrompre nos mœurs, que fait la haine qui ne se propose que le mal. Et on voit, par expérience, que les plus gens de bien deviennent peu à peu malicieux, lorsqu'ils sont obligés de haïr quelqu'un; car, encore même que leur haine soit juste, ils se représentent si souvent les maux qu'ils reçoivent de leur ennemi, et aussi ceux qu'ils lui souhaitent, que cela les accoutume peu à peu à la malice. Au contraire, ceux qui s'adonnent à aimer, encore même que leur amour soit déréglée et frivole, ne laissent pas de se rendre souvent plus honnêtes gens et plus vertueux, que s'ils occupaient leur esprit à d'autres pensées.

Pour le second point, je n'y trouve aucune difficulté : car la haine est toujours accompagnée de tristesse et de chagrin; et quelque plaisir que certaines gens prennent à faire du mal aux autres, je crois que leur volupté est semblable à celle des démons, qui, selon notre religion, ne laissent pas d'être damnés, encore qu'ils s'imaginent continuellement se venger de Dieu, en tourmentant les hommes dans les enfers. Au contraire, l'amour, tant déréglée qu'elle soit, donne du plaisir, et bien que les poètes s'en plaignent souvent dans leurs vers, je crois néanmoins que les hommes s'abstiendraient naturellement d'aimer, s'ils n'y trouvaient plus de douceur que d'amertume; et que toutes les afflictions, dont on attribue la cause à l'amour, ne viennent que des autres passions qui l'accompagnent, à savoir, des désirs téméraires et des espérances mal fondées.

Mais si l'on demande laquelle de ces deux passions nous emporte à de plus grands excès, et nous rend capables de faire plus de mal au reste des hommes, il me semble que je dois dire que c'est l'amour; d'autant qu'elle a naturellement beaucoup plus de force et plus de vigueur que la haine; et que souvent l'affection qu'on a pour un objet de peu d'importance, cause incomparablement plus de maux, que ne pourrait faire la haine d'un autre de plus de valeur. Je prouve que la haine a moins de vigueur que l'amour, par l'origine de l'une et de l'autre. Car, s'il est vrai que nos premiers sentiments d'amour soient venus de ce que notre cœur recevait abondance de nourriture qui lui était convenable, et au contraire, que nos premiers sentiments de haine aient été causés par un aliment nuisible qui venait au cœur, et que maintenant les mêmes mouvements accompagnent encore les mêmes passions, ainsi qu'il a tantôt été dit, il est évident que, lorsque nous aimons, tout le plus pur sang de nos veines coule abondamment vers le cœur, ce qui envoie quantité d'esprits animaux au cerveau, et ainsi nous donne plus de force, plus de vigueur et plus de courage; au lieu que, si nous avons de la haine, l'amertume du fiel et l'aigreur de la rate, se mêlant avec notre sang, est cause qu'il ne vient pas tant ni de tels esprits au cerveau, et ainsi qu'on demeure plus faible, plus froid et plus timide. Et l'expérience confirme mon dire; car les Hercules, les Rolans, et généralement ceux qui ont le plus de courage, aiment plus ardemment que les autres; et au contraire, ceux qui sont faibles et lâches, sont les plus enclins à la haine. La colère peut bien rendre les hommes hardis, mais elle emprunte sa vigueur de l'amour qu'on a pour soi-même, laquelle lui sert toujours de fondement, et non pas de la haine qui ne fait que l'accompagner. Le désespoir fait faire aussi de grands efforts de courage, et la peur fait exercer de grandes cruautés; mais il y a de la différence entre ces passions et la haine.

Il me reste encore à prouver que l'amour qu'on a pour un objet de peu d'importance, peut causer plus de mal, étant déréglée, que ne fait la haine d'un autre de plus de valeur. Et la raison que j'en donne, est que le mal qui vient de la haine s'étend seulement sur l'objet haï, au lieu que l'amour déréglée n'épargne rien, sinon son objet, lequel n'a, pour l'ordinaire, que si peu d'étendue, à comparaison de toutes les autres choses dont elle est prête de procurer la perte et la ruine, afin que cela serve de ragoût à l'extravagance de sa fureur. On dira peut-être que la haine est la plus prochaine cause des maux qu'on attribue à l'amour, parce que, si nous aimons quelque chose, nous haïssons, par même moyen, tout ce qui lui est contraire. Mais l'amour est toujours plus coupable que la haine des maux qui se font en cette façon, d'autant qu'elle en est la première cause, et que l'amour d'un seul objet peut ainsi faire naître la haine de beaucoup d'autres. Puis, outre cela, les plus grands maux de l'amour ne sont pas ceux qu'elle commet en cette façon par l'entremise de la haine; les principaux et les plus dangereux sont ceux qu'elle fait, ou laisse faire, pour le seul plaisir de l'objet aimé, ou pour le sien propre. Je me souviens d'une saillie de Théophile, qui peut être mise ici pour exemple; il fait dire à une personne éperdue d'amour :

> Dieux, que le beau Pâris eut une belle proie!
> Que cet amant fit bien,
> Alors qu'il alluma l'embrasement de Troie,
> Pour amortir le sien[1]!

Ce qui montre que même les plus grands et les plus funestes désastres peuvent être quelquefois, comme j'ai dit, des ragoûts d'une amour mal réglée, et servir à la rendre plus agréable, d'autant qu'ils en enrichissent le prix. Je ne sais si mes pensées s'accordent en ceci avec les vôtres; mais je vous assure bien qu'elles s'accordent en ce que, comme vous m'avez promis beaucoup de bienveillance, ainsi je suis avec une très ardente passion, etc.

D'Egmond, le 1er février 1647.

A ÉLISABETH

[Egmond, 10 mai 1647.]

ENCORE que je pourrai trouver des occasions qui me convieront à demeurer en France, lorsque j'y serai, il

---

1. Théophile, *Stances pour Mademoiselle de M.*

n'y en aura toutefois aucune qui ait la force de m'empêcher que je ne revienne avant l'hiver, pourvu que la vie et la santé me demeurent, puisque la lettre que j'ai eu l'honneur de recevoir de Votre Altesse me fait espérer que vous retournerez à La Haye vers la fin de l'été. Mais je puis dire que c'est la principale raison qui me fait préférer la demeure de ce pays à celle des autres; car, pour le repos que j'y étais ci-devant venu chercher, je prévois que dorénavant je ne l'y pourrai avoir si entier que je désirerais, à cause que, n'ayant pas encore tiré toute la satisfaction que je devais avoir des injures que j'ai reçues à Utrecht, je vois qu'elles en attirent d'autres, et qu'il y a une troupe de théologiens, gens d'école, qui semblent avoir fait une ligue ensemble pour tâcher à m'opprimer par calomnies; en sorte que, pendant qu'ils machinent tout ce qu'ils peuvent pour tâcher de me nuire, si je ne veillais aussi pour me défendre, il leur serait aisé de me faire quelques affronts.

La preuve de ceci est que, depuis trois ou quatre mois, un certain Régent du Collège des Théologiens de Leyde, nommé Revius, a fait disputer quatre diverses thèses contre moi, pour pervertir le sens de mes *Méditations,* et faire croire que j'y ai mis des choses fort absurdes, et contraires à la gloire de Dieu : comme, qu'il faut douter qu'il y ait un Dieu; et même, que je veux qu'on nie absolument pour quelque temps qu'il y en ait un, et choses semblables. Mais, parce que cet homme n'est pas habile, et que même la plupart de ses écoliers se moquaient de ses médisances, les amis que j'ai à Leyde ne daignaient pas seulement m'avertir de ce qu'il faisait, jusques à ce que d'autres thèses ont aussi été faites par Triglandius, leur premier professeur en théologie, où il a mis ces mots : *Eum esse blasphemum qui Deum pro deceptore habet, ut male Cartesius*[1]. Sur quoi mes amis ont jugé, même ceux qui sont aussi théologiens, que l'intention de ces gens-là, en m'accusant d'un si grand crime comme est le blasphème, n'était pas moindre que de tâcher à faire condamner mes opinions comme très pernicieuses, premièrement, par quelque Synode où ils seraient les plus forts, et ensuite,

1. C'est un blasphémateur que celui qui considère Dieu comme un trompeur, ainsi que le fait fâcheusement Descartes.

de tâcher aussi à me faire faire des affronts par les magistrats, qui croient en eux; et que, pour obvier à cela, il était besoin que je m'opposasse à leurs desseins : ce qui est cause que, depuis huit jours, j'ai écrit une longue lettre aux Curateurs de l'Académie de Leyde, pour demander justice contre les calomnies de ces deux théologiens. Je ne sais point encore la réponse que j'en aurai; mais, selon que je connais l'humeur des personnes de ce pays, et combien ils révèrent, non pas la probité et la vertu, mais la barbe, la voix et le sourcil des théologiens, en sorte que ceux qui sont les plus effrontés, et qui savent crier le plus haut, ont ici le plus de pouvoir (comme ordinairement en tous les États populaires), encore qu'ils aient le moins de raison, je n'en attends que quelques emplâtres, qui, n'ôtant point la cause du mal, ne serviront qu'à le rendre plus long et plus importun; au lieu que, de mon côté, je pense être obligé de faire mon mieux, pour tirer une entière satisfaction de ces injures, et aussi, par même occasion, de celles d'Utrecht; et en cas que je ne puisse obtenir justice (comme je prévois qu'il sera très malaisé que je l'obtienne), de me retirer tout à fait de ces provinces. Mais, parce que toutes choses se font ici fort lentement, je m'assure qu'il se passera plus d'un an, avant que cela arrive.

Je ne prendrais pas la liberté d'entretenir Votre Altesse de ces petites choses, si la faveur qu'elle me fait de vouloir lire les livres de Monsieur Hoguelande et de Régius, à cause de ce qu'ils ont mis qui me regarde, ne me faisait croire que vous n'aurez pas désagréable de savoir de moi-même ce qui me touche; outre que l'obéissance et le respect, que je vous dois, m'oblige à vous rendre compte de mes actions.

Je loue Dieu de ce que ce docteur, à qui Votre Altesse a prêté le livre de mes *Principes,* a été longtemps sans vous retourner voir, puisque c'est une marque qu'il n'y a point du tout de malades à la cour de Madame l'Électrice, et il semble qu'on a un degré de santé plus parfait, quand elle est générale au lieu où l'on demeure, que lorsqu'on est environné de malades. Ce médecin aura eu d'autant plus de loisir de lire le livre qu'il a plu à Votre Altesse de lui prêter, et vous en aura pu mieux dire depuis son jugement.

Pendant que j'écris ceci, je reçois des lettres de La Haye

et de Leyde, qui m'apprennent que l'assemblée des Curateurs a été différée, en sorte qu'on ne leur a point encore donné mes lettres; et je vois qu'on fait d'une brouillerie une grande affaire. On dit que les théologiens en veulent être juges, c'est-à-dire me mettre ici en une inquisition plus sévère que ne fut jamais celle d'Espagne, et me rendre l'adversaire de leur religion. Sur quoi on voudrait que j'employasse le crédit de Monsieur l'Ambassadeur de France, et l'autorité de Monsieur le Prince d'Orange, non pas pour obtenir justice, mais pour intercéder et empêcher que mes ennemis ne passent outre. Je crois pourtant que je ne suivrai point cet avis; je demanderai seulement justice; et si je ne la puis obtenir, il me semble que le meilleur sera que je me prépare tout doucement à la retraite. Mais, quoi que je pense ou que je fasse, et en quelque lieu du monde que j'aille, il n'y aura jamais rien qui me soit plus cher d'obéir à vos commandements, et de témoigner avec combien de zèle je suis, etc.

A HUYGENS

Egmond, 12 mai 1647.

Monsieur,

Il y a deux jours que j'avais eu intention de me donner l'honneur de vous écrire pour vous remercier de votre belle *Euphrasia,* dont j'ai trouvé la robe beaucoup meilleure que la bordure; et j'ai remarqué qu'avec la modestie d'un écrit consolatoire, vous avez mêlé adroitement toutes les grâces de la satire. Mais mon temps ayant alors été trop court, j'ai maintenant un nouveau sujet pour cette lettre. C'est que sur l'avis qu'on m'a donné que MM. les Curateurs de l'Académie de Leyde, à qui je me plains des thèses où j'ai été injurié, pourraient renvoyer ma cause à leur faculté de théologie ou aux classes ou synodes, et que vos théologiens prétendent que c'est à ceux de la juger, j'en écris à M. le Comte de Servient, et crie bien haut que vos docteurs me veulent mettre ici à l'inquisition après tant de sang que ceux de ma nation ont répandu pour aider à la chasser de ce pays; et je maintiens que d'autant qu'il n'y a pas un mot en mes écrits qui touche les controverses ou la différence de nos religions, nos théologiens ne peuvent entreprendre de juger de mes opinions que ce ne soit usurper sur moi injustement un droit d'inquisition qui ne leur doit pas être permis. Car pour ce qui ne regarde pas plus votre religion que la nôtre, comme ce que j'ai écrit de Dieu, on doit laisser à nos docteurs le soin de le censurer s'il le mérite, ou autrement on ne nous donne point ici la liberté de conscience. Vos théologiens peuvent bien écrire leurs raisons contre moi s'ils en ont, c'est de quoi je ne me plaindrai jamais : je me plaindrai seulement des censures de synodes ou des facultés de théologie, et aussi des thèses où ils passent à la condamnation avant que d'avoir examiné les raisons ni ouï les parties. Ainsi je prétends être bien fondé non seulement à demander justice des outrageuses calomnies qui sont dans les thèses dont je me suis plaint, mais aussi à demander qu'il ne soit point permis à vos théologiens d'employer leurs censures contre mes livres. Voilà comme j'en écris à M. de Servient, et je le prie d'intercéder pour moi envers Son Altesse, afin que comme chef de l'Académie de Leyde, aussi bien que des armées et des provinces, il lui plaise ordonner que MM. les Curateurs y pourvoient ainsi qu'il jugera être à propos, à quoi je vous supplie de bien vouloir contribuer comme pour une personne qui est déjà de longtemps,

Monsieur,

Votre très humble et très obligé serviteur,

DESCARTES.

A CHANUT

La Haye, 6 juin 1647.

MONSIEUR,

COMME je passais par ici pour aller en France, j'ai appris de Monsieur Brasset qu'il m'avait envoyé de vos lettres à Egmond, et bien que mon voyage soit assez pressé, je me proposais de les attendre; mais, ayant été reçues en mon logis trois heures après que j'en étais parti, on me les a incontinent renvoyées. Je les ai lues avec avidité. J'y ai trouvé de grandes preuves de votre amitié et de votre adresse. J'ai eu peur, en lisant les premières pages, où vous m'apprenez que Monsieur du Rier avait parlé à la Reine d'une de mes lettres, et qu'elle demandait de la voir. Par après, je me suis rassuré étant à l'endroit où vous écrivez qu'elle en a ouï la lecture avec quelque satisfaction; et je doute si j'ai été touché de plus d'admiration, de ce qu'elle a si facilement entendu des choses que les plus doctes estiment très obscures, ou de joie, de ce qu'elles ne lui ont pas déplu. Mais mon admiration s'est redoublée, lors que j'ai vu la force et le poids des objections que Sa Majesté a remarquées, touchant la grandeur que j'ai attribuée à l'univers. Et je souhaiterais que votre lettre m'eût trouvé en mon séjour ordinaire, parce qu'y pouvant mieux recueillir mon esprit que dans la chambre d'une hôtellerie, j'aurais peut-être pu me démêler un peu mieux d'un question si difficile, et si judicieusement proposée. Je ne prétends pas toutefois que cela me serve d'excuse; et pourvu qu'il me soit permis de penser que c'est à vous seul que j'écris, afin que la vénération et le respect ne rendent point mon imagination trop confuse, je m'efforcerai ici de mettre tout ce que je puis dire touchant cette matière.

En premier lieu, je me souviens que le Cardinal de Cusa et plusieurs autres docteurs ont supposé le monde infini, sans qu'ils aient jamais été repris de l'Église pour ce sujet; au contraire, on croit que c'est honorer Dieu, que de faire concevoir ses œuvres fort grands. Et mon opinion est moins difficile à recevoir que la leur; parce que je ne dis pas que le monde soit *infini,* mais *indéfini* seulement. En quoi il y a une différence assez remarquable : car, pour dire qu'une chose est infinie, on doit avoir quelque raison qui la fasse connaître telle, ce qu'on ne peut avoir que de Dieu seul; mais pour dire qu'elle est indéfinie, il suffit de n'avoir point de raison par laquelle on puisse prouver qu'elle ait des bornes. Ainsi il me semble qu'on ne peut prouver, ni même concevoir, qu'il y ait des bornes en la matière dont le monde est composé. Car, en examinant la nature de cette matière, je trouve qu'elle ne consiste en autre chose qu'en ce qu'elle a de l'étendue en longueur, largeur et profondeur, de façon que tout ce qui a ces trois dimensions est une partie de cette matière; et il ne peut y avoir aucun espace entièrement vide, c'est-à-dire qui ne contienne aucune matière à cause que nous ne saurions concevoir un tel espace, que nous ne concevions en lui ces trois dimensions, et, par conséquent, de la matière. Or, en supposant le monde fini, on imagine au-delà de ces bornes quelques espaces qui ont leurs trois dimensions, et ainsi qui ne sont pas purement imaginaires, comme les philosophes les nomment, mais qui contiennent en soi de la matière, laquelle, ne pouvant être ailleurs que dans le monde, fait voir que le monde s'étend au-delà des bornes qu'on avait voulu lui attribuer. N'ayant donc aucune raison pour prouver, et même ne pouvant concevoir que le monde ait des bornes, je le nomme *indéfini*. Mais je ne puis nier pour cela qu'il n'en ait peut-être quelques-unes qui sont connues de Dieu, bien qu'elles me soient incompréhensibles : c'est pourquoi je ne dis pas abolument qu'il est *infini*.

Lorsque son étendue est considérée en cette sorte, si on la compare avec sa durée, il me semble qu'elle donne seulement occasion de penser qu'il n'y a point de temps imaginable, avant la création du monde, auquel Dieu n'eût pu le créer, s'il eût voulu; et qu'on n'a point sujet pour cela de conclure qu'il l'a véritablement créé avant un temps indéfini, à cause que l'existence actuelle ou véritable que le monde a eue depuis cinq ou six mille ans, n'est pas nécessairement jointe avec l'existence possible ou imaginaire qu'il a pu avoir auparavant; ainsi que l'existence actuelle des espaces qu'on conçoit autour d'un globe (c'est-à-dire du monde supposé comme *fini*) est jointe avec l'existence actuelle de ce même globe. Outre cela, si de l'étendue indéfinie du monde on pouvait inférer l'éternité de sa durée au regard du temps passé, on la pourrait encore mieux inférer de l'éternité de la durée qu'il doit avoir à l'avenir. Car la foii nous enseigne que, bien que la terre et les cieux pér ront, c'est-à-dire changeront de face, toutefois le monde, c'est-à-dire la matière dont ils sont composés, ne périra jamais; comme il paraît de ce qu'elle promet une vie éternelle à nos corps après la résurrection, et par conséquent aussi au monde dans lequel ils seront. Mais, de cette durée infinie que le monde doit avoir à l'avenir, on n'infère point qu'il ait été ci-devant de toute éternité, à cause que tous les moments de sa durée sont indépendants les uns des autres.

Pour les prérogatives que la religion attribue à l'homme, et qui semblent difficiles à croire, si l'étendue de l'univers est supposée indéfinie, elles méritent quelque explication. Car, bien que nous puissions dire que toutes les choses créées sont faites pour nous, en tant que nous en pouvons tirer quelque usage, je ne sache point néanmoins que nous soyons obligés de croire que l'homme soit la fin de la création. Mais il est dit que *omnia propter ipsum* (Deum) *facta sunt*[1], que c'est Dieu seul qui est la cause finale, aussi bien que la cause efficiente de l'Univers; et pour les créatures, d'autant qu'elles servent réciproquement les unes aux autres, chacune se peut attribuer cet avantage, que toutes celles qui lui servent sont faites pour elle. Il est vrai que les six jours de la création sont tellement décrits en la Genèse, qu'il semble que l'homme en soit le principal sujet; mais on peut dire que cette histoire de la Genèse ayant été écrite pour l'homme, ce sont principalement les choses qui le regardent que le Saint-Esprit y a voulu spécifier, et qu'il n'y est parlé d'aucunes, qu'en tant qu'elles se rapportent à l'homme. Et à cause que les prédicateurs, ayant soin de nous inciter à l'amour de Dieu, ont coutume de nous représenter les divers usages que nous tirons des autres créatures, et disent que Dieu les a faites pour nous, et qu'ils ne nous font point considérer les autres fins pour lesquelles on peut aussi dire qu'il les a faites, à cause que cela ne sert point à leur sujet, nous sommes fort enclins à croire qu'il ne les a faites que pour nous. Mais les prédicateurs passent plus outre : car ils disent que chaque homme en particulier est redevable à Jésus-Christ de tout le sang qu'il a répandu en la Croix, tout de même que s'il n'était mort que pour un seul. En quoi ils disent bien la vérité; mais, comme cela n'empêche pas qu'il n'ait racheté de ce même sang un très grand nombre d'autres hommes, ainsi je ne vois point que le mystère de l'Incarnation, et tous les autres avantages que Dieu a faits à l'homme, empêchent qu'il n'en puisse

1. Tout a été fait en vue de Dieu lui-même.

avoir fait une infinité d'autres très grands à une infinité d'autres créatures. Et bien que je n'infère point pour cela qu'il y ait des créatures intelligentes dans les étoiles ou ailleurs, je ne vois pas aussi qu'il y ait aucune raison, par laquelle on puisse prouver qu'il n'y en a point; mais je laisse toujours indécises les questions qui sont de cette sorte, plutôt que d'en rien nier ou assurer. Il me semble qu'il ne reste plus ici autre difficulté, sinon qu'après avoir cru longtemps que l'homme a de grands avantages par-dessus les autres créatures, il semble qu'on les perde tous, lorsqu'on vient à changer d'opinion. Mais je distingue entre ceux de nos biens qui peuvent devenir moindres, de ce que d'autres en possèdent de semblables, et ceux que cela ne peut rendre moindres. Ainsi un homme qui n'a que mille pistoles serait fort riche, s'il n'y avait point d'autres personnes au monde qui en eussent tant; et le même serait fort pauvre, s'il n'y avait personne qui n'en eût beaucoup davantage. Et ainsi toutes les qualités louables donnent d'autant plus de gloire à ceux qui les ont, qu'elles se rencontrent en moins de personnes; c'est pourquoi on a coutume de porter envie à la gloire et aux richesses d'autrui. Mais la vertu, la science, la santé, et généralement tous les autres biens, étant considérés en eux-mêmes, sans être rapportés à la gloire, ne sont aucunement moindres en nous, de ce qu'ils se trouvent aussi en beaucoup d'autres; c'est pourquoi nous n'avons aucun sujet d'être fâchés qu'ils soient en plusieurs. Or les biens qui peuvent être en toutes les créatures intelligentes d'un monde indéfini sont de ce nombre; ils ne rendent point moindres ceux que nous possédons. Au contraire, lorsque nous aimons Dieu, et que par lui nous nous joignons de volonté avec toutes les choses qu'il a créées, d'autant que nous les concevons plus grandes, plus nobles, plus parfaites, d'autant nous estimons-nous aussi davantage, à cause que nous sommes des parties d'un tout plus accompli; et d'autant avons-nous plus de sujet de louer Dieu, à cause de l'immensité de ses œuvres. Lorsque l'Écriture sainte parle en divers endroits de la multitude innombrable des anges, elle confirme entièrement cette opinion : car nous jugeons que les moindres anges sont incomparablement plus parfaits que les hommes. Et les astronomes, qui, en mesurant la grandeur des étoiles,

les trouvent beaucoup plus grandes que la terre, la confirment aussi : car si, de l'étendue indéfinie du monde, on infère qu'il doit y avoir des habitants ailleurs qu'en la terre, on le peut inférer aussi de l'étendue que tous les astronomes lui attribuent; à cause qu'il n'y en a aucun qui ne juge que la terre est plus petite au regard de tout le ciel, que n'est un grain de sable au regard d'une montagne.

Je passe maintenant à votre question, touchant les causes qui nous incitent souvent à aimer une personne plutôt qu'une autre, avant que nous en connaissions le mérite; et j'en remarque deux, qui sont, l'une dans l'esprit, et l'autre dans le corps. Mais pour celle qui n'est que dans l'esprit, elle présuppose tant de choses touchant la nature de nos âmes, que je n'oserais entreprendre de les déduire dans une lettre. Je parlerai seulement de celle du corps. Elle consiste dans la disposition des parties de notre cerveau, soit que cette disposition ait été mise en lui par les objets des sens, soit par quelque autre cause. Car les objets qui touchent nos sens meuvent par l'entremise des nerfs quelques parties de notre cerveau, et y font comme certains plis, qui se défont lorsque l'objet cesse d'agir; mais la partie où ils ont été faits demeure par après disposée à être pliée derechef en la même façon par un autre objet qui ressemble en quelque chose au précédent, encore qu'il ne lui ressemble pas en tout. Par exemple, lorsque j'étais enfant, j'aimais une fille de mon âge, qui était un peu louche; au moyen de quoi, l'impression qui se faisait par la vue en mon cerveau, quand je regardais ses yeux égarés, se joignait tellement à celle qui s'y faisait aussi pour émouvoir en moi la passion de l'amour, que longtemps après, en voyant des personnes louches, je me sentais plus enclin à les aimer qu'à en aimer d'autres, pour cela seul qu'elles avaient ce défaut; et je ne savais pas néanmoins que ce fût pour cela. Au contraire, depuis que j'y ai fait réflexion, et que j'ai reconnu que c'était un défaut, je n'en ai plus été ému. Ainsi, lorsque nous sommes portés à aimer quelqu'un, sans que nous en sachions la cause, nous pouvons croire que cela vient de ce qu'il y a quelque chose en lui de semblable à ce qui a été dans un autre objet que nous avons aimé auparavant, encore que nous ne sachions pas ce que c'est. Et bien que ce soit plus ordinairement une perfection qu'un défaut, qui nous attire ainsi à l'amour; toutefois, à cause que ce peut être quelquefois un défaut, comme en l'exemple que j'ai apporté, un homme sage ne se doit pas laisser entièrement aller à cette passion, avant que d'avoir considéré le mérite de la personne pour laquelle nous nous sentons émus. Mais, à cause que nous ne pouvons pas aimer également tous ceux en qui nous remarquons des mérites égaux, je crois que nous sommes seulement obligés de les estimer également; et que, le principal bien de la vie étant d'avoir de l'amitié pour quelques-uns, nous avons raison de préférer ceux à qui nos inclinations secrètes nous joignent, pourvu que nous remarquions aussi en eux du mérite. Outre que, lorsque ces inclinations secrètes ont leur cause en l'esprit, et non dans le corps, je crois qu'elles doivent toujours être suivies; et la marque principale qui les fait connaître, est que celles qui viennent de l'esprit sont réciproques, ce qui n'arrive pas souvent aux autres. Mais les preuves que j'ai de votre affection m'assurent si fort que l'inclination que j'ai pour vous est réciproque, qu'il faudrait que je fusse entièrement ingrat, et que je manquasse à toutes les règles que je crois devoir être observées en l'amitié, si je n'étais pas avec beaucoup de zèle, etc.

A La Haye, le 6 juin 1647.

A ÉLISABETH

[La Haye, 6 juin 1647.]

MADAME,

PASSANT par La Haye pour aller en France, puisque je ne puis y avoir l'honneur de recevoir vos commandements, et vous faire la révérence, il me semble que je suis obligé de tracer ces lignes, afin d'assurer Votre Altesse que mon zèle et ma dévotion ne changeront point, encore que je change de terre. J'ai reçu depuis deux jours une lettre de Suède de Monsieur le Résident de France qui est là, où il me propose une question de la part de la Reine[1], à laquelle il m'a fait connaître en lui montrant ma réponse à une autre lettre qu'il m'avait ci-devant envoyée. Et la façon dont il décrit cette reine, avec les discours qu'il rapporte d'elle, me la font tellement estimer, qu'il me semble que vous seriez dignes de la conversation l'une de l'autre; et qu'il y en a si peu au reste du monde qui en soient dignes, qu'il ne serait pas malaisé à Votre Altesse de lier une fort étroite amitié avec elle, et qu'outre le contentement d'esprit que vous en auriez, cela pourrait être à désirer pour diverses considérations. J'avais écrit ci-devant à ce mien ami Résident en Suède, en répondant à une lettre où il parlait d'elle, que je ne trouvais pas incroyable ce qu'il m'en disait, à cause que l'honneur que j'avais de connaître Votre Altesse, m'avait appris combien les personnes de grande naissance pouvaient surpasser les autres, etc. Mais je ne me souviens pas si c'est en la lettre qu'il lui a fait voir, ou bien en une autre précédente; et parce qu'il est vraisemblable qu'il lui fera voir dorénavant les lettres qu'il recevra de moi, je tâcherai toujours d'y mettre quelque chose qui lui donne sujet de souhaiter l'amitié de Votre Altesse, si ce n'est que vous me le défendiez.

On a fait taire les théologiens qui me voulaient nuire, mais en les flattant, et en se gardant de les offenser le plus qu'on a pu, ce qu'on attribue maintenant au temps; mais j'ai peur que ce temps durera toujours, et qu'on leur laissera prendre tant de pouvoir, qu'ils seront insupportables.

On achève l'impression de mes *Principes* en français; et parce que c'est l'Épître qu'on imprimera la dernière, j'en envoie ici la copie à Votre Altesse, afin que, s'il y a quelque chose qui ne lui agrée pas, et qu'elle juge devoir être mis autrement, il lui plaise me faire la faveur d'en avertir celui qui sera toute sa vie, etc.

1. Christine de Suède.

A ÉLISABETH

[Paris, juillet 1647.]

MADAME,

Mon voyage[1] ne pouvait être accompagné d'aucun malheur, puisque j'ai été si heureux, en le faisant, que d'être en la souvenance de Votre Altesse; la très favorable lettre, qui m'en donne des marques, est la chose la plus précieuse que je pusse recevoir en ce pays. Elle m'aurait entièrement rendu heureux, si elle ne m'avait appris que la maladie qu'avait Votre Altesse, auparavant que je partisse de La Haye, lui a encore laissé quelques restes d'indispositions en l'estomac. Les remèdes qu'elle a choisis, à savoir la diète et l'exercice, sont, à mon avis, les meilleurs de tous, après toutefois ceux de l'âme, qui a sans doute beaucoup de force sur le corps, ainsi que montrent les grands changements que la colère, la crainte et les autres passions excitent en lui. Mais ce n'est pas directement par sa volonté qu'elle conduit les esprits dans les lieux où ils peuvent être utiles ou nuisibles; c'est seulement en voulant ou pensant à quelque autre chose. Car la construction de notre corps est telle, que certains mouvements suivent en lui naturellement de certaines pensées; comme on voit que la rougeur du visage suit de la honte, les larmes de la compassion, et le ris de la joie. Et je ne sache point de pensée plus propre pour la conservation de la santé, que celle qui consiste en une forte persuasion et ferme créance, que l'architecture de nos corps est si bonne que, lorsqu'on est une fois sain, on ne peut pas aisément tomber malade, si ce n'est qu'on fasse quelque excès notable, ou bien que l'air ou les autres causes extérieures nous nuisent; et qu'ayant une maladie, on peut aisément se remettre par la seule force de la nature, principalement lorsqu'on est encore jeune. Cette persuasion est sans doute beaucoup plus vraie et plus raisonnable, que celle de certaines gens, qui, sur le rap-

1. Descartes venait d'arriver à Paris.

port d'un astrologue ou d'un médecin, se font accroire qu'ils doivent mourir en certain temps, et par cela seul deviennent malades, et même en meurent assez souvent, ainsi que j'ai vu arriver à diverses personnes. Mais je ne pourrais manquer d'être extrêmement triste, si je pensais que l'indisposition de Votre Altesse durât encore; j'aime mieux espérer qu'elle est toute passée; et toutefois le désir d'en être certain me fait avoir des passions extrêmes de retourner en Hollande.

Je me propose de partir d'ici, dans quatre ou cinq jours, pour passer en Poitou et en Bretagne, où sont les affaires qui m'ont amené; mais sitôt que je les aurai pu mettre un peu en ordre, je ne souhaite rien tant que de retourner vers les lieux où j'ai été si heureux que d'avoir l'honneur de parler quelquefois à Votre Altesse. Car, bien qu'il y ait ici beaucoup de personnes que j'honore et estime, je n'y ai toutefois encore rien vu qui me puisse arrêter. Et je suis, au-delà de tout ce que je puis dire, etc.

A CHRISTINE DE SUÈDE

Egmond, 20 novembre 1647.

MADAME,

J'AI appris de Monsieur Chanut qu'il plaît à Votre Majesté que j'aie l'honneur de lui exposer l'opinion que j'ai touchant le Souverain Bien[1], considéré au sens que les philosophes anciens en ont parlé; et je tiens ce commandement pour une si grande faveur, que le désir que j'ai d'y obéir me détourne de toute autre pensée, et fait que, sans excuser mon insuffisance, je mettrai ici, en peu de mots, tout ce que je pourrai savoir sur cette matière.

On peut considérer la bonté de chaque chose en elle-même, sans la rapporter à autrui, auquel sens il est évident que c'est Dieu qui est le Souverain Bien, parce

1. Christine, ayant entendu une conférence sur le Souverain Bien, avait prié Chanut de demander à Descartes son sentiment sur cette matière.

qu'il est incomparablement plus parfait que les créatures; mais on peut aussi la rapporter à nous, et en ce sens, je ne vois rien que nous devions estimer bien, sinon ce qui nous appartient en quelque façon, et qui est tel, que c'est perfection pour nous de l'avoir. Ainsi les philosophes anciens, qui, n'étant point éclairés de la lumière de la foi, ne savaient rien de la béatitude surnaturelle, ne considéraient que les biens que nous pouvons posséder en cette vie; et c'était entre ceux-là qu'ils cherchaient lequel était le souverain, c'est-à-dire le principal et le plus grand.

Mais, afin que je le puisse déterminer, je considère que nous ne devons estimer biens, à notre égard, que ceux que nous possédons, ou bien que nous avons pouvoir d'acquérir. Et cela posé, il me semble que le Souverain Bien de tous les hommes ensemble est un amas ou un assemblage de tous les biens, tant de l'âme que du corps et de la fortune, qui peuvent être en quelques hommes; mais que celui d'un chacun en particulier est tout autre chose, et qu'il ne consiste qu'en une ferme volonté de bien faire, et au contentement qu'elle produit. Dont la raison est que je ne remarque aucun autre bien qui me semble si grand, ni qui soit entièrement au pouvoir d'un chacun. Car, pour les biens du corps et de la fortune, ils ne dépendent point absolument de nous; et ceux de l'âme se rapportent tous à deux chefs, qui sont, l'un de connaître, et l'autre de vouloir ce qui est bon; mais la connaissance est souvent au-delà de nos forces; c'est pourquoi il ne reste que notre volonté, dont nous puissions absolument disposer. Et je ne vois point qu'il soit possible d'en disposer mieux, que si l'on a toujours une ferme et constante résolution de faire exactement toutes les choses que l'on jugera être les meilleures, et d'employer toutes les forces de son esprit à les bien connaître. C'est en cela seul que consistent toutes les vertus; c'est cela seul qui, à proprement parler, mérite de la louange et de la gloire; enfin c'est de cela seul que résulte toujours le plus grand et le plus solide contentement de la vie. Ainsi j'estime que c'est en cela que consiste le Souverain Bien.

Et par ce moyen je pense accorder les deux plus contraires et plus célèbres opinions des anciens, à savoir, celle de Zénon, qui l'a mis en la vertu ou en

l'honneur, et celle d'Épicure, qui l'a mis au contentement, auquel il a donné le nom de volupté. Car, comme tous les vices ne viennent que de l'incertitude et de la faiblesse qui suit l'ignorance, et qui fait naître les repentirs; ainsi la vertu ne consiste qu'en la résolution et la vigueur avec laquelle on se porte à faire les choses qu'on croit être bonnes, pourvu que cette vigueur ne vienne pas d'opiniâtreté, mais de ce qu'on sait les avoir autant examinées, qu'on en a moralement de pouvoir. Et bien que ce qu'on fait alors puisse être mauvais, on est assuré néanmoins qu'on fait son devoir au lieu que, si on exécute quelque action de vertu, et que cependant on pense mal faire, ou bien qu'on néglige de savoir ce qui en est, on n'agit pas en homme vertueux. Pour ce qui est de l'honneur et de la louange, on les attribue souvent aux autres biens de la fortune; mais, parce que je m'assure que Votre Majesté fait plus d'état de sa vertu que de sa couronne, je ne craindrai point ici de dire qu'il ne me semble pas qu'il y ait rien que cette vertu qu'on ait juste raison de louer. Tous les autres biens méritent seulement d'être estimés, et non point d'être honorés ou loués, si ce n'est en tant qu'on présuppose qu'ils sont acquis ou obtenus de Dieu par le bon usage du libre arbitre. Car l'honneur et la louange est une espèce de récompense, et il n'y a rien que ce qui dépend de la volonté, qu'on ait sujet de récompenser ou de punir.

Il me reste encore ici à prouver que c'est de ce bon usage du libre arbitre, que vient le plus grand et le plus solide contentement de la vie; ce qui me semble n'être pas difficile, parce que, considérant avec soin en quoi consiste la volupté ou le plaisir, et généralement toutes les sortes de contentements qu'on peut avoir, je remarque, en premier lieu, qu'il n'y en a aucun qui ne soit entièrement en l'âme, bien que plusieurs dépendent du corps; de même que c'est aussi l'âme qui voit, bien que ce soit par l'entremise des yeux. Puis je remarque qu'il n'y a rien qui puisse donner du contentement à l'âme, sinon l'opinion qu'elle a de posséder quelque bien, et que souvent cette opinion n'est en elle qu'une représensation fort confuse, et même que son union avec le corps est cause qu'elle se représente ordinairement certains biens incomparablement plus grands qu'ils ne sont;

mais que, si elle connaissait distinctement leur juste valeur, son contentement serait toujours proportionné à la grandeur du bien dont il procéderait. Je remarque aussi que la grandeur d'un bien, à notre égard, ne doit pas seulement être mesurée par la valeur de la chose en quoi il consiste, mais principalement aussi par la façon dont il se rapporte à nous; et qu'outre que le libre arbitre est de soi la chose la plus noble qui puisse être en nous, d'autant qu'il nous rend en quelque façon pareils à Dieu et semble nous exempter de lui être sujets, et que par conséquent, son bon usage est le plus grand de tous nos biens, il est aussi celui qui est le plus proprement nôtre et qui nous importe le plus, d'où il suit que ce n'est que de lui que nos plus grands contentements peuvent procéder. Aussi voit-on, par exemple, que le repos d'esprit et la satisfaction intérieure que sentent en eux-mêmes ceux qui savent qu'ils ne manquent jamais à faire leur mieux, tant pour connaître le bien que pour l'acquérir, est un plaisir sans comparaison plus doux, plus durable et plus solide que tous ceux qui viennent d'ailleurs.

J'omets encore ici beaucoup d'autres choses, parce que, me représentant le nombre des affaires qui se rencontrent en la conduite d'un grand royaume, et dont Votre Majesté prend elle-même les soins, je n'ose lui demander plus longue audience. Mais j'envoie à M. Chanut quelques écrits[1], où j'ai mis mes sentiments plus au long touchant la même matière afin que, s'il plaît à Votre Majesté de les voir, il m'oblige de les lui présenter, et que cela aide à témoigner avec combien de zèle et de dévotion, je suis,

Madame,

De Votre Majesté

Le très humble et très obéissant serviteur,

DESCARTES.

D'Egmond, ce 20 novembre 1647.

1. *Le Traité des Passions de l'Ame* et plusieurs lettres à Élisabeth, comme on verra dans la lettre suivante.

A CHANUT

Egmond, 20 novembre 1647.

MONSIEUR,

IL est vrai que j'ai coutume de refuser d'écrire mes pensées touchant la morale, et cela pour deux raisons : l'une, qu'il n'y a point de matière d'où les malins puissent plus aisément tirer des prétextes pour calomnier; l'autre, que je crois qu'il n'appartient qu'aux souverains, ou à ceux qui sont autorisés par eux, de se mêler de régler les mœurs des autres. Mais ces deux raisons cessent en l'occasion que vous m'avez fait l'honneur de me donner, en m'écrivant, de la part de l'incomparable Reine auprès de laquelle vous êtes, qu'il lui plaît que je lui écrive mon opinion touchant le Souverain Bien; car ce commandement m'autorise assez, et j'espère que ce que j'écris ne sera vu que d'elle et de vous. C'est pourquoi je souhaite avec tant de passion de lui obéir, que, tant s'en faut que je me réserve, je voudrais pouvoir entasser en une lettre tout ce que j'ai jamais pensé sur ce sujet. En effet, j'ai voulu mettre tant de choses en celle que je me suis hasardé de lui écrire, que j'ai peur de n'y avoir rien assez expliqué. Mais, pour suppléer à ce défaut, je vous envoie un recueil de quelques autres lettres, où j'ai déduit plus au long les mêmes choses. Et j'y ai joint un petit *Traité des Passions,* qui n'en est pas la moindre partie; car ce sont principalement elles qu'il faut tâcher de connaître, pour obtenir le Souverain Bien que j'ai décrit. Si j'avais aussi osé y joindre les réponses que j'ai eu l'honneur de recevoir de la princesse à qui ces lettres sont adressées, ce recueil aurait été plus accompli, et j'en eusse encore pu ajouter deux ou trois des miennes, qui ne sont pas intelligibles sans cela, mais j'aurais dû lui en demander permission et elle est maintenant bien loin d'ici.

Au reste, je ne vous prie point de présenter d'abord ce recueil à la Reine; car j'aurais peur de ne pas garder assez le respect et la vénération que je dois à Sa Majesté, si je lui envoyais des lettres que j'ai faites pour une autre personne, plutôt que de lui écrire à elle-même ce que je pourrai juger lui être agréable; mais, si vous trouvez bon de lui en parler, disant que c'est à vous que je les ai envoyées, et qu'après cela elle désire de les voir, je serai libre de ce scrupule. Et je me suis persuadé qu'il lui sera peut-être agréable, de voir ce que j'ai ainsi écrit à une autre, que s'il lui avait été adressé; parce qu'elle pourra s'assurer davantage que je n'ai rien changé ou déguisé en sa considération. Mais je vous prie que ces écrits ne tombent point, s'il est possible, en d'autres mains, et de vous assurer que je suis, autant que je puis être,

Monsieur,

Votre très humble et très obligé serviteur,

Descartes.

D'Egmond, ce 20 novembre 1647.

A ÉLISABETH

[Egmond, 20 novembre 1647.]

Madame,

Puisque j'ai déjà pris la liberté d'avertir Votre Altesse de la correspondance que j'ai commencé d'avoir en Suède, je pense être obligé de continuer, et de lui dire que j'ai reçu depuis peu des lettres de l'ami que j'ai en ce pays-là, par lesquelles il m'apprend que, la Reine ayant été à Upsale, où est l'Académie du pays, elle avait voulu entendre une harangue du professeur en l'éloquence, qu'il estime pour le plus habile et le plus raisonnable de cette Académie, et qu'elle lui avait donné pour son sujet à discourir du Souverain Bien de cette vie; mais qu'après avoir ouï cette harangue, elle avait dit que ces gens-là ne faisaient qu'effleurer les matières, et qu'il en faudrait savoir mon opinion. A quoi il lui avait répondu qu'il savait que j'étais fort retenu à écrire de telles matières; mais que, s'il plaisait à Sa Majesté qu'il me la demandât de sa part, il ne croyait pas que je manquasse à tâcher de lui satisfaire. Sur quoi elle lui avait très expressément donné charge de me la demander, et lui avait fait promettre qu'il m'en écrirait au prochain ordinaire; en sorte qu'il me conseille d'y répondre, et d'adresser ma lettre à la Reine, à laquelle il la présentera, et dit qu'il est caution qu'elle sera bien reçue.

J'ai cru ne devoir pas négliger cette occasion, et considérant que, lorsqu'il m'a écrit cela, il ne pouvait encore avoir reçu la lettre où je parlais de celles que j'ai eu l'honneur d'écrire à Votre Altesse touchant la même matière, j'ai pensé que le dessein que j'avais eu en cela était failli, et qu'il le fallait prendre d'un autre biais; c'est pourquoi j'ai écrit une lettre à la Reine, où, après avoir mis brièvement mon opinion, j'ajoute que j'omets beaucoup de choses, parce que, me représentant le nombre des affaires qui se rencontrent en la conduite d'un grand royaume, et dont Sa Majesté prend elle-même les soins, je n'ose lui demander plus longue audience; mais que j'envoie à Monsieur Chanut quelques écrits, où j'ai mis mes sentiments plus au long touchant la même matière, afin que, s'il lui plaît de les voir, il puisse les lui présenter.

Ces écrits que j'envoie à Monsieur Chanut, sont les lettres que j'ai eu l'honneur d'écrire à Votre Altesse touchant le livre de Sénèque *De vita beata,* jusques à la moitié de la sixième, où, après avoir défini les passions en général, je mets que je trouve de la difficulté à les dénombrer. En suite de quoi, je lui envoie aussi le petit *Traité des Passions,* lequel j'ai eu assez de peine à faire transcrire sur un brouillon fort confus que j'en avais gardé; et je lui mande que je ne le prie point de présenter d'abord ces écrits à la Reine, parce que j'aurais peur de ne pas garder assez le respect que je dois à Sa Majesté, si je lui envoyais des lettres que j'ai faites pour une autre plutôt que de lui écrire à elle-même ce que je pourrai juger lui être agréable; mais que, s'il trouve bon de lui en parler, disant que c'est à lui que je les ai envoyées, et qu'après cela elle désire de les voir, je serai libre de ce scrupule; et que je me suis persuadé qu'il lui sera peut-être plus agréable de voir ce qui a été ainsi écrit à une autre, que s'il lui était adressé, parce qu'elle pourra s'assurer davantage que je n'ai rien changé ou déguisé en sa considération.

Je n'ai pas jugé à propos d'y mettre rien de plus de Votre Altesse, ni même d'en exprimer le nom, lequel toutefois il ne pourra ignorer à cause de mes lettres précédentes. Mais considérant que, nonobstant qu'il soit homme très vertueux et grand estimateur des personnes de mérite, en sorte que je ne doute point qu'il n'honore Votre Altesse autant qu'il doit, il ne m'en a toutefois parlé que rarement en ses lettres, bien que je lui en aie écrit quelque chose en toutes les miennes, j'ai pensé qu'il faisait peut-être scrupule d'en parler à la Reine, parce qu'il ne sait pas si cela plairait ou déplairait à ceux qui l'ont envoyé. Mais, si j'ai dorénavant occasion de lui écrire à elle-même, je n'aurai pas besoin d'interprète; et le but que j'ai eu cette fois en lui envoyant ces écrits est de tâcher à faire qu'elle s'occupe davantage à ces pensées, et que, si elles lui plaisent, ainsi qu'on me fait espérer, elle ait occasion d'en conférer avec Votre Altesse. De laquelle je serai toute ma vie, etc.

A MERSENNE

Egmond, 13 décembre 1647.

Mon Révérend Père,

Il y a déjà quelque temps que M. de Zuylichem m'a envoyé l'imprimé de M. Pascal[1], de quoi je remercie l'auteur, puisque c'est de sa part qu'il m'est envoyé. Il semble y vouloir combattre ma matière subtile, et je lui en sais fort bon gré; mais je le supplie de n'oublier pas à mettre toutes ses meilleures raisons sur ce sujet, et de ne pas trouver mauvais, si en temps et lieu j'explique tout ce que je croirai être à propos, pour me défendre.

Vous me demandez un écrit touchant les expériences du vif-argent, et néanmoins vous différez de me les

1. *Expériences nouvelles touchant le vide,* dédié à M. Pascal, conseiller du Roy en ses Conseils d'État et privé, par le sieur Blaise Pascal, son fils (Paris, 1647).

apprendre, comme si je devais les deviner; mais je ne dois pas me mettre en hasard de cela, parce que, si je rencontrais la vérité, on pourrait juger que j'en aurais fait ici l'expérience, et si je manquais, on en aurait moins bonne opinion de moi; mais, s'il vous plaît me faire part ingénument de tout ce que vous avez observé, je vous en aurai obligation; et en cas qu'il arrive que je m'en serve, je n'oublierai pas de faire savoir de qui je les tiens.

J'avais averti M. Pascal d'expérimenter si le vif-argent montait aussi haut, lorsqu'on est au-dessus d'une montagne, que lorsqu'on est tout au bas; je ne sais s'il l'aura fait[1]. Mais, afin que nous puissions aussi savoir si le changement des temps et des lieux n'y fait rien, je vous envoie une mesure de papier de deux pieds et demi, où le troisième et le quatrième pouce, au-delà des deux pieds, sont divisés en lignes, et j'en retiens ici une autre toute semblable, afin que nous puissions voir si nos observations s'accorderont. Je vous prie donc de vouloir observer en temps froid et en temps chaud, et lorsque le vent du sud et du nord souffleront, jusqu'à quel endroit de cette mesure le vif-argent montera; et afin que vous sachiez qu'il s'y trouvera de la différence, et que cela vous engage à m'écrire aussi tout franchement vos observations, je vous dirai que, lundi dernier, la hauteur du vif-argent était justement de deux pieds trois pouces, selon cette mesure, et qu'hier, qui était jeudi, elle était un peu au-delà de deux pieds et quatre pouces; mais aujourd'hui elle a rabaissé de trois ou quatre lignes. J'ai un tuyau qui demeure attaché jour et nuit en même lieu, pour faire ces observations,

---

1. Inutile de souligner l'importance de ce passage. On sait que Descartes revendiquait l'honneur de la célèbre expérience. Dans une lettre à Carcavi, du 17 août 1649, il écrira : « Je vous suis obligé de la peine que vous avez prise de m'écrire le succès de l'expérience de M. Pascal touchant le vif-argent, qui monte moins haut dans un tuyau qui est sur une montagne que dans celui qui est dans un lieu plus bas. J'avais quelque intérêt de le savoir, alors que c'est moi qui l'avais prié, il y a deux ans, de vouloir la faire, et je l'avais assuré du succès comme étant entièrement conforme à mes principes, sans quoi il n'eût eu garde d'y penser, à cause qu'il était d'opinion contraire. »

lesquelles je crois qu'il n'est pas besoin de divulguer si tôt, et qu'il vaut mieux attendre que le livre de M. Pascal soit publié.

Je voudrais aussi que vous essayassiez d'allumer du feu dans votre vide et que vous observassiez si la fumée ira en haut ou en bas, et de quelle figure sera la flamme. On peut faire cette expérience, en faisant pendre un peu de soufre ou de camphre au bout d'un filet dans le vide, et en y mettant le feu au travers du verre avec un miroir ou verre brûlant. Je ne puis faire cela ici, parce que le soleil n'est pas assez chaud, et je n'ai pu encore avoir le tuyau ajusté avec la bouteille.

Je m'étonne de ce que vous avez gardé quatre ans cette expérience, ainsi que le dit M. Pascal, sans que vous m'en ayez jamais rien mandé, ni que vous ayez commencé à la faire avant cet été; car, sitôt que vous m'en parlâtes, je jugeai qu'elle était de conséquence, et qu'elle pourrait grandement servir à vérifier ce que j'ai écrit de physique. Je suis, etc.

D'Egmond, 13 décembre 1647.

A HUYGENS

Egmond [?]

MONSIEUR,

JE sais que vous avez tant d'occupations, qui valent mieux que de vous arrêter à lire des compliments d'un homme qui ne fréquente ici que des paysans[1], que je n'ose m'ingérer de vous écrire, que lorsque j'ai quelque occasion de vous importuner. Celle qui se présente maintenant est pour vous donner sujet d'exercer votre charité en la personne d'un pauvre paysan de mon voisinage, qui a eu le malheur d'en tuer un autre. Ses parents ont dessein d'avoir recours à la clémence de Son

1. Descartes avait des amis parmi les paysans et même des disciples, notamment Dirck Rembrantsz, cordonnier de son état, dont il fit un astronome.

Altesse, afin de tâcher d'obtenir sa grâce, et ils ont désiré aussi que je vous en écrivisse, pour vous supplier de vouloir seconder leur requête d'un mot favorable, en cas que l'occasion s'en présente. Pour moi, qui ne recherche rien tant que la sécurité et le repos, je suis bien aise d'être en un pays où les crimes soient châtiés avec rigueur, parce que l'impunité des méchants leur donne trop de licence; mais, parce que, tous les mouvements de nos passions n'étant pas toujours en notre pouvoir, il arrive quelquefois que les meilleurs hommes commettent de très grandes fautes, pour cela l'usage des grâces est plus utile que celui des lois; à cause qu'il vaut mieux qu'un homme de bien soit sauvé que non pas que mille méchants soient punis; aussi est-ce l'action la plus glorieuse et la plus auguste que puissent faire les princes que de pardonner. Le paysan pour qui je vous prie est ici en réputation de n'être nullement querelleux, et de n'avoir jamais fait de déplaisir à personne avant ce malheur. Tout ce qu'on peut dire le plus à son désavantage, est que sa mère était mariée, avec celui qui est mort; mais, si on ajoute qu'elle en était aussi fort outrageusement battue, et l'avait été pendant plusieurs années qu'elle avait tenu ménage avec lui, jusqu'à ce qu'enfin elle s'en était séparée, et ainsi ne le considérait plus comme son mari, mais comme son persécuteur et son ennemi, lequel même, pour se venger de cette séparation, la menaçait d'ôter la vie à quelqu'un de ses enfants (l'un desquels est celui-ci), on trouvera que cela même sert beaucoup à l'excuser. Et comme vous savez que j'ai coutume de philosopher sur tout ce qui se présente, je vous dirai que j'ai voulu rechercher la cause qui a pu porter ce pauvre homme à faire une action, de laquelle son humeur paraissait être fort éloignée; et j'ai su qu'au temps que ce malheur lui est arrivé, il avait une extrême affliction, à cause de la maladie d'un sien enfant dont il attendait la mort à chaque moment, et que, pendant qu'il était auprès de lui, on le vint appeler pour secourir son beau-frère, qui était attaqué par leur commun ennemi. Ce qui fait que je ne trouve nullement étrange, de ce qu'il ne fut pas maître de soi-même en telle rencontre : car, lorsqu'on a quelque grande affliction, et qu'on est mis au désespoir par la tristesse, il est certain qu'on se laisse bien plus emporter à la colère, s'il en survient alors quelque sujet, qu'on ne serait en un autre temps. Et ce sont ordinairement les meilleurs hommes, qui, voyant d'un côté la mort d'un fils et de l'autre le péril d'un frère, en sont le plus violemment émus. C'est pourquoi les fautes ainsi commises, sans aucune malice préméditée, sont, ce me semble, les plus excusables. Aussi lui fut-il pardonné par tous les principaux parents du mort, au jour même qu'ils étaient assemblés pour le mettre en terre. Et de plus les juges d'ici l'ont absous, mais par une faveur trop précipitée, laquelle ayant obligé le Fiscal à se porter appelant de leur sentence, il n'ose pas se présenter derechef devant la justice, laquelle doit suivre la rigueur des lois, sans avoir égard aux personnes; mais il supplie que l'innocence de sa vie passée lui puisse faire obtenir grâce de Son Altesse. Je sais bien qu'il est très utile de laisser quelquefois faire des exemples, pour donner de la crainte aux méchants; mais il me semble que le sujet qui se présente n'y est pas propre; car, outre que, le criminel étant absent, tout ce qu'on lui peut faire n'est que de l'empêcher de revenir dans le pays, et ainsi punir sa femme et ses enfants plus que lui, j'apprends qu'il y a quantité d'autres paysans en ces provinces, qui ont commis des meurtres moins excusables et dont la vie est moins innocente, qui ne laissent pas d'y demeurer, sans avoir aucun pardon de Son Altesse (et le mort était de ce nombre); ce qui me fait croire que, si on commençait par mon voisin à faire un exemple, ceux qui sont plus accoutumés que lui à tirer le couteau, diraient qu'il n'y a que les innocents et les idiots qui tombent entre les mains de la justice, et seraient confirmés par là en leur licence. Enfin, si vous contribuez quelque chose à faire que ce pauvre homme puisse revenir auprès de ses enfants, je puis dire que vous ferez une bonne action, et que ce sera une nouvelle obligation que vous aura, etc.

A HUYGENS

Egmond, 27 décembre 1647.

Monsieur,

Je vous ai ci-devant importuné pour tâcher de faire avoir grâce à un pauvre paysan de ce quartier qui avait tué son beau-père. Maintenant cette même affaire me donne occasion de vous demander pareille assistance pour l'officier de ce quartier, qui n'est point accusé d'avoir tué personne, mais seulement d'avoir voulu de sa propre autorité donner la grâce que nous désirons obtenir de Son Altesse. La raison qui m'oblige à implorer en ceci votre faveur est que la maison où je demeure appartient à la sœur de l'accusé, et que si on en venait jusques à l'extrémité que ses amis appréhendent, j'aurais peut-être sujet de craindre que son âme ne vînt obséder la chambre où je suis, pour me reprocher que j'aurais manqué à la charité qu'on doit avoir pour ses voisins. Mais une raison plus sérieuse et plus pressante qui peut convier Son Altesse à lui pardonner, et ses juges à ne le point empêcher, c'est qu'il a un très grand nombre d'enfants qui ont encore besoin de lui, en sorte qu'on ne saurait le punir qu'on ne punisse aussi avec lui plusieurs innocents. Je me persuade que cette considération obligera Messieurs les juges à la clémence, et que s'ils ne le trouvent pas propre à exercer la charge qu'il a, ils souffriront au moins qu'il s'en décharge entre les mains de quelque autre en retirant de lui le même argent qu'il en a donné, et qu'ils ne penseront pas à lui faire aucun autre mal. Je crois aussi que c'est ce que souhaitent la plupart des habitants de ce quartier, et je suis,

Monsieur,

Votre très humble et très obéissant serviteur,

Descartes.

A ÉLISABETH

[Egmond, 31 janvier 1648.]

Madame,

J'ai reçu les lettres de Votre Altesse du 23 décembre presque aussi tôt que les précédentes, et j'avoue que je suis en peine touchant ce que je dois répondre à ces précédentes, à cause que Votre Altesse y témoigne vouloir que j'écrive le *Traité de l'Érudition*[1], dont j'ai eu autrefois l'honneur de lui parler. Et il n'y a rien que je souhaite avec plus de zèle, que d'obéir à vos commandements; mais je dirai ici les raisons qui sont cause que j'avais laissé le dessein de ce traité, et si elles ne satisfont à Votre Altesse, je ne manquerai pas de le reprendre.

La première est que je n'y saurais mettre toutes les vérités qui y devraient être, sans animer trop contre moi les gens de l'École, et que je ne me trouve point en telle condition que je puisse entièrement mépriser leur haine. La seconde est que j'ai déjà touché quelque chose de ce que j'avais envie d'y mettre, dans une préface qui est au-devant de la traduction française de mes *Principes,* laquelle je pense que Votre Altesse a maintenant reçue. La troisième est que j'ai maintenant un autre écrit entre les mains, que j'espère pouvoir être plus agréable à Votre Altesse : c'est la description des fonctions de l'animal et de l'homme. Car ce que j'en avais brouillé, il y a douze ou treize ans, qui a été vu par Votre Altesse, étant venu entre les mains de plusieurs qui l'ont mal transcrit, j'ai cru être obligé de le mettre plus au net, c'est-à-dire, de le refaire. Et même je me suis aventuré (mais depuis huit ou dix jours seulement) d'y vouloir expliquer la façon dont se forme l'animal dès le commencement de son origine. Je dis l'animal en général; car, pour l'homme en particulier, je ne l'oserais entreprendre, faute d'avoir assez d'expérience pour cet effet.

1. Traité que Descartes avait en projet.

Au reste, je considère ce qui me reste de cet hiver, comme le temps le plus tranquille que j'aurai peut-être de ma vie; ce qui est cause que j'aime mieux l'employer à cette étude, qu'à une autre qui ne requiert pas tant d'attention. La raison qui me fait craindre d'avoir ci-après moins de loisir, est que je suis obligé de retourner en France l'été prochain, et d'y passer l'hiver qui vient; mes affaires domestiques et plusieurs raisons m'y contraignent. On m'y a fait aussi l'honneur de m'y offrir pension de la part du Roi, sans que je l'aie demandée; ce qui ne sera point capable de m'attacher, mais il peut arriver en un an beaucoup de choses. Il ne saurait toutefois rien arriver qui puisse m'empêcher de préférer le bonheur de vivre au lieu où serait Votre Altesse, si l'occasion s'en présentait, à celui d'être en ma propre patrie, ou en quelque autre lieu que ce puisse être.

Je n'attends encore de longtemps réponse à la lettre touchant le Souverain Bien, parce qu'elle a demeuré près d'un mois à Amsterdam, par la faute de celui à qui je l'avais envoyée pour l'adresser; mais, sitôt que j'en aurai quelques nouvelles, je ne manquerai pas de le faire savoir à Votre Altesse. Elle ne contenait aucune chose de nouveau qui méritât de vous être envoyée. J'ai reçu, depuis, quelques lettres de ce pays-là, par lesquelles on me mande que les miennes sont attendues, et selon qu'on m'écrit de cette princesse, elle doit être extrêmement portée à la vertu, et capable de bien juger des choses. On me mande qu'on lui présentera la version de mes *Principes,* et on m'assure qu'elle en lira la première partie avec satisfaction, et qu'elle serait bien capable du reste, si les affaires ne lui en ôtaient le loisir.

J'envoie avec cette lettre un livret de peu d'importance, et je ne l'enferme pas en même paquet, à cause qu'il ne vaut pas le port; ce sont les insultes de Monsieur Régius qui m'ont contraint de l'écrire, et il a été plus tôt imprimé que je ne l'ai su; même on y a joint des vers et une préface que je désapprouve, quoique les vers soient de Monsieur Heydanus, mais qui n'a osé y mettre son nom, comme aussi ne le devait-il pas. Je suis, etc.

A CHANUT

Egmond, 21 février 1648.

Monsieur,

Il faut que je vous dise que je suis marri du trop favorable accueil que vous avez procuré aux écrits que je vous avais envoyés pour la Reine de Suède. Car j'ai peur que Sa Majesté, n'y trouvant rien, en les lisant, qui corresponde à l'espérance que vous lui en avez fait avoir, en ait d'autant moins bonne opinion, qu'elle l'aura eue meilleure auparavant. J'ai encore un autre déplaisir, qui est que, puisque mon paquet a été retenu trois semaines à Amsterdam (ce que j'ai su être arrivé parce qu'on pensait le devoir envoyer par mer et qu'on en attendait l'occasion), je regrette de n'avoir pas employé ce temps-là pour tâcher d'écrire quelque chose qui fût moins indigne d'un si bon accueil. Car, encore que j'aie tâché de faire mon mieux, toutefois les secondes pensées ont coutume d'être plus nettes que les premières, et je m'étais hâté en faisant cette dépêche, pour témoigner, au moins par ma promptitude, combien j'étais désireux d'obéir à un commandement, que je chérissais comme le plus grand honneur que je puisse recevoir. Voilà, Monsieur, tous les sujets de tristesse que je puisse imaginer, afin de modérer l'extrême joie que j'ai d'apprendre que cette grande Reine veuille lire et considérer à loisir les écrits que j'ai envoyés. Car j'ose me promettre que, si elle goûte les pensées qu'ils contiennent, elles ne seront pas infructueuses, et parce qu'elle est l'une des plus importantes personnes de la terre, que cela même peut n'être pas inutile au public. Il me semble avoir trouvé par expérience que la considération de ces pensées fortifie l'esprit en l'exercice de la vertu, et qu'elle sert plus à nous rendre heureux, qu'aucune autre chose qui soit au monde. Mais il n'est pas possible que je les aie assez bien exprimées, pour faire qu'elles paraissent aux autres comme à moi. Et j'ai un désir extrême d'apprendre quel jugement en fera

Sa Majesté, mais particulièrement aussi quel sera le vôtre. La parole a beaucoup plus de force pour persuader que l'écriture, et je ne doute point que vous ne lui en fassiez aisément avoir les mêmes sentiments que vous aurez, au moins s'ils sont à mon avantage; car l'affection dont vous me donnez tous les jours des preuves, m'assure que vous ne lui en voudriez pas faire avoir d'autres.

Je serai bien aise de voir la harangue de M. Freinshemius, à cause de la matière dont il traite, et je ne manquerai pas de la demander à M. Brasset lorsqu'il l'aura reçue.

Au reste, je me propose d'aller à Paris au commencement du mois prochain. Je pourrais dire que, pour mon intérêt je ne souhaite pas d'avoir sitôt l'honneur de vous y voir, à cause des faveurs que vous me procurez au lieu où vous êtes; mais je n'ai jamais aucun égard à moi, lorsqu'il peut y aller du contentement de mes amis. Et j'avoue que je ne souhaiterais pas un emploi pénible, qui m'ôtât le loisir de cultiver mon esprit, encore que cela fût récompensé par beaucoup d'honneur et de profit. Je dirai seulement qu'il ne me semble pas que le vôtre soit du nombre de ceux qui ôtent le loisir de cultiver son esprit; au contraire, je crois qu'il vous en donne les occasions, en ce que vous êtes auprès d'une Reine qui en a beaucoup, et qu'il ne faut pas avoir manque d'adresse pour satisfaire entièrement à ses maîtres, agréer à ceux vers lesquels on est envoyé, et ne jouer cependant aucun autre personnage que celui d'un homme d'honneur, ainsi que je m'assure que vous faites. On peut toujours tirer beaucoup de satisfaction de ce qu'on occupe son esprit en des choses difficiles, lorsqu'on y réussit, encore qu'on ne l'occupe pas aux mêmes choses qu'on aurait peut-être choisies, si on en avait eu la liberté. Le vôtre étant propre à tout, je ne doute point que vous ne tiriez beaucoup de satisfaction d'un emploi dont vous vous acquittez si bien. Si pourtant vous approchiez du temps de votre retraite, et que vous revinssiez bientôt à Paris, je serais ravi d'avoir l'honneur de vous y voir. Que si vous faites encore quelque séjour au lieu où vous êtes, je me consolerai sur ce que j'espère que vous continuerez à me procurer la bienveillance de cette grande Reine, pour les vertus de laquelle vous m'avez fait avoir beaucoup de vénération et de zèle. Je suis, etc.

D'Egmond, le 21 février 1648.

[AU MARQUIS DE NEWCASTLE?]

[Mars ou avril 1648.]

Monsieur,

Encore que j'aie un extrême ressentiment des bienfaits que j'ai reçus de votre faveur, tant lorsque j'étais à Paris, que depuis encore, ainsi que j'ai su de M. de Martigny, qui m'a mandé que, sans vous, il n'eût pu rien faire en l'expédition du brevet de pension qu'il m'a envoyé[1], je ne vous en ferai pas néanmoins ici de grands remerciements. Il n'appartient qu'à ceux qui ont envie d'être ingrats de se servir de cette monnaie, afin de payer avec des paroles les véritables bienfaits qu'ils ont reçus. Mais je vous supplie très humblement de trouver bon que je vous dise que je ne puis douter que vous n'ayez dorénavant beaucoup de bonne volonté pour moi, non point pour aucun mérite que je prétende avoir, mais parce que vous m'avez déjà fait plus de bien que la plupart de tous les parents ou amis que j'ai jamais eus; en sorte que vous pouvez à bon droit me considérer comme l'une de vos créatures. Et en examinant toutes les causes de l'amitié, je n'en trouve point d'autre qui soit si puissante ni si pressante que celle-là. Ce que je prends la liberté de vous écrire, afin que, lorsque vous saurez que je fais cette réflexion, vous ne puissiez aussi douter que je n'aie un zèle très particulier pour votre service. A quoi j'ajouterai seulement encore un mot, qui est que la philosophie que je cultive n'est pas si barbare ni si farouche qu'elle rejette l'usage

1. Descartes avait obtenu du roi de France une pension « assez honnête », mais qui fut probablement « suspendue » peu après avoir été accordée.

des passions; au contraire, c'est en lui seul que je mets toute la douceur et la félicité de cette vie. Et bien qu'il y ait plusieurs de ces passions dont les excès soient vicieux, il y en a toutefois quelques autres que j'estime d'autant meilleures, qu'elles sont plus excessives; et je mets la reconnaissance entre celles-ci, aussi bien qu'entre les vertus. C'est pourquoi je ne croirais pas pouvoir être ni vertueux ni heureux, si je n'avais un désir très passionné de vous témoigner par effet, dans toutes les occasions, que je n'en manque point. Et puisque vous ne m'en offrez point présentement d'autre que celle de satisfaire à vos deux demandes, je ferai mon possible pour m'en bien acquitter, quoique l'une de vos questions soit d'une matière qui est fort éloignée de mes spéculations ordinaires.

Premièrement donc, je vous dirai que je tiens qu'il y a une certaine quantité de mouvement dans toute la matière créée, qui n'augmente ni ne diminue jamais; et ainsi, que, lorsqu'un corps en fait mouvoir un autre, il perd autant de son mouvement qu'il lui en donne. Comme, lorsqu'une pierre tombe de haut contre terre, si elle ne retourne point et qu'elle s'arrête, je conçois que cela vient de ce qu'elle ébranle cette terre, et ainsi lui transfère son mouvement. Mais, si ce qu'elle meut de terre contient mille fois plus de matière qu'elle, en lui transférant son mouvement, elle ne lui donne que la millième partie de sa vitesse. Et parce que, si deux corps inégaux reçoivent autant de mouvement l'un que l'autre, cette pareille quantité de mouvement ne donne pas tant de vitesse au plus grand qu'au plus petit, on peut dire en ce sens que, plus un corps contient de matière, plus il a d'inertie naturelle. A quoi l'on peut ajouter qu'un corps qui est grand peut mieux transférer son mouvement aux autres corps qu'un petit, et qu'il peut moins être mû par eux. De façon qu'il y a une sorte d'inertie qui dépend de la quantité de la matière, et une autre qui dépend de l'étendue de ses superficies.

Pour votre autre question, vous avez ce me semble, fort bien répondu vous-même sur la qualité de la connaissance de Dieu en la béatitude, la distinguant de celle que nous en avons maintenant, en ce qu'elle sera intuitive. Et si ce terme ne vous satisfait pas, et que vous croyiez que cette connaissance de Dieu intuitive soit pareille, ou seulement différente de la nôtre dans le plus et le moins des choses connues, et non en la façon de connaître, c'est en cela qu'à mon avis vous vous détournez du droit chemin. La connaissance intuitive est une illustration de l'esprit, par laquelle il voit en la lumière de Dieu les choses qu'il lui plaît lui découvrir par une impression directe de la clarté divine sur notre entendement, qui en cela n'est point considéré comme agent, mais seulement comme recevant les rayons de la divinité. Or toutes les connaissances que nous pouvons avoir de Dieu sans miracle en cette vie, descendent du raisonnement et du progrès de notre discours, qui les déduit des principes de la foi qui est obscure, ou viennent des idées et des notions naturelles qui sont en nous qui, pour claires qu'elles soient, ne sont que grossières et confuses sur un si haut sujet. De sorte que ce que nous avons ou acquérons de connaissance par le chemin qui tient notre raison, a, premièrement, les ténèbres des principes dont il est tiré, et de plus, l'incertitude que nous éprouvons en tous nos raisonnements.

Comparez maintenant ces deux connaissances, et voyez s'il y a quelque chose de pareil, en cette perception trouble et douteuse, qui nous coûte beaucoup de travail et dont encore ne jouissons-nous que par moments après que nous l'avons acquise, à une lumière pure, constante, claire, certaine, sans peine, et toujours présente.

Or, que notre esprit, lorsqu'il sera détaché du corps ou que ce corps glorifié ne lui fera plus d'empêchement, ne puisse recevoir de telles illustrations et connaissances directes, en pouvez-vous douter, puisque, dans ce corps même, les sens lui en donnent des choses corporelles et sensibles, et que notre âme en a déjà quelques-unes de la bénéficence de son Créateur, sans lesquelles il ne serait pas capable de raisonner? J'avoue qu'elles sont un peu obscurcies par le mélange du corps; mais encore nous donnent-elles une connaissance première, gratuite, certaine, et que nous touchons de l'esprit avec plus de confiance que nous n'en donnons au rapport de nos yeux. Ne m'avouerez-vous pas que vous êtes moins assuré de la présence des objets que vous voyez, que de la vérité de cette proposition : *Je pense, donc je suis?* Or cette connaissance n'est point un ouvrage de votre raisonnement, ni une instruction que vos maîtres vous aient donnée; votre esprit la voit, la sent et la manie; et quoique votre imagination, qui se mêle importunément dans vos pensées, en diminue la clarté, la voulant revêtir de ses figures, elle vous est pourtant une preuve de la capacité de nos âmes à recevoir de Dieu une connaissance intuitive.

Il me semble voir que vous avez pris occasion de douter, sur l'opinion que vous avez que la connaissance intuitive de Dieu est celle où l'on connaît Dieu par lui-même. Et, sur ce fondement, vous avez bâti ce raisonnement : je connais que Dieu est un, parce que je connais qu'il est un Être nécessaire; or cette forme de connaître ne se sert que de Dieu même; donc je connais que Dieu est un, par lui-même; et par conséquent je connais intuitivement que Dieu est un.

Je ne pense pas qu'il soit besoin d'un grand examen pour détruire ce discours. Vous voyez bien que connaître Dieu par soi-même, c'est-à-dire par une illustration immédiate de la Divinité sur notre esprit, comme on l'entend par la connaissance intuitive, est bien autre chose que se servir de Dieu même pour en faire une induction d'un attribut à l'autre; ou, pour parler plus convenablement, se servir de la connaissance naturelle (et par conséquent un peu obscure, du moins si vous la comparez à l'autre) d'un attribut de Dieu, pour en former un argument qui conclura un autre attribut de Dieu. Confessez donc qu'en cette vie vous ne voyez pas en Dieu et par sa lumière qu'il est un; mais vous le concluez d'une proposition que vous avez faite de lui, et vous la tirez par la force de l'argumentation, qui est une machine souvent défectueuse. Vous voyez ce que vous pouvez sur moi, puisque vous me faites passer les bornes de philosopher que je me suis prescrites, pour vous témoigner par là combien je suis...

A CHANUT

[Paris, mai 1648.]

Monsieur,

Vous mesurez merveilleusement bien les temps, car justement j'ai trouvé à La Haye, lorsque j'étais en chemin pour venir ici, la lettre que vous vouliez que je pusse recevoir avant mon partement de Hollande. Elle vint seulement en cela trop tard, que, m'étant proposé de partir le jour même qu'on me la rendit, je fus contraint de différer ma réponse jusqu'à mon arrivée en cette ville. J'ai eu cependant tout le loisir de repasser par mon imagination la belle description que vous faites de cette chasse, où l'on porte des livres, et où vous me donnez espérance que mon écrit aura cette prérogative, au-dessus de beaucoup d'autres, d'être revu par la Reine de Suède. La grande estime que je fais de l'esprit de cette incomparable princesse, me donne sujet d'appréhender que cet écrit ne lui puisse plaire, puisque ayant déjà pris la peine de le voir, ainsi que vous me mandez qu'elle a fait, elle n'a pas voulu néanmoins vous en dire encore son sentiment. Mais je me console sur ce que vous ajoutez, qu'elle s'est proposé de le revoir : car elle ne daignerait pas s'arrêter à cela, si elle n'y avait rien trouvé qu'elle approuvât. Et je me flatte de cette opinion, que c'est plutôt l'ordre, l'agencement et les ornements de l'élocution qui y manquent, que non pas la vérité des pensées; ce qui me fait espérer plus d'approbation de la seconde lecture que de la première. Vous direz peut-être que je me donne en ceci trop de vanité. Mais je vous prie d'en attribuer la faute à l'air de Paris, plutôt qu'à mon inclination : car je crois vous avoir déjà dit autrefois, que cet air me dispose à concevoir des chimères, au lieu de pensées de philosophe. J'y vois tant d'autres personnes qui se trompent en leurs opinions et en leurs calculs, qu'il me semble que c'est une maladie universelle. L'innocence du désert d'où je viens me plaisait beaucoup davantage, et je ne crois pas que je puisse m'empêcher d'y retourner dans peu de temps. Mais en quelque lieu du monde que je sois, je vous prie de croire que vous y aurez, etc.

[A ARNAULD[1]]

[Paris, 4 juin 1648.]

Bien que l'auteur des objections qui m'ont été remises hier n'ait voulu découvrir ni son visage, ni son nom, il ne peut cependant cacher la meilleure partie de lui-même, c'est-à-dire son esprit. Et comme je reconnais que cet esprit est très pénétrant et très informé, je n'aurai de honte ni à être vaincu, ni à être instruit. Puisqu'il se dit animé du désir non de disputer, mais de découvrir seulement la vérité, je ne lui répondrai qu'en peu de mots, pour laisser quelque chose à l'entretien; car je crois qu'avec les disputeurs il est plus sûr d'écrire, mais qu'avec ceux qui cherchent le vrai il est plus commode de procéder de vive voix.

J'admets un double pouvoir de la mémoire; dans l'âme de l'enfant, je suis persuadé qu'il n'y a jamais eu d'intellection pure, mais seulement des sensations confuses; et bien que ces sensations confuses laissent dans le cerveau certaines de leurs traces qui y demeurent toute la vie, ces traces ne suffisent cependant pas pour nous faire reconnaître que les sensations qui nous surviennent étant adultes sont semblables à celles que nous avons eues dans le ventre de notre mère, et pour que nous en ayons ainsi le souvenir; parce que cela dépend d'une certaine réflexion de l'entendement ou de la mémoire intellectuelle dont il n'y a pas eu d'exercice dans le ventre de la mère. Mais il semble nécessaire que l'âme pense toujours actuellement parce que la pensée constitue son essence, ainsi que l'extension constitue la nature du corps; et la pensée n'est pas conçue comme un attribut qui peut être présent ou absent, ainsi que l'on conçoit dans le corps la division des parties ou le mouvement.

Ce qui est proposé au sujet de la durée et du temps se fonde sur l'opinion de l'École dont je suis fort éloigné, à savoir que la durée du mouvement serait d'une autre nature que celle des choses non mues, comme je l'ai

1. Traduction.

expliqué dans l'article 57 de la première partie des Principes. Et quand même il n'y aurait pas de corps du tout, on ne pourrait pas dire pourtant que la durée de l'esprit humain fût tout à la fois tout entière, comme la durée de Dieu, parce que nous avons manifestement connaissance de la succession dans nos pensées, tandis qu'aucune succession ne peut être admise dans les pensées divines; et nous comprenons clairement qu'il peut se faire que j'existe en ce moment où je pense une chose et cependant que je n'existe pas au moment immédiatement suivant, où je pourrai penser autre chose, si j'ai la fortune d'exister.

L'axiome *qui peut le plus peut le moins* me semble clair de lui-même quand il s'agit de causes premières et non limitées par ailleurs; mais quand il s'agit d'une cause déterminée pour un effet, on dit ordinairement que c'est plus pour une telle cause de produire un autre effet que de produire celui pour lequel elle est déterminée et disposée; en ce sens, c'est plus pour un homme de mouvoir la terre que de comprendre. C'est même plus de se conserver que de se donner quelques-unes des perfections que nous reconnaissons nous manquer; et cela suffit pour la force de mon argument, bien que peut-être ce soit une chose moindre que de se donner la toute-puissance et toutes les perfections divines prises ensemble.

Puisque le Concile de Trente lui-même n'a pas voulu expliquer de quelle façon le corps du Christ est dans l'Eucharistie et qu'il a écrit que *ce corps y est selon un mode d'existence que nous pouvons à peine exprimer par des paroles,* je craindrais d'être accusé de témérité si je me risquais à déterminer quelque chose là-dessus; j'aimerais mieux d'ailleurs exposer mes conjectures de vive voix que par écrit.

Enfin, pour ce qui est du vide, je n'ai presque rien à dire qui ne se trouve quelque part dans mes Principes de la Philosophie; ce qui est appelé ici la concavité du tonneau, à mon jugement est un corps, ayant trois dimensions, et vous le ramenez par erreur aux côtés du tonneau, comme s'il n'en différait nullement.

Mais ces choses peuvent se traiter plus facilement dans une conversation pour laquelle se propose très volontiers un homme qui est l'ami très dévoué de tous ceux qui aiment la bonne foi et la vérité.

A ÉLISABETH

Paris [fin juin-commencement juillet 1648.]

MADAME,

ENCORE que je sache bien que le lieu et la condition où je suis ne me sauraient donner aucune occasion d'être utile au service de Votre Altesse, je ne satisferais pas à mon devoir, ni à mon zèle, si, après être arrivé en une nouvelle demeure, je manquais à vous renouveler les offres de ma très humble obéissance. Je me suis rencontré ici en une conjoncture d'affaires que toute la prudence humaine n'eût su prévoir. Le Parlement, joint avec les autres Cours souveraines, s'assemble maintenant tous les jours, pour délibérer touchant quelques ordres qu'ils prétendent devoir être mis au maniement des finances, et cela se fait à présent avec la permission de la Reine en sorte qu'il y a de l'apparence que l'affaire tirera en longueur, mais il est malaisé de juger ce qui en réussira. On dit qu'ils se proposent de trouver de l'argent suffisamment pour continuer la guerre, et entretenir de grandes armées, sans pour cela fouler le peuple; s'ils prennent ce biais, je me persuade que ce sera le moyen de venir enfin à une paix générale. Mais, en attendant que cela soit, j'eusse bien fait de me tenir au pays où la paix est déjà; et si ces orages ne se dissipent bientôt, je me propose de retourner vers Egmond dans six semaines ou deux mois, et de m'y arrêter jusques à ce que le ciel de France soit plus serein. Cependant, me tenant comme je suis, un pied dans un pays et l'autre en un autre, je trouve ma condition très heureuse, en ce qu'elle est libre. Et je crois que ceux qui sont en grande fortune diffèrent davantage des autres, en ce que les déplaisirs qui leur arrivent, leur sont plus sensibles, que non pas en ce qu'ils jouissent de plus de plaisirs, à cause que tous les contentements qu'ils peuvent avoir, leur étant ordinaires, ne les touchent pas tant que les afflictions, qui ne leur viennent que lorsqu'ils s'y attendent le moins, et qu'ils n'y sont aucunement préparés; ce qui doit servir de consolation à ceux que la fortune a accoutumés à ses disgrâces. Je voudrais qu'elle fût aussi obéissante à tous vos désirs, que je serai toute ma vie...

[A ARNAULD[1]]

[Paris, 29 juillet 1648.]

Ayant reçu récemment des objections qui semblaient provenir d'un homme habitant cette ville, j'ai répondu très brièvement, dans la pensée qu'une omission serait aisément réparée au cours d'un entretien. Comprenant aujourd'hui qu'il est absent, comme il m'écrit à nouveau d'une manière très obligeante, je m'empresse de lui répondre. Mais, puisqu'il ne donne point son nom, pour ne point faire de mention inexacte, je m'abstiendrai de tout préambule.

1. Il me semble très vrai de dire que l'âme, tout le temps qu'elle est unie au corps, ne peut se dégager des sens lorsqu'elle est touchée trop violemment par les objets extérieurs ou intérieurs. Et j'ajoute qu'elle ne peut point se dégager lorsqu'elle est liée à un cerveau trop humide et trop mou, tel qu'il est chez les enfants, ou à un cerveau mal disposé d'une autre manière, tel qu'il est chez les léthargiques, chez les apoplectiques, chez les frénétiques, ou même tel qu'il est ordinairement chez nous quand nous dormons d'un sommeil profond, car toutes les fois que nous rêvons quelque chose, dont nous nous souvenons ensuite, nous ne dormons que légèrement.

2. Il ne suffit pas pour nous souvenir d'une chose que cette chose se soit offerte auparavant à notre esprit et qu'elle ait laissé dans le cerveau quelques traces à l'occasion desquelles cette même chose se présente de nouveau à notre pensée; mais il est requis en sus que nous reconnaissions, lorsqu'elle se présente pour la deuxième fois, que cela se fait parce qu'elle a été aperçue auparavant par nous. Souvent ainsi se présentent à l'esprit des poètes des vers qu'ils ne se sont pas rappelés avoir jamais lus chez d'autres, qui cependant ne se présenteraient pas tels à leur esprit s'ils ne les avaient pas lus ailleurs.

D'où il suit évidemment que l'exercice de la mémoire

1. Traduction.

ne s'accommode pas de toutes les traces qui ont été laissées dans le cerveau par les pensées précédentes, mais de celles-là seulement qui sont telles que l'esprit reconnaisse qu'elles n'ont pas toujours été en nous, mais qu'elles sont un jour nouvellement survenues. Or, pour que l'esprit puisse reconnaître cela, j'estime qu'il a dû lors de la première impression se servir de l'intellection pure, pour remarquer que la chose qui s'offrait alors à notre esprit était nouvelle, c'est-à-dire qu'elle n'avait jamais été aperçue auparavant; car il ne peut y avoir aucune trace corporelle de cette nouveauté. C'est ainsi que si j'ai écrit quelque part que les pensées des enfants ne laissent aucunes traces dans leur cerveau, j'ai entendu parler de ces traces qui sont propres à l'exercice de la mémoire, c'est-à-dire de celles que lors de leur impression nous reconnaissons comme nouvelles par l'intellection pure. En même façon, nous disons qu'il n'y a point de traces d'homme sur le sable où nous ne voyons aucune empreinte d'un pied humain, encore qu'il puisse s'y trouver bien des inégalités faites par des pieds humains, qui par conséquent peuvent en un autre sens être appelées des traces d'hommes. Enfin, de même que nous distinguons entre la vision directe et la vision réfléchie, parce que celle-là résulte de la première rencontre des rayons, celle-ci de la seconde; de même, j'appelle les premières et simples pensées des enfants (par exemple quand ils sentent de la douleur du fait qu'un vent gonfle leurs intestins, ou de la volupté du fait qu'ils sont nourris d'un sang frais), je les appelle dis-je des pensées *directes* et non réfléchies; mais lorsqu'un adulte sent quelque chose et qu'il ne l'a pas senti auparavant, cette seconde perception, je l'appelle *réflexion* et je la rapporte à l'entendement seul, bien qu'elle soit tellement jointe à la sensation qu'elles ont lieu ensemble et ne semblent pas se distinguer l'une de l'autre.

3. J'ai essayé de lever l'ambiguïté du mot *pensée* dans les articles 63 et 64 de la première partie des *Principes*. De même que l'extension qui constitue la nature du corps diffère beaucoup des diverses figures ou manières d'extension qu'elle revêt; de même la pensée ou la nature pensante, en laquelle je crois que consiste l'essence de l'esprit humain, est bien autre chose que tel ou tel acte de pensée; et l'esprit tient de lui-même de pouvoir choisir

tel ou tel acte de pensée, mais non pas d'être une chose qui pense, ainsi que la flamme tient d'elle-même, comme d'une cause efficiente, de pouvoir s'étendre d'un côté ou de l'autre, mais non pas d'être une chose étendue. Par pensée, je n'entends donc pas un universel comprenant tous les modes de penser, mais une nature particulière qui reçoit tous les modes, comme l'extension est une nature qui reçoit toutes les figures.

4. C'est autre chose d'avoir conscience de nos pensées au moment où nous pensons, et autre chose de s'en souvenir par après; ainsi, nous ne pensons rien dans nos songes sans que, sur le moment même, nous ne soyons conscients de notre pensée, encore que le plus souvent nous l'oublions aussitôt. Et il est vrai que nous n'avons pas conscience de la manière dont notre âme lance les esprits animaux dans tels ou tels nerfs; car cette manière ne dépend pas de l'âme seule, mais de l'union de l'âme avec le corps; néanmoins, nous sommes conscients de toute cette action par laquelle l'âme meut les nerfs, dans la mesure où une telle action est dans l'âme, où elle n'est pas autre chose que l'inclination de la volonté à tel ou tel mouvement, et cette inclination de la volonté est suivie de l'afflux des esprits dans les nerfs et de tout ce qui est requis pour le mouvement en question, cela en raison de la disposition convenable du corps que l'âme peut ignorer, et aussi en raison de l'union de l'âme avec le corps dont l'âme a certainement conscience, car autrement elle n'inclinerait pas sa volonté à mouvoir les membres.

Maintenant, que l'âme, qui est incorporelle, puisse mouvoir le corps, cela ne nous est montré par aucun raisonnement, ni par aucune comparaison tirée d'ailleurs, mais par une expérience très certaine et très évidente de tous les jours; c'est une de ces choses connues par elles-mêmes que nous obscurcissons quand nous voulons les expliquer par d'autres. Je me servirai cependant ici d'une comparaison. La plupart des philosophes qui croient que la pesanteur de la pierre est une qualité réelle, distincte de la pierre, croient comprendre d'une façon satisfaisante comment cette qualité peut mouvoir la pierre en direction du centre de la terre, parce qu'ils croient en avoir une expérience manifeste. Mais moi qui suis persuadé qu'il n'y a pas de telle qualité dans la nature, et qu'en conséquence il ne peut y en avoir aucune idée vraie dans l'entendement humain, j'estime qu'ils se servent de l'idée qu'ils ont en eux de la substance incorporelle pour se représenter cette pesenteur, si bien qu'il ne nous est pas plus difficile de comprendre comment l'âme meut le corps qu'à eux de comprendre comment une telle pesanteur porte la pierre vers le bas. Et peu importe qu'ils disent que cette pesanteur n'est pas une substance; en réalité ils la conçoivent comme une substance, puisqu'ils estiment qu'elle est réelle, et que par quelque puissance, (c'est-à-dire par la puissance divine) elle peut exister sans la pierre. Peu importe également qu'ils croient qu'elle est corporelle; en effet, si par corporelle nous entendons une chose qui se rapporte au corps bien qu'elle soit d'une autre nature, l'âme elle-même peut être dite corporelle dans la mesure où elle est propre à s'unir au corps; mais si par corporelle nous entendons quelque chose qui participe de la nature du corps, la pesanteur n'est pas plus corporelle que l'âme humaine.

5. Je ne conçois pas autrement la durée successive des choses qui sont mues, voire du mouvement lui-même que celle des choses non mues; car l'avant et l'après de toute durée me sont connus par l'avant et l'après de la durée successive que je trouve en ma pensée, avec laquelle les autres choses coexistent.

6. La difficulté à reconnaître l'impossibilité du vide semble venir principalement de ce que nous ne considérons pas assez que le néant ne peut avoir aucune propriété; car autrement, voyant que dans cet espace que nous appelons vide il y a une véritable extension et par conséquent toutes les propriétés requises par la nature du corps, nous ne dirions pas qu'il est tout à fait vide, c'est-à-dire qu'il est un pur néant; cette difficulté vient aussi de ce que nous avons recours à la puissance de Dieu, comme nous savons qu'elle est infinie nous lui attribuons à notre insu un effet qui implique une contradiction en sa conception, c'est-à-dire qui ne peut être conçu par nous. Toutefois il me semble qu'on ne doit dire d'aucune chose qu'elle ne peut pas être faite par Dieu; étant donné que toute espèce de vrai et de bien dépend de sa toute-puissance, je n'oserais même pas dire que Dieu ne peut pas faire qu'une montagne soit sans vallée, ou qu'un et deux ne fassent pas trois; mais je dis seulement qu'il m'a

donné un esprit de telle nature que je ne saurais concevoir une montagne sans vallée ou une somme d'un et de deux qui ne serait pas trois, etc. et que de telles choses impliquent contradiction dans ma conception. Je crois qu'il faudrait dire la même chose d'un espace qui serait entièrement vide, d'un néant qui serait étendu, d'un univers qui serait limité, parce qu'on ne saurait imaginer aucune limite du monde au-delà de laquelle je ne pourrais concevoir de l'étendue; et je ne puis concevoir un tonneau tellement vide qu'il n'y ait aucune étendue en sa cavité, qu'il n'y ait en conséquence point de corps, puisque partout où il y a étendue il y a aussi nécessairement corps.

Paris, 29 juillet 1648.

A ÉLISABETH

[Egmond, octobre 1648.]

Madame,

J'ai eu enfin le bonheur de recevoir les trois lettres que Votre Altesse m'a fait l'honneur de m'écrire, et elles n'ont point passé en de mauvaises mains. Mais la première, du 30 juin, ayant été portée à Paris, pendant que j'étais déjà en chemin pour revenir en ce pays, ceux qui l'ont reçue pour moi ont attendu des nouvelles de mon arrivée avant que de me l'envoyer, et ainsi je ne l'ai pu avoir qu'aujourd'hui, que j'ai aussi reçu la dernière du 23 août, par laquelle j'apprends un procédé injurieux que j'admire; et je veux croire, avec Votre Altesse, qu'il ne vient pas de la personne à qui on l'attribue. Quoi qu'il en soit, je n'estime pas qu'on doive être fâché de ne point faire un voyage, où, comme Votre Altesse remarque fort bien, les incommodités étaient infaillibles et les avantages fort incertains. Pour moi, grâces à Dieu, j'ai achevé celui qu'on m'avait obligé de faire en France, et je ne suis pas marri d'y être allé, mais je suis encore plus aise d'en être revenu. Je n'y ai vu personne dont il m'ait semblé que la condition fût digne d'envie, et ceux qui y paraissent avec le plus d'éclat m'ont semblé être les plus dignes de pitié. Je n'y pouvais aller en un temps plus avantageux pour me faire bien reconnaître la félicité de la vie tranquille et retirée, et la richesse des plus médiocres fortunes. Si Votre Altesse compare sa condition avec celle des reines et des autres princesses de l'Europe, elle y trouvera même différence qu'entre ceux qui sont dans le port, où ils se reposent, et ceux qui sont en pleine mer, agités par les vents d'une tempête. Et bien qu'on ait été jeté dans le port par un naufrage, pourvu qu'on n'y manque pas des choses nécessaires à la vie, on ne doit pas y être moins content, que si on y était arrivé d'autre façon. Les fâcheuses rencontres qui arrivent aux personnes qui sont dans l'action, et dont la félicité dépend toute d'autrui, pénètrent jusqu'au fond de leur cœur, au lieu que cette vapeur venimeuse, qui est descendue des arbres sous lesquels se promenait paisiblement Votre Altesse, n'aura touché, comme j'espère, que l'extérieur de la peau, laquelle si on eût lavée sur l'heure avec un peu d'eau-de-vie, je crois qu'on en aurait ôté tout le mal.

Je n'ai reçu aucune lettre, depuis cinq mois, de l'ami[1] dont j'avais écrit ci-devant à Votre Altesse. Et parce qu'en sa dernière il me mandait fort ponctuellement les raisons qui avaient empêché la personne[2] à laquelle il avait donné mes lettres, de me faire réponse, je juge que son silence ne vient que de ce qu'il attend encore cette réponse, ou bien peut-être qu'il a quelque honte de n'en avoir point à m'envoyer, ainsi qu'il s'était imaginé. Je me retiens aussi de lui écrire le premier, afin de ne lui sembler point reprocher cela par mes lettres, et je ne laissais pas de savoir souvent de ses nouvelles, lorsque j'étais à Paris, par le moyen de ses proches, qui en recevaient tous les huit jours. Mais lorsqu'ils lui auront mandé que je suis ici, je ne doute point qu'il ne m'y écrive, et qu'il ne me fasse entendre ce qu'il saura du procédé qui touche Votre Altesse, parce qu'il sait que j'y prends beaucoup d'intérêt. Mais ceux qui n'ont point eu l'honneur de vous voir, et qui n'ont point une connaissance très particulière de vos vertus, ne sauraient pas concevoir qu'on puisse être si parfaitement que je suis, etc.

---

1. Chanut.
2. Christine de Suède.

[A MORUS[1]]

[Egmond, 5 février 1649.]

Les louanges dont vous me comblez, homme très généreux, sont moins des témoignages de mes mérites, dont aucun ne saurait les égaler, que de votre bienveillance à mon égard. Cette bienveillance, qui a pour origine la seule lecture de mes écrits, me montre si bien la sincérité et la générosité de votre âme qu'elle m'attache entièrement à vous. C'est pourquoi je répondrai très volontiers à vos questions.

1. La première porte sur la définition du corps : *pourquoi je dis que le corps est une substance étendue plutôt qu'une substance sensible, tangible ou impénétrable ?* Mais la nature même de la chose vous avertit qu'en disant *une substance sensible* on définit le corps par sa relation à nos sens; de cette manière on ne rend compte que d'une de ses propriétés, non de sa nature entière, qui, pouvant exister même s'il n'y avait pas d'hommes du tout, ne dépend certainement pas de nos sens. Et je ne vois pas pourquoi vous dites qu'il est très nécessaire que toute matière soit sensible. Bien au contraire, il n'est pas de matière qui ne soit tout à fait insensible, si seulement elle est divisée en parties beaucoup plus petites que les particules de nos nerfs et animées chacune dans leur particulier d'un mouvement assez rapide.

Quant à mon argument que vous dites *maladroit et presque sophistique,* je ne l'ai employé que pour réfuter l'opinion de ceux qui estiment avec vous que tout corps est sensible : opinion qu'il réfute, à mon avis, d'une manière claire et démonstrative. Le corps peut en effet garder toute sa nature de corps tout en n'étant à l'égard des sens ni mou, ni dur, ni froid, ni chaud, sans avoir enfin aucune qualité sensible.

Pour en venir à l'erreur que vous semblez vouloir m'attribuer par la comparaison de la cire qui peut bien

1. Traduction. — Henri More ou Morus (1614-1687). Philosophe et théologien anglais. « Fellow » au collège du Christ, de l'Université de Cambridge.

ne pas être carrée, ou ne pas être ronde, mais qui ne peut cependant n'avoir aucune forme, j'aurais dû de ce fait que, selon mes principes, toutes les qualités sensibles consistent seulement en des modes déterminés du mouvement ou du repos, j'aurais dû, dis-je, conclure que le corps peut exister sans qu'aucunes de ses parties se meuvent ou soient en repos; ce qui ne m'est jamais venu à l'esprit. Ainsi donc le corps n'est pas correctement défini une substance sensible.

Voyons maintenant si on ne pourrait pas mieux le définir *une substance impénétrable ou tangible,* dans le sens où vous l'expliquez.

Mais, encore une fois, cette tangibilité et cette impénétrabilité dans le corps, est seulement, comme la faculté de rire dans l'homme, un propre au quatrième degré, selon les règles communes de la logique, non la différence vraie et essentielle qui consiste, je le soutiens, dans l'étendue; et de même que l'homme ne se définit pas un animal doué de la faculté de rire, mais doué de raison, de même, le corps ne se définit pas par l'impénétrabilité, mais par l'étendue. Et cela se confirme par le fait que la tangibilité et l'impénétrabilité sont en relation avec les parties et présupposent le concept de division ou de limite; tandis que nous pouvons concevoir un corps continu d'une grandeur indéterminée ou indéfinie sans y considérer autre chose que l'étendue.

Mais, me dites-vous, *Dieu, ou un ange, ou tout ce qui subsiste par soi, est étendu, par conséquent la définition est plus large que le défini.* Pour moi, je n'ai pas l'habitude de disputer sur des mots; si, parce que Dieu est partout, on dit qu'il est étendu d'une certaine manière, je veux bien. Je nie cependant que la véritable étendue, telle qu'elle est ordinairement conçue par tous, se trouve en Dieu, ou en un ange, ou en notre âme, ou enfin en toute substance qui n'est pas corps. Par être étendu tous comprennent communément quelque chose d'imaginable (que ce soit un être de raison ou un être réel, peu importe), et dans cet être, ils peuvent distinguer par l'imagination des parties variées, de grandeur et de forme déterminées, dont l'une ne peut en aucune manière être l'autre, dont ils peuvent même transférer par l'imagination les unes à la place des autres, sans pouvoir toutefois imaginer que deux de ces parties se trouvent ensemble en un seul et même lieu. Or rien de semblable ne peut être dit de Dieu, ni de notre âme. Dieu n'est pas imaginable, mais intelligible seulement; il ne peut se décomposer en parties, surtout en parties qui ont des grandeurs et des formes déterminées. Enfin nous comprenons aisément que l'âme humaine, que Dieu, et que plusieurs anges à la fois puissent être dans un seul et même lieu. D'où il résulte manifestement que les substances incorporelles ne sont jamais à proprement parler étendues. Je les conçois comme des vertus ou des forces qui, tout en s'appliquant aux choses étendues, ne sont pas cependant étendues; de même que le feu qui se trouve pourtant dans le fer ardent n'est cependant pas le fer. Si bien des gens confondent la notion de substance avec la notion de chose étendue, cela vient d'un faux préjugé, savoir qu'ils croient que rien ne peut exister, ni être intelligible sans être aussi imaginable; et en vérité rien ne tombe sous l'imagination qui ne soit en quelque manière étendu. Et de même que l'on peut dire que la santé n'appartient qu'à l'homme, bien que, par analogie, la médecine, un air tempéré, et bien d'autres choses, soient dites saines aussi; de même, ce qui est imaginable par le fait d'avoir des parties séparées, d'une grandeur et d'une forme déterminées, c'est cela seul que je dis être étendu, bien que, par analogie, d'autres choses soient dites aussi étendues.

2. Pour passer maintenant à votre deuxième objection, si nous examinons la nature de cet être étendu que j'ai décrit, nous trouverons que ce n'est autre chose que l'espace, qu'on croit d'ordinaire tantôt plein, tantôt vide, tantôt réel, tantôt imaginaire. En effet, dans l'espace, même imaginaire et vide, tous imaginent facilement des parties de grandeur et de forme déterminées et peuvent transférer les unes à la place des autres par l'imagination, mais ils ne peuvent en aucune manière concevoir que deux de ces parties, se pénétrant mutuellement, occupent ensemble le même lieu, parce qu'il y a contradiction à ce que cela se fasse et à ce qu'aucune partie de l'espace ne soit supprimée. Et considérant que des propriétés si réelles ne peuvent appartenir qu'à un corps réel, j'ai pris sur moi d'affirmer qu'il n'y a pas d'espace entièrement vide et que tout être étendu est un corps véritable. Je n'ai pas hésité à m'écarter sur ce point de grands hommes tels qu'Épicure, Démocrite, Lucrèce; je me suis rendu

compte, en effet, qu'ils n'obéissaient pas à un raisonnement solide, mais à ce faux préjugé dont nous sommes tous imprégnés depuis notre naissance. En effet, bien que nos sens ne nous montrent pas toujours les corps extérieurs tels qu'ils sont de tout point, mais seulement dans la mesure où ils nous intéressent et peuvent nous être utiles ou nuisibles, comme j'en ai averti dans l'art. 3 de la 2e partie des *Principes,* nous avons cependant tous jugé, quand nous étions encore enfants, qu'il n'y avait rien dans le monde en dehors de ce qui nous était montré par les sens, qu'en conséquence il n'y avait de corps que sensible et que tous les lieux où nous ne sentions rien étaient vides. Ce préjugé n'ayant jamais été rejeté ni par Épicure, ni par Démocrite, ni par Lucrèce, je ne dois pas suivre leur autorité.

Je suis surpris qu'un homme par ailleurs très perspicace, voyant qu'il ne peut nier la présence d'une substance dans tout espace, parce qu'on y reconnaît, à n'en pas douter, toutes les propriétés de l'étendue, préfère cependant dire que l'étendue divine remplit l'espace où il n'y a pas de corps, plutôt que d'avouer qu'il ne peut pas y avoir d'espace sans corps. En effet, comme je l'ai déjà dit, cette étendue divine supposée ne peut en aucune manière posséder les propriétés véritables que nous percevons très distinctement dans tout espace. Dieu, en effet, n'est ni imaginable, ni décomposable en parties qui soient mesurables et qui aient une forme.

Mais vous admettez facilement qu'il n'y a pas de vide dans la nature. Vous êtes préoccupé par la puissance divine, qui peut, croyez-vous, enlever tout ce qui est dans un vase et empêcher cependant que les parois ne se rejoignent. Pour moi, sachant que mon entendement est fini et que la puissance de Dieu est infinie, je ne détermine jamais rien en ce qui la concerne, mais je considère seulement ce que je puis percevoir et ce que je ne puis pas percevoir, et je prends garde avec soin qu'aucun de mes jugements ne s'écarte de ma perception. C'est pourquoi j'ose affirmer que Dieu peut tout ce que je perçois comme possible; je n'ose cependant pas nier qu'il puisse ce qui répugne à ma conception; mais je dis que cela implique contradiction. Ainsi, puisque je vois répugner à ma conception que toute espèce de corps soit ôtée d'un vase et qu'y demeure cependant l'étendue, non autrement conçue par moi que je concevais auparavant le corps qui s'y trouvait contenu, je dis que cela implique contradiction qu'une telle étendue demeure après l'enlèvement du corps, et qu'en conséquence les parois du vase doivent se rejoindre. Cela s'accorde entièrement avec mes autres opinions : je dis en effet ailleurs qu'il n'y a pas de mouvement qui ne soit en quelque façon circulaire, d'où il suit qu'on ne comprend pas bien que Dieu enlève d'un vase un corps quelconque sans comprendre du même coup qu'un autre corps vient à la place du premier, voire les parois du vase, en vertu du mouvement circulaire.

3. De la même manière, je dis qu'il y a contradiction à ce qu'existent des atomes étendus et cependant indivisibles; parce que bien que Dieu en puisse faire de tels qu'ils soient impossibles à diviser pour toute créature, nous ne pouvons certes pas comprendre qu'il ait pu se priver de la faculté de les diviser. Quant à votre comparaison, que ce qui est fait ne saurait ne point l'être, elle n'est pas valable. En effet, nous ne considérons pas comme marque d'impuissance que quelqu'un ne puisse pas faire ce que nous ne concevons pas comme possible, mais seulement qu'il ne puisse pas faire une chose parmi celles que nous percevons distinctement comme possibles. Or, nous voyons qu'il est possible de diviser l'atome puisque nous le supposons étendu; par suite, en jugeant qu'il ne peut pas être divisé par Dieu, nous jugerons que Dieu ne peut pas faire une chose que nous percevons comme possible. Nous ne voyons pas de la même manière qu'il peut se faire que ce qui a été fait n'ait pas été fait; au contraire, nous voyons que cela ne peut pas se faire du tout, et qu'en conséquence, il n'y a aucun défaut de puissance en Dieu parce qu'il ne le fait point. Quant à la divisibilité de la matière, il n'en va pas de même; encore que je ne puisse pas nombrer toutes les parties en lesquelles elle est divisible et que je dise en conséquence que leur nombre est indéfini, je ne peux cependant pas affirmer que cette division n'est jamais achevée par Dieu, parce que je sais que Dieu peut faire plus de choses que je n'en peux embrasser dans ma pensée; et j'ai admis dans l'art. 34 de la deuxième partie des *Principes* que cette division indéfinie de certaines parties de la matière puisse se faire en réalité.

4. Ce n'est pas par affectation de modestie, mais par

une prudence à mon avis nécessaire, que je dis de certaines choses qu'elles sont indéfinies plutôt qu'infinies. De Dieu seul, en effet, je conçois positivement qu'il est infini; des autres choses, comme de l'étendue du monde, du nombre des parties en lesquelles la matière est divisible, etc. si elles sont simplement infinies ou non, j'avoue que je l'ignore. Je sais seulement que je ne reconnais en elles aucune limite; en conséquence, je dis qu'à mon égard elles sont indéfinies.

Bien que notre esprit ne soit la mesure ni des choses, ni de la vérité, il doit assurément être la mesure de ce que nous affirmons ou nions. Quoi de plus absurde, en effet, quoi de plus inconsidéré que de vouloir porter un jugement sur des choses à la perception desquelles notre esprit, de notre aveu, ne saurait atteindre?

Je m'étonne que vous vouliez non seulement paraître vouloir faire cela quand vous dites : *Si elle est infinie par rapport à nous, l'étendue sera réellement infinie, etc.*; mais aller en outre jusqu'à imaginer une étendue divine qui aurait plus d'ampleur que l'étendue des corps, et supposer ainsi que Dieu a des parties extérieures les unes aux autres, qu'il est divisible, et lui attribuer par suite toute l'essence de la chose corporelle.

Pour qu'aucune difficulté ne subsiste sur ce point : quand je dis que l'étendue de la matière est indéfinie, je crois que cela suffit pour qu'on n'imagine pas en dehors d'elle un lieu quelconque où les particules de mes tourbillons pourraient s'en aller; partout en effet où un tel lieu peut se concevoir, il y a, selon mon opinion, quelque matière; parce qu'en disant qu'elle est indéfiniment étendue je dis qu'elle s'étend plus loin que tout ce qui peut être conçu par l'homme.

Mais cependant j'estime qu'il y a une très grande différence entre l'amplitude de cette étendue corporelle et l'amplitude de ce qu'en Dieu je n'appellerai pas étendue, puisque à proprement parler il n'y en a aucune, mais plutôt substance ou essence; c'est pourquoi j'appelle celle-ci simplement infinie, celle-là indéfinie.

D'ailleurs je n'admets pas ce que vous m'accordez en raison de votre bienveillance toute particulière : que le reste de mes opinions peut demeurer si ce que j'ai écrit au sujet de l'étendue de la matière est réfuté. C'est en effet un des principaux et à mon avis un des plus certains fondements de ma physique, et je vous assure qu'aucun argument ne donne satisfaction dans la Physique elle-même s'il n'enferme cette nécessité que vous appelez logique ou contradictoire; pourvu seulement que vous mettiez à part ce qui peut être connu par la seule expérience, par exemple qu'il y a un seul soleil autour de cette terre ou une seule lune et choses semblables. Puisque, sur le reste, vous ne vous écartez pas de mon opinion, j'espère que sur ce point aussi vous donnerez facilement votre assentiment, si vous considérez que c'est par préjugé que beaucoup croient que l'être étendu dans lequel il n'y a rien qui touche les sens n'est pas la vraie substance corporelle, mais seulement un espace vide; qu'il n'y a de corps que sensibles, et qu'il n'y a aucune substance qui ne tombe sous l'imagination et qui ne soit par suite étendue.

5. Mais il n'y a pas de préjugé auquel nous ne soyons tous plus accoutumés qu'à celui qui nous a persuadés depuis notre enfance que les bêtes pensent.

Aucune raison ne nous a poussés à croire cela si ce n'est que, voyant la plupart des membres des bêtes, dans leur apparence et dans leurs mouvements, ne différer que peu des nôtres, et croyant d'autre part qu'il y a en nous un principe unique de ces mouvements, savoir l'âme, la même pour mouvoir le corps et pour penser, nous n'avons pas douté qu'une telle âme ne se trouve chez les bêtes.

Mais après avoir remarqué qu'il faut distinguer deux principes différents des mouvements; l'un tout mécanique et corporel, qui dépend de la seule force des esprits animaux et de la seule conformation des membres, et qui peut être appelé âme corporelle; l'autre incorporel, savoir l'esprit ou cette âme que j'ai définie substance pensante, j'ai recherché plus soigneusement si les mouvements des esprits animaux procédaient de ces deux principes, ou d'un principe seulement. Et après avoir vu clairement que tous ces mouvements pouvaient procéder du seul principe corporel et mécanique, j'ai tenu pour certain et pour démontré que nous ne pourrions prouver en aucune manière qu'il y a une âme pensante chez les bêtes. Je ne m'attarde ni sur les ruses, ni sur les finesses des chiens et des renards, ni sur tout ce que les bêtes peuvent faire pour la nourriture, pour l'amour, ou par crainte. Je me fais fort en effet d'expliquer très facilement tout cela comme effets de la seule conformation des membres.

Bien que je tienne pour démontré qu'on ne peut prouver qu'il y a une pensée chez les bêtes, je ne crois pas cependant qu'on puisse démontrer qu'il n'y en a pas, parce que l'esprit humain ne pénètre pas leur cœur. Mais, en examinant ce qui est le plus probable en cette matière, je ne vois aucun argument militer en faveur de la pensée des bêtes, sauf un seul, à savoir, qu'ayant des yeux, des oreilles, une langue, et les autres organes des sens comme nous, il est vraisemblable qu'elles sentent comme nous; et que la pensée étant impliquée dans notre manière de sentir, il faut attribuer même aux bêtes une pensée semblable. Cet argument, étant très naturel, a pénétré l'esprit de tous les hommes, depuis toujours. Mais il y a d'autres arguments, beaucoup plus nombreux et plus forts, quoique moins familiers pour l'ensemble des hommes, qui nous persuadent du contraire. Parmi lesquels se range en bonne place celui qui soutient qu'il y a moins de probabilité pour que tous les vers, les moucherons, les chenilles, et le reste des animaux soient doués d'une âme immortelle que pour qu'ils se meuvent à l'imitation des machines.

D'abord, parce qu'il est certain que, dans le corps des animaux, comme dans les nôtres, il y a des os, des nerfs, des muscles, du sang, des esprits et d'autres organes disposés de telle sorte que par eux-mêmes, sans aucune pensée, ils puissent produire tous les mouvements que nous observons chez les bêtes. Ce qui est évident dans les convulsions, lorsque, malgré l'esprit, la machinerie du corps se meut souvent d'elle-même et en des façons plus diverses qu'elle n'a coutume de le faire sous l'action de la volonté.

Ensuite parce que, du moment que l'art est un imitateur de la nature et que les hommes peuvent fabriquer des automates variés dans lesquels, sans aucune pensée, se trouve le mouvement, il semble conforme à la raison que la nature produise aussi ses automates, mais qui l'emportent de beaucoup sur les produits de l'art, à savoir toutes les bêtes; surtout que nous ne voyons pas de raison pour que là où se trouve une conformation de membres telle que nous la voyons chez les animaux, doive se trouver aussi la pensée; et qu'en conséquence il est plus digne d'admiration de trouver un esprit dans chaque corps humain que de n'en trouver aucun chez les bêtes.

Mais de tous les arguments qui nous persuadent que

les bêtes sont dénuées de pensée, le principal, à mon avis, est que bien que les unes soient plus parfaites que les autres dans une même espèce, tout de même que chez les hommes, comme on peut voir chez les chevaux et chez les chiens, dont les uns apprennent beaucoup plus aisément que d'autres ce qu'on leur enseigne; et bien que toutes nous signifient très facilement leurs impulsions naturelles, telles que la colère, la crainte, la faim, ou autres états semblables, par la voix ou par d'autres mouvements du corps, jamais cependant jusqu'à ce jour on n'a pu observer qu'aucun animal en soit venu à ce point de perfection d'user d'un véritable langage c'est-à-dire d'exprimer soit par la voix, soit par les gestes quelque chose qui puisse se rapporter à la seule pensée et non à l'impulsion naturelle. Ce langage est en effet le seul signe certain d'une pensée latente dans le corps; tous les hommes en usent, même ceux qui sont stupides ou privés d'esprit, ceux auxquels manquent la langue et les organes de la voix, mais aucune bête ne peut en user; c'est pourquoi il est permis de prendre le langage pour la vraie différence entre les hommes et les bêtes.

Les autres arguments qui retirent la pensée aux bêtes, je les passe sous silence, pour être bref. Je voudrais cependant indiquer que je parle de la pensée, non de la vie ou de la sensibilité : je ne refuse la vie à aucun animal, car je crois qu'elle consiste dans la seule chaleur du cœur; je ne lui refuse même pas la sensibilité, dans la mesure où elle dépend d'un organe corporel. Si bien que mon opinion est moins cruelle envers les bêtes qu'elle n'est pieuse envers les hommes qui ne sont plus asservis à la superstition des Pythagoriciens et qui sont délivrés du soupçon de crime toutes les fois qu'ils mangent ou tuent les animaux.

J'ai peut-être développé toutes ces choses plus longuement que ne le demandait la pénétration de votre esprit; j'ai voulu témoigner de cette manière que bien peu d'objections jusqu'à ce jour m'ont été aussi agréables que les vôtres, et que votre humanité, votre sincérité, vous ont fermement attaché celui qui est le serviteur empressé de tous ceux qui aiment la vraie sagesse.

A ÉLISABETH

[Egmond, 22 février 1649.]

MADAME,

ENTRE plusieurs fâcheuses nouvelles que j'ai reçues de divers endroits en même temps, celle qui m'a le plus vivement touché, a été la maladie de Votre Altesse. Et bien que j'en aie aussi appris la guérison, il ne laisse pas d'en rester encore des marques de tristesse en mon esprit, qui n'en pourront être sitôt effacées. L'inclination à faire des vers, que Votre Altesse avait pendant son mal, me fait souvenir de Socrate, que Platon dit avoir eu une pareille envie, pendant qu'il était en prison. Et je crois que cette humeur de faire des vers, vient d'une forte agitation des esprits animaux, qui pourrait entièrement troubler l'imagination de ceux qui n'ont pas le cerveau bien rassis, mais qui ne fait qu'échauffer un peu plus les fermes, et les disposer à la poésie. Et je prends cet emportement pour une marque d'un esprit plus fort et plus relevé que le commun.

Si je ne connaissais le vôtre pour tel, je craindrais que vous ne fussiez extraordinairement affligée d'apprendre la funeste conclusion des tragédies d'Angleterre[1]; mais je me promets que Votre Altesse, étant accoutumée aux disgrâces de la fortune, et s'étant vue soi-même depuis peu en grand péril de sa vie, ne sera pas si surprise, ni si troublée, d'apprendre la mort d'un de ses proches, que si elle n'avait point reçu auparavant d'autres afflictions. Et bien que cette mort si violente semble avoir quelque chose de plus affreux que celle qu'on attend en son lit, toutefois, à le bien prendre, elle est plus glorieuse, plus heureuse et plus douce, en sorte que ce qui afflige particulièrement en ceci le commun des hommes, doit servir de consolation à V. A. Car c'est beaucoup de gloire de mourir en une occasion qui fait qu'on est universellement plaint, loué et regretté

1. Le roi Charles Ier d'Angleterre, oncle d'Élisabeth, avait eu la tête tranchée le 9 février 1649.

de tous ceux qui ont quelque sentiment humain. Et il est certain que, sans cette épreuve, la clémence et les autres vertus du Roi dernier mort n'auraient jamais été tant remarquées ni tant estimées qu'elles sont et seront à l'avenir par tous ceux qui liront son histoire. Je m'assure aussi que sa conscience lui a plus donné de satisfaction, pendant les derniers moments de sa vie, que l'indignation, qui est la seule passion triste qu'on dit avoir remarquée en lui, ne lui a causé de fâcherie. Et pour ce qui est de la douleur, je ne la mets nullement en compte; car elle est si courte, que, si les meurtriers pouvaient employer la fièvre, ou quelque autre des maladies dont la nature a coutume de se servir pour ôter les hommes du monde, on aurait sujet de les estimer plus cruels qu'ils ne sont, lorsqu'ils les tuent d'un coup de hache. Mais je n'ose m'arrêter longtemps sur un sujet si funeste; j'ajoute seulement qu'il vaut beaucoup mieux être entièrement délivré d'une fausse espérance, que d'y être inutilement entretenu.

Pendant que j'écris ces lignes, je reçois des lettres d'un lieu d'où je n'en avais point eu depuis sept ou huit mois; et une entre autres, que la personne[1] à qui j'avais envoyé le *Traité des Passions,* il y a un an, a écrite de sa main pour m'en remercier. Puisqu'elle se souvient, après tant de temps, d'un homme si peu considérable comme je suis, il est à croire qu'elle n'oubliera pas de répondre aux lettres de Votre Altesse, bien qu'elle ait tardé quatre mois à le faire. On me mande qu'elle a donné charge à quelqu'un des siens d'étudier le livre de mes *Principes,* afin de lui en faciliter la lecture; je ne crois pas néanmoins qu'elle trouve assez de loisir pour s'y appliquer, bien qu'elle semble en avoir la volonté. Elle me remercie, en termes exprès, du *Traité des Passions ;* mais elle ne fait aucune mention des lettres auxquelles il était joint; et l'on ne me mande rien du tout de ce pays-là qui touche Votre Altesse. De quoi je ne puis deviner autre chose, sinon que, les conditions de la paix d'Allemagne n'étant pas si avantageuses à votre maison qu'elles auraient pu être, ceux qui ont contribué à cela sont en doute si vous ne leur en

1. Christine de Suède.

voulez point de mal, et se retiennent, pour ce sujet, de vous témoigner de l'amitié.

J'ai toujours été en peine, depuis la conclusion de cette paix, de n'apprendre point que Monsieur l'Électeur votre frère[1] l'eût acceptée, et j'aurais pris la liberté d'en écrire plus tôt mon sentiment à Votre Altesse, si j'avais pu m'imaginer qu'il mît cela en délibération. Mais, parce que je ne sais point les raisons particulières qui le peuvent mouvoir, ce serait témérité à moi d'en faire aucun jugement. Je puis seulement dire, en général, que, lorsqu'il est question de la restitution d'un État occupé ou disputé par d'autres qui ont les forces en main, il me semble que ceux qui n'ont que l'équité et le droit des gens qui plaide pour eux, ne doivent jamais faire leur compte d'obtenir toutes leurs prétentions, et qu'ils ont bien plus de sujet de savoir gré à ceux qui leur en font rendre quelque partie, tant petite qu'elle soit, que de vouloir du mal à ceux qui leur retiennent le reste. Et encore qu'on ne puisse trouver mauvais qu'ils disputent leur droit le plus qu'ils peuvent, pendant que ceux qui ont la force en délibèrent, je crois que, lorsque les conclusions sont arrêtées, la prudence les oblige à témoigner qu'ils en sont contents, encore qu'ils ne le fussent pas; et à remercier non seulement ceux qui leur font rendre quelque chose, mais aussi ceux qui ne leur ôtent pas tout, afin d'acquérir, par ce moyen, l'amitié des uns et des autres, ou du moins d'éviter leur haine : car cela peut beaucoup servir, par après, pour se maintenir. Outre qu'il reste encore un long chemin pour venir des promesses jusqu'à l'effet; et que, si ceux qui ont la force s'accordent seuls, il leur est aisé de trouver des raisons pour partager entre eux ce que peut-être ils n'avaient voulu rendre à un tiers que par jalousie les uns des autres, et pour empêcher que celui qui s'enrichirait de ses dépouilles ne fût trop puissant. La moindre partie du Palatinat vaut mieux que tout l'Empire des Tartares ou des Moscovites, et après deux ou trois années de paix, le séjour en sera aussi agréable que celui d'aucun autre endroit de la terre. Pour moi,

1. La Paix de Westphalie ne restituait au frère d'Élisabeth qu'une partie de ses États, savoir le Bas-Palatinat.

qui ne suis attaché à la demeure d'aucun lieu, je ne ferais aucune difficulté de changer ces provinces, ou même la France, pour ce pays-là, si j'y pouvais trouver un repos aussi assuré, encore qu'aucune autre raison que la beauté du pays ne m'y fît aller; mais il n'y a point de séjour au monde, si rude ni si incommode, auquel je ne m'estimasse heureux de passer le reste de mes jours, si Votre Altesse y était, et que je fusse capable de lui rendre quelque service; parce que je suis entièrement, et sans aucune réserve, etc.

A CHANUT

Egmond, 26 février 1649.

MONSIEUR,

Vous avez grande raison de penser que j'ai beaucoup plus de sujet d'admirer qu'une Reine, perpétuellement agissante dans les affaires, se soit souvenue, après plusieurs mois, d'une lettre que j'avais eu l'honneur de lui écrire, et qu'elle ait pris la peine d'y répondre, que non pas qu'elle n'y ait point répondu plus tôt. J'ai été surpris de voir qu'elle écrit si nettement et si facilement en français; toute notre nation lui en est très obligée, et il me semble que cette Princesse est bien plus créée à l'image de Dieu, que le reste des hommes, d'autant qu'elle peut étendre ses soins à plus grand nombre de diverses occupations en même temps. Car il n'y a au monde que Dieu seul dont l'esprit ne se lasse point, et qui n'est pas moins exact à savoir le nombre de nos cheveux et à pourvoir jusques aux plus petits vermisseaux, qu'à mouvoir les cieux et les astres.

Mais, encore que j'aie reçu, comme une faveur nullement méritée, la lettre que cette incomparable Princesse a daigné m'écrire, et que j'admire qu'elle en ait pris la peine, je n'admire pas en même façon qu'elle veuille prendre celle de lire le livre de mes *Principes,* à cause que je me persuade qu'il contient plusieurs vérités qu'on trouverait difficilement ailleurs. On peut dire que ce ne sont que des vérités de peu d'importance, touchant des matières de physique, qui semblent n'avoir rien de commun avec ce que doit savoir une reine. Mais, d'autant que l'esprit de celle-ci est capable de tout, et que ces vérités de physique font partie des fondements de la plus haute et plus parfaite morale, j'ose espérer qu'elle aura de la satisfaction de les connaître. Je serais ravi d'apprendre qu'elle vous eût choisi, avec M. Franshemius, pour la soulager en cette étude; et je vous aurais très grande obligation, si vous preniez la peine de m'avertir des lieux où je ne me suis pas assez expliqué. Je serais toujours soigneux de vous répondre, dès le jour même que j'aurais reçu de vos lettres. Mais cela ne servirait que pour ma propre instruction; car il y a si loin d'ici à Stockholm[1], et les lettres passent par tant de mains avant que d'y arriver, que vous auriez bien plus tôt résolu de vous-même les difficultés que vous rencontreriez, que vous n'en pourriez avoir d'ici la solution.

Je remarquerai seulement, en cet endroit, deux ou trois choses que l'expérience m'a enseignées touchant ce livre. La première est, qu'encore que sa première partie ne soit qu'un abrégé de ce que j'ai écrit en mes *Méditations,* il n'est pas besoin toutefois, pour l'entendre, de s'arrêter à lire ces *Méditations,* à cause que plusieurs les trouvent beaucoup plus difficiles, et j'aurais peur que Sa Majesté ne s'en ennuyât. La seconde est qu'il n'est pas besoin non plus de s'arrêter à examiner les règles du mouvement, qui sont en l'article 46 de la seconde partie et aux suivants, à cause qu'elles ne sont pas nécessaires pour l'intelligence du reste. La dernière est qu'il est besoin de se souvenir, en lisant ce livre, que, bien que je ne considère rien dans le corps, que les grandeurs, les figures et les mouvements de leurs parties, je prétends néanmoins y expliquer la nature de la lumière, de la chaleur et de toutes les autres qualités sensibles; d'autant que je présuppose que ces qualités sont seulement dans nos sens, ainsi que le chatouillement et la douleur, et non point dans les objets que nous sentons, dans lesquels il n'y a que certaines figures et mouvements, qui causent les sentiments qu'on nomme lumière, chaleur, etc. Ce que je n'ai expliqué et

1. Plus d'un mois.

prouvé qu'à la fin de la quatrième partie; et toutefois il eſt à propos de le savoir et remarquer dès le commencement du livre, pour le pouvoir mieux entendre.

Au reſte, j'ai ici à m'excuser de ce que vos lettres me sont allées chercher à Paris, et que je ne vous avais point encore mandé mon retour en Hollande, où il y a déjà cinq mois que je suis; mais je supposais que Monsieur Clerselier vous l'écrirait, à cause qu'il me faisait souvent part de vos nouvelles, lorsque j'étais en France. Et j'étais bien aise de ne rien écrire de mon retour, afin de ne sembler point le reprocher à ceux qui m'avaient appelé. Je les ai considérés comme des amis qui m'avaient convié à dîner chez eux; et lorsque j'y suis arrivé, j'ai trouvé que leur cuisine était en désordre, et leur marmite renversée; c'eſt pourquoi je m'en suis revenu sans dire un mot, afin de n'augmenter point leur fâcherie. Mais cette rencontre m'a enseigné à n'entreprendre jamais plus aucun voyage sur des promesses, quoiqu'elles soient écrites en parchemin. Et bien que rien ne m'attache en ce lieu, sinon que je n'en connais point d'autre où je puisse être mieux, je me vois néanmoins en grand hasard d'y passer le reſte de mes jours; car j'ai peur que nos orages de France ne soient pas sitôt apaisés, et je deviens de jour à autre plus paresseux, en sorte qu'il serait difficile que je pusse derechef me résoudre à souffrir l'incommodité d'un voyage. Mais je suppose que vous reviendrez quelque jour du lieu où vous êtes; alors j'espère que j'aurai l'honneur de vous voir ici en passant. Et je serai toute ma vie, etc.

La lettre jointe à celle-ci ne contient qu'un compliment fort ſtérile : car n'étant interrogé sur aucune matière, je n'ai osé par respect en toucher aucune, afin de ne sembler pas vouloir faire le discoureur, et j'ai cru néanmoins que mon devoir m'obligeait d'écrire.

A Egmond, le 26 février 1649.

A CHRISTINE DE SUÈDE

[Egmond, 26 février 1649.]

MADAME,

S'IL m'arrivait qu'une lettre me fût envoyée du ciel, et que je la visse descendre des nues, je ne serais pas davantage surpris, et ne la pourrais recevoir avec plus de respect et de vénération, que j'ai reçu celle qu'il a plu à Votre Majesté de m'écrire. Mais je me reconnais si peu digne des remercîments qu'elle contient, que je ne les puis accepter que comme une faveur et une grâce, dont je demeure tellement redevable que je ne m'en saurais jamais dégager. L'honneur que j'avais ci-devant reçu d'être interrogé, de la part de Votre Majesté, par M. Chanut touchant le Souverain Bien, ne m'avait que trop payé de la réponse que j'avais faite. Et depuis, ayant appris par lui que cette réponse avait été favorablement reçue, cela m'avait si fort obligé, que je ne pouvais pas espérer ni souhaiter rien de plus pour si peu de chose; particulièrement d'une Princesse que Dieu a mise en si haut lieu, qui est environnée de tant d'affaires très importantes, dont elle prend elle-même les soins, et de qui les moindres actions peuvent tant pour le bien général de toute la terre, que tous ceux qui aiment la vertu se doivent estimer très heureux, lorsqu'ils peuvent avoir occasion de lui rendre quelque service. Et parce que je fais particulièrement profession d'être de ce nombre, j'ose ici protester à Votre Majesté qu'elle ne me saurait rien commander de si difficile, que je ne sois toujours prêt de faire tout mon possible pour l'exécuter; et que si j'étais né Suédois ou Finlandais, je ne pourrais être, avec plus de zèle, ni plus parfaitement que je suis, etc.

A CHANUT

[Egmond, 31 mars 1649.]

MONSIEUR,

LA dernière que vous avez pris la peine de m'adresser à Paris, n'est point parvenue jusques à moi; mais je viens d'en recevoir la copie par le soin de M. Brasset, et je tiens à une très insigne faveur d'apprendre par elle, qu'il plaît à la Reine de Suède que j'aie l'honneur de lui aller faire la révérence. J'ai tant de vénération pour les hautes et rares qualités de cette princesse, que les moindres de ses volontés sont des commandements très absolus à mon égard : c'est pourquoi je ne mets point ce voyage en délibération, je me résous seulement à obéir. Mais parce que vous ne me prescrivez aucun temps, et que vous ne le proposez que comme une promenade, dont je pourrais être de retour dans cet été, j'ai pensé qu'il serait malaisé que je pusse donner grande satisfaction à Sa Majesté en si peu de temps, et qu'elle aura peut-être plus agréable que je prenne mes mesures plus longues, et fasse mon compte de passer l'hiver à Stockholm. De quoi je tirerai un avantage, que j'avoue être considérable à un homme qui n'est plus jeune, et qu'une retraite de vingt ans a entièrement désaccoutumé de la fatigue; c'est qu'il ne sera point nécessaire que je me mette en chemin au commencement du printemps, ni à la fin de l'automne, et que je pourrai prendre la saison la plus sûre et la plus commode, qui sera, je crois, vers le milieu de l'été; outre que j'espère avoir cependant le loisir de mettre ordre à quelques affaires qui m'importent.

Ainsi je me propose d'attendre l'honneur de recevoir encore une fois de vos lettres, avant que je parte d'ici, et je ne manquerai pas d'obéir très exactement à tout ce qui me sera commandé de la part de Sa Majesté, ou bien à ce qu'il vous plaira me faire savoir lui être agréable. Car je ne sais s'il est à propos qu'elle sache que j'ai demandé ce délai; et je n'oserais prendre la liberté de lui écrire, parce que le respect et le zèle que j'ai, me font juger que mon devoir serait de me rendre au lieu où elle eſt, avant que les courriers y pussent porter des lettres ; mais je me fie en votre amitié et en votre adresse pour ménager mes excuses.

Au reſte, je ne sais en quels termes je vous puis remercier de toutes les offres qu'il vous plaît me faire, jusques à me vouloir même loger chez vous. Je n'ose les accepter, ni les refuser. Je vous puis seulement assurer que je ferai tout mon possible, pour n'en user qu'en telle sorte, que ni vous ni aucun des vôtres n'en serez incommodés, et que je serai toute ma vie, etc.

A CHANUT[1]

Egmond, 31 mars 1649.

Monsieur,

Je vous donnerai, s'il vous plaît, la peine de lire cette fois deux de mes lettres ; car, jugeant que vous en voudrez peut-être faire voir une à la Reine de Suède, j'ai réservé pour celle-ci ce que je pensais n'être pas besoin qu'elle vît, à savoir, que j'ai beaucoup plus de difficulté à me résoudre à ce voyage, que je ne me serais moi-même imaginé. Ce n'eſt pas que je n'aie un très grand désir de rendre service à cette Princesse. J'ai tant de créance à vos paroles, et vous me l'avez représentée avec des mœurs et un esprit que j'admire et eſtime si fort, qu'encore qu'elle ne serait point en la haute fortune où elle eſt, et n'aurait qu'une naissance commune, si seulement j'osais espérer que mon voyage lui fût utile, j'en voudrais entreprendre un plus long et plus difficile que celui de Suède, pour avoir l'honneur de lui offrir tout ce que je puis contribuer pour satisfaire à son désir. Mais l'expérience m'a enseigné que, même entre les personnes de très bon esprit, et qui ont un grand désir de savoir, il n'y en a que fort peu qui se

1. Cette lettre eſt pour Chanut seul. La précédente était deſtinée à être mise sous les yeux de la reine.

puissent donner le loisir d'entrer en mes pensées, en sorte que je n'ai pas sujet de l'espérer d'une Reine, qui a une infinité d'autres occupations. L'expérience m'a aussi enseigné que, bien que mes opinions surprennent d'abord, à cause qu'elles sont fort différentes des vulgaires, toutefois, après qu'on les a comprises, on les trouve si simples, et si conformes au sens commun, qu'on cesse entièrement de les admirer et par même moyen d'en faire cas, à cause que le naturel des hommes est tel, qu'ils n'estiment que les choses qui leur laissent de l'admiration et qu'ils ne possèdent pas tout à fait. Ainsi, encore que la santé soit le plus grand de tous ceux de nos biens qui concernent le corps, c'est toutefois celui auquel nous faisons le moins de réflexion et que nous goûtons le moins. La connaissance de la vérité est comme la santé de l'âme : lorsqu'on la possède, on n'y pense plus. Et bien que je ne désire rien tant que de communiquer ouvertement et gratuitement à un chacun tout le peu que je pense savoir, je ne rencontre presque personne qui le daigne apprendre. Mais je vois que ceux qui se vantent d'avoir des secrets, par exemple en la chimie ou en l'astrologie judiciaire, ne manquent jamais, tant ignorants et impertinents qu'ils puissent être, de trouver des curieux, qui achètent bien cher leurs impostures.

Au reste, il semble que la fortune est jalouse de ce que je n'ai jamais rien voulu attendre d'elle, et que j'ai tâché de conduire ma vie en telle sorte, qu'elle n'eût sur moi aucun pouvoir; car elle ne manque jamais de me désobliger, sitôt qu'elle en peut avoir quelque occasion. Je l'ai éprouvé en tous les trois voyages que j'ai faits en France, depuis que je suis retiré en ce pays, mais particulièrement au dernier, qui m'avait été commandé comme de la part du Roi. Et pour me convier à le faire, on m'avait envoyé des lettres en parchemin, et fort bien scellées, qui contenaient des éloges plus grands que je n'en méritais, et le don d'une pension assez honnête. Et de plus, par des lettres particulières de ceux qui m'envoyaient celles du Roi, on me promettait beaucoup plus que cela, sitôt que je serais arrivé. Mais, lorsque j'ai été là, les troubles inopinément survenus, ont fait qu'au lieu de voir quelques effets de ce qu'on m'avait promis, j'ai trouvé qu'on avait fait payer par l'un de mes proches les expéditions des lettres qu'on m'avait envoyées, et que je lui en devais rendre l'argent; en sorte qu'il semble que je n'étais allé à Paris que pour acheter un parchemin, le plus cher et le plus inutile qui ait jamais été entre mes mains. Je me soucie néanmoins fort peu de cela; je ne l'aurais attribué qu'à la fâcheuse rencontre des affaires publiques, et n'eusse pas laissé d'être satisfait, si j'eusse vu que mon voyage eût pu servir de quelque chose à ceux qui m'avaient appelé. Mais ce qui m'a le plus dégoûté, c'est qu'aucun d'eux n'a témoigné vouloir connaître autre chose de moi que mon visage; en sorte que j'ai sujet de croire, qu'ils me voulaient seulement avoir en France comme un éléphant ou une panthère, à cause de la rareté, et non point pour y être utile à quelque chose.

Je n'imagine rien de pareil du lieu où vous êtes; mais les mauvais succès de tous les voyages que j'ai faits depuis vingt ans, me font craindre qu'il ne me reste plus pour celui-ci, que de trouver en chemin des voleurs qui me dépouillent, ou un naufrage qui m'ôte la vie. Toutefois cela ne me retiendra pas, si vous jugez que cette incomparable Reine continue dans le désir d'examiner mes opinions, et qu'elle en puisse prendre le loisir; je serai ravi d'être si heureux que de lui pouvoir rendre service. Mais, si cela n'est pas, et qu'elle ait seulement eu quelque curiosité qui lui soit maintenant passée, je vous supplie et vous conjure de faire en sorte que, sans lui déplaire, je puisse être dispensé de ce voyage; et je serai toute ma vie, etc.

A Egmond, le dernier mars 1649.

A ÉLISABETH

[Egmond, 31 mars 1649.]

MADAME,

IL y a environ un mois que j'ai eu l'honneur d'écrire à Votre Altesse, et de lui mander que j'avais reçu quelques lettres de Suède. Je viens d'en recevoir derechef, par lesquelles je suis convié, de la part de la Reine, d'y faire un voyage à ce printemps, afin de pouvoir revenir avant l'hiver. Mais j'ai répondu de telle sorte que, bien que je ne refuse pas d'y aller, je crois néanmoins que je ne partirai point d'ici que vers le milieu de l'été. J'ai demandé ce délai pour plusieurs considérations, et particulièrement afin que je puisse avoir l'honneur de recevoir les commandements de V. A. avant que de partir. J'ai déjà si publiquement déclaré le zèle et la dévotion que j'ai à votre service, qu'on aurait plus de sujet d'avoir mauvaise opinion de moi, si on remarquait que je fusse indifférent en ce qui vous touche, que l'on n'aura, si on voit que je recherche avec soin les occasions de m'acquitter de mon devoir. Ainsi je supplie très humblement V. A. de me faire tant de faveur, que de m'instruire de tout ce en quoi elle jugera que je lui puis rendre service, à elle ou aux siens, et de s'assurer qu'elle a sur moi autant de pouvoir, que si j'avais été toute ma vie son domestique. Je la supplie aussi de me faire savoir ce qu'il lui plaira que je réponde, s'il arrive qu'on se souvienne des lettres de V. A. touchant le Souverain Bien, dont j'avais fait mention l'an passé dans les miennes, et qu'on ait la curiosité de les voir. Je fais mon compte de passer l'hiver en ce pays-là, et de n'en revenir que l'année prochaine. Il est à croire que la paix sera pour lors en toute l'Allemagne, et si mes désirs sont accomplis, je prendrai au retour mon chemin par le lieu où vous serez, afin de pouvoir plus particulièrement témoigner que je suis, etc.

[A MORUS]

[Egmond, 15 avril 1649[1].]

HOMME très illustre, je reçois votre bonne lettre du 5 mars, en un temps où je suis sollicité par tant d'autres occupations que je suis obligé de répondre sur l'heure très vite, ou de remettre ma réponse à plusieurs

1. Traduction. Descartes répond à une lettre de Morus du 5 mars 1649. Les textes en italique sont pris dans cette lettre.

semaines. Je penche pour l'empressement, car j'aime mieux paraître moins habile que moins serviable.

RÉPONSES AUX PREMIÈRES INSTANCES

Qu'il y a des propriétés premières par rapport aux autres, etc.

La faculté d'être sentie me semble n'être dans une chose sensible rien d'autre qu'une dénomination extrinsèque. Elle n'est pas adéquate à la chose; en effet, si elle se rapporte à nos sens, elle ne convient pas aux parties les plus ténues de la matière; si elle se rapporte à d'autres sens imaginaires tels que vous croyez que Dieu peut en produire, peut-être conviendra-t-elle aussi à des anges ou à des âmes; car je ne conçois pas plus facilement des nerfs sensitifs assez subtils pour pouvoir être ébranlés par les parties les plus petites de la matière qu'une faculté par l'action de laquelle notre esprit pourrait immédiatement sentir ou percevoir les autres esprits. Bien que dans l'étendue je comprenne facilement la relation mutuelle des parties, je crois cependant percevoir très bien l'étendue sans penser du tout à la relation mutuelle des parties. Ce que vous devez admettre même à plus forte raison que moi, parce que vous concevez l'étendue de telle manière qu'elle convient à Dieu, en qui cependant vous n'admettez aucunes parties.

Il n'est pas encore démontré que la tangibilité ou l'impénétrabilité sont les caractères propres de la substance étendue.

Si vous concevez l'étendue par la relation mutuelle des parties, vous ne semblez pas pouvoir nier que chacune de ses parties touche les autres parties voisines; cette tangibilité dont je parle est une propriété véritable et intrinsèque à la chose, mais il n'en est pas de même de celle qui est ainsi appelée d'après le sens du toucher.

D'autre part, il ne peut se concevoir qu'une partie d'une chose étendue pénètre l'autre partie qui lui est égale, sans concevoir du même coup qu'une moitié de cette étendue soit enlevée ou anéantie : or, ce qui est anéanti ne peut pénétrer autre chose; ainsi, il est démontré que l'impénétrabilité appartient à l'essence de l'étendue et non pas à l'essence d'aucune autre chose.

J'affirme qu'il y a une autre étendue aussi vraie.

Nous avons enfin convenu de la chose; reste la question

du nom, pour savoir si cette autre étendue doit être dite aussi une étendue véritable. Pour ce qui est de moi, je ne conçois ni en Dieu, ni dans les anges, ni en notre âme, une étendue de substance, mais seulement une étendue de puissance; de telle sorte qu'un ange, par exemple puisse exercer sa puissance tantôt sur une plus grande, tantôt sur une plus petite partie de la substance corporelle; en effet, s'il n'y avait pas de corps, je ne saurais concevoir aucun espace auquel un ange ou Dieu serait coextensif. Si quelqu'un attribue à la substance l'étendue qui est seulement de puissance, je crois que c'est en raison de ce préjugé par lequel il suppose que toute substance, et que Dieu lui-même, est imaginable.

RÉPONSES AUX DEUXIÈMES INSTANCES. *A considérer les parties de l'espace vide les unes absorberaient les autres, etc.*

Je le répète ici : si elles étaient absorbées, ce serait que la moitié de l'espace est supprimée et cesse d'être; or ce qui cesse d'être ne pénètre pas autre chose; il faut donc admettre l'impénétrabilité en tout espace.

Cet intermonde aurait sa durée, etc.

Je crois qu'il y a contradiction à concevoir qu'une durée intervienne entre la destruction du monde précédent et la création du nouveau. En effet, si nous rapportons cette durée à la succession des pensées divines ou à quelque chose de semblable, ce sera une erreur de conception, non la perception vraie de quelque chose.

Aux objections suivantes, j'ai déjà répondu, en notant que l'étendue qui est attribuée aux choses incorporelles est de puissance seulement et non de substance; et cette puissance, étant seulement un mode dans la chose à laquelle elle est attachée, ne peut être conçue comme étendue, si l'on supprime l'objet étendu avec lequel elle coexiste.

RÉPONSES AUX AVANT-DERNIÈRES INSTANCES. *Dieu positivement infini, c'est-à-dire existant partout, etc.*

Je n'admets pas ce *partout*. Vous semblez mettre l'infinité de Dieu en ceci qu'il existe partout; je ne souscris pas à cette opinion : je crois que Dieu, sous le rapport de sa puissance, est partout, mais, que sous le rapport de son essence, il n'a aucune relation avec le lieu. D'ailleurs comme en Dieu la puissance et l'essence ne se distinguent pas, je crois que mieux vaut en pareille matière raisonner de notre âme ou des anges, qui sont des objets mieux proportionnés à notre perception, plutôt que de Dieu.

Les difficultés suivantes me semblent toutes sorties de ce préjugé par lequel nous sommes trop habitués à imaginer toutes les substances, même celles que nous nions être corporelles, comme étendues, et à philosopher sans mesure sur les êtres de raison, en attribuant les propriétés de *l'être* ou de la *chose* ou *non-être*. Mais il faut bien se rappeler que le non-être ne peut avoir aucun attribut véritable et qu'on ne saurait concevoir à son égard ni *partie,* ni *totalité,* ni *sujet,* ni *addition,* etc. C'est pourquoi vous concluez fort bien que *l'esprit joue avec ses propres ombres* quand il considère les êtres logiques.

Un nombre certain et fini de stades suffirait, etc.

Mais il répugne à ma conception d'assigner une limite quelconque au monde, et je n'ai pas d'autre mesure des choses que je dois affirmer ou nier que ma propre perception. Je dis en conséquence que le monde est indéterminé ou indéfini parce que je ne reconnais pas de limites en lui; mais je n'oserais pas l'appeler infini parce que je perçois que Dieu est plus grand que le monde, non sous le rapport de l'étendue, car, comme je l'ai souvent dit, je ne la reconnais pas à proprement parler en Dieu, mais sous le rapport de la perfection.

RÉPONSES AUX DERNIÈRES INSTANCES

Si vous tenez cette promesse, etc.

Je ne suis pas certain de mettre jamais au jour la suite de ma philosophie, parce que cela dépend de nombreuses expériences dont je ne sais, si j'aurai jamais la possibilité de les faire; mais j'espère publier cet été un petit traité des passions où l'on verra de quelle manière selon moi tous les mouvements qui accompagnent nos passions sont produits en nous non par notre âme, mais par la seule machinerie du corps.

Que les chiens approuvent de la queue, ce sont là

seulement des mouvements qui accompagnent les affections, et je pense qu'il faut soigneusement les distinguer du langage qui seul révèle la pensée latente dans le corps.

Et aucun enfant, etc.

Le cas des enfants est différent de celui des bêtes : et je ne jugerais pas que les enfants sont doués d'esprit, si je ne voyais qu'ils sont de la même nature que les adultes; quant aux bêtes, elles ne grandissent jamais assez pour qu'on puisse reconnaître en elles des signes certains de pensée.

RÉPONSES AUX QUESTIONS[1]

A la première[2]. Il répugne à ma conception, ou, ce qui est la même chose, je considère comme contradictoire que le monde soit fini ou qu'il ait une limite, parce que je ne puis pas ne pas concevoir un espace au-delà de toutes les limites du monde qu'on voudra; or, un tel espace est pour moi un véritable corps. Et je ne m'attarde pas sur le fait qu'il soit appelé imaginaire par d'autres et qu'en conséquence le monde soit considéré comme fini; j'ai reconnu en effet dans quels préjugés cette erreur a son origine.

A la seconde[3]. En imaginant qu'un glaive traverse le monde et dépasse ses limites, vous montrez que vous ne concevez pas un monde fini; en effet, tout lieu atteint par le glaive, vous le concevez en réalité comme une partie du monde, bien que vous appeliez vide ce que vous concevez ainsi.

A la troisième[4]. Je ne peux pas mieux expliquer la force réciproque dans la séparation de deux corps l'un par rapport à l'autre qu'en vous mettant sous les yeux

1. A la fin de sa lettre du 5 mars 1649, Morus pose neuf questions auxquelles Descartes répond ici.

2. Première question : N'aurait-il pas pu arriver par les décrets divins ou par quelque autre manière que le monde fût fini ?

3. Seconde question : Un homme, assis aux confins du monde, pourrait-il traverser le monde avec son épée, de telle sorte que la lame fût hors des limites du monde ?

4. Troisième question : Comment être assuré que le transport de deux corps est réciproque ?

une barque échouée sur le sable tout contre la rive d'un fleuve et deux hommes dont l'un, se tenant sur la rive pousse la barque avec ses mains pour l'éloigner de la terre, et dont l'autre, de la même manière, se tenant dans la barque pousse la rive avec ses mains pour écarter aussi la barque de la terre. Si les forces de ces hommes sont égales, l'effort de celui qui se tient sur la terre, et qui par suite fait corps avec elle, ne concourt pas moins au mouvement de la barque que l'effort de celui qui eſt transporté avec la barque. D'où l'on voit que l'aƈtion par laquelle la barque s'écarte de la terre n'eſt pas moindre dans la terre elle-même que dans la barque. Et il n'y a pas de difficulté au sujet de celui qui s'eſt éloigné de vous alors que vous étiez assis; en effet, quand je parle ici de mouvement j'entends seulement celui qui s'accomplit par la séparation de deux corps immédiatement tangents.

A la quatrième[1]. Le mouvement de la lune détermine la matière céleſte, et, par conséquent, la terre aussi, qui y eſt contenue, à se porter d'un côté plutôt que de l'autre; mais elle ne lui donne pas la rapidité du mouvement; et comme cette rapidité dépend de la matière céleſte et qu'elle eſt à peu près la même au voisinage de la terre et au voisinage de la lune, la terre devrait tourner deux fois plus vite qu'elle ne tourne pour accomplir environ soixante fois son orbite dans le même temps que la lune accomplit une fois la sienne qui eſt soixante fois plus grande, si sa grandeur ne faisait obſtacle, comme il a été dit dans l'art. 151 de la troisième partie des *Principes*.

A la cinquième[2]. Je ne suppose aucune adhérence, ni aucune consiſtance dans les plus petites parties de la matière, si ce n'eſt en même façon que dans les corps sensibles et grands, et en dépendance du mouvement et du repos. Mais il faut noter que les particules cannelées en queſtion sont formées d'une matière très subtile et divisée en parcelles innombrables ou indéfinies en nom-

1. Quatrième queſtion : posée à propos de l'art. 149 de la troisième partie des *Principes* : Comment fera la lune pour que la terre achève dans un jour son tour sur son propre centre, puisqu'elle-même emploie trente jours pour achever le sien?

2. Cinquième queſtion : Sur la nature des particules cannelées.

bre, qui se joignent ensemble pour les composer, de telle sorte que je conçois plus de parcelles diverses dans chaque particule cannelée que le commun des hommes dans les plus grands corps.

A la sixième[1]. Je me suis efforcé d'expliquer la plus grande partie des choses que vous demandez dans le traité des passions. J'ajoute seulement que, jusqu'à ce jour, je n'ai rien trouvé touchant la nature des choses matérielles, dont je ne puisse imaginer très facilement une explication mécanique. Et, de même qu'il n'est pas honteux pour un homme philosophe de croire que Dieu peut mouvoir le corps, bien qu'il ne croie pas que Dieu soit corporel, de même, il n'est pas honteux pour lui de penser quelque chose de semblable au sujet des autres substances incorporelles. Et tout en estimant qu'aucun mode d'action ne convient d'une manière univoque à Dieu et aux créatures, j'avoue cependant que je ne trouve en mon esprit aucune idée pour me représenter comment Dieu ou un ange peuvent mouvoir la matière, qui soit différente de celle qui me montre comment j'ai conscience de pouvoir mouvoir mon corps par ma pensée. Quant à mon esprit, il ne peut ni tantôt s'étendre, ni tantôt se ramasser, relativement à l'espace, sous le rapport de sa substance, mais seulement sous le rapport de sa puissance, qu'il peut appliquer à des corps plus grands ou plus petits.

A la septième[2]. Si le monde avait été de toute éternité, assurément cette terre ne serait pas demeurée de toute éternité; mais d'autres auraient été produites ailleurs, et toute la matière ne se serait point réduite au premier élément. Si, en effet, en un lieu, certaines parties de la matière tombent en morceaux, d'autres parties, en un autre lieu, s'agglomèrent; et il n'y a plus de mouvement ou d'agitation dans tout l'univers en un temps qu'en un autre.

A la huitième[3]. Que les particules de l'eau et toutes les autres qui sont dans la terre aient des pores, cela suit

1. Sixième question : Sur l'union de l'âme avec le corps.
2. Septième question : Sur l'origine des mondes et les divers éléments.
3. Huitième question : Sur les pores des parties de l'eau.

évidemment de la manière dont j'ai décrit la production de la terre, c'est-à-dire à partir des particules du premier élément qui s'agglomèrent : en effet comme le premier élément ne se compose que de particules divisées à l'infini, il suit de là qu'il faut admettre des pores dans tous les corps qui en sont composés, jusqu'à l'extrême division possible.

A la neuvième[1]. Par ce que j'ai dit plus haut sur les deux hommes dont l'un se meut avec la barque et dont l'autre demeure immobile sur le rivage, j'ai suffisamment montré que pour moi il n'y a rien de plus positif dans le mouvement de l'un que dans le repos de l'autre.

Je ne vois pas très bien ce que veulent dire vos derniers mots : *Si une chose peut avoir une affection naturellement et d'elle-même, dont elle peut être entièrement privée, ou qu'elle peut recevoir d'ailleurs.*

Du reste, je voudrais que vous tinssiez pour certain qu'il me sera toujours très agréable de recevoir vos questions ou vos objections au sujet de mes écrits et que j'y répondrai dans la mesure de mes forces.

Votre très dévoué...

[A BRASSET[2]]

[Egmond, 23 avril 1649.]

Monsieur,

On n'a point trouvé étrange qu'Ulysse ait quitté les îles enchantées de Calypso et de Circé, où il pouvait jouir de toutes les voluptés imaginables, et qu'il ait aussi méprisé le chant des Sirènes, pour aller habiter un pays pierreux et infertile, d'autant que c'était le lieu de sa naissance. Mais j'avoue qu'un homme qui est né dans les jardins de la Touraine, et qui est maintenant en une terre, où, s'il n'y a pas tant de miel qu'en celle que Dieu avait promise aux Israélites, il est croyable

1. Neuvième question : Sur la nature du mouvement et du repos.
2. Secrétaire de l'ambassade de France à La Haye.

qu'il y a plus de lait, ne peut pas si facilement se résoudre à la quitter pour aller vivre au pays des ours, entre des rochers et des glaces. Toutefois, à cause que ce même pays est aussi habité pas des hommes, et que la Reine qui leur commande a toute seule plus de savoir, plus d'intelligence et plus de raison, que tous les doctes des cloîtres et des collèges que la fertilité des pays où j'ai vécu a produits, je me persuade que la beauté du lieu n'est pas nécessaire pour la sagesse, et que les hommes ne sont pas semblables aux arbres, qu'on observe ne croître pas si bien, lorsque la terre où ils sont transplantés est plus maigre que celle où ils avaient été semés. Vous direz que je ne vous rends ici que des imaginations et des fables, pour les importantes et véritables nouvelles, dont il vous a plu me faire part; mais ma solitude ne produit pas à présent de meilleurs fruits, et l'aise que j'ai de savoir que la France a évité le naufrage en une très grande tempête[1], emporte tellement mon esprit, que je ne puis rien dire ici sérieusement, sinon que je suis, etc.

A CHANUT

[Egmond, 23 avril 1649.]

Monsieur,

Si votre dernière lettre du 6 mars m'eût été rendue au temps que les messagers la devaient apporter, je crois que j'aurais eu l'honneur de vous voir à Stockholm, avant que vous eussiez reçu celle-ci; mais, ayant été retenu 12 ou 13 jours entre La Haye et Alkmar, il est arrivé que M. l'Amiral Flemming a pris la peine de venir ici, avant qu'elle m'eût appris qui il était, en sorte que, bien qu'il ait usé de plus de civilités que je n'en méritais, pour me convier à faire le voyage en sa compagnie, il ne m'a pas semblé que cela me dût faire prendre une résolution contraire à ce que je vous avais

1. La paix entre la Cour et le Parlement avait été signée à Rueil, le 11 mars.

écrit quelques jours auparavant, à savoir, que j'attendrais l'honneur de recevoir encore une fois de vos lettres, avant que je parte d'ici. Car j'apprenais seulement de ses paroles que vous lui aviez écrit en ma faveur, ce que je ne considérais que comme un effet de votre amitié; et les offres qu'il me faisait me semblaient n'être que des excès de sa courtoisie, à cause que, ne sachant point qu'il eśt l'un des amiraux de Suède, je ne voyais pas en quoi sa compagnie me pouvait aider pour la sûreté et la commodité du voyage. Et je n'avais point assez de présomption pour m'imaginer qu'une Reine, qui a tant de grandes choses à faire, et qui emploie si dignement tous les moments de sa vie, eût voulu avoir la bonté de vous charger de me recommander à lui de sa part. Je me tiens si obligé de cette faveur, que je vous puis assurer qu'il n'y aura rien qui me retienne, sitôt que j'aurai eu de vos lettres; et que j'ai un extrême désir de vous aller dire que je suis, etc.

A ÉLISABETH

[Egmond, juin 1649.]

Madame,

Puisque Votre Altesse désire savoir quelle eśt ma résolution touchant le voyage de Suède, je lui dirai que je persiśte dans le dessein d'y aller, en cas que la Reine continue à témoigner qu'elle veut que j'y aille, et M. Chanut, notre Résident en ce pays-là, étant passé ici, il y a huit jours, pour aller en France, m'a parlé si avantageusement de cette merveilleuse Reine, que le chemin ne me semble plus si long ni si fâcheux qu'il faisait auparavant; mais je ne partirai point que je n'aie reçu encore une fois des nouvelles de ce pays-là, et je tâcherai d'attendre le retour de M. Chanut pour faire le voyage avec lui, parce que j'espère qu'on le renverra en Suède. Au reśte, je m'eśtimerais extrêmement heureux, si, lorsque j'y serai, j'étais capable de rendre quelque service à Votre Altesse. Je ne manquerai pas d'en rechercher avec soin les occasions, et ne craindrai point d'écrire ouvertement tout ce que j'aurai fait ou pensé sur ce sujet, à cause que, ne pouvant avoir aucune intention qui soit préjudiciable à ceux pour qui je serai obligé d'avoir du respect, et tenant pour maxime que les voies justes et honnêtes sont les plus utiles et les plus sûres, encore que les lettres que j'écrirai fussent vues, j'espère qu'elles ne pourront être mal interprétées, ni tomber entre les mains de personnes qui soient si injustes, que de trouver mauvais que je m'acquitte de mon devoir et fasse profession ouverte d'être, etc.

A FREINSHEMIUS[1]

[Egmond, juin 1649.]

Monsieur,

Entre les excellentes qualités de M. Chanut, celle qui me semble mériter le plus d'amitié, est qu'il a soin de faire que tous ceux qu'il aime soient aussi amis les uns des autres. Et outre qu'il m'a assuré, en passant ici, qu'il vous a déjà inspiré quelque bonne volonté pour moi, il m'a si bien décrit votre vertu et votre franchise, que je ne laissais pas d'être entièrement à vous, encore que je n'espérasse aucune part en votre affection. Ainsi, Monsieur, je me promets que vous ne trouverez pas étrange que je m'adresse librement à vous en son absence, et que je vous supplie de me délivrer d'un scrupule, qui vient de l'extrême désir que j'ai d'obéir ponctuellement à la Reine votre maîtresse, touchant la grâce qu'elle m'a fait d'agréer que j'aie l'honneur de lui aller faire la révérence à Stockholm. M. Chanut vous sera témoin qu'avant qu'il fût arrivé ici, j'avais préparé mon petit équipage, et tâché de vaincre toutes les difficultés qui se présentent à un homme de ma sorte et de mon âge, lorsqu'il doit quitter sa demeure ordinaire pour s'engager à un si long chemin. Mais, nonobstant qu'il m'ait trouvé ainsi disposé à partir, et que j'aie

1. Professeur à l'Université d'Upsal et bibliothécaire de la reine Christine.

trouvé aussi qu'il était disposé à user de toutes sortes de raisons pour me persuader ce voyage, en cas que je n'y eusse pas été résolu; toutefois, parce qu'il ne m'a point dit qu'il eût aucun ordre de Sa Majesté pour me commander de me hâter, et que l'été est encore long, je lui ai proposé une difficulté, dont il a trouvé bon que je vous priasse de m'éclaircir. C'est que, n'ayant pu me préparer à ce voyage sans que plusieurs aient su que j'avais l'intention de le faire, et ayant quantité d'ennemis, non point, grâces à Dieu, à cause de ma personne, mais en qualité d'auteur d'une nouvelle philosophie, je ne doute point que quelques-uns n'aient écrit en Suède, pour tâcher de m'y décrier. Il est vrai que je ne crains pas que les calomnies aient aucun pouvoir sur l'esprit de Sa Majesté, parce que je sais qu'elle est très sage et très clairvoyante; mais, à cause que les Souverains ont grand intérêt d'éviter jusques aux moindres occasions que leurs sujets peuvent prendre pour désapprouver leurs actions, je serais extrêmement marri que ma présence servît de sujet à la médisance de ceux qui pourraient avoir envie de dire qu'elle est trop assidue à l'étude, ou bien qu'elle reçoit auprès de soi des personnes d'une autre religion, ou choses semblables; et bien que je désire extrêmement l'honneur de m'aller offrir à Sa Majesté, je souhaite plutôt de mourir dans le voyage, que d'arriver là pour servir de prétexte à des discours qui lui puissent être tant soit peu préjudiciables. C'est pourquoi, Monsieur, je vous supplie, non point de parler de ceci à Sa Majesté, mais de prendre la peine de me mander, sur ce que vous jugerez de ses inclinations et de la conjoncture des temps, ce qu'il est à propos que je fasse, et je ne manquerai pas d'y obéir exactement, soit que vous ordonniez que j'attende le retour de Monsieur Chanut (car, quoi qu'il puisse dire, je ne crois pas qu'il ait laissé là Madame sa femme, afin qu'elle retourne en France toute seule), soit que vous aimiez mieux que je me mette en chemin, aussitôt après que j'aurai eu de vos nouvelles.

Je vous demande encore une autre grâce, c'est qu'ayant été importuné par un ami de lui donner le petit *Traité des Passions,* que j'ai eu l'honneur d'offrir ci-devant à Sa Majesté, et sachant qu'il a dessein de le faire imprimer, avec une préface de sa façon, je n'ai encore osé lui envoyer, parce que je ne sais si Sa Majesté trouvera bon que ce qui lui a été présenté en particulier, soit rendu public, même sans lui être dédié. Mais, parce que ce traité est trop petit pour mériter de porter le nom d'une si grande Princesse, à laquelle je pourrai offrir quelque jour un ouvrage plus important, si cette sorte d'hommage ne lui déplaît point, j'ai pensé que peut-être elle n'aura point désagréable que j'accorde à cet ami ce qu'il m'a demandé; et c'est ce que je vous supplie très humblement de m'apprendre, car le principal de tous mes soins est de tâcher de lui obéir et de lui plaire. Au reste, afin que vous sachiez comment je me gouverne avec ceux auxquels je me donne, je vous dirai ici que je prétends que vous m'avez de l'obligation, de ce que je souffre que vos offices préviendront les miens; et que je suis, etc.

A ÉLISABETH

[Stockholm, 9 octobre 1649.]

MADAME,

ÉTANT arrivé depuis quatre ou cinq jours à Stockholm, l'une des premières choses que j'estime appartenir à mon devoir est de renouveler les offres de mon très humble service à Votre Altesse, afin qu'elle puisse connaître que le changement d'air et de pays ne peut rien changer ni diminuer de ma dévotion et de mon zèle. Je n'ai encore eu l'honneur de voir la Reine que deux fois; mais il me semble la connaître déjà assez, pour oser dire qu'elle n'a pas moins de mérite et a plus de vertu que la renommée lui en attribue. Avec la générosité et la majesté qui éclatent en toutes ses actions, on y voit une douceur et une bonté, qui obligent tous ceux qui aiment la vertu et qui ont l'honneur d'approcher d'elle, d'être entièrement dévoués à son service. Une des premières choses qu'elle m'a demandées a été si je savais de vos nouvelles, et je n'ai pas feint de lui dire d'abord ce que je pensais de Votre Altesse; car, remarquant la force de son esprit, je n'ai pas craint que cela lui donnât aucune jalousie, comme je m'assure aussi que V. A. n'en saurait avoir, de ce que je lui écris librement mes sentiments de cette Reine. Elle eﬆ extrêmement portée à l'étude des lettres; mais, parce que je ne sache point qu'elle ait encore rien vu de la philosophie, je ne puis juger du goût qu'elle y prendra, ni si elle y pourra employer du temps, ni par conséquent si je serai capable de lui donner quelque satisfaction, et de lui être utile en quelque chose. Cette grande ardeur qu'elle a pour la connaissance des lettres, l'incite surtout maintenant à cultiver la langue grecque, et à ramasser beaucoup de livres anciens; mais peut-être que cela changera. Et quand il ne changerait pas, la vertu que je remarque en cette Princesse, m'obligera toujours de préférer l'utilité de son service au désir de lui plaire; en sorte que cela ne m'empêchera pas de lui dire franchement mes sentiments; et s'ils manquent de lui être agréables, ce que je ne pense pas, j'en tirerai au moins cet avantage que j'aurai satisfait à mon devoir, et que cela me donnera occasion de pouvoir d'autant plus tôt retourner en ma solitude, hors de laquelle il eﬆ difficile que je puisse rien avancer en la recherche de la vérité; et c'eﬆ en cela que consiﬆe mon principal bien en cette vie. Monsieur Freinshemius a fait trouver bon à Sa Majeﬆé que je n'aille jamais au château, qu'aux heures qu'il lui plaira de me donner pour avoir l'honneur de lui parler; ainsi je n'aurai pas beaucoup de peine à faire ma cour, et cela s'accommode fort à mon humeur. Après tout néanmoins, encore que j'aie une très grande vénération pour Sa Majeﬆé, je ne crois pas que rien soit capable de me retenir en ce pays plus longtemps que jusques à l'été prochain; mais je ne puis absolument répondre de l'avenir. Je puis seulement vous assurer que je serai toute ma vie, etc.

A BRÉGY[1]

Stockholm, 15 janvier 1650.

Monsieur,

Je tiens à beaucoup de faveur qu'il vous ait plu prendre la peine de m'écrire de Hambourg, et je voudrais avoir quelques nouvelles qui méritassent de vous être mandées; mais, depuis les lettres que j'ai eu l'honneur de vous écrire le 8 décembre, je n'ai vu la Reine que quatre ou cinq fois, et ç'a toujours été le matin en sa bibliothèque, en la compagnie de Monsieur Fransheimius, où il ne s'est présenté aucune occasion de parler de rien qui vous touche. Et il y a quinze jours qu'elle est allée à Upsale, où je ne l'ai point suivie, ni ne l'ai pas encore vue depuis son retour, qui n'est que de jeudi au soir. Je sais aussi que Monsieur notre Ambassadeur ne l'a vue qu'une seule fois avant ce voyage d'Upsale, excepté en sa première audience, à laquelle j'étais présent. Pour d'autres visites, je n'en fais aucunes, et je n'entends parler de rien, de façon qu'il me semble que les pensées des hommes se gèlent ici pendant l'hiver aussi bien que les eaux; mais le zèle que j'ai pour votre service, ne saurait jamais se refroidir pour cela. Je vous suis extrêmement obligé de la bonne opinion qu'il vous a plu donner de moi à Monsieur Salvius; je crains seulement que, si je suis encore ici, lorsqu'il y viendra, il ne me trouve si différent de l'homme que vous lui aurez représenté, que cela lui fasse d'autant mieux voir mes défauts. Mais je vous jure que le désir que j'ai de retourner en mon désert, s'augmente tous les jours de plus en plus, et que je ne sais pas même si je pourrai attendre ici le temps de votre retour. Ce n'est pas que je n'aie toujours un zèle très parfait pour le service de la Reine, et qu'elle ne me témoigne autant de bienveillance que j'en puis raisonnablement souhaiter. Mais je ne suis pas ici en mon élément, et je ne désire que la tranquillité et

1. Vicomte de Brégy, ambassadeur de France en Pologne.

le repos, qui sont des biens que les plus puissants rois de la terre ne peuvent donner à ceux qui ne les savent pas prendre d'eux-mêmes. Je prie Dieu qu'il vous fasse avoir ceux que vous désirez, et je vous supplie de croire certainement que je suis,

Monsieur,

Votre très humble et très obéissant serviteur,

DESCARTES.

A Stockholm, le 15 janvier 1650.

ENTRETIEN
AVEC
BURMAN

L'entretien avec Burman est un document d'une valeur exceptionnelle. Un jeune homme de vingt ans, Burman, rend visite à Descartes qui l'accueille cordialement dans sa retraite d'Egmond, le retient à sa table, et répond de la manière la plus bienveillante à un grand nombre d'observations sur *les Méditations*, sur *les Principes*, sur le *Discours*. Cet entretien, qui a été long, qui a peut-être duré toute une journée, est d'une très grande richesse. Quand on le relit, on découvre chaque fois quelque chose de nouveau, et l'on entre plus avant dans l'intimité du philosophe. Certes, Descartes paraît circonspect; sur certains points délicats, il coupe court, refuse de s'engager, ou se dérobe par une boutade. Mais il a également des mouvements de sincérité incontestables; on sent très bien les choses qui lui tiennent à cœur. Par-dessus tout on admire son art merveilleux, cet art qui est le privilège des plus grands, pour mettre à l'aise son jeune interlocuteur, pour le mettre aussi à son niveau. C'est l'impression qui domine, et de beaucoup; au point qu'on ne saurait y échapper. Cela suffirait à donner un prix immense au texte qui va suivre et à augmenter notre admiration pour l'homme qui s'y révèle.

Une étrange séduction émane de ces pages. Nous sommes avec Burman les hôtes de Descartes, comme lui assis à sa table, en sa présence; et mis à l'aise, comme lui. Nous voyons s'éclairer des traits que nous avions déjà pu pressentir. Nous pouvons en particulier reconnaître ce caractère « courtois, affable et officieux » qui a été signalé maintes fois et qui n'avait pas échappé à Élisabeth quand elle écrivait en mai 1645 : « Je vois que les charmes de la vie solitaire ne vous ôtent point les vertus requises à la société. » Ce solitaire, si secret, si farouchement en garde contre les indiscrétions et les trahisons, était heureux dans la société de ses semblables et se plaisait à leur conversation, pourvu qu'il fût en confiance. Au fond, nul n'a aimé les hommes plus que lui, parce que nul n'a mieux senti leur égalité, ou, pour dire plus exactement peut-être, n'a mieux su les rendre égaux par la manière de leur parler. Il était naturel qu'il se plût dans la compagnie des simples, du cordonnier Rembrantz, par exemple, ou des jeunes, et nous savons qu'il en eut souvent auprès de lui, c'est-à-dire de ceux qui n'avaient pas encore été pervertis par la vanité ou par l'esprit de parti.

Nous n'avons pas seulement la présence de Descartes; nous avons aussi sa parole, plus précieuse encore, non moins précieuse que ses écrits. Descartes connaissait toute la vertu de la parole. Nous lisons dans une lettre à Chanut du 21 février 1648 : « La parole a beaucoup plus de force pour persuader que l'écriture. » Il faudrait ajouter sans doute que la parole livre davantage que l'écriture; si déterminé que soit un homme à ne dire que ce qu'il veut dire, elle l'entraîne toujours; elle révèle les sources vivantes de l'idée, les sentiments qui l'échauffent; et l'effort nécessaire pour trouver la communication avec un autre oblige celui qui parle à exprimer ce qui lui tient le plus à cœur et ce qui lui semble le plus propre à convaincre. D'où des nuances sans prix. On en trouvera dans ces pages. C'est une rare fortune de recueillir les propos de Descartes sur les points les plus importants des *Méditations,* des *Principes,* du *Discours :* Sur le cogito, sur le doute, sur le malin génie, sur la nature de l'esprit et sur celle du monde, sur l'infini, sur Dieu, sur les caractères de la volonté et sur ceux de l'idée claire... Je ne sais s'il y a rien de plus émouvant que ce conseil donné à Burman de recourir à sa conscience pour sentir l'absolu de la liberté, ou pour apprécier la force de l'idée claire, rien qui révèle une foi plus généreuse dans ce fonds commun où peuvent se retrouver et s'accorder tous les hommes, pourvu qu'ils ne soient ni aveuglés par les préjugés, ni troublés par les passions; chacun de nous peut en effet y découvrir et y reconnaître les principes d'une philosophie susceptible d'être entendue de tous nos semblables, même des Turcs.

La date de cet entretien, 16 avril 1648, n'est pas indifférente. Descartes a cinquante-deux ans. Il est mûri par la solitude et par la méditation. Certaines aversions se sont accusées chez lui; certaines espérances se sont affirmées. Plus que jamais il est en garde contre les théologiens et redoute leurs controverses, si préjudiciables aux hommes. A plusieurs reprises il prend soin de faire leur part et de déclarer qu'il ne veut pas s'aventurer sur leur terrain. C'est d'autant plus remarquable que son interlocuteur est d'une famille de théologiens, apprenti théologien lui-même. Il semble aussi, dirait-on, se détourner de la philosophie. On lira le passage où il explique que ce n'est pas nécessaire de revenir sur *les Méditations,* surtout de travailler à les approfondir; qu'il suffit d'en avoir pris une fois connaissance. Délibérément il se tourne vers le « grand livre du monde », vers la condition physique de l'homme qu'il compte bien pouvoir connaître à fond et pouvoir transformer. De ce côté est sa joie. Écoutons-le nous dire qu'il se souvient avec le plus grand plaisir de ses pensées sur le monde et qu'il ne voudrait pas les échanger avec d'autres portant sur un sujet différent. De ce côté est aussi sa grande espérance. Il prévoit une transformation radicale et prochaine de la vie qui apportera, entre autres bienfaits, celui d'unir les hommes et de les délivrer des miasmes de discorde qui leur ont fait tant de mal. Sa confiance est immense. Il se sent assuré de détenir une vérité inaltérable, garantie par les perfections de Dieu, d'avoir pénétré les secrets de la nature, et d'avoir découvert des principes d'explication, dont on ne comprendra peut-être la valeur que dans cent cinquante ans, mais à partir desquels il se fait fort de tout retrouver, aussi bien la formation de l'œuf et la production des organes que le mouvement des cieux, bref de reconstruire un monde qui ne différera que par l'existence de celui que Dieu a créé. — Mais le malin génie le guettait, pour le punir, semble-t-il, d'une ambition sans mesure : l'erreur s'introduit, par l'intervention constante d'une puissance que Descartes avait cependant exorcisée, l'imagination. Un peu partout, surtout dans *les Principes,* l'explication cartésienne nous transporte dans le domaine du pur imaginaire, de la ressemblance, de la conjecture. Par un glissement qui lui est naturel, qui procède de son ambition même, et dont il serait précieux d'étudier les causes, le philosophe de l'évidence intellectuelle verse dans l'évidence « fantastique » et suit avec ivresse les suggestions « trompeuses de l'imagination qui construit mal son objet ». On en trouvera plusieurs exemples dans cet entretien. On admirera en particulier le passage où Descartes voit dans une toupie d'enfant, qui tourne un quart d'heure, l'image des tourbillons stellaires qui tournent plusieurs milliers d'années. Et l'on ne notera pas sans surprise, vers la fin, cet autre passage où il impute à l'imagination la responsabilité des erreurs en physique. Critique de l'auteur par lui-même, précédant celles de Pascal et de Leibniz.

Burman avait certainement pris des notes très détaillées, qu'il a sans doute mises au point quelques jours plus tard, en les transmettant à Clauberg. Le manuscrit de Clauberg a été recopié sur un cahier que possède la bibliothèque de l'université de Göttingen.

Le texte de l'entretien est en latin, langue que Descartes écrivait, comme chacun sait, et fort bien; qu'il parlait aussi assez aisément pour pouvoir soutenir une discussion.

ENTRETIEN AVEC BURMAN

RÉPONSES DE RENÉ DESCARTES
A CERTAINES DIFFICULTÉS
TIRÉES DE SES MÉDITATIONS, DES PRINCIPES DE LA PHILOSOPHIE ET DU DISCOURS DE LA MÉTHODE.

(Réponses recueillies de sa propre bouche.)

LES MÉDITATIONS

MÉDITATION I

: *ou des Sens, ou par les Sens*[1].

Des sens, à savoir de la vue, grâce à laquelle j'ai perçu les couleurs, les figures, et toutes choses semblables; mais, en dehors de la vue, j'ai reçu les autres choses *par les sens,* c'est-à-dire par l'ouïe, car c'est ainsi que j'ai reçu et recueilli de mes parents, de mes précepteurs, des autres hommes, ce que je sais. On ne peut objecter ici que j'oublie les principes communs, et les idées de Dieu et de nous-mêmes, qui n'ont jamais été dans les sens. 1° En effet, j'ai d'abord reçu ces idées de cette manière, c'est-à-dire par l'ouïe. 2° L'auteur considère ici un homme qui commence à philosopher et qui ne fait attention qu'à ce dont il sait avoir pris connaissance. En effet, pour ce qui est des principes communs, ou des raisons, par exemple « il est impossible qu'une même chose soit et ne soit pas », les hommes gouvernés par les sens, comme nous sommes

1. Tout ce que j'ai reçu jusqu'à présent pour le plus vrai et le plus assuré, je l'ai appris des sens ou par les sens. [1re Méd.] p. 268.

tous avant la philosophie, ne les considèrent pas et n'y font pas attention; mais comme ces notions leur sont manifestement innées, et comme ils en font l'expérience en eux-mêmes, ils les oublient et ne les considèrent que confusément, jamais d'une manière abstraite, ni à part d'une matière et des choses singulières. S'ils les considéraient ainsi, personne n'en douterait, et si les Sceptiques avaient fait cela, personne n'eût été sceptique, car ces choses ne peuvent être niées par qui les considère avec attention. 3° Ici, il s'agit principalement d'une chose existante : savoir si elle est.

: *Je supposerai donc*[1]...

Ici l'auteur rend l'homme aussi incertain et le jette dans des doutes aussi grands qu'il peut; c'est pourquoi il n'objecte pas seulement ce que les Sceptiques ont coutume d'objecter, mais aussi tout ce qui se peut objecter, pour arriver ainsi à détruire absolument tous les doutes. C'est à cette fin qu'il introduit ici le malin génie, où l'on peut voir une supposition sans intérêt[2].

: ... *non moins rusé et trompeur que puissant.*

L'auteur parle ici d'une manière contradictoire, parce que la malice ne peut subsister avec la souveraine puissance.

: ... *d'aucun syllogisme*[3].

Objection. Mais n'a-t-on pas supposé le contraire? Principes I. 10.

Réponse. Avant cette conclusion : *je pense, donc je suis,* on peut avoir connaissance de cette majeure : *tout ce qui pense est,* parce qu'en réalité elle est antérieure à ma conclusion et que ma conclusion s'appuie sur elle. Et c'est

1. Je supposerai donc qu'il y a non point un vrai Dieu... mais un certain mauvais génie, non moins rusé et trompeur que puissant. [1re Méd.] p. 272.

2. Le texte latin est corrompu ici; notre interprétation est conjecturale.

3. Quand nous apercevons que nous sommes des choses qui pensent, c'est une première notion qui n'est tirée d'aucun syllogisme. Secondes réponses, p. 375.

ainsi que dans *les Principes* l'auteur dit qu'elle la précède, parce qu'implicitement elle est toujours supposée et antérieure. Mais je n'ai pas toujours une connaissance expresse et explicite de cette antériorité, et j'ai connaissance auparavant de ma conclusion, parce que je ne fais attention qu'à ce dont j'ai l'expérience en moi-même, savoir : *je pense, donc je suis,* tandis que je ne fais pas aussi bien attention à cette notion générale : *tout ce qui pense est ;* en effet, comme j'en ai averti, nous ne séparons pas ces propositions des choses singulières, mais nous les considérons en elles; c'est en ce sens que les mots cités ici doivent se comprendre.

: ... *vers lequel jamais le Souverain être ne peut se porter*[1].

Objection. Pour nous, qui avons été composés partie de néant et partie d'être, nous sommes portés aussi partie vers l'être et partie vers le néant. Dieu, au contraire, étant l'être suprême et pur, ne peut être porté vers le néant. Et cette méditation métaphysique est même très claire pour ceux qui y prêtent attention. Par suite, Dieu devrait être porté vers le néant, si ma faculté de percevoir, dans la mesure où je la tiens de Dieu, ou dans la mesure où j'en use correctement, ne donnant mon assentiment qu'à ce que je perçois clairement, si cette faculté, dis-je, me décevait et me trompait; de la sorte, en effet, Dieu lui-même me tromperait et tendrait au néant. Mais, objecterait quelqu'un, après que j'ai démontré que Dieu est et qu'il n'est pas trompeur, je puis dire : assurément l'esprit ne me trompe pas, car Dieu me l'a donné droit, mais la mémoire me trompe parce qu'il me semble me rappeler une chose qu'en réalité je ne me rappelle pas, car la mémoire est faible par elle-même.

Réponse. De la mémoire je ne puis rien dire; chacun peut expérimenter en soi s'il se rappelle bien; s'il en doute, il faut recourir à l'écriture ou à des secours semblables.

: ... *dans la faute qu'on appelle cercle*[2]...

---

1. La forme ou l'essence de la tromperie est un non-être vers lequel jamais le Souverain être ne peut se porter. Sixièmes réponses, § 5.

2. Je ne suis pas tombé dans la faute qu'on appelle cercle... Quatrièmes réponses, p. 461.

Objection. On peut le croire; car, dans la troisième méditation, l'auteur prouve l'existence de Dieu par des axiomes, alors qu'il n'est pas encore assuré de ne pas se tromper à leur sujet.

Réponse. Il prouve, et il sait qu'il ne se trompe pas au sujet des axiomes, puisqu'il y porte attention; aussi longtemps qu'il le fait, il est certain de ne pas se tromper et il est forcé de donner son assentiment.

Objection. Mais notre esprit ne peut concevoir qu'une chose en même temps. Or cette démonstration est assez longue, et elle est faite de plusieurs axiomes. D'autre part, toute pensée se fait dans l'instant, et, dans cette démonstration, de nombreuses pensées nous viennent à l'esprit. Il ne pourra donc pas porter son attention sur ces axiomes, alors qu'une pensée empêche l'autre.

Réponse. 1° Que la pensée ne puisse concevoir qu'une chose en même temps, cela n'est pas vrai; elle ne peut à la vérité concevoir en même temps beaucoup de choses, mais tout de même plus d'une : par exemple présentement je conçois et je pense en même temps que je parle et que je mange. 2° D'autre part, que la pensée se fasse dans l'instant, cela est faux puisque toutes nos actions se font dans le temps et que je peux être dit continuer et persévérer dans la même pensée pendant un certain temps.

Objection. Mais ainsi notre pensée sera étendue et divisible.

Réponse. Rien moins. Elle sera, en vérité, étendue et divisible quant à la durée, parce que sa durée peut être divisée en parties; mais elle n'est cependant ni étendue, ni divisible quant à sa nature, parce que celle-ci demeure inétendue; de la même manière que nous pouvons diviser la durée de Dieu en parties innombrables, bien que Dieu ne soit pas divisible.

Objection. Mais l'éternité est tout ensemble et tout à la fois.

Réponse. Cela ne peut se concevoir. Elle est tout ensemble et tout à la fois si vous entendez qu'on n'ajoute et qu'on ne retire jamais rien à la nature de Dieu. Mais elle n'est ni tout ensemble, ni tout à la fois si vous entendez qu'elle existe tout ensemble. En effet, si nous pouvons distinguer en elle des parties après la création du monde, pourquoi ne pourrions-nous le faire aussi bien avant cette création, puisque la durée est la même? Elle a été coextensive aux créatures par exemple pendant cinq mille années et elle a duré avec elles; elle aurait pu ainsi exister même avant la création du monde, si nous avions eu alors une mesure. Si donc notre pensée peut embrasser plus d'une chose, et si elle ne se fait pas dans l'instant, il est manifeste que nous pouvons embrasser dans sa totalité la démonstration de Dieu; et, tandis que nous le faisons, nous sommes certains de ne pas nous tromper; ainsi toute difficulté est supprimée.

: *Pour la question savoir s'il ne peut y avoir rien dans notre esprit*[1]...

Objection. Mais, de quelle manière pouvez-vous être conscient, puisque être conscient c'est penser? Pour penser ceci, que vous êtes conscient, vous passez à une autre pensée, et ainsi, vous ne pensez pas plus longtemps à la chose à laquelle vous pensiez auparavant, et ainsi vous n'êtes pas conscient de penser, mais d'avoir pensé.

Réponse. Être conscient, c'est assurément penser et réfléchir sur sa pensée, mais que cela ne puisse se faire tant que subsiste la pensée précédente, c'est faux, parce que, comme nous l'avons déjà vu, l'âme peut penser plusieurs choses en même temps, persévérer dans sa pensée, et toutes les fois qu'il lui plaît réfléchir sur ses pensées, ainsi, être consciente de sa pensée.

: ... *qui ne dépende entièrement de la pensée*[2].

Par exemple, le mouvement du bras.

: *C'est pourquoi je ne doute point*[3]...

Objection. L'auteur de ces objections conjecturait qu'en conséquence, l'esprit, même chez les enfants, devait toujours penser.

Réponse. L'auteur l'accorde.

1. Pour la question savoir s'il ne peut y avoir rien dans notre esprit, en tant qu'il est une chose qui pense, dont lui-même n'ait une actuelle connaissance... Quatrièmes réponses, p. 461.

2. ... il n'y a rien en notre esprit ... qui ne soit une pensée ou qui ne dépende entièrement de la pensée. Quatrièmes réponses, p. 461.

3. C'est pourquoi je ne doute point que l'esprit, aussitôt qu'il est infus dans le corps d'un enfant, ne commence à penser... Quatrièmes réponses, p. 462.

Objection. Mais, comme nous avons une idée innée de Dieu, est-ce que l'esprit de l'enfant n'aurait pas une idée actuelle de Dieu ?

Réponse. L'affirmer serait téméraire, car nous n'avons pas d'arguments valables à ce sujet. D'ailleurs, ce n'est pas probable : l'esprit dans l'enfance est tellement enseveli dans le corps qu'il n'a de pensées que celles qu'il tire de l'affection du corps.

Objection. Mais il peut penser plusieurs choses.

Réponse. Il le peut, si l'une n'empêche pas l'autre, comme c'est le cas; en effet le corps affecte l'âme de telle manière qu'il la trouble, et nous sentons en nous, quand nous sommes piqués par une aiguille ou par un autre instrument, que cela nous affecte de telle manière que nous ne pouvons pas penser à autre chose. Ainsi les hommes à moitié endormis ne pensent pour ainsi dire à rien d'autre. De même, l'esprit, dans l'enfance, est enseveli dans le corps au point de ne penser rien que de corporel; le corps qui trouble toujours l'esprit dans ses pensées, le trouble surtout pendant l'enfance. Et si l'esprit ne se rappelle pas les pensées de ce temps-là, cela tient à ce qu'elles n'ont laissé, comme ici, aucunes traces imprimées dans le cerveau : c'est ainsi qu'hier nous avons pensé beaucoup de choses dont il ne nous souvient déjà plus. L'esprit ne peut jamais être sans pensée; il peut en vérité être sans telle ou telle pensée, mais non sans aucune pensée, comme le corps ne peut, même un moment, être sans étendue.

Objection. Mais, même s'il ne reste pas d'impressions sur le cerveau, et s'il n'y a pas par suite de mémoire corporelle, il y a cependant une mémoire intellectuelle, comme par exemple pour les anges ou pour les âmes séparées; et ainsi, grâce à elle, l'esprit se souviendrait de ses pensées.

Réponse. Je ne nie pas la mémoire intellectuelle; elle existe. Par exemple, entendant que le mot R—O—I signifie la suprême puissance, je confie cela à ma mémoire, et, par la suite, grâce à ma mémoire, je me rappelle cette signification; ce qui se fait assurément grâce à la mémoire intellectuelle, car il n'y a entre ces trois lettres et leur signification aucune affinité dont je puisse tirer cette signification; mais c'est grâce à la mémoire intellectuelle que je me rappelle ce que désignent ces lettres. Toutefois, cette mémoire intellectuelle est plus des choses universelles que des choses singulières, et c'est ainsi que nous ne pouvons pas grâce à cela nous rappeler toutes nos actions singulières.

MÉDITATION II

: ... *si je l'ose dire, malicieux*[1]...

Cette restriction est ajoutée ici parce que l'auteur soutiendrait des choses contradictoires en disant très puissant et malicieux, car la souveraine puissance et la malice ne peuvent pas être ensemble. C'est pourquoi il dit : si je l'ose dire.

: ... *celui qui m'a donné l'être*[2]...

Mais est-ce Dieu ? Je l'ignore. N'est-ce pas plutôt ce génie qui se joue de moi, qui m'a créé aussi ? Mais je n'ai pas encore, à cet endroit, pris connaissance de ces choses, et je n'en parle que confusément.

: ... *ce qu'elle est*[3]...

Il a examiné ce point dans ce qui précède, alors qu'il examinait tous les attributs et accidents de la cire, qu'il voyait être seulement retirés de la cire et laisser la place à d'autres.

: *Et je n'ai point fait abstraction*[4]...

Objection. Mais il semble l'avoir fait, lorsque dans cette même méditation il montrait que les accidents se séparent de la cire et que cependant le corps lui-même ou la substance de la cire demeure.

1. ... maintenant que je suppose qu'il y a quelqu'un qui est extrêmement puissant et, si je l'ose dire, malicieux et rusé... 2e Méditation, p. 276.

2. ... quand même je dormirais toujours et que celui qui m'a donné l'être se servirait de toutes ses forces pour m'abuser... [2e Méditation] p. 278.

3. ... après avoir plus exactement examiné ce qu'elle est (la cire) ... [2e Méditation] p. 282.

4. Je n'ai point fait abstraction du concept de la cire d'avec celui de ses accidents. Cinquièmes réponses, p. 484.

Réponse. Il ne l'a pas fait cependant, car, bien qu'il ait accordé et dit que ces accidents sont enlevés de la cire, par exemple, la dureté, la froideur, etc., il a dit et remarqué que toujours d'autres accidents viennent à la place des premiers, de telle sorte que la cire n'est jamais sans accidents, si bien qu'il ne l'a jamais séparée des accidents.

: ... *il égale la puissance infinie de Dieu*[1]...

Objection. Mais quel besoin de cela, puisque Dieu a limité spontanément cette puissance dans les créatures, pour que nous n'ayons pas besoin d'égaler la puissance infinie ?

Réponse. Nous ne le savons pas. Par exemple. Prenons un triangle, chose, à ce qu'il semble très simple et que nous pourrions, semble-t-il très facilement égaler; néanmoins, nous ne le pouvons pas. En effet, même si nous démontrions tous les attributs que nous pouvons concevoir en lui, néanmoins mille ans après par exemple, un autre mathématicien trouvera en lui des propriétés plus nombreuses, si bien que nous ne sommes jamais certains d'avoir compris tout ce qui peut être compris au sujet de cette chose. On peut en dire autant du corps et de son étendue, de toutes les autres choses. L'auteur lui-même ne s'attribue la connaissance adéquate d'aucune chose; néanmoins il est certain d'avoir, en beaucoup de choses, sinon en toutes, une telle connaissance et de tels fondements que la connaissance adéquate pourrait en être déduite et l'a peut-être été déjà. Mais qui le soutiendrait ?

MÉDITATION III

: ... *à peine me pourraient-elles donner occasion*[2]...

Objection. Mais, comme toute erreur des idées provient de leur relation et de leur application aux choses

1. ... il faut que, par sa puissance de connaître, il égale la puissance infinie de Dieu, ce qui est entièrement impossible. Quatrièmes réponses, p. 440.

2. Si je considérais seulement les idées comme certains modes ou façons de ma pensée, sans les vouloir rapporter à quelque autre chose d'extérieur, à peine me pourraient-elles donner occasion de faillir. 3e Méditation, p. 287.

extérieures, il semble qu'il n'y ait aucune matière d'erreur si on ne les y rapporte pas.

Réponse. Il y a néanmoins matière d'erreur, même si je ne les rapporte à aucune chose en dehors de moi, puisque je pourrais me tromper dans leur nature même, par exemple, si je considérais l'idée de la couleur et si je disais que c'est une chose, une qualité, ou plutôt que la couleur elle-même qui se représente par cette idée est quelque chose de semblable : par exemple, si je disais que la blancheur est une qualité, même si je ne rapportais cette idée à aucune chose en dehors demoi, et si je disais ou supposais qu'il n'y a aucun objet blanc, je pourrais cependant me tromper à propos d'une abstraction, de la blancheur elle-même et de sa nature, ou de son idée.

: *Mais aussi peut-être*[1]...

Objection. Mais j'avais déjà reconnu que je suis une chose qui pense, et que ces idées ne peuvent provenir d'une chose qui pense.

Réponse. Mais 1° c'est seulemənt une objection, et un doute qui peut être présenté. 2° Je ne porte pas ici attention à la nature de mon être de la même manière que par la suite, quand je réfléchis sur elle; je ne l'ai pas fait non plus dans la première méditation, non plus qu'en aucun endroit de la deuxième; mais par la suite, dans cette troisième méditation, peu après, en réfléchissant sur moi plus soigneusement, je résous cette difficulté.

: *Je n'aurai aucun argument*[2]...

Objection. Mais n'y a-t-il pas, par la suite, dans la cinquième méditation, un autre argument?

Réponse. Il parle ici d'un argument pouvant être tiré d'un des effets de Dieu, pour en conclure la cause suprême, c'est-à-dire Dieu; mais il n'en a pas trouvé; car

1. Mais aussi peut-être me puis-je persuader que toutes ces idées sont du genre de celles que j'appelle étrangères, et qui viennent du dehors, ou bien qu'elles sont toutes nées avec moi, ou bien qu'elles ont toutes été faites par moi. 3e Méditation, p. 287.

2. Je n'aurai aucun argument qui me puisse convaincre et rendre certain de l'existence d'aucune autre chose que de moi-même. 3e Méditation, p. 291.

après avoir considéré très soigneusement tous les effets, il n'en a découvert aucun qui prouve Dieu, si ce n'est son idée. L'autre preuve, dans la cinquième méditation, procède a priori et non par considération de l'effet. Cet autre argument, dans les Méditations, suit celui dont il est ici question, parce que l'auteur les a trouvés en tel ordre que celui qu'il a exposé dans la présente méditation vient le premier, et que l'autre vient ensuite. Dans *les Principes,* au contraire, c'est l'autre qu'il a mis le premier, parce que la voie et l'ordre ne sont pas les mêmes pour l'invention et pour l'exposition. Or, dans *les Principes* il expose et agit synthétiquement.

: ... *il n'y en peut avoir aucune qui ne nous semble représenter quelque chose*[1]...

Objection. Mais il y a aussi l'idée du néant, qui n'est pas l'idée d'une chose.

Réponse. Cette idée est seulement négative, et peut à peine être appelée idée. Mais ici, l'auteur prend l'idée au sens propre et strict. Il y a encore les idées des notions communes qui ne sont pas des idées de choses à proprement parler; mais alors l'idée est prise dans un sens plus large.

: *Comment serait-il possible que je pusse connaître que je doute*[2]...

Objection. Mais dans le *Discours de la Méthode*[3], il dit qu'il a compris très évidemment que le doute n'est pas une preuve d'aussi grande perfection que la connaissance. Il a donc reconnu cela en dehors de toute relation avec l'être parfait, et il n'a pas connu Dieu avant lui-même.

Réponse. A cet endroit du *Discours de la Méthode* se trouve un abrégé des méditations qui doit être développé dans les méditations elles-mêmes. Il y a donc reconnu son imperfection par la perfection de Dieu. Et bien qu'il ne l'ait pas fait explicitement, il l'a fait pourtant implicite-

1. ... les idées étant comme des images, il n'y en peut avoir aucune qui ne nous semble représenter quelque chose... 3e Méditation, p. 292.

2. Car comment serait-il possible que je pusse connaître que je doute et que je désire... 3e Méditation, p. 294.

3. *Discours de la Méthode*. Quatrième partie, p. 148.

ment. Car, explicitement, nous pouvons connaître notre imperfection avant la perfection de Dieu, parce que nous pouvons faire attention à nous avant de faire attention à Dieu, et conclure à notre finitude avant de conclure à son infinitude; mais, implicitement, la connaissance de Dieu et de ses perfections doit toujours précéder la connaissance de nous-mêmes et de nos imperfections. Car, dans la réalité, la perfection infinie de Dieu est antérieure à notre imperfection, parce que notre imperfection est défaut et négation de la perfection de Dieu; or, tout défaut, comme toute négation, présuppose la chose dont elle est un défaut et une négation.

Objection. Mais ainsi, le néant devrait présupposer l'être?

Réponse. Voyez en métaphysique, le néant est compris à partir de l'être.

: ... *que je ne puisse par son moyen*[1]...

Objection. Mais en quoi la connaissance peut-elle contribuer à l'acquisition des autres perfections de Dieu?

Réponse. De toute manière et beaucoup, car par elle nous devenons plus sages et plus prudents, nous connaissons plus clairement ces perfections, et ainsi, les ayant clairement connues, nous les acquérons plus aisément, puisque la sagesse et la prudence doivent nous fournir des moyens pour les acquérir.

: ... *aucune qui me semble de plus difficile acquisition*[2].

Il faut ici distinguer avec soin entre l'intellection, la conception et l'imagination : distinction qui est d'un grand usage, par exemple les perfections de Dieu, nous ne les imaginons, ni ne les concevons, mais nous en avons l'intelligence : de quelle manière Dieu, dans un acte unique, a l'intelligence de tout, de quelle manière ses

1. Je ne vois rien qui empêche que je ne puisse m'acquérir par son moyen (de ma connaissance) toutes les autres perfections de la nature divine. 3e Méditation, p. 295.

2. Je ne me serais pas privé non plus d'aucune des choses qui sont contenues dans l'idée que je conçois de Dieu, parce qu'il n'y en a aucune qui me semble de plus difficile acquisition. 3e Méditation, p. 297.

décrets ne font qu'un avec lui, nous ne le concevons pas, mais nous en avons l'intelligence, parce que nous ne pouvons pas, pour ainsi dire, nous le représenter. Ainsi, les perfections et les attributs de Dieu, nous ne les concevons pas, mais nous en avons l'intelligence; pour les concevoir, nous les concevons comme indéfinis. Or, si je m'étais donné ma nature et ce que je suis, je me serais donné aussi toutes les perfections de Dieu telles que je les conçois dans leur indéfinité, par exemple je me serais donné une connaissance plus grande que celle que j'ai, une autre plus grande encore, et ainsi de suite; mais lorsque les indéfinis se multiplient ainsi, ils deviennent infinis, ou plutôt l'infini, car un tel indéfini et l'infini ne font qu'un. Or, de même que j'aurais augmenté toujours davantage ma connaissance, j'aurais augmenté pareillement mes autres attributs qui ne me semblent pas moins accessibles que la connaissance puisqu'on y parvient de la même façon, et ainsi je serais devenu Dieu : mais j'expérimente que je ne peux pas le faire et que je ne peux pas augmenter ma connaissance comme je le voudrais. Je ne tiens donc pas mon existence de moi-même, etc.

: *C'est une chose plus grande de créer ou conserver une substance que de créer ou conserver ses attributs*[1].

De la même substance bien entendu, car on ne doit pas instituer ici la comparaison d'une substance avec les attributs d'une autre.

Objection. Mais les attributs sont une même chose que la substance. Donc ce n'est pas plus difficile...

Réponse. Tous les attributs pris ensemble sont en vérité une même chose que la substance, mais non pris un par un et à part les uns des autres; ainsi, c'est plus de produire la substance que les attributs, savoir les attributs un par un, ou, tantôt l'un, tantôt l'autre, et ainsi de même pour tous.

: ... *comme s'il suivait de là*[2]...

1. C'est une chose plus grande et plus difficile de créer ou conserver une substance que de créer ou conserver ses attributs ou propriétés. Secondes réponses, p. 395.

2. Et encore que je puisse supposer que peut-être j'ai toujours été comme je suis maintenant, je ne saurais pas pour cela éviter la force de ce raisonnement, et ne laisse pas de connaître qu'il est

Objection. Mais est-ce que cela[1] ne suit pas de la pensée de ceux qui disent et prouvent ensuite qu'aucune création ne peut être de toute éternité, parce qu'elle serait alors indépendante comme Dieu lui-même.

Réponse. Libre à eux de voir ainsi; pour moi, je ne vois pas pourquoi une créature n'aurait pas pu être créée par Dieu de toute éternité; Dieu ayant eu sa puissance de toute éternité, rien ne semble s'opposer à ce qu'il ait pu la manifester de toute éternité.

Objection. Pourtant une cause libre se concoit comme antérieure à ses effets et à ses desseins.

Réponse. Mais ainsi, les décrets de Dieu eux-mêmes ne sauraient être de toute éternité, si l'on pense surtout que la puissance et la création n'expriment pas en Dieu une action plus grande que les décrets; bien plus, les décrets sont des actes de volonté, ainsi d'ailleurs que la création qui n'est que volonté de Dieu; si elle était autre, en effet, quelque chose de nouveau arriverait à Dieu dans la création.

Objection. Mais ainsi il y aurait le nombre infini?

Réponse. Quoi d'absurde à cela? N'est-il pas donné dans la division de la quantité? etc. On fait une distinction, mais en vain; et si le nombre infini peut être donné dans l'éternité *au regard de l'avenir,* à laquelle nous croyons par la foi, pourquoi ne serait-il pas donné aussi dans l'éternité *au regard du passé?*

Objection. Mais dans l'éternité *au regard du passé* les parties sont tout à la fois et en acte, tandis que dans l'éternité *au regard de l'avenir* elles sont seulement en puissance et jamais tout à la fois en acte.

Réponse. Elles ne sont pas tout à la fois en acte dans l'éternité *au regard du passé,* puisqu'il n'y a qu'une seule partie qui soit ainsi, savoir le présent, alors qu'il en est pour les autres comme dans l'éternité *au regard de l'avenir;* si donc celle-ci peut être donnée, celle-là peut l'être aussi.

---

nécessaire que Dieu soit l'auteur de mon existence. 3e Méditation, p. 297... La traduction est évidemment très large. La traduction littérale serait : je n'échappe pas à la force de ces raisons en supposant que j'ai peut-être toujours été comme je suis maintenant, comme s'il suivait de là qu'il ne faut chercher aucun auteur de mon existence.

1. C'est-à-dire, qu'il ne faut chercher aucun auteur de mon existence.

Ainsi donc, si j'étais de toute éternité, les parties de ma durée seraient séparées et cependant dépendraient de Dieu, si bien que l'argument garde sa force. Mais l'auteur, autant qu'il l'a pu, s'est efforcé de veiller à ce que les questions de cette sorte fussent écartées de ses méditations, pour n'offenser en aucune manière les pédagogues, etc.

: ... *il est fort croyable*[1]...

: ... *l'éloignement n'est pas si grand*[2]...

Objection. Mais pourquoi cela ? Est-ce que Dieu n'a pas pu vous créer et cependant ne pas vous créer à son image ?

Réponse. Non, car c'est un axiome commun et vrai : *l'effet est semblable à la cause*. Or Dieu est cause de mon être, je suis son effet, donc je lui suis semblable.

Objection. Mais l'architecte est la cause de la maison, qui cependant ne lui est pas semblable.

Réponse. Il n'est pas cause au sens où nous le prenons ici ; il applique seulement des forces actives à des choses passives ; il n'est donc pas nécessaire que son œuvre lui soit semblable. Mais ici nous parlons de la cause totale, de la cause de l'être lui-même ; une telle cause ne peut rien produire qui ne lui soit semblable, car, étant elle-même être et substance, et produisant quelque chose en lui donnant l'être, c'est-à-dire à partir du néant (mode de production qui convient à Dieu seul), il faut pour le moins que cet effet soit être et substance, qu'il soit ainsi semblable à Dieu et représente son image.

Objection. Mais de cette manière, la pierre et d'autres choses seront à l'image de Dieu.

Réponse. Elles ont elles aussi l'image et la ressemblance de Dieu, mais fort éloignées, faibles et confuses ; pour moi, qui tiens de la création de Dieu des qualités plus nombreuses, j'ai davantage son image. Mais je ne prends pas ici image dans le sens vulgaire, comme une

1. ... de cela seul que Dieu m'a créé, il est fort croyable qu'il m'a en quelque façon produit à son image et semblance... 3e Méditation, p. 299.

2. ... l'éloignement pourtant n'est pas si grand de la production naturelle à la divine que de l'artificielle à la même production divine. Cinquièmes réponses, p. 495.

chose figurée et peinte d'après une autre, mais dans un sens plus large, comme une chose qui a une ressemblance avec une autre; et si je me suis servi de ces mots dans *les Méditations,* c'est que communément dans l'Écriture, nous sommes dits créés à l'image de Dieu.

: *Toute chose dans laquelle réside*[1]...

Outre l'attribut qui spécifie la substance, il faut concevoir la substance elle-même qui est sous cet attribut : par exemple, l'âme, étant une chose pensante, est aussi, outre la pensée, une substance qui pense.

: ... *quelque idole*[2]...

Ce qui équivaut pour eux à l'idée pour nous; mais, par cela même qu'en formant une idole ils forment une idée réelle, ils forment une idée matériellement fausse.

: *Mais que cette puissance*[3]...

Cela ne pourrait valoir pour un athée qui ne se reconnaîtrait pas convaincu par un tel argument, argument qui d'ailleurs n'est pas propre à entraîner la conviction, et l'auteur ne veut point qu'on l'entende ainsi; mais cet argument doit être joint aux autres arguments qui concernent Dieu, il les présuppose et Dieu prouvé par eux; c'est ainsi que l'auteur, dan cette même réponse, avait prouvé l'existence de Dieu par son idée; si bien qu'il faudrait comprendre ainsi : sachant et ayant prouvé que Dieu est, et remarquant en même temps qu'en comptant je ne puis parvenir au plus grand des nombres, mais qu'un nombre plus grand que celui que je puis penser est

1. Toute chose dans laquelle réside immédiatement comme dans son sujet, ou par laquelle existe quelque chose que nous concevons, c'est-à-dire quelque propriété, qualité, ou attribut, dont nous avons en nous une réelle idée, s'appelle Substance. Secondes réponses, p. 391.

2. ... ceux qui nient d'avoir en eux l'idée de Dieu, et qui au lieu d'elle forgent quelque idole, etc., ceux-là, dis-je, nient le nom et accordent la chose. Secondes réponses, p. 374.

3. Mais que cette puissance que j'ai de comprendre qu'il y a toujours quelque chose de plus à concevoir dans le plus grand des nombres, que je ne puis jamais concevoir, ne me vient pas de moi-même. Secondes réponses, p. 375.

toujours pensable, il suit que la puissance que j'ai de comprendre cela, je ne la tiens pas de moi-même, mais que je l'ai reçue d'un être plus parfait que moi, c'est-à-dire de Dieu, dont j'ai prouvé l'existence par les arguments déjà mentionnés.

: ... *de l'idée d'un ange*[1]...

Objection. Pour ce qui touche à l'idée de l'ange, il est certain que nous le formons à partir de l'idée de notre esprit et que nous n'en avons de connaissance que par l'idée de notre esprit; si bien qu'il n'y a rien dans l'ange, autant que nous puissions le considérer en lui-même que nous ne puissions aussi remarquer en nous. Mais ainsi l'ange et notre esprit seront une même chose, puisque l'un et l'autre sont seulement une chose qui pense?

Réponse. Tous deux sont des choses qui pensent; mais cela n'empêche que l'ange n'ait des perfections bien plus nombreuses que notre esprit, ou à un degré plus élevé; si bien qu'ils pourraient même en quelque façon différer d'espèce, de la même manière que St Thomas voulait que les anges différassent tous d'espèce et qu'il les a ainsi décrits chacun dans leur particulier comme s'il avait été au milieu d'eux, d'où il a acquis le nom et la gloire de Docteur Angélique; mais bien qu'il ne se soit peut-être nulle part ailleurs donné plus de mal, nulle part il n'est plus inepte. La connaissance des anges nous échappe presque entièrement, parce que, comme je l'ai dit, nous ne saurions la tirer de notre esprit, et nous ignorons aussi tout ce qu'on demande d'ordinaire à leur sujet, s'ils peuvent s'unir à un corps, quels ont été ces corps que dans l'Ancien Testament ils revêtaient souvent, et choses semblables. Il est préférable pour nous de suivre sur ce point l'Écriture et de croire qu'ils étaient de jeunes hommes, qu'ils apparaissaient comme tels, et choses semblables.

1. Ce que vous ajoutez de l'idée d'un ange, laquelle est plus parfaite que nous... Secondes réponses, p. 374.

MÉDITATION IV

: *Et cette seule raison*[1]*...*

: *Et on ne peut pas feindre*[2]*...*

Il faut bien y prendre garde; nous ne devons jamais argumenter par la fin. En effet 1° la connaissance de la fin ne nous conduit pas à la connaissance de la chose elle-même; la nature de cette chose nous reste néanmoins cachée. C'est le plus grand vice d'Aristote, d'argumenter toujours par la fin. 2° Toutes les fins de Dieu nous sont cachées et il est téméraire de vouloir nous y envoler. Je ne parle pas ici des fins révélées; je ne considère les fins qu'en philosophe. Mais, sur ce point, nous sommes dans la plus grande erreur. Nous concevons Dieu comme une sorte d'homme supérieur, qui se propose telle ou telle chose et qui y tend par tels ou tels moyens, ce qui est certainement fort indigne de Dieu.

: *... de cela seul que je puis me représenter son idée*[3]*...*

Sachant par l'idée de Dieu que Dieu est l'être le plus parfait, auquel toutes les perfections absolues conviennent, je ne dois rien lui attribuer que je n'aie reconnu être absolument parfait; et tout ce que je puis imaginer de tel et concevoir comme une perfection absolument parfaite, du fait même que je puis l'imaginer, que cela convient à la nature de Dieu.

1. Et cette seule raison est suffisante pour me persuader que tout ce genre de causes, qu'on a coutume de tirer de la fin, n'est d'aucun usage dans les choses physiques et naturelles. 4e Méditation, p. 303.

2. Et on ne peut pas feindre qu'il y ait des fins plus aisées à découvrir les unes que les autres. Cinquièmes réponses, p. 497.

3. Je me représente l'idée d'une autre faculté (de concevoir) beaucoup plus ample et même infinie; et de cela seul que je puis me représenter son idée, je connais sans difficulté qu'elle appartient à la nature de Dieu. 4e Méditation, p. 304.

: ... *formellement en elle-même*[1].

Objection. Mais, pareillement, comprendre est comprendre, et ainsi, notre entendement ne différera pas de l'entendement de Dieu, même si l'entendement de Dieu s'étend à des choses plus nombreuses.

Réponse. Mais comprendre n'est pas comprendre, si cela vient à dépendre d'un objet et n'en peut être séparé; et non seulement notre entendement s'étend à nous de choses par l'entendement de Dieu, mais il est aussi très imparfait en lui-même; il est en effet obscur et mêlé d'ignorance, etc.

Objection. Mais alors, notre vouloir aussi est imparfait; car tantôt nous voulons et tantôt non, tantôt nous avons une volition, tantôt une velléité quand nous ne voulons pas parfaitement.

Réponse. Cela ne prouve pas le défaut du vouloir, mais seulement l'inconstance de la volition; cependant le vouloir est toujours également parfait, et cette hésitation provient du jugement, parce que nous ne jugeons pas bien.

Objection. Mais le jugement lui-même est l'œuvre de la volonté.

Réponse. Le jugement est assurément l'œuvre de la volonté, et, en tant que tel il est parfait; toute imperfection dont il souffre a pour origine l'ignorance de l'entendement; si l'on faisait disparaître cette ignorance, on ferait disparaître aussi l'hésitation, et le jugement serait constant et parfait. Mais, nous nous y prenons mal pour disputer de ces choses : que chacun descende seulement en lui-même pour y éprouver s'il n'a pas une volonté parfaite et absolue et s'il peut concevoir quelque chose qui l'emporte sur lui par la liberté de la volonté. Personne assurément ne fera une expérience différente. C'est en cela que la volonté est au-dessus de l'entendement, et plus semblable à Dieu.

1. Elle (la volonté) ne me semble pas toutefois plus grande, si je la considère formellement et précisément en elle-même. 4e Méditation, p. 305.

: ... *il a laissé en ma puissance l'autre moyen*[1]...

Objection. Mais pourquoi ne pourrais-je la même chose dans la poursuite du bien et du mal? Pourquoi ne le pourrais-je pas dans les choses surnaturelles, puisqu'elles dépendent de la volonté qui est toujours libre, et indifférente?

Réponse. Il faut laisser cela aux théologiens; il suffit qu'un philosophe considère l'homme en tant qu'il est libre dans l'ordre naturel; et j'ai écrit ma philosophie de telle sorte qu'elle puisse être reçue partout, même chez les Turcs, sans offenser personne. Or, nous avons intimement conscience de notre liberté et de pouvoir ainsi, quand nous le voulons, suspendre notre assentiment. En ce qui concerne le bien et le mal, lorsque la volonté est indifférente à l'un comme à l'autre, elle est déjà dans le vice, puisqu'elle devrait sans aucune indifférence, désirer le seul bien, contrairement à ce qui est dans l'ordre théorique. Pour ce qui est des choses surnaturelles, les théologiens nous enseignent que nous avons été corrompus à leur sujet par le péché originel; et pour que nous soyons sauvés il faut la grâce, en sorte que nous puissions connaître le bien dans cet ordre, et ainsi le désirer. Les péchés en effet résultent généralement de l'ignorance, parce que personne ne peut désirer le mal en tant que mal. Dieu nous a fait une grâce quand il nous a promis pour nos bonnes œuvres, que par ailleurs nous sommes néanmoins tenus d'accomplir, la vie éternelle, à laquelle personne n'aurait pensé ou n'aurait jamais aspiré. Mais on peut dire que la volonté est corrompue par l'effet des passions.

: ... *idée... qu'on puisse feindre avoir été l'objet de l'entendement divin*[2]...

---

1. ... il a au moins laissé en ma puissance l'autre moyen, qui est de retenir fermement la résolution de ne jamais donner mon jugement sur les choses dont la vérité ne m'est pas clairement connue. 4e Méditation, p. 200.

2. N'y ayant aucune idée qui représente le bien ou le vrai, ce qu'il faut croire, ce qu'il faut faire, ou ce qu'il faut omettre, qu'on puisse feindre avoir été l'objet de l'entendement divin, avant que sa nature ait été constituée telle par la détermination de sa volonté. Sixièmes réponses, § 6.

Objection. Mais d'où viennent ces idées des choses possibles, qui précèdent la volonté ?

Réponse. Ces choses et toutes les autres dépendent de Dieu ; car sa volonté n'est pas seulement la cause des choses actuelles et futures, mais aussi des choses possibles et des natures simples, et rien ne peut ou ne doit être imaginé que nous disions ne pas dépendre de Dieu.

Objection. Mais alors, Dieu n'aurait-il pas pu commander à la créature de le haïr et instituer que cela était le bien ?

Réponse. Maintenant il ne le peut plus. Mais ce qu'il aurait pu, nous ne le savons point. Et pourquoi n'aurait-il pu commander cela à la créature ?

MÉDITATION V

: *Comme il paraît de ce que*[1]...

Objection. Mais ainsi la chimère ne sera pas non plus un être fictif, car je puis même à son sujet démontrer des propriétés variées.

Réponse. Tout ce qui peut être conçu clairement et distinctement dans la chimère est un être vrai, et non pas fictif, parce qu'il a une essence vraie et immuable, et cette essence vient aussi bien de Dieu que l'essence actuelle des autres choses. Mais on dit d'un être qu'il est fictif, quand nous supposons qu'il existe. C'est ainsi que toutes les démonstrations des mathématiciens portent sur des êtres et sur des objets vrais et que l'objet tout entier des mathématiques, avec tout ce qu'elles y considèrent, est un être vrai et réel et a une vraie et réelle nature, non moins que l'objet de la physique elle-même. La différence est seulement en ceci que la physique considère son objet non seulement comme un être vrai et réel, mais comme un être en acte, et, en tant que tel, existant ; les mathématiques au contraire seulement en tant que possible, n'existant point en acte dans l'espace, pouvant toutefois exister. Mais il faut noter ici que nous parlons de la

1. Comme il paraît de ce que l'on peut démontrer diverses propriétés de ce triangle. 5e Méditation, p. 311.

perception claire, non de l'imagination; nous pouvons bien, en effet, imaginer très clairement la tête d'un lion jointe à un corps de chèvre, et des choses semblables, il n'en suit pas que cela existe, parce que nous ne percevons pas clairement, pour ainsi dire le nœud qui les unit; c'est ainsi que je vois clairement Pierre debout sans voir clairement que la station debout est contenue en Pierre et liée avec lui. Que nous prenions l'habitude des perceptions claires, nous ne concevrons rien de faux; et si ces perceptions sont claires ou non nous le saurons très bien par notre propre conscience, et c'est à cela que se rapportent tous les éclaircissements que l'auteur a passés en revue dans le premier livre des *Principes* et dont il est très utile d'avoir pris connaissance.

: ... *il ne m'est pas possible de concevoir deux ou plusieurs Dieux de même façon*[1].

Objection. Mais pourquoi non, puisqu'ils seront pourtant des Dieux?

Réponse. Au contraire, ils ne seront pas des Dieux, puisque Dieu signifie quelque chose qui comprend en soi absolument toutes les perfections.

Objection. Mais ceci est vrai de Dieu pris spécifiquement, si je puis dire, non pas individuellement, car alors l'un n'exclurait pas l'autre; de même qu'une âme a toutes les perfections de l'âme et cependant n'exclut pas une autre âme.

Réponse. Mais le cas n'est pas le même; âme, en effet, ne signifie pas absolument toutes les perfections, comme Dieu; et par suite toutes les perfections ne peuvent se trouver qu'en un être unique. En effet, s'il y en avait plusieurs, il n'y aurait pas de Dieu, parce qu'ils ne seraient pas suprêmes; il y a contradiction. Au contraire il n'y a pas d'obstacle à ce qu'il y ait trois personnes, parce que c'est une même essence et qu'elles sont un seul Dieu.

: ... *parce que nous sommes tellement accoutumés*[2]...

1. 5e Méditation, p. 314.

2. ... parce que nous sommes tellement accoutumés dans toutes les autres choses à distinguer l'existence de l'essence... Premières réponses, p. 355.

Objection. Mais cette distinction est-elle légitime? L'essence est-elle donc avant l'existence? Et Dieu, en produisant les choses n'a-t-il produit que l'existence?

Réponse. C'est légitimement que nous séparons ces deux choses en pensée, car nous pouvons concevoir l'essence sans existence actuelle, comme la rose en hiver; mais elles ne peuvent pas être séparées en réalité, comme on a coutume de les distinguer, parce que l'essence n'a pas été avant l'existence, qui n'est autre que l'essence existante, si bien que l'une n'est pas antérieure à l'autre et qu'elle n'est pas, non plus différente, ni distincte.

: *... en aucune chose*[1]*...*

Objection. Mais nos idées dépendent des choses; si donc il y a contradiction entre elles, il en sera de même dans les choses.

Réponse. Les idées, en vérité, dépendent des choses dans la mesure où elles les représentent; cependant il n'y a pas de contradiction dans les choses, mais dans nos seules idées, car c'est seulement les idées que nous lions de telle sorte qu'elles peuvent se faire opposition. Les choses ne se font pas opposition les unes aux autres, parce que toutes peuvent exister et qu'ainsi l'une ne fait pas opposition à l'autre; le contraire se produit dans les idées parce que nous y lions ensemble des choses différentes, qui, prises à part, n'enferment pas d'opposition : nous en faisons une seule chose, et ainsi naît la contradiction.

: *... et il n'y en peut avoir aucune dans celles qui sont claires et distinctes*[2]*...*

Objection. Mais pourquoi ne s'en trouverait-il pas dans les idées claires qui s'opposent les unes aux autres, par exemple l'idée d'être fini et d'être infini, lorsqu'elles entrent en composition.

1. ... car toute impossibilité... ne peut consister en aucune chose qui soit hors de l'entendement... Secondes réponses, p. 385.

2. L'impossibilité que nous trouvons en nos pensées ne vient que de ce qu'elles sont obscures et confuses, et il n'y en peut avoir aucune dans celles qui sont claires et distinctes... Secondes réponses, p. 385.

Réponse. Même si ces idées sont claires, prises à part, elles ne sont pas claires une fois jointes ensemble, et c'est ainsi que vous avez une idée très obscure parce que vous ne concevez pas clairement mais très obscurément cette conjonction et cette unité.

: *Et partant*[1]...

Objection. Mais de ce triangle imparfait vous tirez un triangle parfait.

Réponse. Mais pourquoi ce triangle imparfait me présente-t-il l'idée du triangle parfait plutôt que de lui-même ?

Objection. Il présente les deux, mais d'abord lui-même, et, à partir de lui-même le triangle parfait, puisque vous l'en déduisez.

Réponse. Mais cela ne peut être. Je ne pourrais pas en effet, concevoir un triangle imparfait, si n'était en moi l'idée du triangle parfait, dont celui-là est la négation; et ainsi, voyant un triangle, je conçois le triangle parfait, puis, par comparaison avec lui, je remarque que le triangle que je vois est imparfait.

MÉDITATION VI

: ... *leur existence*[2].

C'est-à-dire mon corps, dont je me sers pour imaginer.

: ... *encore que je ne l'eusse point*[3]...

Je serais alors comme les anges, qui n'imaginent pas.

---

1. Et partant, lorsque nous avons la première fois aperçu en notre enfance une figure triangulaire tracée sur le papier, cette figure n'a pu nous apprendre comme il fallait concevoir le triangle géométrique. Cinquièmes réponses, p. 502.

2. ... la faculté d'imaginer qui est en moi et de laquelle je vois par expérience que je me sers lorsque je m'applique à la considération des choses matérielles, est capable de me persuader leur existence. 6e Méditation, p. 318.

3. ... cette vertu d'imaginer qui est en moi, ... encore que je ne l'eusse point, il est sans doute que je demeurerais toujours le même que je suis maintenant. 6e Méditation, p. 319.

: ... *à le considérer*[1]...

Objection. Que signifie le considérer? Considérer eſt-il comprendre? Si oui, pourquoi faire la diſtinction? Si non, l'âme eſt donc plus qu'une chose intelligente ou pensante, et ainsi, avant d'avoir un corps, elle a le pouvoir de considérer le corps; ou bien ce pouvoir lui vient-il de son union avec le corps?

Réponse. C'eſt un mode spécial de penser qui a lieu comme suit. Quand les objets extérieurs agissent sur mes sens, et y dépeignent leurs idées ou plutôt leur figure, alors l'âme, quand elle remarque ces images qui se trouvent dépeintes dans la glande, eſt dite *sentir*. Quand, au contraire, ces images ne sont pas dépeintes dans la glande par les choses extérieures elles-mêmes, mais par l'âme seule, qui, en l'absence des choses extérieures, les représente et les forme dans le cerveau, alors, c'eſt l'*imagination*; si bien que la différence entre l'imagination et les sens consiſte seulement en ceci, que dans le second cas, les images sont dépeintes par les objets extérieurs, qui sont présents, dans le premier, au contraire, par l'âme, sans les objets extérieurs, pour ainsi dire à fenêtres closes. On voit ainsi clairement pourquoi je peux imaginer un triangle, un pentagone..., mais non un chiliogone, etc. L'âme pouvant facilement former trois lignes dans le cerveau et les y tracer, elle peut alors facilement les considérer, et imaginer ainsi un triangle, un pentagone, etc. Mais ne pouvant pas mener et former mille lignes dans le cerveau, sinon confusément, il en résulte aussi qu'elle n'imagine pas le chiliogone diſtinctement, mais seulement de façon confuse; et il en va de telle sorte que nous ne pouvons que très difficilement imaginer même un heptagone ou un octogone. L'auteur, qui eſt assez imaginatif et qui s'eſt longtemps exercé en cette matière, peut assez diſtinctement les imaginer; mais d'autres ne le peuvent pas aussi bien. Il apparaît aussi clairement de quelle manière nous pouvons voir ces lignes comme

1. Si quelque corps exiſte auquel mon esprit soit conjoint et uni de telle sorte qu'il se puisse appliquer à le considérer quand il lui plaît, il se peut faire que par ce moyen il imagine les choses corporelles : en sorte que cette façon de penser diffère seulement de la pure intellection... 6e Méditation, p. 319.

présentes, comment aussi il peut être besoin d'une singulière tension d'esprit pour imaginer, et pour considérer ainsi le corps. En effet cela est évident d'après ce qui vient d'être dit.

: *Et premièrement parce que*[1]...

On ne peut pas se demander si l'âme est une substance, ou au contraire un mode, ni dire qu'elle peut être l'une et l'autre, parce que c'est une contradiction ; si elle est l'une, elle n'est pas l'autre. Mais on pourrait se demander : si la pensée est un attribut, à quelle substance convient-il ? A la substance corporelle ? ou au contraire à la substance incorporelle et spirituelle ? La réponse est claire : si vous concevez clairement la substance corporelle, clairement aussi la substance pensante, qui est distincte de la substance corporelle et qui la nie, comme celle-ci nie la substance pensante, vous agiriez assurément contre votre faculté de penser et d'une manière très absurde, si vous disiez que les deux sont une même substance, alors que vous les concevez clairement comme deux substances dont l'une non seulement n'enveloppe pas l'autre, mais la nie.

: *... conjoint très étroitement et tellement confondu*[2]...

Objection. Mais comment cela peut-il se faire ? Comment l'âme peut-elle être affectée par le corps, et inversement, alors que les deux natures sont complètement opposées ?

Réponse. C'est la chose la plus difficile à expliquer, mais il suffit ici de l'expérience, si claire dans ce cas qu'elle ne peut être contestée en aucune façon, comme il apparaît dans les passions.

: *... il est beaucoup mieux*[3]...

---

1. Et premièrement parce que je sais que toutes les choses que je conçois clairement et distinctement, peuvent être produites par Dieu telles que je les conçois... 6e Méditation, p. 323.

2. ... je lui suis (à mon corps) conjoint très étroitement et tellement confondu et mêlé, que je compose comme un seul tout avec lui. 6e Méditation, p. 326.

3. ... il est beaucoup mieux qu'elle (la sécheresse du gosier) trompe en ce rencontre-là (par exemple dans le cas des hydropiques) que si au contraire, elle trompait toujours lorsque le corps est bien disposé... 6e Méditation, p. 333.

Objection. Mais, si telle est la constitution naturelle de nos sens, pourquoi Dieu n'a-t-il pas suppléé à ce défaut dans l'âme, en lui donnant connaissance de ces erreurs pour qu'elle pût y prendre garde?

Réponse. Dieu a fabriqué notre corps comme une machine et a voulu qu'il fonctionnât comme un instrument universel, opérant toujours de la même manière selon ses propres lois. En conséquence, lorsqu'il est bien disposé, il donne à l'âme une connaissance droite; lorsqu'il est mal disposé, toujours néanmoins selon ses propres lois, il affecte l'âme d'une manière dont il doit résulter une connaissance telle que l'âme s'en trouve induite en erreur; mais si le corps ne fournissait pas cette connaissance, il n'agirait pas d'une façon uniforme, selon ses lois universelles, et il y aurait un défaut de constance en Dieu, parce qu'il ne permettrait pas au corps d'agir de façon uniforme, alors qu'il y a des modes d'action et des lois uniformes.

: ... *n'avoir pas de profondeur*[1].

Comme les mathématiciens conçoivent la superficie qui est faite de beaucoup de lignes sans profondeur, ainsi nous disons que ces planches sont plates quand nous n'y voyons aucune profondeur.

: ... *dont les extrémités sont ensemble*[2].

Objection. Cela n'est pas conforme à la vérité de la chose, car ainsi il n'y a qu'une extrémité commune à l'un et à l'autre corps; mais conforme à la manière de parler vulgaire qu'on emploie dans l'École pour dire contigus les corps dont les extrémités sont ensemble. Si les extrémités sont ensemble, ou, comme nous disons, s'il y a une même extrémité pour l'un ou l'autre corps, sont-ils contigus ou continus? Ils semblent continus, parce que

1. Je ne conçois point la superficie par laquelle j'estime que nos sens sont touchés, autrement que les mathématiciens ou philosophes conçoivent ordinairement, ou du moins doivent concevoir, celle qu'ils distinguent du corps et qu'ils supposent n'avoir point de profondeur. Sixièmes réponses, § 7.

2. ... au sens que l'on dit que les corps contigus sont ceux dont les extrémités sont ensemble. Sixièmes réponses, § 7.

pour le continu rien ne semble pouvoir être requis de plus qu'une même extrémité pour deux corps. Mais s'ils sont continus, quels seront les contigus ? Ceux entre lesquels se trouve un autre corps ? Mais ils ne sont pas tels non plus.

Réponse. De quelle manière les autres définissent ces choses, cela m'est égal ; moi, je dis qu'il y a continuité lorsque les surfaces de deux corps sont jointes d'une manière tellement immédiate qu'ils entrent simultanément en mouvement ou en repos ; ceux qui se comportent autrement sont contigus.

A noter qu'il ne faut pas tellement s'appesantir sur les méditations, ni sur les choses métaphysiques, qu'il ne faut pas non plus les perfectionner par des commentaires ou choses semblables ; beaucoup moins encore, comme certains s'y essayent, les reprendre d'une manière plus profonde que l'auteur ne l'a fait, car il les a traitées d'une manière assez profonde. Mais il suffit d'en avoir pris connaissance une fois d'une manière générale et de se rappeler la conclusion ; autrement l'esprit se détourne trop des choses physiques et sensibles et devient impropre à les considérer : ce qui est pourtant l'occupation la plus souhaitable pour les hommes, parce qu'ils y trouveraient abondamment de l'utilité pour leur vie. L'auteur s'est assez attaché aux choses métaphysiques dans les Méditations contre les Sceptiques, etc., et il a établi leur certitude de telle manière que les autres n'aient pas à s'y essayer à l'entreprendre, ou à se tourmenter longtemps l'esprit en méditant sur ces matières. Il suffit d'avoir pris connaissance du premier livre des *Principes,* où se trouve ce qu'il est nécessaire de savoir de métaphysique pour la physique.

Objection. Dans la Réponse à un Placard l'auteur dit que les sens ne nous présentent jamais les idées des choses telles que nous les formons par la pensée, mais qu'elles sont toutes innées. Mais alors, le mystère de la Trinité est-il inné, ainsi que d'autres choses semblables ?

Réponse. 1° Il ne dit pas que toutes les idées lui sont innées, mais qu'il y en a aussi d'adventices, par exemple ce qu'est la ville de Leyde, la ville d'Alcmar, etc. 2° A supposer même que cette idée ne nous soit pas assez expressément innée pour nous représenter la Trinité, ses éléments et ses rudiments nous sont innés ; c'est ainsi que nous avons innée l'idée de Dieu, du nombre trois et de choses semblables, dont nous formons aisément, la révélation de l'Écriture venant s'y joindre, l'idée du mystère de la Trinité dans sa plénitude, et ayant ainsi formé l'idée de ce mystère, nous le concevons.

LES PRINCIPES DE LA PHILOSOPHIE

LIVRE I

ART. 23 : *(Dieu)... par une même et très simple action*[1]...

De quelle manière cela se fait, nous ne pouvons le concevoir, mais seulement en avoir idée. Que nous le concevions autrement, cela vient de ce que nous considérons Dieu comme un homme, qui fait tout, comme nous-mêmes, par des actions nombreuses et diverses. Mais, si nous faisons bien attention à la nature de Dieu, nous verrons que nous ne pouvons pas le comprendre autrement que faisant toutes choses par une action unique.

OBJECTION. Il semble que cela ne se peut pas, puisque nous pouvons concevoir certains décrets de Dieu comme non exécutés et comme variables, décrets qui ne résultent donc pas d'une action unique de Dieu et qui ne sont pas Dieu lui-même, puisqu'ils pourraient être séparés de lui, ou, tout au moins, qu'ils auraient pu l'être, par exemple entre autres semblables, le décret de la création du monde, à l'égard duquel Dieu a été tout à fait indifférent.

RÉPONSE. Tout ce qui est en Dieu n'est pas réellement différent de Dieu, bien mieux, c'est Dieu lui-même. Pour ce qui est des décrets de Dieu déjà effectués, Dieu, en ce qui les concerne, est tout à fait immuable, et, métaphysiquement cela ne peut être conçu d'une autre manière. Pour ce qui est au contraire de la Morale et de la Religion, cette opinion a prévalu que Dieu peut changer en raison des prières des hommes; aucun homme, en effet, ne prierait Dieu s'il savait ou s'il se persuadait que Dieu est immuable. Pour réduire cette difficulté et pour concilier l'immutabilité de Dieu avec les prières des hommes, il faut dire que Dieu est assurément immuable, que, de toute éternité, il a décrété de me donner ou de ne pas me donner ce que je lui demande, mais qu'il l'a décrété de

1. ... par une même et très simple action, (Dieu) entend, veut et fait tout... [Principes] I, Art. 23.

telle manière qu'en même temps il a décrété de me le donner en raison de mes prières et parce que, en même temps que je prie, je vis bien, de telle sorte qu'il me faut prier et vivre bien si je veux obtenir quelque chose de Dieu. Il en est de même en Morale; sur ce point, l'auteur, examinant la vérité de la chose, a vu qu'il était d'accord avec les Gomaristes, mais non avec les Arminiens, ni même avec les Jésuites parmi ses coreligionnaires. Métaphysiquement, on ne peut penser autre chose que la totale immutabilité de Dieu. Peu importe que ces décrets aient pu être séparés de Dieu; c'est tout juste si on peut le dire : car, bien que Dieu soit indifférent à l'égard de tout, il a cependant décrété nécessairement, parce qu'il a voulu nécessairement le meilleur, bien qu'il ait fait le meilleur de sa propre volonté; il ne faudrait pas ici séparer la nécessité et l'indifférence dans les décrets de Dieu, et bien qu'il ait agi d'une manière très indifférente, il a pourtant agi d'une manière très nécessaire. D'ailleurs même si nous concevons que ces décrets ont pu être séparés de Dieu, nous le concevons seulement par l'indication et par les démarches de la raison, ce qui introduit à la vérité une distinction mentale entre les décrets de Dieu et Dieu lui-même, mais non une distinction réelle, de telle sorte que, dans la réalité, les décrets n'auraient pu être séparés de Dieu, qu'ils ne sont ni postérieurs à lui, ni distincts de lui, et que Dieu n'aurait pu être sans eux : si bien qu'on voit assez clairement de quelle manière Dieu fait tout dans une action unique. Mais ces choses sont inconnaissables par nos raisonnements, et nous ne devons jamais nous passer, ni nous permettre de soumettre la nature et les opérations de Dieu à notre raison.

ART. 26 : ... *indéfini*[1].

OBJECTION. Cette distinction a été imaginée pour la première fois par l'auteur. Mais quelqu'un dira : comment est le monde? N'a-t-il pas des limites déterminées? Une chose peut-elle exister en acte et singulièrement sans avoir

1. Il ne faut point tâcher de comprendre l'infini, mais seulement penser que tout ce en quoi nous ne trouvons aucunes bornes est indéfini. [Principes] I, Art. 26.

une nature déterminée et des limites? Et n'en est-il pas ainsi du nombre, de la quantité etc.

Réponse. Quant à nous, nous ne pouvons jamais trouver une limite quelconque dans ces choses, et ainsi, à notre point de vue, elles sont indéfinies, bien mieux, infinies sans doute, car l'indéfini, toujours et toujours multiplié, comme c'est ici le cas, est l'infini même. Et ainsi, peut-être pouvons-nous dire que le monde est infini; de même pour le nombre, etc. Mais, pour ce qui est de Dieu, peut-être conçoit-il et comprend-il des limites déterminées au monde, au nombre, à la quantité, et comprend-il quelque chose de plus grand que le monde, que le nombre, etc., qui seront ainsi finis pour lui. Nous voyons ici que la nature de ces choses dépasse nos forces; étant finis, nous ne pouvons les comprendre; elles sont ainsi, à notre égard, indéfinies ou finies.

Art. 48 : ... *comme des vérités éternelles*[1]...

Objection. Mais où se trouvent les vérités contingentes, comme « le chien court »?

Réponse. Par vérités éternelles, l'auteur entend ici celles qui sont appelées notions communes, par exemple « il est impossible qu'une même chose soit et ne soit pas ». Quant aux vérités contingentes, elles concernent les choses existantes qu'elles enveloppent, comme elles sont enveloppées par elles.

LIVRE II

Art. 1 : *Il nous semble voir clairement*[2]...

Objection. Mais pourquoi : il nous semble, signe de doute?

---

1. Tout ce qui tombe sous notre perception, est considéré par nous soit comme des choses ou des affections des choses, soit comme des vérités éternelles, n'ayant pas d'existence en dehors de la pensée. [Principes] I, Art. 48. (Traduction littérale.)

2. Il nous semble voir clairement que l'idée de la matière nous vient des choses placées hors de nous, auxquelles elle est entièrement semblable. [Principes] II, Art. 1. (Traduction littérale.)

Réponse. Je l'ai mis parce que quelqu'un pourrait peut-être douter que nous voyons cela. Mais cependant cet « il nous semble » suffit pour la démonstration présente; puisqu'il faut, en effet, recourir à l'âme et à la conscience, ce « voir » doit finalement se résoudre en notre « il nous semble », et cet « il nous semble » exige dans la réalité les choses matérielles dont les idées proviennent.

Art. 26 : *La pesanteur est la « lenteur » de l'eau soulevée par le bateau*[1].

Nous le voyons toujours, quand un bateau navigue, l'eau est soulevée par ses flancs et se ramasse plus haut que tout ce qui flotte à sa surface, et elle demeure ainsi ramassée parce qu'elle est lourde; elle pourrait ainsi arrêter le bateau s'il n'était pas poussé. Ce qui est la « lenteur », on le sait assez.

Art. 32 : ... *que cette ligne soit souvent tortue*[2]...

Elle est fort tortue, parce qu'elle avance continuellement en faisant des cercles nombreux, puisque la roue se meut autour de l'axe, cercles qui ne sont ni simples, ni parfaits, mais qui, avançant sans cesse, sont de ce fait composés et tortus. On peut ainsi comprendre ce qui est à la fin.

Art. 46 : *La première*[3]...

Ces lois, comme beaucoup se plaignaient de leur obscurité, l'auteur les a un peu éclairées et expliquées dans l'édition française des *Principes*.

1. ... à cause que la pesanteur de l'eau qu'il soulève lorsqu'il se meut et sa « lenteur » (car je la suppose calme et dormante) diminuent peu à peu son mouvement. [Principes] II, Art. 26.

2. ... Et n'importe que cette ligne soit souvent tortue, en sorte qu'elle semble avoir été produite par plusieurs mouvements divers... (il s'agit de la ligne tracée par chaque point des roues d'un carrosse). [Principes] II, Art. 22.

3. La première règle du mouvement. [Principes] II, Art. 46.

LIVRE III

ART. 2 : ... *que pour notre usage*[1]...

Et néanmoins, les hommes ont pris cette habitude de penser qu'ils sont chéris de Dieu, qu'en conséquence tout a été fait pour eux : que leur habitation, la terre, l'emporte sur tout, que tout s'y trouve et que tout a été fait à cause d'elle. Mais, savons-nous si Dieu n'a rien produit en dehors de cette terre, dans les étoiles, etc. ? Savons-nous s'il n'a pas disposé parmi les étoiles d'autres créatures d'espèces différentes, d'autres vies, et, pour ainsi dire, des hommes, tout au moins des êtres analogues à l'homme ? Peut-être des âmes séparées, ou d'autres créatures, dont la nature nous échappe, y vivent-elles. Et savons-nous si Dieu n'a pas produit des espèces innombrables de créatures et n'a pas comme répandu sa puissance dans la création ? Tout cela nous est entièrement caché, parce que les fins de Dieu nous sont cachées. En conséquence, nous ne devons pas avoir de nous une idée si haute, comme si tout était à nous et pour nous, alors que peut-être d'autres créatures en nombre infini et bien meilleures que nous existent autre part.

ART. 45 : ... *créé avec autant de perfection qu'il en a*[2].

L'auteur pourrait expliquer d'une manière satisfaisante, d'après sa philosophie, la création du monde, telle qu'elle est décrite dans la Genèse (ce livre, celui qui l'expliquera à l'auteur, ainsi que le Cantique et l'Apocalypse, sera pour lui un fameux Apollon); il a essayé quelque temps de le faire, autrefois, mais il a renoncé à cette étude parce qu'il voulait la laisser aux théologiens et qu'il ne voulait pas, en conséquence, donner lui-même d'explications. Pour ce qui est de la Genèse, le récit de la création qui s'y trouve est peut-être métaphorique; il

1. ... si nous nous persuadions que ce n'est que pour notre usage que Dieu a créé toutes les choses. [Principes] III, Art. 2.

2. Je ne doute point que le monde n'ait été créé au commencement avec autant de perfection qu'il en a. [Principes] III, Art. 45.

doit donc être laissé aux théologiens ; et la création ne doit pas être prise comme divisée en six jours, mais cette division ne doit être faite que par égard à notre manière de concevoir, comme l'a fait Saint Augustin dans ses Pensées sur les Anges. Pourquoi est-il dit, en effet, que les ténèbres ont précédé la lumière ? Pour les eaux du Déluge, sans aucun doute elles ont été surnaturelles et miraculeuses. Et quant aux cataractes de l'abîme, c'est une métaphore, mais cette métaphore nous échappe. Quelques-uns les tirent du ciel où ils prouvent que les eaux ont été placées depuis la création, parce que Dieu est dit avoir placé les eaux au-dessus du ciel. Mais, le mot ciel, en hébreu, désigne aussi l'air d'une manière très courante, et cela, si je ne me trompe, vient de nos préjugés qui font que nous confondons l'air et le ciel. Ainsi, les eaux qui se trouvent au-dessus de l'air sont les nuages. Les Hébreux ont aussi un autre mot pour désigner l'air.

ART. 46 : ... *dont les mouvements sont en quelque façon circulaires*[1].

OBJECTION. Mais quand cela a-t-il été supposé ou prouvé ?

RÉPONSE. Livre II, quand l'auteur a montré que tout mouvement est, en quelque façon, circulaire.

ART. 46 : ... *dont la grandeur était médiocre*[2].

Il les appelle de grandeur médiocre par rapport au premier élément, bien qu'elles soient si petites qu'elles se dérobent à nos sens pour la centième partie voire au-delà, et il les appelle moyennes, parce qu'elles tiennent le milieu entre le premier et le troisième élément.

1. ... les corps qui composent l'univers sont faits d'une même matière... dont les mouvements sont en quelque façon circulaires. [Principes] III, Art. 46.

2. ... supposons ... que Dieu a divisé au commencement toute la matière ... en des parties aussi égales entre elles qu'elles ont pu être, et dont la grandeur était médiocre. [Principes] III, Art. 46.

ART. 46 : ... *autour de quelques centres*[1]...

OBJECTION. Mais cette hypothèse compliquée peut sembler assez simple, et Régius semble l'avoir déduite du mouvement.

RÉPONSE. Elle est assurément assez simple, elle est même très simple, si nous faisons attention aux conséquences infinies qui s'en déduisent : que peut-on en effet imaginer de plus simple qu'un corps fluide, telle qu'est toute notre matière, soit mû en divers tourbillons, puisque telle est la nature du corps fluide d'être mû par des tourbillons et en tourbillons. Quant à Régius, sa démonstration ne vaut rien; et, ce qui est surprenant, en physique, il a cherché sans cesse à suivre et à conjecturer les opinions de l'auteur, même quand il ne les connaissait pas; en métaphysique, au contraire, il a contredit l'auteur autant qu'il a pu et autant qu'il a connu ses opinions. Cette hypothèse de l'auteur est assurément fort simple, si nous faisons attention aux choses qu'il en a déduites et qui sont en nombre presque infini; l'enchaînement et la déduction la prouvent suffisamment. Car l'auteur a remarqué ensuite qu'il pouvait presque tout en déduire, et il veut jurer en présence de Dieu qu'en posant ces hypothèses, il ne pensait pas au reste, comme le feu, l'aimant, etc,; qu'il a vu cependant par après la possibilité de tirer de ces hypothèses, sur tous ces points, des explications très satisfaisantes. Bien plus, dans ce traité de l'animal auquel il a travaillé cet hiver, il a pu faire cette remarque : comme il voulait seulement expliquer les fonctions de l'animal, il a vu qu'il ne pouvait le faire sans être obligé d'expliquer la conformation de l'animal à partir de l'œuf, et il a remarqué qu'elle résulte si bien de ses principes qu'il pouvait dire pour quelle raison il y avait un œil, un nez, un cerveau, etc., et il a vu clairement que la nature des choses se constituait si bien à partir de ses principes qu'il ne pouvait

1. ... il a fait qu'elles ont toutes commencé à se mouvoir en deux diverses façons à savoir chacune à part autour de son propre centre, au moyen de quoi elles ont composé un corps liquide, tel que je juge être le ciel; et avec cela plusieurs ensemble autour de quelques centres disposés en même façon dans l'univers. [Principes] III, Art. 46.

en être autrement. Comme il ne voulait pas pousser trop loin l'étude de toutes ces choses, il a interrompu la rédaction de ce traité. Il avoue cependant que des quelques pensées qu'il a eues sur ce monde il se souvient avec le plus grand plaisir, qu'il leur attribue une très grande valeur, et qu'il ne voudrait les changer avec aucune autre portant sur un sujet différent.

ART 50 : *...plus un corps est petit...*

Ceci est mathématique. Mais il faut l'entendre des corps qui ont la même figure, par exemple si les deux sont sphériques, etc., autrement la comparaison ne vaut pas.

ART. 50 : *... plus il a de superficie*[1]...

C'est évident dans la division du cube. Prenons un cube, qui se compose de six faces, et divisons-le en quatre, nous aurons des faces bien plus nombreuses, bien plus nombreuses encore si nous poussons plus loin la multiplication de toutes les parties.

ART. 50 : ... *ils se divisent suivant leur masse*[2].

Il ne faut pas exclure la superficie, puisque la masse n'en est pas séparable et qu'elle n'est pas non plus séparable de la masse; mais ici, on fait mention seulement de la raison formelle de chacune d'elles.

1. Car il faut remarquer que, d'autant que ce qui est fait de la raclure des parties de la matière, à mesure qu'elles s'arrondissent, est plus menu, il peut d'autant plus aisément être mû, et derechef amenuisé ou divisé en des parties encore plus petites que celles qu'il a déjà, parce que, plus un corps est petit, plus il a de superficie, à raison de la quantité de sa matière, et que la grandeur de cette superficie fait qu'il rencontre d'autant plus de corps qui font effort pour le mouvoir ou diviser, pendant que son peu de matière fait qu'il peut d'autant moins résister à leur force. [Principes] III, Art. 50.

2. La traduction littérale de la dernière phrase : *dividuntur vero secundum molem* serait : ils se divisent suivant leur masse.

ART. 53 : *...pour le troisième*[1].

Ce troisième ciel, l'auteur le tient pour le ciel empyrée, et il a établi que par rapport au second, à plus forte raison par rapport au nôtre, il est immense. Que nous concevions notre ciel et notre terre comme tellement grands, comme contenant tout, cela vient de nos préjugés : nous considérons la terre comme la fin de tout et nous ne pensons pas que c'est, elle aussi, une planète, qui se meut comme Mars, Saturne, etc., dont nous ne faisons pas des corps de tant de prix. Avant la création du monde et de l'espace, il n'y avait rien, ni espace, ni quoi que ce soit; cependant Dieu était immense et omniprésent comme il est maintenant; il était en effet en lui-même, mais, après avoir créé le monde, il n'a pas pu ne pas lui être présent.

ART. 63 : ... *mais seulement en ce que ces petites boules sont pressées*[2]...

Cette pression peut s'exercer sans mouvement : par exemple si nous pressons de nos mains des deux côtés un instrument de fer, un morceau de fer ou de bois, de telle sorte qu'aucun mouvement ne se produise, parce que la pression est égale des deux côtés et que la résistance aussi est égale. C'est ce qui arrive ici : la matière du second élément est pressée sur notre œil; mais, comme il y a en lui une résistance, il presse à son tour cette matière; et ainsi il y a pression des deux côtés sans cependant aucun mouvement. Bien que les hommes refusent actuellement d'accepter cette explication de la nature de la lumière, ils verront bien, dans cent cinquante ans, qu'elle est bonne et qu'elle est vraie.

---

1. Ce ne sera peut-être pas aussi sans raison que je prendrai dorénavant toute la matière ... qui compose un tourbillon autour du centre S, pour le premier Ciel; et toute celle qui compose un fort grand nombre de tourbillons ... pour le second; et enfin, toute celle qui est au-delà de ces deux cieux pour le troisième. [Principes] III, Art. 53.

2. ... il faut remarquer que la force de la lumière ... ne consiste point en la durée de quelque mouvement, mais seulement en ce que ces petites boules sont pressées, et font effort pour se mouvoir vers quelque endroit... [Principes] III, Art. 63.

Art. 66 : [1]

Cette figure peut difficilement être comprise sans le secours de huit petites boules environ, pour démontrer ce mouvement, et l'auteur, qui avait tellement accoutumé son esprit à imaginer, aurait eu du mal cependant à concevoir cela sans petites boules. D'autres auraient donc beaucoup plus de mal, car ces choses dépendent des mathématiques et de la mécanique, et peuvent être mieux démontrées par une démonstration oculaire que par une démonstration verbale.

Art 68 : ... *ne sont pas égaux en grandeur*[2].

Objection. Mais peut-être sont-ils égaux; ils semblent inégaux parce qu'ils sont inégalement distants les uns des autres.

Réponse. Justement, ils sont par cela même inégaux en grandeur; et effet la distance inégale des étoiles dépend de l'inégalité des tourbillons qui les entourent; c'est pour cette raison qu'elles sont inégales en grandeur.

Art. 83 : ... *plus serré vis-à-vis des centres*[3]...

Comme on le voit sur la figure, la matière contenue entre S et F centre du tourbillon voisin, est resserrée dans un espace plus étroit que celle qui est contenue entre S, E, et F, parce que celle-là est resserrée et pressée par S et F, qui sont, l'un contre l'autre, et que celle-ci n'est pas aussi pressée par S, E et F, étant donné qu'ici

1. Que les mouvements de ces tourbillons se doivent un peu détourner pour n'être pas contraires l'un à l'autre... [Principes] III Art. 66.

2. ... cette variété incompréhensible qui paraît en la situation des étoiles fixes montre assez que les tourbillons qui tournent autour d'elles, ne sont pas égaux en grandeur. [Principes] III, Art. 68.

3. ... le ciel qui les (les parties du second élément) contient et qui les emporte avec soi circulairement ainsi qu'un tourbillon, n'est pas exactement rond, à cause que les autres tourbillons qui le touchent ne sont pas égaux entre eux et aussi à cause qu'il doit être plus serré vis-à-vis des centres de ces tourbillons qu'aux autres endroits. [Principes] III, Art. 83.

l'espace est libre, et qu'il n'y a rien pour l'enserrer ou la presser.

Art. 144 : *Comme nous voyons qu'une pirouette*[1]...

Cette comparaison est assez claire. La pirouette[2] persévérerait dans son mouvement sans l'obstacle de l'air ambiant; mais, comme elle est petite, elle ne résiste que peu de temps, c'est-à-dire quelques minutes : de même, ces étoiles persévéreraient toujours dans leur mouvement sans l'obstacle des corps voisins. Mais, comme ce sont de très grands corps, elles résistent plus facilement à l'air ambiant et aux autres corps, et cela pendant quelques milliers d'années. En effet, plus un corps est grand, plus facilement il poursuit son mouvement et résiste aux autres corps : l'auteur peut témoigner qu'il a vu une grosse pirouette d'enfant poursuivre son mouvement pendant un quart d'heure, justement parce qu'elle était grosse. Il en est de même pour les étoiles. Que la pirouette résiste à l'air, on peut le voir en s'approchant : vous sentirez du vent, qui est produit par cette résistance de la pirouette et par le mouvement qu'elle communique à l'air.

Art. 150 : ... *la mouvoir*[3]...

C'est-à-dire intérieurement dans la mesure où elle la meut en agissant sur ses côtés, de la même manière que nous voyons le vent emplir une vessie et en mouvoir les côtés une fois qu'il commence à y être introduit.

---

1. Comme nous voyons qu'une pirouette acquiert assez de force, de cela seul qu'un enfant la fait tourner entre ses doigts, pour continuer par après toute seule pendant quelques minutes, et faire peut-être en ce temps-là plus de deux ou trois mille tours sur son centre, nonobstant qu'elle soit fort petite, et que tout l'air qui l'environne, que la terre qui la soutient, lui résistent et retardent son mouvement de tout leur pouvoir : ainsi on peut aisément croire que si une planète... [Principes] III, Art. 144.

2. *Pirouette,* dans l'édition française des *Principes ;* dans l'édition latine *turbo,* qu'il vaudrait mieux traduire, sans doute, par *sabot* ou par *toupie.*

3. Pourquoi la terre tourne autour de son centre ... nous devons penser que la matière du premier élément qui a toujours demeuré en son centre, continue de la mouvoir en même façon. [Principes] III, Art. 150.

LIVRE IV

Art. 23 : ... *la même force n'eſt pas*[1]...

Objection. Mais plus un corps eſt solide, plus grande eſt la force qui l'écarte du centre, comme c'eſt évident pour la pierre d'une fronde, qui se meut plus vite que du bois : mais les corps terreſtres sont plus solides; donc...

Réponse. Je rejette l'objection. En effet : 1° Les corps terreſtres ne sont pas plus solides que les petites boules céleſtes; celles-ci sont au contraire plus solides que les corps terreſtres, pour le moins aussi solides; elles se meuvent ainsi plus vite qu'eux.

2° Ces petites boules se meuvent beaucoup plus vite que les corps terreſtres; elles sont en effet plus petites, tandis que la terre elle-même eſt un grand corps plein de cavités et de pores, qui, par suite, perd facilement son mouvement et le communique facilement à un autre corps, si bien qu'elle ne peut pas se mouvoir aussi vite que ces petites boules; ainsi, ces petites boules, animées d'un mouvement plus rapide que les corps terreſtres, les chassent de leur place et les font lourds.

Art. 27 : ... *s'accordent à se balancer*[2]...

Ainsi tout l'univers se maintient en équilibre. Mais cela eſt très difficile à concevoir parce que c'eſt mathématique et mécanique; or nous n'avons pas été assez accoutumés à considérer les machines, et c'eſt l'origine de presque toutes les erreurs en philosophie. On peut cependant voir cet accord dans le vent ou dans l'air qu'on

---

1. ... c'eſt la légèreté de cette matière du Ciel, qui rend les corps terreſtres pesants. ... parce que la même force n'eſt pas en la terre, lorsqu'il se trouve quelqu'une de ses parties plus éloignée de son centre que ne sont des parties du ciel qui peuvent monter en sa place, il eſt certain qu'elles y doivent monter, et par conséquent la faire descendre en la leur. [Principes] IV, Art. 23.

2. ... encore que les parties du ciel se meuvent en plusieurs diverses façons à même temps, elles s'accordent néanmoins à se balancer et s'opposer l'une à l'autre. [Principes] IV, Art. 27.

insuffle dans une vessie, lequel conspire pareillement à gonfler la vessie et à y produire des mouvements et se maintient comme en équilibre, même si ses parties sont agitées de diverses façons.

ART. 33 : ... *en trois genres principaux*[1].

OBJECTION. Mais d'où ces trois genres tirent-ils leur évidence pour nous ?

RÉPONSE. Du raisonnement, et ensuite de l'expérience qui confirme la raison; nous voyons en effet que tous les corps terrestres sont faits de ces figures : l'eau des oblongues, l'huile des ramifiées, etc.

ART. 125 : ... *lorsqu'ils coulent de biais l'un sur l'autre*[2]...

OBJECTION. Mais ils se rencontrent alors aussi en droite ligne, bien que seulement par un autre côté; et quelle est la raison pour laquelle deux corps en repos l'un contre l'autre adhèrent si fortement, alors que l'un et l'autre pourraient facilement être mus et ainsi séparés ?

RÉPONSE. Lorsqu'ils se meuvent en droite ligne, les petites boules du second élément, interceptées entre eux, ne sont pas chassées; quand ils se meuvent obliquement, de-ci de-là, selon cette figure Σ (car c'est ainsi que se meut le verre, très rapidement quand il est chaud, plus lentement quand il commence à se refroidir, pour entrer enfin en repos quand il est froid), ils peuvent chasser les petites boules et ainsi se joindre pour ne faire qu'un corps continu; or on ne peut concevoir ce qui fait un corps continu et immobile, si ce n'est le repos.

OBJECTION. Mais je pourrais facilement mouvoir avec ma main des parties si petites, que je vois maintenant immobiles.

---

1. ... il y a trois genres de parties terrestres. [Principes] IV, Art. 33.
2. ... Comment les parties du verre se joignent ensemble... il est à remarquer que, lorsque deux corps dont les superficies ont quelque étendue se rencontrent de front, ils ne se peuvent approcher si fort l'un de l'autre, qu'il ne demeure quelque peu d'espace entre eux, qui est occupé par le second élément; mais que, lorqu'ils coulent de biais l'un sur l'autre, leurs superficies se peuvent entièrement joindre. [Principes] IV, Art. 125.

Réponse. Si vous le pouviez et si le mouvement de votre main pouvait vaincre leur repos, elles ne seraient pas immobiles. Pourquoi cela ne peut se faire, pourquoi la partie de notre main qui touche ces parties d'un corps dur eſt plus molle qu'elles et par suite ne peut les mouvoir, c'eſt suffisamment expliqué dans l'article 63 du 2e livre. A partir de ces principes, la nature du verre, autrement très difficile à comprendre, se comprend très facilement.

LE DISCOURS DE LA MÉTHODE

: ... *pense en être si bien pourvu*[1]...

OBJECTION. Mais, beaucoup d'hommes obtus souhaitent souvent une intelligence meilleure et plus brillante.

RÉPONSE. Je l'avoue; il y en a beaucoup qui reconnaissent être inférieurs aux autres pour l'intelligence, pour la mémoire, etc. Mais cependant chacun pense qu'il excelle par le jugement, par l'aptitude à donner un avis au point d'être l'égal de tous les autres en cette matière. A chacun sourit son avis. Autant de têtes, autant de façons de voir. Voilà ce que l'auteur entend ici par bon sens.

: ... *à la logique*[2]...

C'est la dialectique, puisqu'elle nous enseigne à traiter de toutes choses, plutôt que la logique qui donne des démonstrations de toutes choses. Elle ruine ainsi le bon sens plus qu'elle ne le constitue, car tandis qu'elle nous détourne et nous égare dans ces lieux communs et divisions qui sont extérieurs à la chose, elle nous détourne de la nature même de la chose. En cet art est passé maître le sieur Voëtius qui ne fait dans ses livres que donner des avis, rendre des décrets, en affirmant « ceci est ainsi et ainsi » et en accumulant les citations.

: ... *s'entresuivent en même façon*[3]...

OBJECTION. Mais toutes choses ne se suivent-elles

---

1. Le bon sens est la chose du monde la mieux partagée : car chacun pense en être si bien pourvu... [Discours] Première partie 126.

2. J'avais un peu étudié, étant plus jeune, entre les parties de la philosophie, à la logique, et, entre les mathématiques, à l'analyse des géomètres et à l'algèbre, trois arts ou sciences qui semblaient devoir contribuer quelque chose à mon dessein. [Discours] Deuxième partie 136.

3. Ces longues chaînes de raisons, toutes simples et faciles, dont les géomètres ont coutume de se servir pour parvenir à leurs plus difficiles démonstrations, m'avaient donné occasion de m'imaginer que toutes les choses qui tombent sous la connaissance des hommes s'entresuivent en même façon. [Discours] Deuxième partie 138.

pas et ne s'enchaînent-elles pas aussi bien même en théologie ?

Réponse. Sans doute, mais nous ne pouvons pas aussi bien suivre et comprendre l'enchaînement de ces vérités parce qu'elles dépendent de la révélation. Assurément la théologie ne doit pas être soumise aux raisonnements dont nous usons pour les mathématiques et les autres vérités, parce que nous n'avons pas prise sur elle ; et plus simple nous la gardons, meilleure elle est. Si l'auteur savait que quelqu'un dût jamais étendre à la théologie des raisonnements tirés de sa philosophie, et abuser de sa philosophie d'une telle manière, il regretterait sa peine. Nous pouvons, à la vérité, et nous devons démontrer que les vérités théologiques ne s'opposent pas aux vérités philosophiques, mais nous ne devons en aucune manière les critiquer. C'est ainsi que les moines ont donné naissance à toutes les sectes et à toutes les hérésies, par leur théologie, c'est-à-dire par leur scholastique qu'il faudrait détruire avant tout. Et quel besoin d'un si grand effort, quand nous voyons des simples et des rustiques pouvoir gagner le ciel aussi bien que nous. Cela certes devrait nous avertir que mieux vaut de beaucoup avoir une théologie aussi simple que la leur, que de la tourmenter par de nombreuses controverses, de la gâter par ce moyen, et de donner naissance, à des disputes, à des querelles, à des guerres, etc., étant donné surtout que les théologiens y ont pris l'habitude de prêter toutes les opinions aux théologiens du parti adverse, de les calomnier, au point de se rendre l'art de la calomnie si familier, qu'ils peuvent à peine faire autrement que de calomnier, même à leur insu.

: ... *elles accoutumeraient mon esprit à se repaître de vérités*[1]...

Cet avantage ne peut point se tirer de la mathématique vulgaire ; elle consiste en effet, presque entièrement, dans l'histoire et l'explication des termes, etc., toutes

1. Et je ne fus pas beaucoup en peine de chercher par lesquelles il était besoin de commencer, car je savais déjà que c'était par les plus simples et les plus aisées à connaître ; et considérant qu'entre tous ceux qui ont ci-devant recherché la vérité dans les sciences, il n'y a eu que les seuls mathématiciens qui ont pu trouver quelques

choses qui peuvent aisément s'apprendre par la mémoire, qu'elles cultivent d'ailleurs. Mais il n'en est pas de même de l'intelligence. Pour que l'intelligence se cultive, il faut la science mathématique, qui ne se tire pas des livres, mais de la pratique et de l'application mêmes. L'auteur, n'ayant pas de livres avec lui, était obligé de l'apprendre par lui-même, ce qui lui a très bien réussi. Mais tous les hommes n'y sont pas propres; il y faut un esprit mathématique, qu'on doit polir par l'usage. Cette science est à puiser dans l'algèbre, mais on peut difficilement s'en tirer sans précepteur, à moins de consentir à suivre pas à pas les traces de l'auteur dans la géométrie qu'il nous a présentée, pour acquérir ainsi l'aptitude à résoudre et à trouver dans tous les cas, comme l'a fait un Français à Paris. Ainsi, l'étude des mathématiques est nécessaire pour trouver des choses nouvelles, aussi bien en philosophie qu'en mathématiques. Mais, pour comprendre ce que l'auteur a écrit en philosophie, il n'est pas besoin de mathématiques, sauf peut-être pour un petit nombre de choses dans la Dioptrique, qui sont mathématiques. Les questions les plus simples dans lesquelles l'auteur veut que nous nous exercions sont par exemple la nature du triangle et ses propriétés, et autres choses semblables qui doivent être considérées et pesées. Les mathématiques habituent à reconnaître la vérité, parce que dans les mathématiques se trouvent des raisonnements droits, qu'on ne saurait trouver nulle part ailleurs. En conséquence, celui qui aura une fois habitué son esprit aux raisonnements mathématiques le gardera apte à rechercher les autres vérités, parce que le raisonnement est partout identique. Qu'il y ait des hommes ingénieux en mathématiques, qui cependant réussissent moins bien en physique, cela n'arrive pas par la faiblesse de leur raisonnement, mais parce qu'ils ont traité les mathématiques non pas en raisonnant, mais en imaginant, et qu'ils ont tout fait par l'imagination; or, l'imagination n'ayant point de place en physique, il en résulte qu'ils y réussissent si mal. — Les

---

démonstrations, c'est-à-dire quelques raisons certaines et évidentes je ne doutais point que ce ne fût par les mêmes qu'ils ont examinées; bien que je n'en espérasse aucune autre utilité, sinon qu'elles accoutumeraient mon esprit à se repaître de vérités et ne se contenter point de fausses raisons. [Discours] Seconde partie 138.

mathématiques habituent l'esprit à distinguer quels sont les raisonnements vrais et démonstratifs et quels sont les raisonnements probables et faux. Car, en mathématiques, celui qui s'appuie seulement sur le probable est déçu et conduit à l'absurde, et il voit ainsi qu'une démonstration ne procède pas du probable, qui équivaut ici au faux, mais seulement du certain. Pour n'avoir pas fait cela, les philosophes ne peuvent jamais distinguer en philosophie et en physique les démonstrations des arguments probables; en conséquence, ils disputent presque toujours de choses probables parce qu'ils ne croient pas que dans les sciences de la réalité les démonstrations puissent trouver place. — C'est aussi pourquoi les Sceptiques ont cru que l'existence de Dieu ne pouvait se démontrer, et beaucoup la tiennent encore pour indémontrable, alors qu'elle est au contraire démontrable au plus haut point et qu'elle peut même se démontrer plus solidement (comme toutes les autres vérités métaphysiques) que les démonstrations mathématiques. Si, en effet, chez les mathématiciens, on révoquait en doute tout ce que l'auteur a révoqué en doute dans la métaphysique, assurément il ne pourrait plus y avoir aucune démonstration mathématique, tandis que l'auteur a néanmoins donné alors des démonstrations métaphysiques. Celles-ci sont donc plus certaines que celles-là. Et l'auteur, partout dans sa philosophie, s'est efforcé de recourir à des démonstrations mathématiques (comme on les appelle ordinairement) bien qu'elles ne puissent être ainsi comprises par ceux qui ne sont pas habitués aux mathématiques.

: ... *dont je veux bien vous faire part*[1].

L'auteur n'écrit pas volontiers des choses morales; mais il a été obligé d'écrire ces règles, à cause des pédagogues et de leurs semblables, parce qu'ils diraient autrement qu'il est sans religion et sans foi et qu'il veut renverser la religion et la foi par sa méthode.

1. ... je me formai une morale par provision, qui ne consistait qu'en trois ou quatre maximes, dont je veux bien vous faire part. [Discours] Troisième partie 140.

: *Mais si nous ne savions point*[1]...

Si nous ignorions en effet que toute vérité a son origine en Dieu, pour si claires que fussent nos idées, nous ne saurions pas qu'elles sont vraies et que nous ne nous trompons pas, quand nous ne portons pas notre attention sur elles et quand nous ne faisons que nous rappeler les avoir vues clairement et distinctement. Autrement, en effet, même ignorant que Dieu est, quand nous portons notre attention sur les vérités elles-mêmes, nous ne pouvons pas en douter; car autrement nous ne pourrions pas démontrer qu'elles sont vraies.

: ... *peut-être de l'affaiblissement de la vieillesse*[2]...

Si et comment l'homme fut immortel avant la chute, ce n'est pas une question pour le philosophe; il faut la laisser aux théologiens. Comment aussi les hommes avant le déluge ont pu atteindre un âge aussi avancé, cela dépasse le philosophe, et peut-être que Dieu a pu faire cela par miracle, par des causes extraordinaires, sans recours aux causes naturelles; il se peut aussi que la constitution de la nature ait été différente, avant le déluge, et qu'elle soit devenue pire par suite de l'événement. Le philosophe considère la nature et l'homme tels qu'ils sont aujourd'hui et ne va pas chercher leurs causes plus loin, car cela le dépasse. Maintenant, que la vie humaine pût être prolongée si nous connaissions l'art de la médecine il n'en faut pas douter; car puisque nous pouvons développer et prolonger la vie des plantes, etc., connaissant l'art de la culture, pourquoi donc n'en serait-il pas de même pour l'homme ? Mais la meilleure manière

1. Mais si nous ne savions point que tout ce qui est en nous de réel et de vrai vient d'un être parfait et infini, pour claires et distinctes que fussent nos idées, nous n'aurions aucune raison qui nous assurât qu'elles eussent la perfection d'être vraies. [Discours] Quatrième partie 152.

2. ... on se pourrait exempter d'une infinité de maladies tant du corps que de l'esprit, et même aussi peut-être de l'affaiblissement de la vieillesse, si on avait assez de connaissance de leurs causes et de tous les remèdes dont la nature nous a pourvus. [Discours] Sixième partie 169.

de prolonger la vie et la méthode à suivre pour garder un bon régime c'est de vivre comme les bêtes et entre autres de manger ce qui nous plaît, flatte notre goût, et seulement tant que cela nous plaît.

OBJECTION. Cela aurait de bons résultats dans les corps bien disposés et sains, dont l'appétit est réglé et utile au corps, mais non dans les corps malades.

RÉPONSE. Ce n'est aucunement vrai; même si nous sommes malades, la nature reste néanmoins la même, la nature qui semble justement jeter l'homme dans les maladies pour pouvoir se tirer d'autant mieux d'affaire et qui semble se jouer des obstacles, pourvu que nous lui obéissions. Et peut-être, si les médecins permettaient aux hommes les mets et les boissons qu'ils désirent souvent quand ils sont malades, les rendraient-ils souvent bien mieux à la santé que par leurs médicaments rebutants, comme le prouve l'expérience elle-même; en effet, dans de tels cas, la nature poursuit elle-même sa restauration, et elle s'y entend bien mieux, étant parfaitement consciente d'elle-même, qu'un médecin extérieur.

OBJECTION. Mais il y a des mets, etc. en nombre infini. Quel choix faire? Dans quel ordre les prendre?

RÉPONSE. L'expérience même nous l'apprend; car nous savons toujours si un aliment nous a été profitable ou non, et ainsi nous pouvons toujours apprendre pour l'avenir si nous devons en user de nouveau, de la même manière et dans le même ordre, ou s'il faut nous en abstenir; si bien que, d'après le mot de Tibère (à moins qu'il ne soit de Caton), l'homme, à l'âge de trente ans, ne doit plus avoir besoin de médecin, parce qu'à cet âge il peut savoir assez lui-même, par expérience, ce qui lui est utile ou nuisible, et être ainsi son propre médecin.

Amsterdam, 20 avril 1648.

LA MORT
DE MONSIEUR DESCARTES

LA MORT
DE MONSIEUR DESCARTES

RELATION DE BAILLET

« MONSIEUR DESCARTES, après avoir quitté la Reine[1],
« rapporta du Palais les premiers sentiments de la
» maladie qui devait finir ses jours. Elle commença par
» quelques frissons, aux suites desquels il crut avoir
» assez bien remédié par un demi-verre d'eau-de-vie
» brûlée. C'était le premier jour de la convalescence de
» M. Chanut, et le quinzième de sa maladie. Le len-
» demain, qui était destiné à célébrer la fête de la Puri-
» fication de la Sainte Vierge dans l'hôtel de l'Ambas-
» sadeur, M. Descartes, non pour donner des exemples
« de piété à une maison qui en fournissait aux autres,
» mais pour travailler à sa propre sanctification, s'ap-
» procha des sacrements de la Pénitence et de l'Eucha-
» ristie par le ministère de l'Aumônier de M. l'Ambas-
» sadeur. Cet Aumônier était le Père *François Viogué,*
» de l'ordre des Ermites de Saint-Augustin, Docteur en
» Théologie de la Faculté de Paris, Missionnaire Apos-
» tolique dans les pays du Nord, qui fut ensuite Assis-
» tant français du Général de son ordre à Rome. C'était
» un homme d'une vertu solide, et uniforme dans sa
» conduite, d'un zèle fort éclairé, mais que la prudence
» chrétienne et politique de M. Chanut avait su modérer
» pour le rendre plus utile à la religion catholique. La
» direction qu'il avait de la conscience de M. Descartes
» depuis quatre mois, lui avait fait découvrir un si bon
» cœur et une âme si belle, qu'il voulut, au moins pour
» les lumières de l'esprit, se soumettre à un homme que
» la soumission parfaite à l'Église mettait à ses pieds,

1. La reine prenait ses leçons de philosophie à cinq heures du matin.

» pour reconnaître l'autorité de Jésus-Christ dans son » ministre.

« M. Descartes ne put finir debout cette sainte jour-» née. Il se sentit sur le soir si violemment attaqué du » mal dont il avait tâché de se garantir la veille, qu'il se » vit obligé de se mettre au lit, précisément au temps » que M. Chanut avait commencé de le quitter pour » la première fois. Les symptômes de sa maladie avaient » été les mêmes que ceux qui avaient précédé celle de » cet Ambassadeur, et ils furent suivis d'une fièvre » continue avec une inflammation de poumon toute » semblable.

« L'origine de sa maladie, tout évidente qu'elle ait » été à ceux qui vivaient avec lui, n'a pas laissé d'être » enveloppée de nuages et d'obscurités par divers ex-» prits brouillons, qui n'auraient pas manqué de la » rendre fabuleuse, si la vérité n'avait dissipé de bonne » heure les effets de la négligence des uns et de la » malice des autres. Parmi les premiers, quelques-uns » ont cru, sans fondement, que sa maladie avait été le » fruit des peines et des fatigues qu'il avait eues à » revoir tous ses papiers, et à mettre sa philosophie en » ordre pour satisfaire à la Reine de Suède. Quelques » autres avec encore moins d'apparence, l'ont rejetée » sur la vieillesse de notre philosophe, ou sur les incom-» modités de son dernier voyage sur l'océan septen-» trional. Parmi les seconds nous remarquons tant de » contrariétés et de divisions, que leur confrontation » seule paraît plus que suffisante pour détruire leurs » calomnies. Les uns voulurent accuser les Grammai-» riens de la Reine d'avoir employé le poison pour se » défaire d'un homme qu'ils ne voyaient au-dessus » d'eux qu'avec peine. C'est une pensée très injurieuse à » la mémoire des savants qui obsédaient la Reine, qui » étaient gens sans malice pour la plupart, dont l'envie » ne se déchargeait point sur sa personne, mais sur sa » philosophie. Les autres ont publié que sa maladie » lui était venue d'une prise excessive de vin d'Espagne » qui lui avança ses jours, et qui rendit sa fin semblable à » celle de Démocrite, auquel il n'avait pu souffrir qu'on » le comparât durant sa vie. Selon la fiction de quelques » autres, M. Descartes voulant traiter sa goutte (qui est » un mal chimérique dont il n'eut jamais la moindre

» atteinte) suivant ses principes, et s'imaginant qu'elle » ne venait que faute du mouvement de la matière » *sublime* (ces Messieurs ont voulu dire *subtile* sans doute), » il s'échauffa le sang, qu'il tâchait de rendre plus fluide » en se gorgeant d'eau-de-vie. D'autres ont inventé que » la Reine Christine, n'ayant pu entrer dans ses pensées, » ni goûter ses nouvelles opinions, ne l'avait pas beau- » coup considéré, et que le chagrin qu'il en avait conçu » lui avait tellement serré le cœur qu'il en contracta le » mal auquel il fallut succomber. Mais toutes ces faus- » setés sont devenues si manifestes par les soins de ceux » qui se sont informés sérieusement de la vérité du fait, » qu'on en peut dire ce que nous disons des méchantes » herbes, qui naissent la nuit, qui paraissent pendant » une matinée, et que la chaleur du soleil du midi fait » mourir faute de racine et d'aliment.

« La véritable et unique cause de la maladie de » M. Descartes a été le partage de ses soins entre la » Reine et l'Ambassadeur malade, au milieu d'une saison » ennemie de son tempérament. C'est ce qu'il est aisé » de comprendre sur le dérangement qu'il fut obligé de » mettre au régime de vie, auquel il avait accoutumé son » corps, depuis qu'il s'était établi sur le pied de gou- » verner sa santé par lui-même. M. l'Ambassadeur, » remarquant dès le premier jour que la maladie de son » ami était toute semblable à la sienne, voulut d'abord » procéder à sa guérison par les routes qu'on avait sui- » vies pour le guérir. Mais la fièvre, qui était interne, » ayant saisi d'abord M. Descartes par le cerveau, elle » lui ôta la liberté d'écouter les avis salutaires de cet ami, » et ne lui laissa de forces que pour résister à la volonté » de tout le monde. Monsieur et Madame Chanut voyant » toute leur industrie poussée à bout dès le commence- » ment, prirent l'alarme sur l'absence du premier mé- » decin de la Reine, qui était l'intime ami de M. Des- » cartes, et peut-être le seul capable de le gouverner en » cet état. C'était M. du Ryer, Français de nation. Il » était né sujet du Roi d'Espagne, dans la ville d'Arras; » mais il avait été élevé en France, et il s'y était fait » Jacobin. Il s'était ensuite défait de son froc, et s'était » fait Docteur en Médecine, de la Faculté de Montpellier, » après avoir abandonné l'Église Catholique. Cette » infidélité ne fut point punie par la privation de ses

» talents naturels. Après les avoir employés en France
» avec assez de succès dans sa nouvelle profession, il
» avait passé en Suède, où il était devenu premier
» médecin de la Reine Christine. Il avait contracté des
» habitudes très particulières avec M. Chanut, lorsque
» celui-ci n'était encore que Résident à Stockholm; et
» joignant ce qu'il savait d'ailleurs de la physique de
» M. Descartes avec ce que ce Résident lui fit voir de sa
» morale touchant le Souverain Bien, il s'était déclaré
» cartésien, avant que d'en avoir vu l'auteur. Lorsque
» M. Descartes tomba malade, il était allé pour quelques
» semaines reconnaître et faire valoir un bien, que la
» Reine de Suède lui avait donné dans l'Archevêché de
» Brême, et qui avait fait partie du revenu des Reli-
» gieuses du Monastères-neuf ou New-munster de la
» ville même jusqu'au changement d'administration
» autorisé par la paix de Munster dans cet Archevêché en
» faveur des Suédois. Au défaut de ce premier médecin,
» la Reine ordonna à celui qui suivait, de le voir et de le
» gouverner pendant toute sa maladie. C'était un Hol-
» landais nommé M. *Weulles,* ennemi juré de M. Des-
» cartes dès le temps de la guerre que les ministres et
» les théologiens d'Utrecht et de Leyde lui avaient
» déclarée. Il s'était rendu l'un des plus ardents à tra-
» verser sa venue en Suède, appréhendant pour sa
» réputation et son crédit, sur l'opinion de ceux qui
» décriaient notre philosophe comme l'adversaire de la
» médecine ordinaire. Et pendant les quatre mois du
» séjour de M. Descartes à la Cour de Suède, M. Weulles
» s'étant ligué avec quelques péripatéticiens et quelques
» grammairiens, ne s'était étudié qu'à lui rendre de
» mauvais offices, et avait mis en usage tout ce qu'il
» avait jugé capable de lui nuire. Ce médecin, sachant ce
» qu'il devait à la Reine et à l'intégrité de sa profession,
» alla déclarer sa commission à M. Chanut, et offrir
» ses services au malade, qui était déjà sur la fin du
» second jour de son mal. M. Chanut l'informa exac-
» tement de toutes choses, avec la confiance qu'il aurait
» eue pour M. du Ryer. Il lui marqua qu'il n'avait voulu
» prendre ni remède ni nourriture, ni même aucune
» tisane ou autre boisson rafraîchissante, depuis le pre-
» mier jour de sa maladie; qu'il avait presque toujours
» été assoupi jusqu'à la fin du second jour, sans sentir

» son mal; que, dans les intervalles de son réveil, on
» lui avait proposé la saignée comme un remède néces-
» saire, mais qu'il l'avait toujours refusée, ne croyant
» avoir qu'un rhumatisme. Le troisième jour, qui était
» celui auquel M. Weulles vint le voir par le comman-
» dement de la Reine, la fièvre, qui n'avait été qu'interne
» jusque-là, commença à faire paraître sa violence. Il ne
» put plus reposer; et l'inflammation, qui augmentait
» toujours dans son poumon, lui causa des agitations
» qu'on ne put arrêter. Quoiqu'il eût refusé de voir
» aucuns médecins les deux jours précédents, par la
» crainte de tomber entre les mains des charlatans ou des
» ignorants, il consentit néanmoins, par respect pour la
» Reine et par complaisance pour M. Chanut, que
» M. Weulles entrât. Après s'être entretenus pendant
» quelque temps sur la nature du mal et le genre du
» remède, le médecin conclut pour la saignée : mais le
» malade, qui n'était convenu de rien avec lui, s'obstina
» toujours à rejeter cette opération, alléguant que la
» saignée abrège nos jours, et qu'il avait vécu quarante
» ans en santé sans la faire. Le quatrième jour se passa
» dans les mêmes difficultés, sans que ni M. Weulles,
» ni les autres médecins, que la Reine, inquiète de ce
» qu'on lui avait rapporté la veille, y avait envoyés,
» osassent se montrer. L'esprit du malade se trouvant
» de plus en plus embarrassé, dans un cerveau qui était
» tout en feu, n'était plus en état de se servir de sa raison;
» et dès que l'on parlait de le saigner, son aversion
» lui faisait dire : *Messieurs, épargnez le sang français.*
» M. Weulles, qui depuis quatre mois n'avait jamais
» échappé une occasion de le contredire suivant la réso-
» lution qu'il avait prise d'abord de le perdre auprès de
» la Reine, n'avait pas sans doute intention de le tuer
» en cet état; mais aussi jura-t-il qu'il ne le guérirait
» pas malgré lui. Et il se peut faire que le malade, mal
» satisfait de son peu de complaisance, l'ait dispensé de
» revenir, et lui ait dit, hors des intervalles de sa raison,
» que, *s'il devait mourir, il mourrait avec plus de contente-*
» *ment, s'il ne le voyait point.* Mais M. Weulles, qui s'en
» offensa, était indigne de sa profession, s'il ignorait que
» les injures d'un malade ne sont jamais des injures pour
» un médecin, surtout lorsqu'elles partent d'un trans-
» port qui se fait au cerveau.

« Cependant M. Chanut voyant que le malade n'avait » pas l'esprit libre pour déférer à ses prières et à ses » raisons, qui tendaient, comme celles des médecins, » à lui faire tirer du sang, *mourait de déplaisir,* pour me » servir de ses termes, *de voir son pauvre ami tellement » obstiné dans son erreur. Quoiqu'il fût encore lui-même » dans un très mauvais état, il ne laissait pas de se traîner » fort souvent à sa chambre pour le conjurer de ne se pas » croire lui-même, et de permettre qu'on le secourût, tandis » qu'il en était temps.* Mais le cerveau étant toujours » occupé de la fièvre, jamais il ne se laissa vaincre; et » sans vouloir s'imaginer qu'il fût aussi mal que les » médecins le jugeaient, il se contenta de dire qu'il » fallait attendre *que le mal vînt en maturité,* pour délibérer » sur leurs moyens. Durant toutes ces difficultés la » Reine souffrait toujours avec impatience, et elle ne » manquait point d'envoyer deux fois le jour savoir des » nouvelles de sa santé. Sur la fin du cinquième jour » l'embrasement s'accrut tellement dans le poumon, que » la maladie fut jugée dès lors incurable. Cependant les » médecins, que la Reine envoyait toujours avec des » ordres nouveaux, ne laissaient pas de s'assembler chez » M. l'Ambassadeur; mais ils n'osaient paraître devant » le malade, à cause que l'entretien de M. Weulles » l'avait irrité. C'était M. l'Ambassadeur et Madame sa » femme qui étaient les médiateurs de l'affaire. Ils » rapportaient aux médecins l'état où il était, ensuite » ils lui faisaient agréer le mieux qu'il leur était pos- » sible les remèdes que les médecins ordonnaient. Mais » sur le rapport qu'ils leur firent en dernier lieu, » M. Weulles ne fit point difficulté de le condamner dès » le sixième jour. Pendant tout ce temps de transport, » ceux qui l'approchaient, remarquèrent une singularité » assez particulière pour un homme que plusieurs » croyaient n'avoir eu la tête remplie, toute sa vie, que » de philosophie et de mathématiques, c'est que toutes » ses rêveries ne tendaient qu'à la piété, et ne regar- » daient que les grandeurs de Dieu et la misère de » l'homme. M. l'Ambassadeur assura la Princesse Éli- » sabeth que, pendant tout le temps que la fièvre lui fit » suspendre l'usage de sa raison, elle lui ôta bien le » sentiment de son mal, mais qu'elle ne lui causa jamais » le moindre égarement dans ses discours, tant ses

» rêveries étaient suivies. Sur la fin du septième jour, » la chaleur quitta le cerveau pour se répandre par tout » le corps : ce qui le rendit un peu plus le maître de sa » tête et de sa raison. Alors, il ouvrit les yeux sur son » état, et il commença, pour la première fois, à sentir » la fièvre, au huitième jour de sa maladie. Il reconnut » sur l'heure qu'il s'était trompé, il marqua la cause de » son erreur; et il témoigna sans détour à Monsieur et à » Madame Chanut, que la soumission qu'il avait pour » les ordres de Dieu lui faisait croire que ce souverain » arbitre de la vie et de la mort avait permis que son » esprit demeurât si longtemps embarrassé dans les » ténèbres, de peur que ses raisonnements ne se trou- » vassent pas assez conformes à la volonté que le » Créateur avait de disposer de sa vie. Il conclut que, » puisque Dieu lui rendait l'usage libre de sa raison, il » lui permettait par conséquent de suivre ce qu'elle » lui dictait, pourvu qu'il s'abstînt de vouloir pénétrer » trop curieusement dans ses décrets, et de faire paraître » de l'inquiétude pour l'événement. C'est pourquoi il » se fit saigner, de son propre mouvement, par le chi- » rurgien de M. l'Ambassadeur vers les huit heures du » matin. Une heure après, lorsque le médecin était dans » la chambre de M. Chanut, et qu'ils consultaient » ensemble sur l'état du malade, il envoya dire à » M. Chanut, qu'il souhaiterait de réitérer la saignée, » sur ce que M. Picques, Secrétaire de l'Ambassade, et » M. Belin, Secrétaire de M. l'Ambassadeur, lui avaient » dit que le sang qu'on lui avait tiré n'était que de » l'huile. Le médecin ne fit pas difficulté d'y consentir, » quoique M. Chanut et lui jugeassent tous deux, par la » première saignée, que ce remède était désormais bien » tardif. En effet M. Chanut étant entré incontinent » après dans sa chambre, trouva que ces deux saignées, » quoique très abondantes, n'avaient rien diminué de » l'ardeur de la fièvre. Le malade le remit sur des dis- » cours de la mort, comme il avait fait la nuit précédente; » et persuadé de plus en plus de l'inutilité de toutes sor- » tes de remèdes, il souhaita qu'on fît chercher le Père » Viogué, le directeur de sa conscience, et pria qu'on » ne l'entretînt plus que de la miséricorde de Dieu, et » du courage avec lequel il devait souffrir la séparation » de son âme. Il attendrit et édifia, par le peu de ré-

» flexions qu'il fit sur son état et sur celui de l'autre vie,
» toute la famille de M. l'Ambassadeur, qui s'était
» assemblée autour de son lit : et après avoir renouvelé
» au milieu de tant de témoins, les sentiments de recon-
» naissance qu'il avait pour l'amitié et pour toutes les
» bontés de M. Chanut, il se tourna vers Madame sa
» femme, pour lui marquer l'étonnement où il avait été
» depuis son arrivée en Suède, et la confusion où il
» était encore, de la voir toujours si zélée à prévenir
» tous ses besoins. Aussi n'y avait-il point de soins,
» point de civilités, point d'honneurs, point de bons
» offices et de témoignages d'affection qu'elle ne lui eût
» rendus par elle-même et par les siens; et depuis sa
» maladie, elle avait voulu vaquer à tout par sa pré-
» sence, le servir elle-même avec assiduité, le soigner
» même durant les nuits avec une tendresse et une vigi-
» lance toute semblable à celle qu'elle avait apportée
» auprès de M. l'Ambassadeur son mari pendant sa
» maladie.

« L'après-midi du huitième jour après la seconde
» saignée, il s'éleva un sanglot, qui ne lui laissa plus
» qu'une respiration entrecoupée jusqu'au lendemain :
» il ne crachait plus qu'avec difficulté, et les flegmes qu'il
» tirait de sa poitrine n'étaient qu'un sang noirâtre et
» corrompu. Ce qui fit juger à quelques-uns des méde-
» cins, que la Reine envoyait avec M. Weulles, que son
» mal était une pleurésie causée par l'excès du froid, qu'il
» avait senti les matins, sortant de son poêle pour aller
» au Palais, dans les heures où le repos et la chaleur du
» lit auraient été nécessaires à son corps, suivant la
» manière dont il l'avait gouverné en Hollande. Sur le
» soir il demanda qu'on lui fît infuser du tabac dans
» son vin pour se procurer un vomissement. M. Weulles
» jugea que le remède aurait été mortel à tout homme en
» pareil état, dont la maladie n'aurait pas été désespérée,
» mais que dorénavant, l'on pouvait tout permettre
» à M. Descartes; après quoi il abandonna entièrement
» son malade. Le tempérament que l'on prit fut de
» tremper le vin de beaucoup d'eau, et de jeter dans le
» verre un morceau de tabac que l'on retira sur-le-champ
» sans le faire infuser, parce qu'on crut que c'était assez
» qu'il y laissât son odeur. La nuit suivante, il entretint
» M. l'Ambassadeur de sentiments de religion, et lui

» marqua en termes également généreux et touchants » la résolution où il était de mourir pour obéir à Dieu, » espérant qu'il agréerait le sacrifice volontaire qu'il lui » offrait pour l'expiation de toutes les fautes de sa vie. » Cependant le Père Viogué, qu'il attendait pour la » réitération des Sacrements qu'il avait reçus le premier » jour de sa maladie, et encore un mois auparavant, ne » venait pas; et sur le minuit le malade, qui témoignait » n'avoir aucune douleur sensible, parut diminuer de » connaissance. Sa vue sembla s'éteindre à demi, et ses » yeux plus ouverts qu'à l'ordinaire furent tout égarés. » Quelques heures après, l'oppression de la poitrine » augmenta jusqu'à lui ôter la respiration. Le matin de la » neuvième journée de son mal, il dit à Schluter, son » valet, de lui aller préparer des panets, dont il savait » qu'il mangeait volontiers, parce qu'il craignait que ses » boyaux ne se rétrécissent, s'il continuait à ne prendre » que des bouillons, et s'il ne donnait de l'occupation à » l'estomac et aux viscères, pour les maintenir dans leur » état. Après en avoir mangé, il demeura si tranquille » que la famille de M. l'Ambassadeur commença à bien » espérer pour son retour. Le malade même, quoique » assuré par sa propre connaissance de l'arrêt irrévo- » cable prononcé sur sa vie, se persuada, pendant tout » le reste de la journée, qu'il pourrait durer encore un » temps assez considérable. De sorte que, sur les neuf » à dix heures du soir, pendant que tout le monde était » retiré de sa chambre pour le souper, il voulut se lever » et demeurer quelque temps auprès du feu, avec son » valet de chambre. Mais étant dans le fauteuil, il sentit » l'épuisement que lui avaient causé les deux grandes » saignées et il tomba dans une défaillance, dont il » revint un moment après. Mais il parut changé entiè- » rement, et il dit à son valet : *Ah! mon cher Schluter,* » *c'est pour le coup qu'il faut partir*. Schluter, effrayé » de ces paroles, remet incontinent son maître dans le » lit, et l'on court à M. l'Ambassadeur déjà couché, et » au père Viogué, aumônier de la maison, qui n'était » arrivé que ce soir des courses de sa mission. Le Père » monta promptement avec Madame Chanut et la » famille. M. l'Ambassadeur, tout convalescent et tout » infirme qu'il était, voulut aller recueillir les dernières » paroles et les soupirs de son ami. Mais il ne parlait

» déjà plus. Le Père Aumônier, voyant qu'il n'était plus » en état de faire sa confession de bouche, fit souvenir » l'assemblée qu'il s'était acquitté de tous les devoirs d'un » fidèle dès le premier jour de sa maladie, que la souf- » france de ses maux était une satisfaction qu'il avait » rendue à la justice de Dieu, et un accomplissement des » Sacrements qu'il avait reçus. Il dit ensuite à son ma- » lade que Dieu acceptait la volonté qu'il avait témoi- » gnée, pour réitérer les mêmes Sacrements. Remar- » quant à ses yeux et au mouvement de sa tête, qu'il » avait l'esprit dégagé, il le pria de faire quelque signe, » s'il l'entendait encore et s'il voulait recevoir de lui la » dernière bénédiction; car le défaut des choses néces- » saires pour l'Extrême-Onction ne permettait pas » qu'on lui administrât ce sacrement. Aussitôt le malade » leva les yeux au ciel, d'une manière qui toucha tous » les assistants, et qui marquait une parfaite résignation » à la volonté de Dieu. Le Père lui fit les exhortations » ordinaires, auxquelles il répondit à sa manière. » M. l'Ambassadeur, qui entendait le langage de ses » yeux, et qui pénétrait encore dans le fond de son » cœur, dit à l'assemblée : *que son ami se retirait content* » *de la vie, satisfait des hommes, plein de confiance en la misé-* » *ricorde de Dieu, et passionné pour aller voir à découvert et* » *posséder une vérité qu'il avait recherchée toute sa vie.* La » bénédiction donnée, toute l'assemblée se mit à genoux » pour faire les prières des agonisants, et s'unir à celles » que le Prêtre allait faire pour la recommandation de » son âme au nom de toute l'Église des fidèles répandus » par tout l'Univers. Elles n'étaient point achevées, » que M. Descartes rendit l'esprit à son Créateur, sans » mouvement, et dans une tranquillité digne de l'inno- » cence de sa vie. Il mourut le onzième jour de février » à quatre heures du matin, âgé de cinquante-trois ans, » dix mois, et onze jours. »

TABLE DES MATIÈRES

TABLE DES MATIÈRES

DIOPTRIQUE

(SIX PREMIERS DISCOURS)

MÉTÉORES

GÉOMÉTRIE

MÉDITATIONS

OBJECTIONS ET RÉPONSES

LES PRINCIPES DE LA PHILOSOPHIE

LES PASSIONS DE L'ÂME

TRAITÉ DE L'HOMME

LA RECHERCHE DE LA VÉRITÉ PAR LA LUMIÈRE NATURELLE

LETTRES CHOISIES

ENTRETIEN AVEC BURMAN

LA MORT DE M. DESCARTES

Ce volume, portant le numéro quarante
de la « Bibliothèque de la Pléiade »
publiée aux Éditions Gallimard,
a été composé et achevé d'imprimer
sur bible des Papeteries Schoeller et Hoesch
le 10 février 1992
par l'Imprimerie Sainte-Catherine
à Bruges,
et relié en pleine peau,
dorée à l'or fin 23 carats,
par Babouot à Lagny.

ISBN : 2-07-010166-5.

N° d'édition : 54663. Dépôt légal : février 1992.
Premier dépôt légal : 1937.
Imprimé en Belgique.